일본어 문법·어구 사전(전면개정)

2006년 11월 24일 초판 발행
2015년 06월 20일 개정판 발행

지은이 | 김동완
발행인 | 오연천
발행처 | UUP(울산대학교출판부)

출판등록 | 제370-1996-000001호(1996.3.13)
주소 | 680-749 울산광역시 남구 무거 2동 산29번지
전화 | (052) 259-2488
팩스 | (052) 277-3011

값 40,000원
ISBN 978-89-7868-364-7 93730

사전을 펴내면서

이 사전을 편찬함에 있어서 필자의 집필태도는 한마디로 말해서 기초단계에서 고급단계에 이르기까지 일본어를 학습하는 과정에서 최대한의 편의를 제공하는 데에 역점을 둔 것이었다. 실제로 기초단계에서는 정해진 학습교재에 따라 학습이 진전되겠지만, 여기에서 다소 학습이 진전되게 되면 막상 새로운 문법항목이나 어구 등이 등장해도, 그에 맞추어 적절하게 대처하기가 매우 어려운 것이 사실이다. 더구나 고급문장을 독해하는 단계에 이르게 되면 각종 어구를 적절하게 찾아보기란 매우 어렵다. 특히, 요즈음같이 일본어능력시험이나 JPT, 그리고 일본유학시험과 같은 다양한 시험이 활발하게 시행되는 시점에서는 보다 적극적으로 이에 대처하기 위한 참고자료가 절실하게 요구될 것이다.

따라서 이 사전에서는 가장 기본적인 문법사항은 물론이고, 각종 조사 및 조동사, 그리고 간단한 어구에서 복잡한 어구에 이르기까지 모든 문법과 어구를 최대한 망라하려고 노력하였다. 아울러, 학습에 만전을 기하게 하기위하여 모든 항목에는 그 용법과 접속방법, 그리고 풍부한 예문을 들어 두었으며, 필요에 따라서 활용형과 참고사항까지 제시해 놓았다. 뿐만 아니라, 실전적인 번역에도 최대한 도움이 되기 위하여 모든 항목에는 가장 적절하다고 여겨지는 우리말의 번역을 충실하게 담으려고 하였다.

이러한 마음가짐과 태도로 이 사전을 집필하여 세상에 내놓은 지도 벌써 9년이란 시간이 지났다. 그 동안, 틈날 때마다 수없이 이 사전을 검토하고 또 검토하면서 아무래도 당초의 집필의도에서 다소 벗어난 점이 적지 않게 눈에 띄게 되었는바, 그것은 '문법 · 어구사전'이라는 성격에서 벗어난 항목들이 지나치게 들어가 있거나 정작 꼭 들어갔어야 하는 항목들이 빠져있었다는 점에 착안하게 된 것이다. 그러던 차에 재판으로 내놓은 사전도 거의 소진되어 간다는 이야기를 듣고 차제에 보다 확실하게 사전을 정비해야 하겠다는 의향을 굳힐 수 있었다.

이번에는 그야말로 사전의 이름에 걸맞게 보다 다양한 어구들, 아니 웬만한 어구는 다 집어넣어야 하겠다는 일념으로 줄기차게 집필을 진행하여 오면서 아울러 문법적인 해설도 보다 보강을 하였다. 특히 하나하나의 어구를 철저히 분석하여 그러한 어구가 만들어진 구성을 문법차원에서 세심하게 해설하는 한편, 해석의 오류가 있을만한 문법적해설도 전면적으로 재정비하였다. 기왕에는 예문도 보다 충실하게 보강을 하였고 그에 대한 번역도 면밀하게 재검토하였다. 참으로 오랜 시간의 검토와 집필 끝에 이름 하여 '전면개정판'을 완성하기에 이른 것이다.

이 사전이 일본어를 학습하는 모든 학도들에게 다소나마 도움이 되기를 진심으로 기대하는 바이다.

2014년 12월
울산대학교 연구실에서
김 동 완

이 사전의 특징

이 사전을 이용하는데 있어서 알아두면 편리할만한 사항과 특징을 간략하게 열거해 놓는다.

1. 간단한 구조의 어구에서 복잡한 구조의 어구에 이르기까지 웬만한 어구는 이 사전만으로 해결될 수 있도록 최대한 항목수를 늘려 수록하였다. 아울러 모든 어구는 품사별로 철저하게 분석함으로서 그 어구의 구성 원리를 쉽게 파악할 수 있도록 하였다.

2. 기본적인 문법사항과 다양한 경어체계, 그리고 회화체에서 빈번하게 대두되는 각종 음의 축약 및 변화현상, 접두어와 수사, 조수사 등의 필수항목은 서두에 열거해 놓았다. 따라서 수시로 필요할 때마다 해당항목을 살펴보면 도움이 될 것이다.

3. 모든 항목은 검색의 편의를 위하여 청음, 탁음과 상관없이 철저하게 오십음도순으로 나열해 두었으므로 그에 따라 찾아보면 될 것이다. 특히, 모든 어구는 필수적으로 접속되어 있는 조사를 시작으로 나열하였으며, 다양한 변화형의 어구도 아울러 수록하여 목차에 표시해 두었다.

4. 모든 항목은 용법, 접속, 예문을 기본적인 사항으로 서술하였고, 활용어의 경우는 기본적인 활용형까지 제시하였으며, 특히 참고가 될 만한 사

항은 별도로 참고 항목을 추가하는 한편, 이에 관련된 유사어구도 함께 제시하였다.

5. 모든 예문의 한자에는 학습자의 편의를 도모하기 위하여 読み仮名(한자의 독음)를 일일이 명기하였고, 해당어구나 단어에는 밑줄을 그어두었다. 학습자는 이 밑줄을 잘 살펴봄으로서 각종 품사에 대한 변별력을 제고할 수 있을 것이다.

6. 항목에 따라서는 회화체와 문장체를 철저하게 비교함으로서 단어나 어구의 구체적인 사용범위를 서술하였으며, 아울러 남녀노소의 위상에 의한 어구의 사용도 병기하여 놓았다. 나아가서는 각종 어구의 용법과 어감의 비교를 통하여 보다 생생한 학습을 도모할 수 있도록 하였다.

7. 기초적인 해석에서 본격적인 번역에 이르기까지 최대한 참고가 될 수 있도록 모든 항목에는 그에 알맞은 우리말의 번역을 충실하게 담을 수 있도록 하였다. 따라서 이 사전에 담겨져 있는 번역을 통하여 해당 일본어의 어감과 용법을 충분히 체득할 수 있을 것이다.

8. 표제로 제시되어 있는 모든 어구는 우리말로 다양하게 옮겨질 수 있을 것이나, 학습자의 혼동을 피하면서 최대한 간단하고 신속하게 해당 어구의 의미를 파악하고 체득할 수 있도록 그 본연의 의미에 해당되는 우리말을 가장 자연스럽고 간략하게 제시하여 두었다.

이 사전의 구성과 각종 용어해설

구성

이 사전의 모든 항목은 대체로 표제어, 용법, 접속, 예문, 참고의 순으로 구성되어 있는데 각각에 수록된 내용은 다음과 같다.

1. **용법** : 해당 문법항목이나 어구에 대한 문법적 해설과 더불어, 형태적 구조, 그리고 그 지향하는 의미와 어감 등에 대한 설명을 나타낸다. 아울러, 회화체에서 주로 쓰이는지 문장체에서 쓰이는지 하는 문체상의 구별은 물론, 나아가서는 남녀노소에 의한 위상론적인 사용범위도 포함된다.

2. **접속** : 해당 문법항목이나 어구가 구체적으로 어떠한 말에 접속되는가를 나타낸다. 즉, 명사나 명사구에 접속되느냐, 활용어에 접속되느냐로 대별될 수 있는데, 활용어는 다시 동사, 형용사, 형용동사, 조동사로 나누어지며, 이는 또 다시 각각 각종 활용형으로 나누어지는 바, 이에 대한 구체적인 접속방법을 나타낸다.

3. **예문** : 해당 문법항목이나 어구가 실제로 사용된 생생한 문들이다. 모든 예문에는 해당 번역이 괄호로 표시되어 있는데, 학습의 편의를 위하여 최대한 직역을 원칙으로 하되 필요에 따라서는 다소의 의역도 해 놓았다. 또한, 모든 예문에는 표제어에 입각하여 실제로 사용된 활용형에

만 밑줄을 그어 놓음으로서 단어의 변별력을 제고할 수 있게 하였다.

4. **참고** : 해당 문법항목이나 어구와 유사한 것들을 추가로 제시하거나, 또는 그에 대한 보다 구체적인 사용범위나 비교차원에서의 어감 등을 나타내었다. 아울러, 필요에 따라서는 사용상에 있어서 유의하여야 할 점이 부가되어 있기도 하다.

각종 용어해설

※ 용언: 동사, 형용사, 형용동사를 말한다.

※ 활용어: 용언에 조동사가 추가된 것으로 어디까지나 활용을 할 수 있는 말이다.

※ 전항과 후항: 해당 문법항목이나 어구를 중심으로 그 앞에 오는 말이나 문절 내지 어구가 전항, 그 뒤에 오는 것들이 후항이다.

※ 음편현상: 발음을 보다 편하게 하기 위하여 다양하게 음이 변화되는 현상이다.

※ 축약: 회화체에서 보다 발음을 간략하게 하기 위하여 일부의 음이 합성되는 현상이다.

※ 수사:「一つ、二つ、三つ、一、二、三」과 같이 수를 헤아리는 품사이다.

※ 조수사:「枚、本、足」와 같이 수사 뒤에 접속하여 말 그대로 그 수사를 돕는 품사이다.

※ 접두어: 단어의 앞에 붙어서 존경, 겸양, 정중 등의 의미를 나타내는 것으로「お、ご」가 대표적인 접두어이다.

※ 중지법: 두 개의 단문을 중문으로 연결할 때, 앞에 오는 동사의 연용형을 그대로 이용하는 연결방법이다.

※ 전성명사: 동사연용형을 그대로 명사로 사용하는 품사이다.(読み(읽기) 書き(쓰기) 話し(말하기) 遊び(놀이))

※ 사역: 다른 사람에게 어떠한 영향을 주어서 행동하게 하는 것을 말하는 것으로 조동사 「せる」「させる」가 주로 그 역할을 한다.

※ 수동: 주어의 의지와는 관계없이 다른 요인으로 주어가 행동을 받게 되는 것을 말하는데 조동사 「れる」「られる」가 주로 그 역할을 한다.

※ 경어동사: 상대방의 동작을 높임으로써 직접적으로 존경을 표시하는데 사용되는 동사이다.

※ 겸양어동사: 자신의 동작을 낮춤으로써 간접적으로 상대방에게 존경을 표시하는데 사용되는 동사이다.

이하의 용어와 용법에 관해서는 이 사전의 목차 다음에 제시되어 있는 '기본적인 문법 사항과 경어체계'를 참고하기 바람.

※ 동사: 미연형, 연용형, 종지형, 연체형, 가정형, 명령형, 추측형

※ 형용사: 미연형, 연용형, 종지형, 연체형, 가정형

※ 형용동사: 미연형, 연용형, 종지형, 연체형, 가정형

※ 각종 조동사 및 조사

목 차

あ

い

う

き

く

け

こ

さ

し

す

せ

そ

た

ち

つ

と

な

に

ぬ

ね

の

は

ひ

ふ

へ

ほ

ま

や

ゆ

よ

ろ

わ

を

ん

기본적인 문법사항과 경어체계

회화체에서 다양하게 음이 변화하는 현상

회화체에서는 발음을 보다 편하게 하거나 간략하게 하기 위하여 다양하게 음의 변화를 가져오는 경향이 있다. 즉, 비정형적인 표현이 적지 않게 있는 셈인데, 교재 등을 통하여 정형적인 표현을 체득한 다음에는 반드시 이와 같은 비정형적인 표현을 익혀둘 필요가 있다. 실제로 친숙한 사이에서는 얼마든지 비정형적인 표현이 구사되고 있기 때문이다. 여기에서는 가장 두드러지게 사용되고 있는 비정형적인 표현들만 저자 나름대로 엄선하여 나열하고자 하는데, 크게 음편(音便), 축약(縮約), 탈음(脱音), 장음(長音), 약음(弱音), 가음(加音)의 순으로 해설한다. 물론, 이러한 명칭들은 저자가 나름대로 붙인 것에 불과하며 학계에서 공인된 것은 결코 아님을 명시해 둔다.

ア。음편(音便)

어디까지나 발음을 편하게 하기 위하여 음이 변화된 것이니 만큼 편의상「음편」이라고 이름을 붙여두었다. 여기에는「ン音便」「イ音便」「ネエ音便」「テエ音便」「ス音便」「ア音便」「ッ音便」으로 나눌 수 있다.

1. 「ん」音便

주로 회화체에서「る、に、の、ら、り、れ」가「ん」으로 변음되는 현상을 말한다.

1) 「る」가「ん」으로 변음된다.

⇨ でも来年(らいねん)もう、七回忌(ななかいいみ)が来(く)んのよ(る→ん)。(하지만 내년에 벌써 7주기가 오는 거야)

あ、集金があんのよ(る→ん)。(아, 수금이 있는 거야)

どうして私の顔、じっとみつめんの(る→ん)。(어째서 내 얼굴, 빤히 쳐다보는 거야?)

ふざけんなよ(る→ん)。(장난치지 말라구)

2) 「に」가 「ん」으로 변음된다.

⇨ 突然好きんなったんです(に→ん)。(갑자기 좋아지게 된 겁니다)

もう生きていくのがいやんなっちゃうわよ(に→ん)。

(이제 살아가는 것이 싫어지게 돼버리는 거에요)

3) 「の」가 「ん」으로 변음된다.

⇨ 今井先生んとこへ電話したろ、夕べ(の→ん)。

(이마이선생님 댁으로 전화했지? 어젯밤에)

そんときは、おれも誘えよ、え?(の→ん) (그 때는 나도 불러, 어?)

4) 「ら」가 「ん」으로 변음된다.

⇨ 去年のスカート入んないのよ(ら→ん)。(작년의 스커트 들어가지 않는 거야)

それを今ごろ、持ち出して、どうのこうの言われたんじゃたまんないよ(ら→ん)。

(그것을 이제 와서 꺼내어 이러쿵저러쿵하는 말을 들으면 못 참아)

5) 「り」가 「ん」으로 변음된다.

⇨ おじいちゃん、お風呂おはいんなさいよ(り→ん)。(할아버지, 목욕하러 들어가세요)

6) 「れ」가 「ん」으로 변음된다.

⇨ だけど、いつも母さんが乗り気じゃないんで、そんで(れ→ん)。

(하지만, 언제나 어머니가 적극적이 아니어서, 그래서)

2. 「い」音便

주로 회화체에서 「れ、み」가 「い」로 변음되는 현상을 말한다.

1) 「れ」가 「い」로 변음된다.

⇨ そいじゃ、また、のちほど(れ→い)。(그러면, 또 나중에(뵙지요))

ああ、人(ひと)をばかにしやがって、こいじゃ元(もと)も取(と)れやしない(れ→い)。

(아아, 사람을 바보취급하다니, 이러면 본전도 못 찾아)

2) 「み」가 「い」로 변음된다.

⇨ 夜(よる)にすいませんでした(み→い)。(밤에 미안했습니다)

ちょっとすいません(み→い)。(잠시 실례합니다)

3. 「ねえ」音便

주로 회화체에서 「ない」가 「ねえ」로 변음되는 현상을 말한다.

1) 「ない」가 「ねえ」로 변음된다.

⇨ 見(み)てねえじゃねえか(ない→ねえ)。(보긴 뭘 봐?)

いい記事(きじ)書(か)けねえぞ、こんな電話(でんわ)してると(ない→ねえ)。

(좋은 기사 못 써. 이런 전화하고 있으면)

東京(とうきょう)にゃ、ひのきのお風呂(ふろ)がねえからって(ない→ねえ)。

(도쿄엔 노송나무 욕조가 없기 때문이라며)

2) 「てえ」音便

주로 회화체에서 「たい」가 「てえ」로 변음되는 현상을 말한다.

⇨ 一度(いちど)でいいからひのきの風呂(ふろ)に入(はい)ってみてえって(たい→てえ)。

(한번이라도 좋으니까 노송나무 욕조에 들어가 보고 싶대)

ありがてえ(たい→てえ)。(고마워)

4. 「す」音便

주로 회화체에서 「さ」가 「す」로 변음되는 현상을 말한다.

⇨ ああ、読(よ)んでてくだすったんですか(さ→す)。(아아, 읽고 있어 주신 겁니까?)

毎日(まいにち)、そんなことなすっちゃこまりますよ(さ→す)。(매일, 그런 일 하시면 곤란해요)

5. 「あ」音便

주로 회화체에서 「は」가 「あ」로 변음되는 현상을 말하는데, 그 영향으로 앞의 음마저 あ단으로 변화하는 수가 있다.

⇨ ぼかあ(は→あ)。(난)　　こいつあ(は→あ)。(이 녀석은)
そらあそうだなあ(は→あ)。(그건 그러네)

6. 「っ」音便

주로 회화체에서 「こ」「る」가 促音 「っ」로 변음되는 현상을 말한다.

⇨ それから、おじいさんはね、どっかへ(こ→っ)。(그리고서 할아버지는 말이야, 어딘가로)
ね、どうしたんだよ。どっか悪(わる)いの(こ→っ)。(어? 왜 그래? 어디 안 좋아?)
じゃ、ボチボチ、寝(ね)っかな(る→っ)? (자, 슬슬 잘까?)
私(わたし)たちもそうすっか(る→っ)。(우리도 그렇게 할까?)
そうすっとね(る→っ)。(그랬더니 말이야)

い。**축약**(縮約)

회화체에서 보다 발음을 간략하게 하기 위하여 일부의 음들을 축약시키는 현상을 말한다.

1. 「～ては」가 「～ちゃ」로 축약된다.

⇨ あきらめなくちゃいけない(ては→ちゃ)。(포기하지 않으면 안 돼)
ああ、それにあんた、喪服(もふく)の手配(てはい)もしとかなくちゃ(ては→ちゃ)。
(아아, 그리고 자기, 상복준비도 해놔야지)

2. 「～てしまう」가 「～ちまう」「～ちゃう」로 축약된다.

⇨ たばこがちょっと切(き)らしちまいまして(てしまう→ちまう)。(담배가 마침 떨어져서요)
ゆうべ、お客(きゃく)ぶん殴(なぐ)っちゃったんですよ(てしまう→ちゃう)。
(어젯밤, 손님을 때려버린 거에요)

3. 「～ておく」가 「～とく」로 축약된다.

⇨ 睦子(むつこ)さん、あんた、今(いま)のうちに美容院(びよういん)に行(い)っといたほうがよくはない(ておく→とく)。
(무쯔코씨, 자기, 지금 미용실에 가 두는 편이 좋지 않을까?)
ん、義理(ぎり)に買(か)って、押(お)し入(い)れのすみかなんかほっぽっとかれたらちっともうれしかないよ(ておく→とく)。
(음, 생각해준다고 사서, 벽장 구석 같은데 내팽겨 쳐지면 조금도 기쁘지 않아)

4. 「～には」가 「～にゃ」로 축약된다.

⇨ いやあ、正直言って、守備範囲の広さにゃ驚きましたよ(には→にゃ)。
(아니, 솔직히 말해서 수비범위가 넓은 데엔 놀랐어요)
生き残ったりしたひにゃ(には→にゃ)。(살아남거나 한 날엔)
東京にゃ(には→にゃ)。(도쿄엔)

5. 「～なければ」「～できれば」가 「～なきゃ」「できりゃ」로 축약된다.

⇨ だから、あなたがすぐしなきゃいけないことは、弟さんに真実を話すことよ(なければ→なきゃ)。(그러니까 네가 당장 해야 할 것은 동생 분에게 진실을 이야기하는 거야)
きょうでなきゃだめだってとこがさ(なければ→なきゃ)。
(오늘이 아니면 안 된다고 하는 곳이 말이야)
あんたみたいなガールフレンドができりゃ、こいつも少しは変わるだろう(できれば→できりゃ)。(너 같은 여자 친구가 생기면 이 녀석도 조금은 바뀔 거야)

6. 「～れは」가 「～りゃ」로 축약된다.

⇨ そりゃまあ(れは→りゃ)、(그건 와아!)　　ありゃいい(れは→りゃ)。(저건 좋아)

7. 「～ことです」「～ことだろう」가 「～こってす」「～こったろう」로 축약된다.

⇨ そういうこってす(ことです→こってす)。(그런 겁니다)
そりゃ、そういうこったろうなと、おれも思うよ(ことだろう→こったろう)。
(그건 그럴 거라고 나도 생각해)

8. 그 밖의 축약

⇨ さあ、今日はこないだの敵討ち(このあいだ→こないだ)。(자, 오늘은 요전의 복수)
あんたに恥ずかしくて合わせる顔がないちゅうんで(という→ちゅう)。
(너에게 부끄러워서 볼 낯이 없다 해서)
名前なんてえの(という→てえ)。(이름 뭐라 해?)

う。탈음(脱音)

회화체에서 보다 표현을 간략하게 하기 위하여 종종 여러 가지 음들이 탈락되곤 하는 현상을 말하는데, 비교적 탈락의 빈도가 매우 높은 것만을 열거하여 둔다. ㅡ표시는 탈음이 된 곳을 가리킨다.

1. 「う」의 탈락

여기에는 크게 세 가지 경우가 있다. 하나는 조동사 「う」가 탈락되는 경우인데, 이것은 전반적으로 추측의 의미를 나타내는 조동사 「う」가 「でしょ、だろ」에 접속되어 쓰이는 경우에 두드러지게 나타나는 경향을 보이고 있다.

⇨ でも、それは、あなたの判断でしょ_。(하지만 그것은 당신의 판단이겠죠)

昨日、今日のひよこと違うだろ_。(어제, 오늘의 병아리와 다르잖아?!)

또 하나는 '모양, 체면'의 의미를 나타내는 명사 「かっこう(格好)」가 종종 「かっこ」로 발음되곤 하는 경우이다.

⇨ ものにするまでは、かっこ_もへちまもない。
(내 것으로 만들 때까지는 체면이고 자시고가 없어)

かっこ_悪かったらあたし、一緒に行って上げるわよ。

(모양새가 안 좋으면 내가 함께 가 줄게요)

마지막으로 의문을 나타내는 「どうした」가 「どした」로 축약되는 경우이다.

⇨ そしたら、ど_した? (그랬더니 어떻게 되었어?)

2. 「い」의 탈락

「い」는 모음 다섯 개중에서 가장 음색이 약한 관계로 종종 발음상 탈락되기도 하며, 때로는 표기되지 않는 경우도 많다.

⇨ これ、持って_ってください。(이거, 갖고 가주십시오)

あんたはあっち行って_らっしゃい。(넌, 저리 가 있어!)

あら、_やだ。もって_っちゃうのかしら。(어머, 별일이다! 갖고 가버리는 걸까?)

なんだよ、おやじはあっち行って_ろよ。(뭐야? 아버진 저리 가 있어!)

3. 「ろ」의 탈락

장소나 정도 등을 나타내는 「ところ」의 「ろ」가 탈락되어 「とこ」로 발음될 때가 많다.

⇨ 雪(ゆき)が降(ふ)ると、なかなかいいとこ_なんですよ。(눈이 오면 꽤나 좋은 곳이에요)
　ま、そんなとこ_だね。(뭐, 그런 셈이네)

4. 「る」의 탈락

「る」가 탈락되는 경우는 대체로 「んだ」앞에 「る」로 끝나는 동사가 올 때에 두드러지는 경향이 있다.

⇨ おい、なぜとめ_んだよ。(어이, 왜 끄는 거야?)
　うち買(か)うと、男(おとこ)は白髪(しらが)がふえ_んだってさ。(집 사면, 남자는 흰머리가 늘어난다는 거야)

5. 「いる」의 탈락

「いる」가 탈락되는 경우는 「いる」가 보조동사로 쓰이고 있으며 그 뒤에 「んだ」가 올 때에 국한되는 경향이 있다. 결국, 이러한 현상은 앞에 설명된 2.와 4.가 합쳐져서 드러나는 것이라 보면 될 것이다.

⇨ 原島君(はらしまくん)は、どこに勤(つと)めて_んだ。(하라시마군은 어디 근무하고 있는 건가?)
　なにやって_んだ、いい年(とし)して。全(まった)く。(뭐하고 있는 거야? 나이 먹을 만큼 먹고서 원)
　勉強(べんきょう)もしないで、何(なに)を考(かんが)えて_んだかさっぱりわかりゃしない。
　(공부도 하지 않고 뭘 생각하고 있는 건지 도무지 알 길이 없어)
　何年(なんねん)、新聞記者(しんぶんきしゃ)やって_んだ。(몇 년, 신문기자 하고 있는 건가?)

え。**장음**(長音)

회화체에서 특정부분을 부각시키고자하는 심리에서 한 음절 더 길게 늘려서 발음하는 현상을 말한다.

1. 「あ」단의 長音

⇨ しかし、遺書(いしょ)なんて書(か)くもんじゃないな<u>あ</u>。(그러나 유서 같은 거 쓰는 거 아니지)

2. 「え」 단의 長音

⇨ あの子はちょっと度が過ぎてますねえ。(그 아이는 좀 도가 지나치군요)

3. 「お」 단의 長音

⇨ ようく食べるでしょ、父さん。(잘도 먹지요? 아버지) すこうし違っていた。(조금 달랐었다) お前とはなんだよお。(너라니, 그게 무슨 말이야?!) 返して、返してよう。(돌려줘, 돌려달라고!)

お。약음(弱音)

회화체에서 비교적 음색이 약한 부분을 약하게 발음하곤 하는 현상으로, 경우에 따라서는 완전히 탈락되어 발음되기도 한다. 앞서 설명한 「う。탈음」의 전 단계로 생각하면 좋을 것이다. 해당되는 부분에는 괄호를 넣어둔다.

⇨ いつまでたっても、ごはん(に)できませんよ。(언제까지 지나도 밥이 안 돼요) おじさんに見てほしいって(い)ったのはあの娘か。(아저씨에게 봐달라고 말한 것은 저 아가씨냐?) 雪が降るとなかなかいいとこなん(で)すよ。(눈이 오면 꽤나 좋은 곳이에요) そうなん(で)すよ。(그렇다고요) (い)や、それは困るんです。(아니, 그건 곤란합니다) 年をとると臭くなるって(いうからな)。(나이를 먹으면 냄새난다고 (하니까 말이야)) たらむこうから返事がきた(んだ)。(그랬더니 그쪽에서 답이 온 거야)

か。가음(加音)

회화체에서 특정부분을 부각시키고자하는 심리에서 음절과 음절사이에 주로 促音 「っ」나 撥音 「ん」을 넣어 발음하는 현상을 말한다.

⇨ いえ、はじめたばっかりですから。(아니, 시작한지 얼마 안 되니까요)
いっくら説明しても信用してくれないんです。(암만 설명해도 믿어주지 않는 겁니다)
いっつもそうなんだから。(언제나 그러니까) 今お金がなくって。(지금 돈이 없어서)

おじさんの格好、あんまりみっともねえんでよ。(아저씨 꼴이 너무 볼품이 없어서요)

あの、場所と時間はきょうとおんなじでよろしいですかね。(저, 장소와 시간은 오늘과 같아도 좋을까요?) これからはね、なんにもないほうがいいんだよ。(이제부터는 말이에요, 아무 일도 없는 편이 좋은 거에요)

조수사(助数詞)

조수사라고 하는 것은 수사 뒤에 접속하여 말 그대로 그 수사를 돕는 역할을 하는 말이다. 이는 우리말의 '한 명, 두 장, 세 자루, 네 개, 다섯 마리'의 밑줄 친 부분에 해당되는 것으로 생각하면 된다. 그런데 이 조수사가 수사에 연결될 때 종종 조수사의 음이 변화함은 물론 경우에 따라서는 앞에 오는 수사의 음마저 변화하는 일이 적지 않음으로써 학습에 적지 않은 혼란을 초래하게 된다. 하지만, 우리말에서도 예를 들어 '하나'가 '한 명', '둘'이 '두 장', '셋'이 '세 자루'하는 식으로 수사의 음이 변화하는 경우가 많은 점을 감안하면 굳이 일본어의 경우만 복잡하다고 불평할 일도 아니다. 하기야, 우리말에서는 대체로 수사의 음만 변화할 뿐 조수사의 음이 변화하는 일은 드물지만 일본어의 경우, 수사는 물론 조수사의 음까지 변화한다고 하는 점에서는 확실히 우리말보다 더 복잡한 것은 사실이다. 여기에서는 비교적 음의 변화가 많으면서도 일상적으로 사용빈도가 높은 조수사만을 간추려서 열거하기로 한다.

分(ふん) → 시간의 단위인 분(分)인 경우

1分(いっぷん)、2分(にふん)、3分(さんぷん)、4分(よんぷん)、5分(ごふん)、6分(ろっぷん)、7分(ななふん、しちふん)、8分(はっぷん)、9分(きゅうふん)、10分(じっぷん)

이와 같이 발음되는 조수사에는 이 밖에도 「泊(はく)、歩(ほ)」등이 있다.

本(ほん) → 가늘고 긴 것을 가리키는 경우

1本(いっぽん)、2本(にほん)、3本(さんぼん)、4本(よんほん)、5本(ごほん)、6本(ろっぽん)、7本(ななほん、しちほん)、8本(はっぽん)、9本(きゅうほん)、10本(じっぽん)

⇨「私のお電話番号を申します」「ちょっとお財布を取りに行ってきます」「お洗濯物を干していたので」「あした、お休みします」등은 상대방과 아무런 관련이 없으므로 붙여서는 안 된다.

※「お(ご)」의 지나친 사용을 방지하는 요령

「お(ご)」가 아무리 존경과 겸양, 그리고 정중함을 나타내는데 탁월한 표현효과를 지니고 있다 해도 지나친 사용은 오히려 해가 되므로 그 사용에 신중을 기하여야 한다. 여기서는 지나친 사용을 피하기 위한 요령을 몇 가지 나열해 두고자 한다. 우선, 지나친 사용의 예를 몇 개 들어보자.

⇨「お気をお強くお持ちになられてください」「お足元がお危のうございます。お気をつけてお帰り下さい」「お傘とおかばんを、お預かりします」「お煙草は、お廊下でお吸いくださいますよう、お願いします」

이와 같은「お」의 지나친 사용은 조금이라도 공공연한 장소에서는 빈번하게 등장하곤 하는 것이 현실인데, 이를 방지하기 위한 요령을 몇 가지 들어둔다.

1. 「お持ちになる」「お帰りになる」「お預かりする」와 같이, 경어로서 생략할 수가 없는「お」를 우선적으로 사용한다.
2. 「お傘」「おかばん」와 같이, 상대방의 소지품에 붙이곤 하는「お」는 최대한 생략한다.
3. 「お足元」「お危ない」「お廊下」등, 상대방과 직접적인 관계가 없는 것에는「お」를 붙이지 않는다.
4. 이상의 점을 염두에 두고서, 마지막에 오는 말에만「お」를 붙인다. 예를 들어「気をつけてお帰りください」와 같이「お」를 사용하면 문 전체가 경어화되는 효과가 나타나게 되는 것이다.

※「お(ご)」가 오랫동안의 관용으로 인하여 정착되어 있는 경우

⇨ ごはん、おさら、おかず、お茶わん、おみおつけ、おつけもの、おみき、おそなえも

の、おもち、おはよう、ごくろうさま、ごらんなさい

➷ 친족명사(親族名詞)

일본에서는 자기의 가족을 남에게 표현할 때는 우리말과 달리, 철저히 낮추어서 표현하는 것이 일본어경어의 원칙이다. 일상적으로 흔히 쓰이는 친족명사를 열거하면, 「父、母、姉、兄、弟、妹、祖父、祖母、伯父、叔父、伯母、叔母、従兄弟、主人、家内、舅、姑、嫁、婿」와 같은 것들이 있다. 이하, 각 친족명사의 용법을 간단히 설명하는데 그 어느 것이나 남에게 자신 쪽의 친족을 가리켜 말할 때 쓰이는 친족명사이다.

父(ちち) — 아버지	母(はは) -- 어머니
姉(あね) -- 누나, 언니	兄(あに) -- 오빠, 형
弟(おとうと) -- 남동생	妹(いもうと) -- 여동생
祖父(そふ) -- 할아버지	祖母(そぼ) -- 할머니
伯父(おじ) -- 큰아버지	伯母(おば) -- 큰 고모, 큰 이모
叔父(おじ) -- 작은아버지	叔母(おば) -- 작은 고모, 작은 이모
従兄弟 (いとこ) -- 사촌	主人(しゅじん) -- 남편
家内(かない) -- 아내	舅(しゅうと) -- 장인, 시아버지
姑(しゅうとめ) -- 장모, 시어머니	嫁(よめ) -- 며느리
婿(むこ) -- 사위	孫(まご) -- 손주

이 밖에, 시아버지나 시어머니를 나타낼 때 「主人(しゅじん)の父(ちち)(母(はは))」 또는 「00(남편이름)の父(母)」로 나타내기도 한다. 또한, 남에게 자기가족전체를 나타낼 경우에는 「わたくしども、てまえども」를 사용한다. 한편, 자신의 아내나 아들을 서간문 등에서 「愚妻(ぐさい)、豚児(とんじ)」라고 비하하여 호칭하는 수가 있는데, 지나친 비하는 오히려 실례가 될 수도 있어서(慇懃無礼 「いんぎんぶれい」), 사용하지 않는 것이

좋다.

반면에 상대방 측을 가리켜 표현할 때는 철저히 높여서 말하여야 하는데, 다음과 같이 표현된다.

おとうさん ― 아버지	おかあさん ― 어머니
おねえさん ― 누님, 언니	おにいさん ― 오빠, 형님
おとうとさん ― 남동생분	いもうとさん ― 여동생분
おじいさん ― 할아버지	おばあさん ― 할머니
おじさん ― 큰아버지, 작은아버지	おばさん ― 큰 고모, 큰 이모, 작은 고모, 작은 이모
いとこさん ― 사촌	
おくさん ― 상대방의 아내	ご主人(しゅじん) ― 상대방의 남편
まごさん ― 상대방의 손주	およめさん ― 며느리

동사(動詞)

일본어의 동사종류는 다섯 가지가 있는 바, 오십음도(五十音図)「あ、い、う、え、お」의 단(段)중에서 동사원형은「う」단(段)에서 끝난다는 것을 기준으로 볼 때 이「う」단(段)의 바로 위에 있는「い」단(段)에서만 활용하는 것(상1단동사(上一段動詞)), 그리고「う」단(段)의 바로 밑에 있는「え」단(段)에서만 활용하는 것(하1단동사(下一段動詞)),「あ、い、う、え、お」단(段) 모두에 걸쳐 활용하는 것(5단동사(五段動詞)), 그 외 특수한 것으로 カ행변격동사(カ行変格動詞)、サ행변격동사(サ行変格動詞)가 있다(단, カ행변격동사(カ行変格動詞)와 サ행변격동사(サ行変格動詞)에 소속된 변격동사로는 각각「くる」「する」하나씩밖에 없다). 앞서 동사원형은「う」단(段)에서 끝난다고 했는데, 우리말의 동사는 '가다, 먹다'에서 볼 수 있듯이 모두 어미가 '~다'로만 끝나는데 비하여 일본어는「う」단(段)중에서「う、く、す、つ、ぬ、む、る、ぐ、ぶ」로 그 어미가 끝난다고 보면 된다. 즉, 동사에 따라서 끝나는 어미가 이미 정해져 있는 것으로 이해하면 될 것이다.

⇨ 言う(말하다)　行く(가다)　話す(말하다)　立つ(서다)　死ぬ(죽다)

読む(읽다)　乗る(타다)　嗅ぐ(냄새 맡다)　呼ぶ(부르다)

→ 이상 5단동사

いる(있다)　起きる(일어나다)　着る(입다)　落ちる(떨어지다)　見る(보다)

→ 이상 상1단동사

食べる(먹다)　出る(나가다)　寝る(자다)　投げる(던지다)　考える(생각하다)

→ 이상 하1단동사

来る(오다)　→ カ행변격동사

する(하다)　→ サ행변격동사

이상에서 보듯이 상1단동사와 하1단동사는 모두 그 끝이 「る」로만 끝나는데 비하여 5단동사는 「る」를 포함한 「う」단소속의 아홉 개 어느 것으로도 끝날 수가 있다. 따라서 「る」이외의 글자로 끝나는 것은 볼 것도 없이 5단동사이며 그에 맞추어 활용하면 되나, 「る」로 끝나있는 동사는 5단동사는 물론 상1단동사나 하1단동사일 가능성이 있는 것이다. 그 원칙적인 구별은 다음과 같아서, 「る」로 끝나있는 동사의 경우 그 앞에 있는 것이 「い」단에 소속된 것이면 상1단동사, 「え」단에 소속된 것이면 하1단동사로 보아도 좋을 것이며, 그 이외의 글자인 「あ､う､お」단에 소속된 것이라면 「る」로 끝나있을지라도 완벽한 5단동사로 간주하면 된다.

➷ 동사의 미연형

학교문법에서는 보통 '미연형'으로 불리우는데, 이는 '아직 그러한 일이 일어나지 않았다'고 하는 의미에서 유래된다. 하지만, 실제로는 주로 부정을 나타내는 조동사 「ない」가 그 뒤에 접속되어 동사의 부정을 나타내는 경우가 일반적이다. 동사의 미연형을 만드는 방법은 다음과 같다.

5단동사 → 「う」단의 어미를 「あ」단으로 바꾸기만 하면 된다.

行く → 行かない(가지 않는다)、飲む → 飲まない(마시지 않는다)、言う → 言わない(말하지 않는다)

상1단동사 → 「る」를 탈락시키기만 하면 된다.

起きる → 起きない(일어나지 않는다)、着る → 着ない(입지않는다)、見る → 見ない(보지 않는다)

하1단동사 → 「る」를 탈락시키기만 하면 된다.

食べる → 食べない(먹지 않는다)、受ける → 受けない(받지 않는다)、入れる → 入れない(넣지 않는다)

カ행변격동사 → 「来る」가 「来ない(오지 않는다)」로 된다.

サ행변격동사 → 「する」가 「しない(하지 않는다)」로 된다. 또한 「さ」와 「せ」도 있어서 각각 조동사 「せる、れる」와 「ぬ」에 접속되어 「させる」「される」「せぬ」와 같이 사용된다.

예 たばこはやめるから、もう買わない。(담배는 끊으니까 이제 사지 않는다) もう二度と泣かない。(두 번 다시 울지 않는다) 女の子とはテニスをしない。(여자아이와는 테니스를 하지 않는다) 友達は、私のうちへあそびに来ない。(친구는 우리 집에 놀러 오지 않는다) 弟はまだ起きない。(남동생은 아직 일어나지 않는다) 誰も手をあげない。(누구도 손을 들지 않는다) 今朝の新聞はまだ読まない。(오늘 아침 신문은 아직 읽지 않았다)

참고 물론, 미연형은 부정의 조동사 「ない」이외에도 수동의 조동사 「れる、られる」, 사역의 조동사 「せる、させる」 등에도 접속된다.

동사의 연용형

연용형이라는 명칭은 뒤에 오는 용언(동사, 형용사, 형용동사)과 주로 결합한다

고 하는 데에서 유래된 것이나 오늘날에 이르러서는 이러한 용법은 거의 의미가 없고(단, 「書きなおす、わかりやすい、持ち出す」와 같은 본래의 용법이 남아있기는 하다), 주로 그 뒤에는 「ます」「たい」「ながら」「た」 등의 조사, 조동사에 연결되는 것이 보통이다. 이러한 연용형을 만드는 방법은 다음과 같다.

5단동사 → 「う」단의 어미를 「い」단으로 바꾸기만 하면 된다.

行く → 行きます(갑니다)、飲む → 飲みたい(마시고 싶다)、言う → 言いながら(말하면서)

상1단동사 → 「る」를 탈락시키기만 하면 된다. 起きる → 起きます(일어납니다)、着る → 着たい(입고 싶다)、見る → 見ながら(보면서)

하1단동사 → 「る」를 탈락시키기만 하면 된다. 食べる → 食べます(먹습니다)、受ける → 受けたい(받고 싶다)、入れる → 入れながら(넣으면서)

カ행변격동사 → 「来る」가 「来ます(옵니다)」로 된다.

サ행변격동사 → 「する」가 「します(합니다)」로 된다.

예 毎日小説を読みます。(매일 소설을 읽습니다) 私は毎朝 6 時に起きます。(나는 매일아침 6시에 일어납니다) 次の時間は文法を教えます。(다음 시간은 문법을 가르칩니다) 私はいつも朝勉強をします。(나는 언제나 아침에 공부를 합니다) あすは雨が降っても来ます。(내일은 비가 와도 옵니다)

동사의 연체형

연체형이라는 것은 동사가 그 뒤에 오는 체언(명사)에 연결되는 활용형이라는 뜻으로 우리말과 달리 일본어는 매우 단순한 형태를 지니고 있다. 즉, 우리말의 경우, 동사가 뒤에 오는 체언을 수식할 경우에는 어형이 변화하지만(가다 → 가는, 먹다 → 먹는), 일본어는 기본형의 형태가 전혀 변화하지 않는 매우 단순한

구조를 보이고 있다(行く → 行く(가는)、食べる → 食べる(먹는). 그 만드는 방법은 다음과 같다.

5단동사 → 「う」단의 어미가 그대로 「う」단을 유지한다. 行く → 行く(가는)、飲む → 飲む(마시는)、言う → 言う(말하는)

상1단동사 → 「る」가 그대로 유지된다. 起きる → 起きる(일어나는)、着る→ 着る(입는)、見る → 見る(보는)

하1단동사 → 「る」가 그대로 유지된다. 食べる → 食べる(먹는)、受ける→ 受ける(받는)、入れる → 入れる(넣는)

カ행변격동사 → 「来る」가 그대로 유지된다. 来る → 来る(오는)

サ행변격동사 → 「する」가 그대로 유지된다. する → する(하는)

예 これは荷物を運ぶ自動車です。(이것은 짐을 나르는 자동차입니다)

これは遠くを見る眼鏡です。(이것은 먼 곳을 보는 안경입니다)

ここはご飯を食べるところです。(여기는 밥을 먹는 곳입니다)

明日は学校へ来る日です。(내일은 학교에 오는 날입니다)

公園は勉強をする場所ではありません。(공원은 공부를 하는 장소가 아닙니다)

동사의 가정형

어떠한 행위나 상태를 가정하여 말할 때 사용되는 활용형으로 이 경우 그 뒤에는 반드시 가정을 나타내는 조사 「ば」가 오게 된다. 그 만드는 방법은 다음과 같다.

5단동사 → 「う」단의 어미를 「え」단으로 바꾸기만 하면 된다.

行く → 行けば(가면)、飲む → 飲めば(마시면)、言う → 言えば(말하면)

상1단동사 → 「る」를 「れ」로 바꾸기만 하면 된다.

起きる → 起きれば(일어나면)、着る → 着れば(입으면)、見る → 見れば(보면)

하1단동사 → 「る」를 「れ」로 바꾸기만 하면 된다.

食べる → 食べれば(먹으면)、受ける → 受ければ(받으면)、入れる → 入れれば(넣으면)

カ행변격동사 → 「来る」가 「来れば(오면)」로 된다.

サ행변격동사 → 「する」가 「すれば(하면)」로 된다.

예 春になれば花が咲きます。(봄이 되면 꽃이 핍니다)

朝早く起きれば気持がいい。(아침 일찍 일어나면 기분이 좋다)

晴れれば富士山が見えます。(날이 맑으면 후지산이 보입니다)

明日何時に教室へ来ればいいですか。(내일 몇 시에 교실에 오면 좋습니까?)

少しずつ勉強すればじょうずになります。(조금씩 공부하면 잘 하게 됩니다)

동사의 명령형

상대로 하여금 말하는 사람의 의지대로 움직이게 할 목적으로 표출되는 활용형으로 그 만드는 방법은 다음과 같다.

5단동사 → 「う」단의 어미를 「え」단으로 바꾸기만 하면 된다.

行く → 行け(가라)、飲む → 飲め(마셔라)、言う → 言え(말해라)

상1단동사 → 「る」를 「ろ」나 「よ」로 바꾸기만 하면 된다. 「ろ」는 주로 회화체에서 사용되고 「よ」는 문장체에서 사용된다.

起きる→ 起きろ(よ)(일어나라)、着る → 着ろ(よ)(입어라)、見る →見ろ(よ)(봐라)

하1단동사 → 「る」를 「ろ」나 「よ」로 바꾸기만 하면 된다. 「ろ」는 주로 회화체에서 사용되고 「よ」는 문장체에서 사용된다.

食べる → 食べろ(よ)(먹어라)、受ける → 受けろ(よ)(받아라) 入れる → 入れろ(よ)(넣어라)

カ행변격동사 → 「来る」가 「来い(와라)」로 된다.

サ행변격동사 → 「する」가 「しろ(せよ)(해라)」로 된다.

예 早くいそげ。(일찍 서둘러라)　車から降りろ。(차에서 내려라)

体に気をつけろ。(몸조심해라)　かばんを持ってこい。(가방을 갖고 와라)

もっと勉強しろ。(더 공부해라)

동사의 권유, 의지, 추측형

어떠한 동작이나 상태에 대한 말하는 사람의 추측을 나타내거나 또는 동작에 대한 권유, 그리고 의지를 나타내는 활용형이다. 5단동사의 경우에는 그 뒤에 조동사 「う」가 접속되고, 나머지 동사, 즉 상1단동사, 하1단동사, カ행변격동사, サ행변격동사의 경우에는 그 뒤에 조동사 「よう」가 접속된다. 학교문법에서는 이러한 활용형도 미연형으로 지칭하고 있으나, 본 사전에서는 혼동을 피하기 위하여 편의상 추측형으로 부르기로 하겠다. 그 만드는 방법은 다음과 같다.

5단동사 → 「う」단의 어미를 「お」단으로 바꾸기만 하면 된다.

行く → 行こう(가자(가겠다))、飲む → 飲もう(마시자(마시겠다))、言う → 言おう(말하자(말하겠다))

상1단동사 → 「る」를 탈락시키기만 하면 된다.

起きる → 起きよう(일어나자, 일어나겠다)、着る → 着よう(입자, 입겠다)、見る → 見よう(보자, 보겠다)

하1단동사 → 「る」를 탈락시키기만 하면 된다.

食べる → 食べよう(먹자(먹겠다))、受ける → 受けよう(받자(받겠다))、

入れる → 入れよう(넣자(넣겠다))

カ행변격동사 → 「来る」가 「来よう(오자(오겠다))」로 된다.

サ행변격동사 → 「する」가 「しよう(하자(하겠다))」로 된다.

예 彼も連れて行こう。(그도 데리고 가자(가겠다)) 映画でも見よう。(영화라도 보자(보겠다)) もう一度よく考えよう。(다시 한 번 잘 생각하자(생각하겠다)) 明日は早く来よう。(내일은 일찍 오자(오겠다)) 予定の時間に出発しよう。(예정시간에 출발하자(출발하겠다))

참고 이러한 활용형에는 이상의 '권유'와 '의지'이외에 '추측'의 의미도 있는 것이 사실이지만 '추측'의 의미로는 오로지 문장체에서만 쓰일 뿐, 회화체에서는 일체 쓰이지 않고 그 대신에 동사기본형에 「だろう」가 접속된 「行くだろう(갈 것이다)」「起きるだろう(일어날 것이다)」「食べるだろう(먹을 것이다)」「来るだろう(올 것이다)」「するだろう(할 것이다)」의 형태가 쓰인다.

동사의 가능형

어떠한 동작이나 행위가 가능하거나 실행에 옮길 수 있는 능력 또는 여건이 충족되어 있음을 나타내는 것인데, 여기에는 몇 가지의 형태가 존재한다. 우선, 가능동사를 이용하는 방법인데, 이는 5단동사에만 국한된다. 다시 말해서 5단동사의 경우 얼마든지 가능동사로 만들 수가 있으며, 그 방법은 다음과 같다.

5단동사 → 「う」단의 어미를 「え」단으로 바꾸고 마지막으로 「る」를 붙이기만 하면 된다.

行く → 行ける(갈 수 있다)、 飲む → 飲める(마실 수 있다)、乗る → 乗れる(탈 수 있다)、 読む → 読める(읽을 수 있다)

위와 같은 식으로 하면 모든 5단동사를 가능동사화할 수가 있으나, 일단 가능동사화되면 활용은 하1단동사식으로 하게 된다.

예 ひらがなが読めるようになりました。(히라가나를 읽을 수 있게 되었습니다)

新幹線なら東京から大阪まで3時間ぐらいで行けるはずです。

(신칸센이라면 도쿄에서 오사카까지 3시간정도로 갈 수 있을 겁니다)

咳が苦しくて眠れなかった。(기침이 괴로워서 잘 수가 없었다)

あそこでは一流ホテルならではの豪華な雰囲気が味わえる。

(거기에서는 일류호텔이 아니고서는 안 될 호화로운 분위기를 맛볼 수 있다)

한편, 5단동사이외의 동사는 어차피 가능동사화할 수가 없으므로 수동의 조동사 「られる」를 이용하여야 하는데, 접속은 미연형에 접속한다.

⇨ 見る → 見られる(볼 수 있다)、起きる → 起きられる(일어날 수 있다)、食べる → 食べられる(먹을 수 있다)、考える → 考えられる(생각할 수 있다)、来る → 来られる(올 수 있다)。

다만, 「する」의 경우만은 「できる(할 수 있다)」로 가능의 의미를 나타내게 됨에 주의하여야 한다. 아울러, 모든 동사에 다 적용할 수 있는 가능용법으로는 모든 동사의 연체형에 「ことができる」를 접속시켜서 표현하는 방법도 있다.

⇨ 行く→行くことができる(갈 수 있다)、見る→見ることができる(볼 수 있다)、食べる→食べることができる(먹을 수 있다)、来る→来ることができる(올 수 있다)、する→することができる(할 수 있다)。

동사의 음편형

동사의 연용형은 「ます」뿐만 아니라 접속조사 「て」, 열거를 나타내는 조사 「たり」, 그리고 과거, 완료를 나타내는 조동사 「た」 등에도 접속되는데, 동사 중에서도 특히 5단동사의 연용형이 이것들에 접속될 경우에는 일정하게 음이 변화되는데 이를 특별하게 음편형이라 부른다. 여기서 음편형이라 함은 편의상 부르는 호칭에 불과할 뿐, 이 역시 동사의 연용형임에는 틀림없는데, 결국 이렇게 볼 때, 5단동사의 연용형은 두 가지가 있는 셈이 된다. 물론, 5단동사를 제외한 나머지 동사들도 「て」「たり」「た」에는 얼마든지 접속될 수 있으나 이들은 모두 음의 변화를 일으키는 일이 없다. 현대 일본어에서의 음편형은 크게 세 가지가 있는데 그 변화되는 유형은 다음과 같다.

い음편 → 「く、ぐ」로 어미가 끝나는 것은 「い」로 변한다(～いて、～いたり、～いた).
다만, 「ぐ」의 경우는 「～いで、～いだり、～いだ」로 뒤의 음까지 변한다.

促음편 → 「う、つ、る」로 어미가 끝나는 것은 「っ」로 변한다(～って、～ったり、～った).

撥음편 → 「ぬ、ぶ、む」로 어미가 끝나는 것은 「ん」으로 변한다(～んで、～んだり、～んだ). 다만, 이 경우는 뒤의 음까지 변한다.

예 書いてください(書く)。嗅いでください(嗅ぐ)。言ってください(言う)。待ってください(待つ)。乗ってください(乗る)。死んでください(死ぬ)。遊んでください(遊ぶ)。読んでください(読む)。

다만, 5단동사라 할지라도 어미가 「す」로 끝나는 동사(話す、移す)는 음편의 적용을 받지 않는다(話して、話したり、話した). 아울러 「行く」에 한해서는 「行って、行ったり、行った」로 되는 것이 유일한 예외이다.

자동사(自動詞)와 타동사(他動詞)

동사를 분류함에 있어서 그 나타내는 의미상의 구별에 의해 자동사와 타동사로 나누는 일이 있다. 간단히 말해서 목적어를 수반하는 것은 타동사, 목적어를 수반하지 않는 것은 자동사로 구분하는 것이다. 하지만, 이러한 구별은 어디까지나 서양어문법에서 통용되는 것일 뿐, 일본어에서는 그다지 큰 의미를 지니지 못한다. 왜냐하면, 일본어에서는 자동사일지라도 얼마든지 목적어를 수반할 수 있으며, 또한 수동형도 취할 수가 있기 때문이다.

예 道を歩く。(길을 걷는다) 川が町の中を流れる。(강이 마을 가운데를 흐른다) 汽車が山の下を通る。(기차가 산 밑을 통과한다) 国内を巡る。(국내를 돈다) 廊下を走る。(복도를 달린다) 空を飛ぶ。(하늘을 난다) 川を渡る。(강을 건넌다) 家を出る。(집을 나온다) 生まれ故郷を離れる。(태어난 고향을 떠난다) 職場を去る。(직장을 떠난다)

(이상, 이동을 나타내는 자동사가 목적어를 수반하는 경우)

아울러, 일본어에서는 자동사와 타동사 사이에 이렇다 할 뚜렷한 형태상의 대립도 보이지 않는데, 일단 여기에서는 형태상의 대립이 확연한 자동사와 타동사만을 열거해 두기로 한다.

예 預かる ↔ 預ける。 開く ↔ 開ける。 始まる ↔ 始める。消える ↔ 消す。
落ちる ↔ 落す。 曲がる ↔ 曲げる。 起きる ↔ 起こす。付く ↔ 付ける。
集まる ↔ 集める。出る ↔ 出す。 乗る ↔ 乗せる。入る ↔ 入れる。
割れる ↔ 割る。並ぶ ↔ 並べる。 聞こえる ↔ 聞く。掛かる ↔ 掛ける。
変わる ↔ 変える。止まる ↔ 止める。 売れる ↔ 売る。携わる ↔ 携える。
広がる ↔ 広げる。合う ↔ 合わせる。逃げる ↔ 逃す。流れる ↔ 流す。

☞ 동사의 연용형에 의한 중지법

두 개의 단문을 중문으로 연결할 때, 앞에 오는 단문을 뒤에 오는 단문에 연결시킴에 있어서 동사연용형을 그대로 이용하는 방식이다. 회화체에서는 보통 접속조사 「～て」를 이용하나, 이와 같이 동사연용형자체로 뒤의 어구에 연결하는 것은 문장체에서 주로 사용되는 방식이다. 하지만, 이와 같은 중지법을 이용하건 접속조사 「～て」를 이용하건 그 나타내는 의미에는 그다지 변화가 없다.

예 鳥は空を飛び、人は地上を歩く。(새는 하늘을 날고 사람은 땅위를 걷는다)

田中君は就職も決まり、もうすぐ卒業だ。(다나카군은 취직도 정해지고 이제 곧 졸업이다) 開いていた窓から、雨が部屋に降りこみ、たたみをぬらしてしまった。(열려있던 창문에서 비가 방에 내리쳐서 다다미를 적시고 말았다) 東京から大阪まで新幹線で行き、そこで地下鉄に乗り換えました。(도쿄에서 오사카까지 신칸센으로 가고 거기서 지하철로 갈아탔습니다) その会社は成長を続け、外国にまで支店を出すに至った。(그 회사는 성장을 계속하여 외국에까지 지점을 내기에 이르렀다) 大学を卒業し、高等学校の教師を経て、大学の教授になった。(대학을 졸업하고 고등학교 교사를 거쳐 대학교수가 되었다) 病気が悪化し、ろくに食べられなくなった。(병이 악화되어 제대로 먹을 수 없게 되었다) 台風によって交通機関が止ってしまい、旅行の中止を余儀なくされた。(태풍에 의해 교통기관이 멈추고 말아 어쩔 수 없이 여행을 중단하게 되었다)

동사의 연용형에서 전성된 명사

동사연용형은 때때로 명사로 전성되어 사용되는 일이 있는데, 이를 전성명사라고 부른다. 일본어에서는 이와 같은 전성명사의 활용도가 매우 높은 것으로 알려져 있다.

⇨ 読み(읽기) 書き(쓰기) 話し(말하기) 聞き(듣기) 答え(대답) 通り(거리, 길) 踊り(춤) 終わり(끝) 帰り(돌아감, 귀가) 休み(휴식) 遊び(놀이) 泳ぎ(수영) はじめ(시작)

예외동사(例外動詞)

동사의 끝이 「る」로 끝나는 동사는 일단 5단동사, 상1단동사, 하1단동사일 가능성이 있는데, 그 구별은 「る」앞에 있는 글자가 어느 단에 속하고 있는 가에 달려 있다. 즉, 「る」앞의 글자가 「い」단에 속한 것이면 상1단동사, 「え」단에 속한 것이면 하1단동사, 그리고 그 밖의 「あ､う､お」단에 속한 것이면 5단동사가 된다. 다만, 여기에도 예외가 있어서 이러한 규칙에서 어긋나 있는 동사가 제법 있으므로 이는 개별적으로 기억해 두는 것이 좋을 것이다. 이하 열거한 동사는 얼핏 보기에는 상1단동사나 하1단동사 같지만, 모두 예외동사로서 5단동사가 된다.

⇨ 要(い)る(필요하다) 切(き)る(자르다) 知(し)る(알다) 走(はし)る(달리다) 入(はい)る(들어가다, 들어오다) 散(ち)る(흩어지다) 参(まい)る('가다, 오다'의 겸양어) 限(かぎ)る(제한하다) 照(て)る(비추다) 帰(かえ)る(돌아가다, 돌아오다) 減(へ)る(줄어들다) 蹴(け)る(차다) 滑(すべ)る(미끄러지다) 焦(あせ)る(초조해하다) ひねる(꼬집다) しゃべる(말하다, 떠들어대다)

↳ 형용사(形容詞)

형용사라는 것은 사물의 성질, 상태 등을 나타내면서 일정한 활용을 하는 용언(동사, 형용사, 형용동사)의 하나인데, 우리말의 형용사어미가 '～다'로 끝나는 것처럼 일본어의 형용사어미는 반드시 「～い」로 끝나게 되어 있다.

예 あかい(빨갛다)、 あおい(파랗다)、 とおい(멀다)、 たかい(비싸다)

여기에 「～です」가 접속되면 정중한 표현이 된다.

예 あかいです。(빨갛습니다) あおいです。(파랗습니다) とおいです。(멉니다)

그런데, 일본어의 형용사가 다음에 오는 말(명사)을 수식할 때는 우리말과 달리 기본형과 같은 모양(연체형)으로 수식을 하게 된다.

예 한국어 → 멀다 (먼 나라)
재미있다 (재미있는 책)
일본어 → とおい (とおい国(くに))
おもしろい (おもしろい本(ほん))

즉, 우리말에서는 형용사가 다음에 오는 명사를 수식할 때는 어미를 변형시켜야 하나, 일본어에서는 변함이 없다. 결국 일본어의 형용사는 우리말의 형용사에 비하여 그 구조나 변화가 매우 단순한 것임을 알 수가 있다.

형용사의 미연형

학교문법에서는 미연형으로 불리우나 실제로는 어떠한 성질이나 상태에 대한 추측의 의미만을 나타낼 뿐이어서 추측형으로 부르는 것이 타당할 것이다. 형용사의 모든 어미는 「～い」로 끝나게 되어있으므로 그것을 「～かろ」로만 바꾸면 된다. 물론 그 다음에 접속되는 말로는 추측의 의미를 나타내는 조동사 「う」만 오게 된다.

예 あかい → あかかろ＋う(빨갈 것이다)、あおい → あおかろ＋う(파랄 것이다)、
とおい → とおかろ＋う(멀 것이다)、たかい → たかかろ＋う(비쌀 것이다)

하지만 실제의 회화체에서는 이러한 형태로는 추측을 나타내지 않으며 어디까지나 「あかいだろう、あおいだろう、とおいだろう、たかいだろう」의 형태가 즐겨 사용된다. 위의 형태는 주로 문장체에서나 사용될 법한 것이다.

형용사의 연용형

형용사의 연용형에는 두 가지가 있다. 즉, 일본어의 모든 형용사는 어미가 「～い」로 끝나게 되어 있으므로 이것을 「～く」로 바꾼 형태와 「～かっ」으로 바꾼 형태가 바로 그것이다. 우선 「～く」로 바꾼 연용형은 크게 두 가지 용법을 지니고 있는데, 하나는 뒤에 형용사 「ない」를 수반하여 부정형을 만드는 것과, 또 하나는 이 자체로 부사적인 용법으로 쓰이는 것이다.

※부정형으로 쓰이는 형용사 연용형(「く」형)

예 あかい → あかく＋ない(빨갛지 않다)　あおい → あおく＋ない(파랗지 않다)
とおい → とおく＋ない(멀지 않다)　たかい → たかく＋ない(비싸지 않다)

한편 「ない」에 정중함을 나타내는 조동사 「です」를 연결시키면 정중한 말투의 형용사 부정형이 된다.

あかく＋ないです(빨갛지 않습니다)　あおく＋ないです(파랗지 않습니다)
とおく＋ないです(멀지 않습니다)　たかく＋ないです(비싸지 않습니다)

한편, 형용사의 부정형에는 이 이외에도 어미「～い」를「～く」로 바꾼 다음 여기에「ありません」을 연결시키는 것도 있다. 다만, 이 경우는 어디까지나 정중한 어감의 부정을 나타내며 보통체의 부정은 나타낼 수가 없다. 결과적으로「～くないです」와「～くありません」은 둘 다 정중한 부정의 의미를 나타낸다고 하는 점에서는 같다.

예 あかい → あかくありません(빨갛지 않습니다) あおい → あおくありません(파랗지 않습니다) とおい → とおくありません(멀지 않습니다) たかい → たかくありません(비싸지 않습니다)

다만, 주의할 것은 형용사「いい」는 어떠한 경우에도 부정형을 만들 수 없으므로 그 대신에 형용사「よい」를 사용하여「よくない(좋지 않다)、よくないです(좋지 않습니다)、よくありません(좋지 않습니다)」식으로만 사용한다는 점이다.

※부사적용법으로 쓰이는 형용사 연용형(「く」형)

형용사 연용형(「く」형)은 한편으로는 부사처럼 쓰이기도 하는데 그렇다고 해서 부사가 되는 것은 결코 아니며 어디까지나 형용사의 연용형인 것에는 변함이 없다. 다시 말해서 우리말의 경우 '작다 → 작게' '비싸다 → 비싸게'로 바뀌듯이 일본어는「ちいさい → ちいさく」「たかい → たかく」로 바뀌어 사용되는 것이다.

예 毎朝(まいあさ)早(はや)く起(お)きます。(매일아침 일찍 일어납니다) 毎晩(まいばん)遅(おそ)く寝(ね)ます。(매일밤 늦게 잡니다) 木(こ)の葉(は)が赤(あか)くなる。(나뭇잎이 빨개진다) 空(そら)が明(あか)るくなります。(하늘이 밝아집니다) 南(みなみ)へ行(い)くにつれてだんだん暑(あつ)くなる。(남쪽으로 감에 따라서 점점 더워진다) 年(とし)をとるにしたがって、体(からだ)が弱(よわ)くなる。(나이를 먹음에 따라서 몸이 약해진다)

이상은 형용사 연용형(「く」형)의 두 가지 용법을 설명한 것인데, 또 하나의 형용사 연용형, 즉, 어미「～い」가「～かっ」으로 바뀐 연용형은 과거형을 만들 때 사용되며, 여기에는 주로 과거, 완료를 나타내는 조동사「た」가 접속되게 된다.

예 ちいさい → ちいさかった(작았다) たかい → たかかった(비쌌다)

とおい → とおかった(멀었다)　おもしろい → おもしろかった(재미있었다)

けさの試験は非常に難しかったです。(오늘아침의 시험은 무척 어려웠습니다)

昨日は一日中暑かったです。(어제는 하루 종일 더웠습니다)

あの映画はあまりおもしろくなかったです。(저 영화는 그다지 재미있지 않았습니다)

けさはずいぶん寒かったですが、昼から暖かくなりました。

(오늘아침은 무척 추웠습니다만 낮부터 따스해졌습니다)

다만, 주의할 것은 형용사「いい」는 어떠한 경우에도 과거형을 만들 수 없으므로 그 대신에 형용사「よい」를 써서「よかった(좋았다)」「よかったです(좋았습니다)」로만 사용한다는 점이다.

형용사의 가정형

형용사의 가정형은 어미「～い」를「～けれ」로 바꾸기만 하면 되며, 여기에는 가정을 나타내는 조사「～ば」만 접속하게 된다.

예　ちいさい(작다) → ちいさければ (작으면)

たかい(비싸다) → たかければ (비싸면)

とおい(멀다) → とおければ (멀면)

おもしろい(재미있다) → おもしろければ (재미있으면)

ほかに質問がなければ会議を終わります。

(달리 질문이 없으면 회의를 마치겠습니다)

安ければカラーテレビを買って帰りますか。

(싸면 컬러티브이를 사서 돌아가겠습니까?)

天気がよければここから富士山が見えます。

(날씨가 좋으면 여기에서 후지산이 보입니다)

다만, 주의할 것은 형용사「いい」는 어떠한 경우에도 가정형을 만들 수 없으므로 그 대신에 형용사「よい」를 써서「よければ」로만 사용한다는 점이다.

형용사의 음편형

형용사로 보다 정중한 어감을 표현하고자 할 때는 「～です」대신에 「～ございます」를 사용하게 되는데, 이 때 그 앞에 오는 형용사연용형의 음이 일정하게 변화하는 형태이다. 즉, 「～です」앞에는 형용사의 종지형이 오지만, 「～ございます」앞에는 형용사의 연용형인 「～く」가 오게 되며 이 때 「～く」의 자음 「k」가 탈락하여 「～う」로 변음되는 것이 바로 형용사의 음편이다. 이 경우, 「～う」앞에는 반드시 「う」단이나 「お」단계열의 음이 와야만 하는데, 이는 말할 것도 없이 「う」가 이 두 가지 단의 장음부호로 사용되기 때문인 것이다.

예 たかい → たかくございます → たこうございます (「たかく」의 「く」가 「う」로 변화되고 이어서 「う」앞의 음이 「か」, 즉「あ」단에 소속되기 때문에 장음법칙에 맞게 「お」단에 소속된 「こ」로 바뀜)

あつい → あつくございます → あつうございます(「あつく」의 「く」가 「う」로 변화되었는데, 「う」앞의 음이 「つ」, 즉 「う」단에 소속되기 때문에 장음법칙에 맞게 그대로 적용함)

はやい → はやくございます → はやうございます→ おはようございます (「はやく」의 「く」가 「う」로 변화되고 이어서 「う」앞의 음이 「や」, 즉 「あ」단에 소속되기 때문에 장음법칙에 맞게 「お」단에 소속된 「よ」로 바뀐 다음에 접두어 「お」를 붙여 결국 「おはようございます」라는 아침인사가 만들어진 셈이다)

ありがたい → ありがたくございます → ありがたうございます → ありがとうございます (「ありがたく」의 「く」가 「う」로 변화되고 이어서 「う」앞의 음이 「た」, 즉 「あ」단에 소속되기 때문에 장음법칙에 맞게 「お」단에 소속된 「と」로 바뀜으로서 결국 「ありがとうございます」라는 감사인사가 만들어진 셈이다)

한편, 어미 「～い」앞에 오는 음이 한결같이 「い」단에 소속된 것일 때는 모두가 요음(拗音)으로 변화된다.

さびしい → さびしくございます → さびしうございます → さびしゅうございます
おおきい → おおきくございます → おおきうございます → おおきゅうございます

이와 같이 형용사의 음편이 일어나는 표현은 한결같이 「～です」보다 훨씬 정중한 표현이 되며 이는 주로 비즈니스사회에서 다용되는 경향이 있다.

형용사의 연용형에 의한 중지법

두 개의 단문을 중문으로 연결할 때, 앞에 오는 단문을 뒤의 단문에 연결시킴에 있어서 형용사의 연용형을 그대로 이용하는 방식이다. 회화체에서는 보통 접속조사 「～て」를 이용하나, 이와 같이 형용사의 연용형자체로 뒤의 문에 연결되는 것은 문장체에서 주로 이용되는 방식이다. 하지만, 이와 같은 중지법을 이용하건 접속조사 「～て」를 이용하건 그 나타내는 의미에는 하등의 변화가 없다.

예 激しい議論がかわされたが、司会者の手際がよく、会議は円滑に進んだ。
(격렬한 논의가 주고 받아졌지만, 사회자의 수완이 좋아서 회의는 원활하게 진행되었다.)
この専門領域は比較的新しく、まだあまり研究が進んでいない。
(이 전문영역은 비교적 새로워서 아직 그다지 연구가 진전되지 않았다.)
山田さんは発音がきれいで聞きやすく、日本語の教師の中では一番人気がある。(야마다씨는 발음이 깨끗하고 듣기 쉬워서 일본어교사 중에서는 가장 인기가 있다)

형용동사(形容動詞)

형용동사란 우리말의 문법에는 없는 것으로 대개 한자어에 「～だ」가 접속되거나(예: 親切だ→친절하다), 순수한 일본어(和語)에 접속되며(예: しずかだ→조용하다), 때로는 외래어에도 접속되는(예: ハンサムだ→핸섬하다)용언의 하나이다. 형용동사는 반드시 어미가 「～だ」로 끝나게 되어 있으며 그 앞에 오는 명사가 곧 어간이 되는데, 그 하는 역할은 형용사와 다를 바가 없다.

예 元気だ(건강하다)　正直だ(정직하다)　しずかだ(조용하다)
きれいだ(깨끗하다, 예쁘다)

이렇게 볼 때, 모든 형용동사는 그 어미가 「～だ」로 끝난다고 할 수 있는데 「～だ」앞에 오는 한자어는 아무 것이나 오는 것이 아니어서, 우리말로 옮겨 보아 일반적으로 '～하다'의 뜻이 되면 형용동사의 어간이 되며, '～이다'의 뜻이 되면 형용동사의 어간이 아닌 명사로 보아야 한다.

예 有名＋だ(유명하다) → 형용동사

学校＋だ(학교이다) → 명사+단정을 나타내는 조동사 「だ」

또한, 형용동사의 어미 「～だ」가 「～な」로 바뀌면 형용사처럼 뒤에 오는 명사를 수식할 수가 있다.

예 これはしずかなへやだ → 이것은 조용한 방이다.

あれは有名な大学です → 저것은 유명한 대학입니다.

庭にはきれいな花がたくさんあります

→ 정원에는 예쁜 꽃이 많이 있습니다.

참고로 「～だ」 에 대한 정중한 표현은 「～です」(～ㅂ니다)이다.

この花はきれいだ → 이 꽃은 예쁘다.

この花はきれいです → 이 꽃은 예쁩니다.

형용동사의 미연형

학교문법에서는 미연형이라 부르지만, 실제로는 추측의 의미만을 나타낼 뿐이어서 추측형이라 부르는 것이 보다 타당할 것이다. 형용동사의 미연형은 어미 「～だ」를 「～だろ」로 바꾼 형태인데, 그 뒤에는 반드시 추측을 나타내는 조동사 「う」가 접속되게 되어있다.

예 しずかだ → しずかだろ＋う(조용할 것이다) きれいだ → きれいだろ＋う(깨끗할 것이다) 有名だ → 有名だろ＋う(유명할 것이다) 元気だ → 元気だろ＋

う(건강할 것이다) 正直だ → 正直だろ＋う(정직할 것이다)

한편, 이보다 정중한 표현으로는 「～でしょう」가 있다.

예 しずかだ → しずかでしょ＋う(조용할 것입니다) きれいだ → きれいでしょ＋う(깨끗할 것입니다) 有名だ → 有名でしょ＋う(유명할 것입니다) 元気だ → 元気でしょ＋う(건강할 것입니다) 正直だ → 正直でしょ＋う(정직할 것입니다)

형용동사의 연용형

형용동사의 연용형은 세 가지가 있다. 어미 「～だ」를 「～だっ」, 「～で」, 「～に」로 바꾼 것이 바로 그것이다. 이 중, 「～だっ」은 그 뒤에 과거를 나타내는 조동사 「～た」를 수반하여 과거를 나타내고, 「～で」는 뒤에 형용사 「ない」를 수반하여 부정을 나타내거나 혹은 중지법으로 사용되며, 마지막으로 「～に」는 뒤에 오는 용언을 수식하는 부사적용법으로 사용된다.

※과거형으로 쓰이는 형용동사 연용형(「だっ」형)

예 しずかだ → しずかだっ＋た(조용했다) きれいだ → きれいだっ＋た(예뻤다) 有名だ → 有名だっ＋た(유명했다) 元気だ → 元気だっ＋た(건강했다) 正直だ → 正直だっ＋た(정직했다)

물론 이러한 형태는 보통체이므로 이를 보다 정중한 표현으로 바꾸고자 할 때는 그 뒤에 정중의 의미를 나타내는 조동사 「～です」를 접속시키면 된다.

예 しずかだ → しずかだっ＋たです(조용했습니다) きれいだ → きれいだっ＋たです(깨끗했습니다) 有名だ → 有名だっ＋たです(유명했습니다) 元気だ → 元気だっ＋たです(건강했습니다) 正直だ → 正直だっ＋たです(정직했습니다)

※부정형으로 쓰이거나 중지법으로 쓰이는 형용동사 연용형(「で」형)

예 しずかで＋ない(조용하지 않다)　きれいで＋ない(예쁘지 않다)
有名《ゆうめい》で＋ない(유명하지 않다)　元気《げんき》で＋ない(건강하지 않다)
正直《しょうじき》で＋ない(정직하지 않다)　しずかで(조용하고(며))　きれいで(예쁘고(며))
有名《ゆうめい》で(유명하고(며))　元気《げんき》で(건강하고(며))　正直《しょうじき》で(정직하고(며))

※부사적용법으로 쓰이는 형용동사 연용형(「に」형)

예 しずかに(조용하게)　きれいに(예쁘게)　有名《ゆうめい》に(유명하게)
元気《げんき》に(건강하게)　正直《しょうじき》に(정직하게)

참고 용언이라 함은 동사, 형용사, 형용동사를 말하는데, 이 중에서 미연형에서 부정을 나타내는 것은 오로지 동사뿐이며, 형용사와 형용동사는 연용형에서 부정을 나타내게 되어있다.

☞ 형용동사의 연체형

형용동사의 연체형은 언제나 체언(명사)앞에 위치하여 이를 수식해 주는 경우에 사용되는데, 어미 「～だ」를 「～な」로 바꾸기만 하면 된다.

예 しずかだ → しずかな＋部屋《へや》(조용한 방)　きれいだ → きれいな＋花《はな》(예쁜 꽃)
有名《ゆうめい》だ → 有名《ゆうめい》な＋大学《だいがく》(유명한 대학)　元気《げんき》だ → 元気《げんき》な＋人《ひと》(활기찬 사람)
正直《しょうじき》だ → 正直《しょうじき》な＋行動《こうどう》(정직한 행동)

한편, 형용동사 「同《おな》じだ」의 경우는 예외여서 연체형은 「同《おな》じ」가 되는데, 다만 뒤에 「の、ので、のに」와 같은 것들이 올 때에 한해서는 「同《おな》じな」가 된다.

예 同《おな》じ＋学校《がっこう》(같은 학교)　同《おな》じ＋人《ひと》(같은 사람)　同《おな》じ＋国《くに》(같은 나라)
同《おな》じ＋本《ほん》(같은 책)　同《おな》じな＋の(같은 것)　同《おな》じな＋ので(같기 때문에)
同《おな》じな＋のに(같은데도)

형용동사의 가정형

형용동사의 가정형은 어미 「～だ」를 「～なら」로 바꾸면 된다. 이 경우 그 뒤에는 가정을 나타내는 조사 「ば」가 접속될 수도 있는데, 이렇게 되면 다소 문장체적이 된다. 따라서 형용동사 가정형의 경우에는 일반적으로 조사 「ば」가 탈락된 형태로 사용되는데, 결국 용언(동사, 형용사, 형용동사)중에서 유일하게 조사 「ば」의 탈착이 가능한 것이 바로 형용동사의 가정형인 셈이다.

예 しずかだ → しずかなら(조용하다면)　　きれいだ → きれいなら(예쁘다면)

有名(ゆうめい)だ → 有名(ゆうめい)なら(유명하다면)　　元気(げんき)だ → 元気(げんき)なら(건강하다면)

正直(しょうじき)だ → 正直(しょうじき)なら(정직하다면)

각종 조사(助詞)의 용법

조사를 분류하는 방식은 여러 가지가 있는데, 본 사전에서는 학교문법의 분류방식을 따라 '격조사' '접속조사' '부조사' '종조사'의 네 가지로 나누어 해설한다.

• '격조사'

> 주로 명사나 명사의 자격을 지닌 말에 접속되어 어떤 말이 다른 말에 대하여 어떠한 자격을 지니고 있는가를 나타낸다. 격조사의 '격'은 '자격'을 의미하는데, 여기에 소속된 조사는 「が、の、を、に、へ、と、から、より、で、や」 등이 있다.

(1) が

1) 주어를 나타내며 우리말의 '～이(가)'에 해당된다.

⇨ 風(かぜ)が吹(ふ)く。(바람이 분다)　　道(みち)がわるい。(길이 나쁘다)

空(そら)が青(あお)い。(하늘이 푸르다)　　目(め)がきれいだ。(눈이 예쁘다)

2) 대상을 나타내며 이때는 우리말의 '～을(를)'으로 해석할 수도 있다.

⇨ 水(みず)が飲(の)みたい。(물이 마시고 싶다)　　文法(ぶんぽう)がすきだ。(문법을 좋아한다)

3Dテレビがほしい。(3D티브이를 갖고 싶다)　おすしが食べたい。(초밥을 먹고 싶다)

(2) の

1) 명사를 수식하며 우리말의 '～의'에 해당된다. 하지만 우리말에서는 '～의'가 보통 생략되는 데에 반하여 일본어에서는 명사와 명사 사이에는 반드시 조사 「の」가 들어가야만 한다.

⇨ 私の家。(우리 집)　学校の本。(학교 책)　友だちのアパート。(친구 아파트)

2) 수식구에 주어, 술어관계가 있을 때 주어를 나타내며 우리말의 '～이(가)'에 해당된다.

⇨ 風の吹く晩だった。(바람이 부는 밤이었다)　気の短いのが欠点だ。(성격이 급한 것이 결점이다)　両親の丈夫な時の写真。(부모님이 건강한 때의 사진)

3) 앞의 말을 명사화하며 우리말의 '～것'에 해당된다.

⇨ 白いのがほしい。(하얀 것이 필요하다)　きれいなのをとる。(예쁜 것을 집는다)

これが私のです。(이것이 내 것입니다)

(3) を

1) 동작의 목적물을 나타내며 우리말의 '～을(를)'에 해당된다.

⇨ 字を書く。(글씨를 쓴다)　絵をかける。(그림을 건다)

本を買う。(책을 산다)　水を飲む。(물을 마신다)

2) 경과하는 장소나 출발점을 나타내며 우리말의 '～을(를)'에 해당된다.

⇨ 道を歩く。(길을 걷는다)　空を飛ぶ。(하늘을 난다)　席を離れる。(자리를 떠난다)

(4) に

1) 장소나 시간을 나타내며 우리말의 '～에'에 해당된다.

⇨ 海に近い。(바다에 가깝다)　会場に集まる。(회장에 모인다)

六時に起きる。(6시에 일어난다)

2) 도착지점을 나타내며 우리말의 '～에'에 해당된다.

⇨ 山に登る。(산에 올라간다)　　故郷に帰る。(고향에 돌아간다)

東京駅に着く。(도쿄역에 도착한다)

3) 변화된 결과를 나타내며 우리말의 '～이(가)'에 해당된다.

⇨ 老人になる。(노인이 된다)　　水が氷になる。(물이 얼음이 된다)

お菓子が粉になった。(과자가 가루가 되었다)

4) 동작의 목적을 나타내며 우리말의 '～(하)러'에 해당된다.

⇨ 本を買いに行く。(책을 사러 간다)　　視察に来る。(시찰하러 온다)

公園へ散歩に行く。(공원에 산책하러 간다)

5) 수동의 경우는 동작주, 사역의 경우는 동작의 대상을 나타내며 우리말의 '～에게'에 해당된다.

⇨ 先生にしかられる。(선생님에게 야단맞는다)　馬に運ばせる。(말에게 나르게 한다)

(5) へ

1) 방향을 나타내며 우리말의 '～로(으로)'에 해당된다. 이 경우, 발음은 반드시 「え」로 하여야 한다.

⇨ 右へまがる。(오른 쪽으로 꺾는다)　私は六時にうちへ帰ります。(나는 6시에 집으로 돌아갑니다)　毎週の金曜日は銀行へ行く。(매주 금요일은 은행에 간다)

2) 도달하는 곳을 나타내며 우리말의 '～에(로, 으로)'에 해당된다.

⇨ 目的地へ着く。(목적지에 도착한다)　　どこへ行きますか。(어디로 갑니까?)

今年もまた富士へ登りましょう。(올해도 또 후지에 올라갑시다)

(6) と

1) 동작을 함께 하는 상대를 나타내며 우리말의 '～와(과)'에 해당된다.

⇨ 犬と遊ぶ。(개와 논다)　　友だちと出かける。(친구와 나간다)

兄と相談する。(형과 의논한다)

2) 작용의 결과를 나타내며 우리말의 '～이(가)'에 해당된다.

⇨ 文学者となる。(문학자가 된다)　　試験もあすとなった。(시험도 내일이 되었다)

氷が水となった。(얼음이 물이 되었다)

3) 병렬을 나타내며 우리말의 '～와(과)'에 해당된다.

⇨ 聞くと見るとは全くちがう。(듣는 것과 보는 것과는 전혀 다르다)

白いのと赤いのを買っておいた。(하얀 것과 빨간 것을 사두었다)

4) 비교의 대상을 나타내며 우리말의 '～와(과)'에 해당된다.

⇨ 君の方法はぼくのとちがう。(자네의 방법은 내 것과 다르다)

彼のと同じだ。(그 사람 것과 같다)

5) 인용을 나타내며 우리말의 '～고(라고)'에 해당된다.

⇨ ある本に「百聞は一見に如かず」とあった。(어떤 책에 '백문은 불여일견'이라고 되어 있었다)　ぼくは「あすは必ず行く」と答えた。(나는 '내일은 반드시 간다'고 대답했다)

(7) から

1) 동작의 기점을 나타내며 우리말의 '～부터(에서)'에 해당된다.

⇨ 学校から帰る。(학교에서 돌아온다)　　今日から新学期が始まる。(오늘부터 신학기가 시작된다)　　ここから掃除しましょう。(여기부터 청소합시다)

2) 범위나 순번 등의 기준을 나타내며 우리말의 '～부터'에 해당된다.

⇨ ここから前には出るな。(여기부터 앞으로는 나가지 마라)

今日から三日間旅行に行く。(오늘부터 3일간 여행을 간다)

(8) より

1) 비교의 기준을 나타내며 우리말의 '～보다'에 해당된다.

⇨ 花より美しい。(꽃보다 아름답다)　英語より数学がすきだ。(영어보다 수학을 좋아한다)

2) 한정의 의미를 나타내며 우리말의 '～(하는 것) 이외는'에 해당된다. 뒤에는 반드시 부정표현이 온다.

⇨ 手術するより方法がない。(수술하는 것 이외에 방법이 없다)

それでは、ことわるより仕方がない。(그러면 거절하는 것 이외에 방법이 없다)

(9) で

1) 수단이나 재료를 나타내며 우리말의 '～로(으로)'에 해당된다.

⇨ 万年筆で書く。(만년필로 쓴다)　　紙で作る。(종이로 만든다)

2) 동작이 이루어지는 장소를 나타내며 우리말의 '～에서'에 해당된다.

⇨ 公園で遊ぶ。(공원에서 논다)　　東京でくらす。(도쿄에서 지낸다)

3) 원인이나 이유를 나타내며 우리말의 '～로(으로)'에 해당된다.

⇨ 病気で苦しむ。(병으로 고생한다) ある事件で辞職する。(어떤 사건으로 사직한다)

4) 동작이 이루어지는 시간적 관계를 나타내며 우리말의 '～에(로, 으로)'에 해당된다.

⇨ 後で相談する。(나중에 의논한다)　　一週間で終わる。(일주일로 끝난다)

(10) や

1) 병렬의 의미를 나타내며 우리말의 '～이나'에 해당된다.

⇨ あれやこれやを買い求める。(이것이나 저것을 사모은다)

りんごやかきやみかんを食べる。(사과나 감이나 밀감을 먹는다)

● **'접속조사'**

용언(동사, 형용사, 형용동사), 또는 용언에 조동사가 접속된 형태에 접속되는데, 주로 앞의 말과 뒤의 말을 이어주는 역할을 한다. 접속하는 과정에서 어떠한 관계로 접속하느냐에 따라 순접 「ば、と、ので、から」와 역접 「ても(でも)、けれど(も)、が、のに」, 그리고 순접과 역접에 해당되지 않는 「ながら、し、たり(だり)、て」 등이 있다.

(1) ば

1) 순접의 가정조건을 나타내며 우리말의 '～면'에 해당된다.

⇨ 雨が降れば中止する。(비가 오면 중단한다)

高ければ買わない。(비싸면 사지 않는다)

2) 전항의 조건이 성립되면 언제나 후항의 일이 일어남을 나타내며 우리말의 '～면'에 해당된다.

⇨ 冬になれば寒くなる。(겨울이 되면 추워진다)

十を五で割れば二になる。(10을 5로 나누면 2가 된다)

3) 병렬의 의미를 나타내며 전후에 「も」가 접속되는데 우리말의 '～(하)거니와, ～(하)는가 하면'에 해당된다.

⇨ 運動もできれば成績もよい。(운동도 잘 하거니와 성적도 좋다)

野球もうまければテニスもうまい。(야구도 잘 하는가 하면 테니스도 잘 한다)

(2) と

1) 순접의 가정조건을 나타내며 우리말의 '～면'에 해당된다.

⇨ 考えるとわかる。(생각하면 알 수 있다) 早く行くとまにあう。(빨리 가면 시간에 댄다)

2) 전항의 조건이 성립되면 언제나 후항의 일이 일어남을 나타내며 우리말의 '～면'에 해당된다.

⇨ 春になると暖かくなる。(봄이 되면 따스해진다) つねるといたい。(꼬집으면 아프다)

3) 어떤 일이 일어난 경우나 문득 감지된 경우를 나타내며 우리말의 '～(하)니까, ～(했)더니'에 해당된다.

⇨ よく見るとかれだった。(잘 보니까 그였다)

家に帰るとだれもいなかった。(집에 돌아갔더니 아무도 없었다)

4) 어떤 사실을 가정하여 그것에 구애되지 않음을 나타내며 우리말의 '～(하)건'에 해당된다.

⇨ 売ろうと売るまいとかってだ。(팔건 안 팔건 제 맘이다)

どうなろうとぼくには関係がない。(어찌 되건 나에게는 관계가 없다)

(3) から

원인이나 이유를 나타내며 우리말의 '~(하)니까'에 해당된다.

⇨ 天気がよいからどこかへ行こう。(날씨가 좋으니까 어딘가에 가자)

音楽家だから感情が細かい。(음악가이니까 감정이 섬세하다)

(4) ても(でも)

1) 예상했던 결과와는 반대사실이 일어남을 나타내며 우리말의 '~(해)도'에 해당된다.

⇨ どんなによく見てもぼくにはわからない。(암만 잘 봐도 나에게는 알 수 없다)

2) 실제로 어떤 동작을 하였으나 뜻대로 되지 않음을 나타내며 우리말의 '~(해)도'에 해당된다.

⇨ しばしば注意してもだめだった。(종종 주의를 줘도 소용없었다)

どんなに読んでも意味がわからなかった。(아무리 읽어도 의미를 알 수가 없었다)

(5) けれど(も)

1) 역접의 확정조건을 나타내며 우리말의 '~(하)지만'에 해당된다.

⇨ よく注意するけれど(も)失敗ばかりする。(제대로 주의를 하지만 실패만 한다)

2) 전항을 후항에 대비하는 의미를 나타내며 우리말의 '~(하)지만'에 해당된다.

⇨ 声もよいけれど(も)、性格もよい。(목소리도 좋지만 성격도 좋다)

(6) が

1) 역접의 확정조건을 나타내며 우리말의 '~(하)지만'에 해당된다.

⇨ 雪は降るが寒くない。(눈은 오지만 춥지 않다)

考えたがわからない。(생각했지만 모르겠다)

2) 전항을 후항에 대비하는 의미를 나타내며 우리말의 '~(하)지만'에 해당된다.

⇨ 顔も美しいが姿も美しい。(얼굴도 아름답지만 모습도 아름답다)

3) 전항을 후항에 가볍게 접속하며 우리말의 '~는데'에 해당된다.

⇨ ぼくも見たが、とてもすばらしかった。(나도 봤는데 무척 멋있었다)

国語を勉強したいが、どうしたらよいでしょう。

(국어를 공부하고 싶은데 어떻게 하면 좋을까요?)

(7) のに

역접의 확정조건을 나타내며 우리말의 '~는데, ~인데'에 해당된다.

⇨ だめだと言うのにまたやって来た。(안된다고 말하는데 또 찾아왔다)

あすは試験なのに準備はまだだ。(내일은 시험인데 준비는 아직 안되었다)

(8) ので

이유나 원인을 나타내며 우리말의 '~때문에'에 해당된다.

⇨ 冬が来たので寒くなった。(겨울이 왔기 때문에 추워졌다)

気候がよいのでくらしやすい。(기후가 좋기 때문에 지내기 쉽다)

(9) し

병렬의 의미를 나타내며 우리말의 '~하(이)고'에 해당된다.

⇨ 日は暮れるし、雨は降るし、どうにもならない。(날은 저물고 비는 오고 어찌할 수가 없다)

前は海だし、後は山でとてもすばらしい。(앞은 바다이고 뒤는 산이어서 무척 멋있다)

(10) て(で)

전항과 후항을 접속하며 우리말의 '~(하)여, ~(하)고'에 해당된다.

⇨ 春になって花が咲く。(봄이 되어 꽃이 핀다)　　太くて丸い。(두텁고 둥글다)

からすが飛んでいく。(까마귀가 날아간다)

(11) ながら

1) 두 가지 동작이 동시에 이루어짐을 나타내며 우리말의 '~(하)면서'에 해당된다.

⇨ 歩きながら本を読む。(걸으면서 책을 읽는다)　　泣きながら言う。(울면서 말한다)

2) 역접으로 온당치 않은 결과가 일어남을 나타내며 우리말의 '~(하)면서(도)'에 해당된다.

⇨ 知っていながら教えない。(알고 있으면서도 가르쳐주지 않는다)

つらいながらじっとがまんしている。(괴로우면서도 지그시 참고 있다)

行きたいながら遠慮している。(가고 싶으면서도 사양하고 있다)

しろうとながら専門家よりうまい。(아마추어이면서도 전문가보다 잘 한다)

(12) たり**(**だり**)**

병렬의 의미를 나타내며 우리말의 '~(하)기도 하고'에 해당된다.

⇨ 飲んだり食べたりする。(마시기도 하고 먹기도 한다)

教えたり教えられたりする。(가르치기도 하고 배우기도 한다)

● '부조사'

> 체언과 용언뿐만 아니라, 그 밖의 여러 가지 말에 접속되는 것이 부조사의 특징이다. 부조사가 접속되면 그 위의 말이 아래의 말에 대하여 부사처럼 수식하게 되므로 부조사라는 이름이 붙여졌다. 이 조사는 문속에 위치하는 것이 보통인데, 여기에 소속된 조사로는 「は、も、こそ、さえ、でも、しか、だって、まで、ばかり、だけ、ほど、くらい(ぐらい)、きり、など、なり、やら、か」 등이 있다.

(1) は

1) 다른 것과 구별하여 특별히 주제를 내세우며 우리말의 ' 은(는)'에 해당된다.

⇨ 雪は白い。(눈은 하얗다)　　　私は行きません。(나는 가지 않습니다)

あすは曇りがちの天気です。(내일은 자주 흐린 날씨입니다)

2) 두 가지 이상의 사항을 대조하며 우리말의 '~은(는)'에 해당된다.

⇨ 君にはあるが、ぼくにはない。(자네에게는 있지만 나에게는 없다)

私は帰りますが、あなたは残りますか。(나는 돌아갑니다만 당신은 남습니까?)

3) 연용수식어를 만들며 우리말의 '~은(는)'에 해당된다.

⇨ よくは出来ない。(잘은 못한다)　　雪よりは白くない。(눈보다는 하얗지 않다)

ここでは話せない。(여기에서는 이야기할 수 없다)

(2) も

1) 어떤 하나의 사실을 들고, 그와 같은 사실이 또 존재함을 나타내며 우리말의 '～도'에 해당된다.

⇨ 私も行きます。(나도 갑니다)　　りんごも食べる。(사과도 먹는다)

野球の試合も見た。(야구시합도 봤다)

2) 위의 말을 강조하며 우리말의 '～도, ～이나'에 해당된다.

⇨ 暑くもない。(덥지도 않다)　一週間に五冊も読んだ。(일주일에 다섯 권이나 읽었다)

3) 병렬을 나타내며 우리말의 '～도'에 해당된다.

⇨ 泣きも笑いもしない。(울지도 웃지도 않는다)

しかられもほめられもしない。(야단맞지도 칭찬받지도 않는다)

(3) こそ

1) 위의 말의 의미를 강조하며 우리말의 '～야말로, ～지는'에 해당된다.

⇨ これこそ長い間探していたものだ。(이거야말로 오랫동안 찾고 있던 것이다)

雨こそ降らないが、いやな日だ。(비는 내리지 않지만 안 좋은 날이다)

叱りこそしなかったけれども、腹を立てたことは確かだ。

(야단치지는 않았지만 화를 낸 것은 확실하다)

(4) さえ

1) 하나의 사실을 들어 다른 것을 추측하게 하며 우리말의 '～조차, ～도, ～마저'에 해당된다.

⇨ 見さえしない。(보지도 않는다)　　子供にさえわかる。(아이에게조차 알 수 있다)

聞く私さえ腹が立つ。(듣는 나마저 화가 난다)

2) 한정의 의미를 나타내며 우리말의 '～만'에 해당된다.

⇨ パンさえあればよい。(빵만 있으면 된다)　かしこくさえあればよい。(현명하기만

하면 된다)　君さえ承知してくれれば、解決がつく。(자네만 승낙해주면 해결이 된다)

3) 새로운 사실의 첨가를 나타내며 우리말의 '～까지, ～마저'에 해당된다.

⇨ ありがたくさえ感じた。(고맙게까지 느꼈다)

雨が降るうえに風さえ吹き出した。(비가 오는 데다가 바람마저 불기 시작했다)

(5) でも

1) 가벼운 것을 예로 들어 그 이상의 것은 물론임을 나타내며 우리말의 '～라도'에 해당된다.

⇨ そんなことは子供でも知っている。(그런 것은 아이라도 알고 있다)

夜の12時まででも待っていよう。(밤 12시까지라도 기다리고 있겠다)

2) 대체적인 것을 나타내며 우리말의 '～라도'에 해당된다.

⇨ 散歩にでも行こう。(산책에라도 가자)

落ちでもしたらたいへんだ。(떨어지기라도 하면 큰일이다)

(6) しか

한정의 의미를 나타내며 뒤에는 반드시 부정표현이 오는데 우리말의 '～밖에'에 해당된다.

⇨ 三人しかこない。(세 명밖에 오지 않는다)　　ちょっとしかない。(조금밖에 없다)

笑うしか方法がない。(웃는 수밖에 방법이 없다)

(7) だって

가벼운 것을 예로 들어 그 이상의 것은 물론임을 나타내며 우리말의 '～(이)라도'에 해당된다.

⇨ 少しだってよい。(조금이라도 좋다)　　どこにだって行く。(어디에라도 간다)

子供だって知っている。(아이라도 알고 있다)

(8) まで

1) 동작, 때, 장소가 미치는 귀착점을 나타내며 우리말의 '～까지'에 해당된다.

⇨ いつまで続けますか。(언제까지 계속합니까?)

毎日12時まで勉強する。(매일 12시까지 공부한다)

2) 무거운 것을 예로 가벼운 것을 추측하게 하며 우리말의 '～까지'에 해당된다.

⇨ おとなにまで喜ばれる。(어른에게까지 반기게 된다)

もうやめようとまで思った。(이제 그만두려고까지 생각했다)

3) 정도, 한도를 나타내며 우리말의 '～뿐'에 해당된다.

⇨ ちょっとためしてみたまでだ。(조금 시도해봤을 뿐이다)

やらされたら行くまでだ。(시키게 되면 갈 뿐이다)

(9) ばかり

1) 정도를 나타내며 우리말의 '～쯤, ～가량, ～정도'에 해당된다.

⇨ 三時間ばかりかかった。(3시간쯤 걸렸다)　少しばかりの品。(약간정도의 물건)

2) 한정을 나타내며 우리말의 '～뿐, ～만'에 해당된다.

⇨ ただ泣くばかりだ。(그저 울 뿐이다)　ただ美しいばかりだ。(그저 아름다울 뿐이다)

(10) だけ

1) 한도를 나타내며 우리말의 '～만큼, ～만'에 해당된다.

⇨ あれだけできれば十分だ。(저만큼 할 수 있으면 충분하다)

試みるだけのことはやってみた。(시도할 만큼의 일은 해봤다)

2) 한정을 나타내며 우리말의 '～만, ～뿐'에 해당된다.

⇨ 私だけ知らない。(나만 모른다)　さわるだけならよい。(만질 뿐이라면 좋다)

君にだけ教える。(자네에게만 가르친다)

(11) ほど

정도를 나타내며 우리말의 '～정도, ～수록'에 해당된다.

⇨ もう五年ほど続いた。(이미 5년쯤 계속되었다)　かめばかむほど甘くなる。(씹으면 씹을수록 달게 된다)　心配したほどのことでもない。(걱정했을 정도의 일도 아니다)

(12) くらい(ぐらい)

1) 한정을 나타내며 우리말의 '～쯤, ～정도'에 해당된다.

⇨ 5メートルくらいはある。(5미터쯤은 된다)

少(すこ)し飲(の)ませるぐらいならよいだろう。(조금 마시게 할 정도라면 좋을 것이다)

2) 한도를 나타내며 우리말의 '～쯤은, ～정도는'에 해당된다.

⇨ たまにぐらい来(き)なさい。(가끔 쯤은 오너라) せめて手紙(てがみ)をくれるぐらいはできるだろう。(적어도 편지를 줄 정도는 할 수 있을 것이다)

(13) きり

한정을 나타내며 우리말의 '～뿐'에 해당된다.

⇨ もうこれきりですよ。(이제 이것뿐이에요) 一度(いちど)見(み)たきりだ。(한번 봤을 뿐이다)

(14) など

1) 어떤 것을 예로 들어 그 밖에도 또 있음을 나타내며 우리말의 '～등'에 해당된다.

⇨ 本(ほん)などを読(よ)んでくらす。(책등을 읽으며 지낸다)

かきやりんごなどがすきだ。(감이나 사과 등을 좋아한다)

(15) なり

1) 대체적인 것을 나타내며 우리말의 '～같은 것, ～든지'에 해당된다.

⇨ 雑誌(ざっし)なりを読(よ)んでひまをつぶそう。(잡지 같은 것을 읽으며 시간을 보내자)

どこへなり行(い)きなさい。(어디에든지 가거라)

2) 병렬하여 그 중에서 어느 것인가를 선택하는 의미를 나타내며 우리말의 '～든지'에 해당된다.

⇨ お茶(ちゃ)なりコーヒーなり早(はや)くください。(차든지 커피든지 빨리 주십시오)

行(い)くなりやめるなりすきなようにしなさい。(가든지 그만두든지 좋은 대로 해라)

3) 정도를 나타내며 우리말의 '～대로'에 해당된다.

⇨ 中止(ちゅうし)したままそれなりになってしまった。(중단된 채 그대로 되어 버렸다)

4) 입장이나 경우를 나타내며 우리말의 '～나름대로'에 해당된다.

⇨ ぼくはぼくなりに行動(こうどう)する。(나는 내 나름대로 행동한다)

(16) やら

1) 불확실을 나타내는데, 우리말의 '～인지'에 해당된다.

⇨ どこにやら出(で)て行(い)った。(어디로인지 나갔다)

何(なに)やらわからないことを言(い)っている。(뭔지 알 수 없는 말을 하고 있다)

2) 병렬을 나타내며 우리말의 '～라든지'에 해당된다.

⇨ 歌(うた)うやら騒(さわ)ぐやらたいへんだった。(노래를 부른다든지 떠든다든지 야단법석이었다)

(17) か

1) 불확실을 나타내며 우리말의 '～인지'에 해당된다.

⇨ どこへ行(い)くのか教(おし)えなさい。(어디로 가는 건지 가르쳐다오)

どこへ行(い)ってきたかを言(い)いなさい。(어디에 갔다 왔는지를 말해라)

2) 병렬을 나타내며 우리말의 '～나, ～인지'에 해당된다.

⇨ 山(やま)か海(うみ)かへ行(い)きます。(산이나 바다로 갑니다)

するかやめるかを早(はや)くきめなさい。(할 건지 말건지를 빨리 정해라)

● '종조사'

> 문말이나 문절에 접속되어 의문, 금지, 감동, 강조 등의 의미를 나타내는 조사이다. 여기에 소속되는 것은 「か、な、ぞ、とも、よ、の、わ、や、ね、な、な(あ)」 등이 있다.

(1) か

1) 의문을 나타내며 우리말의 '～까?, ～가?'에 해당된다.

⇨ これはだれの本(ほん)か。(이건 누구 책이냐?)　あなたも行(い)きますか。(당신도 갑니까?)　そんなに楽(たの)しいか。(그렇게 즐거운가?)

2) 반어를 나타내며 우리말의 '～나?'에 해당된다.

⇨ そんなことがあるものか。(그런 일이 있겠나?)

(2) な

금지를 나타내며 우리말의 '～마라'에 해당된다.

⇨ 心配するな。(걱정하지마라)　　どこへも行くな。(아무데도 가지마라)

決して追い越されるな。(결코 추월당하지마라)

(3) な**(**あ**)**

감동을 나타내며 우리말의 '～구나'에 해당된다.

⇨ うまくできるな(あ)。(잘 하는구나)　　とてもうまいな(あ)。(무척 맛있구나)

ずいぶんきれいだな(あ)。(엄청나게 예쁘구나)

(4) ぞ

강조를 나타내는데 우리말에는 이에 해당되는 말은 없다.

⇨ そら、なげるぞ。(자, 던진다!)　　これはすごいぞ。(이건 엄청나네!)

犬にかみつかれるぞ。(개한테 물린다고!)

(5) とも

강조를 나타내며 우리말의 '～(하)고 말고'에 해당된다.

⇨ ぼくだって書けるとも。(나도 쓸 수 있고말고)　ほんとにきれいだとも。(정말로 예쁘고말고)　必ず行きますとも。(꼭 가고말고요)

(6) よ

다짐을 두거나 주장을 하는데 우리말에는 이에 해당되는 말은 없다.

⇨ 君が行けよ。(자네가 가라)　　うん、行くよ。(응, 갈게)

ぼくはいやだよ。(난 싫다고)　　あすは晴れそうだよ。(내일은 맑을 것 같아)

(7) の

1) 의문을 나타내며 우리말의 '～(하)니?'에 해당된다.

⇨ 何を書くの。(무얼 쓰니?)　　どちらがおいしいの。(어느 쪽이 맛있니?)

2) 말하는 사람의 주장을 나타냈는데 주로 여성이 사용한다.

⇨私も見たの。(나도 봤어)　　この家はとても静かなの。(이 집은 무척 조용해)

(8) わ

감동적으로 의미를 강조하는데 주로 여성이 사용한다. 우리말에는 이에 해당되는 말은 없다.

⇨ だれか見ているわ。(누군가 보고 있어요)　　ずいぶん深いわ。(무척 깊어요)

まあ驚いたわ。(어머 놀랐어요)

(9) や

1) 다짐을 두는데 사용되는데 우리말에는 이에 해당되는 말은 없다.

⇨ ぼくにだってできるや。(나에게도 할 수 있어)

とてもおもしろいや。(무척 재미있어)　　もうよそうや。(이제 그만두자)

2) 누군가를 부를 때 사용되며 우리말의 '～야'에 해당된다.

⇨ 花子や、ちょっとおいで。(하나코야, 잠깐 오너라!)

(10) な

문절과 문절사이에 들어가 사용되며 우리말의 '～있잖아, ～말이야'에 해당된다.

⇨ 私はな、(나는 있잖아)　　これでもな、(이래도말이야)

(11) ね(え)

문절과 문절사이에 들어가 사용되거나 가벼운 감동을 나타내며 우리말의 '～말이야, ～있잖아, ～로구나'에 해당된다.

⇨ これはね、とてもおいしいのよ。(이건 말이야, 무척 맛있는 거야)

しかしね、私には少しあますぎますね。(하지만 있잖아, 나에게는 좀 너무 달아요)

とてもおいしいね。(무척 맛있구나)　　君も来るね。(자네도 오는구나)

(12) さ

가벼운 단정을 나타내는데 우리말에는 여기에 해당되는 말은 없다.

⇨ ぼくも行くさ。(나도 갈 거야)　　まあいいさ。(뭐 됐어!)

あれがぼくの家さ。(저것이 내 집이야)

사역(使役)

우리말의 '~에게 ~(하)게 하다'라는 표현을 사역형이라고 하는데 이는 자발적으로 행동하는 것이 아니고 주어가 다른 사람에게 어떠한 영향을 주어서 행동하게 하는 것을 말한다. 동사의 사역형은 미연형(5단동사의 경우에는 어미 「う」단을 「あ」단으로 바꾸고, 상, 하1단동사의 경우에는 「る」를 탈락시킨 형태)에 '~(하)게 하다'라는 의미를 지니고 있는 사역의 조동사 「~せる、~させる」를 접속시킴으로써 만들 수 있는데 그 방법은 다음과 같다.

(1) 5단동사 → 미연형+せる

예 飲む(마시다) → 飲ませる(마시게 하다)

書く(쓰다) → 書かせる(쓰게 하다)

乗る(타다) → 乗らせる(타게 하다)

いそぐ → いそがせる(서둘게 하다)

よぶ → よばせる(부르게 하다)　つくる → つくらせる(만들게 하다)

もつ → もたせる(갖게 하다)　てつだう → てつだわせる(돕게 하다)

なおす → なおさせる(고치게 하다)

(2) 상, 하1단동사 → 미연형+させる

예 煮る(삶다) → 煮させる(삶게 하다)

食べる(먹다) → 食べさせる(먹게 하다)

みる → みさせる(보게 하다)　おきる → おきさせる(일어나게 하다)

かける → かけさせる(걸게 하다)　しらべる → しらべさせる(조사하게 하다)

おぼえる → おぼえさせる(외우게 하다)

(3) カ행변격동사 → こ+させる

サ행변격동사 → さ+せる

私は弟をそちらへ行かせます。(나는 남동생을 그쪽으로 가게 합니다)

妹に料理を作らせます。(여동생에게 요리를 만들게 합니다)

子どもたちを庭で遊ばせます。(아이들을 뜰에서 놀게 합니다)

友達(ともだち)にお金(かね)を払(はら)わせます。(친구에게 돈을 내게 합니다)

あの人(ひと)にこの仕事(しごと)をやらせます。(저 사람에게 이 일을 하게 합니다)

学生(がくせい)に電話(でんわ)をかけさせます。(학생에게 전화를 걸게 합니다)

妹(いもうと)にくつを片付(かたづ)けさせます。(여동생에게 신발을 정리하게 합니다)

お茶(ちゃ)を持(も)ってこさせます。(차를 가져오게 합니다)

家内(かない)にシャツを洗濯(せんたく)させます。(아내에게 셔츠를 빨게 합니다)

수동(受身(うけみ))

주어의 의지로 어떠한 행동을 하게 되는 것이 아니고, 주어의 의지와는 관계없이 다른 요인으로 인하여 주어가 어떠한 행동을 받게 되는 것을 말한다. 동사의 수동형은 미연형(5단동사의 경우에는 어미 「う」단을 「あ」단으로 바꾸고, 상, 하1단동사의 경우에는 「る」를 탈락시킨 형태)에 '~(하)게 되다'라는 의미를 지니고 있는 수동의 조동사 「~れる、~られる」를 접속시킴으로써 만들 수 있는데 그 방법은 다음과 같다.

(1) 5단동사 → 미연형+れる

예 飲(の)む(마시다) → 飲(の)まれる(마시게 되다)

書(か)く(쓰다) → 書(か)かれる(쓰여 지다)

出(だ)す(내다) → 出(だ)される(내어지다)

(2) 상, 하1단동사 → 미연형+られる

예 見(み)る(보다) → 見(み)られる(보여지다)

食(た)べる(먹다) → 食(た)べられる(먹히다)

(3) カ행변격동사 → こ+られる

サ행변격동사→ さ+れる

太郎は先生にしかられました。(다로는 선생님에게 야단맞았습니다)

私は後ろの人に押されました。(나는 뒷사람에게 떠밀렸습니다)

泥棒は巡査につかまえられました。(도둑은 순경에게 붙잡혔습니다)

雪子は先生にほめられました。(유키코는 선생님에게 칭찬받았습니다)

友達に来られて、勉強ができませんでした。(친구가 (갑자기)와서 공부를 할 수 없었습니다)

悪いことをされるのではないかと心配しました。

(나쁜 일을 당하는 것은 아닌가 하고 걱정했습니다)

일본어에서는 자동사도 수동으로 바뀔 수가 있는데 이때의 의미는 대체로 '피해를 입는다'라든지 '폐가 된다'는 등의 뉘앙스를 지니게 된다.

예 来る途中で雨に降られた。(오는 도중에 비를 맞았다)

留守の時、泥棒に入られた。(집이 비었을 때, 도둑이 들어 왔다)

昨晩、友だちに来られて勉強できませんでした。

(어젯밤, 친구가 (갑자기)와서 공부할 수가 없었습니다)

경어에 관하여

일본어의 경어는 크게 존경어, 겸양어, 정중어의 세 가지로 분류할 수 있다. 이 중에서 존경어와 겸양어는 눈앞에 있는 상대방이나 눈앞에 있지는 않지만 대화에 떠 올라있는 제3의 인물을 높여서 표현하는 말투이다. 한편, 정중어는 다만 눈앞에 있는 상대방을 정중하게 대우하는 말투이다. 간단히 말해서 반말을 쓰는 것이 아니라 존댓말을 쓰는 것으로 생각하면 된다. 우리말을 예로 알기 쉽게 설명하자면, '말한다'의 경우, '말씀하신다'가 존경어이며, '말씀드린다, 말씀 올린다'가 겸양어가 된다. 아울러, '말한다'를, '말합니다, 말씀하십니다, 말씀 드립니다'라고 표현하는 것이 정중어가 되는 셈이다. 이렇게 볼 때, 결국, 존경어는 상대방의 동작이나 상태를 높여서 표현하는 말투이며, 겸양어는 자신의 동작이나 상태를 낮춤으로써 간접적으로 상대방을 높이는 효과가 있는 말투인 것이다. 궁극적으로 존경어나 겸양어 모두 상대방을 높인다고 하는 점에서는 동일한 효과를 지니는 말투인 셈이다.

1) 존경어

상대방의 동작이나 상태를 높임으로써 직접적으로 존경을 표시하는 말투인데, 그 주된 방법만 나열하면 다음과 같다.

A. 동사 연용형에 「お」와 「~になる」 를 앞뒤로 접속한다.

「お＋동사연용형＋になる」

飲む → お飲みになる(드신다)　　出かける → お出かけになる(나가신다)

会う → お会いになる(만나신다)　　楽しむ → お楽しみになる(즐기신다)

喜ぶ → お喜びになる(기뻐하신다)　　話す → お話しになる(이야기하신다)

譲る → お譲りになる(양보하신다)

대부분의 동사는 이와 같이 하면 되나 예외도 있어서 「お言いになる、お食べになる」는 그다지 사용하지 않는다. 왜냐하면, 후술하듯이 이러한 동사는 이미 거기에 걸 맞는 경어동사(言う → おっしゃる(말씀하신다)、食べる → 召上がる(드신다))가 존재하기 때문이다. 또한, 일부한자어의 경우에도 그 동작주가 상대방인 경우에는 위의 방법으로 존경어를 나타내는데, 이 경우, 주로 접두어 「ご」가 쓰이는데 주의하여야한다(이 사항은 후술).

⇨ 登場する → ご登場になる(등장하신다)　出席する → ご出席になる(참석하신다)

B. 경어동사를 이용한다.

한정적이나마 경어도가 매우 높은 경어동사가 사용되고 있으므로 이를 하나씩 암기하여 두는 것이 좋다.

⇨ いる → いらっしゃる(계신다, 가신다, 오신다)　　する → なさる(하신다)

言う → おっしゃる(말씀하신다)　　食べる → 召上がる(드신다)

くれる → くださる(주신다)　着る → 召す(입으신다)　来る→ 見える(오신다)

위에서 보다시피, 「いらっしゃる」의 경우는 「いる､来る､行く」에 대한 경어동사로 활발하게 쓰이고 있으므로 문맥을 통한 용법의 구별을 하여야 하는데, 이는 조금만 익숙해지면 그다지 어렵지 않게 이루어진다.

C. 조동사 「れる､られる」를 첨가한다.

⇨ 食べる → 食べられる(드신다)　行く → 行かれる(가신다)

会う→ 会われる(만나신다)　出かける → 出かけられる(나가신다)

위에서 보다시피, 「～れる」는 5단동사에, 「～られる」는 그 밖의 동사미연형에 접속된다. 다만, 이와 같은 방식은 조동사 「れる､られる」가 존경이외에도 여러 가지 의미를 나타내는 관계로 다소 혼동될 여지가 있으므로 사용에 주의하여야 한다. 아울러, 이러한 방식은 위에서 열거한 방식보다는 다소 경어도가 떨어지는 경향이 있음도 인식할 필요가 있다.

2) 겸양어

자신의 동작을 낮춤으로써 간접적으로 상대방에 대한 존경을 표시하는 말투인데, 다음과 같은 방법으로 나타낸다. 그 주된 방법만 나열하면 다음과 같다.

A. 동사연용형에 「お」와 「する」를 앞뒤로 접속한다.

「お＋동사연용형＋する」

話す → お話しする(말씀드린다)　会う → お会いする(만나 뵙는다)

書く → お書きする(써드린다)　招く → お招きする(초대해드린다)

訪ねる → お訪ねする(찾아뵙는다)　渡す → お渡しする(건네 드린다)

届ける → お届けする(배달해드린다)　助ける→お助けする(도와드린다)

つぐ→おつぎする((술 등을)따라드린다)

대부분의 동사는 이와 같이 하면 되나, 다만 주의할 것은 어디까지나 상대방과의 관계가 정립되어 있는 동작에 한하여 이러한 용법을 구사할 수 있다는 점이

다. 「話す、会う、書く、招く、訪ねる」 등은 모두가 상대방을 전제로 한 동작이다. 또한, 일부한자어의 경우에도 그 동작주가 말하는 자신인 경우에는 위의 방법으로 겸양어를 만들 수 있는데, 이 경우, 주로 접두어 「ご」가 쓰이는데 주의하여야 한다(이 사항도 후술).

⇨ 協力する → ご協力する(협력해드린다)　連絡する → ご連絡する(연락드린다)

B. 겸양어동사를 이용한다.

한정적이나마 겸양어동사가 존재하고 있으며, 이는 「お＋동사연용형＋する」를 이용하는 것보다 훨씬 경어도가 높아지게 되므로 하나씩 암기하여 두는 것이 좋다.

⇨ 訪ねる → うかがう(찾아뵙는다)　聞く → うかがう(듣는다(우리말에 이에 해당되는 말이 없음))　質問する → うかがう(여쭙는다)　言う → 申し上げる(말씀드린다)　会う → お目にかかる(만나 뵙는다)　見せる → お目にかける、ご覧にいれる(보여드린다)　もらう → いただく、頂戴する(받는다(우리말에 이에 해당되는 말이 없음))　与える → 差し上げる(드린다)　いる → おる(있다(우리말에 이에 해당되는 말이 없음))　する → 致す(한다(우리말에 이에 해당되는 말이 없음))　行く → まいる(간다(우리말에 이에 해당되는 말이 없음))　来る → まいる(온다(우리말에 이에 해당되는 말이 없음))

위에서 보듯이 「訪ねる、聞く、質問する」의 겸양어동사는 「伺う」가 주로 사용되며, 「行く、来る」는 「参る」가 사용되므로 문맥을 보고 선별적으로 이용해야 하나, 이 역시 금방 익숙해지므로 그리 신경 쓸 필요는 없다.

3) 정중어(丁寧語)

말 그대로 상대방에 대하여 정중함을 나타내기 위한 말투이다. 주로, 예의바른 어법을 구사하거나 품위 있는 어법을 구사하기 위하여 사용된다. 문말에 사용되

는「です、ます、ございます」등이 주된 것으로 이는 어디까지나 눈앞에 있는 상대방을 예우하기 위한 말투가 된다.

물론, 이 밖에도 다양한 정중어가 있으나 이에 관해서는 해당항목별로 상술하기로 한다.

⇨ 着物(きもの) → お着物(きもの)、天気(てんき) → お天気(てんき)、飯(はん) → ご飯(はん)、米(こめ) → お米(こめ)、菓子(かし) → お菓子(かし)、 みそしる → おみそしる、 ひさしぶりです → おひさしぶりでございます、 静(しず)かだ → お静(しず)かですね、 そうです → さようでございます、 もう少(すこ)し待(ま)ってください → もうしばらくお待(ま)ち下(くだ)さい

위에 열거한 말들이 정중어인데, 실제로 정중어로 포장했다고 해서 내용과 의미가 달라지는 것은 아니지만, 역시 말의 품위가 높아지거나 미화되는 것만은 사실이다.

이상에서 살펴보았듯이, 경어에는 크게 나누어 상대방에 관계되는 것(존경어)과 자신에 관계되는 것(겸양어)의 두 가지가 있음을 일단은 염두에 둘 필요가 있다.

(あなたが)お話(はな)しになります → 말씀하십니다.
(わたしが)お話(はな)しします → 말씀드리겠습니다.
(あなたが)召上(めしあ)がってください → 드십시오.
(わたしが)いただきます → 잘 먹겠습니다.
(あなたが)人(ひと)を、おさがしになる → 사람을 찾으신다.
(わたしが)人(ひと)を、おさがしする → 사람을 찾는다.

위에서 보듯이, 상대방의 동작(위 예문의 경우는 あなた)은 높이고 말하는 자신의 동작(위 예문의 경우는 わたし)은 철저히 낮춘다. 다만,「いただきます」와「人(ひと)を、おさがしする」의 경우, 이에 맞는 우리말이 없는 점에 근본적인 양국어 경어체계의 차이가 엿보인다.

이하, 기본적인 동사의 경어동사와 겸양어동사를 열거해 둔다.

普通語	尊敬語	謙譲語
いる	いらっしゃる、おいでになる	おる
する	なさる	いたす
行く	いらっしゃる	参る
来る	お見えになる、お越しになる	参る
会う	お会いになる	お目にかかる
見る	ご覧になる	拝見する
見せる	お見せになる	お見せする
言う	おっしゃる	申す、申し上げる
聞く	お聞きになる	うかがう、うけたまわる
知っている	ご存じである	存じている
持っていく	お持ちになる	持参する
食べる	召上がる	いただく
もらう	お受けになる	いただく、頂戴する

이상, 일본어 경어체계의 기본을 살펴보았는데, 보다 구체적인 경어표현에 관해서는 아래에 대표적인 사항을 열거하여 둔다.

お+동사연용형+する(겸양표현)

| 용법 | 자신의 동작에 대하여 겸손하게 표현하는 겸양형식이다. 「お待ちする」「お届けする」와 같이 쓰이며, 한자어의 경우에는 「ご辞退する」「ご協力する」와 같이 쓰인다. 다만, 이 형식에 들어갈 수 있는 동사는 모두 자신의 동작이 상대방에게 무언가의 영향을 미치는 경우에 한정되며, 상대방과는 관계없이 오로지 자신만의 동작으로 끝나는 경우, 즉, 「お眠りする」「お食

べする」와 같은 형식은 성립되지 않는다. 겸양어형식 중에서 가장 일반적으로 널리 쓰이는 것으로 누구에게 사용해도 손색이 없는 형식이다.

⇨ 話す → お話しする、会う → お会いする、書く → お書きする、招く → お招きする、訪ねる → お訪ねする、渡す → お渡しする、届ける → お届けする、助ける → お助けする、つぐ → おつぎする、待つ → お待ちする、送る → お送りする、願う → お願いする

대부분의 동사는 이와 같이 하면 되나, 다만 주의할 것은 앞서 말했듯이 어디까지나 상대방과의 관계가 정립되어 있는 동작이나 상태에 한하여 이러한 용법을 구사할 수가 있다는 점이다. 「話す、会う、書く、招く、訪ねる」등은 모두 상대방을 전제로 한 동작이다. 또한 일부한자어의 경우에도 그 한자어가 동작성을 지니고 있으며, 아울러 그 동작주가 말하는 자신일 뿐만 아니라 상대방을 전제로 한 경우에는 위의 방법으로 겸양어를 만들 수 있는데, 이 때에는 주로 접두어 「ご」가 쓰이는데 주의하여야 한다.

⇨ 協力する → ご協力する、連絡する → ご連絡する、 案内する → ご案内する、 招待する → ご招待する

| 예문 | 私がかばんをお持ちします。(제가 가방을 들어드리겠습니다)

雨になりましたね。私のかさをお貸ししましょうか。

(비가 오는군요. 제 우산을 빌려드릴까요?)

それでは明日午後2時に駅でお待ちします。

(그러면 내일 오후 2시에 역에서 기다리겠습니다)

空港までは私がお送りしたいと思います。(공항까지는 제가 전송하고자 합니다)

先日(せんじつ)お世話(せわ)になったお礼(れい)かたがた、部長(ぶちょう)のお宅(たく)にお寄(よ)りしました。
(일전에 신세를 진 인사를 할 겸해서 부장님 댁에 들렀습니다)

お+동사연용형+いたす(겸양표현)

| 용법 | 이는 「お+동사연용형+する」의 형식보다 다소 경어도가 높은 표현이 된다. 말할 것도 없이 「する」의 겸양어동사 「いたす」가 사용되었기 때문이다.

⇨ 話(はな)す → お話(はな)しいたす、会(あ)う → お会(あ)いいたす、書(か)く → お書(か)きいたす、招(まね)く → お招(まね)きいたす、訪(たず)ねる → お訪(たず)ねいたす、渡(わた)す → お渡(わた)しいたす、届(とど)ける → お届(とど)けいたす、助(たす)ける → お助(たす)けいたす、つぐ → おつぎいたす、待(ま)つ → お待(ま)ちいたす、送(おく)る → お送(おく)りいたす、 願(ねが)う → お願(ねが)いいたす

이러한 표현은 공적인 장소나 처음 보는 사람 앞에서 사용하기에 매우 적합하다. 또한, 일부한자어의 경우, 그 동작주가 말하는 자신이며 상대방이 전제되어있는 때에는 위의 방법으로 겸양어를 만들 수 있는데, 이 경우, 주로 접두어 「ご」가 쓰이는 점에 주의하여야 한다.

⇨ 協力(きょうりょく)する → ご協力(きょうりょく)いたす、連絡(れんらく)する → ご連絡(れんらく)いたす、案内(あんない)する → ご案内(あんない)いたす、招待(しょうたい)する → ご招待(しょうたい)いたす

| 예문 | 私(わたし)がカバンをお持(も)ちいたします。(제가 가방을 들어드리겠습니다)

お名前(なまえ)をお呼(よ)びいたしますので、それまでここでお待(ま)ちください。
(성함을 부를 것이므로 그때까지 여기에서 기다려 주십시오)
のちほどこちらから改(あらた)めてご連絡(れんらく)いたします。

(나중에 이쪽에서 다시 연락드리겠습니다)

それでは会場の方へご案内いたします。(그러면 회장으로 안내해 드리겠습니다)

今回の件につきましては、皆様の納得の行くまでご説明いたしたいと存じます。

(이번 건에 관해서는 여러분의 납득이 갈 때까지 설명해드리고자 생각합니다)

お+동사연용형+申し上げる(겸양표현)

|용법| 다양한 종류의 겸양어형식 중에서 가장 경어도가 높은 표현이다. 왜냐하면, 가장 경어도가 높은 동사 「申し上げる」가 사용되고 있기 때문인데, 이 경우의 「申し上げる」는 「言う」에 대한 겸양어동사가 아니라 단지 「する」에 대한 겸양어동사로 쓰였음에 주의하여야 한다.

⇨ 話す → お話し申し上げる、会う → お会い申し上げる、書く → お書き申し上げる、招く → お招き申し上げる、訪ねる → お訪ね申し上げる、渡す → お渡し申し上げる、届ける → お届け申し上げる、助ける → お助け申し上げる、つぐ → おつぎ申し上げる、待つ → お待ち申し上げる、送る → お送り申し上げる、願う → お願い申し上げる

이와 같은 겸양어형식은 주로 서간문 같은 문장체에서 쓰이며, 회화체의 경우에는 최대한의 정중함을 표현하고자 할 때에 쓰인다. 또한, 일부한자어의 경우에는 다음과 같은 겸양표현으로 만들 수가 있다.

⇨ 協力する → ご協力申し上げる、連絡する → ご連絡申し上げる、 案内する → ご案内申し上げる、 招待する → ご招待申し上げる

お+동사연용형+いただく(겸양표현)

|용법| 일본어특유의 겸양어형식이다. 즉, 「もらう」에 대한 겸양어동사 「いただく」를 사용함으로서 상대방에게 무언가를 정중하게 부탁하는 의미를 나타내게 된다. 우리말의 '~(해) 주신다'정도에 해당되는 것으로 보면 되는데, 다만, 위의 형식대로만 표현하면 상대방에게 부탁하는 강도가 높아질 우려가 있으므로 보통은 문말의 표현을 부드럽게 하기 위해 「~いただきたいのです、~いただきたいのですが、~いただいてよろしいでしょうか」등의 표현으로 바꾸는 것이 바람직하다.

⇨ 話す → お話しいただく、会う → お会いいただく、書く → お書きいただく、招く → お招きいただく、訪ねる → お訪ねいただく、渡す → お渡しいただく、助ける → お助けいただく、つぐ → おつぎいただく、待つ → お待ちいただく、送る → お送りいただく、届ける → お届けいただく

이 경우에도 일부한자어의 경우에는 다음과 같이 겸양어표현으로 만들 수가 있다.

⇨ 協力する → ご協力いただく、連絡する → ご連絡いただく、案内する → ご案内いただく、招待する → ご招待いただく

|예문| 今日は遠いところをわざわざお集まりいただきましてありがとうございます。

(오늘은 먼 곳에서 일부러 모여 주셔서 감사합니다)

ここにお名前とご住所をお書きいただいて、あちらの窓口へお出しください。

(여기에 성함과 주소를 쓰시고 저쪽 창구로 제출하여 주십시오)

お忙しいのにご連絡いただき、まことに恐縮しております。

(바쁘실 텐데 연락을 주셔서 대단히 송구스럽습니다)

동사미연형+(さ)せていただく(겸양표현)

| 용법 | 이 형식 또한 겸양어형식으로 일상의 언어생활에서 매우 빈번하게 쓰이고 있다. 주로 자신이 어떤 동작을 취하는 과정에 있어서 상대방의 허락을 구하는 것 같은 어감이 주어져서 얼핏 매우 정중한 것 같이 보이지만 실제로는 상대방의 의지와는 상관없이 일방적으로 자신이 어떠한 동작을 취할 것임을 통보하는 표현에 지나지 않는다. 그러한 이유로 표면적인 것과는 달리 표현자체는 그다지 정중한 편이 못되므로 사용에 신중을 기할 필요가 있다. 아울러, 사역의 조동사 「せる」는 5단동사와 「サ」행변격동사 「する」의 미연형(이 경우 「する」의 미연형은 「さ」)에, 「させる」는 그 밖의 동사미연형에 접속됨에 주의하여야 한다.

⇨ 話(はな)す→話(はな)させていただく、会(あ)う → 会(あ)わせていただく、書(か)く → 書(か)かせていただく、訪(たず)ねる → 訪(たず)ねさせていただく、渡(わた)す → 渡(わた)させていただく、届(とど)ける → 届(とど)けさせていただく、助(たす)ける → 助(たす)けさせていただく、つぐ→つがせていただく、待(ま)つ → 待(ま)たせていただく、送(おく)る → 送(おく)らせていただく

お+동사연용형+になる(존경표현)

| 용법 | 가장 일반적으로 널리 사용되는 존경어형식으로 누구에게 사용해도 손색이 없다. 대부분의 동사는 이와 같이 하면 우리말의 '～(하)시다'에 해당되는 존경어를 얼마든지 만들 수 있다. 하지만, 예외도 있어서 「お言(い)いになる、お食(た)べになる」는 그다지 사용하지 않는다. 왜냐하면 이러한 동사는

이미 거기에 걸 맞는 경어동사(言う → おっしゃる、食べる → 召し上がる)가 존재하기 때문이다.

⇨ 飲む → お飲みになる、出かける → お出かけになる、会う → お会いになる、楽しむ → お楽しみになる、喜ぶ → お喜びになる、話す → お話しになる、譲る → お譲りになる、読む → お読みになる、座る → お座りになる、乗る → お乗りになる、帰る → お帰りになる、書く → お書きになる

또한, 일부한자어의 경우에도 그 동작주가 상대방일 때에는 위의 방법으로 존경어를 나타내는데, 이 경우, 접두어 「ご」가 쓰이는데 주의하여야한다.

⇨ 登場する → ご登場になる、出席する → ご出席になる

|예문| 社長はお宅へお帰りになります。(사장님은 댁으로 돌아가십니다)

部長は国際電話をおかけになるそうです。(부장님은 국제전화를 거신다고 합니다)

奥様はカメラをお買いになりました。(사모님은 카메라를 사셨습니다)

この絵は山本さんご自身がお描きになったそうです。

(이 그림은 야마모토씨 자신이 그리셨다고 합니다)

今度大阪においでになる時には、ぜひうちにお泊まりになってください。

(이번에 오사카에 오실 때에는 꼭 저희 집에 묵으셔 주십시오)

お+동사연용형+くださる(존경표현)

|용법| 상대방의 동작이나 상태를 높이되 상대방의 동작으로 인하여 어떠한 은혜를 입게 됨을 나타내는 존경어형식이다. 우리말의 '~(해) 주시다'에

해당되는 표현으로 생각하면 좋을 것이다. 「くださる」에 「ます」가 접속될 때는 「くださいます」로 변음되며, 그 명령형은 「ください」로 되는 것에 주의하여야 한다.

⇨ 会う → お会いくださる、楽しむ → お楽しみくださる、話す → お話しくださる、

譲る → お譲りくださる、読む → お読みくださる、座る → お座りくださる、

乗る → お乗りくださる、帰る → お帰りくださる、書く → お書きくださる

또한, 일부한자어의 경우에도 그 동작주가 상대방일 때에는 위의 방법으로 존경어를 나타내는데 이 경우, 접두어 「ご」가 쓰이는데 주의하여야 한다.

⇨ 登場する → ご登場くださる、出席する → ご出席くださる、

研究する → ご研究くださる、案内する → ご案内くださる

| 예문 | 今日お話しくださる先生は、東西大学の山田先生です。

(오늘 말씀해 주실 선생님은 동서대학의 야마다선생님입니다)

お忙しいのにおいでくださって、本当にありがとうございます。

(바쁘실 텐데 와주셔서 대단히 감사합니다)

冷たいビールではありませんが、どうぞお飲みください。

(차가운 맥주는 아닙니다만 드셔주십시오)

お+동사연용형+です(존경표현)

| 용법 | 단정을 나타내는 존경어로 「です」 대신에 「であります」「でございます」가 사용될 수도 있다. 하지만 이러한 형식에 들어갈 수 있는 명사에는 그 수가 극히 제한되어있어 거의 관용적인 수준에 머물고 있다. 「お+동사연용형+

だ」의 형태로 「柴田さんがお待ちです」(시바타씨가 기다리고 계십니다) 「今時間、おありですか?」(지금, 시간 있으십니까?) 「課長、お呼びでしょうか」(과장님, 부르셨습니까?)와 같이 쓰이곤 한다.

|예문| 林先生は別荘をお持ちだそうですよ。(하야시선생님은 별장을 갖고 계신다네요)

今年の夏休みはどちらでお過ごしですか。(금년 여름은 어디에서 지내십니까?)

昨日は大阪にお泊まりでしたか。(어제는 오사카에 묵으셨습니까?)

部長は明日からご旅行です。(부장님은 내일부터 여행이십니다)

お+동사연용형+なさる(존경표현)

|용법| 상대방의 동작을 높여서 표현하는 존경어형식으로 「お＋연용형＋になる」 만큼 많이 쓰이지는 않지만, 여전히 사용가치는 높은 형식이다. 「なさる」에 「ます」가 접속될 때는 「なさいます」로 변음되는 것에 주의하여야 한다.

⇨ 飲む → お飲みなさる、出かける → お出かけなさる、会う → お会いなさる、楽しむ → お楽しみなさる、喜ぶ → お喜びなさる、話す → お話しなさる、譲る → お譲りなさる、読む → お読みなさる、座る → お座りなさる、乗る → お乗りなさる、帰る → お帰りなさる、書く → お書きなさる

또한, 일부한자어의 경우에도 그 동작주가 상대방일 때에는 위의 방법으로 존경어를 나타내는데, 이 경우, 접두어 「ご」가 쓰이는데 주의하여야 한다.

⇨ 登場する → ご登場なさる、出席する → ご出席なさる、研究する →ご

研究なさる、案内する → ご案内なさる

| 예문 | あの先生がお話しなさったことは、多くの人たちにとって生きていく心の支えとなるだろう。(저 선생님이 이야기하신 것은 많은 사람들에게 있어서 살아 가는 마음의 버팀목이 될 것이다) アメリカへはいつご出発なさるんですか。(미국에는 언제 출발하시는 겁니까?) 今度あなたがその方とお食事なさる時に、一度ご一緒させていただけるとうれしいのですが。(이번에 당신이 그 분과 식사하실 때에 한 번 함께 하게 해 주실 수 있다면 기쁘겠습니다만)

お + 동사연용형+願う(겸양표현)

| 용법 | 상대방에게 무언가를 정중하게 부탁하는 겸양어형식이다. 우리말의 '~(해) 주시기 바랍니다'정도에 해당되는 표현으로 생각하면 좋을 것이다. 주로 「願えますか」「願いたいのですが」의 형태로 사용되는 일이 많다.

⇨ 話す → お話ねがう、会う → お会いねがう、書く → お書きねがう、招く → お招きねがう、訪ねる → お訪ねねがう、渡す → お渡しねがう、届ける → お届けねがう、助ける → お助けねがう、つぐ → おつぎねがう、待つ → お待ちねがう、送る → お送りねがう

또한, 일부한자어의 경우에도 그 동작주가 상대방일 때에는 위의 방법으로 겸양어를 나타내는데, 이 경우, 접두어 「ご」가 쓰이는데 주의하여야 한다.

| 예문 | 明日伺いたいと、山田さんにお伝え願えますか。

(내일 찾아뵙고자 한다고 야마다씨에게 전달을 부탁드려도 되겠습니까?)

何か一言お話し願うことになるかもしれません。

(무언가 한 마디 말씀을 부탁드리게 될지도 모르겠습니다)

係員の指示を守っていただけない場合は、ご退場願うこともあります。

(계원의 지시를 지키지 않으실 경우는 퇴장을 부탁드리는 일도 있습니다)

あ

～あがる
⇨ '다 ～ 되어 지다', 복합동사에서 완성의 의미를 나타내는 용법

|용법| 복합동사의 후항에 위치하여 전항의 동작이 완성됨을 나타내는데 전항의 동사로는 주로 물건이 만들어짐을 나타내는 타동사가 오는 것이 보통이다.

|접속| 동사연용형에 접속된다.

|예문|

⇨ パンがおいしそうに焼(や)きあがった。
(빵이 먹음직하게 다 구워졌다)

⇨ みんなの意見(いけん)を取(と)り入(い)れて、とても満足(まんぞく)のいく旅行(りょこう)プランができあがった。
(모두의 의견을 받아들여 매우 만족스런 여행계획이 완성되었다)

⇨ スパゲッティがゆであがったら、すばやくソースにからめます。
(스파게티가 다 삶아지면 재빨리 소스로 버무립니다)

⇨ 注文(ちゅうもん)していた年賀状(ねんがじょう)が刷(す)りあがってきた。
(주문했던 연하장이 다 인쇄되어왔다)

～挙句(あげく) ⇨ ～(한) 끝에, ～(한) 나머지

| 용법 | 「挙句」는 원래, 전통적인 노래나 시의 마지막 구절을 일컫는 말이었으나 오늘날에 와서는 결과, 특히 바람직하지 못한 결과를 나타낼 때에 주로 쓰인다.

| 접속 | 명사에 접속될 때는 「명사の挙句」의 형태로, 동사에 접속될 대는 「동사 연용형＋たあげく」와 같이 과거형에 접속된다.

| 예문 |

⇨ 長い苦労の<u>挙句</u>とうとう病気になってしまった。
(오랜 고생을 한 나머지 드디어 병에 걸리고 말았다)

⇨ いろいろ考え込んだ<u>挙句</u>学校をやめることにした。
(여러 가지로 깊이 생각한 끝에 학교를 그만두기로 했다)

⇨ 考えに考えた<u>あげく</u>、この家を売ることに決めた。
(생각하고 생각한 끝에 이 집을 팔기로 정했다)

⇨ 彼は暮らしにこまった<u>あげく</u>とうとう自殺してしまった。
(그는 생활에 곤란한 나머지 결국 자살하고 말았다)

⇨ ああした方がいい、こうした方がいいと大騒ぎした<u>あげく</u>、このしまつだ。
(저렇게 하는 것이 좋다, 이렇게 하는 것이 좋다고 큰 소란을 피운 나머지 이 지경이다)

| 참고 | 이 보다 의미를 더 강하게 할 경우에는 「～の果てに」를 접속하여 사용하기도 한다.

⇨ ずっと遊んだ<u>あげくの果てに</u>こじきになってしまった。
(줄곧 논 나머지 거지가 되고 말았다)

⇨ 彼女は我慢に我慢を重ねた<u>あげくの果てに</u>、私のところに相談に来た。
(그녀는 참고 또 참은 끝에 나에게 의논하러 왔다)

~ あげる ⇨ '다 ~ (하)다', 완성의 의미를 나타내는 용법

| 용법 | 「あげる」는 '올리다'는 의미를 나타내는 동사이나 때로는 동사연용형에 접속된 복합동사의 형태로 쓰여서 어떠한 행위를 마지막까지 다 해낸다고 하는 완성의 의미를 나타낸다.

| 접속 | 동사연용형에 접속된다.

| 예문 |

⇨ 彼は原稿用紙500枚の小説を一気に書きあげた。

(그는 원고용지 500매의 소설을 단숨에 다 썼다)

⇨ みんなで一晩中かかってまとめあげたデータが何者かに盗まれた。

(다 같이 밤새 걸려서 다 정리한 데이터가 누군가에게 도난당했다)

⇨ クリスマスまでに何とかセーターを編み上げてプレゼントしようと思っていたのに。

(크리스마스까지 어떻게 해서든 스웨터를 다 짜서 선물하려고 생각하고 있었는데)

⇨ 何年もかかって築き上げてきた信頼が、たった一度の過ちで崩れてしまった。

(몇 년이나 걸려서 다 쌓아 올려온 신뢰가 단 한 번의 잘못으로 무너지고 말았다)

~ あたり ⇨ ~ 쯤, ~ 같은 곳, ~ 같은 사람

| 용법 | 「あたり」는 단독으로는 '부근, 근처'의 의미를 나타내지만 한편으로는 확실하게 한정지을 수 없는 대충의 시간이나 장소 등을 나타내기도 한다.

| 접속 | 주로 명시할 수 없는 때, 장소, 사람을 나타내는 명사에 접속된다.

| 예문 |

⇨ 息子も来年あたりは結婚するでしょう。

(아들도 내년쯤은 결혼할 겁니다)

⇨ 古本ならば、神田あたりで売っているでしょう。

(헌책이라면 간다 같은 곳에서 팔고 있을 것입니다)

⇨ 田中さんは、この次の土曜あたりに出発するかも知れませんよ。

(다나카씨는 요 다음 토요일쯤에 출발할 런지도 몰라요)

⇨ 下宿のことなら、山田さんあたりに頼んだらどうですか。

(하숙에 관한 거라면 야마다씨 같은 사람에게 부탁하면 어떻습니까?)

～当たり ⇨ (한 사람) 당, (한 개) 당

| 용법 | 접미어로 쓰이는 「当たり」는 기준단위를 나타내는 것으로 각각의 의미를 나타낸다.

| 접속 | 수량을 나타내는 명사에 접속된다.

| 예문 |

⇨ 鉄道のキロ当たり運賃は日本の方が高い。

(철도의 킬로 당 운임은 일본 쪽이 비싸다)

⇨ 7日間で七千円もらったから、1日当たり千円になります。

(7일 동안에 7천엔 받았으니까 일당 천엔이 됩니다)

⇨ 4人家族でお米を40キロ買っておいたから、ひとり当たり10キロです。

(4인 가족으로 쌀을 40킬로 사두었으니까 한 사람당 10킬로입니다)

⇨ 1グラムあたりの値段はいくらですか。(1그램당의 가격은 얼마입니까?)

～あっての ⇨ ～이(가) 있고 나서

| 용법 | 동사 「ある」가 접속조사 「て」에 접속되는 과정에서 음편현상을 일으킨 「あっ

て」에 조사 「の」가 연결된 형태의 어구이다. 이러한 형태로 전항이 있고 나서야 후항이 존재한다, 또는 전항이 없으면 후항도 없다고 하는 의미를 나타낸다.

| 접속 | 명사에 접속되는데, 주로 사람을 나타내는 명사에 접속되는 것이 보통이다.

| 예문 |

⇨ 私を見捨てないでください。あなたあっての私なんですから。

(나를 버리지 말아 주십시오. 당신이 있고 나서 내가 있는 거니까요)

⇨ 学生あっての大学だ。学生が来なければ、いくらカリキュラムが素晴らしくても意味がない。

(학생이 있고나서 대학이 있는 거다. 학생이 안 오면 아무리 커리큘럼이 훌륭해도 의미가 없다)

⇨ お客あっての商売なんだから、まずお客さんのニーズに応えなければならないだろう。

(손님이 있고 나서 장사가 되는 거니까 우선 손님의 수요에 부응해야만 할 것이다)

～当て ⇨ '목표, 기대, 의지'의 의미로 사용되는 용법

| 용법 | 동사 「当てる」의 연용형 「当て」가 전성명사화된 것으로 '목표, 기대'등의 의미를 나타내며 그 뒤에 여러 가지 표현이 와서 거의 관용적으로 사용된다. 즉, 「当てもなく」는 '정처 없이', 그리고 「当てがはずれる」는 '기대가 어긋나다, 예상이 빗나가다'의 의미로 사용되며, 「当てにする」는 '의지하다'의 의미로 사용된다.

| 예문 |

⇨ あのお坊さんは、当てもなく歩き続けた。(저 스님은 정처 없이 계속해서 걸었다)

⇨ 食事が出ると思ったら当てがはずれた。

(식사가 나오나 했더니 예상이 빗나갔다)

⇨ このごろの天気予報は当てにならない。

(요즈음의 일기예보는 믿을 수가 없다)

⇨ あの留学生は、国からの送金を当てにしている。

(저 유학생은 모국으로부터의 송금에 의지하고 있다)

～宛てに、～宛ての ⇨ ～께, ～앞으로, ～에게 보내온

| 용법 | 「宛て」는 편지나 물건 등을 보낼 때 받는 사람을 명시하는데 사용되는 접미어로 그 뒤에 동사가 올 때는 「～宛てに」의 형태를, 그리고 명사가 올 때는 「～宛ての」의 형태를 취하게 된다.

| 예문 |

⇨ 父宛ての手紙。(아버지에게 보내온 편지)

⇨ 会社宛ての書類。(회사 앞으로 온 서류)

⇨ 先生宛てに本を送る。(선생님께 책을 보낸다)

⇨ 校長宛てに送る。(교장 앞으로 보낸다)

あと＋수를 나타내는 말 ⇨ '앞으로～, ～더', 수량의 추가용법

| 용법 | 「あと」는 어떠한 일이 이루어지는 과정에서 그만큼의 시간이나 수량이 필요함을 나타낸다. 예를 들어 과일가게에서 10개의 사과를 살 경우, 9개가 봉지에 담아졌을 때 '하나 더'라고 할 때는 「あと一つ」로 표현하게 되는

데 이러한 용법은 우리말에는 없는 것이므로 주의하여야 한다.

| 접속 | 수량을 나타내는 말의 앞에 접속된다.

| 예문 |

⇨ <u>あと</u>1万円(まんえん)、貸(か)してください。(1만엔 더 빌려주십시오)

⇨ その仕事(しごと)を片(かた)づけるには<u>あと</u>三日(みっか)で十分(じゅうぶん)です。

(그 일을 정리하는 데는 앞으로 삼일로 충분합니다)

⇨ <u>あと</u>二人(ふたり)そろえば野球(やきゅう)チームが作(つく)れる。

(앞으로 두 사람 모이면 야구팀을 만들 수 있다)

⇨ <u>あと</u>少(すこ)しで終(お)わりますので、待(ま)っていただけますか。

(앞으로 조금만 하면 끝나니까, 기다려 주시겠습니까?)

～ あと(で、に)
⇨ ～ (한) 다음(에), 「～ あと、～ あとで、～ あとに」의 차이

| 용법 | 위의 세 가지 표현은 기본적으로 전항의 동작이 종료된 후에 후항의 동작이 이어짐을 나타내는데 보다 구체적으로는 다음과 같은 용법상의 구별이 있다.

- ～あと : 전항의 동작이 종료된 후 후항의 동작이 이어지는 과정에서 용법상의 제약이 전혀 없는 매우 중립적인 것으로 그야말로 사용범위가 가장 넓은 표현이다.
- ～あとで: 전항의 동작이 종료된 후 일정의 시간의 경과를 거친 다음에 후항의 동작이 이어짐을 나타낸다.
- ～あとに : 전항의 동작이 종료된 후 바로 이어서 후항의 동작이 이어짐을 나타낸다.

예를 들어, 「太郎(たろう)が帰(かえ)ったあと/あとで/あとに花子(はなこ)がやって来(き)た」의 경우를 보

면「～あと」는 太郎가 돌아간 다음에 바로 이어서 花子가 오건 아니면 일정한 시간의 경과 후에 花子가 오건 상관없는 표현이 된다. 반면에「～あとで」는 太郎가 돌아간 다음에 일정한 시간이 지난 다음 花子가 찾아왔음을 나타낸다. 마지막으로「～あとに」는 太郎가 돌아간 다음에 바로 이어서 花子가 찾아왔음을 나타내게 되는 것이다.

| 접속 |「명사+の」나 과거를 나타내는 조동사「た」에 접속된다.

| 예문 |

⇨ 公園に来たあと、子供との約束を思い出した。
(공원에 온 후 아이와의 약속을 생각해냈다)

⇨ 今日は夕食のあと、友だちと花火をすることになっている。
(오늘은 저녁식사 후 친구와 불꽃놀이를 하기로 되어있다)

⇨ 映画を見たあとでトルコ料理を食べに行きましょう。
(영화를 본 다음에 터키요리를 먹으러 갑시다)

⇨ 田中さんにはお世話になったから、引っ越しの後で改めてお礼に伺おう。
(다나카씨에게는 신세를 졌으니 이사를 한 후에 정식으로 인사하러 가야겠다)

⇨ 食事を済ませたあとに1時間ほど昼寝をした。
(식사를 마친 후에 1시간정도 낮잠을 잤다)

⇨ 映画を見たあとにデパートへ買物に行った。
(영화를 본 다음에 백화점으로 쇼핑을 갔다)

あのね ⇨ 친숙한 상대방을 부르거나 어조를 고르는 용법

| 용법 |「あのね」는 연체사「あの」와 간투조사「ね」가 결합되어 하나의 감탄사로

쓰이는 말이다. 회화체에서 여성들이 사용하는 말로 친숙한 상대방을 부르거나 어조를 고를 때 사용된다. 우리말의 '저 있잖아, 저기, 으음' 정도에 해당된다. 때로는 「あのねえ」와 같이 길게 발음되기도 한다.

| 예문 |

⇨ あのね、ちょっとお願いがあるの。(저기, 부탁이 좀 있어요)

⇨ ちょっと、あのね、水持って来てちょうだい。(저 있잖아, 물 좀 가져와 줘)

⇨ もしもし、あのね、誰かいませんか。(여보세요, 저기요, 누구 없습니까?)

⇨ どうしよう。あのね、こまったことができちゃったの。
(어쩌지? 으음, 난처한 일이 생겨버렸어)

あまり(に)(にも) ⇨ 긍정표현과 호응하여 '너무'의 의미를 나타내는 용법

| 용법 | 부사 「あまり」는 뒤에 긍정표현을 수반하여 그 정도가 상식적으로 생각하여 너무 높음을 나타낸다. 「あまり」(너무) 「あまりに」(너무나) 「あまりにも」(너무나도)의 형태로 쓰이는데 주로 그 뒤에는 마이너스평가의 내용이 오는 것이 보통이다.

| 예문 |

⇨ あまり勉強が過ぎると、体によくありませんよ。
(너무 공부를 많이 하면 몸에 좋지 않아요)

⇨ あまりうれしかったので、涙が出てしまいました。
(너무 기뻤기 때문에 눈물이 나오고 말았습니다)

⇨ あまり忙しかったので、本を持って来るのを忘れました。
(너무나 바빴기 때문에 책을 가지고 오는 것을 잊었습니다)

⇨ あまりおかしくて涙が出た。(너무 우스워서 눈물이 나왔다)

⇨ ゆったりしたシャツは好きだが、これはあまりにも大きすぎる。

(품이 넉넉한 셔츠는 좋아하지만 이것은 너무나도 크다)

⇨ 彼があまりに僕の失敗を笑うから、だんだん腹が立って来た。

(그가 너무나 나의 실패를 비웃기 때문에 점점 화가 치밀어 왔다)

|참고| 회화체에서 강세로 발음할 때는 「あんまり」가 되기도 한다.

あまり ⇨ 부정표현과 호응하여 '그다지'의 의미를 나타내는 용법

|용법| 부사 「あまり」는 한편으로 뒤에 부정표현을 수반하여 그 정도가 별로 높지 않음을 나타낸다.

|예문|

⇨ これはあまりおいしくありませんね。(이것은 그다지 맛이 없군요)

⇨ 私は山田さんをあまりよく知りません。(나는 야마다씨를 그다지 잘 모릅니다)

⇨ このテープレコーダーはあまり高くありませんよ。

(이 테이프레코더는 그다지 비싸지 않아요)

⇨ 肉は大好きですが、魚はあまり好きではありません。

(고기는 매우 좋아합니다만 생선은 그다지 좋아하지는 않습니다)

⇨ 弟はあまり背が高くないので、女の子にもてない。

(남동생은 그다지 키가 크지 않아서 여자에게 인기가 없다)

⇨ けさはあまりご飯を食べなかった。(오늘아침은 그다지 밥을 먹지 않았다)

|참고| 회화체에서 강세로 발음할 때는 「あんまり」가 되기도 한다.

~ あまり(に) ⇨ ~ (한) 나머지

| 용법 | 명사 「あまり」는 주로 감정이나 상태를 나타내는 다양한 말에 접속하여 그것을 원인으로 어떠한 결과가 빚어짐을 나타낸다. 특히 명사에 접속될 경우에는 조사 「の」가 앞에 와서 「～のあまり」의 형태를 취하게 되는데 경우에 따라서는 조사 「に」가 뒤에 접속된 「あまりに」의 형태로 쓰이기도 한다.

| 접속 | 명사나 활용어의 연체형에 접속된다(명사의 경우에는 그 앞에 「の」가 오게 됨)

| 예문 |

⇨ 試験の結果を気にするあまり、夜眠れなくなってしまった。

(시험결과를 신경 쓰는 나머지 밤에 잠을 잘 수 없게 되어버렸다)

⇨ 新しいアイディアを採り入れた新製品は、おもしろいあまりよく売れた。

(새로운 아이디어를 채택한 신제품은 재미있는 나머지 잘 팔렸다)

⇨ 彼女は一番行きたかった会社に合格し、うれしさのあまり跳び上がた。

(그녀는 가장 가고 싶었던 회사에 합격하여 기쁜 나머지 껑충껑충 뛰었다)

⇨ オリンピックで金メダルをとった田中選手は、感激のあまりに泣き出した。

(올림픽에서 금메달을 딴 다나카선수는 감격한 나머지 울기 시작했다.)

⇨ 今回の研究について考えすぎたあまりに、髪が薄くなってしまった。

(이번 연구에 관하여 너무 생각을 많이 한 나머지 머리가 빠져버렸다)

～あまり ⇨ 수사의 뒤에 위치하여 '남짓'의 의미를 나타내는 용법

| 용법 | 명사 「あまり」는 수를 나타내는 말의 뒤에 위치하여 그 수가 다소 많음을 나타낸다. 구체적이고 상세한 수에는 접속되지 않는다.

| 접속 | 수를 나타내는 품사, 즉 수사에 접속된다.

| 예문 |

⇨ もう、国へ帰ってから十年あまりになる。

(이미, 고향으로 돌아가고 나서 10년 남짓이 된다)

⇨ その会の出席者は100名あまりだった。

(그 모임의 참석자는 100명 남짓이었다)

⇨ そこから5キロあまりの道のりを歩くだけの元気は残っていなかった。

(거기에서 5킬로 남짓의 길을 걸을 만큼의 힘은 남아있지 않았다)

⇨ 事故発生から2ヶ月あまりが経って、ようやく原因が突き止められた。

(사고발생으로부터 2개월 남짓이 흘러서 겨우 원인이 규명되었다)

あまりの ~ に(で) ⇨ 너무나도 ~ (하)여(서)

| 용법 | 명사「あまり」에 조사「の」가 접속된 형태가 앞에 배치되고 뒤에는 조사「に」나「で」가 배치된 어구이다. 그 사이에는 보통이상의 상황을 나타내는 명사가 오게 되어 '그 정도가 너무 높기 때문에'라는 의미를 나타낸다. 이러한 표현의 뒤에는 보통 그것이 원인이 되어 필연적으로 발생하게 되는 결과의 표현이 이어지게 된다.

| 접속 |「あまり」와「~に(で)」의 사이에는 명사가 오게 된다.

| 예문 |

⇨ あまりの驚きに声も出なかった。(너무나도 놀라서 소리도 나오지 않았다)

⇨ あまりの忙しさに、とうとう彼は体をこわしてしまった。

(너무나 바빠서 결국 그는 탈이 나고 말았다)

⇨ 海水浴に行ったが、あまりの人出でぐったり疲れてしまった。

(해수욕하러 갔는데 너무나도 사람이 많아서 완전히 녹초가 되고 말았다)

ある ⇨ 사물의 존재를 나타내는 용법

| 용법 | 우리말과는 달리 일본어에서는 '있다'에 해당되는 동사로 「ある」「いる」의 두 가지가 있다. 「ある」는 움직이지 못하는 존재가 일정한 장소에 위치하고 있음을 나타내는 것이며, 「いる」는 사람이나 동물 등, 움직일 수 있는 존재가 일정한 장소에 위치하고 있음을 나타내는 동사이다. 일본어에서는 이러한 구별이 일상의 언어생활을 통하여 비교적 엄격하게 지켜지고 있는데 이 점이 우리로서는 매우 생소한 항목이지만 기초단계부터 각별히 신경을 기울이면 차츰 익숙해 질것으로 본다. 하지만 사람일지라도 혈연이나 지연관계의 존재를 나타내는 경우에 한해서는 「ある」를 사용할 수가 있으며 이에 관해서는 해당항목을 참고할 것.

| 활용 | (미연형 없음) あり+ます(연용형) ある(종지형) ある+명사(연체형) あれ+ば(가정형) あれ(명령형) あろ＋う(추측형)

| 예문 |

⇨ 駅前にタクシー乗り場がある。(역 앞에 택시정류장이 있다)

⇨ あなたの部屋に何がありますか。(당신 방에 무엇이 있습니까?)

⇨ 箱の中に何かありますか。(상자 속에 무언가 있습니까?)

⇨ あの美術館には有名な作品が何もありません。
(저 미술관에는 유명한 작품이 아무것도 없습니다)

⇨ あの古本屋にめずらしい本がある。(저 헌책방에 희귀한 책이 있다)

⇨ 田中さんの部屋は5階にあります。(다나카씨의 방은 5층에 있습니다)

⇨ 富士山はどこにありますか。(후지산은 어디에 있습니까?)

⇨ この資料は大学図書館にはありません。(이 자료는 대학도서관에는 없습니다)

⇨ 子どもの頃、うちの前に大きな松の木があった。
(어릴 적 우리 집 앞에 커다란 소나무가 있었다)

⇨ 私の寮は大学のキャンパスの中にある。(우리 기숙사는 대학캠퍼스 안에 있다)

⇨ 私の車は寮の裏の駐車場にあります。(내 차는 기숙사 뒤의 주차장에 있습니다)

| 참고 | 「ある」의 경우 부정을 나타낼 때는 「あらない」라고는 절대로 하지 않으며 어디까지 형용사 「ない」를 사용함에 주의하여야 한다.

⇨ 盗まれた絵はどこにもない。(도난당한 그림은 어디에도 없다)

⇨ 冷蔵庫の中に飲み物は何一つなかった。

(냉장고 속에 마실 것은 무엇 하나 없었다)

또한 「ある」는 다음과 같이 보조동사로도 빈번하게 사용되고 있는데 「～てある」의 형태로 동작, 작용이 완료된 후의 상태를 나타내며, 그 앞에는 오로지 타동사만이 오게 된다.

⇨ 本箱の一番下の段に国語辞典が並べてある。

(책장 제일 밑의 단에 국어사전이 나열되어 있다)

⇨ 教室のすみにくずかごが置いてあります。

(교실 구석에 쓰레기통이 놓여 있습니다)

ある ⇨ 혈연이나 지연관계의 존재를 나타내는 용법

| 용법 | 「ある」는 움직이지 못하는 존재가 일정한 장소에 위치하고 있음을 나타내는 것이나, 사람일지라도 혈연이나 지연관계의 존재를 나타내는 경우에 한해서는 「ある」를 사용할 수가 있다. 즉 다시 말해서 자기 친인척이나 가족관계를 표현할 때나 친구나 동문관계 등을 표현할 때는 얼마든지 「ある」로 사람의 존재를 나타낼 수가 있는 것이다.

| 활용 | (미연형 없음) あり+ます(연용형) ある(종지형) ある+명사(연체형) あれ+ば(가정형) あれ(명령형) あろ＋う(추측형)

| 예문 |

⇨ 私には、息子一人と娘二人があります。(나에게는 아들 하나와 딸 둘이 있습니다)

⇨ ソウルには大学時代の友達があります。(서울에는 대학시절의 친구가 있습니다)

⇨ ワシントンには姉(あね)があります。(워싱턴에는 누나가 있습니다)

⇨ あの人(ひと)には、おとうとといもうとがあります。
(저 사람에게는 남동생과 여동생이 있습니다)

ある ⇨ 크기, 거리, 무게, 온도 등을 나타내는 용법

| 용법 | 「ある」는 기본적으로 움직이지 못하는 사물의 존재를 나타내지만 때로는 특수한 용법으로서 크기, 거리, 무게, 온도 등의 규모를 나타낼 때도 있다. 우리말에서는 이 경우에 '되다'(울산에서 서울까지는 몇 킬로 됩니까? 오늘 아침의 기온은 몇 도나 됩니까? 저 코끼리의 몸무게는 몇 킬로나 됩니까? 이 교실은 몇 평이나 됩니까?)로 표현되지만, 이러한 경우 일본어에서는 「ある」로 처리되는 점에 주의하여야 하며, 바로 이러한 표현이 보다 일본어다운 표현을 만드는 셈이 되는 것이다.

| 활용 | (미연형 없음) あり+ます(연용형) ある(종지형) ある+명사(연체형) あれ+ば(가정형) あれ(명령형) あろ＋う(추측형)

| 예문 |

⇨ 東京(とうきょう)から大阪(おおさか)までは五百(ごひゃく)キロメートルばかりあります。
(도쿄에서 오사카까지는 5백 킬로미터 가량 됩니다)

⇨ 家(いえ)から駅(えき)まで5キロぐらいあります。(집에서 역까지 5킬로 가량 됩니다)

⇨ あの選手(せんしゅ)は身長(しんちょう)が2メートルぐらいあります。
(저 선수는 신장이 2미터 정도 됩니다)

⇨ 富士山(ふじさん)の高(たか)さは3,776メートルあります。
(후지산의 높이는 3,776미터 됩니다)

⇨ この教室(きょうしつ)は何坪(なんつぼ)ぐらいありますか。(이 교실은 몇 평정도 됩니까?)

⇨ 今日はとても暑いですね。何度ぐらいありますか。

(오늘은 무척이나 덥군요. 몇 도쯤 됩니까?)

あるいは ⇨ '혹은, 또는', 접속사로서의 용법

|용법| 접속사「あるいは」는 전항과 후항 중에서 하나를 선택함을 나타내는 말이다. 주로 문장체에서 쓰이며 보다 격식을 차린 표현에 적합하다.

|접속| 명사와 명사사이에서 사용된다.

|예문|

⇨ AあるいはBのコースを通ってあの山に登りましょう。

(A 혹은 B코스를 통해서 저 산에 오릅시다)

⇨ フランス語あるいはドイツ語を勉強したいと思っている。

(프랑스어 또는 독일어를 공부하고 싶다고 생각하고 있다)

⇨ 九州へは新幹線あるいは飛行機が便利です。

(규슈로는 신칸센 혹은 비행기가 편리합니다)

⇨ 黒あるいは青のペンで記入してください。

(흑색 또는 청색 펜으로 기입하여 주십시오)

|참고|「あるいは」는 문장체적인 성격이 강하므로 회화체에서는 AかB가 즐겨 사용된다.

あるいは ⇨ 어쩌면

|용법|「あるいは」가 부사로서 쓰이는 용법으로 화자의 추측을 나타낸다. 즉 가능성은 낮지만 그럴 수도 있다고 하는 의미를 나타낸다. 주로 그 뒤에는

「～かもしれない」「～もありうる」 등이 와서 호응하게 된다.

| 예문 |

⇨ あるいはご存じかと思ってお聞きしたのですが。

(어쩌면 아실 거라고 생각해서 여쭌 것입니다만)

⇨ 彼の言うことは、あるいは本当かもしれない。

(그가 말하는 것은 어쩌면 사실일 런지도 모른다)

⇨ これで、手術は三度目だが、今回はあるいはだめかもしれない。

(이것으로 수술은 세 번째인데 이번은 어쩌면 안 될 런지도 모른다)

⇨ 今度の計画はあるいは中止ということもありうる。

(이번 계획은 어쩌면 취소라고 하는 일도 있을 수 있다)

あるまじき ⇨ 있어서는 안 될, 있을 수 없는

| 용법 | 「まじき」는 문어체에서 사용되는 부정추측의 조동사 「まじ」의 연체형으로 그 앞에 동사 「ある」가 접속된 형태이다. 이러한 형태로 주로 직업이나 지위를 나타내는 명사구에 접속하여 그에 걸 맞는 행위, 발언, 태도 등을 제시하게 된다. 그 뒤에는 주로 「行為、こと」와 같은 말이 온다.

| 예문 |

⇨ 患者のプライバシーをほかの人に漏すなんて、医者としてあるまじきことだ。

(환자의 프라이버시를 다른 사람에게 누설하다니 의사로서 있어서는 안 될 일이다)

⇨ 業者から金品を受け取るなど公務員にあるまじきことだ。

(업자로부터 금품을 받는다는 건, 공무원에게는 있어서는 안 될 일이다)

⇨ 酒を飲んで車を運転するなど警察官にあるまじき行為だ。

(술을 마시고 차를 운전한다는 것은 경찰관에게 있을 수 없는 행위이다)

⇨ 列にわりこむなど紳士にあるまじき行為だ。

(줄을 새치기하는 따윈 신사에게 있을 수 없는 행위이다)

⇨ 信者のプライバシーを他人に漏すなんて、聖職者としてあるまじきことだ。

(신자의 프라이버시를 다른 사람에게 누설하다니, 성직자로서 있을 수 없는 일이다)

⇨ 賄賂を受け取るなんて、政治家としてあるまじき行為だ。

(뇌물을 받다니 정치가로서는 있어서는 안 될 행위이다)

あれでも ⇨ 저래보여도, 저래도

|용법| 제3자의 언행에 대하여 보통의 기준이나 상식에서 벗어나 있음을 나타내는 말로 때로는 다소 비난의 기분을 나타내기도 한다.

|예문|

⇨ 彼女、あれでもスキー初めてなんですよ。それにしてはうまいでしょ。

(저 여자, 저래보여도 스키는 처음이에요. 그에 비해서는 잘 하지요?)

⇨ あれでも彼は手伝っているつもりらしいが、かえって邪魔だ。

(저래보여도 그는 돕고 있다고 생각하는 것 같지만 오히려 방해가 된다)

⇨ あの人、患者の話を聞こうともしないで、あれでも医者なのですか。

(저 사람, 환자의 이야기를 들으려고도 하지 않고 저래도 의사인 겁니까?)

あんなに ⇨ 저렇게, 저토록, 저만큼

|용법| 제3자의 언행이나 태도가 당초의 예상을 벗어나거나 자신의 기준에서 어긋났을 때 그 정도를 나타낸다.

|예문|

⇨ 私はまじめにやったのに、あんなに怒られるとは思わなかった。

(나는 성실하게 했는데 저렇게 화를 낼 줄은 몰랐다)

⇨ あんなにたくさん集まるとは夢にも考えませんでした。

(저토록 많이 모이리라고는 꿈에도 생각하지 않았습니다)

⇨ あんなに頼まれたんですもの、やって上げなければならないでしょう。

(저만큼 부탁을 받았는걸요, 해 주지 않으면 안 되겠지요)

あんまり ⇨ 부정표현과 호응하여 '그다지'의 의미를 나타내는 용법

| 용법 | 부사 「あんまり」는 주로 회화체에서 뒤에 오는 부정표현과 호응하여 쓰인다. 이는 부사 「あまり」를 강조한 형태이나 그 뜻은 같다.

| 예문 |

⇨ このごろはあんまり映画を見ていない。

(요즈음은 그다지 영화를 보고 있지 않다)

⇨ あの学生はあんまり目立たないが、いつも一生懸命に勉強している。

(저 학생은 그다지 눈에 띄지 않으나 언제나 열심히 공부하고 있다)

⇨ 今日はあんまりお金がないのでCDを買うのは今度にしよう。

(오늘은 그다지 돈이 없으므로 CD를 사는 건 다음으로 하자)

い

～い ⇨ 질문, 확인, 반발의 기분을 나타내는 용법

| 용법 | 조사 「い」는 회화체에서 상대에게 질문하거나 확인할 때 친밀감을 자아내는 역할을 하기도 하고, 그리고 어떤 반발의 기분을 나타낼 때 그 의미를 보다 강하게 하는 역할을 하기도 한다. 현재는 주로 「～だい」의 형태나 「～かい」의 형태로 쓰이고 있는데 남성이 친숙한 사이에서 사용한다.

| 접속 | 주로 의문을 나타내는 종조사 「か」나 단정을 나타내는 조동사 「だ」에 접속된다.

| 예문 |

⇨ それは何(なん)だい。(그건 뭐냐?)

⇨ 今日(きょう)も出(で)かけるかい。(오늘도 나가냐?)

⇨ 僕(ぼく)に手紙(てがみ)が来(き)ていないかい。(내게 편지 와 있지 않는가?)

⇨ どうだい、元気(げんき)かい。(어떤가, 건강한가?)

⇨ それは本当(ほんとう)かい。(그건 정말인가?)

⇨ それでおしまいかい。(그걸로 끝이냐?)

⇨ お前(まえ)も行(い)くかい。(너도 가냐?)

⇨ もうビールはないかい。(이제 맥주는 없냐?)

⇨ あれは何(なん)だい。(저건 뭐냐?)

⇨ 何(なに)をしているんだい、早(はや)くしろよ。(뭘 하고 있는 거냐? 빨리 해라)

⇨ 僕(ぼく)はあんな人(ひと)に会(あ)うのはいやだい。(나는 저런 사람을 만나는 건 싫다고)

⇨ 何(なに)が失礼(しつれい)だい。そっちこそ失礼(しつれい)じゃないか。

(뭐가 실례야? 그쪽이야말로 실례가 아닌가?)

いい加減(かげん)(に、で、な、の) ⇨ 적당히(한), 제멋대로(의), 정도껏

|용법| 「加減(かげん)」은 '정도, 조절' 등의 의미를 지닌 말인데 그 앞에 「いい」라는 형용사가 접속되면 '적당히(한), 제멋대로(의), 정도껏' 등의 의미를 나타내게 된다. 전반적으로는 무책임한 언행에 대하여 사용되는 경향이 있는데, 결국 이러한 의미 중에서 어떤 의미로 사용되고 있는가는 전후문맥으로 판단하여야 한다.

|접속| 「いいかげんの」「いいかげんな」의 형태로는 명사를 수식하고, 「いいかげんに」「いいかげんで」의 형태로는 술어에 수식한다.

|예문|

⇨ お風呂(ふろ)はちょうどいいかげんの温度(おんど)でした。

(목욕물은 딱 맞는 정도의 온도였습니다)

⇨ にんじんの大(おお)きさはいいかげんでいいです。

(홍당무의 크기는 적당하게 하면 됩니다)

⇨ いいかげんな返事(へんじ)をしないで、まじめに答(こた)えてください。

(적당한 대답을 하지 말고 진지하게 대답해 주십시오)

⇨ この地図(ちず)はずいぶんいいかげんですね。(이 지도는 꽤나 제멋대로이군요)

⇨ 医者(いしゃ)にかからないで、いいかげんにしておくと、病気(びょうき)がひどくなりますよ。

(의사의 진찰을 받지 않고 적당히 놔두면 병이 심해지지요)

⇨ お前(まえ)は悪(わる)い子(こ)だ。いたずらはもういいかげんにしなさい。

(너는 나쁜 아이다. 장난은 이제 정도껏 해라)

⇨ おい、いいかげんにしろ。やめないとひどい目(め)にあうぞ。

(어이, 정도껏 해라. 그만두지 않으면 혼난다)

いうにいわれぬ ⇨ 뭐라고 말할 수 없는

| 용법 | 동사 「いう」에 조사 「に」가 접속되고 거기에 다시 「いう」의 미연형 「いわ」 + 수동의 조동사 「れる」(이 경우의 「れる」는 가능의 의미)가 접속되어 전체적으로 「いうにいわれる」가 만들어진 형태에 부정의 조동사 「ぬ」가 마지막으로 접속된 어구이다. 이러한 형태로 극도의 상태에 도달해 있는 대상을 나타낸다.

| 접속 | 뒤에는 명사를 수반하여 이를 수식한다.

| 예문 |

⇨ それには言(い)うに言(い)われぬ事情(じじょう)がある。

(거기에는 뭐라고 말할 수 없는 사정이 있다)

⇨ その間(あいだ)、言(い)うに言(い)われぬ苦労(くろう)をしてきた。

(그 동안, 뭐라고 말할 수 없는 고생을 해 왔다)

⇨ 韓国(かんこく)の料理(りょうり)には、言(い)うに言(い)われぬ味(あじ)がありますね。

(한국요리에는 뭐라고 말할 수 없는 맛이 있군요)

いかが ⇨ 부사와 형용동사로서의 용법

| 용법 | 「いかが」는 부사와 형용동사로서의 두 가지 용법을 지니고 있는데 부사일

때는 '여하히, 어떻게'에 해당되고 형용동사일 때는 「ですか」에 접속되어 쓰인다. 이와 유사한 부사 「どう」보다 정중한 어감이 있는 말이다.

| 예문 |

⇨ お体(からだ)はその後(ご)いかがですか。(몸은 그 후 어떠십니까?)

⇨ もう一杯(いっぱい)コーヒーをいかがですか。(커피 한잔 더 어떠하십니까?)

⇨ お食事(しょくじ)はいかがなさいますか。(식사는 어떻게 하십니까?)

⇨ 暑(あつ)い日(ひ)が続(つづ)きますが、いかがお過(す)ごしでしょうか。

(더운 날이 계속됩니다만 여하히 지내십니까?)

いかなる ~ も(でも、~ うとも、~ ようとも)
⇨ 어떠한(여하한) ~ 도(라도, (할)지라도)

| 용법 | 「いかなる」는 문장체에서 주로 쓰이는 연체사로 우리말의 '어떠한, 여하한'에 해당되는데, 그 뒤에 「も、でも、うとも、ようとも」등의 말과 호응하여 사용된다. 극단적인 상황이 일어나도 자신의 주장을 관철시킨다고 하는 말하는 사람의 의지를 나타낸다.

| 접속 | 「も、でも」의 앞에는 명사가, 「うとも」의 앞에는 5단동사의 추측형이, 그리고 「ようとも」의 앞에는 5단동사이외의 동사 추측형이 접속된다.

| 예문 |

⇨ いかなる罰則(ばっそく)も暴走族(ぼうそうぞく)の取(と)り締(し)まりには効果(こうか)がなかった。

(어떠한 벌칙도 폭주족의 단속에는 효과가 없었다)

⇨ 彼(かれ)はいかなる困難(こんなん)にも負(ま)けないほど強(つよ)い精神力(せいしんりょく)の持(も)ち主(ぬし)だった。

(그는 여하한 곤란에도 지지 않을 정도로 강한 정신력의 소유자였다)

⇨ いかなる意見(いけん)でも、出(だ)されたものは一応検討(いちおうけんとう)してみる必要(ひつよう)があるだろう。

(어떠한 의견이라도 제시된 것은 일단 검토해 볼 필요가 있을 것이다)

⇨ いかなる状況(じょうきょう)になろうとも、断固(だんこ)として戦(たたか)い抜(ぬ)く決意(けつい)だ。

(어떠한 상황이 될지라도 단호하게 끝까지 싸울 결의이다)

⇨ いかなる役割(やくわり)であろうとも、与(あた)えられれば誠意(せいい)を尽(つ)くして精(せい)いっぱいやるのが私(わたし)たちの務(つと)めだ。

(어떠한 역할일지라도, 주어지면 성의를 다하여 힘껏 하는 것이 우리들의 임무이다)

⇨ いかなることがらが起(お)きようとも、常(つね)に冷静(れいせい)に事態(じたい)を判断(はんだん)する能力(のうりょく)を身(み)につけなければならない。

(어떠한 일이 일어날지라도, 항상 냉정하게 사태를 판단하는 능력을 몸에 익히지 않으면 안 된다)

いかにも ~ そうだ(ようだ、らしい) ⇨ 아무래도(암만 봐도) ~ 같다

| 용법 | 「いかにも」는 우리말의 '아무래도, 암만 봐도'의 의미를 지닌 부사이며, 「そうだ、ようだ、らしい」는 추측의 의미를 나타내는 조동사이다. 그 사이에는 다양한 말들이 오게 된다.

| 접속 | 「そうだ」의 앞에는 형용사, 형용동사의 어간과 동사연용형이, 「ようだ」의 앞에는 용언의 연체형, 그리고 「らしい」의 앞에는 명사, 형용동사의 어간, 형용사와 동사의 종지형이 접속된다.

| 예문 |

⇨ 子供(こども)たちはプレゼントをもらっていかにもうれしそうだ。

(아이들은 선물을 받고 아무래도 기쁜 듯하다)

⇨ いかにも困(こま)っているようなので、声(こえ)をかけました。

(암만 봐도 곤란해 하고 있는 듯해서 말을 걸었습니다)

⇨ そんなことを言(い)うと、いかにもほしそうに聞(き)こえるからいやです。

(그런 말을 하면 아무래도 갖고 싶은 것처럼 들리니까 싫습니다)

⇨ 今日はいかにも秋らしい、いい天気だ。

(오늘은 아무래도 가을 같은, 좋은 날씨다)

⇨ この車はいかにも安全そうな形をしている。

(이 차는 아무래도 안전한 듯한 형태를 하고 있다)

~いかんだ ⇨ ~에 달렸다

| 용법 | 「如何」은 우리말의 '여하'에 해당되는 말로, 여기에 단정의 조동사 「だ」가 접속된 어구이다. 이러한 형태로 어떤 일의 실현여부는 「いかんだ」의 앞에 오는 내용이나 상태에 달렸음을 나타낸다.

| 접속 | 내용의 핵심을 담고 있는 명사에 접속된다.

| 예문 |

⇨ これが成功するかどうかはみんなの努力いかんだ。

(이것이 성공할지 어떨지는 모두의 노력에 달렸다)

⇨ 環境破壊を食い止めることは、私達一人一人の心掛けいかんだ。

(환경파괴를 저지하는 것은 우리들 한 사람 한 사람의 마음가짐에 달렸다)

⇨ 政治改革の実現は、連立政権の結束いかんだ。

(정치개혁의 실현은 연립정권의 결속에 달렸다)

~いかんで(は) ⇨ ~여하에 따라서(는)

| 용법 | 「如何」은 우리말의 '여하'에 해당되는 말로, 여기에 조사 「で」가 접속된 어구이다. 이러한 형태로 어떤 일의 실현여부는 「いかんで(は)」의 앞에

오는 내용이나 상태에 달렸음을 나타낸다.

| 접속 | 내용의 핵심을 담고 있는 명사에 접속된다.

| 예문 |

⇨ あの人いかんで予算は何とでもなる。

(저 사람여하에 따라서 예산은 어떻게든 된다)

⇨ 客の出足いかんでは1週間で上映を打ち切られる可能性もある。

(손님의 입장여하에 따라서는 1주일 만에 상영이 중단될 가능성도 있다)

⇨ 参加するかどうかはその日の体調いかんで決めさせていただきます。

(참가할지 어떨지는 그 날의 몸 상태여하에 따라 결정하겠습니다)

⇨ 話し合いの結果いかんでは、ストライキも辞さないつもりだ。

(협상의 결과여하에 따라서는 파업도 불사할 작정이다)

~ いかんにかかわらず ⇨ ~ 여하에 관계없이

| 용법 | 「如何」은 우리말의 '여하'에 해당되는 말로, 여기에 조사 「に」가 접속되고 이어서 동사 「かかわる(관계되다)」의 미연형 「かかわら」에 부정의 조동사 「ぬ」의 연용형인 「ず」가 연결된 어구이다. 이러한 형태로 어떤 일의 상황이나 실현여부에 관계없이 일이 진행됨을 나타낸다.

| 예문 |

⇨ 採否いかんにかかわらず、結果は郵便でお知らせします。

(채택여하에 관계없이 결과는 우편으로 알려 드리겠습니다)

⇨ 情勢いかんにかかわらず、政権交替は行われなければならない。

(정세여하에 관계없이 정권교체는 이루어지지 않으면 안 된다)

⇨ 連立政権の結束いかんにかかわらず、政治改革は進められるだろう。

(연립정권의 결속여하에 관계없이 정치개혁은 추진될 것이다)

~ いかんによっては ⇨ ~ 여하에 따라서는

| 용법 | 「如何(いかん)」은 우리말의 '여하'에 해당되는 말로, 여기에 조사 「に」가 접속되고 이어서 동사 「よる(따르다)」와 조사 「ては」가 접속되는 과정에서 음편 현상을 일으킨 「よっては」가 연결된 어구이다. 이러한 형태로 어떤 일의 실현여부에 따라서 후속상황이 달라질 수 있음을 나타낸다.

| 예문 |

⇨ 経済情勢(けいざいじょうせい)いかんによっては訪問(ほうもん)を中止(ちゅうし)することもある。
(경제정세여하에 따라서는 방문을 중단하는 일도 있다)

⇨ 話(はな)し合(あ)いの結果(けっか)いかんによっては、ストライキが起(おこ)る可能性(かのうせい)もある。
(협상의 결과여하에 따라서는 파업이 일어날 가능성도 있다)

⇨ 連立政権(れんりつせいけん)の結束(けっそく)いかんによっては、政治改革(せいじかいかく)が行(おこな)われるかも知(し)れません。
(연립정권의 결속여하에 따라서는 정치개혁이 이루어질지도 모릅니다)

~ いかんによらず ⇨ ~ 여하에 관계없이

| 용법 | 「如何(いかん)」은 우리말의 '여하'에 해당되는 말로, 여기에 조사 「に」가 접속되고 이어서 동사 「よる(의하다, 근거하다)」의 미연형 「よら」와 부정의 조동사 「ぬ」의 연용형인 「ず」가 연결된 어구이다. 이러한 형태로 어떤 일의 실현여부에 구애되지 않음을 나타낸다.

| 예문 |

⇨ このイベントには出身国(しゅっしんこく)のいかんによらず応募(おうぼ)することができます。
(이 이벤트에는 출신국 여하에 관계없이 응모할 수가 있습니다)

⇨ 話(はな)し合(あ)いの結果(けっか)いかんによらず、ストライキが起(おこ)る可能性(かのうせい)はある。

(협상의 결과여하에 관계없이 파업이 일어날 가능성은 있다)

⇨ 連立政権(れんりつせいけん)の結束(けっそく)いかんによらず、政治改革(せいじかいかく)は進(すす)められるだろう。

(연립정권의 결속여하에 관계없이 정치개혁은 추진될 것이다)

いくら ~ たって ⇨ 아무리 ~ (해)도

|용법| '아무리, 암만'의 뜻을 지닌 부사 「いくら」가 앞에 배치되고 그 뒤에는 연어(連語(れんご))인 「たって」가 배치된 어구이다. 이러한 형태로 정도의 한계를 강조하게 되는데 철저히 회화체에서만 쓰인다.

|접속| 「いくら」와 「たって」 사이에는 동사연용형이 오게 된다.

|예문|

⇨ いくら説明(せつめい)したってわかってくれない。(아무리 설명해도 이해 해주지 않는다)

⇨ いくらわめいたって、もう無駄(むだ)だ。(아무리 소리쳐도 이미 소용없다)

⇨ 今日(きょう)はいくら飲(の)んだってかまわない。(오늘은 아무리 마셔도 상관없다)

⇨ いくら食(た)べたって太(ふと)らない。

⇨ 彼(かれ)はいくら誘(さそ)ったって一度(いちど)もパーティーに顔(かお)を出(だ)してくれない。

(그는 아무리 권해도 한 번도 파티에 얼굴을 내밀어 주지 않는다)

いくら ~ だって ⇨ 아무리 ~ 여도(일지라도)

|용법| '아무리, 암만'의 뜻을 지닌 부사 「いくら」가 앞에 배치되고 그 뒤에는 조사 「だって」가 배치된 어구이다. 이러한 형태로 그 앞에 제시된 대상에 대한 반론을 제시하게 되는데 철저히 회화체에서만 쓰인다.

|접속| 「いくら」와 「だって」사이에는 명사, 형용동사어간이 오게 된다.

|예문|

⇨ いくら先生(せんせい)だって、知(し)らないことはあるのだよ。
(아무리 선생님이어도 모르는 것은 있는 거야)

⇨ いくら貧乏(びんぼう)だって100円(えん)ぐらい持(も)っているだろう。
(아무리 가난해도 100엔 정도는 가지고 있을 것이다)

⇨ いくら神様(かみさま)だってこれだけはできないでしょう。
(아무리 신일지라도 이것만은 할 수 없을 것입니다)

⇨ いくらしずかだって、ガスも水道(すいどう)もないような不便(ふべん)な所(ところ)ではこまるよ。
(아무리 조용할지라도 가스도 수도도 없는 그런 불편한 곳이면 곤란해)

いくら ～ たところで ⇨ 아무리 ～ (해)봤자(본들)

|용법| 「いくら」는 '아무리, 암만'에 해당되는 부사이며 「た」는 과거, 완료를 나타내는 조동사, 그리고 「ところ」는 명사, 마지막으로 「で」는 조사이다. 주로 문말에는 어쩔 수 없거나 소용없음을 나타내는 표현이 오게 되는데 결국 어떠한 행동의 결과가 무의미하다고 하는 것을 충분히 예측 가능할 때에 사용된다.

|접속| 「～たところで」의 앞에는 동사연용형이 접속된다.

|예문|

⇨ いくらがんばってみたところで結果的(けっかてき)には同(おな)じことだ。
(아무리 분발해 봤자 결과적으로는 마찬가지이다)

⇨ いくら隠(かく)してみたところで、もうみんなにばれているんだから仕方(しかた)がない。
(암만 감춰본들 이미 모두에게 들켰기 때문에 소용없다)

⇨ いくらいいドレスを買(か)ったところで、どうせ着(き)ていくところがないんだから無駄(むだ)になるだけだ。

(아무리 좋은 드레스를 사봤자 어차피 입고 갈 곳이 없는 거니까 무용지물이 될 뿐이다)

⇨ いくら話し合ったところで、彼らは自分の意見を変える気はないんだから、話し合うだけ無駄だ。

(아무리 서로 말해봤자 그들은 자신의 의견을 바꿀 생각은 없는 거니까 서로 말을 하는 것만큼 부질없다)

いくら ~ ても ⇨ 아무리 ~ (해)도

| 용법 | 「いくら」가 명사로 쓰이면 우리말의 '얼마'가 되지만 부사로 쓰이면 '아무리, 암만'의 뜻이 되는데, 여기서는 부사의 용법으로 쓰였다. 그 뒤에는 조사 「ても」가 배치된 어구인데 이러한 형태로 정도의 한계를 강조하게 된다.

| 접속 | 「いくら」와 「ても」 사이에는 동사연용형이 오게 된다.

| 예문 |

⇨ いくら説明してもわかってくれない。(아무리 설명해도 이해 해주지 않는다)

⇨ 今日はいくら飲んでもかまわない。(오늘은 아무리 마셔도 상관없다)

⇨ いくら本を読んでもみんな忘れてしまうからだめです。

(아무리 책을 읽어도 모두 잊고 마니까 소용없습니다)

⇨ 事情をいくら説明しても、お金だけは貸してくれなかった。

(사정을 아무리 설명해도 돈만은 빌려 주지 않았다)

⇨ いくら練習してもうまくならない。(아무리 연습해도 능숙해지지 않는다)

⇨ いくら食べても太らない。(아무리 먹어도 살찌지 않는다)

⇨ 彼はいくら誘っても一度もパーティーに顔を出してくれない。

(그는 아무리 권해도 한 번도 파티에 얼굴을 내밀어 주지 않는다)

いくらなんでも ⇨ 암만 그래도, 아무리 그래도 그렇지

|용법| 일종의 관용구적인 어구로 여러 가지 사정을 고려해 봐도 정도가 지나침을 다소의 비난조로 표현하는데 사용된다. 그 뒤에는 주로 「～すぎる」가 오게 된다.

|예문|

⇨ そういう言い方はいくらなんでもひどすぎるよ。
(그런 말투는 암만 그래도 너무 지나치군)

⇨ いくらなんでもこの花ほどきれいではないでしょう。
(아무리 그래도 그렇지 이 꽃만큼 예쁘지는 않을 겁니다)

⇨ いくらなんでも、その服はお母さんには派手すぎないか。
(아무리 그래도 그렇지 그 옷은 어머니에게는 너무 화려하지 않을까?)

⇨ この料理はいくらなんでも辛すぎてとても食べられない。
(이 요리는 암만 그래도 너무 매워서 도저히 먹을 수 없다)

|참고| 이와 유사한 표현으로 회화체에서 주로 쓰이는 것에 「いくらなんだって」가 있다.

⇨ いくらなんだって、中学生ならこの本は読めるでしょう。
(암만 그래도 중학생이라면 이 책은 읽을 수 있을 것입니다)

いけない ⇨ 안 좋다, 안 된다, 나쁘다

|용법| 형용사로서 단독으로는 성질, 행동, 상태 등이 좋지 않음을 나타내며 이 경우에는 우리말의 '안 좋다, 안 된다, 나쁘다'에 해당된다. 한편, 「～てはいけない」의 형태로 '～(해)서는 안 된다'고 하는 금지의 의미를 나타내

며, 「～なければいけない」「～といけない」 형태로는 '～(해)야만 한다'고 하는 의무의 의미를 나타낸다.

| 예문 |

⇨ 本当(ほんとう)にいけない子(こ)だ。(정말로 안 좋은 아이이다)

⇨ あの人のどこがいけないのですか。(저 사람의 어디가 나쁜 겁니까?)

⇨ 今日(きょう)は、車(くるま)のぐあいがいけない。(오늘은 차 상태가 안 좋다)

⇨ 風邪(かぜ)を引(ひ)くといけないから、早(はや)く帰(かえ)って休(やす)みなさい。
(감기 걸리면 안 되니까 빨리 돌아가 쉬어라)

⇨ 君(きみ)の言(い)い方(かた)がいけなかったんで、あの人(ひと)を怒(おこ)らせたのだろう。
(자네의 말투가 안 좋았기 때문에 저 사람을 화나게 한 것일 것이다)

⇨ 赤字続(あかじつづ)きだから、少(すこ)し家計(かけい)をしめないといけない。
(적자가 이어져서 다소 가계를 조이지 않으면 안 된다)

⇨ そろそろ帰(かえ)らなければいけない。(슬슬 돌아가지 않으면 안 된다)

～いざしらず ⇨ ～은(는)(라면) 몰라도

| 용법 | 감동사 「いざ」에 「知(し)る」의 미연형 「知(し)ら」와 부정의 조동사 「ぬ」의 연용형인 「ず」가 결합하여 이루어진 어구이다. 이 어구의 전후에는 대비되는 사항이 열거되어 후항이 전항보다 그 정도나 중요성이 더함을 나타낸다.

| 접속 | 무언가를 특별히 내세우는 의미를 지닌 「は」「なら」「だったら」에 접속된다.

| 예문 |

⇨ 昔(むかし)はいざしらず、今(いま)は会社(かいしゃ)を10も持(も)つ大実業家(だいじつぎょうか)だ。
(옛날이라면 몰라도 지금은 회사를 열개나 지닌 대 실업가이다)

⇨ 幼稚園(ようちえん)の子供(こども)ならいざしらず、大学生(だいがくせい)にもなって選択(せんたく)もできないとは驚(おどろ)いた。

(유치원 아이라면 몰라도 대학생이나 되어서 선택도 할 수 없다는 것은 놀랍다)

⇨ 暇なときだったらいざしらず、こんなに忙しいときに客に長居されてはたまらない。

(한가할 때였다면 몰라도 이렇게 바쁜 때에 손님이 오래 머물러서는 참을 수 없다)

⇨ 国内旅行ならいざしらず、海外旅行に行くとなると、準備も大変だ。

(국내여행이라면 몰라도 해외여행을 가게 되면 준비도 보통일이 아니다)

頂く ⇨ 「もらう」의 겸양어, 「食べる、飲む、買う」의 정중어로서의 용법

| 용법 | 「頂く」는 「もらう」에 대한 겸양어로 쓰이는 한편, 「買う、食べる、飲む」에 대해서는 정중어로 쓰이는 말이다. 「もらう」에 대한 겸양어로 쓰일 때는 상위자 앞에서 자신이 무언가를 받는 것을 낮추는 의미로 쓰게 되며 「買う、食べる、飲む」에 대한 정중어로 쓰일 때는 어디까지나 자신의 표현에 품위를 나타내기 위함이다. 여기에서 「いただきます」라는 식전인사말이 나오게 된 것이다.

| 활용 | いただか＋ない(미연형) いただき+ます、いただい＋て(연용형) いただく(종지형) いただく+명사(연체형) いただけ+ば(가정형) いただけ(명령형) いただこ＋う(추측형)

| 예문 |

⇨ これは先生にいただいた本です。(이것은 선생님에게 받은 책입니다)

⇨ 私は社長からボーナスをいただきました。(나는 사장님에게서 보너스를 받았습니다)

⇨ この本をいただきます。いくらですか。(이 책을 사겠습니다. 얼마입니까?)

⇨ おさきにご飯をいただきました。(먼저 밥을 먹었습니다)

⇨ もう一杯お茶をいただきたいのですが。(차를 한잔 더 마시고 싶습니다만)

一概に～ない ⇨ 무조건 ~ (할) 수는 없다, 무턱대고 ~ (할) 수는 없다

| 용법 | 부사 「一概に」는 '한마디로, 무턱대고'등의 의미를 지니고 있는데 이것이 뒤의 부정표현과 호응하게 되면 제시되어있는 조건이나 상황뿐만아니라 다른 조건이나 상황도 고려할 필요가 있음을 나타낸다.

| 접속 | 「ない」앞에는 가능동사의 미연형이 접속된다.

| 예문 |

⇨ 有機栽培が安全だといちがいには言えない。
(유기재배가 안전하다고 무턱대고 말할 수 없다)

⇨ 私の意見を一概にみんなに押し付けることはできない。
(내 의견을 무턱대고 모두에게 강요할 수는 없다)

⇨ 彼がまちがっていると一概に非難することもできないのではないだろうか。
(그가 틀렸다고 무조건 비난할 수도 없는 것은 아니겠는가?)

一向に ～ ない ⇨ 도무지(전혀) ~ (하)지 않는다

| 용법 | 「一向に」는 우리말의 '도무지, 전혀'의 뜻을 나타내는 부사로서 주로 뒤에 오는 부정표현과 호응하여 부정의 의미를 강조한다. 어떤 동작을 지속적으로 추진함에도 불구하고 별로 진전이 없을 때 그에 대한 화자의 초조함이나 불안감을 표현할 때 쓰인다.

| 접속 | 「ない」앞에는 동사미연형이 오게 되나 조동사 「ない」가 등장하지 않을 때는 그 밖의 부정표현이 온다.

| 예문 |

⇨ 薬(くすり)を飲(の)んでも病気(びょうき)が一向(いっこう)によくならない。

(약을 먹어도 병이 도무지 좋아지지 않는다)

⇨ 一向(いっこう)に存(ぞん)じませんで失礼(しつれい)しました。(전혀 몰라서 실례했습니다)

⇨ そんなことは一向(いっこう)にかまいません。(그런 것은 전혀 상관없습니다)

⇨ いっこうにたよりがないので元気(げんき)かどうかわかりません。

(전혀 소식이 없어서 건강한지 어떤지 모릅니다)

⇨ 30分(ぷん)待(ま)ったが、彼(かれ)はいっこうに現(あらわ)れない。

(30분 기다렸지만 그는 도무지 나타나지 않는다)

⇨ 薬(くすり)を飲(の)んでいるが、熱(ねつ)は一向(いっこう)に下(さ)がる気配(けはい)がない。

(약을 먹고 있지만 열은 도무지 내려갈 기색이 없다)

⇨ 毎日(まいにち)練習(れんしゅう)しているのに、一向(いっこう)に上手(じょうず)にならないのはどういうわけだろう。

(매일 연습하고 있는데 전혀 능숙해지지 않는 것은 어떤 영문일까?)

~一方(いっぽう)だ ⇨ ~(할) 뿐이다, ~(하)기만 한다

| 용법 | 하나의 방향을 나타내는 명사 「一方(いっぽう)」에 단정의 조동사 「だ」가 접속된 어구이다. 이러한 형태로 변화를 나타내는 동사에 접속되어 오로지 한 방향으로만 변화가 진행됨을 나타낸다.

| 접속 | 동사연체형에 접속된다.

| 예문 |

⇨ 日本(にほん)に来(き)てから、やせる一方(いっぽう)だ。(일본에 오고 나서 살이 빠지기만 한다)

⇨ 学校(がっこう)を卒業(そつぎょう)してから、私(わたし)の英語(えいご)はひどくなる一方(いっぽう)です。

(학교를 졸업하고 나서 나의 영어는 나빠지기만 합니다)

⇨ 病状は、悪化する一方だ。(병세는 악화될 뿐이다)

⇨ 物価は上がる一方だ。(물가는 오르기만 한다)

⇨ 12月から1月にかけて、どんどん寒くなる一方だ。

(12월부터 1월에 걸쳐서 점점 추워질 뿐이다)

⇨ 働かずに食べているから、お金がなくなる一方です。

(일하지 않고 먹고 있으니까 돈이 없어질 뿐입니다)

⇨ 最近、円は値上がりする一方だ。(최근에 엔은 오르기만 한다)

～一方(で) ⇨ ～(하는) 한편(으로)

| 용법 | '어떤 일을 하는 것과 병행하여'라는 의미를 나타내는 어구로 「～一方」(～(하)는 한편)의 형태로 쓰이기도 하고, 한편으로는 조사 「で」를 수반한 「～一方で」(～(하)는 한편으로)의 형태로 쓰이기도 하는데 그 의미는 마찬가지이다. 주로 후항에는 전항과는 다른 성격을 나타내는 표현이 오게 된다.

| 접속 | 동사연체형에 접속된다.

| 예문 |

⇨ 自分の仕事をこなす一方、部下の面倒も見なければならない。

(자신의 일을 해내는 한편 부하의 뒤도 봐주어야만 한다)

⇨ 彼は全面的に協力すると言う一方、こちらが何か頼んでも忙しいからと言って断ってくる。

(그는 전면적으로 협력하겠다고 말하는 한편 이쪽이 뭔가 부탁해도 바쁘니까 하며 거절해 온다)

⇨ 彼女はお金に困っていると言う一方で、ずいぶん無駄遣いもしているらしい。

(그녀는 돈에 궁핍하다고 말하는 한편으로 매우 낭비도 하고 있는 것 같다)

一方では ~、他方では ~ ⇨ 한편으로는 ~, 또 다른 한편으로는 ~

|용법| 대립되는 두 가지 사항을 대비적으로 나열할 때에 사용되는 어구이다.

|예문|

⇨ 山田さんは、一方では賛成していながら、他方では不満をもらしている。

(야마다씨는 한편으로는 찬성하고 있으면서도 또 다른 한편으로는 불만을 내뱉고 있다)

⇨ この映画は、一方では今年最高との高い評価を受けていながら、他方ではひどい出来だと言われている。

(이 영화는 한편으로는 금년최고라는 높은 평가를 받고 있으면서, 또 다른 한편으로는 엉망인 작품이라고 일컬어지고 있다)

⇨ 彼は、一方では女性の社会進出は喜ぶべきことだと言い、他方では女子職員は早く結婚して退職した方がいいと言う。

(그는 한편으로는 여성의 사회진출은 기뻐해야 할 일이라고 말하며, 또 다른 한편으로는 여자직원은 빨리 결혼하여 퇴직하는 편이 좋다고 말한다)

⇨ 彼女は、一方ではボランティア活動は大事だと言っているが、他方では何かと理由をつけて参加するのを避けている。

(그녀는 한편으로는 자원봉사활동은 중요하다고 말하고 있지만, 또 다른 한편으로는 뭔가 이유를 달아서 참가하는 것을 피하고 있다)

今にも ~ そうだ ⇨ 당장이라도 ~ (할) 것 같다

|용법| 부사 「いまにも」는 금방이라도 어떤 일이 일어날 것을 확신하여 표현하는 말로 우리말의 '당장이라도'에 해당되며, 「そうだ」는 추측을 나타내는 조동사이다. 결국 이러한 형태로 어떤 일이 당장이라도 실현될 것 같은 긴박한 상황에 놓여있음을 나타낸다.

| 접속 | 「～そうだ」의 앞에는 동사연용형이 접속된다.

| 예문 |

⇨ 今(いま)にも泣(な)き出(だ)しそうな顔(かお)をしている。

(당장이라도 울기 시작할 것 같은 얼굴을 하고 있다)

⇨ 急(きゅう)に空(そら)がくもって来(き)て、今(いま)にも雨(あめ)が降(ふ)りだしそうだ。

(갑자기 하늘이 흐려져 와서 당장이라도 비가 내리기 시작할 것 같다)

⇨ その時(とき)、船(ふね)は今(いま)にもしずみそうだった。

(그 때 배는 당장이라도 가라앉을 것 같았다)

⇨ 大雨(おおあめ)が降(ふ)り続(つづ)いて、川(かわ)は今(いま)にもあふれそうになっている。

(큰비가 계속 내려서 강은 당장이라도 불어날 것 같이 되어 있다)

⇨ 黒(くろ)い雲(くも)が空(そら)いっぱいに広(ひろ)がって今(いま)にも雨(あめ)が降(ふ)りそうだ。

(검은 구름이 하늘가득이 펼쳐져서 당장이라도 비가 내릴 것 같다)

⇨ 「助(たす)けてくれ」と彼(かれ)は今(いま)にも死(し)にそうな声(こえ)を出(だ)した。

('살려 달라'며 그는 당장이라도 죽을 것 같은 소리를 냈다)

| 참고 | 다음의 예문같이 「～そうだ」외에 다른 추측표현이 올 때도 있다.

⇨ 叱(しか)られて今(いま)にも泣(な)かんばかりの顔(かお)をしている。

(꾸지람을 듣고 당장이라도 울 것 같은 얼굴을 하고 있다)

⇨ 今(いま)にも夕立(ゆうだち)が降(ふ)り出(だ)さんばかりの空模様(そらもよう)だ。

(당장이라도 소나기가 내릴 것 같은 하늘모양이다)

いらっしゃる ⇨ 「いる、行(い)く、来(く)る」에 대한 경어동사 용법

| 용법 | 「いらっしゃる」는 「行(い)く」「来(く)る」「いる」에 대한 경어동사로서 널리 쓰이고 있다. 우리말의 '가시다' '오시다' '계시다'에 해당되는 동사로서 「おいで

になる」와 대등하게 쓰이고 있다. 종종, 「行かれる」「来られる」와 같이 동사미연형에 존경을 나타내는 조동사 「れる、られる」를 접속하여 사용하는 경우가 있는데, 이는 「いらっしゃる」에 비하여 경어도가 다소 떨어진다. 한편 「いらっしゃる」를 「동사연용형+て」에 접속하여 「先生が絵を見ていらっしゃる」(선생님께서 그림을 보고 계신다)에서 볼 수 있듯이 보조동사로도 사용할 수가 있다. 또한 명사에 접속하여 「あなたが柴田さんでいらっしゃいますか?」(당신이 시바타씨이십니까?)와 같이 사용할 수도 있다.

| 활용 | いらっしゃら＋ない(미연형) いらっしゃい+ます、いらっしゃっ＋て(연용형) いらっしゃる(종지형) いらっしゃる+명사(연체형) いらっしゃれ+ば(가정형) いらっしゃい(명령형)

| 예문 |

⇨ いつ日本へいらっしゃいましたか。(언제 일본에 오셨습니까?)

⇨ いらっしゃるまでお待ちします。(오실 때까지 기다리겠습니다)

⇨ 田中先生は今日こちらへいらっしゃらないそうです。
(다나카선생님은 오늘 이쪽으로 오지 않으신답니다)

⇨ 私のうちへお遊びにいらっしゃいませんか。
(우리 집에 놀러 오지 않으시겠습니까?)

⇨ よくいらっしゃいました。(잘 오셨습니다)

⇨ いらっしゃいませ。(어서 오십시오)

[→ 이상은 来る에 대한 존경어]

⇨ あなたも映画を見にいらっしゃいませんか。
(당신도 영화를 보러 가지 않으시겠습니까?)

⇨ 旅行にいらっしゃったことがありますか。(여행을 가신 적이 있습니까?)

⇨ いますぐ駅へいらっしゃれば急行に間に合います。
(지금 곧 역으로 가시면 급행시간에 댈 수 있습니다)

[→ 이상은 行く에 대한 존경어]

⇨ 先生(せんせい)は教室(きょうしつ)にいらっしゃいます。(선생님은 교실에 계십니다)

⇨ ご両親(りょうしん)はどちらにいらっしゃいますか。(부모님은 어느 쪽에 계십니까?)

⇨ 何(なに)をさがしていらっしゃるのですか。(무엇을 찾고 계시는 겁니까?)

⇨ お客様(きゃくさま)はどこにいらっしゃいますか。(손님은 어디에 계십니까?)

⇨ あしたうちにいらっしゃいますか。(내일 집에 계십니까?)

[→ 이상은 いる에 대한 존경어]

⇨ こちらは山田(やまだ)さんのおくさんでいらっしゃいます。

(이 쪽은 야마다씨의 사모님이십니다)

⇨ 食(た)べ物(もの)は何(なに)がお好(す)きでいらっしゃいますか。(음식은 무엇을 좋아하십니까?)

⇨ お元気(げんき)でいらっしゃいますか。(건강하십니까?)

[→ 이상은 である에 대한 존경어]

|참고| 한편 「いらっしゃる」는 회화체에서 다음과 같이 간략하게 발음되는 수도 있다.

⇨ こんな悪天候(あくてんこう)の中(なか)を歩(ある)いていらしたんですか。

(이런 악천후 속을 걸어오신 겁니까?)

いる ⇨ 사람이나 동물 등, 움직일 수 있는 존재를 나타내는 용법

|용법| 「いる」는 사람이나 동물 등, 움직일 수 있는 존재가 일정한 장소에 위치하고 있음을 나타내는 동사이다. 기본적으로 일본어에서는 「いる」는 움직일 수 있는 존재, 「ある」는 움직이지 못하는 존재가 일정한 장소에 위치하고 있음을 나타내는 것으로 구별하고 있다.

|활용| い＋ない(미연형) い+ます(연용형) いる(종지형) いる+명사(연체형) いれ+ば(가정형) いろ(よ)(명령형) い＋よう(추측형)

| 예문 |

⇨ 父は今山田さんのお宅にいます。

(아버지는 지금 야마다씨댁에 있습니다)

⇨ 今部屋には誰もいません。(지금 방에는 아무도 없습니다)

⇨ この大学にいろいろな国からの留学生がいる。

(이 대학에 여러 나라로부터의 유학생이 있다)

⇨ 私のクラスにフランス人の学生が一人います。

(우리 반에 프랑스인학생이 한명 있습니다)

⇨ あそこに誰がいますか。(저기에 누가 있습니까?)

⇨ 道に犬がいて、こわかった。(길에 개가 있어서 무서웠다)

⇨ 都会にはとりがいなくなった。(도회지에는 새가 없게 되었다)

⇨ 前には、この川にも魚がいたそうです。

(전에는 이 강에도 물고기가 있었다고 합니다)

⇨ 上野動物園にパンダがいます。(우에노 동물원에 팬더가 있습니다)

⇨ 昔、この村にゴンという名前のきつねがいた。

(옛날 이 마을에 곤이라는 이름의 여우가 있었다)

| 참고 | 「いる」는 다음과 같이 보조동사로도 빈번하게 사용되고 있다.

⇨ 私は今本を読んでいます。(나는 지금 책을 읽고 있습니다)

⇨ 私の父は、長い間この会社で働いていました。

(우리 아버지는 오랫동안 이 회사에서 일하고 있었습니다)

⇨ この時計はこわれていて使えません。

(이 시계는 부서져 있어서 쓸 수가 없습니다)

⇨ 食事はもうできています。(식사는 이미 되어 있습니다)

⇨ 私の兄はまだ独身でいます。(우리 형은 아직 독신으로 있습니다)

⇨ 今月号(こんげつごう)の雑誌(ざっし)には面白(おもしろ)い記事(きじ)が全然(ぜんぜん)出(で)ていない。

(이번 달 호의 잡지에는 재미있는 기사가 전혀 나와 있지 않다)

う

～う ⇨ 말하는 사람의 의지, 추측, 권유를 나타내는 용법

|용법| 「う」는 조동사로서 5단동사에 접속되게 되면 의지, 권유, 추측의 의미를 나타내고, 조동사 「ます」에 접속되게 되면(「～ましょう」가 됨)주로 권유나 의지의 의미를, 그리고 형용사 및 형용동사, 그리고 조동사 「です」 「だ」 등에 접속되게 되면(「～でしょう」 「～だろう」가 됨)오로지 추측의 의미만을 나타내게 된다. 그 접속방법은 5단동사, 형용사, 형용동사, 그리고 각종 조동사를 불문하고 모두 미연형에만 접속된다. 접속방법을 간략하게 정리하면 다음과 같다.

5단동사 → 미연형에 접속(飲(の)もう、行(い)こう),

형용사, 형용동사 → 미연형에 접속(熱(あつ)かろう、静(しず)かだろう),

조동사 → 미연형에 접속(～でしょう、～ましょう、～だろう)

⇨ 今晩(こんばん)帰(かえ)ろう。(오늘 밤 돌아가겠다)

⇨ 彼(かれ)も連(つ)れて行(い)こう。(그도 데리고 가겠다)

⇨ 9時(じ)の新幹線(しんかんせん)に乗(の)ろう。(9시의 신칸센을 타겠다)

⇨ 頭(あたま)が痛(いた)いから学校(がっこう)を休(やす)もう。(머리가 아프니까 학교를 쉬겠다)

⇨ 日本語の本を買おうと思っています。

(일본어 책을 사겠다고 생각하고 있습니다)

[→ 이상은 의지를 나타내는 용법]

⇨ 山田君、いっしょに学校へ行こう。(야마다군, 함께 학교에 가자)

⇨ みんなで歌をうたおう。(모두가 노래를 부르자)

⇨ みんな仲よく遊ぼう。(모두 사이좋게 놀자)

⇨ 一緒にビールを飲もう。(함께 맥주를 마시자)

⇨ あしたまた会おう。(내일 다시 만나자)

[→ 이상은 권유를 나타내는 용법]

⇨ 明日は雨が降ろう。(내일은 비가 내릴 것이다)

⇨ 冷蔵庫の中にはビールがあろう。(냉장고 속에는 맥주가 있을 것이다)

[→ 이상은 추측을 나타내는 용법]

다만, 위에 열거한 동사의 세 가지 용법가운데에서 회화체의 경우, 추측을 나타낼 때에는 조동사 「う」가 사용되지 않고 조동사 「だ」의 미연형 「だろ」에 「う」가 접속된 「～だろう」가 동사의 종지형에 접속되어 사용됨에 주의하여야 한다.

⇨ 明日は雨が降るだろう。(내일은 비가 내릴 것이다)

⇨ 冷蔵庫の中にはビールがあるだろう。(냉장고 속에는 맥주가 있을 것이다)

한편 형용사 및 형용동사에 접속되어 있는 예는 다음과 같다.

⇨ あの人は日本の着物を着たら、きっと美しかろう。

(저 사람은 일본의 기모노를 입으면 필시 아름다울 것이다)

⇨ この調子ではあすも天気がよかろう。

(이 상태로는 내일도 날씨가 좋을 것이다)

⇨ 晴れた日の富士山はきれいだろうと思います。

(맑게 갠 날의 후지산은 예쁠 거라고 생각합니다)

⇨ あの人の性格は朗らかだろう。(저 사람의 성격은 명랑할 것이다)

[→ 이상, 오로지 추측의 의미만 나타냄]

하지만, 형용사의 경우에도 회화체에서는 동사의 경우처럼 형용사의 종지형에 「~だろう」가 접속되어 사용됨에 주의하여야 한다.

⇨ あの人は日本の着物を着たら、きっと美しいだろう。

(저 사람은 일본 기모노를 입으면 필시 아름다울 것이다)

⇨ この調子ではあすも天気がよいだろう。

(이 상태로는 내일도 날씨가 좋을 것이다)

마지막으로 조동사의 경우인데, 「です」에 접속된 「~でしょう」 및 「だ」에 접속된 「~だろう」는 오로지 추측의 의미만을 나타내나, 「ます」에 접속된 「~ましょう」는 주로 권유나 의지의 의미를 나타낸다.

⇨ あの人はたぶん学生でしょう(추측)。(저 사람은 아마도 학생일겁니다)

⇨ あすは天気だろう(추측)。(내일은 날씨가 좋을 것이다)

⇨ 夕方から雨が降るでしょう(추측)。(저녁부터 비가 내릴 겁니다)

⇨ あの映画を見ましょう(권유)。(저 영화를 봅시다)

⇨ 日本語を教えてあげましょう(의지)。(일본어를 가르쳐 드리겠습니다)

|활용| 종지형과 연체형만 있음. う(종지형) う+こと、もの、はず와 같은 제한된 형식명사에만 접속(연체형)

|참고| 5단동사를 제외한 나머지 동사(상1단동사, 하1단동사, サ행변격동사, カ행변격동사)의 경우에는 조동사 「よう」가 사용된다. (해당항목 참고)

~上で ⇨ ~(한) 다음(에), ~(하)고 나서

|용법| 전항이 이루어진 것을 전제로 하여 후항으로 동작, 작용이 이행되어 감을 나타낸다.

|접속| 명사나 동사에 접속되는데 명사의 경우에는 반드시 「～の上(で)」의 형태를 취하고 동사의 경우에는 「동사연용형+조동사た」의 형태에 접속된다.

|예문|

⇨ 先輩と相談の上で、就職か進学かを決めたいと思います。
(선배와 의논한 다음에 취직이냐 진학이냐를 정하려고 생각합니다)

⇨ 旅行会社の説明をよく聞いたうえで、旅行のコースを選びたいと思います。
(여행사의 설명을 잘 들은 다음에 여행코스를 선택하려고 생각합니다)

⇨ アパートは部屋の中を見た上で借りることにしましょう。
(아파트는 방 안을 본 다음에 빌리기로 합시다)

⇨ この品物のよしあしをよく調べたうえで、選んだらどうでしょう。
(이 물건의 좋고 나쁨을 잘 조사한 다음에 선택하면 어떻겠습니까?)

⇨ では、担当の者と相談した上で、改めてご返事させていただきます。
(그러면 담당자와 의논하고 나서 다시 대답을 하겠습니다)

⇨ 一応ご両親にお話しなさった上で、ゆっくり考えていただいてけっこうです。
(일단 부모님께 말씀하시고 나서 천천히 생각하셔도 좋습니다)

～ 上に ⇨ ～ (한)데다가

|용법| 앞서 말한 사항에다가 다시 첨가하는 사항이 있음을 나타낸다. 때로는 그 뒤에 조사 「に」가 생략되어 사용될 때도 있으나 의미에 있어서는 별 차이가 없다.

|접속| 「명사＋の」, 활용어의 연체형에 접속된다.

| 예문 |

⇨ あの人は金もある上に、力もある。(저 사람은 돈도 있는데다가 힘도 있다)

⇨ 値段が安い上に、品質がすぐれている。(가격이 싼데다가 품질이 뛰어나다)

⇨ 道に迷った上に雨にまで降られた。(길을 해맨데다가 비까지 맞았다)

⇨ あの女の人は美人の上にお金持ちです。(저 여자는 미인인데다가 부자입니다)

⇨ ごちそうになった上、おみやげまでもらいました。

(대접을 받은데다가 선물까지 받았습니다)

⇨ 日本の夏は湿気が高い上に、高温が続く。

(일본의 여름은 습기가 높은데다가 고온이 계속된다)

⇨ この手続きは、面倒な上に時間もかかるので、皆がいやがっている。

(이 수속은 귀찮은데다가 시간도 걸리기 때문에 모두가 싫어하고 있다)

⇨ 彼は、責任感が強い上にいつもほかの人の身になって考えるから、クラスのみんなから信頼されている。

(그는 책임감이 강한데다가 언제나 다른 사람의 입장이 되어서 생각하니까, 반의 모두로부터 신뢰받고 있다)

～ 上は ⇨ ～ ((하는)(한)) 이상은

| 용법 | 전항의 성립을 전제로 당연히 후항에 와야 할 사항을 문제시하는 어구이다. 이는 전항에서 이미 확정한 사실을 전제로 하는 표현이니만큼 그 뒤에는 그에 따른 적절한 행동을 나타내는 표현이 오게 된다. 따라서 주로 뒤에는 「～に違いない」「～なければならない」「～すべきだ」「～はずだ」「～つもりだ」등과 같은 표현이 온다.

| 접속 | 동사연체형이나 「동사연용형+조동사た」의 형태에 접속된다.

| 예문 |

⇨ どうせ出馬する上は、槍が降っても当選しなければならない。
(어차피 출마하는 이상은 세상이 무너져도 당선되어야만 한다)

⇨ 学生である上は、勉強をまず第一に考えなければならない。
(학생인 이상은 우선 공부를 첫째로 생각해야만 한다)

⇨ 複数の人間が共同生活を営む上は、そこには秩序が必要である。
(다수의 인간이 공동생활을 영위하는 이상은 거기에는 질서가 필요하다)

⇨ 約束した上は、最後まで守るべきだと思う。
(약속한 이상은 마지막까지 지켜야 할 것이라고 생각한다)

⇨ 聞いた上は、だまって見ているわけにはいかない。
(들은 이상은 잠자코 보고 있을 수는 없다)

⇨ 引き受けた上は、責任を持って最後まで頑張ろうと思います。
(떠맡은 이상은 책임감을 가지고 마지막까지 분발하려고 합니다)

～うが ⇨ '～(하)건', 종속절에서 사용되는 용법

| 용법 | 추측을 나타내는 조동사 「う」에 접속조사 「が」가 접속되어 구성된 어구이다. 이러한 형태로 충분히 일어날 수 있는 사항을 전항에서 제시한 다음, 그 사항에 구속되는 일이 없이 후항이 성립됨을 나타낸다.

| 접속 | 5단동사의 추측형에 접속된다.

| 예문 |

⇨ 誰が何と言おうが、謝る気は全くない。
(누가 뭐라고 하건 사과할 마음은 전혀 없다)

⇨ 何事があろうが、兄弟が別れ別れになってはいけない。
(무슨 일이 있건 형제가 뿔뿔이 되어서는 안 된다)

⇨ みんなが入る浴場だから、誰が入ろうが、相手の邪魔になる訳ではない。

(모두가 들어가는 목욕탕이니까 누가 들어가건 상대방의 방해가 되는 것은 아니다)

|참고| 이와 유사한 어구로 「～うと」가 있다. (해당항목 참고)

⇨ 誰が何と言おうと、謝る気は全くない。

(누가 뭐라고 하건 사과할 마음은 전혀 없다)

～うが ⇨ ～‘(할)(했을) 텐데’, 문말에서만 사용되는 용법

|용법| 추측을 나타내는 조동사 「う」에 조사 「が」가 접속된 어구로 지금의 불만이나 미련을 상대에게 책망하듯이 고압적으로 나타내거나 과거사실에 대한 미련이나 의문, 또는 후회스런 기분을 가정적으로 나타낸다. 다만 과거사실의 경우 자신의 의지로는 어찌할 방법이 없었던 과거사실에 대해서는 쓸 수가 없고 오로지 자신의 의지로 선택할 수도 있었던 과거사실에 대해서만 쓸 수가 있다. 주로 「～だろうが」 「～でしょうが」 「～かろうが」의 형태로 사용되곤 한다.

|접속| 주로 조동사 「だ」의 미연형 「だろ」, 「です」의 미연형 「でしょ」에 접속된다.

|예문|

⇨ 今そんな仕事をしなくてもいいでしょうが。(지금 그런 일을 하지 않아도 좋을 텐데요?)

⇨ こんな日にわざわざ出かけなくてもいいだろうが。

(이런 날에 일부러 외출하지 않아도 좋을 텐데?)

⇨ でも、経営学ならほかにも専門家がいくらでもいるでしょうが。

(하지만 경영학이라면 그 밖에도 전문가가 얼마든지 있을 텐데요?)

⇨ この先どうなるかもわからないことに、今から目くじらをたてていることはないだろうが。(앞으로 어떻게 될지도 알 수 없는 일에, 지금부터 쌍심지를 세우고 있을 필요는 없을 텐데?) (왜 쓸데없이 쌍심지를 세우고 있나?)

[→ 이상은 현재사실에 대한 불만이나 미련을 책망하듯이 나타냄]

⇨ あいつはお前が紹介したんだろうが。(저 녀석은 네가 소개했을 텐데?)

(이제 와서 새삼 누굴 원망하나?)

⇨ こんな雨の日にわざわざ出かけなかったら、よかっただろうが。

(이런 비오는 날에 일부러 외출하지 않았으면 좋았을 텐데?!)

⇨ あのとき私の言う通りにさえしていれば、こんな結果にはならなかったでしょうが。

(그 때 내가 말하는 대로만 하고 있으면, 이런 결과로는 되지 않았을 텐데요?)
(왜 그 때 내가 말하는 대로 하지 않았나요?)

[→ 이상은 과거사실에 대한 불만이나 미련을 책망하듯이 나타냄]

| 참고 | 이와 유사한 어구로 「~うに」」가 있다. (해당항목 참고)

~うが ~うが ⇨ ~(하)든 ~(하)든, ~(하)건 ~(하)건

| 용법 | 추측을 나타내는 조동사 「う」에 접속조사 「が」가 붙은 「~うが」가 앞뒤로 배치된 어구이다. 그 전후에는 반대 또는 유사한 의미를 나타내는 사항이 열거됨으로서 '자유이다, 상관하지 말라'의 의미를 나타낸다.

| 접속 | 5 단동사의 추측형에 접속된다.

| 예문 |

⇨ あなたが泣こうがわめこうが、僕には関係ない。

(당신이 울건 비명을 지르건 나에게는 관계없다)

⇨ 使おうが、人にやろうが私のお金ですから、あなたは何も言わないでください。

(쓰든 남에게 주든 내 돈이니까 당신은 아무것도 말하지 말아 주십시오)

⇨ 人が笑おうが、泣こうが、そんなことは気にかけるな。

(남이 웃건 울건 그런 것은 신경 쓰지 마라)

⇨ 雨が降ろうがやりが降ろうが、試合は決行します。

(비가 내리건 세상이 무너지건 시합은 결행합니다)

| 참고 | 이와 유사한 어구로 「~うと~うと」가 있다. (해당항목 참고)

伺う ⇨ 「聞く、質問する、訪ねる」의 겸양어 용법

| 용법 | 「伺う」는 「聞く、質問する、訪ねる」에 대한 겸양어동사로 널리 쓰이는 말이다. 「訪ねる」의 의미로는 「あがる」 「まいる」와 대등하게 쓰이고 있다. 원래 「うかがう」는 그 자체가 겸양어동사이므로 굳이 겸양어를 만드는 형식인 「お+동사연용형+する」에 맞추어 넣을 필요가 전혀 없지만 근래에 들어서는 「おうかがいする」도 활발하게 쓰이고 있다. 아무래도 「うかがう」만으로는 뭔가 부족하다는 심리에서 비롯된 것으로 생각되는데 그 어느 쪽을 써도 무방하다. 결국 「伺う」는 우리말의 '여쭙다, 찾아뵙다'에 해당되지만 「聞く」에 대한 겸양어동사로서의 용법은 우리말에 없으므로 그냥 '듣다'가 되는 셈이다.

| 활용 | うかがわ＋ない(미연형)　うかがい+ます、うかがっ＋て(연용형)　うかがう(종지형)
うかがう+명사(연체형)　うかがえ+ば(가정형)　うかがえ(명령형)　うかがお＋う(추측형)

| 예문 |

⇨ 先生の所へ行っておもしろい話を伺いました。
(선생님 댁에 가서 재미있는 이야기를 들었습니다)

⇨ このことについて、ご意見を伺いたいと存じます。
(이 일에 관하여 의견을 듣고 싶다고 생각합니다)

⇨ その話はもう伺っております。(그 이야기는 이미 듣고 있습니다)

⇨ 先日伺った話の続きを伺いにまいりました。
(일전에 들었던 이야기의 다음을 들으러 왔습니다)

[→ 이상은 聞く의 겸양어]

⇨ ちょっと伺いますが、駅へはどう行ったらいいでしょうか。
(잠시 여쭙겠습니다만 역에는 어떻게 가면 좋을까요?)

⇨ お忙しいところ申し訳ありませんが、このことについて伺ってもよろしいでしょうか。
(바쁘실 텐데 죄송합니다만 이 일에 관해서 여쭤도 괜찮으시겠습니까?)

[→ 이상은 質問するの 겸양어]

⇨ 家内と一緒にお宅へ伺います。(제처와 함께 댁으로 찾아뵙겠습니다)

⇨ あす伺ってもよろしゅうございますか。(내일 찾아뵈어도 괜찮으십니까?)

⇨ 何時ごろ伺ったらよろしいでしょうか。(몇 시쯤 찾아뵈면 좋으실까요?)

[→ 이상은 訪ねるの 겸양어]

~うが ~まいが ⇨ ~(하)든 말든, ~(하)건 말건

| 용법 | 추측을 나타내는 조동사 「う」에 접속조사 「が」가 접속된 「~うが」가 앞에 배치되고 뒤에는 부정추측의 조동사 「まい」에 접속조사 「が」가 접속된 「~まいが」가 배치된 어구이다. 이러한 형태로 어떻게 하든 상관없다고 하는 방임의 의미를 나타낸다.

| 접속 | 「~うが」 앞에는 5단동사의 추측형이, 「~まいが」 앞에는 5단동사의 종지형이 접속된다. 그 밖의 동사의 경우에는 「~ようが~まいが」의 형태에 접속되게 되는데 이에 관해서는 해당항목을 참고할 것.

| 예문 |

⇨ あなたが行こうが行くまいが私は行きます。
(당신이 가든 말든 나는 갑니다)

⇨ 使おうが使うまいが私のお金ですから、あなたは何も言わないでください。
(쓰든 말든 내 돈이니까, 당신은 아무것도 말하지 말아 주십시오)

⇨ 人が笑おうが、笑うまいが、そんなことは気にかけるな。
(남이 웃건 말건 그런 것은 신경 쓰지 마라)

⇨ ほかの人がやろうがやるまいが、私には関係ない。

(다른 사람이 하건 말건 나에게는 관계없다)

⇨ 雨が降ろうが降るまいが、予定は変えません。

(비가 오든 말든 예정은 바꾸지 않습니다)

⇨ 全員集まろうが集まるまいが、審議は予定通りに始めなくてはならない。

(전원 모이건 말건 심의는 예정대로 시작하지 않아서는 안 된다)

|참고| 이와 유사한 어구로 「～うと～まいと」가 있다. (해당항목 참고)

～うか ～まいかと ⇨ ～(할)까 말까하고

|용법| 의지를 나타내는 조동사 「う」에 의문을 나타내는 조사 「か」가 접속된 「うか」가 앞에 배치되고, 뒤에는 부정의지를 나타내는 조동사 「まい」에 의문조사 「か」와 인용을 나타내는 조사 「と」가 접속된 「まいかと」가 배치된 어구이다. 이러한 형태로 어떤 행위의 실현을 결정하는 과정에서의 망설임을 나타내는데 그 전후에는 상반되는 내용의 술어가 오게 된다.

|접속| 앞에는 5단동사의 추측형이, 뒤에는 5단동사의 종지형이 접속된다.

|예문|

⇨ 事実を言おうか言うまいかと、廊下を行きつ戻りつ考えた。

(사실을 말할까 말까하고 복도를 왔다 갔다 하면서 생각했다)

⇨ 少し高いから、買おうか買うまいかと迷っています。

(조금 비싸니까 살까 말까하고 망설이고 있습니다)

⇨ 映画を見に行こうか行くまいかと悩んだ末に行ってしまった。

(영화를 보러 갈까 말까하고 고민한 끝에 가고 말았다)

承る ⇨「聞く、引き受ける」의 겸양어 용법

|용법| 「承る」는 삼가 잘 듣고서 그 내용을 이해하여 이행한다는 의미를 지닌 겸양어동사이다. 「聞く」의 겸양어로 활발하게 쓰이며 때로는 「引き受ける」(떠맡다)의 겸양어로도 쓰인다. 「お話を承る」(말씀을 듣다)、「ご病気の由承りました」(편찮으시단 말씀 들었습니다) 「ご注文ありがたく承ります」(주문하신 것 감사하게 받겠습니다)와 같이 쓰이고 있다.

|활용| うけたまわら+ない(미연형) うけたまわり+ます、うけたまわっ＋て(연용형) うけたまわる(종지형) うけたまわる+명사(연체형) うけたまわれ+ば(가정형) うけたまわれ(명령형) うけたまわろ＋う(추측형)

|예문|

⇨ ご昇進の由、人づてに承りました。(승진하셨다는 말씀, 인편으로 들었습니다)

⇨ ご質問がございましたら、今承ります。(질문이 있으시면 지금 듣겠습니다)

⇨ 今度、大役を承りました。(이번에 큰 역할을 받았습니다)

⇨ オセチ料理、承ります。(설빔요리 접수합니다)

うち ⇨ '남편, 집, 안, 우리'의 의미를 나타내는 용법

|용법| 「うち」는 아내가 남편을 타인에게 일컬을 때에 쓰는 말이다. 근세부터 오늘날에 이르기까지 줄곧 쓰여 온 말로 「うちの人」라고도 한다. 또한 '집, 안'의 의미로도 쓰여서 주로 자신이 속해있는 집단을 가리키는데, 일반적

으로 「うち」라고 하면 말하는 사람의 집이나 집안 또는 소속된 곳을 나타내게 된다. 따라서 굳이 「私のうち」라고 표현하지 않고 그냥 「うち」라고만 해도 무방하다.

| 예문 |

⇨ そのことはうちにきいて見ましょう。(그 일은 남편에게 물어보겠습니다)

⇨ うちから学校までは歩いて10分もかかりません。
(우리 집에서 학교까지는 걸어서 10분도 걸리지 않습니다)

⇨ この車の窓ガラスはうちからは見えるが、外からは見えないようになっています。
(이 차의 창문유리는 안으로부터는 보이지만, 밖으로부터는 보이지 않도록 되어 있습니다)

⇨ うちの会社では来年から社員を採用しない。
(우리 회사에서는 내년부터 사원을 채용하지 않는다)

～うちに ⇨ ～동안에, ～때에, ～(하)기 전에

| 용법 | 일본어특유의 표현으로 어떠한 상태의 지속을 나타낼 때에 빈번하게 쓰이는 말이다. 하지만 이러한 표현은 우리말에도 있기는 하나, 「暗くならないうちに」(어두워지기 전에)의 경우에는 우리말에서는 '～(하)기 전에' 식의 표현이 보편적으로 사용되는 바, 아무래도 일본어의 특징으로 보는 것이 타당할 것이다.

| 접속 | 활용어의 연체형에 접속된다.

| 예문 |

⇨ 若いうちに一生懸命勉強しなさい。(젊을 동안에 열심히 공부해라)

⇨ どうぞあついうちに召し上がってください。(자, 뜨거울 때에 드셔 주십시오)

⇨ 暗(くら)くならないうちに、早(はや)く帰(かえ)った方(ほう)がいい。

(어두워지기 전에 빨리 돌아가는 편이 좋다)

⇨ 明(あか)るいうちに食事(しょくじ)のあとかたづけも済(す)ませるのです。

(밝을 때에 식사의 뒤처리도 끝내는 겁니다)

⇨ 友達(ともだち)がアメリカにいるうちに、遊(あそ)びに行(い)きたい。

(친구가 미국에 있는 동안에 놀러 가고 싶다)

⇨ 両親(りょうしん)が元気(げんき)なうちに、親孝行(おやこうこう)をしてあげようと思(おも)っています。

(부모님이 건강한 동안에 효도를 해 드리려고 생각하고 있습니다)

~うちにはいらない ⇨ ~ 측에도 못 낀다

|용법| 일정한 범위를 나타내는 「うち」에 조사 「に」가 접속되고 이어서 동사 「入(はい)る」의 미연형인 「入(はい)ら」와 부정의 조동사 「ない」가 연결된 어구이다. 이러한 형태로 그 범위에 들어가기에는 불충분하다는 의미를 나타낸다.

|접속| 「명사+の」의 형태나 활용어의 연체형에 접속된다.

|예문|

⇨ 通勤(つうきん)の行(い)き帰(かえ)りに駅(えき)まで歩(ある)くだけでは、運動(うんどう)するうちに入(はい)らない。

(통근하러 왔다 갔다 하면서 역까지 걷는 것만으로는 운동 측에도 못 낀다)

⇨ 5分(ふん)ぐらい漢字(かんじ)の練習(れんしゅう)をしたって、それではやったうちに入(はい)らない。

(5분정도 한자연습을 했어도, 그것으로는 한 측에도 못 낀다)

⇨ ラーメンを作(つく)るのは得意(とくい)だなんて、そんなの料理(りょうり)のうちに入(はい)らないよ。

(라면을 만드는 것은 잘한다니 그런 건 요리 측에도 못 낀다)

～うではないか ⇨ ～(하)지 않겠는가?

| 용법 | 의지를 나타내는 조동사 「う」에 '～(하)지 않겠는가?'라는 뜻을 지닌 「～ではないか」가 접속된 어구이다. 이러한 형태로 어떤 사안에 대하여 함께 행동할 것을 제안하게 되는데 보통 불특정다수에게 제안하는 경우가 많다. 문장체적인 표현으로 회화체에서는 보다 간결한 형태인 「～うじゃないか」가 사용되곤 한다.

| 접속 | 5단동사의 추측형에 접속된다.

| 예문 |

⇨ 抗議(こうぎ)を申(もう)し込(こ)もうではないか。(항의를 하지 않겠는가?)

⇨ 我々(われわれ)国民(こくみん)の一人(ひとり)一人(ひとり)が、今(いま)の経済状態(けいざいじょうたい)をしっかりみつめなおそうではないか。

(우리 국민 한 사람 한 사람이 지금의 경제 상태를 다시 한 번 확실히 응시하지 않겠는가?)

⇨ 家(いえ)にばかりいないで映画(えいが)でも見(み)に行(い)こうじゃないか。

(집에만 있지 말고 영화라도 보러 가지 않겠는가?)

⇨ 熱心(ねっしん)に作(つく)ってくださったのだから、いただこうじゃないか。

(열심히 만들어 주신 거니까 받지 않겠는가?)

～うと ⇨ ～(하)건

| 용법 | 추측을 나타내는 조동사 「う」에 접속조사 「と」가 접속되어 구성된 어구이다. 이러한 형태로 충분히 일어날 수 있는 사항을 전항에서 제시한 다음 그 사항에 구속되는 일이 없이 후항이 성립됨을 나타낸다.

| 접속 | 5단동사의 추측형에 접속된다.

| 예문 |

⇨ 誰が何と言おうと、謝る気は全くない。(누가 뭐라 하건 사과할 마음은 전혀 없다)

⇨ 田中は相手がどう言おうと、取り上げないだろう。
(다나카는 상대방이 어떻게 말하건 상대하지 않을 것이다)

⇨ みんなが入る浴場だから、誰が入ろうと、相手の邪魔になる訳ではない。
(모두가 들어가는 목욕탕이니까, 누가 들어가건 상대방의 방해가 되는 것은 아니다)

⇨ 何事があろうと、兄弟が別れ別れになってはいけない。
(무슨 일이 있건 형제가 뿔뿔이 되어서는 안 된다)

| 참고 | 이와 유사한 어구로 「～うが」가 있다. (해당항목 참고)

～ うと ～ うと ⇨ ～ (하)든 ～ (하)든, ～ (하)건 ～ (하)건

| 용법 | 추측을 나타내는 조동사 「う」에 접속조사 「と」가 접속된 「うと」가 앞뒤로 배치된 어구이다. 그 전후에는 반대 또는 유사한 의미의 사항이 열거됨으로서 '자유이다, 상관하지 말라'의 의미를 나타낸다.

| 접속 | 5단동사의 추측형에 접속된다.

| 예문 |

⇨ あなたが泣こうとわめこうと、僕には関係ない。
(당신이 울건 비명을 지르건 나에게는 관계없다)

⇨ 使おうと、人にやろうと私のお金ですから、あなたは何も言わないでください。
(사용하건 남에게 주건 내 돈이니까 당신은 아무것도 말하지 말아 주십시오)

⇨ 人が笑おうと、泣こうと、そんなことは気にかけるな。
(남이 웃든 울든 그런 것은 신경 쓰지 마라)

⇨ 雨が降ろうとやりが降ろうと、試合は決行します。
(비가 오든 세상이 무너지든 시합은 결행합니다)

| 참고 | 이와 유사한 어구로 「～うが～うが」가 있다. (해당항목 참고)

～うと思う ⇨ ～(하)려고 한다

| 용법 | 조동사 「う」는 추측과 의지, 그리고 권유의 세 가지 의미를 지니고 있는데 표제의 형태에서는 화자의 의지를 나타내게 된다. 이러한 형태로 자신의 의지를 우회적으로 나타낸다.

| 접속 | 5단동사의 추측형에 접속된다.

| 예문 |

⇨ 私は、冬休みに東京へ行こうと思います。
(나는 겨울방학에 도쿄에 가려고 합니다)

⇨ 8時のバスに乗ろうと思います。(8시 버스를 타려고 합니다)

⇨ これからもっとがんばって来年は東京大学に入ろうと思います。
(이제부터는 더욱 분발하여 내년은 도쿄대학에 들어가려고 합니다)

⇨ あんな有名な人、会おうと思っても会えません。
(저런 유명한 사람, 만나려고 해도 만날 수 없습니다)

⇨ 今日は忙しかったが、明日は必ず行こうと思う。
(오늘은 바빴지만 내일은 반드시 가려고 한다)

～うとする
⇨ '～(하)려 한다', 동작, 작용의 발생 직전임을 나타내는 용법

| 용법 | 「う」는 추측을 나타내는 조동사인데 여기에 조사 「と」와 동사 「する」가 접속된 어구이다. 이러한 형태로 어떤 동작이나 작용이 이제부터 시작되기

바로 직전임을 나타낸다.

| 접속 | 5단동사의 추측형에 접속된다.

| 예문 |

⇨ 授業(じゅぎょう)が始(はじ)まろうとした瞬間(しゅんかん)、停電(ていでん)になってしまった。

(수업이 시작되려고 한 순간 정전이 되고 말았다)

⇨ 地下鉄(ちかてつ)のドアがしまろうとした時(とき)、男(おとこ)の子(こ)が飛(と)び乗(の)った。

(지하철 문이 닫히려고 했을 때 남자아이가 뛰어 탔다)

⇨ 私(わたし)が行(い)った時(とき)にはもう会(かい)が終(お)わろうとしていました。

(내가 갔을 때에는 이미 모임이 끝나려고 하고 있었습니다)

~ うとする ⇨ '~ (하)려 한다', 동작, 작용의 시도를 나타내는 용법

| 용법 | 「う」는 의지를 나타내는 조동사인데 여기에 조사 「と」와 동사 「する」가 접속된 어구이다. 이러한 형태로 어떤 동작이나 작용을 일으키기 위하여 노력하거나 시도함을 나타낸다.

| 접속 | 5단동사의 추측형에 접속된다.

| 예문 |

⇨ あの人(ひと)は夜(よる)になっても帰(かえ)ろうとしなかった。

(저 사람은 밤이 되어도 돌아가려 하지 않았다)

⇨ 彼(かれ)は体(からだ)の調子(ちょうし)がよくないのに、医者(いしゃ)にみてもらおうとしない。

(그는 몸 상태가 좋지 않은데도 의사에게 진찰받으려 하지 않는다)

⇨ 田中(たなか)は正直(しょうじき)で、たとえ失敗(しっぱい)してもかくそうとしなかった。

(다나카는 정직해서 설사 실패하여도 숨기려 하지 않았다)

⇨ 先進国(せんしんこく)自(みずか)らは何(なん)の負担(ふたん)もせずに、最貧国(さいひんこく)の救済(きゅうさい)を図(はか)ろうとするのは大変虫(たいへんむし)のいい話(はなし)だ。

(선진국스스로는 아무런 부담도 하지 않고, 빈민국의 구제를 꾀하려 하는 것은 매우 뻔뻔스런 이야기이다)

|참고| 아울러 이와 유사한 것으로 「～んとする」가 있다. (해당항목 참고)

～うと ～まいと ⇨ ～(하)든 말든, ～(하)건 말건

|용법| 추측을 나타내는 조동사 「う」에 접속조사 「と」가 접속된 「うと」가 앞에 배치되고 뒤에는 부정추측을 나타내는 조동사 「まい」에 접속조사 「と」가 접속된 「まいと」가 배치된 어구이다. 이러한 형태로 어떻게 하든 상관없다고 하는 방임의 의미를 나타낸다.

|접속| 「～うと」앞에는 5단동사의 추측형이, 「～まいと」앞에는 5단동사의 종지형이 접속된다. 그 밖의 동사의 경우에는 「～ようと～まいと」에 접속되게 되는데 이에 관해서는 해당항목을 참고할 것.

|예문|

⇨ あなたが行こうと行くまいと私は行きます。(당신이 가건 말건 나는 갑니다)

⇨ 使おうと使うまいと私のお金ですから、あなたとは関係ないことです。

(사용하건 말건 내 돈이니까 당신과는 관계없는 일입니다)

⇨ 人が笑おうと、笑うまいと、そんなことを気にかけるな。

(남이 웃든 말든 그런 것을 신경 쓰지 마라)

⇨ 雨が降ろうと降るまいと、予定は変えません。

(비가 오든 말든 예정은 바꾸지 않습니다)

⇨ 全員集まろうと集まるまいと、審議は予定通りに始めなくてはならない。

(전원이 모이든 말든 심의는 예정대로 시작하지 않아서는 안 된다)

|참고| 이와 유사한 어구로 「～うが～まいが」」가 있다. (해당항목 참고)

～うとも ⇨ ～(하)건, ～(할)지라도

| 용법 | 추측을 나타내는 조동사 「う」에 접속조사 「とも」가 접속된 어구이다. 이러한 형태로 충분히 일어날 수 있는 사항을 전항에서 제시한 다음 후항에는 그러한 사항에 구속되는 일이 없음을 나타낸다. 용법은 「～うと」와 같으나 「～うとも」가 보다 문장체적이다.

| 접속 | 5단동사의 추측형에 접속된다.

| 예문 |

⇨ 何事(なにごと)があろうとも、兄弟(きょうだい)別(わか)れ別(わか)れになってはいけない。

(무슨 일이 있건 형제가 뿔뿔이 되어서는 안 된다)

⇨ 田中(たなか)は相手(あいて)がどう言(い)おうとも、取(と)り上(あ)げないだろう。

(다나카는 상대가 어떻게 말할지라도 상대하지 않을 것이다)

⇨ 誰(だれ)が何(なん)と言(い)おうとも、謝(あやま)る気(き)は全(まった)くない。

(누가 뭐라고 하건 사과할 마음은 전혀 없다)

⇨ たとえどんなことが起(お)ころうとも、彼(かれ)からは一生(いっしょう)離(はな)れない。

(설사 어떤 일이 일어날지라도 그로부터는 평생 떨어지지 않는다)

～うに ⇨ '～(할)(했을) 것을(텐데)', 문말에서만 쓰이는 용법

| 용법 | 추측을 나타내는 조동사 「う」에 조사 「に」가 접속된 어구로 지금의 불만이나 의문스런 기분을 나타내거나 과거사실에 반하는 가정 하에 그에 대한 미련이나 의문, 또는 후회스런 기분을 가정적으로 나타낸다. 다만 과거사실의 경우 자신의 의지로 선택할 수도 있었던 과거사실에 대해서는 일체 쓸 수가 없고 오로지 자신의 의지로는 어찌할 방법이 없었던 과거사실에 대해서만 쓸 수가 있다. 주로 「～だろうに」「～でしょうに」「～かろ

うに」의 형태로 사용된다.

| 접속 | 주로 조동사 「だ」의 미연형 「だろ」, 「です」의 미연형 「でしょ」에 접속된다.

| 예문 |

⇨ こんな日にわざわざ出かけなくてもいいだろうに。

(이런 날에 일부러 외출하지 않아도 좋을 것을)

⇨ でも、経営学ならほかにも専門家がいくらでもいるでしょうに。

(그래도 경영학이라면 이 외에도 전문가가 얼마든지 있을 텐데요)

⇨ あのけがじゃ、かなり痛かろうに。(저 상처라면 꽤 아플 텐데)

[→ 이상은 현재사실에 대한 불만이나 의문을 나타냄]

⇨ 天気がよかったら、もっと楽しい旅行だったでしょうに。

(날씨가 좋았더라면 좀 더 즐거운 여행이었을 텐데요)

⇨ ふだん勉強しておけば、よかっただろうに。(평소 공부해 두면 좋았을 것을)

⇨ あの怪我じゃ、さぞいたかっただろうに。(저 상처라면 필시 아팠을 텐데)

⇨ あの時彼女がそう言ったなら、私はどんなことをしてでも助けただろうに。

(그 때, 그녀가 그렇게 말했다면 나는 어떤 일을 해서라도 도와주었을 텐데)

⇨ 姉が生きていてくれたら、とても楽しかったろうに。

(누나가 살아있어 주었다면 매우 즐거웠을 텐데)

⇨ もしあの釣り船に乗っていたら、今ごろは死んでいただろろうに。

(만약 저 낚시 배에 타고 있었다면 지금쯤은 죽었을 텐데)

[→ 이상은 과거사실에 대한 미련이나 후회, 의문을 나타냄]

| 참고 | 이와 유사한 어구로 「～うが」가 있다. (해당항목 참고)

～うにも～ない ⇨ ～(하)려 해도～(할) 수 없다

| 용법 | 의지를 나타내는 조동사 「う」에 복합조사 「にも」가 접속된 형태가 앞에

배치되고 뒤에는 부정을 나타내는 조동사 「ない」가 배치된 어구이다. 그 앞뒤에는 같은 동사가 들어가서 그렇게 하고자 희망을 하거나 시도를 해도 뜻대로 되지 않음을 나타낸다.

| 접속 | 앞에는 5단활용동사의 추측형이, 뒤에는 가능동사의 미연형이 접속된다.

| 예문 |

⇨ 金がなくては、買おうにも買えない。(돈이 없어서는 사려해도 살 수 없다)

⇨ 試験前なので、遊びに行こうにも行けない。
(시험 전이어서 놀러 가려해도 갈 수 없다)

⇨ 風邪を引いてしまい、のどが痛くて話そうにも話せない。
(감기에 걸려버려 목이 아파 말하려 해도 할 수가 없다)

⇨ 彼はお金がないので、国へ帰ろうにもなかなか帰れない。
(그는 돈이 없기 때문에 고향에 돌아가려해도 좀처럼 돌아갈 수 없다)

⇨ 教育費がとても高いので、若い夫婦は子供を持とうにも持てない。
(교육비가 매우 비싸서 젊은 부부는 아이를 가지려해도 가질 수 없다)

⇨ 材料と調味料がそろっていないので、おいしいものを作ろうにも作れない。
(재료와 조미료가 갖추어져 있지 않기 때문에 맛있는 것을 만들려 해도 만들 수 없다)

⇨ 毎日レポートに追われていては、国の両親に手紙を書こうにも書けない。
(매일 리포터에 쫓기고 있어서는 고향의 부모님께 편지를 쓸려고 해도 쓸 수 없다)

うまくいく ⇨ 잘 되어가다

| 용법 | 형용사 「うまい」는 '맛있다, 능숙하다'의 의미를 지니고 있는데 그 연용형 「うまく」에 동사 「行く」가 접속된 형태로 관용구처럼 사용된다. 이러한 형태로 어떠한 의도한 일이 원만하게 진행됨을 나타낸다.

| 예문 |

⇨ 初めて会った瞬間、直感的にこの人とはうまくいくと思った。
(처음 만난 순간, 직감적으로 이 사람과는 잘 되어갈 것으로 생각했다)

⇨ うまくいったら儲けものだ。(잘 되면 돈벌이가 된다)

⇨ 計画がうまく行くように、みんなで作戦をねった。
(계획이 잘 되어가도록 모두가 작전을 짰다)

⇨ まだ経験がとぼしいため、うまく行かないことが多い。
(아직 경험이 부족하기 때문에 잘 되어가지 않는 일이 많다)

⇨ 何も知らないからこそ、かえってうまくいくのかも知れない。
(아무것도 모르기 때문에 오히려 잘 되어 갈 런지도 모른다)

⇨ 両者の話し合いはうまくいかず、結局交渉は滞ってしまった。
(양자의 이야기는 잘 되지 않아서 결국 교섭은 답보상태가 되고 말았다)

⇨ できそうに見えてやってみたが、なかなかうまくいかない。
(할 수 있을 것으로 보여서 해 보았는데 좀처럼 잘 되지 않는다)

⇨ あの人は笑顔を浮かべているから、すべてうまくいったにちがいない。
(저 사람은 웃는 얼굴을 띠고 있으니까 모든 것이 잘 되어 간 것임에 틀림없다)

～うものなら ⇨ ～(할) 것 같으면

| 용법 | 의지를 나타내는 조동사 「う」에 형식명사 「もの」와 단정의 조동사 「だ」의 가정형 「なら」가 접속되어 구성된 어구이다. 이러한 형태로 전항에 극단적인 경우를 내세워 전항이 실현될 때는 후항에 바람직하지 못한 일이 벌어짐을 나타낸다. 즉, 일례를 들어두고 그것이 실현될 경우에는 그 결과가 좋지 못함을 나타낸다. 주로 회화체에서 사용되는 표현으로 때로는 「～うもんなら」로 발음되기도 한다.

|접속| 5단동사의 추측형에 접속된다.

|예문|

⇨ うっかり笑(わら)おうものならひどく叱(しか)られますよ。
(무심결에 웃을 것 같으면 호되게 야단맞아요)

⇨ うそをつこうものなら、二度(にど)と口(くち)をきかないぞ。
(거짓말을 할 것 같으면 두 번 다시 말하지 않는다)

⇨ あの人(ひと)にそんなこと言(い)おうものなら君(きみ)はあの人(ひと)になぐられるよ。
(저 사람에게 그런 말을 할 것 같으면 자네는 저 사람에게 얻어맞아)

⇨ 三日(みっか)ぐらいつづけて雨(あめ)が降(ふ)ろうものなら歩(ある)けないほど道(みち)が悪(わる)くなります。
(삼일 쯤 계속해서 비가 내릴 것 같으면 걸을 수 없을 정도로 길이 나빠집니다)

~得(う)る ⇨ '~(할) 수 있다', 가능의 의미를 나타내는 용법

|용법| 「得(う)る」는 어떤 일을 할 수 있다, 또는 그 일이 성립될 가능성이 있다, 고 하는 의미를 나타내는 동사로 현재는 단독으로 쓰이기보다는 주로 동사 연용형에 접속되어 보조동사로서 사용된다. 회화체보다는 문장체에서 쓰이는 가능표현으로 「得(う)る」로 사용될 때는 긍정표현에서 뒤에 오는 명사를 수식하는 경우에만 국한되며 「~ます、~ない、~た」에 접속될 때는 「得(え)る」의 연용형 「得(え)」의 형태로 접속되게 된다.

|접속| 동사의 연용형에 접속된다.

|예문|

⇨ あれぐらいはだれでも考(かんが)えうることだ。
(저것쯤은 누구라도 생각할 수 있는 일이다)

⇨ 能力試験1級をとれば、その本はじゅうぶん読みうるはずです。

(능력시험1급을 따면 그 책은 충분히 읽을 수 있을 겁니다)

⇨ 彼の取った態度は、私には十分理解しうるものであった。

(그가 취한 태도는 나에게는 충분히 이해할 수 있는 것이었다)

⇨ 彼の仕事ぶりには失望の念を禁じ得ない。

(그의 일하는 모습에는 실망감을 금할 수 없다)

⇨ それは彼女になしえた最大限の努力だったに違いない。

(그것은 그녀가 할 수 있었던 최대한의 노력이었음에 틀림없다)

⇨ 彼の自殺は誰もが予期し得なかったことだけに、そのショックは大きかった。

(그의 자살은 누구나 예기할 수 없었던 것이니만큼, 그 쇼크는 컸다)

| 참고 | 이러한 표현은 문장체에서만 주로 사용되나 회화체에서는 「ありえない(있을 수 없다)」의 형태로 빈번하게 사용되고 있다.

⇨ 彼が失敗するなんてありえない。(그가 실패한다는 건 있을 수 없다)

え

～得ない ⇨ ～(할) 수가 없다

| 용법 | 「得る」는 어떤 일을 할 수 있다, 또는 그 일이 성립될 가능성이 있다고 하는 의미를 나타내는 동사로 현재는 단독으로 쓰이기보다는 주로 동사 연용형에 접속되어 보조동사로서 사용된다. 「うる」의 뒤에 「ない」같은 조동사가 접속될 경우 「うる」의 연용형 「え」가 접속되게 되는데 이러한 형태로 어떠한 일이 실현 불가능함을 나타낸다.

| 접속 | 동사의 연용형에 접속된다.

| 예문 |

⇨ 私一人の力ではとてもなし得ないことでした。
(나 혼자의 힘으로는 도저히 할 수 없는 일이었습니다)

⇨ 実行しえない計画を立ててもむだだ。
(실행할 수 없는 계획을 세워도 소용없다)

⇨ 事故で家族を失った人の話を聞いて、涙を禁じ得なかった。
(사고로 가족을 잃은 사람의 이야기를 듣고 눈물을 금할 수 없었다)

⇨ 大地震で家族をなくした方や家を失った方には同情を禁じえない。
(대지진으로 가족을 잃은 분이나 집을 잃은 분에게는 동정을 금할 수 없다)

遠慮 ⇨ 완곡한 사양과 거절을 나타내는 용법

| 용법 | 남 앞에서 사려 깊게 행동한다는 뜻에서 나온 말로 어떠한 행동이나 작용을 완곡하게 사양하거나 그에 대한 완곡한 거절을 나타내는 두 가지 용법을 지니고 있다. 예를 들어 「どうぞ、ご遠慮なく」라고 할 경우에는 완곡한 사양을 나타내지만 「たばこはご遠慮ください」라고 할 경우에는 완곡한 거절을 나타낸다.

| 예문 |

⇨ 遠慮して本当のことは言わなかった。

(사양해서 사실은 말하지 않았다)

⇨ 新年のご挨拶は遠慮させていただきます。

(신년인사말씀은 사양하도록 하겠습니다)

⇨ 今日の会は、気分が悪いので遠慮いたします。

(오늘의 모임은 컨디션이 안 좋아서 사양하겠습니다)

⇨ 初めて来たお客さんは、遠慮して何も食べない。

(처음으로 온 손님은 사양해서 아무것도 먹지 않는다)

[→ 이상은 완곡한 사양을 나타냄]

⇨ 無断駐車はご遠慮ください。(무단주차는 삼가 해주십시오)

⇨ 学内での飲酒はご遠慮ください。(학내에서의 음주는 삼가 해주십시오)

⇨ 目上の方の前では、そんな言葉遣いは遠慮してほしい。

(윗분 앞에서는 그런 말씨는 삼가 해주었으면 좋겠다)

[→ 이상은 완곡한 거절을 나타냄]

お

おいそれと(は) ~ ない ⇨ **쉽사리, 간단하게(는) ~ (할) 수 없다**

| 용법 | 「おいそれと」는 부사로 '간단하게'의 의미를 지니고 있는데 뒤에 가능동사의 부정형을 수반하여 무언가의 이유로 인하여 간단하게 일을 처리할 수 없다고 하는 불가능의 의미를 나타낸다.

| 접속 | 조동사 「ない」 앞에는 가능동사의 미연형이 접속된다.

| 예문 |

⇨ 子供(こども)を産(う)んだばかりの母(はは)ネコにはおいそれとは近(ちか)づけない。

(새끼를 갓 낳은 어미고양이에게는 쉽사리 접근할 수 없다)

⇨ 君(きみ)ならできるとおだてられても、あんな大役(たいやく)は責任(せきにん)も重(おも)いし、おいそれとは引(ひ)き受(う)けられない。

(자네라면 할 수 있다고 추켜세워져도 저런 큰 역할은 책임도 무거워서 간단하게는 떠맡을 수 없다)

⇨ 当時(とうじ)は大変(たいへん)な不景気(ふけいき)で、大学(だいがく)を出(で)たからといっておいそれと就職(しゅうしょく)できるような時代(じだい)ではなかった。

(당시는 대단한 불경기여서 대학을 나왔다 해서 쉽사리 취직할 수 있는 그러한 시대는 아니었다)

おおぜい ⇨ 사람의 수가 많음을 나타내는 부사적 용법

| 용법 | 「大勢(おおぜい)」는 '많은 사람'을 나타내는 명사이지만 때로는 사람의 수가 많이 있음을 나타내는 경우에 부사처럼 쓰인다. 주의할 것은 「おおぜい」는 반드시 사람에게만 쓴다는 사실이며 그 밖의 경우에는 「たくさん」을 이용하여야 한다.

| 예문 |

⇨ 人(ひと)がおおぜい通(とお)りを歩(ある)いています。(사람이 많이 길을 걷고 있습니다)

⇨ 昨日(きのう)おおぜいで遠足(えんそく)に行(い)きました。(어제 많은 사람과 함께 소풍을 갔습니다)

⇨ 私(わたし)の学校(がっこう)には日本人(にほんじん)はおおぜいいますが、外国人(がいこくじん)は少(すこ)ししかいません。
(우리 학교에는 일본인은 많이 있습니다만, 외국인은 조금밖에 없습니다)

⇨ デパートではおおぜいの客(きゃく)が買(か)い物(もの)をしています。
(백화점에서는 많은 손님이 쇼핑을 하고 있습니다)

~ おき(に) ⇨ ~ 마다, ~ 간격으로

| 용법 | 접미어 「おき」에 조사 「に」가 접속된 어구이다. 이러한 형태로 주로 시간이나 거리, 수량을 나타내는 말에 접속되어 같은 동작이나 상태가 규칙적으로 되풀이 될 경우에 그 간격을 나타낸다.

| 접속 | 시간이나 거리, 수량을 나타내는 명사에 접속된다.

| 예문 |

⇨ 道(みち)の両側(りょうがわ)に2､3メートルおきに木(き)が植(う)えてある。
(길 양쪽에 2, 3미터간격으로 나무가 심어져 있다)

⇨ この薬(くすり)は3時間(じかん)おきにのんでください。(이 약은 3시간마다 복용해 주십시오)

⇨ オリンピックは3年(ねん)おきに、つまり4年目(ねんめ)ごとに行(おこな)われます。
(올림픽은 3년 간격으로, 즉 4년째마다 개최됩니다)

⇨ わたしは二日(ふつか)おきに風呂(ふろ)に入(はい)ります。(나는 이틀간격으로 목욕을 합니다)

⇨ この駅(えき)は5分(ふん)おきに電車(でんしゃ)が通(とお)ります。(이 역은 5분마다 전차가 통과합니다)

おっしゃる ⇨ '말씀하시다', 「言(い)う」에 대한 존경어용법

|용법| 「言(い)う」에 대한 존경어이다. 「おっしゃる」는 특수한 활용을 하는데, 조동사 「ます」에 연결되는 연용형일 때는 「おっしゃい」가 되며, 명령형도 「おっしゃい」가 됨에 주의하여야 한다. 또한, 조동사 「ます」의 명령형인 「ませ、まし」가 접속될 수 있는 동사가 「おっしゃる」로 「おっしゃいませ、おっしゃいまし」의 형태로 사용된다. 참고로 이러한 종류의 동사는 이 이외에도 「くださる、なさる、いらっしゃる」가 있다.

|활용| おっしゃら+ない(미연형) おっしゃい+ます、おっしゃっ＋て(연용형) おっしゃる(종지형) おっしゃる+명사(연체형) おっしゃれ+ば(가정형) おっしゃい(명령형)

|예문|

⇨ 先生(せんせい)がそのようにおっしゃいました。(선생님께서 그렇게 말씀하셨습니다)

⇨ 失礼(しつれい)ですが、お名前(なまえ)は何(なん)とおっしゃいますか。
(실례입니다만 성함은 뭐라고 하십니까?)

⇨ こちらは山田(やまだ)さんとおっしゃる方(かた)です。(이쪽은 야마다씨라는 분입니다)

⇨ 何(なに)もおっしゃらないでください。(아무것도 말씀하시지 말아 주십시오)

⇨ うそ、おっしゃい。(거짓말 마세요) [이 경우는 이와 같이 관용적으로 사용된다]

~ 覚(おぼ)えはない ⇨ ~ (할) 생각은(이유는) 없다

| 용법 | 동사 「覚(おぼ)える」의 연용형인 「覚(おぼ)え」가 전성명사화된 것에 조사 「は」와 형용사 「ない」가 접속된 어구이다. 이러한 형태로 상대가 자신에게 취하는 행동을 당할만한 일은 한 적이 없음을 나타낸다. 이는 주로 상대에 대한 비난의 기분을 나타내는데 매우 일본어다운 표현이라고 할 수 있다.

| 접속 | 수동을 나타내는 조동사 「れる」 「られる」에 접속된다.

| 예문 |

⇨ 君(きみ)にそんなひどいことを言(い)われる<u>覚(おぼ)えはない</u>。
(자네에게 그런 심한 말을 들을 생각은 없다)

⇨ おまえになぐられる<u>覚(おぼ)えはない</u>。(너에게 맞을 생각은 없다)

⇨ あなたのように冷(つめ)たい人(ひと)に「冷淡(れいたん)だ」などと非難(ひなん)される<u>覚(おぼ)えはありません</u>。
(당신과 같이 차가운 사람에게 '냉담하다'고 비난받을 이유는 없습니다)

~ 思(おも)いをする ⇨ 결코 바람직하지 못한 경험의 의미를 나타내는 용법

| 용법 | 「思(おも)い」에는 '경험'의 의미도 있는데 전반적으로 「~思(おも)いをする」의 형태로 문말에 쓰여서 결코 바람직하지 못한 경험을 했다고 하는 의미를 나타낸다. 이러한 용법은 우리말에는 없는 것으로 이야말로 일본어다운 표현을 나타내는 어구라고 할 수 있다.

| 접속 | 그 앞에는 주로 마이너스평가를 나타내는 말들이 오게 된다.

| 예문 |

⇨ 変(へん)な人(ひと)が追(お)いかけて来(き)て、いやな<u>思(おも)いをした</u>。
(이상한 사람이 쫓아 와서 기분이 나빴다)

⇨ 車(くるま)が衝突(しょうとつ)しそうになり、寿命(じゅみょう)がちぢまる思(おも)いをした。

(차가 충돌할 것 같아서 수명이 단축되는 느낌이 들었다)

⇨ 私(わたし)だって今(いま)までさみしい思(おも)いをしたのよ。(나도 지금까지 쓸쓸하게 지낸 거야)

⇨ 今(いま)までお前(まえ)を育(そだ)てて来(く)るのにどんなにつらい思(おも)いをして来(き)たことか......

(지금까지 너를 키워 오는데 얼마나 힘들었는지.....)

⇨ 山田(やまだ)さんは、この間(あいだ)彼自身(かれじしん)が入院(にゅういん)した時(とき)の話(はなし)をして、「ぼくは手術(しゅじゅつ)の前(まえ)には水(みず)が飲(の)めなくて、それはつらい思(おも)いをした」と言(い)った。

(야마다씨는 요전에 그 자신이 입원했을 때의 이야기를 하며, '나는 수술 전에는 물을 마실수 없어서 무척이나 괴로웠다'고 말했다)

～折(お)りから ⇨ ～(할) 이때, ～(한) 때인 만큼

| 용법 | '기회, 때'의 의미를 지닌 명사 「折(お)り」에 격조사 「から」가 접속되어 만들어진 어구이다. 이러한 형태로 주로 바람직하지 못한 기후가 전항에 오고 후항에는 그에 대하여 주의를 당부하는 내용이 오게 되는데 대체로 서간문 등의 문장체에서 사용된다.

| 접속 | 용언의 연체형에 접속되며 기후를 나타내는 명사에 접속될 경우에는 명사 다음에 조사 「の」가 들어가게 된다.

| 예문 |

⇨ 炎暑(えんしょ)の折(お)りから皆様(みなさま)にはいっそうのご自愛(じあい)をお祈(いの)り致(いた)します。

(매우 더울 때인 만큼, 여러분께서는 더욱 건강에 주의하시기 바랍니다)

⇨ 北国(きたぐに)の厳寒(げんかん)の折(お)りからあなた様(さま)にはお変(かわ)りもなくお過(す)ごしのことと思(おも)います。

(북국의 엄동이 몰아칠 이때, 당신께서는 별 일없이 지내시리라고 생각합니다)

⇨ 残暑(ざんしょ)の続(つづ)くおりから、お体(からだ)には十分(じゅうぶん)お気(き)をつけください。

(잔서가 계속되는 때인 만큼, 건강에는 충분히 주의하여 주십시오)

⇨ ひえ込みの厳しい折から、風邪など召されませんように。

(추위가 매서울 이 때, 감기 걸리지 않으시기를)

折りからの ~ ⇨ 때마침 ~ (한)

| 용법 | '기회, 때'의 의미를 지닌 명사 「折り」에 격조사 「から」와 「の」가 접속되어 만들어진 어구이다. 이러한 형태로 '마침 그와 같은 때의'라는 의미를 나타내는데 그 뒤에는 악천후에 관한 명사나 불안한 사회상황을 나타내는 명사 등이 오게 된다. 문장체에서 주로 쓰인다.

| 접속 | 악천후에 관한 명사나 불안한 사회상황을 나타내는 명사에 접속된다.

| 예문 |

⇨ 山は嵐のような天候になり、小さな山小屋は、折りからの風にあおられて簡単に吹き飛んでしまった。

(산은 폭풍우와 같은 날씨가 되어, 작은 오두막집은 때마침 불어온 바람에 흔들려서 쉽사리 날아가 버렸다)

⇨ 最近、ホームリスの人が増えているが、折りからの寒波で凍死した人もいるそうだ。

(최근에 집 없는 사람이 늘어나고 있는데, 때마침 닥친 한파로 동사한 사람도 있다고 한다)

⇨ もともと女子の就職状況は男子より悪かったが、今年は折りからの不況でますます女性には不利になっている。

(본래 여자의 취직상황은 남자보다 나빴는데, 금년은 때마침 닥친 불황으로 점점 더 여성에게는 불리해지고 있다)

⇨ 海外旅行ブームがますます盛んになっているところへ、折りからの円高で、連休の海外旅行客は40万人を越えるそうだ。

(해외여행 붐이 더욱 더 활발해 지고 있을 때에, 때마침 일어난 엔고로 연휴의 해외여행객은 40만 명을 넘는다고 한다)

おる ⇨ 「いる」에 대한 겸양어의 용법

| 용법 | 「おる」는 원래 「いる」와 같은 정도의 의미와 용법을 지닌 동사였으나 오늘날에는 자신의 존재를 낮추어 표현하는 겸양어로 널리 쓰이고 있다. 이 동사는 어디까지나 자신과 자기 측의 존재에 대해서만 쓸 수 있으며 상대방의 존재에 대해서는 결코 쓸 수 없음에 유의하여야 한다. 즉, 「柴田(しばた)さん、おりますか」는 완벽한 오용으로 「いらっしゃいますか」로 표현하여야 한다.

| 예문 |

⇨ 父(ちち)は今(いま)家(いえ)におります。(아버지는 지금 집에 계십니다)

⇨ 私(わたし)はこんな風(ふう)に思(おも)っております。(저는 이런 식으로 생각하고 있습니다)

⇨ お名前(なまえ)はかねがねうかがっておりました。(존함은 전부터 듣고 있었습니다)

⇨ ご主人(しゅじん)にはいつもお世話(せわ)になっております。
(댁의 남편 분에게는 늘 신세지고 있습니다)

| 활용 | おら+ない(미연형) おり+ます、おっ＋て(연용형) おる(종지형) おる+명사(연체형) おれ+ば(가정형) おれ(명령형) おろ＋う(추측형)

終(お)わる ⇨ '끝나다, 끝내다', 자동사와 타동사의 용법

| 용법 | 「終(お)わる」의 용법에 있어서, 자동사로 쓰일 경우에는 우리말과 전혀 차이가 없으므로 상관이 없으나 타동사로도 쓰인다고 하는 점에 각별한 주의가 요망된다. 다시 말해서 「終(お)わる」가 타동사로 쓰일 때는 그 앞에 목적어를 얼마든지 수반할 수가 있는 것이다.

| 활용 | おわら+ない(미연형) おわり+ます、おわっ＋て(연용형) おわる(종지형) おわる+명사(연체형) おわれ+ば(가정형) おわれ(명령형) おわろ＋う(추측형)

| 예문 |

⇨ 仕事(しごと)が終(お)わったので、これからうちへ帰(かえ)ります。

(일이 끝났으므로 이제부터 집으로 돌아갑니다)

⇨ 武道(ぶどう)は、礼(れい)に始(はじ)まって礼(れい)に終(お)わるものです。

(무도는 예로 시작되어 예로 끝나는 것입니다) [→자동사의 용법]

⇨ ほかに質問(しつもん)がなければ会議(かいぎ)を終(お)わります。

(달리 질문이 없으면 회의를 마치겠습니다)

⇨ 早(はや)く仕事(しごと)を終(お)わって帰(かえ)りたいものです。

(빨리 일을 마치고 돌아가고 싶은 겁니다) [→타동사의 용법]

か

～か ⇨ '～ 인지, ～ ㄴ지', 불확실함이나 의문을 나타내는 용법

|용법| 조사 「か」는 주로 「何(なに)、誰(だれ)、なぜ、どこ、いつ」와 같은 의문사에 접속되어 불확실함을 나타내기도 하고, 그 밖의 다양한 말에 접속되어 의문을 나타내기도 한다.

|예문|

⇨ 何(なに)かほしいものがありますか。(뭔가 필요한 것이 있습니까?)

⇨ となりの部屋(へや)に誰(だれ)かいますか。(옆방에 누군가 있습니까?)

⇨ 今日(きょう)はなぜかさびしいんです。(오늘은 왠지 쓸쓸한 겁니다)

⇨ どこからか、きれいな音楽(おんがく)が聞(き)こえてきた。(어디에선가 아름다운 음악이 들려왔다)

⇨ とてもうれしくて、この喜(よろこ)びを誰(だれ)かに話(はな)さずにはいられなかった。
(무척 기뻐서 이 기쁨을 누군가에게 말하지 않고 있을 수는 없었다)

⇨ いつからか、あの人(ひと)はうちへ遊(あそ)びに来(く)るようになった。
(언제부턴가 저 사람은 우리 집에 놀러오게 되었다)

[→ 이상은 각종 의문사에 접속되어 불확실함을 나타내는 용법]

⇨ あの学生(がくせい)は試験(しけん)ができなかったのか、元気(げんき)のない顔(かお)をしている。
(저 학생은 시험이 잘못 쳤는지 힘없는 얼굴을 하고 있다)

⇨ 田中さんはいつ来るかわかりません。(다나카씨는 언제 올지 모릅니다)

⇨ どれがいいか選んでください。(어느 것이 좋은지 골라 주십시오)

⇨ 彼の奥さんはどんな人か知りません。(그의 부인은 어떤 사람인지 모릅니다)

⇨ 木村さんはどこにいるか分かりません。(기무라씨는 어디에 있는지 모릅니다)

⇨ あの人はどんな人なのかわかりません。(저 사람은 어떤 사람인지 모릅니다)

⇨ どちらが高いか、比べてください。(어느 쪽이 비싼지 비교해 주십시오)

⇨ 飛行機は何時に着くか、知りません。(비행기는 몇 시에 도착하는지 모릅니다)

[→ 이상은 다양한 말에 접속되어 의문을 나타내는 용법]

～ が ⇨ '～ 이(가)', 주격조사로 사용되는 용법

| 용법 | 조사 「が」는 동작이나 작용의 주체를 나타내는 조사로 우리말의 조사 '～가, ～이'에 해당된다.

| 접속 | 명사에 접속된다.

| 예문 |

⇨ 風が吹く。(바람이 분다)

⇨ 道がわるい。(길이 나쁘다)

⇨ それが正当だ。(그것이 정당하다)

⇨ あ、とりがないている。(아, 새가 울고 있다)

⇨ 父がまだ若い時の写真。(아버지가 아직 젊을 때의 사진)

⇨ 今、ちょうど日がしずむところです。(지금, 마침 해가 저무는 참입니다)

⇨ 庭のさくらの花がきれいですね。(정원의 벚꽃이 예쁘군요)

⇨ 誰が窓をこわしたのですか。(누가 창문을 부순 겁니까?)

⇨ あの人が言ったことは正しい。(저 사람이 말한 것은 맞다)

⇨ 私が来た時には、ここには何もありませんでしたよ。
(내가 왔을 때에는 여기에는 아무것도 없었어요)

～が ⇨ 기호나 가능의 대상을 나타내는 용법

|용법| 조사「が」는 주로 좋아하고 싫어하는 대상은 무엇이며, 할 수 있거나 하고 싶은 것의 대상 등이 무엇인가를 나타내는 데에 쓰인다. 그 뒤에 오는 술어로는「できる、わかる、ほしい、きらいだ、すきだ、上手だ、下手だ、いやだ」등과 더불어 주로 가능을 나타내는 표현들이 주로 오게 된다.

|접속| 기호나 가능의 대상을 나타내는 명사에 접속된다.

|예문|

⇨ あなたは日本語ができますか。(당신은 일본어를 할 수 있습니까?)

⇨ わたしはこれがほしい。(나는 이것을 갖고 싶다)

⇨ 君もお茶が飲みたいのか。(자네도 차를 마시고 싶은 건가?)

⇨ あの人は人目をひく格好をするのが好きだ。
(저 사람은 남의 눈을 끄는 모습을 하는 것을 좋아한다)

⇨ 弟は野球が大好きです。(남동생은 야구를 매우 좋아합니다)

⇨ 兄は運動がきらいだ。(형은 운동을 싫어한다)

⇨ 彼は演説がうまい。(그는 연설을 잘한다)

⇨ 彼女は日本語が上手です。(그녀는 일본어가 능숙합니다)

⇨ 父は世渡りが下手です。(아버지는 세상살이가 서툽니다)

⇨ 万年筆が使いよいのでペンはやめました。

(만년필이 쓰기 좋기 때문에 펜은 그만 두었습니다)

⇨ それでは話がしにくくていけません。(그러면 말하기가 어려워서 안 됩니다)

⇨ 坊やも仮名が読める。(꼬마도 가나를 읽을 수 있다)

⇨ こんなやさしい問題がわからないのはこまりますね。

(이런 쉬운 문제를 모르는 것은 곤란하군요)

⇨ 明日は映画が見られるよ。(내일은 영화를 볼 수 있어)

⇨ わたしも顔があげられなかった。(나도 얼굴을 들 수 없었다)

⇨ 何か楽器が弾けますか。(뭔가 악기를 연주할 수 있습니까?)

⇨ がまんするのが苦しい。(참는 것이 괴롭다)

⇨ 叱られるのがつらい。(야단맞는 것이 괴롭다)

⇨ 年をとると、だんだん新しい考え方が受け入れにくくなる。

(나이를 먹으면 점점 새로운 사고방식을 받아들이기 어려워진다)

～が ⇨ '～(ㅂ니다)만', 문말에서 다음 말을 잇거나 여운을 남기는 용법

| 용법 | 조사 「が」는 두 가지의 사항을 나열할 때에 가볍게 문과 문을 연결하는 조사이다. 우리말의 '～(ㅂ니다)만'의 '만'에 해당되는데 주격조사로 쓰일 때와 달리 이 경우는 언제나 문말에서만 쓰인다. 전반적으로 전체적인 어감을 부드럽게 해주는 역할을 하는 셈이다.

| 접속 | 활용어의 종지형에 접속된다.

| 예문 |

⇨ すみませんが、ちょっと待ってください。(미안합니다만 좀 기다려 주십시오)

⇨ 今日は学校は休みだが、さて何をしようかな。

(오늘은 학교는 쉬지만 그럼 무엇을 할까?)

⇨ いろいろありますが、どんなテレビがいいですか。

(여러 가지가 있습니다만 어떤 티브이가 좋습니까?)

⇨ 田中さんのうちは小さいですが、新しいです。

(다나카씨 집은 작습니다만 새 것입니다)

⇨ 柴田と申しますが、洋子さんいらっしゃいますか。

(시바타라고 합니다만 요오코씨 계십니까?)

⇨ 今日山田さんに会うんですが、何か伝えておくことはありますか。

(오늘 야마다씨를 만납니다만 뭔가 전해 둘 것은 있습니까?)

| 참고 | 조사 「が」는 다음과 같이 전항과 후항의 내용이 상반되거나 대립됨을 나타내는 역접조사로 쓰이는 일도 많다.

⇨ 急いで来ましたが、時間に遅れました。(서둘러 왔습니다만 시간에 늦었습니다)

⇨ 注意していましたが、かぜをひきました。(주의하고 있었습니다만 감기 걸렸습니다)

⇨ 気をつけて持って来ましたが、コップを落しました。

(주의하여 가지고 왔습니다만 컵을 떨어뜨렸습니다)

~がい ⇨ ~(하는) 보람

| 용법 | 원래는 '보람, 효험'의 의미를 지닌 명사 「甲斐」가 동사연용형에 접속되는 과정에서 연탁현상을 일으킨 말이다. 일부 제한된 동사에만 접속되어 사용되며 이 경우 그 동작에 가치, 효과를 인정하고 평가하게 된다.

| 접속 | 동사연용형에 접속된다.

| 예문 |

⇨ やりがいのある仕事を求めて就職する。(할 보람이 있는 일을 찾아서 취직한다)

⇨ こんなに喜(よろこ)んでもらえるのだったら、料理(りょうり)のしがいがある。

(이렇게 기뻐해 주는 거였다면 요리를 한 보람이 있다)

⇨ 仕事(しごと)のほかに生(い)きがいを見(み)いだせないような人生(じんせい)ではあまりにも寂(さび)しいではないか。

(일 이외에 사는 보람을 찾아낼 수 없는 그러한 인생이라면 너무나도 쓸쓸하지 않는가?)

⇨ もっと働(はたら)きがいのある職場(しょくば)に移(うつ)りたいと思(おも)うが、この不況(ふきょう)では転職(てんしょく)もなかなかむずかしそうだ。

(좀 더 일하는 보람이 있는 직장으로 옮기고 싶다고 생각하는데, 이 불황에서는 전직도 꽤나 어려울 것 같다)

～がいい ⇨ ～(하)는 게 좋다

| 용법 | 주격조사「が」에 형용사「いい」가 접속된 어구로 어떠한 상황에 이르는 과정에서 취하여야 할 가장 적당한 행동을 타인에게 제시하게 된다. 비교적 명령표현에 가까운 의미를 지니고 있다.

| 접속 | 동사의 종지형에 접속된다.

| 예문 |

⇨ 親類(しんるい)などに知(し)らせるなら今日(きょう)じゅうにも知(し)らせるがいい。

(친척 등에게 알리는 거라면 오늘 중이라도 알리는 것이 좋다)

⇨ あの奥(おく)さんは、腹立(はらだ)たしげに「地獄(じごく)に行(い)くがいい」と怒鳴(どな)りつけました。

(저 부인은 화가 난 듯이 '지옥에 가라!'고 소리쳤습니다)

⇨ 先生(せんせい)は、生徒(せいと)たちに「試合(しあい)の前(まえ)におでんなんかは食(た)べたいと言(い)わないがいい」と言(い)った。

(선생님은 학생들에게 '시합 전에 오뎅 같은 것은 먹고 싶다고 말하지 않는 것이 좋다'고 말했다)

かいがある(ない) ⇨ 보람이 있다(없다)

|용법| 「甲斐」는 ‘보람’을 나타내는 명사인데 표제어와 같은 형태로 그에 상응하는 효과나 의미가 있음을 나타낸다. 당연히 그에 대한 부정은 「かいがない」가 되어서 그에 상응하는 효과나 의미가 없음을 나타낸다.

|접속| 「명사+の」나 과거, 완료를 나타내는 조동사 「た」에 접속된다.

|예문|

⇨ 努力したかいがあって、無事合格することができた。

(노력한 보람이 있어서 무사히 합격할 수가 있었다)

⇨ コンクールで優勝できるなんて、一日も休まず練習したかいがあったね。

(콩쿠르에서 우승할 수 있다니 하루도 쉬지 않고 연습한 보람이 있었네)

⇨ 警官の懸命の説得のかいもなく、その男性は警官の顔をしばらくじっと見つめた後、屋上から飛び降りてしまったという。

(경찰이 필사적으로 설득한 보람도 없이, 그 남자는 경찰의 얼굴을 한 동안 가만히 바라본 후, 옥상에서 뛰어내려 버렸다고 한다)

⇨ 今になってまったく違う意見を主張されたのでは、せっかくみんなが歩み寄って意見を調整したかいがなくなるじゃないか。

(이제 와서 전혀 다른 의견을 주장해서는, 애써 모두가 한걸음 다가서서 의견을 조정한 보람이 없게 되지 않겠는가?)

～か～(か)
⇨ ‘～(이)나～, ～인지～인지’ 선택의 의미를 나타내는 용법

|용법| 의문이나 불확실함을 나타내는 조사 「か」가 앞뒤로 배치됨으로서 두 가지의 사물이나 동작을 나열해 놓고, 그 중에서 하나를 선택하는 의미를

나타낸다. 경우에 따라서는 뒤의 조사 「か」가 생략되는 일도 있으나 의미상의 차이는 없다.

| 접속 | 명사나 동사 및 형용사의 종지형에 접속된다.

| 예문 |

⇨ 電車かバスで行くつもりだ。(전차나 버스로 갈 작정이다)

⇨ 進学か就職かで悩んでいる。(진학이냐 취직이냐로 고민하고 있다)

⇨ 答えはイエスかノーか、二つに一つです。
(대답은 예스나 노냐, 둘 중에 하나입니다)

⇨ みかんかりんごか買ってください。(밀감이나 사과를 사 주십시오)

⇨ 右か左かどっちの道を行ったらいいのか、わからない。
(오른 쪽이나 왼쪽, 어느 쪽 길을 가면 좋은 것인지 모른다)

⇨ あのかたには、2度か3度お会いしたことがあります。
(저 분에게는 두 번이나 세 번 만나 뵌 적이 있습니다)

⇨ 体が健康か不健康かは顔色で判断できることもある。
(몸이 건강한지 건강하지 못한지는 얼굴색으로 판단할 수도 있다)

⇨ その映画がおもしろいかおもしろくないかは見てみなければ分からない。
(그 영화가 재미있는지 재미없는지는 보지 않으면 알 수 없다)

⇨ 二次会は、カラオケに行くかもう少し飲むか、どっちがいいでしょうか。
(2차는 노래방에 갈 것인지 조금 더 마실 것인지, 어느 쪽이 좋을까요?)

~ がかった ⇨ ~ 빛을 띤, ~ 같은

| 용법 | 접미어 「がかる」의 연용형인 「がかり」가 과거를 나타내는 조동사 「た」에 접속되는 과정에서 음편현상을 일으킨 형태이다. 명사에 접속되어 그러한 성질을 어느 정도 지니고 있음을 나타내는데 접속될 수 있는 명사는

매우 제한적이다.

| 접속 | 주로 「青み」「赤み」와 같은 명사에 접속되는 경향이 있다.

| 예문 |

⇨ 山田さんは青みがかった、きれいなワンピースを着ていた。
(야마다씨는 파란 빛을 띤 예쁜 원피스를 입고 있었다)

⇨ 赤みがかった写真を本来の色に戻すにはどうしたらいいですか。
(붉은 빛을 띤 사진을 본래의 색으로 되돌리려면 어떻게 하면 좋습니까?)

⇨ あいつは会う度に芝居がかった行動をとっていて、とてもこっけいだ。
(그 녀석은 만날 때마다 연극하는 것 같은 행동을 취하고 있어서 무척 우스꽝스럽다)

～か ～かで ⇨ ～ 이(하)거나 ～ 이(하)거나 해서

| 용법 | 선택을 나타내는 조사 「か」가 앞뒤로 배치되고 뒤에 오는 조사 「か」에는 이유를 나타내는 조사 「で」가 접속된 어구이다. 이러한 형태로 부정적인 의미를 지닌 사항 두 가지를 나열하여 그 어느 쪽인가의 상태에 있음을 나타낸다.

| 접속 | 명사나 동사 및 형용사의 종지형에 접속된다.

| 예문 |

⇨ あの人は、いつも自分の自慢話か家族の話しかで、聞きづらい。
(저 사람은 언제나 자기자랑이야기거나 가족이야기거나 해서 듣기 괴롭다)

⇨ 安い家賃の部屋は設備が整ってないか交通が不便かで、どこか欠点のある場合が多いようだ。
(싼 집세의 방은 설비가 갖추어져 있지 않거나 교통이 불편하거나 해서 어딘가 결점이 있는 경우가 많은 것 같다)

⇨ この頃の学生はアルバイトで忙しいか勉強で疲れているかで、あまり元気がない顔だ。

(요즘의 학생은 아르바이트로 바쁘거나 공부로 지쳐있거나 해서 그다지 활기가 없는 얼굴이다)

⇨ 山田さんは毎晩飲んでいるかカラオケ屋に行っているかで、電話してもほとんどつながらない。

(야마다씨는 매일 밤 술을 마시고 있거나 노래방에 가 있거나 해서 전화해도 거의 연결되지 않는다)

⇨ 彼は飲み会に行っても、ずっと飲むか食べるかで、全然人の話は聞こうとしない。

(그는 회식에 가서도 줄곧 술 마시거나 먹거나 하며 전혀 남의 이야기는 들으려고 하지 않는다)

～がかりで(の) ⇨ '～ 이서, ～ 걸려서, ～ 걸린', 시간의 소요, 사람의 필요를 나타내는 용법

| 용법 | '시간이나 비용이 걸리다, 들다'를 의미하는 동사 「かかる」의 전성명사인 「かかり」가 동사연용형에 접속되는 과정에서 연탁현상이 일어난 「がかり」에 조사 「で」 또는 「の」가 접속된 어구이다. 「～がかりで」의 형태로는 뒤에 오는 술어를 수식하고 「～がかりの」의 형태로는 뒤에 오는 명사를 수식하게 된다. 결국 이러한 형태로 어떤 동작, 작용이 이루어지는 과정에서 소요되는 시간이나 인원수를 나타낸다.

| 접속 | 시간이나 사람, 또는 날짜를 나타내는 명사에 접속된다.

| 예문 |

⇨ グランドピアノを5人がかりでやっと運んだ。

(그랜드피아노를 5명이서 겨우 운반했다)

⇨ 三日がかりで作り上げた巨大な雪だるまは、翌日の陽気ですぐに溶けてしまった。

(3일 걸려서 만들어 낸 거대한 눈사람은 다음날의 햇빛으로 바로 녹고 말았다)

⇨ さすが横綱は体が大きくて力も強いので、高校生力士が3人がかりで向かっていっても勝ち目はなかった。

(역시 요코즈나는 몸이 크고 힘도 세므로, 고등학생 씨름선수 3명이서 덤벼들어도 승산은 없었다)

⇨ 5年がかりの調査の結果、その湖の生態系は壊れかかっているということがわかった。

(5년 걸려서 조사한 결과, 그 호수의 생태계는 파괴되고 있다는 것을 알았다)

～がかりの ⇨ '～(하)던', 동작의 도중에 있음을 나타내는 용법

| 용법 | 접미어 「がかり」에 조사 「の」가 접속된 어구로 그 뒤에는 수식을 받는 명사가 오게 된다. 이러한 형태로 어떤 동작이 우연히 일어나고 있는 도중임을 나타낸다.

| 접속 | 동사연용형에 접속된다.

| 예문 |

⇨ 死にがかりの人もこの薬で命をとりとめたそうです。

(죽어가던 사람도 이 약으로 목숨을 되찾았다고 합니다)

⇨ 道ばたで急に倒れた老人を、行きがかりの人が介抱していた。

(길가에서 갑자기 쓰러진 노인을 길을 가던 사람이 돌보고 있었다)

⇨ 広場でトランペットの練習をしていると、通りがかりの人が何人も足を止めて聞いていった。

(광장에서 트럼펫연습을 하고 있자, 지나가던 사람이 몇 사람이나 걸음을 멈추고 듣고 갔다)

～限り ⇨ ～(하)는 한

| 용법 | '제한하다, 한정하다'는 의미의 동사 「限る」가 전성명사로 변한 것으로 후항에 대한 전항의 최고한도의 범위를 한정적으로 나타낸다. 뒤에 오는 명사를 수식할 때는 조사 「の」가 접속된 「限りの」의 형태로 쓰인다.

| 접속 | 활용어의 연체형에 접속된다.

| 예문 |

⇨ 私の知る限り、彼はそんなことをする人物ではない。
(내가 아는 한 그는 그런 일을 할 인물은 아니다)

⇨ 病気でないかぎり、出席してください。(병이 아닌 한 출석해 주십시오)

⇨ 仕事があるかぎり、働きつづけます。(일이 있는 한 계속해서 일을 합니다)

⇨ ここは夜遅く一人で歩かないかぎり、安全である。
(여기는 밤늦게 혼자서 걷지 않는 한 안전하다)

⇨ 難民たちは持てる限りの荷物を持って逃げてきた。
(난민들은 들 수 있는 한의 짐을 가지고 도망쳐 왔다)

⇨ できる限りの努力はした。あとは結果を待つだけだ。
(할 수 있는 한의 노력은 했다. 나머지는 결과를 기다릴 뿐이다)

⇨ 何か対策を立てない限り、この村の人口は今後も増えることはないだろう。
(뭔가 대책을 세우지 않는 한, 이 마을의 인구는 앞으로도 증가하는 일은 없을 것이다)

~ 限りだ ⇨ ~ (할) 따름이다

| 용법 | '제한하다, 한정하다'는 의미의 동사 「限る」가 전성명사로 변한 「限り」에 단정을 나타내는 조동사 「だ」가 접속된 어구이다. 이러한 형태로 주로 심정을 나타내는 형용사에 접속하여 그러한 심정의 극치임을 나타낸다.

|접속| 형용사연체형에 접속된다.

|예문|

⇨ ここまで五連敗(ごれんぱい)の結果(けっか)に終(お)わっており、悔(くや)しい<u>限(かぎ)りだ</u>。

(지금까지 5연패의 결과로 끝나있어서 분할 따름이다)

⇨ 山道(やまみち)を一人(ひとり)で歩(ある)いている途中(とちゅう)で日(ひ)が暮(く)れてしまい、心細(こころぼそ)い<u>限(かぎ)りだ</u>。

(산길을 혼자서 걷고 있는 도중에 날이 저물어버려서 마음이 허전할 따름이다)

⇨ 久(ひさ)しぶりに友人(ゆうじん)から電話(でんわ)がかかってきたが、元気(げんき)で研究(けんきゅう)を続(つづ)けているそうでうれしい<u>限(かぎ)りだ</u>。

(오랜만에 친구로부터 전화가 걸려 왔는데, 건강하게 연구를 계속하고 있는 듯해서 기쁠 따름이다)

~ 限(かぎ)りで ⇨ ~ 로써

|용법| '제한하다, 한정하다'는 의미의 동사 「限(かぎ)る」가 전성명사로 변한 「限(かぎ)り」에 단정을 나타내는 조동사 「だ」의 연용형인 「で」가 접속된 어구이다. 이러한 형태로 주로 시간, 회수를 나타내는 명사에 접속하여 그것이 한계임을 나타낸다.

|접속| 시간, 회수를 나타내는 명사에 접속된다.

|예문|

⇨ 彼女(かのじょ)は今年(ことし)<u>限(かぎ)りで</u>定年退職(ていねんたいしょく)することになっている。

(그녀는 올해로써 정년퇴직하게 되어있다)

⇨ その演劇(えんげき)の公演(こうえん)は、今週(こんしゅう)<u>限(かぎ)りで</u>打(う)ち切(き)られる。

(그 연극공연은 이번 주로써 종연된다)

⇨ 山田部長(やまだぶちょう)は今日(きょう)<u>限(かぎ)りで</u>退社(たいしゃ)することになった。

(야마다부장은 오늘로써 퇴사하게 되었다)

~ 限(かぎ)りでは ⇨ ~ (하는) 한은

| 용법 | '제한하다, 한정하다'는 의미의 동사 「限(かぎ)る」가 전성명사로 변한 「限(かぎ)り」에 복합조사 「では」가 접속된 어구이다. 이러한 형태로 주로 어떠한 조건이나 상황의 범위를 제시하여 그 속에서의 판단을 나타낸다.

| 접속 | 동사연체형이나 과거를 나타내는 조동사 「た」에 접속된다.

| 예문 |

⇨ 私(わたし)の見(み)るかぎりでは、彼(かれ)は信頼(しんらい)できる人物(じんぶつ)だ。

(내가 보는 한은 그는 신뢰할 수 있는 인물이다)

⇨ この山小屋(やまごや)にいる限(かぎ)りでは安全(あんぜん)だろう。

(이 오두막집에 있는 한은 안전할 것이다)

⇨ この動物(どうぶつ)は、私(わたし)が今(いま)まで調(しら)べた限(かぎ)りでは、まだ日本(にほん)では発見(はっけん)されていないようだ。

(이 동물은 내가 지금까지 조사한 한은 아직 일본에서는 발견되고 있지 않은 듯하다)

~ かけた(の) ⇨ '~ (하)던', 어떤 동작이나 작용의 도중에 있음을 나타내는 용법

| 용법 | 어떠한 동작의 도중임을 나타내는 접미어 「かけ」에 존속을 나타내는 조동사 「た」나 조사 「の」가 접속된 어구이다. 이러한 형태로 말하는 시점에서 어떤 동작이나 작용이 진행되고 있는 도중에 있음을 나타낸다.

| 접속 | 동사연용형에 접속된다.

| 예문 |

⇨ 読(よ)みかけた本(ほん)を母(はは)がかたづけてしまった。(읽던 책을 어머니가 치워 버렸다)

⇨ 食事を作ろうと思ったら、冷蔵庫の中には腐りかけた野菜しかなかった。

(식사를 준비하려고 했더니 냉장고 속에는 썩고 있던 야채밖에 없었다)

⇨ やりかけの仕事が残っているので済せてから帰ります。

(하던 일이 남아 있기 때문에 끝마치고 나서 돌아가겠습니다)

⇨ 彼女の部屋には編みかけのセーターが置いてあった。

(그녀의 방에는 짜던 스웨터가 놓여 있었다)

~かけていた ⇨ ~(해)가고 있었다

|용법| 어떠한 동작이나 행위의 도중임을 나타내는 동사「かける」에 보조동사「ている」의 과거형인「ていた」가 접속된 어구이다. 이러한 형태로 어떤 동작이나 행위가 일어나기 시작하여 그 도중에 있음을 나타낸다.

|접속| 동사연용형에 접속된다.

|예문|

⇨ 友達に大事な相談の手紙を書きかけていたとき、玄関のベルが鳴った。

(친구에게 중요한 내용의 편지를 써가고 있었던 때 현관의 벨이 울렸다)

⇨ 忙しい日日の中で忘れかけていた星空の美しさを、この島は思い出させてくれた。

(바쁜 나날 속에서 잊어가고 있었던 밤하늘별의 아름다움을, 이 섬은 다시 떠올리게 해주었다)

⇨ その猫は飢えでほとんど死にかけていたが、世話をしたら奇跡的に命を取り戻した。

(그 고양이는 굶주림으로 거의 죽어가고 있었으나 돌보아주었더니 기적적으로 생명을 되찾았다)

加減(かげん) ⇨「加減(かげん)」에 관한 다양한 용법

|용법| 「かげん」은 '정도, 상태'를 나타내는 말인데 여기에 サ행변격동사 「する」가 접속되어 문말술어로 쓰이거나 이 자체로서 명사로도 쓰인다. 대체로 조절이나 정도의 의미를 나타낸다.

⇨ 部屋(へや)の温度(おんど)をかげんしながら、ストーブをたきます。

(방의 온도를 조절하면서 난로를 피웁니다)

⇨ 料理(りょうり)をこしらえる時(とき)には、しおを入(い)れて味(あじ)をかげんする。

(요리를 만들 때에는 소금을 넣어 맛을 조절한다)

⇨ 田中(たなか)さんは体(からだ)のかげんが悪(わる)いので三日(みっか)ばかり休(やす)んでいます。

(다나카씨는 몸 상태가 나쁘기 때문에 삼일쯤 쉬고 있습니다)

⇨ お風呂(ふろ)のかげんを見(み)てください。(목욕물의 정도를 봐 주십시오)

⇨ 味(あじ)のかげんはどうでしょうか。(맛의 정도는 어떠할까요?)

한편 「いい加減(かげん)に」의 형태로 '적당히, 웬만큼'의 의미를 나타내며 「いい加減(かげん)な」의 형태로는 '제멋대로, 말도 안 되는'의 의미를 나타낸다.

⇨ いい加減(かげん)にしろ。言(い)い訳(わけ)はもうたくさんだ。

(웬만큼 해라. 변명은 이제 신물 난다)

⇨ あの人(ひと)はいつもいい加減(かげん)なことばかり言(い)っている。

(저 사람은 언제나 제멋대로만 말하고 있다)

마지막으로 단정을 나타내는 조동사 「だ」와 결합하여 쓰이는 용법이 있는데 이러한 경우에는 주로 동사연용형에 접속된다. 이렇게 하여 어떠한 동작이나 행위를 하기에 매우 적당한 상태임을 나타낸다.

⇨ 風呂(ふろ)は今(いま)が入(はい)りかげんだ。(목욕물은 지금이 들어가기 딱 좋다)

⇨ 酒(さけ)は今(いま)がちょうど、飲(の)みかげんだ。(술은 지금이 딱 마시기 좋다)

～が幸いした ⇨ ～(한) 것이 다행이었다

| 용법 | 주격조사 「が」에 '요행, 행운'의 뜻을 지닌 「幸い」와 동사 「する」의 과거형인 「した」가 접속된 이구이다. 이러한 형태로 문말의 술어로 쓰여서 여러 가지 바람직하지 못한 일이 있었음에도 불구하고 그나마 위안이 될 만한 일도 있었음을 나타낸다.

| 접속 | 「～たの」와 같이 동사나 형용사를 과거형으로 명사화한 형태에 접속된다.

| 예문 |

⇨ 電車に乗り遅れたのが幸いした。(전차를 놓쳐서 못 탄 것이 다행이었다)

⇨ 保険に疎かったことが幸いした個人年金。
(보험에 어두웠던 것이 다행이었던 개인연금)

⇨ 事故に会うところだったが、北海道で雪に慣れていたのが幸いした。
(사고를 만날 뻔했지만 홋카이도에서 눈에 익숙해져 있었던 것이 다행이었다)

～がさっぱりだ ⇨ ～이(가) 매우 안 좋다

| 용법 | 「さっぱり」는 원래 '개운함, 상쾌함, 깔끔함'의 의미를 지닌 부사인데, 이것이 단정을 나타내는 조동사 「だ」와 결합하여 문말의 술어로 사용될 때는 일이 잘 진척되지 않음을 나타낸다.

| 예문 |

⇨ このごろ数学の成績がさっぱりだ。(요즈음 수학성적이 매우 안 좋다)

⇨ 昨日からどうも体の調子がさっぱりだ。
(어제부터 아무래도 몸 상태가 매우 안 좋다)

⇨ 暖冬(だんとう)の影響(えいきょう)で冬物衣料(ふゆものいりょう)の売(う)れ行(ゆ)きがさっぱりだという。

(따스한 겨울의 영향으로 겨울옷의 매상이 안 좋다고 한다)

～がし ⇨ ～(하)라는 듯이

| 용법 | 원래는 의미를 강조하는 종조사 「かし」(幸(さち)あれかしと祈(いの)る(행운이 있을지어다하고 기원한다))가 변화되어 지금은 「がし」의 형태로 접미어로 쓰이고 있다. 그 앞에는 매우 한정된 동사의 명령형이 오게 되는데 이러한 형태로 상대방에게 '～라고 말이라도 하듯이'의 의미를 나타낸다.

| 접속 | 동사명령형에 접속된다.

| 예문 |

⇨ これ見(み)よがしにふるまう。(이 보라는 듯이 행동한다)

⇨ 聞(き)こえよがしにわざと高(たか)く言(い)う。(들으라는 듯이 일부러 크게 말한다)

⇨ 見(み)てくれがしのふるまい。(봐 달라는 듯한 행동)

～かしら ⇨ 의문, 질문, 염원 등을 나타내는 용법

| 용법 | 주로 여성들이 사용하는 조사로 문말에 위치하여 의문이나 질문의 의미를 나타낸다. 이는 「～か知(し)らない」에서 조동사 「ない」가 탈락되어 구성된 형태이다.

| 예문 |

⇨ これ、誰(だれ)のわすれものかしら。(이거, 누구의 분실물일까?)

⇨ あの人も来るかしら。(그 사람도 올까?)

⇨ だれもいませんかしら。(아무도 없는 걸까?)

⇨ ゆうべ雨でも降ったかしら。(어젯밤 비라도 온 걸까?)

⇨ 授業は何時からかしら。(수업은 몇 시부터일까?)

⇨ これでいいのかしら。(이것으로 좋은 걸까?(될까?))

⇨ さっきまで泣いていたのにまたかしら。(조금 전까지 울고 있었는데 또 우는 걸까?)

⇨ あなたご存じかしら、田中さんのご住所。(당신 아시나요? 다나카씨의 주소)

⇨ この本、あなたのじゃないかしら。(이 책, 당신 것이 아닐까?)

|참고| 한편으로, 「～ないかしら」의 형태로서 그렇게 되기를 바라는 염원을 나타내는 경우도 있다.

⇨ 毎日雨ばかりで、いやね。早くいい天気にならないかしら。
(매일 비만 와서 (정말) 싫구나. 빨리 좋은 날씨가 되지 않을까?)

⇨ 誰かあの本を見せてくれないかしら。(누군가 저 책을 보여 주지 않을까?)

⇨ 早くバスが来ないかしら。学校におくれてしまうわ。
(빨리 버스가 오지 않을까? 학교에 늦어버리겠네)

～が精一杯だ ⇨ ～(하)는 것이 고작이다

|용법| 「精一杯」는 정신적으로 힘을 내는 것에 쓰이는 부사인데 이것이 단정을 나타내는 조동사 「だ」와 결합하여 문말의 술어로 사용되면 온갖 노력을 기울여도 어떤 한계에서 벗어날 수 없음을 나타낸다.

|접속| 그 앞에 오는 동사를 명사화하는 형식명사 「の」에 접속된다.

| 예문 |

⇨ のどが痛くて、小さな声を出すのが精一杯だった。

(목이 아파서 작은 소리를 내는 것이 고작이었다)

⇨ いくら頑張ってもかろうじて赤字を免れるのが精一杯だ。

(아무리 분발해도 간신히 적자를 면하는 것이 고작이다)

⇨ 車が小さくて、詰め込んでも十人乗るのが精一杯だ。

(차가 작아서 꽉 채워 넣어도 열 명 타는 것이 고작이다)

～がせいぜいだ ⇨ ～(하)는 것이 고작이다

| 용법 | 「せいぜい」는 최선을 다하여 노력하는 모습을 나타내는 부사인데 이것이 단정을 나타내는 조동사 「だ」와 결합하여 문말의 술어로 사용되면 온갖 노력을 기울여도 어떤 한계에서 벗어날 수 없음을 나타낸다. 그 앞에는 명사가 오거나 형식명사 「の」로 그 앞에 오는 동사를 명사화한 형태가 오게 된다.

| 접속 | 명사나 그 앞에 오는 동사를 명사화하는 형식명사 「の」에 접속된다.

| 예문 |

⇨ 車が小さくて、詰め込んでも十人がせいぜいだ。

(차가 작아서 꽉 채워 넣어도 열 명이 고작이다)

⇨ のどが痛くて、小さな声を出すのがせいぜいだ。

(목이 아파서 작은 소리를 내는 것이 고작이다)

⇨ どんなに頑張っても一日十軒回るのがせいぜいだ。

(아무리 분발해도 하루에 열 집 도는 것이 고작이다)

～かた
⇨ '～(하는) 방법, ～(하는) 법', 동작, 작용의 방법을 나타내는 용법

| 용법 | 「方」는 사람을 존경해서 지칭하는 명사이나 동사연용형에 접속되어 접미어로 사용될 때는 그 동사의 내용을 실현시키는 방법을 나타낸다.

| 접속 | 동사연용형에 접속된다.

| 예문 |

⇨ この字の読み方を教えてください。(이 글자의 읽는 법을 가르쳐 주십시오)

⇨ テープレコーダーの使い方を知りませんか。(테이프레코더의 사용법을 모릅니까?)

⇨ 土地によっては違う言い方をする。(지방에 따라서는 다른 말투를 쓴다)

⇨ 国によっては虹の色の数え方が違う。
(나라에 따라서는 무지개 색을 헤아리는 법이 다르다)

⇨ スイッチの入れ方すら知らない人に、機械を動かしてみろなんて、よく言えますね。
(스위치의 넣는 방법조차 모르는 사람에게 기계를 움직여 보라니, 말 한번 잘하는군요)

～がた(ども、たち、ら) ⇨ 다양한 복수격 접미어

| 용법 | 「方」는 사람을 존경해서 지칭하는 명사이나 「がた」의 형태로 복수격 접미어가 될 때는 '분들'의 의미를 나타내게 된다. 한편, 우리말에서는 복수격 접미어로써 '들'만이 쓰여서 매우 간단한 데에 반하여, 일본어의 복수격 접미어는 매우 다양하다. 주로 사람에게 쓰이는 대표적인 것으로는 「たち、がた、ら、ども」가 있는데, 가장 경어도가 높은 것은 「方」와 「共」이다. 「方」는 복수의 상대방이나 상위자 또는 상위자를 의식한 경우에 사

용하며(あなたがた、お母さんがた、お子様がた、先生がた), 「共」는 말하는 측을 겸손하게 복수로 나타낼 때 사용한다 (わたくしども、手前ども). 이에 반하여 「たち」는 일반적으로 널리 쓰이는 것으로 중간적인 성격이 강하다(学生たち、子供たち). 마지막으로 「ら」는 동격이나 하위자에게 사용하는 접미어이다(お前ら).

| 예문 |

⇨ あなたがたはもうお帰りなさい。(댁들은 이제 돌아가시오)

⇨ 先生がたにお目にかかりたいのです。(선생님들을 뵙고 싶은 겁니다)

⇨ その件は、私共にお任せください。(그 건은 저희들에게 맡겨 주십시오)

⇨ 手前共と致しましては、それは引き受けがねます。
(저희들로써는 그것은 떠맡기 어렵습니다)

⇨ 私たちがソウルに着いたのは夜十時だった。
(우리가 서울에 도착한 것은 밤10시였다)

⇨ 君たちもこのことを知っていたのか。(자네들도 이 일을 알고 있었던 거냐?)

⇨ 子供らは今どこで遊んでいるのですか。
(아이들은 지금 어디서 놀고 있는 겁니까?)

⇨ お前らはそんなことに関わってはいけない。
(너희들은 그런 일에 관여해서는 안 된다)

～がたい ⇨ ～(하)기 어렵다

| 용법 | 「かたい」는 원래 '어렵다'의 뜻을 지닌 형용사이지만 동사연용형에 접속되어 접미어로 사용될 때는 어떤 행위를 수행하기가 어렵거나 불가능함

을 나타내게 된다. 다만 이러한 표현은 문장체에서 주로 쓰이며 회화체에서는 「～にくい」를 주로 쓰는 경향이 있다.

|접속| 동사연용형에 접속된다.

|예문|

⇨ あの二人(ふたり)はどちらもよくできて、甲乙(こうおつ)がつけがたい。

(저 두 사람은 어느 쪽이나 잘 해서 우열을 가리기 힘들다)

⇨ あんなに元気(げんき)だった田中(たなか)さんが死(し)んだなどとは信(しん)じがたいことだ。

(그렇게 건강했던 다나카씨가 죽었다는 것은 믿기 어려운 일이다)

⇨ このごろのあの人(ひと)の態度(たいど)は、私(わたし)には理解(りかい)しがたくなった。

(요즈음의 저 사람 태도는 나로서는 이해하기 어려워졌다)

⇨ あいつの言(い)うことは何(なん)の根拠(こんきょ)もないし常識(じょうしき)はずれで、とうてい理解(りかい)しがたい。

(저 녀석이 말하는 것은 아무런 근거도 없고 상식 밖이어서, 도저히 이해하기 힘들다)

～かたがた ⇨ ～(할) 겸해서, ～(하)는 김에

|용법| 접미어 「かたがた」는 전항과 후항의 동작을 겸해서 한다는 뜻으로 쓰이는데 결과적으로는 후항을 함으로써 전항도 하게 되었다는 의미를 나타낸다. 이 경우 그 앞에 올 수 있는 말은 「散歩(さんぽ)」「あいさつ」「お礼(れい)」「お見舞(みま)い」와 같은 극히 한정된 명사만 오게 된다.

|접속| 일부 한정된 명사에 접속된다.

|예문|

⇨ 散歩(さんぽ)かたがた、友達(ともだち)を訪(たず)ねた。(산책 겸해서 친구를 찾아갔다)

⇨ 近(ちか)いうちにお礼(れい)かたがた、おうかがいします。

(가까운 시일에 인사를 할 겸해서 찾아뵙겠습니다)

⇨ 買い物かたがた、手紙を出す。(쇼핑할 겸해서 편지를 부친다)

⇨ 帰国のあいさつかたがた先生のお宅を訪問した。

(귀국 인사할 겸해서 선생님 댁을 방문했다)

⇨ 先日お世話になったお礼かたがた、部長のお宅にお寄りしました。

(일전에 신세를 진 인사를 할 겸해서 부장님 댁에 들렀습니다)

⇨ 友達が風邪をひいたというので、お見舞いかたがた家を訪ねることにした。

(친구가 감기 걸렸다고 하므로 병문안할 겸해서 집을 방문하기로 했다)

～が～だけに ⇨ ～이(가) ～인만큼

| 용법 | 주격조사 「が」가 앞에 배치되고 뒤에는 정도를 나타내는 조사 「だけ」에 조사 「に」가 접속된 「だけに」가 배치된 어구이다. 이러한 형태로 앞뒤에 똑같은 명사를 되풀이함으로써 그 성질로 미루어봐서 뒤에서 말하는 것에 충분한 이유가 있다고 하는 당연의 의미를 나타낸다.

| 접속 | 앞뒤에 같은 명사가 오게 된다.

| 예문 |

⇨ ここの料理は、素材が素材だけに味も格別だ。

(이곳의 요리는 소재가 소재인 만큼 맛도 각별하다)

⇨ この頃、年が年だけに全然無理がきかなくなった。

(요즈음 나이가 나이 인만큼 전혀 무리를 할 수 없게 되었다)

⇨ この店は味は大したことはないが、場所が場所だけにたいていいつも満員だ。

(이 가게는 맛은 대단치는 않으나 장소가 장소 인만큼 대체로 언제나 만원이다)

～かたわら ⇨ ～(하)는 한편으로

| 용법 | 「かたわら」는 원래 '옆, 곁'의 의미를 지닌 말이지만 이 앞에 「명사+の」의 형태나 동사연체형이 오게 되면 전항의 주된 행위이외에 그 비는 시간에 후항의 부수되는 행위가 이루어짐을 나타낸다. 이러한 표현은 다분히 문장체적이다.

| 접속 | 동사연체형이나 명사에 접속된다(단, 명사의 경우에는 사이에 「の」가 들어감.

| 예문 |

⇨ あの老人は小説を書くかたわら絵も描いている。

(저 노인은 소설을 쓰는 한편으로 그림도 그리고 있다)

⇨ あの人は不動産業を営むかたわら、作家活動をしている。

(저 사람은 부동산업을 하는 한편 작가활동을 하고 있다)

⇨ 彼は仕事をするかたわら独学で日本語を学んでいる。

(그는 일을 하는 한편으로 독학으로 일본어를 배우고 있다)

⇨ その歌手は演奏活動のかたわら子供向けの本も書いているそうだ。

(그 가수는 연주활동을 하는 한편으로 어린이용의 책도 쓰고 있다고 한다)

⇨ その年老いた職人は、本職の家具作りのかたわら、孫のために簡単な木のおもちゃを作ってやるのが楽しみだった。

(그 나이든 목수는 본업인 가구 만들기를 하는 한편으로, 손자를 위해 간단한 나무장난감을 만들어 주는 것이 즐거움이었다)

～がち ⇨ ～(하)기 쉽다, 툭하면 ～(한)다

| 용법 | 접미어 「がち」는 명사나 동사연용형에 접속되어 이를 형용동사의 어간으로 만드는 역할을 한다. 이러한 형태로 어떠한 동작이나 작용이 의도하지 않아도 걸핏하면 그렇게 되고 만다는 의미를 나타낸다. 주토 바람직하지

않은 경향을 나타내는데 사용된다.

| 접속 | 명사나 동사연용형에 접속된다.

| 예문 |

⇨ この子はあかんぼうの時から、病気がちでした。

(이 아이는 아기 때부터 툭하면 병에 걸렸습니다)

⇨ 学生は、試験がないと、とかくなまけがちになるものだ。

(학생은 시험이 없으면 자칫 게을러지기 쉬운 법이다)

⇨ どこか体のぐあいが悪いらしく、疲れがちです。

(어딘가 몸 상태가 나쁜 듯해서 툭하면 피곤합니다)

⇨ このところくもりがちの天気が続いています。

(요즈음 툭하면 날이 흐려지는 날씨가 이어지고 있습니다)

⇨ 冬になると青いやさいが不足しがちです。

(겨울이 되면 푸른 야채가 부족하기 쉽습니다)

～かつ～ ⇨ ～(하)면서도～(한)(하고)

| 용법 | 접속사 「かつ」는 어떤 사항에 관하여 동시에 두 가지의 상태가 성립되어 있을 때 그것을 열거하는 데에 쓰인다. 그 앞에는 명사나 형용동사의 어간, 그리고 동사연용형이 오게 되는데 대체로 문장체적인 표현으로 쓰인다.

| 접속 | 명사, 형용동사의 어간이나 동사연용형에 접속된다.

| 예문 |

⇨ 山田君は、明朗かつ活発な青年であると思われる。

(야마다군은 명랑하면서도 활발한 청년이라고 생각된다)

⇨ これで、会館建設に関する提案を出すのに必要かつ充分な条件が整った。

(이것으로 회관건설에 관한 제안을 내는데 필요하면서도 충분한 조건이 갖춰졌다)

⇨ その知らせを聞いてみな驚きかつ喜び、中には涙を流す者さえいた。

(그 소식을 듣고서 모두 놀라면서도 기뻐하고, 그 중에는 눈물을 흘리는 자 조차 있었다)

～が ～てほしい ⇨ ～이(가) ～(했)으면 좋겠다

|용법| 주격조사「が」가 앞에 배치되고 뒤에는 접속조사「て」에 형용사「ほしい」가 접속된 형태가 배치된 어구이다. 이러한 형태로 어떠한 사태가 발생할 것을 희망하고 있는 의미를 나타낸다.

|접속|「が」앞에는 명사가 오고「てほしい」앞에는 동사연용형이 오게 된다.

|예문|

⇨ 早く夏休みが始まってほしい。(빨리 여름방학이 시작되었으면 좋겠다)

⇨ あの人には君が言ってほしい。(저 사람에게는 자네가 말해주었으면 좋겠다)

⇨ 寒い冬にはもうあきあきしてきた。早く春がきてほしい。

(추운 겨울에는 이제 질렸다. 빨리 봄이 왔으면 좋겠다)

⇨ これだけ晴天が続くと、雨が降ってほしいと思わない人はいないだろう。

(이만큼 화창한 날씨가 계속되면 비가 왔으면 좋겠다고 생각하지 않는 사람은 없을 것이다)

～がてら(に) ⇨ ～(할) 겸해서, ～ 삼아서

|용법| 접미어「がてら」는 전항과 후항의 동작을 겸해서 한다는 뜻을 지닌 것인데 이 경우 결과적으로는 후항을 함으로써 전항도 하게 되었다는 의미가 된다. 회화체에서 주로 사용된다.

|접속| 동작성명사나 동사연용형에 접속된다.

| 예문 |

⇨ 散歩がてら、たばこを買って来た。(산책할 겸해서 담배를 사 왔다)

⇨ 私は運動がてら近所の町を歩きまわった。

(나는 운동 삼아서 근처의 마을을 걸어 다녔다)

⇨ 図書館へ本を返しに行きがてら、花見をして来た。

(도서관에 책을 반납하러 갈 겸해서 꽃구경을 하고 왔다)

⇨ 私の新しい家を見がてら、一度遊びにおいでください。

(저의 새 집을 볼 겸해서 한번 놀러 와주십시오)

~ かというと ⇨ ~ 인가하면, ~ (했)는가하면

| 용법 | 조사 「か」에 내용을 나타내는 인용조사 「と」가 연결되고 거기에 다시 동사 「いう」와 가정을 나타내는 조사 「と」가 접속된 어구이다. 「かというと」의 「か」가 의문을 나타내는 조사인 점에서 엿볼 수 있듯이 이는 의문문의 뒤에 접속하여 그 제시된 의문에 대한 해설을 한다고 하는 형식의 어구이다. 이러한 표현은 주로 원인, 이유, 사정을 밝히는 표현에 사용된다.

| 접속 | 활용어의 종지형에 접속된다.

| 예문 |

⇨ なぜ出発を遅らせたかというと、その日に会議があるからです。

(왜 출발을 늦추었는가하면 그 날 회의가 있기 때문입니다)

⇨ どうしてこの文が正しくないかというと、動詞の形が違っているからです。

(어째서 이 문이 올바르지 않는가하면 동사형태가 틀리기 때문입니다)

⇨ どうして日本人が肉を食べなかったかというと、肉を食べることが仏教の教えに反したからです。

(어째서 일본인이 고기를 먹지 않았는가하면 고기를 먹는 것이 불교의 가르침에 반했

기 때문입니다)

⇨ どうして欧米諸国が近代化を達成したかというと、国民国家を誕生させて産業革命に成功したからだ。

(어떻게 해서 구미제국이 근대화를 달성했는가하면 국민국가를 탄생시켜서 산업혁명에 성공했기 때문이다)

|참고| 이와 유사한 어구로는 「～かと言えば」가 있다.

⇨ なぜ休講にしたかと言えば、それは出張だったからです。

(왜 휴강으로 했는가 하면 그건 출장이었기 때문입니다)

또한 「～かというと」는 종종 회화체에서 「～かっていうと」로 바뀌어 발음될 때도 많다.

⇨ なぜ睡眠不足になるかっていうと、通勤に時間がかかるからです。

(왜 수면부족이 되는가 하면 통근에 시간이 걸리기 때문입니다)

～かどうか ⇨ ～인지((한)지) 어떤지

|용법| 조사 「か」에 부사 「どう」와 의문조사 「か」가 연결된 어구이다. 이러한 형태로 어떤 일에 대한 실현여부, 실현가능성 또는 그 일의 적합성 여부를 묻는 경우에 쓰인다. 그 뒤에는 주로 「知らない、分からない、あやしい、自信がない、決める」 등의 말이 오게 된다.

|접속| 명사나 활용어의 종지형에 접속된다.

|예문|

⇨ 学校は明日休みかどうか、まだ分かりません。

(학교는 내일 쉬는지 어떤지 아직 모릅니다)

⇨ 彼女が元気かどうか心配しています。

(그녀가 건강한지 어떤지 걱정하고 있습니다)

⇨ この料理はおいしいかどうか、わかりません。

(이 요리는 맛있는지 어떤지 모릅니다)

⇨ 行けるかどうか、あとで電話でお知らせしましょう。

(갈 수 있는지 어떤지 나중에 전화로 알려 드리겠습니다)

⇨ 中村先生の病気はもう治ったかどうか、わかりません。

(나카무라선생님의 병은 이제 나았는지 어떤지 모릅니다)

⇨ あの人は昔、歌手だったかどうか、わかりません。

(저 사람은 옛날에 가수였는지 어떤지 모릅니다)

~ かと思うと ⇨ ~ 하(했)는가 했더니

| 용법 | 조사 「か」에 내용을 나타내는 인용조사 「と」가 접속되고 거기에 다시 동사 「思う」와 조건을 나타내는 조사 「と」가 연결된 어구이다. 이러한 형태로 전항과 후항이 거의 동시에 일어남으로서 의외의 반전임을 나타낸다.

| 접속 | 활용어의 종지형에 접속된다.

| 예문 |

⇨ 来るかと思うと欠席だし、休むかと思うと出席している。

(오는가 했더니 결석이고 쉬는가 했더니 출석했다)

⇨ 赤ん坊は今までニコニコしていたかと思うと突然激しく泣き出した。

(아기는 지금까지 싱글벙글하고 있었는가 했더니 갑자기 심하게 울기 시작했다)

⇨ 息子は、帰ってきたかと思うと、また急いで出かけていった。

(아들은 돌아 왔는가 했더니 또 서둘러 나갔다)

⇨ あいつ、何をやっていたかと思うと、昼寝をしていたのだ。

(저 녀석, 무엇을 하고 있었는가 했더니 낮잠을 자고 있었던 거다)

|참고| 이와 유사한 어구로는 「～かと思えば」「～かと思ったら」가 있다.

⇨ 勉強しているかと思えば漫画を読んでいる。

(공부하고 있는가 했더니 만화를 보고 있다)

⇨ その時、急に頭上の空が暗くなったかと思ったら、大粒の雨が落ちて来た。

(그 때 갑자기 머리위의 하늘이 어두워졌나 했더니 큰 빗방울이 떨어져 왔다)

～かとなると ⇨ ～(할) 것인가에 이르면

|용법| 조사 「か」에 내용을 나타내는 인용조사 「と」가 접속되고 여기에 다시 동사 「なる」와 가정을 나타내는 조사 「と」가 연결된 어구이다. 그 앞에는 의문표현이 오게 되는데 이러한 형태로 그러한 일이 문제시될 때, 라는 뜻을 나타낸다. 그 뒤에는 그에 대한 해결이나 실행이 불가능함을 나타내는 표현이 오는 것이 보통이다.

|접속| 동사종지형에 접속된다.

|예문|

⇨ どうすれば解決できるかとなると、簡単には答えられない。

(어찌하면 해결할 수 있을 것인가에 이르면 간단하게는 대답할 수 없다)

⇨ 首相が発言どおり実行するかとなると、必ずしもそうとばかりは言えない。

(수상이 발언대로 실행할 것인가에 이르면 반드시 그렇다고만은 할 수 없다)

⇨ 実際に誰がその危険な仕事にあたるかとなると、積極的な人は一人もいない。

(실제로 누가 그 위험한 일에 나설 것인가에 이르면 적극적인 사람은 한 사람도 없다)

|참고| 이와 유사한 어구로는 「～かとなれば」가 있다.

⇨ この紛争をいかに処理できるかとなれば、答えはなかなか出てこないものだ。

(이 분쟁을 여하히 처리할 수 있을 것인가에 이르면 답은 여간해서 나오지 않는 법이다)

～かな ⇨ 문말에 와서 의문이나 질문의 의미를 나타내는 용법

| 용법 | 의문을 나타내는 종조사 「か」에 가벼운 감탄을 나타내는 종조사 「な」가 결합된 것이다. 이러한 형태로 문말에 위치하여 말하는 사람의 의문을 혼잣말하듯이 나타내거나, 혹은 상대방에게 가볍게 질문하는 의미를 나타낸다. 다만 상대방에게 질문하는 의미를 나타내는 경우에는 주로 남자들이 사용한다.

| 접속 | 명사나 활용어의 종지형에 접속된다.

| 예문 |

⇨ 田中(たなか)さんは来(こ)ないのかな。(다나카씨는 안 오는 건가?)

⇨ おや、何(なに)か音(おと)がしたけど、誰(だれ)か来(き)たのかな。
(아니, 뭔가 소리가 났는데, 누군가 온 건가?)

⇨ これおいしいのかな。(이거, 맛있는 건가?)

⇨ 山田(やまだ)さんは今日(きょう)来(く)るかな。(야마다씨는 오늘 오나?)

[→ 이상은 의문을 나타내는 용법]

⇨ 山田(やまだ)さんの住所(じゅうしょ)を君(きみ)は知(し)っているかな。(야마다씨의 주소를 자네는 알고 있는가?)

⇨ こんな本(ほん)は君(きみ)にはつまらないかな。(이런 책은 자네에게는 재미없을까?)

⇨ これ、もらって帰(かえ)ってもいいのかな。(이거, 받아서 돌아가도 되는 건가?)

⇨ ちょっと手伝(てつだ)ってくれないかな。(좀 도와주지 않을런가?)

[→ 이상은 질문을 나타내는 용법]

～がな ⇨ ～일(할) 텐데

| 용법 | 종조사 「が」에 가벼운 감탄을 나타내는 종조사 「な」가 결합된 것이다.

이러한 형태로 문말에 위치하여 말하는 사람의 아쉬움이나 불만을 혼잣 말하듯이 나타낸다. 때로는 「～がなあ」의 형태로 쓰이는 경우도 있다.

| 접속 | 활용어의 종지형에 접속된다.

| 예문 |

⇨ 給料(きゅうりょう)がもっと多(おお)いといいんだがな。(급료가 더 많으면 좋을 텐데)

⇨ この部屋(へや)がもう少(すこ)し広(ひろ)いと使(つか)いみちもあるがなあ。
(이 방이 좀 더 넓으면 쓸만할 텐데)

⇨ 山田君(やまだくん)、今(いま)、暇(ひま)? ちょっと手伝(てつだ)ってくれるとありがたいんだがなあ。
(야마다군, 지금, 한가해? 좀 도와주면 고마울 텐데)

⇨ この辺(へん)で花(はな)のような紅葉(もみじ)がハラリハラリとくると詩(し)になるんだがなあ。
(이 부근에서 꽃과 같은 단풍이 두둥실 두둥실 떨어지면 시가 되는 것일 텐데)

| 참고 | 아울러 「がな」는 말하는 사람의 바람을 나타내기도 한다.

⇨ 明日(あした)いい天気(てんき)になればいいがな。(내일 좋은 날씨가 되면 좋을 텐데)

～ か ～ ないうちに ⇨ 채 ～ (하)기도 전에

| 용법 | 의문을 나타내는 조사 「か」가 앞에 배치되고 뒤에는 부정을 나타내는 조동사 「ない」에 시간의 폭을 나타내는 「うちに」가 접속된 「ないうちに」가 배치된 어구이다. 이러한 형태로 같은 동사를 반복하여 나열함으로서 어떤 일을 시작한지 거의 시간이 경과되어있지 않음을 나타낸다.

| 접속 | 「か」앞에는 동사종지형이, 그리고 「～ないうちに」앞에는 동사미연형이 접속된다.

| 예문 |

⇨ 朝(あさ)まだ目(め)がさめるかさめないうちに、友(とも)だちが迎(むか)えにきた。

(아침에 아직 눈이 채 떠지기 전에 친구가 데리러 왔다)

⇨ 夕食に手をつけるかつけないうちに、電話で呼び出された。

(저녁밥에 채 손대기도 전에 전화로 불려나갔다)

⇨ 子供たちは授業が終わるか終わらないうちに、教室から飛び出して行った。

(아이들은 수업이 채 끝나기도 전에 교실로부터 뛰쳐나갔다)

⇨ その手紙の最初の一行を読むか読まないうちに、もう何が書いてあるのかだいたい分かってしまった。

(그 편지의 첫줄을 채 읽기도 전에 이미 무엇이 쓰여 있는지 대충 알아 버렸다)

|참고| 이와 유사한 어구로는 「～か～ないかのうちに」가 있다.

⇨ ピクニックの日の朝、娘は「行ってきます」と言い終わるか終わらないかのうちに玄関を飛び出していった。

(소풍가는 날 아침, 딸은 '다녀오겠습니다'라고 채 말이 끝나기도 전에 현관을 뛰쳐나갔다)

～か～ないかの ⇨ ～(할)까 말까하는

|용법| 의문을 나타내는 조사 「か」가 앞에 배치되고 뒤에는 부정의 조동사 「ない」에 조사 「か」와 「の」가 결합된 형태가 배치된 어구이다. 각각의 앞에는 같은 동사가 반복적으로 오게 되는데 이러한 형태로 주로 어떤 사항이나 사안이 불명확하고 미묘하여 잘 알 수가 없음을 나타낸다.

|접속| 「か」앞에는 동사종지형이, 「～ないかの」앞에는 동사미연형이 접속된다.

|예문|

⇨ 去年彼女に会ったのは、たしか7月に入るか入らないかの頃だったと思います。

(작년에 그녀를 만난 것은 확실히 7월에 들어갈까 말까하는 무렵이었던 것으로 생각합니다)

⇨ 聞こえるか聞こえないかの程度だが、このCDには変なノイズが入っている。

(들릴까 말까하는 정도이지만 이 CD에는 이상한 노이즈가 들어가 있다)

⇨ この銃は引き金に指が触れるか触れないかの差で弾が飛び出すので、慎重に扱う必要がある。

(이 총은 방아쇠에 손가락이 닿을까 말까하는 차이로 총알이 튀어나가기 때문에 신중하게 다룰 필요가 있다)

~がないでもない ⇨ ~이(가) 없는 것도 아니다

|용법| 주격조사「が」에 형용사「ない」가 접속된 형태에 다시「でもない(~도 아니다)」가 연결된 이중부정의 어구이다. 그 앞에는 의지나 기분을 나타내는 명사가 오게 되는데 이러한 형태로 그와 같은 의지나 기분이 전혀 없지는 않음을 나타낸다.

|접속| 명사에 접속된다.

|예문|

⇨ 時には、一人になりたいと思うことがないでもない。

(때로는 혼자가 되고 싶다고 생각하는 일이 없는 것도 아니다)

⇨ 娘は、見合いで結婚するつもりがないでもないらしい。

(딸은 맞선으로 결혼할 생각이 없는 것도 아닌 것 같다)

⇨ 海外旅行をしたい気がないでもないが、なかなかその時間がとれない。

(해외여행을 하고 싶다는 마음이 없는 것도 아니지만 여간해서 그 시간을 낼 수가 없다)

|참고| 이와 유사한 어구로는「~がなくもない」가 있다.

⇨ 私はもう年だから、お酒を辞める意思がなくもないんだよ。

(나는 이제 나이를 먹었으니까 술을 끊을 의사가 없는 것도 아니야)

～かなにか ⇨ ～같은 것

|용법| 의문을 나타내는 조사 「か」에 의문사 「なに」와 의문조사 「か」가 접속된 형태이다. 이러한 형태로 확실하게 나타낼 수는 없으나 그와 비슷한 것을 나타내는데 회화체에서는 「かなんか」로 발음이 변하는 경우가 많다.

|접속| 명사에 접속된다.

|예문|

⇨ はさみかなにかありませんか。(가위 같은 거 없습니까?)

⇨ コーヒーかなにか飲(の)みませんか。(커피 같은 거 마시지 않겠습니까?)

⇨ 田中(たなか)さんは、風邪(かぜ)かなにかで会社(かいしゃ)を休(やす)んでいます。
(다나카씨는 감기 같은 것으로 회사를 쉬고 있습니다)

⇨ お見舞(みま)いには果物(くだもの)かなんかを持(も)って行(い)くことにしよう。
(병문안에는 과일 같은 것을 들고 가기로 하자)

～が～なら ⇨ 제대로 된 ～이었다면

|용법| 주격조사 「が」가 앞에 배치되고 뒤에는 단정을 나타내는 조동사 「だ」의 가정형인 「なら」가 배치된 어구이다. 앞뒤에 똑같은 명사를 되풀이함으로써 만약에 제대로 된 상황이었다면, 하고 가정하게 된다. 그 뒤에는 대체로 「だろう」「だろうに」「かもしれないが」와 같은 표현이 오게 되는데 이러한 형태로 말하는 사람의 현실적인 회한, 유감, 포기와 같은 기분을 나타낸다.

|접속| 앞뒤에 같은 명사가 오게 된다.

|예문|

⇨ 世(よ)が世(よ)なら夫(おっと)も出世(しゅっせ)できただろうに。

(제대로 된 세상이었다면 남편도 출세할 수 있었을 텐데)

⇨ 時代(じだい)が時代(じだい)なら、このボランティア活動(かつどう)も成功(せいこう)したかもしれないが。

(제대로 된 시절이라면 이 자원봉사활동도 성공했을지도 모르지만)

⇨ 僕(ぼく)も学歴(がくれき)が学歴(がくれき)ならもう少(すこ)しましな仕事(しごと)につけたのだろうが。

(나도 제대로 된 학력이라면 좀 더 괜찮은 일을 했을 건데)

必(かなら)ずしも ~ とは限(かぎ)らない ⇨ 반드시(꼭) ~ (하다)고만은 할 수 없다

| 용법 | 「必(かなら)ずしも」는 '반드시, 꼭'의 의미를 나타내지만 뒤에 반드시 부정표현을 수반한다고 하는 점에서 단정이나 의지, 또는 의뢰표현을 수반하는 「必(かなら)ず」와는 엄격히 구별된다. 한편 「とは限(かぎ)らない」는 내용을 강조하는 복합조사 「とは」에 다시 동사 「限(かぎ)る」의 미연형인 「限(かぎ)ら」와 부정의 조동사 「ない」가 연결된 어구이다. 이러한 표현은 다소 문장체적인 요소를 지니고 있다.

| 접속 | 활용어의 종지형에 접속된다.

| 예문 |

⇨ 金持(かねも)ちが必(かなら)ずしも幸(しあわ)せだとは限(かぎ)らない。

(부자가 반드시 행복하다고만은 할 수 없다)

⇨ 高(たか)いカメラが必(かなら)ずしもいいとは限(かぎ)らない。

(비싼 카메라가 꼭 좋다고만은 할 수 없다)

⇨ 語学(ごがく)が得意(とくい)だからといって、必(かなら)ずしも就職(しゅうしょく)に有利(ゆうり)だとは限(かぎ)らない。

(어학을 잘 한다고 해서 반드시 취직에 유리하다고만은 할 수 없다)

⇨ 日本人(にほんじん)は礼儀正(れいぎただ)しい人々(ひとびと)だと言(い)う人(ひと)もいるようだが、実体(じったい)は必(かなら)ずしもそうだとは限(かぎ)らない。

(일본인은 예의바른 사람들이라고 말하는 사람도 있는듯하나 실체는 반드시 그렇다고만은 할 수 없다)

～が～なら～も～だ ⇨ 그～에 그～다

|용법| 주격조사 「が」가 앞에 배치되고 뒤에는 단정의 조동사 「だ」의 가정형인 「なら」가 배치된 다음 이어서 조사 「も」가 다시 앞에 배치되고 그 뒤에는 단정의 조동사 「だ」가 또 다시 배치된 어구이다. 「～が～なら」에 들어가는 명사와 「～も～なら」에 들어가는 명사는 일단 다르기는 하지만 서로 관련이 있는 명사이다. 이러한 형태로 양자를 모두 비난하는 뜻을 나타낸다.

|접속| 그 어느 것이나 그 앞에는 관련성이 있는 명사가 접속된다.

|예문|

⇨ お隣(となり)の夫婦(ふうふ)はけんかばかりしている。亭主(ていしゅ)が亭主(ていしゅ)なら女房(にょうぼう)も女房(にょうぼう)だ。

(옆집부부는 싸움만 하고 있다. 그 남편에 그 아내다)

⇨ 先生(せんせい)は学生(がくせい)に無関心(むかんしん)、学生(がくせい)は勉強(べんきょう)に無関心(むかんしん)、先生(せんせい)が先生(せんせい)なら学生(がくせい)も学生(がくせい)だ。(선생은 학생에게 무관심, 학생은 공부에 무관심, 그 선생에 그 학생이다)

⇨ この生徒(せいと)はいつも教師(きょうし)に口答(くちごた)えばかりしている。親(おや)もすぐ学校(がっこう)にどなりこんでくるし、まったく、親(おや)が親(おや)なら子(こ)も子(こ)だ。

(이 학생은 언제나 교사에게 말대꾸만 하고 있다. 부모도 당장 학교에 고함을 치며 오고 정말로 그 부모에 그 자식이다)

⇨ あの家(いえ)のおじさんとおばさんは、いつもうそばかりついている。まったく、おじさんがおじさんなら、おばさんもおばさんだよ。

(저 집의 아저씨와 아주머니는 언제나 거짓말만 하고 있다. 정말로 그 아저씨에 그 아주머니라고)

~かに見える ⇨ ~(한(할)) 것처럼 보인다

| 용법 | 의문을 나타내는 조사 「か」에 조사 「に」와 동사 「見える」가 접속된 어구이다. 이러한 형태로 자신이 관찰한 것에 대하여 확실치는 않으나 혼잣말 하듯이 추측하는 경우에 사용되는데 비교적 문장체에서 사용된다.

| 접속 | 활용어의 종지형에 접속된다.

| 예문 |

⇨ 彼は他人の非難などまったく意に介していないかにみえる。

(그는 타인의 비난 따위는 전혀 의중에도 두고 있지 않은 것처럼 보인다)

⇨ 景気の悪化は一応おさまったかにみえるが、まだまだ安心はできない。

(경기의 악화는 일단 진정된 것처럼 보이지만 아직도 안심은 할 수 없다)

⇨ きのうあんな事件があったのに、街は静かで何ごともなかったかにみえる。

(어제 그런 사건이 있었는데 거리는 조용하여 아무 일도 없었던 것처럼 보인다)

⇨ その法案は、そのまますんなりと参議院を通過するかにみえたが、僅差で否決されるという意外な結末を迎えた。

(그 법안은 그 대로 무난히 참의원을 통과할 것처럼 보였지만, 근소한 차로 부결된다고 하는 의외의 결말을 맞이하였다)

~かねない ⇨ ~(할)지 모른다

| 용법 | 동사 「兼ねる(겸하다)」는 원래 어떠한 동작이나 행위를 겸해서 한다고 하는 의미를 나타내는 말인데 때로는 다른 동사의 연용형에 접속되어 복합동사로 쓰이게 되면 그 동작이나 행위를 하기 어렵다고 하는 의미를 나타내기도 한다. 이것의 부정형인 「~かねない」의 형태로 '~(하)기 어렵

지 않다', 즉 '~(하)기 쉽다, ~(할)지 모른다'의 의미를 나타내게 된다. 주로 문장체에서 쓰이며 바람직하지 못한 일이 일어날 가능성과 위험성을 나타낸다.

| 접속 | 동사연용형에 접속된다.

| 예문 |

⇨ この吹雪では遭難しかねないので、引き返すことにしましょう。
(이 눈보라에서는 조난당할지 모르므로 돌아가기로 합시다)

⇨ 風邪だからといってほうっておくと、大きい病気になりかねない。
(감기라고해서 방치해 두면, 큰 병이 될 런지도 모른다)

⇨ 各人の違いを無視した画一的な教育はこの才能を殺しかねない。
(각자의 차이를 무시한 획일적인 교육은 이 재능을 죽일지도 모른다)

⇨ 大騒ぎになりかねないから、結婚のことはしばらく言わない方がいい。
(큰 소란이 될지 모르니까 결혼에 관한 것은 당분간 말하지 않는 편이 좋다)

~かねる ⇨ ~(하기) 어렵다, ~(하기) 곤란하다

| 용법 | 동사 「兼ねる(겸하다)」는 원래 어떠한 동작이나 행위를 겸해서 한다고 하는 의미를 나타내는 말인데 때로는 다른 동사의 연용형에 결합되어 복합동사로 쓰이게 되면 그 동작이나 행위를 하기 어렵다고 하는 의미를 나타내기도 한다. 어떠한 의뢰사항에 대하여 불가능, 곤란 등의 의미를 완곡하게 표현함으로서 정중하게 거절하고자 할 때에 쓰인다. 예를 들어 「お取り替えはいたし兼ねます(교환은 해드리기 곤란합니다)」와 같이 쓰이는데, 이 경우에는 정중하게 교체를 거절하는 셈이 된다. 본래는 아무리 노력해도 불가능함을 나타내는 의미이므로 그 앞에 무언가의 이유를 반드시 달

아야 안정감 있게 사용할 수 있다. 따라서 단지 「お届けはいたし兼ねます」 라고 만해서는 불충분하며, 이 경우에는 반드시 「人手不足のため(일손이 부족하므로)」 라든지 「不本意ながら(본의 아니게)」 등의 말이 선행되어야 한다.

| 접속 | 동사연용형에 접속된다.

| 예문 |

⇨ その企画には同意しかねます。(그 기획에는 동의하기 어렵습니다)

⇨ そんなにたくさんの仕事を1週間ではいたしかねます。
(그렇게 많은 일을 1주일로는 하기 어렵습니다)

⇨ 申しかねますが、10万円ほど貸していただけないでしょうか。
(말씀드리기 어렵습니다만 10만엔 정도 빌려 주실 수 없을까요?)

⇨ 私にはちょっとわかりかねますから、主人が帰りましたらお返事いたします。
(나에게는 좀 알기 어려우니까 주인이 돌아오면 대답해 드리겠습니다)

| 참고 | 하지만 다음과 같이 「待つ」와 결합된 복합동사로 안정되어 있을 경우에는 '몹시 기다리다. 애타게 기다리다'의 의미로 쓰이게 된다.

⇨ 料理ができるのを待ちかねる。(요리가 다되는 것을 몹시 기다린다)

⇨ 医者の来るのを待ちかねている。(의사가 오는 것을 애타게 기다리고 있다)

~ が能ではない ⇨ ~ 이(가) 능사는 아니다

| 용법 | 「能」는 '능력, 효능'의 의미를 지닌 말인데 여기에 명사를 부정하는 형태인 「ではない」가 접속된 어구이다. 이러한 형태로 보다 큰 목적이 있기

때문에 현재의 상황에만 만족하거나 열중해서는 안 된다고 하는 뜻을 나타낸다.

| 접속 | 명사나 「ばかり」와 같은 부조사에 접속된다.

| 예문 |

⇨ 勉強が能ではない。(공부가 능사는 아니다)

⇨ 食べるばかりが能ではない。(먹는 것만이 능사는 아니다)

⇨ 女性だからといって、美しく着飾るばかりが能ではない。
(여성이라고 해서 아름답게 차려입는 것만이 능사는 아니다)

⇨ あたし、この頃女は働くばかりが能ではないと悟ったのよ。
(나, 요즈음 여자는 일하는 것만이 능사는 아니라고 깨달은 거야)

～かのごとき ⇨ ～(하)기라도 한 듯한

| 용법 | 의문을 나타내는 조사「か」에 조사「の」가 접속되고 그 뒤에 비유를 나타내는 문어체의 조동사「ごとし」의 연체형인「ごとき」가 연결된 어구로서 구어체의「かのような」와 의미용법이 같다. 이러한 형태로 '사실은 그러하지 않으나 마치 그러하기라도 한 것 같은'의 의미를 나타내는데 그 뒤에는 수식을 받는 명사가 오게 된다. 현재는 문장체에서만 쓰이고 있다.

| 접속 | 활용어의 종지형에 접속된다.

| 예문 |

⇨ 他人の意見をあたかも自分の意見でもあるかのごとき姿勢を貫いている。
(타인의 의견을 마치 자신의 의견이기라도 한 듯한 자세를 관철시키고 있다)

⇨ 男は彼女に向かって、表情の曇りを鋭く読み取りでもしたかのごとき顔をしていた。
(남자는 그녀에 대고 표정의 어두움을 날카롭게 읽어내기라도 한 듯한 얼굴을 하고 있었다)

⇨ 大事件(だいじけん)にもかかわらず、人々(ひとびと)はまるで何事(なにごと)もなかったかのごとき行動(こうどう)をとっている。

(대사건임에도 불구하고 사람들은 마치 아무 일도 없었기라도 한 듯한 행동을 취하고 있다)

⇨ 彼女(かのじょ)はそのことを知(し)っているはずなのに、まったく聞(き)いたことがないかのごとき態度(たいど)だった。

(그녀는 그것을 알고 있을 텐데 전혀 들은 적이 없기라도 한 듯한 태도였다)

~かのごとく ⇨ ~(하)기라도 한 듯이

| 용법 | 의문을 나타내는 조사 「か」에 조사 「の」가 접속되고 이어서 비유를 나타내는 문어체의 조동사 「ごとし」의 연용형인 「ごとく」가 이어진 어구로서 구어체의 「かのように」와 의미용법이 같다. 이러한 형태로 '사실은 그렇지 않으나 마치 그러하기라도 한 것처럼'의 의미를 나타내는데 그 뒤에는 수식을 받는 술어가 오게 된다. 매우 어감이 딱딱한 문장체에서나 쓰일 법한 표현이다.

| 접속 | 「명사+である」의 형태에 접속된다.

| 예문 |

⇨ その二人(ふたり)はまずしかったが、世界中(せかいじゅう)が自分(じぶん)たちのものであるかのごとく幸(しあわ)せであった。(그 두 사람은 가난했지만 온 세상이 자신들의 것이기라도 한 듯이 행복했다)

⇨ 「盗作(とうさく)する」とは、他人(たにん)の作品(さくひん)を自分(じぶん)の作品(さくひん)であるかのごとく発表(はっぴょう)することである。

('도작한다'라는 것은 타인의 작품을 자기 작품이기라도 한 듯이 발표하는 일이다)

⇨ あの政治家(せいじか)は、いつも優柔不断(ゆうじゅうふだん)であるかのごとくふるまってはいるが、実(じつ)はそう簡単(かんたん)には真意(しんい)を見(み)せない人(ひと)である。

(저 정치가는 언제나 우유부단하기라도 한 듯이 행동하고는 있지만 사실은 그렇게 간단하게는 속마음을 보이지 않는 사람이다)

~かのように ⇨ ~(하)기라도 한 것처럼

| 용법 | 의문을 나타내는 조사 「か」에 조사 「の」가 접속되고 이어서 비유를 나타내는 조동사 「ようだ」의 연용형인 「ように」가 연결된 어구이다. 그 뒤에는 수식을 받는 술어가 오게 되는데 이러한 형태로 실제로는 그렇지 않은 사항에 대하여 마치 그러한 것처럼 가장하거나 느끼거나 하는 상태를 나타낸다. 「かのごとく」에 비해서 매우 회화체적이다.

| 접속 | 동사나 조동사 「た」에 접속된다.

| 예문 |

⇨ 彼は何も知らなかったかのように振る舞っていた。

(그는 아무것도 모르기라도 했던 것처럼 행동하고 있었다)

⇨ 父はあらかじめ知っていたかのように、平然としていた。

(아버지는 미리 알고 있기라도 했던 것처럼 태연하게 있었다)

⇨ 犯人は事件のことを初めて聞いたかのように知らん顔をしていた。

(범인은 사건에 관한 것을 처음으로 듣기라도 했던 것처럼 시치미를 떼고 있었다)

⇨ 彼女は見てもいないくせに、まるで見たかのように映画の話をしていた。

(그녀는 보지도 않은 주제에 마치 보았기라도 했던 것처럼 영화이야기를 하고 있었다)

| 참고 | 때로는 「~かのような」의 형태를 취하여 뒤에 오는 명사를 수식하는 경우도 많다.

⇨ 極楽にでもいるかのような幸せな気分だ。

(극락에라도 있기라도 한 것 같은 행복한 기분이다)

~が早いか ⇨ ~(하)자마자

|용법| 주격조사 「が」에 형용사 「早い」와 부조사 「か」가 연결된 형태로 전항과 후항의 동작이나 상태의 변화가 거의 동시에 일어남을 나타낸다.

|접속| 동사종지형에 접속된다.

|예문|

⇨ そのことばを聞くが早いか、彼はその男になぐりかかった。
(그 말을 듣자마자 그는 그 남자에게 덤벼들었다)

⇨ 子供たちは動物園に着くが早いかおやつを食べだした。
(아이들은 동물원에 도착하자마자 간식을 먹기 시작했다)

⇨ 高橋君はベルが鳴るが早いか、机の中の弁当を出した。
(다카하시군은 벨이 울리자마자 책상 속의 도시락을 꺼냈다)

⇨ うちの子は学校から帰るが早いか、かばんを放り出して遊びに出てしまった。
(우리 아이는 학교에서 돌아오자마자 가방을 내던지고 놀러 나가버렸다)

|참고| 이와 유사한 어구로는 「～や」 「～が否や」 가 있다. (해당항목 참고)

⇨ 怒った友だちは本をつかむや、ゆかに投げつけた。
(화가 난 친구는 책을 집자 마루에 내던졌다)

⇨ 開店のドアが開くや否や、客はなだれのように押し寄せた。
(개점의 문이 열리자마자 손님은 물밀듯이 들이닥쳤다.)

～がほしいばかりに ⇨ ～을(를) 갖고 싶은 나머지

|용법| 조사 「が」에 욕구를 나타내는 형용사 「ほしい」가 접속되고 이어서 한정을 나타내는 부조사 「ばかり」와 조사 「に」가 연결된 어구이다. 이러한 형태로 어떠한 대상을 갖고 싶어 하는 어쩔 수 없는 심적 상태를 나타낸다.

|접속| 명사에 접속된다.

| 예문 |

⇨ お金がほしいばかりに結局こんなことをしてしまいました。
(돈을 갖고 싶은 나머지 결국 이런 일을 저질러 버렸습니다)

⇨ デジカメがほしいばかりに勉強はしないでアルバイトだけしてきた。
(디지털카메라를 갖고 싶은 나머지 공부는 하지 않고 아르바이트만 해왔다)

⇨ この品物がほしいばかりに、こんなに遠くまでやって来たのです。
(이 물건이 갖고 싶은 나머지 이렇게 멀리까지 찾아온 것입니다)

⇨ わずかなパンがほしいばかりに、人を殺すなんて、なんて馬鹿げたことだろう。
(얼마 안 되는 빵을 갖고 싶은 나머지 사람을 죽이다니 얼마나 바보스런 짓인가?)

~がましい ⇨ ~(하)는 것 같다

| 용법 | 접미어 「がましい」는 명사에 접속되어 그 명사를 형용사로 만드는 기능을 지니고 있는데 이와 같은 명사는 매우 제한적이어서 「押し付け、言い訳、差出、催促」와 같은 단어에 접속되는 정도에 불과하다. 이와 같은 형태로 아무래도 어딘가 모르게 그러한 느낌이 주어진다고 하는 의미를 나타낸다.

| 접속 | 제한된 일부의 명사에 접속된다.

| 예문 |

⇨ 言い訳がましいんですが、こういう次第です。
(변명하는 것 같습니다만 이런 셈입니다)

⇨ 押しつけがましい話で申し訳ありませんが。
(강요하는 것 같은 이야기여서 죄송합니다만)

⇨ 催促がましいことをどんどん言ってすみませんが。
(재촉하는 것 같은 말을 자꾸만 해서 미안합니다만)

⇨ あいつはいつも会議(かいぎ)ではさし出(で)がましいことを言(い)ったりする。
(저 녀석은 언제나 회의에서는 주제넘은 것 같은 말을 하고는 한다)

~ がまま(に) ⇨ ~ (하는) 채로, ~ (하는) 대로

| 용법 | 문어체에서 연체격조사로 쓰이던 조사 「が」에 형식명사 「まま」와 조사 「に」가 접속된 어구이다. 이러한 형태로 처해진 상황에 대하여 어떠한 저항도 없이 따름을 나타낸다.

| 접속 | 동사나 조동사 「れる､られる」의 종지형에 접속된다.

| 예문 |

⇨ あるがままに姿(すがた)を見(み)てもらいたい。(있는 그대로 모습을 보아주었으면 한다)

⇨ 言(い)われるがままに、はんこを押(お)してしまった。(시키는 대로 도장을 찍고 말았다)

⇨ なぐられても、けられても、彼(かれ)はされるがままになっていた。
(맞아도, 발로 채여도, 그는 당하는 대로 가만히 있었다)

~ かもしれない ⇨ ~ 일(할)지도 모른다

| 용법 | 부조사 「かも」에 동사 「知(し)れる(알 수 있다)」의 부정형인 「しれない」가 연결된 어구이다. 이러한 형태로 불확실한 추측을 나타내는데 사실여부에 관하여 화자 나름대로 가정하여 표현할 때에 쓰인다.

| 접속 | 명사나 형식명사 「の」, 그리고 활용어의 종지형에 접속된다.

| 예문 |

⇨ 明日(あした)は雨(あめ)かもしれない。(내일은 비가 올지도 모른다)

⇨ ここよりもあっちの方が静かかもしれない。(여기보다도 저쪽이 조용할지도 모른다)

⇨ とても忙しいので旅行に行くのは無理かも知れません。

(매우 바쁘므로 여행에 가는 것은 무리일지도 모릅니다)

⇨ 山田さんは、今日は来ないかもしれない。

(야마다씨는 오늘은 오지 않을지도 모른다)

⇨ あの人はもうすでに来ているかもしれない。

(저 사람은 이미 와 있을지도 모른다)

⇨ 雨が降るかもしれないから、傘を持っていった方がいいよ。

(비가 올지도 모르니까 우산을 가지고 가는 편이 좋아)

⇨ ノックをしても返事がない。彼はもう寝てしまったのかもしれない。

(노크를 해도 답이 없다. 그는 이미 잠들어 버린걸지도 모른다)

～がやっとだ(やっとの) ⇨ ～(하는) 것이 고작이다(고작인)

| 용법 | 「やっと」는 '고작, 겨우'의 뜻을 지닌 부사인데 여기에 단정을 나타내는 조동사 「だ」가 접속되거나 조사 「の」가 접속된 어구이다. 이러한 형태로 문말에 쓰여서 이 정도가 고작이어서 그 이상의 여유가 없음을 나타낸다. 「～がやっとだ」의 형태로는 문말의 술어로 쓰이고 「～がやっとの」의 형태로는 뒤에 오는 명사를 수식한다.

| 접속 | 명사나 형식명사 「の」에 접속된다.

| 예문 |

⇨ 私の給料では、食べていくのがやっとだ。

(나의 급료로는 먹고 살아가는 것이 고작이다)

⇨ 子供の頃は体力がなくて、毎日学校に通うのがやっとだった。

(어릴 적은 체력이 없어서 매일 학교에 다니는 것이 고작이었다)

⇨ この本はすごく難しくて、なかなか進まない。一日に５ページがやっとだ。

(이 책은 무척 어려워서 좀처럼 진도가 안 나간다. 하루에 5페이지가 고작이다)

⇨ 戦争中は毎日食べていくのがやっとの生活だった。

(전쟁 중에는 매일 먹고 사는 것이 고작인 생활이었다)

⇨ 日常会話をするのがやっとの語学力では、大学の授業を受けるのは難しいだろう。

(일상회화를 하는 것이 고작인 어학능력으로는 대학의 수업을 받는 것은 어려울 것이다)

~が故に ⇨ ~(하)므로

| 용법 | 문장체에서 쓰이던 연체격조사「が」에 '이유'를 나타내는「故」와 조사「に」가 연결된 어구이다. 이러한 형태로 원인이나 이유를 나타내는데 주로 문장체에서 사용된다.

| 접속 | 활용어의 종지형에 접속된다.

| 예문 |

⇨ 貧しいがゆえに十分な教育を受けられない人々がいる。

(가난하므로 충분한 교육을 받을 수 없는 사람들이 있다)

⇨ バラは美しいがゆえに、人につまれる運命にある。

(장미는 아름다우므로 사람에게 꺾이는 운명에 있다)

⇨ あの大統領は庶民性をそなえているがゆえに、人気を集めているという。

(저 대통령은 서민성을 갖추고 있으므로 인기를 모으고 있다고 한다)

⇨ 人間は禁断の木の実を食べたがゆえに、生まれながらに罪を背負うことになった。

(인간은 금단나무의 열매를 먹었으므로 태어나면서 죄를 짊어지게 되었다)

～がよかろう ⇨ ～(하)도록 해라

| 용법 | 주격조사「が」에 형용사「よい」의 미연형인「よかろ」와 추측을 나타내는 조동사「う」가 접속된 어구이다. 이러한 형태로 어떤 행동으로의 이행을 허가하는 뜻으로 쓰인다. 이러한 표현은 비교적 나이가 지긋한 남성이 쓰는 경향이 있으며 젊은이는 거의 쓰지 않는다.

| 접속 | 동사종지형에 접속된다.

| 예문 |

⇨ のんびりしたいのなら、観光地に行くよりは温泉に行くがよかろう。

(느긋하게 지내고 싶은 거라면 관광지에 가기보다는 온천에 가도록 해라)

⇨ どうせすぐに戻ってくるんだから、車はここに止めておくがよかろう。

(어차피 금방 돌아올 거니까 차는 여기에 세워두도록 해라)

⇨ どうしても行きたければアマゾンでもどこでも行くがよかろう。ただし、何が起こっても僕は知らないぞ。

(아무래도 가고 싶다면 아마존이든 어디든지 가도록 해라. 단, 무슨 일이 일어나도 나는 모른다)

～から ⇨ '～ 에서, ～ 로(으로)부터', 출발점을 나타내는 용법

| 용법 | 격조사「から」는 장소나 시간 등을 나타내는 말에 접속되어 그 출발점을 나타낸다.

| 접속 | 장소나 시간을 나타내는 명사에 접속된다.

| 예문 |

⇨ うちから駅まで歩きます。(우리 집에서 역까지 걷습니다)

⇨ 昨日田舎から帰って来た。(어제 시골에서 돌아왔다)

⇨ 学校は9時から始まります。(학교는 9시부터 시작됩니다)

⇨ 昨日から降り続く雨。(어제부터 계속 내리는 비)

⇨ 猿も木から落ちる。(원숭이도 나무에서 떨어진다)

⇨ さっきから読みふけっている。(아까부터 열중해서 읽고 있다)

~から ⇨ '~ 때문에, ~(해)서, ~(하)니까', 이유, 원인을 나타내는 용법

| 용법 | 접속조사「から」는 활용어의 종지형에 접속되어 이유, 원인을 나타낸다. 이와 유사한 의미의 조사로는「ので」가 있는데 양자의 근본적인 차이는「から」의 경우, 그 앞에 제시되는 사항에 좀 더 무게가 실리는 반면,「ので」는 어디까지나 그 뒤에 제시되는 사항에 좀 더 무게가 실린다고 하는 점이다. 한편으로는「から」의 경우는 다소 주관적인 색채가 강한 반면,「ので」의 경우는 다소 객관적인 색채가 강하다는 점도 원칙적으로 말할 수가 있다. 이러한 이유로「から」의 뒤에는「~たい」「~と思う」「~なさい」등과 같은 희망, 추측, 의지, 요구표현, 즉 말하는 사람의 기분을 표현하는 것이 주로 오게 된다. 이에 반하여「ので」의 뒤에는 이러한 표현이 올 수가 없다. 아울러 여성의 경우에는 가급적이면「から」보다는「ので」를 즐겨 사용하는 경향이 있는데 이는 다분히 표현을 보다 정중하게 하고자 하는 심리에서 비롯되는 것이라 볼 수 있을 것이다.

| 접속 | 활용어의 종지형에 접속된다.

| 예문 |

⇨ あぶないから気をつけなさい。(위험하니까 조심해라)

⇨ 今日は土曜日だから、銀行は休みですよ。

(오늘은 토요일이어서 은행은 휴무예요)

⇨ 電気がついていますから、消してください。

(전기가 켜져 있으니까 꺼 주십시오)

⇨ シャツがやぶれていますから、直してください。

(셔츠가 찢어져 있으니까 고쳐 주십시오)

⇨ 雨が降りそうだから、明日に延期しました。

(비가 올 듯해서 내일로 연기했습니다)

⇨ おなかが痛いですから、部屋で休みたいです。

(배가 아파서 방에서 쉬고 싶습니다)

⇨ 田中さんは、去年自動車の運転を習いましたからできるはずです。

(다나카씨는 작년에 자동차운전을 배웠으니까 할 수 있을 겁니다)

⇨ あの人が欠席したのは病気だからではなく、用事があったからだと思います。

(저 사람이 결석한 것은 병 때문이 아니라 볼일이 있었기 때문이라고 생각합니다)

| 참고 | 「から」의 경우 정중을 나타내는 조동사 「です」와 결합되어 쓰일 수가 있으나 「ので」의 경우에는 그렇게 할 수가 없다.

⇨ 今日は忙しいですから、行けません。(○)

⇨ 今日は忙しいですので、行けません。(×)

~から ⇨ '~(으)로', 재료를 나타내는 용법

| 용법 | 「から」가 재료를 나타내는 경우에는 그 형태가 완전히 바뀌는 것에 국한되며 재료가 눈에 그대로 보이는 경우에는 「で」를 사용해야만 한다. 예를 들어 「日本の家は木から造ります」는 오용이 되는데, 이 경우에는 재료,

즉, 나무가 그대로 보이는 상태이기 때문이며 이러한 경우에는 「で」를 사용하여야 한다.

| 접속 | 명사에 접속된다.

| 예문 |

⇨ お酒は米から作ります。(술은 쌀로 만듭니다)

⇨ ビールを麦からつくります。(맥주를 보리로 만듭니다)

⇨ プラスチックは石油から作ります。(플라스틱은 석유로 만듭니다)

⇨ 水は酸素と水素からできている。(물은 산소와 수소로 되어있다)

~ から ⇨ '~ 이(가)', 주어를 나타내는 용법

| 용법 | 「から」가 주어를 나타낼 경우는 주로 어떠한 발표나 성명, 또는 진술의 출처를 명확히 강조하고자 하는 경우에 사용된다. 당연히 그 뒤에는 발표나 표현의 의미가 담긴 술어가 오게 된다.

| 접속 | 명사에 접속된다.

| 예문 |

⇨ 先生へはわたしから申し上げましょう。(선생님께는 내가 말씀드리겠습니다)

⇨ 幹事から各委員に言いました。(간사가 각 위원에게 말했습니다)

⇨ スポークスマンからこれを発表した。(대변인이 이것을 발표했다)

⇨ それはいったいだれから言い出した事なんだ。
(그것은 도대체 누가 말을 꺼낸 일인가?)

~からある ⇨ ~(이)나 되는

|용법| 격조사 「から」에 동사 「ある」가 접속된 어구로 주로 무게를 나타내는 명사에 접속되어 대체로 어떠한 무게나 가격, 정도 등이 그 이상이 됨을 나타낸다.

|접속| 무게나 가격, 정도를 나타내는 명사에 접속된다.

|예문|

⇨ その遺跡(いせき)からは、20キロからある金塊(きんかい)が出土(しゅつど)した。

(그 유적으로부터는 20키로나 되는 금괴가 출토되었다)

⇨ 自動車(じどうしゃ)産業(さんぎょう)は好調(こうちょう)で300万円(まんえん)からある車(くるま)が飛(と)ぶように売(う)れている。

(자동차산업은 호조여서 300만엔이나 되는 차가 날개 돋친 듯이 팔리고 있다)

⇨ あの人(ひと)は、配達(はいたつ)の専門家(せんもんか)だけに120キロからあるキムチ冷蔵庫(れいぞうこ)を背負(せお)って運(はこ)んでいる。

(저 사람은 배달전문가인만큼 120키로나 되는 김치냉장고를 짊어 매고 나르고 있다)

~からいいようなものの ⇨ ~(하)니까((했)으니까) 망정이지

|용법| 접속조사 「から」에 형용사 「いい」가 접속되고 이어서 조동사 「ようだ」의 연체형인 「ような」와 역접을 나타내는 조사 「ものの」가 이어진 어구이다. 이러한 형태로 그리 큰 문제가 없이 끝났지만 이라는 의미를 나타내는데, 결국 최악의 사태는 피할 수 있었음에도 결과적으로는 그다지 바람직하지 못하다고 하는 화자의 기분이 드러나 있는 표현이 된다.

|접속| 활용어의 종지형에 접속된다.

|예문|

⇨ ちょうどタクシーが通(とお)りかかったからいいようなものの、あやうく遅刻(ちこく)するところだった。

(마침 택시가 지나갔으니까 망정이지 하마터면 지각할 뻔했다)

⇨ 大きな事故にならなかったからいいようなものの、これからはもっと慎重に運転しなさい。

(큰 사고가 되지 않았으니까 망정이지 이제부터는 보다 신중하게 운전해라)

⇨ だれも文句を言ってこないからいいようなものの、一つ間違えば大事故になっていたところだ。

(누구도 불평을 하지 않으니까 망정이지 하마터면 큰 사고가 될 뻔하였다)

⇨ 保険をかけてあるからいいようなものの、そうでなければ大変なことになっていたよ。

(보험이 들어져 있으니까 망정이지 그렇지 않으면 큰 일 날 뻔했어)

～から言って ⇨ ～로(으로) 봐서

|용법| 조사 「から」에 동사 「言う」가 접속조사 「て」에 접속되는 과정에서 음편현상이 일어난 「言って」가 연결된 어구이다. 이러한 형태로 어떤 판단이나 평가를 내리는 과정에서 그 근거나 시각을 나타낸다.

|접속| 명사에 접속된다.

|예문|

⇨ 現状から言って、直ちにその計画を実行するのは無理だ。

(현재 상태로 봐서 곧바로 그 계획을 실행하는 것은 무리다)

⇨ 息子は、その性格から言って、失敗を深刻に考えないたちでしょう。

(아들은 그 성격으로 봐서 실패를 심각하게 생각하지 않은 성격일 겁니다)

⇨ さっきの態度から言って、あの人はあやまる気は全然なさそうだ。

(아까의 태도로 봐서 저 사람은 사과할 마음은 전혀 없는 듯하다)

|참고| 이와 유사한 어구로는 「～からすれば、～から言うと、～からいえば、～からみ

ると」 등이 있다.

⇨ あの人の性格からすれば、そんなことで納得するはずがないよ。
(저 사람의 성격으로 봐서 그런 일로 납득할 리가 없어)

⇨ 私の立場から言うと、それはこまります。(제 입장에서 말하자면 그것은 곤란합니다)

⇨ 以上の結論から言えば、この試みはたぶん成功は難しいと思います。
(이상의 결론에서 말하자면 이 시도는 아마 성공은 어려울 것이라고 생각합니다)

⇨ ベテランのプロの方たちからみると、お笑い種かもしれません。
(베테랑인 전문가 분들의 입장에서 봐서 웃음거리일지도 모르겠습니다)

～から押して ⇨ ～로(으로) 미루어서

| 용법 | 출발점을 나타내는 조사「から」에 동사「押す(추측하다)」의 연용형인「押し」와「て」가 접속된 어구이다. 이러한 형태로 어떠한 사항을 토대로 하여 다른 사항을 판단한다는 뜻을 나타낸다.

| 접속 | 명사에 접속된다.

| 예문 |

⇨ 私の経験から押して、今がチャンスだ。
(나의 경험으로 미루어서 지금이 찬스다)

⇨ その口ぶりから押して多分だめだろう。
(그 말투로 미루어서 아마도 안 될 것이다)

⇨ 今までの成果から押して、成功はまちがいない。
(지금까지의 성과로 미루어서 성공은 틀림없다)

～からか ⇨ ～이기((하)기) 때문인지

| 용법 | 이유, 원인을 나타내는 접속조사 「から」에 의문을 나타내는 조사 「か」가 접속된 어구이다. 이러한 형태로 후항의 결과에 대한 이유가 전항에 있는 것으로 추측하는 뜻을 나타낸다.

| 접속 | 「명사+だ」나 동사종지형에 접속된다.

| 예문 |

⇨ 彼(かれ)は家(いえ)が本屋(ほんや)だからか、いろんな分野(ぶんや)の本(ほん)を読(よ)んでいる。

(그는 집이 책방이기 때문인지 여러 가지 분야의 책을 읽고 있다)

⇨ 今日(きょう)は風(かぜ)があるからか、日差(ひざ)しが強(つよ)いわりには涼(すず)しく感(かん)じられる。

(오늘은 바람이 있기 때문인지 햇볕이 강한데 비해서는 시원하게 느껴진다)

⇨ 彼女(かのじょ)は自分(じぶん)も留学経験(りゅうがくけいけん)があるからか、留学生(りゅうがくせい)の悩(なや)みの相談(そうだん)によくのっている。

(그녀는 자신도 유학경험이 있기 때문인지 유학생의 고민 상담에 잘 응하고 있다)

~ からこそ ⇨ ~ 이기 때문에 비로소

| 용법 | 이유, 원인을 나타내는 접속조사 「から」에 그것을 특히 강조하는 부조사 「こそ」가 결합된 어구이다. 이러한 형태로 앞의 문이 나타내는 내용이 뒤의 문이 나타내는 내용에 있어서 하나의 이유나 근거임을 강조하게 된다.

| 접속 | 활용어의 종지형에 접속된다.

| 예문 |

⇨ あの人(ひと)だからこそ、言(い)えるのです。

(저 사람이니까 비로소 말할 수 있는 겁니다)

⇨ 泳(およ)ぎを知(し)っていたからこそ、助(たす)かったのでしょう。

(수영을 알고 있었기 때문에 비로소 구조된 것일 겁니다)

⇨ 一生懸命勉強(いっしょうけんめいべんきょう)したからこそ、合格(ごうかく)したのでしょう。

(열심히 공부했기 때문에 비로소 합격한 것일 겁니다)

⇨ 人間は理性によって行動できるからこそ、人間といえるのではないか。

(인간은 이성에 의해 행동할 수 있기 때문에 비로소 인간이라고 할 수 있는 것은 아닐까?)

~ からして ⇨ ~ 만해도

| 용법 | 조사 「から」에 サ행변격동사 「する」의 연용형 「し」가 접속되고 여기에 접속조사 「て」가 이어진 어구이다. 이러한 형태로 어떤 판단이나 평가를 내리는 과정에서 그 근거나 시각을 나타내는데 결국 대체로 하나의 사항을 대표로 내세워 그것을 토대로 볼 때 그 다음은 말할 것도 없음을 나타낸다.

| 접속 | 명사에 접속된다.

| 예문 |

⇨ 田中さんのプランは、その発想からして独特だ。

(다나카씨의 계획은 그 발상 만해도 독특하다)

⇨ 外見からしてかなりの資産家らしい。

(외견 만해도 상당한 재력가인 것 같다)

⇨ 君の言い方からして、外国人に対する偏見が感じられるよ。

(자네의 말투 만해도 외국인에 대한 편견이 느껴진다고)

⇨ さっきの態度からして、あの人はあやまる気は全然なさそうだ。

(아까의 태도 만해도 저 사람은 사과할 마음은 전혀 없는 듯하다)

~ からず、~ からず ⇨ ~ (하)지도 않고, ~ (하)지도 않고

| 용법 | 문어체형용사의 미연형인 「~から」에 부정의 의미를 나타내는 문어체의 조동사 「ぬ」의 연용형인 「ず」가 접속된 것이 앞뒤로 배치된 어구이다.

이러한 형태로 대조적인 사항을 열거함으로서 어떤 사항이 매우 적당함을 나타낸다.

| 접속 | 제한된 형용사의 어간에 접속된다.

| 예문 |

⇨ 客は多からず、少なからずほどほどだ。

(손님은 많지도 적지도 않고 적당하다)

⇨ 家から学校までは遠からず、近からずの適当な距離だ。

(집에서 학교까지는 멀지도 않고 가깝지도 않은 적당한 거리다)

⇨ 日本の5月は暑からず、寒からずちょうどいい気候です。

(일본의 5월은 덥지도 춥지도 않고 딱 좋은 기후입니다)

~ からする ⇨ ~ 이상이나 되는

| 용법 | 격조사 「から」에 동사 「する」가 접속된 어구이다. 이러한 형태로 대체로 어떠한 무게나 가격, 정도 등이 그 이상이 됨을 나타낸다.

| 접속 | 무게나 가격, 정도를 나타내는 명사에 접속된다.

| 예문 |

⇨ 相撲大会には、120キロからする相撲取りが登場している。

(씨름대회에는 120키로 이상이나 되는 씨름선수가 등장하고 있다)

⇨ その種の陶器は今では貴重で、小皿1枚が10万円からしている。

(그 종류의 도기는 지금에서는 귀중품이어서 작은 접시 한 장이 10만엔 이상이나 되고 있다)

⇨ 自動車産業は好調で300万円からする車が飛ぶように売れている。

(자동차산업은 호조여서 300만엔 이상이나 되는 차가 날개 돋친 듯이 팔리고 있다)

～からすると ⇨ ～ 로(으로) 보면

| 용법 | 조사 「から」에 サ행변격동사 「する」가 접속되고 다시 그 뒤에 조건을 나타내는 조사 「と」가 이어진 어구이다. 이러한 형태로 어떤 판단이나 평가를 내리는 과정에서 그 근거나 시각을 나타낸다.

| 접속 | 명사에 접속된다.

| 예문 |

⇨ あの言い方からすると、私はあの人にきらわれているようだ。

(저 말투로 보면 나는 저 사람에게 미움을 받고 있는 것 같다)

⇨ あの口ぶりからすると、彼はもうその話を知っているようだな。

(저 말투로 보면 그는 이미 그 이야기를 알고 있는 것 같구나)

⇨ あの人の性格からすると、そんなことで納得するはずがないよ。

(저 사람의 성격으로 보면 그런 일로 납득할 리가 없어)

⇨ さっきの態度からすると、あの人はあやまる気は全然なさそうだ。

(아까의 태도로 보면 저 사람은 사과할 마음은 전혀 없는 듯하다)

～からといって(～からとて、～からって、～からと) ⇨ ～(하)다고 해서

| 용법 | 이유, 원인을 나타내는 접속조사 「から」에 인용을 나타내는 조사 「と」가 접속되고 이어서 동사 「言う」가 접속조사 「て」에 연결되는 과정에서 음편현상을 일으킨 「いって」가 이어진 어구이다. 이러한 형태로 전항에서 제시된 근거만으로 후항의 판단이 올바르다고는 할 수 없다는 의미를 나타낸다. 보통 문말에는 「～とは限らない」 「～わけではない」 등의 부정적인 판단이나 비판을 나타내는 표현이 오기 쉽다. 괄호 안에 들어있는 문구

들은 모두가 같은 의미를 나타내는 축약형으로 주로 회화체에서 쓰인다.

| 접속 | 활용어의 종지형에 접속된다.

| 예문 |

⇨ 安いからといって、品物が悪くてはこまる。

(싸다고 해서 물건이 나빠서는 곤란하다)

⇨ 簡単に見えるからといって、すぐにできるとは限らない。

(간단하게 보인다고 해서 금방 할 수 있다고는 할 수 없다)

⇨ 大学へ入ったからといって、立派な人間になれるとは限りません。

(대학에 들어갔다고 해서 훌륭한 인간이 될 수 있다고는 할 수 없습니다)

⇨ 食べたくないからとて、何も食べなくては体に悪い。

(먹고 싶지 않다고 해서 아무것도 먹지 않아서는 몸에 나쁘다)

⇨ 冷蔵庫に入れてあるからとて安心してはいけません。

(냉장고에 넣어져 있다고 해서 안심해서는 안 됩니다)

⇨ やさしいからって、油断するとまちがえますよ。

(쉽다고 해서 방심하면 틀려요)

⇨ どんなに物質的に豊かになったからって幸せだとは限らない。

(아무리 물질적으로 풍부하게 되었다 해서 행복하다고는 할 수 없다)

⇨ 成績がいいからと、別に偉いわけではない。

(성적이 좋다고 해서, 달리 대단한 것은 아니다)

⇨ 信号が青だからと、すぐに飛び出してはいけません。

(신호가 파랑이라고 해서 바로 뛰쳐나가서는 안 됩니다)

~がらでもない ⇨ ~(할) 처지도 아니다

| 용법 | 그 사람에게 어울리는 입장이나 신분의 뜻을 지닌 「がら」에 명사 부정형

인 「でもない」가 접속된 형태이다. 이러한 형태로 말하는 사람자신이 그러한 행동을 취할 만한 입장, 처지가 아님을 나타낸다.

| 접속 | 동사연체형에 접속된다.

| 예문 |

⇨ 私(わたし)はそんなことをするがらでもないのです。

(나는 그런 일을 할 처지도 아닌 겁니다)

⇨ 勝手(かって)にああのこうの言(い)えるがらでもないのですが、一言(ひとこと)言(い)わせていただきます。

(함부로 이러쿵저러쿵 말할 수 있는 처지도 아닌 겁니다만 한마디 하겠습니다)

⇨ 偉(えら)そうなことが言(い)えるがらでもない私(わたし)ですが、だまってばかりはいられませんでした。

(그럴싸한 말을 할 수 있는 처지도 아닌 저입니다만 입을 다물고만 있을 수는 없었습니다)

~ から ~ てもらう ⇨ ~ 을(를) 통해서 ~ (하)게 한다

| 용법 | 격조사 「から」에 접속조사 「て」와 동사 「もらう」가 결합된 보조동사 「てもらう」가 접속된 어구이다. 이러한 형태로 보다 적절한 사람을 선정하여 그 사람을 통해서 대리인의 입장에서 무언가의 동작을 하게 한다는 뜻을 나타낸다.

| 접속 | 「から」앞에는 상대방이 표시되며 「てもらう」앞에는 동사연용형이 오게 된다.

| 예문 |

⇨ 妹(いもうと)から本(ほん)を注文(ちゅうもん)してもらった。

(여동생을 통해서 책을 주문하게 했다)

⇨ 友(とも)だちから金(かね)を返(かえ)してもらった。

(친구를 통해서 돈을 갚게 했다)

⇨ あの件は部長から説明してもらいます。

(그 건은 부장을 통해서 설명하게 하겠습니다)

~ からなる ⇨ ~ 로(으로) 구성되다

| 용법 | 기점을 나타내는 조사 「から」에 동사 「なる」가 접속된 어구이다. 이러한 형태로 어떤 사항이나 조직의 구성을 나타낸다.

| 접속 | 구성요소를 나타내는 명사에 접속된다.

| 예문 |

⇨ この本は四つの章からなっている。(이 책은 네 개의 장으로 구성되어있다)

⇨ 日本の議会は参議院と衆議院からなる。

(일본의 의회는 참의원과 중의원으로 구성된다)

⇨ 三つの主要な論点からなる議題を提案した。

(세 가지의 주요한 논점으로 구성되는 의제를 제안했다)

⇨ この委員会は委員長以下５人の委員からなっている。

(이 위원회는 위원장이하 5인의 위원으로 구성되어있다)

~ からには ⇨ ~ (하)는(한) 바에는, ~ (하)는(한) 이상은

| 용법 | 이유를 나타내는 조사 「から」에 복합조사 「には」가 접속된 어구이다. 이러한 형태로 전항의 성립을 전제로 당연히 후항에 와야 할 사항을 문제시하는 뜻을 나타내는데 이는 전항에서 이미 확정한 사실을 전제로 하고 있으니만큼 그 뒤에는 '당연히~(함)'의 의미를 나타내는 표현이 오게 된다. 예를 들면 「~に違いない」「~なければならない」「~すべきだ」「~は

ずだ」「~つもりだ」등과 같은 표현이 주로 오는 셈이다.

|접속| 활용어의 종지형에 접속된다.

|예문|

⇨ 約束(やくそく)したからには、最後(さいご)まで守(まも)るべきだと思(おも)う。

(약속한 이상에는 마지막까지 지켜야 할 것이라고 생각한다)

⇨ 聞(き)いたからには、だまって見(み)ているわけにはいかない。

(들은 이상에는 잠자코 보고 있을 수는 없다)

⇨ 引(ひ)き受(う)けたからには、責任(せきにん)を持(も)って最後(さいご)まで頑張(がんば)ろうと思(おも)います。

(떠맡은 바에는 책임감을 가지고 마지막까지 분발하려고 합니다)

⇨ あの人(ひと)がそう断言(だんげん)するからには、確(たし)かな根拠(こんきょ)があるに違(ちが)いない。

(저 사람이 그렇게 단언하는 이상에는 확실한 근거가 있음에 틀림없다)

|참고| 이와 유사한 어구로는 「~からは」도 있다.

⇨ 外国(がいこく)へ行(い)くからは、英語(えいご)が少(すこ)しは話(はな)せた方(ほう)がいいだろう。

(외국에 갈 바에는 영어를 조금은 할 수 있는 편이 좋을 것이다)

~からにほかならない ⇨ 바로 ~ (하)기 때문이다

|용법| 이유, 원인을 나타내는 접속조사「から」에 조사「に」가 접속되고 이어서 '다른 것, 이외의 것'을 나타내는 명사인「ほか」와 동사「なる」의 부정형인「ならない」가 연결된 어구이다. 이러한 형태로 제시된 대상을 특별히 내세워 강조하게 되는데 이러한 표현은 주로 문장체에서 사용된다.

|접속| 동사종지형에 접속된다.

|예문|

⇨ 先生(せんせい)が子(こ)どもたちをしかるのは、子(こ)ども一人(ひとり)一人(ひとり)に愛情(あいじょう)があるからにほかならない。

(선생님이 아이들을 야단치는 것은 바로 아이 한 사람 한 사람에게 애정이 있기 때문이다)

⇨ 私があなたがたを叱ったり注意したりするのは、あなたがたを愛するからにほかならないのです。

(내가 여러분들을 혼내기도 하고 주의를 주기도 하는 것은 바로 여러분들을 사랑하기 때문인 것입니다)

⇨ 子どもたちがおばあさんのうちへ遊びに行きたがるのは、こづかいをもらえるからにほかならない。

(아이들이 할머니 집에 놀러 가고 싶어 하는 것은 바로 용돈을 받을 수 있기 때문이다)

⇨ 健康診断はなぜ必ず毎年行うかというと、それは法律で定められているからにほかならないのです。

(건강진단은 왜 반드시 매년 행하는가하면 그것은 바로 법률로 정해져 있기 때문인 것입니다)

~から ~まで ⇨ ~부터 ~까지

| 용법 | 출발점을 나타내는 조사 「から」가 앞에 배치되고 뒤에는 도달점을 나타내는 조사 「まで」가 배치된 어구이다. 이러한 형태로 출발점과 종점, 또는 거리나 시간 등의 범위를 나타낸다.

| 접속 | 장소나 시간을 나타내는 명사에 접속된다.

| 예문 |

⇨ 10日から15日まで休みます。(10일부터 15일까지 쉽니다)

⇨ ここから目的地までは10キロほどあります。

(여기에서 목적지까지는 10킬로 정도 됩니다)

⇨ 日本では三月から五月までが春で、六月から八月までが夏です。

(일본에서는 3월부터 5월까지가 봄이고 6월부터 8월까지가 여름입니다)

⇨ はじめからしまいまで立ち続けた。(처음부터 끝까지 줄곧 서 있었다)

⇨ 子どもから大人まで楽しめる番組です。

(어린이부터 어른까지 즐길 수 있는 프로그램입니다)

⇨ 東京から大阪までは五百キロメートルばかりあります。

(도쿄에서 오사카까지는 5백킬로미터 쯤 됩니다)

~からよかったものの ⇨ ~(하(했으))니까 망정이지

|용법| 이유, 원인을 나타내는 접속조사「から」에 형용사「よい」의 과거형인「よかった」가 접속되고 이어서 역접을 나타내는 조사「ものの」가 연결된 어구이다. 이러한 형태로 최악의 사태는 피할 수 있었음에도 결과적으로는 그다지 바람직하지 못하다고 하는 화자의 기분을 나타낸다.

|접속| 활용어의 종지형에 접속된다.

|예문|

⇨ 保険をかけてあるからよかったものの、そうでなければ大変なことになっていたよ。

(보험이 들어져 있으니까 망정이지 그렇지 않으면 큰 일 날 뻔했어)

⇨ ちょうどタクシーが通りかかったからよかったものの、あやうく遅刻するところだった。

(마침 택시가 지나갔으니까 망정이지 하마터면 지각할 뻔했다)

⇨ だれも文句を言ってこないからよかったものの、一つ間違えば大事故になっていたところだ。

(아무도 불평을 해오지 않으니까 망정이지 자칫하면 큰 사고가 났을 뻔했다)

⇨ あなたがたまたま確認してくれたからよかったものの、もう少しで原稿の締め切りに間に合わなくなるところだった。

(당신이 가끔 확인해 주었으니까 망정이지 자칫하면 원고마감날짜에 대지 못할 뻔했다)

かりに ～ たら(ば) ⇨ 만약에 ～ (한)다면((했)다면)

| 용법 | '만약에'의 뜻을 지닌 부사 「仮に」가 앞에 배치되고 뒤에는 과거를 나타내는 조동사 「た」의 가정형인 「たら」가 배치된 어구이다. 이러한 형태로 앞에 조건이나 상황을 제시하고는 그와 같은 일이 일어남을 가정하여 말한다면, 이라는 뜻을 나타낸다. 「たら」의 뒤에 가정격조사 「ば」가 올때도 있으나 의미에는 변함이 없다.

| 접속 | 「たら」앞에는 활용어의 연용형이 접속된다.

| 예문 |

⇨ かりに3億円の宝くじに当ったら、何をしますか。

(만약에 3억엔의 복권에 당첨된다면 무엇을 하겠습니까?)

⇨ 仮に今より条件のいい会社があったら、転職しますか。

(만약에 지금보다 조건이 좋은 회사가 있다면 전직하겠습니까?)

⇨ 仮に関東大震災と同程度の地震が今の東京に起ったら、東京はどうなってしまうだろうか。

(만약에 관동대지진과 같은 정도의 지진이 지금의 도쿄에 일어난다면 도쿄는 어찌 되어버릴까?)

| 참고 | 이와 유사한 어구로는 「仮に～場合は」가 있다.

⇨ 仮に予定の時間までに私がもどってこない場合は、先に出発してください。

(만약에 예정시간까지 내가 돌아오지 않을 경우에는 먼저 출발해 주십시오)

仮に ～ ても ⇨ 만약에 ～ (해)도(이라도)

| 용법 | '만약에'의 뜻을 지닌 부사 「仮に」가 앞에 배치되고 뒤에는 역접을 나타

내는 조사 「ても」가 배치된 어구이다. 이러한 형태로 '만약 그러한 일이 일어나거나 그것이 사실이라도'의 뜻을 나타낸다. 특히 명사가 그 앞에 오게 될 때는 「ても」가 「でも」로 변하게 되나 그 의미용법은 같다.

| 접속 | 「ても」 앞에는 명사나 활용어의 연용형이 접속된다.

| 예문 |

⇨ 仮にその話がうそでもおもしろいじゃないか。
(만약에 그 이야기가 거짓이라도 재미있지 않은가?)

⇨ 仮に参加希望者が定員に満たないような場合でも旅行は決行します。
(만약에 참가희망자가 정원에 미치지 못하는 그러한 경우라도 여행은 결행합니다)

⇨ 仮に手術で命が助かっても、一生寝たきりの生活となるだろう。
(만약에 수술로 목숨을 구한다 해도 일생동안 식물인간의 생활이 될 것이다)

⇨ 仮に予定の日までに私が帰って来ないようなことがあっても、心配しないで待っていてくれ。
(만약에 예정일까지 내가 돌아오지 않는 그러한 일이 있어도 걱정하지 말고 기다리고 있어다오)

| 참고 | 이와 유사한 어구로는 「仮に～としても」가 있다.

⇨ 仮に今より条件のいい会社があるとしても、私は転職しません。
(만약에 지금보다 조건이 좋은 회사가 있다고 해도 나는 전직하지 않겠습니다)

～がる ⇨ 형용사를 동사화하는 접미어로서의 용법

| 용법 | 접미어 「がる」는 주로 형용사의 어간이나 희망의 조동사 「たい」의 어간에 접속되어 이를 5단동사화하는 역할을 수행한다. 이러한 형태로 대체로 말하는 사람이나 상대방이 아닌 제3자가 희망하는 사항을 동적으로 나타낸다. 하지만 말하는 사람일지라도 종속절에서나 옛일을 회상하여

표현할 때에 한해서는 쓰일 수가 있다. 다만 형용사라고 해서 모두 이와 같이 바꿀 수 있는 것은 아니어서 어디까지나 희노애락의 감정을 나타내는 형용사에 한해서만 「がる」가 접속될 수 있다.

| 접속 | 형용사의 어간이나 조동사 「たい」의 어간에 접속된다.

| 예문 |

⇨ かなしがる。(슬퍼하다)

⇨ たのしがる。(즐거워하다)

⇨ なつかしがる。(그리워하다)

⇨ さむがる。(추워하다)

⇨ あつがる。(더워하다)

⇨ この子(こ)は母親(ははおや)がちょっといなくなると、すぐにさびしがって泣(な)くんですよ。

(이 아이는 어머니가 잠시 없게 되면 금방 외로워하며 우는 거예요)

⇨ 子供(こども)たちにおもちゃを買(か)ってやって、うれしがらせてやろうと思(おも)う。

(아이들에게 장난감을 사주어서 기쁘게 해 주려고 생각한다)

⇨ あの人(ひと)は変(か)わっていますよ。これを見(み)てみんながおもしろがっているのに、少(すこ)しもおもしろがりませんから。

(저 사람은 별나요. 이것을 보고 모두가 재미있어 하고 있는데 조금도 재미있어하지 않으니까요)

| 참고 | 「あつがる」가 전성명사로 변한 「あつがり」는 사람을 나타내게 되며 이 경우 '더위를 유난히 잘 타는 사람'의 의미로 사용된다. 이와 같은 경우의 말은 다음과 같은 것들이 있다.

さむがり(추위를 잘 타는 사람)、 さびしがり(자주 외로워하는 사람) 、

こわがり(무서움을 잘 타는 사람)

~かれ ~かれ ⇨ ~(하)건 ~(하)건

| 용법 | 문어체의 형용사 명령형인 「～かれ」가 앞뒤로 배치되어있는 어구이다. 그 앞뒤에는 대립적인 의미를 지닌 형용사가 각각 오게 되는데 이러한 형태로 그 어느 쪽이건 상관없다고 하는 의미를 나타낸다. 이러한 표현에 쓰일 수 있는 형용사는 매우 제한적이어서 지금에 와서는 주로 관용적인 용법으로만 사용되고 있다.

| 접속 | 각각 형용사의 어간에 접속된다.

| 예문 |

⇨ 遅(おそ)かれ早(はや)かれ、山田(やまだ)さんも来(く)るでしょう。
(늦건 빠르건 야마다씨도 올 겁니다)

⇨ よかれあしかれしなくてはならない。
(좋건 싫건 하지 않아서는 안 된다)

⇨ 人(ひと)は多(おお)かれ少(すく)なかれ、悩(なや)みをもっているものだ。
(사람은 많건 적건 고민을 지니고 있는 법이다)

～かわりに ⇨ ～대신에

| 용법 | 동사 「代(か)わる(대신하다)」의 연용형인 「代(か)わり」가 전성명사화된 것에 조사 「に」가 접속된 어구이다. 이러한 형태로 전항을 하지 않고 후항을 한다든지, 또는 전항을 보상하여 후항을 행한다, 는 등의 의미를 나타낸다.

| 접속 | 활용어의 연체형에 접속된다.

| 예문 |

⇨ 遠(とお)くて不便(ふべん)なかわりに静(しず)かだ。(멀어서 불편한 대신에 조용하다)

⇨ 昨日(きのう)おごってもらった代(か)わりに、今日(きょう)は私(わたし)がおごります。
(어제 대접을 받은 대신에 오늘은 제가 대접하겠습니다)

⇨ 音楽会(おんがくかい)に行(い)く代(か)わりに、CDを3枚(まい)買(か)う方(ほう)がいいです。

(음악회에 가는 대신에 CD를 세 장 사는 편이 좋습니다)

⇨ 山田先生の授業は、試験を受ける代わりにレポートを出してもよいことになっている。

(야마다선생님의 수업은 시험을 보는 대신에 리포트를 내도 좋은 것으로 되어 있다)

|참고| 명사에 접속될 때도 있는데 이 경우에는 조사「の」가 들어가게 된다.

⇨ 私の代わりに山田さんが会議に出る予定です。

(제 대신에 야마다씨가 회의에 나갈 예정입니다)

き

きかない ⇨ **'불가능, 효력 없음'의 의미를 나타내는 용법**

| 용법 | 「きく(利く、効く)」는 '효용이 있다, 효험이 있다, 효력이 있다, 가능하다'등의 의미를 나타낼 때 주로 쓰이는 동사인데, 이것이 부정표현으로 쓰임으로서 '~(할) 수가 없다, ~이(가) 잘 듣지 않는다'의 의미를 나타낸다.

| 예문 |

⇨ 彼はけがをして、右手がきかなくなった。
(그는 부상을 당해서 오른 손을 쓸 수가 없게 되었다)

⇨ 自動車のブレーキがきかないと、危ない。
(자동차의 브레이크가 듣지 않으면 위험하다)

⇨ けがをして体の自由がきかない。(부상을 당해서 몸이 말을 듣지 않는다)

⇨ この生地は洗濯がききません。(이 감(천)은 세탁할 수가 없습니다)

⇨ 年をとったせいか無理がきかなくなった。
(나이를 먹은 탓인지 무리를 할 수가 없게 되었다)

来るべき ⇨ **다가 올~, 와야 할~**

| 용법 | 고어의 동사 「来る(오다, 다가오다)」의 연체형인 「来る」가 연체사로 바뀐

것에 당연, 의무의 의미를 지닌 문어체조동사 「べし」의 연체형인 「べき」가 접속된 어구이다. 이러한 형태로 '이제 곧 올, 요다음에 올'의 의미를 나타낸다.

| 접속 | 뒤에는 때를 나타내는 명사가 오게 된다.

| 예문 |

⇨ 来るべき総選挙に備える。

(다가 올 총선거에 대비한다)

⇨ とうとう来るべきときが来た。

(드디어 와야 할 때가 왔다)

⇨ 来るべきときに備えておきたいのです。

(다가 올 때에 대비하여 두고 싶은 것입니다)

~きっての ⇨ ~에서 제일가는

| 용법 | 접미어 「きって」에 조사 「の」가 접속되어 연체수식의 역할을 하게 되는 어구이다. 이러한 형태로 어떠한 범주 안에서 가장 뛰어남을 나타내는데 그 뒤에는 수식을 받는 명사가 오게 된다.

| 접속 | 명사에 접속된다.

| 예문 |

⇨ あの生徒は、校内きっての秀才と言われています。

(저 학생은 교내에서 제일가는 수재로 일컬어지고 있습니다)

⇨ 先生は当代きっての日本画家としての誉れが高い。

(선생님은 당대에서 제일가는 일본화가로서의 긍지가 높다)

⇨ 彼は持ち前の明るさと才能で、プロ野球界きっての人気選手だった。

(그는 타고난 명랑함과 재능으로, 프로야구계에서 제일가는 인기선수였다)

～ぎみだ ⇨ ～(하)는 듯하다

|용법| 「ぎみ」는 '기분, 느낌'의 뜻을 지닌 「気味(きみ)」가 접미어로 쓰이게 되면서 연탁현상에 의하여 발음이 바뀐 것으로 여기에 단정의 조동사 「だ」가 연결된 어구이다. 이러한 형태로 어떠한 일이나 상태가 그러한 모양이나 경향에 있음을 나타내는데 이러한 표현은 주로 바람직하지 못한 경우에 사용된다.

|접속| 명사나 동사의 연용형에 접속된다.

|예문|

⇨ このところ、毎日残業(まいにちざんぎょう)で疲(つか)れぎみだ。
(요즈음 매일 잔업으로 피곤한 듯하다)

⇨ 試合前(しあいまえ)の彼(かれ)は少(すこ)し緊張(きんちょう)ぎみだった。
(시합전의 그는 조금 긴장하는 듯했다)

⇨ 私(わたし)の時計(とけい)は、毎日(まいにち)5分(ふん)ほどおくれ気味(ぎみ)だ。
(내 시계는 매일 5분정도 늦는 듯하다)

⇨ このところ、毎年(まいねん)少(すこ)しずつ食料品(しょくりょうひん)の値段(ねだん)が上(あ)がり気味(ぎみ)です。
(요즈음 매년 조금씩 식료품의 가격이 오르는 듯합니다)

⇨ あなたがいてさえ人手(ひとで)が不足気味(ふそくぎみ)なのに、あなたにやめられたらほんとうにこまりますよ。
(당신이 있어줘도 일손이 부족한 듯한데 당신이 그만두면 정말로 곤란해요)

～きらいがある ⇨ ～(하는) 경향이 있다

|용법| 「きらい」는 원래 형용동사 「きらいだ(싫어한다)」의 어간이지만 명사로서

쓰이게 되면 어떠한 경향을 띄고 있음을 나타내게 된다. 이러한 형태로 대체로 바람직하지 않은 경향에 사용되며 다소 문장체적이다.

|접속| 「명사＋の」나 동사연체형에 접속된다.

|예문|

⇨ 彼(かれ)はいい男(おとこ)だが、なんでもおおげさに言(い)うきらいがある。
(그는 좋은 남자이지만 뭐든지 과장되게 말하는 경향이 있다)

⇨ 最近(さいきん)の学生(がくせい)は自分(じぶん)で調(しら)べず、すぐ教師(きょうし)に頼(たよ)るきらいがある。
(최근의 학생은 스스로 조사하지 않고 금방 교사에게 의존하는 경향이 있다)

⇨ あの政治家(せいじか)は有能(ゆうのう)だが、やや独断専行(どくだんせんこう)のきらいがある。
(저 정치가는 유능하지만 다소 독단적인 행동을 일삼는 경향이 있다)

⇨ あの先生(せんせい)の講義(こうぎ)はおもしろいのだが、いつの間(ま)にか自慢話(じまんばなし)に変(か)わってしまうきらいがある。
(저 선생님의 강의는 재미있지만 어느 샌가 자랑이야기로 변해 버리는 경향이 있다)

～きり ⇨ '뿐', 한정의 의미를 나타내는 용법

|용법| 「きり」는 한정의 의미를 나타내는 조사로서 우리말의 '뿐'에 해당된다. 특히 「これ」「それ」「あれ」에 접속될 때는 「これっきり」「それっきり」「あれっきり」로 되는 일이 많다. 아울러 「～きり」 또는 「～きりで」의 형태로 뒤에 부정표현을 수반함으로서 '～(했)을 뿐～(하)지 않다'의 의미를 나타내기도 한다.

|접속| 명사나 동사연체형, 그리고 과거를 나타내는 조동사 「た」에 접속된다.

|예문|

⇨ 昨日(きのう)来(き)たのは五人(ごにん)きりだった。(어제 온 것은 5명뿐이었다)

⇨ 残(のこ)ったのは私(わたし)ひとりきりだった。(남은 것은 나 혼자뿐이었다)

⇨ もうこれっきりになってしまった。(이제 이것뿐으로 되어버렸다)

⇨ 何を聞かれても笑っているきりで、答えない。

(무슨 질문을 받아도 웃고 있을 뿐으로 대답하지 않는다)

⇨ あの人から本を借りたきりで、まだ読んでいません。

(저 사람으로부터 책을 빌렸을 뿐으로 아직 읽고 있지 않습니다)

⇨ 朝早く出かけて行ったきり、夜になっても帰ってこない。

(아침 일찍 나갔을 뿐 밤이 되어도 돌아오지 않는다)

~きる ⇨ 다(완전히) ~ (하)다

| 용법 | 「切る」는 원래 '끊다, 자르다'는 의미의 동사이지만 이것이 다른 동사의 연용형에 접속되어 접미어로 쓰일 경우에는 어떤 행위를 끝까지 다한다고 하는 완료의 뜻을 나타낸다.

| 접속 | 동사연용형에 접속된다.

| 예문 |

⇨ あまりおもしろくて、一晩で読みきった。

(너무나 재미있어서 하룻밤에 다 읽었다)

⇨ 持っていたお金を使いきってしまったのです。

(가지고 있었던 돈을 다 써버린 것입니다)

⇨ かばんが小さくて全部はとても入りきれない。

(가방이 작아서 전부는 도저히 다 들어갈 수 없다)

⇨ 降りる人がみんな降りきらないうちに、乗ろうとするのはいけません。

(내리는 사람이 모두 다 내리기 전에 타려고 하는 것은 안 됩니다)

⇨ 無理な仕事をして疲れきってしまった。

(무리한 일을 해서 완전히 지쳐버렸다)

|참고| 한편 「~きっている」의 형태로 문말에 쓰여서 '무척 ~(하)고 있다' '끝까지~(하)고 있다'의 의미를 나타내기도 한다.

⇨ 金(かね)はないし、病気(びょうき)はするし、どうしたらよいのかわからず、困(こま)りきっている。
(돈은 없고 병은 들었고 어떻게 하면 좋을지 몰라서 무척 곤란하다)

⇨ あの人(ひと)はあなたをたよりきっているのですから、何(なん)とかしてあげてください。
(저 사람은 당신을 끝까지 의지하고 있는 거니까 어떻게든 해 주십시오)

~きれない ⇨ 완전히 ~(할) 수 없다

|용법| 동사 「切(き)る」는 원래 '끊다, 자르다'는 의미의 동사이지만 이것이 다른 동사의 연용형에 접속되어 접미어로 쓰일 경우에는 행위의 완료 및 충분의 의미를 나타내게 되는데 이것이 다시 가능동사 「切(き)れる」로 변한 다음 거기에 부정의 조동사 「ない」가 접속된 어구이다. 이러한 형태로 그 앞에 와 있는 동사가 나타내는 행위를 완전하고 충분하게 다 할 수가 없음을 나타낸다.

|접속| 동사연용형에 접속된다.

|예문|

⇨ あの人(ひと)はもともと断(ことわ)りきれない質(たち)なんだ。
(저 사람은 본래 완전히 거절할 수 없는 성질인 것이다)

⇨ ふるさとの母(はは)から食(た)べきれないほどの梨(なし)が送(おく)られてきた。
(고향의 어머니로부터 다 먹을 수 없을 정도의 배가 보내져왔다)

⇨ その人(ひと)との別(わか)れは、あきらめきれないつらい思(おも)い出(で)として、今(いま)でも私(わたし)の胸(むね)の奥(おく)底(そこ)にある。(그 사람과의 이별은 완전히 단념할 수 없는 괴로운 추억으로서 지금도 내 가슴 깊숙한 곳에 있다)

~ 極まりない ⇨ ~ (하)기 짝이 없다(이를 데 없다)

| 용법 | 동사 「極まる(한계에 이르다)」의 연용형인 「極まり」가 전성명사화된 것에 형용사 「ない」가 접속된 어구이다. 그 앞에는 주로 「危険、不愉快、丁重、無作法」와 같은 형용동사의 어간이 오게 되는데 이러한 형태로 어떠한 상태가 극한에 달해 있음을 나타낸다. 이러한 표현은 다소 문장체적이다.

| 접속 | 형용동사의 어간에 접속된다.

| 예문 |

⇨ 丁重極まりないごあいさつをいただき、まことに恐縮です。

(정중하기 이를 데 없는 인사를 받아 참으로 몸 둘 바를 모르겠습니다)

⇨ こんな風が強い日に小型のボートで沖に出るなんて、危険極まりない。

(이런 바람이 강한 날에 소형보트로 바다에 나가다니 위험하기 이를 데 없다)

⇨ その相手の電話の切り方は不愉快極まりないものだった。

(그 상대방의 전화를 끊는 방식은 불쾌하기 짝이 없는 것이었다)

⇨ そのような行動は、この社会では不作法極まりないものとされている。

(그와 같은 행동은 이 사회에서는 무례하기 짝이 없는 것으로 되어있다)

~ 極まる ⇨ 극도로 ~ (한)

| 용법 | 동사 「極まる(한계에 이르다)」의 앞에 형용동사의 어간이 오게 되면 어떤 상태가 더할 나위 없이 극도에 이르게 됨을 나타낸다. 그 앞에는 주로 「危険、不愉快、丁重、無作法」와 같은 형용동사의 어간이 오게 되는데 이

표현은 문장체에서 주로 쓰인다.

| 접속 | 형용동사의 어간에 접속된다.

| 예문 |

⇨ 失礼極まる話を聞いて、不愉快になった。

(극도로 실례되는 이야기를 듣고서 불쾌해졌다)

⇨ そのような行動は、この社会では無作法極まるものとされている。

(그와 같은 행동은 이 사회에서는 극도로 무례한 것으로 되어 있다)

⇨ こんな風が強い日に小型のボートで沖に出るなんて、危険極まる船出だ。

(이런 바람이 강한 날에 소형보트로 바다에 나가다니 극도로 위험한 항해다)

く

～くさい ⇨ ～ 냄새가 나는, ～ 느낌이 나는

|용법| 형용사 「くさい」가 접미어로 쓰일 때는 그 명사가 지닌 내용의 냄새가 난다, 또는 그런 느낌이 든다, 는 의미를 나타낸다. 이러한 형태로 주로 좋지 않은 냄새나 바람직하지 못한 모양, 상태 등을 나타내는 경향이 있다.

|접속| 냄새나 느낌의 내용을 나타내는 명사에 접속된다.

|예문|

⇨ あの部屋はなんだかカビくさい。(저 방은 뭔가 곰팡이냄새가 난다)

⇨ あれ? ガスくさいよ! ガスが漏れているのかな。
(어? 가스냄새가 난다! 가스가 새고 있는 걸까?)

⇨ そんな酒くさい息をして。またどこかで飲んで来たのでしょう。
(그런 술 냄새나는 숨을 쉬다니. 또 어딘가에서 술 마시고 온 거지요?)

⇨ 彼女はバタくさい顔立ちをしている。
(그녀는 버터느낌이 나는(서양풍의) 얼굴을 하고 있다)

⇨ あの人は有名な学者ですが、会ってみると、ちっとも学者くさいところがありませんね。
(저 사람은 유명한 학자입니다만 만나보면 조금도 학자느낌이 나는 점이 없군요)

⇨ 子供たちに信頼される教師になりたいのなら、そのインテリくさいしゃべり方をやめろ。

(아이들에게 신뢰받는 교사가 되고 싶은 거라면 그 인텔리느낌이 나는 말투는 그만둬라)

|참고| 「くさい」는 이 밖에도 말하는 사람의 입장에서 바람직하지 못한 것으로 여겨지는 의미의 형용동사나 형용사의 어간에 접속하여 그 의미를 강조하는 데에도 쓰인다.

⇨ あんた、いつまでそんな古(ふる)くさいこと言(い)っているつもり?

(당신, 언제까지 그런 고리타분한 말을 하고 있을 생각?)

⇨ そんな面倒(めんどう)くさいことは、だれか別(べつ)の人(ひと)に頼(たの)んでくれ。

(그런 귀찮은 일은 누군가 다른 사람에게 부탁해 다오)

⇨ 彼(かれ)はけちくさいことばかり言(い)うので、嫌(きら)われている。

(그는 인색한 말만 하므로 미움을 받고 있다)

～くする ⇨ ～(하)게 하다

|용법| 형용사의 연용형인 「～く」에 サ행변격동사 「する」가 연결된 어구이다. 이러한 형태로 어떤 대상의 변화를 유도하는 의미를 나타내는데 이러한 변화는 어디까지나 사람에 의한 의도적인 것일 때에만 쓰인다. 자연스런 변화를 나타낼 경우에는 「～くなる」로 표현하게 된다.

|접속| 형용사의 어간에 접속된다.

|예문|

⇨ 冷(つめ)たくするともっとおいしいですよ。(차갑게 하면 더 맛있어요)

⇨ 水族館(すいぞくかん)の温度(おんど)は低(ひく)くしないでください。(수족관의 온도는 낮추지 말아 주십시오)

⇨ 部屋(へや)をあまりきたなくすると、掃除(そうじ)が大変(たいへん)になる。

(방을 너무 더럽게 하면 청소가 큰일이다)

⇨ いいしらせを伝(つた)える時(とき)は、声(こえ)を明(あか)るくする方(ほう)がいい。

(좋은 소식을 전할 때는 목소리를 밝게 하는 편이 좋다)

～くせして ⇨ ～(하)면서도

| 용법 | '버릇'의 의미를 지닌 명사 「くせ」에 サ행변격동사 「する」의 연용형 「し」와 접속조사 「て」가 연결된 어구이다. 이러한 형태로 앞의 사항과 상반되는 뒤의 사항을 나타내는데 이러한 표현은 대체로 바람직하지 못한 사항에 쓰이는 경향이 있다.

| 접속 | 「명사+の」나 활용어의 연체형에 접속된다.

| 예문 |

⇨ 好(す)きなくせして、嫌(きら)いだと言(い)っている。
(좋아하면서도 싫어한다고 말하고 있다)

⇨ あの選手(せんしゅ)は、体(からだ)が大(おお)きいくせして、まったく力(ちから)がない。
(저 선수는 몸이 크면서도 전혀 힘이 없다)

⇨ 彼(かれ)は、自分(じぶん)ではできないくせして、いつも人(ひと)のやり方(かた)に文句(もんく)を言(い)う。
(그는 자신은 할 수 없으면서 언제나 남이 하는 방식에 불평을 한다)

～くせに ⇨ ～ 주제에, ～(하)면서도

| 용법 | '버릇'의 뜻을 지닌 명사 「くせ」에 조사 「に」가 접속됨으로서 접속조사로서 쓰이는 어구이다. 이러한 형태로 전항으로 미루어 예상되는 내용과는 반대되는 사항이 후항에 오는 것을 나타내는데 이러한 표현은 주로 비난이나 반발의 기분을 나타낸다.

| 접속 | 「명사+の」나 활용어의 연체형에 접속된다.

| 예문 |

⇨ 子供(こども)のくせにおとなびたものの言(い)い方(かた)をする子(こ)だな。
(아이주제에 어른스런 말투를 하는 아이로군)

⇨ あの選手(せんしゅ)は、体(からだ)が大(おお)きいくせに、まったく力(ちから)がない。

(저 선수는 몸이 크면서도 전혀 힘이 없다)

⇨ 部屋(へや)に風呂(ふろ)もついてないくせに、偉(えら)そうに言(い)うなよ。

(방에 욕조도 달려있지 않으면서 그럴싸하게 말하지 마라)

⇨ 彼(かれ)は知(し)っているくせに、私(わたし)には何(なに)も教(おし)えてくれない。

(그는 알고 있으면서 나에게는 아무것도 가르쳐 주지 않는다)

⇨ 法律(ほうりつ)の書生(しょせい)なんてものは弱(よわ)いくせに、いやに口(くち)が達者(たっしゃ)なのだ。

(법률의 서생 같은 자는 약한 주제에 꽤나 말을 잘하는 법이다)

ください ⇨ '주십시오',「ください」의 다양한 용법

|용법| 「ください」는 '주시다'에 해당되는 「くださる」의 명령형으로 의뢰를 나타내는 존경어인데 이것만으로는 경어도가 약하므로 종종 「くださいませ」「くださいませんか」식으로 표현하곤 한다. 또한 「～てください」의 형태를 취하여 「書(か)いてください」「読(よ)んでください」하는 식으로 쓰이며, 이 보다 경어도가 높은 표현으로는 「お+동사연용형+ください」의 형태를 취하여 「お書(か)きください」「お読(よ)みください」식으로 쓰인다. 한편 「～てください」와 「お+동사연용형+ください」가 유사한 관계로 종종 혼동을 일으킬 소지가 있는데 예를 들면 「気(き)をつけてください」와 「お気(き)をつけください」를 뒤섞어서 「お気(き)をつけてください」라고 하는 오용이 발생하곤 한다. 이 경우에는 「お気(き)をつけになってください」로 하는 것이 올바르다. 또한 「～てください」에 「お+동사연용형+する」라는 겸양어형식을 적용하여 「お+동사연용형+してください」라고 하는 것도 오용이다. 예를 들어 「急(いそ)いでください」에 「お急(いそ)ぎする」를 적

용하여 「お急ぎしてください」라고 하면 오용이 되며, 이 경우에는 「お急ぎください」로 표현하는 것이 올바르다.

| 예문 |

⇨ あなたの写真を一枚ください。(당신의 사진을 한 장 주십시오)

⇨ 向うへついたらお手紙をください。(그 쪽에 도착하면 편지를 주십시오)

⇨ 書き終ったかたは、後ろの出口から出てください。
(다 쓴 분은 뒤의 출구로 나가 주십시오)

⇨ ちょっとお待ちくださいませんか。(잠깐 기다려 주시지 않겠습니까?)

⇨ これをごらんください。(이것을 보아 주십시오)

くださる ⇨ '주시다', 「くださる」의 상세한 용법

| 용법 | 「くださる」는 '주시다'라는 의미의 존경어로 상위자가 하위자에게 주는 것을 나타내는데 반면에 상위자로부터 하위자가 받는 것은 「いただく」로 나타낸다. 이 밖에 「くださる」는 「先生が教えてくださる」와 같이 「동사연용형+てくださる」의 형태로 쓰이며 「先生がお教えくださる」와 같이 「お+동사연용형+くださる」의 형태로도 쓰이는데 그 어느 것이나 모두 존경표현으로 널리 쓰인다.

| 활용 | くださら+ない(미연형) ください+ます、くださっ＋て(연용형) くださる(종지형)
くださる+명사(연체형) くだされ+ば(가정형) ください(명령형) くださろ＋う(추측형)

| 예문 |

⇨ これはおじさんが入学祝いにくださった辞書です。
(이것은 아저씨가 입학축하로 주신 사전입니다)

⇨ 先生(せんせい)は私(わたし)の誕生日(たんじょうび)に万年筆(まんねんひつ)をくださるとおっしゃいました。

(선생님은 내 생일에 만년필을 주신다고 말씀하셨습니다)

⇨ 田中(たなか)さんは二人(ふたり)で芝居(しばい)を見(み)に行(い)きましょうと言(い)って、この切符(きっぷ)をくださいました。

(다나카씨는 둘이서 연극을 보러갑시다 라고 말하며 이 표를 주셨습니다)

⇨ 私(わたし)には何(なに)もくださらなかったので、がっかりしていました。

(나에게는 아무것도 주시지 않았기 때문에 실망하고 있었습니다)

⇨ こんな悪天候(あくてんこう)の中(なか)を歩(ある)いていらしたんですか。電話(でんわ)をくだされば車(くるま)でお迎(むか)えにまいりましたものを。

(이런 악천후 속을 걸어서 오신 겁니까? 전화를 주시면 차로 모시러 갔을 텐데요)

~くて ⇨ '~(하)고, ~(해)서', 형용사나 조동사의 연용형을 뒤의 표현에 연결하는 용법

| 용법 | 형용사나 「い」로 끝나는 조동사(ない、たい)의 연용형 「く」에 접속조사 「て」가 접속된 어구로 뒤에 오는 다양한 표현에 연결된다. 이러한 형태로 앞뒤의 사항을 나열하듯이 연결하거나 또는 후항의 상태나 결과에 대한 이유, 원인을 전항에 제시하는 역할을 하기도 한다.

| 예문 |

⇨ 彼女(かのじょ)はやさしくて、きれいです。(그녀는 상냥하고 예쁩니다)

⇨ 夏(なつ)は暑(あつ)くて、冬(ふゆ)は寒(さむ)いです。(여름은 덥고 겨울은 춥습니다)

⇨ あの店(みせ)のラーメンは安(やす)くておいしいです。(저 가게의 라면은 싸고 맛있습니다)

⇨ この字(じ)は大(おお)きくて読(よ)みやすいです。(이 글자는 커서 읽기 쉽습니다)

⇨ この上着(うわぎ)は小(ちい)さくて着(き)られません。(이 윗도리는 작아서 입을 수 없습니다)

⇨ 時間(じかん)がなくてどこへも行(い)けません。(시간이 없어서 아무데도 갈 수 없습니다)

⇨ 部屋(へや)が寒(さむ)くて寝(ね)られませんでした。(방이 추워서 잘 수가 없었습니다)

⇨ 頭(あたま)が痛(いた)くて勉強(べんきょう)できません。(머리가 아파서 공부할 수가 없습니다)

⇨ 手紙(てがみ)が来(こ)なくて、さびしいです。(편지가 안 와서 외롭습니다)

⇨ 漢字(かんじ)が読(よ)めなくて、不便(ふべん)です。(한자를 읽을 수 없어서 불편합니다)

⇨ 先生(せんせい)に会(あ)えなくて、残念(ざんねん)です。(선생님을 만날 수 없어서 유감입니다)

⇨ 日本語(にほんご)がわからなくて困(こま)っています。(일본어를 몰라서 곤란해 하고 있습니다)

⇨ どうしてもコンサートへ行(い)きたくてたまりません。
(암만해도 콘서트에 가고 싶어서 견딜 수 없습니다)

~くない ⇨ '~(하)지 않다', 형용사의 부정표현에 관한 상세한 용법

| 용법 | 형용사의 어미 「い」를 「く」로 바꾼 형태가 연용형인데 여기에 부정을 나타내는 형용사 「ない」가 접속됨으로서 형용사의 부정이 이루어진다. 동사의 경우에는 미연형에 조동사 「ない」가 접속되어 부정을 나타내지만, 형용사의 경우는 연용형에 형용사 「ない」가 접속되어 부정을 나타낸다고 하는 점이 다르다. 아울러 형용사의 연용형에 접속되어 부정을 나타내는 「ない」는 조동사가 아니라 형용사라는 점에 각별히 주의할 필요가 있다. 여기에 정중의 의미를 나타내는 조동사 「です」를 연결하면 형용사의 정중한 부정표현이 된다.

| 예문 |

⇨ 日本語(にほんご)の勉強(べんきょう)はむずかしくない。(일본어 공부는 어렵지 않다)

⇨ このパンはおいしくないです。(이 빵은 맛있지 않습니다)

⇨ 英語(えいご)の試験(しけん)はあまり難(むずか)しくないです。(영어시험은 그다지 어렵지 않습니다)

⇨ 部屋(へや)はあまり寒(さむ)くないから、ストーブは要(い)らないよ。

(방은 그다지 춥지 않으니까 난로는 필요 없어)

⇨ 日本経済(にほんけいざい)立(た)て直(なお)しの見通(みとお)しは、あまり明(あか)るくない。

(일본경제재건의 전망은 그다지 밝지 않다)

|참고| 형용사의 부정은 위의 방법이외에 「～くありません」의 형태를 취할 때도 있다.

⇨ 日本語(にほんご)の勉強(べんきょう)はむずかしくありません。(일본어공부는 어렵지 않습니다)

⇨ あの店(みせ)のラーメンはそんなにおいしくありません。

(저 가게의 라면은 그렇게 맛있지 않습니다)

～くなる ⇨ ～(해)지다, ～(하)게 되다

|용법| 형용사나 「い」로 끝나는 조동사(ない、たい)의 연용형 「く」에 동사 「なる」가 접속된 어구이다. 이러한 형태로 어떠한 성질이나 상태의 변화를 나타내게 되는데 이 경우의 변화는 자연스럽거나 비의도적인 변화에 국한되게 된다. 사람에 의한 의도적인 변화를 나타낼 경우에는 「～くする」로 표현하게 된다.

|예문|

⇨ 気温(きおん)が低(ひく)くなる。(기온이 낮아진다)

⇨ 空(そら)が明(あか)るくなります。(하늘이 밝아집니다)

⇨ 緊張(きんちょう)して、胃(い)が痛(いた)くなった。(긴장해서 배가 아파졌다)

⇨ 日(ひ)が短(みじか)くなって、暗(くら)くなるのがはやくなってきた。

(해가 짧아져서 어두워지는 것이 빨라졌다)

⇨ 病気(びょうき)が悪化(あっか)し、ろくにものも食(た)べられなくなった。

(병이 악화되어 제대로 먹을 수 없게 되었다)

⇨ 隣(となり)のご主人(しゅじん)は、奥(おく)さんが亡(な)くなってからというものほとんど外出(がいしゅつ)しなくなった。

(옆집의 주인은 부인이 죽고 나서부터는 거의 외출하지 않게 되었다)

| 참고 | 형용동사가 「なる」에 연결될 때는 「~に」의 형태를 취한 연용형에 접속되며(静(しず)かになる), 동사가 「なる」에 연결될 때는 「동사연체형+ように」의 형태를 취하게 된다(歩(ある)くようになる).

~くも ~くもありません ⇨ ~(하)지도 ~(하)지도 않습니다

| 용법 | 형용사를 부정할 때는 어미 「い」를 「く」로 바꾸고 「ないです」나 「ありません」을 연결하기만 하면 되는데, 두 개의 형용사를 동시에 이중으로 부정할 때는 그 사이에 조사 「も」를 넣어서 표현하여야 한다. 결국 이와 같은 형태로 어떠한 주제에 대한 두 가지의 성질이나 상태를 동시에 부정하게 된다.

| 예문 |

⇨ あのかばんは高(たか)くもやすくもありません。

(저 가방은 비싸지도 싸지도 않습니다)

⇨ このスープはからくもあまくもありません。

(이 스프는 맵지도 달지도 않습니다)

⇨ 今日(きょう)はいい天気(てんき)で、寒(さむ)くも暑(あつ)くもありませんね。

(오늘은 좋은 날씨여서 춥지도 덥지도 않군요)

⇨ 昨日(きのう)デパートで買(か)った靴(くつ)は、よくも悪(わる)くもありません。

(어제 백화점에서 산 구두는 좋지도 나쁘지도 않습니다)

~くもあり、~くもある ⇨ ~(하)기도 하고 ~(하)기도 하다

| 용법 | 형용사의 어미 「い」를 「く」로 바꾼 연용형에 조사 「も」와 동사 「ある」의 연용형인 「あり」를 접속시킨 형태를 앞에 배치하고 뒤에는 이와 같은 과정을 거친 「～くもある」를 배치한 어구이다. 이러한 형태도 어떠한 주제에 대한 두 가지의 성질이나 상태를 동시에 공감하고 있음을 나타낸다.

| 예문 |

⇨ 人生(じんせい)は楽(たの)しくもあり、悲(かな)しくもあるものだ。
(인생은 즐겁기도 하고 슬프기도 한 것이다)

⇨ 娘(むすめ)の結婚(けっこん)は、うれしくもあり、さみしくもある。
(딸의 결혼은 기쁘기도 하고 쓸쓸하기도 하다)

⇨ 彼(かれ)の言(い)ったことは、面白(おもしろ)くもあり、おかしくもある。
(그가 말한 것은 재미있기도 하고 이상하기도 하다)

⇨ 今日(きょう)の天気(てんき)はおかしくて暑(あつ)くもあり、寒(さむ)くもありますね。
(오늘의 날씨는 이상해서 덥기도 하고 춥기도 하군요)

～くも何(なん)ともない ⇨ 하나도 ～(하)지 않다

| 용법 | 형용사연용형 「く」에 조사 「も」가 접속되고 이어서 「何(なん)ともない(아무렇지도 않다)」가 연결된 어구이다. 그 앞에는 주로 「恐(こわ)い」「おもしろい」「寂(さび)しい」「ほしい」「珍(めずら)しい」와 같은 형용사나 희망을 나타내는 조동사 「たい」가 오게 되는데 이러한 형태로 결국에는 그렇지 않음을 보다 강조하게 된다.

| 예문 |

⇨ そんな話(はなし)は恐(こわ)くも何(なん)ともない。(그런 이야기는 하나도 무섭지 않다)

⇨ 彼(かれ)の冗談(じょうだん)はおもしろくも何(なん)ともない。(그의 농담은 하나도 재미없다)

⇨ 人の日記なんか読みたくも何ともないよ。(남의 일기 같은 거 하나도 읽고 싶지 않아)

⇨ 今では珍しくもなんともない百円ショップですが。
(지금에 와서는 하나도 드물지 않은 백엔 상점입니다만.....)

～くらい(ぐらい) ⇨ ～만큼, ～쯤, ～정도로

|용법| 조사 「くらい」는 대체적인 분량, 정도를 나타내기도 하고 비교의 의미를 나타내기도 한다. 때로는 「ぐらい」로 나타내기도 하는데 어느 쪽을 사용해도 무방하다.

|접속| 「この」「その」와 같은 연체사나 수량을 나타내는 말, 활용어의 연체형 등에 접속된다.

|예문|

⇨ そのくらい練習すると疲れもするだろう。(그 만큼 연습하면 피곤하기도 할 것이다)

⇨ 無知ぐらいおそろしいものはない。(무지만큼 무서운 것은 없다)

⇨ 次郎も太郎ぐらいは走れるだろう。(지로도 다로만큼은 달릴 수 있을 것이다)

⇨ 演説は二時間ぐらい続いたようです。(연설은 두 시간쯤 계속된 것 같습니다)

⇨ 本当ににくらしいくらいうまく歌うね。(정말로 얄미울 정도로 노래를 잘 하는군요)

⇨ 富士山はこの山とはくらべものにならないくらい美しい。
(후지산은 이 산과는 비교도 안 될 정도로 아름답다)

⇨ 顔も見たくないくらい嫌いだ。(얼굴도 보고 싶지 않을 만큼 싫다)

⇨ 一歩も歩けないくらい疲れていた。(한 걸음도 걸을 수 없을 만큼 지쳐 있었다)

⇨ 今日はコートがほしいくらい寒い日だった。
(오늘은 코트가 필요할 정도로 추운 날이었다)

～ぐらいして ⇨ ～ 쯤(정도) 지나서

|용법| 정도를 나타내는 부조사 「ぐらい」에 サ행변격동사 「する」의 연용형 「し」와 접속조사 「て」가 연결된 어구이다. 이러한 형태로 '어느 정도의 시간이 지나서'라는 의미를 나타낸다.

|접속| 시간을 나타내는 명사에 접속된다.

|예문|

⇨ 会は1時間ぐらいしてから始まります。

(모임은 한 시간쯤 지나서부터 시작됩니다)

⇨ 歩き始めて三十分ぐらいして足の疲れが出てきた。

(걷기시작해서 30분쯤 지나서 다리의 피로가 나타나게 되었다)

⇨ 私が来てから五分ぐらいして先生がいらっしゃいました。

(내가 오고 나서 5분 쯤 지나 선생님께서 오셨습니다)

|참고| 이와 유사한 어구로는「～ほどして」가 있다.

⇨ それから三年ほどしてやっと出来上がった。

(그로부터 3년 정도 지나 겨우 완성되었다)

⇨ あのかたは私がお見舞いに行ってから1週間ほどして退院なさいました。

(저 분은 내가 병문안하러 가고 나서 일주일쯤 지나서 퇴원하셨습니다)

～ぐらいのことだ ⇨ ～ 정도일 뿐이다

|용법| 정도를 나타내는 조사 「ぐらい」에 조사 「の」와 형식명사 「こと」, 그리고 단정을 나타내는 조동사 「だ」가 접속된 어구이다. 이러한 형태로 주어진 화제에 대하여 그다지 대단치 않아서 별로 내세울 것이 없다고 하는 의

미를 나타낸다.

| 접속 | 명사나 동사연체형에 접속된다.

| 예문 |

⇨ 私が得意なのはビールの早飲みぐらいのことだ。

(내가 잘하는 것은 맥주를 빨리 마시는 것 정도일 뿐이다)

⇨ うちの子供のとりえといえば、動物をかわいがるぐらいのことだ。

(우리 아이의 장점이라고 하면 동물을 귀여워하는 정도일 뿐이다)

⇨ この町の見所は、小さい古墳が残っているぐらいのことだ。

(이 마을의 명소는 작은 고분이 남아있는 정도일 뿐이다)

⇨ 兄の趣味といえば、せいぜい切手を集めているぐらいのことだ。

(형의 취미라고 하면 고작 우표를 모으고 있는 정도일 뿐이다)

~くらい(ぐらい)のものだ ⇨ ~쯤 일 법하다

| 용법 | 정도를 나타내는 부조사 「くらい(ぐらい)」에 조사 「の」가 접속되고 이어서 「ものだ(것이다)」가 연결된 어구이다. 그 앞에는 사안의 실현이 가능함을 나타내는 표시로서 「のは」가 오게 되며 「くらい(ぐらい)」앞에는 명사가 오게 된다. 결국 이러한 형태로서 어떠한 사안의 성립이 가능한 것은 오로지 이러한 경우에 국한됨을 나타낸다.

| 접속 | 명사에 접속된다.

| 예문 |

⇨ 仕事が忙しくて、ゆっくりできるのは週末ぐらいのものだ。

(일이 바빠서 느긋하게 지낼 수 있는 것은 주말쯤일 법하다)

⇨ 息子が電話をよこすのは、金に困った時ぐらいのものだ。

(아들이 전화를 해오는 것은 돈에 곤란했을 때쯤일 법하다)

⇨ そんな高価(こうか)な宝石(ほうせき)が買(か)えるのは、ごく一部(いちぶ)の金持(かねも)ちくらいのものだ。

(그러한 고가의 보석을 살 수 있는 것은 극히 일부의 부자쯤일 법하다)

～ぐるみ ⇨ ～ 통째로, ～ 채로

| 용법 | 접미어「ぐるみ」는 전체를 통째로 휩싸는 의미를 지닌 것으로 우리말의 '～통째로, ～채로'에 해당된다.

| 접속 | 명사에 접속된다.

| 예문 |

⇨ 土地(とち)ぐるみ買(か)った。(토지를 통째로 샀다)

⇨ 服(ふく)を風呂敷(ふろしき)ぐるみ置(お)いて行(い)った。(옷을 보따리채로 놓고 갔다)

⇨ 持(も)ち金(がね)をがま口(ぐち)ぐるみ取(と)られてしまった。(갖고 있던 돈을 지갑채로 빼앗기고 말았다)

け

～け ⇨ 느낌이나 성분, 또는 기척 등을 나타내는 용법

| 용법 | 「け」는 형용사와 형용동사의 어간에 접속될 때는 어떠어떠한 느낌을 나타내는 접미어로서의 역할을 한다.

⇨ 寒(さむ)け。(한기)　眠(ねむ)け。(졸음기)　いやけ。(싫은 기분)

한편 명사에 접속되기도 하는데 이때는 접미어가 아니라 명사가 되어서 느낌이나 성분, 또는 기척 등의 의미를 나타낸다.

⇨ 塩(しお)け。(소금기)　子供(こども)っけ。(어린이 기분)　人(ひと)け。(인기척)

～げ(に)(な) ⇨ ～(한)듯이, ～(한)듯한

| 용법 | 접미어 「げ」는 형용사의 어간에 접속되어 이를 형용동사의 어간으로 만드는 역할을 하는데 이러한 형태로 그러한 모양임을 나타내게 된다. 뒤에 오는 술어를 수식할 때는 「～げに」의 형태를 취하고 뒤에 오는 명사를 수식할 때는 「～げな」의 형태를 취하게 되는데 주로 말하는 자신이외의 사람에 대하여 사용하며 문장체적인 어감을 지니고 있다.

| 접속 | 형용사의 어간에 접속된다.

| 예문 |

⇨ 部屋に入ったとたん、眩しげに目を伏せてしまった。

(방에 들어간 순간 눈부신 듯이 눈을 내리깔고 말았다)

⇨ マラソンの選手は、疲れて、苦しげに息をしながら走っている。

(마라톤선수는 지쳐서 괴로운 듯이 숨을 쉬면서 달리고 있다)

⇨ 彼女の笑顔にはどこか寂しげなところがあった。

(그녀의 웃는 얼굴에는 어딘가 쓸쓸한 듯한 점이 있었다)

⇨ 山田さんは母親に死なれてから、いつもかなしげな顔をしています。

(야마다씨는 어머니를 여의고 나서 언제나 슬픈 듯한 얼굴을 하고 있습니다)

⇨ この子は親の言うことを少しもきかないで、かわいげのない子だ。

(이 아이는 부모가 말하는 것을 조금도 듣지 않아서, 귀여움이 없는 아이이다)

| 참고 | 다음의 예문과 같이 동사연용형에 접속될 때도 있는데 이는 다분히 관용적인 표현으로 보아야 할 것이다.

⇨ 彼のいわくありげな様子が私には気になった。

(그의 이유가 있는 듯한 모습이 나에게는 신경 쓰였다)

結構 ⇨ 찬양이나 정중한 사양을 나타내는 용법

| 용법 | 「結構」는 원래 매우 뛰어나 있어서 그것을 찬양하는 말이었으나 나중에 인사말로 바뀌었다. 「結構なものを頂戴して、ありがとうございます」「大変結構な品をいただきました」가 바로 찬양의 예이다. 한편으로는 상대방의 호의를 정중하게 사양할 경우에도 빈번하게 사용되어, 상대방이 술이나 음식을 다시 권유할 때 「もう、結構です」하는 식으로 사용되기도 한다.

⇨「お茶をあげましょうか」→「水で結構です」

(차를 드릴까요? → 물이면 충분합니다)

⇨「コーヒーをもう一杯いかがですか」→「もう結構です」

(커피 한잔 더 어떻습니까? → 이제 됐습니다)

⇨「車でお送りしましょう」→「いいえ、結構です。近いから歩いて帰ります」

(차로 모셔드리겠습니다 → 아니오, 괜찮습니다. 가까우니까 걸어서 돌아가겠습니다)

한편, 「結構」는 다음과 같이 부사적으로 사용될 때도 많다. 이렇게 쓰이면 수식을 받는 내용을 보다 강조하는 식이 된다.

⇨ 古いカメラでも結構うつりますよ。(낡은 카메라라도 잘 찍혀요)

⇨ まだ時間があるから、歩いて行っても結構間に合います。

(아직 시간이 있으니까 걸어가도 꽤 시간이 맞습니다)

⇨ この仕事は結構いい収入になると思います。

(이 일은 꽤 수입이 좋을 거로 생각합니다)

⇨ 初めてやってみましたが、結構面白いゲームですね。

(처음으로 해 보았습니다만 제법 재미있는 게임이군요)

⇨ 昨日は友達と結構お酒を飲みました。

(어제는 친구와 상당히 술을 마셨습니다)

～けれども(けれど、けど) ⇨ ～(이)지만, ～(하)지만

| 용법 | 역접조사 「けれども」는 문말에 사용되어 전항의 내용과는 다른 내용이 후항에 오게 됨을 나타내거나 또는 어감을 부드럽게하기 위하여 빈번하게 사용된다. 「けれど」는 「けれども」에 비하여 다소 회화체적인 색채가 농후

하며 「けど」는 보다 회화체적이다.

| 접속 | 활용어의 종지형에 접속된다.

| 예문 |

⇨ 夏は日が長いけれども、冬は短い。(여름은 해가 길지만 겨울은 짧다)

⇨ あの人はきれいだけれど、意地悪だ。(저 사람은 예쁘지만 심술궂다)

⇨ 2時間待ったけれど、彼は姿を現さなかった。

(2시간 기다렸지만 그는 모습을 나타내지 않았다)

⇨ 君はそう言うけれども、本当はそうでなさそうだよ。

(자네는 그렇게 말하지만 사실은 그렇지 않은 것 같아)

⇨ 仕事はずいぶん苦しいけれども、終りまで続ける。

(일은 무척 괴롭지만 끝까지 계속한다)

⇨ これは給料はよくないけど、やりがいのある仕事だ。

(이것은 급료는 좋지 않지만 보람이 있는 일이다)

⇨ その品はあいにく売り切れになりましたけれども。

(그 물건은 마침 품절이 되었습니다만)

⇨ 来週は外国出張で、いないんですけれど。

(다음 주는 외국출장이어서 없습니다만)

| 참고 | 「けれども」「けれど」「けど」는 한편으로 문두에 와서 접속사로 사용될 때도 있다. 이 경우에는 우리말의 '그렇지만, 하지만'정도에 해당된다.

⇨ 2時間待った。けれども、彼は姿を現さなかった。

(2시간 기다렸다. 그렇지만 그는 모습을 나타내지 않았다)

⇨ 2時間待った。けれど、彼は姿を現さなかった。

(2시간 기다렸다. 하지만 그는 모습을 나타내지 않았다)

⇨ このカメラ、貸してもいいよ。けど、ちゃんと扱ってくれよ。

(이 카메라, 빌려줘도 좋아. 하지만 잘 다루어 줘)

ご

ございます ⇨ 「ある」「です」에 대한 정중어 용법

|용법| 정중어 「ござる」의 연용형인 「ござい」에 조동사 「ます」가 접속된 것으로 「ある」의 의미로 쓰인다. 예를 들어 「机(つくえ)の上(うえ)に時計(とけい)がございます」라고 하면 책상 위에 시계가 있음을 단순히 정중하게 표현하고 있는 셈이 된다. 정중어는 한 마디로 말해서 상대방을 높이거나 자신을 낮추는 것이 아니라, 단순히 말의 품격을 높이는 역할만을 하는 것으로 생각하면 좋을 것이다. 한편, 상대방에게 고마움을 표시하는 인사말로서 「ありがたいです」가 쓰이던 것이 근년에 들어서 비즈니스일본어의 보급이 급격히 늘어나게 됨에 따라 「ありがとうございます」라는 인사말이 생겨나게 되었다. 하지만, 「ございます」는 어디까지나 비즈니스 일본어의 영역에 머물고 있는 정중어인 만큼 일반사람은 그다지 사용하지 않는 것이 좋을 듯 하다. 자칫하면 너무 정중한 나머지 「慇懃無礼(いんぎんぶれい)(언어표현이 너무나도 정중하여 오히려 상대방을 야유하는 듯한 인상을 주는 것)가 될 수도 있기 때문이다. 아울러, 상대방의 안부를 물을 때 「皆(みな)さんお元気(げんき)でございますか?」라고 하는 경우가 종종 있는데 이 또한 「お元気(げんき)でいらっしゃいますか?」로 표현하는 것이 올바르다. 「これが香水(こうすい)でございます」 「お久(ひさ)し振(ぶ)りでござ

います」「さようでございます」(「そうです」보다 정중한 표현)

| 예문 |

⇨ ボールペンですか、ボールペンはこちらにございます。
(볼펜말입니까? 볼펜은 이쪽에 있습니다)

⇨ おけがはございませんでしたか。(상처는 없으셨습니까?)

⇨ 何(なに)かご用(よう)がございましたら、そのベルをお押(お)しになってくださいませ。
(뭔가 용무가 있으시면 그 벨을 눌러 주십시오)

⇨ おいそがしいところをお越(こ)しいただきまして、まことに申(もう)し訳(わけ)ございません。
(바쁘실 텐데 와주셔서 매우 송구스럽습니다)

⇨ 右手(みぎて)に見(み)えますのがデパートでございます。
(오른쪽에 보이는 것이 백화점입니다)

⇨ 次(つぎ)は5階(かい)でございます。(다음은 5층입니다)

⇨ お降(お)りのかたはございませんか。(내리실 분은 안 계십니까?)

⇨ お早(はよ)うございます。(안녕하십니까?)

⇨ 今日(きょう)は朝(あさ)からお暑(あつ)うございますね。(오늘은 아침부터 덥네요)

⇨ いつでもよろしゅうございます。(언제라도 좋습니다)

～越(ご)しに(の) ⇨ ～너머(로)(～에 걸친)

| 용법 | 동사「越(こ)す(넘다)」의 연용형「越(こ)し」가 접미어로 변하는 과정에서「越(ご)し」가 된 것에 조사「に」나「の」가 접속된 어구이다.「～越(ご)しに」의 형태로는 뒤에 오는 술어를 수식하고「～越(ご)しの」의 형태로는 뒤에 오는 명사를 수식하게 되는데 이러한 형태로 어떠한 장해물을 사이에 두고, 또는 어떠한 연월에 걸쳐서, 라는 의미를 나타낸다.

| 접속 | 장애물의 의미를 지닌 명사에 접속되며, 세월을 나타내는 명사에 접속될 때는 「～ごしの」의 형태로 접속된다.

| 예문 |

⇨ となりの人と垣根越しにあいさつした。(옆집사람과 담 너머로 인사했다)

⇨ 窓越しに見える無数の星を見るのが好きだ。
(창 너머로 보이는 무수한 별을 보는 것을 좋아한다)

⇨ その古い映画には恋人どうしがガラス越しにキスをするシーンがあった。
(그 오래된 영화에는 연인끼리 창문 너머로 키스를 하는 장면이 있었다)

⇨ 3年ごしの話し合いで、やっと離婚した。(3년에 걸친 논의로 겨우 이혼했다)

⇨ 7年ごしの交渉がようやく実を結び、両国の間に平和条約が結ばれた。
(7년에 걸친 교섭이 드디어 결실을 맺어 양국 간에 평화조약이 체결되었다)

⇨ 私にとっては10年ごしの問題にやっとくぎりがつき、まとめたのがこの作品です。
(나에게 있어서는 10년에 걸친 문제에 겨우 일단락이 지어져 완성한 것이 이 작품입니다)

～こそ ⇨ ～야말로

| 용법 | 부조사 「こそ」는 명사에 접속되어 특히 그 말을 강조하고자 할 때에 빈번하게 쓰이는 조사이다.

| 접속 | 명사에 접속된다.

| 예문 |

⇨ あの建物こそ代表的な日本家屋です。(저 건물이야말로 대표적인 일본가옥입니다)

⇨ 苦しい時の友だちこそ真の友だちだ。(괴로운 때의 친구야말로 진정한 친구이다)

⇨ 彼は、言葉遣いこそ悪いが、とてもやさしい人間だ。
(그는 말투야말로 나쁘지만 매우 부드러운 인간이다)

⇨ 毎日の努力こそ成功の原因なのですから、一生懸命にやってください。

(매일의 노력이야말로 성공의 원인인 거니까 열심히 해 주십시오)

⇨ 去年はなまけてしまいましたが、今年こそはがんばりたいと思います。

(작년은 게으름피우고 말았습니다만 금년이야말로 분발할 생각입니다)

~こそあれ ⇨ ~이(가) 됐으면 됐지

| 용법 | 「こそ」는 강조의 뜻을 나타내는 조사이고 「あれ」는 동사 「ある」의 명령형인데 이러한 관용적인 형태로서 후항의 내용을 보다 힘주어서 주장하는 뜻을 나타낸다. 그 앞에는 사실이라고 주장하는 내용의 명사가 오게 되는데 이러한 표현은 대체로 문장체적인 성격을 지니고 있다.

| 접속 | 명사에 접속된다.

| 예문 |

⇨ あなたのその言い方は皮肉な言い方こそあれ、決してユーモアとは言えない。

(당신의 그 말투는 야유 같은 말투가 됐으면 됐지 결코 유머라고는 할 수 없다)

⇨ 政府のその決定は、両国間の新たな緊張の火種こそあれ、賢明な選択とは言いがたいものである。

(정부의 그 결정은 양국 간의 새로운 긴장의 불씨가 됐으면 됐지 현명한 선택이라고는 말하기 어려운 것이다)

⇨ あなたをうらんでいるですって? 感謝の気持ちこそあれ、私があなたをうらむ理由があるわけがないでしょう。

(당신을 원망하고 있다고요? 감사하는 기분이 됐으면 됐지 내가 당신을 원망할 이유가 있을 리가 없잖아요?)

ご存じ ⇨「ご存じ」의 상세한 용법

|용법| '알고 있다'는 의미를 나타내는 겸양어동사「存じる」의 연용형인「存じ」에 존경을 나타내는 접두어「ご」가 접속된 형태이다. 이러한 형태로 상대방이 무언가를 알고 있음을 높여서 나타내는데, 이와 유사한 말로는 이 밖에도「ご承知」가 있다. 이 말이 만들어진 경로가 다소 특이하다보니 종종 오용도 많이 일어나기도 한다. 예를 들어 자신이 알고 있음을 나타내는 겸양표현으로「存じております」라고 표현해야할 것을「ご存じです」로 표현하는 경우인데, 이렇게 되면 자화자찬 식이 되어버린다. 이 밖에도 상대방에 대하여「存じていますか?」라고 하게 되면 상대방을 비하시키는 꼴이 되므로「ご存じですか?」로 표현하여야 한다. 아울러 전형적인 존경어 형식인「ご＋동사연용형＋になる」에「存じる」를 적용하여「ご存じになる」라는 표현을 자칫 쓰기 쉬운데 이러한 표현은 성립되지 않음에 주의하여야 한다.「ご存じ」는 이 밖에도「ご存じの」(아시는)「ご存じない」(모르시다)의 형태로도 사용되고 있다.

|예문|

⇨ あなたは日本の秋の紅葉の美しさをご存じですか。
(당신은 일본 가을단풍의 아름다움을 아십니까?)

⇨ 木村さんはあなたもよくご存じでしょう。(기무라씨는 당신도 잘 아실 겁니다)

⇨ 田中さんはあのことをご存じでしょうか。(다나카씨는 저 일을 아실까요?)

⇨ 井上さんの住所をご存じのかたは知らせてください。
(이노우에씨의 주소를 아시는 분은 알려 주십시오)

⇨ ご存じのように、日本には温泉がたくさんあります。

(아시다시피 일본에는 온천이 많이 있습니다)

⇨ 私はご存じのとおり、耳がよく聞こえません。

(나는 아시다시피 귀가 잘 들리지 않습니다)

⇨ あの人のいいところをまだよくご存じないようですね。

(저 사람의 좋은 점을 아직 잘 모르시는 것 같군요)

～こと ⇨ '～(할) 것', 명령이나 지시의 의미를 나타내는 용법

| 용법 | 「こと」는 '일'을 나타내는 형식명사이지만 때로는 문말에 위치하여 간접적인 명령이나 지시를 나타내기도 한다. 한편으로는 어떤 규칙이나 지켜야할 조항 등을 나타내기도 하는데 주로 문장체에서 많이 사용되는 경향이 있다.

| 접속 | 명사나 동사연체형에 접속된다(단, 명사에 접속될 때는 「～のこと」의 형태를 취하게 된다.

| 예문 |

⇨ 9時までに集合すること。(9시까지 집합할 것)

⇨ 論文は、5時までに提出すること。(논문은 5시까지 제출할 것)

⇨ 表紙に、氏名を記すこと。(표지에 성명을 기록할 것)

⇨ 翌日に持ち越さないこと。(다음날로 미루지 말 것)

⇨ 学歴は小学校卒業から記入すること。(학력은 초등학교졸업부터 기입할 것)

⇨ 日本人の履歴書の記入例を参照のこと。(일본인의 이력서 기입 예를 참조할 것)

⇨ 書類の作成にあたっては下記の事項に注意のこと。

(서류작성에 있어서는 하기의 사항에 주의할 것)

~こと ⇨ '~(이)네!, ~(하)네!', 놀라움이나 감탄을 나타내는 용법

| 용법 | 「こと」는 '일'을 나타내는 형식명사이지만 한편으로는 문말에 위치하여 말하는 사람의 놀라움이나 감탄을 나타내게 된다. 회화체에서 주로 쓰이며 다소 여성적인 표현이기는 하나 젊은 세대는 그다지 사용하지 않는다.

| 접속 | 사람이나 사물의 상태나 성질을 나타내는 활용어의 종지형에 접속된다.

| 예문 |

⇨ まあ、かわいいあかちゃんだこと。(어머, 귀여운 아기이네!)

⇨ あら、すてきなお洋服(ようふく)だこと。(어머, 멋진 양복이네!)

⇨ あらあら、元気(げんき)だこと。(어머나, 건강하네!)

⇨ え? この子(こ)まだ2才(さい)なの? まあ、大(おお)きいこと。
(네? 이 아이, 아직 두 살이야? 와아, 크네!)

⇨ この猫(ねこ)、見(み)てよ。よく太(ふと)っていること。(이 고양이, 봐라. 무척 살쪘네!)

| 참고 | 「あらあら、元気(げんき)だこと」와 같이 형용동사에 접속될 경우에는 「元気(げんき)なこと」처럼 연체형에 접속될 수도 있다.

~こと ⇨ 즉, 다시 말해서

| 용법 | 「こと」는 '일'을 나타내는 형식명사이지만 한편으로는 통칭 또는 별명과 본명사이에 위치하여 그 인물이 동일 인물임을 나타내기도 한다. 결국 「こと」앞에 온 내용을 다시 풀어서 설명하게 되는 셈인데 이러한 표현은 지극히 문장체적이다.

| 접속 | 통칭 또는 별칭을 나타내는 인칭대명사에 접속된다.

|예문|

⇨ 漱石ことなつめ夏目金之助は1867年、東京に生まれた。

(소오세키 즉 나츠메긴노스케는 1867년, 도쿄에서 태어났다)

⇨ 小泉八雲ことラフカディオ.ハーンはギリシャ生まれのイギリス人だ。

(고이즈미야쿠모, 다시 말해서 라후카디오 한은 그리스태생의 영국인이다)

⇨ これが、あの太陽王ことフランスのルイ14世が毎日使っていたワイングラスです。

(이것이 저 태양왕 다시 말해서 프랑스의 루이14세가 매일 사용하고 있던 와인잔입니다)

~ごと ⇨ '~ 채', 그것도 포함한 전체를 나타내는 용법

|용법| 접미어「ごと」는 명사 뒤에 접속하여 그 명사가 지니고 있는 내용 전체를 나타낸다.

|접속| 명사에 접속된다.

|예문|

⇨ りんごは皮ごと食べるのがよいそうだ。(사과는 껍질 채 먹는 것이 좋다고 한다)

⇨ 虫をかごごと買った。(벌레를 바구니 채 샀다)

⇨ 田舎から届いた果物を箱ごと分けてやった。

(시골에서 보내온 과일을 상자 채 나누어 주었다)

⇨ すりにお金を財布ごと盗まれてしまった。

(소매치기에게 돈을 지갑 채 도난당하고 말았다)

⇨ 安かったからケースごと買いました。(쌌기 때문에 케이스 채 샀습니다)

~ことうけあいだ ⇨ ~(할) 것이 분명하다

| 용법 | 앞에 오는 말을 명사화하는 형식명사 「事」에 동사 「請け合う(보증하다)」의 연용형이 전성명사화된 「うけあい」와 단정을 나타내는 조동사 「だ」가 접속된 어구이다. 이러한 형태로 앞으로 닥쳐올 일을 예상하거나 보증하는 의미를 나타낸다.

| 접속 | 동사연체형에 접속된다.

| 예문 |

⇨ あんなやり方をしていたのでは、失敗することうけあいだ。
(저런 방식을 취하고 있어서는 실패할 것이 분명하다)

⇨ 今度あの人のところに行くときは花を持って行くといい。よろこんでもらえることうけあいだよ。
(이번에 그 사람 집에 갈 때는 꽃을 가지고 가면 좋다. 기뻐할 것이 분명하다고)

⇨ この計画に彼を参加させるには、成功したら手に入る莫大な金のことを話せばいい。乗ってくることうけあいだ。
(이 계획에 그를 참가시키려면 성공하면 손에 넣을 막대한 돈 이야기를 하면 좋다. 응해 올 것이 분명하다)

~ ことか ⇨ ~ (한)가!, (했)는가!

| 용법 | 어떠한 사안이나 일의 내용을 나타내는 명사 「こと」에 감탄을 나타내는 종조사 「か」가 접속된 어구이다. 이러한 형태로 그것이 어느 정도인지 표현할 수 없을 정도로 지대하다고 하는 것을 감탄하는 기분으로 나타낸다.

| 접속 | 활용어의 연체형에 접속된다.

| 예문 |

⇨ とうとう成功した。この日を何年も待っていたことか。
(드디어 성공했다. 이 날을 몇 년이나 기다리고 있었는가!)

⇨ 続けて二人も子供に死なれるなんて。どんなにつらいことか。

(계속해서 두 명이나 아이를 여의다니. 얼마나 괴로운가!)

⇨ それを直接本人に伝えてやってください。どんなに喜ぶことか。

(그것을 직접 본인에게 전해 주십시오. 얼마나 기뻐할 것인가!)

⇨ つまらない話を3時間も聞かされる身にもなってみてください。どれほど退屈なことか。

(재미없는 이야기를 세 시간이나 들어야하는 신세라도 되어봐 주십시오. 얼마나 지루한가!)

~ことがある ⇨ ~(하)는 일이(경우가) 있다

| 용법 | 어떠한 사안이나 일의 내용을 나타내는 명사 「こと」에 주격조사 「が」가 접속되고 이어서 동사 「ある」가 연결된 어구이다. 이러한 형태로 어떠한 경우나 사정 등이 가끔, 또는 어쩌다가 일어나는 것을 나타내는데 빈도가 높은 경우에는 사용하지 못한다.

| 접속 | 활용어의 연체형에 접속되며 반드시 그 앞에는 현재형이 온다.

| 예문 |

⇨ 朝は電車に乗れないことがあります。(아침에는 전차를 탈 수 없는 경우가 있습니다)

⇨ 土曜日は学校へ行くことがあるが、たいていはうちにいる。

(토요일은 학교에 가는 일이 있지만 대개는 집에 있다)

⇨ あの人に会うことがあっても、めったに話をしない。

(저 사람을 만나는 경우가 있어도 좀처럼 이야기를 하지 않는다)

⇨ これだけ練習していても、時として失敗することがある。

(이만큼 연습하고 있어도 때로는 실패하는 경우가 있다)

⇨ 乾期に入ると二ヶ月以上も雨が降らないことがある。

(건기에 들어가면 2개월 이상이나 비가 오지 않는 일이 있다)

～ことができる ⇨ 모든 동사에 접속되어 가능을 나타내는 용법

|용법| 어떠한 사안이나 일의 내용을 나타내는 명사 「こと」에 주격조사 「が」가 접속되고 이어서 동사 「できる」가 연결된 어구이다. 이러한 형태로 능력이나 가능성이 있음을 나타내는데 「～ことができる」는 모든 동사에 적용되어 사용할 수 있다. 이러한 표현은 주로 보다 격식을 차려야할 문체에서나 특별하게 가능성을 나타내고자 할 때에 즐겨 사용되는 경향이 있다.

|접속| 동사나 조동사 「せる、させる」의 연체형에 접속된다.

|예문|

⇨ 私(わたし)は、泳(およ)いでこの川(かわ)を渡(わた)ることができます。

(나는 헤엄쳐서 이 강을 건널 수가 있습니다)

⇨ やりようによっては、その仕事(しごと)を簡単(かんたん)に済(す)ませることができる。

(하는 방식에 따라서는 그 일을 간단하게 마칠 수가 있다)

⇨ 理性(りせい)があるからこそ、本能(ほんのう)によって起(お)こる欲求(よっきゅう)を抑(おさ)えることができる。

(이성이 있기 때문에 비로소 본능에 의해 일어나는 욕구를 억제할 수가 있다)

⇨ この体育館(たいいくかん)は会員(かいいん)あるいはその家族(かぞく)に限(かぎ)り、使用(しよう)することができる。

(이 체육관은 회원 혹은 그 가족에 한하여 사용할 수가 있다)

⇨ この奨学金(しょうがくきん)は留学生(りゅうがくせい)のためのものです。出身国(しゅっしんこく)のいかんによらず応募(おうぼ)することができます。

(이 장학금은 유학생을 위한 것입니다. 출신국 여하에 상관없이 응모할 수가 있습니다)

～ことから ⇨ ～((하)는(한)) 점에서

|용법| 어떠한 사안이나 일의 내용을 나타내는 명사 「こと」에 조사 「から」가 접속된 어구이다. 이러한 형태로 그렇게 된 데에 따른 근거나 유래를 나타

내는데 이러한 표현은 주로 문장체에서 사용되는 경향이 있다.

| 접속 | 활용어의 연체형에 접속된다.

| 예문 |

⇨ この魚は、ヘビそっくりであることから、ウミヘビという名前を持つ。

(이 물고기는 뱀과 똑같이 닮았다고 하는 점에서 바다뱀이라고 하는 이름을 지닌다)

⇨ 指紋が残されていたことから、犯人はすぐに捕まったそうだ。

(지문이 남겨져 있었던 점에서 범인은 금방 잡혔다고 한다)

⇨ カボチャは、カンボジアからやってきたと言われていることからその名がついたそうだ。

(호박은 캄보디아에서 온 것으로 일컬어지고 있는 점에서 그 이름이 붙었다고 한다)

ことここに至っては ⇨ 일이 이쯤에(이 지경에) 이르러서는

| 용법 | 이러한 형태로 어떠한 상황의 종점에 이르고 있어 그에 따른 후속조치나 해결책의 제시가 어려움을 나타낸다. 관용적인 표현으로 그 뒤에는 불가능함을 나타내는 표현이 주로 오게 된다.

| 예문 |

⇨ ことここに至っては、あきらめざるをえない。

(일이 이쯤에 이르러서는 포기하지 않을 수 없다)

⇨ ことここに至っては、素人にはどうすることもできない。

(일이 이쯤에 이르러서는 초보자에게는 어쩔 수도 없다)

⇨ 問題がこじれてしまう前に対策をたてるべきだったのに、ことここに至ってはどうしようもない。

(문제가 꼬여 버리기 전에 대책을 세워야 했는데 일이 이 지경에 이르러서는 어쩔 수도 없다)

~ ことこの上(うえ)ない ⇨ ~ (하)기 이를 데 없다

| 용법 | 어떠한 사안이나 일의 내용을 나타내는 명사 「こと」에 더할 나위가 없음을 나타내는 「この上(うえ)ない」가 접속된 어구이다. 이러한 형태로 그 이상의 것은 없다고 하는 뜻을 나타내게 되는데 주로 격식을 갖춘 문장체에서 사용되는 경향이 있다.

| 접속 | 형용사와 형용동사의 연체형에 접속된다.

| 예문 |

⇨ その風景(ふうけい)は、さびしいことこの上(うえ)ないものであった。

(그 풍경은 쓸쓸하기 이를 데 없는 것이었다)

⇨ 丁重(ていちょう)なことこの上(うえ)ないごあいさつをいただき、恐縮(きょうしゅく)しております。

(정중하기 이를 데 없는 인사를 받아서 송구스럽습니다)

⇨ 有権者(ゆうけんしゃ)の存在(そんざい)を無視(むし)したような、その政治家(せいじか)たちの争(あらそ)いは見苦(みぐる)しいことこの上(うえ)ないものであった。

(유권자의 존재를 무시한 것 같은 그 정치가들의 다툼은 보기 흉하기 이를 데 없는 것이었다)

~ ことだ ⇨ ~ (하)여야 한다

| 용법 | 형식명사 「こと」에 단정의 조동사 「だ」가 접속된 어구이다. 이러한 형태로 주로 주장이나 충고, 또는 명령의 의미를 나타내는데 주로 회화체에서 쓰인다.

| 접속 | 동사연체형에 접속된다.

| 예문 |

⇨ 風邪を引いたら今日ゆっくり寝ることだ。(감기에 걸렸다면 오늘 푹 자야한다)

⇨ 休みには勉強のことを忘れて、十分に楽しむことだ。
(쉬는 날에는 공부에 관한 것을 잊고 충분히 즐겨야한다)

⇨ これが口で言うほど簡単なことかどうか、まず自分でやってみることだ。
(이것이 입으로 말하는 것만큼 간단한 일인지 어떤지 우선 스스로 해 보아야한다)

⇨ 病院にいる間は仕事のことなどさっぱり忘れて、十分に休養することだ。
(병원에 있는 동안은 일에 관한 것 따위는 깨끗이 잊고 충분히 휴양하여야한다)

| 참고 | 이 보다 정중한 어구로 「～ことです」가 있으며 명령을 나타낼 때는 「～ことだ」에서 「だ」가 탈락될 때도 있다.

⇨ 字を覚えたいと思うなら、まず本を読むことです。
(글자를 익히고 싶다고 생각한다면 우선 책을 읽어야합니다)

⇨ この芝生でボール遊びをしないこと。(이 잔디에서 공놀이를 하지 말 것!)

～ことだ ⇨ 놀람, 감동 등의 기분을 나타내는 용법

| 용법 | 형식명사 「こと」에 단정의 조동사 「だ」가 접속되어 만들어진 어구이다. 이러한 형태로 주로 문말에 위치하여 화자의 놀라움, 감동 등의 기분을 나타내는데 그 앞에 형용사가 접속될 경우 극히 일부의 형용사에 국한된다.

| 접속 | 형용사나 형용동사의 연체형에 접속된다.

| 예문 |

⇨ 家族みんな健康で、けっこうなことだ。(가족모두 건강하여 좋구나!)

⇨ いつまでもお若くて、うらやましいことです。
(언제까지나 젊으셔서 부러울 따름이네요!)

⇨ 道路に飛び出した弟を止めようと追いかけていって車にはねられるなんて、いたましいことだ。

(도로로 뛰어나간 동생을 잡으려고 뒤쫓아 가다가 차에 치이다니 마음 아픈 일이로군)

⇨ 夜はあぶないからって、あのお母さん、子供を塾まで送り迎えしてるんだって。ごくろうなことだね。

(밤은 위험하다고 해서 저 어머니, 아이를 학원까지 데려다주고 데리러가고 있다니, 힘들겠군)

~ことだし ⇨ ~(하)기도 하고

| 용법 | 형식명사 「こと」에 단정의 조동사 「だ」가 접속되고 그 뒤에 다시 접속조사 「し」가 연결된 어구이다. 이러한 형태로 앞서 말한 사항에 대한 이유나 근거를 덧붙이는 의미를 나타낸다.

| 접속 | 활용어의 연체형에 접속된다.

| 예문 |

⇨ 七十歳もこえたことだし、そろそろ引退しようかと思っています。

(70세나 넘었기도 하고 슬슬 은퇴할까하고 생각하고 있습니다)

⇨ そんなら、いっそうちの子になってもらおうか。うちには子供がいないことだし。

(그렇다면 차라리 우리 아이로 만들까? 우리 집에는 아이가 없기도 하고)

⇨ 雨が降ってきそうだから、今日は散歩はやめておこうか。子供たちもかぜをひいていることだし。

(비가 올 것 같으니까 오늘은 산책은 그만둘까? 아이들도 감기에 걸려 있기도 하고)

⇨ おいしそうな料理も出てきたことですし、私の下手なごあいさつはこのへんで終わりにしたいと存じます。

(맛있어 보이는 요리도 나왔기도 하고 나의 미숙한 인사는 이쯤에서 마치려고 생각합니다)

~ことだろう ⇨ ~(할(했을)) 것이다

| 용법 | 형식명사「こと」에 단정의 조동사「だ」의 추측형인「だろ」와 추측을 나타내는 조동사「う」가 접속된 어구이다. 이러한 형태로 과거, 현재, 미래사실에 대한 추측을 감탄적으로 나타낸다.

| 접속 | 활용어의 연체형에 접속된다.

| 예문 |

⇨ 休日(きゅうじつ)には車(くるま)にホースを向(む)けてせっせと洗(あら)った<u>ことだろう</u>。

(휴일에는 차에 호스를 대고 부지런히 닦았을 것이다)

⇨ けわしい山(やま)の中(なか)だから、工事(こうじ)はむずかしかった<u>ことでしょう</u>。

(험악한 산속이니까 공사는 어려웠을 겁니다)

⇨ 市内(しない)でこんなに降(ふ)っているのだから、山(やま)の方(ほう)ではきっとひどい雪(ゆき)になっている<u>ことだろう</u>。

(시내에서 이렇게 내리고 있으니까 산 쪽에서는 분명 심하게 눈이 오고 있을 것이다)

⇨ 国(くに)の両親(りょうしん)は、私(わたし)が充実(じゅうじつ)した留学生生活(りゅうがくせいせいかつ)を送(おく)っているのを知(し)って、さぞ安心(あんしん)している<u>ことでしょう</u>。

(고향의 부모님은 내가 충실한 유학생생활을 보내고 있는 것을 알고 필시 안심하고 있을 겁니다)

~こととて ⇨ ~여서, ~(해)서

| 용법 |「ことと言(い)って」가 축약된 어구로 어떠한 사안이나 의도에 대한 미달성, 실패, 실수 등에 대한 이유를 나타낸다. 문말에는 사죄나 용서를 구하는 표현이 오게 된다.

| 접속 |「명사+の」나 활용어의 연체형에 접속된다.

| 예문 |

⇨ 夏休みのこととてみんなに連絡がとれなかった。

(여름방학이어서 모두에게 연락을 할 수가 없었다)

⇨ 子どものこととて、できなくてもしかたがありません。

(아이여서 못해도 어쩔 수 없습니다)

⇨ なれぬこととて、失敗してしまいました。

(익숙하지 않아서 실패하고 말았습니다)

⇨ 連絡もなしにお客様がいらっしゃったが、急なこととて、何のおもてなしもできなかった。

(연락도 없이 손님이 오셨는데 갑작스런 일이어서 아무런 대접도 할 수 없었다)

～ことなく ⇨ ～(하)는 일도 없이

| 용법 | '일, 경우'를 나타내는 명사 「こと」에 형용사 「ない」의 연용형인 「なく」가 접속된 어구이다. 이러한 형태로 어떠한 가능성은 있었지만 그러한 일도 발생하지 않고 일이 진행되었음을 나타낸다.

| 접속 | 동사연체형에 접속된다.

| 예문 |

⇨ 母は、私たちのために毎日休むことなく働いてきた。

(어머니는 우리들을 위해서 매일 쉬는 일도 없이 일해 왔다)

⇨ ひどい雪だったが、列車は遅れることなく京都についた。

(엄청난 눈이었지만 열차는 늦어지는 일도 없이 교토에 도착했다)

⇨ その子は、もうこちらをふりかえることなく、両手を振り、胸を張って、峠の向こうに消えて行った。

(그 아이는 이제 이쪽을 돌아보는 일도 없이 양손을 흔들며 가슴을 펴고 고개 저편으로 사라져갔다)

～ことなしに ⇨ ～(하)는 일 없이

|용법| '일, 경우'를 나타내는 명사 「こと」에 형용사 「ない」의 문어체인 「なし」와 조사 「に」가 접속된 어구이다. 이러한 형태로 전항의 실현이 없이는 후항의 실현도 불가능함을 나타내는데 이러한 표현은 다소 문장체적이다.

|접속| 동사연체형에 접속된다.

|예문|

⇨ 努力することなしに成功はありえない。(노력하는 일 없이 성공은 있을 수 없다)

⇨ 誰も他人を傷つけることなしには生きていけない。
(누구도 타인을 상처 입히는 일이 없이는 살아갈 수 없다)

⇨ リスクを負うことなしに新しい道を切り開くことはできないだろう。
(리스크를 입는 일 없이 새로운 길을 개척할 수는 없을 것이다)

～ことに ⇨ ～(하)게도

|용법| '일, 경우'를 나타내는 명사 「こと」에 조사 「に」가 접속된 어구이다. 이러한 형태로 이제부터 말하고자 하는 사항에 대한 말하는 사람의 감정을 미리 밝히거나 보다 강조하게 된다. 주로 문장체에서 사용되는 경향이 있다.

|접속| 감정을 나타내는 형용사, 형용동사의 연체형이나 동사의 과거형에 접속된다.

|예문|

⇨ うれしいことに、明日旧友に会えるんです。
(기쁘게도 내일 옛 친구를 만날 수 있는 겁니다)

⇨ 興味深いことに、昔のおもちゃが再び流行しているそうだ。

(흥미롭게도 옛날의 장난감이 다시 유행하고 있다고 한다)

⇨ おどろいたことに、彼女はもうその話を知っていた。

(놀랍게도 그녀는 이미 그 이야기를 알고 있었다)

⇨ 困ったことに、相手の名前がどうしても思い出せなかった。

(곤란하게도 상대방의 이름을 아무래도 생각해 낼 수 없었다)

⇨ あきれたことに、その役所は知事の選挙資金のために裏金を使っていた。

(어처구니없게도 그 관공서는 지사의 선거자금을 위해 뒷돈을 쓰고 있었다)

⇨ 残念なことに、私がたずねた時には、その人はもう引っ越したあとだった。

(유감스럽게도 내가 찾아 갔을 때에는 그 사람은 이미 이사 간 다음이었다)

⇨ この間、私の家の近くに大火事があったが、幸いなことに私の家は大丈夫だった。(요전에 우리 집근처에 큰불이 났었는데 다행스럽게도 우리 집은 괜찮았다)

～ ごとに ⇨ ～ 마다

| 용법 | 접미어 「ごとに」는 사람이나 사물의 전체를 나타내거나 시간의 횟수 등을 나타내는 것으로 우리말의 '사람마다, 집마다' '～할 때마다'의 '마다'에 해당된다.

| 접속 | 수량이나 날짜, 또는 사람을 나타내는 명사에 접속된다.

| 예문 |

⇨ オリンピックは4年ごとに開かれる。(올림픽은 4년마다 개최된다)

⇨ ぼくは日曜日ごとにゴルフへ出かけることにしています。

(나는 일요일마다 골프하러 나가기로 하고 있습니다)

⇨ 会う人ごとに 「おはようございます」とあいさつをする。

(만나는 사람마다 '안녕하십니까'라고 인사를 한다)

⇨ 1,000メートル登るごとに気温が6度ずつ下がるそうだ。

(천 미터 올라갈 때마다 기온이 6도씩 내려간다고 한다)

⇨ 私たちの研究会は回を重ねるごとに会員が増えていった。

(우리들의 연구회는 회를 거듭할 때마다 회원이 늘어갔다)

~ことにする ⇨ ~(하)기로 하다

| 용법 | 형식명사 「こと」에 조사 「に」가 접속되고 이어서 サ행변격동사 「する」가 연결된 어구이다. 이러한 형태로 어떤 동작, 작용을 함에 있어서 말하는 사람 스스로 결정했음을 나타낸다.

| 접속 | 활용어의 연체형에 접속된다.

| 예문 |

⇨ 考えに考えたあげく、この車を売ることにした。

(생각하고 생각한 끝에 이 차를 팔기로 했다)

⇨ 父と相談して、私は医学の勉強をすることにします。

(아버지와 의논하여 나는 의학공부를 하기로 하겠습니다)

⇨ この吹雪では遭難しかねないので、引き返すことにしましょう。

(이 눈보라로는 조난당할지 모르므로 되돌아가기로 합시다)

⇨ 学生の時からたばこを吸っているが、今日を最後に止めることにした。

(학생 때부터 담배를 피우고 있는데, 오늘을 마지막으로 끊기로 했다)

~ことになる ⇨ ~(하)게 되다

| 용법 | 형식명사 「こと」에 조사 「に」가 접속되고 이어서 동사 「なる」가 연결된 어

구이다. 이러한 형태로 이미 설정된 사실이나 도리 등으로 인하여 필연적으로 결론이 도출되어 있음을 나타낸다.

|접속| 활용어의 연체형에 접속된다.

|예문|

⇨ A会社とB会社は合併することになったらしい。
(A회사와 B회사는 합병하게 된 것 같다)

⇨ アルバイトの条件は、会社と交渉して決めることになっている。
(아르바이트의 조건은 회사와 교섭하여 정하게 되어있다)

⇨ 威張ってばかりいると、まわりの反感を買うことになる。
(우쭐대고만 있으면 주위의 반감을 사게 된다)

⇨ この部屋には、関係者以外入ってはいけないことになっている。
(이 방에는 관계자이외는 들어가서는 안 되게 되어있다)

~ことには ⇨ ~(이(가) 말(말씀))하기로는

|용법| 형식명사 「こと」에 복합조사 「には」가 접속된 어구이다. 이러한 형태로 발언자를 명확히 제시하는데 대체로 문장체에서 사용되는 경향이 있다.

|접속| 「言う」「おっしゃる」와 같은 극히 한정된 동사의 연체형에 접속된다.

|예문|

⇨ 山田さんのおっしゃることには、田中さんが風邪を引いたそうだ。
(야마다씨가 말씀하시기로는 다나카씨가 감기 걸렸다고 한다)

⇨ 学生たちの言うことには、ことしは就職が予想以上にきびしいらしい。
(학생들이 말하기로는 올해는 취직이 예상이상으로 힘든 것 같다)

⇨ その子供たちの言うことには、彼等の両親はもう二日も帰ってきていないらしい。
(그 아이들이 말하기로는 그들의 부모님은 이미 이틀이나 돌아오고 있지 않는 것 같다)

⇨ 先生のおっしゃることには、最近の学生は言われたことしかしないそうだ。

(선생님께서 말씀하시기로는 최근의 학생은 시키는 것밖에 하지 않는다고 한다)

~ ことは ~ が(けど) ⇨ ~ (하)기는 ~ (하)지만

| 용법 | 형식명사 「こと」에 조사 「は」가 접속된 것이 앞에 배치되고 뒤에는 역접을 나타내는 접속조사 「が」나 「けど」가 배치된 어구이다. 이러한 형태로 같은 말을 되풀이함으로서 어떠한 일이나 사항을 일단 인정하기는 하지만 굳이 적극적으로 인정하고 싶지는 않다고 하는 기분을 나타낸다.

| 접속 | 「ことは」 앞에는 활용어의 연체형이 오고 「が(けど)」앞에는 활용어의 종지형이 오게 된다.

| 예문 |

⇨ 読んだことは読んだが、全然分からなかった。

(읽기는 읽었지만 전혀 알 수 없었다)

⇨ 英語を話せることは話せるが、決して上手ではないのです。

(영어를 할 수 있기는 하지만 결코 능숙하지는 않은 겁니다)

⇨ どうしてもやれと言うなら、いちおうやってみることはみるけど、うまく行かないと思うよ。

(어떻게든 하라고 한다면 일단 해보기는 하지만 잘되지 않을 거라고 생각해)

⇨ あの映画、おもしろいことはおもしろいけど、もう一度金を払って見たいとは思わないね。

(저 영화, 재미있기는 재미있지만 다시 한 번 돈을 내어 보고 싶다고는 생각지 않네)

~ ことはない ⇨ ~ (할) 필요는 없다

| 용법 | 「こと」는 '필요'의 의미를 나타낼 때도 있는데 여기에 조사 「は」와 형용사 「ない」가 접속된 어구이다. 이러한 형태로 필요성이 없음을 나타내는데 대체로 남을 격려하거나 충고할 때에 쓰이는 경향이 있다.

| 접속 | 활용어의 연체형에 접속된다.

| 예문 |

⇨ お医者(いしゃ)さんが大丈夫(だいじょうぶ)って言(い)ったから心配(しんぱい)することはない。

(의사선생님이 괜찮다고 말했으니까 걱정할 필요는 없다)

⇨ こまったことがあったらいつでも私(わたし)に言(い)ってね。ひとりでなやむことはないのよ。

(곤란한 일이 있으면 언제든지 나에게 말해. 혼자서 고민할 거는 없는 거야)

⇨ できることはすべてやったのだから、期待(きたい)された結果(けっか)が出(で)なくてもあなたが謝(あやま)ることはない。

(할 수 있는 것은 모두 한거니까 기대된 결과가 나오지 않아도 당신이 사과할 필요는 없다)

~ こともあるまい ⇨ ~ (할) 일도 없을 거다

| 용법 | '필요'의 의미를 나타내는 「こと」에 동사 「ある」와 부정추측을 나타내는 조동사 「まい」가 접속된 어구이다. 이러한 형태로 그러한 행동이 부적당하거나 불필요하다는 뜻을 비판적으로 나타내는데 문장체에서 쓰일 법한 비교적 딱딱한 표현이다.

| 접속 | 동사연체형에 접속된다.

| 예문 |

⇨ あの程度(ていど)のことで、大(だい)の大人(おとな)が泣(な)くこともあるまい。

(저 정도의 일로 다 큰 어른이 울 일도 없을 거다)

⇨ わざわざ来(き)てくれた人(ひと)にあんなひどいことを言(い)うこともあるまい。

(일부러 와준 사람에게 저런 심한 말을 할 일도 없을 거다)

⇨ 電話か手紙で用は足りるのだから、わざわざ行くこともあるまい。

(전화나 편지로 충분할 테니까 일부러 갈 일도 없을 거다)

～ こともあれば、～ こともある
⇨ ～ (하)는 일도 있는가하면, ～ (하)는 일도 있다

| 용법 | 형식명사 「こと」에 조사 「も」가 접속되고 이어서 동사 「ある」의 가정형인 「あれ」에 조사 「ば」가 접속된 형태가 앞에 배치되고 뒤에는 말을 맺는 형태인 「こともある」가 배치된 어구이다. 이러한 형태로 여러 가지 경우가 있음을 대조적으로 나타낸다.

| 접속 | 각각의 앞에는 동사연체형이 오게 된다.

| 예문 |

⇨ 起きる時間は決っていない。早く起きることもあれば、遅く起きることもある。

(일어나는 시간은 정해져 있지 않다. 일찍 일어나는 일도 있는가 하면 늦게 일어나는 일도 있다)

⇨ 株価の変動は誰にも分からない。上がることもあれば、下がることもある。

(주가의 변동은 누구도 모른다. 오르는 일도 있는가 하면 내려가는 일도 있다)

⇨ 地下鉄はいつも込み合っていて、すぐ乗ることもあれば、次の地下鉄を待つこともある。

(지하철은 늘 붐비고 있어서 금방 타는 일도 있는가 하면 다음 지하철을 기다리는 일도 있다)

～ このかた ⇨ ～ (한) 이래 줄곧

| 용법 | 연체사 「この」와 방향을 나타내는 명사 「方」가 결합되어 하나의 명사가

된 어구이다. 이러한 형태로 어떠한 일이 발생하고 나서 현재까지 아무런 변화도 없음을 나타낸다.

| 접속 | 시간을 나타내는 명사나 조사 「て」「てから」에 접속된다.

| 예문 |

⇨ 彼女と別れてからこのかた会っていない。
(그녀와 헤어진 이래 줄곧 만나고 있지 않다)

⇨ あの友だちとは三年このかた会っていない。
(그 친구와는 3년 이래 줄곧 만나고 있지 않다)

⇨ 東京から帰ってこのかた、気力をなくし家にこもったままです。
(도쿄에서 돌아온 이래 줄곧 기력을 잃고 집에 갇힌 채로 있습니다)

ご覧 ⇨ 「ご覧」의 상세한 용법

| 용법 | 「ご覧」은 다소 오래된 말이기는 하나 「見る」에 대한 존경어이다. 보통 「ご覧になる」(보시다) 「ご覧ください」 (봐주십시오) 「ご覧の通り」(보시다시피) 「ご覧のように」(보시다시피)등의 형태로 쓰인다. 예전에는 「ご覧なさる」라는 형태가 있었으나 지금은 명령형인 「ご覧なさい」(보세요)뿐이다.

| 예문 |

⇨ 毎晩テレビをご覧になりますか。(매일 밤 티브이를 보십니까?)

⇨ この絵をご覧ください。(이 그림을 봐 주십시오)

⇨ ご覧なさい。あれが富士山です。(보세요. 저것이 후지산입니다)

⇨ 坊や、空をご覧。飛行機が飛んでいるよ。
(아이야, 하늘을 보렴. 비행기가 날고 있구나)

⇨ ご覧のとおり、この町にはカやハエがいません。
(보시다시피 이 거리에는 모기나 파리가 없습니다)

|참고| 한편「ご覧なさい」「ご覧」이 접속조사「て」의 다음에 위치하여 보조동사로 쓰일 때도 있다.「～てご覧なさい」는「～て見なさい」보다 더 정중한 표현이 되지만「～てご覧」은 친숙한 아랫사람에게 쓰는 말투가 된다.

⇨ このりんごはとてもおいしいから、食べてご覧なさい。
(이 사과는 매우 맛있으니까 먹어보세요)

⇨ ちょっと来てご覧。朝顔の花が咲いたよ。(좀 와 보렴. 나팔꽃이 피었단다)

これといって ～ ない ⇨ 이렇다 하게 ～ (하)지 않다

|용법| 지시대명사「これ」에 조사「と」가 접속되고 이어서 동사「いう」가 접속조사「て」에 연결된 형태가 앞에 배치되고 뒤에는 부정을 나타내는 형용사「ない」나 조동사「ない」가 배치된 어구이다. 이러한 형태로 특별히 내세워서 말할 것이 없음을 나타낸다.

|접속| 조동사「ない」앞에는 동사미연형이 오게 된다.

|예문|

⇨ これといって話すことは何もない。
(이렇다 하게 이야기할 것은 아무 것도 없다)

⇨ 別に、これといって報告できる生活をしてきたわけじゃない。
(달리 이렇다 하게 보고할 수 있는 생활을 해온 것은 아니다)

⇨ 彼の容体がよくない。今のところ、これといってなおすべき治療方法も見つからない。
(그의 병세가 좋지 않다. 지금으로선 이렇다 하게 고칠만한 치료방법도 눈에 띄지 않는다)

さ

～さ ⇨ 종조사와 간투조사로 사용되는 용법

|용법| 「さ」는 간투조사로 쓰일 때와 종조사로 쓰일 때가 있다. 간투조사로 쓰일 때는 문절과 문절사이에 들어가 어세를 고르는 역할을 하고 종조사로 쓰일 때는 문의 끝에 위치하여 가볍게 자기주장을 하는 듯한 어감을 자아낸다. 주로 남성들이 사용하는 점에 주의하여야 한다.

|예문|

⇨ それはぼくにだってできるさ。(그건 나라도 할 수 있어)

⇨ 知(し)っていたけど、言(い)わなかっただけさ。(알고 있었지만 말하지 않은 것뿐이야)

⇨ この本(ほん)はまだ君(きみ)にはむずかしいよ。分(わ)からなくてもしかたがないさ。
(이 책은 아직 자네에게는 어려워. 몰라도 어쩔 수 없다고)

[이상은 종조사로서의 용법]

⇨ それがさ、なかなか見(み)つからないんだよ。
(그게 말이야, 좀처럼 눈에 안 띄는 거야)

⇨ それがさ、むずかしくてさ、ほんとうにこまっちゃった。
(그게 있잖아, 어려워서 말이야, 정말로 곤란했어)

⇨ ねむいんでしょう。だからさ、ゆうべ早(はや)くねなさいと言(い)ったのに。
(졸리지? 그러니까 말이야, 어젯밤 일찍 자라고 했는데)

[이상은 간투조사로서의 용법]

|참고| 한편 조사 「さ」는 이밖에도 주로 의문을 나타내는 말과 함께 사용되어 상

대방에게 강하게 되묻는 기분을 나타내기도 한다.

⇨ お前のほしいのは何さ。(네가 갖고 싶은 건 뭐냐?)

⇨ どうしろと言うのさ。何も教えてくれないで。
(어쩌라는 거냐? 아무것도 가르쳐 주지 않고)

⇨ これも食べてはいけないって、それじゃ何を食べればいいのさ。
(이것도 먹어서는 안 된다니, 그럼 뭘 먹으면 되나?)

～さ ⇨ 접미어로 쓰이는 용법

| 용법 | 접미어 「さ」는 형용사, 형용동사의 어간에 접속되어 그와 같은 성질, 상태가 있음, 또는 그 정도임을 나타내는 명사를 만든다.

| 예문 |

⇨ あの山の高さは何メートルですか。(저 산의 높이는 몇 미터입니까?)

⇨ 今日は記録的な暑さだった。(오늘은 기록적인 더위였다)

⇨ この歌は軽快なリズムと歌いやすさで人気がある。
(이 노래는 경쾌한 리듬과 부르기 쉬운 것으로 인기가 있다)

⇨ 山田さんの親切さは、ほかの人にはまねができないだろう。
(야마다씨의 친절함은 다른 사람에게는 흉내를 낼 수 없을 것이다)

～際(には) ⇨ ～(할) 때(에는)

| 용법 | 「際」는 「時」와 비슷하게 쓰이지만 「時」에 비해서 보다 격식을 차린 듯한 어감이 주어진다. 결국 「～際」「～際には」의 형태로 어떠한 기회, 계

기능을 나타내는데 주로 격식을 차리는 표현에서 사용된다.

| 접속 | 「명사+の」나 동사연체형에 접속된다.

| 예문 |

⇨ お降りの際には、お忘れ物のないよう、お気をつけください。

(내리 실 때는 잊으신 물건이 없도록 주의하여 주십시오)

⇨ 館内を見学する際には、写真撮影はご遠慮ください。

(관내를 견학할 때에는 사진촬영은 삼가 해 주십시오)

⇨ 国際会議を本県で開催される際には、次回はぜひとも我が市の施設をお使いくださるよう、市長としてお願い申し上げます。

(국제회의를 본 현에서 개최하실 때에는 다음번은 필히 우리 시의 시설을 써 주시도록 시장으로서 부탁말씀 올립니다)

| 참고 | 다음의 예문과 같이 「際」만으로 쓰일 때도 있다.

⇨ 先日京都へ行った際、小学校の時の同級生をたずねた。

(일전에 교토에 갔을 때 초등학교 때의 동급생을 찾아갔다)

~ 最中(に) ⇨ 한 참 ~ (하)는 중(에)

| 용법 | 「最中」는 어떠한 동작, 행위가 활발하게 진행되고 있는 때를 나타내는 말인데 경우에 따라서는 조사 「に」를 수반하기도 한다. 그 뒤에는 주로 무언가가 갑자기 발생한다고 하는 내용이 오는 것이 보통이다.

| 접속 | 「명사+の」나 동사연체형에 접속된다.

| 예문 |

⇨ 会議の最中に誰かの携帯電話が鳴った。

(한 참 회의를 하는 중에 누군가의 휴대폰이 울렸다)

⇨ 昨日の断水のとき私はちょうどシャワーの最中でした。

(어제 단수일 때 나는 마침 한 참 샤워하는 중이었습니다)

⇨ 授業をしている最中に非常ベルが鳴りだした。

(한 참 수업을 하고 있는 중에 비상벨이 울리기 시작했다)

⇨ その件は私たちの方で今話し合っている最中だから、最終結論を出すのはもうちょっと待ってくれないか。

(그 건은 우리들 쪽에서 지금 한 참 이야기를 나누고 있는 중이니까 최종결론을 내는 것은 좀 더 기다려 주지 않겠는가?)

～さえ ⇨ ～조차, ～마저도

|용법| 부조사「さえ」는 특별히 어떤 사항을 내세움으로서 다른 것은 물론, 이라는 뜻을 나타낸다. 경우에 따라서는「～さえも」「～にさえ」와 같이 쓰이기도 하며, 주격을 나타낼 때는「～でさえ」로 나타낸다.

|접속| 명사나 조사에 접속된다.

|예문|

⇨ そこは電気さえないような山の中です。(거기는 전기조차 없는 그러한 산속입니다)

⇨ もう生きているのさえいやになった。(이제 살아있는 것마저 싫어졌다)

⇨ 家族にさえ知らせずに、旅に出ました。

(가족에게조차 알리지 않고 여행을 떠났습니다)

⇨ そんなことは子供でさえ知っている。(그런 것은 아이조차 알고 있다)

⇨ 親にさえ隠していることが、打ち明けられるものか。

(부모에게마저 감추고 있는 일을 털어놓을 수 있겠는가?)

~さえ~ば ⇨ ~만~(하)면

|용법| 「さえ」는 그것만으로 충분함을 나타내는 부조사이며 「ば」는 가정을 나타내는 조사이다. 이러한 형태로 '그것만으로 충분하여 다른 것은 필요 없다'는 정도의 의미를 나타낸다.

|접속| 「さえ」앞에는 명사나 동사연용형이 접속되며 「ば」앞에는 동사가정형이 접속된다. 그 밖에 조사가 접속될 때도 있다.

|예문|

⇨ これさえあれば、ほかには何(なに)もいりません。
(이것만 있으면 그 밖에는 아무 것도 필요없습니다)

⇨ これはやさしいから、練習(れんしゅう)さえすれば、すぐ上手(じょうず)になる。
(이것은 쉬우니까 연습만 하면 금방 능숙하게 된다)

⇨ この機械(きかい)は100円(えん)だまを入(い)れさえすれば、動(うご)きだします。
(이 기계는 100엔짜리를 넣기만 하면 움직이기 시작합니다)

⇨ きれを買(か)って来(き)てくれさえすれば、私(わたし)がぬってあげますよ。
(헝겊조각을 사와주기만 하면 내가 기워 드리겠어요)

⇨ あなたがそばにいてさえくだされば、ほかにはなにも要(い)りません。
(당신이 곁에 있어만 주신다면 달리 아무것도 필요 없습니다)

~ざかり ⇨ 한참~(할) 때

|용법| 접미어 「ざかり」는 동사 「盛(さか)る(왕성하다, 번성하다)」의 연용형 「盛(さか)り」가 전성명사화된 것이 그 앞에 접속되는 단어의 영향으로 연탁현상을 일으킨 형태이다. 이러한 형태로 어떠한 대상의 상태나 힘이 가장 왕성함을

나타낸다.

| 접속 | 명사나 동사연용형에 접속된다.

| 예문 |

⇨ うちにはいたずらざかりの男の子が三人もいるのです。

(우리 집에는 한참 장난칠 시기의 남자아이가 세 명이나 있는 겁니다)

⇨ 食べざかりにある子どもは、いくら食べても腹をこわさない。

(한참 먹을 때에 있는 아이는 아무리 먹어도 배탈 나지 않는다)

⇨ あなたは今がはたらきざかりです。どんどん仕事をしてください。

(당신은 지금이 한참 일할 때입니다. 계속해서 일을 해 주십시오)

~先 ⇨ 보내는 곳, 행선지 등을 나타내는 용법

| 용법 | 「さき」가 접미어로 사용될 경우에는 보내는 곳, 행선지 등의 의미를 나타낸다.

| 접속 | 명사나 동사연용형에 접속된다.

| 예문 |

⇨ 品物の送り先を、この紙に書いてください。

(물건 보낼 곳을 이 종이에 써 주십시오)

⇨ 田中さんはどこへ行ったのか、行き先が全然わからない。

(다나카씨는 어디로 간 건지 행선지를 전혀 알 수 없다)

⇨ 書留郵便は、届け先でたしかに受け取ったというしるしに、はんをおしてもらうことになっている。

(등기우편은 보내지는 곳에서 확실히 받았다고 하는 표시로, 도장을 찍는 것으로 되어있다)

⇨ 連絡先。(연락처)　　出張先。(출장지)

～先に ⇨ ～(하)기에 앞서

|용법| 앞선 시간을 나타내는 명사 「さき」에 조사 「に」가 결합된 형태로 어떠한 동작, 행위가 실현되기 이전에 무언가를 실행에 옮겨야 할 것임을 나타낸다.

|접속| 동사연체형에 접속된다.

|예문|

⇨ 教師は、生徒を叱る先に冷静な態度をとらなければならない。
(교사는 학생을 야단치기에 앞서 냉정한 태도를 취하여야만 한다)

⇨ ガソリンの高い時代だから、車を買う先に燃費のことも考えなければならない。
(기름 값이 비싼 시대이므로 차를 사기에 앞서 연비에 관한 것도 생각해야만 한다)

⇨ 政治家に文句を言う先に、いかに自分がおろかであったのかを認識すべきである。
(정치가에게 불평을 하기에 앞서 얼마나 자신이 어리석었는지를 인식하여야 한다)

差し上げる ⇨ '드리다', 「差し上げる」의 상세한 용법

|용법| 「差し上げる」는 '(남에게) 주다'에 대한 겸양어로 「上げる」보다 경어도가 훨씬 높은 말이다. 원래는 「上げる」도 경어도가 높은 겸양어였는데 이것이 점차 정중어로 변해 가는 바람에, 그 자리에 「差し上げる」가 온 것이다. 한편 상대방에게 뭔가를 해 줄 때 「～てあげる」를 쓰는데 이 보다 더 경어도가 높은 표현이 「～て差し上げる」로 예를 들면, 「洋服を直して差し上げましょう」와 같이 사용된다. 다만 주의할 점은 이와 같은 표현은 자칫

상대방에게 무언가를 생색내는 것 같은 어감이 매우 짙다고 하는 점이다. 상대방과 같이 점심을 먹고 「私が支払って上げましょう」라고 하면 단지 점심을 대접하겠다는 정도의 뜻으로 들리나, 「私が支払って差し上げましょう」라고 할 경우 점심을 대접하는 과정에서 무척이나 생색을 내는 것 같은 인상이 짙게 풍길 수 있으므로 주의하여야 한다. 따라서 우리말의 '~해 드리겠습니다'는 「~て上げます」나 겸양어형식인 「お+동사연용형+します」로 표현하는 것이 매우 바람직하다.

| 예문 |

⇨ この本をあなたに差し上げましょう。(이 책을 당신에게 드리겠습니다)

⇨ お茶でも差し上げましょうか。(차라도 드릴까요?)

⇨ 今晩、どこかで夕食を差し上げたいと思います。
(오늘밤, 어딘가에서 저녁식사를 대접해 드리고 싶다고 생각합니다)

~さしの ⇨ ~(하)다만

| 용법 | 어떠한 동작의 진행 도중에서 그만둔다는 의미를 나타내는 접미어 「さし」에 조사 「の」가 접속된 형태이다. 이러한 형태로 어떠한 동작을 하다가 도중에서 중지 상태가 되어 있거나 중지 상태가 되어 있는 사물을 나타낸다.

| 접속 | 동사연용형에 접속된다.

| 예문 |

⇨ 読みさしの本。(읽다만 책)

⇨ 燃えさしのたき。(타다만 땔감)

⇨ 飲(の)みさしのジュースを飲(の)んだのはだれ。

(마시다만 주스를 마신 건 누구?)

⇨ 冷蔵庫(れいぞうこ)を開(あ)けたら食(た)べさしのパンがあったので朝(あさ)っぱらから食(た)べてしまった。

(냉장고를 열었더니 먹다만 빵이 있었기 때문에 아침부터 먹어버렸다}

さすがの ～ も ⇨ 아무리 ～ 라 해도

| 용법 | '과연'에 해당되는 부사 「さすが」에 조사 「の」가 접속된 형태가 앞에 배치되고 뒤에는 조사 「も」가 배치된 어구이다. 이러한 형태로 어떠한 적절한 평가를 받던 것이 특정한 상황 하에서는 다른 결과를 보인다고 하는 의미를 나타낸다.

| 접속 | 「さすがの」와 사이에는 명사가 오게 된다.

| 예문 |

⇨ さすがの山田(やまだ)さんも、はじめてテレビに出(で)たときは緊張(きんちょう)したそうだ。

(아무리 야마다씨라 해도 처음으로 티브이에 나갔을 때는 긴장했다고 한다)

⇨ さすがの機動隊(きどうたい)も、緊張感(きんちょうかん)があってそれ以上(いじょう)前(まえ)に進(すす)むことができなかった。

(아무리 기동대라 해도 긴장감이 있어서 그 이상 앞으로 나갈 수가 없었다)

⇨ 私(わたし)は小(ちい)さいころよくいじめられる子供(こども)だった。しかし、さすがの弱虫(よわむし)も弟(おとうと)や妹(いもうと)がいじめられているときだけは相手(あいて)にとびかかっていったそうだ。

(나는 어릴 적 자주 괴롭힘을 당하는 아이였다. 그러나 아무리 겁쟁이라도 남동생이나 여동생이 괴롭힘을 당하고 있을 때만은 상대에게 덤벼들었다고 한다)

～ させていただく ⇨ ～ (하)도록 한다

| 용법 | 「させる」는 사역을 나타내는 조동사인데 여기에 접속조사 「て」가 접속되고 거기에 다시 「もらう」의 겸양어동사인 「いただく」가 연결된 어구이다. 이러한 형태로 어떤 일을 함에 있어서 상대방의 허락을 구한다고 하는 겸손의 의미를 나타낸다. 하지만, 이러한 형태는 겉보기에는 매우 정중한 듯하나 실제로는 일방적인 통보와 같은 뉘앙스를 지니고 있어서 사용에는 신중을 기할 필요가 있다. 일상의 언어생활에서 무척이나 즐겨 쓰이는 표현이다.

| 접속 | 상1단동사, 하1단동사, 그리고 カ행변격동사 「来(く)る」의 미연형 「こ」에 접속된다.

| 예문 |

⇨ 私(わたし)は学校(がっこう)をやめ<u>させていただき</u>ます。(나는 학교를 그만두도록 하겠습니다)

⇨ また遊(あそ)びに来(こ)<u>させていただき</u>ます。(또 놀러오도록 하겠습니다)

⇨ 私(わたし)が三時(さんじ)に電話(でんわ)をかけ<u>させていただき</u>ます。(내가 3시에 전화를 걸도록 하겠습니다)

⇨ では、担当(たんとう)の者(もの)と相談(そうだん)した上(うえ)で答(こた)え<u>させていただき</u>ます。
(그러면 담당자와 의논하고 나서 대답하도록 하겠습니다)

~させられる ⇨ (어쩔 수 없이) ~(하)게 되다

| 용법 | 사역의 조동사 「させる」의 미연형인 「させ」에 수동의 조동사 「られる」가 접속된 어구이다. 이러한 형태로 화자의 의사와는 상관없이 강제된 행동을 취하게 된다고 하는 의미를 나타낸다.

| 접속 | 상1단동사, 하1단동사, 그리고 カ행변격동사 「来(く)る」의 미연형 「こ」에 접속된다.

| 예문 |

⇨ 日曜日なのに補講があって学校へ来させられた。

(일요일인데 보강이 있어서 어쩔 수 없이 학교에 오게 되었다)

⇨ 嫌いな食べ物をたくさん食べさせられて、気持ちが悪くなりました。

(싫어하는 음식을 어쩔 수 없이 많이 먹게 되어서 기분이 나빠졌습니다)

⇨ 私はお酒が大好きなのに、医者にお酒を止めさせられた。

(나는 술을 매우 좋아하는데 의사에 의해 어쩔 수 없이 술을 끊게 되었다)

⇨ 前に職場で問題行動を起こしてしまい、仕事をやめさせられた人もいた。

(전에 직장에서 문제행동을 일으켜 버려 어쩔 수 없이 일을 그만두게 되었던 사람도 있었다)

| 참고 | 회화체에서는 종종 「食べさせられる」「覚えさせられる」가 각각 「食べされる」「覚えされる」와 같이 간략화된 형태로 사용되는 일이 빈번하다.

～させる ⇨ ～(하)게 한다, ～(하)게 시킨다

| 용법 | 「させる」는 남에게 무언가의 행위를 시킨다는 의미의 사역을 나타내는 조동사로서 활용할 때는 하1단동사처럼 활용한다.

| 접속 | 상1단, 하1단동사, 그리고 カ행변격동사 「来る」의 미연형 「こ」에만 접속한다.

| 활용 | させ+ない(미연형) させ+ます(연용형) させる(종지형) させる+명사(연체형) させれ+ば(가정형) させろ(よ)(명령형)

| 예문 |

⇨ 子どもに動物を育てさせる。(아이에게 동물을 키우게 한다)

⇨ 先生は学生を9時に来させます。(선생님은 학생을 9시에 오게 합니다)

⇨ 家までデパートからとどけさせればいいでしょう。

(집까지 백화점에서 배달하게 하면 좋겠지요)

⇨ 家の中にいる人に戸をあけさせろ。(집안에 있는 사람에게 문을 열게 해라)

⇨ このお菓子をあの人に食べさせよう。(이 과자를 저 사람에게 먹게 하자)

⇨ もう一度、私に試験をうけさせてください。

(다시 한 번 나에게 시험을 치게 해 주십시오)

さっぱり ~ ない ⇨ 전혀 ~ (하)지 않다

|용법| 「さっぱり」는 원래 '개운함, 상쾌함, 깔끔함'의 의미를 지닌 부사인데 이것이 뒤에 부정표현을 수반함으로서 서로 호응하는 어구이다. 이러한 형태로 어떤 일이 기대대로 진척되지 않음을 나타낸다.

|접속| 부정의 조동사 「ない」앞에는 동사미연형이 접속된다.

|예문|

⇨ 最近山田さんからさっぱり連絡がないね。

(최근에 야마다씨로부터 전혀 연락이 없네)

⇨ これだけ努力しているのにさっぱり上達しないのは、私のせいではない。

(이만큼 노력하고 있는데 전혀 늘지 않는 것은 내 탓이 아니다)

⇨ あの人の話はいつもむずかしい言葉がたくさん出てきてさっぱり分からない。

(저 사람의 이야기는 언제나 어려운 말이 많이 나와서 전혀 알 수가 없다)

さて ~ て見ると ⇨ 막상 ~ (해)보니까((해)보았더니)

|용법| 무언가를 시작하려고 할 때에 사용되는 접속사 「さて」가 앞에 배치되고

뒤에는 접속조사 「て」에 동사 「見る」와 가정법을 나타내는 조사 「と」가 연결된 형태가 배치된 어구이다. 이러한 형태로 당초의 예상과는 다른 결과가 초래되었음을 나타낸다.

| 접속 | 「て見ると」의 앞에는 동사연용형이 오게 된다.

| 예문 |

⇨ 人は簡単だと言うが、さてやって見るとなかなか難しい。

(남은 간단하다고 말하지만 막상 해보니까 꽤나 어렵다)

⇨ さて朝起きて見ると見たこともないほどの大雪で、山から下りられません。

(막상 아침에 일어나 보니까 본적도 없을 정도의 대설이어서 산에서 내려갈 수가 없습니다)

⇨ 頂上までいけば水ぐらいあるだろうと、むりをしてのぼっていった。ところが、さて着いてみると何もなかった。

(정상까지 가면 물 정도는 있을 거라고 무리를 해서 올라갔다. 하지만 막상 도착해보았더니 아무것도 없었다)

～様 ⇨ 높은 경의를 나타내는 접미어 용법

| 용법 | 「さん」보다는 품격이 높은 접미어로서 일반적으로 상위자, 동격을 가리지 않고 사용해도 무방하다. 뿐만 아니라 남녀구별도 없이 사용할 수 있는데 정중하면서도 부드러운 어감을 자아내는 경칭이다.

| 예문 |

⇨ 田中英一様。 中村様。 秋子様。 お父様。(아버님) お母様。(어머님) お姉さま。(누님) ご主人様。(주인님) だんな様。(남편분) 奥様。(사모님) お嬢様。(아가씨) 神様。(하느님) ほとけ様。(부처님) イエス様。(예수님)

|참고| 한편으로는, 다양한 인사말에 접속되어 쓰이기도 한다.

⇨ ご苦労(くろう)様(さま)。(수고하셨습니다)　　お疲(つか)れ様(さま)。(수고하셨습니다)

お待(ま)ち遠(どお)様(さま)。(오래 기다리셨습니다)　　ごちそうさま。(잘 먹었습니다)

～ざるをえない ⇨ ～(하)지 않을 수 없다

|용법| 문어체에서 부정을 나타내는 조동사 「ず」의 연체형 「ざる」에 조사 「を」와 가능을 나타내는 동사 「得(え)る」의 부정형이 접속된 어구이다. 이러한 형태로 말하는 사람의 의사에 반하여 어쩔 수없이 어떤 일이 진행되었을 때 그에 대한 불가항력적인 점을 강조하는 의미를 나타낸다. 현재는 회화체에서는 그다지 사용되지 않으며 주로 문장체에서 사용되고 있다.

|접속| 동사미연형에 접속된다.

|예문|

⇨ 私(わたし)としては、その場合(ばあい)そうせざるを得(え)なかったのです。

(나로서는 그 경우 그렇게 하지 않을 수 없었던 겁니다)

⇨ こんなことをするなんて、彼(かれ)の人間性(にんげんせい)を疑(うたが)わざるをえない。

(이런 짓을 하다니 그의 인간성을 의심하지 않을 수 없다)

⇨ この統計(とうけい)を見(み)てもわかるように、たばこは人体(じんたい)に有害(ゆうがい)だと言(い)わざるをえない。

(이 통계를 보아도 알 수 있듯이 담배는 인체에 유해하다고 말하지 않을 수 없다)

⇨ せっかく遠(とお)くから来(き)たのに、着(つ)いたそうそう帰(かえ)れと言(い)わんばかりの顔(かお)をされては帰(かえ)らざるをえない。

(모처럼 멀리서 왔는데 도착하자마자 돌아가라고 말하기라도 하는 듯한 얼굴을 보게 되어서는 돌아가지 않을 수 없다)

~さん ⇨ 경의를 나타내는 접미어 용법

| 용법 | 「さま」가 음편되어 만들어진 접미어로 주로 사람의 성에 붙여서 경의를 표시하거나(山田さん、柴田さん), 또는 친족명사에 붙여서 쓰이기도 한다(小父さん、お姉さん、妹さん). 또한 직종이나 회사명에 붙여서도 일반적으로 널리 사용된다(うどん屋さん、うらないさん、アイワさん、JR九州さん). 「さん」은 우리말의 '씨'와는 그 사용범위가 너무나도 달라서 사람의 경우에는 연령에 관계없이 광범위하게 사용할 수가 있다. 다시 말해서 자신보다 나이가 많은 상위자의 성에도 얼마든지 붙여서 호칭할 수 있는 것이다. 우리말과 달리, 부장, 과장, 선생과 같은 일본어의 직함에는 이미 존경의 뜻이 내포되어 있는 것으로 보는 것이 일반적이어서 굳이 「さん」을 붙일 필요가 전혀 없다(부장과 과장의 경우에는 '장'에, '선생'의 경우에는 앞설 '선'에 존경의 개념이 들어가 있는 것이다). 따라서 일반적으로는 단지 「部長」「課長」「先生」만으로도 충분하다. 다만, 보다 정중도를 높이고자 할 때는 직함 앞에 개인이름을 붙여서 「柴田課長」하는 식으로 부르면 좋을 것이다. 이상은 자기회사의 상사를 부르는 경우인데 타 회사 사람을 직함으로 부를 때 역시 「さん」을 붙일 필요는 없다. 하지만 경우에 따라서는 처음에는 「さん」을 붙였다가 점차로 친숙해 지고 나서 「さん」을 붙이지 않는 경우도 있다. 한 가지 주의할 것은 직업명의 경우에는 반드시 「さん」을 붙인다는 것이다.

| 예문 |

⇨ 山田太郎さん。中川さん。春子さん。おとうさん。おかあさん。お兄さん。おじいさん。おばさん。おとうとさん。車掌さん。運転手さん。看護婦さん。店員さん。郵便屋(ゆうびんや)さん。駅員(えきいん)さん。大工(だいく)さん。おまわりさん。お医者(いしゃ)さん。奥(おく)さん。お嬢(じょう)さん。

|참고| 한편으로 각종 인사말에도 붙여 사용되는데 「様(さま)」보다는 다소 격이 떨어진다. ご苦労(くろう)さん。 お疲(つか)れさん。 ごちそうさん。

し

~し ⇨ 접속조사「し」의 다양한 용법

| 용법 | 주로 각종 활용어(동사, 형용사, 형용동사, 조동사)의 종지형에 접속되어 다양한 의미를 나타내는 조사이다.

1. 여러 가지 사항의 열거에 사용된다.

⇨ あの店(みせ)は安(やす)いし、うまい。(저 가게는 싸고 맛있다)

⇨ あの子(こ)は頭(あたま)もいいし性格(せいかく)もいい。(저 아이는 머리도 좋고 성격도 좋다)

⇨ このアパートは静(しず)かだし、日当(ひあ)たりもいい。
(이 아파트는 조용하고 햇빛도 잘 든다)

⇨ 部屋(へや)にはかぎがかかっていなかったし、窓(まど)もあいていた。
(방에는 열쇠가 채워져 있지 않았고 창문도 열려 있었다)

⇨ 小(ちい)さな庭(にわ)ですが、春(はる)になると花(はな)も咲(さ)きますし鳥(とり)も来(き)ます。
(작은 뜰이지만 봄이 되면 꽃도 피고 새도 옵니다)

2. 같은 사항을 열거함으로서 가벼운 이유를 나타낸다.

⇨ 固(かた)いし、まずいし、この肉(にく)は食(た)べられません。
(딱딱하고 맛도 없어서 이 고기는 먹을 수 없습니다)

⇨ 暇(ひま)だし、天気(てんき)もいいし、散歩(さんぽ)したいです。
(한가하고 날씨도 좋아서 산책하고 싶습니다)

⇨ 雨だし、お金もないし、どこにも行きません。

(비가 오고 돈도 없어서 아무데도 안갑니다)

⇨ 時間もないし、雨も降っているし、タクシーで行きましょう。

(시간도 없고 비도 내리고 있으니 택시로 갑시다)

⇨ あの人は頭もいいし、体も丈夫だし、そして、気だてもいいし、本当に申し分のない人です。

(저 사람은 머리도 좋고 몸도 튼튼하며 그리고 성격도 좋아서, 정말로 나무랄데 없는 사람입니다)

3. 여러 가지 이유가 될 만한 사항 중에서 특히 하나만을 예로 들어 표현할 경우에도 사용된다.

⇨ 年もとったし、どうぞ無理な仕事はしない方がいい。

(나이도 먹었으니 부디 무리한 일은 하지 않는 편이 좋다)

⇨ お近いんですし、どうぞお遊びにいらっしゃってください。

(가까우시니까 놀러 와 주십시오)

⇨ いやだと断るわけにもいかないし、仕方がないですね。

(싫다고 거절할 수도 없으니 어쩔 수 없군요)

⇨ お兄さんもいらっしゃることだし、一人でばかり考えていないで、少し家族のかたと相談して見たらいかがですか。

(형님도 계시고하니 혼자서만 생각하고 있지 말고, 조금 가족 분과 의논해 보시면 어떠하십니까?)

⇨ 大学を卒業して、就職もできたし、これからはもう親の世話にならないで、自分でやって行かなければならないと思っています。

(대학을 졸업하여 취직도 되었으니 이제부터는 더 이상 부모의 신세를 지지 않고, 스스로 해 나가야만 하겠다고 생각하고 있습니다)

～しか ⇨ ～밖에

| 용법 | 부조사 「しか」는 어떠한 일이나 사물을 내세우고서는 그것 이외의 모든 것을 부정하는 의미를 나타낸다. 그 뒤에는 항상 부정표현이 오게 되는데 이 점에서는 우리말도 마찬가지이다.

| 접속 | 명사나 조사에 접속된다.

| 예문 |

⇨ この池には鯉しかいません。(이 연못에는 잉어밖에 없습니다)

⇨ 象は暑い国にしかいない。(코끼리는 더운 나라에밖에 없다)

⇨ 委員は二人しか欠席しなかった。(위원은 두 명밖에 결석하지 않았다)

⇨ これはあの店でしか売っていない。(이것은 저 상점에서밖에 팔지 않는다)

⇨ あやまるしか手はあるまい。(사과하는 수밖에 방법은 없을 것이다)

⇨ みすみす人に取られるしかない。(뻔히 보면서 남에게 빼앗기는 수밖에 없다)

~しかない ⇨ ~(하는) 수밖에 없다

| 용법 | 그것 이외의 모든 것을 부정하는 부조사 「しか」에 형용사 「ない」가 접속된 어구이다. 이러한 형태로 그 이외의 어떤 방도나 가능성도 없음을 나타낸다.

| 접속 | 동사나 조동사의 종지형에 접속된다.

| 예문 |

⇨ みすみす人に取られるしかない。(뻔히 보면서 남에게 빼앗길 수밖에 없다)

⇨ 先生に言われた通りにするしかない。(선생님에게 들은 대로 하는 수밖에 없다)

⇨ 高すぎて買えないから、借りるしかないでしょう。
(너무 비싸서 살 수 없으니까 빌리는 수밖에 없을 겁니다)

⇨ 地震で被害が多く、今としてはただじっと復旧を待つしかない。

(지진으로 피해가 많아서 지금으로서는 단지 잠자코 복구를 기다리는 수밖에 없다)

|참고| 이 보다 정중한 표현으로는 「～しかありません」이 있으며 이와 유사한 어구로 「～よりない」「～ほかない」「～よりしかたがない」「～よりほかにはない」가 있다. (해당항목 참고)

⇨ 入学試験も目前にせまった。ここまでくれば、がんばるよりない。

(입학시험도 목전에 다가왔다. 여기까지 오면 분발하는 수밖에 없다)

⇨ 地震で被害が多く、今としてはただじっと復旧を待つほかない。

(지진으로 피해가 많아 지금으로서는 다만 가만히 복구를 기다릴 수밖에 없다)

～し～しで ⇨ ～(하)고～(하)고 해서

|용법| 열거를 나타내는 조사 「し」로 첫 번째 이유를 내세우고 그 다음의 「し」와 이유를 나타내는 조사 「で」의 결합을 통하여 두 번째 이유를 내세우는 어구이다. 각각의 앞에는 대비를 나타내는 조사 「は」가 오게 되는데 결국 이러한 형태로 어떠한 상황이 힘들었고 피곤했음을 나타낸다.

|접속| 「し」와 「しで」앞에는 각각 활용어의 종지형이 오게 된다.

|예문|

⇨ 子供は生まれるし、金はないしで大変だ。

(아이는 태어나고 돈은 없고 해서 큰일이다)

⇨ 雨は降るし、駅は遠いしで本当に疲れました。

(비는 오고 역은 멀고 해서 정말로 피곤했습니다)

⇨ 遊園地では待ち時間は長いし、子供は寝てしまうしで散々でした。

(유원지에서는 기다리는 시간은 길고 아이는 잠들어버리고 해서 엉망이었습니다)

～次第 ⇨ ～(하)는 대로 바로

| 용법 | 「次第」는 이유, 순서의 의미를 나타내는 명사인데 이것이 때로는 어떤 동작, 작용이 이루어지자마자 바로 다음의 동작, 작용으로 이어짐을 나타낸다. 그 뒤에는 의지를 나타내는 행위가 오게 된다.

| 접속 | 동사연용형에 접속된다.

| 예문 |

⇨ でき次第、おとどけいたします。(되는 대로 바로 배달하겠습니다)

⇨ 用事が終わり次第、そちらに行きます。
(볼일이 끝나는 대로 바로 그 쪽으로 가겠습니다)

⇨ 駅につき次第、私に連絡してください。
(역에 도착하는 대로 바로 나에게 연락해 주십시오)

⇨ 落し物が見つかり次第、お知らせします。
(분실물이 발견되는 대로 바로 알려 드리겠습니다)

⇨ 医者は、検査結果が分かり次第連絡すると言ってくれた。
(의사는 검사결과를 아는 대로 바로 연락하겠다고 말해 주었다)

～次第だ(で) ⇨ ～에 달려있다(～에 따라서)

| 용법 | 「次第」는 이유, 순서의 의미를 나타내는 명사인데 이것이 명사에 접속됨으로서 어떠한 일이 명사의 내용, 의지에 따라 좌지우지된다고 하는 의미를 나타낸다. 주로 쓰이는 형태는 「～次第で(～에 따라서)' '～次第だ(です)(～에 달려있다, ～나름이다)'의 두 가지이다.

| 접속 | 명사에 접속된다.

| 예문 |

⇨ すべては、君の決心次第だ。(모든 것은 자네의 결심에 달려있다)

⇨ これからどうするかはあなた次第です。

(이제부터 어떻게 할 것인지는 당신에 달려있습니다)

⇨ 明日試合ができるかどうかは天気次第だ。

(내일 시합을 할 수 있을지 어떨지는 날씨에 달려있다)

⇨ 相手の言い方次第で、こちらの態度も変わってくる。

(상대방의 말투에 따라서 이쪽의 태도도 달라지게 된다)

⇨ 今度の試験と面接の結果次第で、合格が決まります。

(이번 시험과 면접의 결과에 따라서 합격이 정해집니다)

~ 次第です ⇨ ~ ((하)는, (한)) 바(따름)입니다

| 용법 | 「次第」는 이유, 순서의 의미를 나타내는 명사이지만 때로는 일이 여기까지 이르게 된 경위, 과정, 사정 등을 나타내기도 한다. 그 뒤에는 조동사 「です」가 접속되어서 문말의 술어로 쓰이는데 주로 격식을 차리는 문장체에서 쓰이는 경향이 있다.

| 접속 | 과거를 나타내는 조동사 「た」나 동사연체형에 접속된다.

| 예문 |

⇨ とりあえずお知らせした次第です。(우선 알려드렸을 따름입니다)

⇨ 出席したかったですが、事情があって欠席する次第です。

(참석하고 싶었습니다만 사정이 있어서 참석 못하는 바입니다)

⇨ 今度はいろいろな人の意見を取り入れて、このように決めた次第です。

(이번에는 여러 사람의 의견을 받아들여 이와 같이 정한 바입니다)

⇨ 今後ともよろしくご指導くださいますようお願い申し上げる次第です。

(앞으로도 잘 지도해주시도록 부탁드리는 바입니다)

～して ⇨ ～ 이서, ～ 이(가) 함께

|용법| サ행변격동사 「する」의 연용형 「し」에 접속조사 「て」가 합쳐져서 만들어진 어구이다. 이러한 형태로 동작, 작용이 이루어지는 상태를 나타내는데 주로 사람을 나타내는 말 다음에 위치하게 된다.

|접속| 사람을 나타내는 명사에 접속된다.

|예문|

⇨ ご主人とおくさんと二人して働いています。(주인과 부인 둘이서 일하고 있습니다)

⇨ わたしたちが五人して書き写しました。(우리들이 다섯 명이서 베껴 썼습니다)

⇨ あそこのうちは親子して大学の教授です。

(저기에 있는 집은 부모 자녀가 함께 대학교수입니다)

⇨ それは兄弟して運んだ。(그것은 형제가 함께 날랐다)

～して ⇨ (시간이) 지나서

|용법| サ행변격동사 「する」의 연용형 「し」에 접속조사 「て」가 합쳐져서 만들어진 어구이다. 이러한 형태로 주로 시간을 가리키는 말 다음에 위치하여 시간의 경과라는 의미를 나타낸다.

|접속| 시간을 나타내는 명사나 「ぐらい、ほど」에 접속된다.

| 예문 |

⇨ 会(かい)は1時間(じかん)ぐらいしてから始(はじ)まります。

(모임은 한 시간쯤 지나서부터 시작됩니다)

⇨ その薬(くすり)を飲(の)んだら二三日(にさんにち)してなおってしまった。

(그 약을 먹었더니 이, 삼일 지나서 나아 버렸다)

⇨ あのかたは私(わたし)がお見舞(みま)いに行(い)ってから1週間(しゅうかん)ほどして退院(たいいん)なさいました。

(그 분은 내가 병문안하러 가고 나서 일주일쯤 지나서 퇴원하셨습니다)

~じと ⇨ ~(하)지 않겠노라며, ~(하)지 않을 것이라고

| 용법 | 문어체에서 쓰이던 조동사 「じ」에 인용을 나타내는 조사 「と」가 접속된 어구이다. 이러한 형태로 부정의지 또는 부정추측의 뜻을 나타낸다.

| 접속 | 동사미연형에 접속된다.

| 예문 |

⇨ 先生(せんせい)は、これから学生(がくせい)の前(まえ)では絶対(ぜったい)に怒(おこ)らじと心(こころ)に決(き)めた。

(선생님은 이제부터 학생 앞에서는 절대로 화를 내지 않겠노라고 마음을 굳혔다)

⇨ 年寄(としよ)りは、小銭(こぜに)をこぼしてはならじと、あわてて両手(りょうて)をひろげて受(う)けた。

(노인은 동전을 흘려서는 안 되겠노라며 서둘러 양손을 벌려서 받았다)

⇨ 花園(はなぞの)の主人(しゅじん)は、ほかの花(はな)ならまだしもこの花(はな)だけはすぐは散(ち)らじと言(い)った。

(화원의 주인은 다른 꽃이라면 몰라도 이 꽃만은 금방은 지지 않을 것이라고 말했다)

~始末(しまつ)だ ⇨ ~(할) 지경이다

| 용법 | 「始末(しまつ)」는 어떤 일에 대한 처음부터 끝까지의 경과를 나타내는 말인데 여

기에 단정의 조동사 「だ」가 접속된 어구이다. 이러한 형태로 문말에 쓰여서 바람직하지 못한 상황이나 결과를 나타낸다.

| 접속 | 동사연체형에 접속된다.

| 예문 |

⇨ 最近(さいきん)はパソコンが使(つか)えないと、就職(しゅうしょく)にも支障(ししょう)が出(で)る始末(しまつ)だ。

(최근에는 컴퓨터를 사용할 수 없으면 취직에도 지장이 초래될 지경이다)

⇨ 相手(あいて)をかたく信(しん)じすぎたのか、妥協(だきょう)したことが裏目(うらめ)に出(で)る始末(しまつ)だ。

(상대를 굳게 너무 믿은 건지 타협한 것이 어긋날 지경이다)

⇨ 一度(いちど)相談(そうだん)にのってあげただけなのに、彼(かれ)はあなただけが頼(たよ)りだと言(い)って、真夜中(まよなか)にでも電話(でんわ)をかけてくる始末(しまつ)だった。

(한번 의논해 주었을 뿐인데 그는 당신만이 의지할 수 있다고 하며, 한밤중에도 전화를 걸어올 지경이었다)

| 참고 | 관용적으로는 「この始末(しまつ)だ」의 형태로 많이 쓰이는데 이는 주로 비난의 뜻을 담아 그 결과를 가리킬 때 쓰이는 경향이 있다.

⇨ ああした方(ほう)がいい、こうした方(ほう)がいいと大騒(おおさわ)ぎしたあげく、このしまつだ。

(저러는 편이 좋다, 이러는 편이 좋다고 큰 소란을 피운 끝에 이 지경이다)

～しめる ⇨ '～(하)게 하다', 사역을 나타내는 조동사용법

| 용법 | 「しめる」는 문장체에서 주로 쓰이는 사역의 조동사로 그 앞에는 동사미연형 또는 일부조동사의 미연형이 접속된다. 아울러 이를 이용한 사역 표현의 앞에는 시킴을 받는 주체를 표현함에 있어서 대체로 「～をして、～に」가 사용되는 경우가 많다.

| 접속 | 동사나 일부조동사 「たる、なる、ざる」의 미연형에 접속된다.

| 예문 |

⇨ 母(はは)の愛情(あいじょう)が彼(かれ)をして大人物(だいじんぶつ)たらしめた。

(어머니의 애정이 그로 하여금 큰 인물이 되게 하였다)

⇨ 私(わたし)をして言(い)わしめれば、彼(かれ)は悪人(あくにん)である。

(나로 하여금 말하게 하자면 그는 악인이다)

⇨ 事業(じぎょう)を成功(せいこう)せしめたのは彼(かれ)の努力(どりょく)であった。

(사업을 성공하게 한 것은 그의 노력이었다)

⇨ 技術(ぎじゅつ)を向上(こうじょう)せしめるためにいろいろのこころみがなされて来(き)た。

(기술을 향상시키기 위하여 여러 가지 시도가 이루어져 왔다)

～じゃ ⇨ 「では」의 준말로서 사용되는 용법

| 용법 | 조사 「で」에 「は」가 접속된 「では」가 회화체에서는 「じゃ」로 축약되는 일이 빈번하다. 그 용법은 「では」와 같은데 우리말의 '～에선, ～론'정도에 해당된다.

| 접속 | 명사에 접속된다.

| 예문 |

⇨ 会社(かいしゃ)じゃどんな仕事(しごと)をしていますか。(회사에선 어떠한 일을 하고 있습니까?)

⇨ この暑(あつ)さじゃ食(た)べ物(もの)もくさってしまう。(이 더위에선 음식도 썩어 버린다)

⇨ これは消(け)しゴムじゃ消(き)えません。(이것은 지우개론 지워지지 않습니다)

⇨ 夜(よる)おそく女(おんな)ひとりじゃあぶないから、送(おく)ってあげましょう。

(밤늦게 여자혼자론 위험하니까 바래다 드리겠습니다)

| 참고 | 때로는 장음으로 처리되어 「じゃあ」의 형태로 사용되는 일도 빈번하다.

⇨ 今(いま)じゃあもうお父(とう)さんよりせいが高(たか)くなりました。

(지금에선 이미 아버지보다 키가 커졌습니다)

～じゃあるまいし ⇨ ～도 아니고, ～도 아닐 테고

|용법| 「では」의 축약형인 「じゃ」에 동사 「ある」가 접속되고 이어서 부정추측을 나타내는 조동사 「まい」와 열거격조사 「し」가 연결된 어구이다. 이러한 형태로 뒤에서 지시하고 주의를 주거나 타이르게 되는 근거나 이유를 앞에 제시하게 되는데 주로 가벼운 비난이나 훈계를 할 경우에 사용된다.

|접속| 명사에 접속된다.

|예문|

⇨ 野原(のはら)じゃあるまいし、そんな大(おお)きな声(こえ)を出(だ)すな。

(들판도 아니고 그런 큰 소리를 내지마라)

⇨ 子(こ)どもじゃあるまいし、銀行(ぎんこう)ぐらいはいくらでも一人(ひとり)で行(い)けるよ。

(애도 아니고 은행정도는 얼마든지 혼자서 갈 수 있어)

⇨ 泥棒(どろぼう)じゃあるまいし、裏口(うらぐち)からこっそり入(はい)って来(こ)ないでよ。

(도둑도 아닐 테고 뒷문으로 몰래 들어 오지마라)

⇨ 学生(がくせい)じゃあるまいし取引先(とりひきさき)にちゃんと挨拶(あいさつ)ぐらいできなくては困(こま)る。

(학생도 아닐 테고 거래처에 제대로 인사 정도도 할 수 없어서는 곤란하다)

|참고| 때로는 같은 의미로 「～でもあるまいし」가 사용되기도 한다.

⇨ 十代(じゅうだい)の娘(むすめ)でもあるまいしそんなはでなリボンはつけられませんよ。

(10대 소녀도 아니고 그런 화려한 리본은 달수 없어요)

⇨ お客(きゃく)さんにきちんとあいさつするくらい、子(こ)どもでもあるまいし、言(い)われなくてもやりなさい。

(손님에게 제대로 인사하는 것쯤 아이도 아니고 말하지 않아도 해라)

～じゅう ⇨ '종일, 내내', 시간을 포괄적으로 나타내는 용법

|용법| 접미어 「じゅう」는 시간이나 기간을 나타내는 말에 접속하여 '그 시간이나 기간 동안 줄곧'이라는 뜻을 나타낸다. 우리말의 '하루 종일, 일주일 내내'의 '종일, 내내'에 해당된다.

|접속| 시간이나 기간을 나타내는 명사에 접속된다.

|예문|

⇨ 雨は今週じゅう降り続くでしょう。
(비는 이번 주 내내 계속해서 내리겠지요)

⇨ 昨日は、かぜをひいて、一日じゅう寝ていました。
(어제는 감기 걸려서 하루 종일 누워 있었습니다)

⇨ 夏休みじゅう旅行に出かけて、家には一日もいませんでした。
(여름방학 내내 여행을 떠나서 집에는 하루도 없었습니다)

⇨ 近ごろは、たいていのくだものが一年じゅういつでも食べられるようになった。
(요즈음은 대부분의 과일을 일 년 내내 언제라도 먹을 수 있게 되었다)

|참고| 이러한 경우의 「じゅう」는 「中」와 같이 한자로 표기하지 않고 ひらがな로만 표기하는 것이 바람직하다. 한편 「中」는 「じゅう」「ちゅう」의 두 가지로 발음되는데 시간을 나타내는 말에 접속되어 전체의 시간을 나타낼 때는 「じゅう」로 발음되고, 어떤 일이 계속적으로 벌어짐을 나타내는 말에 접속될 때는 「ちゅう」로 발음된다(「仕事中(ちゅう)」「走行中(ちゅう)」「準備中(ちゅう)」「工事中(ちゅう)」「授業中(ちゅう)」). 다만 예외도 있어 「午前中」의 경우 「午前」은 시간을 나타내는 말임에도 불구하고 「ちゅう」로 발음한다. 하지만 이 경우는 오전전체의 시간을 뜻하는 것이 아니라, 오전중의 한 시점을 뜻한다는 점에서 구별된다.

～じゅう ⇨ '온～, ～전체', 장소를 포괄적으로 나타내는 용법

| 용법 | 접미어「じゅう」는 장소를 나타내는 말에 접속하여 전체의 장소나 범위를 나타낸다. 우리말의 '온 방안, 온 나라, 나라전체'의 '온', '전체'에 해당된다.

| 접속 | 장소나 범위를 나타내는 명사에 접속된다.

| 예문 |

⇨ 国(くに)じゅうの人(ひと)がそのニュースを知(し)っている。

(온 나라의 사람이 그 뉴스를 알고 있다)

⇨ ゆびわがみつからないので、部屋(へや)じゅうをさがしましたが、だめでした。

(반지가 안 보이기 때문에 온 방안을 뒤졌지만 소용없었습니다)

⇨ 大雪(おおゆき)で、東京(とうきょう)じゅうの電車(でんしゃ)やバスがとまってしまった。

(큰 눈으로 도쿄 전체의 전체나 버스가 멈춰 버렸다)

⇨ ふたごの転校生(てんこうせい)が教室(きょうしつ)に入(はい)ってくると、クラスじゅう、大騒(おおさわ)ぎになった。

(쌍둥이전학생이 교실에 들어오자 반 전체가 소란스러워 졌다)

しょうがない ⇨ 어쩔 수 없다, 할 수 없다, 못 말린다

| 용법 | '방법, 방도'등의 의미를 나타내는「仕様(しよう)」가「しょう」로 축약된 형태에 조사「が」와 형용사「ない」가 접속된 형태이다. 이러한 형태로 달리 방도가 없음을 나타내는데 때로는 곤란함을 나타내는 경우도 있다. 이 경우에는 우리말의 '못 말린다'정도에 해당되며 주로 격식을 차리지 않는 회화체에서 사용되곤 한다.

| 예문 |

⇨ 誰(だれ)もやらないならしょうがない。私(わたし)一人(ひとり)でもやる。

(아무도 하지 않는다면 어쩔 수 없다. 나 혼자라도 하겠다)

⇨ ワインがない時はしょうがないからビールにします。

(와인이 없을 때는 어쩔 수 없으니까 맥주로 합니다)

⇨ 散歩の途中で雨が降ってきた。しょうがないから、スーパーに入って雨の止むのを待った。

(산책도중에 비가 내리기 시작했다. 할 수 없어서 슈퍼에 들어가 비가 그치는 것을 기다렸다)

⇨ しょうがない子ね、一人でトイレにも行けないの。

(못 말리는 아이로군, 혼자서 화장실에도 못 가나?)

承知 ⇨「承知」의 상세한 용법

| 용법 | 「承知」는 (사정을 충분히 파악한 뒤에) '이해하거나 승낙한다'는 의미를 나타내는 겸양어이다. 「お名前は承知しています」「その話は承知しました」와 같이 널리 사용되고 있다. 한편으로 「承知」의 앞에 접두어 「ご」를 접속하여 「ご承知のとおり」(아시다시피)와 같이 존경어로 쓰이기도 한다. 주의할 것은 이 말의 경우에는 어떠한 사실을 상대방이 명백하게 알고 있는 것으로 판단되는 것 이외에는 사용하지 않아야 하며 만약 그렇지 않은 때에는 「ご存じでしょうが」「ご存じのことと思いますが」정도로 표현하는 것이 좋을 것이다.

| 예문 |

⇨ あなたもよくご承知のことと思います。

(당신도 잘 알고 계실 것으로 생각합니다)

⇨ みんなが承知(しょうち)しても、私(わたし)は承知(しょうち)しませんよ。

(모두가 승낙을 해도 나는 승낙하지 않아요)

⇨ あなたが今日(きょう)来(く)ることは田中(たなか)さんから聞(き)いて承知(しょうち)していました。

(당신이 오늘 오는 것은 다나카씨로부터 들어서 알고 있었습니다)

⇨ あの人(ひと)と結婚(けっこん)することを父(ちち)が承知(しょうち)してくれないのでこまっています。

(저 사람과 결혼하는 것을 아버지가 승낙해 주지 않아서 곤란합니다)

⇨ A: この手紙(てがみ)を出(だ)してきてください。(이 편지를 부치고 와주십시오)

B: はい、承知(しょうち)しました。(예, 알겠습니다)

す

素(す)～ ⇨ 우리말의 '맨～'의 의미를 나타내는 접두어 용법

| 용법 | 「素(す)」는 접두어로서 '있는 그대로'라는 의미를 지니고 있는데 주로 신체 용어의 앞부분에 접속되어 사용된다.

| 접속 | 신체의 일부를 나타내는 명사의 앞에 접속된다.

| 예문 |

⇨ 素手(すで)。(맨손)　素足(すあし)。(맨발)　素顔(すがお)。(맨얼굴)　素(す)っぱだか。(알몸)

～ず ⇨ ～(하)지 않아서

| 용법 | 「ず」는 문어체의 조동사로 부정의 의미를 나타내는 「ぬ」의 연용형인데 주로 문장체나 관용적인 표현에서만 사용된다. 회화체에서는 「ず」 대신에 「～ないで」 「～なくて」가 주로 쓰인다. 이러한 형태로 단순히 문과 문을 열거할 때도 쓰이나 주로 앞의 문과 뒤의 문의 인과관계, 즉 이유를 나타낼 때에도 쓰인다.

| 접속 | 동사미연형에 접속된다. 단, サ행변격동사 「する」에 접속될 때는 「せ」에 접속된다.

| 예문 |

⇨ 誰(だれ)にきいても住所(じゅうしょ)が分(わ)からず、困(こま)った。

(누구에게 물어도 주소를 몰라서 난처했다)

⇨ 1時間(じかん)待(ま)っても雨(あめ)は止(や)まず、ぬれて帰(かえ)った。

(한 시간을 기다려도 비는 그치지 않아서 젖어서 돌아갔다)

⇨ 出発前日(しゅっぱつぜんじつ)まで予約(よやく)が取(と)れず、心配(しんぱい)させられた。

(출발전일까지 예약이 잡히지 않아서 걱정되었다)

⇨ 急(きゅう)なことゆえにたいした準備(じゅんび)もできず、大変申(たいへんもう)し訳(わけ)ありませんでした。

(갑작스런 일이어서 이렇다 할 준비도 못하고 대단히 죄송했습니다)

～ 末(すえ)(に) ⇨ ～ (한) 끝에

| 용법 | 과거, 완료를 나타내는 조동사 「た」에 결과를 나타내는 명사 「末(すえ)」와 조사 「に」가 접속된 어구이다. 이러한 형태로 전항이 이루어진 후 우여곡절 끝에 최종적으로 후항이 이루어진다고 하는 의미를 나타낸다.

| 접속 | 「동사연용형＋た」의 형태나 「명사+の」의 형태에 접속된다.

| 예문 |

⇨ よく考(かんが)えた末(すえ)に決(き)めたことです。(잘 생각한 끝에 정한 것입니다)

⇨ 大型(おおがた)トラックは1キロ暴走(ぼうそう)した末(すえ)に、ようやく止(と)まった。

(대형트럭은 1킬로 폭주한 끝에 겨우 멈췄다)

⇨ 悪戦苦闘(あくせんくとう)の末(すえ)、何(なん)とか試合(しあい)に勝(か)ち抜(ぬ)けた。

(악전고투 끝에 어떻게든 시합에 이겼다)

⇨ 長時間(ちょうじかん)の協議(きょうぎ)の末(すえ)に、やっと結論(けつろん)が出(で)た。

(장시간의 협의 끝에 겨우 결론이 나왔다)

~ すぎだ(の、で) ⇨ 너무 ~ (한)다((하)는, (해)서)

|용법| 동사「過ぎる(지나가다)」의 연용형인「すぎ」가 전성명사화된 형태로 단독으로 쓰이거나 여기에 단정의 조동사「だ」또는 조사「の」, 그리고 단정의 조동사「だ」의 연용형인「で」가 접속되어 다양하게 쓰이는 용법이다. 「~すぎだ」는 문말의 술어로 쓰이고「~すぎの」는 뒤에 오는 명사를 수식하며「~すぎで」는 말을 일단 중지하는 용법으로 쓰이는데 이와 같은 다양한 형태로 과도한 동작이나 상태임을 나타낸다. 이러한 용법들로 쓰일 때는「~過ぎ」와 같이 한자로 표기하지 않고「~すぎ」처럼 가나로만 표기하는 것이 일반적이다.

|접속| 동사연용형에 접속된다.

|예문|

⇨ 飲みすぎにはこの薬がいいそうだ。(과음에는 이 약이 좋다고 한다)

⇨ 肥料は適当に与えてください。やりすぎはかえってよくありません。
(비료는 적당히 주십시오. 너무 많이 주는 것은 오히려 좋지 않습니다)

⇨ 太郎、遊びすぎだ。もうちょっと勉強しなさい。
(다로오, 너무 논다. 이제 공부 좀 해라)

⇨ 働きすぎのお父さん、もっと子供と遊ぶ時間を作ってください。
(너무 일을 많이 하는 아버지, 좀 더 아이와 노는 시간을 만들어 주십시오)

⇨ テレビの見すぎで成績が下がってしまった。
(텔레비전을 너무 봐서 성적이 내려가 버렸다)

~ すぎる ⇨ 너무 ~ (하)다, 지나치게 ~ (하)다

| 용법 | 「過ぎる」는 '지나가다'의 뜻을 지닌 동사이지만 복합동사의 후항요소로 쓰이게 되면 과도한 동작이나 상태를 나타내게 된다. 이때는 「過ぎる」와 같이 한자로 표기하지 않고 「すぎる」처럼 가나로만 표기하는 것이 일반적이다.

| 접속 | 동사연용형이나 형용사 및 형용동사어간에 접속된다.

| 예문 |

⇨ 晩ごはんを食べすぎて、おなかをこわした。

(저녁밥을 너무 많이 먹어서 배탈이 났다)

⇨ ゆうべテレビを見すぎて目が痛いです。

(어제 저녁 텔레비전을 너무 많이 봐서 눈이 아픕니다)

⇨ この辞書は小さすぎます。(이 사전은 너무 작습니다)

⇨ いくら小人数にしてもパーティーをするにはこの部屋は狭すぎる。

(아무리 소수인원일지라도 파티를 하기에는 이 방은 너무 좁다)

⇨ この問題は複雑すぎてわかりません。

(이 문제는 너무 복잡해서 모르겠습니다)

⇨ このへんは静かすぎて、さびしいくらいだ。

(이 부근은 너무 조용해서 외로울 정도이다)

| 참고 | 때로는 다음의 예와 같이 명사에 접속될 때도 있다.

⇨ この役は思春期の役だから十歳では子供すぎて話にならない。

(이 역은 사춘기의 역이니까 열 살로는 너무 아이여서 이야기가 되지 않는다)

好く ⇨ 「すく」의 특수한 활용

| 용법 | 「好く」는 일단은 5단동사로서의 각 활용형을 갖추고는 있으나 실제로는 부분적으로 밖에 사용되지 않는다. 즉, 미연형 「すかない」, 「すかれる」 음편형 「すいて」 정도만 쓰이며, 나머지 활용형은 다른 표현으로 바꾸어 쓰이는 것이 보통이다. 즉 「すきます」는 「すきです」로, 「すけば」는 「すきなら(ば)」로, 그리고 「すくだろう」는 「すきになるだろう」와 같이 사용된다.

| 예문 |

⇨ ビールはすきだが、ウイスキーはすかない。
(맥주는 좋아하지만 위스키는 좋아하지 않는다)

⇨ 他人に好かれるようになりなさい。(타인이 좋아하도록 하시오)

⇨ 好いている人どうしが結婚するのが一番いい。
(좋아하고 있는 사람끼리 결혼하는 것이 가장 좋다)

⇨ あの二人は、好いて好かれて、いっしょになった。
(저 두 사람은 서로 좋아하여 함께 되었다)

~ ずくめ ⇨ ~ 일색, ~ 뿐, ~ 만

| 용법 | 접미어 「ずくめ」는 주로 한정된 명사에 접속되어 '하나부터 열까지 온통'의 의미를 나타낸다. 즉 그러한 상태에만 있거나 그러한 사물뿐임을 나타낸다.

| 접속 | 명사에 접속된다.

| 예문 |

⇨ 今日は朝からいいことずくめで幸せな気分だ。
(오늘은 아침부터 좋은 일뿐이어서 행복한 기분이다)

⇨ あの人は帽子からくつまで、黒ずくめの服装をしている。
(저 사람은 모자에서 구두까지 검정색 일색의 복장을 하고 있다)

⇨ 今年は病気をしたり、火事にあったり、いやなことずくめの1年だった。

(금년은 병에 걸리기도 하고 화재를 만나기도 하여, 안 좋은 일만 있었던 1년이었다)

⇨ この店の料理はうまいものずくめで、何から食べてよいかまよってしまう。

(이 가게의 요리는 맛있는 것뿐이어서 무엇부터 먹어야 좋을지 헤매게 되고만다)

～ずして ⇨ ～(하)지 않고, ～(하)지 않게

|용법| 문어체에서 부정을 나타내는 조동사 「ぬ」의 연용형인 「ず」에 サ행변격 동사 「する」의 연용형 「し」와 접속조사 「て」가 접속된 어구이다. 이러한 형태로 우리말의 '～(하)지 않고, ～(하)지 않게' 정도의 의미를 나타내는데 주로 문장체에서 관용적으로 쓰인다.

|접속| 동사미연형(단 「する」에 접속될 때는 「せ」)에 접속된다.

|예문|

⇨ 戦わずして負ける。(싸우지 않고 진다)

⇨ 反省や研究を怠らなければ、一年を経ずして格段に上達すると請け合います。

(반성이나 연구를 게을리 하지 않으면 일 년이 지나지 않아 훨씬 향상될 거라고 보증합니다)

⇨ 悪天候の中を飛行機が無事着陸すると、乗客の中から期せずして拍手がわき起こった。

(악천후 속을 비행기가 무사착륙하자 승객 속에서 뜻하지 않게 박수가 쏟아져 나왔다)

～ずじまいだった(で) ⇨ ～(하)지 못하고 말았다(못하고, 못해서)

|용법| 문어체에서 부정을 나타내는 조동사 「ぬ」의 연용형인 「ず」에 완료를 나

타내는 보조동사 「しまう」의 전성명사 「しまい」가 연결되는 과정에서 음편 현상을 일으킨 「じまい」가 접속되고 이어서 단정의 조동사 「だ」의 과거형 「だった」가 이어진 어구이다. 이러한 형태로 어떤 동작이나 작용이 만족스럽게 이루어지지 않았을 때 그에 대한 유감의 기분을 나타낸다. 문속에서 쓰일 때는 「～ずじまいで」의 형태를 취한다.

| 접속 | 동사미연형(단 「する」에 접속될 때는 「せ」)에 접속된다.

| 예문 |

⇨ せっかく大阪へ行ったのに、山口さんに会わずじまいだった。
(모처럼 오사카에 갔는데 야마구치씨를 만나지 못하고 말았다)

⇨ せっかく買ったブーツも今年の冬は暖かくて使わずじまいだった。
(모처럼 산 부츠도 금년겨울은 따스해서 사용하지 못하고 말았다)

⇨ 有名な観光地の近くまで行ったのに、忙しくてどこへも寄らずじまいだった。
(유명한 관광지 근처까지 갔는데 바빠서 아무데도 들리지 못하고 말았다)

⇨ 今年もとうとう海へ行かずじまいで夏休みも終わってしまった。
(금년도 결국 바다에 가지 못하고 여름방학도 끝나 버렸다)

⇨ 旅行でお世話になった人たちに、お礼の手紙を出さずじまいではずかしい。
(여행에서 신세진 사람들에게 감사편지를 내지 못해서 부끄럽다)

～ず～ず ⇨ ～(하)지도 ～(하)지도 않고

| 용법 | 부정을 나타내는 문어체의 조동사 「ぬ」의 연용형인 「ず」를 앞뒤에 나열한 어구이다. 이러한 형태로 비슷한 사항을 열거하거나 대조적인 사항을 열거하는 의미를 나타낸다. 주로 관용적인 표현에서만 사용된다.

| 접속 | 동사미연형에 접속된다. 단, 형용사에 접속될 경우에는 「형용사어간+からず」의 형태로 접속된다.

| 예문 |

⇨ 飲まず食わずで三日間も山中を歩きつづけた。

(마시지도 먹지도 않고 삼일간이나 산속을 계속 걸었다)

⇨ 展覧会に出品されている作品はいずれも負けず劣らずすばらしい。

(전람회에 출품되어 있는 작품은 어느 것이나 손색없이 훌륭하다)

⇨ 日本の5月は暑からず、寒からずちょうどいい気候です。

(일본의 5월은 덥지도 춥지도 않고 딱 좋은 기후입니다)

⇨ その時、彼はあわてず騒がず一言「失礼しました」と言って部屋を出ていった。

(그 때 그는 당황하지도 야단 떨지도 않고 단 한마디 '실례 했습니다'라고 말하고 방을 나갔다)

～ずつ ⇨ ～씩

| 용법 | 부조사 「ずつ」는 같은 수량이나 정도를 몇 개나 몇 번으로 나누어 할당하는 의미를 나타낸다. 때로는 수량만을 반복하여 내세우는 경우에도 쓰인다.

| 접속 | 수량이나 정도를 나타내는 명사나 부사에 접속된다.

| 예문 |

⇨ 子供たちは鉛筆を五本ずつやった。(아이들은 연필을 다섯 자루씩 주었다)

⇨ みなさん、この紙を一枚ずつ持って行ってください。

(여러분, 이 종이를 한 장씩 집어가 주십시오)

⇨ 日本語が少しずつじょうずになった。(일본어가 조금씩 능숙해지게 되었다)

⇨ 6人いて、りんごが三つあるから、一人が半分ずつ食べられます。

(6명 있고, 사과가 세 개 있으니까 한 사람이 반씩 먹을 수 있습니다)

～ずとも ⇨ ～(하)지 않아도

|용법| 문어체에서 부정을 나타내는 조동사 「ぬ」의 연용형인 「ず」에 복합조사 「とも」가 접속된 어구이다. 이는 「～しなくても」로 바꿀 수도 있는데 그 뒤에는 주로 「わかる」 「いい」와 같은 말이 오며 주로 문장체적인 표현에서 쓰인다.

|접속| 동사미연형(단 「する」에 접속될 때는 「せ」)에 접속된다.

|예문|

⇨ そんな簡単(かんたん)なことぐらい聞(き)かずともわかる。
(그런 간단한 것쯤 듣지 않아도 안다)

⇨ あの方(かた)は体(からだ)にさわらずとも病気(びょうき)がわかる名医(めいい)だ。
(저 분은 몸에 손을 대지 않아도 병을 알 수 있는 명의이다)

⇨ 明日(あした)は授業(じゅぎょう)がないから学校(がっこう)へ行(い)かずともいいだろう。
(내일은 수업이 없으니까 학교에 가지 않아도 될 것이다)

～ずに ⇨ ～(하)지 않고

|용법| 문어체에서 부정을 나타내는 조동사 「ぬ」의 연용형인 「ず」에 조사 「に」가 접속된 어구이다. 이러한 형태로 전항의 동작이나 작용이 이루어지는 일이 없이 후항의 동작이나 작용이 이루어짐을 나타낸다. 경우에 따라서는 「に」가 생략되어 「ず」만이 쓰이기도 하는데 주로 문장체에서 쓰이며 회화체에서는 「～ないで」가 사용된다.

|접속| 동사미연형(단 「する」에 접속될 때는 「せ」)에 접속된다.

| 예문 |

⇨ 都会の誘惑に負けずにしっかり勉強しようと決心して、田舎を出た。

(도회의 유혹에 지지 않고 제대로 공부하려고 결심하여 시골을 나왔다)

⇨ 相手の話も聞かずに自分の主張だけ通そうとするなんて、わがままだな。

(상대방의 이야기도 듣지 않고 자신의 주장만 내세우려 하다니, 제멋대로구만)

⇨ 毎日遅刻せずに会社に来るとは言え、その仕事ぶりはひどいといったらない。

(매일 지각하지 않고 회사에 온다고는 하나 그 일하는 모습은 심하기 이를 데 없다)

⇨ その僧は、さまざまな寺を巡りながら、自分に妥協せず辛抱強く修行を続けた。

(그 스님은 여러 절을 돌면서 자신에게 타협하지 않고 인내심 강하게 수행을 계속했다)

～ずにある ⇨ ～(하)지 않은 채로 있다

| 용법 | 문어체에서 부정을 나타내는 조동사 「ぬ」의 연용형인 「ず」에 조사 「に」가 접속되고 이어서 동사 「ある」가 연결된 어구이다. 이러한 형태로 어떤 동작이나 작용이 이루어지지 않은 상태가 계속되고 있음을 나타낸다.

| 접속 | 동사미연형(단 「する」에 접속될 때는 「せ」)에 접속된다.

| 예문 |

⇨ 手紙を書いたけれど、出さずにある。

(편지를 썼지만 부치지 않은 채로 있다)

⇨ このことはまだ誰にも知らせずにある。

(이 일은 아직 아무에게도 알리지 않은 채로 있다)

⇨ 図書館から本を借りてきたが、今まで一週間も全然読まずにある。

(도서관에서 책을 빌려왔는데 지금까지 일주일이나 전혀 읽지 않은 채로 있다)

⇨ 頂き物のメロンがまだ手をつけずにあるから、召し上がってください。

(선물 받은 멜론이 아직 손을 대지 않은 채로 있으니까 드셔 주십시오)

~ ずにいる ⇨ ~ (하)지 않고 있다

| 용법 | 문어체에서 부정을 나타내는 조동사 「ぬ」의 연용형인 「ず」에 조사 「に」가 접속되고 이어서 사람의 존재를 나타내는 동사 「いる」가 연결된 어구이다. 이러한 형태로 사람이 어떤 동작을 하지 않은 상태 하에 그대로 계속해서 있음을 나타낸다.

| 접속 | 동사미연형(단 「する」에 접속될 때는 「せ」)에 접속된다.

| 예문 |

⇨ このことは夫(おっと)には話(はな)さずにいる。(이 일은 남편에게는 말하지 않고 있다)

⇨ これでもう一ヶ月(いっかげつ)酒(さけ)を飲(の)まずにいることになる。
(이것으로 이미 한 달 동안 술을 마시지 않고 있는 셈이 된다)

⇨ 禁煙(きんえん)を始(はじ)めたが、吸(す)わずにいるとだんだんいらいらしてくる。
(금연을 시작했지만 피우지 않고 있으면 점점 초조해져온다)

⇨ 三日間(みっかかん)新聞(しんぶん)を読(よ)まずにいると世(よ)の中(なか)のことがわからなくなる。
(3일간 신문을 읽지 않고 있으면 세상일을 알 수 없게 된다)

~ ずにおく ⇨ ~ (하)지 않고 놔두다

| 용법 | 문어체에서 부정을 나타내는 조동사 「ぬ」의 연용형인 「ず」에 조사 「に」가 접속되고 이어서 동사 「おく」가 연결된 어구이다. 이러한 형태로 무언가의 이유나 목적이 있어서 어떤 행위를 하지 않고 그대로 놔둔다고 하는 의미를 나타낸다.

| 접속 | 동사미연형(단 「する」에 접속될 때는 「せ」)에 접속된다.

| 예문 |

⇨ あとでいるかもしれないと思って、もらったお金は使わずにおいた。

(나중에 필요할지도 모른다고 생각해서 받은 돈은 쓰지 않고 놔뒀다)

⇨ 田中さんは心の広い人で、あんなひどいことをされたのに仕返しをせずにおいた。

(다나카씨는 마음이 넓은 사람으로 저런 심한 일을 당했는데도 보복을 하지 않고 놔뒀다)

⇨ 彼女がショックを受けるとかわいそうだから、このことは当分言わずにおきましょう。

(그녀가 쇼크를 받으면 불쌍하니까 이 일은 당분간 말하지 않고 놔둡시다)

⇨ 父に電話がかかってきたが、疲れてよく寝ているようだったので起こさずにおいた。

(아버지에게 전화가 걸려왔는데 피곤해서 푹 주무시고 있는 것 같았기 때문에 깨우지 않고 놔뒀다)

～ずにすむ ⇨ ～(하)지 않아도 된다

| 용법 | 문어체에서 부정을 나타내는 조동사「ぬ」의 연용형인「ず」에 조사「に」가 접속되고 이어서 동사「すむ(끝나다)」가 연결된 어구이다. 이러한 형태로 예정된 일이나 예측되는 일을 피할 수 있다고 하는 의미를 나타내는데 문장체적인 표현이며 회화체에서는「～ないですむ」로 표현하게 된다.

| 접속 | 동사미연형(단「する」에 접속될 때는「せ」)에 접속된다.

| 예문 |

⇨ いい薬ができたので手術せずにすんだ。

(좋은 약이 생겼기 때문에 수술하지 않아도 되었다)

⇨ 一生働かずにすんだらいいんだけれど、そういうわけにはいかない。

(일생동안 일하지 않아도 된다면 좋겠지만 그럴 수는 없다)

⇨ 文法辞典を買おうと思っていたら、友だちが古いのをくれたので買わずにすんだ。

(문법사전을 사려고 생각하고 있었더니 친구가 오래된 것을 주었기 때문에 사지 않아도 되었다)

⇨ そこで今回は、アイロンをかけずにすむ洗濯物の干し方をご紹介したいと思います。

(그래서 이번에는 다리미질을 하지 않아도 되는 빨래 감 말리는 방법을 소개하고자 합니다)

～ずにはいられない ⇨ ～(하)지 않을 수 없다

|용법| 문어체에서 부정을 나타내는 조동사「ぬ」의 연용형「ず」에 조사「に」와「は」가 접속되고 이어서 동사「いる」가 가능의 의미를 나타내는 수동형으로 바뀐 것(いられる)에 부정을 나타내는 조동사「ない」가 접속된 형태(いられない)가 연결된 어구이다. 그 앞에는 주로「泣く」「思う」「感動する」「心配する」「話す」등 인간의 행위나 생각, 또는 감동을 나타내는 표현이 오게 되는데 이러한 형태로 어떤 동작이나 작용의 결과로 인하여 어쩔 수 없는 상황에 놓이게 되었음을 나타낸다. 주로 문장체에서 사용되는 경향이 있다.

|접속| 동사미연형(단「する」에 접속될 때는「せ」)에 접속된다.

|예문|

⇨ 悲しい知らせを聞いて泣かずにはいられませんでした。

(슬픈 소식을 듣고 울지 않을 수 없었습니다)

⇨ とてもうれしくて、この喜びを誰かに話さずにはいられなかった。

(너무 기뻐서 이 기쁨을 누군가에게 말하지 않을 수 없었다)

⇨ この本は読み始めたらおもしろくて終わりまで読まずにはいられません。

(이 책은 읽기 시작하면 재미있어서 끝까지 읽지 않을 수 없습니다)

⇨ 甘党の私は、おいしそうなケーキを見ると食べずにはいられない。

(단 것을 좋아하는 나는 맛있어 보이는 케이크를 보면 먹지 않을 수 없다)

| 참고 | 이와 유사한 것으로 「～ないではいられない」가 있다. (해당항목 참고)

⇨ 悲しくて、泣かないではいられない。(슬퍼서 울지 않을 수 없다)

⇨ 彼女は父への怒りと母へのいとおしさが新たになるのを感じないではいられなかった。

(그녀는 아버지에 대한 분노와 어머니에 대한 측은함이 새로워지는 것을 느끼지 않을 수 없었다)

～ずにはおかない ⇨ 반드시(기필코) ～ (하)고 만다

| 용법 | 문어체에서 부정을 나타내는 조동사 「ぬ」의 연용형 「ず」에 조사 「に」와 「は」가 접속되고 이어서 동사 「おく」에 부정을 나타내는 조동사 「ない」가 접속된 형태(おかない)가 연결된 어구이다. 이러한 형태로 반강제적으로 그러한 상황으로 몰고 가게 됨을 나타낸다. 주로 문장체에서 사용되는 경향이 있다.

| 접속 | 동사의 미연형이나 사역의 조동사 「(さ)せる」의 미연형에 접속된다.

| 예문 |

⇨ この手紙は、読む者の胸を打たずにはおかない。

(이 편지는 읽는 사람을 반드시 감동하게 하고 만다)

⇨ この映画は評判が高く、見る者を感動させずにはおかないだろう。

(이 영화는 평이 높아서 보는 사람을 반드시 감동시키고 말 것이다)

⇨ 新企画の中止が決まろうとしているが、担当した者たちは反対せずにはおかないだろう。

(새로운 기획의 중단이 결정되려 하고 있는데, 담당한 사람들은 반대하고 말 것이다)

⇨ 息子は一流の音楽家になるといって家を出た。大変だが、きっと目的を達成せずにはおかないだろう。

(아들은 일류음악가가 되겠다고 하며 집을 나갔다. 힘들겠지만 반드시 목적을 달성하고 말 것이다)

|참고| 이와 유사한 어구로 「～ないではおかない」가 있는데 이는 회화체에서 사용되는 경향이 두드러진다. (해당항목 참고)

⇨ この作品は、読む者の胸を打たないではおかないだろう。

(이 작품은 읽는 사람을 기필코 감동하게 하고 말 것이다)

～ずにはすまない ⇨ ～(하)지 않을 수 없다

|용법| 문어체에서 부정을 나타내는 조동사 「ぬ」의 연용형 「ず」에 조사 「に」와 「は」가 접속되고 이어서 동사 「すむ(끝나다)」에 부정을 나타내는 조동사 「ない」가 접속된 형태(すまない)가 연결된 어구이다. 이러한 형태로 어쩔 수 없이 어떤 일을 해야 함을 나타내는데 비교적 딱딱한 어감의 문장체에서 사용되는 경향이 있다.

|접속| 동사미연형(단 「する」에 접속될 때는 「せ」)에 접속된다.

|예문|

⇨ あいつはこの頃怠けてばかりだ。一言言わずにはすまない。

(저 녀석은 요즈음 게으름만 피운다. 한마디 하지 않을 수 없다)

⇨ 親戚みんなが出席するのなら、うちも行かずにはすまないだろう。

(친척 모두가 출석하는 거라면 우리 집도 가지 않을 수 없을 것이다)

⇨ あの社員は客の金を使ったのだから処罰されずにはすまないだろう。

(그 사원은 손님의 돈을 사용한 거니까 처벌받지 않을 수 없을 것이다)

⇨ 意図したわけではなかったとは言え、それだけ彼女を傷つけてしまったのなら、謝らずにはすまないのではないか。

(의도한 것은 아니었다고는 하나 그만큼 그녀에게 상처를 입혀버린 거라면 사과하지 않을 수는 없는 거 아닌가?)

| 참고 | 이와 유사한 어구로 「～ないではすまない」가 있는데 이는 회화체에서 사용되는 경향이 두드러진다. (해당항목 참고).

⇨ こんなひどいことをしたんでは、お母(かあ)さんにしかられないではすまないよ。

(이런 심한 짓을 했다고 하면 어머니에게 야단맞지 않을 수는 없어)

～ずみ ⇨ ～이(가) 끝난 것

| 용법 | '끝나다, 종료되다'의 의미를 나타내는 동사 「済(す)む」의 연용형이 전성명사화 된 것(すみ)이 앞의 말의 영향을 받아 연탁현상을 일으켜 형태이다. 이러한 형태로 어떤 작용이 종료되었음을 간결하게 표현한다.

| 접속 | 명사에 접속된다.

| 예문 |

⇨ その問題(もんだい)はもう検討(けんとう)ずみだ。(그 문제는 이미 검토가 끝났다)

⇨ あの店(みせ)への代金(だいきん)は全部(ぜんぶ)支払(しはら)いずみになっている。

(저 가게에 줄 대금은 전부 지불이 끝난 것으로 되어 있다)

⇨ そこにある品物(しなもの)は検査(けんさ)ずみのものだけで、悪(わる)いものはないはずです。

(거기에 있는 물건은 검사가 끝난 것뿐이어서 나쁜 것은 없을 겁니다)

⇨ お客様(きゃくさま)のご注文(ちゅうもん)の品(しな)は、発送(はっそう)ずみですから、もう間(ま)もなく着(つ)くことと思(おも)います。

(손님이 주문하신 물건은 발송이 끝난 거니까 이제 곧 도착할 것으로 생각합니다)

～すら ⇨ ～조차

| 용법 | 부조사 「すら」는 특별하게 어떤 것을 내세우고서 다른 것은 말할 것도 없다, 고 하는 의미를 나타낸다. 경우에 따라서는 「～すらも」도 쓰이며 「～ですら」의 형태로도 사용된다.

| 접속 | 명사나 「명사+조사」에 접속된다.

| 예문 |

⇨ ガスどころか水道すらないような不便な所です。
(가스는커녕 수돗물조차 없는 그러한 불편한 곳입니다)

⇨ あの患者は重い病気のため、一人では食事すらできない。
(저 환자는 중병 때문에 혼자서는 식사조차 할 수 없다)

⇨ あの人は見舞いにはもちろん、葬式にすら来ませんでした。
(저 사람은 병문안은 물론 장례식에조차 오지 않았습니다)

⇨ 昔は小学校へすら行かせてもらえない子どもがおおぜいいました。
(옛날에는 초등학교에조차 보내주지 않는 아이가 많이 있었습니다)

～する ⇨ 앞에 각종 말들이 와서 특수한 의미를 나타내는 용법

| 용법 | サ행변격동사 「する」는 종종 그 앞에 다양한 말들이 와서 특수한 의미를 관용적으로 나타내는 경우가 많다. 주로 냄새, 맛, 소리, 느낌 등을 나타내는 명사에 접속되어 사용되는데 이러한 것들 가운데에는 우리말에는 없는 용법들이 많으므로 이러한 문구들은 하나의 단어로 생각하여 암기하여 두는 것이 가장 바람직할 것이다.

| 예문 |

⇨ 勝負をする。(승부를 가린다)

⇨ 声がする。(목소리가 난다)

⇨ 音がする。(소리가 난다)

⇨ においがする。(냄새가 난다)

⇨ 試験をする。(시험을 치른다)

⇨ 朝寝坊をする。(늦잠을 잔다)

⇨ 寒気がする。(오한이 난다)

⇨ やけどをする。(화상을 입는다)

⇨ 昼寝をする。(낮잠을 잔다)

⇨ 感じがする。(느낌이 든다)

⇨ 吐き気がする。(구토가 난다)

⇨ うわさがする。(소문이 난다)

⇨ 故障する。(고장 나다)

⇨ 大便をする。(대변을 본다)

⇨ 貧乏をする。(가난하다)

⇨ 病気をする。(병을 앓는다)

⇨ けがをする。(부상을 입는다)

⇨ 味がする。(맛이 난다)

⇨ 忘れ物をする。(물건을 잃는다)

⇨ 時計をする。(시계를 찬다)

⇨ 気がする。(느낌이 든다)

⇨ 香りがする。(향내가 난다)

⇨ 足音がする。(발자국소리가 난다)

⇨ 注意する。(주의를 주다, 주의를 하다)

⇨ 小便をする。(소변을 본다)

⇨ 予感がする。(예감이 든다)

⇨ 借金をする。(빚을 낸다)

⇨ 勝負をするなら、勝たなければならない。(승부를 가릴 거라면 이겨야만 한다)

⇨ 誰もいないとなりの部屋から、人の話し声がしましたよ。
(아무도 없는 옆방에서 사람의 말하는 소리가 났어요)

⇨ この辺は夜おそくまで自動車の音がして、うるさくて寝ることができない。
(이 부근은 밤늦게까지 자동차 소리가 나서 시끄러워 잠을 잘 수가 없다)

⇨ レストランの前を通ると、いいにおいがする。
(레스토랑 앞을 지나면 좋은 냄새가 난다)

⇨ 私は病気をして、親を心配させました。
(나는 병을 앓아 부모를 걱정하게 했습니다)

⇨ 昨夜おそくまで起きていたもので、朝寝坊してしまいました。
(어젯밤 늦게까지 일어나 있었기 때문에 늦잠을 자고 말았습니다)

⇨ ちょっと気をつければいいものを、不注意だからけがをするのですよ。

(조금 주의했으면 좋았을 것을, 부주의하기 때문에 부상을 입는 거예요)

⇨ 寒気がする。かぜをひいたのかもしれない。

(한기가 난다. 감기 걸린 건지도 모른다)

⇨ 生まれた時から貧乏したことがない。(태어났을 때부터 가난했던 적이 없다)

⇨ 熱いお湯を飲んで舌をやけどした。(뜨거운 물을 마시고 혀를 뎄다)

⇨ この子はよく忘れ物をするので、困っています。

(이 아이는 자주 물건을 잃기 때문에 곤란합니다)

⇨ 風邪をひいたので、どこにも行かず一日中昼寝をしました。

(감기 걸려서 어디에도 가지 않고 하루 종일 낮잠을 잤습니다)

⇨ うっかりして、今日は時計して来なかった。

(깜빡하고 오늘은 시계를 차고 오지 않았다)

⇨ このサラダは変な味がする。(이 샐러드는 이상한 맛이 난다)

⇨ その動物は小さくて柔らかく、まるでぬいぐるみのような感じがした。

(그 동물은 작고 부드러워서 마치 봉제인형 같은 느낌이 들었다)

⇨ 彼とはうまくやっていけないような気がする。

(그와는 잘 해 나갈 수 없는 그러한 느낌이 든다)

⇨ 今朝から吐き気がして何も食べられない。

(오늘아침부터 구토가 나서 아무 것도 먹을 수 없다)

⇨ この肉料理にはふしぎな香りがするスパイスが使ってある。

(이 고기요리에는 이상한 향이 나는 스파이스가 사용되어 있다)

⇨ この絵は、昔父が借金までして手に入れたものです。

(이 그림은 옛날에 아버지가 빚까지 내서 손에 넣은 것입니다)

|참고| 또한 「する」에는 다음과 같은 용법도 있는데 우리말과 다른 경우이므로 각별히 주의하여야 한다.

⇨ 来月市民ホールが完成する。３日の記念講演をかわきりに、コンサートや発表会などが連日予定されている。

(다음 달 시민회관이 완성된다. 3일의 기념강연을 시작으로 콘서트나 발표회 같은 것이 연일 예정되어 있다)

~ する ⇨ 시간이 지나다, 비용이 들다

| 용법 | 「する」가 시간의 경과나 비용을 나타내는 경우인데 비용을 나타낼 때는 우리말과 대체로 비슷하나, 시간의 경과를 나타낼 때는 우리말과 다르므로 주의하여야 한다. 시간의 경과를 나타내는 경우는 「たつ」로, 비용을 나타내는 경우는 「かかる」로 바꾸어 쓸 수가 있다.

| 접속 | 수를 나타내는 명사에 접속된다.

| 예문 |

⇨ バンコクまで往復でいくらぐらいしますか。(방콕까지 왕복으로 얼마정도 합니까?)

⇨ その旅館は一泊5万円もする。(그 여관은 1박에 5만엔이나 한다)

⇨ 30分ほどして戻りますのでお待ちください。

(30분정도 지나서 돌아올 테니 기다려 주십시오)

⇨ 少ししてから出かけましょう。(조금 지나서 나갑시다)

⇨ こんな建て方では10年しないうちに壊れる。

(이런 건축방식으로는 10년도 채 못 되어 부서진다)

⇨ あの人はあと20分ぐらいすれば来ると思います。

(저 사람은 앞으로 20분정도 지나면 올 것으로 생각합니다)

せ

～ぜ ⇨ 문말에서 주의환기나 경시의 기분을 나타내는 용법

| 용법 | 종조사 「ぜ」는 남성만이 사용하는 문말조사이다. 가볍게 상대방의 주의를 끌거나 다소 경시하는 듯한 기분을 나타내는데 주로 친근한 사이에서만 사용된다.

| 접속 | 활용어의 종지형에 접속된다.

| 예문 |

⇨ あの人(ひと)はきっと来(こ)ないぜ。(저 사람은 필시 안 올 거야)

⇨ さあ、もうおそいから帰(かえ)ろうぜ。(자, 이제 늦었으니까 돌아가자)

⇨ オーバーを着(き)て行(い)かないと、まだ寒(さむ)いぜ。(오버를 입고 나가지 않으면 아직 춥다고)

⇨ 君(きみ)はできないって言(い)うが、ぼくにはすぐできるぜ。
(자네는 할 수 없다고 하지만 나로서는 금방 할 수 있단 말이야)

⇨ だめだよ。今日(きょう)はデパートは休(やす)みだぜ。(안 돼. 오늘은 백화점은 쉰다고)

⇨ 雨(あめ)がやみそうだぜ。(비가 그칠 거 같군)

⇨ そんなことを言(い)うと笑(わら)われるぜ。(그런 것을 말하면 비웃음산다고)

せいぜい ～ くらい(ぐらい) ⇨ 기껏해야(고작) ～ (하는) 정도

| 용법 | '고작, 겨우'의 뜻을 지닌 부사 「せいぜい」가 앞에 배치되고 뒤에는 정도를 나타내는 부조사 「くらい(ぐらい)」가 배치된 어구이다. 이러한 형태로 여러 가지 제약이 있어서 현재로서는 그나마 이 정도가 한계점이라는 의미를 나타낸다.

| 접속 | 명사나 동사연체형에 접속된다.

| 예문 |

⇨ 忙しい会社で、年末でもせいぜい三日くらいしか休めません。

(바쁜 회사여서 연말이라도 기껏해야 사흘정도밖에 쉴 수 없습니다)

⇨ ふるさとと言われて思い出すことといえばせいぜい秋祭りぐらいですね。

(고향이라는 말을 들어도 생각나는 것이라고 한다면 고작 가을축제정도이군요)

⇨ 景気が今どうなのか知りません。私にわかることといえばせいぜい貯金の金利ぐらいです。

(경기가 지금 어떠한지 모릅니다. 나에게 알 수 있는 것이라고 한다면 기껏해야 저금의 금리정도입니다)

⇨ 結婚記念日といっても、せいぜい外へ外食をしに行くぐらいで、たいしたことはしません。

(결혼기념일이라 해도 고작 밖으로 외식하러 가는 정도로 대단한 일은 하지 않습니다)

~ せいだ(で、か) ⇨ ~ 탓이다(으로, 인가)

| 용법 | 「せい」는 기본적으로 자신의 책임을 남에게 전가하는 의미를 지니고 있는 형식명사인데 종종 「~せいだ」(탓이다)「~せいで」(탓으로) 「~せいか」(탓인지) 의 형태를 취하여 전반적으로 전항을 원인, 이유로 하여 그리 바람직하지 못한 후항이 성립됨을 나타낸다.

| 접속 | 각종 활용어의 연체형, 그리고 「명사+の」의 형태에 접속된다.

| 예문 |

⇨ 熱があるせいで何を食べてもおいしくない。

(열이 있는 탓으로 무엇을 먹어도 맛이 없다)

⇨ 去年重い病気をしたせいで、今でも体がよくない。

(작년에 중병을 앓은 탓으로 지금도 몸이 좋지 않다)

⇨ 歳のせいか、この頃疲れやすい。(나이 탓인지 요즈음 피곤해지기 쉽다)

⇨ 寝る前にコーヒーを飲んだせいか、ベッドに入ってもなかなか眠れない。

(자기 전에 커피를 마신 탓인지 침대에 들어가도 좀처럼 잠이 오지 않는다)

⇨ 夜眠れないのは騒音のせいだ。(밤에 잘 수 없는 것은 소음 탓이다)

⇨ 目が悪くなったのはテレビを見すぎたせいだ。

(눈이 나빠진 것은 텔레비전을 지나치게 많이 본 탓이다)

～せいにする ⇨ ～탓으로 돌리다

| 용법 | 자신의 책임을 남에게 묻거나 전가하는 의미를 지니고 있는 형식명사「せい」에 일방적인 결정을 나타내는「～にする」가 접속된 어구이다. 이러한 형태로 좋지 못한 결과가 일어난 것의 책임을 일방적으로 남의 탓으로 돌린다고 하는 의미를 나타낸다.

| 접속 |「명사+の」의 형태나 활용어의 연체형에 접속된다.

| 예문 |

⇨ 自分の失敗を他人のせいにするのはよくないことだ。

(자신의 실패를 타인 탓으로 돌리는 것은 좋지 않은 일이다)

⇨ 学校は責任をとりたくないので、その事故は生徒のせいにして公表しようとしない。

(학교는 책임을 지고 싶지 않으므로 그 사고는 학생 탓으로 돌려서 공표하려 하지 않는다)

⇨ 彼女は協調性がないのを一人っ子で育ったせいにして、自分の非を認めようとしない。

(그녀는 타협하는 마음이 없는 것을 홀로 자란 탓으로 돌리며 자신의 잘못을 인정하려 하지 않는다)

⇨ 彼は仕事がうまくいった時は自分一人でしたように言い、うまくいかなかったら人のせいにする男だ。

(그는 일이 잘 되어 갔을 때는 자기혼자서 한 것처럼 말하고 잘 되지 않으면 남 탓으로 돌리는 남자다)

~せていただく ⇨ 자신의 의지를 일방적으로 나타내는 용법

| 용법 | 사역을 나타내는 조동사 「せる」의 연용형 「せ」에 접속조사 「て」가 접속되고 거기에 다시 「もらう」의 겸양어인 「いただく」가 연결된 어구이다. 이러한 형태로 어떤 일을 함에 있어서 상대방의 허락을 구한다고 하는 겸손의 의미를 나타내어 겉보기에는 매우 정중한 듯 하나 실제로는 일방적인 통보와 같은 뉘앙스를 지니고 있어서 사용에는 신중을 기할 필요가 있다. 일상의 언어생활에서 무척이나 즐겨 쓰이는 표현이다.

| 접속 | 5단활용동사와 サ행변격동사 「する」의 미연형(さ)에 접속된다.

| 예문 |

⇨ それではここで待たせていただきます。(그러면 여기서 기다리겠습니다)

⇨ それでは、乾杯の音頭をとらせていただきます。(그러면 건배제안을 하겠습니다)

⇨ 今日の午後はちょっと早めに帰らせていただきたいのですが。

(오늘 오후는 좀 일찍 돌아가도록 하겠습니다만)

⇨ このたび代表として国際会議に行かせていただくことになりました。

(이번에 대표로서 국제회의에 가게 되었습니다)

⇨ この掲示板は今日をもちまして閉鎖させていただきます。

(이 게시판은 오늘로서 폐쇄하겠습니다)

⇨ 体の具合が悪かったので、やむなく欠席させて頂きました。

(몸 상태가 나빴기 때문에 부득이 결석했습니다)

せめて ~ だけでも ⇨ 적어도 ~ 만이라도

| 용법 | '적어도'라는 뜻을 지닌 부사 「せめて」가 앞에 배치되고 뒤에는 한정을 나타내는 복합조사 「だけでも」가 배치된 어구이다. 이러한 형태로 불충분하기는 하지만 적어도 이 정도만은, 이라는 의미를 나타낸다.

| 접속 | 그 사이에는 명사가 오게 된다.

| 예문 |

⇨ せめて一晩だけでも泊めてもらえませんか。

(적어도 하룻밤만이라도 재워줄 수 없습니까?)

⇨ 忙しいのはわかっているけど、せめて日曜日だけでも子供と遊んでやってよ。

(바쁜 건 알고 있지만 적어도 일요일만이라도 아이와 놀아줘요)

⇨ 両親を早くなくして、苦労しました。せめて母親だけでも生きていてくれたらと思います。

(부모를 일찍 여의고 고생했습니다. 적어도 어머니만이라도 살아 있어주었다면 하고 생각합니다)

⇨ うちは子どもに継がせるような財産はなにもないので、せめて教育だけでもと思って無理をして大学へやっているのです。

(우리는 자식에게 물려줄 만한 재산은 아무것도 없으므로 적어도 교육만이라도라고 생각하여 무리를 해서 대학에 보내고 있는 겁니다)

| 참고 | 이와 유사한 표현으로는 「せめて～なりとも」도 있는데 이는 문장체에서 사

용되는 경향이 두드러진다. (해당항목 참고)

⇨ せめて一目なりとも子供に会いたいものだ。

(적어도 한번만이라도 아이를 보고 싶은 것이다)

せめて ~ なりとも ⇨ 적어도 ~ 만이라도

| 용법 | '적어도'라는 뜻을 지닌 부사 「せめて」가 앞에 배치되고 뒤에는 최소한의 희망을 나타내는 부조사 「なりとも」가 배치된 어구이다. 이러한 형태로 불충분하기는 하지만 적어도 이 정도만은, 이라는 의미를 나타낸다. 주로 문장체에서 사용되는 경향이 있다.

| 접속 | 그 사이에는 명사가 오게 된다.

| 예문 |

⇨ せめて一目なりとも子供に会いたいものだ。

(적어도 한번만이라도 아이를 보고 싶은 것이다)

⇨ せめて一晩なりとも部屋を貸していただけないでしょうか。

(적어도 하룻밤만이라도 방을 빌려주실 수 없으실까요?)

⇨ うちは子どもに継がせるような財産はなにもないので、せめて教育なりともと思って無理をして大学へやっているのです。

(우리는 자식에게 물려줄 만한 재산은 아무것도 없으므로 적어도 교육만이라도라고 생각하여 무리를 해서 대학에 보내고 있는 겁니다)

| 참고 | 이와 유사한 표현으로는 「せめて~だけでも」도 있는데 이는 회화체에서 사용되는 경향이 두드러진다. (해당항목 참고)

⇨ せめて一目だけでも子供に会いたいものだ。

(적어도 한번만이라도 아이를 보고 싶은 것이다)

せめてもの ～ だ ⇨ 그나마 ～ 이다

| 용법 | '적어도'라는 뜻의 부사 「せめて」에 조사 「も」와 「の」가 접속된 형태가 앞에 배치되고 뒤에는 단정을 나타내는 조동사 「だ」가 배치된 어구이다. 이러한 형태로 보다 안 좋은 결과에 비하면 그나마 이 정도이기 다행이라고 하는 의미를 나타낸다.

| 접속 | 그 사이에는 「救い」「なぐさめ」「お礼」와 같은 지극히 제한된 명사가 들어가게 된다.

| 예문 |

⇨ パスポートをとられなかったのが、せめてものなぐさめだ。
(여권을 도난당하지 않은 것이 그나마 위안이다)

⇨ ひどい事故だったが、死者が出なかったのがせめてもの救いだ。
(굉장한 사고였으나 사망자가 나오지 않은 것이 그나마 다행이다)

⇨ いろいろとお世話になっていて、コーヒーをおごったのがせめてものお礼だった。
(여러 가지로 신세를 지고 있어 커피를 대접한 것이 그나마 답례였다)

～ せられる ⇨ (어쩔 수없이) ～ (하)게 되다

| 용법 | 사역을 나타내는 조동사 「せる」의 미연형 「せ」에 수동을 나타내는 조동사 「られる」가 접속된 것으로 화자의 의사와는 상관없이 강제된 행동을 취하게 된다고 하는 의미를 나타낸다.

| 접속 | 5단활용동사와 サ행변격동사 「する」의 미연형 「さ」에 접속된다.

| 예문 |

⇨ 宿題を忘れたので、廊下に30分ぐらい立たせられた。
(숙제를 잊었기 때문에 복도에 30분정도 서 있게 되었다)

⇨ パーティーで先生が学生にたくさんお酒を飲ませられました。

(파티에서 선생님이 학생에 의해 술을 많이 마시게 되었습니다)

⇨ 花田さんの冗談には、いつも思わず笑わせられた。

(하나타씨의 농담에는 언제나 나도 모르게 웃게 되었다)

⇨ 彼は学生として許すべからざる行為を行ったとして退学させられた。

(그는 학생으로서 용서할 수 없는 행위를 했다고 하여 퇴학당했다)

| 참고 | 회화체에서는 종종 「行かせられる」「読ませられる」가 각각 「行かされる」「読まされる」와 같이 간략화된 형태로 사용되는 일이 빈번하다.

~せる ⇨ ~(하)게 한다

| 용법 | 조동사「せる」는 남에게 무언가의 행위를 시킨다는 사역의 의미를 나타내는데 「せる」가 활용할 때는 하1단동사처럼 활용한다.

| 접속 | 5단동사의 미연형과 サ행변격동사 「する」의 미연형 「さ」에만 접속한다.

| 활용 | せ+ない(미연형) せ+ます(연용형) せる(종지형) せる+명사(연체형) せれ+ば(가정형) せろ(よ)(명령형)

| 예문 |

⇨ 日本語学校では学生に英語を使わせない。

(일본어학교에서는 학생에게 영어를 못 쓰게 한다)

⇨ 母は私を学校へ行かせます。(어머니는 나를 학교에 가게 합니다)

⇨ 私は犬にボールをとらせます。(나는 개에게 공을 잡게 합니다)

⇨ 先生は学生に本を読ませます。(선생님은 학생에게 책을 읽게 합니다)

⇨ 父は弟に仕事を手伝わせます。(아버지는 동생에게 일을 돕게 합니다)

⇨ あの人(ひと)はいつも人(ひと)を待(ま)たせる人(ひと)だ。

(저 사람은 언제나 사람을 기다리게 하는 사람이다)

⇨ 子(こ)どもにピアノをならわせよう。(아이에게 피아노를 배우게 하자)

⇨ 私(わたし)は病気(びょうき)をして、親(おや)を心配(しんぱい)させました。(나는 병을 앓아 부모를 걱정시켰습니다)

⇨ 娘(むすめ)を早(はや)く結婚(けっこん)させたいのです。(딸을 빨리 결혼시키고 싶은 겁니다)

⇨ 先生(せんせい)はきっと、その仕事(しごと)をぼくにさせてくださるだろう。

(선생님은 필시 그 일을 나에게 시켜 주실 거다)

ぞ

～ぞ ⇨ 문말에서 주의환기나 자신의 기분을 강조하는 용법

| 용법 | 종조사 「ぞ」는 남성들만 사용하는 문말조사이다. 우선 혼잣말하듯이 사용하는 경우가 있으며 상대방의 주의를 끌거나 자신의 기분을 강조하고자 할 때도 사용된다.

| 접속 | 활용어의 종지형에 접속된다.

| 예문 |

⇨ これはうまくいったぞ。(이건 잘 되었어)

⇨ 雨(あめ)がやみそうだぞ。(비가 그칠 거 같다)

⇨ いいか、なげるぞ。(됐지? 던진다)

⇨ 急(いそ)がなければ後(おく)れるぞ。(서두르지 않으면 늦는다고)

⇨ あの人(ひと)はきっと来(こ)ないぞ。(저 사람은 필시 안온다고)

⇨ あ、郵便屋(ゆうびんや)さんだぞ。手紙(てがみ)が来(き)たかな。
(아, 우체부 아저씨다. 편지가 온 건가?)

⇨ あれ、動(うご)かなくなっちゃった。おかしいぞ。どうしたんだろう。
(어? 움직이지 않게 되어버렸다. 이상하네. 어찌된 건가?)

| 참고 | 한편으로, 조동사 「う」「よう」에 접속하여 어찌하여 그런 일이 있겠는가, 절대 없다, 는 식의 반어법으로도 사용된다.

⇨ こんなうれしいことをどうしてわすれられようぞ。
(이런 기쁜 일을 어떻게 잊을 수 있겠는가?)

⇨ そんなばかげたことが、どうして許(ゆる)されようぞ。
(그런 바보스런 일이 어떻게 용서되겠는가?)

⇨ 人間(にんげん)のあすの命(いのち)など、誰(だれ)が保証(ほしょう)することができようぞ。
(인간의 내일의 목숨 같은 거, 누가 보증할 수가 있겠는가?)

～そうだ
⇨ '～(할)듯 하다, ～(할) 것 같다', 추측의 의미를 나타내는 용법

| 용법 | 조동사 「そうだ」는 문법적으로 「様態(ようたい)」라고 하는 의미용법을 지닌 것으로 자신이 직접 보거나 들은 경험을 토대로 추측할 때에 사용된다.

| 접속 | 형용사와 형용동사는 어간에, 그리고 동사는 연용형에 접속된다. 단지 「よい」「ない」의 경우에는 「よさそうだ」「なさそうだ」가 됨에 주의하여야한다.

| 활용 | そうだろ+う(미연형) そうだっ+た、そうで+ない、そうに+なる(연용형) そうだ(종지형) そうな+명사(연체형) そうなら+(ば)(가정형)

| 예문 |

⇨ このりんごはおいしそうだ。(이 사과는 맛있을 것 같다)

⇨ あの人(ひと)たちは楽(たの)しそうに話(はな)しています。
(저 사람들은 즐거운 듯이 이야기하고 있습니다)

⇨ お宅(たく)のお子(こ)さんは健康(けんこう)そうです。(댁의 자제분은 건강한 듯합니다)

⇨ 田中(たなか)さんはとても元気(げんき)そうです。(다나카씨는 매우 건강한 듯합니다)

⇨ 今(いま)にも雨(あめ)が降(ふ)りそうだ。(당장이라도 비가 올 것 같다)

⇨ マッチの火(ひ)が消(き)えそうです。(성냥불이 꺼질 듯합니다)

⇨ 彼はお金がありそうだ。(그는 돈이 있을 것 같다)

⇨ いい物がなさそうです。(좋은 물건이 없을 것 같습니다)

⇨ このカメラはよさそうだ。(이 카메라는 좋을 것 같다)

| 참고 | 한편 부정에 있어서는 동사가 앞에 왔을 경우에는 「～そうにない」「～そうもない」「～そうにもない」가 사용되는데, 아무래도 「～そうもない」쪽이 보다 강세의 의미가 주어져서 주로 「全然、絶対に、ちっとも、とても」 등의 부사를 수반하는 경향이 강하다. 한편 「そうだ」의 앞에 형용사나 형용동사가 왔을 때의 부정은 「～そうで(は)ない」가 사용되거나 「～くなさそうだ」가 사용된다.

⇨ この店は高そうではない。(이 가게는 비쌀 것 같지는 않다)

⇨ この店は高くなさそうだ。(아 가게는 비싸지 않을 것 같다)

⇨ 彼は、あまり元気そうではない。(그는 그다지 건강할 것 같지는 않다)

⇨ 晴れそうも(に、にも)ありません。(개일 것 같지도 않습니다)

⇨ あの人は日本語がわかりそうも(に、にも)ありません。
(저 사람은 일본어를 알 것 같지도 않습니다)

⇨ 来そうも(に、にも)ない。(올 것 같지도 않다)

⇨ 咲きそうも(に、にも)ありません。(필 것 같지도 않습니다)

⇨ こわれそうも(に、にも)ありません。(깨질 것 같지도 않습니다)

～ そうだ ⇨ '～ (하)다고 한다', 전문을 나타내는 용법

| 용법 | 조동사 「そうだ」는 문법적으로 「様態」 이외에도 「伝聞」이라고 하는 의미 용법도 지니고 있다. 이는 자신이 직접 경험한 것이 아니라 타인으로부터

들어서 알게 되었음을 나타낸다.

| 접속 | 활용어의 종지형에 접속된다.

| 활용 | 부분 활용 밖에 못하여 종지형 「そうだ」와 연용형 「そうで」밖에 없다.

| 예문 |

⇨ 明日は寒いそうです。(내일은 춥답니다)

⇨ 兄によると、あの店のケーキはおいしいそうだ。

(형에 의하면 저 가게의 케이크는 맛있단다)

⇨ 妹の手紙によると、家族はみんな元気だそうだ。

(여동생의 편지에 의하면 가족은 모두 건강하단다)

⇨ 田中さんの話では、山田さんはテニスがじょうずだそうだ。

(다나카씨의 이야기로는 야마다씨는 테니스가 능숙하다고 한다)

⇨ 夕方から雨が降るそうです。(저녁때부터 비가 내린다고 합니다)

⇨ 試験に合格なさったそうで、本当によかったですね。

(시험에 합격하셨다니 정말로 잘 되었군요)

⇨ あの人は若く見えるが、もう50歳だそうです。

(저 사람은 젊게 보이지만 벌써 50세라고 합니다)

⇨ 昨日はお客さんがおおぜい来て大変だったそうですね。

(어제는 손님이 많이 와서 큰일이었다지요?)

~そうに(も)ない ⇨ ~(할) 것 같지도 않다

| 용법 | 추측을 나타내는 조동사 「そうだ」의 부정은 논리상 「そうでない」가 될 듯 하나 이는 어디까지나 형용사나 형용동사 어간에 접속될 때에 한하며, 동사의 경우에는 「そうにない」 또는 「そうもない」로 표현하게 된다. 보다 부정의 의미를 강조하고자 할 때는 「そうにもない」로 표현하게 되는데 이러

한 형태로 어떤 대상에 대하여 그와 같은 일이 일어날 가능성이 매우 희박함을 나타낸다.

| 접속 | 동사연용형에 접속된다.

| 예문 |

⇨ この本(ほん)は売(う)れそうもない。(이 책은 팔릴 것 같지도 않다)

⇨ 雨(あめ)は夜(よる)に入(はい)っても止(や)みそうになかった。(비는 밤이 되어도 그칠 것 같지 않았다)

⇨ 一人(ひとり)の力(ちから)ではとうてい出来(でき)そうにもない。
(혼자의 힘으로는 도저히 할 수 있을 것 같지도 않다)

⇨ 社長(しゃちょう)は年(とし)をとってはいるが、げんきだからなかなか辞(や)めそうにもない。
(사장님은 나이를 먹고는 있으나 건강하니까 좀처럼 그만둘 것 같지도 않다)

~そこなう ⇨ 잘못 ~(하)다, ~(할) 기회를 놓치다, ~(할) 뻔하다

| 용법 | 「そこなう」는 원래 '부수다, 상처를 입히다'는 뜻인데 때로는 동사연용형에 접속되어 복합동사로 쓰일 때도 있다. 이러한 때는 '잘못~(하)다' '~(할) 기회를 놓치다'의 의미를 나타내며 때로는 '~(할) 뻔하다'의 의미를 나타내기도 한다.

| 접속 | 동사연용형에 접속된다.

| 예문 |

⇨ 人(ひと)を見(み)そこなう。(사람을 잘못 보다)

⇨ 封筒(ふうとう)に宛名(あてな)を書(か)きそこなった。(봉투에 받는 사람이름을 잘못 썼다)

⇨ 夕食(ゆうしょく)を食(た)べそこなう。(저녁식사를 못 먹을 뻔하다)

⇨ 溺(おぼ)れそこなう。(물에 빠질 뻔하다)

~そこのけの ⇨ ~도 저리가라는

| 용법 | 「そこ(거기)」에 동사 「退ける(물리치다, 비키게 하다)」의 연용형 「退け」와 조사 「の」가 접속된 어구이다. 이러한 형태로 전항에 제시하는 사항보다 후항 쪽이 훨씬 우수함을 나타낸다.

| 접속 | '전문가, 선생'등 일정한 분야에서 나름대로 우수한 위치에 있는 사람을 나타내는 명사에 접속된다.

| 예문 |

⇨ 彼はプロそこのけの腕前を持っている。

(그는 프로도 저리가라는 솜씨를 지니고 있다)

⇨ 父は学者そこのけの物知りです。

(아버지는 학자도 저리가라는 식견가입니다)

⇨ あの子は先生そこのけの知識を持っている。

(저 아이는 선생님도 저리가라는 지식을 지니고 있다)

⇨ うちの課長は、玄人そこのけの技術を誇っています。

(우리 과장님은 전문가도 저리가라는 기술을 자랑하고 있습니다)

そこへいくと ⇨ 그에 비해서

| 용법 | 「そこ」는 전항에서 제시된 내용을 가리키고 「いく」는 제시된 내용으로 가서 볼 때, 정도의 의미를 지니는 어구이다. 이러한 형태로 비교를 나타낼 때 많이 사용되는데 주로 회화체에서 쓰인다.

| 예문 |

⇨ ま、そこへいくと僕はまるっきり苦労なし、兄貴が父親がわりをやってくれたからねえ。

(뭐, 그에 비해서 나는 전혀 고생 없었지. 형이 아버지역할을 대신해 주었으니까 말이야)

⇨ お宅の坊っちゃん、勉強がよくお出来になるそうですね。そこへいくとうちの坊主なんかまったくだめですよ。

(댁의 아드님, 공부를 잘하신다지요? 그에 비해서 우리 집 녀석은 도무지 안돼요)

⇨ A: うちの会社、残業が多くてね。先週はほとんど晩ごはん、家で食べていないんだ。(우리 회사는 잔업이 많아서 말이야. 지난주는 거의 저녁밥을 집에서 먹지 못했어)

B: そりゃ、大変だな。そこへいくと僕のとこなんか楽なほうだ。

(그거, 보통일 아니네. 그에 비해서 우리는 편한 편이지)

~そのものだ ⇨ 바로 그 자체이다(그것이다)

| 용법 | 연체사 「その」에 명사 「もの」와 단정의 조동사 「だ」가 접속된 어구이다. 이러한 형태로 어떠한 대상이 비유대상 바로 그대로임을 강조하게 된다.

| 접속 | 비유대상을 나타내는 명사에 접속된다.

| 예문 |

⇨ 彼は真面目そのものだ。(그는 성실 바로 그 자체이다)

⇨ その合唱団は天使の歌声そのものだ。

(그 합창단은 천사의 노랫소리 바로 그것이다)

⇨ あの映画は彼の人生そのものだ。(저 영화는 그의 인생 바로 그 자체이다)

~そばから ⇨ ~(하)기만 하면 바로

| 용법 | '옆, 곁'의 의미를 지닌 「そば」에 조사 「から」가 접속된 어구이다. 이러한 형태로 어떤 행위가 실현되고 곧바로 다음의 행위가 실현됨을 나타내는 데 다소 딱딱한 느낌을 주는 표현이다.

| 접속 | 동사연체형이나 과거, 완료의 조동사 「た」에 접속된다.

| 예문 |

⇨ ぼくは頭(あたま)が悪(わる)いから、おぼえるそばから忘(わす)れてしまいます。
(나는 머리가 나쁘니까 외우기만 하면 바로 잊어버립니다)

⇨ 小(ちい)さな子(こ)どもは、母親(ははおや)が部屋(へや)を掃除(そうじ)するそばからよごします。
(작은 아이는 어머니가 방을 청소하기만 하면 바로 더럽힙니다)

⇨ 息子(むすこ)はこづかいをやったそばから使(つか)ってしまう。
(아들은 용돈을 주기만 하면 곧바로 써버린다)

⇨ 読(よ)んだそばから抜(ぬ)けていって何(なに)も覚(おぼ)えていない。
(읽기만 하면 바로 빠져나가서 아무것도 기억하고 있지 않다)

そもそも ~ というのは ⇨ 본시 ~ 라는 것은

| 용법 | '처음'을 나타내는 부사 「そもそも」가 앞에 배치되고 뒤에는 내용의 제시를 나타내는 「というのは」가 배치된 어구이다. 이러한 형태로 사물의 본질이나 기본적인 성질을 나타내게 되는데 주로 기본적인 규범에서 벗어난 행동이나 태도에 대한 반론을 제기하거나 설득을 할 때에 사용된다.

| 접속 | 그 사이에는 명사가 들어간다.

| 예문 |

⇨ そもそも子供(こども)というのは型(かた)にはまらない生(い)き方(かた)を好(この)むものだ。規則(きそく)ずくめの学校(がっこう)を息苦(いきぐる)しく感(かん)じるのは当然(とうぜん)だ。
(본시 아이라는 것은 틀에 들어맞지 않는 생활방식을 좋아하는 법이다. 규칙투성이인

학교를 숨 막히게 느끼는 것은 당연하다)

⇨ そもそも人の気持ちというのは他人にコントロールできるものではないのだから、人を思い通りにしようとしても無駄だ。

(본시 사람의 기분이라는 것은 타인을 컨트롤할 수 있는 것은 아니므로 사람을 생각대로 하려고 해도 소용없다)

⇨ そもそも教育というのは答えのないテーマであって、試行錯誤をくりかえさなければいけない、そういうものかもしれない。

(본시 교육이라는 것은 답이 없는 테마로서 시행착오를 되풀이해야만 하는 그러한 것일지도 모른다)

それでこそ ⇨ 그야말로

| 용법 | 접속사 「それで」와 계조사 「こそ」가 결합된 어구로 주로 문두에서 쓰인다. 이러한 형태로 어떠한 사항이나 인물의 자질을 내세워서 높이 평가하는 의미를 나타낸다.

| 예문 |

⇨ 彼は部下の失敗の責任をとって、社長の座を降りた。それでこそ真のリーダーと言える。

(그는 부하의 실패책임을 지고 사장의 자리에서 물러났다. 그야말로 참된 리더라고 할 수 있다)

⇨ A：あの大学、卒業するのがむずかしいそうだよ。(저 대학, 졸업하는 것이 어렵대)

B：それでこそ本当の大学だね。(그야말로 진짜대학이네)

⇨ A：今度のコピー機は、まったく人手がいらないそうだ。

(이번 복사기는 전혀 사람손이 필요 없대)

B：それでこそオフィス革命と言えるね。今までのは人を忙しくさせるだけだったから。

(그야말로 오피스혁명이라고 할 수 있네. 지금까지의 복사기는 사람을 바쁘게 할 뿐이었으니까)

それどころか ⇨ 그렇기는커녕, 그 뿐만 아니라

|용법| 지시대명사 「それ」에 접속조사 「どころか」가 접속되어 구성된 접속사이다. 이러한 형태로 앞에서 한 말을 받아 새로운 사항이나 사실을 적극적으로 추가하는 의미를 나타낸다.

|예문|

⇨ 私は反対はしない。それどころか協力したいと思っている。

(나는 반대는 안한다. 그렇기는커녕 협조하고 싶다고 생각하고 있다)

⇨ A：山の家はすずしくていいでしょうね。(산속의 집은 시원해서 좋겠군요)

B：それどころか、寒くてすっかり風邪を引いてしまいました。

(그렇기는커녕 추워서 완전히 감기 걸리고 말았습니다)

⇨ A：彼、最近結婚したらしいね。(그는 최근에 결혼한 것 같군)

B：それどころか、もう赤ん坊が生まれたそうだよ。

(그 뿐만 아니라 이미 아기가 태어났다는 거야)

それなりに(の) ⇨ 그 나름대로(의)

|용법| 지시대명사 「それ」에 그에 어울림을 나타내는 접미어 「なり」와 조사 「に」 또는 「の」가 접속된 어구이다. 「それなりに」의 형태로는 그 뒤에 오는 술어를 수식하나 「それなりの」의 형태로는 바로 그 뒤에 오는 명사를 수식하게 된다. 이러한 형태로 다소의 결점이나 한계점은 있으나 그를 바탕으로 그에 상응하는 노력이나 성과를 거두고 있음을 나타낸다.

| 예문 |

⇨ 子供たちもそれなりに力を合わせて頑張っている。

(아이들도 그 나름대로 힘을 합쳐서 분발하고 있다)

⇨ 小さな会社だがそれなりに利益は上げている。

(작은 회사이지만 그 나름대로 이익은 올리고 있다)

⇨ 努力をすればそれなりの成果はあがるはずだ。

(노력을 하면 그 나름대로의 성과는 올라갈 것이다)

⇨ 嫌だというならそれなりの理由があるのだろう。

(싫다고 한다면 그 나름대로의 이유가 있을 것이다)

それにしては ⇨ 그에 비해서는, 그런 것치고는

| 용법 | 「それ」는 앞에 전개된 내용을 가리키는데 여기에 비교를 나타내는 「にしては」가 접속된 어구이다. 이러한 형태로 전항에서 전개된 내용과는 반대되는 내용을 유도하는 의미를 나타낸다.

| 예문 |

⇨ アメリカに3年いたそうだが、それにしては英語が下手だ。

(미국에 3년 있었다는데 그에 비해서는 영어가 미숙하다)

⇨ 彼は一流の大学を出ているそうだが、それにしては仕事ができない。

(그는 일류대학을 나왔다고 하는데 그런 것치고는 일을 못한다)

⇨ あの子、あれでもスキー初めてなんですよ。それにしてはうまいでしょ。

(저 아이, 저래보여도 스키는 처음인거예요. 그에 비해서는 잘 하죠?)

⇨ A：これは輸入の最高級品だよ。(이건 수입된 최고급품이야)

B：それにしては安いのね。(그런 것치고는 싸네)

それにしても ⇨ 그래도 그렇지, 암만 그래도

| 용법 | 「それ」는 앞에 전개된 내용을 가리키는데 여기에 비교를 나타내는 「にしても」가 접속된 어구이다. 이러한 형태로 앞의 사항을 일단 인정은 하면서도 무언가 다소 불충분하거나 불만족스러움을 나타낸다.

| 예문 |

⇨ それにしても電話(でんわ)ぐらいすればいいのに。

(그래도 그렇지 전화쯤 하면 좋을 텐데)

⇨ それにしても世(よ)の中(なか)は不思議(ふしぎ)なものだ。

(그래도 그렇지 세상은 이상한 것이다)

⇨ A：よく降(ふ)りますね。(비가 꽤 오네요)

B：ええ、それにしても山田(やまだ)さん遅(おそ)いですね。

(예, 암만 그래도 야마다씨 늦는군요)

⇨ A：太郎(たろう)、また背(せ)がのびたようよ。(다로, 또 키가 큰 거 같아요)

B：それにしても、あいつはよく寝(ね)るなあ。(암만 그래도 그 녀석은 꽤나 자네)

それには及(およ)ばない ⇨ 그럴 것까지는 없다, 그럴 필요는 없다

| 용법 | 「それには」에 동사 「及(およ)ぶ(～에이르다, ～에 미치다)」의 미연형 「及(およ)ば」에 부정을 나타내는 조동사 「ない」가 접속된 「及(およ)ばない」의 형태가 관용적으로 결합되어 쓰이는 어구이다. 이러한 형태로 상대의 권유에 대하여 정중하게 사양하는 의미를 나타낸다.

|예문|

⇨ A：車(くるま)で家(いえ)までお送(おく)りしましょう。(차로 집까지 바래다드리겠습니다)

B：いいえ、それには及(およ)びません。歩(ある)いても５分(ふん)ほどの所(ところ)ですから。

(아니오, 그럴 것까지는 없습니다. 걸어도 5분정도인 곳이니까요)

⇨ A：空港(くうこう)までお迎(むか)えにあがりますよ。(공항까지 모시러 가겠습니다)

B：大丈夫(だいじょうぶ)です。よく知(し)っている所(ところ)ですから、それには及(およ)びませんよ。

(괜찮습니다. 잘 알고 있는 곳이니까 그럴 필요는 없어요)

そればかりか ⇨ 그뿐만 아니라

|용법| 지시대명사 「それ」에 한정의 의미를 나타내는 부조사 「ばかり」와 조사 「か」가 접속된 어구이다. 이러한 형태로 전항에서는 가벼운 정도의 사항을 제시한 다음에 이어서 후항에서 보다 무거운 정도의 사항을 언급하는 의미를 나타낸다.

|예문|

⇨ 山田(やまだ)さんは英語(えいご)が話(はな)せる。そればかりか韓国語(かんこくご)もドイツ語(ご)も話(はな)せる。

(야마다씨는 영어를 할 수 있다. 그뿐만 아니라 한국어도 독일어도 할 수 있다)

⇨ 彼(かれ)はその男(おとこ)に着(き)る物(もの)を与(あた)えた。そればかりか、いくらかの金(かね)まで持(も)たせてやった。

(그는 그 남자에게 입을 옷을 주었다. 그뿐만 아니라 얼마간의 돈까지 쥐어주었다)

⇨ 日本(にほん)の私立高校(しりつこうこう)には、たいてい制服(せいふく)がある。そればかりか靴(くつ)やカバンまで決(きま)っているという学校(がっこう)が多(おお)い。

(일본의 사립고등학교에는 대체로 교복이 있다. 그뿐만 아니라 구두나 가방까지 정해져있다고 하는 학교가 많다)

それはさておき ⇨ 그건 그렇고

| 용법 | 「それは」에 동사 「さておく(그대로 놔두다)」의 연용형인 「さておき」가 접속된 어구이다. '그 일은 별도로 하고' 라는 의미를 나타내는데 주로 다른 화제로 바꿀 때에 쓰이며 다소 격식을 차린 어감이 주어진다.

| 예문 |

⇨ それはさておき、今日お伺いした用件は新車紹介に関してです。

(그건 그렇고 오늘 찾아뵌 용건은 신차소개에 관해서입니다)

⇨ 以上名前を呼ばれた人は後で残ってください。それはさておき、来月は期末試験ですね。みんな頑張ってください。

(이상 이름을 불린 사람은 나중에 남아주십시오. 그건 그렇고 다음 달은 기말 시험이지요. 모두 분발해주십시오)

⇨ 万引が問題なのはわかります。しかしそれはさておき、もう少し広く青少年をとりまく社会環境について話し合いたいと思います。

(남의 물건을 슬쩍하는 것이 문제인 것은 알겠습니다. 그러나 그건 그렇고 좀 더 널리 청소년을 둘러싼 사회 환경에 관하여 이야기를 나누고 싶다고 생각합니다)

それはそうと ⇨ 그건 그렇고

| 용법 | 지시대명사 「それ」에 조사 「は」와 부사 「そう」, 그리고 다시 조사 「と」가 차례로 접속된 어구이다. 이러한 형태로 이야기를 진행해 오다가 다른 일이 생각났을 때나 화제를 바꿀 때 등에 사용된다.

| 예문 |

⇨ それはそうと、先日お願いした件はどうなりましたか。

(그건 그렇고 일전에 부탁한 건은 어찌 되었습니까?)

⇨ 事情はわかった。それはそうと、彼はその後どうしてるんだい。

(사정은 알았다. 그건 그렇고 그는 그 후 어찌 지내고 있나?)

⇨ A：パン、買ってきたよ。(빵, 사왔어.)

B：ありがとう。それはそうと山田さんに電話してくれた？

(고마워. 그건 그렇고 야마다씨에게 전화해줬어?)

⇨ A：先生、レポートのしめきりはいつですか。

(선생님, 리포트 마감일은 언제입니까?)

B：来月末だよ。それはそうと明日の演習の発表はだれだったかな。

(내달 말이야. 그건 그렇고 내일 연습의 발표는 누구였던가?)

それまでだ ⇨ 그뿐이다, 그만이다

| 용법 | 지시대명사 「それ」에 조사 「まで」가 접속되고 이어서 단정의 조동사 「だ」가 연결된 어구이다. 이러한 형태로 그것으로 끝임을 나타내는데 그 앞에는 가정표현이 주로 오게 된다.

| 예문 |

⇨ 長年勤めてきた会社ではあるが、退職してしまえばそれまでだ。

(오랫동안 근무해온 회사이기는 하지만 퇴직해 버리면 그뿐이다)

⇨ いくらお金を貯めても、死んでしまえばそれまでだから、生きているうちに楽しんだ方がいい。

(아무리 돈을 모아도 죽어버리면 그뿐이니까 살아 있는 동안에 즐기는 편이 좋다)

⇨ 運がよかったと言ってしまえばそれまでだが、彼があの若さで成功したのにはそれなりの理由がある。

(운이 좋았다고 해버리면 그만이지만, 그가 저 젊음으로 성공한 것에는 그 나름대로의 이유가 있다)

|참고| 이와 유사한 표현으로 「これまでだ」가 있는데 이는 궁지에 빠졌을 때 체념하는 의미를 나타내는 경향이 있다.

⇨ もはや、これまでだ。(이젠, 이것으로 끝이다)

存じる ⇨ 「思う」「知る」의 겸양어, 또는 기타 용법

|용법| 「存じる」는 「思う」「知る」에 대한 겸양어로 「ありがたく存じております」(감사하게 생각하고 있습니다) 「あの方のことは, よく存じております」(저 분에 대해서는 잘 알고 있습니다)와 같이 널리 쓰인다. 한편 「存じる」의 명사형 「存じ」에 접두어 「ご」를 접속하여 「ご存じでしょうか」(아십니까?) 「ご存じのように」(아시다시피)와 같이 쓰이기도 한다. 다만 「存じる」의 부정표현으로는 「存じません」보다는 「存じておりません」(생각하지 않고 있습니다), 「よく存じません」(잘 모릅니다)과 같이 사용하는 것이 바람직하다. 아울러 「存じ上げる」는 상대방을 이미 알고 있을 경우에 겸손된 표현으로 쓸 수 있는 말이다.

⇨ お名前は存じ上げておりました。(존함은 익히 알고 있었습니다)

⇨ お顔は存じ上げております。(얼굴은 익히 알고 있습니다)

た

～た ⇨ '～ 았다', 과거, 완료, 존속을 나타내는 용법

| 용법 | 조동사 「た」는 어떠한 일 또는 상태가 현시점보다 전에 발생하거나 존재하였음을 나타내는 과거의 용법과, 어떠한 동작이나 작용이 마무리되어 확정적인 상황에 이르렀음을 나타내는 완료의 용법, 그리고 어떤 상태가 이전부터 지금까지 지속되고 있음을 나타내는 존속의 용법을 지니고 있다.

| 접속 | 활용어의 연용형에 접속되는데 5단동사의 경우 그 중에서 어미가 「ぐ、ぬ、ぶ、む」로 끝나는 동사의 연용형이 접속될 때는 음편형이 나타나며 그 영향으로 「た」는 「だ」로 변하게 된다.

| 활용 | たろ+う(미연형) た(종지형) た(연체형) たら(가정형)

| 예문 |

⇨ 私は去年の四月に日本へ来ました。(나는 작년 4월에 일본에 왔습니다)

⇨ 私はまだ、富士山を見たことがありません。(나는 아직 후지산을 본 적이 없습니다)

⇨ 夏休みには旅行がしたかったが、いそがしくてどこへも行けなかった。
(여름방학에는 여행을 하고 싶었지만 바빠서 아무데도 갈수 없었다)

[→ 과거의 용법]

⇨ 今やっと勉強がすんだところです。(지금 겨우 공부가 끝난 참입니다)

⇨ 明日お会いした時、お渡しします。(내일 만나 뵈었을 때 전해드리겠습니다)

⇨ ご飯の支度ができたら私を呼んでください。(식사 준비가 되면 저를 불러주십시오)

[→ 완료의 용법]

⇨ あのめがねをかけた女の人は誰ですか。(저 안경을 쓴 여자는 누구입니까?)

⇨ あなたに似た人に会いましたよ。(당신을 닮은 사람을 만났어요)

⇨ バスの中で、前にすわった人がずっと私を見ていた。
(버스 안에서 앞에 앉은 사람이 줄곧 나를 보고 있었다)

[→존속의 용법]

존속의 경우 연체형 「た」만 사용되며 언제든지 「～ている」로 바꿀 수가 있다.

|참고| 또한 「～たろう」는 회화체에서는 그리 사용되지 않아서 이 경우에는 「～ただろう」가 주로 사용된다.

⇨ 息子は、今頃ワシントンに着いただろう。
(아들은 지금쯤 워싱턴에 도착했을 것이다)

～だ ⇨ '～이다', 단정의 의미를 나타내는 용법

|용법| 조동사 「だ」는 어떠한 판단을 잘라서 말하듯이 확실하게 내리는 의미를 나타낸다.

|접속| 명사나 조사 「の、から、まで、ばかり、だけ、など、ほど、くらい」에 접속된다. 또한 「だ」의 가정형 「なら」와 추측형 「だろ+う」의 경우에는 그 앞에 동사, 형용사, 그리고 조동사의 종지형이 접속된다. 주의할 사항은 연체형 「な」의 다음에는 「の」 「のに」 「ので」만 접속될 수 있다는 점이며, 아울러 가정형 「なら」의 경우에는 그 뒤에 조사 「ば」가 접속되어도 되지 않아도 무방하나 주로 접속되지 않는 경향이 보다 두드러진다.

|활용| だろ+う(추측형) だっ+た、で+ない(연용형) だ(종지형) (な)+の(연체형) なら+(ば)(가정형)

| 예문 |

⇨ 学校が休みなので、映画を見に行くつもりだ。

(학교가 쉬기 때문에 영화를 보러 갈 생각이다)

⇨ 今にも夕立が降り出さんばかりの空模様だ。

(당장이라도 소나기가 내릴 것만 같은 하늘모양이다)

⇨ あの先生はたぶん私に本を読ませるだろう。

(저 선생님은 아마 나에게 책을 읽게 할 것이다)

⇨ 今日は記録的な暑さだった。(오늘은 기록적인 더위였다)

⇨ 彼女が病気だったら、私たちは旅行に行きません。

(그녀가 아프면 우리들은 여행을 가지 않겠습니다)

⇨ これは鉛筆で、あれは本だ。(이것은 연필이고, 저것은 책이다)

⇨ 何もおっしゃらないでください。私なりによく考えたすえに出した結論なのです。

(아무 것도 말씀하시지 말아 주십시오. 저 나름대로 잘 생각한 끝에 내린 결론인 겁니다)

⇨ あなたが行くのなら(ば)私も行きます。(당신이 간다면 나도 가겠습니다)

⇨ あの人は日本へ来たばかりなのに、もう日本語が話せます。

(저 사람은 일본에 온지 얼마 되지 않은데 벌써 일본어를 할 수 있습니다)

～だ ⇨ '～에 있다', 사람이나 사물의 존재를 나타내는 용법

| 용법 | 단정의 의미를 나타내는 조동사 「～だ」는 문말에서 명사와 함께 결합하여 사람 또는 건물의 존재나 위치를 나타낼 때가 있다. 우리말의 '～에 있다' 정도에 해당되는데 이는 우리말에는 전혀 없는 용법이므로 주의 깊게 익혀두어야 할 사항이다. 이러한 표현이야말로 일본어의 함축성과 생략성을 여실히 드러내는 것이라고 볼 수 있을 것이다.

| 접속 | 주로 사람이나 건물을 나타내는 명사에 접속된다.

| 활용 | だろ+う(추측형) だっ+た、で+ない(연용형) だ(종지형) (な)+の(연체형) なら+(ば)(가정형)

| 예문 |

⇨ お母さんは台所だ。(어머니는 부엌에 있다)

⇨ 社長は只今、海外だ。(사장은 지금 해외에 있다)

⇨ 田中さんは、今、食堂だ。(다나카씨는 지금 식당에 있다)

～たあとから ⇨ ～(한) 다음에

| 용법 | 과거, 완료를 나타내는 조동사 「た」에 '나중에, 다음에'의 의미를 지닌 「あとから」가 접속된 어구이다. 이러한 형태로 어떤 동작, 작용이 완료된 다음에 그와 연관되는 동작, 작용이 전개됨을 나타낸다.

| 접속 | 동사연용형에 접속된다.

| 예문 |

⇨ 募集を締め切ったあとから応募したいと言ってこられても困る。

(모집을 마감한 다음에 응모하고 싶다고 말해와도 곤란하다)

⇨ 試験に落ちたあとからもう一度受けさせてくださいと言ってきてもだめだ。

(시험에 떨어진 다음에 다시 한 번 치게 해주십시오 라고 말해와도 안 된다)

⇨ 新製品の企画を提出したあとから、新しい企画は当分見合わせたいと上司に言われてがっかりした。

(신제품 기획을 제출한 다음에 새로운 기획은 당분간 보류하고 싶다는 상사의 말을 듣고 실망했다)

~たあと(で) ⇨ ~(한) 다음(에)

| 용법 | 과거, 완료를 나타내는 조동사 「た」에 시간적인 뒤를 나타내는 「あと」가 접속된 어구이다. 이러한 형태로 하나의 사항이 종결된 이후에 다음의 사항으로 이행함을 나타낸다. 한편 「たあと」에 조사 「で」가 접속된 「たあとで」의 형태로 쓰일 때는 하나의 사항이 종결된 이후에 어느 정도의 시간이 지나서 다음의 사항으로 이행됨을 나타내지만, 단지 「たあと」로만 쓰일 때는 그러한 뉘앙스는 없이 두 가지 사항의 시간적인 전후관계만을 중립적으로 나타내게 된다.

| 접속 | 동사연용형에 접속된다.

| 예문 |

⇨ 彼(かれ)はアルバイトをやめたあと、毎日(まいにち)ぶらぶらしている。

(그는 아르바이트를 그만둔 다음 매일 빈둥거리고 있다)

⇨ この薬(くすり)はごはんを食(た)べたあと飲(の)んでください。

(이 약은 밥을 먹은 다음 복용해 주십시오)

⇨ ご飯(はん)を食(た)べたあとで、ピンポンしませんか。

(밥을 먹고 난 다음에 탁구하지 않겠습니까?)

⇨ 運動(うんどう)したあとでゆっくり休(やす)みましょう。(운동한 다음에 푹 쉽시다)

~たい ⇨ '~(하)고 싶다', 희망을 나타내는 용법

| 용법 | 조동사 「たい」는 말하는 사람이나 상대방의 희망, 욕구를 나타낸다. 제3자의 희망을 나타낼 때는 제한적으로 사용되므로 제3자의 희망을 나타낼 때는 「~たがる(~(하)고 싶어 하다)를 사용하여야 한다. 아울러 「~たい」

가 희망, 욕구의 대상을 나타낼 때는 그 앞에는 보통 조사 「が」가 오게 되는데 어감을 보다 부드럽게 하기 위하여 문말에서는 「～たいんです」 또는 「～たいと思っています」를 사용하는 일이 많다.

| 접속 | 동사나 동사활용식조동사(せる、させる、れる、られる)의 연용형에 접속된다.

| 활용 | たかろ+う(미연형) たく+ない、たかっ+た(연용형) たい(종지형) たい+명사(연체형) たけれ+ば(가정형)

| 예문 |

⇨ 私は英語が話したいです。(저는 영어를 하고 싶습니다)

⇨ 私は京都へ行きたいです。(저는 교토에 가고 싶습니다)

⇨ 私は新幹線に乗りたいです。(저는 신칸센을 타고 싶습니다)

⇨ 冷たい水が飲みたい。(차가운 물을 마시고 싶다)

⇨ 何も食べたくない。(아무것도 먹고 싶지 않다)

⇨ どこへ行きたいですか。(어디에 가고 싶습니까?)

⇨ 試験が終ったら、何をしたいですか。
(시험이 끝나면 무엇을 하고 싶습니까?)

⇨ コーヒーが飲みたいな。(커피가 마시고 싶구나)

⇨ 私は結婚したくないです。(저는 결혼하고 싶지 않습니다)

⇨ 25歳までに結婚したかったが、だめだった。
(25살까지 결혼하고 싶었지만 안 되었다)

⇨ 一日も早くあなたに会いたかった。(하루라도 빨리 당신을 만나고 싶었다)

⇨ 休みたければ休みなさい。(쉬고 싶으면 쉬어라)

たいして ~ ない ⇨ 그다지 ~ (하)지 않다

| 용법 | 「たいして」는 '그다지, 별로'의 뜻을 지닌 부사인데 그 뒤에 부정을 나타내는 형용사 「ない」를 수반하여 그 정도가 높지 않음을 나타내게 된다. 주로 부정적인 평가를 나타내는 데에 쓰이는 경향이 있다.

| 접속 | 「ない」앞에는 형용사나 형용동사의 연용형이 오게 된다.

| 예문 |

⇨ きょうはたいして寒(さむ)くないね。散歩(さんぽ)にでも行(い)こうか。

(오늘은 그다지 춥지 않네. 산책이라도 갈까?)

⇨ あのすし屋(や)は高(たか)すぎる。たいしてうまくもないのに。

(저 초밥 집은 너무 비싸다. 그다지 맛도 없는데)

⇨ 不動産屋(ふどうさんや)に行(い)ってみたが、勧(すす)められた部屋(へや)はたいしてよくなかった。

(공인중개사에게 가봤는데 권유된 방은 그다지 좋지 않았다)

⇨ たいして有能(ゆうのう)でもないのに、あの議員(ぎいん)は勤続(きんぞく)25年(ねん)だそうだ。一体(いったい)どんな人(ひと)が投票(とうひょう)しているんだろう。

(그다지 유능하지도 않은데 저 의원은 근속25년이라고 한다. 도대체 어떤 사람이 투표한 것일까?)

~ たいだけ ⇨ ~ (하)고 싶은 만큼

| 용법 | 희망을 나타내는 조동사 「たい」에 '~만큼'을 나타내는 부조사 「だけ」가 접속된 어구이다. 이러한 형태로 어떤 일에 대한 희망이나 욕구가 충족될 수 있는 한계를 나타내는데 이 어구의 앞뒤에는 같은 동사가 반복하여 등장하는 것이 보통이다.

| 접속 | 동사연용형에 접속된다.

| 예문 |

⇨ 遠慮しないで食べたいだけ食べなさい。

(사양하지 말고 먹고 싶은 만큼 먹어라)

⇨ ここが気に入ったのなら、いたいだけいていいですよ。

(여기가 마음에 들었다면 있고 싶은 만큼 있어도 좋아요)

⇨ 彼女は泣きたいだけ泣いて気が済んだのか、夕食の支度を始めた。

(그녀는 울고 싶은 만큼 울어서 마음이 풀렸는지 저녁식사준비를 시작했다)

⇨ 遊びたいだけ遊んで納得した。あすからいっしょうけんめい勉強しよう。

(놀고 싶은 만큼 놀아서 만족했다. 내일부터 열심히 공부하자)

～たい放題 ⇨ ～(하)고 싶은 대로 실컷

| 용법 | 희망을 나타내는 조동사 「たい」에 어떤 행위를 생각대로 실컷 함을 나타내는 접미어 「放題」가 접속된 어구이다. 이러한 형태로 다른 사람을 의식하지 않고 제멋대로 행동하는 것에 대한 말하는 사람의 탐탁하지 않은 심정을 나타낸다.

| 접속 | 「やる」「する」「言う」「散らかす」와 같은 동사의 연용형에 접속된다.

| 예문 |

⇨ 口の悪い姉は相手の気持ちも考えず、いつも言いたい放題だ。

(입버릇이 나쁜 누나는 상대의 기분도 생각하지 않고 언제나 말하고 싶은 대로 실컷 말한다)

⇨ 誰も叱らないものだから、子供達はやりたい放題部屋の中を散らかしている。

(아무도 야단치지 않으니까 아이들은 하고 싶은 대로 실컷 방안을 어지럽히고 있다)

⇨ このことについて、たとえすべての人々が言いたい放題のことをいっても、私はかまいません。

(이 일에 관하여 설사 모든 사람들이 하고 싶은 대로 실컷 말해도 나는 상관없습니다)

⇨ 近所の子供たちは、後片付けもせずに、家の中を散らかしたい放題に散らかして帰っていった。

(근처의 아이들은 뒷정리도 하지 않고 집안을 어지르고 싶은 대로 실컷 어지르고 돌아갔다)

~たいものだ ⇨ ~(했)으면 한다

|용법| 희망을 나타내는 조동사「たい」에 말하는 사람의 판단이나 주장을 나타내는「ものだ」가 접속된 어구이다. 이러한 형태로 말하는 사람의 그렇게 되었으면 하는 희망을 나타낸다.

|접속| 동사연용형에 접속된다.

|예문|

⇨ どうにかしていい会社に入りたいものだ。

(어떻게든 해서 좋은 회사에 들어갔으면 한다)

⇨ お金はなるべくたくさん使えるだけ、持っていたいものだ。

(돈은 될 수 있으면 많이 쓸 수 있을 만큼 갖고 있었으면 한다)

⇨ 話し合う時は、自己主張だけでなくまわりの気持ちも理解したいものだ。

(이야기를 나눌 때는 자기주장뿐만 아니라 주위사람의 기분도 이해했으면 한다)

⇨ そして、自分の手元にそれほどなければ、せめてそういうまねができる他人の行状を見たりして、心を豊かにしたいものである。

(그리하여 자신의 수중에 그다지 없으면 적어도 그러한 흉내를 낼 수 있는 타인의 행실을 보거나하여 마음을 풍요롭게 했으면 한다)

～た上(うえ)では ⇨ ～(한) 바로는

| 용법 | 전항을 전제로 하여 후항에 그에 대한 평가를 내리는 어구이다.

| 접속 | 동사연용형에 접속된다.

| 예문 |

⇨ 先生(せんせい)がおっしゃった上(うえ)では、今回(こんかい)の論文(ろんぶん)はなんとかパスできそうだ。

(선생님께서 말씀하신 바로는 이번 논문은 그럭저럭 통과될 것 같다)

⇨ 今日(きょう)の音楽会(おんがくかい)は、私(わたし)の聞(き)いた上(うえ)では、今(いま)までで最高(さいこう)の演奏(えんそう)だった。

(오늘의 음악회는 내가 들은 바로는 지금까지 중에서 최고의 연주였다)

⇨ 昨日(きのう)、市役所(しやくしょ)が発表(はっぴょう)した上(うえ)では、うちも再開発(さいかいはつ)の対象(たいしょう)となるらしい。

(어제 시청이 발표한 바로는 우리 집도 재개발의 대상이 될 것 같다)

たかが ～ぐらいで ⇨ 고작 ～ 정도로, 기껏해야 ～ 가지고

| 용법 | 「たかが」는 '고작, 기껏해야'의 의미를 지닌 부사인데 그 뒤에 정도를 나타내는 「ぐらいで」를 수반하여 어떤 대상에 대한 낮은 평가를 나타낸다. 그 뒤에는 주로 신경쓸 필요가 없음을 나타내는 표현이 오게 된다.

| 접속 | 명사나 활용어의 연체형에 접속된다.

| 예문 |

⇨ たかが風邪(かぜ)ぐらいで学校(がっこう)を休(やす)まなくてもよい。

(고작 감기정도로 학교를 쉬지 않아도 좋다)

⇨ たかが試験(しけん)に失敗(しっぱい)したぐらいでくよくよすることはない。

(기껏해야 시험에 실패한 걸 가지고 신경 쓸 필요는 없다)

⇨ たかが絵画展(かいがてん)に入選(にゅうせん)したぐらいで、こんなに祝(いわ)っていただくのはなんだか恥(は)ずかしいです。

(고작 회화전에 입선한 정도로 이렇게 축하를 받는 것은 웬지 부끄럽습니다)

⇨ たかが旅さきの安いおみやげぐらいで、そんなにお礼をいっていただくと困ります。

(기껏해야 여행지의 값싼 선물정도로 그렇게 감사인사를 받아서는 곤란합니다)

～たが最後 ⇨ ～(했)다하면

| 용법 | 과거, 완료를 나타내는 조동사 「た」에 조사 「が」가 접속되고 이어서 「最後」가 접속된 어구이다. 이러한 형태로 한번 어떤 일이 일어나면 그 이후에는 절대로 그 상태를 바꿀 수 없음을 나타낸다.

| 접속 | 동사연용형에 접속된다.

| 예문 |

⇨ あの人につかまったが最後、3時間ぐらい話を聞かされますよ。

(저 사람에게 붙잡혔다하면 3시간정도 이야기를 들어야 해요)

⇨ それを言ったが最後、君たち二人の友情は完全にこわれてしまうよ。

(그런 말을 했다하면 너희들 두 사람의 우정은 완전히 깨져버린다고)

⇨ あの子はいったん遊びに出たが最後、暗くなるまでもどって来ない。

(저 아이는 일단 놀러 나갔다하면 어두워질 때까지 돌아오지 않는다)

⇨ 学校内でタバコを吸っているのを見つかったが最後、停学は免れないだろう。

(학교 내에서 담배를 피우고 있는 것을 발각되었다하면 정학은 면할 수 없을 것이다)

| 참고 | 이와 유사한 어구로는 「～たら最後」도 있는데 그 의미용법은 같다. (해당 항목 참고)

⇨ 彼は寝たら最後、まわりでどんなに騒いでも絶対に目をさまさない。

(그는 잤다하면 주위에서 아무리 소란을 피워도 절대로 깨지 않는다)

～たがる ⇨ ～(하)고 싶어 한다

| 용법 | 「たがる」는 희망, 욕구를 나타내는 조동사 「たい」에 형용사어간에 접속되어 이것을 5단동사화하는 접미어 「がる」가 접속된 것이다. 이러한 형태로 주로 말하는 사람과 상대방이외의 제3의 인물이 어떠한 동작이나 행위를 희망하고 있다고 하는 태도를 나타낸다.

| 접속 | 동사나 동사활용식 조동사 「せる、させる、れる、られる」의 연용형에 접속된다.

| 활용 | たがら+ない(미연형) たがり+ます(연용형) たがる(종지형) たがる+명사(연체형)
たがれ+ば(가정형) たがろ+う(추측형)

| 예문 |

⇨ あの人(ひと)は国(くに)へ帰(かえ)りたがっている。
(저 사람은 고향으로 돌아가고 싶어 하고 있다)

⇨ いつも、子供(こども)は甘(あま)いものを食(た)べたがります。
(언제나 아이는 단 것을 먹고 싶어 합니다)

⇨ 私(わたし)の友(とも)だちは京都(きょうと)へ行(い)きたがっています。
(제 친구는 교토에 가고 싶어 하고 있습니다)

⇨ 今(いま)、学生(がくせい)たちは新(あたら)しい言葉(ことば)を知(し)りたがっています。
(지금 학생들은 새로운 단어를 알고 싶어 하고 있습니다)

⇨ 子(こ)どもはいやがっているのに、無理(むり)に進学(しんがく)させたがる親(おや)がいます。
(아이는 싫어하고 있는데 무리하게 진학시키고 싶어 하는 부모가 있습니다)

⇨ 私(わたし)が行(い)きたがっているのに、あなたは知(し)らん顔(かお)をしている。
(내가 가고 싶어 하고 있는데 당신은 모르는 체하고 있다)

| 참고 | 위의 예문에서 볼 수 있듯이 「たがる」는 자신에 관해서 일지라도 과거사실을 나타내거나 종속절 안에서는 얼마든지 쓸 수가 있다. 또한 「たい」와는 달리 「たがる」의 경우에는 그 대상을 나타내는 것은 조사 「が」가 아

니라 「を」로 나타내어야만 한다. 아울러 추측형 「～たがろう」는 회화체에서 「～たがるだろう」로 바꾸어 표현되는 것이 보통이다.

～だけ ⇨ '～ 만, ～ 뿐', 한정의 의미를 나타내는 용법

| 용법 | 조사 「だけ」는 '그것이외에는 없다'고 하는 한정의 의미를 나타낸다.

| 접속 | 명사나 동사의 연체형에 접속한다.

| 예문 |

⇨ これだけあれば、ほかには何もいりません。
(이것만 있으면 그 외에는 아무것도 필요 없습니다)

⇨ 父は太郎だけ連れて外出しました。
(아버지는 다로만 데리고 외출했습니다)

⇨ この作文は漢字を使わないで、ひらがなだけで書いてある。
(이 작문은 한자를 사용하지 않고 히라가나만으로 쓰여 있다)

⇨ 試験のときには、鉛筆と消しゴムだけを持ってくればよい。
(시험을 볼 때에는 연필과 지우개만 가지고 오면 된다)

⇨ 家族にだけ話しておいた。(가족에게만 이야기해 두었다)

⇨ 友だちとだけ相談した。(친구하고만 의논했다)

⇨ 見るだけならさしつかえはなかろう。(보기만 한다면 지장은 없을 것이다)

⇨ 免税店ではじっと見ただけで、結局なにも買わなかった。
(면세점에서는 가만히 보기만 했을 뿐 결국 아무것도 사지 않았다)

| 참고 | 「だけ」는 「～にだけ」「～だけに」의 어느 쪽도 같은 뜻으로 사용이 가능하지만 「～でだけ」와 「～だけで」의 경우에는 의미상의 구별이 있으므로 주의하여야 한다.

⇨ 身分は保険証でだけ証明できる。(신분은 보험증으로만 증명할 수 있다)
(보험증이외의 다른 수단으로는 증명이 안 됨)

⇨ 身分は保険証だけで証明できる。(신분은 보험증만으로도 증명할 수 있다)
(보험증만으로 충분하므로 다른 것은 필요 없음)

~だけ ⇨ '~ 만큼', 정도의 의미를 나타내는 용법

| 용법 | 조사「だけ」는 한정의 의미뿐만 아니라 정도의 의미도 나타낸다.

| 접속 | 활용어의 연체형에 접속되는데 때로는 사물을 나타내는 지시대명사(주로 あれ、どれ)에도 접속된다(あれだけ－그토록, どれだけ－얼마나).

| 예문 |

⇨ 練習すれば練習するだけ、上手になります。
(연습하면 연습하는 만큼 능숙해집니다)

⇨ ほしいだけお取りなさい。(원하는 만큼 집으세요)

⇨ 値段が高ければ高いだけ、品物もよくなる。
(가격이 비싸면 비싼 만큼 물건도 좋아진다)

⇨ そこのりんご、持てるだけ持って行っていいよ。
(거기 있는 사과, 들 수 있을 만큼 들고 가도 좋아)

⇨ あの人はお金があるときには、あるだけ使ってしまうくせがある。
(저 사람은 돈이 있을 때에는 있는 만큼 써버리는 습관이 있다)

⇨ この問題に関心を持っている人がどれだけあるだろうか。
(이 문제에 관심을 가지고 있는 사람이 얼만큼 있을까?)

~だけあって ⇨ ~ 인만큼, ~ 이니 만치

| 용법 | 부조사 「だけ」에 동사 「ある」가 접속조사 「て」에 연결되는 과정에서 음편현상을 일으킨 「あって」가 접속된 어구이다. 이러한 형태로 당연히 발생하는 후항의 조건이나 이유를 전항에 제시한다.

| 접속 | 명사나 활용어의 연체형에 접속된다.

| 예문 |

⇨ 昔からの旧家だけあって古めかしい。(오래전부터의 옛집인 만큼 예스럽다)

⇨ あの人はスポーツの選手だけあって、体格がいい。
(저 사람은 스포츠선수인 만큼 체격이 좋다)

⇨ あれはおいしいだけあってよく売れる。(저것은 맛있는 만큼 잘 팔린다)

⇨ それにしても、百貨店というだけあって、なんでもそろっていますね。
(그렇다 해도 백화점이니만큼 뭐든지 갖추어져있군요)

⇨ 山田さんは昔モデルだっただけあって、50代になった今もスタイルがとてもいい。
(야마다씨는 과거 모델이었던 만큼 50대가 된 지금도 스타일이 아주 좋다)

～だけしか～ない ⇨ ～밖에～(하)지 않다

| 용법 | 한정을 나타내는 부조사 「だけ」와 「しか」가 결합된 것이 앞에 배치되고 뒤에는 부정을 나타내는 조동사 「ない」가 배치된 어구이다. 이러한 형태로 어떤 사안의 한정을 보다 강조하는 뜻으로 쓰인다.

| 접속 | 「だけしか」앞에는 명사가 오고 「ない」앞에는 동사미연형이 온다.

| 예문 |

⇨ 頼りになるのはもうあなただけしかいない。(의지가 되는 것은 이제 당신밖에 없다)

⇨ いまのところひとりだけしかレポートを出していない。
(지금으로선 한 사람밖에 리포트를 내지 않았다)

⇨ こんなことは、あなたにだけしか頼めない。

(이런 일은 당신에게밖에 부탁할 수 없다)

⇨ 今月、お金はこれだけしか残っていない。

(이번 달, 돈은 이것밖에 남아있지 않다)

～だけ～て ⇨ ～(할) 만큼～(하)고서

| 용법 | 한정을 나타내는 부조사 「だけ」가 앞에 배치되고 뒤에는 접속조사 「て」가 배치된 어구이다. 그 앞뒤에는 같은 동사가 반복적으로 제시되는 것이 보통인데 결국 이러한 형태로 한 가지 일만 충분히 행하고 다른 일은 전혀 하지 않음을 나타낸다.

| 접속 | 「だけ」 앞에는 동사연체형이 접속되고 「て」 앞에는 동사연용형이 접속된다.

| 예문 |

⇨ 彼女は文句を言うだけ言ってなにも手伝ってくれない。

(그녀는 불평을 할 만큼 하고서 아무것도 도와주지 않는다)

⇨ 彼は飲むだけ飲んで会費を払わずに帰ってしまった。

(그는 마실 만큼 마시고서 회비를 내지 않고 돌아가 버렸다)

⇨ 利用するだけ利用しておいて、弊履のごとく放り出された。

(이용할 만큼 이용해 놓고서 헌신짝처럼 내던져졌다)

⇨ いまどうしているか様子がわからないから、手紙を出すだけ出して返事を待とう。

(지금 어떻게 지내고 있는지 사정을 알 수 없으니까 편지를 낼 만큼 내고 답장을 기다리자)

～だけで ⇨ ～(하기)만해도

| 용법 | 한정을 나타내는 부조사 「だけ」에 조사 「で」가 접속된 어구이다. 이러한 형태로 실제의 경험이 없이도 충분히 생각 또는 감지할 수 있음을 나타내는데 주로 그 앞에는 「考える、聞く、思う、想像する」와 같은 생각, 감지를 나타내는 동사가 온다.

| 접속 | 동사종지형이나 과거, 완료의 조동사 「た」에 접속된다.

| 예문 |

⇨ 地震は経験した人の話を聞くだけでこわい。
(지진은 경험한 사람의 이야기를 듣기만 해도 무섭다)

⇨ 明日からまた仕事だと思うと、考えるだけでいやになる。
(내일부터 또 일이라고 생각하니 생각만 해도 싫어진다)

⇨ イルカのダンスなんて考えただけで楽しくなる。
(돌고래의 춤이라니 생각만 해도 즐거워진다)

⇨ 船の沈没事故は想像するだけで鳥肌が立つ。
(배의 침몰사고는 상상하기만 해도 소름이 끼친다)

～だけでなく～も ⇨ ～뿐만 아니라～도

| 용법 | 한정을 나타내는 부조사 「だけ」에 단정의 조동사 「だ」의 연용형인 「で」가 접속된 다음 이어서 부정을 나타내는 형용사 「ない」의 연용형 「なく」가 연결된 것이 앞에 배치되고 뒤에는 조사 「も」가 배치된 형태이다. 이러한 형태로 양쪽 다 거론하면서 어떤 사안이 한정된 것 이외에 더 있음을 나타낸다.

| 접속 | 「だけでなく」 앞에는 명사나 활용어의 연체형이 접속되고 「も」앞에는 명사가 접속된다.

| 예문 |

⇨ 肉だけでなく、野菜も食べなければいけない。

(고기뿐만 아니라 야채도 먹지 않으면 안 된다)

⇨ 彼は歌が上手なだけでなく自分で曲も作る。

(그는 노래를 잘 할뿐만 아니라 직접 곡도 만든다)

⇨ 今度の台風で、村は田畑だけでなく家屋も大きな被害を受けた。

(이번 태풍으로 마을은 논밭뿐만 아니라 가옥도 큰 피해를 입었다)

⇨ 授賞式にかれは招待を受けただけでなく、スピーチも頼まれた。

(수상식에 그는 초대를 받았을 뿐만 아니라 연설도 부탁받았다)

~だけに ⇨ ~인(한) 만큼

| 용법 | 한정을 나타내는 부조사 「だけ」에 조사 「に」가 접속된 어구이다. 이러한 형태로 전항에서 거론된 사실로 인하여 당연히 후항에서 발생할 결과를 나타내는데 이 점에서는 「~だけあって」와 유사한 의미와 용법을 지니고 있다.

| 접속 | 명사나 활용어의 종지형에 접속된다.

| 예문 |

⇨ 太郎は長男だけに落ち着いている。(타로는 장남인 만큼 침착하다)

⇨ 彼は現職の教師だけに受験について詳しい。

(그는 현직 교사인 만큼 수험에 대해서 잘 알고 있다)

⇨ かれらは若いだけに徹夜をしても平気なようだ。

(그들은 젊은 만큼 철야를 해도 아무렇지도 않은 것 같다)

⇨ 年をとっているだけに、父の病気はなおりにくい。

(나이가 들은 만큼 아버지의 병은 낫기 힘들다)

⇨ 彼はもと陸上選手だっただけに、走るのが速いです。

(그는 전 육상선수였던 만큼 달리는 것이 빠릅니다)

~だけの ⇨ ~(할) 만큼의

|용법| 한정을 나타내는 부조사 「だけ」에 조사 「の」가 접속된 어구이다. 이러한 형태로 어떠한 행위를 하기에 충분함을 나타낸다.

|접속| 동사연체형에 접속된다.

|예문|

⇨ どんなところでも生きていけるだけの生活力が彼にはある。

(어떤 곳에서도 살아갈 만큼의 생활력이 그에게는 있다)

⇨ その学生には異国で暮らすだけの語学力が不足している。

(그 학생에게는 이국에서 지낼 만큼의 어학력이 부족하다)

⇨ その日彼の財布にはコーヒーを一杯飲むだけの金もなかった。

(그날 그의 지갑에는 커피를 한잔 마실 만큼의 돈도 없었다)

⇨ 陸上選手だった彼も、これ以上走るだけの力はなかった。

(육상선수였던 그도 이 이상 달릴 만큼의 힘은 없었다)

~だけのことだ ⇨ ~(하)면 그뿐이다, ~(하)기만 하면 된다

|용법| 한정을 나타내는 부조사 「だけ」에 조사 「の」가 접속되고 이어서 '일'이나 '사안'을 단정적으로 나타내는 「ことだ」가 연결된 어구이다. 이러한 형태로 그 이외에는 아무런 방법도 없거나 또는 그다지 대단치 않음을 나타낸다.

| 접속 | 동사연체형에 접속된다.

| 예문 |

⇨ 誰(だれ)も行(い)かないのなら私(わたし)が行(い)くだけのことだ。

(아무도 가지 않을 것 같으면 내가 가면 그뿐이다)

⇨ いやなら無理(むり)をすることはない。断(ことわ)るだけのことだ。

(싫다면 무리할 것은 없다. 거절하면 그뿐이다)

⇨ テストといっても何(なに)もむずかしいことはないんです。先生(せんせい)に名前(なまえ)を呼(よ)ばれたら「はい」と返事(へんじ)をするだけのことです。

(시험이라고 해도 아무것도 어려울 것은 없습니다. 선생님에게 이름을 불리면 '예'라고 대답하기만 하면 됩니다)

~だけのことはある ⇨ ~(한) 보람은 있다

| 용법 | 한정을 나타내는 부조사 「だけ」에 조사 「の」가 접속되고 이어서 '일'이나 '사안'의 존재를 강조해서 나타내는 「ことはある」가 연결된 어구이다. 이러한 형태로 노력이나 경험에 따른 결과, 능력, 또는 가치가 있음을 나타낸다. 즉, '그만큼의 가치는 있으며 결코 허사는 아니다'는 정도의 의미를 지니고 있는데 전반적으로 그 앞에는 「さすがに」가 오는 경향이 있다.

| 접속 | 활용어의 연체형에 접속된다.

| 예문 |

⇨ 田中(たなか)さんは力(ちから)があるねえ。さすがに体(からだ)が大(おお)きいだけのことはある。

(다나카씨는 힘이 있군. 과연 체격이 큰 보람은 있어)

⇨ 山田(やまだ)さんのテニスはたいしたもんだ。さすがに熱心(ねっしん)なだけのことはあるよ。

(야마다씨의 테니스는 대단하다. 과연 열심히 한 보람은 있어)

⇨ いっしょうけんめい勉強(べんきょう)しただけのことはあって、今度(こんど)の試験(しけん)はよくできた。

(열심히 공부한 보람은 있어서 이번 시험은 잘 보았다)

⇨ 野村さんはこの前のテストでもいい成績だった。さすがによく勉強しているだけのことはあるね。

(노무라씨는 일전의 테스트에서도 좋은 성적이었다. 과연 열심히 공부한 만큼의 보람은 있군)

~だけのことはする ⇨ ~(한(할)) 만큼은 한다

| 용법 | 한정을 나타내는 부조사 「だけ」에 조사 「の」가 접속되고 이어서 '일'이나 '사안'의 이행을 강조해서 나타내는 「ことはする」가 연결된 어구이다. 이러한 형태로 그에 알맞은 정도까지의 이행을 나타낸다.

| 접속 | 활용어의 연체형에 접속된다.

| 예문 |

⇨ お金をいただいただけのことはしますが、それ以上のことは出来ません。

(돈을 받은 만큼은 하겠습니다만 그 이상의 일은 할 수 없습니다)

⇨ 調査期間はわずか1ヶ月でしたが、やれるだけのことはやったつもりです。

(조사기간은 불과 1개월이었습니다만 할 수 있는 만큼은 한 셈입니다)

⇨ 息子はこれまで努力するだけのことはしてきて、念願の会社に合格した。

(아들은 지금까지 노력할 만큼은 해 와서 염원하던 회사에 합격했다)

⇨ 出来るだけのことはしますが、今月中に仕上げるのはむずかしいと思います。

(할 수 있을 만큼은 하겠습니다만 이달 중에 마무리하는 것은 어려울 거라고 생각합니다)

~だけましだ ⇨ ~(하)는 것만으로도 다행이다

| 용법 | 한정을 나타내는 부조사 「だけ」에 '더 낫다'는 의미를 나타내는 「ましだ」가 결합된 어구이다. 이러한 형태로 그다지 바람직하지 못한 상황이지만 그보다 더 나쁜 상황에 이르지 않은 것만 해도 다행이라는 의미를 나타낸다.

| 접속 | 활용어의 연체형에 접속된다.

| 예문 |

⇨ 風邪でのどが痛いが、熱が出ないだけましだ。

(감기로 목이 아프지만 열이 나지 않는 것만으로도 다행이다)

⇨ 車は壊れましたが、けが人が出なかっただけましだ。

(차는 부서졌습니다만 부상자가 나오지 않은 것만으로도 다행이다)

⇨ 財布をとられたが、パスポートが無事だっただけましだ。

(지갑을 도둑맞았지만 여권이 무사했던 것만으로도 다행이다)

⇨ 私の住んでいるところは駅からも遠いし工場があってうるさい。この辺は不便だが、静かなだけましだ。

(내가 살고 있는 곳은 역에서도 멀고 공장이 있어서 시끄럽다. 이 부근은 불편하지만 조용한 것만으로도 다행이다)

～たことがある ⇨ ～(한) 적(일)이 있다

| 용법 | 과거, 완료의 의미를 나타내는 조동사 「た」에 어떠한 일이나 경험의 발생을 나타내는 「～ことがある」가 접속된 어구이다. 이러한 형태로 과거의 경험을 나타낸다.

| 접속 | 동사연용형에 접속된다.

| 예문 |

⇨ あなたはハワイへ行ったことがありますか。

(당신은 하와이에 간 적이 있습니까?)

⇨ 私はまだ富士山に登ったことがありません。

(저는 아직 후지산에 오른 적이 없습니다)

⇨ 私は日本のビールを飲んだことがありません。

(저는 일본맥주를 마신 적이 없습니다)

⇨ あの人には一度会ったことがあるが、どこでだったか思い出せない。

(저 사람은 한번 만난 적이 있지만 어디에서였는지 생각해 낼 수 없다)

~ たことは ~ たが ⇨ ~ (하)기는 ~ (했)지만

| 용법 | 과거. 완료를 나타내는 조동사 「た」가 앞뒤에 배치되고 각각 그뒤에 사안을 나타내는 「ことは」와 역접조사 「が」가 접속된 어구이다. 이러한 형태로 그 앞뒤에 같은 말을 반복함으로서 어떤 사항에 대하여 일단은 인정하지만 그다지 적극적으로 인정하지는 않음을 나타낸다.

| 접속 | 활용어의 연용형에 접속된다.

| 예문 |

⇨ 読んだことは読んだが、全然分からなかった。

(읽기는 읽었지만 전혀 알 수 없었다)

⇨ おいしかったことはおいしかったが、でも高すぎるよ。

(맛있기는 맛있었지만 그래도 너무 비싸)

⇨ どうしてもやれと言うので、いちおうやって見たことはやって見たが、うまく行かなかったと思うよ。

(아무래도 하라고 해서 일단 해보기는 해보았지만 잘되지 않은 것으로 생각해)

~ たさに ⇨ ~ (하)고 싶은 마음에

| 용법 | 희망을 나타내는 조동사 「たい」에 형용사어간에 접속되어 이를 명사화하는 접미어 「さ」가 접속되고 다시 거기에 조사 「に」가 이어진 어구이다. 이러한 형태로 어떠한 동작이나 상태의 귀결에 이르기까지 심리적인 욕구가 강하게 표출되어진 상황임을 나타낸다.

| 접속 | 동사연용형이나 일부 조동사의 연용형에 접속된다.

| 예문 |

⇨ 夕景色(ゆうげしき)が見(み)たさに海岸(かいがん)に出(で)た。

(저녁풍경이 보고 싶은 마음에 해안에 나갔다)

⇨ 子供(こども)に本(ほん)を読(よ)ませたさにたくさん本(ほん)を買(か)った。

(아이에게 책을 읽히고 싶은 마음에 책을 많이 샀다)

⇨ 子供(こども)というのは、親(おや)にほめられたさにそんなことをするものなのです。

(아이라는 건, 부모에게 칭찬을 받고 싶은 마음에 그런 일을 하는 것입니다)

⇨ 早(はや)く仕事(しごと)をやり終(お)えたさにトイレにも行(い)かないでどんどん仕事(しごと)をやった。

(빨리 일을 끝내고 싶은 마음에 화장실에도 가지 않고 계속 일을 했다)

| 참고 | 형용사를 명사화하는 접미어 「~さ」는 또한 형용사 「ほしい」의 어간에 접속되어 「~さに」의 형태로 사용될 때도 있다.

⇨ 男(おとこ)は、酒代(さかだい)が欲(ほ)しさに強盗(ごうとう)をはたらいた。

(남자는 술값이 필요해서 강도짓을 했다)

~だす ⇨ (갑자기) ~ (하)기 시작하다

| 용법 | 동사 「だす」는 원래 '내보내다, 꺼내다'의 뜻으로 쓰이지만 때로는 복합동사의 후항요소로도 쓰여서 어떤 동작, 상태의 시작을 나타낸다. 하지만 이러한 경우에는 어디까지나 의도되지 않은 돌발적인 상황을 나타낸다.

| 접속 | 동사연용형에 접속된다.

| 예문 |

⇨ 妹(いもうと)はうちに着(つ)くと急(きゅう)に泣(な)きだした。
(여동생은 집에 도착하자 갑자기 울기 시작했다)

⇨ 今日(きょう)は、午後(ごご)から急(きゅう)に雨(あめ)が降(ふ)りだした。
(오늘은 오후부터 갑자기 비가 내리기 시작했다)

⇨ ゆっくり歩(ある)いていた友(とも)だちは授業(じゅぎょう)に遅(おく)れたのか、急(きゅう)に走(はし)りだした。
(천천히 걷고 있던 친구는 수업에 늦었는지 갑자기 달리기 시작했다)

⇨ 家(いえ)の前(まえ)をうろうろしている男(おとこ)の人(ひと)に声(こえ)をかけると、一目散(いちもくさん)に逃(に)げだした。
(집 앞을 어슬렁거리고 있는 남자에게 말을 걸자 쏜살같이 도망가기 시작했다)

| 참고 | 이 경우의 「～だす」와 유사한 것으로 「～はじめる」도 있는데 「～だす」쪽이 의도되지 않은 돌발적인 상황을 나타내는데 반하여 「～はじめる」는 예측된 상황을 나타낸다고 하는 점에 양자의 근본적인 차이가 있다.

⇨ 雨(あめ)が降(ふ)りはじめる。(비가 (조금씩) 내리기 시작한다)

⇨ 雨(あめ)が降(ふ)りだす。(비가 (갑자기) 내리기 시작한다)

助(たす)かる ⇨ ～(해서) 다행이다, 편해진다, 도움이 된다

| 용법 | 동사 「助(たす)かる」는 우리말의 '구조되다, 구출되다'의 의미로 쓰이지만 경우에 따라서는 다른 의미로도 즐겨 사용되므로 주의하여야 한다. 즉 「助(たす)かる」에는 노력, 비용, 수고 같은 것이 적게 들어서 그만큼 편해진다는 의미로도 많이 쓰이는 것이다. 우리말의 '～(해)서 다행이다, 편해진다, 큰 도움이 된다'등의 의미를 나타내는 것으로 생각하면 좋을 것이다.

| 활용 | たすから+ない(미연형) たすかり+ます(연용형) たすかる(종지형) たすかる+명사

(연체형) たすかれ+ば(가정형) たすかれ(명령형) たすかろ＋う(추측형)

| 예문 |

⇨ 野菜が安くなったので、助かりました。(야채가 싸져서 다행입니다.)

⇨ こんばんはすずしいので、助かります。(오늘 밤에는 시원해서 다행입니다)

⇨ これだけ仕事を手伝えば、おかあさんが助かるだろう。

(이 만큼 일을 도와주면 어머니가 편해지겠지)

⇨ 近所の大学生が子供の勉強を見てくれるので、助かる。

(이웃 대학생이 아이의 공부를 봐주어서 큰 도움이 된다)

~ たためしがない ⇨ 단 한번도 ~ (한) 적이 없다

| 용법 | 「ためし」는 실제로 있었던 일, 사항, 또는 실례, 선례 등의 의미를 지닌 명사인데 그 앞에 과거, 완료의 조동사 「た」가 오고 그 뒤에는 부정을 나타내는 형용사 「ない」가 접속된 어구이다. 이러한 형태로 상대방의 무성의나 무책임에 대한 비난의 의미를 나타낸다.

| 접속 | 동사연용형에 접속된다.

| 예문 |

⇨ 彼女は約束の時間を守ったためしがない。

(그녀는 약속 시간을 단 한 번도 지킨 적이 없다)

⇨ 彼とはよく食事をするが、おごってくれたためしがない。

(그와는 자주 식사를 하지만 단 한 번도 사 준 적이 없다)

⇨ 彼は競馬が好きだが、彼の予想は一度も当ったためしがない。

(그는 경마를 좋아하지만 그의 예상은 단 한 번도 적중한 적이 없다)

⇨ 息子はあきっぽくて、何をやっても三日と続いたためしがない。

(아들은 싫증을 잘 내서 무엇을 해도 단 한번도 3일이 계속된 적이 없다)

～ただろうに ⇨ ～(했)을 텐데

| 용법 | 과거.완료의 조동사 「た」에 단정의 조동사 「だ」의 미연형인 「だろ」와 추량의 조동사 「う」, 그리고 조사 「に」가 접속된 어구이다. 이러한 형태로 과거사실에 반하는 가정 하에 유감 또는 불만의 의미를 나타낸다.

| 접속 | 동사연용형에 접속된다.

| 예문 |

⇨ ふだん勉強(べんきょう)しておけば、よかっただろうに。

(평소 공부해 두면 좋았을 텐데)

⇨ 天気(てんき)がよかったら、もっと楽(たの)しい旅行(りょこう)だっただろうに。

(날씨가 좋았더라면 좀 더 즐거운 여행이었을 텐데)

⇨ とうとう司法試験(しほうしけん)に合格(ごうかく)した。母(はは)が生(い)きていたら喜(よろこ)んだだろうに。

(드디어 사법고시에 합격했다. 어머니가 살아 있었다면 기뻐했을 텐데)

⇨ あの時(とき)彼女(かのじょ)がそう言(い)ったなら、私(わたし)はどんなことをしてでも助(たす)けただろうに。

(그 때, 그녀가 그렇게 말했다면 나는 어떤 일을 해서라도 도와주었을 텐데)

～たち ⇨ '～들', 복수를 나타내는 접미어 용법

| 용법 | 복수의 사람을 나타내는 접미어로서 우리말의 '～들'에 해당된다. 참고로 우리말의 경우에는 복수를 나타내는 접미어는 '～들'밖에 사용되지 않으나 일본어에서는 이 이외에도 「がた」「ら」「ども」가 쓰이고 있는데, 이 중에서 가장 정중한 느낌이 드는 것이 「がた」이며, 「ら」「ども」는 「たち」보다 다소 격이 떨어지는 접미어이다. 일반적으로 가장 많이 쓰이는 복수의 접미어가 「たち」라고 생각하면 좋을 것이다. 가끔 한자로 「達(たち)」로 표기할 때

도 있는데 이는 바람직하지 못하며 그냥 ひらがな로만 표기하는 것이 좋다.

|접속| 주로 사람을 나타내는 명사에 접속된다.

|예문| わたしたち。 ぼくたち。 あなたたち。 君(きみ)たち。 子(こ)どもたち。 学生(がくせい)たち。

～たち ⇨ ～일행

|용법| 복수를 나타내는 접미어 「たち」는 「学生(がくせい)たち、子供(こども)たち、私(わたし)たち」와 같이 사람을 나타내는 명사나 대명사에 붙어서 쓰이지만 때로는 고유명사 등 특정한 인물을 나타내는 명사에 접속하여 그 사람을 대표로 한 그 밖의 일행을 나타내기도 한다.

|접속| 사람의 성을 나타내는 명사에 접속된다.

|예문|

⇨ 孝(たかし)たちは今(いま)何(なに)をしているんですか。
(다카시일행은 지금 무엇을 하고 있는 겁니까?)

⇨ 山田(やまだ)さんたちは後(あと)から来(く)るそうです。
(야마다씨일행은 나중에 온다고 합니다)

⇨ 田中(たなか)さんたちは、明日(あした)から札幌(さっぽろ)へ行(い)く予定(よてい)です。
(다나카씨일행은 내일부터 삿포로에 갈 예정입니다)

～だったかなあ ⇨ ～였던가?

|용법| 단정의 조동사 「だ」의 연용형 「だっ」에 과거, 완료의 조동사 「た」가 접속되고 여기에 의문조사 「か」와 가벼운 감탄을 나타내는 종조사 「なあ」가 결합된 어구이다. 이러한 형태로 과거사실에 대한 가벼운 의문을 나타낸다.

| 접속 | 명사나 형용동사어간에 접속된다.

| 예문 |

⇨ 試験は何日だったかなあ。(시험은 며칠이었던가?)

⇨ あの声は田中さんの声だったかなあ。(저 소리는 다나카씨 목소리였던가?)

⇨ 金さんの日本語があれくらい上手だったかなあ。

(김씨의 일본어가 저 정도로 능숙했던가?)

⇨ この部屋は前にもこんなにきたない部屋だったかなあ。

(이 방은 전에도 이렇게 더러운 방이었던가?)

~たって(だって) ⇨ ~(해)도, ~(해)봤자

| 용법 | 조사 「たって」는 주로 회화체에서만 쓰이는 것으로 「~ても」와 같은 의미 용법을 지니지만 보다 더 친숙한 사이에서 쓰이곤 한다. 아울러 동사 중에서 「ん」음편이 일어나는 동사가 접속될 경우에는 「だって」로 변하며 형용사의 경우에는 어미 「い」가 「く」로 바뀐 연용형의 형태로 접속된다.

| 접속 | 활용어의 연용형에 접속된다.

| 예문 |

⇨ 一人で深刻に考えたってどうしようもできない。

(혼자서 심각하게 생각해봤자 어찌할 수도 없다)

⇨ そんなに古くなった薬はいくら飲んだってきかないでしょう。

(그렇게 오래된 약은 아무리 먹어도 안 들을 거예요)

⇨ 呼んだって返事もしない。何をおこっているのかしら。

(불러봤자 대답도 안 해. 뭘 그렇게 화내고 있는 걸까?)

⇨ 怒られたって私はやめないわよ。(화내봤자 나는 그만두지 않아요)

⇨ 少しぐらい痛くたってがまんしなさい。(조금쯤 아프더라도 참으세요)

⇨ いくら高くたって買うつもりです。(아무리 비싸다고 해도 살 생각입니다)

⇨ あの人はどんなにつらくたって、決して顔に出さない人です。

(저 사람은 아무리 힘들어도 결코 얼굴에 나타내지 않는 사람입니다)

|참고| 회화체에서 때로는 '～라 해도, ～라고 해봤자'정도의 의미를 나타내는 경우도 있는데 이때는 「～ったって」의 형태를 취하게 된다.(해당항목 참고)

⇨ 高いったって一万円も出せば買える。

(비싸다고 해도 만엔만 내면 살 수 있다)

⇨ 日曜日に出かけるったって、どこも人でいっぱいだよ。

(일요일에 외출한다고 해도 어디나 사람으로 꽉 찬다고)

～だって ⇨ ～라도, ～일지라도

|용법| 「だって」는 주로 회화체에서만 쓰이는 조사로서 「でも」와 같은 의미용법을 지니지만 보다 친숙한 사이에서 쓰인다.

|접속| 명사 또는 부사, 그리고 조사 등에 접속된다.

|예문|

⇨ そんなことは子供だって知っているよ。(그런 것은 애라도 알고 있어)

⇨ どこだっておなじことだ。(어디라도 마찬가지다)

⇨ いくらだってほしいだけやろう。(얼마든지 원하는 만큼 줄게)

⇨ 先生だって人間ですもの、まちがえることもあるでしょう。

(선생님일지라도 인간인 걸요. 틀리는 적도 있겠죠)

⇨ 親にだって言えないこともある。(부모에게라도 말할 수 없는 것도 있다)

⇨ 少しだって準備しておいた方がいい。(조금이라도 준비해 두는 것이 좋아)

⇨ 今からだっておそくはない。(지금부터라도 늦지는 않다)

⇨ いつまでだって待っていよう。(언제까지라도 기다리고 있겠다)

| 참고 | 한편 「だって」는 문말에 와서 반문의 의미로 사용되는 경우도 있는데 이 때는 주로 상대방의 말에 대한 놀라움이나 불쾌한 감정을 표현하게 되며 인토네이션은 올라가게 된다.

⇨ A: あっ、地震だ。(아, 지진이다)

B: 地震だって? ちがうよ。ダンプーカーが通っただけだよ。

(지진이라고? 아니야. 덤프트럭이 지나갔을 뿐이야)

⇨ A: 山田さん、美人コンテストに出るらしいよ。

(야마다씨, 미인선발대회에 나가는 것 같아)

B: 美人コンテストだって? 今ごろそんな時代遅れのコンテストなんかどこでやってるのよ。

(미인 선발대회라고? 이제와서 그런 시대에 뒤떨어진 선발대회 같은 거 어디서 하고 있는 거야?)

~たつもりで ⇨ ~(한) 셈치고, ~(했)다 치고

| 용법 | 과거, 완료를 나타내는 조동사 「た」에 '작정, 생각'을 나타내는 명사 「つもり」와 조동사 「で」가 결합된 어구이다. 이러한 형태로 실제로는 그러하지 않으나 그렇게 된 것으로 가상함으로서 어떤 행위를 하기위한 전제를 나타낸다.

| 접속 | 동사연용형에 접속된다.

| 예문 |

⇨ 映画を見たつもりで貯金することにしました。

(영화를 본 셈치고 저금하기로 하였습니다)

⇨ 死んだつもりで頑張ればできないことはない。

(죽었다 치고 분발하면 못할 일은 없다)

⇨ 昔にもどったつもりで、もう一度一からやり直してみます。

(옛날로 돌아간 셈치고 한 번 더 처음부터 다시 해보겠습니다)

⇨ 完成までまだ一週間かかるのに、もう終わったつもりで、飲みに行った。

(완성까지 아직 일주일 걸리는데 이제 끝난 셈치고 마시러 갔다)

～たつもりはない ⇨ ～(한) 셈은 아니다

| 용법 | 과거, 완료를 나타내는 조동사 「た」에 '작정, 생각'을 나타내는 명사 「つもり」와 조사 「は」, 그리고 형용사 「ない」가 접속된 어구이다. 이러한 형태로 자신의 행위에 대한 상대방의 이해나 판단을 부정하는 데에 쓰인다.

| 접속 | 동사연용형에 접속된다.

| 예문 |

⇨ 私はそんなことを言ったつもりはない。(나는 그런 것을 말한 셈은 아니다)

⇨ あの人、怒ってるの? からかったつもりはないんだけどねえ。

(저 사람, 화내고 있는 거야? 놀린 셈은 아닌데 말이야)

⇨ A：彼、あなたに服をほめられたって喜んでたわよ。

(그는 당신에게 옷을 칭찬받았다고 기뻐하고 있었어요)

B：こまったな。ほめたつもりはないんだけどな。

(난처하네. 칭찬한 셈은 아닌데 말이야)

～たての ⇨ 갓～(한), ～(한)지 얼마 되지 않는

|용법| 그 동작이 끝난지 얼마 되지 않음을 나타내는 접미어「たて」에 조사「の」가 접속된 어구이다. 이러한 형태로 어떠한 동작이나 작용이 갓 일어났거나 끝난지 얼마 되지 않음을 나타낸다. 그 앞에 올 수 있는 동사는 극히 제한되어 있는데 그 뒤에는 언제나 수식을 받는 명사가 오게 된다.

|접속| 동사연용형에 접속된다.

|예문|

⇨ 生み立てのたまご。(갓 낳은 달걀)

⇨ 畑でとれたてのトマトをかじった。(밭에서 갓 딴 토마토를 베어 먹었다)

⇨ しぼりたてのオレンジジュースはいかがですか。(갓 짠 오렌지주스는 어떠십니까?)

⇨ この店はいつも焼き立てのパンを売っている。

(이 가게는 언제나 갓 구운 빵을 팔고 있다)

⇨ 日本へ来たてのころは、何もわからなくてこまった。

(일본에 온지 얼마 되지 않았을 무렵은 아무것도 몰라서 곤란했다)

|참고| 한편 접미어「たて」에 단정을 나타내는 조동사「だ」가 접속된 형태로 문말의 술어로 쓰이는 경우도 있다.

⇨ 彼女は先生になりたてだ。(그녀는 선생님이 된지 얼마 되지 않는다)

~た手前 ⇨ ~(한) 이상

|용법|「手前」는 원래 자신의 앞을 가리키거나 또는 자신을 다소 겸손하게 지칭하는 1인칭대명사로 쓰이는 말이지만 과거, 완료를 나타내는 조동사「た」와 결합된 형태로 쓰일 때는 타인에 대한 체면의 의미를 나타내게 된다. 이러한 형태로 그렇게 말하거나 행동을 한 것에 대한 말하는 사람의 책임감을 나타낸다.

|접속| 동사연용형에 접속된다.

|예문|

⇨ やると言った手前、やめられない。(한다고 말한 이상 그만둘 수 없다)

⇨ おれに任せろと見栄を切った手前、何とかしなければならない。
(나에게 맡기라고 객기를 부린 이상 어떻게든 해야만 한다)

⇨ 友達に夏休みには海外旅行に行くと自慢した手前、行かないわけにはいかない。
(친구에게 여름방학에는 해외여행을 간다고 자랑한 이상 가지 않을 수 없다)

~たてる ⇨ 동작, 작용을 강조하는 용법

|용법| 「立てる」가 단독으로 쓰이면 우리말의 '~을(를) 세우다'에 해당되는 뜻을 지니지만 접미어로 쓰이게 되면 앞에 오는 동사가 지닌 의미를 강하게 표현하게 된다.

|접속| 동사연용형에 접속된다.

|예문|

⇨ よっぱらいが道のまん中で、何かわけのわからないことをわめき立てている。
(술주정뱅이가 길 한가운데에서 뭔가 알 수 없는 것을 외쳐대고 있다)

⇨ 学生の寮にどろぼうが入ったらしく、あちこちの部屋で金が盗まれたといって、学生がさわぎ立てている。
(학생 기숙사에 도둑이 든 거 같아서 여기저기 방에서 돈을 도둑맞았다고 하며 학생들이 마구 소란을 피우고 있다)

⇨ 今度の事件については、あまりニュースの価値がないとみえて、新聞では思ったより書き立てなかった。

(이번 사건에 대해서는 그다지 뉴스의 가치가 없는 모양으로 신문에서는 생각했던 것보다 크게 기사화하지 않았다)

たとえ ～ ても ⇨ 설령(설사) ～ (해)도

| 용법 | '설령, 설사'의 뜻을 지닌 부사 「たとえ」가 앞에 배치되고 뒤에는 역접을 나타내는 조사 「ても」가 배치된 어구이다. 이러한 형태로 어떠한 주장이나 평가를 하는 과정에서의 조건을 나타낸다.

| 접속 | 용언의 연용형에 접속된다.

| 예문 |

⇨ たとえ忙(いそが)しくても、電話(でんわ)ぐらいはするものだ。

(설령 바빠도 전화쯤은 하는 법이다)

⇨ たとえ大金(たいきん)をもらってもそんな仕事(しごと)はやりたくない。

(설령 큰돈을 받아도 그런 일은 하고 싶지 않다)

⇨ たとえ狭苦(せまくる)しい家(いえ)に住(す)んでも、家族(かぞく)がそばにいればそれでいい。

(설사 비좁은 집에 살아도 가족이 곁에 있으면 그것으로 좋다)

⇨ たとえその事実(じじつ)を知(し)っていても、私(わたし)の気持(きも)ちは変(か)わらなかっただろう。

(설사 그 사실을 알고 있어도 내 기분은 변하지 않았을 것이다)

～ たところ ⇨ ～ (하)였더니, ～ (한) 바

| 용법 | 과거, 완료를 나타내는 조동사 「た」에 상황이나 국면을 나타내는 「ところ」가 접속된 어구이다. 이러한 형태로 전항과 후항을 단순하게 연결하게 되는데 이 경우 전항과 후항의 논리적인 관계는 매우 희박하여 전항을 하여보았더니 우연히 후항이 이루어졌거나 일어났다는 정도의 의미를 나타

내는데 불과하다.

| 접속 | 동사연용형에 접속된다.

| 예문 |

⇨ 電話帳で調べたところ、そういう名前の会社はなかった。

(전화부로 조사한 바 그런 이름의 회사는 없었다)

⇨ 山田さんの家へ遊びに行ったところ、ちょうど田中さんが来ていた。

(야마다씨의집에 놀러 갔더니 마침 다나카씨가 와있었다)

⇨ 店長に用事があって電話したところ、あいにく留守でした。

(점장에게 용무가 있어 전화한 바 공교롭게도 부재중이었습니다)

⇨ 先生にお願いしたところ、早速承諾のお返事をいただいた。

(선생님에게 부탁드렸더니 금방 승낙의 답변을 받았다)

～たところが ⇨ ～(했)으나

| 용법 | 과거, 완료를 나타내는 조동사「た」에 상황이나 국면을 나타내는 접속조사「ところが」가 접속된 어구이다. 이러한 형태로 전항과 후항이 상반되는 내용임을 나타내는데 결국 후항에서 나타나는 결과가 당초의 예상이나 기대에 반한다고 하는 의미를 나타내는 셈이다.

| 접속 | 동사연용형에 접속된다.

| 접속 |

⇨ 高いお金を出して買ったところが、すぐ壊れてしまった。

(비싼 돈을 내고 샀으나 금방 부셔져버렸다)

⇨ 昨日わざわざ田中を訪ねたところが、あいにく留守だった。

(어제 일부러 다나카를 찾아갔으나 마침 부재중이었다)

⇨ 今朝田中の所へ寄ってみたところが、田中は病気で寝ていましたよ。

(오늘아침 다나카집에 들려 보았으나 다나카는 병으로 누워 있었어요)

⇨ 大急(おおいそ)ぎに急(いそ)がせたところが、思(おも)ったより早(はや)くできた。

(급하게 서두르게 하였으나 생각했던 것보다 빨리 되었다)

~たところだ ⇨ 방금 ~(했)다, ~(한)지 얼마 안 된다

|용법| 과거, 완료를 나타내는 조동사 「た」에 상황이나 국면을 나타내는 형식명사 「ところ」와 단정의 조동사 「だ」가 접속된 어구이다. 이러한 형태로 어떠한 동작이나 작용이 끝난 직후의 단계임을 나타내는데 주로 그 앞에는 「今(いま)、さっき、ちょっと前(まえ)、たった今(いま)」와 같은 때를 나타내는 부사가 오게 된다.

|접속| 동사연용형에 접속된다.

|예문|

⇨ 今(いま)出(で)て行(い)ったところです。(지금 나간 지 얼마 안 됩니다)

⇨ 電話(でんわ)したら、あいにくちょっと前(まえ)に出(で)かけたところだった。

(전화했더니 공교롭게도 바로 조금 전에 외출한 것이었다)

⇨ たった今(いま)講義(こうぎ)が終(お)わったところだ。(방금 강의가 끝났다)

⇨ 海外勤務(かいがいきんむ)を終(お)え、先月帰国(せんげつきこく)したところです。

(해외근무를 끝내고 지난 달 귀국한 지 얼마 되지 않습니다)

~たところで ⇨ ~(한) 시점에서

|용법| 과거, 완료를 나타내는 조동사 「た」에 상황이나 국면을 나타내는 형식명사 「ところ」와 단정의 조동사 「だ」의 연용형인 「で」가 접속된 어구이다. 이러한 형태로 전항의 동작이나 작용이 끝난 시점에서 후항의 동작이나

작용이 일어남을 나타낸다.

| 접속 | 동사연용형에 접속된다.

| 예문 |

⇨ 論文の最後の一行を書いたところで、突然気を失った。

(논문의 마지막 한 행을 쓴 시점에서 갑자기 정신을 잃었다)

⇨ 話の区切りが付いたところで、終わることにしましょう。

(이야기의 단락이 지어진 시점에서 끝내기로 합시다)

⇨ 大急ぎで走り、飛び乗ったところで電車のドアが閉まった。

(서둘러 달려가 뛰어 탄 시점에서 전차의 문이 닫혔다)

⇨ ようやく事業に見通しがつくようになったところで、父は倒れてしまった。

(겨우 사업에 전망이 보이게 된 시점에서 아버지는 쓰러지고 말았다)

~ たところで ⇨ ~ (해)봤자, ~ (해)본들

| 용법 | 과거, 완료를 나타내는 조동사 「た」에 접속조사 「ところで」가 접속된 어구이다. 이러한 형태로 두 개의 문을 연결하게 되는데 이 경우 뒤에 오는 문은 앞에 오는 문의 결과로, 아무런 도움이 되지 않는다든지, 보다 나쁜 상태가 된다고 하는 의미를 나타내게 된다. 그 앞에는 「たとえ」 「どんなに」 「いくら」와 같은 부사나 의문사를 수반하는 경향이 있다.

| 접속 | 동사연용형에 접속된다.

| 예문 |

⇨ 君のようにそうあせったところで、すぐは解決しないよ。

(너 같이 그렇게 안달해 봤자 금방은 해결되지 않아)

⇨ もうこれ以上話し合ったところでむだですよ。

(이제 이 이상 이야기해본들 소용없어요)

⇨ どんなにたくさん本を買ったところで、読まなければなんにもならない。

(아무리 많이 책을 산들 읽지 않으면 아무것도 안 된다)

⇨ 人の前でいばったところで、あなたのねうちが下がるだけですよ。

(사람들 앞에서 뽐내봤자 당신의 가치가 내려갈 뿐이에요)

～たところに(へ) ⇨ ～(한) 참에, ～(한) 터에

|용법| 과거, 완료를 나타내는 조동사「た」에 접속조사「ところに」또는「ところへ」가 접속된 어구이다. 이러한 형태로 어떠한 상황의 전개과정 속에서 그것을 변화시킬만한 또 다른 상황이 전개됨을 나타낸다. 주로 그 뒤에는 일의 진행을 방해하는 의미의 표현이 오는 것이 일반적이다.

|접속| 동사연용형에 접속된다.

|예문|

⇨ 出かけようとしたところに電話がかかってきた。

(나가려고 하던 참에 전화가 걸려왔다)

⇨ ふとんを干したところに突然雨が降り出した。

(이불을 널은 참에 갑자기 비가 내리기 시작했다)

⇨ 林さんに電話をかけようとしたところへ、その林さんから電話がかかってきた。

(하야시씨에게 전화를 걸려고 한 터에 그 하야시씨로부터 전화가 걸려왔다)

⇨ ようやく実行する方向に意見がまとまったところへ思わぬ邪魔が入った。

(드디어 실행하는 방향으로 의견이 모아졌던 터에 뜻하지 않은 장애가 생겼다)

|참고| 때로는「～たところに」에서 조동사「た」가 누락된「～ところに」의 형태로도 쓰이는데 이러한 경우에는 동사연체형에 접속된다.

⇨ 財布をなくして困っているところに偶然知り合いが通りかかり、無事家までたどり着くことができた。

(지갑을 잃어버려 난처하던 참에 우연히 아는 사람이 지나가서 무사히 집까지 도착할 수가 있었다)

～た途端(に) ⇨ ～(한) 순간(에), ～(한) 찰나(에)

| 용법 | 과거, 완료를 나타내는 조동사 「た」에 '순간, 찰나'의 의미를 지닌 명사 「途端」이 접속된 어구이다. 이러한 형태로 전항의 동작이나 변화가 일어난 직후에 별도의 동작이나 변화가 일어남을 나타내는데 주로 의외성을 띠는 경우가 많다. 한편 조사 「に」가 접속되어 쓰이기도 하는데 의미상으로는 별 차이가 없다.

| 접속 | 동사연용형에 접속된다.

| 예문 |

⇨ ドアを開けたとたん、冷たい風が入ってきた。(문을 연 순간 찬바람이 들어왔다)

⇨ 外に出たとたん、車に跳ねられた。(바깥에 나온 순간 차에 치었다)

⇨ 彼は非常に疲れていたようで、ベッドに倒れたとたん眠ってしまった。
(그는 아주 피곤했던 모양으로 침대에 쓰러진 순간 잠들어 버렸다)

⇨ 試験終了のベルが鳴ったとたんに教室が騒がしくなった。
(시험이 끝나는 벨이 울린 찰나에 교실이 소란스러워졌다)

～たとなると ⇨ ～(하)게 되자

| 용법 | 과거, 완료를 나타내는 조동사 「た」에 조사 「と」가 접속되고 이어서 동사 「なる」에 조건을 나타내는 조사 「と」가 연결된 어구이다. 이러한 형태로 대체로 바람직하지 못한 상황이 전개되었음을 나타낸다.

| 접속 | 동사연용형에 접속된다.

| 예문 |

⇨ 病状(びょうじょう)がここまで進(すす)んだとなると、もうどうすることもできない。

(병세가 여기까지 진전되게 되자 이제 어찌할 수도 없다)

⇨ 収入(しゅうにゅう)が途絶(とだ)えたとなると、毎日(まいにち)食事代(しょくじだい)もつらい時(とき)があった。

(수입이 끊기게 되자 매일 식사비도 힘든 때가 있었다)

⇨ 子供(こども)たちだけで海外(かいがい)へ行(い)ったとなると、親(おや)としてはちょっと心配(しんぱい)になる。

(아이들만으로 해외에 가게 되자 부모로서는 좀 걱정이 된다)

~たなら ⇨ ~(했)었다면

| 용법 | 과거, 완료를 나타내는 조동사 「た」에 접속조사 「なら」가 접속된 어구이다. 이러한 형태로 실제로 불가능한 일을 가상적으로 나타내는데 다소 고풍스런 표현으로 일상의 회화체에서는 그다지 쓰이지 않는다.

| 접속 | 「명사+だっ」의 형태나 형용사연용형(かっ형), 그리고 동사연용형에 접속된다.

| 예문 |

⇨ 私(わたし)が全能(ぜんのう)の神様(かみさま)だったなら、あなたを助(たす)けてあげられるのに。

(내가 전능한 신이었다면 당신을 도와줄 수 있을 텐데)

⇨ もう少(すこ)し発見(はっけん)が早(はや)かったなら助(たす)かったのに。

(좀 더 발견이 빨랐었다면 구조되었을 텐데)

⇨ 今後(こんご)1週間(しゅうかん)雨(あめ)が降(ふ)ったなら水不足(みずぶそく)にはならなかったのに。

(앞으로 1주일 비가 왔었다면 물 부족은 되지 않았을 텐데)

⇨ もしも私(わたし)に翼(つばさ)があったなら大空(おおぞら)を自由(じゆう)にかけまわれたのに。

(만약에 나에게 날개가 있었다면 드넓은 하늘을 자유롭게 날아다닐 수 있었을 텐데)

～たなり ⇨ ～(한) 채

| 용법 | 과거, 완료를 나타내는 조동사「た」에 접속조사「なり」가 접속된 어구이다. 이러한 형태로 어떤 동작, 작용이 끝나지 않고 지속되는 상태에서 다음의 동작, 작용이 이어짐을 나타낸다.

| 접속 | 동사연용형에 접속된다.

| 예문 |

⇨ 寝(ね)たなり起(お)きようともしない。(잠든 채 일어나려고도 하지 않는다)

⇨ 朝出(あさで)て行(い)ったなりまだ帰(かえ)らない。(아침에 나간 채 아직 돌아오지 않는다)

⇨ 田中(たなか)さんは1年前(ねんまえ)に家(いえ)を出(で)たなり、帰(かえ)って来(こ)ない。
(다나카씨는 1년 전에 집을 나간 채 돌아오지 않는다)

⇨ 彼女(かのじょ)は私(わたし)の目(め)を見(み)つめたなり、まばたきもしなかった。
(그녀는 내 눈을 응시한 채 눈도 깜빡거리지 않았다)

～だなんて ⇨ ～하(했)다니

| 용법 | 단정의 조동사「だ」에 의아스러움을 나타내는 부조사「なんて」가 접속된 어구이다. 그 앞에는 주로 상대방이 한 말을 되풀이하는 표현이 오게 되는데 이러한 형태로 주로 상대방의 발언이나 태도를 비난하는 의미를 나타낸다.

| 예문 |

⇨ 事故(じこ)で死(し)んでしまうだなんて、あんまりだ。(사고로 죽어버린다니 너무한다)

⇨ 約束(やくそく)したのに、できなかっただなんて、ひどい。
(약속했는데 하지 못했다니 심하다)

⇨ 今頃になって気が変わっただなんてよく言えますね。

(이제 와서 마음이 변했다니 말 한번 잘 하는군요)

⇨ 予約できるかもしれない、だなんて、無責任な言い方ですね。

(예약할 수 있을지도 모른다니 무책임한 말투로군요)

～だに ⇨ ～만 해도

| 용법 | 부조사 「だに」는 문장체에서 쓰이는 말로 주로 그 앞에는 「聞く」「思う」「考える」「想像する」와 같은 지극히 제한된 동사가 오게 된다. 결국 이러한 형태로 가벼운 사항을 먼저 내세움으로서 보다 무거운 사항을 넌지시 암시하는 의미를 나타낸다.

| 접속 | 동사종지형에 접속된다.

| 예문 |

⇨ 聞くだに寒い冬の雨だ。(듣기만 해도 추운 겨울비다)

⇨ 地震のことなど想像するだに恐ろしい。(지진 같은 거 상상만 해도 무섭다)

⇨ それは思うだに肌のあわだつ思いである。

(그것은 생각만 해도 소름이 끼치는 기억이다)

⇨ そんな危険をおかすなんて考えるだに恐ろしい。

(그런 위험한 일을 저지르다니 생각만 해도 무섭다)

～だにしない ⇨ ～조차도 하지 않는다

| 용법 | '～조차도'의 뜻을 지닌 부조사 「だに」에 동사 「する」의 미연형인 「し」와 부정을 나타내는 조동사 「ない」가 접속된 어구이다. 이러한 형태로 가벼

운 예를 들어 그것을 부정함으로서 다른 것은 말할 것도 없다고 하는 암시의 의미를 나타낸다. 이러한 표현은 비교적 문장체적이다.

| 접속 | 명사에 접속된다.

| 예문 |

⇨ 彼は直立不動のまま、微動だにしない。
(그는 똑바로 선채 미동조차도 하지 않는다)

⇨ 彼との出会いは予想だにしないことだった。
(그와의 만남은 예상조차도 하지 않은 것이었다)

⇨ このような事故が起きるとは想像だにしなかった。
(이러한 사고가 일어나리라고는 상상조차도 하지 않았다)

⇨ 夜通し考え込んで作成した計画書だが、部長は一瞥だにしなかった。
(밤새도록 깊이 생각하여 작성한 계획서인데 부장님은 거들떠보기조차도 하지 않았다)

～だの～だの ⇨ ～며～며, ～라는 등～라는 등

| 용법 | 부조사 「だの」가 앞뒤로 배치된 어구로 여러 가지 사물을 열거하는 의미를 나타내기도 하지만 때로는 열거를 통한 비난의 의미를 나타내기도 한다.

| 접속 | 명사나 활용어의 종지형에 접속된다.

| 예문 |

⇨ かばんの中にはペンだのノートだのと、いろいろあった。
(가방 속에는 펜이며 노트며 여러 가지 있었다)

⇨ 果物屋の店先には、なしだの、かきだの秋の果物が並んでいます。
(과일가게 앞에는 배며 감이며 가을 과일들이 늘어서 있습니다)

⇨ 部屋代が高いだの、食事がまずいだのと文句ばかり言う。
(방값이 비싸다는 등 식사가 맛이 없다는 등 불평만 한다)

⇨ きらいだの、好きだのって言わないでなんでも食べなければいけません。
(싫다는 등 좋다는 등 하지 말고 뭐든지 먹지 않으면 안 됩니다)

⇨ 貸しただの借りないだのと争っていた。
(빌렸다는 등 안 빌렸다는 등 다투고 있었다)

~たばかりだ ⇨ 금방 ~(했)다, ~(한)지 얼마 되지 않는다

|용법| 과거, 완료를 나타내는 조동사 「た」 다음에 부조사 「ばかり」가 접속되고 그 뒤에 단정을 나타내는 조동사 「だ」가 이어진 어구이다. 이러한 형태로 어떤 일을 하고 나서 그다지 시간이 경과되지 않았음을 나타낸다. 이러한 표현이 문말에 쓰일 때는 어미 「だ」로 끝나지만 문중에서 사용될때는 「で」의 형태를 취하고 뒤에 오는 명사를 수식할 때는 「の」의 형태를 취하게 된다.

|접속| 동사연용형에 접속된다.

|예문|

⇨ さっき着いたばかりだ。(조금 전에 금방 도착했다)

⇨ さっき事務所で会ったばかりですから、田中さんはまだそこにいるはずです。
(아까 사무실에서 만난지 얼마 되지 않기 때문에 다나카시는 아직 거기에 있을 겁니다)

⇨ さっき聞いたばかりの話をもう忘れてしまった。
(아까 들은지 얼마되지 않는 이야기를 벌써 잊어버렸다)

⇨ まだ日本へ来たばかりで、日本語がよくわからない。
(일본에 온 지 얼마 되지 않아서 일본어를 잘 모른다)

|참고| 이러한 용법의 「ばかり」는 회화체에서 종종 「ばっかり」로 발음되기도 한다.

⇨ 日本に来たばっかりのころは、日本語もよく分からなくて本当に困った。
(일본에 온지 얼마 되지 않은 무렵에는 일본어도 잘 몰라서 정말로 곤란했다)

～たはずだ ⇨ ～(했)을 것이다

| 용법 | 과거, 완료를 나타내는 조동사「た」에 당연히 그렇게 될 것임을 나타내는 명사「はず」와 단정의 조동사「だ」가 접속된 어구이다. 이러한 형태로 당연히 그러할 것이라고 생각했던 것이 현실적으로 다르게 나타난 경우 말하는 사람의 의아함이나 후회 등의 기분을 나타낸다. 뒤에 오는 명사를 수식할 때는「～たはずの」의 형태를 취하고 한편으로는「～はずなのに」「～はずなんですけど」의 형태로 쓰이기도 한다.

| 접속 | 동사연용형에 접속된다.

| 예문 |

⇨ おかしなことに、閉めたはずの金庫が開いていた。

(이상하게도 분명히 닫았을 금고가 열려 있었다)

⇨ A：書類、間違っていたよ。(서류, 잘못되었어)

B：えっ、よく確かめたはずなんですけど、すみません。

(예? 잘 확인했을 텐데, 미안합니다)

⇨ ちゃんとかばんに入れたはずなのに、家に帰ってみると財布がない。

(제대로 가방에 넣었을 텐데 집에 돌아와 보니 지갑이 없다)

⇨ 大学の卒業後、アメリカへ留学するはずだった。しかし、父が亡くなって行けなくなった。もし、あの時父が死んでなかったら留学したはずだ。

(대학졸업 후, 미국으로 유학갈 작정이었다. 그러나 아버지가 돌아가셔서 갈수 없게 되었다. 만약 그 때 아버지가 돌아가시지 않았더라면 유학갔을 것이다)

～たはずみに ⇨ ～(한) 바람에

| 용법 | 과거, 완료를 나타내는 조동사 「た」에 탄력의 의미를 지닌 「はずみ」와 조사 「に」가 접속된 어구이다. 이러한 형태로 어떠한 동작이나 작용이 진행되는 과정에서 예상치 못했거나 의도하지 못한 일이 일어남을 나타낸다.

| 접속 | 동사연용형에 접속된다.

| 예문 |

⇨ 立ち上がったはずみに椅子を倒した。(일어서는 바람에 의자를 쓰러뜨렸다)

⇨ 自動車は子どもをよけたはずみにへいにぶつかった。
(자동차는 아이를 피하는 바람에 담에 부딪혔다)

⇨ ころんだはずみに足首を捻挫してしまった。(넘어지는 바람에 발목을 삐고 말았다)

| 참고 | 다음의 예와 같이 명사에 접속될 때는 「～のはずみで」의 형태를 취한다.

⇨ 衝突のはずみで、乗客は車外に放り出された。
(충돌하는 바람에 승객은 차 밖으로 내던져 졌다.)

아울러 「もののはずみで」의 형태로 관용구처럼 사용되는데 우리말의 '어쩌다가, 어찌어찌하다보니까' 정도에 해당된다.

⇨ このあいだは、もののはずみで 「二度とくるな」などと言ってしまったが、本当にそう思っているわけではない。(일전에는 어쩌다가 '두 번 다시 오지 마'라고 말해 버렸지만 정말 그렇게 생각하고 있는 것은 아니다)

～たびに ⇨ ～(할) 때마다

| 용법 | 때를 나타내는 명사 「たび」에 조사 「に」가 접속된 어구이다. 이러한 형태로 어떠한 동작, 작용이 일어나게 되면 반드시 그에 부수되는 또 다른 동작, 작용이 일어남을 나타낸다. 그 앞에는 「명사+の」의 형태나 동사연체형이 오게 된다.

| 접속 | 「명사+の」나 동사연체형에 접속된다.

| 예문 |

⇨ 健康診断のたびに、太りすぎだと言われる。

(건강진단을 할 때마다 과다체중이라는 말을 듣는다)

⇨ 父は出張のたびにかならずその土地の土産を買ってくる。

(아버지는 출장 때마다 반드시 그 지방의 특산품을 사온다)

⇨ 写真を見るたびに、母親を思い出す。

(사진을 볼 때마다 모친이 생각난다)

⇨ あの人は会うたびに新しい話題を持ち出してくる。

(저 사람은 만날 때마다 새로운 화제를 가지고 온다)

～た拍子に ⇨ ～(한) 바람에

| 용법 | 한 순간을 나타내는 명사 「拍子」에 조사 「に」가 접속된 어구이다. 이러한 형태로 앞에 나온 사항이 뒤에 오는 사항의 원인이나 이유임을 나타내는데 이 경우 앞뒤 사항사이에는 아주 짧은 시간적 간격이 있게 된다.

| 접속 | 동사연용형에 접속된다.

| 예문 |

⇨ すべった拍子に足をくじいた。(미끄러진 바람에 발을 삐었다)

⇨ 転んだ拍子に財布を無くした。(구른 바람에 지갑을 잃어버렸다)

⇨ くしゃみをした拍子に眼鏡が落ちた。(재채기를 한 바람에 안경이 떨어졌다)

⇨ 自動車は子どもをよけた拍子にへいにぶつかった。

(자동차는 아이를 피한 바람에 담에 부딪혔다)

～た方(ほう)がいい ⇨ ～(하)는 게 좋다

|용법| 과거, 완료를 나타내는 조동사 「た」에 어느 한편을 선택하는 의미를 나타내는 「～方(ほう)がいい(～편이 좋다)」가 접속된 어구이다. 이러한 형태로 상대방에게 무언가를 적극적으로 권유하는 의미를 나타낸다. 이러한 용법은 우리말에는 전혀 없는 것이어서 각별한 주의가 요망되는바, 우리말에서는 타인에게 무언가를 권할 때는 반드시 현재형으로 표현하지만 일본어에서는 이와 같이 과거형으로 표현하는 경우가 빈번한 것이다.

|접속| 동사의 연용형에 접속된다.

|예문|

⇨ 病院(びょういん)へ行(い)った方(ほう)がいいです。(병원에 가는 게 좋습니다)

⇨ もっと勉強(べんきょう)した方(ほう)がいいです。(좀 더 공부하는 게 좋습니다)

⇨ もっとよく歯(は)をみがいた方(ほう)がいいです。(좀 더 이를 잘 닦는 게 좋습니다)

⇨ 青(あお)になっても、かならず右(みぎ)と左(ひだり)をよく見(み)て渡(わた)った方(ほう)がいいです。
(파란불이 되어도 반드시 좌우를 잘 보고 건너는 게 좋습니다)

|참고| 물론 일본어에서도 우리말처럼 현재형을 이용한 권고표현이 없는 것은 아니지만 다소의 뉘앙스차이는 분명히 있다.

⇨ 海(うみ)に行(い)くより山(やま)に行(い)く方(ほう)がいい。

⇨ 海(うみ)に行(い)くより山(やま)に行(い)った方(ほう)がいい。

위의 양자를 비교해 보면 전자는 바다와 산을 비교하여 단지 자신의 취향이나 희망을 상대방에게 선택적으로 밝히고 있음에 지나지 않으나, 후자의 경우는 상대방에게 바다보다는 산으로 갈 것을 적극적으로 권유하고 있는 셈이 되는 것이다.

～た方(ほう)がましだ ⇨ ～(하)는 편(쪽)이 더 낫다

| 용법 | 과거, 완료를 나타내는 조동사 「た」에 한쪽 편을 나타내는 「方(ほう)が」가 접속되고 이어서 굳이 좋다고는 할 수 없으나 다른 것에 비하면 그래도 나은 편이라는 의미를 지닌 형용동사 「ましだ」가 접속된 어구이다. 이러한 형태로 두 가지의 바람직하지 못한 내용을 열거하고 굳이 둘 중에서 선택하자면 후자 쪽을 선택하는 것이 더 낫다, 고 하는 의미를 나타낸다. 이러한 표현은 말하는 사람의 내키지 않는 심정을 나타내는 경우가 많다.

| 접속 | 동사의 연용형에 접속된다.

| 예문 |

⇨ テストよりはレポートを出(だ)した方(ほう)がましだ。
(테스트보다는 리포트를 내는 편이 더 낫다)

⇨ こんな暮(く)らしをするよりは死(し)んだほうがましだ。
(이런 생활을 하는 것보다는 죽는 편이 더 낫다)

⇨ あんな男(おとこ)と結婚(けっこん)するくらいなら死(し)んだほうがましだ。
(저런 남자와 결혼할 정도라면 죽는 편이 더 낫다)

⇨ 連休(れんきゅう)でこむ時期(じき)には、旅行(りょこう)するよりむしろ家(いえ)でゆっくり休(やす)んだ方(ほう)がましだ。
(연휴로 붐비는 시기에는 여행하기보다 오히려 집에서 느긋하게 쉬는 쪽이 더 낫다)

～たまでだ ⇨ ～(했)을 뿐이다

| 용법 | 과거, 완료를 나타내는 조동사 「た」에 한계를 나타내는 부조사 「まで」와 단정의 조동사 「だ」가 접속된 어구이다. 이러한 형태로 단지 그것만의 이유일 뿐 다른 뜻은 없다고 하는 말하는 사람의 기분을 나타낸다.

| 접속 | 동사의 연용형에 접속된다.

| 예문 |

⇨ そんなに怒ることはない。本当のことを言ったまでだ。

(그렇게 화낼 것은 없다. 사실을 말했을 뿐이다)

⇨ 先生から指示されたから、指示通りにしたまでだ。

(선생님으로부터 지시받았기 때문에 지시대로 했을 뿐이다)

⇨ 子供たちに結婚する前の話をしたのは、聞かれたから答えたまでだ。

(아이들에게 결혼하기 전의 이야기를 한 것은 질문을 받았기에 대답했을 뿐이다)

⇨ 子供たちが遊びたがっていたから、ちょっと公園へ連れて来たまでだ。

(아이들이 놀고 싶어 하고 있었기 때문에 잠깐 공원에 데리고 왔을 뿐이다)

～たまま ⇨ ～(한) 채(로)

| 용법 | 과거, 완료를 나타내는 조동사 「た」에 '～채로'의 의미를 지닌 「まま」가 접속된 어구이다. 이러한 형태로 전항의 동작이 완료된 후, 그로 인하여 예상되는 단계로 이행되지 않고 그대로 완료됨을 나타낸다. 이러한 표현은 상식적으로 당연히 예상되는 다음의 동작이 이루어지지 않는 경우에 사용되는 경향이 있다.

| 접속 | 동사연용형에 접속된다.

| 예문 |

⇨ 兄は時計をしたままお風呂に入っています。

(형은 시계를 찬 채로 목욕하고 있습니다)

⇨ 父はパジャマを着たまま外へ出ていきました。

(아버지는 잠옷을 입은 채로 바깥에 나갔습니다)

⇨ 弟はテレビをつけたまま寝てしまいました。

(남동생은 TV를 켜둔 채 잠들어 버렸습니다)

⇨ 田中さんは自動車に子供を残したままお店でコーヒーを飲んでいます。

(다나카씨는 자동차에 아이를 남겨둔 채 가게에서 커피를 마시고 있습니다)

| 참고 | 한편으로는 다음의 예와 같이 명사에 접속될 때도 있다.

⇨ あの人は裸のまま寝ています。

(저 사람은 벌거벗은 채 자고 있습니다)

아울러 목적격조사 「を」를 그 앞에 수반하여 쓰일 때도 있다.

⇨ 感じたままを素直に書いてください。

(느낀 그대로를 담담하게 써주십시오)

~ ため(に) ⇨ 목적을 나타내는 용법

| 용법 | 명사 「ため」는 그 앞에 목적의 대상이 되는 말이 오고 그 뒤에는 그 목적을 성립시키기 위한 사항이 옴으로서 어떠한 행동을 위한 목적의 의미를 나타낸다. 이와 같이 「ため」가 목적의 의미를 나타낼 때는 그 뒤의 사항이 먼저 실현되고 나서 그 다음에 그 앞의 사항이 실현될 때에 한해서이다. 때로는 조사 「に」가 탈락되어 쓰일 때도 있으나 의미용법에는 차이가 없다.

| 접속 | 「명사+の」의 형태나 동사, 조동사의 연체형에 접속된다.

| 예문 |

⇨ 結婚のため、お金をためている。(결혼을 위해서 돈을 모으고 있다)

⇨ 入学試験のために、夜おそくまで勉強している。

(입학시험을 위해 밤늦게까지 공부하고 있다)

⇨ 友だちは金を借りるために、訪ねて来た。

(친구는 돈을 빌리기 위해 찾아왔다)

⇨ 雨が降ってもこまらないために、傘を持って行く。

(비가 내려도 곤란하지 않도록 우산을 가지고 간다)

| 참고 | 또한 다음과 같이 문장체에서 쓰이는 「ため」도 있는데 이 경우는 「～んがため」의 형태를 취하여 우리말의 '～(하)기 위하여'의 의미를 나타내게 된다. (해당항목 참고)

⇨ 事実を明らかにせんがため、あらゆる手を尽くす。

(사실을 명확히 하기 위해서 모든 방법을 동원한다)

～ため(に) ⇨ 이유, 원인을 나타내는 용법

| 용법 | 명사 「ため」는 그 앞에 이유나 원인의 대상이 되는 말이 오고 그 뒤에는 그로 인한 결과를 나타내는 사항이 옴으로서 어떠한 동작이나 작용이 이루어진 것에 대한 이유나 원인의 의미를 나타낸다. 이와 같이 「ため」가 이유나 원인의 의미를 나타낼 때는 그 앞의 사항이 먼저 실현되고 나서 그 다음에 그 뒤의 사항이 실현될 때에 한해서이다. 때로는 조사 「に」가 탈락되어 쓰일 때도 있으나 의미용법에는 차이가 없다.

| 접속 | 「명사+の」의 형태나 활용어의 연체형에 접속된다.

| 예문 |

⇨ 病気のため学校を休みました。(병으로 인하여 학교를 쉬었습니다)

⇨ 空気が悪いため頭が重いのです。

(공기가 나쁘기 때문에 머리가 무거운 것입니다)

⇨ 風が強かったために、船が出ませんでした。

(바람이 강했기 때문에 배가 나가지 않았습니다)

⇨ 交通が不便なため、土地の値段はあまり高くないそうだ。

(교통이 불편하기 때문에 토지의 가격은 그다지 비싸지 않다고 한다)

~ ためか ⇨ ~ 탓인지

| 용법 | 이유나 원인을 나타내는 명사 「ため」에 불확실함을 나타내는 조사 「か」가 접속된 어구이다. 이러한 형태로 어떠한 이유나 원인에 대한 말하는 사람의 불확실한 인식을 나타낸다.

| 접속 | 「명사+の」의 형태나 활용어의 연체형에 접속된다.

| 예문 |

⇨ 予算不足のためか夏祭りの計画が変更された。

(예산부족 탓인지 여름축제의 계획이 변경되었다)

⇨ 残業が続いたためか彼は倒れてしまった。

(잔업이 계속된 탓인지 그는 쓰러지고 말았다)

⇨ 風が強かったためか、船はほとんど出ませんでした。

(바람이 셌었던 탓인지 배는 거의 나가지 않았습니다)

⇨ 交通が不便なためか、土地の値段はあまり高くないそうだ。

(교통이 불편한 탓인지 토지의 가격은 그다지 비싸지 않다고 한다)

ためしに ~ てみる ⇨ 한번 ~ (해)본다

| 용법 | 동사 「ためす(시도하다)」의 연용형 「ためし」가 전성명사화된 것에 조사 「に」가 접속되어 이루어진 부사 「ためしに」가 앞에 배치되고 뒤에는 보조동사 「てみる」가 배치된 어구이다. 이러한 형태로 어떠한 대상에 대하여 좋고 나쁨을 가리기 위하여 시도삼아 행동으로 옮겨 본다고 하는 의미를 나타낸다.

| 접속 | 「てみる」앞에는 동사연용형이 접속된다.

| 예문 |

⇨ せっかく買ってきたものだから、ためしに着てみよう。

(모처럼 사온 것이니까 한번 입어보자)

⇨ テレビで宣伝していたシャンプー、ためしに買ってみましょう。

(티브이에서 선전하고 있던 샴푸, 한번 사 봅시다)

⇨ 先月できたレストランはおいしいという評判だ。ためしに行ってみよう。

(지난 달 생긴 레스토랑은 맛있다고 하는 평판이다. 한 번 가보자)

⇨ 新発売のインスタントラーメン、ためしに食べてみたがおいしくなかった。

(새로운 발매인 인스턴트라면, 한번 먹어봤지만 맛이 없었다)

~たも同然だ ⇨ ~(한)거나 마찬가지다

| 용법 | 과거, 완료를 나타내는 조동사 「た」에 조사 「も」가 접속되고 이어서 어떠한 대상에 대하여 말하는 사람이 똑같다고 굳게 믿는 뜻을 나타내는 「同然だ」가 이어진 어구이다. 이러한 형태로 실제로는 그러하지 않으나 거의 그러한 것이나 다름없다고 하는 의미를 나타낸다.

| 접속 | 동사연용형에 접속된다.

| 예문 |

⇨ 始めがよいのは半分できたも同然だ。

(시작이 좋은 것은 반쯤 된 거나 마찬가지다)

⇨ 別れた恋人は、わたしにとっては死んだも同然だ。

(헤어진 애인은 나에게 있어서는 죽은 거나 마찬가지다)

⇨ 300票の差が開いたから、これでもう勝ったも同然だ。

(300표의 차가 났으니까 이것으로 이미 이긴 거나 마찬가지다)

⇨ 20年も勤めてきた会社を急に辞めさせられるなんて、彼は捨てられたも同然だ。

(20년이나 근무해온 회사를 갑자기 그만두어야 하게 되다니 그는 버려진 거나 마찬가지다)

~たものだ ⇨ ~(하)곤 했었다

|용법| 과거, 완료를 나타내는 조동사「た」에 과거회상을 나타내는「ものだ」가 접속된 어구이다. 이러한 형태로 문말에 위치하여 과거회상의 의미를 나타낸다.

|접속| 동사연용형에 접속된다.

|예문|

⇨ 子供のとき、兄とよくけんかをしたものだ。

(어렸을 때 형과 자주 싸움을 하곤 했었다)

⇨ 小さいころはよく友達と公園で遊んだものだ。

(어렸을 때는 자주 친구와 공원에서 놀곤 했었다)

⇨ 昔は親に反抗しようものなら、すぐにたたかれたものだ。

(옛날에는 부모님에게 반항이라도 할 것 같으면 바로 두들겨 맞곤 했었다)

⇨ 彼は、若い頃は周りの人とよくけんかをしたものだが、今はすっかりおだやかになった。

(그는 젊을 때는 주위사람과 자주 싸움을 하곤 했으나 지금은 완전히 얌전해졌다)

~たものではない ⇨ 도저히 ~(할) 수가 없다

|용법| 과거, 완료를 나타내는 조동사「た」에「もの」가 접속되고 이어서 명사부정을 나타내는「ではない」가 연결된 어구이다. 이러한 형태로 그 앞에 가

능을 나타내는 동사를 받아서 그것이 불가능함을 강조하는 의미를 나타내는데 회화체에서 주로 사용된다.

| 접속 | 가능을 나타내는 동사나 조동사 「られる」의 연용형에 접속된다.

| 예문 |

⇨ あいつにまかせたら何(なに)をしでかすか分(わ)かったものではない。
(저 녀석에게 맡기면 어떤 짓을 할런지 도저히 알 수가 없다)

⇨ こんなすっぱいみかん、食(た)べられたものではない。
(이런 신 밀감, 도저히 먹을 수가 없다)

⇨ こんな下手(へた)な写真(しゃしん)など、人(ひと)に見(み)せられたものではない。
(이런 볼품없는 사진 같은 거, 도저히 남에게 보일 수가 없다)

| 참고 | 회화체에서는 종종 보다 축약된 표현인 「～たもんじゃない」가 사용되기도 한다.

⇨ こんなすっぱいみかん、食(た)べられたもんじゃない。
(이런 신 밀감, 도저히 먹을 수가 없다)

～たものでは(も)ない ⇨ ～(할) 정도는(도) 아니다

| 용법 | 과거, 완료를 나타내는 조동사 「た」에 「もの」가 접속되고 이어서 명사부정을 나타내는 「ではない」「でもない」가 연결된 어구이다. 주로 그 앞에는 경시하거나 미약함을 나타내는 표현이 와서 결과적으로 그리 나쁜 정도가 아니며 그런 대로 괜찮다고 하는 의미를 나타낸다.

| 접속 | 동사연용형에 접속된다.

| 예문 |

⇨ しろうとばかりの劇(げき)だが、すぐれたところもあり、そう馬鹿(ばか)にしたものではない。
(아마추어들만의 극이지만 훌륭한 점도 있어 그렇게 무시할 정도는 아니다)

⇨ 年をとったといっても、私のテニスの腕はまだまだ捨てたものではない。

(나이를 먹었다고 해도 내 테니스 실력은 아직도 버릴 정도는 아니다(쓸 만하다))

⇨ みんな、主任になったばかりの山田さんを若すぎて頼りないと言うが、彼の行動力はそう見くびったものでもない。

(모두, 주임이 된지 얼마 안 되는 야마다씨를 너무 젊어서 믿음직스럽지 못하다고 하지만, 그의 행동력은 그렇게 얕볼 정도도 아니다)

～たら ⇨ ～(하)면, ～(한)다면, ～(했)더니, ～(한) 즉

|용법| 「たら」는 과거, 완료를 나타내는 조동사 「た」의 가정형으로 어떤 동작이나 상태가 완료된 후 다음으로 이어질 사항에 대한 가정조건 또는 확정조건을 나타낸다. 그 앞뒤의 관계는 필연적이라기보다는 개별적이고 우발적인 경우가 많은데 비교적 사용범위가 넓으며 가정법 중에서는 가장 회화체적이라고 할 수 있다.

|접속| 활용어의 연용형에 접속된다. 이 중, 형용사는 연용형 「～かっ」, 형용동사는 연용형 「～だっ」의 형태에 접속된다.

|예문|

⇨ ゆっくり話したら、わかります。(천천히 말하면 알 수 있습니다)

⇨ ご飯を食べたら、すぐ出かけます。(밥 먹으면 곧 나갑니다)

⇨ もし100万円あったら、車を買いたいです。

(만약 100만엔이 있다면 차를 사고 싶습니다)

⇨ 暇とお金があったら、どこへ行ってみたいですか。

(시간과 돈이 있다면 어디에 가 보고 싶습니까?)

⇨ 大使館へ行きたいんですが、どう行ったらいいですか。

(대사관에 가고 싶은데 어떻게 가면 됩니까?)

⇨ おひまだったら、昼からスケートにでも行きませんか。

(시간 있으시면 오후에 스케이트라도 타러 가지 않겠습니까?)

⇨ 出かける時雨が降りそうだったら、どうしますか。

(나갈 때 비가 올 것 같으면 어떻게 합니까?)

⇨ 彼女が病気だったら、私たちは旅行に行きません。

(그녀가 아프면 우리들은 여행을 가지 않겠습니다)

⇨ その部屋が静かだったら、そこで仕事をします。

(그 방이 조용하다면 거기에서 일을 하겠습니다)

⇨ 頭がよかったら、この問題は簡単にわかります。

(머리가 좋으면 이 문제는 간단하게 알 수 있습니다)

⇨ 暑かったら、窓を開けてください。(더우면 창을 열어 주세요)

～たら ⇨ '～(하)면 어떨까?', 권유를 나타내는 용법

| 용법 | 「たら」는 과거, 완료를 나타내는 조동사 「た」의 가정형으로 상대방에게 무언가를 권할 때 쓰이는데 본래는 「～たらどうか(どうですか)」로 쓰이는 것에서 밑줄 친 뒷부분이 생략된 것이다. 우리말의 경우에는 권유표현에서 반드시 문말의 술어까지 표현하는 것이 보통인데 반하여 일본어는 이와 같이 문말의 술어가 생략되곤 하며 오히려 이러한 것이 일본어의 특징으로까지 일컬어지곤 한다. 이러한 표현은 보통 친한 사이에서 사용되며 보다 정중하게 표현하고자 할 때는 문말의 술어를 생략하지 않는 것이 좋다. 실제발음에서는 「～たら」의 부분을 올려서 발음한다.

| 접속 | 동사의 연용형에 접속된다.

| 예문 |

⇨ 立って見てないで、ちょっと手伝ってあげたら。

(서서 보고 있지 말고 좀 도와주면 어떨까?)

⇨ 危ないからやめといたら。(위험하니까 그만두면 어떨까?)

⇨ そんなに疲れているなら、すこし休んだら? (그렇게 피곤하다면 조금 쉬는 게 어떨까?)

⇨ A：ゆうべから、すごく頭が痛いんだ。(어젯밤부터 굉장히 머리가 아파)

B：そんなに痛いの? では医者に見てもらったら?

(그렇게 아프니? 그럼 의사에 진찰받으면 어떨까?)

| 참고 | 이와 유사한 표현으로 「～ば」가 있는데 주의할 것은 「～ば」의 경우는 상대방에게 건성으로 권한다고 하는 뉘앙스가 있는데 반하여 「～たら」의 경우는 진심을 담아 권한다는 뉘앙스의 차이가 있다는 점이다.

⇨ 外はとても寒いから、厚着を着て出かければ。

(밖은 무척 추우니까 두꺼운 옷을 입고 나가는 게 어떨까?)

⇨ 外はとても寒いから、厚着を着て出かけたら。

(밖은 무척 추우니까 두꺼운 옷을 입고 나가는 게 어떨까?(입고 나가도록 해라))

～たら最後 ⇨ ～(했)다하면

| 용법 | 과거, 완료를 나타내는 조동사 「た」의 가정형 「たら」에 「最後」가 접속된 어구이다. 이러한 형태로 한번 어떤 일이 일어나면 그 이후에는 절대로 그 상태가 바뀌어 지지 않음을 나타낸다.

| 접속 | 동사연용형에 접속된다.

| 예문 |

⇨ これは、なくしたら最後、二度と手に入らない品物です。

(이것은 잃어버렸다하면 두 번 다시 입수할 수 없는 물건입니다)

⇨ あの人につかまったら最後、3時間ぐらい話を聞かされますよ。

(저 사람에게 붙들렸다하면 3시간정도는 이야기를 들어주어야 해요)

⇨ あの子はいったん遊びに出たら最後、暗くなるまでもどって来ない。

(저 아이는 일단 놀러 나갔다하면 어두워질 때까지 돌아오지 않는다)

⇨ 彼は寝たら最後、まわりでどんなに騒いでも絶対に目をさまさない。

(그는 잤다하면 주위에서 아무리 소란을 피워도 절대로 깨지 않는다)

| 참고 | 이와 유사한 어구로 「～たが最後」가 있다. (해당항목 참고)

⇨ 学校内でタバコを吸っているのを見つかったが最後、停学は免れないだろう。

(학교 내에서 담배를 피우고 있는 것을 들켰다하면 정학은 면치 못할 것이다)

～たら ～たで ⇨ ～(하)면 ～(하)는 대로

| 용법 | 과거, 완료를 나타내는 조동사 「た」의 가정형 「たら」가 앞에 배치되고 뒤에는 과거, 완료의 조동사 「た」에 조사 「で」가 접속된 형태가 배치된 어구이다. 그 앞뒤에는 같은 형용사나 동사가 두 번 반복하여 나타나게 되는데 이러한 형태로 어느 쪽이든 마찬가지라는 의미를 나타낸다.

| 접속 | 각각 동사나 형용사의 연용형에 접속된다.

| 예문 |

⇨ 自動車はあれば便利だが、なかったらなかったで何とかなるものだ。

(자동차는 있으면 편리하지만 없으면 없는 대로 어떻게든 되는 것이다)

⇨ 息子には大学に受かってほしいが、受かったら受かったでお金が要って大変だ。

(아들에게는 대학에 붙어주길 바라지만 붙으면 붙는 대로 돈이 들어 큰일이다)

⇨ 母は寒がりで冬が苦手だが、それでは夏が好きかというとそうではない。暑かったら暑かったで文句を言っている。

(어머니는 추위를 많이 타는 편이라서 겨울을 싫어하지만, 그러면 여름을 좋아하는가 하면 그렇지는 않다. 더우면 더운 대로 불평을 하고 있다)

⇨ 平社員のときは給料が少なくて困ったけど、昇進したらしたで付き合いも増えるしやっぱり金はたまらない。

(평사원일 때에는 급여가 적어서 힘들었지만, 승진하면 승진하는 대로 교제도 늘어나서 역시 돈은 모이지 않는다)

~たらよかった ⇨ ~(했)으면 좋았을걸

|용법| 과거, 완료를 나타내는 조동사 「た」의 가정형 「たら」에 형용사 「よい」의 과거형인 「よかった」가 접속된 어구이다. 이러한 형태로 실제로는 일어나지 않은 일이나 현실적으로는 그렇지 않았던 일에 대하여 유감스럽게 여기는 기분을 나타낸다.

|접속| 활용어의 연용형에 접속된다.

|예문|

⇨ A：このあいだのパーティーおもしろかったわよ。(요전의 파티 재미있었어)

B：僕もいったらよかった。(나도 갔으면 좋았을걸)

⇨ 来られないなら、早めに知らせてくれたらよかった。

(올 수 없다면 일찍 알려줬으면 좋았을걸)

⇨ 昨日の夕食会、君も来たらよかった。どうして来なかったの。

(어제 저녁식사모임, 자네도 왔으면 좋았을걸. 어째서 안 왔나?)

⇨ 昨日会社の上司とはじめて飲みに行ったが、彼がもうちょっと話し好きだったらよかった。

(어제 회사의 상사와 처음으로 술 마시러 갔는데 그가 좀 더 이야기하는 걸 좋아했더라면 좋았을걸)

～たり、～たりする ⇨ ～(하)기도 하고, ～(하)기도 한다

| 용법 | 조사 「たり」는 여러 가지 동작이나 상태 중에서 대표되는 것을 몇가지 나열할 때 쓰이는 조사이다. 우리말의 '～(하)기도 하고, ～(하)기도 한다'에서 밑줄 친 부분에 해당되는데 보통 「～たり～たりする」의 형태로 사용되며 대체로 문말에는 「する」가 오게 된다.

| 접속 | 활용어의 연용형에 접속된다. 형용사와 형용동사의 경우에는 각각 형용사연용형(「かっ」 형) 형용동사연용형(「だっ」 형)에 접속된다.

| 예문 |

⇨ このごろ天気(てんき)がよかったり悪(わる)かったりします。

(요즈음 날씨가 좋았다가 나빴다가 합니다)

⇨ このごろは寒(さむ)かったり、暖(あたた)かかったりして、天気(てんき)が定(さだ)まらない。

(요즈음은 춥기도 하고 따뜻하기도 해서 날씨가 일정하지 않다)

⇨ 先生(せんせい)の話(はなし)を聞(き)いたり、会話(かいわ)を覚(おぼ)えたりします。

(선생님의 이야기를 듣기도 하고 회화를 익히기도 합니다)

⇨ きのうは弟(おとうと)と遊(あそ)んだり、宿題(しゅくだい)をしたりしました。

(어제는 남동생과 놀기도 하고 숙제를 하기도 했습니다)

⇨ 先生(せんせい)は学生(がくせい)に本(ほん)を読(よ)ませたり、質問(しつもん)に答(こた)えさせたり、字(じ)を書(か)かせたりします。

(선생님은 학생에게 책을 읽히기도 하고 질문에 대답하게 하기도 하고 글씨를 쓰게 하기도 합니다)

⇨ アルバイトで来(き)ている学生(がくせい)は、曜日(ようび)によって男子学生(だんしがくせい)だったり、女子学生(じょしがくせい)だったりします。

(아르바이트로 오는 학생은 요일에 따라서 남학생이기도 하고 여학생이기도 합니다)

| 참고 | 한편 다음의 예와 같이 문말의 동사 「する」가 생략된 채 「～たり～たりです」로만 쓰이는 경우도 있다.

⇨ この頃(ごろ)は晴(は)れたり、曇(くも)ったりです。(요즈음은 맑았다 흐렸다 합니다)

⇨ 土曜日の午後は暇だったり、忙しかったりです。

(토요일 오후는 한가하기도 하고 바쁘기도 합니다)

⇨ 工場見学は月曜日だったり、水曜日だったりです。

(공장견학은 월요일이기도 하고 수요일이기도 합니다)

~ たりとも ⇨ ~ 일지언정, ~ 일지라도

| 용법 | 문어체에서 지정을 나타내는 조동사 「たり」와 접속조사 「とも」가 결합되어 하나의 조사처럼 쓰이는 형태이다. 주로 그 앞에는 「一」이라는 숫자가 오는 것이 보통인데 이러한 형태로 최소한의 그 어떤 것도 허용치 않는다고 하는 의미를 나타낸다. 대체로 문장체에서 사용되는 경향이 있다.

| 접속 | 대체로 적은 수를 나타내는 명사에 접속된다.

| 예문 |

⇨ 猫の子一匹たりとも、ここを通らせないぞ。

(고양이새끼 한 마리일지언정 여기를 통과하지 못하게 할 거야)

⇨ 試験中は一秒たりとも時間を無駄に使ってはいけない。

(시험 중에는 일초일지언정 시간을 헛되게 써서는 안 된다)

⇨ どんな相手でも、試合が終るまでは一瞬たりとも油断はできない。

(어떤 상대라도 시합이 끝날 때까지는 한순간일지라도 방심은 할 수 없다)

⇨ 今日の午後3時までに原稿を提出しなければならず、今は一分たりともおろそかにできない。

(오늘 오후 3시까지는 원고를 제출해야 하므로 지금은 일분일지라도 소홀히 할 수 없다)

~ たりなんかして ⇨ ~ (하)거나하고

| 용법 | 열거를 나타내는 조사 「たり」에 부조사 「なんか」가 접속되고 이어서 동사 「する」의 연용형인 「し」와 접속조사 「て」가 연결된 어구이다. 이러한 형태로 여러 가지 있는 것 가운데에서 주된 것을 내세워서 예시하게 되는데 물론 이밖에도 비슷한 것을 더 한다고 하는 의미도 내포하게 된다.

| 접속 | 동사연용형에 접속된다.

| 예문 |

⇨ どうしたの？ ひとりで笑(わら)ったりなんかして。(왜 그래? 혼자서 웃거나하고)

⇨ 休(やす)みの日(ひ)は本(ほん)を読(よ)んだりなんかして過(す)ごします。
(쉬는 날은 책을 읽거나하고 지내고 있습니다)

⇨ お父(とう)さんたら急(きゅう)に怒(おこ)り出(だ)したりなんかして。この頃(ごろ)少(すこ)し疲(つか)れてるのかな。
(아버지는 갑자기 화를 내거나하고. 요즈음 좀 피곤한 걸까?)

⇨ A：田中(たなか)さん、遅(おそ)いわね。(다나카씨, 늦네)
B：ひとりだけ先(さき)に行(い)ったりなんかして。(혼자만 먼저 가거나하고)

～たると～たるとを問(と)わず ⇨ ～이건 ～이건 상관없이

| 용법 | 문어체에서 지정의 의미를 나타내는 조동사 「たり」의 연체형 「たる」에 접속조사 「と」가 접속된 형태가 앞에 배치되고 뒤에는 이러한 「たると」에 상관없음을 나타내는 「～を問(と)わず」가 접속된 형태가 배치된 어구이다. 이러한 형태로 그 누구이건 일체 상관하지 않는다고 하는 의미를 나타낸다.

| 접속 | 각각 그 앞에는 사람을 나타내는 명사가 오게 된다.

| 예문 |

⇨ この法律(ほうりつ)は市民(しみん)たると外国人(がいこくじん)たるとを問(と)わず等(ひと)しく適用(てきよう)される。
(이 법률은 시민이건 외국인이건 상관없이 동등하게 적용된다)

⇨ 救出にあたっては軍人たると民間人たるとを問わず、総力を結集せよ。

(구출에 있어서는 군인이건 민간인이건 상관없이 총력을 결집시켜라)

⇨ 医療活動は民間人たると、政府関係者たるとを問わず、全員を平等に扱う。

(의료활동은 민간인이건 정부관계자이건 상관없이 전원을 평등하게 취급한다)

⇨ その小説は学生たると会社員たるとを問わず、多くの人々に読まれている。

(그 소설은 학생이건 회사원이건 상관없이 많은 사람들에게 읽혀지고 있다)

～たるべき者 ⇨ ～이어야 할 자

| 용법 | 문어체에서 지정의 의미를 나타내는 조동사 「たり」의 연체형 「たる」에 문어체에서 당연의 의미로 쓰이는 조동사 「べし」의 연체형인 「べき」가 접속되고 이어서 「者」가 연결된 어구이다. 이러한 형태로 그 사람이 마땅히 취해야 할 규범이나 모습을 나타낸다.

| 접속 | 이상적인 자격을 지닌 사람을 나타내는 명사에 접속된다.

| 예문 |

⇨ 王たるべき者はそのようなことを恐れてはならない。

(왕이어야 할 자는 그와 같은 일을 두려워해서는 안 된다)

⇨ それは、指導者たるべき者のとる行動ではない。

(그것은 지도자이어야 할 자가 취할 행동은 아니다)

⇨ 後継者たるべき者は以下の資格を備えていなければならない。

(후계자이어야 할 자는 이하의 자격을 갖추고 있지 않으면 안 된다)

～たる者 ⇨ 자고로(모름지기) ～인 자

| 용법 | 문어체에서 지정의 의미를 나타내는 조동사 「たり」의 연체형 「たる」에 사람을 가리키는 「者」가 접속된 어구이다. 이러한 형태로 그 사람의 상태, 신분, 성별 등에 어울리는 언행이나 태도를 제시하게 되는데 이러한 표현은 주로 문장체에서 쓰인다.

| 접속 | 이상적인 신분이나 자격을 나타내는 명사에 접속된다.

| 예문 |

⇨ 選手たるもの、試合においては堂々と戦え。
(모름지기 선수인 자, 시합에 있어서는 당당하게 싸워라)

⇨ 警官たる者、そのような犯罪にかかわってはいけない。
(자고로 경찰관인 자는 그러한 범죄에 관련되어서는 안 된다)

⇨ 教師たる者が賄賂をもらうなんて、信じられない話だ。
(모름지기 교사쯤 되는 자가 뇌물을 받다니 믿을 수 없는 이야기다)

~たるや ⇨ ~야말로

| 용법 | 문어체에서 지정의 의미를 나타내는 조동사 「たり」의 연체형 「たる」에 문어체에서 감동을 나타내는 조사 「や」가 접속된 어구이다. 이러한 형태로 나타내고자 하는 사항을 보다 강조하는 의미를 나타낸다.

| 접속 | 명사에 접속된다.

| 예문 |

⇨ その姿たるや、さながら鬼のようであった。
(그 모습이야말로 마치 도깨비 같았다)

⇨ そのショーの意外性たるや、すべての人の注目を集めるに十分であった。
(그 쇼의 의외성이야말로 모든 사람의 주목을 모으기에 충분했다)

⇨ その歌声たるや、聞き入る聴衆のすべてを感動させるすばらしいものであった。
(그 노랫소리야말로 듣고 있는 청중모두를 감동시키는 훌륭한 것이었다)

⇨ 救出に際しての彼らの活動たるや、長く記憶にとどめるに充分値するものであった。
(구출에 있어서의 그들의 활동이야말로 오랫동안 기억에 남기에 충분할만한 것이었다)

～だろう ⇨ '～ 일거다, ～ 이지?', 추측이나 확인의 의미를 나타내는 용법

|용법| 단정의 조동사 「だ」의 미연형 「だろ」에 추측을 나타내는 조동사 「う」가 접속된 어구이다. 이러한 형태로 어떠한 사안에 대한 추측이나 확인의 의미를 나타내는데 회화체에서 주로 남성이 사용한다. 하강조로 발음되면 추측의 의미가, 상승조로 발음되면 확인의 의미가 된다.

|접속| 명사나 활용어의 종지형에 접속된다.

|예문|

⇨ あの話はうそだろう↘と思っていましたが、やっぱりうそでした。
(그 이야기는 거짓일 것이라고 생각하고 있었는데 역시 거짓이었습니다)

⇨ 今年の冬は寒いだろう↘。(금년 겨울에는 추울 게다)

⇨ 田中さんは肉がきらいだろう↘。(다나카씨는 고기를 싫어할 거야)

⇨ 田中さんは木村さんを知らないだろう↘。(다나카씨는 기무라씨를 모를 거야)

⇨ 田中さんはあした来るだろう↗。(다나카씨는 내일 오겠지?)

⇨ 明日あの人は来ないだろう↗。(내일 그 사람은 오지 않겠지?)

⇨ 明日の試験はむずかしくないだろう↗。(내일 시험은 어렵지 않겠지?)

～だろうが、～だろうが ⇨ ～이건, ～이건

|용법| 단정의 조동사 「だ」의 미연형 「だろ」에 추측을 나타내는 조동사 「う」가 접속되고 거기에 다시 역접을 나타내는 조사 「が」가 이어진 어구이다. 이러한 형태가 앞뒤로 두 번 반복되어 사용됨으로서 어떠한 것이든 상관치 않음을 나타낸다.

|접속| 명사에 접속된다.

|예문|

⇨ 子供だろうが、大人だろうが、法を守らなければならないのは同じだ。

(어린이이건, 어른이건, 법을 지켜야만 하는 것은 마찬가지이다)

⇨ 相手が重役だろうが、社長だろうが、彼は遠慮せずに言いたいことを言う。

(상대가 중역이건, 사장이건, 그는 개의치 않고 하고 싶은 말을 한다)

⇨ 彼は、山田さんだろうが、加藤さんだろうが、反対する者は容赦しないと言っている。

(그는 야마다씨이건, 가토씨이건, 반대하는 자는 용서하지 않겠다고 말하고 있다)

⇨ もし鉄道が使えなければ、ボートだろうが、ヘリコプターだろうが、とにかく使える方法でできるだけ早くそこに到着しなければならない。

(만약 철도를 사용할 수 없다면 보트이건 헬리콥터이건 어쨌든 사용할 수 있는 방법으로 가능한 한 빨리 그곳에 도착해야만 한다)

～だろうと思う ⇨ ～(할) 것으로 생각한다

|용법| 단정을 나타내는 조동사 「だ」의 미연형인 「だろ」에 추측을 나타내는 조동사 「う」와 인용을 나타내는 조사 「と」가 접속된 다음 거기에 동사 「思う」

가 연결된 어구이다. 이러한 형태로 자신의 추측을 우회적으로 나타낸다.

| 접속 | 형용동사의 어간이나 활용어의 종지형에 접속된다.

| 예문 |

⇨ その話は本当だろうと思います。

(그 이야기는 정말일 것으로 생각합니다)

⇨ 田中さんはお酒が好きだろうと思います。

(다나카씨는 술을 좋아할 것으로 생각합니다)

⇨ あの映画はおもしろいだろうと思います。

(저 영화는 재미있을 것으로 생각합니다)

⇨ あしたたぶん雨が降るだろうと思います。

(내일 아마도 비가 올 것으로 생각합니다)

⇨ でも、あさってはたぶん降らないだろうと思います。

(그러면 모레는 아마도 내리지 않을 것으로 생각합니다)

~ だろうに ⇨ ~ (할)((했)을)텐데

| 용법 | 단정의 조동사 「だ」의 미연형 「だろ」에 추측을 나타내는 조동사 「う」가 접속되고 이어서 조사 「に」가 연결된 어구이다. 이러한 형태로 말하는 사람의 동정심이나 비판의식, 또는 아쉬움을 나타낸다.

| 접속 | 주로 과거, 완료를 나타내는 조동사 「た」에 접속되나 때로는 활용어의 종지형에도 접속된다.

| 예문 |

⇨ その山道は、子供には厳しかっただろうに、よく歩き通した。

(그 산길은 아이에게는 힘들었을 텐데 용케도 끝까지 걸었다)

⇨ 忙しくて大変だっただろうに、よく期日までに仕上げたものだ。

(바빠서 힘들었을 텐데 용케도 기일까지 마무리 졌구나)

⇨ もしあの大金(たいきん)をこの会社(かいしゃ)に投資(とうし)していたら、大儲(おおもう)けできただろうに。

(만약 저 큰돈을 이 회사에 투자하고 있었더라면 큰돈을 벌 수 있었을 텐데)

⇨ 冬(ふゆ)の水(みず)は冷(つめ)たくてつらいだろうに、彼(かれ)らは黙々(もくもく)と作業(さぎょう)を続(つづ)けていく。

(겨울의 물은 차가워서 괴로울 텐데 그들은 묵묵히 작업을 계속해 나간다)

ち

～ちゃ ⇨ ～(해)선

| 용법 | 접속조사 「て」와 계조사 「は」가 결합된 복합조사 「ては」가 회화체에서 「ちゃ」로 축약된 형태이다. 주로 그 뒤에는 금지나 마이너스평가를 나타내는 표현들이 오게 된다.

| 접속 | 동사연용형에 접속된다.

| 예문 |

⇨ こんなことを言(い)っちゃまずいけど。(이런 말을 해선 뭐하지만)

⇨ 新(あたら)しいスカートを買(か)わなくちゃならない。(새 스커트를 사지 않으면 안 된다)

⇨ 試験(しけん)の時(とき)、他人(たにん)に自分(じぶん)の試験紙(しけんし)を見(み)せることをしちゃだめだ。
(시험 중에 타인에게 자신의 시험지를 보여주는 행동을 해서는 안 된다)

～ちゃん ⇨ 친한 사이에서 성에 붙여 쓰는 접미어

| 용법 | 「さん」처럼 사람의 성에 붙여 쓰는 접미어이나 「さん」보다는 더욱 친밀한 느낌을 주는 말이다. 즉, 어른이 아이를, 또는 친한 사이에서 격의 없이 부르는 경우에 사용되는 접미어인 셈인데, 때로는 어른 사이일지라도 친

한 친구사이에서는 얼마든지 쓸 수 있다. 일종의 애칭 같은 것으로 생각하면 될 것인데 우리말에는 이와 같은 접미어가 없다.

| 접속 | 동사연용형에 접속된다.

| 예문 |

⇨ ふみちゃん、遊(あそ)びましょ。(후미야 놀자)

⇨ 太郎(たろう)ちゃん、こっちへいらっしゃい。(다로야, 이리로 와)

⇨ おじちゃん、ぼくといっしょに遊(あそ)んでくれよ。(아저씨, 나하고 함께 놀아줘)

⇨ おとうちゃん。(아버지)

⇨ おかあちゃん。(어머니)

⇨ おにいちゃん。(오빠)

⇨ 赤(あか)ちゃん。(아가)

⇨ おじょうちゃん。(아가씨, 따님)

⇨ ぼっちゃん。(도련님, 아드님)

ちょうだい ⇨ 「ちょうだい」의 상세한 용법

| 용법 | 「頂戴(ちょうだい)」는 동사 「する」와 결합된 「ちょうだいする」의 형태로 「もらう」 「食(た)べる」에 대한 겸양어로서 쓰이는데 이 점에서는 「いただく」와 대등하게 쓰이고 있다. 한편으로는 동사 「する」가 빠진 「～をちょうだい」와 같은 형태로 문말에 쓰여서 상대방에 대한 의뢰나 요구를 친근감 있게 나타내는데 이는 주로 여성이나 어린이가 친근한 사람에 대하여 쓸 수 있는 표현이다.

| 예문 |

⇨ 結構(けっこう)な品(しな)を頂戴(ちょうだい)しました。(아주 좋은 물건을 받았습니다)

⇨ おいしくちょうだいしました。(맛있게 먹었습니다)

⇨ 大変立派な物をちょうだいしまして、ありがとうございました。

(아주 훌륭한 물건을 주셔서 감사합니다)

⇨ A: どうぞたくさんめしあがって下さい。(자, 많이 드십시오)

B: はい、もうたくさんちょうだいしました。(예, 이제 많이 먹었습니다)

⇨ ここにあなたのサインをちょうだいしたいのですが。

(여기에 당신의 사인을 받고 싶습니다만)

⇨ かあさん。おやつをちょうだい。(엄마, 간식 줘!)

⇨ (과일가게에서)じゃ、このりんごをちょうだい。(그럼, 이 사과 주세요)

|참고| 한편 「～てちょうだい」와 같은 형태의 보조동사로도 쓰여서 상대방에게 친근감 있게 무언가를 부탁할 때도 쓰인다.(해당항목 참고)

⇨ 魚やさん、あしたもまた来てちょうだい。

(생선장수 아저씨, 내일도 또 와 줘요)

⇨ お願いだから、オートバイを乗り回すのはやめてちょうだい。

(부탁이니까 오토바이 타고 다니는 것은 그만 해 다오)

ちょっと ⇨ '꽤, 제법', 찬양하는 의미를 나타내는 용법

|용법| 「ちょっと」는 우리말의 '조금'에 해당되는 부사로 약간의 정도를 나타내는 말인데 여기에서 확대된 용법으로 어떤 대상을 매우 긍정적으로 찬양하는 용법이 있다. 즉, 바람직한 의미를 지닌 말에 접속될 때는 화자가 생각했던 것 이상으로 긍정적인 의미를 나타내며 이때는 찬양하는 의미로 사용되는 것이다. 이럴 때는 우리말의 '꽤, 제법'정도에 해당되게 된다.

|접속| 뒤에 오는 용언을 수식한다.

|예문|

⇨ この本、ちょっとおもしろいよ。(이 책 제법 재미있어)

⇨ この先にちょっといいレストランをみつけた。

(요 앞에 제법 좋은 레스토랑을 발견했어)

⇨ 彼がどんな小説を書くか、ちょっと楽しみですね。

(그가 어떤 소설을 쓸지 꽤 기대되는군요)

⇨ A: 新しい職場はどう? (새 직장은 어때?)

B: 課長さんがちょっとすてきな人なの。(과장이 꽤 멋진 사람이야)

ちょっとした ⇨ 약간의

| 용법 | '좀, 약간'의 의미를 지닌 부사 「ちょっと」에 サ행변격동사 「する」의 연용형 「し」와 과거, 완료의 조동사 「た」가 접속되어 관용적으로 사용되는 어구이다. 이러한 형태로 뒤에 오는 명사를 수식하게 되는데 그 대상이 경미함을 나타낸다.

| 예문 |

⇨ ちょっとした風邪がもとで、亡くなった。(약간의 감기가 원인으로 돌아가셨다)

⇨ ちょっとしたアイデアだったが、大金になった。

(약간의 아이디어였지만 큰돈이 되었다)

⇨ 酒のつまみには、何かちょっとしたお菓子があればそれでいい。

(술안주로는 뭔가 약간의 과자가 있으면 그것으로 좋다)

ちょっとした ⇨ 상당한

| 용법 | '좀, 약간'의 의미를 지닌 부사 「ちょっと」에 サ행변격동사 「する」의 연용형 「し」와 과거, 완료의 조동사 「た」가 접속되어 관용적으로 사용되는 어구

이다. 이러한 형태로 어떠한 대상이 보통이상임을 나타낸다.

| 예문 |

⇨ 彼の帰国は、まわりの人にとってちょっとした驚きだった。

(그의 귀국은 주위사람에 있어서 상당한 놀라움이었다)

⇨ 彼は、両親の死後、ちょっとした財産を受け継いだので、生活には困らない。

(그는 부모님의 사후, 상당한 재산을 물려받았기 때문에 생활에는 어려움이 없다)

⇨ パーティーでは奥さんの手料理が出た。素人の料理とはいえ、ちょっとしたものだった。

(파티에는 사모님이 만드신 요리가 나왔다. 아마추어의 요리라고는 하나 상당한 것이었다)

ちょっと ～ ない
⇨ '좀처럼 ~ (할) 수 없다', 찬양하는 의미를 나타내는 용법

| 용법 | 「ちょっと」가 뒤에 부정표현을 수반할 때는 화자가 생각했던 것 이상으로 긍정적인 의미를 나타내는데 그 뒤에는 대체로 부정을 나타내는 조동사 「ない」가 와서 호응하게 된다. 이러한 형태로 어떠한 대상에 대하여 찬양하는 의미를 나타낸다.

| 접속 | 조동사 「ない」 앞에는 동사나 수동의 조동사 「られる」의 미연형이 접속된다.

| 예문 |

⇨ こんなにおもしろい映画は最近ちょっと見れないよ。

(이렇게 재미있는 영화는 최근에 좀처럼 볼 수 없어)

⇨ この本は読み出したらちょっとやめられないよ。

(이 책은 읽기 시작하면 좀처럼 중단할 수가 없어)

⇨ こんなおいしいもの、ちょっとほかでは食べられない。

(이런 맛있는 것, 좀처럼 다른 곳에서는 먹을 수 없다)

⇨ あの人(ひと)のあんな演説(えんぜつ)は、ちょっとほかの人(ひと)にはまねができないだろう。

(저 사람의 저런 연설은 좀처럼 다른 사람들에게는 흉내 낼 수 없을 거야)

|참고| 한편 이러한 형태의 어구로 어조를 부드럽게 하는 경우도 있는데 우리말의 '좀~(하)지 않다'정도에 해당된다.

⇨ A: 田中先生(たなかせんせい)の研究室(けんきゅうしつ)はどちらですか。(다나카선생님의 연구실은 어디입니까?)

B: すみません。ちょっと分(わ)かりません。(미안합니다. 잘 모르겠습니다)

⇨ 今(いま)、ちょっと手(て)が放(はな)せないので、あとでこちらからお電話(でんわ)します。

(지금 좀 바빠서 나중에 이쪽에서 전화 드리겠습니다)

つ

～ ついでに ⇨ ～ (하)는(한) 김에

| 용법 | 부사 「ついで」에 조사 「に」가 접속된 어구로 어떤 일을 하는 기회에 다른 일도 함께 한다는 의미를 나타낸다.

| 접속 | 「명사+の」의 형태나 동사연체형, 그리고 과거, 완료를 나타내는 조동사 「た」에 접속된다.

| 예문 |

⇨ 散歩のついでに手紙を出してきた。(산책하는 김에 편지를 부치고 왔다)

⇨ 買物のついでに、図書館へ行って本を借りて来た。
(쇼핑하는 김에 도서관에 가서 책을 빌려 왔다)

⇨ 京都へ行くついでに、奈良を回ってみたい。
(교토에 가는 김에 나라를 돌아보고 싶다)

⇨ 洗濯機を直すついでに、ドアの取っ手も直してもらった。
(세탁기를 고치는 김에 문손잡이도 고치게 했다)

⇨ 子どもをお医者へ連れて行ったついでに、私もみてもらった。
(아이를 병원에 데리고 간 김에 나도 진찰받았다)

⇨ デパートへ買物に行ったついでに、着物の展示会を見て来た。
(백화점에 쇼핑 간 김에 기모노 전시회를 보고 왔다)

|참고| 다음의 예문처럼 다른 말에 접속되지 않고 독립된 부사의 형태로 사용되는 일도 있다. 우리말의 '그 김에'정도에 해당된다.

⇨ でかけるのなら、ついでに、この手紙(てがみ)を出(だ)して来(き)てくれませんか。
(외출할거면 가는 김에 이 편지도 부치고 와 주지 않겠습니까?)

~っけ ⇨ '~(했)었지, ~(했)던가?', 회상이나 확인을 나타내는 용법

|용법| 「っけ」는 회화체에서만 전용으로 쓰이는 조사로 문말에 위치하여 과거를 회상하거나 기억을 확인할 때에 쓰인다.

|접속| 과거.완료의 조동사 「た」나 단정의 조동사 「だ」에 접속된다.

|예문|

⇨ 子(こ)どものころはこのへんでよく遊(あそ)んだっけ。
(어린 시절에는 이 근처에서 자주 놀았었지)

⇨ 学生時代(がくせいじだい)はあの先生(せんせい)にずいぶんしかられたっけ。
(학창시절에는 그 선생님에게 꽤 야단맞았지)

⇨ 図書館(としょかん)には田中(たなか)たちもいたっけ?
(도서관에는 다나카 일행도 있었던가?)

⇨ 中村(なかむら)さんのお誕生日(たんじょうび)は明日(あした)じゃなかったっけ?
(나카무라씨의 생일은 내일이 아니었던가?)

~っこ ⇨ 서로~(하)기

|용법| 접미어 「っこ」는 동사연용형에 접속되어 '서로~(하)기, 경쟁하듯이 서로~(하)기'의 의미를 나타내는데 우리말의 '등 밀어주기, 서로도와주

기, 서로 노려보기, 함께 달리기'에서 밑줄 친 부분에 해당되는 것으로 생각하면 좋을 것이다. 주로 「～っこ(を)する」하는 식으로 그 뒤에는 「する」가 오는 것이 보통이다.

| 접속 | 동사연용형에 접속된다.

| 예문 |

⇨ これからにらめっこしましょう。(이제부터 눈싸움합시다)

⇨ 友(とも)だちと一緒(いっしょ)に風呂(ふろ)に入(はい)って、せなかの流(なが)しっこをした。

(친구와 함께 목욕을 하며 서로 등 밀어주기를 했다)

⇨ 兄弟(きょうだい)は、こまったときおたがいにたすけっこしなくてはいけませんよ。

(형제는 곤란에 처했을 때 서로 도와주지 않으면 안 돼요)

⇨ 君(きみ)とぼくとどっちがはやいか、かけっこしてみよう。

(너와 나와 어느 쪽이 빠른지 달리기 해보자)

～っこない ⇨ ～(할) 리가 없다

| 용법 | 접미어 「っこ」에 형용사 「ない」가 접속된 어구로 어떤 일이 일어날 가능성을 강력하게 부인하는 의미를 나타낸다. 주로 친한 사이에서 자유롭게 사용되는 회화체의 어구이다.

| 접속 | 동사연용형에 접속된다.

| 예문 |

⇨ あんなに難(むずか)しい問題(もんだい)は子供(こども)が分(わ)かりっこない。

(저렇게 어려운 문제는 어린아이가 알 리가 없다)

⇨ 山口(やまぐち)さんなんか、頼(たの)んだってやってくれっこないよ。

(야마다씨 같은 사람에게 부탁한다 해도 해줄 리가 없어)

⇨ いくら彼(かれ)に聞(き)いても、本当(ほんとう)のことなんか言(い)いっこないよ。

(아무리 그에게 물어도 사실 같은 거 말할 리가 없어)

⇨ いつも宝くじなんか当りっこないと言っていた彼が、今日はなぜかロットを買って来た。

(언제나 복권 같은 거 당첨될 리 없다고 말하고 있던 그가 오늘은 왠지 로또를 사왔다)

~ったって ⇨ ~라고 해도

|용법| 「たって」는 주로 회화체에서 쓰이는 접속조사로 그 앞에 促音「っ」가 들어가 있는 어구이다. 이는 '~라고 해도'의 의미를 나타내는 「~といっても」가 축약된 형태이다. 이러한 표현은 주로 친밀한 사이의 회화체에서 주로 쓰인다.

|접속| 활용어의 종지형에 접속된다.

|예문|

⇨ 逃げようったって、もう逃さないから。

(도망가려고 해도 이제 놓치지 않을 테니까)

⇨ 高いったって、1万円ぐらいならしかたがないさ。

(비싸다고 해도 만엔 정도라면 어쩔 수 없어)

⇨ いくらしずかだったって、ガスも水道もないような不便な所ではこまるよ。

(아무리 조용하다고 해도 가스도 수도도 없는 그런 불편한 곳이면 곤란해)

⇨ 子どもだったってこのくらいのことはできるよ。

(어린아이라고 해도 이 정도의 일은 할 수 있다고)

~ったら ⇨ 주어를 비난하는 의미를 나타내는 용법

|용법| 조사 「ったら」는 「といったら」가 축약된 형태로 주로 사람을 나타내는 말의

뒤에 위치하여 그 사람에 대하여 친근감을 가지고 비난하거나 걱정하거나 하는 경우에 사용되며 회화체에서만 쓰인다. 우리말의 '아버지는 참, 너는 정말'에서 밑줄 친 말 정도의 느낌을 자아내는 조사로 생각하면 좋을 것이다. 대체로 어린이나 여성이 사용하며 때로는 그 앞에 促音(そくおん)「っ」가 들어갈 때도 있다.

| 접속 | 명사에 접속된다.

| 예문 |

⇨ お母(かあ)さんったら。ちゃんと話(はなし)を聞(き)いてよ。(어머니는 참, 이야기 좀 들어봐)

⇨ あいつったら、あんな女(おんな)の子(こ)がきれいだって。
(저 녀석은 정말, 저런 여자아이가 예쁘다는 군)

⇨ まあ、山田(やまだ)さんったら、初(はじ)めから私(わたし)だと知(し)っていて、ひどいわ。
(어머, 야마다씨는 참, 처음부터 나라고 알고 있으면서 너무하네요)

⇨ 君(きみ)ったら、ぼくが困(こま)っていてもちっとも助(たす)けてくれないんだね。
(너 정말, 내가 힘들어해도 조금도 도와주지 않는구나)

~ったら ⇨ 상대방에 대한 항의를 나타내는 용법

| 용법 | 조사 「ったら」는 「といったら」가 축약된 형태로 친밀한 사이의 회화체에서 주로 쓰이며 문말에 위치하게 된다. 이러한 형태로 상대방이 자신의 뜻대로 움직이지 않을 때 그에 대한 항의의 의미를 나타낸다. 우리말의 '~빨리 하라니까, 그만두라니까, 싫다니까'에서 밑줄 친 부분에 해당되는 것으로 생각하면 좋을 것이다.

| 접속 | 동사명령형이나 접속조사 「て」, 그리고 활용어의 종지형 등에 접속된다.

| 예문 |

⇨ こっちへ来いったら。(이리로 오라니까?!)

⇨ 早くしてったら。おそいなあ。(빨리 하라니까?! 왜 이렇게 느려)

⇨ いいかげんに寝なさいったら。もう1時すぎてますよ。
(그만 자라니까?! 벌써 1시가 지났어요)

⇨ やめてよ。ね、いやだったら。(그만해. 응? 싫다니까?!)

⇨ A：本当にひとりで出きるの?。(정말로 혼자서 할 수 있어?)
B：出きるったら。同じこと言うなよ。(할 수 있다니까?! 같은 말 하지마라고)

～ったらありゃしない ⇨ ～(하)기 짝이 없다

| 용법 | 「ったら」는 「といったら」가 축약된 형태의 조사이며 「ありゃしない」는 동사를 강조하는 용법인 「동사연용형＋はしない」가 적용된 「ありはしない」에서 「ありは」가 「ありゃ」로 축약된 형태이다. 이러한 형태로 말로는 표현할 수 없을 만큼 그 정도가 아주 심함을 나타내는데 이러한 표현은 철저히 회화체에서만 사용되고 있다.

| 접속 | 명사나 형용사종지형에 접속된다.

| 예문 |

⇨ あの人はいつもとぼけてばかりいて、憎らしいったらありゃしない。
(저 사람은 언제나 시치미만 떼고 있어서 얄밉기 짝이 없다)

⇨ 5万円も入った財布をすられちゃったの。くやしいったらありゃしないわ。
(5만엔이나 든 지갑을 소매치기 당한 거야. 분하기 짝이 없어)

⇨ いつも小言ばかり言っているうちのおやじ、うるさいったらありゃしない。
(늘 잔소리만 하고 있는 우리 아버지, 귀찮기 짝이 없어)

⇨ 2週間(しゅうかん)もガスが切(き)れていたので、栓(せん)を捻(ひね)ってガスが出(で)た時(とき)の感激(かんげき)ったらありゃしない。
(2주일이나 가스가 끊겨 있었기 때문에 밸브를 돌려 가스가 나왔을 때 감격스럽기 짝이 없었다)

～ったらない ⇨ 정말 ～(하)다, ～(하)기 이를 데 없다

| 용법 | 「ったら」는 「といったら」가 축약된 형태의 조사로 여기에 형용사 「ない」가 접속된 어구이다. 이러한 형태로 말로는 표현할 수 없을 만큼 그 정도가 아주 심함을 나타내며 회화체에서만 사용된다.

| 접속 | 명사나 형용사종지형에 접속된다.

| 예문 |

⇨ うちのおやじ、うるさいったらない。(우리 아버지 정말 잔소리가 심해)

⇨ あの映画(えいが)、こわいったらなかった。(그 영화, 정말 무서웠다)

⇨ あの時(とき)のあいつのあわてかたったらなかったよ。(그 때 그 녀석은 정말 당황했었어)

⇨ あの人(ひと)はいつもとぼけてばかりいて、憎(にく)らしいったらない。
(그 사람은 언제나 시치미만 떼고 있어서 얄밉기 이를 데 없다)

～つつ ⇨ ～(하)면서

| 용법 | 조사 「つつ」는 두 가지 동작이 동시에 이루어짐을 나타내는 것으로 「ながら」와 같은 용법을 지니고는 있으나 주로 문장체에서 쓰인다고 하는 점에서 구별된다. 그 앞에는 동작이나 행위가 아닌 상태를 나타내는 동사가 주로 오게 되는데 이러한 형태로 하나의 주체가 하나의 동작이나 상태를 유지하면서 동시에 또 하나의 동작을 하거나 상태에 있다고 하는

의미를 나타낸다.

| 접속 | 상태를 나타내는 동사의 연용형에 접속된다.

| 예문 |

⇨ 病人(びょうにん)は家族(かぞく)に見守(みまも)られつつ、最後(さいご)の息(いき)をひきとった。

(환자는 가족이 지켜보는 가운데 마지막 숨을 거두었다)

⇨ 2台(だい)の車(くるま)はつねに一定(いってい)の距離(きょり)を保(たも)ちつつ、走(はし)った。

(2대의 차는 언제나 일정 거리를 유지하면서 달렸다)

⇨ 静(しず)かな青(あお)い海(うみ)を眺(なが)めつつ、彼女(かのじょ)は物思(ものおも)いにふけっていた。

(조용한 푸른 바다를 바라보면서 그녀는 생각에 잠겨있었다)

⇨ われわれはこの社会(しゃかい)の中(なか)でおたがいに助(たす)け合(あ)いつつ、暮(く)らしているのです。

(우리들은 이 사회 속에서 서로 도와주면서 살아가고 있는 것입니다)

| 참고 | 한편으로, 서로가 반대되는 두 가지의 사항을 연결할 때도 「つつ」가 이용되는데 이 점에서도 「ながら」와 용법이 같다. 경우에 따라서는 「つつも」의 형태로 사용될 때도 있다.

⇨ 悪(わる)いと知(し)りつつ、改(あらた)めようとしない。

(나쁘다는 것을 알면서 개선하고자 하지 않는다)

⇨ えらそうなことを言(い)いつつも、まちがえてばかりいる。

(잘난 척 하면서도 늘 실수만 하고 있다)

～つ～つ ⇨ ～(하)고～(하)면서

| 용법 | 문장체에서 두 가지 동작이 동시에 이루어짐을 나타내는 접속조사 「つ」가 앞뒤로 나열된 어구이다. 이러한 형태로 대조적인 내용의 동사나 그에 상당하는 말을 나열하여 두 가지 동작이 교대로 이루어짐을 나타낸다. 각각의 앞에는 지극히 제한된 동사만이 접속되는데 대체로 관용적인 경

우에 사용된다.

| 접속 | 앞의 「つ」에는 동사연용형이, 뒤의 「つ」에는 동사연용형이나 수동을 나타내는 조동사 「れる」의 연용형인 「れ」가 접속된다.

| 예문 |

⇨ お互(たが)い持(も)ちつ持(も)たれつで、助(たす)け合(あ)いましょう。

(서로 돕고 도우면서 협력합시다)

⇨ 事実(じじつ)を言(い)おうか言(い)うまいかと、廊下(ろうか)を行(い)きつ戻(もど)りつ考(かんが)えた。

(사실을 말할까 말하지 말까하고 복도를 왔다 갔다 하면서 생각했다)

⇨ 久(ひさ)しぶりに友人(ゆうじん)とさしつさされつ酒(さけ)を飲(の)んで何時間(なんじかん)もしゃべった。

(오래간만에 친구와 서로 부어가며 술을 마시고 몇 시간이나 이야기를 했다)

⇨ 初詣(はつもうで)の神社(じんじゃ)はものすごい人出(ひとで)で、押(お)しつ押(お)されつ、やっとのことで境内(けいだい)までたどり着(つ)いた。

(새해의 첫 신사참배는 굉장한 인파로 밀고 밀리면서 가까스로 경내까지 들어갔다)

～つつある ⇨ ～(하)고 있다

| 용법 | 두 가지 동작이 동시에 이루어짐을 나타내는 조사 「つつ」에 동사 「ある」가 접속된 형태이다. 이러한 형태로 동작이나 작용이 어떠한 방향을 향해서 계속해서 이루어지고 있음을 나타내는데 결국 말하는 시점에서의 동작이나 상태가 지속되고 있음을 실감나게 표현하기 위해서는 문장체적이기는 하지만 「つつある」를 사용할 수밖에 없는 것이다. 이러한 표현은 주로 문장체에서만 쓰이는 편이다.

| 접속 | 동사연용형에 접속된다.

| 예문 |

⇨ この国(くに)の経済(けいざい)は発展(はってん)しつつあります。(이 국가의 경제는 발전하고 있습니다)

⇨ 男女(だんじょ)の雇用(こよう)条件(じょうけん)の格差(かくさ)は是正(ぜせい)されつつある。

(남녀의 고용조건의 격차는 시정되고 있다)

⇨ 今年(ことし)は雨(あめ)が少(すく)なくて、水不足(みずぶそく)になりつつある。

(금년은 비가 적어서 물 부족현상이 되어가고 있다)

⇨ 手術(しゅじゅつ)以来(いらい)、彼(かれ)の体(からだ)は順調(じゅんちょう)に回復(かいふく)しつつある。

(수술 이래, 그의 몸은 순조롭게 회복하고 있다)

| 참고 | 이와 유사한 것으로 「～ている」가 있는데 그 앞에 순간동사가 올 때에는 양자 간에 현격한 차이가 엿보인다.

⇨ 消(き)えている → 사라져있다. 즉 사라진 후의 지속적인 상태를 나타냄.

⇨ 消(き)えつつある → 사라지고 있다. 즉 현재 사라져가는 과정에 있음을 나타냄.

～つづける ⇨ 계속～(하)다

| 용법 | 「続(つづ)ける」는 '계속하다'의 의미를 지닌 동사이나 때로는 다른 동사의 연용형에 접속된 복합동사로도 쓰여서, 그 앞의 동사가 지닌 내용을 지속적으로 행함을 나타낸다.

| 접속 | 동사연용형에 접속된다.

| 예문 |

⇨ 2時間(じかん)ぐらい登(のぼ)りつづけると、山(やま)のてっぺんに出(で)ました。

(2시간 정도 계속 올라가니까 산 정상으로 나왔습니다)

⇨ 重要(じゅうよう)な電話(でんわ)ですから、先方(せんぽう)が出(で)るまで呼(よ)び続(つづ)けてください。

(중요한 전화이니까 상대가 나올 때까지 계속 울려주십시오)

⇨ あの人(ひと)は、2時間前(じかんまえ)から本(ほん)を読(よ)み続(つづ)けている。

(저 사람은 2시간 전부터 책을 계속 읽고 있다)

|참고| 한편 「つづける」에 대한 자동사 「つづく」 역시 복합동사에서 쓰일 때가 있다.

⇨ 今朝の天気予報では午後から晴れると言っていた。ところが、予報に反して雨が降り続いている。

(오늘 아침 일기예보에서는 오후부터 맑을 것이라고 했었다. 하지만, 예보와 반대로 비가 계속 내리고 있다)

～って ⇨ 회화체에서 빈번하게 쓰이는 「～って」의 상세한 용법

|용법| 조사 「って」는 회화체에서만 활발하게 쓰이는 것으로 다양한 의미와 용법을 지니고 있다. 그 앞에는 명사나 형용사, 형용동사, 동사의 종지형이 오게 된다.

1. 「言う」 「思う」 등의 동사 앞에 와서 그 내용을 나타내는데 이 점에서는 조사 「と」와 같다. 우리말의 '～라고'에 해당된다.

⇨ 「ごめんなさい」 って言えばいいんです。

('죄송합니다'라고하면 되는 겁니다)

⇨ それで、もうすこし待ってくれっていったんです。

(그래서 좀 더 기다려달라고 말한 겁니다)

⇨ 彼はすぐ来るっていってますから、もう少し待ってください。

(그는 금방 온다고 말했으니까 좀 더 기다려 주십시오)

⇨ つまらないんじゃないかって思ったんですけど、わりにおもしろかったわ。

(지루하지 않을까라고 생각한 겁니다만 의외로 재미있었어요)

2. 「～という」의 의미를 나타낸다. 이러한 표현은 회화체일지라도 각별히 친한 사람과 이야기할 경우에만 사용되는 경향이 있다. 우리말의 '～라는, ～라고 하는'에 해당된다.

⇨ 山田さんって人はどこの大学を卒業したの。

(야마다씨라는 사람은 어느 대학을 졸업했지?)

⇨ 今日は休みだってこと、わすれてしまったんです。

(오늘은 휴일이라는 것을 잊어버린 겁니다)

⇨ ごちそうってほどのものじゃないけど、どうぞめしあがってね。

(진수성찬이라고 할 정도는 아니지만 자, 드세요)

⇨ 兄弟ってものはもっと仲よくしなくてはだめだよ。

(형제라고 하는 것은 좀 더 사이좋게 지내지 않아서는 안 돼)

3. 「～は」「～というのは」의 의미를 나타낸다. 즉 그 일을 화제로 내세울 때에 쓰이는데 우리말의 '～은(는), ～(하)다는 건'에 해당된다.

⇨ 田中さんって何の先生ですか。

(다나카씨는 무슨 선생님입니까?)

⇨ あの人のおかあさんってどんな人かしら。

(저 사람의 어머니는 어떤 사람일까?)

⇨ 彼が試験に落ちたってほんとうかい。

(그가 시험에 떨어졌다는 건 정말이냐?)

⇨ 愛するってなんてつらいことなのでしょう。

(사랑한다는 건 얼마나 괴로운 일인 건가요?)

4. 상대방의 질문을 똑같이 따라하고는 그에 대한 자신의 대답이나 생각을 할 때에 쓰인다. 우리말의 '～라니' '～(하)다니'에 해당된다.

⇨ A：どうしたらいい。(어쩌면 좋아?)

B：どうしたらいいって、そんなこと自分で考えなさい。

(어쩌면 좋으냐니. 그런 것은 스스로 생각해라)

⇨ 本当かって。君、ぼくを信用しないのかい。

(정말이냐니. 너 나를 못 믿는 거야?)

⇨ なぜかってそう簡単に理由は説明できないよ。

(왜라니. 그렇게 간단하게 이유는 설명할 수 없어)

⇨ あれは誰かって、ぼくだって知らないよ。(저건 누구냐니, 나도 몰라)

5. 다른 사람으로부터 들은 이야기를 전하는 의미를 나타내는데 「～ということだ」에 해당된다. 다만 이와 같이 전문을 나타낼 때는 '다소 의외이다, 좀 이상하다'고 하는 기분이 내포되어 있는 경우가 많다. 우리말의 '～(한)대' '～이래'에 해당된다.

⇨ あの人はテニスがとても上手だって。(저 사람은 테니스를 아주 잘한대)

⇨ 天気予報によると、明日はいい天気になるって。
(일기예보에 의하면 내일은 날씨가 좋아진대)

⇨ あのかたは来月帰国なさるのですって。
(저 분은 내달 귀국하신다는 겁니다)

⇨ 来週ピアノのコンサートがあるんですって。
(다음주 피아노콘서트가 있답니다)

6. 상대방의 말을 그대로 되풀이하면서 진위여부를 다시 한 번 확인하는 경우에 사용된다. 항상 문말에 위치하게 되는데 인토네이션은 상승조가 되는 것이 보통이다. 우리말의 '～라고? ～(하)다고?'에 해당된다.

⇨ A：もう全部終わりました。(이제 전부 끝났습니다.)

B：え、もう終わったって。ずいぶん早いな。
(아니 벌써 끝났다고? 무척 빠르네)

⇨ なに、どろぼうだって。ほんとうか。(뭐, 도둑이라고? 정말이야?)

⇨ こまったって。いったいどうしたのさ。
(곤란하다고? 도대체 어떻게 된 거야?)

⇨ えっ、財布を落したんだって。どこで、いつ。
(응? 지갑을 잃어버렸다고? 어디서, 언제?)

～って～のことですか ⇨ ～라 함은～을(를) 말하는 겁니까?

|용법| 회화체에서 인용을 나타내는 조사 「って」가 앞에 배치되고 뒤에는 확인

의 뜻을 나타내는 「～のことですか」가 배치된 어구이다. 이러한 형태로 어떠한 단어의 의미나 어떠한 정의에 대하여 그것을 확인하는 의미를 나타낸다.

|접속| 「って」와 「～のことですか」의 앞에는 각각 명사가 오게 된다.

|예문|

⇨ A : 困っていたとき、田中さんが金を貸してくれました。

(곤란에 처해있었을 때 다나카씨가 돈을 빌려 주었습니다)

B : 田中さんって、あのセールスマンの田中さんのことですか。

(다나타씨라 함은 저 세일즈맨인 다나카씨를 말하는 겁니까?)

⇨ NGOって、民間の援助団体のことですか。

(NGO라 함은 민간의 원조단체를 말하는 겁니까?)

⇨ 「しめなわ」って、あの、お正月につける飾りのことですか。

('시메나와'라 함은 저, 설날에 다는 장식을 말하는 겁니까?)

⇨ 漱石って、あの「こころ」という小説を書いた作家のことですか。

(소세키라 함은 저 '고코로'라는 소설을 쓴 작가를 말하는 겁니까?)

～ってば ⇨ 상대방에게 항의하는 의미를 나타내는 용법

|용법| 부조사 「ってば」는 상대방이 자신의 뜻대로 움직이지 않을 때 그에 대한 항의의 뜻을 나타내는 것으로 주로 여자나 아이들이 회화체에서 사용한다. 주로 문말에 위치하곤 하는데 우리말의 '～빨리 하라니까, 그만 두라니까, 싫다니까'에서 밑줄 친 부분에 해당되는 것으로 생각하면 좋을 것이다.

|접속| 동사명령형이나 접속조사 「て」 등의 다양한 말에 접속된다.

|예문|

⇨ ちょっと待ってってば。今すぐ行くから。(잠깐 기다리라니까. 지금 바로 갈 테니까)

⇨ 早く持って来なさいってば。聞こえないの。(빨리 가지고 오라니까. 안 들리는 거야?)

⇨ この字、絶対間違ってるってば。(이 글자, 절대 틀렸다니까)

⇨ A：宿題やったの? (숙제 한거야?)

B：うん。(응)

A：もう9時よ。(벌써 9시야)

B：やったってば。(했다니까)

~ってば ⇨ 주어를 비난하는 의미를 나타내는 용법

| 용법 | 부조사 「ってば」는 주로 사람을 나타내는 말의 뒤에 위치하여 그 사람을 비난하는 경우에 사용되는 것으로 대체로 여자나 아이들이 회화체에서 사용한다. 우리말의 '아버지는 참, 너는 도무지, 저 사람은 정말'에서 밑줄 친 말 정도의 느낌을 자아내는 조사로 생각하면 좋을 것이다.

| 접속 | 주로 명사에 접속된다.

| 예문 |

⇨ おかあさんってば、怒ってばかりいるから、きらいだわ。

(엄마는 정말, 화만 내고 있으니까, 싫어)

⇨ あの人ってば、また宿題を忘れたのよ。

(저 사람은 참, 또 숙제를 잊어버린 거야)

⇨ 私ってば、どうしてこんなに頭が悪いんでしょう。

(난 정말, 왜 이렇게 머리가 나쁜 걸까?)

⇨ A：お母さん。(엄마!)

B：....... (........)

A：お母さんってば。聞いてるの? (엄마는 참, 듣고 있는 거야?)

|참고| 다음의 예문과 같이 때로는 促音(そくおん) 「っ」가 탈락될 때도 있다.

⇨ おかあさんてば、いいでしょう。(엄마는 참, 뭐 어때?)

~ってよ ⇨ 문말에서 자신의 주장을 강하게 나타내는 용법

|용법| 접속조사 「て」에 어세를 강하게 하는 조사 「よ」가 접속된 것의 앞에 促音(そくおん) 「っ」가 와 있는 형태이다. 이러한 형태로 주로 여성들이 상대방 앞에서 자신의 주장을 강하게 나타내는데 문말에서 사용된다.

|접속| 형용사의 연용형이나 조동사 「ない」의 연용형 「なく」에 접속된다.

|예문|

⇨ わたしゃ見(み)なくてもよくってよ。(난 안 봐도 돼)

⇨ こんなことをしちゃみっともなくってよ。(이런 짓을 하면 꼴불견이라고)

⇨ 坊(ぼう)や、そこへ行(い)っちゃいけなくってよ。(꼬마야, 거기에 가면 안 된다고)

⇨ ことによると花子(はなこ)さんの事(こと)かも知(し)れなくってよ。(어쩌면 하나꼬씨의 일일지도 몰라)

~っぱなし ⇨ 줄곧 ~(함)

|용법| 「っぱなし」는 줄곧 그 상태로 방치해 둠을 나타내는 접미어이다. 이러한 형태로 당연히 해야 할 일을 하지 않고 방치해 놓거나 또는 같은 일이나 상태가 끊임없이 지속적으로 진행되거나 유지됨을 나타낸다.

|접속| 동사연용형에 접속된다.

|예문|

⇨ 風呂(ふろ)の水(みず)を出(だ)しっぱなしにして出(で)かけてしまった。

(욕실 물을 줄곧 틀어놓은 채로 나가버렸다)

⇨ テレビをつけっぱなしで出かけたのは誰ですか。

(TV를 줄곧 켜둔 채 나간 건 누구입니까?)

⇨ ドアを開けっ放しにしないでください。(문을 줄곧 열어 두지 마십시오)

⇨ 新幹線はとても混んでいて、東京から大阪まで立ちっ放しだった。

(신칸센은 너무 복잡해서 도쿄에서 오사카까지 줄곧 서있었다)

～っぽい ⇨ ～같다, 툭하면～(한)다

|용법| 접미어「っぽい」는 명사나 동사연용형에 접속되어 이것을 형용사로 만드는데 이러한 형태로 그러한 느낌 또는 경향이 있음을 나타낸다. 명사에 접속될 때는 주로 색채나 감정, 또는 성별이나 노소를 나타내는 것에 접속되며 동사에 접속될 때는「怒る、飽きる、忘れる」와 같은 동사에 접속되는 경향이 있다. 이러한 표현은 대체로 부정적인 평가를 나타내는 어감이 주어지게 된다.

|접속| 명사나 동사연용형에 접속된다.

|예문|

⇨ この酒は、いやに水っぽい。(이 술은 너무 물 같다)

⇨ 叔父の持ち込んだもうけ話は、どうもうそっぽいです。

(숙부가 가져온 돈벌이 이야기는 어쩐지 거짓 같습니다)

⇨ あの人は、かなりの年なのに、子どもっぽいところがある。

(저 사람은 꽤 나이가 들었는데 아이 같은 점이 있다)

⇨ 彼は怒りっぽくてこまる。(그는 툭하면 화를 내서 곤란해)

⇨ 年をとるとだんだん忘れっぽくなる。(나이가 들면 점점 툭하면 잊어버리게 된다)

⇨ 息子(むすこ)は飽(あ)きっぽい性格(せいかく)で、何(なに)をやっても続(つづ)かない。

(아들은 툭하면 싫증내는 성격이어서 무엇을 해도 오래가지 않는다)

～づめ ⇨ 줄곧～(함)

|용법| 「詰(つ)め」는 동사 「詰(つ)める(채우다)」에서 온 말로 속에 무언가를 꽉 채우거나 채워있는 상태를 나타내는 접미어이다. 이러한 형태로 명사나 동사연용형에 접속되게 되면 어떤 동작, 작용의 상태가 지속됨을 나타낸다.

|접속| 명사나 동사연용형에 접속된다.

|예문|

⇨ 一日中(いちにちじゅう)、勉強(べんきょう)しづめで、すっかり疲(つか)れました。

(하루 종일 줄곧 공부만 해서 완전히 지쳤습니다)

⇨ 列車(れっしゃ)が混(こ)んで、東京(とうきょう)から京都(きょうと)まで、ずっと立(た)ちづめだった。

(열차가 붐벼서 도쿄에서 교토까지 줄곧 서 있었다)

⇨ この番組(ばんぐみ)は、警察署(けいさつしょ)づめの新聞記者(しんぶんきしゃ)の物語(ものがたり)である。

(이 프로그램은 줄곧 경찰서에 출입하는 신문기자 이야기이다)

⇨ これまで大阪(おおさか)づめでしたが、この4月(しがつ)から、東京(とうきょう)づめになりました。

(지금까지 줄곧 오사카근무였지만 이번 4월부터 줄곧 도쿄근무가 되었습니다)

～つもり(だ、です) ⇨ '작정, 생각', 의도나 의지를 나타내는 용법

|용법| 「つもり」는 말하는 사람의 의도나 의지를 나타내는 말로 이 경우 제3자의 의도나 의지라도 상관없이 표현할 수 있다. 주로 단정이나 정중을 나타내는 조동사 「だ」「です」와 함께 문말의 술어로 쓰이는데 때로는 「そのつもり

です」(그럴 생각(작정)입니다)의 형태로도 사용된다.

|접속| 동사, 일부조동사의 연체형이나 연체사 「その」에 접속된다.

|예문|

⇨ 来月帰国するつもりです。(내달에 귀국할 생각입니다)

⇨ こんなに夜おそく出かけて、どこへ行くつもりだろう。
(이렇게 늦게 나가서 어디에 갈 작정일까?)

⇨ わが社としては、従来の方針を通すつもりだ。
(우리 회사로서는 종래의 방침을 관철시킬 작정이다)

⇨ 今年の夏は帰らないつもりです。(금년 여름에는 돌아가지 않을 생각입니다)

⇨ 来週の日曜日は見ないつもりです。(다음 주 일요일에는 보지 않을 생각입니다)

⇨ 買うつもりはなかったんですが、勧められてつい買ってしまいました。
(살 생각은 없었던 것입니다만 권유받아 결국 사버렸습니다)

⇨ 木村さんの誕生日に何を買ってあげるつもりですか。
(기무라씨의 생일에 무엇을 사 줄 작정입니까?)

⇨ 当方に過失はないから、賠償などするつもりはない。
(이쪽에 과실은 없으니까 배상 따위 할 생각은 없다)

|참고| 한편으로 「つもり」는 동사의 과거형에 접속된「~たつもりで」의 형태로 실제로는 그러하지 않으나 그렇게 된 듯한 느낌을 나타내기도 한다.(해당 항목 참고)

⇨ 映画を見たつもりで貯金することにしました。
(영화를 봤다고 치고 저금하기로 하였습니다)

⇨ 死んだつもりで頑張ればできないことはない。
(죽은 셈 치고 분발하면 못할 일은 없다)

~ つもりだが ⇨ ~ (한) 줄로 알지만

| 용법 | 어떤 일을 하고자 하는 의지나 생각을 나타내는 명사 「つもり」에 단정의 조동사 「だ」와 조사 「が」가 접속된 어구이다. 오로지 주어가 2인칭이나 3인칭인 경우에 쓰이는데 이러한 형태로 그 사람이 믿고 있는 사실이 잘못된 것임을 야유하듯이 나타낸다.

| 접속 | 활용어의 연체형에 접속된다.

| 예문 |

⇨ いつまでも若いつもりだが、時間というものは本当に早いよ。

(언제까지나 젊은 줄로 알지만 시간이라는 것은 정말로 빠르다고)

⇨ 彼女はすべてを知っているつもりだが、本当は何も知らない。

(그녀는 모든 것을 알고 있는 줄로 알지만 사실은 아무것도 모른다)

⇨ あの人は自分では有能なつもりだが、その仕事ぶりに対する周囲の評価は低い。

(저 사람은 스스로는 유능한 줄로 알지만 그 일하는 모습에 대한 주위의 평가는 낮다)

⇨ 彼女のあの人をばかにしたような態度は好きじゃないな。自分ではよほど賢いつもりなんだろうけどね。

(그녀의 저 사람을 바보 취급하는 듯한 태도는 좋지 않네. 자기스스로는 제법 현명한 줄로 알고 있겠지만 말이야)

~ つもりはない ⇨ ~ (할) 생각은 없다

| 용법 | 어떤 일을 하고자 하는 의지나 생각을 나타내는 명사 「つもり」에 조사 「は」와 형용사 「ない」가 접속된 어구이다. 이러한 형태로 어떠한 동작이나 태도를 취할 의지가 전혀 없음을 나타낸다.

| 접속 | 동사연체형에 접속된다.

| 예문 |

⇨ 今すぐ行くつもりはないが、アメリカのことを勉強しておきたい。

(지금 당장 갈 생각은 없지만 미국에 관한 것을 공부해 두고 싶다)

⇨ 何者だ。いやだ、知りもしないおまえなんかと相撲をとるつもりはない。

(뭐하는 놈이냐? 싫다. 알지도 못하는 너 따위하고 씨름을 할 생각은 없다)

⇨ 趣味で描いていた絵が展覧会で入選して、売れたが、プロになるつもりはない。

(취미로 그리고 있던 그림이 전람회에서 입선하여 팔렸지만 프로가 될 생각은 없다)

⇨ このけんかはあの人たちが始めたことで、私にはそんなことをするつもりは全くなかったんです。

(이 싸움은 저 사람들이 시작한 것으로 나에게는 그런 짓을 할 생각은 전혀 없었던 겁니다)

~ づらい ⇨ ~ (하)기 힘든다

| 용법 | 「つらい」는 원래 형용사로서 '괴롭다, 힘들다'의 의미를 나타내는데 이것이 동사연용형에 접속되어 접미어로 사용될 때는 심리적, 정신적으로 '~(하)기 힘든다'고 하는 의미를 나타낸다. 이 경우에는 「づらい」로 발음이 변화된다.

| 접속 | 동사연용형에 접속된다.

| 예문 |

⇨ 道が悪くて歩きづらい。(길이 나빠서 걷기 힘든다)

⇨ この万年筆は古くなったので、とても書きづらい。

(이 만년필은 낡아서 아주 쓰기 힘든다)

⇨ この本は、字が小さくて読みづらくてこまります。

(이 책은 글자가 작아서 읽기 어려워 힘듭니다)

⇨ この席は遠くて聞きづらいから、前の席にうつろう。

(이 자리는 멀어서 듣기 힘드니까 앞자리로 옮기자)

⇨ 聞き手の反応がないと、スピーチをしていて話しづらい。

(듣는 사람의 반응이 없으면 연설하고 있어도 말하기 힘든다)

て

～て(で) ⇨ '～(하)고, ～(해)서', 앞의 말을 뒤에 연결시키는 접속조사로서의 용법

| 용법 | 접속조사 「て」는 앞의 말을 뒤에 오는 말에 연결시키는 역할을 하는 것으로 대체로 우리말의 '～(해)서, (하)고'정도에 해당된다. 특히 5단동사 가운데에서 「～ぐ、～ぬ、～ぶ、～む」로 어미가 끝나는 동사가 음편현상을 일으키는 경우에는 「で」가 되며, 형용사의 경우에는 「～くて」가 되는데 특히 회화체에서는 「～くって」의 형태로 바뀔 때도 있다.

| 접속 | 동사, 형용사, 조동사의 연용형에 접속된다.

| 예문 |

⇨ 朝6時におきて、散歩をした。(아침 6시에 일어나서 산책을 했다)

⇨ 朝起きて、顔を洗って、ご飯を食べました。
(아침에 일어나서 얼굴을 씻고 밥을 먹었습니다)

⇨ 毎日学校へ行って、日本語の勉強をしています。
(매일 학교에 가서 일본어 공부를 하고 있습니다)

⇨ デパートで買い物をして、映画を見て、コーヒーを飲んで帰りました。
(백화점에서 쇼핑을 하고 영화를 보고 커피를 마시고 돌아왔습니다)

⇨ 湯がわいている。(물이 끓고 있다)

⇨ 夕飯(ゆうはん)はもう食(た)べてしまった。(저녁밥은 벌써 먹어버렸다)

⇨ あの人(ひと)はせいが高(たか)くて、やせている。(저 사람은 키가 크고 말랐다)

⇨ これは大(おお)きくて、それは小(ちい)さい。(이것은 크고 그것은 작다)

⇨ うれしくって、うれしくってたまりません。(너무 기뻐서 견딜 수 없습니다)

～て(で)

⇨ 여성이 회화체에서 '질문, 주장, 의뢰'의 의미를 나타내는 용법

| 용법 | 접속조사「て」는 주로 여성이 회화체에서 문말에 붙여 즐겨 사용하는 경우가 있는데 이러할 때는 여러 가지 의미를 나타낸다.

1. 질문의 의미를 나타낸다. 이 경우에는 동사, 형용사의 연용형에 접속되는데「て」부분을 높여서 발음하는 것이 보통이다. 아울러, 형용사 및「ない、たい、らしい」등의 조동사에 접속될 때는「～って」의 형태를 취하는 일이 많다.

   ⇨ 京都(きょうと)へいらっしゃったことがあって? (교토에 오신 적이 있나요?)

   ⇨ もう用事(ようじ)はすんで? (이미 볼일은 마쳤다고요?)

   ⇨ 今(いま)申(もう)し上(あ)げたことは、おわかりになって? (지금 말씀드린 것은 아시겠는지요?)

   ⇨ そのお菓子(かし)、どう、おいしくって? (그 과자, 어때 맛있어?)

   ⇨ ゆうべはおそく帰(かえ)って、お母様(かあさま)にしかられなくって?
   (어젯밤에는 늦게 귀가해서 어머니께 야단맞지 않았어?)

2. 자신의 주장을 나타낸다. 이 경우에는 동사, 형용사 및 조동사의 연용형에 접속되는데 보통「～てよ、～ってよ」의 형태를 취하는 것이 일반적이다.

   ⇨ あなたの答(こた)えはまちがっていてよ。(당신의 대답은 틀렸어)

⇨ この本(ほん)はとってもおもしろくってよ。(이 책은 아주 재밌어)

⇨ みんなが行(い)っても、私(わたし)は行(い)かなくてよ。(모두가 가도 나는 안 갈래)

3. 의뢰의 의미를 나타낸다. 이 경우에는 「～て(で)ね、～て(で)よ、～て(で)よね」의 형태를 취하는데 특히 조동사 「ない」에 접속될 때는 「～ないで」가 된다.

⇨ ちょっと待(ま)って。(잠깐 기다려줘)

⇨ 先(さき)に行(い)って。(먼저 가)

⇨ 早(はや)くして。(빨리 해)

⇨ おいしいかどうか、食(た)べてみて。(맛있는지 어떤지, 먹어봐)

⇨ 先(さき)に行(い)かないで。(먼저 가지마)

⇨ もう泣(な)かないで。(이제 울지 마라)

⇨ あした、きっとうちにいらっしゃってね。(내일, 꼭 우리 집에 오세요)

⇨ 勉強(べんきょう)しているから、さわがないでね。(공부하고 있으니까 떠들지 말아줘)

⇨ この話(はなし)はだれにも言(い)わないでよね。(이 이야기는 아무에게도 말하지 말아줘)

～で ⇨ '～에서', 동작, 작용이 이루어지는 장소를 나타내는 용법

| 용법 | 조사 「で」는 동작, 작용이 이루어지는 장소를 나타내는 것으로 우리말의 '～에서'에 해당된다.

| 접속 | 명사나 일부조사에 접속된다.

| 예문 |

⇨ 私(わたし)たちは毎日(まいにち)学校(がっこう)で日本語(にほんご)の勉強(べんきょう)をしています。
(우리들은 매일 학교에서 일본어 공부를 하고 있습니다)

⇨ 私は東京で生まれ、東京で育ちました。

(나는 도쿄에서 태어나 도쿄에서 자랐습니다)

⇨ 私は電車の中で田中君にあいました。

(저는 전차 안에서 다나카군을 만났습니다)

⇨ どこかでゆっくり話しましょう。(어딘가에서 느긋하게 이야기합시다)

⇨ 切符は一カ所だけで売っている。(티켓은 한 곳에서만 팔고 있다)

～で ⇨ '～에, ～로(으로)', 소요되는 시간, 수량, 가격 등을 나타내는 용법

| 용법 | 조사 「で」는 우리말의 '～에, ～로(으로)'정도에 해당되는 조사인데 그 앞에 오는 말의 내용에 따라 시간, 수량, 가격 등의 합산을 나타낸다.

| 접속 | 시간, 수량, 가격 등을 나타내는 명사나 일부조사에 접속된다.

| 예문 |

⇨ あの仕事は十日で仕上げました。(그 일은 열흘에 마무리했습니다)

⇨ 旅行中は一里を四十分で歩いた。(여행 중에는 1리를 40분에 걸었다)

⇨ 五日か六日で完成する仕事がある。(5일이나 6일로 완성하는 일이 있다)

⇨ 演説は一時間ぐらいで終わるだろう。(연설은 1시간정도로 끝나겠지)

⇨ これは千円で買いました。(이것은 천엔에 샀습니다)

⇨ この鉛筆は3本で百円です。(이 연필은 세 자루에 100엔입니다)

⇨ 全部でいくらですか。(전부해서 얼마입니까?)

～で ⇨ '～ 로(으로)', 이유, 원인을 나타내는 용법

|용법| 조사「で」는 뒤에 오는 결과에 대한 원인이나 이유를 앞에 제시하는 역할을 한다.

|접속| 명사에 접속된다.

|예문|

⇨ ひどいけがで歩(ある)けません。(심한 상처로 걸을 수 없습니다)

⇨ 父(ちち)は戦争(せんそう)で死(し)んだ。(아버지는 전쟁으로 죽었다)

⇨ 旅行(りょこう)ですっかり疲(つか)れました。(여행으로 완전히 지쳤습니다)

⇨ 火事(かじ)でうちがたくさん焼(や)けました。(화재로 집이 많이 탔습니다)

⇨ 交通事故(こうつうじこ)で人(ひと)が死(し)にました。(교통사고로 사람이 죽었습니다)

⇨ 故障(こしょう)で機械(きかい)が止(と)まりました。(고장으로 기계가 멈추었습니다)

～で ⇨ '～ 로(으로)', 동작, 작용의 수단을 나타내는 용법

|용법| 조사「で」는 어떤 동작이나 작용이 이루어짐에 있어서 그 실현 과정의 수단이나 방법을 나타낸다.

|접속| 명사나 일부조사에 접속된다.

|예문|

⇨ われわれはパンだけでは生(い)きていられない。(우리들은 빵만으로는 살아 갈 수 없다)

⇨ 肉(にく)や魚(さかな)などでご馳走(ちそう)した。(고기나 생선 등으로 대접했다)

⇨ 子供(こども)はバスで学校(がっこう)に行(い)きます。(아이는 버스로 학교에 갑니다)

⇨ 実力で勝つように努力しなければならない。

(실력으로 이기도록 노력하지 않으면 안 된다)

⇨ 薬でなおされない病気がある。(약으로 고쳐지지 않는 병이 있다)

～で ⇨ '～로(으로)', 재료나 방법을 나타내는 용법

| 용법 | 조사「で」는 동작이나 작용의 실현과정에 있어서 재료나 방법을 나타낸다.

| 접속 | 명사에 접속된다.

| 예문 |

⇨ 電話か手紙でお知らせいたします。(전화나 편지로 알려드리겠습니다)

⇨ 妹は紙で人形をこしらえた。(여동생을 종이로 인형을 만들었다)

⇨ 菓子は小麦粉で造ったのが多い。(과자는 밀가루로 만든 것이 많다)

⇨ 鉛筆で書かないで、ペンで書いてください。(연필로 쓰지 말고 펜으로 써 주십시오)

～で ⇨ '～(이)서, ～끼리', 동작, 작용에 참가하는 사람 수나 범위를 나타내는 용법

| 용법 | 조사「で」는 동작이나 작용에 참가하는 사람의 수나 그 범위를 나타낸다.

| 접속 | 명사나 일부조사에 접속된다.

| 예문 |

⇨ わたしたちは親子三人で放送を聞きました。

(우리들은 부모와 자식 셋이서 방송을 들었습니다)

⇨ 田中君は兄弟で音楽会に出かけた。(다나카군은 형제끼리 음악회에 갔다)

⇨ 次男はまだ子供がないので、夫婦きりで暮しています。

(차남은 아직 아이가 없기 때문에 부부 둘이서만 살고 있습니다)

⇨ 坊やは一人でどこかへ行った。(꼬마는 혼자서 어딘가에 갔다)

⇨ みんなでどこかへ遊びに行きましょう。(모두 다 같이 어딘가에 놀러 갑시다)

～で
⇨ '～이고, ～으로, ～이며', 두 가지 사항의 열거를 나타내는 용법

| 용법 | 「で」는 단정의 의미를 나타내는 조동사 「だ」의 연용형으로 주로 두 가지 사항의 열거를 나타낸다.

| 접속 | 명사에 접속된다.

| 예문 |

⇨ あれは郵便局で、これは警察署です。

(저것은 우체국이고 이것은 경찰서입니다)

⇨ あれは銀行で、これはレストランです。

(저것은 은행이고 이것은 레스토랑입니다)

⇨ 黄色いのはセーターで、赤いのはネクタイです。

(노란 것은 스웨터이고 빨간 것은 넥타이입니다)

⇨ 朝ごはんはパンで、昼ごはんはラーメンです。

(아침밥은 빵이고 점심밥은 라면입니다)

⇨ 相手は日本人の女性で、知り合った時は銀座のデパートで働いていました。

(상대는 일본인 여성으로 알게 되었을 때는 긴자의 백화점에서 일하고 있었습니다)

～で ⇨ '그래, 그래서', 접속사로 쓰이는 용법

| 용법 | 접속사 「で」는 주로 회화체에서 사용되는 것으로 상대방이 앞서 한 말을 받아 새로이 이야기를 전개하는 경우에 사용된다. 「それで」에서 「それ」가 탈락되어 줄어진 말이다.

| 예문 |

⇨ A：山田(やまだ)さんに電話(でんわ)でつごうを聞(き)いてみました。

(야마다씨에게 전화로 사정을 물어보았습니다)

B：で、返事(へんじ)はどうでしたか。(그래, 답변은 어땠어요?)

⇨ A：今日(きょう)は英語(えいご)の時間(じかん)は休講(きゅうこう)だったそうですね。

(오늘은 영어시간은 휴강이었다더군요)

B：で、その時間(じかん)なにをしていたんですか。

(그래서 그 시간에 무엇을 하고 있었던 겁니까?)

⇨ 明日(あした)から試験(しけん)なんだ。で、この二三日(にさんにち)はほとんど寝(ね)てないんだ。

(내일부터 시험이야. 그래서 요즘 2, 3일은 거의 자지 못했어)

⇨ 今朝(けさ)は水道(すいどう)の水(みず)がこおって出(で)ませんでした。で、私(わたし)はお茶(ちゃ)も飲(の)めずに学校(がっこう)へ来(き)ました。

(오늘 아침에는 수돗물이 얼어서 나오지 않았습니다. 그래서 저는 차도 마시지 못하고 학교에 왔습니다)

～てあげる ⇨ ～(해) 주다

| 용법 | 접속조사 「て」에 동사 「あげる」가 접속되어 보조동사로 쓰이는 어구이다. 이러한 형태로 남을 위하여 어떠한 동작을 통한 이익이나 혜택을 부여한다고 하는 의미를 나타낸다. 이러한 표현은 어디까지나 자신과 대등하거나 친한 사이에서만 사용할 수 있으며 윗분에게는 「お＋동사연용형＋する」와 같은 겸양어형식을 사용하는 것이 바람직하다. 한편 이 보다 경어

도가 떨어지는 표현으로는 「～てやる」가 있는데 주로 동격이나 하격에게 사용된다.

| 접속 | 동사연용형에 접속된다.

| 예문 |

⇨ 私(わたし)は友(とも)だちに写真(しゃしん)を見(み)せてあげます。
(나는 친구에게 사진을 보여 줍니다)

⇨ 木村(きむら)さんの誕生日(たんじょうび)に何(なに)を買(か)ってあげるつもりですか。
(기무라씨의 생일에 무엇을 사 줄 생각입니까?)

⇨ 奥(おく)さんや子供(こども)さんをどこへ連(つ)れて行(い)ってあげたいですか。
(부인과 아이를 어디에 데리고 가주고 싶습니까?)

⇨ 妹(いもうと)は母(はは)の誕生日(たんじょうび)に家中(いえじゅう)の掃除(そうじ)をしてケーキを焼(や)いてあげたらしい。
(여동생은 어머니 생일에 온 집안의 청소를 하고 케이크를 구워드린 것 같다)

～てある ⇨ ～(해)져 있다, 상태를 나타내는 용법

| 용법 | 접속조사 「て」에 동사 「ある」가 접속된 어구로 누군가에 의하여 어떠한 동작이 완료되어 있는 상태를 나타낸다. 이와 유사한 「자동사＋ている」의 형식과는 달리 「てある」는 그러한 동작을 완료시킨 누군가에 주목하는 표현이다. 자동사는 일체 올 수 없으며 언제나 타동사만 오게 된다.

| 접속 | 타동사의 연용형에 접속된다.

| 예문 |

⇨ 窓(まど)が開(あ)けてある。(창이 열려 있다)

⇨ 電気(でんき)がつけてあります。(전기가 켜져 있습니다)

⇨ 道(みち)に車(くるま)が止(と)めてあります。(도로에 차가 세워져 있습니다)

⇨ 壁に地図が貼ってあります。(벽에 지도가 붙여져 있습니다)

⇨ 机の上に花びんが置いてあります。(책상 위에 꽃병이 놓여 있습니다)

⇨ この博物館には、船の模型が展示してある。
(이 박물관에는 배 모형이 전시되어 있다)

⇨ この階段はうまく設計してあって、とても上がり下がりしやすい。
(이 계단은 잘 설계되어 있어서 아주 오르내리기 쉽다)

| 참고 | 「窓があけてある」와 비슷한 표현으로 「窓があいている」가 있는데 근본적인 차이는 전자의 경우 창문을 열어놓은 동작주에 주목하거나 암시하고 있는데 반하여 후자는 전혀 그러한 주목이나 암시가 없다고 하는 점에 있다.

~である ⇨ '~ 이다', 단정의 의미를 나타내는 용법

| 용법 | 단정을 나타내는 조동사 「だ」의 연용형인 「で」에 동사 「ある」가 접속된 어구이다. 이러한 형태로 명사다음에 위치하여 설명하듯이 단정하는 의미를 나타내는데 주로 회화체보다는 문장체에서 사용되는 경향이 있다.

| 접속 | 명사에 접속된다.

| 예문 |

⇨ これは本である。(이것은 책이다)

⇨ 犬は動物である。(개는 동물이다)

⇨ 彼女の父親は医者であった。(그녀의 부친은 의사였다)

⇨ 人には精神の豊かさこそが第一に必要なものである。
(사람에게는 정신의 풍요야말로 제일 필요한 것이다)

⇨ 日本における四季の変化は他の国々には見られないものである。

(일본에 있어서 사계의 변화는 다른 나라들에게는 볼 수 없는 것이다)

⇨ 学術博士とは、学際的な分野を専攻した者に与えられる学位である。

(학술박사라고 하는 것은 학제적인 분야를 전공했던 사람에게 주어지는 학위이다)

| 참고 | 「～である」는 다음의 예문과 같이 연체수식어로 사용될 수도 있다.

⇨ 彼は、父である前社長のあとを継いで社長になった。

(그는 아버지인 전 사장의 뒤를 이어서 사장이 되었다)

～であれ ⇨ ～ 일지라도

| 용법 | 단정을 나타내는 조동사「だ」의 연용형인「で」에 동사「ある」의 명령형인「あれ」가 접속된 어구이다. 이러한 형태로 '어떠한 경우에도 상관없음'의 의미를 나타내는데 그 뒤에는 대체로 변화가 없거나 관계가 없다고 하는 내용의 술어가 오는 것이 일반적이다. 주로 딱딱한 어감의 회화체나 문장체에서 사용된다.

| 접속 | 명사에 접속된다.

| 예문 |

⇨ あしたは雨であれ、実施計画は変更しない。

(내일은 비일지라도 실시계획은 변경하지 않는다)

⇨ 先生であれ、この規則には従わなければならない。

(선생님일지라도 이 규칙에는 따르지 않으면 안 된다)

⇨ 彼が貧乏人であれ、彼にたいする気持ちは変わらない。

(그가 가난뱅이일지라도 그에 대한 마음은 변함이 없다)

⇨ たとえ子どもであれ、自分のしたことは自分で責任をとらなければならない。

(비록 아이일지라도 자신이 한 일은 스스로 책임을 지지 않으면 안 된다)

～であれ、～であれ ⇨ ～이건, ～이건

|용법| 단정을 나타내는 조동사 「だ」의 연용형인 「で」에 동사 「ある」의 명령형인 「あれ」가 접속된 형태가 앞뒤로 열거된 어구이다. 이러한 형태로 두 가지 이상을 나열한 다음 어떠한 경우에도 그러한 대상이나 사항에 구애되거나 속박되지 않음을 나타낸다.

|접속| 명사에 접속된다.

|예문|

⇨ 晴天であれ、雨天であれ、実施計画は変更しない。
(맑건 비가 내리건 실시계획은 변경하지 않는다)

⇨ 先生であれ生徒であれ、この規則には従わなければならない。
(선생님이건 학생이건 이 규칙에는 따르지 않으면 안 된다)

⇨ 日本人あれ外国人であれ、同じ人間を差別することがあってはいけない。
(일본인이건 외국인이건 같은 인간을 차별하는 일이 있어서는 안 된다)

⇨ 男性であれ、女性であれ、聞くに堪えない卑猥な冗談を交わすことはセクハラです。
(남성이건 여성이건 차마 들을 수없는 외설스러운 농담을 주고받는 것은 성희롱입니다)

～であろうと(も) ⇨ ～일지라도

|용법| 단정을 나타내는 조동사 「だ」의 연용형인 「で」에 동사 「ある」의 미연형 「あろ」와 조동사 「う」가 접속되고 이어서 조사 「と」가 이어진 어구이다. 그 앞에는 주로 사람을 나타내는 명사가 오게 되는데 이러한 형태로 어떠한 사람인 경우에도 그에 구애됨이 없이 동등하게 적용됨을 나타낸다. 보통은 「であろうと」의 형태가 쓰이나 때로는 조사 「も」가 접속된 「であろ

うとも」의 형태로도 쓰이는데 의미상의 차이는 전혀 없다. 이러한 표현은 주로 딱딱한 어감의 회화체나 문장체에서 사용된다.

| 접속 | 사람을 나타내는 명사에 접속된다.

| 예문 |

⇨ 高名な僧侶であろうと、ときには人間的な手落ちがあるものだ。
(고명한 승려일지라도 때로는 인간적인 실수가 있는 법이다)

⇨ たとえ健康な人であろうと中年を過ぎたら、検診を受けた方がいい。
(설령 건강한 사람일지라도 중년을 넘기면 검진을 받는 편이 좋다)

⇨ 女性であろうと、聞くに堪えない卑猥な冗談を交わすことはセクハラです。
(여성일지라도 차마 들을 수 없는 외설스러운 농담을 주고받는 것은 성희롱입니다)

⇨ どんな運転手であろうとも、ここを通る車はすべてチェックするようにという指令が出ている。
(어떤 운전수일지라도 여기를 지나가는 차는 모두 체크하라는 지령이 나와 있다)

～であろうと、～であろうと ⇨ ～이건 ～이건

| 용법 | 단정을 나타내는 조동사 「だ」의 연용형인 「で」에 동사 「ある」의 미연형 「あろ」와 조동사 「う」, 그리고 조사 「と」가 접속된 형태가 앞뒤로 나열된 어구이다. 이러한 형태로 어떠한 경우에도 상관없다고 하는 의미를 나타내는데 그 뒤에는 대체로 변화가 없거나 관계가 없다고 하는 내용의 술어가 오는 것이 일반적이다. 이러한 표현은 주로 딱딱한 어감의 회화체나 문장체에서 사용된다.

| 접속 | 명사에 접속된다.

| 예문 |

⇨ 雨であろうと、雪であろうと、当日は予定通り行う。

(비가 오건 눈이 오건 당일에는 예정대로 시행한다)

⇨ 猫であろうと; 虎であろうと、動物の子供がかわいいのは同じだ。

(고양이건 호랑이건 동물의 새끼가 귀여운 것은 마찬가지이다)

⇨ 病人であろうと年寄りであろうと、何の配慮もなしに、敵は攻撃を仕掛けて来る。

(환자이건 노인이건 아무런 배려도 없이 적은 공격을 감행해온다)

⇨ トラックであろうと、軽自動車であろうと、ここを通る車はすべてチェックするようにという指令が出ている。

(트럭이건 경자동차건 여기를 지나가는 차는 모두 체크하라는 지령이 나와 있다)

～ であろうとなかろうと ⇨ ～ 이건 아니건, ～ (하)건 아니건

| 용법 | 단정을 나타내는 조동사 「だ」의 연용형인 「で」에 동사 「ある」의 미연형 「あろ」와 조동사 「う」, 그리고 조사 「と」가 접속된 형태의 뒤에, 이어서 형용사 「ない」의 미연형인 「なかろ」에 조동사 「う」와 조사 「と」가 접속된 것이 연결된 어구이다. 이러한 형태로 어떠한 경우에도 상관없다고 하는 의미를 나타내는데 그 뒤에는 대체로 변화가 없거나 관계가 없다고 하는 내용의 술어가 오는 것이 일반적이다. 이러한 표현은 주로 딱딱한 어감의 회화체나 문장체에서 사용된다.

| 접속 | 명사에 접속된다.

| 예문 |

⇨ 休日であろうとなかろうと、私の仕事には何も関係ない。

(휴일이건 아니건 내 일에는 아무런 관계도 없다)

⇨ 観光地であろうとなかろうと、休暇が楽しく過ごせればどこでもいい。

(관광지이건 아니건 휴가를 즐겁게 보낼 수 있다면 어디라도 좋다)

⇨ 彼が有名であろうとなかろうと、つり仲間としてはほかの人と同じだ。

(그가 유명하건 아니건 낚시동반자로서는 다른 사람과 같다)

⇨ 仕事であろうとなかろうと、彼は何ごとにも全力をつくさないと気がすまない。

(일이건 아니건 그는 어떤 일에도 전력을 다하지 않으면 직성이 풀리지 않는다)

~ ていい ⇨ ~ (해)도 좋다

| 용법 | 접속조사 「て」에 형용사 「いい」가 접속된 어구이다. 이러한 형태로 적극적인 허가의 뜻을 나타내는데 이러한 표현은 주로 회화체에서 사용된다.

| 접속 | 동사연용형에 접속된다.

| 예문 |

⇨ 寒かったら窓を開けていい。(추우면 창문을 열어도 좋다)

⇨ ちょっとこの辞書借りていいかしら。(잠깐 이 사전 빌려도 좋을까?)

⇨ 明日は暇だから、ゆっくり来ていい。(내일은 한가하니까 느긋하게 와도 좋다)

⇨ この部屋にあるものは自由に使っていい。(이 방에 있는 것은 자유롭게 써도 좋다)

~ ていく
⇨ '~ 되어간다, ~ (해)져간다', 동작, 작용의 진행을 나타내는 용법

| 용법 | 접속조사 「て」에 동사 「いく」가 접속되어 보조동사로 쓰이는 어구이다. 이러한 형태로 동작, 작용이 어떤 방향으로 진행되어 가는 상태를 나타내거나 그러한 상태의 지속을 나타낸다. 아울러 때로는 점차 어떤 상태로 변해 가는 모습을 나타내기도 한다.

| 접속 | 동사연용형에 접속된다.

| 예문 |

⇨ だんだん寒くなっていく。(점점 추워져 간다)

⇨ 船はだんだん小さくなっていった。(배는 점점 작아져 갔다)

⇨ この小説はこれからだんだんおもしろくなっていく。
(이 소설은 지금부터 점점 재미있어져 간다)

⇨ 日本へ来る留学生はこれからも増えていきます。
(일본에 오는 유학생은 앞으로도 늘어갑니다)

⇨ ろうそくの火がだんだん消えていきます。(촛불이 점점 꺼져 갑니다)

~ ていけない ⇨ 자꾸만 ~ (한)다

| 용법 | 접속조사 「て」에 형용사 「いけない」가 접속된 어구이다. 그 앞에는 무의지동사가 오게 되는데 이러한 형태로 어떤 감정이 자연스럽게 반복적으로 일어남을 나타내는데 이러한 표현은 다소 고풍스런 어감이 주어진다.

| 접속 | 동사연용형에 접속된다.

| 예문 |

⇨ こんな光景を見ると涙が出ていけない。
(이런 광경을 보면 자꾸만 눈물이 나온다)

⇨ 最近若い人の言葉づかいが気になっていけない。
(최근에 젊은 사람의 말투가 자꾸만 신경 쓰인다)

⇨ この音楽を聞くたびに、別れた恋人のことが思い出されていけない。
(이 음악을 들을 때마다 헤어진 애인의 일이 자꾸만 생각난다)

～ ていただきたいんですが ⇨ ～ (해) 주셨으면 합니다만

|용법| 접속조사 「て」에 겸양어동사 「いただく」의 연용형 「いただき」와 희망의 조동사 「たい」가 접속되고 이어서 어세를 완곡하게 하기위한 「んですが」가 연결된 어구이다. 이러한 형태로 자신의 희망을 전면에 내세움으로서 보다 정중하게 무언가를 의뢰하는 의미를 나타낸다. 비교적 격식을 차린 회화체에서 즐겨 사용된다.

|접속| 동사연용형에 접속된다.

|예문|

⇨ わからないところを教(おし)えていただきたいんですが。
(모르는 곳을 가르쳐주셨으면 합니다만)

⇨ この次(つぎ)からは、間違(まちが)えないでいただきたいんですが。
(이 다음부터는 틀리지 말아 주셨으면 합니다만)

⇨ すみません、もう少(すこ)し席(せき)をつめていただきたいんですが。
(미안합니다, 좀 더 자리를 좁혀주셨으면 합니다만)

⇨ この忙(いそが)しいときにすみません、あした休(やす)ませていただきたいんですが。
(이 바쁠 때에 미안합니다. 내일 쉬게 해 주셨으면 합니다만)

～ ていただきます ⇨ ～ (해)주십시오

|용법| 접속조사 「て」에 겸양어동사 「いただく」의 연용형인 「いただき」와 정중함을 나타내는 조동사 「ます」가 접속된 어구이다. 이러한 형태로 정중하기는 하지만 일방적으로 지시를 하는 의미를 나타낸다. 이러한 표현은 상대에 대하여 오로지 일방적으로 지시를 할 수 있는 입장에 있는 사람밖에 쓸 수가 없다.

| 접속 | 동사연용형에 접속된다.

| 예문 |

⇨ 3才以下のお子様はコンサート会場への入場を遠慮していただきます。
(세살이하의 어린이는 콘서트장으로의 입장을 삼가하여 주십시오)

⇨ この書類に名前を書いていただきます。そして、ここに印鑑を押していただきます。
(이 서류에 이름을 써 주십시오. 그리고 여기에 도장을 찍어 주십시오)

⇨ タクシーがあと十分ぐらいで来ることになっていますから、玄関口で待っていただきます。
(택시가 앞으로 10분쯤 해서 오기로 되어 있으니까 현관 앞에서 기다려 주십시오)

⇨ まず、1階で受け付けをすませていただきます。それから3階の方にいらしてください。
(우선 1층에서 접수를 마쳐 주십시오. 그리고 3층 쪽으로 와 주십시오)

～ ていただく
⇨ '～(해)주시다', 상대로부터 혜택이나 은혜를 입는 의미의 용법

| 용법 | 누군가로부터 무언가를 정중하게 받는다는 의미를 지닌 겸양어동사 「いただく」에 접속조사 「て」가 접속된 어구이다. 이러한 형태로 누군가에게 부탁하여 혜택, 은혜를 입는다고 하는 의미를 나타낸다. 이러한 형태는 우리말에는 전혀 없는 일본어만의 특이한 표현인데 이 경우 「～ていただく」의 앞에는 부탁하는 내용이 오게 되며 동작의 주체는 조사 「に」로 나타내게 된다. 이와 유사한 표현인 「～てもらう」 보다 정중한 표현이므로 당연히 격식을 차려야 할 상대에 대하여 사용하게 된다.

| 접속 | 동사연용형에 접속된다.

| 예문 |

⇨ 先生に本を送っていただきました。(선생님께서 책을 보내 주셨습니다)

⇨ 部長に工場を案内していただきました。

(부장님께서 공장을 안내해 주셨습니다)

⇨ 課長にいろいろなカタログを見せていただきました。

(과장님께서 여러 가지 카타로그를 보여주셨습니다)

⇨ 会議の日程は、もう、田中さんに教えていただきました。

(회의일정은 이미 다나카씨께서 가르쳐 주셨습니다)

|참고| 이러한 형식으로 보다 정중하게 부탁할 경우에는 「～ていただきたいんですが」와 같은 형식을 취하게 된다. (해당항목 참고)

⇨ すみません、もう少し席をつめていただきたいんですが。

(미안합니다. 좀 더 자리를 좁혀주셨으면 합니다만)

～ていただけますか ⇨ ～(해) 주실 수 있습니까?

|용법| 접속조사 「て」에 겸양어동사 「いただく」의 가능동사인 「いただける」와 「ますか」가 접속된 어구이다. 이러한 형태로 격식을 차려야 할 상대에게 무언가를 정중하게 부탁하는 의미를 나타낸다.

|접속| 동사연용형에 접속된다.

|예문|

⇨ これ、贈り物にしたいんですが、包んでいただけますか。

(이거, 선물로 하고 싶습니다만 포장해 주실 수 있습니까?)

⇨ 先生、論文ができたんですが、ちょっと見ていただけますか。

(선생님, 논문이 다 되었습니다만 좀 봐주실 수 있습니까?)

⇨ タクシーがまだ来ませんので、あと5分ぐらい待っていただけますか。

(택시가 아직 안 오므로 앞으로 5분쯤 기다려 주실 수 있습니까?)

⇨ そのことはぜひ知りたいんです。もし何か詳しいことがわかったら、連絡していただけますか。

(그 일은 꼭 알고 싶은 겁니다. 혹시 뭔가 상세한 것을 알게 되면 연락해주실 수 있습니까?)

|참고| 때로는 이에 대한 부정표현인 「～ていただけませんか」가 쓰여서 보다 정중한 의뢰표현으로 쓰일 때도 있다.

⇨ すぐ終(お)わりますので、1階(かい)のロビーで待(ま)っていただけませんか。

(곧 끝나므로 1층의 로비에서 기다려주실 수 있으십니까?)

～ていたところだ ⇨ ～(하)고 있던 참이다

|용법| 접속조사 「て」에 동사 「いる」와 과거의 조동사 「た」가 접속된 것에 상황을 나타내는 「ところだ」가 연결된 어구이다. 이러한 형태로 이전부터 말하는 시점까지 그와 같은 상태가 지속되고 있었음을 나타낸다. 이러한 표현은 주로 이전의 상황에 비추어 새로운 상황이 전개되었을 때에 사용되는 경향이 있다.

|접속| 동사연용형에 접속된다.

|예문|

⇨ とても退屈(たいくつ)なので、今(いま)まで本(ほん)を読(よ)んでいたところだ。

(매우 지루해서 지금까지 책을 읽고 있던 참이다)

⇨ 事件(じけん)を解決(かいけつ)するため、てがかりを探(さが)していたところだ。

(사건을 해결하기 위해서 실마리를 찾고 있던 참이다)

⇨ いい時(とき)に電話(でんわ)をくれました。私(わたし)もちょうどあなたに電話(でんわ)しようと思(おも)っていたところです。

(때 마침 전화를 주었습니다. 저도 마침 당신에게 전화하려고 생각하고 있던 참입니다)

⇨ 思(おも)いがけなくも留学(りゅうがく)のチャンスが舞(ま)い込(こ)んできた。そのころ私(わたし)は、将来(しょうらい)の進路(しんろ)が決(き)められずいろいろ思(おも)い悩(なや)んでいたところだった。

(생각지도 않게 유학의 기회가 찾아 왔다. 그 무렵 저는 장래의 진로를 정할 수 없어

서 여러 가지로 고민하고 있던 참이었다)

～ていたところだった ⇨ ～(했)을 뻔했다

| 용법 | 접속조사「て」에 동사「いる」와 과거의 조동사「た」가 접속된 것에 상황을 나타내는「ところだ」의 과거형인「ところだった」가 연결된 어구이다. 이러한 형태로 어떠한 일이 필연적으로 일어날 것이 예측되는 상황이었으나 어떠한 계기로 그 직전에서 결과적으로는 일어나지 않았음을 나타낸다. 주로 그 앞에는「～ば」「～たら」등의 조건을 나타내는 표현이 오는 경향이 있다

| 접속 | 동사연용형에 접속된다.

| 예문 |

⇨ 電話(でんわ)がもう少(すこ)し遅(おそ)かったら、大変(たいへん)なことになっていたところだった。

(전화가 조금 늦었더라면 큰일이 났을 뻔했다)

⇨ ありがとうございます。注意(ちゅうい)していただかなければ忘(わす)れていたところでした。

(감사합니다. 주의를 주시지 않으면 잊고 있었을 뻔 했습니다)

⇨ 急(きゅう)な坂(さか)に止(と)めてあった車(くるま)がひとりで動(うご)き出(だ)した。もし気(き)がつくのが遅(おそ)かったら、大事故(だいじこ)になっていたところだった。

(가파른 언덕에 세워둔 차가 저절로 움직이기 시작했다. 만약 그걸 알아채는 것이 늦었다면 큰 사고가 났을 뻔했다)

～ていては ⇨ ～(하)고 있어서는

| 용법 | 접속조사「て」에 동사「いる」가 접속되어 보조동사가 된「ている」가 복합조사「ては」에 연결된 어구이다. 이러한 형태로 상대방에 대한 충고에 쓰

이게 되는데 결국 상대방의 나쁜 점을 지적하여 그 태도를 고치도록 촉구하는 의미를 나타낸다. 이러한 어구의 문두에는 대체로 지적사항을 가리키는 「そんなに」가 오는 것이 일반적이다.

| 접속 | 동사연용형에 접속된다.

| 예문 |

⇨ そんなに先生(せんせい)に頼(たよ)っていては、進歩(しんぽ)しませんよ。
(그렇게 선생님에게 의지하고 있어서는 발전하지 못해요)

⇨ そんなにたばこばかり吸(す)っていては、体(からだ)に障(さわ)りますよ。
(그렇게 담배만 피우고 있어서는 건강을 헤쳐요)

⇨ そんなにテレビばかり見(み)ていては目(め)が悪(わる)くなってしまうよ。
(그렇게 티브이만 보고 있어서는 눈이 나빠져 버린다)

⇨ そんなに曖昧(あいまい)な態度(たいど)ばかりとっていては出世(しゅっせ)できませんよ。
(그렇게 애매한 태도만 취하고 있어서는 출세할 수 없어요)

~ ていはしまいか ⇨ ~ (하)고 있지는 않을까

| 용법 | 접속조사 「て」에 동사 「いる」의 연용형인 「い」와 조사 「は」가 접속되고 이어서 동사 「する」의 미연형인 「し」에 부정추측을 나타내는 조동사 「まい」와 조사 「か」가 연결된 「しまいか」가 이어진 어구이다. 이러한 형태로 어떠한 사안에 대하여 추측을 함과 동시에 그에 대한 말하는 사람의 걱정스러운 마음을 나타낸다.

| 접속 | 동사연용형에 접속된다.

| 예문 |

⇨ 幼(おさな)い子供(こども)は両親(りょうしん)の家(いえ)に預(あず)けてきたが、寂(さび)しくなって泣(な)いていはしまいかと心配(しんぱい)だ。
(어린 아이는 부모님 집에 맡기고 왔는데 쓸쓸해져서 울고 있지는 않을까 하고 걱정이다)

⇨ 彼(かれ)は、自分(じぶん)の書(か)いた批評(ひひょう)が彼女(かのじょ)をおこらせていはしまいかと、おそるおそる挨拶(あいさつ)した。

(그는 자신이 쓴 비평이 그녀를 화나게 하고 있지는 않을까 하고 조심스럽게 인사했다)

⇨ はじめて報告書(ほうこくしょ)を書(か)いたときは思(おも)わぬ間違(まちが)いをしていはしまいかと、何度(なんど)も見直(みなお)したものである。

(처음으로 보고서를 썼을 때는 뜻하지 않은 실수를 하고 있지는 않을까 하고 몇 번이고 검토하곤 했었다)

⇨ 娘(むすめ)はひとりで旅行(りょこう)にでかけたが、今頃(いまごろ)言葉(ことば)のわからない外国(がいこく)で苦労(くろう)していはしまいかと気(き)になる。

(딸은 혼자서 여행을 떠났는데 지금쯤 말을 모르는 외국에서 고생하고 있지는 않을까 하고 신경이 쓰인다)

～て以来(いらい) ⇨ ～(한) 이래

| 용법 | 접속조사 「て」에 「以来(いらい)」가 접속된 어구로 이전에 어떠한 일이 일어나고 나서 줄곧 지금까지, 라고 하는 의미를 나타낸다. 다만 이러한 표현은 어제나 한 달 전 같은 가까운 과거사실에 대해서는 사용할 수가 없으며 어디까지나 상당한 시간의 폭이 있는 경우에만 사용할 수 있는 점에 주의하여야 한다.

| 접속 | 동사연용형에 접속된다.

| 예문 |

⇨ 夏休(なつやす)みに風邪(かぜ)で寝込(ねこ)んで以来(いらい)、どうも体(からだ)の調子(ちょうし)が悪(わる)い。

(여름방학에 감기로 몸져누운 이래 아무래도 몸의 상태가 안 좋다)

⇨ インドから帰(かえ)ってきて以来(いらい)、彼(かれ)はまるで人(ひと)が変(か)わったようだ。

(인도에서 돌아온 이래 그는 마치 사람이 변한 것 같다)

⇨ 息子は、近くに図書館ができて以来、毎日のように通っている。
(아들은 근처에 도서관이 생긴 이래 매일 같이 다니고 있다)

⇨ この家に引っ越して以来、毎日のようにいたずら電話がかかってくる。
(이 집에 이사 온 이래 매일같이 장난전화가 걸려온다)

～ている ⇨ '～(하)고 있다', 동작, 상태의 계속을 나타내는 용법

| 용법 | 접속조사 「て」에 보조동사 「いる」가 결합하여 동작이나 상태가 일정한 시간 동안 지속되고 있음을 나타내는 어구이다. 그 앞에는 타동사가 오게 된다.

| 접속 | 동사연용형에 접속된다.

| 예문 |

⇨ 映画を見ている。(영화를 보고 있다)

⇨ ジュースを飲んでいます。(주스를 마시고 있다)

⇨ 手紙が来るのを待っている。(편지가 오는 것을 기다리고 있다)

⇨ 子供たちが走っている。(아이들이 달리고 있다)

⇨ 五年前から、日本語を勉強している。(5년 전부터 일본어를 공부하고 있다)

⇨ 私は今お茶を飲んでいます。(저는 지금 차를 마시고 있습니다)

| 참고 | 회화체에서는 때때로 「～てる」와 같이 「い」가 탈락된 형태로 쓰일때도 많다.

⇨ 今晩ごはんを食べてる。(지금 저녁밥을 먹고 있다)

또한 「行く」가 「～ている」에 결합되게 되면 동작의 계속이 아니라 결과를 나타냄에 주의하여야 한다.

⇨ 彼(かれ)は今(いま)アメリカに行(い)っ<u>ている</u>。(그는 지금 미국에 가 있다)

～ている ⇨ '～ 되어(져) 있다', 상태를 나타내는 용법

| 용법 | 접속조사「て」에 보조동사「いる」가 결합하여 동작이나 작용이 완료된 후의 상태를 나타내는 어구이다. 그 앞에는 자동사가 오게 된다.

| 접속 | 동사연용형에 접속된다.

| 예문 |

⇨ 電気(でんき)がつい<u>てい</u>ます。(전기가 켜져 있습니다)

⇨ 花(はな)が咲(さ)い<u>てい</u>ます。(꽃이 피어 있습니다)

⇨ 糸(いと)が切(き)れ<u>ている</u>。(실이 끊어져 있다)

⇨ 窓(まど)が開(あ)い<u>てい</u>ますから、閉(し)めてください。(창문이 열려 있으니까 닫아 주세요)

⇨ センターの前(まえ)に自動車(じどうしゃ)が止(とま)っ<u>てい</u>ますか。(센터 앞에 자동차가 멈춰 있습니까?)

⇨ 手袋(てぶくろ)はどこに落(お)ち<u>てい</u>ましたか。(장갑은 어디에 떨어져 있었습니까?)

～ている ⇨ '～(했)었다', 과거의 경험이 현재도 유효함을 나타내는 용법

| 용법 | 접속조사「て」에 동사「いる」가 이어진「～ている」는 그 앞에 타동사가 와서 동작, 작용의 계속을 나타내거나 자동사가 와서 상태를 나타내기도 한다. 하지만 때로는 과거의 경험을 나타내기도 하는데「～ている」가 과거의 경험을 나타내는 경우에는 반드시 문 속에 과거임을 나타내는 시점이 명시 되거나 또는 빈도수를 나타내는 말이 와야만 한다. 결국 이러한

형태로 과거의 경험이 현재에도 그대로 유효하게 남아있어서 현재와 무언가의 관련이 있음을 나타낸다.

| 접속 | 동사연용형에 접속된다.

| 예문 |

⇨ 彼女は3年前に離婚している。(그녀는 3년 전에 이혼했었다)

⇨ 彼は10年前英語の教師をしている。(그는 10년 전 영어교사를 했었다)

⇨ 私は今まで3回にわたって、北海道へ行っている。
(나는 지금까지 세 번에 걸쳐서 홋카이도에 갔었다)

⇨ あの事務室には前に一度行っているから、多分一人で行けると思います。
(그 사무실에는 전에 한 번 갔었으니까 아마 혼자서 갈 수 있을 것으로 생각합니다)

| 참고 | 우리말에서는 이와 같은 용법이 전혀 없어서 과거의 경험이 현재까지 유효함을 나타낼 때도 '~(했)다'로 나타내지만 일본어에서는 이러한 경우 반드시 「~ている」로 나타내어야 함에 각별한 주의가 요망된다.

⇨ 彼女は3年前に結婚している。(그녀는 3년 전에 결혼했다) ➜ 그녀가 3년 전에 결혼을 했으며 그 결혼은 현재까지 유효한 상태임.

⇨ 彼女は3年前に結婚した。(그녀는 3년 전에 결혼했다) ➜ 그녀가 3년 전에 결혼을 했으나 현재는 그 결혼이 유효한 상태가 아님. 이혼? 별거? 사별? 재혼?

~ ているところだ

⇨ '~(하)고 있는 중이다', 동작이 진행 중임을 나타내는 용법

| 용법 | 접속조사 「て」에 동사 「いる」가 접속되고 이어서 상황을 나타내는 「ところだ」가 연결된 어구이다. 이러한 형태로 어떤 동작이 한창 이루어지고 있는 중임을 나타내는데 주로 문두에는 동작, 작용이 이루어지고 있는 시점이 현재임을 알리는 「今」가 와서 뒤의 「~ところだ」와 호응하게 된다.

| 접속 | 동사연용형에 접속된다.

| 예문 |

⇨ いいえ、今、修理しているところです。 (아니오, 지금 수리하고 있는 중입니다)

⇨ 今、手紙を書いているところです。(지금 편지를 쓰고 있는 중입니다)

⇨ 事件を解決するため、今てがかりを探しているところだ。

(사건을 해결하기 위해서 지금 실마리를 찾고 있는 중이다)

⇨ 今タイプしているところですから、ちょっと待ってください。

(지금 타이핑하고 있는 중이니까 잠깐 기다려 주십시오)

⇨ ただ今電話番号を調べているところですので、もう少々お待ちください。

(지금 전화번호를 찾고 있는 중이니까 조금 더 기다려 주십시오)

~ている場合ではない ⇨ ~(하)고 있을 때가 아니다

| 용법 | 보조동사 「ている」에 '경우'를 나타내는 명사 「場合」가 접속되고 이어서 명사부정을 나타내는 「ではない」가 연결된 어구이다. 이러한 형태로 현재의 상태나 상대방이 행하고 있는 행동이 부적절함을 나타내면서 현재가 긴급사태라고 하는 것을 상대방에게 충고하는 의미를 나타낸다.

| 접속 | 동사연용형에 접속된다.

| 예문 |

⇨ 今は泣いている場合ではないよ。(지금은 울고 있을 때가 아니야)

⇨ もう議論している場合ではない。行動あるのみだ。

(이제 토론하고 있을 때가 아니야. 행동이 있을 뿐이다)

⇨ メールのチェックなんかしている場合ではない。早く学校へ行きなさい。

(메일체크 같은 걸 하고 있을 때가 아니다. 빨리 학교에 가라)

⇨ A：入学試験に落ちたら、学校に行かなくてもすむな。

(입학시험에 떨어지면 학교에 가지 않아도 되겠네)

B：冗談を言っている場合じゃないだろう。少しは勉強したらどうだ。

(농담하고 있을 때가 아니잖아. 공부를 좀 하면 어떤가?)

～ てお＋동사연용형 ⇨ ～(하)렴

| 용법 | 접속조사 「て」에 접두어 「お」가 접속되고 이어서 동사연용형이 연결된 어구이다. 이러한 형태로 상대에 대한 지시나 명령을 나타내는데 대체로 아랫사람이나 어린아이에게 쓰는 경향이 있다.

| 접속 | 동사연용형에 접속된다.

| 예문 |

⇨ 母さんの手伝いをしておくれ。(엄마의 일을 도와주렴)

⇨ わたしは先に帰るから、おまえはあとで帰っておいで。

(나는 먼저 돌아갈 테니까 너는 나중에 돌아오렴)

⇨ おまえなんか家にいてもいなくても同じだ。とっとと出ておいき。

(너 같은 건 집에 있어도 없어도 마찬가지다. 썩 나가렴)

～ ておく ⇨ ～(해) 두다

| 용법 | 「置く」가 접속조사 「て」에 연결되어 보조동사로 쓰이는 경우인데 이러한 형태로 어떠한 목적 하에 미리 동작, 작용을 실행에 옮겨둠을 나타낸다.

| 접속 | 동사연용형에 접속된다.

| 예문 |

⇨ 一週間前に切符を買っておきます。(일주일 전에 티켓을 사 둡니다)

⇨ 旅行に行く前に、どんな準備をしておきますか。
(여행을 가기 전에 어떤 준비를 해 둡니까?)

⇨ 先生が来る前に、机の上をきれいにしておきます。
(선생님이 오시기 전에 책상 위를 깨끗이 해 둡니다)

⇨ お父さんが帰って来る前に、ビールを冷やしておきます。
(아버지가 돌아오시기 전에 맥주를 차게 해 둡니다)

⇨ その人に電話をかけておいて、伺った方がいいでしょう。
(그 사람에게 전화를 걸어 두고 찾아뵙는 것이 좋겠죠)

⇨ 明日の会のために、飲み物をどのくらい用意しておきましょうか。
(내일 모임을 위해 음료수를 어느 정도 준비해 둘까요?)

| 참고 | 회화체에서는 「～ておく」가 「～とく」와 같이 축약되는 경우가 빈번하다.

⇨ お母さんに話しとくね。(어머니에게 얘기해 둘게)

⇨ ビール冷やしといてね。(맥주 차게 해 둬)

～ており ⇨ ～(하)고 있어서

| 용법 | 보조동사 「～ている」가 문속에서 중지법으로 쓰일 때는 「いる」의 연용형 「い」가 사용되어 「～てい」라고 하여야 하나 이렇게 되면 단음절인 관계로 어감이 매우 불안정해지므로 이 경우에는 반드시 「いる」에 대한 겸양어동사인 「おる」의 연용형인 「おり」를 씀으로서 안정적인 형태를 나타내게 된다. 이러한 형태로 어떠한 사항의 나열이나 후항에 대한 이유, 원인을 제시하는 의미를 나타낸다.

|접속| 동사연용형에 접속된다.

|예문|

⇨ ここまで五連敗の結果に終わっており、悔しい限りです。

(지금까지 5연패의 결과로 끝나고 있어서 분하기 그지없습니다)

⇨ うちの子は、朝から晩まで勉強ばかりしており、今回の試験には間違いなくパスできそうです。

(우리 집 아이는 아침부터 밤까지 공부만 하고 있어서 이번 시험에는 틀림 없이 패스할 수 있을 것 같습니다)

⇨ 最近の車は誰でも手軽に運転できるようになったが、依然として事故が増加しており、新たな対策が模索されている。

(최근의 차는 누구라도 간단하게 운전할 수 있도록 되었지만 여전히 사고가 증가하고 있어서 새로운 대책이 모색되고 있다)

～てか ⇨ ～(해)서인지

|용법| 접속조사「て」에 불확실함을 나타내는 조사「か」가 접속된 어구이다. 이러한 형태로 말하는 사람의 불확실한 인식을 나타낸다.

|접속| 동사연용형에 접속된다.

|예문|

⇨ 春になってかいくら寝ても眠くてたまらない。

(봄이 되어서인지 아무리 자도 졸려서 견딜 수 없다)

⇨ 年頃になってか彼女は一段ときれいになった。

(결혼적령기가 되어서인지 그녀는 한층 더 예뻐졌다)

⇨ 残業が続いてか彼はとても疲れた顔をしている。

(잔업이 계속되어서인지 그는 무척 피곤한 얼굴을 하고 있다)

⇨ 不景気(ふけいき)を反映(はんえい)してか公務員(こうむいん)の人気(にんき)が高(たか)まっている。

(불경기를 반영해서인지 공무원의 인가가 높아지고 있다)

~て(は)かなわない ⇨ ~(해)서(는) 견딜 수 없다

|용법| 조사 「て」 또는 「ては」에 '필적하다, 어깨를 견주다'의 의미를 지닌 동사 「敵(かな)う」의 부정형이 접속된 어구이다. 이러한 형태로 그 정도가 매우 심한 상태임을 나타내는데 거의 관용적으로 사용되는 경향이 있다.

|접속| 동사연용형에 접속된다.

|예문|

⇨ 今日(きょう)は暑(あつ)くてかなわないよ。(오늘은 더워서 견딜 수 없어)

⇨ 北海道(ほっかいどう)では寒(さむ)くてかなわない。(북해도에서는 추워서 견딜 수 없다)

⇨ こんなにうるさくてはとてもかなわない。(이렇게 시끄러워서는 도저히 견딜 수 없다)

⇨ いくら親(した)しい友達(ともだち)でも毎日(まいにち)遊(あそ)びに来(こ)られてはかなわない。

(아무리 친한 친구라도 매일 놀러 와서는 못 견디겠다)

~てから ⇨ ~(하)고 나서

|용법| 접속조사 「て」에 조사 「から」가 접속된 어구로 그 앞에 오는 동작, 작용이 종료되고 나서 뒤의 동작, 작용이 이루어짐을 나타낸다. 다시 말해서 후항이 성립되기 위한 조건이 전항에 제시되는 셈이다.

|접속| 동사연용형에 접속된다.

| 예문 |

⇨ 歯をみがいてから、寝ます。(이를 닦고 나서 잡니다)

⇨ 朝ごはんを食べてから、学校へ行きます。(아침밥을 먹고 나서 학교에 갑니다)

⇨ 仕事が終わってから、映画を見ました。(일이 끝나고 나서 영화를 보았습니다)

⇨ ご飯を食べ終わってから、ゆっくりお読みなさい。
(밥을 다 먹고 나서 천천히 읽으세요)

～てからでないと ⇨ ～(하)지 않고서는

| 용법 | 접속조사 「て」에 조사 「から」가 접속되고 이어서 단정을 나타내는 조동사 「だ」의 연용형인 「で」와 형용사 「ない」, 그리고 조건을 나타내는 조사 「と」가 차례로 연결된 어구이다. 이러한 형태로 무언가를 실현시킴에 있어서 반드시 충족되어야만 할 조건을 나타낸다.

| 접속 | 동사연용형에 접속된다.

| 예문 |

⇨ このサイトは、会員加入をしてからでないと全然使えません。
(이 사이트는 회원가입을 하지 않고서는 전혀 사용할 수 없습니다)

⇨ わが社では、社長の許可をもらってからでないと何もできない。
(우리 회사에서는 사장의 허가를 받지 않고서는 아무 것도 할 수 없다)

⇨ まずボタンを押して、次にレバーを引いてください。ボタンを押してからでないと、レバーは動きません。
(우선 버튼을 누르고 다음에 레버를 당겨 주십시오. 버튼을 누르지 않고서는 레버는 움직이지 않습니다)

⇨ A：いっしょに帰ろうよ。(함께 돌아가자)

B：この仕事が終わってからでないと帰れないんだ。

(이 일이 끝나지 않고서는 돌아갈 수 없는 거야)

~てからというもの ⇨ ~(하)고 나서부터는

| 용법 | 접속조사「て」에 조사「から」가 접속되고 이어서 조사「と」와 동사「いう」, 그리고 명사「もの」가 연결된 어구이다. 이러한 형태로 전항의 내용을 계기로 하여 새로운 변화가 일어났음을 나타내는데 전항과 후항에는 크나큰 변화의 차이가 있음을 보인다.

| 접속 | 동사연용형에 접속된다.

| 예문 |

⇨ たばこをやめてからというもの、食欲が出てきた。

(담배를 끊고 나서부터는 식욕이 생겼다)

⇨ 隣のご主人は、奥さんが亡くなってからというものほとんど外出しなくなった。

(옆집 주인은 부인이 죽고 나서부터는 거의 외출을 하지 않게 되었다)

⇨ 将棋のおもしろさを知ってからというもの、彼は暇さえあれば将棋の本ばかり読んでいる。

(장기의 재미를 알고 나서부터는 그는 틈만 있으면 장기 책만 읽고 있다)

⇨ 大学を卒業し、就職して会社員になってからというもの、仕事に追われる毎日となってしまった。

(대학을 졸업하고 취직해서 회사원이 되고 나서부터는 일에 쫓기는 매일이 되어 버렸다)

できる ⇨ 능력, 발생, 완성, 탁월 등의 의미를 나타내는 용법

|용법| 보통 仮名로 표기하며 여러 가지 다양한 의미를 지니고 있는 동사이다.

1. 어떤 일이 가능함을 나타내는데 이 경우 「できる」앞에는 주로 조사 「が」가 오게 된다. 우리말의 '할 수 있다'에 해당된다.

⇨ 私は日本語ができる。(저는 일본어를 할 수 있다)

⇨ あなたは自動車の運転ができますか。

(당신은 자동차 운전을 할 수 있습니까?)

⇨ どんなことでもやってできないことはない。

(어떤 일이라도 해서 안 되는 일은 없다)

⇨ 今の月給ではとてもぜいたくな生活はできない。

(지금의 월급으로는 도저히 윤택한 생활은 할 수 없다)

⇨ 私にできることならなんでも致します。

(나에게 할 수 있는 일이라면 뭐든지 하겠습니다)

2. 어떤 사항, 일이 발생함을 나타낸다. 우리말의 '생기다'에 해당된다.

⇨ こまったことができた。(곤란한 일이 생겼다)

⇨ 顔にできものができた。(얼굴에 종기가 생겼다)

⇨ あの女との間に子どもができた。(저 여자와의 사이에 아이가 생겼다)

⇨ この辺には家がたくさんできましたね。(이 주변에는 집이 많이 생겼군요)

⇨ 用事ができたから、すぐ帰らなければならない。

(볼일이 생겼으니까 금방 돌아가지 않으면 안 된다)

⇨ ゆうべ雨がひどく降ったとみえて、あちこちに水たまりができている。

(어젯밤 비가 무척 온 도양으로 여기저기에 물구덩이가 생겨 있다)

⇨ 無料で映画が見られるとあって、入り口の前には1時間も前から行列ができた。

(무료로 영화를 볼 수 있다고 해서 입구 앞에는 1시간이나 전부터 행렬이 생겼다)

3. 어떤 일이나 사항이 마무리되거나 완성됨을 나타낸다. 우리말의 '다되

다, 완성되다'에 해당된다.

⇨ 食事の支度ができた。(식사 준비가 다되었다)

⇨ できるまであとどのくらいかかりますか。
(완성될 때까지 앞으로 어느 정도 걸립니까?)

⇨ 洋服を作りたいのですが、何日ぐらいでできますか。
(양복을 만들고 싶은데 며칠정도에 완성됩니까?)

⇨ この間注文したくつはもうできていますか。
(일전에 주문한 구두는 벌써 완성되어 있습니까?)

⇨ 問い1と問い2はできたが、問い3はできなかった。
(문제 1과 문제 2는 다 되었는데 문제 3은 안 되었다)

4. 인품이나 재능, 그리고 품질 등이 매우 뛰어남을 나타낸다.

⇨ 彼は英語はできないが、数学はよくできる。
(그는 영어는 잘못하지만 수학은 잘한다)

⇨ 主人もよくできた人だが、奥さんもよくできた人だ。
(남편도 매우 제대로 된 사람이지만 부인도 아주 제대로 된 사람이다)

⇨ このクラスで一番よくできる学生はだれですか。
(이 반에서 가장 공부를 잘하는 학생은 누구입니까?)

⇨ ほんとうによくできた人だと思って、私は前からあの人を尊敬していた。
(정말 매우 인품이 있는 사람이라고 생각해서 나는 전부터 그 사람을 존경하고 있었다)

| 활용 | でき+ない(미연형) でき+ます(연용형) できる(종지형) できる+명사(연체형) できれ+ば(가정형) でき＋よう(추측형)

～ てください ⇨ ～(해) 주십시오

| 용법 | 접속조사 「て」에 '주시다'에 해당되는 경어동사 「くださる」의 명령형 「くださ

い」가 결합된 어구이다. 이러한 형태로 타인에게 무언가를 의뢰하거나 가볍게 명령할 때에 널리 사용된다. 주로 동격이나 하격에게 사용할 수 있다.

| 접속 | 동사연용형에 접속된다.

| 예문 |

⇨ はっきり話してください。(확실하게 말해 주십시오)

⇨ 漢字を書いてください。(한자를 써 주십시오)

⇨ 子供と遊んでください。(아이와 놀아 주십시오)

⇨ コーヒーを飲んでください。(커피를 마셔 주십시오)

⇨ かばんを持ってください。(가방을 들어 주십시오)

⇨ 学校へ来てください。(학교에 와 주십시오)

⇨ 買い物に行ってください。(소핑하러 가 주십시오)

⇨ 日本語を勉強してください。(일본을 공부해 주십시오)

⇨ 中国語を教えてください。(중국어를 가르쳐 주십시오)

⇨ 部屋を出る時、かならず電気を消してください。
(방을 나갈 때 반드시 전기를 꺼 주십시오)

| 참고 | 이 보다 더 정중한 것으로 「お(ご)～ください」「お(ご)～ねがいます」가 있는데 후자로 갈수록 정중도는 높아지게 된다.

⇨ 漢字をお書きください。(한자를 적어 주십시오)

⇨ 漢字をお書きねがいます。(한자를 적어 주시기 바랍니다)

～てくる ⇨ '～(하)게 되다, ～(하)기 시작하다', 시작, 출현의 의미를 나타내는 용법

|용법| 「来る」가 접속조사 「て」의 다음에 위치하여 보조동사로 쓰이게 되면 '점차로 그런 모양으로 변해옴'을 나타내거나 일의 시작 또는 출현 등의 의미를 나타낸다.

|접속| 동사연용형에 접속된다.

|예문|

⇨ 疲れてくると能率が下がります。(피곤해 지면 능률이 떨어집니다)

⇨ 年をとって気が短くなってきました。(나이가 들어 성급해졌습니다)

⇨ 最近は車を所有する人が増えて来ました。
(최근에는 차를 소유하고 있는 사람이 늘어나게 되었습니다)

⇨ 明治時代になって、日本人の食生活も変ってきた。
(명치시대가 되어 일본인의 식생활도 변하게 되었다)

⇨ 日が短くなって、暗くなるのがはやくなってきた。
(해가 짧아져서 어두워지는 것이 빨라졌다)

⇨ 赤ちゃんの歯が生えてきた。(갓난아기의 이가 나기 시작했다)

⇨ このごろ、ふとって来ました。(요즈음 살찌기 시작했습니다)

⇨ 雨が降ってきましたから、早く帰りましょう。
(비가 내리기 시작했으니까 빨리 돌아갑시다)

~てくれる ⇨ ~(해) 준다

|용법| 아랫사람이나 동격인 사람이 자신에게 무언가를 준다는 의미를 지닌 동사 「くれる」에 접속조사 「て」가 접속되어 보조동사로 쓰이는 어구이다. 이러한 형태로 '누군가가(주로 아랫사람)~을 해 준다'고 하는 의미를 나타낸다. 주의할 점은 「くれる」의 명령형은 「くれろ、くれよ」가 아니라 「くれ」라

고 하는 점이다.

| 접속 | 동사연용형에 접속된다.

| 예문 |

⇨ 弟は私に写真を送ってくれました。(남동생은 나에게 사진을 보내주었습니다)

⇨ 誰が本を貸してくれましたか。(누가 책을 빌려 주었습니까?)

⇨ 家内は私にネクタイを買ってくれました。(아내는 나에게 넥타이를 사 주었습니다)

⇨ 前の人はすわってくれませんか。(앞의 사람은 앉아주지 않겠습니까?)

⇨ そこにある私の外套を取ってくれ。(거기에 있는 내 외투를 집어줘)

⇨ だいじょうぶだから、心配しないでくれ。(괜찮으니까 걱정하지 말아 줘)

| 참고 | 이 보다 정중한 것으로 「～てくださる」가 있다.

⇨ 先生は、長い間私たちに日本語を教えてくださった。
(선생님은 오랫동안 우리들에게 일본어를 가르쳐 주셨다)

～でございます ⇨ 「～です」보다 정중한 용법

| 용법 | 「～です」와 같은 의미이나 훨씬 정중한 표현이다. 단정의 조동사 「だ」의 연용형 「で」와 「ございます」가 결합된 것으로 주로 매우 격식을 차려야 할 상대 앞에서 사용된다. 어감이 매우 정중한 만큼 일반적으로는 그다지 많이 사용되지 않으며 비즈니스사회에서나 공식석상, 또는 최대한 정중하게 예의를 갖추어야 할 경우에 주로 사용되는 경향이 있다. 우리말에는 여기에 해당되는 표현이 없다.

| 접속 | 명사나 형용동사어간에 접속된다.

| 예문 |

⇨ このホテルの宴会場は三階でございます。(이 호텔의 연회장은 3층입니다)

⇨ 次は５階でございます。お降りのかたはございませんか。

(다음은 5층입니다. 내리실 분은 안 계십니까?)

⇨ 右手に見えますのが市役所でございます。(오른쪽에 보이는 것이 시청입니다)

⇨ お忙しいところを、わざわざ来ていただきまして、恐縮でございます。

(바쁘신 중에 일부러 와주셔서 송구스럽습니다)

～てこそ ⇨ ～(해)야 비로소

| 용법 | 접속조사「て」에 강조의 의미를 지닌 조사「こそ」가 결합된 어구이다. 이러한 형태로 무언가를 함으로서 비로소 참된 의미나 결과가 생겨남을 나타내는데 주로 그 뒤에는 바람직한 결과의 내용이 오게 된다.

| 접속 | 동사연용형에 접속된다.

| 예문 |

⇨ この問題は皆で話し合ってこそ意味がある。

(이 문제는 다 함께 이야기해야 비로소 의미가 있다)

⇨ この木は雨の少ない地方に植えてこそ価値がある。

(이 나무는 비가 적은 지방에 심어야 비로소 가치가 있다)

⇨ 互いに助け合ってこそ本当の家族といえるのではないだろうか。

(서로 도와줘야 비로소 진정한 가족이라고 할 수 있는 것은 아닐까?)

⇨ 一人でやってこそ身につくのだから、むずかしくても頑張ってやりなさい。

(혼자서 해야 비로소 익숙해지는 것이니까 어려워도 힘내서 해라)

～できえ ⇨ ～조차도, ～마저도

| 용법 | 단정의 조동사 「だ」의 연용형 「で」에 계조사 「さえ(~조차, ~마저)」가 접속된 어구이다. 이러한 형태로 당연시되는 것에 대한 의외성을 나타낸다.

| 접속 | 명사에 접속된다.

| 예문 |

⇨ この国は夏でさえ雪がある。(이 나라는 여름조차도 눈이 있다)

⇨ 科学の進んだ今日でさえ、まだわからないことはたくさんある。
(과학이 발달한 오늘날조차도 아직 모르는 것은 많이 있다)

⇨ おとなでさえおもしろがるのだから、子どもがやりたがるのは当たり前だ。
(어른마저도 재미있어 하는 거니까 어린이가 하고 싶어 하는 것은 당연하다)

⇨ 戦前は、天皇の写真でさえ顔を上げて見ることはならないとされていた。
(전쟁 전에는 천황의 사진마저도 얼굴을 들고 보는 것은 안 되는 것으로 되어있었다)

~でしかありえない ⇨ ~일 수밖에 없다

| 용법 | 단정의 조동사 「だ」의 연용형인 「で」에 한정을 나타내는 조사 「しか」가 접속되고 이어서 동사 「ある」의 연용형인 「あり」에 동사연용형에 접속하여 가능을 나타내는 접미어 「える」의 부정형인 「えない」가 연결된 어구이다. 이러한 형태로 그에 대한 평가가 그렇게만 한정된다고 하는 의미를 나타낸다.

| 접속 | 명사에 접속된다.

| 예문 |

⇨ それがいかに変わろうと、所詮人間は人間でしかありえない。
(그것이 어떻게 바뀌어도 필경 인간은 인간일 수밖에 없다)

⇨ どんなに社会的な地位のある人でも、死ぬときはひとりの人間でしかありえない。
(아무리 사회적인 지위가 있는 사람일지라도 죽을 때는 한 사람의 인간일 수 밖에 없다)

⇨ かれは学長にまでなったが、親の目から見るといつまでも子どもでしかありえないようだ。

(그는 학장까지 되었지만 부모의 눈으로 보면 언제까지나 아이일 수밖에 없는 것 같다)

⇨ 時間がなくて出来ないと言っているが、そんなのは口実でしかありえない。ほんとうはやりたくないのだろう。

(시간이 없어 할 수 없다고 말하고 있지만 그런 것은 구실일 수밖에 없다. 사실은 하고 싶지 않은 것일 것이다)

～てしかたがない ⇨ ～(해)서 죽겠다, ～(해)서 견딜 수 없다

| 용법 | 「しかたがない」의 「しかた」는 원래 サ행변격동사 「する」의 연용형인 「し」에 '방법, 수단'등의 의미를 나타내는 접미어 「方」가 접속되어 '하는 방법, 수단'의 의미를 나타내는 것인데 여기에 형용사 「ない」가 접속되고 그 앞에는 접속조사 「て」가 와 있는 어구이다. 그 앞에는 주로 감정이나 감각, 또는 욕구를 나타내는 말이 오는 것이 보통인데 이러한 형태로 자연스럽게 어떠한 감정이나 감각이 생겨나게 되어 그것을 스스로는 통제할 수 없는 상태임을 나타낸다.

| 접속 | 활용어의 연용형에 접속된다.

| 예문 |

⇨ 寒くてしかたがない。(추워서 죽겠다)

⇨ 毎日ひまでしかたがない。(매일 심심해 죽겠다)

⇨ 行ってみたくてしかたがない。(가보고 싶어 죽겠다)

⇨ 赤ちゃんが朝から泣いてしかたがない。(아기가 아침부터 울어서 견딜 수 없다)

⇨ この映画は見るたびに、涙が出てしかたがない。

(이 영화는 볼 때마다 눈물이 나와 견딜 수가 없다)

⇨ 公園で出会って以来、彼女のことが気になってしかたがない。

(공원에서 만난이래 그녀가 신경 쓰여서 견딜 수가 없다)

~ でしかない ⇨ ~ 에 지나지 않는다

| 용법 | 단정의 조동사 「だ」의 연용형인 「で」에, 뒤에 부정표현을 수반하여 한정의 의미를 나타내는 부조사 「しか」와 형용사 「ない」가 접속된 어구이다. 그 앞에는 주로 평범한 평가의 의미만 주어지는 명사들이 오게 되는데 이러한 형태로 그에 대한 평가가 그 이상도 그 이하도 아니라고 하는 의미를 나타낸다.

| 접속 | 명사에 접속된다.

| 예문 |

⇨ どんなに社会的な地位のある人でも、死ぬときはひとりの人間でしかない。

(아무리 사회적인 지위가 있는 사람일지라도 죽을 때는 한 사람의 인간에 지나지 않는다)

⇨ かれは学長にまでなったが、親の目から見るといつまでも子どもでしかないようだ。

(그는 학장까지 되었지만 부도의 눈으로 보면 언제까지나 아이일 수밖에 없는 것 같다)

⇨ 会社でいばってはいるが、家では子どもに相手にされないさびしい父親でしかない。

(회사에서 으스대고는 있지만 집에서는 아이가 상대해 주지 않는 외로운 아버지에 지나지 않는다)

⇨ 時間がなくて出来ないと言っているが、そんなのは口実でしかない。ほんとうはやりたくないのだろう。

(시간이 없어 할 수 없다고 말하고 있지만 그런 것은 구실에 지나지 않는다. 사실은 하고 싶지 않은 것일 것이다)

~ てしまう ⇨ '~ (해)버리다', 동작의 완료 및 유감을 나타내는 용법

| 용법 | 접속조사 「て」에 '집어넣다, 마치다'의 의미를 지니고 있는 동사 「しまう」가 접속하여 보조동사로 쓰이는 어구이다. 이러한 형태로 어떠한 동작이나 작용의 종료나 그에 대한 유감의 의미를 나타낸다.

| 접속 | 동사연용형에 접속된다.

| 예문 |

⇨ ひとばんでこの本(ほん)を読(よ)んでしまった。(하룻밤 만에 이 책을 읽어 버렸다)

⇨ 早(はや)く食(た)べてしまいなさい。(빨리 먹어버려라!)

⇨ この本(ほん)を全部(ぜんぶ)読(よ)んでしまいましたか。(이 책을 전부 읽어 버렸습니까?)

⇨ パスポートをなくしてしまいました。(여권을 잃어버렸습니다)

⇨ 一生懸命(いっしょうけんめい)に勉強(べんきょう)しましたが、忘(わす)れてしまいました。
(열심히 공부했습니다만 잊어버렸습니다)

⇨ がんばりましたが、試験(しけん)に失敗(しっぱい)してしまいました。
(열심히 했지만 시험에 실패하고 말았습니다)

⇨ 昨日(きのう)買(か)った茶碗(ちゃわん)ですが、もう割(わ)れてしまいました。
(어제 산 찻잔입니다만 벌써 깨져버렸습니다)

~ てしょうがない ⇨ ~ (해)서 죽겠다, ~ (해)서 어쩔 수 없다

| 용법 | 접속조사 「て」에 방법을 나타내는 「しょう」와 형용사 「ない」가 접속된 어구이다. 「しょう」는 동사 「する」의 연용형인 「し」에 '방법, 도리'의 뜻을 지닌 「様(よう)」가 접속된 「しよう」가 회화체에서 축약된 형태이다. 이러한 어구의 앞에는 주로 감정이나 감각, 또는 욕구를 나타내는 말이 오는 것이 보

통인데 결국, 이러한 형태로 자연스럽게 어떠한 감정이나 감각이 생겨나게 되어 그것을 스스로는 통제할 수 없는 상태임을 나타낸다. 주로 회화체에서 매우 빈번하게 쓰인다.

| 접속 | 활용어의 연용형에 접속된다.

| 예문 |

⇨ 勉強中、眠くてしょうがない時は、濃いお茶を飲むといい。
(공부 중에, 졸려서 어쩔 수 없을 때는 진한 차를 마시면 좋다)

⇨ 留学していると、国に帰りたくてしょうがない時もある。
(유학하고 있으면 고국에 돌아가고 싶어 어쩔 수 없을 때도 있다)

⇨ 可愛がっていた猫が死んで、寂しくてしょうがない。
(귀여워하던 고양이가 죽어서 쓸쓸해 죽겠다)

⇨ 二度も、自転車を盗まれた。腹がたってしょうがない。
(두 번이나 자전거를 도둑맞았다. 화가 나 죽겠다)

⇨ うちの子は、先生にほめられたのがうれしくてしょうがない様子だ。
(우리 집 아이는 선생님에게 칭찬받은 것이 기뻐서 어쩔 줄 모르는 모습이다)

～です ⇨ '～ 입니다, ～ ㅂ니다', 「です」의 상세한 용법

| 용법 | 정중하게 단정, 지정을 나타내는 조동사로 우리말의 '～입니다'에 해당된다. 「です」앞에 접속되는 말은 원래 명사만 접속되게 되어있어 「雨です、花です」와 같이 쓰였으며 형용사가 접속될 경우에는 「赤いのです、大きいのです」와 같이 형용사를 명사화하는 형식명사 「の」의 도움이 필요하였다. 하지만 현재에 이르러서는 「赤いです、大きいです」도 허용되어 일반적으로 널리 쓰이고 있다. 한편 「です」의 추측형인 「～でしょう」앞에는

명사(雨でしょう、花でしょう), 형용사(赤いでしょう、大きいでしょう), 동사(動くでしょう、行くでしょう)가 접속될 수 있다. 그러나 「~でした」 「~でしたら」 「~でして」의 앞에는 오로지 명사만 접속되게 됨에 주의하여야 한다. 아울러 「です」를 보다 정중하게 표현할 때는 「~でございます」가 사용되는데, 여기에도 상대방과의 관계를 고려하여 사용할 필요가 있다. 예를 들어, 「誰ですか?」를 보다 정중하게 표현하고자 하여 「どなたでございますか?」라고 하면 오용이 되며 이 경우에는 「どなたでいらっしゃいますか?」로 하여야만 한다.

|접속| 명사나 형용사의 종지형에 접속되나 그 활용형인 「~でしょう」앞에는 동사의 종지형도 올 수 있으며, 아울러 「~でした」앞에는 부정의 조동사 「ん」도 접속된다.

|예문|

⇨ これは本です。(이것은 책입니다)

⇨ あの建物は国会図書館です。(저 건물은 국회도서관입니다)

⇨ 田中さんは外国語の中で英語が特に上手です。
(다나카씨는 외국어 중에서 영어를 특히 잘합니다)

⇨ 今日は日曜日ですので、いつもよりおそく起きました。
(오늘은 일요일이므로 여느 때보다 늦게 일어났습니다)

⇨ 昨日はいい天気でした。(어제는 좋은 날씨였습니다)

⇨ 私は少しも知りませんでした。(나는 전혀 몰랐습니다)

⇨ 私は子どものころはあまり丈夫ではありませんでした。
(저는 어렸을 때는 그다지 튼튼하지 않았습니다)

⇨ よくわかりませんが、あの人もたぶん行くでしょう。
(잘 모르겠습니다만 그 사람도 아마 가겠지요)

⇨ 明日も寒いでしょう。(내일도 춥겠지요)

⇨ こんなことをしたら先生にしかられるでしょう。
(이런 짓을 하면 선생님께 야단맞을 겁니다)

⇨ 明日はきっといい天気になるでしょう。(내일은 반드시 좋은 날씨가 될 겁니다)

⇨ あしたはたぶん雨が降るでしょう。(내일은 아마 비가 내릴 겁니다)

～ですか ⇨ ～입니까?, ～ㅂ니까?

| 용법 | 「です」가 질문 또는 의문형으로 바뀐 것이다. 우리말의 경우에는 '～입니다'가 질문 또는 의문형으로 바뀔 때에는 어미 '～다'가 '～까'로 바뀌는데 반하여 일본어는 「です」에 질문 또는 의문을 나타내는 조사 「か」가 그대로 접속되기만 하면 된다.

| 접속 | 명사나 형용사의 종지형에 접속된다.

| 예문 |

⇨ この本は誰のですか。(이 책은 누구 것입니까?)

⇨ それは、月刊誌ですか。(그것은 월간지입니까?)

⇨ 図書館は、この建物の隣ですか。(도서관은 이 건물 옆입니까?)

⇨ あなたの国は日本より暑いですか。(당신 나라는 일본보다 덥습니까?)

⇨ あの映画はおもしろいですか。(저 영화는 재미있습니까?)

⇨ この中でどれが高いですか。(이 가운데에서 어느 것이 비쌉니까?)

～ですね ⇨ '～ 말입니다, ～ 말이지요', 간투조사처럼 쓰이는 용법

| 용법 | 정중을 나타내는 조동사 「です」에 간투조사 「ね」가 접속된 것인데 이러한 형태로 문절과 문절사이에 들어가 어세를 고르는 역할을 한다. 실제로는 조사가 아님에도 불구하고 회화체에서는 마치 조사처럼 사용되곤 하는데, 우리말의 '~말입니다, ~말이지요'정도에 해당된다. 주로 정중하면서도 느긋하게 발언하는 회화체에서 사용되는 경향이 있다.

| 접속 | 문절과 문절사이에 접속된다.

| 예문 |

⇨ それがですね、どうも思うとおりにならないのです。
(그게 말입니다, 도저히 생각대로 되지 않는 겁니다)

⇨ それからですね、例のことはお忘れにならないように願います。
(그리고 말이지요, 그 일은 잊지 않으시도록 부탁합니다)

⇨ そうきまるとですね、早速準備に取り掛からなければなりません。
(그렇게 결정되면 말이지요, 빨리 준비에 들어가지 않으면 안 됩니다)

⇨ あの時にですね、あなたが何とおっしゃったか忘れたのですか。
(그 때에 말입니다, 댁이 뭐라고 하셨는지 잊은 겁니까?)

~てすむ ⇨ ~로(으로) 끝나다, ~(해)서 끝나다

| 용법 | 접속조사 「て」나 수단이나 방법을 나타내는 조사 「で」에 동사 「すむ(끝나다)」가 접속된 어구이다. 그 앞에 이러한 형태로 당초의 예상과는 달리 그 이상의 복잡하거나 성가신 일이 없이 어떠한 일이 종료됨을 나타낸다.

| 접속 | 「~てすむ」의 앞에는 동사연용형이 접속되고 「ですむ」의 앞에는 명사가 접속된다.

| 예문 |

⇨ 金ですむなら、いくらでも出します。(돈으로 끝난다면 얼마든지 내겠습니다)

⇨ もっと費用がかかると思ったが、2万円ですんだ。

(더 비용이 들 거라고 생각했지만 2만엔으로 끝났다)

⇨ 大事な書類をなくしてしまったが、謝ってすんだ。

(중요한 서류를 잃어버리고 말았으나 사과해서 끝났다)

⇨ 車の事故を起こしてしまったが、幸い10万円の補償金を出してすんだ。

(차 사고를 일으키고 말았으나 다행히도 10만엔의 보상금을 내서 끝났다)

~てすむことではない ⇨ ~(해)서 끝날 일이 아니다

| 용법 | 접속조사 「て」에 동사 「すむ(끝나다)」가 접속되고 이어서 '~(할) 일이 아니다'라는 뜻을 지닌 「ことではない」가 연결된 어구이다. 이러한 형태로 어떤 일을 하는 것만으로는 문제가 끝날 수는 없으며 그것만으로는 불충분함을 나타낸다.

| 접속 | 동사연용형에 접속된다.

| 예문 |

⇨ 少数意見だと片付けてすむことではない。

(소수의견이라며 물리쳐서 끝날 일은 아니다)

⇨ 大事な書類をなくしてしまうなんて、謝ってすむことではない。

(중요한 서류를 잃어버리다니 사과해서 끝날 일은 아니다)

⇨ この問題は補償金を払ってすむことではない。心からの謝罪が必要だ。

(이 문제는 보상금을 지불해서 끝날 일은 아니다. 마음에서부터의 사죄가 필요하다)

⇨ 車の事故を起こして人を殺したわけだから、お金を払ってすむことではない。

(자동차사고를 일으켜서 사람을 죽인 거니까 돈을 지불해서 끝날 일은 아니다)

～ですら ⇨ ～ 조차도

| 용법 | 조사「で」에 '조차'의 뜻을 지닌 부조사「すら」가 접속된 어구이다. 이러한 형태로 그것조차 이러하므로 다른 것은 말할 것도 없다고 하는 의미를 나타낸다.

| 접속 | 명사에 접속된다.

| 예문 |

⇨ そんなことは子供(こども)ですら知(し)っている。
(그런 것은 아이조차도 알고 있다)

⇨ こんな冷(つめ)たい話(はなし)は親子(おやこ)ですら勝手(かって)に言(い)えないことでしょう。
(이런 냉정한 이야기는 부모자식조차도 함부로 말할 수 없을 것입니다)

⇨ この寒(さむ)さで、あの元気(げんき)な山田(やまだ)さんですら風邪(かぜ)を引(ひ)いている。
(이 추위로 저 건강한 야마다씨조차도 감기에 걸려있다)

⇨ 大企業(だいきぎょう)はもちろんのこと、この辺(へん)の町(まち)工場(こうば)ですら週休(しゅうきゅう)二日(ふつか)だという。
(대기업은 물론이거니와 이 부근의 마을공장조차도 주2일 휴무라고 한다)

～てたまらない ⇨ ～(해)서 견딜 수 없다

| 용법 | 접속조사「て」에 '견디다, 참다'의 의미를 지니면서 주르 뒤에는 부정표현이나 반어표현을 수반하는 동사「たまる」가 부정표현으로 바뀐「たまらない」가 접속된 어구이다. 그 앞에는 주로 감정을 나타내는 형용사나 형용동사가 오게 되는데 이러한 형태로 말하는 사람의 감정이나 욕구의 정도가 매우 극심한 상태임을 나타낸다.

| 접속 | 형용사의 연용형(く형)、형용동사의 연용형(で형)에 접속된다.

| 예문 |

⇨ 部屋にはストーブがないから、寒くてたまらない。

(방에는 난로가 없기 때문에 추워서 견딜 수가 없다)

⇨ きずが痛くてたまらないので、病院へ行ってみてもらった。

(상처가 아파 견딜 수 없기 때문에 병원에 가서 진찰받았다)

⇨ 母の病気が心配でたまらない。(어머니의 병이 걱정되어 견딜 수가 없다)

⇨ 初めての海外旅行が中止になってしまった。残念でたまらない。

(첫 해외여행이 취소되어 버렸다. 유감스러워 견딜 수가 없다)

| 참고 | 이 보다 정중하게는 「たまりません」의 형태가 쓰이며 때론 「たまらぬ」의 형태도 쓰이곤 한다. 아울러 이와 유사한 표현으로 「～て仕方がない、～て仕様がない、～てならない」 등이 있다. (해당항목 참고)

⇨ あの人は試験に受かって、うれしくてたまらぬと言っていました。

(그 사람은 시험에 합격해서 기뻐서 어쩔 줄 모르겠다고 했습니다)

⇨ 私気分が悪くて仕様がないの。(나 속이 좋지 않아서 견딜 수가 없어)

한편, 「たまらない」는 다음과 같이 '감당이 안 된다'는 정도의 의미로 쓰일 때도 있다.

⇨ 相手は世界一の選手なのだからたまらない。すぐに負けてしまった。

(상대는 세계 최고의 선수이기 때문에 감당이 안 된다. 단숨에 져 버렸다)

～てちょうだい ⇨ ～(해)줘, ～(해)다오

| 용법 | 접속조사 「て」에 '받다'를 겸손하게 표현하는 명사 「ちょうだい」가 접속되어 보조동사처럼 쓰이는 어구이다. 이러한 형태로 상대방에게 무언가를 해 줄 것을 친밀감을 담아서 부탁하는 의미를 나타낸다. 특히 이러한 표현

은 회화체에서 여성이나 어린이가 친숙한 상대방에게 쓰는 경향이 있다.

| 접속 | 동사연용형에 접속된다.

| 예문 |

⇨ ちょっと、あのね、水持って来てちょうだい。(저 있잖아, 물 좀 가져와 줘)

⇨ 伸子さん、ちょっとここへ来てちょうだい。(노부코씨, 이리로 좀 와줘)

⇨ ‘お願いだから、オートバイを乗り回すのはやめてちょうだい’ と母に言われた。
(‘부탁이니까 오토바이를 타고 다니는 건 그만둬다오’하고 어머니에게서 말을 들었다)

⇨ 彼女は ‘山田さん、ちょっとこれを見てちょうだい’ と言って、私を窓のところへ連れて行った。
(그녀는 ‘야마다씨 이걸 좀 봐줘’ 하며 나를 창이 있는 곳으로 데리고 갔다)

てっきり ～ と思う ⇨ 정말로 ～ 라고 생각하다

| 용법 | 실제로는 그렇지 않은 사실을 틀림없이 그러할 것이라고 판단하는 뜻의 부사 「てっきり」가 앞에 배치되고 뒤에는 인용조사 「と」와 동사 「思う」가 배치된 어구이다. 이러한 형태로 실제로는 그러하지 않았던 사실을 그 당시에는 그러했을 것이라고 굳게 믿었음을 나타낸다.

| 접속 | 주로 단정을 나타내는 조동사 「だ」에 접속된다.

| 예문 |

⇨ 私はてっきり君がやってくれたんだと思っていた。
(나는 정말로 자네가 해 준 거라고 생각하고 있었다)

⇨ 窓ガラスが割れていたので、これはてっきり泥棒だと思ったんです。
(창문이 깨져 있었기 때문에 이것은 정말로 도둑이라고 생각한 겁니다)

⇨ てっきり怒られるものと思っていたが、反対にほめられたので、驚いた。

(정말로 혼나는 거라고 생각하고 있었는데 반대로 칭찬받았기 때문에 놀랐다)

⇨ 彼女がいろいろな結婚式場のパンフレットを持っているので、これはてっきり結婚するんだと思ってしまったんです。

(그녀가 여러 결혼식장의 팸플릿을 가지고 있기 때문에 이것은 정말로 결혼하는 거라고 생각해버린 겁니다)

～て～て ⇨ 너무～(해)서, ～(하)고 또～(해)서

|용법| 접속조사「て」가 앞뒤로 나열된 형태인데 각각의 앞에는 같은 동사나 형용사를 반복하여 배치함으로서 그 정도를 한층 강조하는 의미를 나타낸다.

|접속| 동사의 경우에는 연용형이, 형용사의 경우에는 연용형(く형)이 각각의 앞에 접속된다.

|예문|

⇨ 一晩中飲んで飲んで、飲みまくった。(밤새도록 마시고 또 마시고 마구 마셨다)

⇨ 走って走ってやっと間に合った。(달리고 또 달려서 겨우 시간에 맞추었다)

⇨ お土産を買いすぎたので、トランクが重くて重くて腕がしびれそうだった。

(선물을 너무 많이 샀기 때문에 트렁크가 너무 무거워 팔이 저릴 것 같았다)

⇨ はじめて着物を着たら、帯がきつくてきつくて何も食べられなかった。

(처음 기모노를 입었더니 오비가 너무 꽉 죄어서 아무것도 먹을 수 없었다)

|참고| 한편 형용동사가 접속될 때는 연용형 중에서「で」형이 온다.

⇨ 連絡がいつまで待っても来ないので、不安で不安で仕方がなかった。

(연락이 언제까지 기다려도 오지 않으므로 너무 불안해서 어쩔 수 없었다)

～ても ⇨ ～(해)서라도, ～(해)서까지

| 용법 | 접속조사 「て」에 부조사 「でも」가 접속된 어구로 어떠한 하고 싶은 일이 있을 때 그를 위하여 극단적인 방법이나 수단을 동원해서라도 성취하고자 하는 의지를 나타낸다. 당연히 주로 그 뒤에는 강한 의지나 희망을 나타내는 표현이 오게 된다.

| 접속 | 동사연용형에 접속된다.

| 예문 |

⇨ 実にいい作品だ。借金をしてでも買いたい。

(실로 좋은 작품이다. 빚을 내서라도 사고 싶다)

⇨ いざとなれば、会社をやめてでも、裁判で争うつもりだ。

(여차하면 회사를 그만두고서라도 재판에서 싸울 생각이다)

⇨ この頃は子供を人に預けてでも遊びに行きたいと思う母が多い。

(요즘은 아이를 남에게 맡기고서라도 놀러 가고 싶어 하는 어머니가 많다)

⇨ 彼女がもしいやだと言えば、引きずってでも病院へ連れて行くつもりだ。

(그녀가 만약 싫다고 하면 끌고서라도 병원에 데리고 갈 생각이다)

~ でなくてなんだろう ⇨ ~ 이(가) 아니고 무엇이겠는가?

| 용법 | 단정의 조동사 「だ」의 연용형인 「で」에 형용사 「ない」의 연용형인 「なく」와 접속조사 「て」가 접속된 「~でなくて」에 의문을 나타내는 표현인 「何だろう」가 연결된 어구이다. 그 앞에는 주로 「愛, 宿命, 芸術」와 같은 명사가 오게 되는데 이러한 형태로 '바로 그렇다'고하는 사실을 강조하는 의미를 나타낸다. 이러한 표현은 주로 문장체에서 사용되는 경향이 있다.

| 접속 | 명사에 접속된다.

| 예문 |

⇨ こんなにみごとな絵(え)が、芸術(げいじゅつ)でなくて何(なん)だろう。

(이렇게 멋있는 그림이 예술이 아니고 무엇이겠는가?)

⇨ 彼女(かのじょ)のためなら死(し)んでもいいとまで思(おも)う。これが愛(あい)でなくて何(なん)だろう。

(그녀를 위해서라면 죽어도 좋다고까지 생각한다. 이것이 사랑이 아니고 무엇이겠는가?)

⇨ 出会(であ)ったときから二人(ふたり)の人生(じんせい)は破滅(はめつ)へ向(む)かって進(すす)んでいった。これが宿命(しゅくめい)でなくて何(なん)だろう。

(만났을 때부터 두 사람의 인생은 파멸을 향해 나아갔다. 이것이 숙명이 아니고 무엇이겠는가?)

~ でなくては ⇨ ~ 이(하)지 않고서는

| 용법 | 단정의 조동사「だ」의 연용형인「で」에 형용사「ない」의 연용형인「なく」와 접속조사「ては」가 접속된 어구이다. 이러한 형태로 전항의 요건을 갖추어야만 후항의 성립이 가능하다고 하는 필요조건을 나타낸다.

| 접속 | 명사나 형용동사의 어간에 접속된다.

| 예문 |

⇨ 我慢強(がまんづよ)い人(ひと)でなくては彼女(かのじょ)と付(つ)き合(あ)うのが難(むずか)しい。

(인내심강한 사람이지 않고서는 그녀와 사귀는 것이 어렵다)

⇨ 相当(そうとう)いい成績(せいせき)でなくてはあの大学(だいがく)には入(はい)れないだろう。

(상당히 좋은 성적이지 않고서는 저 대학에는 들어갈 수 없을 것이다)

⇨ 成績(せいせき)がもっとよい学生(がくせい)でなくては、この大学院(だいがくいん)への合格(ごうかく)は無理(むり)だろう。

(성적이 보다 좋은 학생이지 않고서는 이 대학원으로의 합격은 무리일 것이다)

⇨ どんなにお金(かね)があっても健康(けんこう)でなくては幸(しあわ)せだとは言(い)えない。

(아무리 돈이 있어도 건강하지 않고서는 행복하다고는 할 수 없다)

~ てならない ⇨ 몹시 ~ (하)다

| 용법 | 접속조사 「て」에 동사 「なる」의 미연형인 「なら」와 부정의 조동사 「ない」가 접속된 어구이다. 그 앞에는 감정이나 감각, 또는 욕구를 나타내는 표현만 오게 되는데 이러한 형태로 어떠한 감정이 저절로 일어나서 스스로는 통제할 수 없는 상태임을 나타낸다. 이러한 표현은 주로 문장체에서 사용되는 경향이 있다.

| 접속 | 활용어의 연용형(형용사는 て형, 형용동사는 で형)에 접속된다.

| 예문 |

⇨ 大学に入学できたので、うれしくてなりません。
(대학에 입학할 수 있었기 때문에 몹시 기쁩니다)

⇨ 住み慣れたこの土地を離れるのがつらくてならない。
(사는데 익숙해진 이곳을 떠나는 것이 몹시 괴롭다)

⇨ 将来がどうなるか、不安でならない。(장래가 어떻게 될지 몹시 불안하다)

⇨ あのコンサートに行き損ねたのが今でも残念でならない。
(그 콘서트에 가지 못한 것이 지금도 몹시 유감스럽다)

⇨ もう3年も国に帰っていないので、両親に会いたくてならない。
(벌써 3년이나 고국에 돌아가지 않아서 부모님이 몹시 보고 싶다)

⇨ あなたのことが思い出されてならない。(당신이 몹시 생각난다)

| 참고 | 이와 유사한 어구로 「~てしかたがない」가 있는데 이는 감각이나 욕구의 표현이외의 것도 그 앞에 올 수가 있는데 반하여, 「~て(で)ならない」는 반드시 그 앞에 감정이나 욕구의 표현밖에 올 수 없다는 점에 근본적인 차이가 엿보인다.

⇨ (×) 赤ちゃんが朝から泣いてならない。
(○) 赤ちゃんが朝から泣いてしかたがない。

～てのける ⇨ ～(해)내다, ～(해)대다, ～(해)치우다

| 용법 | 접속조사 「て」에 '치우다, ㅍ하다'등의 의미를 나타내는 동사 「のける」가 접속된 어구이다. 이러한 형태로 어떤 일에 대한 성취나 결행 등의 의미를 나타낸다.

| 접속 | 동사연용형에 접속된다.

| 예문 |

⇨ 彼はむずかしい仕事をやすやすとやってのけた。

(그는 어려운 일을 손쉽게 해냈다)

⇨ 彼はお客さんの前で平気で悪口を言ってのける。

(그는 손님 앞에서 태연히 욕을 해댄다)

⇨ 小さい子どもだが、おおぜいの人の前でどうどうと芝居をやってのけた。

(작은 아이지만 많은 사람들 앞에서 당당히 연극을 해냈다)

～てのことだ ⇨ ～(했)기 때문이다, ～(할) 때의 이야기다

| 용법 | 접속조사 「て」에 조사 「の」가 접속되고 여기에 '일'의 의미를 지닌 명사 「こと」와 단정의 조동사 「だ」가 이어진 어구이다. 이러한 형태로 어떠한 일의 성사에 필요한 조건을 내세움으로서 그로 인하여 그 일이 가능하게 됨을 강조하는 의미를 나타낸다.

| 접속 | 동사연용형에 접속된다.

| 예문 |

⇨ 今回の人事異動は君の将来を考えてのことだ。

(이번 인사이동은 자네의 장래를 생각했기 때문이다)

⇨ 彼が6年も留学できたのは、親の援助があってのことだ。

(그가 6년이나 유학할 수 있었던 것은 부모님의 원조가 있었기 때문이다)

⇨ 彼は来年から喫茶店を経営するつもりだ。しかし、それも資金調達がうまくいってのことだ。

(그는 내년부터 찻집을 운영할 생각이다. 그러나 그것도 자금조달이 잘 되었을 때의 이야기다)

～ては ⇨ ～(하)고서는

|용법| 접속조사「て」에 계조사「は」가 접속된 형태로 일정한 시간을 두고 되풀이되는 동작을 나타낸다.

|접속| 동사연용형에 접속된다.

|예문|

⇨ 一行書いては考え込むので、執筆はなかなかはかどらない。

(한줄 쓰고서는 생각에 잠기기 때문에 집필은 좀처럼 진전되지 않는다)

⇨ 家計が苦しいので、母はお金の計算をしてはため息をついている。

(살림이 힘들기 때문에 어머니는 돈 계산을 하고서는 한숨을 짓고 있다)

⇨ 子供は二、三歩歩いては立ち止まって、母親の来るのを待っている。

(아이는 두, 세 걸음 걷고서는 멈추어 서서 어머니가 오는 것을 기다리고 있다)

⇨ 土地を買っては高く売り、また買っては高く売る、これを繰り返して彼は金持ちになった。

(땅을 사고서는 비싸게 팔고 또 사고서는 비싸게 판다, 이것을 되풀이하여 그는 부자가 되었다)

～ては ⇨ ～(해)서는

|용법| 접속조사 「て」에 계조사 「は」가 접속된 형태로 그와 같은 상태이거나 그러한 일을 해서는 안 된다고 하는 의미를 나타낸다.

|접속| 활용어의 연용형에 접속된다.

|예문|

⇨ そんなに大きな声を出しては魚が逃げてしまう。
(그렇게 큰 소리를 내서는 물고기가 도망가 버린다)

⇨ そんなにテレビばかり見ては、目が悪くなってしまうよ。
(그렇게 티브이만 봐서는 눈이 나빠져 버린다고)

⇨ コーチがそんなにきびしくてはだれもついてきませんよ。
(코치가 그렇게 엄격해서는 아무도 따라오지 않아요)

⇨ あの子の態度がそんなにあやふやでは将来が心配だ。
(저 아이의 태도가 그렇게 엉성해서는 장래가 염려된다)

～ではありません ⇨ '～ 이(가) 아닙니다', 「～ です」의 부정표현

|용법| 단정의 조동사 「だ」의 연용형인 「で」에 대비를 나타내는 계조사 「は」가 접속되고 이어서 동사 「ある」의 연용형인 「あり」에 정중함을 나타내는 조동사 「ます」의 미연형인 「ませ」, 그리고 부정을 나타내는 조동사 「ん」이 차례로 연결된 어구이다. 「～です」에 대한 명사부정표현인데 이에 대한 보통체로는 「～ではない(～이(가) 아니다)」가 있다. 아울러 이에 대한 과거표현은 「～ではありませんでした」가 된다.

|접속| 명사에 접속된다.

|예문|

⇨ これは、新しい考えではない。(이것은 새로운 생각이 아니다)

⇨ この表現は決して失礼ではありません。(이 표현은 결코 실례가 아닙니다)

⇨ 昨日(きのう)行(い)ったレストランはあまりきれいではありませんでした。

(어제 간 레스토랑은 그다지 깨끗하지는 않았습니다)

⇨ 私(わたし)の生(う)まれた所(ところ)は、札幌(さっぽろ)ですが、育(そだ)ったのは、札幌(さっぽろ)ではありません。

(제가 태어난 곳은 삿뽀로입니다만 자란 곳은 삿뽀로가 아닙니다)

～ではあるが ⇨ ～ 이기는 하나, ～ 이기는 하지만

| 용법 | 단정의 조동사「だ」의 연용형인「で」에 대비를 나타내는 계조사「は」가 접속되고 이어서 동사「ある」와 역접을 나타내는 조사「が」가 연결된 어구이다. 이러한 형태로 전항에 어느 정도의 가치를 설정해 놓고 후항에 가서는 그에 대립되는 평가를 하게 된다. 결국 이러한 표현은 전항보다는 후항 쪽에 상당한 무게가 놓이는 경향이 있다.

| 접속 | 명사 및 형용동사어간에 접속된다.

| 예문 |

⇨ まだ10歳(さい)の子供(こども)ではあるが、大人(おとな)びた面(めん)も持(も)っている。

(아직 열 살의 아이이기는 하나 어른스러운 면도 지니고 있다)

⇨ かれは犯罪者(はんざいしゃ)ではあるが、文学的(ぶんがくてき)な才能(さいのう)に恵(めぐ)まれていた。

(그는 범죄자이기는 하지만 문학적인 재능을 풍부하게 지니고 있다)

⇨ これはお金(かね)をかけた建築(けんちく)ではあるが、芸術性(げいじゅつせい)は全(まった)くない。

(이것은 돈을 들인 건축이기는 하지만 예술성은 전혀 없다)

⇨ この絵(え)はきれいではあるが、感動(かんどう)させるものがない。

(이 그림은 예쁘기는 하지만 감동케 하는 것이 없다)

～ではあるまいか ⇨ ～ 은(는) 아니겠는가?

| 용법 | 단정의 조동사 「だ」의 연용형인 「で」에 계조사 「は」가 접속되고 이어서 동사 「ある」와 부정추측을 나타내는 조동사 「まい」, 그리고 의문을 나타내는 조사 「か」가 연결된 어구이다. 이러한 형태로 추측의 형식을 통한 말하는 사람의 주장을 나타내게 되는데 이러한 표현은 주로 논문이나 논설문과 같은 문장체에서 쓰이는 일이 많다.

| 접속 | 명사 및 형식명사 「の」에 접속된다.

| 예문 |

⇨ いまどき、彼(かれ)のような学生(がくせい)はめずらしいのではあるまいか。
(요즘 같은 때 그와 같은 학생은 보기 드문 것은 아니겠는가?)

⇨ この品質(ひんしつ)で、こんな値段(ねだん)をつけるとは、あまりにも非常識(ひじょうしき)ではあるまいか。
(이 품질로 이런 가격을 매긴다는 것은 너무나도 몰상식한 것은 아니겠는가?)

⇨ 他人(たにん)への無関心(むかんしん)が、このような事件(じけん)を引(ひ)き起(お)こす一因(いちいん)となったのではあるまいか。
(타인에 대한 무관심이 이와 같은 사건을 일으키는 하나의 원인이 된 것은 아니겠는가?)

⇨ 児童(じどう)の自殺(じさつ)があいついだのには、現在(げんざい)の教育制度(きょういくせいど)に、何(なに)か問題(もんだい)があるのではあるまいか。
(아동의 자살이 잇따른 것에는 현재의 교육제도에 무언가 문제가 있는 것은 아니겠는가?)

~ てはいけない ⇨ '~ (해)서는 안 된다', 금지를 나타내는 용법

| 용법 | 접속조사 「て」에 조사 「は」가 접속되고 이어서 행동이나 상태가 좋지 않음을 나타내는 형용사 「いけない(안 된다)」가 연결된 어구이다. 이러한 형태로 어떤 동작, 행위를 금지하는 의미를 나타낸다.

| 접속 | 동사연용형에 접속된다.

| 예문 |

⇨ あぶないから、そばへ来(き)てはいけない。(위험하니까 옆에 와서는 안 된다)

⇨ この川で泳いではいけない。(이 강에서 수영해서는 안 된다)

⇨ 友だちとけんかをしてはいけない。(친구와 싸움을 해서는 안 된다)

⇨ 自由とわがままを一緒にしてはいけないと思います。

(자유와 방종을 동일시해서는 안 된다고 생각합니다)

⇨ ここに自動車を止めてはいけない。(여기에 자동차를 세워서는 안 된다)

⇨ 勉強をしないで遊んではいけない。(공부를 하지 않고 놀아서는 안 된다)

⇨ 試験中、辞書を使ってはいけない。(시험 중에 사전을 사용해서는 안 된다)

|참고| 이 보다 더 정중한 것으로 「～てはいけません」이 있으며 축약형으로는 「～ちゃいけない」「～ちゃいかん」이 있다.

⇨ 赤の時、交差点を渡ってはいけません。

(빨간 불일 때 교차로를 건너서는 안 됩니다)

⇨ そんないたずらをしてはいけません。(그런 장난을 해서는 안 됩니다)

⇨ 坊っちゃん、もう乱暴をしちゃいけないよ。(도련님, 이제 난폭하게 굴어서는 안 돼요)

⇨ すると、隊長は、「動いてはいかん」と言いました。

(그러자 대장은 '움직이면 안 돼'라고 말했습니다.

～てはいられない ⇨ ～(하)고 있을 수는 없다

|용법| 접속조사 「て」에 조사 「は」가 접속되고 이어서 동사 「いる」에 가능을 나타내는 조동사 「られる」가 연결된 다음 부정의 조동사 「ない」가 최종적으로 연결된 어구이다. 이러한 형태로 전항의 상황에 대한 한계나 문제점을 제시하면서 후항에 새로운 행동이나 조치로의 이행을 제시하는 의미를 나타낸다.

|접속| 동사연용형에 접속된다.

| 예문 |

⇨ あしたは試験だから、こんなところでのんびり遊んではいられない。

(내일은 시험이니까 이런 곳에서 느긋하게 놀고 있을 수는 없다)

⇨ 次の日の朝、先生はこうしてはいられないと言って、帰り支度をした。

(다음 날 아침, 선생님은 이러고 있을 수는 없다며 돌아갈 준비를 했다)

⇨ この頃とても仕事が忙しいので、海外旅行などを計画してはいられない。

(요즈음 무척 일이 바쁘므로 해외여행 같은 것을 계획하고 있을 수는 없다)

⇨ あの男が真犯人だと決まったわけではないのだから、これで事件が解決したなどと喜んではいられない。

(저 남자가 진범이라고 결정된 것은 아니니까 이것으로 사건이 해결되었다고 기뻐하고 있을 수는 없다)

| 참고 | 회화체에서는 「～ちゃいられない」가 쓰이고 한편으로는 부조사 「ばかり」와 함께 빈번하게 쓰이기도 한다.

⇨ こう暑くっちゃ、シャツなんてとても着ちゃいられない。

(이렇게 더워서는 셔츠 같은 건 도저히 입고 있을 수 없다)

⇨ 朝から晩まで勉強ばかりしてはいられない。

(아침부터 밤까지 공부만 하고 있을 수는 없다)

～ではいられない ⇨ ～일 수는 없다

| 용법 | 단정의 조동사 「だ」의 연용형인 「で」에 대비를 나타내는 계조사 「は」가 접속되고 이어서 동사 「いる」에 가능을 나타내는 조동사 「られる」가 연결된 다음 부정의 조동사 「ない」가 최종적으로 연결된 어구이다. 이러한 형태로 계속해서 같은 상태로 있을 수는 없다고 하는 의미를 나타낸다.

| 접속 | 명사에 접속된다.

| 예문 |

⇨ ずっと大学(だいがく)にいたいが、いつまでも学生(がくせい)ではいられない。

(줄곧 대학에 있고 싶지만 언제까지나 학생일 수는 없다)

⇨ ずっと失業者(しつぎょうしゃ)ではいられないし、仕事(しごと)を探(さが)すつもりです。

(줄곧 실업자일 수는 없어서 일을 찾을 작정입니다)

⇨ お前(まえ)は大人(おとな)になりたくないと言(い)うが、人(ひと)はいつまでも子供(こども)ではいられない。

(너는 어른이 되고 싶지 않다고 말하지만 사람은 언제까지나 어린이일 수는 없다)

⇨ 私(わたし)は同級生(どうきゅうせい)の彼(かれ)と友(とも)だちでいたいのに、彼(かれ)はこのままではいられないと言(い)う。

(나는 동급생인 그와 친구로 있고 싶은데 그는 이대로 일 수는 없다고 한다)

~ てばかりいる ⇨ ~ (하)고만 있다

| 용법 | 접속조사 「て」에 한정을 나타내는 부조사 「ばかり」가 접속되고 그 뒤에 동사 「いる」가 결합된 어구이다. 이러한 형태로 같은 일을 몇 번이고 되풀이하거나 언제나 같은 상태에 놓여있음을 다소 비난조로 나타낸다.

| 접속 | 동사연용형에 접속된다.

| 예문 |

⇨ 彼(かれ)は寝(ね)てばかりいる。(그는 자고만 있다)

⇨ 食(た)べてばかりいると太(ふと)りますよ。(먹고만 있으면 살찐다고요)

⇨ 毎日(まいにち)遊(あそ)んでばかりいないで、たまには勉強(べんきょう)もしなさい。

(매일 놀고만 있지 말고 가끔은 공부도 해라)

⇨ 威張(いば)ってばかりいると、まわりの反感(はんかん)を買(か)うことになる。

(뽐내고만 있으면 주위의 반감을 사게 된다)

⇨ そんなに部下(ぶか)をけなしてばかりいないで、たまにはほめてください。

(그렇게 부하를 비방하고만 있지 말고 가끔은 칭찬해 주십시오)

~てばかりもいられない ⇨ ~(하)고만 있을 수도 없다

|용법| 접속조사「て」에 한정을 나타내는 부조사「ばかり」와 조사「も」가 접속되고 이어서 동사「いる」에 가능을 나타내는 조동사「られる」의 부정형인「られない」가 이어진 어구이다. 이러한 형태로 현재의 상태에 대하여 안심하거나 방심해서는 안 된다고 하는 말하는 사람의 심적 경계심을 나타낸다. 그 앞에는 주로「笑(わら)う、泣(な)く、喜(よろこ)ぶ、傍観(ぼうかん)する、安心(あんしん)する」와 같은 동사가 오게 된다.

|접속| 동사연용형에 접속된다.

|예문|

⇨ ひとごとだと思(おも)って、笑(わら)ってばかりもいられない。

(남의 일이라고 생각해서 웃고만 있을 수도 없다)

⇨ よその国(くに)のことだと傍観(ぼうかん)してばかりもいられない。

(다른 나라의 일이라고 방관하고만 있을 수도 없다)

⇨ このごろ体(からだ)の調子(ちょうし)がどうも良(よ)くない。かといって、休(やす)んでばかりもいられない。

(요즈음 몸 상태가 아무래도 좋지 않다. 그렇다고 해서 쉬고만 있을 수도 없다)

⇨ 父(ちち)が亡(な)くなって一ヶ月(いっかげつ)が過(す)ぎた。これからの生活(せいかつ)を考(かんが)えると泣(な)いてばかりもいられない。

(아버지가 돌아가시고 1개월이 지났다. 앞으로의 생활을 생각하면 울고만 있을 수도 없다)

~ てはじめて ⇨ ~ (하)고서야 비로소

| 용법 | 접속조사「て」에 부사「はじめて」가 접속된 어구로 무언가를 경험한 결과 지금까지 알지 못했거나 느끼지 못했던 것을 처음으로 자각했다고 하는 의미를 나타낸다.

| 접속 | 동사연용형에 접속된다.

| 예문 |

⇨ 病気になってはじめて、健康の大切さがわかる。
(병이 나고서야 비로소 건강의 중요함을 알 수 있다)

⇨ 友達を失ってはじめて、友情の大切さに気づいた。
(친구를 잃고서야 비로소 우정의 중요함을 깨달았다)

⇨ 外国に行ってはじめて、自分の国について何も知らないことに気がついた。
(외국에 가서야 비로소 자신의 국가에 대해서 아무것도 모른다는 것을 깨달았다)

⇨ 言われてみて初めて、自分がいかに狭量であったかに気がついた。
(다른 사람에게 듣고서야 비로소 자신이 얼마나 편협했던가를 깨달았다)

~ ではすまされない ⇨ ~ (하)다고는 할 수 없다

| 용법 | 단정의 조동사「だ」의 연용형인「で」에 강세를 나타내는 계조사「は」가 접속되고 이어서 '끝내다, 해결하다'는 뜻의 동사「済ます」의 미연형인「すまさ」에 수동을 나타내는 조동사「れる」의 미연형인「れ」그리고 부정을 나타내는 조동사「ない」가 차례로 연결된 어구이다. 이러한 형태로 어떠한 일이 그렇게 간단하게는 처리되거나 종료될 수 없음을 나타낸다.

| 접속 |「~なかった、~ない」와 같은 부정을 나타내는 말에 접속된다.

| 예문 |

⇨ 課長である以上、そんな大事なことを知らなかったではすまされないだろう。

(과장인 이상, 그런 중요한 일을 몰랐다고는 할 수 없을 것이다)

⇨ 親戚みんなが出席するのなら、うちも行かないではすまされない。

(친척 모두가 출석한다면, 우리도 가지 않는다고는 할 수는 없다)

⇨ 意図したわけではなかったとはいえ、それだけ彼女を傷付けてしまったのなら、謝らないではすまされないでしょう。

(의도한 것은 아니었다고는 하나 그만큼 그녀에게 상처를 주고 만 것이라면 사과하지 않는다고는 할 수 없을 겁니다)

～てはだめだ ⇨ ～(해)서는 안 된다

| 용법 | 접속조사「ては」에 형용동사「だめだ」가 접속된 어구이다. 이러한 형태로 어떠한 동작이나 작용을 금지하는 의미를 나타내는데 유사한 의미의「～てはいけない」보다 회화체적이며 다소 부드러운 느낌을 준다.

| 접속 | 활용어의 연용형(형용사는「く」형, 형용동사는「で」형)에 접속된다.

| 예문 |

⇨ 文句ばかり言っていてはだめだ。(불평만 하고 있어서는 안 된다)

⇨ 危ないから駐車場で遊んではだめだ。(위험하니까 주차장에서 놀아서는 안 된다)

⇨ 写真をとるのに、こんなに暗くてはだめだ。

(사진을 찍는데 이렇게 어두워서는 안 된다)

⇨ 秘書になりたいそうだが、言葉がそんなにぞんざいではだめだ。

(비서가 되고 싶다고 하는데 말씨가 그렇게 거칠어서는 안 된다)

～ては、～ては ⇨ ～(하)고는 ((하)고), ～(하)고는 ((하)고)

|용법| 접속조사「て」에 계조사「は」가 접속된 형태가 앞뒤로 배치된 어구이다. 각각의 뒤에는 동사연용형이 중지법으로 쓰이게 되는데 이러한 형태로 동작이나 작용이 반복해서 일어남을 나타낸다.

|접속| 동사연용형에 접속된다.

|예문|

⇨ 降(ふ)ってはやみ、降(ふ)ってはやみの天気(てんき)が続(つづ)いている。
(내렸다가는 그치고 내렸다가는 그치는 날씨가 계속되고 있다)

⇨ 書(か)いては消(け)し、書(か)いては消(け)し、やっと手紙(てがみ)を書(か)き上(あ)げた。
(쓰고는 지우고 쓰고는 지워서 겨우 편지를 다 썼다)

⇨ 作(つく)ってはこわし、作(つく)ってはこわし、を何度(なんど)もやりなおして、ようやく満足(まんぞく)できるつぼができあがった。(만들고는 부수고 만들고는 부수고를 몇 번이나 다시 해서 겨우 만족할 수 있는 단지가 완성되었다)

～ではない ⇨ ～(했)다가 다 뭐야?!

|용법| 단정의 조동사「だ」의 연용형인「で」에 강세를 나타내는 계조사「は」와 형용사「ない」가 접속된 어구이다. 그 앞에는 상대의 말을 그대로 되풀이하는 것이 오게 되는데 이러한 형태로 상대에 대하여 비난하는 의미를 나타낸다. 때로는「～ではない」가「～じゃない」로 발음되기도 한다.

|예문|

⇨ A : あ、そのこと、言(い)い忘(わす)れてた。(아, 그 일, 깜빡 잊고 말 안했다)

B : 言(い)い忘(わす)れてたではない。おかげで大変(たいへん)な目(め)にあったのよ。
(깜빡 잊고 말 안했다가 다 뭐야?! 덕분에 혼났단 말이야)

⇨ A : ごめん、現像失敗しちゃった。(미안, 현상 실패해버렸어)

B : 失敗しちゃったじゃない。どうしてくれるんだ。

(실패해버렸다가 다 뭐야?! 어떻게 해 줄 거야?!)

⇨ A : あの、お借りしたビデオカメラ、こわれちゃったんです。

(저, 제가 빌린 비디오카메라, 고장 나고 만 겁니다)

B : こわれちゃったじゃない。大事なもの、君だから貸したのに。

(고장 나고 말았다가 다 뭐야?! 소중한 물건, 자네이니까 빌려준 건데)

⇨ A : すみません。日程の変更をご連絡するのを忘れていました。

(미안합니다. 일정변경을 연락드리는 거 잊고 있었습니다)

B : 忘れていましたではないよ。おかげで、予定が一日狂ってしまったんだよ。

(잊고 있었습니다가 다 뭐야?! 그 바람에 예정이 하루 어긋나 버렸다고)

~ではなかろうか ⇨ ~ 은(는) 아니겠는가?

| 용법 | 단정의 조동사「だ」의 연용형인「で」에 강세를 나타내는 계조사「は」가 접속되고 이어서 형용사「ない」의 미연형인「なかろ」에 추측을 나타내는 조동사「う」와 의문을 나타내는 조사「か」가 연결된 어구이다. 이러한 형태로 추측의 형식을 통한 말하는 사람의 주장을 나타내는데 이러한 표현은 주로 논문이나 논설문과 같은 문장체에서 쓰이는 경향이 있다.

| 접속 | 명사나「용언의 연체형+の」에 접속된다.

| 예문 |

⇨ この話は全くの作り話ではなかろうか。

(이 이야기는 그야말로 지어낸 이야기는 아니겠는가?)

⇨ いまどき、彼のような学生はめずらしいのではなかろうか。

(요즘 같은 때 그와 같은 학생은 보기 드문 것은 아니겠는가?)

⇨ ひょっとして、これはこのごろ流行(はや)っている風邪(かぜ)ではなかろうか。

(어쩌면 이것은 요즈음 유행하고 있는 감기는 아니겠는가?)

⇨ 児童(じどう)の自殺(じさつ)があいついだのには、現在(げんざい)の教育制度(きょういくせいど)に、何(なに)か問題(もんだい)があるのではなかろうか。

(아동의 자살이 잇따른 것에는 현재의 교육제도에 무언가 문제가 있는 것은 아니겠는가?)

~ではなくて ⇨ ~ 이(가) 아니고

| 용법 | 단정의 조동사 「だ」의 연용형인 「で」에 조사 「は」가 접속되고 거기에 형용사 「ない」의 연용형인 「なく」와 조사 「て」 가 연결된 어구이다. 이러한 형태로 앞의 내용을 부정하고 뒤에 올바른 내용을 추가하는 의미를 나타낸다.

| 접속 | 명사나 형식명사 「の」에 접속된다.

| 예문 |

⇨ 私(わたし)が買(か)ったのは、和英辞書(わえいじしょ)ではなくて、英和辞書(えいわじしょ)です。

(내가 산 것은 일영사전이 아니고 영일사전입니다)

⇨ 彼(かれ)がこの前一緒(まえいっしょ)に歩(ある)いていた女性(じょせい)は、恋人(こいびと)ではなくて、妹(いもうと)なのだそうだ。

(그가 요전에 함께 걷고 있던 여성은 애인이 아니고 여동생이라고 한다)

⇨ A：つまり、報酬(ほうしゅう)が少(すく)なすぎるとおっしゃるんですね。

(결국 보수가 너무 적다고 말씀하시는 거지요?)

B：いや、少(すく)なすぎるのではなくて、仕事(しごと)の量(りょう)が問題(もんだい)なんです。

(아니, 너무 적은 것이 아니고 일의 양이 문제인 겁니다)

⇨ A：じゃあ、彼(かれ)は会(あ)ってくれるんですね。いつ行(い)けばいいんですか。

(그럼, 그는 만나 주는 거지요? 언제 가면 좋은 겁니까?)

B：いや、私(わたし)たちが彼(かれ)のところへ行(い)くのではなくて、向(む)こうから来(く)るというんです。

(아니, 우리가 그가 있는 곳에 가는 것이 아니고 그쪽에서 온다는 겁니다)

~ てはならない ⇨ '~ (해)서는 안 된다', 금지를 나타내는 용법

| 용법 | 접속조사 「て」에 계조사 「は」가 접속되고 이어서 동사 「なる」의 미연형인 「なら」에 부정을 나타내는 조동사 「ない」가 연결된 어구이다. 이러한 형태로 어떠한 동작, 작용을 금지하는 의미를 나타낸다.

| 접속 | 활용어의 연용형에 접속된다.

| 예문 |

⇨ 一度や二度の失敗であきらめてはならない。
(한두 번의 실패로 포기해서는 안 된다)

⇨ 今日じゅう、レポートをださなくてはならない。
(오늘 중에 리포트를 제출하지 않아서는 안 된다)

⇨ 今、我々が気づいたということを、敵に悟られてはならない。
(지금 우리가 알아차렸다는 것을 적이 알아차려서는 안 된다)

⇨ 選挙の投票は権利でもあるが義務でもある。簡単に棄権してはならない。
(선거의 투표는 권리이기도 하지만 의무이기도 하다. 간단히 기권해서는 안 된다)

⇨ ここで見たり聞いたりしたことは、決して話してはならないと言われた。
(여기에서 보거나 들은 것은 결코 이야기해서는 안 된다는 말을 들었다)

| 참고 | 「~てはならない」는 책임감이나 의무감에서 당연히 그러해야만 할 경우에 쓰이는 것으로 개인적인 동작이나 작용보다는 일반적으로 허용되지 않는 동작이나 작용을 금지할 때에 사용되며 이 점에서는 「~てはいけない」와 어느 정도 구별된다. 이 보다 정중한 것으로 「~てはなりません」이 있다.

⇨ 私たちは将来決して核戦争などを起こしてはなりません。
(우리들은 장래 결코 핵전쟁 따위를 일으켜서는 안 됩니다)

~ てひさしい ⇨ ~ (한)지 오래다

| 용법 | 접속조사 「て」에 어떠한 일이 있고나서 시간이 꽤 경과했음을 나타내는 형용사 「久(ひさ)しい」가 접속된 어구이다. 이러한 형태로 어떠한 일이나 사태가 발생하고 나서 상당한 시간이 경과했음을 나타낸다.

| 접속 | 동사연용형에 접속된다.

| 예문 |

⇨ 環境問題(かんきょうもんだい)のことが騒(さわ)がれてひさしい。
(환경문제에 관한 일이 떠들썩한지 오래다)

⇨ 今(いま)から二十年前(にじゅうねんまえ)のことだから、彼女(かのじょ)と別(わか)れてひさしい。
(지금부터 20년 전의 일이니까 그녀와 헤어 진지 오래다)

⇨ この家(いえ)は、結婚(けっこん)してまもなく買(か)ったのだから、今(いま)の家(いえ)に住(す)んで久(ひさ)しい。
(이 집은 결혼하고 얼마 안 되서 산거니까 지금의 집에 산지 오래다)

~ てほしい ⇨ ~ (해)주었으면 한다

| 용법 | 접속조사 「て」에 형용사 「ほしい」가 접속된 어구이다. 그 앞에는 상대방이 주체가 되는 동작이 오게 되며 특히 부탁할 상대방을 표시하는 데는 조사 「に」가 사용됨에 주의하여야 한다. 이러한 형태로 상대방에 대한 부탁이나 화자의 희망을 나타낸다.

| 접속 | 동사연용형에 접속된다.

| 예문 |

⇨ 弟(おとうと)に来(き)てほしいです。(남동생이 와 주었으면 합니다)

⇨ あなたに話を聞いてほしいんですが。

(당신이 내 이야기를 들어 주었으면 합니다만)

⇨ この展覧会には、たくさんの人に来てほしい。

(이 전람회에는 많은 사람들이 와주었으면 한다)

⇨ あなたに教えてほしいのはここのところです。

(당신이 가르쳐 주었으면 하는 것은 이 부분입니다)

⇨ 息子の将来を思えばこそ、いい会社に入ってほしいのです。

(아들의 장래를 생각하기에 좋은 회사에 들어가 주었으면 하는 것입니다)

| 참고 | 「～てほしい」의 부정표현으로는 「～ないでほしい」와 「～てほしくない」의 두 가지가 있는데 전자는 의뢰표현에서 쓰이며 후자는 항의나 비난표현에서 주로 쓰이는 경향이 있다. (각각 해당항목 참고)

⇨ 僕をおいて外国へなんか行かないでほしい。[의뢰표현]

(나를 두고 외국 같은 데 가지 말아 줘)

⇨ 君にまで、そんなことを言ってほしくないね。[비난표현]

(너에게까지 그런 말을 듣고 싶지 않군)

～てほしいものだ ⇨ ～(해)주었으면 좋겠다

| 용법 | 접속조사 「て」에 형용사 「ほしい」가 접속되고 이어서 말하는 사람의 판단이나 주장을 나타내는 「ものだ」가 연결된 어구이다. 이러한 형태로 말하는 사람의 그렇게 되었으면 하는 희망을 나타낸다.

| 접속 | 동사연용형에 접속된다.

| 예문 |

⇨ あなたのかいた絵を見せてほしいものだ。

(당신이 그린 그림을 보여주었으면 좋겠다)

⇨ お金(かね)はなるべくたくさん使(つか)えるだけ、持(も)っていてほしいものだ。

(돈은 될 수 있으면 많이 쓸 수 있을 만큼 갖고 있어주었으면 좋겠다)

⇨ 話(はな)し合(あ)う時(とき)は、自己主張(じこしゅちょう)だけでなくまわりの気持(きも)ちも理解(りかい)してほしいものだ。

(이야기를 나눌 때는 자기주장뿐만 아니라 주위사람의 기분도 이해해 주었으면 좋겠다)

⇨ そして、自分(じぶん)の手元(てもと)にそれほどなければ、せめてそういうまねができる他人(たにん)の行状(ぎょうじょう)を見(み)たりして、心(こころ)を豊(ゆた)かにしてほしいものである。

(그리하여 자신의 수중에 그다지 없으면 적어도 그러한 흉내를 낼 수 있는 타인의 행실을 보거나 하여 마음을 풍요롭게 해주었으면 좋겠다)

~てほしくない ⇨ ~(하)지 말아다오

| 용법 | 접속조사「て」에 형용사「ほしい」의 연용형인「ほしく」와 형용사「ない」가 접속된 어구이다. 이러한 형태로 외형적으로는 상대방에게 어떠한 행동이나 상태를 취하지 말 것을 부탁하거나 희망하면서도 실제로는 상대방에 대한 항의나 비난을 나타낸다.

| 접속 | 동사연용형에 접속된다.

| 예문 |

⇨ こんなつまらない絵(え)は見(み)せてほしくない。

(이런 시시한 그림은 보이지 말아다오)

⇨ 大事(だいじ)な書類(しょるい)だから、コピーしてほしくない。

(중요한 서류이니까 복사하지 말아다오)

⇨ 大学(だいがく)の名前(なまえ)などでぼくを評価(ひょうか)してほしくない。

(대학이름 같은 것으로 나를 평가하지 말아다오)

⇨ 忙(いそが)しい時(とき)には私(わたし)のうちへ遊(あそ)びに来(き)てほしくない。

(바쁠 때에는 우리 집에 놀러오지 말아다오)

~ てほどなく ⇨ ~ (한)지 얼마 안 되어

|용법| 접속조사 「て」에 '그다지 시간이 지나지 않아서'의 뜻을 지닌 부사 「ほどなく」가 접속된 어구이다. 이러한 형태로 어떠한 일이 이루어진지 얼마 안 되어 다음의 일이 이루어짐을 나타낸다. 이러한 표현은 과거의 일을 나타내는 데에 쓰이며 문장체에서 사용된다.

|접속| 동사연용형에 접속된다.

|예문|

⇨ 祖父が亡くなってほどなく祖母も亡くなった。

(할아버지가 돌아가신지 얼마 안 되어 할머니도 돌아가셨다)

⇨ 新しい社長が就任してほどなく、社内で経営側への非難が始まった。

(새로운 사장이 취임한지 얼마 안 되어 사내에서 경영 측에 대한 비난이 시작되었다)

⇨ 広島と長崎に原爆が落とされてほどなく、第二次世界大戦は終結した。

(히로시마와 나가사키에 원자폭탄이 투하 된지 얼마 안 되어 제2차세계대전은 종결되었다)

⇨ 彼女は結婚してほどなく、夫の海外赴任についてアメリカへ行ってしまった

(그녀는 결혼 한지 얼마 안 되어 남편의 해외부임을 따라 미국으로 가 버렸다)

~ てまで ⇨ ~ (해)서까지

|용법| 접속조사 「て」에 한계를 나타내는 부조사 「まで」가 접속된 어구이다. 이러한 형태로 극단적인 행동을 내세우고서는 그 목적을 달성하기 위해서 그러한 행동도 주저하지 않는 것에 대한 비난이나 불만의 의미를 나타낸다.

|접속| 동사연용형에 접속된다.

| 예문 |

⇨ 彼は、友だちを騙してまで、出世したいのだろうか。

(그는 친구를 속여서까지 출세하고 싶은 것일까?)

⇨ 両親に反対されてまで、彼女と結婚する気はない。

(부모님에게 반대 당하면서까지 그녀와 결혼할 마음은 없다)

⇨ 自然を破壊してまで、山の中に新しい道路をつくる必要はない。

(자연을 파괴해서까지 산속에 새로운 도로를 만들 필요는 없다)

⇨ いろいろほしいものはあるが、借金してまで買いたいとは思わない

(여러 가지 갖고 싶은 것은 있지만 빚내서까지 사고 싶다고는 생각하지 않는다)

~ てまもなく ⇨ ~ (한)지 얼마 안 되어

| 용법 | 접속조사 「て」에 '머지않아'의 뜻을 지닌 부사 「まもなく」가 접속된 어구이다. 이러한 형태로 어떠한 일이 이루어진지 얼마 안 되어 다음의 일이 이루어짐을 나타내는데 양자 간에는 비교적 시간적 여유가 있는 경우에 사용된다.

| 접속 | 동사연용형에 접속된다.

| 예문 |

⇨ 会社をやめてまもなく、青木さんは喫茶店を開業した。

(회사를 그만 둔지 얼마 안 되어 아오키씨는 찻집을 개업했다)

⇨ 病院に運ばれてまもなく、みちこは女のあかちゃんを出産した。

(병원으로 옮겨진지 얼마 안 되어 미치꼬는 여자아기를 출산했다)

⇨ 彼女は結婚してまもなく、夫の海外赴任についてアメリカへ行ってしまった。

(그녀는 결혼 한지 얼마 안 되어 남편의 해외부임을 따라서 미국에 가버렸다)

～てみてはじめて ⇨ ～(하)고 나서야 비로소

|용법| 접속조사「て」에 동사「みる」의 연용형인「み」와 접속조사「て」가 접속된 다음 부사「はじめて」가 이어진 어구이다. 이러한 형태로 어떠한 상태에 이르고 난 이후에야 비로소 무언가를 절실하게 느끼게 된다고 하는 의미를 나타낸다.

|접속| 동사연용형에 접속된다.

|예문|

⇨ 親に死なれてみてはじめてありがたさが分かった。

(부모를 여의고 나서야 비로소 고마움을 알았다)

⇨ 病気になってみてはじめて健康の大切さが身にしみた。

(병이 나고 나서야 비로소 건강의 소중함이 절실하게 느껴졌다)

⇨ 彼がやめてみてはじめて、この会社にとって重要な人物だったということが分かった。

(그가 그만두고 나서야 비로소 이 회사에 있어서 중요한 인물이었다고 하는 것을 알았다)

～てみる ⇨ ～(해)본다

|용법| 접속조사「て」에 동사「みる」가 접속된 어구이다. 이러한 형태로 어떠한 사실을 알기 위하여 실제로 그를 위한 행위를 시도한다고 하는 의미를 나타낸다.

|접속| 동사연용형에 접속된다.

|예문|

⇨ 彼に意見をきいてみます。(그에게 의견을 물어보겠습니다)

⇨ あなたはさしみを食べてみましたか。(당신은 생선회를 먹어보았습니까?)

⇨ 出かける前に、車の調子を見てみよう。(외출하기 전에 차의 상태를 살펴보자)

⇨ 先日最近話題になっている店へ行ってみました。
(일전에 최근 화제가 되고 있는 가게에 가보았습니다)

~ても(でも) ⇨ ~(해)도

| 용법 | 접속조사 「て」와 조사 「も」가 결합된 것으로 앞에서 제시된 행동이나 상태와는 상반된 행동이나 상태가 뒤에 전개됨을 나타낸다. 「ても」는 그 앞에 동사나 형용사가 접속되는 경우에 한하며 형용동사의 어간이 올 때는 「でも」의 형태로 접속된다.

| 접속 | 활용어의 연용형(동사의 경우에는 연용형, 형용사의 경우에는 く형, 형용동사의 경우에는 어간)에 접속된다.

| 예문 |

⇨ どんなに努力してもうまくいかない。(아무리 노력해도 잘 안 된다)

⇨ 三時間待っても、彼女は来ません。(3시간 기다려도 그녀는 오지 않습니다)

⇨ 辞書を見ても、この言葉の意味はわかりません。
(사전을 보아도 이 말의 의미는 모르겠습니다)

⇨ たくさんお酒を飲んでも、少しも酔いません。
(술을 많이 마셔도 조금도 취하지 않습니다)

⇨ 仕事がつらくても、がまんするつもりだ。(일이 힘들어도 참을 생각이다)

⇨ 頭が痛くても、学校へ行きます。(머리가 아파도 학교에 갑니다)

⇨ どんなに丈夫でもそんなに長くは使えないだろう。
(아무리 튼튼해도 그렇게 오래는 사용할 수 없을 것이다)

⇨ 日中(にっちゅう)は暖(あたた)かでも、うっかりすると、風邪(かぜ)を引(ひ)きます。

(낮에는 따뜻해도 방심하면 감기에 걸립니다)

| 참고 | 이러한 용법으로 명사에 접속되는 경우도 있는데 이때는 「でも」의 형태로 접속되게 된다.

⇨ 病気(びょうき)でも、仕事(しごと)をしなければなりません。

(아파도 일을 하지 않으면 안 됩니다)

⇨ 先生(せんせい)でも、知(し)らないことはたくさんあります。

(선생님일지라도 모르는 것은 많이 있습니다)

～でも
⇨ '～ 라도', 여러 선택사항 중에서 하나만을 가볍게 예시하는 용법

| 용법 | 부조사 「でも」는 여러 가지 선택사항이 있는 가운데에서 하나만을 가볍게 예시하는 의미를 나타낸다.

| 접속 | 명사나 「명사+조사」 그리고 의문사 또는 부사 등에 접속된다.

| 예문 |

⇨ 面白(おもしろ)い小説(しょうせつ)でも読(よ)みたいね。(재미있는 소설이라도 읽고 싶군)

⇨ 誕生日(たんじょうび)のお祝(いわ)いにネクタイでもあげましょう。(생일선물로 넥타이라도 드립시다)

⇨ おひまだったら、昼(ひる)からスケートにでも行(い)きませんか。

(한가하면 정오부터 스케이트라도 타러 가지 않겠습니까?)

⇨ これはどこにでもあるというようなものではない。

(이것은 어디에나 있는 그러한 것은 아니다)

⇨ なんでもすきなものをお取(と)りください。(뭐든지 좋아하는 것을 집어 주십시오)

⇨ いっしょに行(い)きたいなら誰(だれ)でも連(つ)れて行(い)こう。(같이 가고 싶으면 누구라도 데리고 가자)

⇨ 少しでもまけなければ買わないよ。(조금이라도 깎아 주지 않으면 사지 않을래)

⇨ ちょっとでも油断しようものなら、すぐ負けてしまうだろう。

(잠깐이라도 방심할 거 같으면, 금방 패배해 버릴 것이다)

~ でもあり ~ でもある ⇨ ~ 이기도하고, ~ 이기도하다

| 용법 | 복합조사「でも」에 동사「ある」의 연용형인「あり」가 접속된 형태가 앞에 배치되고 뒤에는「でも」와 동사「ある」가 그대로 배치된 형태이다. 이러한 형태로 두 가지 사항이 동시에 존재함을 나타낸다.

| 접속 | 명사나 형용동사어간에 접속된다.

| 예문 |

⇨ 田中さんは私の義兄でもあり師でもある。

(다나카씨는 저의 매형이기도하고 스승이기도하다)

⇨ 彼の言ったことは、心外でもあり不愉快でもある。

(그가 말한 것은 의외이기도하고 불쾌하기도하다)

⇨ 彼はこの会社の創始者でもあり、今の社長でもある。

(그는 이 회사의 창시자이기도하고 지금의 사장이기도하다)

⇨ 選挙の投票は権利でもあり義務でもある。簡単に棄権してはいけない。

(선거투표는 권리이기도하고 의무이기도하다. 간단히 기권해서는 안 된다)

| 참고 | 다음과 같이 형용사의 연용형(く형)에 접속되어 사용되는 경우도 있는데 이러한 때는「~もあり~もある」의 형태를 취하게 된다. (해당항목 참고)

⇨ 娘の結婚は、嬉しくもありさみしくもある。

(딸의 결혼은 기쁘기도 하고 섭섭하기도 하다)

~ でもあるまい ⇨ ~ 도 아닐 것이다

| 용법 | 복합조사 「でも」에 동사 「ある」와 부정추측을 나타내는 조동사 「まい」가 연결된 어구이다. 이러한 형태로 시기가 너무 지나서 부적절하다고 하는 판단을 나타낸다.

| 접속 | 명사에 접속된다.

| 예문 |

⇨ あの人は姿からみて学生でもあるまい。

(저 사람은 모습으로 봐서 학생도 아닐 것이다)

⇨ 自分から家を出ておきながら、今ごろになって、同居でもあるまい。

(스스로 집을 나갔으면서 이제 와서 동거도 동거하는 것도 아닐 것이다)

⇨ 仕事を紹介して下さる人もあるが、私ももう60だ。この歳になって、いまさら会社勤めでもあるまい。

(일을 소개해 주실 사람도 있지만 나도 이미 60이다. 이 나이가 되어서 새삼 회사 근무도 아닐 것이다(근무할 수도 없을 것이다))

~ てもいい ⇨ ~ (해)도 좋다

| 용법 | 접속조사 「て」와 조사 「も」가 접속된 형태에 형용사 「いい」가 연결된 어구이다. 이러한 형태로 달리 선택의 여지나 가능성이 있음을 나타내는데 주로 어떤 사안에 대하여 허락이나 허용을 하는 경우에 사용된다.

| 접속 | 활용어의 연용형에 접속된다.

| 예문 |

⇨ あなたが忙しければ、私が手伝ってもいいんですよ。

(당신이 바쁘면 제가 도와드려도 좋아요)

⇨ この仕事(しごと)がいやなら、しなくてもいいですよ。

(이 일은 싫으면 하지 않아도 좋아요)

⇨ 明日(あした)は祭日(さいじつ)ですから、学校(がっこう)へ来(こ)なくてもいいですよ。

(내일은 공휴일이니까 학교에 오지 않아도 좋아요)

⇨ 時間(じかん)がありますから、急(いそ)がなくてもいいです。

(시간이 있으니까 서두르지 않아도 좋습니다)

|참고| 회화체에서는 종종 「たって」가 대신하여 사용되는 수가 많다.

⇨ あんなやつは、どうなったっていい。(저런 녀석은 어떻게 돼도 괜찮아)

⇨ この仕事(しごと)がいやなら、しなくたっていいですよ。(이 일은 싫으면 하지 않아도 좋아요)

～てもいいですか ⇨ ～(해)도 좋습니까?

|용법| 접속조사 「て」와 조사 「も」가 접속된 형태에 형용사 「いい」와 조동사 「です」, 그리고 조사 「か」가 연결된 어구이다. 이러한 형태로 어떤 사안에 대하여 상대방의 허락을 구하는 의미를 나타낸다.

|접속| 동사연용형에 접속된다.

|예문|

⇨ 窓(まど)を開(あ)けてもいいですか。(창문을 열어도 좋습니까?)

⇨ ここで泳(およ)いでもいいですか。(여기에서 수영해도 좋습니까?)

⇨ 病院(びょういん)でたばこを吸(す)ってもいいですか。(병원에서 담배를 피워드 좋습니까?)

⇨ 子供(こども)がこの映画館(えいがかん)に入(はい)ってもいいですか。(아이가 이 영화관에 들어가도 좋습니까?)

⇨ ここに自動車(じどうしゃ)を止(と)めてもいいですか。(여기에 자동차를 세워도 좋습니까?)

|참고| 이 보다 더 정중한 표현으로는 「～てもよろしいですか」가 있다.

⇨ この消しゴム、拝借してもよろしいですか。

(이 지우개 빌려도 괜찮으시겠습니까?)

⇨ 先生、これを見てもよろしいですか。

(선생님, 이것을 봐도 괜찮으시겠습니까?)

～でもしたら ⇨ ～(하)기라도 한다면

| 용법 | 부조사 「でも」에 동사 「する」의 연용형인 「し」와 과거, 완료의 조동사 「た」의 가정형인 「たら」가 접속된 어구이다. 이러한 형태로 '만약에 그렇게 된다면'이라는 의미를 나타내면서 한편으로는 주의할 것을 촉구하는 의미도 나타낸다.

| 접속 | 동사연용형에 접속된다.

| 예문 |

⇨ 放っておいて、病気が悪くなりでもしたら、どうするんですか。

(내버려 두었다가 병이 나빠지기라도 한다면 어떻게 할 겁니까?)

⇨ 子供のころ、妹を泣かしでもしたら、いつも一番上の兄に怒られた。

(어릴 적, 여동생을 울리기라도 한다면 언제나 맨 위의 형에게 혼났다)

⇨ そんな大金、落としでもしたら大変だから、銀行に入れた方がいいですよ。

(그런 큰돈, 잃어버리기라도 한다면 큰일이니까 은행에 넣는 편이 좋아요)

⇨ そんなにいうならこのカメラ、貸してあげるけど、気をつけてよ、こわしでもしたら承知しないから。

(그렇게 말한다면 이 카메라, 빌려주겠지만 조심해라. 망가뜨리기라도 한다면 그냥 안 놔둘 테니까)

～でもって
⇨ '～(으)로써', 도구나 방법, 또는 재료 등을 나타내는 용법

| 용법 | 수단이나 방법을 나타내는 조사 「で」에 동사 「もつ」와 접속조사 「て」가 결합되는 과정에서 음편현상을 일으킨 「もって」가 접속된 어구인데 보통은 하나의 복합조사로서 쓰이고 있다. 이러한 형태로 어떠한 일을 함에 있어서의 도구나 방법, 또는 재료 등을 나타내며 주로 문장체에서 많이 사용되는 경향이 있다. 「～をもって」와 호환성이 있는 어구이다.

| 접속 | 명사에 접속된다.

| 예문 |

⇨ 書面でもってお知らせいたします。(서면으로써 알려드리겠습니다)

⇨ 優秀な成績でもって卒業した。(우수한 성적으로 졸업했다)

⇨ 言葉は信じられない。行動でもって示してください。
(말은 신뢰할 수 없다. 행동으로 보여 주십시오)

⇨ お金でもって、始末しようという彼の態度が気に入らない。
(돈으로 처리하고자 하는 그의 태도가 마음에 들지 않는다)

| 참고 | 하지만 「～でもって」는 「～をもって」와 달리 어떤 자격이나 입장을 나타낼 때도 있는데 「～をもって」에는 이러한 용법이 없는 점에 차이가 엿보인다.

⇨ 助教授でもって他大学に赴任した。(조교수로 다른 대학에 부임했다)(○)
助教授をもって他大学に赴任した。(×)

～てもともとだ ⇨ ～(해)봤자 본전이다

| 용법 | 접속조사 「て」에 '원래, 본래'의 의미를 지닌 명사 「もともと」와 단정의 조

동사 「だ」가 연결된 어구이다. 이러한 형태로 무언가를 시도하지 않았을 때와 비교하여 그 결과는 마찬가지임을 나타낸다. 주로 가능성이 희박한 사안을 나타내는 경우나 무언가에 도전하여 실패했을 때를 예상하는 경우 등에 사용된다.

| 접속 | 주로 동사연용형에 접속된다.

| 예문 |

⇨ 初めからあまり可能性はなかったから、失敗してもともとだ。

(처음부터 그다지 가능성은 없었으니까 실패해봤자 본전이다)

⇨ 勉強不足だとは思うが、とにかく、試験を受けてみよう。落ちてもともとだ。

(공부부족이라고는 생각하지만 어쨌든 시험을 쳐보자. 떨어져봤자 본전이다)

⇨ 断られてもともとだと思って、思い切って彼女にプロポーズしてみた。

(거절당해봤자 본전이라 생각하고 대담하게 그녀에게 프로포즈해 보았다)

⇨ だめだと言われてもともとだから、一応先生にいい点をくださるようお願いしてみよう。

(안 된다는 말을 들어봤자 본전이니까 일단 선생님에게 좋은 점수를 주시도록 부탁드려보자)

～でもない ⇨ ～(하)는 것도 아니다

| 용법 | 복합조사 「でも」에 형용사 「ない」가 연결된 어구이다. 본래 「～でもない」의 앞에 동사가 올 때는 그것을 명사화하는 형식명사 「の」가 오는 것이 일반적이지만 이러한 표현의 경우에는 관용적으로 그냥 동사종지형이 오게 된다. 결국 이러한 형태르 예상되는 태도나 모습을 뚜렷하게 나타내지 않음을 표현하게 된다. 「～でもない」가 뒤에 오는 술어를 수식할 때는 「～でもなく」의 형태를 취하게 된다.

| 접속 | 동사종지형에 접속된다.

| 예문 |

⇨ 彼(かれ)は反論(はんろん)するでもなく、ただぼんやりたばこを吸(す)っている。

(그는 반론하는 것도 아니고 단지 멍하니 담배를 피우고 있다)

⇨ 角(かど)のところにぼんやり人影(ひとかげ)が現(あらわ)れた。しかし、こちらへ歩(ある)いてくるでもない。

(모퉁이 있는 곳에 흐릿하게 사람의 그림자가 나타났다. 그러나 이쪽으로 걸어오는 것도 아니다)

⇨ 彼(かれ)はプレゼントをもらっても、喜(よろこ)ぶでもなく、何(なに)かほかのことを考(かんが)えている様子(ようす)だ。

(그는 선물을 받아도 기뻐하는 것도 아니고 무언가 다른 것을 생각하고 있는 모습이다)

⇨ 彼女(かのじょ)はそんなきびしい批評(ひひょう)をされても、しょんぼりするでもなく、いつものように落(お)ち着(つ)いていた。

(그녀는 그런 심한 비평을 당해도 낙심하는 것도 아니고 여느 때와 같이 차분했다)

~でも何(なん)でもない ⇨ ~도 아무 것도 아니다

| 용법 | 복합조사「でも」에「何(なん)でもない(아무 것도 아니다)」가 접속된 형태로 그 앞에는 명사가 오게 된다. 이러한 형태로 그렇지 않음을 보다 강조하게 되는데 어떠한 대상을 강도 높게 비난하는 의미를 나타낸다.

| 접속 | 명사에 접속된다.

| 예문 |

⇨ 彼(かれ)は政治家(せいじか)でも何(なん)でもない。ただのペテン師(し)だ。

(그는 정치가도 아무 것도 아니다. 단지 사기꾼이다)

⇨ 病気(びょうき)でも何(なん)でもない。ただ怠(なま)けたくて休(やす)んでいただけだ。

(병도 아무 것도 아니다. 그저 게으름피우고 싶어서 쉬었을 뿐이다)

⇨ お前(まえ)とはもう友達(ともだち)でも何(なん)でもない。二度(にど)と僕(ぼく)の前(まえ)に顔(かお)を出(だ)さないでくれ。

(너와는 이제 친구도 아무것도 아니다. 두 번 다시 내 앞에 얼굴을 내밀지 말아다오)

⇨ こんなものは芸術でも何でもありません。だれだって少し練習すれば作れます。
(이런 것은 예술도 아무 것도 아닙니다. 누구라도 조금 연습하면 만들 수 있습니다)

~ てもみないで ⇨ ~ (해)보지도 않고

| 용법 | 접속조사 「ても」에 동사 「みる」의 미연형인 「み」와 '~(하)지도 않고'의 뜻을 지닌 「ないで」가 접속된 어구이다. 이러한 형태로 무언가의 판단이나 결론을 내리기에 앞서 그에 따른 시도조차 하지 않았음을 나타낸다.

| 접속 | 동사연용형에 접속된다.

| 예문 |

⇨ 食べてもみないで、文句を言うのはやめてください。
(먹어보지도 않고 불평을 하는 것은 삼가 주십시오)

⇨ 試してもみないで、どうしてできないと思ったんですか。
(시도해보지도 않고 어째서 할 수 없다고 생각한 겁니까?)

⇨ 言ってもみないで、はじめから断られると思ってはいけない。
(말해보지도 않고 처음부터 거절당할 것이라고 생각해서는 안 된다)

⇨ 本を読んでもみないで、何が書いてあったかどうしてわかるだろう。
(책을 읽어보지도 않고 무엇이 쓰여 있었는지 어떻게 알 수 있을 것인가?)

~ てもよかったのだが ⇨ ~ (해)도 됐지만

| 용법 | 접속조사 「て」에 조사 「も」와 형용사 「いい」의 과거형인 「よかった」가 접속되고 그 뒤에 형식명사 「の」와 단정의 조동사 「だ」, 그리고 역접을 나타내는 조사 「が」가 연결된 어구이다. 이러한 형태로 달리 선택의 여지

는 있었으나 그렇게 하지 않았다고 하는 의미를 나타낸다.

|접속| 동사연용형에 접속된다.

|예문|

⇨ そのときすぐ断ってもよかったのだが、失礼だと思ったので、そうしなかったのだ。

(그 때 금방 거절해도 됐지만 실례라고 생각했기 때문에 그렇게 하지 않은 것이다)

⇨ 滞在をもう少し延ばしてもよかったのだが、切符がとれたので、予定通り帰って来た。(체재를 좀 더 늘려도 됐지만 표가 구해졌기 때문에 예정대로 돌아왔다)

⇨ 就職の時、東京の会社を選んでもよかったのだが、最終的には、郷里に帰る方をとったのだ。

(취직할 때 도쿄의 회사를 선택해도 됐지만 최종적으로는 고향으로 돌아가는 쪽을 택한 것이다)

~てもらいたい ⇨ ~(해)주었으면 한다

|용법| 접속조사「て」에 동사「もらう」의 연용형인「もらい」와 희망의 조동사「たい」가 결합된 어구이다. 이러한 형태로 상대에게 무언가를 해 줄 것을 비교적 강하게 부탁하는 의미를 나타낸다.

|접속| 동사연용형에 접속된다.

|예문|

⇨ 私の代わりに行ってもらいたい。(내 대신에 가 주었으면 한다)

⇨ 間違っていたらあなたに直してもらいたい。(틀렸다면 당신이 고쳐주었으면 한다)

⇨ あの件についてもう一度話してもらいたい。

(그 건에 대해서 다시 한 번 이야기해 주었으면 한다)

⇨ 買い物のついでに郵便局に寄ってもらいたい。

(쇼핑하는 김에 우체국에 들려주었으면 한다)

~ てもらう ⇨ 「~ てもらう」의 상세한 용법

| 용법 | 「もらう」는 우리말의 '받다'에 해당되는 동사인데 여기에 접속조사 「て」가 접속된 「~てもらう」의 형태로 '누군가에게 부탁하여 혜택, 은혜를 입다'의 의미를 나타내게 된다. 이러한 형태는 우리말에는 전혀 없는 일본어만의 특이한 표현인데 이 경우 「~てもらう」의 앞에는 부탁하는 내용이 오게 되며 그 동작의 주체는 조사 「に」로 나타낸다고 하는 점에 주의하여야 한다. 이 보다 더 정중한 표현으로는 「~ていただく」가 있는데 아무래도 이와 같은 표현은 우리말에 없으므로 번역할 때는 '~(해)주다'(「~てもらう」의 경우), '~(해) 주시다'(「~ていただく」의 경우)로 하는 것이 좋다.

| 접속 | 동사연용형에 접속된다.

| 예문 |

⇨ 母におおいしい料理を作ってもらいます。(어머니가 맛있는 요리를 만들어 줍니다)

⇨ 私は友だちにカメラを貸してもらいました。(친구가 나에게 카메라를 빌려 주었습니다)

⇨ 図書館にいい本をそろえてもらいたいです。
(도서관에 좋은 책을 갖춰주었으면 좋겠습니다)

⇨ 早く医者にみてもらった方がいいですよ。(빨리 의사에게 진찰을 받는 편이 좋아요)

⇨ 明日は来てもらわなくてもいい。(내일은 와주지 않아도 좋아)

⇨ 私のかわりにあの人に行ってもらいます。(내대신 저 사람이 가줍니다)

~ てやってもらえる? ⇨ ~ (해)줄 수 있어?

| 용법 | 접속조사 「て」에 동사 「やる」와 누군가에게 부탁하여 혜택, 은혜를 입는다

고 하는 의미를 나타내는 「～てもらう」의 가능형태인 「～てもらえる」가 접속된 어구이다. 이러한 형태로 말하는 사람 측에 속한 사람을 위해서 상대에게 무언가의 행위를 해 줄 것을 부탁하는 의미를 나타낸다. 주로 회화체에서 많이 쓰이는데 대체로 문말의 인토네이션을 올리는 경향이 있다.

| 접속 | 동사연용형에 접속된다.

| 예문 |

⇨ うちの娘に英語を教えてやってもらえる?

(우리 딸에게 영어를 가르쳐 줄 수 있어?)

⇨ ちょっと、これ、田中君にコピーしてやってもらえる?

(이것 좀 다나카군에게 복사해 줄 수 있어?)

⇨ わるいけど、ちょっと太郎の宿題を見てやってもらえる?

(미안하지만 타로의 숙제를 좀 봐줄 수 있어?)

⇨ 彼女、人間関係でかなり落ち込んでるみたいなんだけど、それとなく一度話を聞いてみてやってもらえる?

(그녀는 인간관계로 꽤 침울해있는 것 같은데 넌지시 한번 이야기를 들어봐 줄 수 있어?)

～てやまない ⇨ ～(해) 마지않는다

| 용법 | 접속조사 「て」에 동사 「止む(끝나다, 마치다)」의 미연형인 「やま」와 부정의 조동사 「ない」가 접속된 어구이다. 그 앞에는 인간의 감정을 나타내는 표현(주로 願う、期待する、祈念する)을 수반하여 그러한 감정이 앞으로도 강력하게 지속되기를 희망하는 의미를 나타낸다. 회화체에서는 그다지 사용되지 않으며 주로 문장체에서 사용된다.

| 접속 | 동사연용형에 접속된다.

| 예문 |

⇨ 卒業生の健康と幸せを願ってやまない。

(졸업생의 건강과 행복을 바라마지않는다)

⇨ 結婚する二人の今後の幸せを願ってやまない。

(결혼하는 두 사람의 앞으로의 행복을 바라마지않는다)

⇨ 皆様の会社での活躍を期待してやみません。

(여러분의 회사에서의 활약을 기대해 마지않습니다)

⇨ 皆様がこの図書館を知識と心のオアシスとして、気軽にご利用くださることを祈念してやみません。

(여러분이 이 도서관을 지식과 마음의 오아시스로서 부담 없이 이용해 주시기를 기원해 마지않습니다)

~てやる ⇨ ~(해)주다

| 용법 | 접속조사「て」에 동사「やる」가 접속되어 보조동사로 쓰이는 어구이다. 이러한 형태로 동격이나 하격의 사람에게 무언가를 해준다고 하는 의미를 나타낸다.

| 접속 | 동사연용형에 접속된다.

| 예문 |

⇨ 私は弟に本を送ってやりました。(저는 남동생에게 책을 보내 주었습니다)

⇨ 私は弟に日本語を教えてやります。(저는 남동생에게 일본어를 가르쳐 줍니다)

⇨ 母親が小さい子どもに着物を着せてやる。(어머니가 아이에게 기모노를 입혀준다)

⇨ 困っている人を助けてやらなければならない。

(곤란에 처해 있는 사람을 도와주지 않으면 안 된다)

⇨ 君(きみ)に貸(か)してやった本(ほん)を返(かえ)してくれないか。(너에게 빌려 준 책을 돌려주지 않을래?)

|참고| 「~てやる」보다 정중한 표현으로는 「~てあげる」「~てさしあげる」가 있다.

⇨ あなたたちにおいしいものを買(か)って上(あ)げるから、あたしと一緒(いっしょ)に行(い)きましょうよ。
(당신들에게 맛있는 것을 사 줄 테니까 나하고 함께 갑시다)

⇨ ニューヨークにはアメリカ人(じん)の友人(ゆうじん)がおりますので、紹介状(しょうかいじょう)を書(か)いて差(さ)し上(あ)げましょう。(뉴욕에는 미국인 친구가 있으니까 소개장을 써 드리겠습니다)

하지만 「~てさしあげる」를 손 윗분에게 사용할 경우 생색을 내거나 다소 강압적인 인상을 줄 수 있으므로 사용을 억제하는 것이 좋으며, 따라서 이 경우에는 다음과 같이 겸양표현을 쓰는 것이 바람직하다.

⇨ ニューヨークにはアメリカ人(じん)の友人(ゆうじん)がいますので、紹介状(しょうかいじょう)をお書(か)き致(いた)しましょう。
(뉴욕에는 미국인 친구가 있으니까 소개장을 써 드리겠습니다)

~てよ ⇨ 상대방에게 강하게 부탁하는 의미를 나타내는 용법

|용법| 접속조사 「て」에 어세를 강하게 하는 조사 「よ」가 접속된 형태인데 이는 주로 여성들이 상대방에게 부탁하는 느낌을 보다 강하게 하고자 할 경우에 사용한다. 우리말의 '~(해) 주세요, ~(해) 줘요'정도에 해당되는 것으로 생각하면 좋을 것이다.

|접속| 동사연용형이나 사역조동사의 연용형에 접속된다.

|예문|

⇨ もう一度(いちど)読(よ)んでよ。(다시 읽어 봐)

⇨ 私(わたし)にもそれを見(み)せてよ。(나에게도 그것을 보여줘)

⇨ 私(わたし)と一緒(いっしょ)に行(い)ってよ。(나와 함께 가자)

⇨ あの人形(にんぎょう)ほしいわ。買(か)ってよ。(저 인형 갖고 싶어. 사줘)

⇨ ここへ、住所(じゅうしょ)と名前(なまえ)を書(か)いて行(い)ってよ。(여기에 주소와 이름을 쓰고 가)

⇨ この話(はなし)、誰(だれ)にも言(い)わないでよ。(이 이야기 아무에게도 말하지 마)

⇨ あしたも早(はや)くいらしってよ。(내일도 빨리 오세요)

⇨ そこでちょっと待(ま)っててよ。(거기서 잠깐 기다리고 있어)

| 참고 | 다만 이와 같은 표현은 어디까지나 친숙한 상대방에게만 쓴다고 하는 점에 주의하여야 한다.

~ てよかった ⇨ ~ (해)서 다행이다, ~ (하)길 잘했다

| 용법 | 접속조사 「て」에 형용사 「よい」의 연용형인 「よかっ」과 과거를 나타내는 조동사 「た」가 접속된 어구이다. 이러한 형태로 어떠한 일이 성사된 것을 다행스럽게 평가하는 의미를 나타낸다.

| 접속 | 동사연용형에 접속된다.

| 예문 |

⇨ あ、雨(あめ)だ。傘(かさ)を持(も)ってきてよかった。(아, 비 온다. 우산을 가지고 오길 잘했다)

⇨ 財布(さいふ)、見(み)つかってよかったですね。(지갑을 찾아서 다행이군요)

⇨ 今日(きょう)はお天気(てんき)になってよかった。おかげで予定(よてい)どおり遠足(えんそく)に行(い)ける。
(오늘은 날씨가 좋아서 다행이다. 덕분에 예정대로 소풍갈 수 있다)

⇨ 友達(ともだち)もできたし、いろんな経験(けいけん)もできたし、本当(ほんとう)に日本(にほん)に来(き)てよかったと思(おも)っている。
(친구도 생겼고 여러 가지 경험도 할 수 있었고 정말 일본에 오길 잘했다고 생각하고 있다)

|참고| 어떠한 일이 실현되지 않은 것이 다행스럽다는 평가를 내릴 경우에는 「～なくてよかった」의 형태를 취하게 된다.

⇨ あの映画(えいが)、見(み)にいかなくてよかったよ。全然(ぜんぜん)おもしろくなかったんだって。

(저 영화, 보러 가지 않길 잘했어. 전혀 재미없었다는 거야)

と

～と ⇨ '～ 와(과)', 사물의 열거나 상대의 존재를 나타내는 용법

|용법| 조사「と」는 두 개 이상의 짝을 나열하거나 상대방을 요구하는 동사를 수반하여 우리말의 '～와(과)'의 의미를 나타낸다.

|접속| 명사에 접속된다.

|예문|

⇨ 毎朝パンとたまごを食べます。(매일 아침 빵과 계란을 먹습니다)

⇨ 机の上に本と鉛筆があります。(책상 위에 책과 연필이 있습니다)

⇨「ひかり」は東京と大阪の間を3時間10分で走ります。
('히카리'는 도쿄와 오사카 사이를 3시간 10분에 달립니다)

⇨ 私は今日母とデパートへ行きました。(저는 오늘 어머니와 백화점에 갔습니다)

⇨ 兄は先月、花子さんと結婚しました。(형은 지난 달, 하나꼬씨와 결혼했습니다)

⇨ わたしは買い物に行く途中で、友だちと出会った。
(나는 쇼핑하러 가는 도중에 친구와 우연히 만났다)

|참고| 위의 예에서 보듯이「話す」「会う」「相談する」등의 동사는「～と話す」「～に話す」와 같이「と」「に」어느 쪽을 써도 좋다. 다만「と」를 사용하는 경우에는「私と田中さんが話し合った」라고도 할 수 있듯이 '함께, 같

이'의 기분을 나타내지만, 「に」를 사용하는 경우에는 동작이 일방적으로만 이루어져서 「結婚(けっこん)する」와 같은 말에서는 절대로 「に」를 사용하지 못하고 반드시 「と」가 사용되어 「～と結婚(けっこん)する」와 같이 표현되어야만 한다.

～と ⇨ '～ 로(으로)', 변화의 결과를 나타내는 용법

| 용법 | 조사 「と」는 주로 「なる」「する」「変(か)わる」 등의 동사를 수반하여 변화의 결과를 나타낸다. 우리말의 '～로(으로)'정도에 해당된다.

| 접속 | 명사에 접속된다.

| 예문 |

⇨ ちりもつもれば山(やま)となる。(티끌도 쌓이면 산이 된다(티끌모아 태산))

⇨ 青(あお)が赤(あか)と変(かわ)る。(파란색이 빨간색으로 변한다)

⇨ 雨(あめ)は夜(よる)に入(はい)って、雪(ゆき)となった。(비는 밤이 되어 눈으로 되었다)

⇨ 長(なが)い間(あいだ)の努力(どりょく)も水(みず)のあわとなってしまった。
(오랫동안의 노력도 물거품이 되어 버렸다)

⇨ 反対(はんたい)の論者(ろんしゃ)を賛成者(さんせいしゃ)とした。(반대논자를 찬성자로 만들었다)

| 참고 | 한편 「～になる」와 「～となる」의 차이를 살펴보면 「～になる」의 경우는 점차로 그렇게 되어간다고 하는 기분을 나타내지만, 「～となる」는 변화되어진 결과를 주로 나타낸다고 하는 점에 그 차이를 엿볼 수가 있다.

～と ⇨ '～ 라고, ～ 이라고', 생각, 언급의 내용을 나타내는 용법

| 용법 | 조사 「と」는 주로 뒤에 「思う」「言う」「考える」「信じる」와 같은 동사를 수반하여 그 앞에 서술된 내용을 나타낸다. 우리말의 '~라고, ~이라고'에 해당된다.

| 접속 | 다양한 말에 접속된다.

| 예문 |

⇨ あれは富士山という山です。(저것은 후지산이라고 하는 산입니다)

⇨ わたしも彼は立派な人だと思います。(저도 그는 훌륭한 사람이라고 생각합니다)

⇨ 「ありがとうございました」とお礼を言いました。
('감사했습니다'라고 감사를 표했습니다)

⇨ 必ずお会いできるものと信じております。
(반드시 만나 뵐 수 있을 거라고 믿고 있습니다)

⇨ 君はそれでさしつかえがないと考えたのか。
(너는 그것으로 지장이 없다고 생각한 건가?)

⇨ 病気が早くなおるようにと神にいのる。(병이 빨리 나으라고 신에게 빈다)

⇨ 入口に休業と書いた紙がはってある。(입구에 휴업이라고 쓴 종이가 붙여져 있다)

~と ⇨ '~(하)면, ~(하)니까', 조건가정의 의미를 나타내는 용법

| 용법 | 조사 「と」는 앞의 문이 실현될 경우 반드시 뒤의 문이 뒤따름을 나타내는 조건가정의 용법을 지니고 있다. 뒤의 문이 현재형일 때는 자연현상, 불변의 진리, 필연적 결과 등을 나타내며 뒤의 문이 과거형일 때는 우연성, 발견성의 의미를 나타내게 된다. 우리말의 '~(하)면, ~(하)니까'정도에 해당된다.

| 접속 | 활용어의 종지형에 접속된다.

| 예문 |

⇨ まっすぐ行くと駅があります。(곧장 가면 역이 있습니다)

⇨ このボタンをおすと、電灯がつきます。(이 버튼을 누르면 전등이 켜집니다)

⇨ 薬を飲むと、いつも頭痛がなおります。(약 먹으면 언제나 두통이 낫습니다)

⇨ 右へ曲がると、本屋があります。(오른 쪽으로 돌면 서점이 있습니다)

⇨ 行ってみると、人がおおぜい集まっていた。(가보니까 사람들이 많이 모여 있었다)

⇨ 教室が静かだと勉強できます。(교실이 조용하다면 공부할 수 있습니다)

⇨ 教室がうるさいと、勉強できません。(교실이 시끄러우면 공부할 수 없습니다)

～とあいまって ⇨ ～ 와(과) 어우러져서

| 용법 | 조사 「と」와 부사 「あいまって」가 결합하여 한 단어처럼 쓰이는 어구이다. 이러한 형태로 다른 요소와 함께 작용하여 어떠한 결과를 초래함을 나타내는데 주로 그 뒤에는 바람직한 결과가 오는 것이 보통이지만 때로는 바람직하지 못한 결과가 올 때도 있다.

| 접속 | 명사에 접속된다.

| 예문 |

⇨ 心技とあいまって勝者となる。
(마음가짐과 기술이 어우러져서 승자가 된다)

⇨ ふるさとを歌ったこの歌は、子どものころの思い出とあいまって、私の心に深く響く。
(고향을 노래한 이 노래는 어렸을 때의 추억과 어우러져서 내 마음에 깊이 울린다)

⇨ 彼の独創性が彼女の伝統美と相まって、彼等の作る家具は斬新なものとなっている。

(그의 독창성이 그녀의 전통미와 어우러져서 그들이 만드는 가구는 참신한 것으로 되어있다)

⇨ 厳しい経済状況とあいまって、就職は非常に困難だった。

(혹심한 경제상황과 어우러져서 취직은 아주 어려웠다)

|참고| 다음의 예문과 같이 조사 「と」가 생략되거나 그 다음에 다른 조사가 들어가는 경우도 있다.

⇨ 友だちの資金力と私の事業能力があいまって成功した。

(친구의 자금력과 나의 사업능력이 어우러져서 성공했다)

⇨ 今年のりんごは温暖な気候と適度な雨量とがあいまって豊作となった。

(올해의 사과는 온난한 기후와 적당한 우량이 어우러져 풍작이 되었다)

～とあって ⇨ ～ 이어서, ～ 여서

|용법| 인용을 나타내는 조사 「と」에 동사 「ある」와 접속조사 「て」가 결합된 「あって」가 접속된 어구이다. 이러한 형태로 어떠한 조건이나 상황 하에서 당연히 일어날 행동이나 사항을 나타내는데 주로 문장체에서 사용된다.

|접속| 명사나 동사 및 일부 조동사의 종지형에 접속된다.

|예문|

⇨ プロの料理人とあって、さすがにおいしい。(프로 요리사여서 과연 맛있다)

⇨ もうすぐ期末試験とあって学生たちは熱心に勉強している。

(이제 곧 기말시험이어서 학생들은 열심히 공부하고 있다)

⇨ 掃除が終ったらおやつがもらえるとあって、子供は一生懸命手伝っている。

(청소가 끝나면 간식을 받을 수 있어서 아이는 열심히 돕고 있다)

⇨ 人前で演技をするのは初めての経験とあって、彼はひどく緊張していた。

(사람들 앞에서 연기하는 것은 첫 경험이어서 그는 아주 긴장하고 있었다)

～とあっては ⇨ ～라고 한다면, ～(한)다고 한다면

| 용법 | 인용을 나타내는 조사 「と」에 동사 「ある」와 접속조사 「て」가 결합된 「あって」와 계조사 「は」가 접속된 어구이다. 이러한 형태로 어떠한 특별한 조건이나 상황이 전개된다면 그에 따라서 당연히 일어나거나 취하여질 행동이나 사항을 나타낸다. 주로 문장체에서 사용되는 다소 딱딱한 표현이지만 회화체에서도 종종 사용된다.

| 접속 | 명사나 동사 및 일부 조동사의 종지형에 접속된다.

| 예문 |

⇨ 田中さんの頼みとあっては、断れない。

(다나카씨의 부탁이라고 한다면 거절할 수 없다)

⇨ 彼が講演するとあっては、何とかして聞きに行かねばならない。

(그가 강연한다고 한다면 어떻게 해서든 들으러 가지 않으면 안 된다)

⇨ 高価なじゅうたんが定価の一割で買えるとあっては、店が混雑しないはずがありません。

(고급 주단이 정가의 1할에 살 수 있다고 한다면 가게가 번잡하지 않을 리가 없습니다)

⇨ 最新のコンピューター機器がすべて展示されるとあっては、コンピューターマニアの彼が行かないわけがない。

(최신의 컴퓨터기기가 모두 전시되어 있다고 한다면 컴퓨터 매니아인 그가 가지 않을 리가 없다)

～とあらば ⇨ ～일 것 같으면

| 용법 | 인용을 나타내는 조사 「と」에 문어체의 동사 「ある」의 미연형인 「あら」와 가정을 나타내는 조사 「ば」가 접속된 어구이다. 이러한 형태로 뒤에 전

개되는 사항이 성립될 수 있는 조건을 앞에 제시하게 되는데 이러한 표현은 회화체에서 널리 사용되곤 한다.

| 접속 | 명사에 접속된다.

| 예문 |

⇨ 田中さんの頼みとあらば、断れない。
(다나카씨의 부탁일 것 같으면 거절할 수 없다)

⇨ お客様のお望みとあらば、何でも応えます。
(손님의 희망일 것 같으면 뭐든지 부응하겠습니다)

⇨ 得意先からの注文とあらば、徹夜作業も辞さない。
(단골거래처로부터의 주문일 것 같으면 철야작업도 불사한다)

⇨ あなたのためとあらば、協力しないわけにはいきません。
(당신을 위해서일 것 같으면 협력하지 않을 수는 없습니다)

| 참고 | 이와 유사한 어구로는 「～とあれば」도 있다.

⇨ 彼が講演するとあれば、何とかして聞きに行かねばならない。
(그가 강연한다고 한다면 어떻게 해서든 들으러 가지 않으면 안 된다)

～とある ⇨ '～ 라고 되어있다', 이미 제시되어 있는 문구의 인용을 나타내는 용법

| 용법 | 인용을 나타내는 격조사 「と」에 존재를 나타내는 동사 「ある」가 접속된 어구이다. 이러한 형태로 이디 제시되어 있는 문구의 인용을 나타내는데 그 뒤에는 전항에서 제시된 문구에 대한 말하는 사람의 의문을 나타내는 것이 보통이다.

| 예문 |

⇨ 「そういう空気」とあるが、どのような空気か。

('그러한 공기'라고 되어 있는데 어떠한 공기인가?)

⇨ 「大いに印象が異なってくる」とあるが、たとえばどのように異なるのか。

('크게 인상이 달라진다'라고 되어 있는데 예를 들면 어떻게 달라지는 건가?)

⇨ 「人生全体についても同じなのだろう」とあるが、ここで筆者の言いたいことは何か。

('인생전체에 대해서도 마찬가지일 것이다'라고 되어 있는데 여기에서 필자가 말하고 싶은 것은 무엇인가?)

⇨ 「本当の面白さ」とあるが、趣味の「本当の面白さ」について筆者はどう考えているか。

('진정한 재미'라고 되어 있는데 취미의 '진정한 재미'에 대해서 필자는 어떻게 생각하고 있는가?)

～といい ～といい ⇨ ～로(으로) 보나, ～ 로(으로) 보나

|용법| 「～といい」의 「いい」는 동사 「言う」의 연용형이 중지법으로 사용된 것인데 이러한 「～といい」가 앞뒤로 배치된 형태이다. 이러한 형태로 두 가지의 대상을 나열하여 예시하고는 그 이외에도 대상이 더 있음을 암시하는 의미를 나타낸다. 이러한 표현은 주로 무언가에 대한 비판이나 평가의 기분을 나타낼 때 쓰이는 경향이 있다.

|접속| 명사에 접속된다.

|예문|

⇨ あの店の服は、品質といいデザインといい申し分ない。

(저 가게의 옷은 품질로 보나 디자인으로 보나 나무랄 데 없다)

⇨ あのレストランの料理は量といい味といい文句のつけようがない。

(저 레스토랑의 음식은 양으로 보나 맛으로 보나 불평할 것이 없다)

⇨ ここは、気候といい、景色といい、休暇を過ごすには最高の場所だ。

(여기는 기후로 보나 경치로 보나 휴가를 보내기에는 최고의 장소이다)

⇨ 観光の途中で記念に買っていただいたカレンダーは挿画といいデザインといいとても気に入っています。

(관광 도중에 기념으로 사주신 달력은 삽화로 보나 디자인으로 보나 매우 마음에 듭니다)

～という～ ⇨ ～란～은(는) 모두

| 용법 | 인용을 나타내는 조사 「と」에 동사 「いう」가 접속된 어구로 그 앞뒤에는 같은 명사가 오게 된다. 이러한 형태로 모든 것을 보다 강조하는 의미를 나타낸다.

| 접속 | 앞뒤에는 같은 명사가 오기 된다.

| 예문 |

⇨ 道路という道路は車であふれていた。

(도로란 도로는 모두 차로 넘치고 있었다)

⇨ ビルの窓という窓には人の顔がみえた。

(빌딩의 창문이란 창문에는 모두 사람의 얼굴이 보였다)

⇨ 家という家は飾りをいっぱいつけていた。

(집이란 집은 모두 장식을 가득 붙이고 있었다)

⇨ 会場をでてくる選手の顔という顔に満足感がみちあふれていた。

(회장을 나오는 선수의 얼굴이란 얼굴에 모두 만족감이 넘치고 있었다)

～というか、～というか ⇨ ～(하)다고(라고) 할지 ～(하)다고(라고) 할지

|용법| 인용을 나타내는 조사 「と」에 동사 「いう」와 의문을 나타내는 조사 「か」가 접속된 형태가 앞뒤로 배열되어 있는 어구이다. 이러한 형태로 어떤 사람이나 사안에 대하여 그 인상이나 판단을 생각나는 대로 나열하게 된다.

|접속| 앞뒤에는 명사나 형용사의 종지형이 오게 된다.

|예문|

⇨ 彼女の行動は大胆というか、無邪気というか、みんなを困惑させた。
(그녀의 행동은 대담하다고 할지 천진하다고 할지 모두를 당혹스럽게 했다)

⇨ 感情というか、欲というか、そんな気持ちがとめどなく彼を悩ませていた。
(감정이라고 할지 욕심이라고 할지 그런 기분이 끊임없이 그를 괴롭히고 있었다)

⇨ そんなことを言うなんて、無神経というか、馬鹿というか、あきれてものも言えない。
(그런 것을 말하다니 무신경하다고 할지 바보라고 할지 어이가 없어서 말도 나오지 않는다)

⇨ そのほめ言葉を聞いたときの私の気持ちは、うれしいというか、恥ずかしいというか、何とも説明しがたいものだった。
(그 칭찬하는 말을 들었을 때의 내 기분은 기쁘다고 할지 부끄럽다고 할지 뭐라고도 설명하기 어려운 것이었다)

~ということだ ⇨ ~(하)다는 것이다

|용법| 인용을 나타내는 조사 「と」에 동사 「いう」와 형식명사 「こと」 그리고 단정을 나타내는 조동사 「だ」가 접속된 어구이다. 이러한 형태로 어떤 주제에 대하여 다른 사람에게서 들은 내용을 보다 적극적인 관심 하에 화제로 삼는 의미를 나타낸다.

|접속| 활용어의 종지형에 접속된다.

|예문|

⇨ 今夜は雪になるだろうということです。(오늘 밤에는 눈이 올 거라는 것입니다)

⇨ あの映画はとてもおもしろいということだ。(저 영화는 아주 재미있다는 것이다)

⇨ 上京というのは、東京へ行くということです。

(상경이라는 것은 도쿄에 간다는 것입니다)

⇨ 「日刊」というのは、「毎日発行される」ということです。

('일간'이라고 하는 것은 '매일 발간된다'는 것입니다)

～ということなら ⇨ ～(하)다고 할 것 같으면

| 용법 | 인용을 나타내는 조사 「と」에 동사 「いう」와 형식명사 「こと」, 그리고 단정을 나타내는 조동사 「だ」의 가정형인 「なら」가 접속된 어구이다. 이러한 형태로 다른 사람의 말을 토대로 그에 대한 말하는 사람의 반응이나 평가를 나타낸다.

| 접속 | 활용어의 종지형에 접속된다.

| 예문 |

⇨ 癌だということなら、退院させてくれるはずがない。

(암이라고 할 것 같으면 퇴원시켜 줄 리가 없다)

⇨ 自分たちでやるということなら、やらせてみてはどうだろうか。

(자기들 스스로 한다고 할 것 같으면 하게 해 보면 어떨까?)

⇨ 期限内にできないということなら、ほかの業者に頼むことにしよう。

(기한 내에 할 수 없다고 할 것 같으면 다른 업자에게 부탁하기로 하자)

⇨ 子供が大事だということなら、もっと家庭を大切にしなくてはだめだ。

(아이가 소중하다고 할 것 같으면 보다 가정을 소중히 하지 않으면 안 된다)

～というだけで ⇨ ～(하)다는 것만으로

|용법| 인용을 나타내는 조사「と」에 동사「いう」와 한정을 나타내는 부조사「だけ」, 그리고 조사「で」가 연결된 어구이다. 이러한 형태로 이유가 단지 그것 하나뿐이라고 하는 의미를 나타낸다.

|접속| 활용어의 종지형에 접속된다.

|예문|

⇨ その野菜はめずらしいというだけでよく売れている。
(그 야채는 희귀하다는 것만으로 잘 팔리고 있다)

⇨ 子供が多いというだけでアパートの入居を断られた。
(아이가 많다는 것만으로 아파트입주를 거부당했다)

⇨ その晩に現場近くにいたというだけで彼は逮捕された。
(그날 밤에 현장가까이에 있었다는 것만으로 그는 체포되었다)

⇨ タイに行けば日本から来たというだけで女からもてるって本当ですか。
(태국에 가면 일본에서 왔다는 것만으로 여자로부터 인기가 있다는 거 정말입니까?)

~というと ⇨ ~라고 하면

|용법| 인용을 나타내는 조사「と」에 동사「いう」와 조건을 나타내는 조사「と」가 접속된 어구이다. 이러한 형태로 앞에 오는 말을 받아서 그것으로부터 연상되는 일에 관하여 말하거나 그에 관한 설명을 보태는 의미를 나타낸다.

|접속| 명사에 접속된다.

|예문|

⇨ サファリというと、アフリカの大自然が連想される。
(사파리라고 하면 아프리카의 대자연이 연상된다)

⇨ スペインというと、すぐフラメンコが心に浮かぶ。
(스페인이라고 하면 금방 플라멩코가 마음에 떠오른다)

⇨ 北海道というと、広い草原や牛の群れが思い出される。

(홋카이도라고 하면 넓은 초원이나 소 떼가 생각난다)

⇨ コンピューターを使ってやる仕事というと、難しい仕事だと考える人が多い。

(컴퓨터를 사용해서 하는 일이라고 하면 어려운 일이라고 생각하는 사람이 많다)

| 참고 | 이것과 같은 의미용법을 지녔으면서도 보다 정중한 것으로는 「～といいますと」가 있다.

⇨ 来日といいますと、お客様が日本にいらっしゃるということです。

(방일이라고 하면 손님께서 일본에 오신다고 하는 것입니다)

～というところだ ⇨ ～(한)다고 하는 참이다

| 용법 | 인용을 나타내는 조사 「と」에 동사 「いう」와 상황을 나타내는 「ところだ」가 접속된 어구이다. 이러한 형태로 어떠한 주제에 대하여 현 단계에서의 상황을 설명하는 의미를 나타낸다.

| 접속 | 명사나 활용어의 종지형에 접속된다.

| 예문 |

⇨ 先頭の選手は、ゴールまであと一息というところだ。

(선두의 선수는 골까지 앞으로 조금 남았다고 하는 참이다)

⇨ A: 進度はどんなものですか。(진도는 어느 정도입니까?)

B: 来週で入門段階が終わるというところです。

(내주로 입문단계가 끝난다고 하는 참입니다)

⇨ うちの娘がここ1週間、家出したまま帰ってないんだ。今居場所がわかったので、飛んで行って連れ戻そうというところだ。

(우리 딸이 요 1주일동안 가출한 채로 돌아오고 있지 않는 거다. 지금 있는 곳을 알았기 때문에 좇아가서 데리고 돌아오려고 하는 참이다)

|참고| 이것과 같은 의미용법을 지닌 것으로 「～といったところだ」도 있다.

⇨ A：どうですか、もう仕上(しあ)がりますか。(어떻습니까? 이제 마무리 짓습니까?)

B：あと二三日(にさんにち)といったところです。(앞으로 2, 3일 남았다고 하는 참입니다)

～というのなら ⇨ ～(하)다고 할 것 같으면

|용법| 인용을 나타내는 조사 「と」에 동사 「いう」와 형식명사 「の」, 그리고 단정의 조동사 「だ」의 가정형인 「なら」가 접속된 형태이다. 이러한 형태로 상대방에 대한 충고나 조언 등을 나타낸다.

|접속| 활용어의 종지형에 접속된다.

|예문|

⇨ 責任(せきにん)をもつというのなら、信頼(しんらい)して任(まか)せてみてはどうですか。
(책임을 진다고 할 것 같으면 신뢰하고 맡겨 보면 어떻습니까?)

⇨ 人(ひと)との付(つ)き合(あ)いがいやだというのなら、登録(とうろく)しないのがいいだろう。
(남과의 교제가 싫다고 할 것 같으면 등록하지 않는 것이 좋을 것이다)

⇨ 子供(こども)が大事(だいじ)だというのなら、もっと家庭(かてい)を大切(たいせつ)にしなくてはだめだ。
(아이가 소중하다고 할 것 같으면 보다 가정을 소중히 하지 않으면 안 된다)

⇨ 経営(けいえい)が難(むずか)しいというのなら、あんな派手(はで)な商売(しょうばい)はできないはずだ。
(경영이 어렵다고 할 것 같으면 저런 화려한 장사는 할 수 없을 것이다)

～というふうに ⇨ ～라는 식으로, ～(한)다는 식으로

|용법| 인용을 나타내는 조사 「と」에 동사 「いう」가 접속되고 이어서 방식을 나타내는 「ふうに」가 연결된 어구이다. 이러한 형태로 어떠한 방법이나 방

식에 관하여 예를 들어가며 설명하는 의미를 나타낸다.

| 접속 | 명사나 동사종지형에 접속된다.

| 예문 |

⇨ ひとり帰り、またひとり帰るというふうにして、だんだん客が少なくなってきた。

(한 사람 돌아가고 또 한 사람 돌아간다는 식으로 해서 점점 손님이 적어지게 되었다)

⇨ 今月は京都、来月は奈良というふうに、毎月どこか近くに旅行することにした。

(이달은 교토, 다음 달은 나라라는 식으로 매달 어딘가 가까운 곳에 여행하기로 했다)

⇨ 好きな時間に会社へ行き、好きな時間に帰るというふうにはいかないものだろうか。

(좋아하는 시간에 회사에 가고 좋아하는 시간에 돌아온다는 식으로는 될 수 없는 것일까?)

⇨ 世界歴史の時代区分では、普通原始時代、古代、中世、近世、近代、現代というふうに分ける。

(세계역사의 시대구분에서는 보통 원시시대, 고대, 중세, 근세, 근대, 현대라는 식으로 나눈다)

~というほかはない ⇨ ~(하)다고 할 수밖에 없다

| 용법 | 인용을 나타내는 조사 「と」에 동사 「いう」가 접속되고 이어서 달리 도리가 없음을 나타내는 「ほかはない」가 연결된 어구이다. 이러한 형태로 그렇게 말할 수밖에 달리 도리가 없다고 하는 의미를 나타낸다.

| 접속 | 명사나 활용어의 종지형에 접속된다.

| 예문 |

⇨ こうなったからにはどうもすみませんというほかはない。

(이렇게 된 바에는 대단히 미안합니다 라고 할 수밖에 없다)

⇨ 十分な装備を持たずに冬山に登るなど、無謀というほかはない。

(충분한 장비를 갖추지 않고 겨울 산에 오른다는 건 무모하다고 할 수밖에 없다)

⇨ あんな高いところから落ちたのにこの程度のけがですんだのは、幸運だったというほかはない。

(저런 높은 곳에서 떨어졌는데 이 정도의 부상으로 끝난 것은 행운이었다고 할 수밖에 없다)

⇨ 世界には前世の記憶をもった人がいるという。それが事実だとしたら、ただ不思議というほかはない。

(이 세상에는 전세의 기억을 지닌 사람이 있다고 한다. 그것이 사실이라고 한다면 단지 이상하다고 할 수밖에 없다)

~というほどではない ⇨ ~(하)다고 할 정도는 아니다

| 용법 | 인용을 나타내는 조사 「と」에 동사 「いう」가 접속되고 이어서 그러한 정도는 아님을 나타내는 「ほどではない」가 연결된 어구이다. 이러한 형태로 그 정도가 그다지 높지 않다고 하는 의미를 나타낸다.

| 접속 | 활용어의 종지형에 접속된다.

| 예문 |

⇨ 酒は好きだが、毎日飲まないではいられないというほどではない。

(술은 좋아하지만 매일 마시지 않고는 견딜 수 없다고 할 정도는 아니다)

⇨ 英語は少し勉強しましたが、通訳ができるというほどではありません。

(영어는 조금 공부했지만 통역을 할 수 있다고 할 정도는 아닙니다)

⇨ 数年前から胃を悪くしているが、手術をしなければいけないというほどではない。

(수년전부터 위가 나빠져 있지만 수술을 하지 않으면 안 된다고 할 정도는 아니다)

⇨ 父は転んだのですが、怪我というほどではないですから心配しなくて大丈夫です。

(아버지는 넘어진 겁니다만 부상이라고 할 정도는 아니니까 걱정하지 않아도 괜찮습니다)

~というものではない ⇨ ~(하)다는 것은 아니다

|용법| 인용을 나타내는 조사 「と」에 동사 「 いう」가 접속되고 이어서 그러한 것은 아님을 나타내는 「ものではない」가 연결된 어구이다. 이러한 형태로 어떠한 주장이나 판단에 대하여 그것이 꼭 올바르다고만은 할 수 없다는 의미를 나타낸다.

|접속| 활용어의 종지형에 접속된다.

|예문|

⇨ 食(た)べ物(もの)などは、安(やす)ければそれでいいというものではない。

(음식 같은 것은 싸면 그것으로 좋다는 것은 아니다)

⇨ 速(はや)ければそれだけでいい車(くるま)だというものではないだろう。

(빠르면 그것만으로 좋은 차라는 것은 아닐 것이다)

⇨ 人(ひと)には自由(じゆう)があるからといって、何(なに)をしてもよいというものではない。

(사람에게는 자유가 있다는 이유로 무엇을 해도 좋다는 것은 아니다)

⇨ 有名(ゆうめい)な大学(だいがく)を卒業(そつぎょう)したからといって、それで幸(しあわ)せになれるというものではない。

(유명한 대학을 졸업했다는 이유로 그것으로 행복하게 될 수 있다는 것은 아니다)

~というより ⇨ ~라고 하기보다

|용법| 인용을 나타내는 조사 「と」에 동사 「いう」가 접속되고 이어서 비교를 나타내는 조사 「より」가 접속된 어구이다. 이러한 형태로 어떠한 사항에 관한 비교를 나타내는데 그 뒤쪽에 제시되는 사항이 더 타당하다는 의미를 나타낸다.

|접속| 명사에 접속된다.

|예문|

⇨ あの人(ひと)は、失礼(しつれい)というより、無神経(むしんけい)なのだ。

(저 사람은 실례라고 하기보다 무신경한 것이다)

⇨ 野村(のむら)さんは、学校(がっこう)の先生(せんせい)というより、銀行員(ぎんこういん)のようだ。

(노무라씨는 학교선생이라고 하기보다 은행원 같다)

⇨ この絵本(えほん)は、子供向(こどもむ)けというより、むしろ、大人(おとな)のために書(か)かれたような作品(さくひん)だ。

(이 그림책은 어린이용이라고 하기보다 오히려 어른을 위해 쓰인 그러한 작품이다)

⇨ 彼(かれ)は、論争(ろんそう)を静(しず)めるためというより、自分(じぶん)の力(ちから)を見(み)せ付(つ)けるために発言(はつげん)したにすぎない。

(그는 논쟁을 가라앉히기 위해서라고 하기보다 자신의 힘을 과시하기 위하여 발언한 것에 지나지 않는다)

~というわけだ ⇨ ~라는(~(한)다는) 셈이다

|용법| 인용을 나타내는 조사 「と」에 동사 「いう」가 접속되고 이어서 '까닭, 납득'을 나타내는 「わけ」와 단정의 조동사 「だ」가 연결된 어구이다. 이러한 형태로 어떠한 결론에 도달했거나 납득을 했다고 하는 의미를 나타낸다.

|접속| 명사나 활용어의 종지형에 접속된다.

|예문|

⇨ 同(おな)じ装備(そうび)であっても，プレイヤーによって性能(せいのう)に差(さ)が出(で)るというわけだ。

(같은 장비일지라도 플레이어에 따라서 성능에 차이가 나타난다는 셈이다)

⇨ 彼女(かのじょ)の父親(ちちおや)は私(わたし)の母(はは)の弟(おとうと)だ。つまり彼女(かのじょ)と私(わたし)はいとこ同士(どうし)というわけだ。

(그녀의 아버지는 우리 어머니의 남동생이다. 결국 그녀와 나는 사촌사이라는 셈이다)

⇨ イギリスとは時差(じさ)が8時間(じかん)あるから、日本(にほん)が11時(じ)ならイギリスは3時(じ)だというわけだ。

(영국과는 시차가 8시간 있으니까 일본이 11시라면 영국은 3시라는 셈이다)

⇨ A：あしたから温泉に行くんだ。(내일부터 온천에 가는 거야)

B：へえ、いいね。じゃ、仕事のことを忘れて命の洗濯ができるというわけだ。

(와아, 좋겠네. 그럼 일에 관한 것을 잊어버리고 느긋이 즐길 수 있다는 셈이다)

～といえども ⇨ ～라고 할지라도

| 용법 | 인용을 나타내는 조사「と」에 동사「いう」의 문어체 이연형(현대어의 가정형과 같은 형태)인「いえ」와 문어체에서 역접을 나타내는 접속조사「ども」가 접속된 어구이다. 결국「いえども」는 구어체의「いっても」와 같은 의미를 지니게 되는데 이러한 형태로 극단적인 내용을 내세워서 실제로는 그러하지 않음을 강조하는 의미를 나타낸다. 그 앞에는 대체로 연체사「いかなる」「どんな」가 와서 호응하게 되는데 주로 문장체에서 쓰이는 경향이 있다.

| 접속 | 명사에 접속된다.

| 예문 |

⇨ いかなる悪人といえども、やはり彼も人間だ。

(어떤 악인이라 할지라도 역시 그도 인간이다)

⇨ 冬山は、ベテランの登山家といえども、遭難する危険がある。

(겨울산은 베테랑 등산가라고 할지라도 조난당할 위험이 있다)

⇨ スポーツマンの田中さんといえども、風邪には勝てなかったらしい。

(스포츠맨인 다나카씨라고 할지라도 감기에는 이길 수 없었던 것 같다)

⇨ いかなる権力者といえども、一国の法律を自分一人の意志で変えることはできない。

(어떤 권력자라고 할지라도 한 국가의 법률을 자기혼자의 의지로 바꿀 수는 없다)

| 참고 | 이와 유사한 어구로「～といえど」가 있다.

⇨ この寺では、一国の王といえど、靴をはいたまま入ることは許されない。

(이 절에서는 한 국가의 왕이라고 할지라도 구두를 신은 채 들어가는 것은 허용되지 않는다)

～といえなくもない ⇨ ～(하)다고 할 수 없는 것도 아니다

| 용법 | 인용을 나타내는 조사 「と」에 동사 「いう」의 가능동사인 「いえる」가 접속되고 이어서 그 「いえる」의 미연형인 「いえ」에 부정을 나타내는 조동사 「ない」의 연용형 「なく」와 조사 「も」, 그리고 형용사 「ない」가 차례로 접속된 어구이다. 이러한 이중부정의 형태로 단정적이지는 않지만 다소 소극적으로 긍정하는 심적 태도를 나타낸다.

| 접속 | 활용어의 종지형에 접속된다.

| 예문 |

⇨ A：最近、彼はまじめに仕事をしていますか。

(최근에 그는 성실하게 일을 하고 있습니까?)

B：まあ、前よりはましだといえなくもないですが。

(뭐, 전보다는 낫다고 할 수 없는 것도 아닙니다만)

⇨ A：山田君のゴルフはプロ並みだね。(야마다군의 골프는 프로와 같네)

B：うーん。まあ、プロだといえなくもないけど。

(으응, 뭐, 프로라고 할 수 없는 것도 아니지만)

⇨ あの人は可能性がずいぶんある、といえなくもないのですが、でも、ちょっと心配ですね。

(저 사람은 가능성이 꽤나 있다고 할 수 없는 것도 아닌 겁니다만 그래도 좀 걱정이군요)

⇨ この会社に入った当初は、仕事のあまりのきつさにどうなることかと思ったが、今では慣れてきたといえなくもない。

(이 회사에 들어간 처음에는 일이 너무나 힘들어서 어찌 될까하고 생각했는데 지금에 와서는 익숙해졌다고 할 수 없는 것도 아니다)

~といえば ⇨ ~라고 하면

| 용법 | 인용을 나타내는 조사 「と」에 동사 「いう」의 가정형인 「いえ」와 가정법을 나타내는 조사 「ば」가 접속된 어구이다. 이러한 형태로 어떠한 이야깃거리를 받아서 그로부터 연상되는 것을 말하거나 그에 관한 설명을 보태는 의미를 나타낸다.

| 접속 | 명사에 접속된다.

| 예문 |

⇨ 山田(やまだ)さんといえば切手(きって)というぐらい、彼(かれ)の収集熱(しゅうしゅうねつ)は有名(ゆうめい)だ。

(야마다씨라고 하면 우표라고 할 정도로 그의 수집 열은 유명하다)

⇨ 有田(ありた)といえば焼(や)き物(もの)が浮(う)かぶほど、日本(にほん)でも有数(ゆうすう)な焼(や)き物(もの)の名産地(めいさんち)です。

(아리타라고 하면 도자기가 떠오를 정도로 일본에서도 유수한 도자기의 명산지입니다)

⇨ 森町(もりまち)といえば、昔(むかし)から木材(もくざい)の産地(さんち)だが、最近(さいきん)は温泉(おんせん)が吹(ふ)き出(だ)して話題(わだい)になっている。

(모리마치라고 하면 옛날부터 목재의 산지이지만 최근에는 온천이 뿜어 나와서 화제가 되고 있다)

⇨ 日本(にほん)ではクリスマスに雪(ゆき)が降(ふ)ることもあります。南半球(みなみはんきゅう)のオーストラリアといえば12月(がつ)は真夏(まなつ)なので雪(ゆき)が降(ふ)ることは絶対(ぜったい)にありません。

(일본에서는 크리스마스에 눈이 오는 일도 있습니다. 남반구의 호주라고 하면 12월은 한여름이기 때문에 눈이 오는 일은 절대로 없습니다)

| 참고 | 이와 유사한 어구로는 「~と言(い)ったら」「~と言(い)うと」가 있다. (해당항목 참고)

⇨ 映画鑑賞(えいがかんしょう)と言(い)うとおおげさですが、月(つき)に一(いち)、二回(にかい)映画(えいが)を見(み)に行(い)くだけです。

(영화감상이라고 하면 거창합니다만 한 달에 한두 번 영화를 보러 갈 뿐입니다)

⇨ その花(はな)に群(むら)がる蜜蜂(みつばち)と言(い)ったら大(たい)したものです。

(그 꽃에 무리지어 오는 꿀벌이라고 하면(로 말할 것 같으면) 굉장한 것입니다)

～といった～ ⇨ ～라고 하는～, ～(하)다고 하는～

|용법| 조사「と」에 동사「言う」와 과거를 나타내는 조동사「た」가 결합되는 과정에서 음편현상을 일으킨「いった」가 접속된 어구이다. 이 경우의「いった」는「いう」의 과거형이라고 해도 결국에는 현재형의 의미로 생각하여야 하는데 간단히 말해서「～という」와 같은 의미와 용법을 지니고 있는 셈이다. 결국 이러한 형태로 뒤에 오는 명사의 내용을 보다 구체적으로 보완하여 설명하는 의미를 나타낸다.

|접속| 명사나 활용어의 종지형에 접속된다.

|예문|

⇨ 1日に300円といった金では、とても生活できない。
(하루에 300엔이라고 하는 돈으로는 도저히 생활할 수 없다)

⇨ この会社はタオルや洗剤といったさまざまな日用品をあつかっている。
(이 회사는 수건이나 세제라고 하는 다양한 일용품을 취급하고 있다)

⇨ 山田さんは、友だちが死んだといった知らせを受けて、ひどく悲しんでいた。
(야마다씨는 친구가 죽었다고 하는 연락을 받고 무척 슬퍼하고 있었다)

⇨ 今回の連載の記事では、いかに上司は強いか、といったことをテーマにした。
(이번 연재기사에서는 어떻게 상사는 강한가 라고 하는 것을 테마로 했다)

～といったところだ ⇨ ～라고 할만한 정도이다

|용법| 인용을 나타내는 조사「と」에 동사「いう」의 과거형인「いった」가 접속되고 여기에 다시 정도를 나타내는「ところ」와 단정을 나타내는 조동사「だ」가 연결된 어구이다. 이러한 형태로 평가대상이 그 사람에게 있어서 비

교적 경미한 정도임을 나타낸다.

|접속| 명사에 접속된다.

|예문|

⇨ A：あの人の日本語、どうですか。(저 사람의 일본어, 어떻습니까?)

B：そうですね。まあまあといったところですね。

(글쎄요. 그만그만하다고 할만한 정도이지요)

⇨ 株の取引も、大金持ちの彼女にとっては単なる遊びといったところだ。

(주식거래도 부자인 그녀에게 있어서는 단순한 놀이라고 할만한 정도이다)

⇨ 留学生のアルバイトだったら、時給は700円から1000円といったところだ。

(유학생의 아르바이트라면 시급은 700엔에서 1000엔이라고 할만한 정도이다)

⇨ 他の人にとって厳しいトレーニングでも、あの運動は山田さんにとっては散歩といったところだ。

(다른 사람에 있어서 어려운 트레이닝이라도 저 운동은 야마다씨에게 있어서는 산책이라고 할만한 정도이다)

～といったら ⇨ ～은(는) 도무지, ～은(는) 참

|용법| 인용을 나타내는 조사 「と」에 동사 「いう」와 과거를 나타내는 조동사 「た」의 가정형인 「たら」가 접속되는 과정에서 음편현상을 일으킨 「いったら」가 연결된 어구이다. 이러한 형태로 사람을 나타내는 명사에 접속되어 그 사람에 대한 감정이나 평가를 친근하게 나타낸다. 한편으로는 현재 눈앞에 있는 사람이 자신의 부름이나 요구에 무성의한 태도를 보이는 것에 대한 가벼운 비난의 감정을 나타내기도 한다.

|접속| 사람을 나타내는 명사에 접속된다.

|예문|

⇨ この子といったら、まるで借りてきた猫みたいね。

(이 아이는 도무지, 마치 꿔다놓은 보리자루 같네)

⇨ お母(かあ)さんといったら、ちゃんと話(はなし)を聞(き)いてよ。

(어머니는 참, 제대로 이야기를 들어)

⇨ お父(とう)さんといったら、お金(かね)のことになるとすぐ話(はなし)をそらしちゃうんだ。

(우리 아버지는 참, 돈 이야기만 나오면 금방 이야기를 돌려 버리는 거야)

⇨ 君(きみ)といったら、ぼくが困(こま)っていてもちっとも助(たす)けてくれないんだね。

(자넨 도무지, 내가 힘들어해도 조금도 도와주지 않는구나)

～といったらありはしない ⇨ ～(하)기 짝이 없다

| 용법 | 인용을 나타내는 조사 「と」에 동사 「いう」와 과거를 나타내는 조동사 「た」의 가정형인 「たら」가 결합된 「いったら」가 접속되고 이어서 동사 「ある」의 연용형인 「あり」와 조사 「は」, 그리고 동사 「する」의 미연형인 「し」와 부정을 나타내는 조동사 「ない」가 차례로 연결된 어구이다. 이러한 형태로 그 정도가 매우 극단적임을 강조하는 의미를 나타내는데 다만 이러한 표현은 부정적인 평가를 나타낼 때에 한하여 쓰이게 된다.

| 접속 | 명사나 형용사의 종지형에 접속된다.

| 예문 |

⇨ 強盗(ごうとう)に包丁(ほうちょう)を突(つ)きつけられたときの恐(おそ)ろしいといったらありはしない。

(강도가 칼을 들이댔을 때는 무섭기 짝이 없다)

⇨ この年(とし)になってから一人(ひとり)暮(ぐ)らしを始(はじ)め、心細(こころぼそ)さといったらありはしない。

(이 나이가 되고나서 독신생활을 시작하여 허전하기 짝이 없다)

⇨ みんなが帰(かえ)っていったあと、一人(ひとり)きりで病室(びょうしつ)に取(と)り残(のこ)されたときの寂(さび)しさといったらありはしない。

(모두가 돌아간 다음 혼자만 병실에 남겨졌을 때는 쓸쓸하기 짝이 없다)

⇨ 彼女はこっちが立場上断れないとわかっていて、わざといやな仕事を押し付けてくるのだ。くやしいといったらありはしない。

(그녀는 이쪽이 입장으로 봐서 거절할 수 없다는 걸 알고 있어서 일부로 성가신 일을 들이대며 오는 거다. 속상하기 짝이 없다)

| 참고 | 이와 유사한 어구로 「ありは」가 「ありゃ」로 축약된 「～といったらありゃしない」가 있다.

⇨ このごろあちこちで地震があって、おそろしいといったらありゃしない。

(요즈음 여기저기에서 지진이 있어서 무섭기 짝이 없네)

～といったらない ⇨ ～(하)기 이를 데가 없다

| 용법 | 인용을 나타내는 조사 「と」에 동사 「いう」와 과거를 나타내는 조동사 「た」의 가정형인 「たら」가 결합된 형태가 접속되고 이어서 형용사 「ない」가 연결된 어구이다. 이러한 형태로 어떠한 대상을 내세워서 그에 대한 극단적인 감동이나 극단적인 비하의 의미를 나타내는데 결국 긍정적인 평가나 부정적인 평가의 어느 쪽에도 쓸 수가 있는 셈이다. 주로 회화체에서 활발하게 사용되곤 한다.

| 접속 | 명사나 형용사의 종지형에 접속된다.

| 예문 |

⇨ 花嫁衣装を着た彼女の美しさといったらなかった。

(신부의상을 입은 그녀는 아름답기 이를 데가 없었다)

⇨ 2週間もガスが切れていたので、栓を捻ってガスが出た時の感激といったらない。

(2주일이나 가스가 끊겨 있었기 때문에 밸브를 돌려 가스가 나왔을 때 감격스럽기 이를 데가 없다)

⇨ あの人はいつもとぼけてばかりいて、憎らしいといったらない。

(그 사람은 언제나 시치미만 떼고 있어서 얄밉기 이를 데가 없다)

⇨ みんなが帰っていったあと、一人きりで病室に取り残されたときの寂しいといったらなかった。

(모두 돌아간 뒤 혼자만 병실에 남겨졌을 때 쓸쓸하기 이를 데가 없었다)

|참고| 이 보다 정중한 것으로「～といったらありません」「～といったらございません」이 있다.

⇨ 山の上から見た夜景は、そりゃすばらしいといったらありません。

(산 위에서 본 야경은 그야말로 멋지기 이를 데가 없습니다)

⇨ どこを見ても、恐ろしい針の山の針が光るのでございますから、心細さといったらございません。

(어디를 보아도 무서운 바늘 산의 바늘이 번쩍거리기 때문에 불안하기 이를 데가 없습니다)

～といって ⇨ ～(한)다며

|용법| 인용을 나타내는 조사「と」에 동사「いう」가 접속조사「て」에 접속되는 과정에서 음편현상을 일으킨「いって」가 접속된 어구이다. 이러한 형태로 어떠한 행위를 함에 있어서 그에 따른 구실이나 이유를 나타낸다.

|접속| 활용어의 종지형에 접속된다.

|예문|

⇨ 頭が痛いといって、彼は会社を休んだ。

(머리가 아프다며 그는 회사를 쉬었다)

⇨ ドラマを見るといって、娘は毎晩テレビを独占している。

(드라마를 본다며 딸은 매일 밤 티브이를 독점하고 있다)

⇨ 大きな事故が起こったといって、当局はトンネルを通行止めにした。

(큰 사고가 일어났다며 당국은 터널을 통행금지 시켰다)

⇨ 山田さんは、子供の健康のためだといって、田舎に引っ越していった。
(야마다씨는 아이의 건강을 위해서 라며 시골로 이사 갔다)

～といっている ⇨ ～라고 했다, ～(한)다고 했다

|용법| 인용을 나타내는 조사 「と」에 동사 「いう」와 접속조사 「て」가 결합되는 과정에서 음편현상을 일으킨 「いって」가 접속되고 그 뒤에 보조동사 「いる」가 연결된 어구이다. 직역하면 '～라고 말하고 있다'라는 현재형이 되지만 실제로는 발언한 사람의 말이 현재에도 유효함을 나타내는 완료형으로 우리말에는 이러한 표현이 일체 쓰이지 않으므로 주의가 요망된다. 결국 이러한 형태로 그 앞에 오는 발언의 내용을 전달함으로서 상대방으로부터 그에 대한 무언가의 반응을 유도하거나 그에 대한 대책을 촉구하는 의미를 나타내는 셈이다.

|예문|

⇨ 田中さんは頭が痛いと言っています。(다나카씨는 머리가 아프다고 했습니다)

⇨ ラジオで今晩台風が来ると言っているよ。(라디오에서 오늘밤 태풍이 온다고 했어)

⇨ 先生が事務室に来てくださいと言っています。
(선생님이 사무실로 와 주십시오 라고 했습니다)

⇨ 友だちが先生の一周忌にどうしても行かないと言っている。どうしたらいいだろうか。(친구가 선생님의 1주기에 절대로 안 간다고 했다. 어떻게 하면 좋을까?)

～といってもせいぜい～だけだ ⇨ ～라 해봤자 기껏 ～(할) 뿐이다

|용법| 인용을 나타내는 조사 「と」에 동사 「いう」와 접속조사 「ても」가 결합된 「いっ

ても」가 접속되고 이어서 '기껏, 고작'정도의 뜻을 지닌 부사「せいぜい」가 연결된 다음 뒤에는 한정을 나타내는「だけだ」가 이어진 어구이다. 이러한 형태로 그 대상이 아주 적어서 보잘 것 없다고 하는 의미를 나타낸다.

| 접속 | 「~といってもせいぜい」의 앞에는 명사가 오고 「~だけだ」앞에는 동사연체형이 접속된다.

| 예문 |

⇨ 旅行といってもせいぜい2泊するだけです。

(여행이라 해봤자 기껏 2박할 뿐입니다)

⇨ 休暇といってもせいぜい年に一週間休むだけだ。

(휴가라 해봤자 기껏 1년에 일주일 쉴 뿐이다)

⇨ ボーナスといってもせいぜい一ヶ月分出るだけだ。

(보너스라 해봤자 기껏 1개월분이 나올 뿐이다)

⇨ 夏祭りといってもせいぜい屋台が三、四軒出るだけです。

(여름축제라 해봤자 기껏 포장마차가 서너 개 나올 뿐입니다)

~といってもまちがいない ⇨ ~라고 해도 틀림없다

| 용법 | 인용을 나타내는 조사「と」에 동사「いう」와 접속조사「ても」가 접속되고 그 뒤에 '틀림없다'는 뜻을 지닌「まちがいない」가 연결된 어구이다. 그 앞에는 다양한 표현이 오게 되는데 이러한 형태로 확신을 가지고 어떠한 판단이나 평가를 내리는 의미를 나타낸다.

| 예문 |

⇨ この会社は祖父の力で大きくなったと言ってもまちがいない。

(이 회사는 할아버지의 힘으로 커졌다고 해도 틀림없다)

⇨ 現在、彼が日本マラソン界の第一人者と言ってもまちがいない。

(현재 그가 일본마라톤계의 제1인자라고 해도 틀림없다)

⇨ あの学校の学生たちの日本語は中国でもトップレベルにあると言ってもまちがいない。

(저 학교 학생들의 일본어는 중국에서도 최고수준이라고 해도 틀림없다)

⇨ 環境破壊の問題は、これから世界の最も重要な課題になるといってもまちがいない。

(환경파괴의 문제는 이제부터 세계의 가장 중요한 과제가 된다고 해도 틀림없다)

～といわず ～といわず ⇨ ～이고 ～이고

| 용법 | 인용을 나타내는 조사 「と」에 동사 「いう」의 미연형인 「いわ」와 부정을 나타내는 조동사 「ぬ」의 연용형인 「ず」가 접속된 형태가 앞뒤로 배치된 어구이다. 이러한 형태로 두 가지의 대상을 나열하여 예시하는데 그 이외에도 대상이 더 있음을 암시하는 의미를 나타낸다.

| 접속 | 명사에 접속된다.

| 예문 |

⇨ 手といわず足といわずひっかき傷だらけだった。

(손이고 다리고 긁힌 상처투성이였다)

⇨ 車体といわず、窓といわず、はでなペンキをぬりたくった。

(차체고 창이고 화려한 페인트를 마구 칠했다)

⇨ 先生は非常に怒って、生徒を頭といわず、背中といわず、散々叩いた。

(선생님은 무척 화가 나서 학생을 머리고 등이고 마구 때렸다)

⇨ 入り口といわず、出口といわず、パニックになった人々が押し寄せた。

(입구고 출구고 패닉상태가 된 사람들이 밀고 들어왔다)

| 참고 | 이와 유사한 어구로 「～といい～といい」가 있는데 「～といわず～といわず」가 제시된 대상뿐만 아니라 그 밖의 모든 것을 포함하고 있는데 반하여

「～といい～といい」는 제시된 사항에만 국한되는 경향이 있다.

～といわれている ⇨ ～(하)다고 일컬어지고 있다

|용법| 인용을 나타내는 조사 「と」에 동사 「いう」의 미연형인 「いわ」와 수동을 나타내는 조동사 「れる」가 접속되고 거기에 다시 보조동사 「ている」가 연결된 어구이다. 이러한 형태로 일반적으로 유포되고 있는 이야기나 평판을 나타낸다.

|접속| 활용어의 종지형에 접속된다.

|예문|

⇨ この泉の水を飲めば若返るといわれている。
(이 샘물을 마시면 젊어진다고 일컬어지고 있다)

⇨ 現在世界に数千万人の難民がいるといわれている。
(현재 세계에 수천만 명의 난민이 있다고 일컬어지고 있다)

⇨ この映画は日本映画史上の最高傑作だといわれている。
(이 영화는 일본영화사상 최고걸작이라고 일컬어지고 있다)

⇨ モントリオールは、世界で最も格好いい都市であるといわれている。
(몬트리올은 세계에서 가장 멋진 도시라고 일컬어지고 있다)

～といわんばかりの(に) ⇨ 마치 ～ 라고 말하는 듯한(이)

|용법| 인용을 나타내는 조사 「と」에 동사 「いう」의 미연형인 「いわ」와 의지를 나타내는 조동사 「ん」이 접속되고 거기에 다시 비유를 나타내는 「ばかりに(の)」가 연결된 어구이다. 「～といわんばかりの」의 형태로는 뒤에 오는

명사를 수식하고 「~といわんばかりに」의 형태로는 뒤에 오는 술어를 수식하는데 이러한 형태로 마치 그러한 말을 하기 바로 직전의 태도를 나타낸다. 그 앞에는 여러 가지 말이 오게 된다.

| 예문 |

⇨ 田中さんは、責任はお前にあるといわんばかりの態度だった。

(다나카씨는 마치 책임은 너에게 있다고 말하는 듯한 태도였다)

⇨ お前は黙っていろといわんばかりに、兄は私をにらみつけた。

(마치 너는 입 다물고 있으라고 말하는 듯이 형은 나를 노려보았다)

⇨ 彼女は、もうとっくに知っているといわんばかりに、何も聞いていないそうだ。

(그녀는 마치 이미 훨씬 전에 알고 있다고 말하는 듯이 아무 것도 듣고 있지 않다고 한다)

⇨ せっかく遠くから来たのに、着いたそうそう帰れといわんばかりの顔をされては帰らざるをえない。

(모처럼 멀리서 왔는데도 도착하자마자 마치 돌아가라고 말하는 듯한 얼굴을 보고는 돌아가지 않을 수 없다)

どうかしている ⇨ 어떻게 되었다

| 용법 | 「どうか(어떻게 인가)している(하고 있다)」로 구성된 어구인데 이러한 관용적인 형태로 평상시와 매우 다른 상태이거나 제 정신이 아니라고 하는 의미를 나타낸다.

| 예문 |

⇨ あいつ、今日はどうかしている。(저 녀석, 오늘은 어떻게 되었다)

⇨ 自分でもどうかしていると思う。(스스로도 어떻게 되었다고 생각한다)

⇨ 実際このところの気候はどうかしているようだ。

(실제로 요즘의 날씨는 어떻게 된 것 같다)

⇨ あんな緊迫した時に危機感を持たない方がどうかしてる。

(저런 긴박한 때에 위기감을 지니지 않는 쪽이 어떻게 된거다)

どうしたはずみか ⇨ 어찌된 영문인지

|용법| 부사 「どう(어떻게)」에 동사 「する」의 연용형인 「し」와 과거를 나타내는 조동사 「た」가 접속된 「どうした(어찌된)」에 일의 경과를 나타내는 명사인 「はずみ」와 의문을 나타내는 조사 「か」가 연결된 어구이다. 이러한 형태로 주어진 사태에 대한 말하는 사람의 의문이나 의아스러움을 나타낸다.

|예문|

⇨ 実際このところの気候はどうしたはずみか、暖かいようだ。

(실제로 요즘의 날씨는 어찌된 영문인지 따스한 것 같다)

⇨ このごろどうしたはずみか、友だちは一言も言わない。

(요즈음 어찌된 영문인지 친구는 한마디도 하지 않는다)

⇨ ところがどうしたはずみか、先生は鋭い目付きで子供を見据えていたのだ。

(그런데 어찌된 영문인지 선생님은 날카로운 눈초리로 아이를 빤히 바라보고 있었던 것이다)

どうしたもの(だろう)か ⇨ 어찌해야 할 것인가?, 어떻게 하면 좋을 것 인가?

|용법| 부사 「どう(어떻게)」에 동사 「する」의 연용형인 「し」와 과거를 나타내는 조동사 「た」가 접속된 「どうした(어찌된)」에 형식명사 「もの」와 의문을 나타내는 조사 「か」가 연결된 어구이다. 때로는 「だろう(단정을 나타내는 조동사 「だ」의 미연형인 「だろ」에 추측을 나타내는 조동사 「う」가 접속

된 형태)」가 그 사이에 들어갈 때도 있으나 의미상의 차이는 없다. 이러한 형태를 그대로 직역하면 '어떻게 한 것인가(일까)?'가 되나 실제로는 제시된 명제에 대하여 어떻게 행동하거나 대처할 것인지 판단이 서지 않는다고 하는 의미를 나타낸다.

| 예문 |

⇨ 反対派への説明はどうしたものかね。

(반대파에 대한 설명은 어떻게 하면 좋을 것인가?)

⇨ 彼らに対する報酬はどうしたものだろうか。

(그들에게 대한 보수는 어찌해야 할 것인가?)

⇨ あ、落としものだ! これはどうしたものだろう。

(아, 분실물이다! 이건 어떻게 하면 좋을 것인가?)

⇨ 今後の資金繰りはどうしたものか、少し考えさせてくれ。

(앞으로의 자금융통은 어찌해야 할 것인지 좀 생각하게 해 다오)

どうしたんですか ⇨ 어찌된 일입니까?, 무슨 일 있습니까?

| 용법 | 의문사 「どう」에 동사 「する」의 연용형인 「し」와 과거를 나타내는 조동사 「た」가 접속되고 이어서 형식명사 「の」가 회화체에서 변음된 「ん」과 「ですか」가 결합된 어구이다. 이러한 형태로 상대에 대하여 염려하는 심정을 나타내는데 주로 상대가 평상시와는 다른 모습이나 표정을 하고 있을 때 사용되곤 한다. 이와 같은 용법으로 때로는 「どうかしたんですか」도 사용되곤 한다.

| 예문 |

⇨ どうしたんですか。顔色がよくないですね。

(어찌된 일입니까? 안색이 좋지 않군요)

⇨ どうしたんですか。そんな深刻そうな顔をして。

(무슨 일 있습니까? 그런 심각한 듯한 얼굴을 하고)

⇨ 山田さん、どうしたんですか。かなしそうな顔をしていますね。

(야마다씨, 무슨 일 있습니까? 슬퍼 보이는 얼굴을 하고 있군요)

| 참고 | 이와 유사한 어구로 「どうかしたんですか」가 있다.

⇨ みなさん、こんなに朝早くからどうかしたんですか。

(여러분, 이렇게 아침 일찍부터 무슨 일 있습니까?)

どうしてかというと ⇨ 왜 그런가하면

| 용법 | 의문사 「どう」에 동사 「する」의 연용형인 「し」와 접속조사 「て」가 접속되어 '어째서'라는 뜻의 부사가 만들어진 형태에 의문을 나타내는 조사 「か」와 내용을 나타내는 인용조사 「と」가 접속되고 거기에 다시 동사 「いう」와 가정을 나타내는 조사 「と」가 연결된 어구이다. 이러한 형태로 우선 어떠한 결론이 제시되고서 그 제시된 결론에 대한 배경을 설명하는 의미를 나타낸다. 대체로 문말에는 이유나 원인을 나타내는 「からだ」와 같은 표현이 오게 된다.

| 예문 |

⇨ この文は正しくない。どうしてかというと、動詞の形が違っているからです。

(이 문은 올바르지 않다. 왜 그런가하면 동사의 형태가 다르기 때문입니다)

⇨ 私は彼がきらいだ。どうしてかというと、いつも人の悪口ばかり言っているからだ。

(나는 그가 싫다. 왜 그런가하면 언제나 남의 욕만 하고 있기 때문이다)

⇨ 私は一度も海外に行ったことがない。どうしてかというと、飛行機に乗るのが恐いからだ。

(나는 한 번도 해외여행에 간 일이 없다. 왜 그런가하면 비행기를 타는 것이 무섭기 때문이다)

⇨ 昔の日本人は肉を食べなかった。どうしてかというと、肉を食べることが仏教の教えに反したからだ。

(옛날의 일본인은 고기를 먹지 않았다. 왜 그런가하면 고기를 먹는 것이 불교의 가르침에 반했기 때문이다)

どうしても ~ ない ⇨ 암만해도 ~ (할) 수 없다

| 용법 | 의문사 「どう」에 동사 「する」의 연용형인 「し」와 접속조사 「ても」가 접속되어 만들어진 부사가 앞에 배치되고 뒤에는 부정을 나타내는 조동사 「ない」가 배치된 어구이다. 이러한 형태로 어떠한 사안에 대하여 아무리 노력을 해도 해결을 할 수 없거나 호전될 가능성이 없다고 하는 의미를 나타낸다.

| 접속 | 「ない」 앞에는 가능동사의 미연형이 오게 된다.

| 예문 |

⇨ 努力はしているが、あの課長はどうしても好きになれない。

(노력은 하고 있지만 저 과장은 암만해도 좋아질 수 없다)

⇨ 何度もやってみたが、この問題だけはどうしても解けなかった。

(몇 번이나 해봤으나 이 문제만은 암만해도 풀 수 없었다)

⇨ 仕事がひどく忙しいので、今月末までは、どうしてもあなたのところへ行けません。

(일이 너무 바빠서 이달 말까지는 암만해도 당신 집에 갈 수 없습니다)

⇨ あしたまでに車の修理をしてほしいと頼んだが、人手が足りないのでどうしてもできないと言われた。

(내일까지 차 수리를 해달라고 부탁했으나 일손이 딸려서 암만해도 할 수 없다는 말을 들었다)

どうせ ~ からには ⇨ 어차피 ~ (할) 바에는

|용법| '어차피'라는 뜻을 지닌 부사 「どうせ」에 '~(하는) 이상에는'의 뜻을 나타내는 「からには」가 이어진 어구이다. 이러한 형태로 '그렇게 할 것이 정해져 있으니까'라는 의미를 나타낸다.

|접속| 동사종지형에 접속된다.

|예문|

⇨ どうせやるからには、必ず成功して戻ってこい。
(어차피 할 바에는 반드시 성공해서 돌아와라)

⇨ どうせ試合に出るからには、必ず優勝してみせる。
(어차피 시합에 나갈 바에는 반드시 우승해 보이겠다)

⇨ どうせ生きているからには、苦しいのは当たり前だと思え。
(어차피 살아있을 바에는 괴로운 것은 당연하다고 생각해라)

⇨ どうせ留学するからには、博士号まで取って帰ってきたい。
(어차피 유학할 바에는 박사학위까지 따서 돌아오고 싶다)

どうせ(のこと)だから ⇨ 어차피 그럴 바에는

|용법| '어차피'라는 뜻을 지닌 부사 「どうせ」에 단정을 나타내는 조동사 「だ」와 조사 「から」가 접속된 어구이다. 이러한 관용적인 형태로 '어쨌든 그렇게 하기로 되어있으니까'의 의미를 나타내게 되는데 한편으로는 그 사이에 「のこと」가 들어가서 「どうせのことだから」의 형태로도 쓰이며 의미용법은 「どうせだから」와 같다.

| 예문 |

⇨ どうせだから、駅(えき)までお送(おく)りします。

(어차피 그럴 바에는 역까지 배웅해 드리겠습니다)

⇨ どうせだから、とびきり高級(こうきゅう)なホテルに泊(と)まろう。

(어차피 그럴 바에는 월등히 고급스런 호텔에 묵자)

⇨ 当分(とうぶん)バスも来(こ)ないみたいだし、どうせのことだからお茶(ちゃ)でも飲(の)まない?

(당분간 버스도 오지 않을 것 같고 어차피 그럴 바에는 차라도 마시지 않을래?)

⇨ すぐ汚(よご)れるんでしょう。どうせだから片付(かたづ)けなくてもいいんじゃありませんか。

(금방 더러워지겠지요? 어차피 그럴 바에는 치우지 않아도 되는 거 아닙니까?)

～同然(どうぜん)に ⇨ ～와(과) 마찬가지로

| 용법 | 마찬가지임을 나타내는 명사「同然(どうぜん)」에 조사「に」가 접속된 어구이다. 이러한 형태로 뒤에 오는 슬어를 수식하게 되는데 단정을 나타내는 조동사「だ」가 접속된「～同然(どうぜん)だ」의 형태로는 문말의 술어로 쓰이며 조사「の」가 접속된「～同然(どうぜん)の」의 형태로는 뒤에 오는 명사를 수식하게 된다.

| 접속 | 명사에 접속된다.

| 예문 |

⇨ 実(じつ)の娘(むすめ)同然(どうぜん)に大切(たいせつ)に育(そだ)ててくれた。

(친딸과 마찬가지로 소중하게 키워 주었다)

⇨ このみじめな暮(く)らしは奴隷(どれい)同然(どうぜん)だ。

(이 비참한 생활은 노예와 마찬가지다)

⇨ 紙屑(かみくず)同然(どうぜん)の論文(ろんぶん)は絶対(ぜったい)に受(う)け付(つ)けない。

(휴지조각과 마찬가지인 논문은 절대로 접수하지 않는다)

⇨ ボロ同然(どうぜん)に捨(す)てられて、彼(かれ)は会社(かいしゃ)に復讐(ふくしゅう)を誓(ちか)った。

(넝마와 마찬가지로 버려져서 그는 회사에 복수를 다짐했다)

どうにも ~ ない ⇨ 아무래도 ~ (할) 수 없다

| 용법 | '아무래도'의 뜻을 지닌 부사 「どうにも」가 앞에 배치되고 그 뒤에는 부정의 조동사 「ない」가 배치된 어구이다. 이러한 형태로 어떠한 방법을 써도 불가능하다고 하는 의미를 나타낸다.

| 접속 | 「ない」 앞에는 가능동사의 미연형이 오게 된다.

| 예문 |

⇨ こうむし暑(あつ)くては、どうにもやりきれない。

(이렇게 무더워서는 아무래도 견딜 수 없다)

⇨ 彼(かれ)の怠惰(たいだ)な性格(せいかく)は、どうにも直(なお)せない。

(그의 게으른 성격은 아무래도 고칠 수 없다)

⇨ ここまで病状(びょうじょう)が悪化(あっか)してしまっては、もうどうにも回復(かいふく)できない。

(여기까지 병세가 악화되고 말아서는 이제 아무래도 회복될 수 없다)

⇨ 犬(いぬ)か猫(ねこ)が飼(か)いたいという娘(むすめ)を、マンションの規則(きそく)で飼(か)っちゃダメと言(い)い聞(き)かせ続(つづ)けてきたが、どうにも抑(おさ)えられない。

(개나 고양이를 키우고 싶다는 딸을, 아파트의 규칙으로 키우면 안 된다고 계속해서 타일러왔으나 아무래도 막을 수가 없다)

どうも ⇨ 「どうも」의 상세한 용법

| 용법 | 부사 「どうも」는 '정말, 대단히'의 뜻을 지닌 말로 일상생활에서는 「ありが

とう」「申し訳ない」와 같은 표현과 함께 빈번하게 사용되곤 한다. 그런데 보다 간편한 인사말의 경우에는 이러한 표현이 생략된 채 「どうも」만으로도 안정적인 인사말의 역할을 하고 있다. 즉 감사, 사과, 실례 등의 다양한 뜻을 가볍게 표현할 수 있는 매우 실용적인 인사말이기는 하지만 상위자에 대해서는 「どうも」만으로 인사를 하는 것은 적절치 못하므로 반드시 그 다음에 「ありがとうございます」「申し訳ありません」과 같은 표현과 함께 사용하여야 한다.

⇨ どうもありがとうございます。(대단히 감사합니다)

⇨ お待たせして、どうもすいません。(기다리시게 해서 정말 죄송합니다)

한편, 「どうも」는 '아무래도, 도저히'의 의미를 지닌 부사로도 활발하게 사용되고 있다. 이 경우에는 그 뒤에 주로 부정적인 평가를 나타내는 표현이 오는 것이 일반적이다.

⇨ 朝から考えているのだが、どうもわからない。
(아침부터 생각하고 있는 건데 도저히 모르겠다)

⇨ 何回も練習したが、どうも上手にできない。
(몇 번이나 연습했는데 도저히 잘 되지 않는다)

⇨ あんな簡単なあいさつは、なにかどうも物足りないような気がする。
(저런 간단한 인사는 뭔가 아무래도 모자란 듯한 느낌이 든다)

⇨ このごろは疲れやすくなって、どうも変だと思ったら、やはり病気だった。
(요즈음은 쉽게 피곤해져서 아무래도 이상하다고 생각했더니 역시 병이었다)

どうもない ⇨ 아무렇지도 않다

| 용법 | 부사 「どうも」와 형용사 「ない」가 결합하여 하나의 관용적인 어구로 쓰이는데 이러한 형태로 아무런 문제가 없다고 하는 의미를 나타낸다. 이러

한 표현은 회화체에서 즐겨 쓰인다.

| 예문 |

⇨ 彼は、酒をたくさん飲んでも、どうもない。

(그는 술을 많이 마셔도 아무렇지도 않다)

⇨ 体調はどうもないのですが、見た目、病気らしいです。

(몸 상태는 아무렇지도 않은 겁니다만 얼핏 보기에 아픈 것 같습니다)

⇨ 母は、いつもどうもないと言って受診しようとしないのです。

(어머니는 언제나 아무렇지도 않다고 말하며 진찰을 받으려고 하지 않는 겁니다)

⇨ A: この牛乳、ちょっと変な味しない。(이 우유, 좀 이상한 맛이 나지 않아?)

B: いや、どうもないよ。(아니, 아무렇지도 않아)

～どうりがない ⇨ ～(할) 턱(법)이 없다

| 용법 | 전후사정상 당연히 그렇게 될 것임을 나타내는 명사「どうり」에 조사「が」와 형용사「ない」가 접속된 어구이다. 이러한 형태로 아무리 생각해도 그것이 타당하다고 인정될만한 이유나 근거가 없다고 하는 의미를 나타낸다. 때로는「～どうりはない」의 형태를 취하여 보다 의미를 강조하기도 한다.

| 접속 | 주로 가능동사의 연체형에 접속된다.

| 예문 |

⇨ そんなことが許されるどうりがない。

(그런 것이 허용될 턱이 없다)

⇨ 学生の私にそんな大金を作れるどうりがない。

(학생인 나에게 그런 큰돈을 만들 수 있을 턱이 없다)

⇨ こんなに難しい本が子供に読めるどうりがない。

(이렇게 어려운 책을 어린이가 읽을 수 있을 턱이 없다)

⇨ 上司なら部下にどんな命令をしてもよいというどうりはない。

(상사라면 부하에게 어떠한 명령을 해도 좋다고 할 법은 없다)

どうりで ⇨ 그래서 그런지

| 용법 | 전후사정상 당연히 그렇게 될 것임을 나타내는 명사 「どうり」에 조사 「で」가 접속되어 하나의 어구로 쓰이는 형태이다. 이러한 형태로 이상하다고 생각하고 있던 일의 원인이나 이유를 알 수 있었다고 하는 의미를 나타낸다.

| 접속 | 주로 가능동사의 연체형에 접속된다.

| 예문 |

⇨ 今日は土曜日だ。どうりで通勤する人がいつもより少ないわけだ。

(오늘은 토요일이다. 그래서 그런지 통근하는 사람이 여느 때 보다 적은 셈이다)

⇨ 花子ちゃん、この頃彼氏ができたらしいよ。どうりで機嫌がいいわけだ。

(하나코양, 요즈음 애인이 생긴 거 같아. 그래서 그런지 기분이 좋은 거다)

⇨ A : 彼女の両親は学者だよ。(그녀의 부모님은 학자야)

B : 道理で彼女も頭がいいわけだ。(그래서 그런지 그녀도 머리가 좋은 셈이네)

⇨ A : 彼女は13歳までアメリカで育ったんだって。

(그녀는 13살까지 미국에서 자랐다는 거야)

B : へえ。どうりで英語の発音がいいわけだね。

(에? 그래서 그런지 영어발음이 좋은 셈이로군)

～どおし ⇨ 동작, 작용을 계속해서 하거나 반복을 나타내는 용법

| 용법 | 접미어 「どおし」는 동사 「通す」에서 비롯된 것으로 같은 동작이나 작용

을 계속해서 하거나 몇 번이고 반복함을 나타낸다.

| 접속 | 동사연용형이나 일부 명사에 접속된다.

| 예문 |

⇨ 一日じゅう立ちどおしの仕事は疲れる。(하루 종일 서서 하는 일은 피곤하다)

⇨ ゆうべは、夜どおししゃべりあかした。
(어젯밤에는 밤새도록 이야기로 밤을 지새웠다)

⇨ 一日歩きどおしで足にまめができた。
(하루 종일 걸어 다녀서 발에 물집이 생겼다)

⇨ 朝から晩まで座り通しの仕事は、かえって疲れるものだ。
(아침부터 밤까지 앉아서 하는 일은 오히려 지치는 법이다)

～と思いきや ⇨ ～라고 생각했더니

| 용법 | 인용을 나타내는 조사 「と」에 동사 「思う」의 연용형인 「思い」가 접속되고 이어서 문어체에서 과거, 완료를 나타내는 조동사 「き」와 역시 문어체에서 놀라움이나 의문을 나타내는 계조사 「や」가 연결된 어구이다. 이러한 형태로 예상 밖의 결과로 인한 의아스러움을 나타내는데 그 뒤에는 전항과는 상반되는 결과를 나타내는 표현이 오는 것이 보통이다.

| 접속 | 동사종지형, 또는 추측을 나타내는 조동사 「う」에 접속된다.

| 예문 |

⇨ 彼女は歌が上手だからカラオケが好きだろうと思いきや、嫌いだそうだ。
(그녀는 노래를 잘 부르기 때문에 가라오케를 좋아할 것이라고 생각했더니, 싫어한다고 한다)

⇨ 今年の夏は猛暑が続くと思いきや、連日の雨で冷害の心配さえでてきた。
(금년 여름은 무더위가 계속될 것이라 생각했더니 연일 오는 비로 냉해의 걱정까지

생겨났다)

⇨ もうとても追いつけないだろうと思いきや、驚くほどの速さで彼は一気に先頭に走り出た。(이제 도저히 따라잡을 수 없을 것이라고 생각했더니 놀라울 정도의 속도로 그는 단숨에 선두로 달려 나왔다)

⇨ 海辺の町で育ったと聞いていたので、さぞかし泳ぎがうまいだろうと思いきや、水に浮くこともできないらしい。(해변의 마을에서 자랐다고 들었기 때문에 필시 수영을 잘할 것이라고 생각했더니 물에 뜨지도 못하는 것 같다)

～と思う間もなく ⇨ ～라고 생각할 새도 없이

| 용법 | 인용을 나타내는 조사 「と」에 동사 「思う」와 짧은 시간을 나타내는 「間」가 접속되고 이어서 조사 「も」와 형용사 「ない」의 연용형인 「なく」가 연결된 어구이다. 이러한 형태로 두 가지의 일이 시간간격이 없이 계속해서 일어남을 나타내는데 주로 문장체에서 쓰이고 있다.

| 접속 | 다양한 말에 접속된다.

| 예문 |

⇨ つめたい雨が降ってきたと思う間もなく、それは雪に変わった。
(차가운 비가 내리기 시작했다고 생각할 새도 없이 그것은 눈으로 바뀌었다)

⇨ 雲を突き抜けたと思う間もなく、翼の下に、街の灯が広がった。
(구름을 뚫고나왔다고 생각할 새도 없이 날개 밑에 거리의 불빛이 펼쳐졌다)

⇨ あれ? お腹がちょっと変? と思う間もなく胃は激痛へと移り行った。
(어? 배가 좀 이상하다? 고 생각할 새도 없이 위는 심한 통증으로 변해갔다)

⇨ 帰ってきたなと思う間もなく、息子は「遊びに行ってくる!」と叫んで出ていった。
(돌아왔구나 하고 생각할 새도 없이 아들은 '놀러갔다 온다!' 하고 외치며 나갔다)

～と思(おも)ったものだから ⇨ ～ 라고 생각했기에

| 용법 | 인용을 나타내는 조사 「と」에 동사 「思(おも)う」의 과거형인 「思(おも)った」와 개인적인 변명이나 이유를 강조하여 나타내는 「ものだから」가 접속된 어구이다. 이러한 형태로 자신의 생각을 변명하듯이 나타낸다.

| 접속 | 활용어의 종지형에 접속된다.

| 예문 |

⇨ 彼(かれ)はもう知(し)っていると思(おも)ったものだから、伝(つた)えませんでした。

(그는 이미 알고 있다고 생각했기에 전하지 않았습니다)

⇨ 彼女(かのじょ)は多分(たぶん)いないと思(おも)ったものだから、電話(でんわ)しませんでした。

(그녀는 아마도 없을 것으로 생각했기에 전화하지 않았습니다)

⇨ 雨(あめ)が降(ふ)るといけないと思(おも)ったものですから、洗濯物(せんたくもの)を取(と)り込(こ)んでおきました。

(비가 오면 안 된다고 생각했기에 빨랫감을 거둬두었습니다)

⇨ 子供(こども)の様子(ようす)がいつもとは違(ちが)うと思(おも)ったものですから、すぐ病院(びょういん)へ連(つ)れて行(い)きました。

(아이의 모습이 여느 때와는 다르다고 생각했기에 금방 병원으로 데리고 갔습니다)

～と思(おも)ったら ⇨ ～ 인가 했더니

| 용법 | 인용을 나타내는 조사 「と」에 동사 「思(おも)う」가 과거를 나타내는 조동사 「た」의 가정형인 「たら」에 접속되는 과정에서 음편현상을 일으킨 「おもったら」가 연결된 어구이다. 이러한 형태로 어떠한 사안에 대하여 의아스럽게 생각하는 화자의 느낌을 나타낸다. 그 뒤에는 주로 예상 밖의 발견이나 놀라움 등을 나타내는 표현이 오게 된다.

| 접속 | 의문조사 「か」나 활용어의 종지형에 접속된다.

| 예문 |

⇨ 何を言うのかと思ったら、そんなくだらないことか。
(무엇을 말하는 건가 했더니 그런 시시한 일이냐?)

⇨ 食事もしないで何をやってるのかと思ったら、テレビゲームか。
(식사도 하지 않고 무엇을 하고 있는가 했더니 TV게임이냐?)

⇨ 息子は、今勉強を始めたかと思ったら、もう居間でテレビを見ている。
(아들은 지금 공부를 시작했나 했더니 벌써 거실에서 TV를 보고 있다)

⇨ 私は最近新しいアパートに引っ越したが、駅の近くだから便利だろうと思ったらそうでもない。(나는 최근 새 아파트에 이사했는데 역 부근이라서 편리할 것이라 생각했더니 그렇지도 않다)

~とおり ⇨ '~(한) 대로', 전항과 후항의 공통된 연결을 나타내는 용법

| 용법 | 접미어 「とおり」는 동사 「通る」의 연용형인 「通り」에서 비롯된 말로 전항과 후항의 내용이 공통되게 같음을 나타낸다.

| 접속 | 연체사 「この、その、あの」나 동사의 연체형, 또는 「동사연용형＋조동사た」에 접속된다.

| 예문 |

⇨ そのとおりにすればまちがいはない。(그대로 하면 틀림은 없어)

⇨ 私の言うとおりに繰り返して言ってください。(내가 말하는 대로 반복해서 말해 주십시오)

⇨ 大昔の学者が予言したとおり、地球は丸い。
(아주 옛날의 학자가 예언한대로 지구는 둥글다)

⇨ ものごとは自分で考えているとおりには、なかなか進まない場合が多い。
(모든 일은 자신이 생각한 대로는 좀처럼 진전되지 않는 경우가 많다)

～どおり ⇨ ～대로

|용법| 위의 「とおり」와 같은 의미를 나타내는 접미어이지만 접속방법은 달라서 반드시 명사에만 접속된다. 결국 「とおり」는 동사과거형이나 연체사에, 「どおり」는 명사에만 접속되는 차이가 있는 셈이다.

|접속| 명사에 접속된다.

|예문|

⇨ 計画どおりに事業は進行しています。
(계획대로 사업은 진행되고 있습니다)

⇨ まじめなあの人のことだから、時間どおりに来るに違いない。
(성실한 그 사람이니만큼 시간대로 올 것임에 틀림없다)

⇨ 全員集まろうが集まるまいが、予定通りに審議を始めなくてはならない。
(전원 모이든 모이지 않든 예정대로 심의를 시작하지 않으면 안 된다)

⇨ 経済企画庁の予測どおり、今年の経済成長率は3パーセントにも達しないようだ。(경제기획청의 예측대로 금년의 경제성장률은 3%에도 달하지 않는 것 같다)

～とか ⇨ '～라든지, ～라든가', 두 가지정도의 예를 드는 용법

|용법| 부조사 「とか」는 비슷한 예를 열거하는 데에 쓰이는 것으로 같은 사항이나 동작에 대하여 두 가지정도 예를 들며 말할 때에 사용된다.

|접속| 명사, 또는 활용어의 종지형 등에 접속된다.

|예문|

⇨ 私は映画とかしばいとかいうものはあまり好きじゃありません。
(저는 영화라든가 연극이라든가 하는 것은 그다지 좋아하지 않습니다)

⇨ 最近、機械とか自動車とか船とかのような工業製品の生産が多くなった。

(최근에 기계라든가 자동차라든가 배라든가 하는 그러한 공업제품의 생산이 많아졌다)

⇨ この品物については、いいとか悪いとか、みんな違ったことを言っている。

(이 물건에 대해서는 좋다든지 나쁘다든지 모두 다른 말을 하고 있다)

⇨ みんなと一緒に旅行に行くとか行かないとか、彼の態度ははっきりしない。

(모두와 함께 여행을 간다든지 가지 않는다든지 그의 태도는 확실치 않다)

⇨ あまり勉強ばかりしないで、時々散歩するとかスポーツをするとかしないと、病気になりますよ。

(너무 공부만 하지 말고 가끔 산책을 한다든가 운동을 한다든가 하지 않으면 병이 납니다)

～とかで ⇨ ～(한)다든가 하며

| 용법 | 비슷한 예를 열거하는 데에 쓰이는 부조사 「とか」에 이유, 원인을 나타내는 조사 「で」가 접속된 어구이다. 이러한 형태로 어떠한 결과에 대한 이유나 원인을 다른 사람으로부터 들었다고 하는 의미를 나타낸다.

| 접속 | 활용어의 종지형에 접속된다.

| 예문 |

⇨ 結婚式に出るとかで、彼女は着物姿で現れた。

(결혼식에 나간다든가 하며 그녀는 기모노모습으로 나타났다)

⇨ 妹は、貸し衣装を借りるとかで急いで出かけた。

(여동생은 의상을 빌린다든가 하며 서둘러 외출했다)

⇨ 途中で事故があったとかで、彼は1時間ほど遅刻してきた。

(도중에서 사고가 있었다든가 하며 그는 1시간정도 늦게 왔다)

⇨ 来週引っ越すとかで、鈴木さんから二日間の休暇願いが出ています。

(다음 주 이사 간다든가 하며 스즈키씨로부터 이틀간의 휴가원이 나와 있습니다)

～とかなんとかいう ⇨ ～인지 뭔지 하는

|용법| 비슷한 예를 열거하는 데에 쓰이는 부조사「とか」에 부사「なんとか」와 동사「いう」가 접속된 어구이다. 이러한 형태로 확실하게 그것이라고 단정할 수 없음을 나타내는데 그 뒤에는 수식을 받는 명사가 오게 된다.

|접속| 명사에 접속된다.

|예문|

⇨ 山田(やまだ)とかなんとかいう男(おとこ)の人(ひと)がたずねてきましたよ。
(야마다인지 뭔지 하는 남자가 찾아왔어요)

⇨ エルシオンとかなんとかいう喫茶店(きっさてん)で会(あ)うと言(い)っていました。
(에르시온인지 뭔지 하는 커피숍에서 만난다고 말했었습니다)

⇨ このプライスとかなんとかいう人(ひと)は一体(いったい)どこに住(す)んでいるんだよ。
(이 프라이스인지 뭔지 하는 사람은 도대체 어디 살고 있는 거야?)

⇨ あそこにボエムとかなんとかいう看板(かんばん)が見(み)えますね。あの店(みせ)です。
(저기 보엠인지 뭔지 하는 간판이 보이지요. 저 가게입니다)

～ときたひには ⇨ ～(하)는 지경에 이르면

|용법| 조사「と」에 カ행변격동사「来(く)る」와 과거, 완료를 나타내는 조동사「た」가 접속되고 이어서 명사「日(ひ)」와 복합조사「には」가 연결된 어구이다. 이러한 형태로 어떠한 극단적인 상황에 이르게 되면 이렇게 될 수밖에 없음을 나타낸다.

|접속| 그 앞에는 보통 평범하지 않음을 나타내는 명사나 절이 오게 된다.

| 예문 |

⇨ 毎日残業の後に飲み屋のはしごときたひには、体が持つはずがない。

(매일 잔업 후에 술집을 전전하는 지경에 이르면 몸이 지탱될 리가 없다)

⇨ 毎日残業で、しかも休日なしときたひには、病気になるのも無理はない。

(매일 잔업이고 게다가 휴일도 없는 지경에 이르면 몸져눕는 것도 무리는 아니다)

⇨ 授業には毎日遅刻で、試験も零点ときたひには、落第するのも当然だ。

(수업에는 매일 지각이고 시험도 영점인 지경에 이르면 낙제하는 것도 당연하다)

⇨ 毎日うだるような暑さが続いて、しかも水不足ときたひには愚痴も言いたくなる。

(매일 지치는 듯한 더위가 계속되고 게다가 물 부족인 지경에 이르면 불평도 하고 싶어진다)

～ときたら ⇨ ～ 은(는) 도무지, ～ 로(으로) 말하자면

| 용법 | 조사 「と」에 カ행변격동사 「来る」가 과거, 완료를 나타내는 조동사 「た」의 가정형 「たら」에 접속되어 성립된 어구이다. 이러한 형태로 어떠한 인물이나 사물을 화제로 내세워서 대체로 안 좋은 방향으로 평가하게 되는데 이러한 표현은 철저하게 회화체에서 쓰인다.

| 접속 | 주로 명사에 접속된다.

| 예문 |

⇨ 君ときたら約束を守ったことが一度もないね。

(너는 도무지 약속을 지킨 적이 한 번도 없구나)

⇨ 姉ときたら、最近おしゃれのことばかり気にしている。

(언니로 말하자면 최근 멋 부리는 것만 신경 쓰고 있다)

⇨ あのレストランときたら、味はすごくいいけど、サービスが非常に悪い。

(그 레스토랑으로 말하자면 맛은 굉장히 좋지만 서비스는 아주 나쁘다)

⇨ うちの子ときたら、勉強もせず毎日遊んでばかりいる。

(우리 집 아이는 도무지 공부도 하지 않고 매일 놀기만 하고 있다)

~ときているから ⇨ ~(하)니 만큼

|용법| 조사 「と」에 カ행변격동사 「来る」와 보조동사 「ている」, 그리고 이유를 나타내는 접속조사 「から」가 연결된 어구이다. 이러한 형태로 주로 극단적인 성질의 인물이나 사물, 혹은 상황을 내세움으로서 그 뒤에는 그에 따른 당연한 결과가 오게 됨을 나타낸다.

|접속| 명사나 활용어의 종지형에 접속된다.

|예문|

⇨ 収入が少なく子だくさんときているから、暮しは楽ではない。

(수입이 적고 아이가 많으니 만큼 생활은 쉽지는 않다)

⇨ 秀才でしかも努力家ときているから、彼の上にでるのは簡単ではない。

(수재면서 게다가 노력가이니 만큼 그를 앞서는 것은 간단하지 않다)

⇨ あの寿司屋は、ネタがいいうえに安いときているから、いつ行っても店の前に行列ができている。

(저 초밥 집은 재료가 좋은데다가 싸니 만큼 언제 가도 가게 앞에 행렬이 만들어져 있다)

⇨ 明日は体育会だ。今のところ、明日の天気はとてもいいときているから、何も心配することはない。

(내일은 운동회다. 지금으로선 내일날씨는 무척 좋다고 하는 만큼 아무것도 걱정할 건 없다)

ときとして ~ 日がない ⇨ 단 한시도 ~ (하는) 날이 없다

| 용법 | 명사 「時」에 조사 「と」가 접속되고 동사 「する」의 연용형인 「し」와 접속조사 「て」가 결합된 형태가 앞에 배치되고 뒤에는 「日」와 조사 「が」, 그리고 형용사 「ない」가 배치된 어구이다. 이러한 형태로 안심하고 지낼 수 있는 때가 전혀 없다고 하는 의미를 나타내는데 문장체에서 쓰일 법한 딱딱한 표현이다.

| 접속 | 그 사이에는 용언의 연체형이 오게 된다.

| 예문 |

⇨ このごろは時として心休まる日がない。
(요즈음은 단 한시도 마음 편할 날이 없다)

⇨ 当時は心配事ばかり続き、時として心休まる日がなかった。
(당시는 걱정거리만 이어져서 단 한시도 마음 편할 날이 없었다)

⇨ うちは兄弟喧嘩が毎日続いて、時として穏やかな日がない。
(우리 집은 형제싸움이 매일 계속되어서 단 한시도 평온한 날이 없다)

⇨ この地方はひどくあたたたないところで、時として気温が氷点下に下がる日がない。(이 지방은 무척 따스한 곳이어서 단 한시도 기온이 영하로 내려가는 날이 없다)

~とくれば ⇨ ~에 이르면

| 용법 | 조사 「と」에 동사 「くる」의 가정형인 「くれ」와 가정법을 나타내는 조사 「ば」가 접속된 어구이다. 이러한 형태로 같은 종류에 속하는 일련의 요소를 순서대로 나열하는 의미를 나타내는데 언제나 같은 종류가 연상되는 것에만 쓰이는 관계로 그 사용빈도나 사용범위가 매우 제한적이다.

| 접속 | 명사에 접속된다.

| 예문 |

⇨ 彼(かれ)は、ワインだけでなくお酒(さけ)とくれば何(なん)でも好(す)きなのです。

(그는 와인뿐만 아니라 일본 술에 이르면 뭐든지 좋아하는 겁니다)

⇨ バッハ、ベートーベンとくれば、次(つぎ)はモーツァルトでしょう。

(바하, 베토벤에 이르면 다음은 모짜르트이겠지요)

⇨ 7と7がつく日(ひ)とくれば七夕(たなばた)の日(ひ)ですが、生憎(あいにく)この日(ひ)は残業(ざんぎょう)です。

(7과 7이 붙는 날에 이르면 칠석날입니다만 공교롭게도 이날은 잔업입니다)

⇨ サンタークロース、クリスマスカードとくれば、やはりジングルーベルが思(おも)い出(だ)されますね。(산타클로스, 크리스마스카드에 이르면 역시 징글벨이 생각나는군요)

とこ ⇨ 「ところ」가 축약된 용법

| 용법 | 「ところ」는 다양한 뜻을 나타내는 말로 이것이 회화체에서는 종종 「とこ」로 줄여져 쓰이는데 그 의미나 용법은 「ところ」와 같다.

| 예문 |

⇨ 明日(あした)、ぼくのとこへ遊(あそ)びに来(こ)ないか。

(내일 우리 집에 놀러 오지 않을래?)

⇨ どこかでお茶(ちゃ)でも飲(の)んでゆっくり話(はなし)のできるとこはないだろうか。

(어딘가에서 차라도 마시면서 천천히 이야기할 수 있는 곳은 없을까?)

⇨ この手紙(てがみ)のここのとこはどういう意味(いみ)でしょうか。

(이 편지의 이 부분은 어떠한 의미일까요?)

⇨ ちょうど今(いま)お茶(ちゃ)でも飲(の)もうかなと思(おも)っていたとこですよ。

(마침 지금 차라도 마실까하고 생각하고 있던 참이에요)

～ところ(を) ⇨ ～정도, ～바

| 용법 | 「ところ」는 주로 주어진 상황에 있어서의 대충의 정도를 나타내거나 근거를 나타낸다. 우리말로는 다양하게 번역될 수 있는데 대체로 '～정도, ～바'에 해당된다. 특히 「ところ」가 대충의 정도를 나타낼 때는 그 앞에는 과거를 나타내는 조동사 「た」가 오고 뒤에는 단정을 나타내는 조동사 「だ」가 와서 「～たところだ」의 형태를 취하게 된다.

| 접속 | 활용어의 연체형에 접속된다.

| 예문 |

⇨ 今年(ことし)の米(こめ)のできは、まあまあといったところだ。

(금년 쌀 생산은 그만그만한 정도이다)

⇨ 株(かぶ)の取引(とりひき)も、大金持(おおかねも)ちの彼女(かのじょ)にとっては単(たん)なる遊(あそ)びといったところだ。

(주식거래도 부자인 그녀에게 있어서는 단순한 놀이정도다)

⇨ この企画(きかく)の成功(せいこう)は大野(おおの)さんの働(はたら)きに負(お)うところが大(おお)きい。

(이 기획의 성공은 오오노씨의 역할에 힘입는 바가 크다)

⇨ 他(ほか)の人(ひと)にとって厳(きび)しいトレーニングでも、あの運動(うんどう)は山田(やまだ)さんにとってはちょうどいい散歩(さんぽ)といったところだ。

(다른 사람에 있어서 어려운 트레이닝이라도 저 운동은 야마다씨에게 있어서는 딱 좋은 산책 정도이다)

～どころか ⇨ ～은(는)커녕, ～(하)기는커녕, ～뿐만 아니라

| 용법 | 「どころ」에 조사 「か」가 접속되어 하나의 접속조사로 만들어진 어구이다. 이러한 형태로 어떠한 사항을 예로 들고는 그것을 강하게 부정하는 한편 그 다음에 나오는 사항을 강력하게 주장하는 의미를 나타낸다. 즉, 당초

의 예상, 기대를 전면적으로 뒤집는 사실을 나타낸다.

|접속| 명사나 활용어의 종지형에 접속된다.

|예문|

⇨ 私はウィスキーどころか、ビールも飲めません。

(나는 위스키는커녕 맥주도 마실 수 없습니다)

⇨ 私は独身どころか、もう子どもが3人もあります。

(나는 독신은커녕 벌써 아이가 3명이나 있습니다)

⇨ 忙しくて、休みをとるどころか食事をする時間もない。

(바빠서 휴식을 취하기는커녕 식사를 할 시간도 없다)

⇨ 彼は漢字が読めないどころか、ひらがなも満足には書けない。

(그는 한자를 읽을 수 없을 뿐만 아니라 히라가나도 만족스럽게는 쓸 수 없다)

～ところから ⇨ ～(하는) 점에서

|용법| 어떠한 사안을 나타내는 명사「ところ」에 조사「から」가 접속된 어구이다. 이러한 형태로 그렇게 된 데에 따른 근거나 유래를 나타내는데 이러한 표현은 주로 문장체에서 사용되는 경향이 있다.

|접속| 활용어의 연체형에 접속된다.

|예문|

⇨ 指紋が残されていたところから、犯人はすぐに捕まったそうだ。

(지문이 남겨져 있었던 점에서 범인은 금방 잡혔다고 한다)

⇨ この魚は、ヘビそっくりであるところから、ウミヘビという名前を持つ。

(이 물고기는 뱀과 똑같이 닮았다고 하는 점에서 바다뱀이라고 하는 이름을 지닌다)

⇨ カボチャは、カンボジアからやってきたと言われているところから、その名がついたそうだ。

(호박은 캄보디아에서 온 것으로 일컬어지고 있는 점에서 그 이름이 붙었다고 한다)

⇨ 車(くるま)のバンパーから被害者(ひがいしゃ)の衣服(いふく)の繊維(せんい)が検出(けんしゅつ)されたところから、その車(くるま)の所有者(しょゆうしゃ)にひき逃(に)げの容疑(ようぎ)がかかっている。

(차의 범퍼에서 피해자의복의 섬유가 검출된 점에서 그 차의 소유자에게 뺑소니의 혐의가 걸려있다)

～ところだ ⇨ ～(하)려는 참이다

|용법| 상황을 나타내는 「ところ」에 단정의 조동사 「だ」가 접속된 어구이다. 이러한 형태로 어떠한 동작, 작용이 발생하기 직전임을 나타내는 데 주로 문두에는 시작을 알리는 「今(いま)から」 「これから」가 와서 뒤의 「～ところだ」와 호응하게 된다.

|접속| 동사연체형에 접속된다.

|예문|

⇨ ちょうど今(いま)から帰(かえ)るところです。(마침 지금부터 돌아가려는 참입니다)

⇨ これから旅行(りょこう)の準備(じゅんび)をするところです。(지금부터 여행준비를 하려는 참입니다)

⇨ A: もう家(いえ)を出(で)ましたか。(벌써 집을 나왔습니까?)

B: いいえ、今家(いまいえ)を出(で)るところです。(아니오, 지금 집을 나가려는 참입니다)

⇨ 家(いえ)に戻(もど)って来(く)ると、妻(つま)は買物(かいもの)に出(で)かけるところだった。

(집에 돌아오니까 아내는 쇼핑하러 나가려는 참이었다)

～ところだった ⇨ ～(할) 뻔했다

| 용법 | 상황을 나타내는 「ところ」에 단정의 조동사 「だ」의 과거형인 「だった」가 접속된 어구이다. 이러한 형태로 어떠한 일이 필연적으로 일어날 것이 예측되는 상황이었으나 어떠한 계기로 결과적으로는 일어나지 않았음을 나타낸다. 주로 그 앞에는 「～ば」 「～たら」 등의 조건을 나타내는 표현이나 「もう少しで」와 같은 말이 오는 경향이 있다.

| 접속 | 동사의 연체형이나 과거, 완료의 조동사 「た」에 접속된다.

| 예문 |

⇨ 一足おくれたら、彼女は外出してしまうところだった。

(한발 늦었다면 그녀는 외출해 버릴 뻔했다)

⇨ おれは泣かなかった。しかしもう少しで泣くところだった。

(나는 울지 않았다. 그러나 하마터면 울 뻔했다)

⇨ 電話がもう少し遅かったら、大変なことになるところでした。

(전화가 조금 늦었더라면 큰일 날 뻔했습니다)

⇨ 注意していただかなければ忘れていたところでした。

(주의해 주시지 않았다면 잊고 있었을 뻔했습니다)

～どころではない ⇨ ～ 이(가) 문제가 아니다, ～(할) 처지가 아니다

| 용법 | 상황을 나타내는 「どころ」에 명사부정표현인 「ではない」가 접속된 어구이다. 이러한 형태로 어떠한 사항을 부정함에 있어서 그 보다도 더 중요한 사항이 있음을 주목하게 하는 의미를 나타낸다. 즉 현재로서는 그러한 동작을 할 수 있는 상황, 처지가 아님을 강하게 나타내는 셈이다.

| 접속 | 명사나 동사의 연체형에 접속된다.

| 예문 |

⇨ こう天気が悪くては海水浴どころではない。

(이렇게 날씨가 나빠서는 해수욕이 문제가 아니다)

⇨ 父はゴルフが大好きだが、最近忙しくてゴルフどころではない。

(아버지는 골프를 아주 좋아하지만 최근에 바빠서 골프가 문제가 아니다)

⇨ 試験が迫っているのだから、遊んでいるどころではないよ。

(시험이 임박해 있기 때문에 놀고 있을 처지가 아니야)

⇨ せっかく古い友達が訪ねて来たのに、仕事に追われていっしょに酒を飲むどころではなかった。

(모처럼 오랜 친구가 찾아왔는데, 일에 쫓겨서 함께 술을 마실 처지가 아니었다)

| 참고 | 이와 유사한 어구로 「～どころのさわぎではない、～どころのはなしではない」가 있는데 그 어느 것이나 '지금 그렇게 여유를 부릴 때가 아니다'라는 의미를 나타낸다. (해당항목 참고)

⇨ 原子力発電所の事故発生でバカンスどころのさわぎではなくなった。

(원자력발전소의 사고발생으로 바캉스 운운할 때가 아니게 되었다)

⇨ こう忙しくては、のんびり釣どころの話ではない。

(이렇게 바빠서는 한가하게 낚시이야기나 하고 있을 처지가 아니다)

～ところとなる ⇨ ～(하)는 바가 되다

| 용법 | 상황이나 상태를 나타내는 「ところ」에 변화의 결과를 나타내는 조사 「と」와 동사 「なる」가 접속된 어구이다. 이러한 형태로 어떠한 소문이나 뉴스가 남들에게 알려지게 됨을 나타낸다.

| 접속 | 동사연체형(특히 「知る」)에 접속된다.

| 예문 |

⇨ 彼らの別居はたちまち周囲の人の知るところとなった。

(그들의 별거는 금방 주위사람이 아는 바가 되었다)

⇨ この政治的スキャンダルは、遠からず世界中の人々が知るところとなるだろう。
(이 정치적 스캔들은 머지않아 온 세상의 사람들이 아는 바가 될 것이다)

⇨ アフリカの飢饉はとてもひどい状態で、すべてのUN会員国の知るところとなりました。(아프리카기근은 매우 심한 상태로 모든 유엔회원국이 아는 바가 되었습니다)

~ところに(へ) ⇨ ~(하)는 때에

| 용법 | 상황을 나타내는 「ところ」에 조사 「に」나 「へ」가 접속된 어구이다. 이러한 형태로 어떠한 상황의 전개과정 속에서 그것을 변화시킬만한 또 다른 상황이 전개됨을 나타낸다.

| 접속 | 동사연체형에 접속된다.

| 예문 |

⇨ 家を出ようとするところに友だちが訪ねてきた。
(집을 나서려고 하는 때에 친구가 찾아왔다)

⇨ 出かけようとするところへ電話がかかってきた。
(외출하려고 하는 때에 전화가 걸려왔다)

⇨ 林さんに電話をかけようとするところへ、その林さんから電話がかかってきた。
(하야시씨에게 전화를 걸려고 하는 때에 그 하야시씨로부터 전화가 걸려왔다)

⇨ 財布をなくして困っているところに偶然知り合いが通りかかり、無事家までたどり着くことができた。(지갑을 잊어버려 난처하던 때에 우연히 아는 사람이 지나가서 무사히 집까지 올 수가 있었다)

~ところによると(よれば) ⇨ ~(하는) 바에 따르면(의하면)

| 용법 | 근거를 나타내는 「ところ」에 조사 「に」와 동사 「依る(의하다, 근거하다)」, 그리고 가정법을 나타내는 조사 「と」가 접속된 어구이다. 한편으로는 동사 「依る(의하다, 근거하다)」의 가정형 「よれ」에 조사 「ば」가 접속된 「よれば」의 형태로 쓰이기도 한다. 이러한 형태로 그 뒤에 나오는 내용의 근거를 제시하는 의미를 나타내는데 문장체에서 즐겨 사용되는 경향이 있다.

| 접속 | 주로 「聞く」 「話す」 「伝える」 등의 동사연체형에 접속된다.

| 예문 |

⇨ 聞くところによると、あの二人は離婚したそうだ。

(듣는 바에 따르면 그 두 사람은 이혼했다고 한다)

⇨ 特派員の伝えるところによると、戦況は悪化する一方のようである。

(특파원이 전하는 바에 따르면 전황은 악화되기만 하는 것 같다)

⇨ 現地記者の話すところによれば、アフリカの飢饉はとてもひどい状態らしい。

(현지기자가 이야기하는 바에 의하면 아프리카의 기근은 아주 심각한 상황인 것 같다)

⇨ 中国政府が公表するところによれば、日本円で約1.3億円以上の資産を持つ人が100万人を越えたという。(중국정부가 공표하는 바에 의하면 일본엔으로 약 1.3억엔 이상의 자산을 지닌 사람이 100만명을 넘었다고 한다)

～どころのさわぎではない ⇨ ～나 운운할 때가 아니다

| 용법 | 상황을 나타내는 「どころの」에 동사 「騒ぐ(소란피우다)」의 전성명사인 「さわぎ」가 접속되고 이어서 그 뒤에 명사부정표현인 「ではない」가 연결된 어구이다. 이러한 형태로 어떠한 사항을 부정함에 있어서 그 보다도 더

중요한 사항이 있음을 주목하게 하는 의미를 나타낸다. 다시 말해서 현재로서는 그러한 동작을 할 수 있는 상황, 처지가 아님을 강하게 나타내는 셈이다.

| 접속 | 명사에 접속된다.

| 예문 |

⇨ こう天気が悪くては海水浴どころのさわぎではない。
(이렇게 날씨가 나빠서는 해수욕 운운할 때가 아니다)

⇨ こう忙しくては、のんびり釣どころのさわぎではない。
(이렇게 바빠서는 한가하게 낚시 운운할 때가 아니다)

⇨ 原子力発電所の事故発生でバカンスどころのさわぎではなくなった。
(원자력발전소의 사고발생으로 바캉스 운운할 때가 아니게 되었다)

⇨ こんなに営業の実績が悪くては、ブラジルワールドカップどころのさわぎではない。(이렇게 영업실적이 나빠서는 브라질월드컵 운운할 때가 아니다)

| 참고 | 이와 유사한 어구로 「～どころではない」, 「～どころの話しではない」가 있는데, 그 어느 것이나 '지금 그렇게 여유를 부릴 때가 아니다'의 의미를 나타내게 된다. (해당항목 참고)

⇨ 試験が迫っているのだから、遊んでいるどころではないよ。
(시험이 임박해 있기 때문에 놀고 있을 처지가 아니다)

⇨ 受験生の息子を二人もかかえ、海外旅行どころの話ではない。
(수험생인 아들을 둘이나 두고 해외여행이야기나 할 처지가 아니야)

～どころの話ではない ⇨ ～ 이야기나 하고 있을 처지가 아니다

| 용법 | 상황을 나타내는 「どころの」에 「話」가 접속되고 이어서 명사부정표현인

「ではない」가 접속된 어구이다. 이러한 형태로 어떠한 사항을 부정함에 있어서 그 보다도 더 중요한 사항이 있음을 주목하게 하는 의미를 나타낸다. 다시 말해서 현재로서는 그러한 동작을 할 수 있는 상황, 처지가 아님을 강하게 나타내는 셈이다.

| 접속 | 명사에 접속된다.

| 예문 |

⇨ こう忙しくては、のんびり釣どころの話ではない。

(이렇게 바빠서는 한가하게 낚시이야기나 하고 있을 처지가 아니다)

⇨ 画家である彼も、奥さんの看病で絵どころの話ではないようだ。

(화가인 그도, 부인의 간호로 그림이야기나 하고 있을 처지가 아닌 듯하다)

⇨ 受験生の息子を二人もかかえ、海外旅行どころの話ではありません。

(수험생인 아들을 둘이나 두고 해외여행이야기나 할 처지가 아닙니다)

⇨ 原子力発電所の事故発生でバカンスどころの話ではなくなった。

(원자력발전소의 사고발생으로 바캉스이야기나 하고 있을 처지가 아니게 되었다)

| 참고 | 이와 유사한 어구로 「～どころではない」, 「～どころのさわぎではない」가 있는데, 그 어느 것이나 '지금 그렇게 여유를 부릴 때가 아니다'의 의미를 나타낸다. (해당항목 참고)

⇨ 試験が迫っているのだから、遊んでいるどころではないよ。

(시험이 임박해 있기 때문에 놀고 있을 처지가 아니야)

⇨ こんなに営業の実績が悪くては、ブラジルワールドカップどころのさわぎではない。(이렇게 영업실적이 나빠서는 브라질월드컵 운운할 때가 아니다)

～ところを ⇨ ～(하)실 텐데

| 용법 | 상황을 나타내는 「ところ」에 조사 「を」가 접속된 어구인데 이러한 형태로

상대방에게 무리한 이야기를 하거나 폐를 끼치게 된 것에 대하여 양해를 구하는 의미를 나타낸다. 이러한 표현은 매우 정중한 어감이 주어지게 되는데 그 뒤에는 대체로 의뢰나 사과, 또는 감사를 나타내는 표현이 오게 된다.

| 접속 | 「명사+の」의 형태나 형용사연체형에 접속된다.

| 예문 |

⇨ ご多忙のところを、よく来てくださいました。(바쁘실 텐데 잘 와주셨습니다)

⇨ お休み中のところを、お電話してすみませんでした。
(쉬고 계실 텐데 전화를 드려서 미안했습니다)

⇨ お疲れのところを、夜遅くまでありがとうございました。
(피곤하실 텐데 밤늦게까지 감사했습니다)

⇨ お忙しいところを申し訳ありませんが、ちょっとお邪魔いたします。
(바쁘실 텐데 죄송합니다만 잠시 실례하겠습니다)

~ところを ⇨ ~((하)고 있을) 참에

| 용법 | 상황을 나타내는 「ところ」에 조사 「を」가 접속된 어구인데 이러한 형태로 어떠한 상황이 전개되고 있는, 또는 전개되고 있었던 과정 속에서 예기치 못한 일이 발생함을 나타낸다.

| 접속 | 「ている」「た」와 같은 말에 접속된다.

| 예문 |

⇨ 駅前を歩いているところを警官に呼び止められた。
(역 앞을 걷고 있을 참에 경찰이 불러 세웠다)

⇨ こっそりタバコを吸っているところを先生に見つかった。
(몰래 담배를 피우고 있을 참에 선생님에게 걸렸다)

⇨ 人々がぐっすり寝込んだところを突然の揺れが襲った。

(사람들이 푹 잠든 참에 갑작스런 요동이 덮쳤다)

⇨ あやうく暴漢に襲われかけたところを、見知らぬ男性に助けてもらった。

(하마터면 괴한에게 습격당할 뻔한 참에 알지 못하는 남자에게 구조되었다)

~ところを見ると ⇨ ~((하)는) 것을 보면

| 용법 | '상황, 장면'을 나타내는 「ところ」에 조사 「を」와 동사 「見る」, 그리고 가정법을 나타내는 조사 「と」가 접속된 어구이다. 이러한 형태로 직접적인 경험을 근거로 하여 말하는 사람의 추측을 나타낸다. 이러한 표현의 뒤에는 「らしい、ようだ、にちがいない」와 같은 표현이 오는 것이 보통이다.

| 접속 | 활용어의 연체형에 접속된다.

| 예문 |

⇨ うれしそうな顔をしているところを見ると、試験はうまくいったようだ。

(기쁜 듯한 얼굴을 하고 있는 것을 보면 시험은 잘 된 것 같다)

⇨ いまだに返事がないところを見ると、交渉はうまく行っていないようだ。

(아직껏 답이 없는 점을 보면 교섭은 잘 되고 있지 않는 것 같다)

⇨ 平気な顔をしているところを見ると、まだ事故のことを知らされていないのだろう。

(태연한 얼굴을 하고 있는 것을 보면 아직 사고에 관한 것을 통보받지 않은 것 일게다)

⇨ 部長が、昨日の会議について話をしないところを見ると、どうやらうまくいかなかったようだ。(부장님이 어제 회의에 관해서 이야기를 하지 않는 것을 보면 아무래도 잘 되지 않은 것 같다)

~とされている ⇨ ~로(으로) 되어있다

|용법| 변화의 결과를 나타내는 조사 「と」에 동사 「する」의 미연형인 「さ」와 수동의 조동사 「れる」가 접속되고 이어서 보조동사 「ている」가 연결된 어구이다. 이러한 형태로 그렇게 생각되고 있거나 간주되고 있음을 나타내는데 이러한 표현은 주로 보도문이나 논문 등 격식을 갖춘 문장체에서 쓰인다.

|접속| 명사나 동사종지형에 접속된다.

|예문|

⇨ 当時、歌舞伎は風俗を乱すものとされていた。

(당시, 가부키는 풍속을 어지럽히는 것으로 되어있었다)

⇨ 仏教で、生き物を殺すのは十悪のひとつとされている。

(불교에서 생물을 죽이는 것은 열 가지 악의 하나로 되어있다)

⇨ 歴史上で最も大きな音は、1883年のクラカタウの大噴火とされている。

(역사상 가장 큰 소리는 1883년의 크라카타우의 대분화로 되어 있다)

⇨ 地球の温暖化の一因として、大気中のオゾン層の破壊が大きくかかわっているとされている。(지구온난화의 한 요인으로서 대기 중의 오존층의 파괴가 크게 관계되고 있는 것으로 되어있다)

～としか ～ない ⇨ ～라고 밖에는 ～(할) 수 없다

|용법| 인용을 나타내는 조사 「と」에 '～밖에'에 해당되는 조사 「しか」가 접속된 형태가 앞에 배치되고 뒤에는 가능표현에 대한 부정형이 배치된 어구이다. 이러한 형태로 다른 가능성을 부정한 채 오로지 그것뿐이라고 강하게 주장하는 의미를 나타낸다.

|접속| 「としか」앞에는 명사나 과거를 나타내는 조동사 「た」가 접속되고 「ない」앞에는 가능동사의 미연형이 접속된다.

| 예문 |

⇨ 今はただ悪かったとしか言えない。(지금은 단지 나빴다고 밖에는 말할 수 없다)

⇨ 風邪で行けないというのは口実としか考えられない。

(감기로 갈 수 없다고 하는 것은 구실이라고 밖에는 생각할 수 없다)

⇨ 今の時点ではわからないこととしか申し上げられない。

(지금의 시점에서는 모르는 일이라고 밖에는 말씀드릴 수가 없다)

⇨ この時刻になっても連絡がないのはおかしい。どこかで事故にあったとしか考えられない。(이 시각이 되어도 연락이 없는 것은 이상하다. 어딘가에서 사고를 만났다고 밖에는 생각할 수 없다)

～としたら ⇨ ～라고 한다면

| 용법 | 조사 「と」에 동사 「する」의 연용형인 「し」와 조동사 「た」의 가정형인 「たら」가 접속된 어구이다. 이러한 형태로 실제로는 사실이 아니지만 가정하여 생각한다면, 이라는 의미를 나타낸다.

| 접속 | 활용어의 종지형에 접속된다.

| 예문 |

⇨ 家を建てるとしたら、大きい家がいい。(집을 짓는다고 한다면 큰 집이 좋다)

⇨ 責任があるとしたら、私ではなくあなたの方でしょう。

(책임이 있다고 한다면 내가 아니라 당신 쪽일 겁니다)

⇨ もし1億円の宝くじがあたったとしたら、家と車を買おう。

(만약 1억 엔의 복권이 당첨된다고 한다면 집과 차를 사겠다)

⇨ 仮にあなたが言っていることが本当だとしたら、彼は私に嘘をついていることになる。(만약 당신이 말하고 있는 것이 사실이라고 한다면 그는 내게 거짓말을 하고 있는 것이 된다)

～として ⇨ '～(으)로서', 자격, 입장, 명의를 나타내는 용법

|용법| 조사 「と」에 동사 「する」의 연용형인 「し」와 접속조사 「て」가 접속되어 하나의 연어로 쓰이는 어구이다. 이러한 형태로 자격, 입장, 명의를 나타내는데 특히, 다른 경우와 구별해서 말할 때에 쓰인다.

|접속| 명사에 접속된다.

|예문|

⇨ 医者(いしゃ)としてできることはすべてしました。

(의사로서 가능한 일은 전부했습니다)

⇨ 母(はは)として子(こ)のことを心配(しんぱい)するのはあたりまえでしょう。

(어머니로서 아이를 걱정하는 것은 당연하겠지요)

⇨ 私(わたし)は監督者(かんとくしゃ)としてこれを捨(す)てておくことは出来(でき)ません。

(저는 감독자로서 이것을 버려둘 수는 없습니다)

⇨ このたび代表(だいひょう)として国際会議(こくさいかいぎ)に行(い)かせていただくことになりました。

(이번에 대표로서 국제회의에 가게 되었습니다)

～として～ない ⇨ (어느 것, 누구)하나～(하)지 않다

|용법| 조사 「と」에 동사 「する」의 연용형인 「し」와 접속조사 「て」가 접속되어 하나의 연어로 쓰이는 「として」가 앞에 배치되고 뒤에는 형용사 「ない」나 조동사 「ない」가 배치된 어구이다. 「として」앞에는 「一(ひと)つ」「一日(いちにち)」「一人(ひとり)」 또는 「なに一(ひと)つ、どれ一(ひと)つ、だれ一人(ひとり)」와 같이 최소한의 양을 나타내는 말이 접속되고 그 뒤에는 부정표현을 수반함으로서 전면부정의 의미를 나타낸다. 다소 문장체적인 어구이다.

| 접속 | 주로 최소한의 양을 나타내는 명사에 접속된다.

| 예문 |

⇨ ここには機械がたくさんあるが、一つとして満足に動くものはない。

(여기에는 기계가 많이 있지만 어느 것 하나 만족하게 작동하는 것은 없다)

⇨ この問題は、今まで誰一人として解けた者がない。

(이 문제는 지금까지 누구 한 사람 푼 사람이 없다)

⇨ 戦争が始まって以来、一日として心の休まる日はない。

(전쟁이 시작된 이래 하루라도 마음 편안한 날은 없다)

⇨ 彼女はどれ一つとして、間違ったことはしていないと主張している。

(그녀는 어느 것 하나 틀린 일은 한 적이 없다고 주장하고 있다)

~としても ⇨ ~(하)다고 해도

| 용법 | 인용을 나타내는 조사 「と」에 동사 「する」의 연용형인 「し」와 접속조사 「ても」가 접속된 어구이다. 이러한 형태로 어떠한 사실이 성립되거나 발생해도 그에 구애됨이 없다고 하는 의미를 나타낸다.

| 접속 | 활용어의 종지형에 접속된다.

| 예문 |

⇨ 渋滞でバスが遅れたとしても、電話ぐらいしてくるはずだ。

(정체로 버스가 늦어졌다고 해도 전화쯤 해올 것이다)

⇨ 今からタクシーに乗ったとしても、時間には間に合いそうもない。

(지금부터 택시를 탔다고 해도 시간에는 맞출 것 같지도 않다)

⇨ 加藤さんの忠告がなかったとしても、やっぱり病院を変えていただろう。

(가토씨의 충고가 없었다고 해도 역시 병원을 바꿨을 것이다)

⇨ たとえ賛成してくれる人が一人もいないとしても、自分の意見を最後まで主張

するつもりだ。(설사 찬성해오는 사람이 한 사람도 없다고 해도 자신의 의견을 끝까지 주장할 생각이다)

～とする ⇨ ～로(으로) 한다

|용법| 변화의 결과를 나타내는 조사 「と」에 동사 「する」가 연결된 어구이다. 그 앞에는 최종적인 결정을 나타내는 명사가 오게 되는데 이러한 형태로 어떠한 결정과정에서의 최종적인 결론을 나타낸다. 다만 앞으로 변경될 가능성이 있는 경우에는 쓰지 못한다.

|접속| 명사에 접속된다.

|예문|

⇨ この犬の名前ははちとするけど、どう?
(이 개의 이름은 하치로 할 건데, 어때?)

⇨ 意見を言わない者は賛成しているものとする。
(의견을 말하지 않는 자는 찬성하고 있는 것으로 한다)

⇨ 今度の人事異動で、山田さんを部長とするらしいよ。
(이번 인사이동에서 야마다씨를 부장으로 할 것 같아)

⇨ 当病院では、すべての重病人は誰であれ、面会謝絶とする。
(당병원에서는 모든 중병인은 누구이건 면회사절로 한다)

～とすると ⇨ ～(한)다고 한다면

|용법| 조사 「と」에 동사 「する」와 동사종지형에 접속되어 조건을 나타내는 조사 「と」가 연결된 어구이다. 이러한 형태로 그 일이 실현될지 어떨지는 모르지만 일단 가정하여 생각한다면, 이라는 의미를 나타낸다.

| 접속 | 활용어의 종지형에 접속된다.

| 예문 |

⇨ いらっしゃるとすると、何時(なんじ)ごろになるでしょうか。

(오신다고 한다면 몇 시쯤이 될까요?)

⇨ 医学部(いがくぶ)に入(はい)るとすると、一体(いったい)どのくらいお金(かね)が必要(ひつよう)なのだろうか。

(의대에 들어간다고 한다면 대체 어느 정도 돈이 필요한 것일까?)

⇨ もし、今後(こんご)も雨(あめ)が降(ふ)らないとすると、水不足(みずぶそく)になるのは避(さ)けられないだろう。

(만약 앞으로도 비가 오지 않는다고 한다면 물 부족이 되는 것은 피할 수 없을 것이다)

⇨ 仮(かり)に被告(ひこく)が言(い)っていることが本当(ほんとう)だとすると、彼女(かのじょ)は嘘(うそ)の証言(しょうげん)をしていることになる。(만약 피고가 말하고 있는 것이 사실이라고 한다면 그녀는 거짓증언을 하고 있는 셈이 된다)

~とすれば ⇨ ~의 입장에서 보면

| 용법 | 조사 「と」에 동사 「する」의 가정형인 「すれ」와 가정법을 나타내는 조사 「ば」가 접속된 어구이다. 이러한 형태로 그 사람의 입장에서 보거나 생각한다는 의미를 나타내는데 이러한 표현은 다소 문장체적이다.

| 접속 | 사람을 나타내는 명사에 접속된다.

| 예문 |

⇨ 母(はは)とすれば子(こ)のことを心配(しんぱい)するのはあたりまえでしょう。

(어머니의 입장에서 보면 아이를 걱정하는 것은 당연하겠지요)

⇨ 当事者(とうじしゃ)の彼(かれ)とすれば、そう簡単(かんたん)に決(き)めるわけにはいかないのです。

(당사자인 그의 입장에서 보면 그렇게 간단하게 정할 수는 없는 것입니다)

⇨ 夫(おっと)とすれば、家事(かじ)をおろそかにする妻(つま)には不満(ふまん)も多(おお)いだろうと思(おも)う。

(남편의 입장에서 보면 가사를 소홀하게 하는 아내에게는 불만도 많을 것이라고 생각한다)

⇨ 教師とすれば、よくできる学生に関心が行くのは自然なことだと思う。

(교사의 입장에서 보면 잘 하는 학생에게 관심이 가는 것은 자연스러운 일이라고 생각한다)

~とて ⇨ ~ 또한, ~ 역시

|용법| 부조사 「とて」는 주로 사람이나 역할을 나타내는 명사에 접속되어 다른 것과 비교했을 때 그것 역시 마찬가지라고 하는 의미를 나타낸다. 대체적으로 문장체에서 쓰이는 경향이 있다.

|접속| 명사에 접속된다.

|예문|

⇨ 私とて悔しい気持ちは皆と同じである。

(나 역시 분한 기분은 모두와 마찬가지다)

⇨ これとて特に例外的な現象というわけではない。

(이것 역시 특히 예외적인 현상이라는 것은 아니다)

⇨ この事故に関しては、部下の彼とて責任は免れない。

(이 사고에 관해서는 부하인 그 또한 책임은 면할 수 없다)

⇨ 最近は父親とて、育児に無関心でいるわけにはいかない。

(최근에는 아버지 또한 육아에 무관심하게 있을 수는 없다)

~とて ⇨ ~(한)다 해도

|용법| 부조사 「とて」는 두 개의 문을 연결하는 역할을 하는데 이 경우 뒤에는 주로 부정표현이나 반어표현이 오는 일이 많다. 이러한 형태로 전항에 어떠한 조건을 제시하고서 후항에는 그러한 조건이 충족되더라도 구체

적인 실현은 불가하다고 하는 의미를 나타낸다. 대체로 그 앞에는 「いくら、どんなに、いかに」 등의 말이 오게 되는데 회화체에서는 그다지 사용되지 않는다.

| 접속 | 「명사+だ」의 형태나 과거, 완료의 조동사 「た」에 접속된다.

| 예문 |

⇨ どんなに後悔したとて、失われたものは再び元に戻ることはないのである。
(아무리 후회한다 해도 잃어버린 것은 다시 본래대로 되돌아오는 일은 없는 것이다)

⇨ 今からどんなに急いだとて、列車の発車時間にはもう間に合わない。
(지금부터 아무리 서두른다 해도 열차의 발차시간에는 이미 맞지 않는다)

⇨ いくらたくさん本を読んだとて、それだけで人生の役に立つだろうか。
(아무리 책을 많이 읽는다 해도 그것만으로 인생의 도움이 될 것인가?)

⇨ いくら愚か者だとて、そのくらいのことはわきまえていてもよさそうなものだが。
(아무리 어리석은 자라해도 그쯤의 일은 분별하고 있어도 좋을 법한 것인데)

| 참고 | 한편 회화체에서는 「～からとて」의 형태로도 많이 쓰이곤 한다.

⇨ 1年ぐらい外国で生活したからとて、その国のことがわかるものではない。
(1년 정도 외국에서 생활했다 해서 그 나라에 대해서 알 수 있는 것은 아니다)

⇨ いくら子どもがほしがるからとて、なんでも買ってやるのは教育的じゃない。
(아무리 아이가 갖고 싶어 한다 해서 뭐든지 사주는 것은 교육적이지 않다)

とても ⇨ 긍정을 나타내는 용법과 부정을 나타내는 용법

| 용법 | 부사 「とても」는 원래 뒤에 부정표현을 수반하여 '도저히'의 뜻을 나타내던 말(진술부사)인데 오늘에 이르러서는 '아주, 무척, 매우'라는 뜻의 정도부사로 더 많이 쓰이고 있다. 하지만 아직도 본래의 의미로 쓰일 때도 있다.

| 예문 |

⇨ とてもそんなことはできないよ。(도저히 그런 일은 할 수 없어)

⇨ とても30歳とは見えない。(도저히 30세로는 보이지 않는다)

⇨ あの美しさはとても言葉では表現できない。
(저 아름다움은 도저히 말로는 표현할 수 없다)

⇨ こんな難しい問題はとても私には解けません。
(이런 어려운 문제는 도저히 나로서는 풀 수 없습니다)

⇨ 一度にこんなにたくさんの単語はとても覚えられません。
(한 번에 이렇게 많은 단어는 도저히 외울 수 없습니다)

[→ 이상, '도저히'의 뜻을 나타내는 용법]

⇨ とてもおいしいね。(아주 맛있군)

⇨ 今日はとても疲れた。(오늘은 무척 피곤하다)

⇨ とてもきれいな所です。(무척 아름다운 곳입니다)

⇨ あの映画はとても面白かった。(그 영화는 아주 재미있었다)

⇨ 今度の新入社員はとてもよく働く。(이번 신입사원은 매우 일을 잘한다)

[→ 이상, '아주, 무척, 매우'의 뜻을 나타내는 용법]

~とでもいうべき ⇨ ~라고나 해야 할

| 용법 | 인용을 나타내는 조사 「と」에 가볍게 예시하는 뜻을 지닌 부조사 「でも」가 접속되고 이어서 동사 「いう」에 당연함을 나타내는 문어체 조동사 「べし」의 연체형인 「べき」가 연결된 어구이다. 그 뒤에는 수식을 받는 명사가 오게 되는데 이러한 형태로 제시된 대상이 세상에 잘 알려진 대상에 비유될만하다고 하는 의미를 나타낸다.

| 접속 | 명사에 접속된다.

| 예문 |

⇨ 彼は映画の神様とでもいうべき存在である。

(그는 영화의 신이라고나 해야 할 존재이다)

⇨ 第二のモハメッド.アリとでもいうべきボクサーが現れた。

(제2의 모하메드 알리라고나 해야 할 복서가 나타났다)

⇨ わが部署の看板とでもいうべき田中課長が社長室へ行った。

(우리 부서의 간판이라고나 해야 할 다나카과장이 사장실로 갔다)

⇨ そこは東洋のパリとでもいうべき優雅な雰囲気の町である。

(그곳은 동양의 파리라고나 해야 할 우아한 분위기의 거리이다)

～とでもいおうか ⇨ ～라고나 할까?

| 용법 | 인용을 나타내는 조사 「と」에 가볍게 예시하는 뜻을 지닌 부조사 「でも」가 접속되고 이어서 동사 「いう」의 미연형인 「いお」에 조동사 「う」와 조사 「か」가 연결된 어구이다. 이러한 형태로 어떠한 대상의 성질이나 특징을 별도의 표현에 비우하여 설명하는 의미를 나타낸다. 이와 유사한 형태로는 「～とでもいえよう(～라고나 할 수 있을 것이다)」「～とでもいったらよいだろうか(～라고나 하면 좋을 것인가?)」등이 있다.

| 접속 | 명사나 활용어의 종지형에 접속된다.

| 예문 |

⇨ 学問の楽しみは、未知の世界を発見する喜びとでもいおうか。

(학문의 즐거움은 미지의 세계를 발견하는 기쁨이라고나 할까?)

⇨ 冷房のきいた部屋から外に出た時の感じは、まるで蒸し風呂に入った感じとでもいおうか。

(냉방이 된 방에서 밖에 나갔을 때의 느낌은 마치 한증막에 들어간 느낌이라고나 할까?)

⇨ そうした状況の中で、悪評高いとでもいおうか、世間を騒がせている映画が今上映中である。(그러한 상황 속에서 악평이 높다고나 할까? 세상을 떠들썩하게 하고 있는 영화가 지금 상영 중이다)

⇨ シルクの纖維としての素晴らしさは、気温や湿度の変化に対する絶妙なバランスにあるとでもいおうか。(실크의 섬유로서의 훌륭함은 기온이나 습도의 변화에 대한 절묘한 균형에 있다고나 할까?)

とてもじゃないが ⇨ 꼭 그런 건 아니지만

| 용법 | 「とても」는 '매우, 몹시, 대단히'의 뜻을 지닌 부사인데 「とても(매우)~じゃないが(~(한) 것은 아니지만)」의 연상에서 우리말의 '꼭 그런 건 아니지만'의 의미를 나타내는 것으로 생각된다. 이러한 형태로 최선을 다하면 못 할 것도 없지만 그래도 현재로서는 역부족이다, 라고 하는 정도의 의미를 나타낸다.

| 예문 |

⇨ とてもじゃないが、今としてはそれを引き受ける余裕はない。
(꼭 그런 건 아니지만 지금으로서는 그것을 받아들일 여유는 없다)

⇨ とてもじゃないが、そんな金はすぐには用意できやしない。
(꼭 그런 건 아니지만 그런 돈은 금방은 준비할 수 있는 건 아니다)

⇨ とてもじゃないが、小遣いだけでは遊園地に行けそうもない。
(꼭 그런 건 아니지만 용돈만으로는 유원지에 갈수 있을 것 같지도 않다)

⇨ いちいち気にしていたら、とてもじゃないが生きていかれません。
(일일이 신경을 쓴다면 꼭 그런 건 아니지만 살아갈 수가 없습니다)

とても ～ ない ⇨ 도저히 ～ (할 수) 없다

| 용법 | 진술부사 「とても」는 원래 뒤에 부정표현을 수반하여 '아무래도, 도저히'의 뜻을 나타내던 말인데 오늘에 이르러서는 '매우, 몹시, 대단히' 라는 뜻의 정도부사로 더 많이 쓰이고 있다. 하지만 아직도 본래의 의미용법으로 쓰일 때도 있어서 여기에서와 같이 뒤에 부정을 나타내는 조동사 「ない」와 호응하여 쓰이게 된다.

| 접속 | 가능동사의 미연형에 접속된다.

| 예문 |

⇨ あの美しさはとても言葉では表現できない。
(저 아름다움은 도저히 말로는 표현할 수 없다)

⇨ こんな難しい問題はとても私には解けない。
(이런 어려운 문제는 도저히 나로서는 풀 수 없다)

⇨ ここのカレーはあまりにまずくて、とても食べられない。
(이곳의 카레는 너무나 맛이 없어서 도저히 먹을 수가 없다)

⇨ 社長がすごく怒っているときは、どの誰もとても自分の主張を広げることが出来ない。(사장이 무척 화나 있을 때는 어느 누구도 도저히 자신의 주장을 펼 수가 없다)

～と共に ⇨ ～ 와(과) 함께

| 용법 | 조사 「と」에 '함께'의 뜻을 지닌 명사 「とも」와 조사 「に」가 접속된 어구이다. 주로 사람을 나타내는 명사와 함께 사용되어 그 사람과 어떠한 동작이나 작용을 공유한다고 하는 의미를 나타낸다. 대체로 문장체적인 어감을 자아내는 표현이다.

| 접속 | 명사에 접속된다.

| 예문 |

⇨ 仲間(なかま)とともに作業(さぎょう)に励(はげ)んでいる。(동료와 함께 작품에 힘쓰고 있다)

⇨ 夫(おっと)とともに幸(しあわ)せな人生(じんせい)を歩(あゆ)んできた。(남편과 함께 행복한 인생을 걸어왔다)

⇨ 彼(かれ)は家族(かぞく)と共(とも)に、シンガポールに行(い)くことになった。
(그는 가족과 함께 싱가포르에 가게 되었다)

⇨ 隣国(りんごく)とともに地域経済(ちいきけいざい)の発展(はってん)に努(つと)めている。
(이웃 나라와 함께 지역경제의 발전에 힘쓰고 있다)

～とともに ⇨ ～(함)에 따라

| 용법 | 조사 「と」에 '동시'의 뜻을 지닌 명사 「とも」와 조사 「に」가 접속된 어구이다. 이러한 형태로 한 쪽의 동작이나 변화에 따라서 다른 동작이나 변화가 일어난다고 하는 의미를 나타낸다. 대체로 문장체적인 어감을 자아내는 표현이다.

| 접속 | 동사종지형에 접속된다.

| 예문 |

⇨ 年(とし)をとるとともに記憶力(きおくりょく)が衰(おとろ)えてきた。(나이를 먹음에 따라 기억력이 쇠퇴해졌다)

⇨ テレビが普及(ふきゅう)するとともに、映画(えいが)は衰退(すいたい)した。
(텔레비젼이 보급됨에 따라 영화는 쇠퇴했다)

⇨ 地震(じしん)が発生(はっせい)するとともに津波(つなみ)が発生(はっせい)することがある。
(지진이 발생함에 따라 쓰나미가 발생하는 일이 있다)

⇨ 国(くに)の経済力(けいざいりょく)が発展(はってん)するとともに、国民(こくみん)の生活(せいかつ)も豊(ゆた)かになった。
(나라의 경제력이 발전함에 따라 국민의 생활도 윤택해졌다)

～と～ない ⇨ ～도～(하)지 않는다

|용법| 조사「と」가 앞에 배치되고 뒤에는 부정을 나타내는 조동사「ない」가 배치된 어구이다. 이러한 형태로 그 결과가 매우 미흡하거나 부족하다고 하는 의미를 나타낸다.

|접속| 조사「と」앞에는 짧은 기간이나 적은 양을 나타내는 말이 접속되고「ない」앞에는 동사미연형이 접속된다.

|예문|

⇨ 禁煙しようという彼の決心は三日と続かなかった。

(금연하려고 하는 그의 결심은 사흘도 지속되지 않았다)

⇨ あの人は気が短いから、5分と待っていられない。

(저 사람은 성격이 급하니까 5분도 기다리고 있을 수 없다)

⇨ あんなに宣伝したのに、参加者は10人と集まらなかった。

(그토록 선전했는데도 참가자는 10명도 모이지 않았다)

⇨ A：これだけビールを買っておけば大丈夫でしょう。

(이만큼 맥주를 사두면 괜찮을 겁니다)

B：いや、客が多いから1時間ともたないよ。

(아니, 손님이 많으니까 1시간도 가지 않아)

～となく ⇨ ～라 할 것도 없이

|용법| 인용을 나타내는 조사「と」에 형용사「ない」의 연용형인「なく」가 접속된 어구이다. 그 앞에는「何」「幾」와 같은 일정치 않은 수량을 나타내는 말과「人」「回」와 같은 조수사의 결합형태가 오게 되는데 이러한 형태로

그 수량이 꽤 많다고 하는 의미를 나타낸다. 이러한 표현은 대체로 문장체적이다.

| 예문 |

⇨ 原始林の中には、巨大な樹木が何本となく茂っている。

(원시림 속에는 거대한 수목이 몇 그루라 할 것도 없이 무성하다)

⇨ 彼は世界選手権には、すでに何回となく参加した経験をもっている。

(그는 세계선수권에는 이미 몇 번이라 할 것도 없이 참가한 경험을 지니고 있다)

⇨ パンが大好きで、今までずっとこのパン屋に何度となく通っています。

(빵을 무척 좋아해서 지금까지 줄곧 이 빵집에 몇 번이라 할 것도 없이 다니고 있습니다)

⇨ 公園のベンチには、若いカップルが幾組となく腰掛けて、愛を語り合っている。

(공원벤치에는 젊은 커플이 몇 쌍이라 할 것도 없이 앉아서 사랑을 서로 속삭이고 있다)

～となったら ⇨ ～(한)다고 할 것 같으면

| 용법 | 조사「と」에 동사「なる」와 과거를 나타내는 조동사「た」의 가정형인「たら」가 접속된 어구이다. 이러한 형태로 그러한 상황이 일어났다고 한다면, 이라는 가정의 의미를 나타낸다.

| 접속 | 활용어의 종지형에 접속된다.

| 예문 |

⇨ 引き受ける人が誰もいないとなったら、私がやるしかない。

(떠맡을 사람이 아무도 없다고 할 것 같으면 내가 하는 수밖에 없다)

⇨ 彼女がすでに他の人と結婚してしまったとなったら、もう諦めるしかない。

(그녀가 이미 다른 사람과 결혼하고 말았다고 할 것 같으면 이제 포기하는 수밖에 없다)

⇨ もし、一戸建ての家を建てるとなったら、銀行から相当の借金をしなければならない。(만약 단독주택을 짓는다고 할 것 같으면 은행에서 상당한 대출을 해야만 한다)

⇨ A：夫(おっと)が海外勤務(かいがいきんむ)となったんですよ。(남편이 해외근무를 하게 된 거에요)

B：そうですか。海外(かいがい)で生活(せいかつ)するとなったら、お子(こ)さんの学校(がっこう)のことなど、いろいろ大変(たいへん)ですね。(그렇습니까, 해외에서 생활한다고 할 것 같으면 자제분의 학교문제 등, 여러 가지로 큰일이군요)

～となっては ⇨ ～(하)게 되어서는

| 용법 | 조사「と」에 동사「なる」가 접속조사「て」에 접속되는 과정에서 음편현상을 일으킨「なって」가 접속되고 이어서 계조사「は」가 연결된 어구이다. 이러한 형태로 그러한 상황이 일어난 경우에 당연히 그에 뒤따라 일어날 수밖에 없는 부정적인 평가를 나타낸다.

| 접속 | 활용어의 종지형에 접속된다.

| 예문 |

⇨ 誰(だれ)も引(ひ)き受(う)けてくれないとなっては、自分(じぶん)でやるしかない。
(아무도 떠맡아주지 않게 되어서는 스스로 하는 수밖에 없다)

⇨ 病状(びょうじょう)がここまで進(すす)んだとなっては、もうどうすることもできない。
(병세가 여기까지 진전되게 되어서는 이제 어찌 할 수도 없다)

⇨ 全(すべ)てが終(お)わってしまったとなっては、じたばたしてもしかたがない。
(모든 것이 끝나버리게 되어서는 발버둥 쳐도 소용이 없다)

⇨ 子供(こども)たちだけで海外(かいがい)へ行(い)くとなっては、親(おや)としてはちょっと心配(しんぱい)になる。
(아이들끼리만 해외에 가게 되어서는 부모로서는 좀 걱정이 된다)

～となる ⇨ '～ 이(가) 되다', 변화의 결과에 초점이 놓여지는 용법

| 용법 | 동사「なる」앞에는 주로 조사「に」가 오게 되어있으나 경우에 따라서는 조사「と」가 오는 수도 있다. 이때는 사물이나 상태의 변화결과나 자격의 변화를 나타내는데 대체로 이와 같은 형태의「~となる」는「~になる」로 바꿔서 사용할 수 있으나「~になる」는 모두가「~となる」로 바꿀 수 없는 점에 주의하여야 한다.「~になる」가 단순히 결과가 발생하였음을 나타내는데 비하여「~となる」는 변화의 결과에 초점을 맞추는 한편 말하는 사람의 감정이 개입된다는 점에서 양자가 구별된다.

| 접속 | 명사나 형용동사의 어간에 접속된다.

| 예문 |

⇨ 彼はまだ二十歳なのに、もうすぐ一児の父となります。

(그는 아직 20살인데 이제 곧 한 아이의 아버지가 됩니다)

⇨ その法案には様々な問題があることが明らかとなった。

(그 법안에는 여러 가지 문제가 있음이 밝혀졌다)

⇨ 人々は次々に島を出て行き、ついにそこは無人島となった。

(사람들은 잇따라 섬을 나가 결국 거기는 무인도가 되었다)

⇨ まごができるのはうれしいけれど、おじいさんとなるのは全然うれしくないなあ。

(손자가 생기는 것은 기쁘지만 할아버지가 되는 것은 전혀 기쁘지 않네)

~となると ⇨ ~(한)다고 한다면

| 용법 | 조사「と」에 동사「なる」와 가정법을 나타내는 조사「と」가 접속된 어구이다. 이러한 형태로 그와 같은 상황이 전개된 경우에는, 이라는 의미를 나타낸다.

| 접속 | 활용어의 종지형에 접속된다.

| 예문 |

⇨ 医学部に進むとなると相当にお金がかかるだろう。

(의대에 진학한다고 한다면 상당히 돈이 들 것이다)

⇨ 実際に借りるとなると、どんな費用がどれくらいかかるか。

(실제로 빌린다고 한다면 어떤 비용이 얼마큼 들까?)

⇨ 仮に、このまま水不足が続くとなると営業時間を短縮しなければならなくなる。

(가령, 이대로 물 부족이 계속된다고 한다면 영업시간을 단축하지 않으면 안되게 된다)

⇨ この時間になっても帰っていないとなると、何かの事件に巻き込まれている可能性がある。(이 시간이 되어도 돌아와 있지 않다고 한다면 무언가의 사건에 말려들어 있을 가능성이 있다)

～となれば ⇨ ～(한)다고 할 것 같으면

| 용법 | 조사 「と」에 동사 「なる」와 가정법을 나타내는 조사 「ば」가 접속된 어구이다. 이러한 형태로 그러한 상황이 일어난다고 한다면, 이라는 의미를 나타낸다.

| 접속 | 활용어의 종지형에 접속된다.

| 예문 |

⇨ 検査して大丈夫だとなれば、安心して食べられます。

(검사해서 괜찮다고 할 것 같으면 안심하고 먹을 수 있습니다)

⇨ 結婚してから両親と同居するとなれば、今の家では狭すぎるだろう。

(결혼하고 나서 부모님과 동거한다고 할 것 같으면 지금의 집에서는 너무 좁을 것이다)

⇨ 彼が言ったことが全て嘘だとなれば、我々はまんまとだまされていたことになる。

(그가 말한 것이 모두 거짓말이라고 할 것 같으면 우리는 감쪽같이 속고 있었던 것이 된다)

⇨ 外国に住むとなれば、やはりその国の言葉ぐらいは勉強しておいたほうがよい。

(외국에 산다고 할 것 같으면 역시 그 나라의 말쯤은 공부해두는 편이 좋다)

～との ⇨ ～라는, ～(하)다는

|용법| 인용을 나타내는 조사 「と」에 연체격조사 「の」가 접속된 어구로 그 앞에는 다양한 말들이 오게 된다. 이러한 형태로 남의 말을 그대로 옮기거나 인용할 때에 한해서 쓰이는데 비교적 딱딱한 어감의 문장체에서 사용되는 경향이 있다.

|예문|

⇨ 先生から時間を守れとの注意を受けた。

(선생님으로부터 시간을 지키라는 주의를 받았다)

⇨ 彼女は水泳も上手で、頭もよいとの評判だ。

(그녀는 수영도 잘 하고 머리도 좋다는 평판이다)

⇨ 山田さんから花見に喜んで参加したいとの返事が来た。

(야마다씨로부터 꽃놀이에 기꺼이 참가하고 싶다는 답이 왔다)

⇨ 来月から一年間、札幌の支社に出向せよとの辞令を受けた。

(내달부터 일 년 간 삿포로의 지사에 파견가라는 사령을 받았다)

～とのことだ ⇨ ～라고 한다, ～(하)다고 한다

|용법| 인용을 나타내는 조사 「と」에 연체격조사 「の」가 접속되고 이어서 형식명사 「こと」와 단정을 나타내는 조동사 「だ」가 연결된 어구이다. 이러한 형태로 앞에 오는 내용을 요약하여 설명하는 의미를 나타내는데 주로 그 내용을 옮겨 말하는 전문이나 인용에만 사용된다고 하는 제약이 있다.

|접속| 활용어의 종지형에 접속된다.

| 예문 |

⇨ 北海道は大雪だとのことです。(홋카이도는 대설이라고 합니다)

⇨ 国の家族はみな元気でいるとのことだ。(고향의 가족은 모두 건강하다고 한다)

⇨ 中村さんは数学の勉強をしたいとのことでした。

(나카무라씨는 수학 공부를 하고 싶다고 했습니다)

⇨ 先週の新聞記事によると、大きな飛行機事故があったとのことだった。

(지난주 신문기사에 의하면 큰 비행기사고가 있었다고 했다)

| 참고 | 이와 유사한 표현으로 「～という話だ」「～との話だ」가 있다.

⇨ 来年修士論文を完成するだろうという話です。

(내년 석사논문을 완성할 것이라고 하는 겁니다)

⇨ 母からの電話によると、弟が結婚するとの話だった。

(어머니로부터 전화에 의하면 남동생이 결혼한다는 것이었다)

한편 답장편지의 경우에는 편지의 내용일부를 요약하여 표현할 때 「～とのこと」와 같은 표현을 즐겨 사용하는데 이 경우에는 우리말의 '～(하)셨다니, ～(하)신다는 것'정도에 해당된다.

⇨ コンクールで一位をおとりになったとのこと、本当によかったですね。

(콩쿠르에서 1위를 하셨다니 정말 잘되었군요)

⇨ 近く日本へおいでになるとのこと、とても楽しみにしております。

(근간 일본에 오신다니 매우 기대하고 있습니다)

～とは ⇨ '～ 란', 어떠한 정의나 주제를 나타내는 용법

| 용법 | 부조사 「とは」는 어떠한 정의나 주제를 표현할 때에 쓰이는 것인데 다소 딱딱한 느낌이 들어서 회화체에서는 그다지 사용되지 않는다. 회화체에

서는 이것 대신에 「～というのは」가 주로 사용된다.

|접속| 명사에 접속된다.

|예문|

⇨ ことばの意味(いみ)とはいったい何(なん)であろうか。(말의 의미란 대체 무엇인가?)

⇨ 「季語(きご)」とは、俳句(はいく)の、季節(きせつ)をあらわすことばである。
(‘계어’란 하이쿠의 계절을 나타내는 말이다)

⇨ 私費留学生(しひりゅうがくせい)とは、自分(じぶん)のお金(かね)で外国(がいこく)で勉強(べんきょう)する学生(がくせい)のことです。
(사비유학생이란 자신의 돈으로 외국에서 공부하는 학생을 말합니다)

⇨ 六三制(ろくさんせい)とは、小学校(しょうがっこう)6年(ねん)、中学校(ちゅうがっこう)3年(ねん)の義務教育(ぎむきょういく)の制度(せいど)のことである。
(육삼제란 초등학교 6년, 중학교 3년의 의무교육제도를 말한다)

～とは ⇨ ‘～ 하다니?!, ～ 라니?!’, 문말에서 가벼운 놀람이나 감탄을 나타내는 용법

|용법| 부조사 「とは」는 본래 명사에 접속되어 어떠한 정의나 주제를 표현할 때에 쓰이는 것이지만 이것이 문말에 와서 그 뒤의 술어가 생략된 형태로 쓰이게 되면 예상 밖의 일, 또는 가벼운 놀람이나 감탄의 의미를 나타내게 된다.

|접속| 활용어의 종지형에 접속된다.

|예문|

⇨ あの人(ひと)がこんな嘘(うそ)をつくとは。(저 사람이 이런 거짓말을 하다니?!)

⇨ 中学生(ちゅうがくせい)の君(きみ)にその問題(もんだい)が解(と)けたとは。(중학생인 너에게 그 문제가 풀렸다니?!)

⇨ 普段(ふだん)、まじめだった彼女(かのじょ)があのような犯罪(はんざい)を犯(おか)すとは。
(평소 성실했던 그녀가 저와 같은 범죄를 저지르다니?!)

⇨ 社会的地位もある男が、済んでしまったことをいつまでもくよくよ言い続けているとは。(사회적 지위도 있는 남자가, 끝나버린 일을 언제까지나 자꾸 되풀이해서 말하다니?!)

| 참고 | 하지만 실제회화에서는 다음과 같이 뒤의 술어가 제시되는 경우도 많다.

⇨ 一人で5種目も優勝とは、まったく驚いた。

(혼자서 5종목이나 우승하다니 아주 놀랐다)

⇨ 全員そろって授業をサボるとはあきれた学生達だ。

(전원이 다함께 수업을 빼먹다니 어처구니없는 학생들이다)

～とは ⇨ ～(한)다는 건

| 용법 | 부조사 「とは」는 본래 어떠한 정의나 주제를 표현할 때에 쓰이지만 때로는 상대가 한 말을 그대로 인용하는 뜻으로도 쓰인다. 즉 상대의 발언에 대한 진의를 확인하거나 그에 대한 말하는 사람의 평가를 나타낸다.

| 접속 | 활용어의 종지형에 접속된다.

| 예문 |

⇨ A：このお話、なかったことにしてください。

(이 이야기, 없었던 것으로 해 주십시오)

B：なかったことにするとはどういうことですか。

(없었던 것으로 한다는 건 무슨 말입니까?)

⇨ A：田中さん、会社退職するそうですよ。

(다나카씨, 회사 퇴직한다는 거에요)

B：えっ、退職するとは、結婚するということですか。

(예? 퇴직한다는 건 결혼한다는 것입니까?)

⇨ A：その間、お世話になりました。(그 동안 신세졌습니다)

B：お世話になりましたとは、もう帰ってこないということなのか。

(신세졌습니다 라는 건 이제 돌아오지 않는다는 건가?)

⇨ A：夫が海外勤務するようになったんですよ。(남편이 해외근무를 하게 된 거에요)

B：海外勤務するようになったんですよとは、旦那さん、単身赴任なさるということですか。

(해외근무하게 된 거에요 라는 건 남편 분, 홀로 부임하신다는 것입니까?)

~とはいいながら ⇨ ~ 라고는 하면서도

|용법| 인용을 나타내는 조사 「と」에 계조사 「は」가 접속되고 이어서 동사 「いう」의 연용형인 「いい」가 조사 「ながら」와 결합된 「いいながら」가 연결된 어구이다. 그 앞에는 다양한 말들이 오게 되는데 이러한 형태로 그 앞에 오는 내용을 인정하기는 하면서도 그에 상응할 수 없다고 하는 의미를 나타낸다.

|예문|

⇨ 分かっているとはいいながら、やはり別れはつらいものだ。

(알고 있다고는 하면서도 역시 이별은 쓰라린 것이다)

⇨ もう過去のこととはいいながら、なかなかあきらめられない。

(이미 과거의 일이라고는 하면서도 좀처럼 포기할 수 없다)

⇨ 辞める辞めるとはいいながら、なかなか辞めない社員がいます。

(그만둔다 그만둔다고는 하면서도 좀처럼 그만두지 않는 사원이 있습니다)

⇨ 過ぎたことは悔やんでも仕方がないとはいいながら、思い出すとつい涙が出てしまう。(지나간 일은 후회해도 어쩔 수 없다고는 하면서도 생각이 나면 그만 눈물이 나오고 만다)

~とはいうものの ⇨ ~라고는 하나

| 용법 | 인용을 나타내는 조사 「と」에 계조사 「は」가 접속되고 이어서 동사 「いう」와 역접을 나타내는 접속조사 「ものの」가 결합된 어구이다. 이러한 형태로 일반적으로 생각할 수 있는 사항과는 상반되는 결과를 나타낸다.

| 접속 | 명사나 활용어의 종지형에 접속된다.

| 예문 |

⇨ 四月(しがつ)とはいうものの風(かぜ)がつめたく、桜(さくら)もまだだ。

(4월이라고는 하나 바람이 차고 벚꽃도 아직 피지 않았다)

⇨ 相手(あいて)は子供(こども)とはいうものの、なかなか手(て)ごわい。

(상대는 어린이라고는 하나 꽤나 만만치 않다)

⇨ 夜明(よあ)けが素晴(すば)らしいとはいうものの、そんな早(はや)くは行(い)けません。

(먼동이 멋지다고는 하나 그렇게 일찍 갈 수는 없습니다)

⇨ 人間(にんげん)は平等(びょうどう)だとはいうものの、この世(よ)は不平等(ふびょうどう)なことばかりだ。

(인간은 평등하다고는 하나 이 세상은 불평등한 일뿐이다)

~とはいえ ⇨ ~라고는 하나

| 용법 | 인용을 나타내는 조사 「と」에 계조사 「は」가 접속되고 이어서 동사 「いう」의 명령형인 「いえ」가 결합된 어구이다. 이러한 형태로 전항을 사실상 인정하고는 그에 상반되는 사항을 후항에 제시하는 의미를 나타낸다.

| 접속 | 명사나 활용어의 종지형어 접속된다.

| 예문 |

⇨ 仕事(しごと)が山(やま)のようにあって、日曜日(にちようび)とは言(い)え、出社(しゅっしゃ)しなければならない。

(일이 산더미 같이 있어서 일요일이라는 하나 출근하지 않으면 안 된다)

⇨ 任務とは言えあの南極で長い冬を越すのは大変なことだろう。

(임무라고는 하나 저 남극에서 긴 겨울을 넘기는 것은 대단한 일일 것이다)

⇨ 毎日遅刻せずに会社に来るとは言え、その仕事ぶりはひどいといったらない。

(매일 지각하지 않고 회사에 온다고는 하나 그 일하는 태도는 심하기 짝이 없다)

⇨ 小学校でも、よく適応しているとはいえ、言葉が不自由であることは、この子にとってどんなに大きな負担でしょう。(초등학교에서도 잘 적응하고 있다고는 하나 말이 부자유스러운 것은 이 아이에 있어서는 얼마나 큰 부담이겠습니까?)

|참고| 이와 유사한 어구로 「～とはいっても」「～とはいうものの」「～とはいいながら」가 있다. (해당항목 참고)

⇨ ラジウムを見つけたとはいっても、まだ、誰にもその実物を見せてくれないではないか。

(라듐을 발견했다고 해도 아직 누구에게도 그 실물을 보여주지 않는 것은 아닌가?)

⇨ この小説は、読んだことがあるとはいうものの、二十年も前のことなのでどんな筋かよく覚えていない。

(그 소설은 읽은 적이 있다고는 하나 20년이나 전의 일이므로 어떤 줄거리인지 제대로 기억하고 있지 않다)

～とはうってかわって ⇨ ～ 와(과)는 딴판으로

|용법| 복합조사 「とは」에 무언가가 완전히 바뀌는 것을 나타내는 동사 「うってかわる」와 접속조사 「て」에 접속되는 과정에서 음편현상을 일으킨 「うってかわって」가 연결된 어구이다. 이러한 형태로 이전의 상태와는 전혀 다른 별도의 상태로 변하였음을 나타낸다.

|접속| 명사에 접속된다.

|예문|

⇨ 父は若い時とはうってかわって、とても優しくなった。

(아버지는 젊을 때와는 딴판으로 무척 부드러워졌다)

⇨ 今日の金沢は昨日まではうってかわって、雨模様です。

(오늘의 가나자와는 어제까지와는 딴판으로 비가 올 것 같습니다)

⇨ 社長はこれまでとはうってかわって、強硬な態度に出てきた。

(사장은 이제까지와는 딴판으로 강경한 태도로 나왔다)

⇨ 村は昔の姿とはうってかわって、近代的なビルが立ち並んでいる。

(마을은 옛 모습과는 딴판으로 근대적인 빌딩이 늘어서 있다)

~とは(も)限らない ⇨ ~(하)다고는(도) 할 수 없다

|용법| 복합조사 「とは」에 동사 「限る(한정하다, 특정하다)」의 미연형인 「限ら」와 부정을 나타내는 「ない」가 이어진 어구이다. 이러한 형태로 주로 문말에 위치하여 부분부정의 의미를 나타낸다.

|접속| 명사나 활용어의 종지형에 접속된다.

|예문|

⇨ 金持ちが幸福とは限らない。(부자가 행복하다고는 할 수 없다)

⇨ やせている人が、体がよわいとは限りません。

(마른 사람이 몸이 약하다고는 할 수 없습니다)

⇨ 好きだからと言って、上手とは限らないでしょう。

(좋아한다고 해서 잘한다고는 할 수 없겠지요)

⇨ 大学へ入ったからといって、立派な人間になれるとは限らない。

(대학에 들어갔다고 해서 훌륭한 인간이 될 수 있다고는 할 수 없다)

⇨ 習慣や考え方は人によって異るので、自分にとっての常識は他人にとっての非常識でないともかぎらない。(습관이나 사고방식은 사람에 따라 다르기 때문에 자신에게 있어서의 상식은 타인에게 있어서의 몰상식이 아니라고도 할 수 없다)

～とばかり(に) ⇨ ～(하)기라도 하듯이

| 용법 | 인용을 나타내는 조사 「と」에 부조사 「ばかり」가 접속된 어구이다. 이러한 형태로 어떠한 사항을 말로는 표현할 수 없으나 아무래도 그럴 것 같은 심경을 표현하는 경우에 사용된다. 때로는 조사 「に」가 접속되어 「～とばかりに」로 쓰일 때도 있으나 그 의미용법은 같다.

| 접속 | 명사나 활용어의 종지형, 그리고 일부의 조사에 접속된다.

| 예문 |

⇨ 今がチャンスとばかり、チャンピオンは猛烈な攻撃を開始した。
(지금이 찬스이기라도 하듯이 챔피언은 맹렬한 공격을 개시했다)

⇨ 子どもはお母さんにうれしいとばかりにだきついた。
(아이들은 어머니에게 기쁘기라도 하듯이 안겼다)

⇨ 私が話しかけたら、あの人はいやだとばかりによこを向いてしまった。
(내가 말을 걸었더니 저 사람은 싫기라도 하듯이 옆으로 향해버렸다)

⇨ 父親が帰ると、待っていたとばかりに娘はおみやげをねだった。
(아버지가 돌아오자 기다리고 있었기라도 하듯이 딸은 선물을 졸라댔다)

⇨ もう二度と来るなとばかりに私の目の前でピシャッと戸を閉めた。
(이제 두 번 다시 오지 말라는 듯이 내 눈 앞에서 탁하고 문을 닫았다)

⇨ 山田さんは、意見を求められると、待っていましたとばかりに自分の説を展開し始めた。(야마다씨는 의견을 요청받자 기다리고 있었기라도 하듯이 자신의 설을 전개하기 시작했다)

|참고| 이러한 용법의 「ばかり」는 회화체에서 종종 「ばっかり」로 발음되기도 한다.

~とばかり思っていた ⇨ ~ 라고만 생각하고 있었다

|용법| 인용을 나타내는 조사 「と」에 한정을 나타내는 부조사 「ばかり」가 접속되고 이어서 동사 「おもう」와 보조동사 「ていた」가 연결된 어구이다. 이러한 형태로 잘못 생각하고 있었던 일에 대하여 어떠한 계기로 그것이 착각이었다고 하는 의미를 나타낸다.

|접속| 명사나 활용어의 종지형에 접속된다.

|예문|

⇨ 試験は来週だとばかり思っていたら、今週の金曜日だった。
(시험은 다음 주라고만 생각하고 있었는데 이번 주 금요일이었다)

⇨ もう一度彼女に会えるとばかり思っていたが、結局会えなかった。
(다시 한 번 그녀를 만날 수 있을 거라고만 생각하고 있었는데 결국 만날 수 없었다)

⇨ 山田さんは独身だとばかり思っていたが、もうお子さんが二人もあるそうだ。
(야마다씨는 독신이라고만 생각하고 있었는데 이미 자녀가 두 명이나 있다고 한다)

⇨ A：昨日はどうしてパーティーに来なかったんですか。
(어제는 어째서 파티에 오지 않은 겁니까?)
B：えっ、昨日だったんですか。明日だとばかり思っていました。
(예? 어제였던 겁니까? 내일이라고만 생각하고 있었습니다)

~とばかりはいえない ⇨ ~ (하)다고만은 할 수 없다

|용법| 그 앞의 내용을 나타내는 조사 「と」에 한정을 나타내는 부조사 「ばかり」

와 계조사 「は」가 접속되고 이어서 동사 「言う」의 가능동사인 「言える」에 부정의 조동사 「ない」가 연결된 어구이다. 이러한 형태로 예외적인 사항이 있을 수 있으며 따라서 한 번에 정할 수는 없다고 하는 의미를 나타낸다.

|접속| 활용어의 종지형에 접속된다.

|예문|

⇨ 一概にマンガが悪いとばかりは言えない。
(일괄적으로 만화가 나쁘다고만은 할 수 없다)

⇨ 夫婦の間に愛情がなくなったら, 別れた方がよいとばかりは言えないと思います。
(부부간에 애정이 없어지면 헤어지는 편이 좋다고만은 할 수 없다고 생각합니다)

⇨ 日本と比べてイギリスの生活が豊かで素晴らしいとばかりは言えない部分も多い。
(일본과 비교해서 영국의 생활이 풍족하고 멋지다고만은 할 수 없는 부분도 많다)

⇨ 一流大学を出て、一流企業に勤めているからといって、人間としてりっぱだとばかりはいえない。(일류대학을 나와 일류기업에 근무하고 있다고 해서 인간으로서 훌륭하다고만은 할 수 없다)

~とは ~ないまでも ⇨ ~ 라고는 ~ (할) 수 없더라도

|용법| 그 앞의 내용을 나타내는 조사 「と」에 계조사 「は」가 접속되고 이어서 부정의 조동사 「ない」와 「までも」가 연결된 어구이다. 이러한 형태로 가장 바람직한 사항에 버금가는 차선책의 사항을 제시하는 의미를 나타낸다.

|접속| 「~とは」앞에는 명사나 동사종지형이, 「~までも」앞에는 동사미연형이 접속된다.

|예문|

⇨ 完全とは言い切れないまでも、元の姿を取り戻した。

(완전하다고는 잘라 말할 수 없더라도 원래의 모습을 되찾았다)

⇨ カップルとは言い切れないまでも、切っても切れない二人だ。

(커플이라고는 잘라 말할 수 없더라도 끊을 레야 끊을 수 없는 두 사람이다)

⇨ 新しいダムの建設に住民の反対も大きい。国は計画を中止するとは言えないまでも、もう一度見直さざるを得ないだろう。

(새로운 댐 건설에 주민의 반대도 크다. 국가는 계획을 중지한다고는 말할 수 없더라도 다시 한 번 검토하지 않을 수 없을 것이다)

～と見えて ⇨ ～ 인(한) 모양으로

| 용법 | 조사 「と」에 동사 「みえる(보이다)」의 연용형 「みえ」와 접속조사 「て」가 접속된 어구이다. 이러한 형태로 주어진 상황에 대하여 말하는 사람이 나름대로 추측하는 의미를 나타낸다.

| 접속 | 명사나 활용어의 종지형에 접속된다.

| 예문 |

⇨ 隣の家は留守とみえて、ドアの前に数日分の新聞がたまっている。

(옆집은 부재중인 모양으로 문 앞에 며칠분의 신문이 쌓여있다)

⇨ 誰でもテレビをよく見るとみえて、テレビのことなら誰でも知っている。

(누구나 TV를 자주 보는 모양으로 TV의 내용이라면 누구나 알고 있다)

⇨ ゆうべ雨がひどく降ったとみえて、あちこちに水たまりができている。

(어젯밤 비가 많이 온 모양으로 여기저기 물구덩이가 생겨있다)

⇨ 月末になるとみんなお金がないと見えて、会社の食堂では安いものがよく売れる。(월말이 되면 모두 돈이 없는 모양으로 회사식당에서는 싼 것이 잘 팔린다)

～と見える ⇨ ～(한) 모양이다

| 용법 | 조사 「と」에 동사 「みえる」가 접속된 어구이다. 이러한 형태로 자신이 관찰한 것을 토대로 혼잣말 하듯이 추측하는 의미를 나타낸다. 회화체에서도 사용되나 오히려 문장체에서 더 사용될 법한 표현이다.

| 접속 | 활용어의 종지형에 접속된다.

| 예문 |

⇨ 母(はは)はたいへん驚(おどろ)いたとみえて、しばらく口(くち)をきかなかった。
(어머니는 무척 놀란 모양으로 한동안 말을 하지 않았다)

⇨ 今日(きょう)の田中君(たなかくん)はやけに気前(きまえ)がいい。何(なに)かいいことがあったとみえる。
(오늘의 다나카군은 아주 선심이 좋다. 뭔가 좋은 일이 있었던 모양이다)

⇨ 今度(こんど)の事件(じけん)については、あまりニュースの価値(かち)がないとみえて、新聞(しんぶん)では思(おも)ったより書(か)き立(た)てなかった。(이번 사건에 대해서는 그다지 뉴스의 가치가 없는 모양으로 신문에서는 생각했던 것보다 특필하지 않았다)

⇨ 花子(はなこ)は、先生(せんせい)にほめられた絵(え)を会(あ)う人(ひと)ごとに見(み)せている。ほめられたことがよほどうれしかったとみえる。(하나꼬는 선생님에게 칭찬받은 그림을 만나는 사람마다 보여주고 있다. 칭찬받은 것이 무척이나 기뻤던 모양이다)

～とも ⇨ '～(해)도', 「～ても」와 같은 기능의 용법

| 용법 | 접속조사 「とも」는 「～ても」와 같은 의미와 용법을 지닌 조사이기는 하나 다소 격식을 차리는 경우에 주로 문장체에서 사용된다.

| 접속 | 형용사의 연용형(「く」형)에 접속된다.

| 예문 |

⇨ 親はなくとも子は育つものだ。(부모는 없어도 아이는 자라는 법이다)

⇨ 母はどんなに辛くとも、決してぐちを言わなかった。
(어머니는 아무리 힘들어도 결코 불평을 하지 않았다)

⇨ 田中さんの送別会には、少なくとも30人は集まるだろう。
(다나카씨의 송별회에는 적어도 30명은 모일 것이다)

⇨ どんなに苦しくとも、最後まで諦めないで頑張るつもりだ。
(아무리 괴로워도 마지막까지 포기하지 않고 분발할 생각이다)

~とも ⇨ ~(하)고 말고

| 용법 | 「とも」는 한편으로 문말에 위치하는 종조사로도 쓰여서 상대의 말을 쾌히 받아들이거나 자신의 의향을 단정적으로 강조하는 기분을 나타낸다.

| 접속 | 활용어의 종지형에 접속된다.

| 예문 |

⇨ A：君も行くか。(너도 가나?)
B：行くとも。(가고말고)

⇨ A：それでいいかえ。(그것으로 괜찮은가?)
B：いいとも。(좋고말고)

⇨ A：君が実際見たのか。(자네가 실제로 본 건가?)
B：見たとも、見たとも。(봤고말고, 봤고말고)

⇨ A：確かにそうかえ。(확실히 그런가?)
B：そうですとも。(그렇고말고요)

⇨ A：どうだ、あしたまた来てもらえるかね。(어때, 내일 또 와줄 수 있겠나?)
B：よろしゅうございますとも。(좋고말고요)

～とも ⇨ (두(세) 사람) 다

|용법| 접미어 「とも」는 사람 수를 나타내는 말에 접속하여 그 사람들 전부를 나타낸다.

|접속| 사람 수를 나타내는 명사에 접속된다.

|예문|

⇨ 私の一家は両親とも東京っ子です。(우리 집안은 부모님 다 도쿄출신입니다)

⇨ 今回の試験には友だち四人とも合格した。(이번 시험에는 친구 넷 다 합격했다)

⇨ 聞いた話によると、三人ともげんきだそうだ。
(들은 이야기에 의하면 세 사람 다 건강하단다)

⇨ 夫婦は、二人とも六十過ぎだというのに、まだ子どもがない。
(부부는 둘 다 60을 넘겼다고 하는데도 아직 아이가 없다)

～ども ⇨ '～(해)도', 역접관계를 나타내는 접속조사의 용법

|용법| 접속조사 「ども」는 주로 문장체에서만 쓰이는 것으로 두 개의 문이 역접관계에 있음을 나타낸다. 현재는 관용적인 용법이나 「～といえども」의 형태이외에는 그다지 사용되지 않는다.

|접속| 동사의 어미 「う」단을 「え」단으로 바꾼 형태에 접속된다.

|예문|

⇨ 笛吹けども踊らず。(피리를 불어도 춤추지 않는다(멍석을 깔아도 춤추지 않는다)

⇨ 声はすれども、姿は見えず。(소리는 나도 모습은 보이지 않는다)

⇨ 振り向いて見れども、そこにはだれもいなかった。
(뒤돌아봐도 거기에는 아무도 없었다)

⇨ 親は子供が漫画を読むのを快く思わない。しかし、漫画といえども立派な文化の産物である。(부모는 아이가 만화를 읽는 것을 탐탁하게 생각하지 않는다. 그러나 만화라고 해도 훌륭한 문화의 산물이다)

~ともあろうもの(人、人物)が ⇨ ~ 쯤이나 되는 자(사람, 인물)가

| 용법 | 격조사 「と」를 강조한 복합조사 「とも」에 동사 「ある」의 미연형인 「あろ」와 조동사 「う」가 접속되고 이어서 사람을 나타내는 「もの」와 주격조사 「が」가 연결된 어구이다. 이러한 형태로 주로 사회적인 지위나 입장 등을 나타내는 명사에 접속되어 그 사람이 그러한 신분에 맞지 않는 행동을 했음을 부정적으로 표현한다. 그 뒤에는 놀라움이나 분노, 불신 등을 나타내는 표현이 오는 것이 보통이다.

| 접속 | 사회적인 지위나 입장을 나타내는 명사에 접속된다.

| 예문 |

⇨ 長官ともあろうものが、賄賂を受け取るとは驚いた。
(장관쯤이나 되는 자가 뇌물을 받다니 놀랐다)

⇨ 警察官ともあろうものが、強盗をはたらくとは何ということだろう。
(경찰관쯤이나 되는 자가 강도짓을 하다니 어찌된 일인가?)

⇨ 母親ともあろうものが、生まれた自分の子供をゴミ箱に捨てるとは、まったく恐ろしい話だ。(어머니쯤 되는 사람이 태어난 자신의 아이를 쓰레기통에 버린다는 것은 너무 무서운 이야기이다)

⇨ 国会議員ともあろう人物がこのような巨額の脱税を平気で行うのだから、議員のモラルも低下したものである。(국회의원쯤이나 되는 인물이 이와 같은 거액의 탈세를 아무렇지도 않게 하는 거니까, 의원의 도덕도 저하된 것이다)

~ともいうべき ⇨ ~ 라고나 해야 할

| 용법 | 격조사 「と」를 강조한 복합조사 「とも」에 동사 「いう」가 접속되고 이어서 당연함을 나타내는 문어체의 조동사 「べし」의 연체형인 「べき」가 연결된 어구이다. 그 뒤에는 수식을 받는 명사가 오게 되는데 이러한 형태로 제시된 대상이 세상에 잘 알려진 대상에 비유될만하다고 하는 의미를 나타낸다.

| 접속 | 명사에 접속된다.

| 예문 |

⇨ 彼は映画の神様ともいうべき存在である。
(그는 영화의 신이라고나 해야 할 존재이다)

⇨ 第二のモハメッド.アリともいうべきボクサーが現れた。
(제2의 모하메드 알리라고나 해야 할 복서가 나타났다)

⇨ そこは東洋のパリともいうべき優雅な雰囲気の町である。
(그곳은 동양의 파리라고나 해야 할 우아한 분위기의 거리이다)

⇨ かつて、強制の時代ともいうべき悲劇的な時代があった。
(일찍이 강제시대라고나 해야 할 비극적인 시대가 있었다)

~ともなく ⇨ ~ 인가 모르게

| 용법 | 격조사 「と」가 강조된 「とも」에 형용사 「ない」의 연용형인 「なく」가 접속된 형태로 하나의 단어처럼 쓰이는 어구이다. 그 앞에는 「どこ、いつ、だれ、どちら」와 같은 의문사와 조사의 결합형태가 오게 되는데 이러한 형태로 확실하지 않은 장소, 시간, 사람 등을 나타낸다.

| 예문 |

⇨ どこからともなく、花の香りが漂っている。

(어디서부터인가 모르게 꽃향기가 감돌고 있다)

⇨ 明くる朝、旅人はどこへともなく立ち去って行った。

(다음날 아침, 나그네는 어디로인가 모르게 떠나갔다)

⇨ 誰からともなく拍手が起こり、やがて会場は拍手喝采の渦に包まれた。

(누구로부터인가 모르게 박수가 나와 이윽고 회장은 박수갈채의 소용돌이에 휩싸였다)

⇨ 生徒たちは夜遅くまで騒いでいたが、いつともなくそれぞれの部屋に戻っていった。(학생들은 밤늦게까지 떠들고 있었으나 어느 샌가 모르게 각자의 방으로 돌아갔다)

～ともなく ⇨ ～(할) 생각도 없이

| 용법 | 격조사 「と」가 강조된 「とも」에 형용사 「ない」의 연용형인 「なく」가 접속된 형태로 하나의 단어처럼 쓰이는 어구이다. 그 앞에는 불확실성으로 인하여 뚜렷하게 의사표시를 할 수 없는 상황임을 나타내는 표현이 오게 되는데 이러한 형태로 그러한 동작이 뚜렷한 의도나 목적이 없이 이루어졌다고 하는 의미를 나타낸다.

| 접속 | 동사종지형에 접속된다.

| 예문 |

⇨ どこへ行くともなく家を出ました。(어디에 갈 생각도 없이 집을 나왔습니다)

⇨ 今日の日曜日は何するともなく、一日じゅうぼんやり過ごしてしまいました。

(오늘 일요일에는 뭐 할 생각도 없이 하루 종일 멍하니 지내고 말았습니다)

⇨ 何を買うともなく、デパートの中をごろごろしていたら、友人と会った。

(무엇을 살 것도 없이 백화점 안을 어슬렁거리고 있자니 친구와 만났다)

⇨ ファッション雑誌を読むともなくページをめくっていると、きのうデパートで見た服

と同じ服が載っていた。(패션잡지를 읽을 생각도 없이 페이지를 넘기고 있으니까 어제 백화점에서 본 옷과 같은 옷이 실려 있었다)

~ともなしに ⇨ ~(할) 생각도 없이

| 용법 | 격조사「と」가 강조된「とも」에 형용사「ない」의 문어체인「なし」와 조사「に」가 접속된 형태로 하나의 단어처럼 쓰이는 어구이다. '특별히~(할) 생각도 없이'정도의 의미를 나타내는 말인데 그 앞에는 불확실성으로 인하여 뚜렷하게 의사표시를 할 수 없는 상황임을 나타내는 표현이 오게 된다.

| 접속 | 동사종지형에 접속된다.

| 예문 |

⇨ どこへ行くともなしに家を出ました。
(어디로 갈 생각도 없이 집을 나왔습니다)

⇨ 見るともなしに見ると、庭に誰かが立っているのです。
(볼 생각도 없이 보니까 정원에 누군가가 서 있는 겁니다)

⇨ ラジオから流れてくる日本の民謡を聞くともなしに聞いていると、何だか懐かしい気分になった。(라디오에서 흘러나오는 일본민요를 들을 생각도 없이 듣고 있자니 왠지 그리운 느낌이 들었다)

⇨ ショーウィンドウを見るともなしに見ていたら「何かおさがしですか」と、店員が声をかけた。(쇼윈도를 볼 생각도 없이 보고 있었더니 '뭔가 찾으시는 물건이 있으십니까'하고 점원이 말을 걸었다)

~ともなると ⇨ ~쯤 되면

| 용법 | 격조사 「と」가 강조된 「とも」에 동사 「なる」와 가정법을 만드는 조사 「と」가 결합된 어구이다. 주로 시간이나 연령, 또는 신분이나 지위 등을 나타내는 말에 접속되어 그러한 상황이나 입장일 경우에는 당연히 그에 상응하는 결과나 변화, 또는 평가가 있다고 하는 의미를 나타낸다.

| 접속 | 명사에 접속된다.

| 예문 |

⇨ プロの選手ともなるとさすがに実力が違うようだ。
(프로선수쯤 되면 과연 실력이 다른 것 같다)

⇨ 超高級なレストランともなると、値段も高いだろう。
(최고급 레스토랑쯤 되면 가격도 비쌀 것이다)

⇨ さすがに一流の歌手ともなると違う。1回の出演料が数百万円だという。
(과연 일류 가수쯤 되면 다르다. 일회 출연료가 수백만 엔이라고 한다)

⇨ 日本での生活も10年ともなると、相手が黙っていてもイエスかノーか分かるようになる。(일본에서의 생활도 10년쯤 되면 상대가 잠자코 있어도 예스인지 노인지 알게 된다)

| 참고 | 이와 유사한 어구로 「～ともなれば」가 있다.

⇨ 主婦ともなれば、独身時代のような自由な時間はなくなる。
(주부쯤 되면 독신시절과 같은 자유로운 생활은 없어진다)

⇨ 9月ともなると、真夏の暑さはなくなり過ごしやすくなる。
(9월쯤 되면 한 여름의 더위는 사라지고 지내기 수월해진다)

～とやら ⇨ '～ 인가', 불확실함을 나타내는 용법

| 용법 | 조사 「と」에 부조사 「やら」가 접속하여 구성된 것으로 정확하게 기억하지 못하는 이름 등에 붙여서 그것을 확실하게 지칭하여 말할 수 없다고 하

는 의미를 나타낸다.

| 접속 | 명사에 접속된다.

| 예문 |

⇨ 例の花子さんとやらとは、うまくいっていますか。

(그 하나꼬씨인가 하는 사람하고는 잘 지내고 있습니까)

⇨ 田中さんとやらおっしゃるかたがいらっしゃいました。

(다나카씨인가 하시는 분이 오셨습니다)

⇨ 留守中に佐藤さんとやらいう人から電話がありました。

(부재중에 사토씨인가 하는 사람으로부터 전화가 왔었습니다)

⇨ 娘が「ムサカ」とやらいうギリシャ料理を作ってくれました。

(딸이 '무사카'인가 하는 그리스요리를 만들어 주었습니다)

~とやら ⇨ ~(했)다던가 했다

| 용법 | 조사「と」에 부조사「やら」가 접속하여 구성된 것으로 남에게서 전해들은 사항에 붙여서 말하는 사람의 기억이 애매함을 나타낸다. 언제나 문말에 위치하여 사용되는데 주로 문장체에서 사용된다.

| 접속 | 활용어의 종지형에 접속된다.

| 예문 |

⇨ 私の答案を見て、先生がびっくりした顔をしていたとやら。

(내 답안을 보고 선생님이 놀란 얼굴을 하고 있었다던가 했다)

⇨ 結局あの二人は結婚して、田舎で仲良く暮しているとやら。

(결국 그 두 사람은 결혼해서 시골에서 사이좋게 살고 있다던가 했다)

⇨ その後、彼はどこへともなく立ち去ってしまったとやら。

(그 후, 그는 어딘가로 사라져 버렸다던가 했다)

～とよかったのに(んだが) ⇨ ～(했)으면 좋았을걸(텐데)

| 용법 | 가정법을 나타내는 조사 「と」에 형용사 「よい」의 과거형인 「よかった」와 접속조사 「のに」가 접속되거나 또는 형식명사 「ん」과 단정을 나타내는 조동사 「だ」, 그리고 역접을 나타내는 조사 「が」가 결합된 「んだが」가 접속된 어구이다. 이러한 형태로 실제로는 일어나지 않았거나 현실적으로 기대에 반하는 일이 일어난 경우, 이것을 유감스럽게 생각하거나 이에 대하여 상대방을 비난하는 기분을 나타낸다.

| 접속 | 활용어의 종지형에 접속된다.

| 예문 |

⇨ 本当のことを言ってくれるとよかったのに。(사실을 말해주면 좋았을 걸)

⇨ 学生がもっと積極的だとよかったのに。(학생이 더 적극적이면 좋았을 걸)

⇨ この部屋、もう少し日当たりがいいとよかったんだが。
(이 방, 좀 더 햇볕이 잘 들면 좋았을 텐데)

⇨ A：とても楽しい旅行だったわよ。あなたも来るとよかったのに。
(무척 즐거운 여행이었어. 당신도 왔으면 좋았을 걸)
B：行けるとよかったんだが、急用ができてしまってね。
(갈 수 있었으면 좋았을 텐데 급한 일이 생겨버려서 말이야)

な

～な ⇨ '～(하)지마라', 금지를 나타내는 용법)

| 용법 | 종조사 「な」는 주로 회화체에서 사용되는 조사로 금지의 의미를 나타낸다.

| 접속 | 동사의 종지형에 접속된다.

| 예문 |

⇨ けんかをするな。(싸움을 하지 마라)

⇨ この機械にさわるな。(이 기계에 손을 대지 마라)

⇨ 道路で遊ぶな。(도로에서 놀지 마라)

⇨ ろうかを走るな。(복도를 뛰지 마라)

⇨ 人のものをとるな。(남의 것을 갖지 마라)

⇨ 声を出して泣くな。(소리를 내어서 울지 마라)

⇨ これを食べるな。(이것을 먹지 마라)

⇨ 人の手紙を読むな。(남의 편지를 읽지 마라)

⇨ ここへは二度と来るな。(여기로는 두 번 다시 오지 마라)

⇨ 今日は天気が悪いから、どこへも行くな。(오늘은 날씨가 나쁘니까 어디에도 가지 마라)

| 참고 | 한편, 종종 「な」다음에 조사 「よ」가 접속되어 「なよ」로 쓰일 때도 있는데 이렇게 되면 금지의 무드가 다소 약해진다.

⇨ 試験(しけん)に失敗(しっぱい)したからって、あまりがっかりするなよ。

(시험에 실패했다고 해서 너무 실망하지 말아라)

～な ⇨ '～(하)거라, ～(하)렴', 가벼운 명령, 권유를 나타내는 용법

| 용법 | 종조사「な」는 주로 회화체에서 사용되는 조사로 가벼운 명령이나 권유의 의미를 나타낸다. 주로 아랫사람에게 무언가의 행동으로 이행할 것을 타이르듯이 말할 때에 사용된다.

| 접속 | 동사의 연용형에 접속된다.

| 예문 |

⇨ もっとはやく歩(ある)きな。(좀 더 빨리 걸으렴)

⇨ 気(き)をつけて行(い)きな。(조심해서 가거라)

⇨ お前(まえ)がいらないなら次郎(じろう)にやりな。(네가 필요 없다면 지로에게 주거라)

⇨ 明日(あした)から五時(ごじ)に起(お)きな。(내일부터 5시에 일어나렴)

⇨ お前(まえ)ももっと勉強(べんきょう)しな。(너도 좀 더 공부 하렴)

⇨ 明日(あした)はもっと早(はや)く来(き)な。(내일은 좀 더 빨리 오거라)

⇨ 暗(くら)いから電気(でんき)をつけな。(어두우니까 전기를 켜렴)

| 참고 | 한편, 회화체에서는 종종「な」다음에 조사「よ」가 접속되어「なよ」로 쓰일 때도 있다. 이렇게 되면 어감은 보다 더 부드러워진다.

⇨ 勉強(べんきょう)が終(お)わったらすぐ寝(ね)なよ。(공부가 끝나면 바로 자려무나)

아울러, 여성들이 자주 사용하는 표현으로 주로「なさい」「ください」「いらっしゃい」「ちょうだい」등에 접속되어 어감을 부드럽게 하는 역할도 한다.

⇨ 遊(あそ)んでばかりいないで、たまには勉強(べんきょう)しなさいな。

(놀고만 있지 말고 가끔은 공부 하거라)

⇨ どの本(ほん)でもあなたの好(す)きなのを持(も)って行(い)ってくださいな。

(어느 책이라도 당신이 좋아하는 것을 가지고 가 주세요)

⇨ あすの夜(よる)、私(わたし)のうちへいらっしゃいな。(내일 밤, 우리 집에 오세요)

⇨ そのおいしそうなりんご、私(わたし)にも一(ひと)つちょうだいな。

(그 맛있을 것 같은 사과, 나에게도 하나 다오)

~な(あ) ⇨ '~(하)구나', 문말에서 가벼운 다짐이나 감탄을 나타내는 용법

|용법| 종조사「な」또는「なあ」의 형태로 문말에 위치하여 가벼운 감탄의 의미를 나타낸다.

|접속| 활용어의 종지형에 접속된다.

|예문|

⇨ 大変静(たいへんしず)かだな(あ)。(매우 조용하구나)

⇨ これは困(こま)ったな(あ)。(이것은 곤란하구나)

⇨ ずいぶん自動車(じどうしゃ)が通(とお)るな(あ)。(꽤 자동차가 지나다니는구나)

⇨ 私(わたし)も行(い)ってみたいな(あ)。(나도 가 보고 싶구나)

⇨ 誰(だれ)もたずねて来(こ)ないな(あ)。(아무도 찾아오지 않는구나)

⇨ これはずいぶんきたない部屋(へや)だな(あ)。(이것은 꽤 더러운 방이구나)

⇨ 早(はや)く夏休(なつやす)みになるといいな(あ)。(빨리 여름 방학이 되면 좋겠구나)

⇨ あの声(こえ)は田中(たなか)さんの声(こえ)だな(あ)。(저 소리는 다나카씨의 목소리구나)

⇨ 100円(えん)じゃ映画(えいが)は見(み)られないな(あ)。(100엔으로는 영화는 볼 수 없겠구나)

⇨ 何(なに)か食(た)べようかな(あ)。(뭔가 먹을까?)

⇨ 私(わたし)にひとことでも相談(そうだん)してくれたらよかったのにな(あ)。

(나에게 한 마디라도 의논해 주었더라면 좋았을 텐데)

⇨ こんな大(おお)きな家(いえ)に住(す)んでみたいな(あ)。

(이런 큰 집에 살아 보고 싶구나)

～な ⇨ '～ 말이야', 상대방의 주의를 끌고자 할 때 사용되는 조사

|용법| 종조사 「な」는 다양한 문절과 문절사이에 접속되어 말하는 도중에 상대방의 주의를 끌고자 할 때 사용되곤 한다. 주로 회화체에서 남성이 사용한다.

|접속| 다양한 말에 접속된다.

|예문|

⇨ それからな、会社(かいしゃ)に寄(よ)ってこれをおいて来(き)てくれないか。

(그러고 나서 말이야, 회사에 들러서 이것을 놓아두고 와주지 않을래?)

⇨ 藤原(ふじはら)さんにお目(め)にかかったらな、ご案(あん)じくださいますなと申(もう)し上(あ)げてくれ。

(후지하라씨를 뵙는다면 말이야, 걱정하시 마시라고 말씀드려 줘)

⇨ これはな、世界(せかい)じゅうでな、一(ひと)つしかないめずらしいものなんだ。

(이것은 말이야, 전 세계에서 말이야, 하나 밖에 없는 진기한 것이야)

⇨ あの人(ひと)は山田(やまだ)さんといってな、私(わたし)の昔(むかし)からの友(とも)だちだよ。

(저 사람은 야마다씨라고 말이야, 나의 옛날 친구야)

⇨ 人生(じんせい)というものはわからないものでしてな、あのなまけ者(もの)が立派(りっぱ)に成功(せいこう)したそうですよ。(인생이라고 하는 것은 모르는 법이어서 말입니다, 저 게으른 녀석이 훌륭하게 성공했다는 거예요)

|참고| 경우에 따라서는 「なあ」의 형태로 사용될 때도 있다.

⇨ しかしですなあ、あなたの考(かんが)えだけが正(ただ)しい訳(わけ)ではないでしょう。

(그러나 말입니다, 당신의 생각만이 올바른 것은 아니겠죠)

~ない ⇨ 부정의 의미를 나타내는 조동사의 용법

|용법| 「ない」는 부정의 의미를 나타내는 조동사인데 종종 형용사 「ない」와 혼동하기 쉽다. 이는 둘 다 부정의 의미를 지니고 있는 점에서 기인하는데 조동사 「ない」는 오로지 동사와 일부조동사의 미연형에만 접속되는 반면에 형용사 「ない」는 형용사의 연용형(「く」형)과 형용동사의 연용형(「で」형), 그리고 단정을 나타내는 조동사의 연용형(「で」형)에만 접속되는 점에 근본적인 차이가 있다.

|접속| 동사 및 조동사 「せる」 「させる」 「れる」 「られる」 「しめる」의 미연형에 접속된다.

|활용| なかろ＋う(미연형)　なく+て、なかっ＋たら(연용형)　ない(종지형)　ない+명사(연체형)　なけれ+ば(가정형)

|예문|

⇨ もし雨が降らなかったら遊びに行きましょう。
(만약 비가 내리지 않으면 놀러 갑시다)

⇨ 親は子供が漫画を読むのを快く思わない。
(부모는 자식이 만화를 읽는 것을 탐탁하게 생각하지 않는다)

⇨ そんなことをしたら、先生に怒られないでしょうか。
(그런 일을 한다면 선생님께 야단맞지 않을까요?)

⇨ 学校を休んでばかりいると、だんだん講義がわからなくなりますよ。
(학교를 쉬고만 있으면 점점 강의를 이해할 수 없게 됩니다)

⇨ 分からない単語があったら、辞書を引くなり誰かに聞くなりして、調べておきなさい。(모르는 단어가 있다면 사전을 찾든지 누군가에게 물어 보든지 해서 조사해 둬라)

～ないうちに ⇨ ～(하)기 전에

| 용법 | 부정을 나타내는 조동사 「ない」에 시간의 폭을 나타내는 「うちに」가 접속된 어구이다. 일본어특유의 표현으로 어떠한 변화가 없이 일정한 지속상태가 유지되는 동안에 무언가 실행에 옮기기를 권유하거나 또는 지속상태가 유지되지 못하고 어떠한 변화나 결과가 발생했다고 하는 의미를 나타낸다.

| 접속 | 동사미연형에 접속된다.

| 예문 |

⇨ 暗くならないうちに帰りましょう。(어두워지기 전에 돌아갑시다)

⇨ どうぞ冷めないうちに召し上がってください。(자, 식기 전에 드십시오)

⇨ 忘れないうちに、手帳に書いておきましょう。(잊어버리기 전에 수첩에 적어 둡시다)

⇨ 子供ができないうちに、いろいろなことをやってみたいです。
(아이가 생기기 전에 여러 가지 일을 해 보고 싶습니다)

⇨ お母さんが帰ってこないうちに急いでプレゼントを隠した。
(어머니가 돌아오기 전에 서둘러 선물을 숨겼다)

| 참고 | 이와 유사한 표현으로는 「～前に」가 있는데 다음의 예문에서 볼수 있듯이 상태의 변화가 예측 가능할 때는 「～前に」가 사용되나, 상태의 변화가 예측가능하지 못할 때는 「～ないうちに」가 사용된다.

⇨ 暗くなる前に買物に行ってこよう。(언제 어두워질지 예측할 수가 있음)

⇨ 暗くならないうちに買物に行ってこよう。(언제 어두워질지 예측할 수가 없음)

～ ないか ⇨ ～ (하)지 못할까?!

| 용법 | 부정을 나타내는 조동사 「ない」에 종조사 「か」가 접속된 어구이다. 이러한 형태로 제대로 행동을 하지 못하는 상대방에 대하여 당장 행동을 하도록 명령하는 의미를 나타낸다. 이러한 표현은 말하는 사람의 초조함이나 분노가 느껴지게 되며 억양은 하강조가 되고 주로 남성이 사용하게 된다.

| 접속 | 명사나 활용어의 종지형에 접속된다.

| 예문 |

⇨ おい、だまらないか。(어이! 입 다물지 못할까?!)

⇨ 時間(じかん)がないから、早(はや)く起(お)きないか。(시간이 없으니까 빨리 일어나지 못할까?!)

⇨ ぐずぐずしないでさっさと出(で)かけないか。(꾸물대지 말고 빨리 나가지 못할까?!)

⇨ 非常識(ひじょうしき)なことを言(い)う部下(ぶか)に向(む)かって「やめないか!」と叫(さけ)んだ。
(몰상식한 말을 하는 부하에 대고 '그만두지 못할까?!' 하고 소리쳤다)

～ ない限(かぎ)り ⇨ ～ (하)지 않는 한

| 용법 | 부정을 나타내는 조동사 「ない」에 한정을 나타내는 동사 「限(かぎ)る」의 전성명사인 「限(かぎ)り」가 접속된 어구이다. 이러한 형태로 그 일이 일어나지 않는 동안에는, 이라는 의미를 나타내면서 후항이 성립되기 위한 조건을 전항에 제시한다.

| 접속 | 동사미연형에 접속된다.

| 예문 |

⇨ ここは夜遅(よるおそ)く一人(ひとり)で歩(ある)かない限(かぎ)り、安全(あんぜん)である。

(여기는 밤늦게 혼자서 걷지 않는 한 안전하다)

⇨ 年の暮れにはよほどのことがない限り、毎年必ず田舎に帰る。

(연말에는 웬만한 일이 없는 한 매년 반드시 시골로 돌아간다)

⇨ 何か対策を立てない限り、この村の人口は今後も増えることはないだろう。

(뭔가 대책을 세우지 않는 한 이 마을의 인구는 앞으로도 증가하는 일은 없을 것이다)

⇨ 絶対にやめようと自分で決心しない限り、いつまでたっても禁煙なんかできないだろう。(절대로 끊겠다고 스스로 결심하지 않는 한 언제까지 지나도 금연 같은 거 할 수 없을 것이다)

～ないかしら ⇨ ～(하)지 않을까?

| 용법 | 부정을 나타내는 조동사 「ない」에 의문이나 질문의 뜻을 나타내는 종조사 「かしら」가 접속된 어구이다. 이러한 형태로 어쩌면 그러할지도 모른다고 하는 말하는 사람의 추측이나 걱정스런 기분을 나타내는데 주로 여성이 사용하는 경향이 있다.

| 접속 | 동사미연형에 접속된다.

| 예문 |

⇨ このご飯、ちょっとかたくないかしら。

(이 밥, 좀 딱딱하지 않을까?)

⇨ あんなに乱暴に扱ったらこわれないかしら。

(저렇게 난폭하게 다루면 깨지지 않을까?)

⇨ 向こうからくる人、山田さんじゃないかしら。

(저쪽에서 오는 사람, 야마다씨가 아닐까?)

⇨ この着物、私にはちょっと派手じゃないかしら。

(이 옷, 나에게는 좀 화려하지 않을까?)

~ ないかなあ ⇨ '~ (하)지 않을까', 가벼운 희망을 나타내는 용법

| 용법 | 부정을 나타내는 조동사 「ない」에 의문조사 「か」와 감탄을 나타내는 종조사 「なあ」가 접속된 어구이다. 이러한 형태로 언제나 문말에 위치하여 그 앞에 제시된 내용에 대한 가벼운 희망의 기분을 나타낸다.

| 접속 | 활용어의 종지형에 접속된다.

| 예문 |

⇨ 夏休みが早く来ないかなあ。

(여름방학이 빨리 오지 않을까?(빨리 왔으면 좋겠네!))

⇨ 早く試験が終らないかなあ。

(빨리 시험이 끝나지 않을까?(빨리 끝났으면 좋겠네!))

⇨ 日本語が上手にならないかなあ。

(일본어가 능숙하게 되지 않을까?(능숙해졌으면 좋겠네!))

⇨ 簡単に上手になる方法を誰か教えてくれないかなあ。

(간단하게 잘하게 되는 방법을 누군가 가르쳐 주지 않을까?)

~ ないことには ⇨ ~ (하)지 않고서는

| 용법 | 부정을 나타내는 조동사 「ない」에 형식명사 「こと」와 복합조사 「には」가 접속된 어구이다. 이러한 형태로 전항이 성립되지 않은 한 후항도 성립되지 않는다고 하는 필요조건을 나타내는데 그 뒤에는 반드시 부정표현이 와서 호응하게 된다.

| 접속 | 동사미연형에 접속된다.

| 예문 |

⇨ 先生が来ないことにはクラスは始まらない。

(선생님이 오지 않고서는 학급은 시작되지 않는다)

⇨ いい辞書を手に入れないことには外国語の勉強はうまくいかない。

(좋은 사전을 손에 넣지 않고서는 외국어 공부는 잘되지 않는다)

⇨ ここで何か手を打っておかないことには、後で始末がつかなくなる。

(여기에서 뭔가 손을 써두지 않고서는 나중에 처리를 못하게 된다)

⇨ スポーツというのは自分で実際にやってみないことには、その面白さはわからないだろう。

(스포츠라고 하는 것은 스스로 실제로 해보지 않고서는 그 재미는 모를 것이다)

~ないことはない ⇨ ~(하)지 않는 것은 아니다

| 용법 | 부정을 나타내는 조동사 「ない」에 사안을 나타내는 「こと」와 조사 「は」, 그리고 형용사 「ない」가 접속된 어구이다. 이러한 형태로 상대방의 발언을 받아서 그것을 전면적으로 부정하는 것을 피하거나 확실하게 단정하는 것을 보류하는 의미를 나타낸다.

| 접속 | 동사미연형에 접속된다.

| 예문 |

⇨ お酒を飲まないことはないけれど、あまり好きではない。

(술을 마시지 않는 것은 아니지만 그다지 좋아하지는 않는다)

⇨ A：一週間でできますか。(1주일에 됩니까?)

B：できないことはないですが、かなり頑張らないと難しいですね。

(할 수 없는 것은 아닙니다만 꽤 분발하지 않으면 어렵지요)

⇨ A：彼女は来ないんじゃないか。(그녀는 안 오는 거 아닌가?)

B：来ないことはないと思うよ。遅れても必ず来ると言っていたから。

(안 오는 거는 아니라고 생각해. 늦어도 반드시 온다고 말했었으니까)

⇨ A：とても明日までには終わりそうにないんですけど。

(도저히 내일까지는 끝날 것 같지가 않습니다만)

B：いや、やる気があればできないことはないですよ。

(아니, 할 마음이 있으면 할 수 없는 것은 아니에요)

「ないで」와「～なくて」⇨ 두 가지 어구의 용법 비교

|용법| 둘 다 부정의 조동사「ない」에서 비롯된 말인데 종종 혼동될 여지가 많다. 기본적인 구별로서는「～ないで」의 경우, 그 뒤의 후항이 이루어지는 과정에서의 부대상황을 전항에서 나타낸다. 주로 그 뒤에는「ほしい」「ください」「いただく」「あげる」「もらう」「くれる」「しまう」「いる」등과 같은 희망이나 의뢰, 또는 결과 등을 나타내는 표현이 오게 된다.

|접속| 동사미연형에 접속된다.

|예문|

⇨ 本を見ないで言ってごらんなさい。(책을 보지 않고 말해 봐라)

⇨ 毎朝ご飯を食べないで学校へ行きます。(매일 아침 밥을 먹지 않고 학교에 갑니다)

⇨ 泣いてばかりいないで、わけを話しなさい。(울고만 있지 말고 이유를 말해라)

⇨ 今日も仲間が出て来ないで、大変いそがしかった。

(오늘도 동료가 나오지 않아서 매우 바빴다)

⇨ そんなことばは使わないでほしい。(그런 말은 사용하지 않았으면 좋겠다)

⇨ 暑いから、窓をしめないでください。(더우니까 창문을 닫지 말아 주세요)

⇨ 今朝は朝寝してとうとうご飯を食べないでしまった。

(오늘 아침은 늦잠을 자서 결국 밥을 먹지 않고 말았다)

⇨ 田中さんは上手すぎるので、今度の試合には出ないでもらいましょう。

(다나카씨는 너무 잘하니까 이번 시합에는 나오지 않도록 합시다)

한편, 「～なくて」의 경우에는 전항의 이유나 원인으로 인하여 후항이 이루어졌음을 나타낸다. 주로 그 뒤에는 「～ はいけない」「～ もいい」「～ もかまわない」의 같은 금지, 허락 등을 나타내는 표현이 오게 된다.

| 접속 | 동사미연형에 접속된다.

| 예문 |

⇨ 昨日はバスがなかなか来なくて、遅刻してしまった。

(어제는 버스가 좀처럼 오지 않아서 지각해 버렸다)

⇨ 彼女に手紙を書いたのに、いくら待っても返事がこなくて寂しいです。

(그녀에게 편지를 썼는데 아무리 기다려도 답장이 오지 않아서 서운합니다)

⇨ もっと早く寝なくてはいけません。(좀 더 빨리 자지 않으면 안 됩니다)

⇨ 明日は休みだから、早く起きなくてもいいです。

(내일은 쉬니까 일찍 일어나지 않아도 됩니다)

⇨ 都合が悪いなら、行かなくてもかまいません。

(사정이 나쁘면 가지 않아도 상관없습니다)

| 참고 | 시간적인 전후관계를 나타내는 경우에는 「～ないで」「～なくて」가 비교적 자유롭게 교차되어 사용된다.

⇨ 朝起きられないで授業に遅れた。(아침에 일어날 수 없어서 수업에 늦었다)

⇨ 朝起きられなくて授業に遅れた。(아침에 일어날 수 없어서 수업에 늦었다)

～ないである ⇨ ～(하)지 않은 채로 있다

| 용법 | 부정을 나타내는 조동사 「ない」에 보조동사 「である」가 접속된 어구이다. 이러한 형태로 어떠한 행위가 이루어지지 않은 상태가 지속되고 있다고 하는 의미를 나타낸다.

| 접속 | 동사미연형에 접속된다.

| 예문 |

⇨ 手紙を書いたけれど、出さないである。

(편지를 썼지만 부치지 않은 채로 있다)

⇨ このことはまだ誰にも知らせないである。

(이 일은 아직 아무에게도 알리지 않은 채로 있다)

⇨ 図書館から本を借りてきたが、今まで一週間も全然読まないである。

(도서관에서 책을 빌려왔는데 지금까지 일주일이나 전혀 읽지 않은 채로 있다)

⇨ 頂き物のメロンがまだ手をつけないであるから、召し上がってください。

(선물 받은 멜론이 아직 손을 대지 않은 채로 있으니까 드셔 주십시오)

～ないでいる ⇨ ～(하)지 않고 있다

| 용법 | 부정을 나타내는 조동사 「ない」에 보조동사 「でいる」가 접속된 어구이다. 이러한 형태로 어떤 행위를 하지 않은 상태로 줄곧 있다고 하는 의미를 나타낸다. 이러한 표현의 주체가 될 수 있는 것은 감정이나 의지를 지닌 사람인 것이 보통이다.

| 접속 | 동사미연형에 접속된다.

| 예문 |

⇨ 昨日から何も食べないでいる。(어제부터 아무 것도 먹지 않고 있다)

⇨ このことは夫には話さないでいる。(이 일은 남편에게는 말하지 않고 있다)

⇨ 雨(あめ)の日曜日(にちようび)は部屋(へや)から一歩(いっぽ)も出(で)ないでいた。

(비가 오는 일요일에는 방에서 한 걸음도 나가지 않고 있었다)

⇨ 禁煙(きんえん)を始(はじ)めたが、吸(す)わないでいるとだんだんいらいらしてくる。

(금연을 시작했지만 피우지 않고 있으면 점점 초조해져온다)

～ないでください ⇨ ～(하)지 말아 주십시오

| 용법 | 부정을 나타내는 조동사 「ない」에 금지를 나타내는 보조동사 「でください」가 접속된 어구이다. 이러한 형태로 상대방에 대하여 어떠한 동작이나 행위, 또는 상태의 지속을 금지하는 의미를 나타낸다.

| 접속 | 동사미연형에 접속된다.

| 예문 |

⇨ うしろからおさないでください。(뒤에서 밀지 말아 주십시오)

⇨ ここは禁煙(きんえん)ですから、たばこを吸(す)わないでください。

(여기는 금연이므로 담배를 피우지 말아 주십시오)

⇨ 体(からだ)に悪(わる)いですから、飲(の)みすぎないでください。

(몸에 나쁘니까 지나치게 마시지 말아 주십시오)

⇨ 関係者(かんけいしゃ)以外(いがい)の方(かた)は、おはいりにならないでください。

(관계자 이외의 분은 들어오시지 말아 주십시오)

～ないですむ ⇨ ～(하)지 않아도 된다

| 용법 | 부대상황을 나타내는 「ないで」에 동사 「済(す)む(끝나다, 해결되다)」가 접속된 어구이다. 이러한 형태로 예정되어있는 일을 하지 않아도 상관없게

되거나 예측되는 일을 피할 수 있다고 하는 의미를 나타낸다. 이러한 표현은 주로 바람직하지 못한 사태를 피할 수 있을 때에 쓰인다.

| 접속 | 동사미연형에 접속된다.

| 예문 |

⇨ 道がすいていたので、遅刻しないですんだ。

(길이 텅텅 비어 있었기 때문에 지각하지 않아도 되었다)

⇨ 電話で話がついたので、行かないですんだ。

(전화로 이야기가 되었기 때문에 가지 않아도 되었다)

⇨ 交渉が円満に進行したので、心配しないですんだ。

(교섭이 원만하게 진행되었기 때문에 걱정하지 않아도 되었다)

⇨ そこで今回は、アイロンをかけないですむ洗濯物の干し方をご紹介したいと思います。(그래서 이번에는 다리미질을 하지 않아도 되는 빨래 감 말리는 방법을 소개하고자 합니다)

~ないではいられない ⇨ ~(하)지 않을 수 없다

| 용법 | 부정을 나타내는 조동사 「ない」에 조사 「では」가 접속되고 거기에 동사 「いる」의 수동형 「いられる(여기에서는 가능의 용법)」의 미연형「いられ」와 부정을 나타내는 조동사 「ない」가 연결된 어구이다. 그 앞에는 「泣く」 「思う」 「感動する」 「心配する」 「話す」 등, 인간의 행위나 생각, 또는 감동을 나타내는 동사가 오게 되는데 이러한 형태로 어떠한 동작이나 작용의 결과로 인하여 어쩔 수 없는 상황에 놓이게 되었다는 의미를 나타낸다.

| 접속 | 동사미연형에 접속된다.

| 예문 |

⇨ 悲しくて、泣かないではいられない。(슬퍼서 울지 않을 수 없다)

⇨ とてもうれしくて、この喜びを誰かに話さないではいられなかった。
(매우 기뻐서 이 기쁨을 누군가에게 이야기하지 않을 수 없었다)

⇨ 甘党の私は、おいしそうなケーキを見ると食べないではいられない。
(단 것을 좋아하는 나는 맛있어 보이는 케이크를 보면 먹지 않을 수 없다)

⇨ 「だいじょうぶ」と本人は平気そうだったが、周りの人たちはみんな心配しないではいられなかった。(괜찮다고 본인은 아무렇지 않은 듯 했지만 주위 사람들은 모두 걱정하지 않을 수 없었다)

| 참고 | 이와 유사한 표현으로 「～ずにはいられない」가 있는데 이는 주로 문장체에서 사용된다. (해당항목 참고)

⇨ 悲しくて、泣かずにはいられない。(슬퍼서 울지 않을 수 없다)

⇨ この喜びを誰かに話さずにはいられなかった。
(이 기쁨을 누군가에게 이야기하지 않을 수 없었다)

～ないではおかない ⇨ 반드시 ～(하)게 한다

| 용법 | 부정을 나타내는 조동사 「ない」에 접속조사 「では」가 접속되고 이어서 동사 「おく」의 미연형인 「おか」에 조동사 「ない」가 연결된 어구이다. 이러한 형태로 본인의 의지와는 상관없이 반강제적으로 그러한 상황이나 행동으로 몰고 가게 된다고 하는 의미를 나타낸다.

| 접속 | 동사의 미연형이나 사역의 조동사 「せる、させる」의 미연형에 접속된다.

| 예문 |

⇨ 彼女とのこと、白状させないではおかないぞ。
(그녀와의 일은 반드시 고백하게 하겠어)

⇨ この作品は、読む者の胸を打たないではおかないだろう。

(이 작품은 읽는 사람의 마음을 반드시 감동시키게 할 것이다)

⇨ 彼女の言動は、どこか私を苛立たせないではおかないものがある。

(그녀의 언동은 어딘가 나를 반드시 초조하게 하는 것이 있다)

⇨ あんなひどいことをした人には罰を与えないではおかない。

(저런 심한 짓을 한 사람에게는 반드시 벌을 받게 한다)

| 참고 | 이와 유사한 어구로 「～ずにはおかない」가 있는데 이는 문장체에서 사용된다.

⇨ その男の漠とした存在は、何かしら私を不安にさせずにはおかなかった。

(그 남자의 막연한 존재는 무언가 나를 반드시 불안하게 했다)

～ないではすまない ⇨ ～(하)지 않을 수 없다

| 용법 | 부정을 나타내는 조동사 「ない」에 조사 「では」가 접속되고 이어서 동사 「済む」의 미연형 「すま」와 조동사 「ない」가 연결된 어구이다. 이러한 형태로 자신의 의지와는 상관없이 어떠한 일을 어쩔 수 없이 해야 한다고 하는 의미를 나타내는데 이러한 표현은 주로 부정적인 사안에 쓰이는 경향이 있으며 비교적 딱딱한 어감이 주어지게 된다.

| 접속 | 동사의 미연형이나 사역 또는 수동의 조동사 「(さ)せる、(ら)れる」의 미연형에 접속된다.

| 예문 |

⇨ こんなひどいことをしたんでは、お母さんにしかられないではすまないよ。

(이런 심한 짓을 해가지고는 어머니에게 혼나지 않을 수 없다고)

⇨ 本人が犯した過ちだ。だから、このことは本人があやまらないではすまないだろう。(본인이 저지른 잘못이다. 그러니까 이 일은 본인이 사과하지 않을 수 없을 것이다)

⇨ 知り合いに借りたキャンプ用のテントをひどく破ってしまった。新しいのを買って返さないではすまないだろう。(아는 사람에게 빌렸던 캠프용 텐트를 심하게 망가뜨려 버렸다. 새로운 것을 사서 돌려주지 않을 수 없을 것이다)

⇨ 罪ない人々に、このような過酷な運命を強いてしまった。いつの日にか、その報いを受けないではすまないであろう。(죄 없는 사람들에게 이와 같은 가혹한 운명을 강요해 버렸다. 어느 날엔가 그 과보를 받지 않을 수 없을 것이다)

| 참고 | 이와 유사한 어구로 「～ずにはすまない」가 있는데 이는 문장체에서 사용된다. (해당항목 참고)

⇨ あいつはこの頃怠けてばかりだ。一言言わずにはすまない。
(저 녀석은 요즘 게으름만 피운다. 한 마디 하지 않을 수 없다)

～ないでほしい ⇨ ～(하)지 않았으면 한다

| 용법 | 부정을 나타내는 조동사 「ない」에 조사 「で」와 희망을 나타내는 형용사 「ほしい」가 접속된 어구이다. 이러한 형태로 상대방의 바람직하지 못한 행동에 대하여 앞으로 그렇게 하지 말 것을 부탁하는 의미를 나타낸다.

| 접속 | 동사의 미연형에 접속된다.

| 예문 |

⇨ こんなつまらない絵は見せないでほしい。
(이런 시시한 그림은 보여주지 않았으면 한다)

⇨ 僕をおいて外国へなんか行かないでほしい。
(나를 두고 외국 같은 데 가지 않았으면 한다)

⇨ 本音を言うと、もうこれ以上何も話さないでほしい。
(진심을 말하면 이제 이 이상 아무것도 이야기하지 않았으면 한다)

⇨ 忙しい時には私のうちへ遊びに来ないでほしいです。

(바쁠 때에는 우리 집에 놀러 오지 않았으면 합니다)

~ないでもない ⇨ ~(하)지 않는 것도 아니다

|용법| 부정을 나타내는 조동사 「ない」에 조사 「でも」와 형용사 「ない」가 접속된 어구이다. 이러한 형태로 어딘지 모르게 그러한 느낌이 들거나 그러한 행위를 할 수도 있다고 하는 의미를 나타낸다.

|접속| 동사의 미연형에 접속된다.

|예문|

⇨ A：納豆はお好きですか。(낫또는 좋아하십니까?)

B：食べないでもないですが、あまり好きじゃありません。

(먹지 않는 것도 아닙니다만 그다지 좋아하지는 않습니다)

⇨ A：ねえ、行きましょうよ。(자, 갑시다)

B：そんなに言うなら行かないでもないけど。(그렇게 말한다면 못 갈 것도 없지만)

⇨ 自分にも悪い点があったことは認めないでもない。

(자신에게도 나쁜 점이 있었던 것은 인정하지 않는 것도 아니다)

⇨ 考えてみれば、彼の意見ももっともだという気がしないでもない。

(생각해 보면 그의 의견도 타당하다는 생각이 들지 않는 것도 아니다)

~ないと ⇨ ~(하)지 않으면

|용법| 부정을 나타내는 조동사 「ない」에 가정법을 나타내는 조사 「と」가 접속된 어구이다. 이러한 형태로 후항에 부정적인 평가의 내용을 수반하여 전항의 일이 성립되지 않는 경우에는 후항에 바람직하지 못한 사태가 일어난다고

하는 의미를 나타낸다. 이러한 표현은 앞서 제시된 내용대로 움직일 것을 독촉하거나 그렇게 하는 것이 좋을 것이라고 충고하는 경우에 쓰인다.

| 접속 | 동사미연형이나 형용사연용형(く형), 그리고 「명사+で」의 형태에 접속된다.

| 예문 |

⇨ 急がないと遅刻するよ。(서두르지 않으면 지각한다고)

⇨ 早く来てくれないと困るよ。(빨리 와 주지 않으면 곤란해)

⇨ 大学合格はもう少し成績が良くないとむずかしいだろう。
(대학 합격은 좀 더 성적이 좋지 않으면 어려울 거야)

⇨ 気温が高くないとうまく発酵しない。(기온이 높지 않으면 발효가 잘되지 않는다)

⇨ 背が高くないとファッションモデルにはなれない。
(키가 크지 않으면 패션모델은 될 수 없다)

⇨ 世の中の動きに敏感でないと、すぐれた政治家にはなれない。
(세상의 움직임에 민감하지 않으면 뛰어난 정치가는 될 수 없다)

~ないといいのだが ⇨ ~(하)지 않으면 좋겠는데

| 용법 | 부정을 나타내는 조동사 「ない」에 가정법을 나타내는 조사 「と」가 접속되고 이어서 형용사 「いい」와 형식명사 「の」, 그리고 단정을 나타내는 조동사 「だ」와 역접을 나타내는 조사 「が」가 차례로 연결된 어구이다. 이러한 형태로 그렇지 않기를 바라는 바람을 나타낸다.

| 접속 | 동사미연형이나 형용사연용형(く형), 형용동사연용형(で형)에 접속된다.

| 예문 |

⇨ これほど毎日忙しくないといいのだが。
(이만큼 매일 바쁘지 않으면 좋겠는데)

⇨ 明日は遠足だから、雨が降らないといいのだが。

(내일은 소풍이니까 비가 오지 않으면 좋겠는데)

⇨ あそこの奥さん、もうちょっとしゃべらないといいのだが。

(저기 있는 부인, 좀 더 수다를 떨지 않으면 좋겠는데)

⇨ 新しく配置される部署の仕事、あまり大変でないといいのだが。

(새로 배치되는 부서의 일, 그다지 힘들지 않으면 좋겠는데)

~ないともかぎらない ⇨ ~(하)지 않는다고도 할 수 없다

| 용법 | 부정을 나타내는 조동사 「ない」에 복합조사 「とも」가 접속되고 이어서 동사 「限る」의 미연형인 「かぎら」에 조동사 「ない」가 연결된 어구이다. 이러한 형태로 꼭 그러하다고 100% 확신할 수도 없다고 하는 의미를 나타낸다. 이러한 표현은 주로 아무 일도 없을 것이라고 안심하지 말고 무언가 대책을 세우는 편이 좋다고 충고하는 경우에 쓰인다.

| 접속 | 동사미연형에 접속된다.

| 예문 |

⇨ 間違えないともかぎらないので、もう一度確認した方がいい。

(틀리지 않는다고도 할 수 없으므로 다시 한 번 확인하는 편이 좋다)

⇨ 鍵を直しておかないと、また泥棒に入られないともかぎらない。

(열쇠를 고쳐놓지 않으면 또 도둑이 들어오지 않는다고도 할 수 없다)

⇨ 今日は父の命日だから、誰かが突然訪ねてこないともかぎらない。

(오늘은 아버지의 기일이므로 누군가가 갑자기 찾아오지 않는다고도 할 수 없다)

⇨ この成績では公立高校の入試に失敗しないともかぎらないって、先生から言われたの。(이 성적으로는 공립고등학교의 입시에 실패하지 않는다고도 할 수 없다고 선생님으로부터 말을 들었어)

～ないのなら ⇨ ～(하)지 않을 것 같으면

| 용법 | 부정을 나타내는 조동사 「ない」에 형식명사 「の」가 접속되고 이어서 단정을 나타내는 조동사 「だ」의 가정형인 「なら」가 연결된 어구이다. 이러한 형태로 적극적인 마음이 일어나지 않거나 내키지 않는 심적상태를 가정하여 나타낸다.

| 접속 | 동사미연형에 접속된다.

| 예문 |

⇨ これ、要(い)らないのなら私(わたし)にちょうだい。
(이거, 필요치 않을 것 같으면 나에게 다오)

⇨ 行(い)きたくないのならやめたらどうですか。
(가고 싶지 않을 것 같으면 그만두면 어떻습니까?)

⇨ このかばん、使(つか)わないのなら僕(ぼく)に譲(ゆず)ってちょうだい。
(이 가방, 쓰지 않을 것 같으면 나에게 넘겨줘)

⇨ どうしても大学(だいがく)に通(かよ)う気(き)が起(お)きないのなら、もう退学(たいがく)するよりない。
(아무래도 대학에 다닐 마음이 나지 않을 것 같으면 이제 퇴학하는 수밖에 없다)

～ないまでも ⇨ ～까지는 못해도

| 용법 | 부정을 나타내는 조동사 「ない」에 조사 「まで」와 「も」가 접속된 어구이다. 이러한 형태로 그 정도까지는 아니더라도 적어도 이 정도만은, 이라는 의미를 나타낸다. 다시 말해서 전항에 다소 비중 있는 내용을 제시하고는 그것을 부정하면서 그 보다는 정도가 약한 내용을 후항에 제시하면서 이것을 주장하는 것이다. 이러한 표현은 주로 회화체에서 사용되는데 문말에는 의무나 명령, 희망을 나타내는 표현이 주로 오게 된다.

| 접속 | 동사미연형에 접속된다.

| 예문 |

⇨ 予習(よしゅう)しないまでも、せめて授業(じゅぎょう)には出(で)て来(き)なさい。

(예습까지는 못해도 적어도 수업에는 나오너라)

⇨ 毎日(まいにち)とは言(い)わないまでも、週(しゅう)に2、3度(ど)は掃除(そうじ)をしようと思(おも)う。

(매일이라고까지는 못해도 일주일에 두 세 번은 청소하려고 생각한다)

⇨ たとい、あやまらないまでも恐(おそ)れ入(い)って、静粛(せいしゅく)に寝(ね)ているべきだ。

(설사 사죄까지는 못해도 죄송해하며 정숙하게 누워 있어야만 한다)

⇨ あの人達(ひとたち)は、上流(じょうりゅう)とは言(い)わないまでも、確(たしか)にお金(かね)と暇(ひま)のある人達(ひとたち)にちがいありません。(저 사람들은 상류라고까지는 못해도 확실히 돈과 여유가 있는 사람들임에 틀림이 없습니다)

| 참고 | 이와 유사한 어구로 「～ぬまでも」가 있는데 이는 주로 문장체에서 쓰인다.

⇨ 邸宅(ていたく)とは言(い)わぬまでも、せめて小(ちい)さな一戸建(いっこだ)てぐらいは建(た)てたいものだ。

(저택이라고까지는 못해도 적어도 작은 단독주택정도는 짓고 싶은 것이다)

～ないものか ⇨ ～(할) 수 없겠는가?

| 용법 | 부정을 나타내는 조동사 「ない」에 희망을 나타내는 명사 「もの」와 조사 「か」가 접속된 어구이다. 이러한 형태로 그것을 어떻게든 실현시키고 싶다는 말하는 사람의 희망을 나타내는데 이러한 표현은 그 실현이 매우 어려운 상황에서 쓰이는 경향이 있다.

| 접속 | 동사미연형에 접속된다.

| 예문 |

⇨ この混雑(こんざつ)はなんとかならないものか。(이 혼잡은 어떻게 할 수 없겠는가?)

⇨ この橋(はし)が早(はや)く完成(かんせい)しないものか。(이 다리가 빨리 완성될 수 없겠는가?)

⇨ この状況をどうにかして打開できないものか。

(이 상황을 어떻게 해서든 타개할 수 없겠는가?)

⇨ おいしいものが、早く食べられないものか。そこで、考えられたのがインスタント食品である。

(맛있는 것을 빨리 먹을 수 없겠는가? 그래서 생각된 것이 인스턴트식품이다)

~ないものでもない ⇨ ~(하)지 못할 법도 없다

|용법| 부정을 나타내는 조동사 「ない」에 소극적인 가능성을 나타내는 「ものでもない」가 접속된 어구이다. 이러한 형태로 제시된 사안에 대하여 소극적이나마 가능하다고 하는 의미를 나타낸다.

|접속| 동사미연형에 접속된다.

|예문|

⇨ 理由次第では、手を貸さないものでもない。

(이유에 따라서는 도와주지 못 할 법도 없다)

⇨ この程度の料理なら、私にも作れないものでもない。

(이 정도의 요리라면 나도 만들지 못할 법도 없다)

⇨ 道は険しいが、気をつけて歩いて行けば行けないものでもない。

(길은 험하지만 조심해서 걸어간다면 못 갈 법도 없다)

⇨ このルートで休みなしに走れば、間に合わないものでもない。

(이 경로로 쉬지 않고 달린다면 시간에 맞추지 못 할 법도 없다)

~ないものは ~ないのだ ⇨ ~(할) 수 없는 건 ~(할) 수 없는 거다

| 용법 | 부정을 나타내는 조동사 「ない」에 「ものは」가 접속된 형태가 앞에 배치되고 뒤에는 부정을 나타내는 조동사 「ない」에 형식명사 「の」와 단정의 조동사 「だ」가 접속된 형태가 배치된 어구이다. 각각의 앞에는 가능동사의 미연형이 오게 되는데 이러한 형태로 어떠한 일이 불가능하다고 하는 것을 보다 강조하는 의미를 나타낸다.

| 접속 | 앞뒤로 가능동사의 미연형에 접속된다.

| 예문 |

⇨ A：まだわかりませんか。(아직 모르겠습니까?)

B：いくら言われても、わからないものはわからないのだ。

(아무리 들어도 알 수 없는 건 알 수 없는 거다)

⇨ A：これだけお願いしてもだめですか。

(이렇게 부탁드려도 안 되겠습니까?)

B：いくら頼まれても、できないものはできないのだ。

(암만 부탁을 받아도 할 수 없는 건 할 수 없는 거다)

⇨ A：ほんとうにあしたまでに仕上がらないんですか。

(정말로 내일까지 마무리되지 않는 겁니까?)

B：急がれても、書けないものは書けないのです。

(독촉을 받아도 쓸 수 없는 건 쓸 수 없는 겁니다)

⇨ 作りたいものは何でも自分で作る。でも、作れないものは作れないのだ。

(만들고 싶은 것은 뭐든지 스스로 만든다. 하지만 만들 수 없는 건 만들 수 없는 거다)

～ないように ⇨ ～(하)지 않도록

| 용법 | 부정을 나타내는 조동사 「ない」에 조동사 「ようだ」의 연용형인 「ように」가 접속된 어구이다. 이러한 형태로 무언가의 나쁜 사태에 도달하지 않도록

사전에 예방한다고 하는 의미를 나타낸다. 이러한 표현에는 다소 소극적인 마음자세가 엿보인다.

|접속| 동사미연형에 접속된다.

|예문|

⇨ 失敗しないように慎重に行動する。(실패하지 않도록 신중하게 행동한다)

⇨ 風邪を引かないように厚いセーターを着る。
(감기 걸리지 않도록 두꺼운 스웨터를 입는다)

⇨ 先生に叱られないように毎日宿題だけはしています。
(선생님에게 야단맞지 않도록 매일 숙제만은 하고 있습니다)

⇨ 壁に手をつきながら、すべらないように一段一段を踏みしめる。
(벽에 손을 대면서 미끄러지지 않도록 한 계단 한 계단을 잘 디딘다)

~ないわけにはいかない ⇨ ~(하)지 않을 수는 없다

|용법| 부정을 나타내는 조동사 「ない」에 형식명사 「わけ」와 복합조사 「には」가 접속되고 이어서 동사 「いく」의 미연형 「いか」와 부정을 나타내는 조동사 「ない」가 연결된 어구이다. 이러한 형태로 일반상식이나 사회적인 요인으로 인해 어떠한 행위를 하지 않을 수 없음을 나타내는데 이는 어디까지나 자신의 의지로는 통제할 수 없는 사항에 대하여 표현하는 경향이 있다.

|접속| 동사미연형에 접속된다.

|예문|

⇨ 妻がせっかく作ってくれた料理を食べないわけにはいかない。
(아내가 모처럼 만들어 준 요리를 먹지 않을 수는 없다)

⇨ 他の人ならともかく、あの上司に飲みに誘われたら付き合わないわけにはいか

ない。(다른 사람이라면 몰라도 저 상사에게 마시러 갈 것을 권유받았다면 같이 가지 않을 수는 없다)

⇨ 行方不明後一ヶ月経っても消息がつかめないのだから、諦めないわけにはいかない。
(행방불명 후 한 달이 지나도 소식을 알 수 없는 거니까 체념하지 않을 수는 없다)

⇨ 今日は車も持ってこなかったし、十年ぶりに昔の友達とも会っているので、お酒を飲まないわけにはいかない。(오늘은 차도 가지고 오지 않았고 십 년 만에 옛 친구와도 만났기 때문에 술을 마시지 않을 수는 없다)

|참고| 이보다 정중한 형태로는 「～ないわけにはいきません」이 있으며 변화형으로는 「～ないわけにはゆかない」가 있다.

⇨ 母が病気だと聞けば、心配しないわけにはいきません。
(엄마가 아프다는 말을 들으면 걱정하지 않을 수는 없습니다)

⇨ 貴重な文化遺産であるとすれば、国としては保存しないわけにはゆかない。
(귀중한 문화유산이라고 한다면 국가로서는 보존하지 않을 수는 없다)

～なかったらよかった ⇨ ～(하)지 않았으면 좋았을걸

|용법| 부정을 나타내는 조동사 「ない」의 연용형인 「なかっ」에 과거를 나타내는 조동사 「た」의 가정형인 「たら」가 접속되고 이어서 형용사 「よい」의 연용형인 「よかっ」과 과거를 나타내는 조동사 「た」가 연결된 어구이다. 이러한 형태로 주로 이미 해버린 일에 대하여 후회하거나 아쉬워하는 기분을 나타낸다.

|접속| 동사미연형에 접속된다.

|예문|

⇨ こんなごちそうが出るんなら、さっき間食しなかったらよかった。

(이런 맛있는 음식이 나오는 거라면 아까 간식을 먹지 않았으면 좋았을걸)

⇨ 昨日はあんなに飲まなかったらよかった。二日酔いで頭が痛い。

(어제는 그렇게 마시지 않았으면 좋았을걸. 숙취로 머리가 아프다)

⇨ こんな服、買わなかったらよかった。派手すぎてとても着られない。

(이런 옷, 사지 않았으면 좋았을걸. 너무 화려해서 도저히 입을 수 없다)

⇨ あいつ、彼女が結婚することを知らなかったのか。それなら言わなかったらよかった。(그 녀석, 그녀가 결혼할 것을 몰랐던 걸까. 그렇다면 말하지 않았으면 좋았을 걸)

なかなか ⇨ 긍정과 부정의 두 가지 뜻으로 쓰이는 용법

| 용법 | 「なかなか」는 두 가지 의미로 쓰이는 부사인데 그 구별은 뒤에 긍정표현이 오느냐 부정표현이 오느냐에 따라서 달라진다. 즉, 뒤에 긍정표현이 올 경우에는 '매우, 대단히'의 의미를 나타내고 부정표현이 올 경우에는 '좀처럼, 여간해서'의 의미를 나타낸다.

| 예문 |

⇨ 去年の冬はなかなか寒かったですね。(작년 겨울은 꽤 추웠지요)

⇨ あの人はなかなかの学者ですよ。(저 사람은 대단한 학자입니다)

⇨ この本はなかなかおもしろいですよ。あなたも読みませんか。

(이 책은 아주 재미있어요. 당신도 읽지 않겠습니까?)

⇨ 忙しくてなかなか本が読めません。

(바빠서 여간해서 책을 읽을 수 없습니다)

⇨ この問題はむずかしくてなかなか解けません。

(이 문제는 어려워서 좀처럼 풀 수가 없습니다)

⇨ できそうに見えてやってみたが、なかなかうまくいかない。

(할 수 있을 것 같이 보여서 해 보았지만 좀처럼 잘 되지 않는다)

~ ながら ⇨ ~ (하)면서, 두 가지 동작, 작용의 병행을 나타내는 용법

| 용법 | 접속조사 「ながら」는 두 가지 동작이나 행위가 동시에 병행됨을 나타내는데 이때는 그 앞뒤에 오는 술어가 동작을 나타내는 경우에만 국한된다. 이 경우 후항의 동작, 작용이 주된 것이며 전항의 동작, 작용은 어디까지나 부수적인 것임을 나타내게 된다.

| 접속 | 동작을 나타내는 동사의 연용형에 접속된다.

| 예문 |

⇨ お茶を飲みながら話しましょう。(차를 마시면서 이야기합시다)

⇨ 音楽を聞きながら洗濯します。(음악을 들으면서 빨래합니다)

⇨ ラジオを聞きながら、掃除します。(라디오를 들으면서 청소합니다)

⇨ あの人は新聞を読みながらご飯を食べます。
(저 사람은 신문을 읽으면서 밥을 먹습니다)

⇨ 向こうから山田さんが笑いながらやって来た。
(맞은편에서 야마다씨가 웃으면서 다가왔다)

~ ながら ⇨ '~ (하)면서', 앞의 내용과는 상반되는 사항을 뒤에 연결하는 용법

| 용법 | 접속조사 「ながら」는 원래 두 가지 동작이나 행위가 동시에 병행됨을 나타내는 것이지만 한편으로는 그 앞에 상태를 나타내는 술어를 수반하여 앞의 말이나 문이 나타내는 내용과는 상반되거나 걸맞지 않은 내용을 뒤에 제시하게 된다. 즉 「ながら」의 앞에 동작을 나타내는 말이 올 때는 두 가지 동작이나 행위의 병행을 나타내는 반면에 그 앞에 상태를 나타내는

말이 올 때는 어디까지나 앞뒤가 상반됨을 나타내게 되는 셈이다.

| 접속 | 명사나 형용사의 종지형, 그리고 상태를 나타내는 동사의 연용형에 접속된다.

| 예문 |

⇨ このカメラは小型(こがた)ながら、よくうつる。

(이 카메라는 소형이면서도 잘 찍힌다)

⇨ 残念(ざんねん)ながら、今日(きょう)はお目(め)にかかれません。

(유감스럽지만 오늘은 만나 뵐 수 없습니다)

⇨ 田中(たなか)さんは体(からだ)は小(ちい)さいながら、なかなか力(ちから)がある。

(다나카씨는 몸은 작으면서도 꽤 힘이 있다)

⇨ 言(い)うことはやかましいながら、する事(こと)には人間味(にんげんみ)がある。

(말은 깐깐하면서도 하는 행동에는 인간미가 있다)

⇨ 不快(ふかい)に思(おも)いながら、顔色(かおいろ)に出(だ)さない。

(불쾌하게 생각하면서도 안색에 나타내지 않는다)

⇨ 悪(わる)いと知(し)りながらも、改(あらた)めようとしない。

(나쁘다고 알면서도 고치려고 하지 않는다)

⇨ 山田(やまだ)さんはたくさん金(かね)がありながら、まずしそうな生活(せいかつ)をしています。

(야마다씨는 돈이 많이 있으면서도 가난해 보이는 생활을 하고 있습니다)

| 참고 | 또한 때로는 이와 같은 의미로 「ながらも」「ながらに」의 형태로 사용되는 일도 있다.

⇨ 彼(かれ)は、貧(まず)しいながらも温(あたた)かい家庭(かてい)で育(そだ)った。

(그는 가난하지만 따뜻한 가정에서 자랐다)

⇨ 難(むずか)しい難(むずか)しいと言(い)いながらもこの本(ほん)を終(お)わりまで読(よ)んでしまった。

(어렵다 어렵다고 말하면서도 이 책을 끝까지 읽어버렸다)

⇨ 子供(こども)ながらに、なかなかしっかりとした挨拶(あいさつ)であった。

(아이이면서도 제법 깔끔한 인사였다)

~ながら ⇨ 상태나 모습을 나타내는 용법

|용법| 조사 「ながら」는 한편으로는 변화되지 않는 상태나 모습을 나타내기도 하는데 예를 들어 「昔ながら」는 '옛날모습 그대로'의 의미를, 그리고 「涙ながら」는 '눈물을 흘리면서'의 의미를 나타내게 된다.

|접속| 명사나 제한된 동사의 연용형에 접속된다.

|예문|

⇨ いつもながら、見事なお手並みですね。
(언제나 그렇듯이 훌륭한 기량이군요)

⇨ この清酒メーカーは、昔ながらの製法で日本酒をつくっている。
(이 청주 회사는 옛날 그대로의 제조법으로 일본 술을 만들고 있다)

⇨ 被害者は、涙ながらに事件の状況を語った。
(피해자는 눈물을 흘리면서 사건의 상황을 말했다)

⇨ 生まれながらのすぐれた才能に恵まれている。
(태어나면서부터 뛰어난 재능을 타고 났다)

⇨ この子は、生まれながらにして優れた音楽的感性を備えている。
(이 아이는 태어나면서부터 뛰어난 음악적 감성을 갖추고 있다)

~なきゃ ⇨ '~(하)지 않으면, ~(해)야지', 「~なければ」의 축약형

|용법| 「~なければ」가 축약된 형태로 주로 회화체에서 사용된다. 이러한 형태로 어떠한 동작이나 행위를 해야만 한다는 뜻으로 쓰이는데 한편으로는 문말에도 쓰여서 동작이나 행위로 이행할 의지를 나타내기도 한다.

|접속| 동사미연형에 접속된다.

| 예문 |

⇨ 早く行かなきゃ間にあわない。(빨리 가지 않으면 시간에 늦는다)

⇨ もう帰らなきゃ父に叱られる。(이제 돌아가지 않으면 아버지에게 혼난다)

⇨ 試験が目の前に迫っているから勉強しなきゃ。

(시험이 눈앞에 다가와 있으니까 공부해야지)

⇨ 去年のスカートが入らないのよ。新しいスカート、買わなきゃ。

(작년의 스커트가 들어가지 않는 거야. 새 스커트 사야지)

~ なくしては ⇨ ~ 없이는

| 용법 | 형용사 「ない」의 연용형인 「なく」에 동사 「する」의 연용형인 「し」와 복합조사 「ては」가 접속된 어구이다. 이러한 형태로 그것이 없었다면 아무것도 할 수 없었음을 나타낸다. 문맥에 따라서는 「は」가 생략될 수도 있는데 이러한 표현은 대체로 문장체에서 사용되며 회화체에서는 「なかったら」가 즐겨 사용된다.

| 접속 | 명사에 접속된다.

| 예문 |

⇨ あなたなくしては一日も生きていられないでしょう。

(당신 없이는 하루도 살아 있을 수 없겠죠)

⇨ みなさんの協力なくしては、この仕事はできなかったでしょう。

(모두의 협력 없이는 이 일은 할 수 없었겠죠)

⇨ 親の援助なくしては、とても一人で生活できない。

(부모의 원조 없이는 도저히 혼자서 생활할 수 없다)

⇨ 失敗の経験なくして、本当の人生は分からないものだ。

(실패의 경험 없이는 진정한 인생은 모르는 법이다)

～なくちゃ ⇨ ～(해)야지

|용법| 부정을 나타내는 조동사 「ない」의 연용형인 「なく」에 접속조사 「ては」의 축약형인 「ちゃ」가 접속된 어구이다. 이는 「なくてはならない(いけない、だめだ)」에서 뒤의 밑줄 친 부분이 생략된 「なくては」가 회화체에서 다시 보다 간략한 형태인 「なくちゃ」로 변형된 것이다. 이것을 직역하면 '～(하)지 않아선'이 되지만 일상적인 회화체에서는 이러한 형태로 얼마든지 안정적인 의지표현이 되는 것이다. 특히, 우리말에서는 이와 같이 생략된 형태로는 말하는 사람의 의지를 나타내지 못하며 어디까지나 문 말의 술어가 완성된 형태로만 사용되는 점에서 양국어의 차이가 있음에 주의하여야 한다. 결국 이러한 형태로 의무, 당연 등의 의미를 나타낸다.

|접속| 동사미연형에 접속된다.

|예문|

⇨ あ、もう五時(ごじ)だ。すぐ帰(かえ)らなくちゃ。(아 벌써 5시네. 바로 돌아가야지)

⇨ 試験(しけん)が目(め)の前(まえ)に迫(せま)っているから勉強(べんきょう)しなくちゃ。
(시험이 눈앞에 다가와 있으니까 공부해야지)

⇨ 去年(きょねん)のスカートが入(はい)らないのよ。新(あたら)しいスカート、買(か)わなくちゃ。
(작년의 스커트가 들어가지 않는 거야. 새 스커트 사야지)

⇨ 土日(どにち)は銀行(ぎんこう)が休(やす)みだから、今日(きょう)じゅうに行(い)ってお金(かね)をおろしておかなくちゃ。
(토요일, 일요일은 은행이 쉬니까 오늘 안에 가서 돈을 인출해 둬야지)

|참고| 회화체에서는 이보다 더 간략화 된 「なきゃ」도 빈번하게 사용된다.

⇨ もう帰(かえ)らなきゃ。(이제 돌아가야지)

⇨ これからは、もうちょっとしっかり勉強(べんきょう)しなきゃ。(이제부터는 좀 더 제대로 공부해야지)

～なくて ⇨ ～(하)지 않아서

|용법| 조동사「ない」의 연용형인「なく」에 접속조사「て」가 연결된 어구이다. 이러한 형태로 뒤에 제시된 사항에 대한 이유나 원인을 나타낸다.

|접속| 형용사의 연용형(く형)과 형용동사의 연용형(で형), 그리고 동사미연형에 접속된다.

|예문|

⇨ 思(おも)ったより高(たか)くなくてほっとした。(생각했던 거보다 비싸지 않아서 안심했다)

⇨ このごろはあまり暑(あつ)くなくて動(うご)きやすいです。
(요즈음은 그다지 덥지 않아서 움직이기 쉽습니다)

⇨ うちの子(こ)は勉強(べんきょう)はできますが、健康(けんこう)でなくてとても心配(しんぱい)です。
(우리집 아이는 공부는 잘 합니다만 건강하지 않아서 무척 걱정입니다)

⇨ ちっとも雨(あめ)が降(ふ)らなくて非常(ひじょう)に困(こま)っている。
(조금도 비가 오지 않아서 무척 곤란을 겪고 있다)

～なくては ⇨ ～이(하)지 않고서는

|용법| 형용사 또는 조동사「ない」의 연용형인「なく」에 접속조사「ては」가 연결된 어구이다. 그 앞에 동사미연형이 오게 될 때는「ない」가 조동사가 되며 명사나 형용동사, 형용사가 오게 될 때는「ない」가 형용사가 된다. 특히 명사나 형용동사의 어간이 올 때는「で」가 들어가게 되며 형용사가 올 때는 연용형(く형)이 오게 된다. 이러한 형태로 전항의 요건을 갖추어야만 후항의 성립이 가능하다고 하는 필요조건을 나타낸다. 이러한 표현의 뒤에는 대체로「無理(むり)だ」「難(むずか)しい」와 같은 부정적인 표현이 오게 된다.

| 접속 | 형용사의 연용형(く형)과 형용동사의 연용형(で형), 그리고 동사미연형에 접속된다.

| 예문 |

⇨ 我慢強い人でなくては彼女と付き合うのが難しい。

(인내심 강한 사람이지 않고서는 그녀와 사귀는 것이 어렵다)

⇨ どんなにお金があっても健康でなくては幸せだとは言えない。

(아무리 돈이 있어도 건강하지 않고서는 행복하다고는 할 수 없다)

⇨ 成績がもっとよくなくては、この大学への合格は無理だろう。

(성적이 보다 좋지 않고서는 이 대학으로의 합격은 무리일 것이다)

⇨ もっと食べなくては大きくなれないよ。(더 먹지 않고서는 커질 수 없어)

~なくてもいい ⇨ ~(하)지 않아도 된다

| 용법 | 형용사 또는 조동사 「ない」의 연용형인 「なく」에 접속조사 「ても」가 접속되고 이어서 형용사 「いい」가 연결된 어구이다. 그 앞에 동사미연형이 오게 될 때는 「ない」가 조동사가 되며 명사나 형용동사, 형용사가 오게 될 때는 「ない」가 형용사가 된다. 특히 명사나 형용동사의 어간이 올 때는 「で」가 들어가게 되며 형용사가 올 때는 연용형(く형)이 오게 된다. 이러한 형태로 그 앞에 제시된 동작이나 상태일 필요가 없음을 나타낸다.

| 접속 | 형용사의 연용형(く형)과 형용동사의 연용형(で형), 그리고 동사미연형에 접속된다.

| 예문 |

⇨ 柱の強度はそれほど強くなくてもいい。

(기둥의 강도는 그다지 강하지 않아도 된다)

⇨ 靴下はそんなに丈夫でなくてもいいから、安いのを買ってきてくれ。

(양말은 그렇게 질기지 않아도 되니까 싼 것을 사 와다오)

⇨ 仕事が忙しい場合は、無理して来なくてもいいです。

(일이 바쁜 경우에는 무리해서 오지 않아도 됩니다)

⇨ 委任状を提出すれば、必ずしも本人が出席しなくてもいい。

(위임장을 제출하면 반드시 본인이 출석하지 않아도 된다)

~なくともよい ⇨ ~(하)지 않아도 좋다

| 용법 | 형용사 또는 조동사 「ない」의 연용형인 「なく」에 문어체에서 쓰이는 접속조사 「とも」가 접속되고 이어서 형용사 「よい」가 연결된 어구이다. 그 앞에 동사미연형이 오게 될 때는 「ない」가 조동사가 되며 명사나 형용동사, 형용사가 오게 될 때는 「ない」가 형용사가 된다. 특히 명사나 형용동사의 어간이 올 때는 「で」가 들어가게 되며 형용사가 올 때는 연용형(く형)이 오게 된다. 이러한 형태로 그 앞에 제시된 동작이나 상태일 필요가 없음을 나타내는데 이러한 표현은 주로 문장체에서 쓰이는 경향이 있다.

| 접속 | 형용사의 연용형(く형)과 형용동사의 연용형(で형), 그리고 동사미연형에 접속된다.

| 예문 |

⇨ 柱の強度はそれほど強くなくともよい。

(기둥의 강도는 그다지 강하지 않아도 좋다)

⇨ 入学式には必ずしも父母同伴でなくともよい。

(입학식에는 반드시 부모동반이지 않아도 좋다)

⇨ 今回募集する警備員は体つきが頑丈でなくともよい。

(이번에 모집하는 경비원은 몸이 건장하지 않아도 좋다)

⇨ 今回は、更新しなくともよいサイトについて触れたいと思います。

(이번에는 갱신하지 않아도 좋은 사이트에 관하여 언급하고자 합니다)

~なくはない ⇨ ~(하)지 않는 것은 아니다

| 용법 | 부정을 나타내는 조동사 「ない」의 연용형인 「なく」에 조사 「は」와 형용사 「ない」가 접속된 어구이다. 이러한 형태로 상대방의 발언을 받아서 그것을 전면적으로 부정하거나 확실한 단정을 보류하는 의미를 나타낸다.

| 접속 | 동사미연형에 접속된다.

| 예문 |

⇨ あの二人は、なんか兄弟に見えなくはない顔ですね。
(저 두 사람은 어딘가 형제로 보이지 않는 것은 아닌 얼굴이군요)

⇨ 考えてみれば、彼の意見ももっともだという気がしなくはない。
(생각해 보면 그의 의견도 타당하다는 생각이 들지 않는 것은 아니다)

⇨ あなたの気持ちはわからなくはないけど、あきらめることも必要ですよ。
(당신의 기분은 모르는 것은 아니지만 포기하는 것도 필요해요)

⇨ A：とても明日までには終わりそうにないんですけど。
(도저히 내일까지는 끝날 것 같지가 않습니다만)
B：いや、やる気があればできなくはないですよ。
(아니, 할 마음이 있으면 할 수 없는 것은 아니에요)

~なくもない ⇨ ~(하)지 않는 것도 아니다

| 용법 | 부정을 나타내는 조동사 「ない」의 연용형인 「なく」에 조사 「も」와 형용사 「ない」가 접속된 어구이다. 이러한 형태로 어딘지 모르게 그러한 느낌이 들거나 그러한 행위를 할 수도 있다고 하는 의미를 나타낸다.

| 접속 | 동사미연형에 접속된다.

| 예문 |

⇨ 自分にも悪い点があったことは認めなくもない。

(자신에게도 나쁜 점이 있었던 것은 인정하지 않는 것도 아니다)

⇨ あの二人は、なんか兄弟に見えなくもない顔ですね。

(저 두 사람은 어딘가 형제로 보이지 않는 것도 아닌 얼굴이군요)

⇨ 納豆は食べなくもないですが、あまり好きじゃありません。

(낫또는 먹지 않는 것도 아닙니다만 그다지 좋아하지는 않습니다)

⇨ 考えてみれば、彼の意見ももっともだという気がしなくもない。

(생각해 보면 그의 의견도 타당하다는 생각이 들지 않는 것도 아니다)

～なけりゃ ⇨ ～이 아니면, ～(하)지 않으면

| 용법 | 형용사 또는 조동사 「ない」의 가정형인 「なけれ」에 가정을 나타내는 조사 「ば」가 접속된 「なければ」가 회화체에서 다시 보다 간략한 형태인 「なけりゃ」로 축약된 어구이다.

| 접속 | 「명사+で」의 형태나 형용사연용형(く형), 또는 동사미연형에 접속된다.

| 예문 |

⇨ この仕事はあなたでなけりゃ勤まらない。(이 일은 당신이 아니면 감당할 수 없다)

⇨ ころばなけりゃ勝てたのに。(넘어지지 않으면 이길 수 있었는데)

⇨ お前がいなけりゃ、父を幸せにできない。

(네가 없으면 아버지를 행복하게 할 수 없다)

⇨ 製品の品質管理を厳しくしなけりゃ、会社の評判が悪くなる。

(제품의 품질관리를 엄격하게 하지 않으면 회사의 평판이 나빠진다)

～なければ ⇨ '～(해)야지', 문말에서 의무, 당연 등의 의미를 나타내는 용법

| 용법 | 부정을 나타내는 조동사「ない」의 가정형인「なけれ」에 가정법을 나타내는 조사「ば」가 접속된 어구이다. 이러한 형태로 문말에서만 쓰여서 의무, 당연 등의 의미를 나타낸다. 이러한 표현은 원래「～なければならない(いけない、だめだ)」에서 후반부의 밑줄 친 부분이 생략된 형태로 주로 회화체에서 빈번하게 쓰이는데 우리말에는 이러한 용법이 없으므로 각별한 주의가 요망된다.

| 접속 | 동사미연형에 접속된다.

| 예문 |

⇨ もう10時だから、そろそろ帰らなければ。

(이제 10시가 되었으니까, 슬슬 돌아가야지)

⇨ 試験が目の前に迫っているから勉強しなければ。

(시험이 눈앞에 다가와 있으니까 공부해야지)

⇨ もう起きなければと思いつつも、なかなか起きられない。

(이제 일어나야지 하고 생각하면서도 좀처럼 일어날 수가 없다)

⇨ 土曜日は銀行が休みだから、今日じゅうに行ってお金をおろしておかなければ。

(토요일은 은행이니까 오늘 안에 가서 돈을 인출해 둬야지)

| 참고 | 회화체에서는「なければ」가 보다 축약된 형태인「なくちゃ」또는「なきゃ」로 변형되곤 한다. (해당항목 참고)

⇨ スカートが入んないからまた買わなくちゃ。

(스커트가 들어가지 않으니까 또 사야지)

⇨ 早く行かなきゃ。(빨리 가야지)

～なければならない ⇨ ～(해)야만 한다, ～(하)지 않으면 안 된다

|용법| 부정을 나타내는 조동사 「ない」의 가정형인 「なけれ」에 가정법을 나타내는 조사 「ば」가 접속되고 이어서 동사 「なる」의 미연형인 「なら」와 부정을 나타내는 조동사 「ない」가 연결된 어구이다. 이러한 형태로 어떠한 동작이나 작용에 대한 의무나 당연의 의미를 나타내는데 우리말에서는 이러한 경우 '～(해)야만 한다, ～(하)지 않으면 안 된다'의 두 가지가 쓰이는데 반하여 일본어에서는 '～(하)지 않으면 안 된다'에 해당되는 「～なければならない」의 형태만이 쓰이는 점에 유의하여야 한다.

|접속| 동사미연형에 접속된다.

|예문|

⇨ 日本(にほん)の大学(だいがく)に入(はい)るためには、まず日本語(にほんご)を勉強(べんきょう)しなければならない。

(일본의 대학에 들어가기 위해서는 먼저 일본어를 공부해야만 한다)

⇨ 今(いま)私(わたし)にはたとえ死(し)んでも、やらなければならない仕事(しごと)がある。

(지금 나에게는 설령 죽는다 해도 하지 않으면 안 되는 일이 있다)

⇨ 仕事(しごと)が山(やま)のようにあって、日曜日(にちようび)とは言(い)え、出社(しゅっしゃ)しなければならない。

(일이 산더미처럼 쌓여 있어서 일요일이라고는 해도 출근해야만 한다)

⇨ 会社(かいしゃ)の評判(ひょうばん)にかかわるから、製品(せいひん)の品質管理(ひんしつかんり)は厳(きび)しくしなければならない。

(회사의 평판에 관련되기 때문에 제품의 품질관리는 엄격하게 하지 않으면 안 된다)

|참고| 「～なければならない」보다 정중한 형태로는 「～なければなりません」이 있다. 한편, 회화체에서는 특히 보다 간결한 형태인 「～ねばならない、～なくてはならない、～ねばならぬ」도 빈번하게 쓰인다.

⇨ センターにいる間(あいだ)自分(じぶん)で洗濯(せんたく)しなければなりません。

(센터에 있는 동안 스스로 빨래해야만 합니다)

⇨ 今日(きょう)はかぜをひいているので休(やす)みたいのですが、試験(しけん)があるので、どうして

も行かねばならないです。(오늘은 감기 걸렸기 때문에 쉬고 싶습니다만 시험이 있기 때문에 아무래도 가지 않으면 안 됩니다)

⇨ 先生にさしあげる手紙だからきれいに書かなくてはならない。
(선생님에게 드릴 편지이니까 깨끗하게 써야만 한다)

⇨ 外国へ行ったら、その国の法律をまもらねばならぬ。
(외국에 가면 그 나라의 법을 지키지 않으면 안 된다)

아울러, 이와 유사한 어구로 「なければいけない」「なければだめだ」가 있다.

⇨ そろそろ帰らなければいけない。(슬슬 돌아가지 않으면 안 된다)

⇨ もっと自分を大切にしなければだめだよ。(좀 더 자신을 소중히 하지 않으면 안돼)

「なければいけない」「なければだめだ」는 주로 개인적인 사정에 의하여 의무나 필요가 발생하였을 때 사용되는데 반하여 「なければならない」「なくてはならない」는 어디까지나 사회적인 상식 등에 입각하여 의무나 필요가 발생하였을 때 사용되는 점에서 구별될 수 있다.

~なければよかった ⇨ ~(하)지 않았다면 좋았을걸

|용법| 부정을 나타내는 조동사 「ない」의 가정형인 「なけれ」에 가정법을 나타내는 조사 「ば」가 접속되고 이어서 형용사 「よい」의 연용형인 「よかっ」과 과거를 나타내는 조동사 「た」가 연결된 어구이다. 이러한 형태로 이미 해 버린 일에 대하여 후회하거나 아쉬워하는 기분을 나타낸다.

|접속| 동사미연형에 접속된다.

|예문|

⇨ こんなごちそうが出るんなら、さっき間食しなければよかった。

(이런 맛있는 음식이 나오는 거라면 아까 간식을 먹지 않았다면 좋았을걸)

⇨ 昨日はあんなに飲まなければよかった。二日酔いで頭が痛い。
(어제는 그렇게 마시지 않았다면 좋았을걸. 숙취로 머리가 아프다)

⇨ こんな服、買わなければよかった。派手すぎてとても着られない。
(이런 옷, 사지 않았다면 좋았을걸. 너무 화려해서 도저히 입을 수 없다)

⇨ あいつ、彼女が結婚することを知らなかったのか。それなら言わなければよかった。(그 녀석, 그녀가 결혼할 것을 몰랐던 걸까. 그렇다면 말하지 않았다면 좋았을걸)

～なさい ⇨ '～(해)라, ～(하)시오', 하위자에 대한 명령을 나타내는 용법

| 용법 | 「なさい」는 동사 「する」에 대한 경어동사인 「なさる」의 명령형이므로 어법상으로는 존경어가 되는 셈이지만 정중어로도 사용되고 있다. 즉 「食べなさい」 「書きなさい」와 같이 쓰이는데 이는 어디까지나 하위자에 대한 명령조로 사용되는 점에 주의하여야 한다. 이를 좀 더 정중하게 나타내고자 할 때는 「お+동사연용형+なさい」의 형식을 이용하여 「お食べなさい」 「お書きなさい」와 같이 표현한다. 하지만, 이 두 가지 표현 모두 거의 경어도가 느껴지지 않을 정도의 표현이므로 보다 정중하게 표현하고자 할 때는 정중을 나타내는 조동사 「ます」의 명령형 「ませ」를 접속시켜서 「お書きなさいませ」와 같이 표현하는 것이 일반적이다.

| 접속 | 동사연용형에 접속된다.

| 예문 |

⇨ 早く帰りなさい。(빨리 돌아가라)

⇨ 外から帰ったら、手を洗って、うがいをしなさい。
(밖에서 돌아오면 손을 씻고 양치질을 해라)

⇨ かっこの中に、適当な語を入れなさい。(괄호 안에 적당한 말을 넣으시오)

⇨ わからないところがあったら遠慮しないで質問しなさい。
(모르는 부분이 있으면 사양하지 말고 질문하시오)

⇨ お客さんにきちんとあいさつするくらい、子どもでもあるまいし、言われなくてもやりなさい。(손님에게 제대로 인사를 하는 것쯤, 아이도 아니고 말하지 않더라도 해라)

～なさそうだ ⇨ ～(하)지 않을 것 같다

|용법| 부정을 나타내는 형용사 「ない」의 어간인 「な」에 접미어 「さ」가 접속되고 이어서 양태의 조동사 「そうだ」가 연결된 어구이다. 이러한 형태로 겉모양이나 상태를 보고서 직감적으로 그러할 것이라고 추측하는 의미를 나타낸다.

|접속| 형용사의 연용형(く형)에 접속된다.

|예문|

⇨ 外は暑くなさそうだ。(밖은 덥지 않을 것 같다)

⇨ あの山は高くなさそうですね。(저 산은 높지 않을 것 같군요)

⇨ この店の料理はおいしくなさそうだ。(이 가게의 요리는 맛이 없을 것 같다)

⇨ 一見高い山のように見えてもそんなに険しくなさそうだ。
(얼핏 보기에 높은 산처럼 보여도 그렇게 험하지 없을 것 같다)

なさる ⇨ '하시다', 「する」에 대한 경어동사로서의 용법

| 용법 | 「なさる」는 동사 「する」에 대한 경어동사로 예전에는 「～なさる」(食べなさる), 「お～なさる」(お食べなさる)의 형태로 쓰였으나 지금은 거의 사용되지 않는다. 식당 등에서 손님에게 「ご注文は何になさいますか」와 같이 존경표현으로 쓰이는 것은 매우 바람직하나 「行きなさい」「食べなさい」와 같은 표현은 거의 반말 투의 명령표현이므로 그 사용에 신중을 기하여야 한다. 참고로 「なさる」가 조동사 「ます」에 접속될 때는 「なさい」의 형태를 취하게 된다.

| 예문 |

⇨ どのくらい日本語を勉強なさいましたか。
(어느 정도 일본어를 공부하셨습니까?)

⇨ どうぞ無理なお仕事はなさらないでください。
(제발 무리한 일은 하시지 말아 주십시오)

⇨ 今年の夏休みはどうなさるおつもりですか。
(금년 여름방학은 어떻게 하실 생각이십니까?)

⇨ 早く電話なさった方がいいと思います。
(빨리 전화하시는 편이 좋을 거라고 생각합니다)

～なさんな ⇨ ～(하)지마라

| 용법 | 「する」의 경어동사인 「なさる」에 금지를 나타내는 조사 「な」가 접속되는 과정에서 「なさる」의 어미 「る」가 「ん」으로 음의 변화를 일으킨 어구이다. 이러한 형태로 금지의 뜻을 나타내는데 매우 친한 사이에서만 쓸 수가 있으며 또한 비교적 중. 노년층에서 쓰이는 경향이 있다.

| 접속 | 동사연용형에 접속된다.

| 예문 |

⇨ 風邪(かぜ)などひきなさんな。(감기 같은 거 걸리지 마라)

⇨ そとはまだ暗(くら)いから、起(お)きなさんな。(밖은 아직 어두우니까 일어나지 마라)

⇨ 大丈夫(だいじょうぶ)だから、そんなに心配(しんぱい)しなさんな。(괜찮으니까 그렇게 걱정하지 마라)

⇨ この人(ひと)、自分(じぶん)は何一(なにひと)つ買(か)わないけど、私(わたし)が買(か)おうとすると、'買(か)いなさんな'と言(い)ってくるのです。

(이 사람, 자기는 뭐하나 사지 않지만 내가 살려고 하면 '사지마라'고 말해오는 겁니다)

～なしでは ⇨ ～ 없이는

| 용법 | 문어체의 형용사「なし」에 복합조사「では」가 접속된 어구이다. 이러한 형태로 그것이 없이는 불가능하거나 아무래도 그것이 필요하다고 하는 의미를 나타내는데 보통 문의 끝에는 불가능함을 나타내는 표현이나 부정적인 의미를 나타내는 표현이 수반된다.

| 접속 | 명사에 접속된다.

| 예문 |

⇨ あなたなしでは生(い)きていけない。(당신 없이는 살아 갈 수 없다)

⇨ 辞書(じしょ)なしでは英語(えいご)の新聞(しんぶん)が読(よ)めない。

(사전 없이는 영어 신문을 읽을 수 없다)

⇨ 背広(せびろ)にネクタイなしでは、かっこうがつかない。

(신사복에 넥타이 없이는 모양이 나지 않는다)

⇨ この会社(かいしゃ)で働(はたら)くのに労働許可証(ろうどうきょかしょう)なしでは困(こま)る。

(이 회사에서 일하는 데 노동허가증 없이는 곤란하다)

| 참고 | 이와 유사한 어구로「～がなくては」「～がなければ」가 있다.

~ なしに ⇨ ~ 없이

| 용법 | 문어체의 형용사 「なし」에 조사 「に」가 접속된 어구이다. 이러한 형태로 어떠한 일을 하기에 앞서서 당연히 해야 할 일을 하지 않고 진행하거나 진행된다고 하는 의미를 나타낸다. 이러한 표현은 주로 문장체에서 사용되는 경향이 있다.

| 접속 | 명사에 접속된다.

| 예문 |

⇨ 許可なしにこの門から中に入ってはいけない。

(허가 없이 이 문에서 안으로 들어가서는 안 된다)

⇨ 誰にも知られることなしに準備を進めなければならない。

(누구에게도 알려지는 일 없이 준비를 진행하여야만 한다)

⇨ この山は、冬は届け出なしに登山してはいけないことになっている。

(이 산은 겨울은 신고 없이 등산해서는 안 되게 되어있다)

⇨ 私はお茶が好きで、毎日朝起きてまずお茶を飲む。これはずいぶん昔から習慣になっている。お茶なしには一日が始まらない。

(나는 차를 좋아해서 매일 아침 일어나서 먼저 차를 마신다. 이것은 꽤 오래전부터 습관이 되어 있다. 차 없이는 하루가 시작되지 않는다)

| 참고 | 다음과 같이 명사에 「何の + 명사 + も」가 앞에 접속되어 사용되는 일도 있다. (해당항목 참고)

⇨ 彼は何の連絡もなしに突然訪ねて来て、金の無心をした。

(그는 아무런 연락도 없이 갑자기 찾아와서 돈 달라고 떼를 썼다)

~ など(なんぞ、なぞ、なんか) ⇨ ~ 등, ~ 따위, ~ 같은 것

| 용법 | 「など」는 여러 가지 사항 중에서 특히 하나만을 예로 들어 나타내거나 같은 사항을 열거할 때에 사용되는 조사이다. 또한 경우에 따라서는 어떤 사항에 대하여 그리 대단치 않음을 나타낼 때도 쓰이는데 특히, 회화체에서는 이와 같은 의미로 「なんか」가 주로 쓰이는 경향이 있다. 「など」와 유사한 의미로 「なぞ」「なんぞ」와 같은 조사도 회화체에서는 빈번하게 쓰인다.

| 접속 | 명사나 동사종지형에 접속된다.

| 예문 |

⇨ 私は妹に着物など買ってやった。(나는 여동생에게 옷 등을 사주었다)

⇨ 公園には花壇や運動場などがあります。(공원에는 화단이나 운동장 등이 있습니다)

⇨ 君はいつもうそばかりついているから、君の言うことなど誰も信用しない。
(자네는 언제나 거짓말만 하고 있으니까 자네가 말하는 것 따위는 아무도 믿지 않아)

⇨ あまり家の中にばかりいないで、たまには公園などへ散歩に行った方がいいですよ。(너무 집 안에만 있지 말고, 가끔은 공원 같은 곳으로 산책하러 가는 편이 좋아요)

⇨ ぼくは野球なんか大好きだ。(나는 야구 같은 것을 매우 좋아한다)

⇨ あなたにくらべたら、私なんかまだまだ努力が足りません。
(당신에 비하면 나 같은 것, 아직도 노력이 부족합니다)

⇨ 毎日いそがしくて、本なぞ読む時間がない。
(매일 바빠서 책 같은 것 읽을 시간이 없다)

⇨ 若いうちは、たばこや酒なんぞのまない方がいい。
(젊을 때는 담배나 술 같은 건 마시지 않는 편이 좋다)

~ などする ⇨ ~ (한)다거나 한다

| 용법 | 예시나 인용을 나타내는 부조사 「など」에 동사 「する」가 접속된 어구이

다. 이러한 형태로 여러 가지 행위 중에서 주된 것을 내세움으로서 그밖에도 비슷한 행위를 한다는 의미를 나타낸다.

| 접속 | 동사종지형에 접속된다.

| 예문 |

⇨ 息子は今まで学校をやめるなどして、みんなを困らせていた。
(아들은 지금까지 학교를 그만둔다거나 해서 모두를 곤란하게 하고 있었다)

⇨ ひげをそるなどして、もうすこし身だしなみに気を付けてほしい。
(수염을 깎는다거나 해서 좀 ㄷ 차림새에 신경을 써줬으면 좋겠다)

⇨ 時には呼びつけて注意するなどしたのですが、あまり効き目はなかったようです。
(때로는 불러내서 주의를 준다거나 한 겁니다만 그다지 효과는 없었던 것 같습니다)

⇨ 東京で仕事を探すなどしたのですが、まだこれといった仕事は見つかっていません。(도쿄에서 일을 찾는다거나 한 겁니다만 아직 이렇다 할 일은 찾지 못했습니다)

～などと言って ⇨ ～(한)다는 둥 하며

| 용법 | 예시나 인용을 나타내는 부조사 「など」에 인용을 나타내는 조사 「と」가 접속되고 이어서 동사 「言う」가 접속조사 「て」에 접속되는 과정에서 음편현상을 일으킨 「言って」가 연결된 어구이다. 이러한 형태로 앞서 제시된 발언의 내용을 제시함과 동시에 그 밖에도 비슷한 말을 하고 있다는 의미를 나타낸다.

| 접속 | 활용어의 종지형에 접속된다.

| 예문 |

⇨ 学校をやめるなどと言って、みんなを困らせている。
(학교를 그만둔다는 둥 하며 모두를 곤란하게 하고 있다)

⇨ 東京で仕事を探すなどと言って、家を出たきり帰ってこない。

(도쿄에서 일을 찾는다는 등 하며 집을 나간 채 돌아오지 않는다)

⇨ 来年になれば景気が持ち直すから大丈夫だなどと言って、全く気にしていない。

(내년이 되면 경기가 회복되니까 문제없다는 등 하며 전혀 신경 쓰고 있지 않다)

⇨ まわりにデパートや大型マートなどの大きな店ができるなどと言って、この町の家を買うように口説いている。

(주변에 백화점이나 대형마켓 같은 큰 점포가 생긴다는 등 하며 이 동네의 집을 사도록 꾀고 있다.)

何(なに、なん) ⇨ 「なに」와 「なん」, 두 가지 발음의 구별

|용법| 의문을 나타내는 대명사 「何」는 우리말의 '무엇'에 해당되는데 발음이 「なに、なん」의 두 가지로 나기 때문에 종종 혼동되기 쉽다. 그 구별은 다음과 같다. 즉 「なん」으로 발음되는 경우에는 반드시 그 뒤에 단정을 나타내는 조동사 「だ」나 조사 「で」 「の」 「と」와 같은 말이 오게 되며 그 밖의 경우는 대체로 「なに」로 발음된다.

|예문|

⇨ あれはなんだろう。(저것은 무엇일까?)

⇨ そこはなんという町ですか。(거기는 뭐라고 하는 마을입니까?)

⇨ これはなんの本ですか。(이것은 무슨 책입니까?)

⇨ 昨日はなんで来なかったんですか。(어제는 왜 오지 않은 겁니까?)

⇨ この箱の中になにが入っていますか。(이 상자 안에 무엇이 들어 있습니까?)

⇨ あなたはそこでなにをしていますか。(당신은 거기에서 무엇을 하고 있습니까?)

⇨ 免税店ではじっと見ただけで、結局なにも買わなかった。

(면세점에서는 가만히 보기만 했을 뿐 결국 아무것도 사지 않았다)

なに ~ ない(なく) ⇨ 아무런 ~ 도 없는(없이)

| 용법 | 의문사 「なに」가 앞에 배치되고 뒤에는 형용사 「ない」 또는 그 연용형인 「なく」가 배치된 어구인데 그 사이에는 주로 「不自由、不足、気兼ね」와 같이 극히 제한된 말이 오게 된다. 이러한 형태로 아무런 부자유스러움이나 부족, 또는 거리낌 같은 것이 전혀 없이 매우 충만된 상태라고 하는 의미를 나타낸다. 이러한 표현은 비교적 관용적으로 고정된 형태라고 할 수 있다.

| 예문 |

⇨ 彼は父から受け継いだ大きな家に住んで、なに不自由なく暮らしている。
(그는 아버지로부터 물려받은 큰 집에 살면서 아무런 부자유스러움도 없이 생활하고 있다)

⇨ この会は気のあった人たちの集まりだから、なに気兼ねなく自由に振る舞うことができる。(이 모임은 마음이 맞는 사람들의 모임이니까 아무런 거리낌도 없이 자유롭게 행동할 수가 있다)

⇨ 祖父は退院後、孫たちに囲まれて、何不自由ない満たされた老後を送っているから安心です。
(할아버지는 퇴원 후 손주들에 둘러싸여 아무런 부자유스러움도 없는 충만된 노후를 보내고 있으니까 안심입니다)

⇨ 物質的にはなに不足ない生活をしているのだが、なぜか満たされない気持ちで日日を過ごしている。
(물질적으로는 아무런 부족함도 없는 생활을 하고 있는 거지만 왠지 허전한 기분으로 나날을 보내고 있다)

何ひとつ ~ ない ⇨ 어느 것 하나 ~ (하)지 않다

| 용법 | 의문사「なに」와 수사「ひとつ」가 결합된「なにひとつ」가 앞에 배치되고 뒤에는 조동사「ない」나 형용사「ない」가 배치된 어구이다. 이러한 형태로 어떠한 사안에 대하여 강하게 부정하는 의미를 나타낸다.

| 접속 | 조동사「ない」앞에는 동사미연형이 접속된다.

| 예문 |

⇨ 家が貧しかったので、ほしいものは、なにひとつ買えなかった。
(집이 가난했기 때문에 원하는 것은 어느 것 하나 살 수가 없었다)

⇨ こんなに一生懸命工夫したのに、まともな作品は何一つ作れていない。
(이렇게 열심히 궁리했는데 제대로 된 작품은 어느 것 하나 만들지 못했다)

⇨ この店には、私が買いたいと思うのは何一つない。
(이 가게에는 내가 사고 싶다고 생각하는 것은 어느 것 하나 없다)

⇨ 膨大な資料を調査してみたが、彼らの残した記録は何一つ見つからなかった。
(방대한 자료를 조사해 보았지만 그들이 남긴 기록은 어느 것 하나 발견되지 않았다)

| 참고 | 한편 사람을 나타내는 말에 접속되어 사용될 때는「だれひとり～ない」의 형태를 취하게 된다.

⇨ 一日じゅう待っていても、だれ一人訪ねて来ない。
(하루 종일 기다리고 있어도 누구하나 찾아오지 않는다)

何も ～ こと(必要)はない ⇨ 굳이 ～ (할) 것은(필요는) 없다

| 용법 | 부사「なにも」가 앞에 배치되고 뒤에는 '일, 필요'를 나타내는「こと、必要」에 조사「は」와 형용사「ない」가 접속된 형태가 배치된 어구이다. 그 사이에는 불필요함을 나타내는 동작이나 상황을 나타내는 말이 오게 되는데 이러한 형태로 '그렇게까지 하지 않아도 된다, 그렇게 할 필요는 없다,'는 의미를 나타낸다. 이러한 표현은 어디까지나 상대방에 대한 질책이나

주의를 나타내는 데에 쓰인다.

|접속| 동사연체형에 접속된다.

|예문|

⇨ 何も試合直前になって延期したいと言ってくることはないだろうに。
(굳이 시합 직전이 되어 연기하고 싶다고 말해 올 것은 없을 텐데

⇨ ちょっと注意されただけなのに、何もそんなに気にすることはないですよ。
(잠깐 주의를 받았을 뿐인데 굳이 그렇게 신경 쓸 것은 없어요)

⇨ 団体旅行で添乗員もいるのだから、なにもそんなに心配する必要はありませんよ。(단체 여행으로 안내원도 있기 때문에 굳이 그렇게 걱정할 필요는 없어요)

⇨ 彼らも悪気があって言ったことじゃないんだから、何もそんなに怒ることはないじゃないですか。
(그들도 악의가 있어서 말한 것은 아니니까 굳이 그렇게 화낼 것은 없지 않습니까?)

何も ~ わけではない ⇨ 굳이 ~ (하)는 것은 아니다

|용법| 부사 「なにも」가 앞에 배치되고 뒤에는 설명을 나타내는 명사 「わけ」에 명사부정형인 「ではない」가 접속된 형태가 배치된 어구이다. 그 사이에는 부정하고자 하는 내용이 오게 되는데 이러한 형태로 자신의 행동에 관하여 상대방이 생각하고 있는 바를 부정하는 의미를 나타낸다.

|접속| 활용어의 연체형에 접속된다.

|예문|

⇨ 私はなにも、あなたがやっていることを非難しているわけではないんです。
(나는 굳이 당신이 하고 있는 것을 비난하고 있는 것은 아닌 겁니다)

⇨ なにも無条件で仕事をさせているわけではないので、安心していいのです。
(굳이 무조건으로 일을 시키고 있는 것은 아니므로 안심해도 되는 겁니다)

⇨ 私は何もこの仕事がやりたくないわけではないのです。今は他の仕事があるので、少し時間がほしいとお願いしているだけなのです。

(나는 굳이 이 일이 하고 싶지 않는 것은 아닌 겁니다. 지금은 다른 일이 있기 때문에 조금 시간이 필요하다고 부탁드리고 있을 뿐인 겁니다)

⇨ あなたは私が邪魔をしていると思っているようですが、何も私は邪魔をしているわけではないのです。手順を踏んで慎重に話を進めようとしているだけなんです。

(당신은 내가 방해를 하고 있다고 생각하고 있는 것 같습니다만 굳이 나는 방해를 하고 있는 것은 아닌 겁니다. 순서를 밟아서 신중하게 이야기를 진행하려고 하고 있을 뿐인 겁니다)

～なら ⇨ '～라면, ～(한)다면, ～(할) 것 같으면', 광범위한 가정을 나타내는 용법

| 용법 | 「なら」는 단정을 나타내는 조동사 「だ」의 가정형으로 어떠한 상황이 전개되기 이전의 판단이나 의지를 나타내는 셈인데 가정법 중에서는 비교적 실현가능성이 매우 낮다고 할 수 있다. 또한, 어떤 경우를 예시하여 그것을 근거로 충고나 권유 등을 할 때에도 쓰이며 아울러 뒤에 '추측, 권유, 의지, 명령'등의 표현이 올 때에도 「なら」를 쓰게 된다.

| 접속 | 명사나 활용어의 종지형에 접속된다.

| 예문 |

⇨ 雨ならうちにいます。(비라면(비가 온다면) 집에 있겠습니다)

⇨ 今週は無理です。来週ならいいですが。

(이번 주는 무리입니다. 다음 주라면 괜찮겠습니다만)

⇨ おなかがとても痛いなら、この薬を飲むとなおります。

(배가 매우 아프다면 이 약을 먹으면 낫습니다)

⇨ 成績が悪いなら、もっと一生懸命、勉強しなければなりませんね。

(성적이 나쁘면 좀 더 열심히 공부해야만 하지요)

⇨ カメラを買うなら、あの店が安いですよ。

(카메라를 살 거 같으면 저 가게가 싸요)

⇨ 日本語の勉強をするなら、日本へ行った方がいいですよ。

(일본어 공부를 할 거 같으면 일본에 가는 편이 좋아요)

⇨ 飛行機がだめなら、列車で行くまでのことだ。

(비행기가 안 된다면 열차로 가면 그만이다)

⇨ あの時彼女がそう言ったなら、僕はどんなことをしてでも助けただろうに。

(그 때 그녀가 그렇게 말했다면 나는 무슨 짓을 해서라도 도왔을 것인데)

| 참고 | 특히, 동사종지형에 「なら」가 접속될 경우에는 어떤 동작, 작용을 이제부터 한다고 하는 것을 가정하는 용법인데 이 점에서는 이미 동작, 작용이 실현되고 있음을 나타내는 「～ば」 「～たら」의 용법과 구별된다.

～なら～で ⇨ ～(하)다면～(하)는 대로

| 용법 | 단정을 나타내는 조동사 「だ」의 가정형인 「なら」와 그 연용형인 「で」가 앞뒤로 배치되어 있는 어구이다. 「なら」와 「で」의 앞에는 같은 말이 반복적으로 오게 되는데 이러한 형태로 해당상황의 인식하에 뒤따라야 할 행동을 언급하거나 그에 대한 불이행을 비난, 또는 후회하는 의미를 나타낸다.

| 접속 | 형용동사어간이나 활용어의 종지형에 접속된다.

| 예문 |

⇨ 金がないならないで、人生何とかなるものさ。

(돈이 없다면 없는 대로 인생이란 어떻게든 되는 거야)

⇨ 嫌なら嫌で、そう言ってくれたらよかったのに。今となっては遅すぎるよ。

(싫다면 싫은 대로 그렇게 말해 주었더라면 좋았을 텐데 지금에 와서는 너무 늦었어)

⇨ 遅くなるなら遅くなるで、ちゃんと連絡ぐらいしてくれればいいのに。

(늦어진다면 늦어지는 대로 확실하게 연락정도는 해 주면 좋을 텐데)

⇨ 会社を辞めるなら辞めるで、それからあとの生活ぐらい考えておくべきだった。

(회사를 그만 둔다면 그만두는 대로 그러고 나서 다음의 생활정도는 생각해 두어야만 했다)

~ならではの ⇨ ~이(가) 아니고서는 안 될

| 용법 | 문어체에서 단정의 조동사로 쓰이던 「なり」의 미연형인 「なら」에 역시 문어체에서 부정을 나타내는 접속조사 「で」와 조사 「は」 그리고 「の」가 차례로 접속된 어구이다. 이러한 형태로 '그것만이 가능한, 그것이외에는 안 되는'의 의미를 나타낸다. 이러한 표현은 그 앞에 오는 명사에 대한 높은 평가를 나타내게 되어 주로 상점이나 회사 등의 광고나 선전 등에서 주로 쓰이는 경향이 있다. 당연히 그 뒤에는 긍정적인 평가를 담은 내용이 오게 된다.

| 접속 | 명사에 접속된다.

| 예문 |

⇨ 当店ならではの素晴らしい景色をお楽しみください。

(당 점포가 아니고서는 안 될 멋진 경치를 즐겨주십시오)

⇨ 電子辞書ならではの多彩な検索機能を搭載しております。

(전자사전이 아니고서는 안 될 다채로운 검색 기능을 탑재하고 있습니다)

⇨ これも貴族ならではのこと、私などでは絶対にできないだろう。

(이것도 귀족이 아니고서는 안 될 일이지, 우리 같은 사람은 절대로 할 수 없을 거야)

⇨ あそこでは一流ホテルならではの豪華な雰囲気が味わえる。

(저기에서는 일류 호텔이 아니고서는 안 될 호화로운 분위기를 맛볼 수 있다)

|참고| 「ならではの」는 그 뒤에 명사가 접속될 경우에 국한되나 다음과 같이 「ならでは」만으로 뒤에 오는 술어를 수식할 수도 있다.

⇨ あの役者ならでは演じられないすばらしい演技だった。
(저 배우가 아니고서는 할 수 없는 훌륭한 연기였다)

~なら~と ⇨ ~라면~라고, ~(한)다면~(한)다고

|용법| 단정을 나타내는 조동사 「だ」의 가정형인 「なら」와 인용을 나타내는 조사 「と」가 앞뒤로 배치되어 있는 어구이다. 「なら」와 「と」의 앞에는 같은 말이 반복적으로 오고 그 뒤에는 「言う」「連絡する」와 같이 발언을 나타내는 표현이 오게 된다. 이러한 형태로 상대방이나 제3자가 자신의 행동에 대하여 확실한 태도표명을 해야 함을 나타내는데 보통, 명확한 태도표명을 하지 않았음을 비난하거나 그에 대한 충고를 하는 경우에 사용된다.

|접속| 명사나 형용동사어간, 활용어의 종지형에 접속된다.

|예문|

⇨ 欠席なら欠席と前もって知らせておいてください。
(결석이라면 결석이라고 미리 알려 놓아주십시오)

⇨ 嫌なら嫌だとはっきり言ってくれればいいのに。
(싫다면 싫다고 확실히 말해주면 좋을 텐데)

⇨ 都合が悪いなら悪いと言ってくれればよかったのに。
(상황이 나쁘다면 나쁘다고 말해주면 좋았을 텐데)

⇨ これからは来ないなら来ないとちゃんと事前に連絡して下さいね。
(이제부터는 오지 않는다면 오지 않는다고 확실히 사전에 연락해주세요)

⇨ 行くなら行く、行かないなら行かないとちゃんと言ってくれなければ困るじゃないですか。

(간다면 간다, 가지 않는다면 가지 않는다고 확실히 말해 주지 않으면 곤란하지 않습니까?)

~ なら ~ ところだが(を) ⇨ ~ 같으면 ~ (하)겠지만

| 용법 | 단정을 나타내는 조동사 「だ」의 가정형인 「なら」가 앞에 배치되고 뒤에는 상황을 나타내는 명사 「ところ」에 단정을 나타내는 조동사 「だ」와 접속조사 「が」가 접속된 것이 배치된 어구이다. 「なら」 앞에는 「普通、通常、本来」 와 같은 명사가 오게 되고 「ところだが」의 앞에는 활용어의 연체형이 오게 되는데 결국 이러한 형태로 원래 전항과 같은 상황인 것이 마땅하지만 실제로는 전항과는 동떨어진 내용이 후항에 실현된다고 하는 의미를 나타낸다. 때로는 「~ なら ~ ところを」의 형태로도 쓰이는데 그 의미는 같다.

| 예문 |

⇨ 普通ならただではすまないところだが、今回だけは見逃してやろう。

(보통 때 같으면 그냥 넘어가지 않겠지만 이번만은 못 본 척 해주자)

⇨ 本来なら直接お伺いすべきところですが、書面にて失礼致します。

(본래라면 직접 찾아뵈어야만 하겠습니다만 서면으로 실례하겠습니다)

⇨ いつもなら1時間で行けるところを、今日は交通事故があって3時間もかかった。

(여느 때 같으면 1시간으로 갈 수 있겠지만, 오늘은 교통사고가 있어서 3시간이나 걸렸다)

⇨ もしあいつが私の息子なら尻を蹴飛ばしてやりたいところだが、あいつは私の息子ではないんだ。

(만약 저 녀석이 내 아들 같으면 엉덩이를 차주고 싶겠지만 저 녀석은 내 아들이 아닌 거다)

~ ならともかく ⇨ ~ 라면 몰라도, ~ (한)다면 몰라도

| 용법 | 단정을 나타내는 조동사 「だ」의 가정형인 「なら」에 '어쨌든 간에'라는 의미를 지닌 부사 「ともかく」가 접속된 어구이다. 이러한 형태로 후항이 전항보다 그 정도나 중요성이 뛰어나거나 보다 특별한 경우라고 하는 의미를 나타낸다. 이러한 표현의 문말에는 놀라움이나 의외라는 어감의 표현이 주로 오게 된다.

| 접속 | 명사나 동사종지형에 접속된다.

| 예문 |

⇨ あやまるならともかく、反省(はんせい)すらしようとしない。

(사과한다면 몰라도 반성조차 하려고 하지 않는다)

⇨ 子供(こども)ならともかく、大学生(だいがくせい)がそんなことも知(し)らないなんて。

(아이라면 몰라도 대학생이 그런 것도 모르다니)

⇨ 暇(ひま)な時(とき)ならともかく、こんなに忙(いそが)しい時(とき)に客(きゃく)に長居(ながい)されてはたまらない。

(한가한 때라면 몰라도, 이렇게 바쁠 때에 손님이 오래 머무르기라도 하면 감당할 재간이 없다)

⇨ 他(ほか)の人(ひと)ならともかく、あの上司(じょうし)に飲(の)みに誘(さそ)われたら付(つ)き合(あ)わないわけにはいかない。(다른 사람이라면 몰타도 저 상사에게 마시러 갈 것을 권유받았다면 같이 가지 않을 수 없다)

~ なら ~ なり ⇨ ~ (하)면 ~ (하)는 대로

| 용법 | 접속조사 「なら」가 앞에 배치되고 뒤에는 접미어 「なり」가 배치된 어구이다. 「なら」와 「なり」의 앞에는 같은 말이 반복적으로 오게 되는데 이러한 형태로 그에 상응하는, 그에 어울리는, 의 의미를 나타낸다.

| 접속 | 명사, 형용동사어간, 형용사 및 동사의 종지형에 접속된다.

| 예문 |

⇨ 嫌なら嫌なりの理由があるはずだ。(싫으면 싫은 대로의 이유가 있을 것이다)

⇨ 若いなら若いなりにやってみればいい。(젊으면 젊은 대로 해 보면 좋겠지)

⇨ 貧乏なら貧乏なりに楽しく生きられる方法がある。
(가난하면 가난한 대로 즐겁게 살아갈 수 있는 방법이 있다)

⇨ 金があるならあるなりに心配事もつきまとう。
(돈이 있으면 있는 대로 걱정꺼리도 늘 따라 다닌다)

~ならば ⇨ ~(한)다면

| 용법 | 접속조사 「なら」에 가정법을 나타내는 조사 「ば」가 접속된 어구이다. 이러한 형태로 앞으로 성립될 것이 예상되는 사항을 예측하여 나타낸다. 문장체에서 주로 쓰이는 것으로 이 경우 조사 「ば」는 얼마든지 생략되어 「~なら」로만 쓰일 수도 있다.

| 접속 | 활용어의 종지형에 접속된다.

| 예문 |

⇨ このまま不況が続くならば失業問題は深刻になる。
(이대로 불황이 계속된다면 실업문제는 심각해진다)

⇨ 今後１週間雨が降らないならば水不足になる。
(앞으로 1주일동안 비가 내리지 않는다면 물 부족이 된다)

⇨ 今年も真夏の日照時間が短いならば米不足の問題は深刻だ。
(올 해도 한여름의 일조시간이 짧다면 쌀 부족 문제는 심각하다)

⇨ この機会を逃したならばもう二度と彼には会えないだろう。
(이 기회를 놓친다면 이제 두 번 다시 그와는 만날 수 없을 것이다)

～なら別だが ⇨ ～라면 볕개이지만, ～(한)다면 별개이지만

|용법| 단정을 나타내는 조동사 「だ」의 가정형인 「なら」 또는 접속조사 「なら」에 별개임을 나타내는 명사 「別」와 단정을 나타내는 조동사 「だ」, 그리고 접속조사 「が」가 접속된 어구이다. 이러한 형태로 전항의 내용을 인정하는 바탕위에서 또 다른 새로운 방향에 대한 말하는 사람의 의견을 제시하는 의미를 나타낸다.

|접속| 명사나 형용동사 어간, 형용사와 동사의 종지형에 접속된다.

|예문|

⇨ 自分のことなら話は別だが、人のことにそんなに気を揉んでも仕方がないだろう。(자신의 일이라면 이야기는 별개이지만 남의 일에 그렇게 안달해도 방법이 없을 것이다)

⇨ 本気で頑張る気があるなら別だが、いい加減な気持ちでやっているならやめた方がいい。(정말로 분발할 마음이 있다면 별개이지만 적당한 기분으로 하고 있다면 그만 두는 편이 좋다)

⇨ そんなに勉強がつまらないなら別だが、自分の心構えについても反省してみてはどうだろうか。(그렇게 공부가 재미없다면 별개이지만 자신의 마음가짐에 관해서도 반성해보면 어떨까?)

⇨ 規模の小さな企業なら別だが、そうでなければ、ほとんどの採用担当者は自社のすべてを知り尽くしているわけではない。(규모가 작은 기업이라면 별개이지만 그렇지 않다면 대부분의 채용담당자는 자사의 모든 것을 다 알고 있는 것은 아니다)

～ならまだしも ⇨ ～라면 몰라도

|용법| 단정을 나타내는 조동사 「だ」의 가정형인 「なら」 또는 접속조사 「なら」에

부사 「まだ」를 강조한 「まだしも」가 접속된 어구이다. 이러한 형태로 후항이 전항보다 그 정도나 중요성이 뛰어나거나 보다 특별한 경우임을 나타내는데 주로 부정적인 평가에 사용된다.

| 접속 | 명사나 활용어의 종지형에 접속된다.

| 예문 |

⇨ あやまるならまだしも、反省(はんせい)すらしようとしない。

(사과한다면 몰라도 반성조차 하려하지 않는다)

⇨ 子供(こども)ならまだしも、大学生(だいがくせい)がそんなことも知(し)らないなんて。

(아이라면 몰라도 대학생이 그런 것도 모르다니)

⇨ 国内旅行(こくないりょこう)ならまだしも、海外旅行(かいがいりょこう)に行(い)くとなると、準備(じゅんび)も大変(たいへん)だ。

(국내여행이라면 몰라도 해외여행을 가게 되면 준비도 큰일이다)

⇨ 暇(ひま)な時(とき)ならまだしも、こんなに忙(いそが)しい時(とき)に客(きゃく)に長居(ながい)されてはたまらない。

(한가한 때라면 몰라도 이렇게 바쁠 때에 손님이 오래 머무르기라도 하면 참기 어렵다)

～なり ⇨ ～(하)자(마자)

| 용법 | 조사 「なり」는 어떤 동작, 작용이 이루어지고 바로 이어서 다음의 동작, 작용이 이루어짐을 나타내는데 대체로 이러한 동작, 작용의 다음에는 예기치 못한 일이 일어나는 경우가 대부분이다.

| 접속 | 동사의 종지형에 접속된다.

| 예문 |

⇨ 部長(ぶちょう)は社長(しゃちょう)からの電話(でんわ)を切(き)るなり、事務所(じむしょ)を出(で)ていった。

(부장님은 사장님으로부터 온 전화를 끊자 사무실을 나갔다)

⇨ マラソンの選手(せんしゅ)はゴールに着(つ)くなり、ばったりと倒(たお)れてしまった。

(마라톤선수는 결승선에 도착하자 푹 쓰러져버렸다)

⇨ 昨夜はとても疲れていたので、家へ帰って来るなり寝てしまった。

(어제 밤은 너무나도 지쳐 있었기 때문에 집에 돌아오자마자 자버렸다)

⇨ 山田さんはよほど急ぐ用事があるとみえて、授業が終わるなり、さよならも言わずに教室を出て行ってしまった。(야마다씨는 무척 급한 일이 있는 모양으로 수업이 끝나자마자 잘 가라는 말도 없이 교실을 나가버렸다)

~なり ⇨ ~라도, ~이라도

|용법| 조사 「なり」는 몇 가지 정도 있는 가능성 가운데에서 하나를 예로 들어 나타내는 용법으로도 쓰인다.

|접속| 명사나 동사종지형에 접속된다.

|예문|

⇨ 何かお飲み物なりお持ちしましょうか。

(뭔가 마실 것이라도 가지고 올까요?)

⇨ 遅れるんだったら、電話なりかけてくれればよかったのに。

(늦을 것 같으면 전화라도 걸어주면 좋았을 것을)

⇨ 壁に絵を飾るなりしたらもっと落ち着くと思いますよ。

(벽에 그림을 장식하기라도 하면 보다 안정될 것으로 생각해요)

⇨ そんなに忙しいんだったら友達になり手伝ってもらったらいいのに。

(그렇게 바쁠 것 같으면 친구에게라도 도움을 받으면 좋을 텐데)

~なりと ⇨ ~이건, ~이든지

|용법| 부조사 「なりと」는 「どこへなりと(어디로건)」 「だれとなりと(누구하고든지)」 「な

んなりと(뭐든지)」와 같은 관용적인 형태로 쓰인다. 이러한 형태로 무엇이든지 좋은 대로 자유롭게 할 수가 있음을 나타낸다.

| 접속 | 의문사+격조사의 형태에 접속된다.

| 예문 |

⇨ お前(まえ)みたいな勝手(かって)なやつはどこへなりと行(い)ってしまえばいい。

(너 같은 제멋대로인 녀석은 어디로든지 가버리는 게 낫다)

⇨ だれとなりと、好(す)きな男(おとこ)と一緒(いっしょ)になるがいい。

(누구하고든지 좋아하는 남자와 함께하는 것이 좋다)

⇨ なんなりとお好(この)みのものをお持(も)ちしますのでおっしゃって下(くだ)さい。

(뭐든지 좋아하시는 것을 갖다 드릴 테니 말씀해 주십시오)

⇨ ご希望(きぼう)がありましたら、どうぞ遠慮(えんりょ)せずに何(なん)なりとお申(もう)し付(つ)け下(くだ)さい。

(원하는 것이 있으시다면 부디 사양 말고 무엇이건 말씀해 주십시오)

~なりとも ⇨ ~라도, ~이라도

| 용법 | 부조사 「なりとも」는 그 앞에 명사와 일부 부사, 그리고 조사를 수반하여 그 밖에도 보다 좋은 것이 있을 지도 모르지만, 이라는 기분으로 예를 드는 경우에 사용된다. 회화체에서는 이 밖에 「なり、なりと」의 형태로도 사용된다.

| 접속 | 명사 및 일부의 부사와 조사에 접속된다.

| 예문 |

⇨ これなりとも持(も)って帰(かえ)れ。(이거라도 가지고 돌아가라)

⇨ 代人(だいにん)なりとも来(く)ればよいのに。(대리인이라도 온다면 좋을 텐데)

⇨ どこへなりとも気(き)の向(む)く方(ほう)へ行(い)こう。(어디에라도 마음이 향하는 쪽으로 가자)

⇨ ちょっとなりともじっとしていない。(잠깐일지라도 지그시 있지 않는다)

⇨ どうなりとも私はかまいません。(어떻게 되든지 저는 상관없습니다)

⇨ 君はあまり人に相談したがらないようだけれど、せめて私になりともちょっと話してくれればよかったのに。(자네는 그다지 남에게 의논을 하고 싶어 하지 않는 것 같지만 적어도 나에게라도 조금은 말해 준다면 좋았을 텐데)

| 참고 | 한편, 「なりとも」는 「だれ」 「なに」 「どこ」 등에 접속하여 쓰이기도 한다.

⇨ 来たい人は誰なりと来てかまわない。
(오고 싶은 사람은 누구라도 와도 상관없다)

⇨ あなたの考えていることを、なんなりと言ってごらんなさい。
(당신이 생각하고 있는 것을 무엇이라도 말해 보세요)

⇨ あなたの行くところなら、どこへなりともおともします。
(당신이 가는 곳이라면 어디라도 모시고 가겠습니다)

～なり～ないなり ⇨ ～(할) 것인지 말 것인지

| 용법 | 부조사 「なり」가 앞에 배치되고 뒤에는 부정을 나타내는 조동사 「ない」와 부조사 「なり」가 배치된 어구이다. 이러한 형태로 어느 쪽을 선택할 것인지 그 태도를 명확히 해야만 한다고 하는 기분을 독촉하는 것 같이 나타낸다.

| 접속 | 「なり」 앞에는 동사종지형이 오고 「ないなり」 앞에는 동사미연형이 오게 된다.

| 예문 |

⇨ 行くなり行かないなりはっきり決めてほしい。
(갈 것인지 말 것인지 분명히 정했으면 한다)

⇨ 食べるなり食べないなり、あなたの自由です。
(먹을 것인지 말 것인지 당신의 자유입니다)

⇨ 来るなり来ないなりきちんと連絡してもらわなければ困ります。

(올 것인지 말 것인지 제대로 연락해 주지 않으면 곤란합니다)

⇨ やるなりやらないなり、はっきりした態度(たいど)をとらなければならない。

(할 것인지 말 것인지 분명한 태도를 취해야만 한다)

～なり～なり ⇨ ～(이)든지～(이)든지, ～(하)든지～(하)든지

|용법| 부조사 「なり」를 앞뒤에 배치한 어구로 그 어느 쪽인가를 선택한다고 하는 의미를 나타낸다. 물론 그 두 가지 사항뿐만 아니라 다른 가능성도 있다고 하는 의미도 포함되게 된다.

|접속| 각각의 앞에는 명사나 동사종지형이 오게 된다.

|예문|

⇨ お茶(ちゃ)なりコーヒーなり早(はや)くください。(차든지 커피든지 빨리 주십시오)

⇨ あなたなりわたしなりだれか行(い)かなければなりません。

(당신이든지 나든지 누군가 가지 않으면 안 됩니다)

⇨ 行(い)くなりやめるなり早(はや)くきめてください。(가든지 그만두든지 빨리 정해 주십시오)

⇨ ここまで来(く)ればあなたの家(いえ)は近(ちか)いから、一人(ひとり)でもバスに乗(の)るなり歩(ある)くなりして帰(かえ)れるでしょう。(여기까지 오면 당신 집은 가까우니까 혼자라도 버스를 타든지 걷든지 해서 돌아갈 수 있겠죠)

～なりなんなり ⇨ ～(이)든지 뭐든지, ～(하)든지 뭐든지

|용법| 열거를 나타내는 조사 「なり」에 「なになり(뭐든지)」의 음이 변한 「なんなり」가 접속된 어구이다. 이러한 형태로 그와 유사한 것이나 사항이라면 뭐든지 상관없다고 하는 의미를 나타낸다.

|접속| 명사나 동사의 종지형에 접속된다.

| 예문 |

⇨ チューリップなりなんなり、少し目立つ花を買ってきて下さい。
(튤립이든지 뭐든지 조금 눈에 띄는 꽃을 사와 주십시오)

⇨ ここは私が支払いますからコーヒーなりなんなり好きなものを注文して下さい。
(여기는 제가 지불할 테니깐 커피든지 뭐든지 좋아하는 것을 주문해 주십시오)

⇨ 療養するなり何なりして少し体を休めたほうがいい。
(요양하든지 뭐든지 해서 조금 몸을 쉬는 편이 좋다)

⇨ この部屋は寒そうだから、カーペットを入れるなり何なりしなければいけないね。
(이 방은 추울 것 같으니까 카펫을 넣든지 뭐든지 해야만 하겠군)

～なりに ⇨ ～(하는) 대로

| 용법 | 접미어 「なり」에 조사 「に」가 접속된 어구인데 그 앞에는 「道」와 같은 명사나 「言い」 또는 「言う」와 같은 말들이 제한적으로 오게 된다. 이러한 형태로 그것에 역행하지 않고 따른다고 하는 의미를 나타낸다.

| 예문 |

⇨ 夫はなんでも相手の言いなりになるから困ります。
(남편은 뭐든지 상대가 말하는 대로 되니까 곤란합니다)

⇨ 彼はいつも妻の言うなりに動いているらしい。
(그는 언제나 아내가 말하는 대로 움직이고 있는 것 같다)

⇨ わき道に逸れずにこの道なりに進んでください。
(옆길로 새지 말고 이 길대로 나아가 주십시오)

⇨ その店なら、道なりにまっすぐ行くと右側にあります。
(그 가게라면 길대로 곧장 가면 오른쪽에 있습니다)

~ なりに(の) ⇨ ~ 나름대로(의)

|용법| 부조사「なり」에 조사「に」 또는「の」가 접속된 어구인데 특히 뒤에 오는 명사를 수식할 때는「なりの」의 형태를 취하게 된다. 이러한 형태로 주로 사람을 나타내는 명사에 접속되어 어떠한 일을 추진함에 있어서 그 사람의 입장에서는 최선을 다했거나 가장 적절한 노력을 기울였다고 하는 의미를 나타낸다.

|접속| 명사에 접속된다.

|예문|

⇨ 新製品の宣伝について、私なりに考えた案を説明した。
(신제품의 선전에 관하여 내 나름대로 생각한 안을 설명했다)

⇨ 何もおっしゃらないでください。私なりによく考えたすえに出した結論なのです。
(아무 것도 말씀하시지 말아 주십시오. 제 나름대로 잘 생각한 끝에 내린 결론인 겁니다)

⇨ 母親が留守の間は、子供たちなりに一生懸命考えて、食事を作っていたようです。(어머니가 안 계실 동안은 아이들 나름대로 열심히 생각해서 식사를 준비하고 있었던 것 같습니다)

⇨ この事態は役人だけに任せておくのではなく、私たち住人なりの対応策を考えなければならない。(이 사태는 공무원에게만 맡겨 둘 것이 아니라 우리 주민 나름대로의 대응책을 생각해야만 한다)

~ なる ⇨ ~ 이(가) 되다, ~ (해)지다, ~ (하)게 되다

|용법| 동사「なる」는 사물의 자연스런 변화를 나타내는 것으로 우리말의 '~되다'에 해당된다. 특히 명사에 접속될 때는 조사「に」를 선행시켜 사용됨에 각별히 주의하여야 한다. 즉, 우리말에서는 '~이(가) 되다'의 형태를

취하기 때문에 조사 '~이(가)'에 해당되는 일본어조사 「~が」를 사용하여 「~がなる」라는 오용을 범하기 쉬운데 일본어에서는 이 경우 반드시 「~になる」의 형태를 취한다고 하는 점에 주의하여야 한다. 아울러 명사 이외에 형용사나 동사에도 접속되어 쓰인다.

| 접속 | 명사의 경우는 「~になる」(~(이(가))되다), 형용사의 경우는 연용형(く형)에 접속된 「~くなる」(~(해)지다), 동사의 경우는 연체형에 접속된 「~ようになる」(~(하)게 되다)의 형태를 취한다.

| 활용 | なら+ない(미연형) なり+ます、なっ+て(연용형) なる(종지형) なる+명사(연체형) なれ+ば(가정형) なれ(명령형) なろ+う(추측형)

| 예문 |

⇨ 彼女は働きすぎて病気になった。(그녀는 지나치게 일해서 병이 났다)

⇨ 木が切り倒されて山が裸になってしまった。
(나무가 잘려나가서 산이 벌거숭이가 되어버렸다)

⇨ 酒を飲んで顔が赤くなりました。(술을 마셔서 얼굴이 빨개 졌습니다)

⇨ この頃はだんだん住みにくくなっています。(요즘은 점점 살기 어려워졌습니다)

⇨ 以前は無口だったが、最近はよくしゃべるようになりました。
(이전에는 말수가 적었는데 최근에는 말을 잘하게 되었습니다)

⇨ 彼と一緒に仕事をするようになって、ずいぶんいろいろなことを学びました。
(그와 함께 일을 하게 되어 꽤 여러 가지 일을 배웠습니다)

~なる ⇨ ~(이)라는

| 용법 | 「なる」는 원래 문어체에서 단정을 나타내는 조동사 「なり」의 연체형으로 어떠한 사물이나 인물을 예시하는 의미를 나타낸다. 이러한 표현은 오늘날에 와서는 주로 문장체에서만 쓰이고 있다.

| 접속 | 명사에 접속된다.

| 예문 |

⇨ あなたのお話の秋子なる女性はどんな人ですか。

(당신의 말씀하시는 아키코라는 여성은 어떤 사람입니까?)

⇨ 前衛芸術なるものはとても難しくて、私は理解できない。

(전위예술이라는 것은 무척 어려워서 나는 이해할 수 없다)

⇨ 昔、中国には杜甫なる有名な詩人がいたのである。

(옛날 중국에는 두보라는 유명한 시인이 있었던 것이다)

⇨ 日本のすきやきなるものを一度食べてみたいと思っていた。

(일본의 스키야키라는 것을 한번 먹어보고 싶다고 생각하고 있었다)

～慣れる ⇨ 익숙하게 ～(하)다, 줄곧 ～(하)다

| 용법 | 동사 「慣れる(익숙해지다)」는 때로는 다른 동사의 연용형에 접속되어 하나의 복합동사의 요소로서 쓰이는데 어떤 동작을 줄곧 해 와서 매우 익숙해져있다고 하는 의미를 나타낸다. 즉 그 동작에 대한 숙련 또는 친밀감을 나타내는데 주로 「～慣れた」의 형태로 뒤에 오는 명사를 수식하는 것이 일반적인 용법이다.

| 접속 | 동사연용형에 접속된다.

| 예문 |

⇨ 使い慣れた道具を使う。(줄곧 사용한 도구를 사용한다)

⇨ 老後も住み慣れた土地で暮したい。

(노후도 줄곧 살았던 곳에서 살고 싶다)

⇨ そのベテランの工員は、扱い慣れた工具で機械を操作していた。

(그 베테랑 공원은 익숙하게 써왔던 공구로 기계를 조작하고 있었다)

| 참고 | 하지만 다음과 같이 「～慣(な)れている」의 형태로 문의 술어가 되는 일도 드물게나마 있다.

⇨ 彼(かれ)は人前(ひとまえ)で話(はな)し慣(な)れているから、上(あ)がらない。

(그는 남 앞에서 말하는 것이 익숙해져 있기 때문에 얼굴이 상기되지 않는다)

～なんか ⇨ ～같은 것

| 용법 | 부조사 「なんか」는 여러 가지가 있는 것 가운데에서 주된 것을 예시하는 의미를 나타내는데 물론 이 밖에도 비슷한 것이 더 있다고 하는 암시도 내포하게 된다. 이러한 표현은 회화체에서 즐겨 쓰인다.

| 접속 | 명사에 접속된다.

| 예문 |

⇨ お酒(さけ)はワインなんか好(す)きで、よく飲(の)んでいます。

(술은 와인 같은 것을 좋아해서 자주 마시고 있습니다)

⇨ 食料品(しょくりょうひん)なんかは近(ちか)くの店(みせ)で買(か)うことができます。

(식료품 같은 것은 가까운 가게에서 살 수가 있습니다)

⇨ お金(かね)がないから、旅行(りょこう)なんかあまり行(い)けないのです。

(돈이 없으니까 여행 같은 건 그다지 갈 수 없는 겁니다)

⇨ 部品(ぶひん)なんかは揃(そろ)っているんですが、技術者(ぎじゅつしゃ)がいないので直(なお)せないんです。

(부품 같은 것은 갖추고 있는 겁니다만 기술자가 없기 때문에 고칠 수 없는 겁니다)

～なんだって ⇨ ～라는 거야

| 용법 | 단정을 나타내는 조동사 「だ」의 연체형인 「な」에 형식명사 「の」의 음이 변한 「ん」과 단정을 나타내는 조동사 「だ」가 접속되고 이어서 회화체에서 전문을 나타내는 조사 「って」가 연결된 어구이다. 이러한 형태로 남으로부터 들은 이야기를 전달하는 의미를 나타내는데 이러한 표현은 남녀 구별 없이 회화체에서 사용된다.

| 접속 | 명사나 형용동사의 어간에 접속된다.

| 예문 |

⇨ あの人(ひと)、先生(せんせい)なんだって。(저 사람, 선생님이라는 거야)

⇨ 山田(やまだ)さん、お酒(さけ)、きらいなんだって。(야마다씨, 술, 싫어한다는 거야)

⇨ 山田(やまだ)さんが田中(たなか)さんに会(あ)うのは日曜日(にちようび)なんだって。
(야마다씨가 다나카씨를 만나는 것은 일요일이라는 거야)

⇨ ねえ、銀河(ぎんが)の衝突(しょうとつ)するスピード、秒速(びょうそく)1500キロなんだって。
(있잖아, 은하가 충돌하는 스피드, 초속 1500킬로라는 거야)

~なんて ⇨ ~같은 건, ~같은, ~(하)다니, ~(하)다는 등

| 용법 | 부조사 「なんて」는 주로 회화체에서 다양한 말에 접속되어 쓰인다. 즉 어떠한 내용을 예시로 내세우고 그 내용에 관하여 대단치 않음을 나타내거나 의아스러움을 나타내고 때로는 다소 경멸하는 듯한 의미를 나타내기도 한다.

| 접속 | 명사나 활용어의 종지형 등에 접속된다.

| 예문 |

⇨ そんな馬鹿(ばか)げた話(はなし)なんて、だれも信(しん)じませんよ。
(그런 어처구니없는 말 같은 건 아무도 믿지 않아요)

⇨ 私は映画なんて少しもおもしろいと思いません。

(저는 영화 같은 건 조금도 재미있다고 생각하지 않습니다)

⇨ 私は山田なんて学生は知りませんね。ほんとうにこの学校の学生ですか。

(저는 야마다 같은 학생은 몰라요. 정말로 이 학교의 학생입니까?)

⇨ 駅の売店で新聞を買おうとしたら、競馬新聞なんて新聞しか売っていなかった。

(역 매점에서 신문을 사려고 했더니 경마신문 같은 신문밖에 팔지 않았다)

⇨ こんなところであなたに会うなんて、びっくりしましたよ。

(이런 곳에서 당신을 만나다니 깜짝 놀랐어요)

⇨ 患者のプライバシーをほかの人に漏すなんて、医者としてあるまじきことだ。

(환자의 프라이버시를 다른 사람에게 누설하다니 의사로서 있을 수 없는 일이다)

⇨ よく考えもしないでわからないなんて言うのは、いけないことだ。

(잘 생각하지도 않고 모른다는 둥 말하는 것은 안 좋은 거야)

⇨ お金もないのに外国へ行きたいなんて言うと人に笑われますよ。

(돈도 없는데 외국에 가고 싶다는 둥 말을 하면 남에게 비웃음을 당해요)

なんていう ~ ⇨ 뭐라는 ~

| 용법 | 「なんていう」는 「なんという」가 변형된 형태로 그 뒤에 오는 명사를 수식하게 된다. 주로 회화체에서 쓰이는 말로 사물이나 사람의 이름을 물을 때에 사용된다.

| 접속 | 명사 앞에 접속된다.

| 예문 |

⇨ さっき来た人はなんていう人ですか。(아까 온 사람은 뭐라는 사람입니까?)

⇨ あの人、なんていう名前だったかしら。(저 사람, 뭐라는 이름이었던가?)

⇨ 田中さんはなんていう会社にお勤めですか。

(다나까씨는 뭐라는 회사에 근무하십니까?)

⇨ 彼、なんていう町に住んでいるんだっけ。(그는 뭐라는 동네에 살고 있다고 했지?)

| 참고 | 회화체에서 때로는 「いう」가 탈락된 「なんて」만으로도 같은 의미를 나타내는 경우가 많다.

⇨ あの人、なんて名前だったかしら。(저 사람, 뭐라는 이름이었더라?)

なんて ~ だろう ⇨ 그 얼마나 ~ 인(한)가?

| 용법 | '그 얼마나'란 의미의 감동이나 놀라움을 나타내는 부사 「なんて」가 앞에 배치되고 뒤에는 단정을 나타내는 조동사 「だ」의 미연형인 「だろ」와 추측을 나타내는 조동사 「う」가 배치된 어구이다. 이러한 형태로 놀랍거나 어이가 없다고 하는 기분을 나타내고 한편으로는 멋지다고 감탄하는 기분을 나타내기도 한다.

| 접속 | 「なんて」와 「だろう」 사이에는 명사나 형용동사의 어간, 또는 형용사의 종지형이 오게 된다.

| 예문 |

⇨ この子はなんてかわいげのない子供なんだろう。

(이 아이는 그 얼마나 귀염성이 없는 아이인건가?)

⇨ ここはなんて寂しいところなんでしょう。

(이곳은 그 얼마나 쓸쓸한 곳인 겁니까?)

⇨ 彼の演奏はなんてすばらしいんだろう。

(그의 연주는 그 얼마나 훌륭한 것인가?)

⇨ 家の中に木をうえるとは、なんて大胆な発想なんだろう。

(집안에 나무를 심는다는 것은 그 얼마나 대담한 발상인 것인가?)

| 참고 | 때로는 「なんて」 대신에 「なんと」나 「なんという」가 대체된 형태로도 같은

의미로 빈번하게 쓰인다.

⇨ ここはなんと気持ちのいい公園だろう。(여기는 그 얼마나 기분이 좋은 공원인가?)

⇨ これはなんというきれいな花だろう。(이것은 그 얼마나 예쁜 꽃인가?)

~ なんとかいう ~ ⇨ ~ (인가) 뭐라던가 하는 ~

| 용법 | 대명사 「なん」에 조사 「とか」가 접속되고 이어서 동사 「いう」가 연결된 어구이다. 그 뒤에는 항상 명사가 와서 수식을 받게 되는데 이러한 형태로 이름이 확실하게 생각나지 않는 사람이나 사물을 가리킨다.

| 예문 |

⇨ 山田なんとかいう人が昨日も訪ねてきたよ。

(야마다인가 뭐라던가 하는 사람이 어제도 찾아왔어)

⇨ ポエムなんとかいう喫茶店で会うと言っていました。

(포엠인가 뭐라던가 하는 커피숍에서 만난다고 말했었습니다)

⇨ 大阪の何とかいう人から電話がありましたよ。

(오사카의 뭐라던가 하는 사람에게서 전화가 왔었어요)

⇨ 以前佐藤さんが何とかいう学校に通っていただろう。あれはなんていう名前だったかな。

(이전에 사토씨가 뭐라던가 하는 학교에 다니고 있었지? 그것은 뭐라는 이름이었지?)

なんとも ~ ない ⇨ 아무래도 ~ (할) 수 없다, 아무래도 ~ (하)지 않다

| 용법 | '아무래도'의 의미를 지닌 부사 「なんとも」가 앞에 배치되고 뒤에는 부정을 나타내는 조동사 「ない」가 배치된 어구이다. 이러한 형태로 처해진 상

황을 확실하게 이해하거나 납득할 수가 없다고 하는 기분을 나타낸다.

| 접속 | 「ない」앞에는 동사미연형이 접속된다.

| 예문 |

⇨ 彼女(かのじょ)の言(い)っていることはなんとも分(わ)からない。

(그녀가 말하고 있는 것은 아무래도 알 수가 없다)

⇨ 結果(けっか)がどうなるかは今(いま)のところ、なんとも言(い)えない。

(결과가 어떻게 될지는 지금으로선 아무래도 말할 수가 없다)

⇨ あんなことをする人(ひと)たちの気持(きも)ちはなんとも理解(りかい)できない。

(저런 짓을 하는 사람들의 기분은 아무래도 이해할 수가 없다)

⇨ みんなは納得(なっとく)したかもしれないが、私(わたし)はなんとも釈然(しゃくぜん)としない気持(きも)ちだ。

(모두는 납득했는지도 모르지만 나는 아무래도 석연치 않은 기분이다)

なんとも ~ ようがない ⇨ 뭐라고 ~ (할) 도리가 없다

| 용법 | 부사 「なんとも」가 앞에 배치되고 뒤에는 '방법, 수단'의 뜻을 지닌 형식명사 「よう」와 조사 「が」, 그리고 형용사 「ない」가 배치된 어구이다. 이러한 형태로 처해진 상황을 확실하게 이해하거나 납득할 수가 없다고 하는 의미를 나타낸다.

| 접속 | 동사연용형에 접속된다.

| 예문 |

⇨ こんな事(こと)になって、なんともお詫(わ)びのしようがない。

(이런 일이 되어서 뭐라고 사과할 도리가 없다)

⇨ 成功(せいこう)するかどうか、今(いま)の段階(だんかい)ではなんとも言(い)いようがない。

(성공할 것인지 어떤지 지금의 단계에서는 뭐라고 말할 도리가 없다)

⇨ 資料(しりょう)がこんなに少(すく)ないのでは、なんとも判断(はんだん)のしようがない。

(자료가 이렇게 적어서는 뭐라고 판단할 도리가 없다)

⇨ 非常に複雑な状況なので、なんとも説明のしようがありません。

(매우 복잡한 상황이어서 뭐라고 설명할 도리가 없습니다)

なんなりと ~ ください ⇨ 무엇이든지 ~ (해)주십시오

| 용법 | 의문사 「なん」에 조사 「なり」와 「と」가 접속된 형태가 앞에 배치되고 뒤에는 경어동사 「くださる」의 명령형인 「ください」가 배치된 어구이다. 이러한 형태로 상대방의 어떠한 부탁에도 기꺼이 응할 마음가짐이나 태도가 갖추어져 있음을 나타낸다.

| 접속 | 「なんなりと」와 「ください」 사이에는 「동사연용형+て」나 「お + 동사연용형」의 형태가 오게 된다.

| 예문 |

⇨ 私でお役に立てるなら、何なりとお申し付けください。

(저로 도움이 될 수 있다면 무엇이든지 말씀해 주십시오)

⇨ ご不明な点がありましたら、メールで何なりとお尋ねください。

(확실치 않은 점이 있으면 메일로 무엇이든지 문의해 주십시오)

⇨ これ以外にも欲しいものがあったら、何なりとおっしゃってください。

(이 이외에도 필요한 것이 있으면 뭐든지 말씀해 주십시오)

⇨ これ以外でももし聞きたいことがありましたら何なりと遠慮なく質問してください。

(이 이외에도 만약 묻고 싶은 일이 있으면 뭐든지 사양치 말고 질문해 주십시오)

何の ~ もなしに ⇨ 아무런 ~ 도 없이

| 용법 | ‘아무런’의 의미를 지닌 「何の」가 앞에 배치되고 뒤에는 조사 「も」에 형용사 「ない」의 고어형인 「無し(없음)」 와 조사 「に」가 접속된 형태가 배치된 어구이다. 이러한 형태로 후항이 성립되는 과정에서 당연히 수반되어야할 전항의 절차가 생략됨을 나타낸다. 이러한 표현은 상대방의 행위에 대하여 부정적인 평가를 내릴 때에 주로 사용된다.

| 접속 | 「なんの」와 「～もなしに」사이에는 명사가 오게 된다.

| 예문 |

⇨ 私には何の相談もなしに勝手に相続手続きを踏んだ。

(나에게는 아무런 의논도 없이 멋대로 상속수속을 밟았다)

⇨ 彼は何の連絡もなしに突然訪ねて来て、金の無心をした。

(그는 아무런 연락도 없이 갑자기 찾아와서 돈 달라고 떼를 썼다)

⇨ 何の問題も起こしていない人を何の理由もなしに突然解雇した。

(어떠한 문제도 일으키지 않은 사람을 아무런 이유도 없이 갑자기 해고했다)

⇨ あの子は、なんの考えもなしに他の子を叩いたりつねったりするのが問題です。

(저 아이는 아무런 생각도 없이 다른 아이를 때리거나 꼬집곤 하는 것이 문제입니다)

何 + 조수사 + も ⇨ 몇 ~ 나(이나)

| 용법 | 의문사 「何」에 수를 헤아릴 때 이를 돕는 조수사가 접속되고 이어서 조사 「も」가 연결된 어구이다. 이러한 형태로 그 수량이나 횟수 등이 많다고 하는 의미를 나타낸다.

| 예문 |

⇨ 日本には何人も友だちがいる。(일본에는 몇 명이나 친구가 있다)

⇨ 何回も海外旅行をしたことがある。(몇 번이나 해외여행을 한 적이 있다)

⇨ 何度(なんど)もノックしたが、返事(へんじ)がなかった。(몇 번이나 노크했지만 대답이 없었다)

⇨ 何ヶ月(なんかげつ)も留守(るす)にしたので、庭(にわ)は荒(あ)れ放題(ほうだい)だ。

(몇 달이나 비웠기 때문에 정원은 마구 황폐해졌다)

なんら ~ ない ⇨ 아무런 ~ 이(가) 없다

| 용법 | '아무것도, 조금도'라는 의미를 지닌 부사 「なんら」가 앞에 배치되고 뒤에는 부정을 나타내는 조동사 「ない」나 형용사 「ない」가 배치된 어구이다. 이러한 형태로 어떠한 일을 강하게 부정하는 의미를 나타내는데 이러한 표현은 격식을 차린 문체에서 쓰이는 경향이 있다.

| 접속 | 조동사 「ない」앞에는 동사미연형이 접속된다.

| 예문 |

⇨ 彼(かれ)の話(はなし)からはなんら得(え)るところがなかった。

(그의 이야기로부터는 아무런 얻을 것이 없었다)

⇨ 彼(かれ)らがどう言(い)おうと、私(わたし)にはなんらかかわりのないことだ。

(그들이 어떻게 말하건 나에게는 아무런 관련이 없는 일이다)

⇨ 我々(われわれ)がこれほど努力(どりょく)しているのに、状況(じょうきょう)はなんら変(か)わらない。

(우리가 이만큼 노력하고 있는데도 상황은 아무런 변화가 없다)

⇨ たくさんの貯金(ちょきん)があるから、老後(ろうご)の生活(せいかつ)にはなんら困(こま)ることはない。

(많은 저금이 있으니까 노후의 생활에는 아무런 곤란할 일은 없다)

| 참고 | 이와 유사한 어구로는 「なんらの~もない」도 있다.

⇨ 住民(じゅうみん)の生活(せいかつ)に対(たい)してはなんらの配慮(はいりょ)もない。

(주민의 생활에 대해서는 아무런 배려도 없다)

⇨ 韓国(かんこく)は、日本(にほん)の竹島(たけしま)提訴(ていそ)に応(おう)じるなんらの理由(りゆう)もない。

(한국은 일본의 독도제소에 응할 아무런 이유도 없다)

に

～に ⇨ '～에', 장소나 입장을 나타내는 용법

| 용법 | 조사 「に」는 사물이나 사람이 위치하고 있는 장소를 나타내는 한편 그 사람이 처해있는 입장을 나타내기도 한다.

| 접속 | 장소나 위치를 나타내는 명사에 접속된다.

| 예문 |

⇨ つくえの上(うえ)に本(ほん)があります。(책상위에 책이 있습니다)

⇨ 兄(あに)は家(いえ)にいます。(형은 집에 있습니다)

⇨ 私(わたし)は東京(とうきょう)に住(す)んでいます。(나는 동경에 살고 있습니다)

⇨ 門(もん)の前(まえ)に自動車(じどうしゃ)がとめてあります。(문 앞에 자동차가 세워져 있습니다)

⇨ デパートにはいつもおおぜい客(きゃく)がいます。
(백화점에는 언제나 손님이 많이 있습니다)

⇨ あの人(ひと)は、昔(むかし)は高(たか)い地位(ちい)にあった人だ。
(저 사람은 옛날에는 높은 지위에 있었던 사람이다)

⇨ 学校(がっこう)の近(ちか)くに新(あたら)しい駅(えき)ができた。(학교 근처에 새로운 역이 생겼다)

⇨ 人(ひと)から何(なに)か相談(そうだん)されたら、その人(ひと)の立場(たちば)に立(た)って考(かんが)えてあげなさい。
(남이 뭔가를 의논해 오면 그 사람의 입장에 서서 생각해 줘라)

～に ⇨ '～ 에', 동작, 작용이 이루어지는 때를 나타내는 용법

| 용법 | 조사 「に」는 동작, 작용이 이루어지는 때를 나타내는 용법으로 쓰인다.

| 접속 | 때를 나타내는 명사에 접속된다.

| 예문 |

⇨ 毎朝六時に起きる。(매일 아침 6시에 일어난다)

⇨ 私は2年前に日本へ来ました。(저는 2년 전에 일본에서 왔습니다)

⇨ 来月三日に出発する予定です。(다음 달 3일에 출발할 예정입니다)

⇨ 夏休みには、北海道を旅行しました。(여름방학에는 홋카이도를 여행했습니다)

⇨ 学校は午前9時に始まって、午後3時に終わります。
(학교는 오전 9시에 시작되고 오후 3시에 끝납니다)

⇨ ちょっと目をはなしたすきにかばんをぬすまれてしまった。
(잠깐 눈을 뗀 틈에 가방을 도둑맞아버렸다)

～に ⇨ '～ 에, ～(으)로', 이동의 목적지를 나타내는 용법

| 용법 | 조사 「に」는 동작, 작용이 진행되는 목적지를 나타내는 용법으로 쓰인다.

| 접속 | 목적지를 나타내는 명사에 접속된다.

| 예문 |

⇨ 京都に行く。(교토에 간다)

⇨ 山に登った。(산에 올라갔다)

⇨ 部屋の中にはいりましょう。(방 안에 들어갑시다)

⇨ 故郷(こきょう)に帰(かえ)った。(고향으로 돌아갔다)

⇨ 私(わたし)は昨日(きのう)日本(にほん)に着(つ)いたばかりです。(저는 어제 일본에 막 도착했습니다)

⇨ 田中(たなか)さんは外国(がいこく)に出(で)かけて、5年(ねん)も帰(かえ)って来(こ)ない。
(다나까씨는 외국에 나가서 5년이나 돌아오지 않는다)

⇨ これを使(つか)ったあとは必(かなら)ずもとの場所(ばしょ)にもどしてください。
(이것을 사용한 후에는 반드시 원래의 장소에 되돌려 주십시오)

~に ⇨ '~ 이(가), ~ 로(으로)', 변화의 결과를 나타내는 용법

| 용법 | 조사 「に」는 사물이나 상태가 변화되어진 그 결과를 나타내는 용법으로 쓰이는데 그 뒤에는 자동사, 타동사 어느 것이나 올 수 있다.

| 접속 | 결과를 나타내는 명사에 접속된다.

| 예문 |

⇨ 氷(こおり)が水(みず)になる。(얼음이 물이 된다)

⇨ 夜(よる)になって、雨(あめ)が雪(ゆき)に変(か)わった。(밤이 되어 비가 눈으로 변했다)

⇨ 人口(じんこう)が100万(まん)から120万(まん)に増(ふ)えた。(인구가 100만에서 120만으로 늘었다)

⇨ 私(わたし)は医者(いしゃ)になるつもりです。(저는 의사가 될 작정입니다)

⇨ 車(くるま)が3万台(まんだい)から2万台(まんだい)に減(へ)りました。(차가 3만대에서 2만대로 줄었습니다)

⇨ 給料(きゅうりょう)が10万円(まんえん)から12万円(まんえん)に上(あ)がる。(급료가 10만엔에서 12만엔으로 오른다)

⇨ 予算(よさん)を200万円(まんえん)から300万円(まんえん)に増(ふ)やす。(예산을 200만엔에서 300만엔으로 늘린다)

⇨ おこづかいを3万円(まんえん)から2万円(まんえん)に減(へ)らす。(용돈을 3만엔에서 2만엔으로 줄인다)

~に ⇨ '~에, ~와(과)', 비교의 기준을 나타내는 용법

|용법| 조사 「に」는 어떤 사항을 비교함에 있어서 그 기준이 되는 것을 나타내는 용법으로 쓰이는데 단지 「遠い」「似ている」「等しい」의 앞에 접속될 때는 우리말의 '~와(과)'에 해당되게 된다.

|접속| 기준을 나타내는 명사에 접속된다.

|예문|

⇨ 京都は海に遠い。(교토는 바다와 멀다)

⇨ 学校は公園に近い。(학교는 공원에 가깝다)

⇨ 太郎は母に似ている。(타로는 어머니와 닮았다)

⇨ 二と三との和は五に等しい。(2와 3과의 합은 5와 같다)

⇨ 私の家は、駅に近いです。(저의 집은 역에 가깝습니다)

⇨ 1,000グラムは1キログラムに等しい。(1000그램은 1킬로그램과 같다)

⇨ あの人はおとうさんに似ている。(저 사람은 아버지와 닮았다)

⇨ 休んだことのない田中さんが来ないのは、きっと病気にちがいない。
(쉰 적이 없는 다나까씨가 오지 않는 것은 필시 아픈 것임에 틀림없다)

~に ⇨ '~에게', 동작, 작용이 가해지는 사물이나 사람을 나타내는 용법

|용법| 조사 「に」는 어떠한 동작이나 작용이 가해지는 상대편의 사물이나 사람을 나타내는 용법으로 쓰인다.

|접속| 상대편을 나타내는 명사에 접속된다.

| 예문 |

⇨ 生徒に校歌を歌わせる。(학생에게 교가를 부르게 한다)

⇨ 門番に門をあけさせた。(수위에게 문을 열게 했다)

⇨ 孫に新聞を読ませて聞く。(손자에게 신문을 읽게 해서 듣는다)

⇨ 弟に本を買ってやった。(동생에게 책을 사 주었다)

⇨ 赤ちゃんにミルクを飲ませる。(아기에게 우유를 마시게 한다)

⇨ そのことはあなたに話しましたか。(그 일은 당신에게 말했습니까?)

⇨ 田中さんに電話をかけたが、るすだった。
(다나카씨에게 전화를 걸었는데 부재중이었다)

⇨ 花に水をやることを忘れないでください。
(꽃에 물을 주는 것을 잊지 말아 주십시오)

⇨ 先生は学生に作文を書かせた。(선생님은 학생에게 작문을 쓰게 했다)

～に ⇨ 수동형에서 동작주를 나타내는 용법

| 용법 | 조사「に」는 일본어특유의 수동형에서 동작주를 나타내는 경우에 사용되는데 우리말에는 이러한 용법이 그다지 없으므로 그 때마다 적절한 대역어를 생각해야만 한다.

| 접속 | 동작주를 나타내는 명사에 접속된다.

| 예문 |

⇨ 昨夜は弟に泣かれて困ってしまった。(어젯밤은 동생이 울어서 곤란했다)

⇨ わたしは今朝も母に笑われました。
(오늘 아침도 어머니는 나를 보고 웃었습니다)

⇨ 中村君(なかむらくん)はいつも先生(せんせい)にほめられる。

(나카무라군은 언제나 선생님에게 칭찬받는다)

⇨ 試験(しけん)の勉強(べんきょう)に夢中(むちゅう)だった時(とき)、友(とも)だちに来(こ)られてしまった。

(시험공부에 여념이 없었을 때 친구가 오고 말았다)

⇨ 人(ひと)に誤解(ごかい)されるような無礼(ぶれい)な言動(げんどう)は、慎(つつし)んだ方(ほう)がいい。

(남에게 오해받을 것 같은 무례한 언동은 삼가 하는 편이 좋다)

～に ⇨ '～(하)러', 동작, 작용의 목적을 나타내는 용법

| 용법 | 조사 「に」는 어떠한 동작이나 작용의 목적을 나타내는 용법으로 쓰이는데 이 경우에는 반드시 동작성을 지닌 명사가 앞에 오거나 동사연용형이 오게 된다.

| 접속 | 동작성을 나타내는 명사나 동사연용형에 접속된다.

| 예문 |

⇨ 公園(こうえん)に散歩(さんぽ)に行(い)こう。(공원에 산책하러 가자)

⇨ 母(はは)は買(か)い物(もの)に行(い)きました。(엄마는 쇼핑하러 갔습니다)

⇨ 毎日(まいにち)、学校(がっこう)へ勉強(べんきょう)に来(き)ます。(매일 학교에 공부하러 옵니다)

⇨ 明日(あした)、映画(えいが)を見(み)に行(い)きます。(내일 영화를 보러 갑니다)

⇨ 友達(ともだち)がわたしを迎(むか)えに来(き)た。(친구가 나를 마중하러 왔다)

⇨ 暇(ひま)な時(とき)、また遊(あそ)びに来(き)てください。(한가할 때 또 놀러 와 주십시오)

⇨ いつも、この店(みせ)へ本(ほん)を買(か)いに来(き)ます。(언제나 이 가게에 책을 사러 옵니다)

⇨ 先週(せんしゅう)、国(くに)へ両親(りょうしん)に会(あ)いに帰(かえ)りました。

(지난주 고향에 부모님을 만나러 돌아갔습니다)

⇨ 今から、家へご飯を食べに帰ります。(지금부터 집으로 밥을 먹으러 돌아갑니다)

⇨ 来年の夏も、この海へ泳ぎに来ます。(내년 여름도 이 바다에 수영하러 옵니다)

~に의 생략 ⇨ 때를 나타내는 명사 다음에 생략되는 용법

| 용법 | 우리말 같으면 때를 나타내는 명사의 다음에는 보통 조사 '에'가 들어가지만 일본어의 경우 다음과 같은 명사의 다음에는 '에'에 해당되는 「に」가 생략되는 것이 일반적이다. 즉, 今日、昨日、明日、今朝、朝、今晩、あさって、 그리고 先週、今週、来週、毎週、今月、来月、先月、今年、来年、去年、毎年、いつも와 같이 「先～、来～、毎～、今」 등의 접두어가 앞에 붙는 명사들에는 「に」가 생략되는 점에 주의하여야 한다. 결국, 「に」는 구체적이고 정확한 시간에만 붙는 조사라고 생각해 두는 것이 좋을 것이다.

| 예문 |

⇨ 私は毎朝、散歩します。(나는 매일 아침에 산책을 합니다)

⇨ 田中さんは来週、海外へ出張します。
(다나카씨는 다음 주에 해외로 출장 갑니다)

⇨ 彼はあさって、名古屋へ行きます。(그는 모레 나고야에 갑니다)

⇨ 去年、日本へ旅行しに来ました。(작년에 일본에 여행하러 왔습니다)

⇨ 先週、国へ両親に会いに帰りました。
(지난주에 고향에 부모님을 만나러 돌아갔습니다)

⇨ 先生の奥さんは去年、男の子を生んだ。(사모님은 작년에 아들을 낳았다)

⇨ 彼女は来年、結婚する予定です。(그녀는 내년에 결혼할 예정입니다)

～にあずかる ⇨ '～(하)여 주시다', 「あずかる」의 상세한 용법

|용법| 「あずかる」는 어떤 일에 관계하다, 또는 윗분으로부터 호의 등을 받다는 의미로 쓰이는 동사인데 후자의 용법으로 쓰일 때는 조사 「に」와 결합하여 사용된다. 주로 「おほめにあずかり」(칭찬해 주셔서) 「お招(まね)きにあずかり」(초대해 주셔서) 「お引(ひ)き立(た)てにあずかり」(성원해 주셔서)의 형태를 취하여 거의 관용적으로 사용되곤 한다.

|접속| 「お＋동사연용형」의 형태에 접속되는데 매우 제한적이다.

|예문|

⇨ お招(まね)きにあずかりありがとうございます。(초대해 주셔서 감사합니다)

⇨ おほめにあずかり、この上(うえ)もない光栄(こうえい)に存(ぞん)じます。
(칭찬해 주셔서 더할 나위 없는 영광으로 생각합니다)

⇨ 毎度(まいど)、お引(ひ)き立(た)てにあずかりましてありがとうございます。
(매번 성원해 주셔서 감사합니다)

～にあたいする ⇨ ～(할)만하다

|용법| 「値(あたい)」는 '가치'라는 의미를 지닌 말인데 여기에 「する」가 결합된 동사가 조사 「に」에 접속된 어구이다. 이러한 형태로 어떠한 가치가 있다고 하는 의미를 나타낸다.

|접속| 명사나 동사종지형에 접속된다.

|예문|

⇨ 彼(かれ)が出(だ)したのは検討(けんとう)にあたいする提案(ていあん)です。

(그가 낸 것은 검토할만한 제안입니다)

⇨ この音楽を、日本から世界に広めるに値するアイデアは何ですか。

(이 음악을 일본에서 세계로 넓힐만한 아이디어는 무엇입니까?)

⇨ アマチュアの展覧会ではあるが、鑑賞にあたいする作品が並んでいる。

(아마추어의 전람회이긴 하지만 감상할만한 작품이 늘어서있다)

⇨ 地震の被害者に対する、彼らの速やかな救援活動は、称賛にあたいする。

(지진의 피해자에 대한 그들의 신속한 구원활동은 칭찬할 만하다)

～にあたって ⇨ ～에 즈음하여

| 용법 | 조사「に」에, 동사「当たる(부딪히다, 당첨되다, 들어맞다)가 접속조사「て」에 이어지는 과정에서 음편현상을 일으킨「あたって」가 접속된 어구이다. 이러한 형태로 어떠한 동작이나 작용의 성립배경이 되는 상황을 나타내는데 공식적인 연설이나 서간문 등의 다소 격식을 차리는 표현에서 사용되기도 한다.

| 접속 | 명사와 동시종지형에 접속된다.

| 예문 |

⇨ 出発にあたって人数のチェックを行いました。

(출발에 즈음해서 인원체크를 했습니다)

⇨ 原子力発電所の建設にあたって住民との話し合いが持たれた。

(원자력 발전소의 건설에 즈음하여 주민과의 교섭이 이루어졌다)

⇨ 留学するにあたって受けた説明は、とても役に立った。

(유학하기에 즈음하여 받은 설명은 무척 도움이 되었다)

⇨ 試合に臨むにあたって、相手の弱点を徹底的に研究した。

(시합에 임함에 즈음하여 상대편의 약점을 철저하게 연구했다)

| 참고 | 이와 유사한 어구로는 「~にのぞんで」「~に際して」가 있으며 「~にあたり」는 보다 격식을 차리는 표현이 된다.

⇨ お別れにのぞんで一言ご挨拶を申し上げます。

(이별에 즈음하여 한마디 인사말씀을 올립니다)

⇨ ご注文に際してご案内をいたします。

(주문에 즈음하여 안내를 드립니다)

⇨ 原子力発電所の建設にあたり住民との話し合いが持たれた。

(원자력 발전소의 건설에 즈음하여 주민과의 교섭이 이루어졌다)

~に(は)あたらない ⇨ ~(할) 것까지(는) 없다

| 용법 | 조사 「に」 또는 복합조사 「には」에 동사 「当たる(부딪히다, 당첨되다, 들어맞다)」의 미연형인 「当たら」와 부정을 나타내는 조동사 「ない」가 연결된 어구이다. 주로 「驚く」「非難する」「責める」「嘆く」와 같은 동사에 접속하여 굳이 그렇게까지 할 필요는 없다고 하는 의미를 나타낸다.

| 접속 | 동사종지형에 접속된다.

| 예문 |

⇨ 会議でひとことも発言しなかったからといって責めるにあたらない。

(회의에서 한 마디도 발언하지 않았다고 해서 책망할 것까지 없다)

⇨ 子供がちっとも親のいうことをきかないからといって、嘆くにはあたらない。

(아이가 조금도 부모가 하는 말을 듣지 않는다고 해서 한탄할 것까지는 없다)

⇨ 彼ひとりだけ仲間を置いて下山したからといって、非難するには当たらない。

(그 혼자만 동료를 두고 하산했다고 해서 비난할 것까지는 없다)

⇨ 母校のチームが去年の優勝校を破ったからといって、それほど驚くにはあたらない。

(모교 팀이 작년의 우승학교를 이겼다고 해서 그 정도로 놀랄 것 까지는 없다)

|참고| 이와 유사한 어구로 「～に(は)およばない」가 있다.(해당항독 참고)

⇨ 分かりきったことだから、わざわざ説明するには及ばない。

(충분히 아는 것이니까 일부러 설명할 필요는 없다)

～にあって ⇨ ～ 에서, ～ 에 있으면서

|용법| 조사 「に」에 동사 「ある」가 접속조사 「て」에 접속되는 과정에서 음편현상을 일으킨 「あって」가 접속된 어구이다. 이러한 형태로 그러한 상황하에서, 라고 하는 의미를 나타낸다. 이 경우 전후의 문맥에 따라서 순접의 경우도 역접의 경우도 나타나게 되는데 순접의 경우에는 '～에서'의 의미가 되고 역접의 경우에는 '～에 있으면서'의 의미가 된다.

|접속| 명사에 접속된다.

|예문|

⇨ 異国の地にあって、仕事を探すこともままならない。

(이국땅에서 일을 찾는 것도 뜻대로 되지 않는다)

⇨ 住民代表という立場にあって、寝る時間も惜しんでその問題に取り組んでいる。

(주민대표라고 하는 입장에서 자는 시간도 아끼며 그 문제에 대응하고 있다)

⇨ 大臣という職にあって、不正を働いていたとは許せない。

(장관이라고 하는 직위에 있으면서 부정을 저지르고 있었다니 용서할 수가 없다)

⇨ 母は病状にあって、なおも子供たちのことを気にかけている。

(어머니는 병상에 있으면서 아직도 아이들을 신경 쓰고 있다)

～にあっては ⇨ (누구) 앞에서는

|용법| 조사「に」에 동사「ある」가 접속조사「て」에 접속되는 과정에서 음편현상을 일으킨「あって」와 조사「は」가 접속된 어구이다. 이러한 형태로 그 사람에게는 그 누구도 당할 수 없다고 하는 평가를 나타낸다.

|접속| 사람을 나타내는 명사에 접속된다.

|예문|

⇨ あなたにあっては私(わたし)も嫌(いや)とは言(い)えなくなる。

(당신 앞에서는 나도 싫다고는 말할 수 없게 된다)

⇨ 山田(やまだ)さんにあっては、どんな強敵(きょうてき)でも勝(か)てそうにありませんね。

(야마다씨 앞에서는 어떤 강적이라도 이길 수 있을 것 같지 않군요)

⇨ 彼女(かのじょ)にあってはいつも知(し)らないうちにイエスと言(い)わされてしまう。

(그녀 앞에서는 언제나 나도 모르게 예스라고 말하게 되어버린다)

⇨ あの男(おとこ)にあっては、嘘(うそ)もまことと言(い)いくるめられる。油断(ゆだん)は禁物(きんもつ)だ。

(저 남자 앞에서는 거짓말도 진짜로 속게 된다. 방심은 금물이다)

|참고| 이와 유사한 어구로는「～にかかっては」가 있다. (해당항목 참고)

⇨ 部長(ぶちょう)の主張(しゅちょう)にかかっては課長(かちょう)も反対(はんたい)の声(こえ)が出(で)ないらしい。

(부장의 주장 앞에서는 과장도 반대의 목소리가 나오지 않는 것 같다)

～にいたる ⇨ ～에 이르다

|용법| 조사「に」에 '이르다, 도달하다'는 의미의 동사「至(いた)る」가 접속된 어구로 어떠한 상황전개의 종점을 나타낸다. 즉 점차로 상황이 변화하면서 무언가의 상태, 귀결에 달하게 된다고 하는 의미를 나타내는데 이러한 표현

은 주로 문장체에서 사용되는 경향이 있다.

| 접속 | 명사나 활용어의 종지형에 접속된다.

| 예문 |

⇨ 大学卒業後(だいがくそつぎょうご)、母校(ぼこう)の助手(じょしゅ)、講師(こうし)を経(へ)て現在(げんざい)に至(いた)る。

(대학 졸업 후 모교의 조교, 강사를 거쳐 현재에 이른다)

⇨ 彼(かれ)は業界(ぎょうかい)の第一人者(だいいちにんしゃ)とみなされるに至(いた)った。

(그는 업계의 제 1인자로 간주되어지기에 이르렀다)

⇨ その会社(かいしゃ)は成長(せいちょう)を続(つづ)け、外国(がいこく)にまで支店(してん)を出(だ)すに至(いた)った。

(그 회사는 성장을 계속하여 외국에까지 지점을 내기에 이르렀다)

⇨ スーパーはデパートを追(お)い越(こ)し、販売(はんばい)の40%を占(し)めるに至(いた)った。

(슈퍼는 백화점을 추월하여 판매의 40%를 차지하기에 이르렀다)

～にいわせれば ⇨ ～의 말로는

| 용법 | 조사「に」에「言(い)う」의 미연형「いわ」와 사역을 나타내는 조동사「せる」가 접속된 다음 다시「せる」의 가정형인「せれ」에 가정격조사「ば」가 연결된 어구이다. 이러한 형태로 그 사람의 의견으로는, 이라는 의미를 나타내는데 이러한 표현은 그 의견이 확신에 넘친 강력한 것임을 나타낼 때에 주로 쓰인다.

| 접속 | 사람을 나타내는 명사에 접속된다.

| 예문 |

⇨ あの人(ひと)に言(い)わせれば、こんな辞書(じしょ)はまったく使(つか)いものにならないということらしい。

(저 사람의 말로는 이런 사전은 전혀 쓸모가 없다고 하는 것 같다)

⇨ ある市民(しみん)に言(い)わせれば、この国(くに)にはよい指導者(しどうしゃ)がいないのが一番(いちばん)の問題(もんだい)だということだ。

(어느 시민의 말로는 이 나라에는 좋은 지도자가 없는 것이 가장 문제라는 것이다)

⇨ 映画好きのいとこに言わせれば、この映画は映像と音楽が見事に調和した、素晴らしい作品だという話だ。

(영화를 좋아하는 사촌의 말로는 이 영화는 영상과 음악이 멋지게 조화를 이룬 훌륭한 작품이라는 이야기이다)

⇨ 彼に言わせれば、今度見つかった恐竜の化石は、進化の歴史を変えるかもしれないような重要なものなんだそうだ。

(그의 말로는 이번에 발견된 공룡의 화석은 진화의 역사를 바꿀지도 모를 그런 중요한 것이라고 한다)

～において ⇨ ～에 있어서, ～에서

| 용법 | 조사 「に」에 문어체의 「おきて」가 변한 연어 「おいて」가 접속된 어구이다. 이러한 형태로 동작이나 작용이 이루어지는 때와 장소 그리고 상황 및 차원 등을 나타내는데 이러한 표현은 비교적 격식을 차린 표현에서 주로 쓰인다. 때로는 「に於いて」와 같이 표기될 때도 있다.

| 접속 | 장소, 시대, 상황 등을 나타내는 명사에 접속된다.

| 예문 |

⇨ 明日の会議は本社において開きます。

(내일 회의는 본사에서 개최됩니다)

⇨ 当時において、海外旅行など夢のようなことだった。

(당시에 있어서 해외여행 같은 건 꿈같은 것이었다)

⇨ 造形の美しさにおいてはこの作品が優れている。

(조형의 아름다움에 있어서는 이 작품이 뛰어나다)

⇨ 子供(こども)の教育(きょういく)において、前後(ぜんご)の事情(じじょう)を聞(き)かずに叱(しか)りつけるのはよくない。

(어린이 교육에 있어서 전후의 사정을 듣지 않고 마구 야단치는 것은 좋지 않다)

|참고| 이러한 어구가 명사를 수식할 때는 「～おける」의 형태를 취하게 된다.(해당항목 참고)

⇨ 大講堂(だいこうどう)における式典(しきてん)は素晴(すば)らしかった。

(대강당에 있어서의 의식은 훌륭했다)

～に応(おう)じて ⇨ ～에 부응하여, ～에 따라서

|용법| 조사 「に」에 동사 「応(おう)じる(응하다, 부응하다)」의 연용형 「応(おう)じ」와 접속조사 「て」가 접속된 어구이다. 이러한 형태로 주어진 상황에 맞추어 그에 걸맞도록 대처한다고 하는 의미를 나타낸다.

|접속| 명사에 접속된다.

|예문|

⇨ お客様(きゃくさま)の要望(ようぼう)に応(おう)じて値段(ねだん)を下(さ)げました。

(손님의 요망에 부응하여 가격을 내렸습니다)

⇨ みなさんのご希望(きぼう)に応(おう)じて商品(しょうひん)を生産(せいさん)して行(い)くつもりです。

(모두의 희망에 부응하여 상품을 생산해 갈 계획입니다)

⇨ 所得税(しょとくぜい)は個人(こじん)が所得(しょとく)に応(おう)じて納(おさ)める租税(そぜい)である。

(소득세는 개인이 소득에 따라서 납부하는 조세이다)

⇨ 障害者(しょうがいしゃ)の状況(じょうきょう)に応(おう)じて自治体(じちたい)や担当者(たんとうしゃ)の裁量(さいりょう)でパソコンの給付(きゅうふ)を実施(じっし)しているようです。

(장애자의 상황에 따라서 자치제나 담당자의 재량으로 컴퓨터의 지급을 실시하고 있는 것 같습니다)

|참고| 뒤에 오는 명사를 수식할 때는 「～に応(おう)じた」의 형태를 취한다.

⇨ 功績に応じた報酬を与える。(공적에 따른 보수를 준다)

⇨ 状況に応じた戦法をとる。(상황에 따른 전법을 취한다)

한편, 이와 유사한 표현으로 「～に応えて」가 있다.(해당항목 참고)

⇨ 国連からの要請に応えて、政府は救援チームを派遣することにした。
(유엔으로부터의 요청에 부응하여 정부는 구원 팀을 파견하기로 했다)

～におかれましては ⇨ ～ 께서는

| 용법 | 조사 「に」에 동사 「おく」의 수동형인 「おかれる」의 연용형인 「おかれ」와 정중함을 나타내는 조동사 「ます」의 연용형인 「まし」 그리고 접속조사 「て」가 연결된 어구이다. 이러한 형태로 존경의 대상이 되는 인물을 내세워서 표현하게 되는데 회화체에서는 그다지 사용되지 않고 주로 문장체에서 사용되는 경향이 있으며 특히 서간문에서는 거의 상투적으로 사용된다.

| 접속 | 존경할만한 인물을 나타내는 명사에 접속된다.

| 예문 |

⇨ 校長先生におかれましては、ますますご健勝のことと思います。
(교장선생님께서는 더욱더 건승하시리라 생각합니다)

⇨ 社長におかれましては、相変わらずお元気のことと拝察致しております。
(사장님께서는 변함없이 건강하시리라 헤아리고 있습니다)

⇨ 先生におかれましては、ますますご壮健の由、私ども一同喜んでおります。
(선생님께서는 더욱더 건강하시다고 하시니 저희들 또한 기쁩니다)

⇨ 天皇陛下におかれましては、午前十時三十分皇居を御出発なさいました。
(천황폐하께서는 오전 10시30분 황거를 출발하셨습니다)

| 참고 | 한편, 이와 유사한 어구로는 「には」가 있다.(해당항목 참고)

⇨ ご無沙汰しておりますが、先生にはお変わりなくお過ごしのことと存じます。

(그동안 격조했습니다만 선생님께서는 변함없이 잘 지내시는 것으로 생각합니다)

~における ⇨ ~에 있어서의

|용법| 조사 「に」에 연어 「おける」가 접속된 어구로 그 뒤에는 피수식어인 명사가 오게 된다. 이러한 형태로 처하여진 어떠한 상황이나 환경을 나타내는데 이러한 표현은 회화체에서는 그다지 사용되지 않으며 문장체에서 빈번하게 사용되는 경향이 있다.

|접속| 명사에 접속된다.

|예문|

⇨ 家庭における彼は実によい父である。

(가정에 있어서의 그는 실로 좋은 아버지이다)

⇨ 日本語における彼の才能は実にすばらしいものだ。

(일본어에 있어서의 그의 재능은 실로 훌륭한 것이다)

⇨ 青少年の非行は家庭における教育に原因があることが多い。

(청소년의 비행은 가정에 있어서의 교육에 원인이 있는 경우가 많다)

⇨ 日本における四季の変化は他の国々には見られないものである。

(일본에 있어서의 사계절의 변화는 다른 나라들에서는 볼 수 없는 것이다)

|참고| 이러한 어구가 동사를 수식할 때는 「~において」가 된다.(해당항목 참고)

⇨ 過去において過ちを犯した。(과거에 있어서 과오를 범했다)

~に劣らない(劣らず) ⇨ ~에 못지않은(못지않게)

| 용법 | 「~に劣らない」는 조사 「に」에 동사 「劣る(뒤떨어지다, 열등하다)」의 미연형 「おとら」와 부정의 조동사 「ない」가 접속된 어구이며, 「劣らず」는 동사 「劣る」의 미연형 「おとら」에 부정을 나타내는 문어체의 조동사 「ぬ」의 연용형인 「ず」가 접속된 어구이다. 이러한 형태로 전항의 내용에 못지않은 내용이 후항에도 이어짐을 나타내는데 「~に劣らない」는 뒤에 오는 명사를 수식하는 것으로 쓰이지만 「~に劣らず」는 뒤에 오는 술어를 수식하는 것으로 쓰인다.

| 접속 | 명사에 접속된다.

| 예문 |

⇨ 弟は兄に劣らない天才です。(동생은 형에 못지않은 천재입니다)

⇨ 新人ながら世界の一流プレーヤーに劣らない戦いぶりを見せた。
(신인이면서 세계의 일류플레이어에 못지않은 전력을 보였다)

⇨ 漢字は文法におとらずむずかしい。(한자는 문법에 못지않게 어렵다)

⇨ 今日は昨日におとらず寒い。(오늘은 어제 못지않게 춥다)

~にかかっては ⇨ ~(의) 앞에서는

| 용법 | 조사 「に」에 동사 「かかる」와 접속조사 「ては」가 연결되는 과정에서 음편현상을 일으킨 「かかっては」가 접속된 어구이다. 이러한 형태로 그 사람의 태도나 말에 대해서는 그 누구도 당할 수 없다고 하는 의미를 나타낸다.

| 접속 | 사람이나 사람의 언행을 나타내는 명사에 접속된다.

| 예문 |

⇨ 彼(かれ)の毒舌(どくぜつ)にかかっては社長(しゃちょう)も太刀(たち)打(う)ちできない。

(그의 독설 앞에서는 사장도 당할 수 없다)

⇨ あなたにかかっては私(わたし)も嫌(いや)とは言(い)えなくなる。

(당신 앞에서는 나도 싫다고는 말할 수 없게 된다)

⇨ 彼女(かのじょ)にかかってはいつも知(し)らないうちにイエスと言(い)わされてしまう。

(그녀 앞에서는 언제나 나도 모르게 예스라고 말하게 되어 버린다)

⇨ 部長(ぶちょう)の主張(しゅちょう)にかかっては課長(かちょう)も反対(はんたい)の声(こえ)が出(で)ないらしい。

(부장의 주장 앞에서는 과장도 반대의 목소리가 나오지 않는 것 같다)

| 참고 | 이와 유사한 어구로는 「～にあっては」가 있다. (해당항목 참고)

⇨ あの男(おとこ)にあっては、嘘(うそ)もまことと言(い)いくるめられる。油断(ゆだん)は禁物(きんもつ)だ。

(저 남자 앞에서는 거짓말도 진짜로 속게 된다. 방심은 금물이다)

～に掛(か)かり切(き)りになる ⇨ ～ 에만 매달리다

| 용법 | 조사「に」에 한 가지 일에만 몰두한다는 의미를 지닌「掛(か)かり切(き)り」와「になる」가 접속된 어구이다. 이러한 형태로 한 가지 일에만 집중하여 다른 일에는 전혀 관심을 두지 않는 모습을 나타낸다.

| 접속 | 명사에 접속된다.

| 예문 |

⇨ 子供(こども)の世話(せわ)に掛(か)かり切(き)りになる。(아이 돌보는 데에만 매달린다)

⇨ 主人(しゅじん)はいつも仕事(しごと)に掛(か)かり切(き)りになっていて困(こま)ります。

(남편은 언제나 일에만 매달리고 있어서 곤란합니다)

⇨ 一(ひと)つのことに掛(か)かり切(き)りになると全体(ぜんたい)を冷静(れいせい)に見(み)られない。

(한 가지 일에만 매달리게 되면 전체를 냉정하게 볼 수 없다)

⇨ 法人破産の処理には弁護士数名が一ヶ月間掛かり切りになったそうだ。

(법인파산의 처리에는 변호사 여러 명이 1개월간 매달렸다고 한다)

～にかかわらず ⇨ ～에 상관없이

|용법| 조사 「に」에 동사 「かかわる(관계되다)」의 미연형인 「かかわら」와 부정을 나타내는 조동사 「ぬ」의 연용형인 「ず」가 접속된 어구이다. 이러한 형태로 그 차이에 관계없이, 그 차이를 문제시하지 않고, 라는 의미를 나타낸다.

|접속| 명사에 접속된다.

|예문|

⇨ 試合は晴雨にかかわらず決行する。

(시합은 맑거나 비오는 것에 상관없이 결행한다)

⇨ 天候にかかわらずあすは遠足に行きます。

(날씨에 상관없이 내일은 소풍을 갑니다)

⇨ 性別にかかわらず優れた人材を確保したい。

(성별에 상관없이 뛰어난 인재를 확보하고 싶다)

⇨ このクラブは年齢や社会的地位にかかわらず、どなたでも参加できます。

(이 클럽은 연령이나 사회적 지위에 상관없이 어느 분이라도 참가 할 수 있습니다)

|참고| 이와 유사한 어구로 「～にかかわりなく」가 있다.

⇨ 理由の如何にかかわりなく、本社としては返品は受け付けておりません。

(이유여하에 관계없이 본사로서는 반품은 접수하고 있지 않습니다)

～にかかわる ⇨ ～에 관련되다, ～에 관련된

|용법| 조사 「に」에 동사 「かかわる(관련되다, 관계되다)」가 접속된 어구로 문말의 술어로 쓰이면 '～에 관련되다'의 의미가 되고 뒤에 오는 명사를 수식하게 되면 '～에 관련된'의 의미가 된다. 이러한 형태로 어떠한 사항이나 대상에 영향을 미치거나 관계가 됨을 나타낸다.

|접속| 명사에 접속된다.

|예문|

⇨ こんなひどい商品(しょうひん)を売(う)ったら店(みせ)の評判(ひょうばん)にかかわる。

(이런 형편없는 상품을 판다면 가게의 평판에 관련된다)

⇨ 人(ひと)の命(いのち)にかかわる仕事(しごと)をするにはそれなりの覚悟(かくご)がいる。

(사람의 목숨에 관련된 일을 하려면 그 나름대로의 각오가 필요하다)

⇨ たとえ噂(うわさ)でも倒産(とうさん)しそうだなどという話(はなし)が広(ひろ)まると、会社(かいしゃ)の存続(そんぞく)にかかわる。

(설령 소문이라도 도산할 것 같다는 따위의 말이 퍼지면 회사의 존속에 관련된다)

⇨ あんな人(ひと)にいつまでもかかわっていたら、あなたまで評判(ひょうばん)を落(お)としてしまいます。

(저런 사람에게 언제까지나 관련되고 있으면 당신마저 평판을 떨어뜨리고 맙니다)

～に限(かぎ)ったことではない ⇨ ～에 국한된 것은 아니다, ～뿐만 아니다

|용법| 조사 「に」에 동사 「限(かぎ)る(제한하다, 국한하다)」가 과거를 나타내는 조동사 「た」에 연결되는 과정에서 음편현상을 일으킨 「かぎった」가 접속되고 이어서 형식명사 「こと」와 명사부정형인 「ではない」가 연결된 어구이다. 이러한 형태로 어떠한 사항이나 대상에 국한되지 않음을 나타낸다. 이러한 표현은 일반적으로 마이너스평가를 나타내는 말에 접속하여 이 경우뿐만 아니라 다른 경우도 있음을 나타낸다.

|접속| 명사에 접속된다.

| 예문 |

⇨ あの人が遅刻するのは今日に限ったことではない。

(저 사람이 지각하는 것은 오늘뿐만 아니다)

⇨ レポートのできが悪いのはこの学生に限ったことではない。

(리포트가 형편없이 된 것은 이 학생뿐만 아니다)

⇨ 日本の物価の高さはなにも食料品に限ったことではない。

(일본의 물가가 높은 것은 굳이 식료품에 국한된 것은 아니다)

⇨ エンジンの故障が多いのはこの車種に限ったことではない。

(엔진의 고장이 많은 것은 이 차종에 국한된 것은 아니다)

～に限って ⇨ ～ 만은, ～ 에 한하여

| 용법 | 조사 「に」에 동사 「限る(국한되다, 제한되다)」와 접속조사 「て」가 연결되는 과정에서 음편현상을 일으킨 「限って」가 접속된 어구이다. 이러한 형태로 특정인물이나 사안에 대한 한정의 의미를 나타내는데 이러한 표현은 주로 문장체에서 사용되는 경향이 있다.

| 접속 | 명사에 접속된다.

| 예문 |

⇨ 几帳面なあの人に限って、そんなミスを犯すはずがない。

(꼼꼼한 저 사람만은 그런 실수를 범할 리가 없다)

⇨ 彼はいつも家にいるのに、今日に限って留守でした。

(그는 언제나 집에 있는데 오늘만은 없었습니다)

⇨ 11時までにいらっしゃったお客様に限って80円のコーヒーを50円でさしあげます。

(11시까지 오신 손님에 한하여 80엔짜리 커피를 50엔에 드립니다)

⇨ おはがきをお送りくださった皆様の中から100名様に限って、すてきな商品をプレゼントいたします。

(엽서를 보내 주신 여러분 중에서 100명에 한하여 멋있는 상품을 선물하겠습니다)

| 참고 | 이와 유사한 어구로 「~に限り」가 있다.(해당항목 참고)

⇨ 来週の月曜日に限り午前中休みます。

(다음 주 월요일에만 오전 중은 쉽니다)

~に限らず ⇨ ~뿐만 아니라

| 용법 | 조사 「に」에 동사 「限る(한정하다, 제한하다)」의 미연형인 「限ら」와 부정을 나타내는 조동사 「ぬ」의 연용형인 「ず」가 접속된 어구이다. 이러한 형태로 어떠한 대상에만 국한되지 않음을 나타내는데 이러한 표현은 주로 문장체에서 쓰이는 경향이 있다.

| 접속 | 명사에 접속된다.

| 예문 |

⇨ 学期末になると、学生に限らず、先生も相当疲れて来ます。

(학기말이 되면 학생뿐만 아니라 선생님도 상당히 피곤해 집니다)

⇨ 外国人に限らず、日本人にも、漢字を正しく書くことはかなり難しいです。

(외국인뿐만 아니라 일본인에게도 한자를 바르게 쓰는 것은 꽤 어렵습니다)

⇨ あの選手は子供のころ、サッカーに限らずスポーツなら何でも得意だったそうだ。

(저 선수는 어릴 적 축구뿐만 아니라 스포츠라면 뭐든지 잘했다고 한다)

⇨ 彼は遊んでばかりいたので失敗しました。彼に限らず、誰でもゆだんすると失敗しますよ。

(그는 놀고만 있었기 때문에 실패했습니다. 그뿐만 아니라 누구라도 방심하면 실패합니다)

～に限り ⇨ ～에 한하여, ～만은

|용법| 조사「に」에 동사「限る(국한되다, 제한되다)」의 연용형인「限り」가 접속된 어구로 중지법으로 쓰인다. 이러한 형태로 특정인물이나 사안에 대한 한정의 의미를 나타내는데 이러한 표현은 주로 문장체에서 사용되는 경향이 있다.

|접속| 명사에 접속된다.

|예문|

⇨ 来週の月曜日に限り午前中休みます。
(다음 주 월요일만은 오전 중은 쉽니다)

⇨ この体育館は会員あるいはその家族に限り、使用することができる。
(그 체육관은 회원 또는 그 가족에 한하여 사용할 수가 있다)

⇨ 11時までにいらっしゃったお客様に限り80円のコーヒーを50円でさしあげます。
(11시까지 오신 손님에 한하여 80엔짜리 커피를 50엔에 드립니다)

⇨ おはがきをお送りくださった皆様の中から100名様に限り、すてきな商品をプレゼントいたします。
(엽서를 보내 주신 여러분 중에서 100분에 한하여 멋있는 상품을 선물하겠습니다)

|참고| 이와 유사한 어구로「～に限って」가 있다.(해당항목 참고)

⇨ あの人に限ってそんなひどいことはしないと信じている。
(저 사람만은 그런 심한 일은 하지 않을 거라고 믿고 있다)

～に限る ⇨ ～이(가) 최고다, ～에 국한된다

|용법| 조사「に」에 한정을 나타내는 동사「限る」가 접속된 어구로 그 앞에는

보통 「なら」「たら」가 오게 된다. 이러한 형태로 주로 문말에 쓰여서 그 대상이 다른 선택 가능한 것 중에서 가장 바람직한 것이라고 하는 의미를 나타낸다.

| 접속 | 명사나 동사종지형에 접속된다.

| 예문 |

⇨ 和菓子ならこの店に限る。(일본과자라면 이 가게가 최고다)

⇨ 家族みんなで楽しみたかったら、ディズニーランドに行くに限る。
(가족 모두가 즐기고 싶다면 디즈니랜드에 가는 것이 최고다)

⇨ 採用は十人に限ります。(채용은 10명에 국한됩니다)

⇨ 演説の会場の入場は大人に限ります。(연설 회장의 입장은 어른에 국한됩니다)

~にかけたら ⇨ ~에 관한 한은

| 용법 | 조사 「に」에 동사 「かける」의 연용형인 「かけ」와 과거를 나타내는 조동사 「た」의 가정형인 「たら」가 접속된 어구이다. 이러한 형태로 어떠한 특정한 분야에 있어서는 매우 뛰어나거나 자신이 있다고 하는 의미를 나타내는데 주로 그 뒤의 술어에는 '뛰어나다, 우수하다'고 하는 긍정적 평가의 내용이 오게 된다.

| 접속 | 명사에 접속된다.

| 예문 |

⇨ テニスにかけたらあの人におよぶものはいない。
(테니스에 관한 한은 저 사람에게 견줄 사람은 없다)

⇨ 私は運転にかけたら誰にも負けない自身がある。
(나는 운전에 관한 한은 누구에게도 지지 않을 자신이 있다)

⇨ 山田(やまだ)さんは、魚(さかな)の料理(りょうり)にかけたらかなりの腕(うで)の持(も)ち主(ぬし)らしい。

(야마다씨는 생선 요리에 관한 한은 상당한 실력의 소유자 같다)

⇨ 記憶力(きおくりょく)にかけたら、彼女(かのじょ)はクラスメートの中(なか)で5本(ほん)の指(ゆび)に入(はい)るだろう。

(기억력에 관한 한은 그녀는 클래스메이트 중에서 다섯 손가락에 들어갈 것이다)

|참고| 이와 유사한 어구로 「～にかけては」가 있다.(해당항목 참고)

⇨ スピードにかけては、その投手(とうしゅ)の右(みぎ)に出(で)る者(もの)はいない。

(스피드에 관한 한은 그 투수를 능가할 사람은 없다)

～にかけて ⇨ ～에 걸쳐서

|용법| 조사 「に」에 동사 「かける」의 연용형인 「かけ」와 접속조사 「て」가 접속된 어구이다. 이러한 형태로 어떠한 장소, 시간에서부터 다른 장소, 시간까지 줄곧 지속됨을 나타낸다. 보통은 「～から～に(へ)かけて」의 형태로 두 개의 장소, 시간을 나타낼 때 사용되곤 한다.

|접속| 시간이나 장소를 나타내는 명사에 접속된다.

|예문|

⇨ 秋(あき)から冬(ふゆ)にかけて晴(は)れた日(ひ)が多(おお)い。

(가을에서 겨울에 걸쳐서 맑은 날이 많다)

⇨ 日本(にほん)は6月(がつ)から7月(がつ)にかけてよく雨(あめ)が降(ふ)る。

(일본은 6월부터 7월에 걸쳐서 자주 비가 내린다)

⇨ 奈良(なら)から京都(きょうと)へかけて見物(けんぶつ)して歩(ある)いた。

(나라에서 교토에 걸쳐서 구경하며 돌아다녔다)

⇨ 昨日(きのう)、神戸(こうべ)から大阪(おおさか)にかけて大雨(おおあめ)が降(ふ)った。

(어제 고베에서 오사카에 걸쳐서 큰비가 내렸다)

~にかけて(も) ⇨ ~을(를) 걸고(서라도)

|용법| 조사「に」에 동사「かける」의 연용형인「かけ」와 접속조사「て」가 접속된 어구이다. 때로는 조사「も」가 추가될 때도 있는데 이러한 형태로 어떠한 결의나 약속을 나타낸다. 주로 그 앞에는「命」「名誉」「信用」등을 나타내는 명사가 와서 관용구적으로 쓰이게 된다.

|접속| 명사에 접속된다.

|예문|

⇨ 私の命にかけて、彼らを助け出してみせます。

(저의 목숨을 걸고 그들을 구해내 보이겠습니다)

⇨ 命にかけてもこの秘密は守り通す。

(목숨을 걸고서라도 이 비밀은 지켜낸다)

⇨ 私の名誉にかけてもあなたとの約束は守る。

(내 명예를 걸고서라도 당신과의 약속은 지킨다)

⇨ 私の面子にかけても、この仕事はやり遂げるつもりだ。

(내 체면을 걸고서라도 이 일은 다 해낼 작정이다)

~にかけては ⇨ ~에 관한 한은

|용법| 조사「に」에 동사「かける」의 연용형인「かけ」와 접속조사「ては」가 접속된 어구이다. 이러한 형태로 특정한 분야에 있어서는 매우 뛰어나거나 자신이 있다고 하는 의미를 나타낸다. 주로 그 뒤의 술어에는 '뛰어나다, 우수하다'고 하는 긍정적 평가의 내용이 오게 된다.

|접속| 명사에 접속된다.

| 예문 |

⇨ 発音にかけては誰にもまけないつもりです。

(발음에 관한 한은 누구에게도 지지 않을 겁니다)

⇨ 将棋にかけては彼の右に出るものはない。

(장기에 관한 한은 그를 능가할 사람은 없다)

⇨ 競泳にかけてはまだ誰にも負けたことがない。

(경영에 관한 한은 아직 누구에게도 졌던 적이 없다)

⇨ 山田さんは、魚の料理にかけてはかなりの腕の持ち主らしい。

(야마다씨는 생선 요리에 관한 한은 상당한 실력의 소유자 같다)

| 참고 | 이와 유사한 어구로 「～にかけたら」가 있다.(해당항목 참고)

⇨ スピードにかけたら、その投手の右に出る者はいない。

(스피드에 관한 한은 그 투수를 능가할 사람은 없다)

～にかこつけて ⇨ ～을(를) 구실로, ～을(를) 핑계 삼아

| 용법 | 조사 「に」에 동사 「かこつける(구실삼다, 핑계 대다)」의 연용형인 「かこつけ」와 접속조사 「て」가 연결된 어구이다. 이러한 형태로 어떤 일을 구실이나 핑계로 삼는다고 하는 의미를 나타낸다.

| 접속 | 명사에 접속된다.

| 예문 |

⇨ 仕事にかこつけてヨーロッパ旅行を楽しんできた。

(일을 핑계 삼아 유럽여행을 즐기고 왔다)

⇨ 病気にかこつけて仕事もせずにぶらぶらしている。

(병을 핑계 삼아 일도 하지 않고 빈둥거리고 있다)

⇨ 接待にかこつけて上等な酒を思いっきり飲んできた。

(접대를 핑계 삼아 고급술을 실컷 마시고 왔다)

⇨ 彼女は体調の悪さにかこつけて1週間も休んでいる。

(그녀는 몸상태가 안 좋은 것을 구실로 1주일이나 쉬고 있다)

~にかたくない ⇨ ~(하)기에 어렵지 않다

| 용법 | 조사「に」에 형용사「難い(어렵다)」의 연용형「難く」와 형용사「ない」가 접속된 어구이다. 주로 그 앞에는「想像」「理解」정도가 관용적으로 오게 되는데 이러한 형태로 어떠한 대상에 대하여 쉽게 상상할 수가 있으며 누가 생각해도 명확하다고 하는 의미를 나타낸다. 문장체에서 쓰일법한 다소 딱딱한 어구이다.

| 접속 | 명사에 접속된다.

| 예문 |

⇨ 彼が彼女と離婚したことは想像にかたくない。

(그가 그녀와 이혼한 것은 상상하기에 어렵지 않다)

⇨ 彼が秘密を外部にもらしたことは想像にかたくない。

(그가 비밀을 외부로 누설한 것은 상상하기에 어렵지 않다)

⇨ 審査員が彼の作品を見て、そのすばらしさに驚いたことは想像にかたくない。

(심사원이 그의 작품을 보고 그 훌륭함에 놀란 것은 상상하기에 어렵지 않다)

⇨ なぜ彼があのような行動に走ったのか、事件の前後の事情をよく聞いてみれば理解にかたくない。

(왜 그가 저와 같은 행동으로 치우쳤는지 사건의 전후 사정을 잘 들어 보면 이해하기 어렵지 않다)

～に(は)かなわない ⇨ ～에게는 못 당한다

| 용법 | 조사 「に」 또는 「には」에 동사 「敵(かな)う(필적하다, 어깨를 견주다)」의 미연형인 「かなわ」와 부정을 나타내는 조동사 「ない」가 접속된 어구이다. 이러한 형태로 어떠한 대상에 대하여 필적할 수 없다, 이길 수 없다고 하는 의미를 관용적으로 나타낸다.

| 접속 | 명사에 접속된다.

| 예문 |

⇨ テニスでは誰(だれ)も彼(かれ)にかなわない。(테니스로는 누구도 그에게는 못 당한다)

⇨ 年(とし)をとるとわかいものにはかなわない。
(나이를 먹으면 젊은 사람에게는 못 당한다)

⇨ 君(きみ)はまだ下手(へた)だからあの人(ひと)にはかなわないよ。
(그는 아직 서툴기 때문에 저 사람에게는 못 당한다고)

⇨ 確(たし)かに一人(ひとり)の力(ちから)だけではフィジカルの質(しつ)が違(ちが)う外国人(がいこくじん)選手(せんしゅ)にはかなわないかもしれない。
(확실히 한 사람의 힘만으로는 육체적인 질이 다른 외국인선수에게는 못 당할지도 모른다)

～にかまけて ⇨ ～에 정신이 팔려

| 용법 | 조사 「に」에 동사 「かまける(어떤 일에만 몰입하다)」의 연용형 「かまけ」와 접속조사 「て」가 접속된 어구이다. 이러한 형태로 어떠한 대상에 몰입하다보니 다른 일에는 전혀 신경을 못 쓴다고 하는 의미를 나타낸다. 그 뒤에는 주로 다른 일에는 신경을 쓰지 않는다고 하는 부정적인 내용이 이어진다.

|접속| 명사에 접속된다.

|예문|

⇨ 遊びにかまけて勉強しようともしない。

(놀이에 정신이 팔려 공부하려고도 하지 않는다)

⇨ 仕事にかまけてちっとも子供の相手をしてやらない。

(일에 정신이 팔려 전혀 아이의 상대를 해주지 않는다)

⇨ 賭事にかまけて家庭を省みない母親が増えている。

(도박에 정신이 팔려 가정을 돌보지 않는 어머니가 늘고 있다)

⇨ 資料の整理にばかりかまけていては、仕事は前へ進まない。

(자료의 정리에만 정신이 팔려있어서는 일은 앞으로 진전되지 않는다)

~にかわって ⇨ ~ 대신에

|용법| 조사 「に」에 동사 「代わる(대신하다)」가 접속조사 「て」에 연결되는 과정에서 음편현상을 일으킨 「かわって」가 접속된 어구이다. 이러한 형태로 본래 해야만 할 주체를 대신하여 다른 주체가 행한다고 하는 의미를 나타낸다.

|접속| 명사에 접속된다.

|예문|

⇨ 母にかわって、私があいさつします。

(어머니 대신에 제가 인사를 하겠습니다)

⇨ 病気の妻に代わって夫が家事を行っている。

(병든 아내 대신에 남편이 집안일을 하고 있다)

⇨ 入院した先生にかわって、今は新しい先生が授業をしている。

(입원한 선생님 대신에 지금은 새로운 선생님이 수업을 하고 있다)

⇨ 若(わか)い人(ひと)たちの間(あいだ)では手紙(てがみ)にかわって、電話(でんわ)がよく使(つか)われている。

(젊은 사람들 사이에서는 편지 대신에 전화가 자주 사용되고 있다)

|참고| 이와 유사한 어구로 「～のかわりに」「～にかわり」가 사용되기도 한다.

⇨ 母(はは)のかわりに、私(わたし)があいさつします。(어머니 대신에 제가 인사를 하겠습니다)

⇨ 母(はは)にかわり、私(わたし)があいさつします。(어머니 대신 제가 인사를 하겠습니다)

아울러, 이러한 어구가 명사를 수식할 때는 「～にかわる」의 형태를 취한다.

⇨ 山田(やまだ)さんが立候補(りっこうほ)を辞退(じたい)するとなると、彼女(かのじょ)に代(か)わる実力者(じつりょくしゃ)を立(た)てなければならない。

(야마다씨가 입후보를 사퇴하게 되면 그녀를 대신할 실력자를 세워야만 한다)

～に関(かん)しての ⇨ ～에 관한

|용법| 조사 「に」에 동사 「関(かん)する」의 연용형인 「関(かん)し」와 접속조사 「て」, 그리고 조사 「の」가 접속된 어구이다. 그 뒤에는 수식을 받는 명사가 오게 되는데 이러한 형태로 '그에 관련한, 그것에 관한'이라고 하는 의미를 나타낸다.

|접속| 고려의 대상을 나타내는 명사에 접속된다.

|예문|

⇨ 最近(さいきん)は地質学(ちしつがく)に関(かん)しての本(ほん)を読(よ)んでいる。(최근에는 지질학에 관한 책을 읽고 있다)

⇨ その事件(じけん)に関(かん)しての報告(ほうこく)はまだ受(う)けていない。

(그 사건에 관한 보고는 아직 못 받았다)

⇨ あの人(ひと)は、地震災害(じしんさいがい)に関(かん)しての経験(けいけん)と知識(ちしき)をたくさんもっている。

(저 사람은 지진재해에 관한 경험과 지식을 많이 지니고 있다)

⇨ 彼(かれ)のコンピューターに関(かん)しての知識(ちしき)は他人(たにん)にくらべ、相当(そうとう)なものだ。

(그의 컴퓨터에 관한 지식은 다른 사람에 비하여 상당한 것이다)

~にきまっている ⇨ ~(할(일))게 뻔하다

|용법| 조사 「に」에 동사 「決まる」가 접속조사 「て」에 접속되는 과정에서 음편현상을 일으킨 「きまって」와 보조동사 「いる」가 접속된 어구이다. 이러한 형태로 반드시 그러할 것임에 틀림이 없다고 하는 말하는 사람의 확신이 담긴 추측을 나타내는데 주로 회화체에서 빈번하게 쓰이고 있다.

|접속| 명사(형용동사는 어간)나 활용어의 종지형에 접속된다.

|예문|

⇨ あの人は白墨を持っているから、先生にきまっている。
(저 사람은 백묵을 쥐고 있으니까 선생일게 뻔하다)

⇨ タクシーより地下鉄の方が早いにきまっていますよ。
(택시보다 지하철 쪽이 빠를 게 뻔합니다)

⇨ 熱が三十八度もあるのに旅行に行こうなんて無理にきまっています。
(열이 38도나 되는데 여행을 가려고 한다니 무리일 것이 뻔합니다)

⇨ 君に金をかしたところで、必要なものを買わずにむだ遣いをするに決っている。
(그에게 돈을 빌려주어 보았자 필요한 것을 사지 않고 낭비를 할 것이 뻔하다)

~にくい ⇨ ~(하)기 어렵다

|용법| 「にくい」는 동사연용형에 접속되어 이를 형용사로 만드는 기능을 하는 접미어로 어떤 동작을 취하기 어렵다고 하는 의미를 나타낸다.

|접속| 동사연용형에 접속된다.

|예문|

⇨ このペンは書きにくいです。(이 펜은 쓰기 어렵습니다)

⇨ このはさみは使い(つか)にくいです。(이 가위는 사용하기 어렵습니다)

⇨ この辞書(じしょ)は字(じ)が小(ちい)さすぎて、読(よ)みにくいです。

(이 사전은 글자가 너무 작아서 읽기 어렵습니다)

⇨ 年(とし)をとると、だんだん新(あたら)しい考(かんが)え方(かた)が受(う)け入(い)れにくくなる。

(나이를 먹으면 점점 새로운 사고를 받아들이기 힘들어진다)

| 참고 | 이와 반대되는 것으로는 「～やすい」가 있다.(해당항목 참고)

⇨ このペンは書(か)きやすいです。(이 펜은 쓰기 쉽습니다)

⇨ この地図(ちず)はわかりやすいです。(이 지도는 이해하기 쉽습니다)

～にくわえて ⇨ ～에다가

| 용법 | 조사 「に」에 동사 「加(くわ)える(덧붙이다, 추가하다)」의 연용형 「くわえ」와 접속조사 「て」가 접속된 어구이다. 이러한 형태로 어떠한 사항에 별도의 사항을 추가하는 의미를 나타내는데 다소 문장체적이다.

| 접속 | 명사에 접속된다.

| 예문 |

⇨ 激(はげ)しい風(かぜ)にくわえて、雨(あめ)もひどくなってきた。(세찬 바람에다가 비도 심해졌다)

⇨ 学生(がくせい)たちは毎日(まいにち)の宿題(しゅくだい)にくわえて毎週(まいしゅう)レポートを出(だ)さなければならなかった。

(학생들은 매일 숙제에다가 매주 리포트를 내야만 했다)

⇨ 現地(げんち)は暑(あつ)さにくわえて、飲(の)み水(みず)も不足(ふそく)しているだけになおさら救援(きゅうえん)が待(ま)たれる。

(현지는 더위에다가 마실 물도 부족한 만큼 더욱 구원이 기다려진다)

⇨ 二人(ふたり)は、子供(こども)の誕生(たんじょう)に加(くわ)えて、仕事(しごと)も順調(じゅんちょう)に進(すす)み、幸(しあわ)せで一杯(いっぱい)の毎日(まいにち)を送(おく)っている。(두 사람은 아이가 태어난 대다가 일도 순조롭게 진전되어 행복으로 가득찬 매일을 보내고 있다)

～にこしたことはない ⇨ ～(하)는 것이 최고다

|용법| 조사「に」에 동사「越す(초월하다, 넘다)」의 연용형「越し」와 과거를 나타내는 조동사「た」가 접속되고 이어서 형식명사「こと」와 조사「は」 그리고 형용사「ない」가 연결된 어구이다. 이러한 형태로 어떠한 상태, 변화, 동작으로의 이행이 가장 바람직함을 나타낸다. 이러한 표현은 대체로 상식적으로 봐서 마땅한 것으로 여겨지는 경우에 사용되는 경향이 있다.

|접속| 명사나 활용어의 종지형에 접속된다.

|예문|

⇨ 金はあるにこしたことはない。(돈은 있는 것이 최고다)

⇨ 大丈夫だと思っても用心するにこしたことはない。
(괜찮다고 생각해도 조심하는 것이 최고다)

⇨ 掃除のことを考えないかぎり、家は広いにこしたことはない。
(청소를 고려하지 않는 한 집은 넓은 것이 최고다)

⇨ 申請書の提出締め切りは明日の午後4時だが、早めに出せればそれにこしたことはない。
(신청서의 제출마감은 내일 오후 4시이지만 일찌감치 제출할 수 있다면 그것이 최고다)

～にこたえて ⇨ ～에 부응하여

|용법| 조사「に」에 동사「応える(부응하다)」의 연용형「応え」와 접속조사「て」가 접속된 어구이다. 그 앞에는「期待、希望、要望」와 같은 명사가 오게 되는데 이러한 형태로 주어진 상황에 맞추어 그에 걸맞도록 대처한다

고 하는 의미를 나타낸다. 이러한 표현은 다소 어감이 딱딱하여 문장체에서 쓰일 법하다.

| 접속 | 명사에 접속된다.

| 예문 |

⇨ その選手は両親の期待にこたえてみごとに完走した。
(그 선수는 부모의 기대에 부응하여 멋지게 완주했다)

⇨ 学生の希望にこたえて、図書館は夜10時まで開けられることになった。
(학생의 희망에 부응하여 도서관은 밤 10시까지 열려지게 되었다)

⇨ 国連からの要請に応えて、政府は救援チームを派遣することにした。
(유엔으로부터의 요청에 부응하여 정부는 구호 팀을 파견하기로 했다)

⇨ 多くの消費者の皆様のご意見にお応えして、やすい製品を発売いたしました。
(많은 소비자 여러분의 의견에 부응하여 싼 제품을 발매했습니다)

| 참고 | 이러한 어구가 뒤에 오는 명사를 수식할 때는 「～に応える」의 형태를 취하게 된다.

⇨ 多くのファンの声援に応える完璧なプレーをなしとげた。
(많은 팬의 성원에 부응하는 완벽한 플레이를 해냈다)

한편, 이와 유사한 어구로 「～に応じて」가 있다.(해당항목 참고)

⇨ みなさんのご希望に応じて商品を生産して行くつもりです。
(여러분의 희망에 부응하여 상품을 생산해 갈 계획입니다)

～に際して ⇨ ～에 즈음하여

| 용법 | 조사 「に」에 동사 「際する(어떤 입장에 처해지다)」의 연용형 「際し」와 접속조사 「て」가 접속된 어구이다. 이러한 형태로 동작이나 작용의 성립배

경이 되는 상황이나 환경을 나타내는데 문장체에서 주로 쓰이는 경향이 있다.

| 접속 | 명사나 동사종지형에 접속된다.

| 예문 |

⇨ お別れに際して一言ご挨拶を申し上げます。

(이별에 즈음하여 한마디 인사말씀을 올립니다)

⇨ 求人に際して、下記事項についてご理解とご協力をお願いします。

(구인에 즈음하여 아래사항에 관하여 이해와 협력을 부탁드립니다)

⇨ 平和条約を締結するに際して、お互いの歴史認識を深め合うべきである。

(평화조약을 체결하기에 즈음하여 상호간의 역사인식을 서로 깊이 해야만 한다)

⇨ 彼は勉強がきらいだった。授業中はあくびばかりしていた。しかし卒業に際して先生との別れを一番悲しんだのは彼だった。

(그는 공부를 싫어했다. 수업 중에는 하품만 하고 있었다. 그러나 졸업에 즈음하여 선생님과의 이별을 가장 슬퍼한 것은 그였다)

| 참고 | 한편 뒤에 오는 명사를 수식할 때는 「~に際しての」의 형태를 취하게 된다.

⇨ ご注文に際してのご案内をいたします。(주문에 즈음한 안내를 하겠습니다)

~に先立って ⇨ ~에 앞서서

| 용법 | 조사 「に」에 동사 「先立つ(선두에 서다, 앞서다)」가 접속조사 「て」에 접속되는 과정에서 음편현상을 일으킨 「先立って」가 연결된 어구이다. 이러한 형태로 어떠한 일을 시작하기 전에 그에 앞서서 해야 할 일을 제시하는 의미를 나타낸다.

| 접속 | 명사나 동사종지형에 접속된다.

| 예문 |

⇨ 開幕に先立って前夜祭があった。(개막에 앞서서 전야제가 있었다)

⇨ 試験開始に先立って、注意事項を説明する。

(시험개시에 앞서서 주의사항을 설명한다)

⇨ 新薬を輸入するに先立って慎重な調査が行われている。

(신약을 수입하기에 앞서서 신중한 조사가 이루어지고 있다)

⇨ 首相来日に先立って、事務次官レベルの事前協議が始まった。

(수상이 일본을 방문함에 앞서서 사무차관 수준의 사전 협의가 시작되었다)

～にしたがって ⇨ ～(함)에 따라서

| 용법 | 조사「に」에 동사「従う(따르다)」가 조사「て」에 접속하는 과정에서 음편 현상을 일으킨「したがって」가 연결된 어구이다. 이러한 형태로 전항의 진전에 의하여 후항이 진행됨을 나타내는데 시간적으로는 전항이 후항보다 다소 앞서서 전개되는 것이 보통이다.

| 접속 | 동사종지형에 접속된다.

| 예문 |

⇨ 年をとるにしたがって、体が弱くなる。

(나이를 먹어감에 따라서 몸이 약해진다)

⇨ 医学が進歩するにしたがって平均寿命が延びた。

(의학이 진보함에 따라서 평균수명이 늘었다)

⇨ 論文のしめきりが近づくにしたがって、だんだん不安になってきた。

(논문의 마감이 다가 옴에 따라서 점점 불안해 졌다)

⇨ 季節の移り変わりにしたがって、私たちの生活をとりまく野山の景色が美しく変っ

ていきます。(계절이 바뀌어감에 따라서 우리들의 생활을 둘러싼 야산의 경치가 아름답게 변해갑니다)

|참고| 이와 유사한 어구로 「～にしたがい」가 있는데 주로 문장체에서 사용된다.

⇨ 人間は年をとるにしたがい、早く起きて早く寝るようになります。
(인간은 나이를 먹음에 따라 일찍 일어나고 일찍 자게 됩니다)

～にしたって ⇨ ～로서도, ～만해도, ～(한)다 해도

|용법| 조사 「に」에 サ행변격동사 「する」의 연용형 「し」와 회화체에서 「ても」와 같은 용법으로 쓰이는 접속조사 「たって」가 접속된 어구이다. 이러한 형태로 여러 가지 비슷한 사항이 있는 것 가운데에서 하나의 예를 들어 그것도 역시 그러하다고 하는 의미를 나타낸다. 이러한 표현은 주로 회화체에서 사용된다.

|접속| 명사나 동사종지형에 접속된다.

|예문|

⇨ 彼にしたって、今ごろは自分の行いを恥じているはずだ。
(그로서도 지금쯤은 자신의 행실을 부끄러워하고 있을 것이다)

⇨ 結婚式にしたってあんなに派手にやる必要はなかったんだ。
(결혼식만 해도 그렇게 화려하게 할 필요는 없었던 것이다)

⇨ 休暇をとるにしたって、旅行などとても無理だ。
(휴가를 낸다 해도 여행 같은 건 도저히 무리다)

⇨ 人に注意を与えるにしたって、もう少し言葉遣いには気を付けるべきだ。
(남에게 주의를 준다 해도 조금 더 말씨에는 신경을 써야만 한다)

~にしたところで ⇨ ~ 만해도, ~ 로서도

| 용법 | 조사 「に」에 サ행변격동사 「する」의 연용형 「し」와 과거를 나타내는 조동사 「た」가 접속된 다음 이어서 관점이나 상황을 나타내는 「ところ」와 조사 「で」가 연결된 어구이다. 이러한 형태로 여러 가지 비슷한 사항이 있는 것 가운데에서 하나의 예를 들어 그것도 역시 그러하다고 하는 의미를 나타낸다.

| 접속 | 명사에 접속된다.

| 예문 |

⇨ 住むところにしたところで、探すのには一苦労だ。

(사는 곳 만해도 찾는 데는 제법 고생이 된다)

⇨ 結婚式にしたところであんなに派手にやる必要はなかったんだ。

(결혼식만해도 그렇게 화려하게 할 필요는 없었던 것이다)

⇨ 食事の支度ひとつにしたところであの歳では重荷になっているはずだ。

(식사준비 하나만해도 저 나이로는 무거운 짐이 되고 있을 것이다)

⇨ 彼は日本語を20年も勉強しているが、その彼にしたところで、まだ分からない文法に時々出くわすそうだ。

(그는 일본어를 20년이나 공부하고 있지만 그러한 그 사람으로서도 아직 모르는 문법에 종종 부딪힌다고 한다)

~にしたら ⇨ ~ 로(으로)서는, ~ 의 입장에서는

| 용법 | 조사 「に」에 サ행변격동사 「する」의 연용형 「し」와 과거를 나타내는 조동사 「た」의 가정형 「たら」가 접속된 어구이다. 이러한 형태로 그 사람의 입장에 서서 그 사람의 생각을 헤아릴 때 사용된다. 이러한 표현은 오로

지 타인의 입장을 내세울 때에만 사용되며 말하는 사람자신의 입장을 나타내는 데에는 쓸 수가 없다.

| 접속 | 사람을 나타내는 명사에 접속된다.

| 예문 |

⇨ 良かれと思ってしたことだが、彼にしたらありがた迷惑だったに違いないだろう。

(잘 되라고 생각해서 한 일이지만 그로서는 달갑지 않았음에 틀림없을 것이다)

⇨ せっかくの申し出を断ってしまったのだから、彼女にしたら、自分の親切が踏みにじられたと感じていることだろう。

(모처럼의 요청을 거절해버린 거니까 그녀로서는 자신의 친절이 짓밟혔다고 느끼고 있을 것이다)

⇨ 母親は子供のためを思って厳しくしつけようとしたのでしょうが、子供にしたら自分が嫌われていると思い込んでしまったのです。

(모친은 아이를 위한다고 생각해서 엄하게 가르치려 한 것이겠지만 아이의 입장에서는 자신이 미움을 받고 있다고 생각해 버린 겁니다)

⇨ 学生の語学力を高めるには必要な訓練なのだが、学生にしたら退屈きわまりない授業だと思うにちがいない。

(학생의 어학력을 높이기 위해서는 필요한 훈련이지만 학생입장에서는 지루하기 짝이 없는 수업이라고 생각할 것임에 틀림없다)

~にして ⇨ ~에 이르러서야

| 용법 | 조사 「に」에 동사 「する」의 연용형인 「し」와 접속조사 「て」가 접속된 어구이다. 이러한 형태로 어떤 연령에 도달해서야 비로소 무언가가 일어났음을 나타내는데 이러한 표현의 뒤에는 「ようやく(겨우)、はじめて(처음으로)」와 같은 말이 오는 경향이 있다.

| 접속 | 연령을 나타내는 명사에 접속된다.

|예문|

⇨ 五十にしてはじめて登山靴をはいた。

(50에 이르러서야 처음으로 등산화를 신었다)

⇨ 彼は40歳にしてようやく自分の生きるべき道を見つけた。

(그는 40세에 이르러서야 드디어 자신이 살아가야할 길을 찾았다)

⇨ この歳にして初めて人生のなんたるかが分かった。

(이 나이에 이르러서야 처음으로 인생이 무엇인가를 알았다)

⇨ 念願の夢がかない、彼女は60歳にしてようやく歌手になった。

(염원하던 꿈이 이루어져서 그녀는 60세에 이르러서야 드디어 가수가 되었다)

|참고| 한편 「にして」는 이 이외에도 상황이나 입장을 나타내는 용법도 지니고 있다.

⇨ 簡にして要を得た研究報告でした。

(간결하면서 요점을 찌른 연구보고였습니다)

⇨ 科学者にして神を信じない者は、真の科学者にはなるまい。

(과학자로서 신을 믿지 않는 자는 진정한 과학자는 되지 못 할 것이다)

아울러 명사나 부사에 접속되어 그 의미를 강조하는 용법으로도 쓰인다.

⇨ 試験勉強をろくにやってないにもかかわらず、幸にして落第は免れた。

(시험공부를 제대로 하지 않은 데에도 불구하고 운 좋게 낙제는 면했다)

⇨ 美人秘書を伴った優雅な海外生活の夢は、一瞬にして吹っ飛んでしまった。

(미인 비서를 동반한 우아한 해외생활의 꿈은 한순간에 날아가 버렸다)

⇨ ローマは一日にして成らず。(로마는 하루아침에 이루어지지 않는다)

~にしてからが ⇨ ~부터가

|용법| 조사「に」에 동사「する」의 연용형인「し」와 접속조사「て」가 접속된 다음 이어서 기점을 나타내는 조사「から」와 주격을 나타내는 조사「が」가 연결된 어구이다. 이러한 형태로 그 사람조차 그러하니까 다른 사람은 말할 것도 없다고 하는 의미를 나타낸다. 이러한 표현은 제시된 사람에 대한 부정적인 평가를 나타내는 것이 보통이다.

|접속| 사람을 나타내는 명사에 접속된다.

|예문|

⇨ 夫にしてからが、私の事を全然分かってくれようともしない。
(남편부터가 나에 관해서 전혀 알아주려고도 하지 않는다)

⇨ リーダーにしてからがやる気がないのだから、ほかの人たちがやるはずがない。
(리더부터가 할 마음이 없는 거니까 다른 사람들이 할 리가 없다)

⇨ このわたしにしてからが彼女の話を信じていたのだから、他の人は言うまでもない。
(바로 나부터가 그녀의 이야기를 믿고 있었던 거니까 다른 사람은 말할 것도 없다)

⇨ 部長にしてからが事態を把握していないのだから、平の社員によくわからないのも無理はない。(부장부터가 사태를 파악하고 있지 않는 거니까 평사원이 잘 모르는 것도 무리는 아니다)

~にしては ⇨ ~ 치고는, ~ 에 비해서는

|용법| 조사「に」에 동사「する」의 연용형인「し」와 접속조사「ては」가 접속된 어구이다. 이러한 형태로 기존의 상식적인 예상, 기대에서 벗어나 있음을 나타내거나 그 이상의 평가를 내릴 경우에 사용된다.

|접속| 명사나 활용어의 종지형에 접속된다.

| 예문 |

⇨ この子は小学生にしてはずいぶんしっかりしている。
(이 아이는 초등학생치고는 꽤 야무지다)

⇨ 田中さんはラグビー選手にしてはほっそりしている。
(다나까씨는 럭비선수치고는 호리호리하다)

⇨ 彼は十年も日本にいるにしては日本語が下手だ。
(그는 10년이나 일본에 있는 것치고는 일본어를 못한다)

⇨ 初めてケーキを作ったにしては、上手にできましたね。
(처음으로 케이크를 만든 것치고는 잘 되었군요)

⇨ 母親が受験に熱心でいるにしては息子があまりにも無関心すぎる。
(모친이 시험준비에 열심인 것이 비해서는 아들이 너무나도 무관심하다)

~にしてみれば ⇨ ~ 입장에서 보면

| 용법 | 조사 「に」에 동사 「する」의 연용형인 「し」와 접속조사 「て」가 접속되고 이어서 동사 「みる」의 가정형인 「みれ」와 접속조사 「ば」가 연결된 어구이다. 이러한 형태로 그 사람의 입장이나 견해를 나타낸다.

| 접속 | 사람을 나타내는 명사에 접속된다.

| 예문 |

⇨ でも、会社のために身を粉にして働いてきた彼らにしてみれば、これほど残酷な話はないわ。(하지만 회사를 위해서 몸이 가루가 되도록 일해 온 그들 입장에서 보면 이것만큼 잔혹한 이야기는 없어)

⇨ 長い間使っていなかった古いコンピューターをあげたのだが、彼女にしてみればとてもありがたかったらしく、何度も何度もお礼を言われた。
(오랫동안 쓰고 있지 않았던 오래된 컴퓨터를 준 것인데 그녀 입장에서 보면 매우 고

마웠던 모양으로 몇 번이고 몇 번이고 고맙다는 말을 들었다)

⇨ 私(わたし)は軽(かる)い気持(きも)ちで話(はな)していたのだが、あの人(ひと)にしてみれば大(おお)きな問題(もんだい)だったのだろう。彼(かれ)は落(お)ち込(こ)んで誰(だれ)とも口(くち)をきかなくなってしまった。

(나는 가벼운 기분으로 말했던 것인데 그 사람 입장에서 보면 큰 문제였던 것 일게다. 그는 낙심하여 누구하고도 말을 하지 않게 되고 말았다)

⇨ 母(はは)にしてみれば、大切(たいせつ)に育(そだ)ててきた息子(むすこ)が突然(とつぜん)家(いえ)を出(で)ていったのだから、たいそうショックだろうが、私(わたし)は親離(おやばな)れしようとしている弟(おとうと)に声援(せいえん)を送(おく)りたい気持(きも)ちだった。(어머니 입장에서 보면 소중하게 키워온 아들이 갑자기 집을 나간 것이므로 무척 쇼크이겠지만 나는 부모슬하를 떠나려하고 있는 남동생에게 성원을 보내고 싶은 기분이었다)

～にしても ⇨ ～만해도

|용법| 조사「に」에 동사「する」의 연용형인「し」와 접속조사「ても」가 접속된 어구이다. 이러한 형태로 그 이외의 경우에도 같은 일이 있을 수 있다고 하는 의미를 나타낸다.

|접속| 사람이나 사물을 나타내는 명사에 접속된다.

|예문|

⇨ 母(はは)にしても初(はじ)めから賛成(さんせい)していたわけではありません。

(어머니 만해도 처음부터 찬성하고 있었던 것은 아닙니다)

⇨ 彼(かれ)にしても、こんな騒(さわ)ぎになるとは思(おも)ってもいなかったでしょう。

(그 사람 만해도 이런 소란이 되리라고는 생각하지도 않았을 것입니다)

⇨ 身(み)につけているもの一(ひと)つにしても、彼女(かのじょ)の育(そだ)ちのよさが感(かん)じられた。

(몸에 걸치고 있는 것 하나 만해도 그녀가 곱게 자랐다는 것이 느껴졌다)

⇨ かなりハードな仕事(しごと)だし、給料(きゅうりょう)にしても決(けっ)していいというわけでもない。

(꽤 힘든 일이고 급료 만해도 결코 좋다고 하는 셈도 아니다)

～にしても ⇨ ～라 하더라도, ～(하)다 하더라도

|용법| 조사「に」에 동사「する」의 연용형인「し」와 접속조사「ても」가 접속된 어구이다. 이러한 형태로 어떠한 입장이나 사안을 가정하여 주제로 내세운 다음 일단은 그것을 수용하더라도 반대되는 평가나 판단이 내려질 수 밖에 없다고 하는 의미를 나타낸다.

|접속| 명사나 활용어의 종지형에 접속된다.

|예문|

⇨ いくら小人数にしてもパーティーをするにはこの部屋は狭すぎる。
(아무리 적은 인원이라 하더라도 파티를 하기에는 이 방은 너무 좁다)

⇨ いくら貧しいにしても人から施しは受けたくない。
(아무리 가난하다 하더라도 남으로부터 도움은 받고 싶지 않다)

⇨ 時間がかかるにしても、真相は必ず明らかにされるでしょう。
(시간이 걸린다 하더라도 진상은 반드시 밝혀질 것입니다)

⇨ 生活の苦労はあったにしても将来のために我慢して来たのだ。
(생활의 고통은 있었다 하더라도 장래를 위해서 참아온 것이었다)

|참고| 이와 유사한 어구로「～にしたって」가 있다.(헤딩항목 참고)

⇨ 月十五万の給料では、今のように独身でいるにしたって生活は楽じゃない。
(월15만 엔의 급료로는 지금처럼 독신으로 있다 하더라도 생활은 편치 않다)

～にしても～にしても ⇨ ～이건 ～이건, ～(하)건 ～(하)지 않건

|용법| 조사「に」에 동사「する」의 연용형인「し」와 접속조사「ても」가 접속된 것이 앞뒤로 배치된 어구이다. 이러한 형태로 복수의 대상 또는 대립되는

두 가지의 대상을 앞뒤로 내세워서 이들을 포함하여 다른 대상도 같거나 비슷할 것임을 암시하는 의미를 나타낸다.

| 접속 | 명사나 동사종지형 또는 부정을 나타내는 조종사 「ない」에 접속된다.

| 예문 |

⇨ 会社(かいしゃ)にしても、工場(こうじょう)にしても、コンピューターのないところはない。
(회사이건 공장이건 컴퓨터가 없는 곳은 없다)

⇨ 行(い)くにしても行(い)かないにしても、一応準備(いちおうじゅんび)だけはしておきなさい。
(가건 가지 않건 일단 준비만은 해두어라)

⇨ 出(で)かけるにしても出(で)かけないにしても、顔(かお)ぐらいはちゃんと洗(あら)いなさい。
(외출을 하건 외출을 하지 않건 얼굴쯤은 제대로 씻어라)

⇨ 植物(しょくぶつ)にしても動物(どうぶつ)にしても、まず日本(にほん)の風土(ふうど)や気候(きこう)によって制限(せいげん)を受(う)けていることがわかります。(식물이건 동물이건 우선 일본의 풍토나 기후에 의해 제한을 받고 있는 것을 알 수 있습니다)

~ にしろ(せよ) ⇨ ~ 일지라도, ~ (할)지라도

| 용법 | 조사 「に」에 동사 「する」의 명령형인 「しろ」 또는 「せよ」가 접속된 어구이다. 이러한 형태로 일단 전항에 제시된 내용을 인정하더라도 후항에는 그에 반하는 내용이나 다른 사항도 마찬가지일 것이라고 하는 내용을 나타낸다. 결국 아직 이루어지지 않은 사항을 조건으로 하여 가정하는 의미를 나타내는 셈이다. 「にしろ」와 「にせよ」 어느 쪽도 쓸 수 있으나 기본적으로 「にしろ」는 회화체에서, 「にせよ」는 문장체에서 쓰이는 경향이 있다.

| 접속 | 명사나 활용어의 종지형에 접속된다.

| 예문 |

⇨ あなたにしろ、あの人(ひと)がそんなことをするとは思(おも)わなかったでしょう。
(당신일지라도 저 사람이 그런 일을 하리라고는 생각하지 않았겠죠?)

⇨ 部長にしろ、所詮は宮仕えの身、自分の首があぶなくなるようなことはしないだろう。

(부장일지라도 결국은 월급쟁이의 몸, 자신의 목이 위험해질만한 일은 하지 않을 것이다)

⇨ あの人がどんなにその問題で困っているにしろ、私には関係のないことだ。

(저 사람이 아무리 그 문제로 곤란해 하고 있을지라도 나에게는 관계없는 일이다)

⇨ どちらの案を採用するにせよ、メンバーには十分な説明をする必要がある。

(어느 쪽 안을 채택할지라도 멤버에게는 충분한 설명을 할 필요가 있다)

～にしろ(せよ)、～にしろ(せよ)
⇨ ～이건 ～이건, ～(하)건 ～(하)지 않건

| 용법 | 조사 「に」에 동사 「する」의 경령형인 「しろ」 또는 「せよ」가 접속된 것이 앞뒤로 배치된 어구이다. 이러한 형태로 복수의 대상을 나열하여 예시하게 되는데 그 나열된 대상을 포함한 다른 대상도 같거나 비슷할 것임을 암시하게 된다. 「～にしろ、～にしろ」는 회화체에서, 「～にせよ、～にせよ」는 문장체에서 쓰이는 경향이 있다.

| 접속 | 명사나 활용어의 종지형에 접속된다.

| 예문 |

⇨ 若者にしろ老人にしろ、平和な社会を求める気持ちは同じでしょう。

(젊은이이건 노인이건 평화로운 사회를 추구하는 기분은 같을 겁니다)

⇨ 出かけるにしろ出かけないにしろ、顔ぐらいはちゃんと洗いなさい。

(외출을 하건 외출을 하지 않건 얼굴쯤은 제대로 씻어라)

⇨ 妻にせよ子供達にせよ、彼の気持ちを理解しようとするものはいなかった。

(아내이건 아이들이건 그의 기분을 이해하려고 하는 사람은 없었다)

⇨ 歓迎会に行くにせよ行かないにせよ、今日じゅうに連絡してください。

(환영회에 가건 가지 않건 오늘 안으로 연락해 주십시오)

～にすぎない ⇨ ～에 지나지 않는다, ～에 불과하다

|용법| 격조사「に」에 동사「過ぎる」의 미연형「すぎ」와 부정을 나타내는 조동사「ない」가 접속된 어구이다. 이러한 형태로 어떠한 사항에 대하여 특별히 내세울 것도 없이 그 정도가 낮다고 하는 의미를 나타낸다.

|접속| 명사나 활용어의 종지형에 접속된다.

|예문|

⇨ いくら働いても、一ヶ月の収入は、わずか2万円にすぎない。
(아무리 일해도 한 달 수입은 불과 2만 엔에 불과하다)

⇨ 今の話は、ただ私の希望にすぎないのです。現実にはなかなかうまくいかないでしょう。(지금의 이야기는 단지 저의 희망에 지나지 않는 겁니다. 현실적으로는 여간해서 잘되지 않겠지요)

⇨ 日本語ができるといっても、日常のやさしい会話ができるにすぎない。
(일본어를 할 수 있다고 해도 일상의 쉬운 회화를 할 수 있는데 불과하다)

⇨ 彼はただ平社員にすぎないから何も決められません。
(그는 그저 평사원에 지나지 않기 때문에 아무것도 결정할 수 없습니다)

～にする ⇨ ～로(으로) 하다

|용법| 격조사「に」에 동사「する」가 접속된 어구인데 이러한 형태로 어떠한 결정사항을 나타낸다.

|접속| 명사에 접속된다.

|예문|

⇨ A：何になさいますか。(무엇으로 하시겠습니까?)

B：コーヒーにします。(커피로 하겠습니다)

⇨ 今度のキャプテンは田中さんにしよう。(이번의 캡틴은 다나카씨로 하자)

⇨ 来年の海外旅行はフランスにしたいと思っています。

(내년의 해외여행은 프랑스로 하고 싶다고 생각하고 있습니다)

⇨ かぜがよくなおらないので旅行は止めることにします。

(감기가 낫지 않으므로 여행은 그만두는 것으로 하겠습니다)

|참고| 경우에 따라서는 다음과 같이 조사에 접속되는 일도 있다.

⇨ 会議は5時からにします。(회의는 5시부터로 하겠습니다)

～に相違ない ⇨ ～임(함)에 틀림없다

|용법| 조사「に」에 명사「相違」와 형용사「ない」가 접속된 어구이다. 이러한 형태로 100%사실이라고는 단정할 수 없으나 화자가 강력하게 확신하고 있음을 나타낸다. 주로 문장체에서 사용된다.

|접속| 명사나 형식명사「の」, 그리고 활용어의 종지형에 접속된다.

|예문|

⇨ 犯人はあの男に相違ない。(범인은 저 남자임에 틀림없다)

⇨ 彼は既に課長に昇進していたに相違ない。

(그는 이미 과장으로 승진했음에 틀림없다)

⇨ あの議員は、思いきった政治をやってみたいという希望があるに相違ない。

(저 의원은 대담한 정치를 해보고 싶다는 희망이 있음에 틀림없다)

⇨ この糸にすがりついて、どこまでも登っていけば、きっと地獄から抜け出せるのに相違ない。(이 실에 매달려서 어디까지건 올라간다면 반드시 지옥에서 빠져나갈 수 있을 것임에 틀림없다)

|참고| 이와 유사한 것으로 「～に違いない」가 있는데 「～に相違ない」와 달리 회화체에서 주로 사용된다. (해당항목 참고)

⇨ 宝物はこの島のどこかにあるに違いない。(보물은 이 섬 어딘가에 있음에 틀림없다)

～に即して(則して) ⇨ ～에 따라서, ～에 입각하여

|용법| 조사 「に」에 동사 「そくする(～에 따르다, ～에 입각하다)」의 연용형 「そくし」와 접속조사 「て」가 접속된 어구이다. 「そくして」를 한자로 표기할 경우 '사실, 경험'등의 명사에 접속될 때는 「即して」가 사용되며 '법률이나 규범'등의 명사에 접속될 때는 「則して」가 사용된다. 이러한 형태로 어떠한 사실, 경험, 규범 등에 따라서, 또는 입각하여, 라는 의미를 나타낸다.

|접속| 명사에 접속된다.

|예문|

⇨ 事実に即して想像をまじえないで事件について話してください。

(사실에 따라서 상상을 섞지 말고 사건에 관하여 이야기하여 주십시오)

⇨ 経験に即していうと、ほかの人生にとって若いときの異文化体験の意味はとても大きい。

(경험에 따라서 말하자면 다른 인생에 있어서 젊을 때의 이문화 체험의 의미는 매우 크다)

⇨ この問題は私的な感情でなく、法に則して解釈しなければならない。

(이 문제는 사적인 감정이 아니고 법에 입각하여 해석해야만 한다)

⇨ 法律に則して言うと、今回の事件は刑事事件として取り扱うべき性格のものだ。

(법률에 입각하여 말하자면 이번 사건은 형사사건으로서 취급해야만할 성격의 것이다)

～に沿って(添って) ⇨ ～을(를) 따라서

| 용법 | 조사 「に」에 동사 「そう(～을(를) 따라가다, ～을(를) 따르다)」가 접속조사 「て」에 연결되는 과정에서 음편현상을 일으킨 「そって」가 접속된 어구이다. 이러한 형태로 어떠한 대상과 나란히 진행되거나 전개됨을 나타내기도 하고 한편으로는 사람이나 사항 등에 따라서 행함을 나타내기도 한다. 「～にそって」를 한자로 표기할 경우 강이나 길을 따라 가거나 순서나 방법 등을 따라감을 나타낼 때는 「沿う」로 표기하며 사람이나 사항에 따라감을 나타낼 때는 「添う」로 표기한다.

| 접속 | 명사에 접속된다.

| 예문 |

⇨ 線路に沿って歩くと大きな橋がありますよ。

(선로를 따라서 걸으면 큰 다리가 있어요)

⇨ 通りに沿って食べ物を売る店が並んでいる。

(거리를 따라서 음식을 파는 가게가 늘어서 있다)

⇨ 川に沿って100メートルほど歩くと橋があります。

(강을 따라서 100미터정도 걸으면 다리가 있습니다)

⇨ 妻は夫に添って病室に入っていった。

(처는 남편을 따라서 병실로 들어갔다)

～に～た(て)
⇨ ～(하)고 또～(했)다((하)여), 동작, 작용의 반복을 나타내는 용법

| 용법 | 조사 「に」가 앞에 배치되고 뒤에는 과거를 나타내는 조동사 「た」나 접속

조사 「て」가 배치된 어구이다. 이러한 형태로 동작, 작용의 지속적인 반복을 나타내거나 그 정도가 심하다고 하는 의미를 나타낸다.

| 접속 | 「に」와 「た(て)」의 앞에는 같은 동사의 연용형이 접속된다

| 예문 |

⇨ 電車に遅れそうになったので、駅まで走りに走った。

(전차에 늦어질 것 같았기 때문에 역까지 달리고 또 달렸다)

⇨ 一日じゅう歩きに歩いたので、すっかり疲れてしまった。

(하루 종일 걷고 또 걸었기 때문에 완전히 지쳐버렸다)

⇨ 待ちに待った帰国の日がついにやってきた。

(기다리고 기다렸던 귀국 날이 드디어 다가왔다)

⇨ 列車は遅れに遅れて、東京駅に着いたときは夜中を過ぎていた。

(열차는 늦어지고 또 늦어져서 도쿄 역에 도착한 때는 한 밤중을 지나고 있었다)

「～に対して」와 「～について」의 차이

| 용법 | 「～に対して」와 「～について」는 둘 다 우리말의 '～에 대하여'에 해당되지만 기본적으로는 구별되고 있다. 즉, 「～に対して」는 '어떤 대상을 상대로 하여'가 근본적인 용법인데 반하여 「～について」는 '어떤 대상에 관련하여'가 근본적인 용법인 것이다. 일반적으로 말해서 「～に対して」는 그 뒤에 오는 술어로 「反抗する」「反発する」「抵抗する」「抗議する」등의 대립관계를 나타내는 동사를 즐겨 수반하는 반면, 「～について」는 그 뒤의 술어로 「言う」「話す」「相談する」「報告する」등 표현이나 생각을 나타내는 동사를 수반하게 된다.

|접속| 명사에 접속된다.

|예문|

⇨ 警官に対して抵抗する。(경관에 대하여 저항한다)(○)

⇨ 警官について抵抗する。(×)

⇨ カント哲学について研究する。(칸트 철학에 관해서 연구한다)(○)

⇨ カント哲学に対して研究する。(×)

⇨ 日本政府は、拉致問題で北朝鮮に対して強く抗議した。(○)

(정부는 납치 문제로 북한에 대하여 강하게 항의했다)

⇨ 日本政府は、拉致問題で北朝鮮について強く抗議した。(×)

⇨ 基本料金以下の携帯使用者に対しては基本料金を徴収します。(○)

(기본요금이하의 휴대전화 사용자에 대하여서는 기본요금을 징수합니다)

⇨ 基本料金以下の携帯使用者については基本料金を徴収します。(×)

|참고| 하지만, 다음과 같이 양자가 호환성을 가지는 경우도 있으므로 각별한 주의가 요망된다.

⇨ 学生の疑問について答える。(학생의 의문에 관해서 대답한다)(○)

⇨ 学生の疑問に対して答える。(학생의 의문에 대해서 대답한다)(○)

⇨ 旅行計画について参加者に説明する。(○)

(여행계획에 관해서 참가자에게 설명한다)

⇨ 旅行計画に対して参加者に説明する。(○)

(여행계획에 대하여 참가자에게 설명한다)

~にたえない ⇨ 차마 ~(할) 수 없다

|용법| 조사「に」에 동사「堪える(견디다, 참다)」의 미연형「たえ」와 조동사「ない」가 접속된 어구이다. 그 앞에는「見る、読む、正視する」등의 극히 한정된 동사가 오게 되는데 이러한 형태로 그 상태가 너무나도 혹독하여 보거나 듣는 것이 괴롭다고 하는 의미를 나타낸다.

|접속| 동사종지형에 접속된다.

|예문|

⇨ あの役者のきざな格好は、まったく見るにたえない。
(저 배우의 같잖은 모습은 차마 볼 수가 없다)

⇨ 近頃の週刊誌は暴露記事が多く、読むにたえない。
(최근의 주간지는 폭로기사가 많아서 차마 읽을 수가 없다)

⇨ 幼い子供が朝から晩まで通りで物乞いをしている姿は見るにたえない。
(어린 아이가 아침부터 밤까지 거리에서 구걸을 하는 모습은 차마 볼 수 없다)

⇨ 地震のあと、暴徒が次々に商店をおそい、正視するにたえない光景が繰り広げられた。(지진이 있은 후, 폭도가 잇달아 상점을 습격하여 차마 똑바로 볼 수 없는 광경이 펼쳐졌다)

|참고| 한편「～にたえない」의 정중한 형태인「～にたえません」의 경우, 주로「感謝」「感激」등의 제한된 명사가 그 앞에 위치하여 다소 딱딱한 인사말로서 사용되는 것이 보통이다. 우리말의 '～(하)기 이를 데 없습니다' '～(하)기 짝이 없습니다'의 의미에 해당된다.

⇨ 今回の出版に関してご配慮をたまわり感謝にたえません。
(이번 출판에 관하여 배려를 해주셔서 감사하기 이를 데 없습니다)

⇨ 晩年近くなって、若い人々とこのようなすばらしい出会いがあろうとは考えてもみないことであって、感激にたえません。
(만년가까이가 되어서 젊은 사람들과 이와 같은 훌륭한 만남이 있으리라고는 생각해

보지도 않은 일이어서 감격스럽기 짝이 없습니다)

~にたえる ⇨ ~(할)만한, ~(할) 가치가 있는

|용법| 조사 「に」에 동사 「堪(た)える(견디다, 참다)」가 접속된 어구로 그 앞에는 주로 「鑑賞(かんしょう)、批判(ひはん)、読(よ)む、見(み)る」 등의 제한된 명사나 동사가 오게 된다. 이러한 형태로 뒤에 오는 명사를 수식하게 되는데 그러한 일이나 행위를 하기에 충분한 가치가 있다고 하는 의미를 나타낸다.

|접속| 명사나 동사종지형에 접속된다.

|예문|

⇨ アマチュアの展覧会(てんらんかい)ではあるが、鑑賞(かんしょう)にたえる作品(さくひん)が並(なら)んでいる。

(아마추어의 전람회이지만 감상할만한 작품이 늘어서 있다)

⇨ さびしい読者(どくしゃ)の批評(ひひょう)にたえる紙面作(しめんづく)りを目指(めざ)したい。

(외로운 독자가 비평할 가치가 있는 지면제작을 지향하고 싶다)

⇨ 読(よ)むにたえる記事(きじ)が書(か)けるようになるまでには相当(そうとう)の訓練(くんれん)が要(い)る。

(읽을 가치가 있는 기사를 쓸 수 있게 되기까지는 상당한 훈련이 필요하다)

⇨ 前(まえ)はよかったが、最近(さいきん)はくだらない映画(えいが)ばかりで見(み)るにたえる作品(さくひん)があまりない。

(전에는 좋았지만 최근에는 시시한 영화뿐이어서 볼만한 작품이 그다지 없다)

~に足(た)りない ⇨ ~(할) 가치가 없다

|용법| 조사 「に」에 동사 「足(た)りる(족하다, 충분하다)」의 미연형인 「たり」와 부정을 나타내는 조동사 「ない」가 접속된 어구이다. 이러한 형태로 어떠한 대상

에 대하여 별것이 아니다, 그다지 가치가 없다, 고 하는 의미를 나타낸다.

| 접속 | 동사종지형에 접속된다.

| 예문 |

⇨ あんなものは恐(おそ)れるに足(た)りない。(저런 것은 두려워 할 가치가 없다)

⇨ 彼(かれ)は信頼(しんらい)するに足(た)りない人物(じんぶつ)だ。(그는 신뢰할 가치가 없는 인물이다)

⇨ とるに足(た)りないことをそんなに気(き)にするな。
(보잘 것 없는 것을 그렇게 신경 쓰지 마라)

⇨ 彼(かれ)の貢献(こうけん)など言(い)うに足(た)りないからやめた方(ほう)がいい。
(그의 공헌 같은 건 말할 가치가 없으니까 그만두는 편이 좋다)

~にたる ⇨ ~(할)만한

| 용법 | 조사「に」에 동사「足(た)る(족하다, 충분하다)」가 접속된 어구로 그 뒤에는 수식을 받는 명사가 오게 된다. 이러한 형태로 그렇게 할 가치가 충분히 있거나 그렇게 하는 것이 어울린다고 하는 의미를 나타낸다. 이러한 표현은 주로 문장체에서 사용되는 경향이 있다.

| 접속 | 동사종지형에 접속된다.

| 예문 |

⇨ 相手(あいて)を十分(じゅうぶん)納得(なっとく)させるにたるデータを示(しめ)す必要(ひつよう)がある。
(상대를 충분히 납득시킬만한 데이터를 제시할 필요가 있다)

⇨ 一生(いっしょう)のうちに語(かた)るに足(た)る冒険(ぼうけん)などそうあるものではない。
(일생동안 이야기할만한 모험 같은 건 그렇게 있는 것이 아니다(별로 없다))

⇨ 学校(がっこう)で子供(こども)たちが信頼(しんらい)するにたる教師(きょうし)に出会(であ)えるかどうかが問題(もんだい)だ。
(학교에서 아이들이 신뢰할만한 교사를 만날 수 있을지 어떨지가 문제다)

⇨ すべてが眠(ねむ)ったような平和(へいわ)な島(しま)では、報道(ほうどう)するに足(た)るニュースなどなにもなかった。(모든 것이 잠든 것 같은 평화로운 섬에서는 보도할만한 뉴스 같은 건 아무것도 없었다)

～にちがいない ⇨ ～임(함)에 틀림없다

|용법| 조사「に」에 동사「違(ちが)う(다르다, 틀리다)」의 연용형인「違(ちが)い」가 전성명사로 된 것과 형용사「ない」가 접속된 어구이다. 이러한 형태로 100% 사실이라고는 단정할 수 없으나 화자가 강력하게 확신하고 있음을 나타낸다.

|접속| 명사나 활용어의 종지형에 접속된다.

|예문|

⇨ 宝物(たからもの)はこの島(しま)のどこかにあるに違(ちが)いない。
(보물은 이 섬 어딘가에 있음에 틀림없다)

⇨ まじめなあの人(ひと)のことだから、時間(じかん)どおりに来(く)るに違(ちが)いない。
(성실한 저 사람인만큼 시간에 맞추어 올 것임에 틀림없다)

⇨ あそこにかかっている絵(え)は素晴(すば)らしい。値段(ねだん)も高(たか)いにちがいない。
(저기에 걸려있는 그림은 멋지다. 가격도 비쌀 것임에 틀림없다)

⇨ あんな素晴(すば)らしい車(くるま)に乗(の)っているのだから、田村(たむら)さんは金持(かねも)ちにちがいない。
(저런 멋진 차를 타고 있는 거니까 다무라씨는 부자임에 틀림없다)

|참고| 이와 유사한 것으로「～に相違(そうい)ない」가 있는데 이는 다소 문장체적이다.

⇨ 彼(かれ)は既(すで)に課長(かちょう)に昇進(しょうしん)していたに相違(そうい)ない。

(그는 이미 과장으로 승진했음에 틀림없다)

～につき ⇨ ～에 관하여

|용법| 조사「に」에 동사「つく」의 연용형인「つき」가 접속된 어구로 주로 회화체에서 쓰이는「～について」와 같은 의미와 용법을 지니고 있다. 주로 문장체에서 사용되는 점에서 구별된다.

|접속| 고려대상을 나타내는 명사에 접속된다.

|예문|

⇨ この事項につきご説明いたします。(이 사건에 관하여 설명 드리겠습니다)

⇨ その件につき話し合いたいのですが。(그 건에 관하여 의논하고 싶은 겁니다만)

⇨ 総会決議事項につき書面をもってご報告申し上げます。
(총회 결의 사항에 관하여 서면으로 보고 드리겠습니다)

⇨ 本部の移転問題につき審議が行われた。
(본부의 이전 문제에 관하여 심의가 이루어졌다)

～につき ⇨ ～로(으로) 인하여

|용법| 조사「に」에 동사「つく」의 연용형인「つき」가 접속된 어구로 후항에 제시되는 내용의 이유, 근거 등을 전항에 나타낸다. 매우 딱딱한 문장체에서 사용되는 경향이 있다.

|접속| 이유나 근거를 나타내는 명사에 접속된다.

|예문|

⇨ 夏休みにつき、事務所は三日まで休みです。
(여름휴가로 인하여 사무소는 3일까지 쉽니다)

⇨ 改装中につきしばらくお休みさせていただきます。

(개장 중으로 인하여 한동안 쉬겠습니다)

⇨ 工事中につき、通行止めになっております。

(공사 중으로 인하여 통행금지로 되어 있습니다)

⇨ 運動会は雨天につき、残念ながら延期されました。

(운동회는 우천으로 인하여 유감스럽게도 연기되었습니다)

~につき ⇨ ~마다, ~당

|용법| 조사「に」에 동사「つく」의 연용형인「つき」가 접속된 어구로 수량을 나타내는 말을 그 단위로 함과 동시에 그 단위에 따라서 어떠한 작용이 일어남을 나타낸다. 보다 격식을 차리는 문체에서 쓰인다.

|접속| 수량을 나타내는 명사에 접속된다.

|예문|

⇨ 水道代は一ヶ月につき2000円かかります。

(수도요금은 1개월마다 2000엔 듭니다)

⇨ みかんは1キロにつき500円ですから安い方です。

(밀감은 1킬로 당 500엔이니까 싼 편입니다)

⇨ それはお一人につきそれぞれ500円の税金がかかります。

(그것은 1인당 각각 500엔의 세금이 듭니다)

⇨ テニスコートの使用料は1時間につき千円ちょうだいします。

(테니스코트의 사용료는 1시간당 천엔 받습니다)

~につけ ⇨ ~이건

|용법| 조사 「に」에 동사 「つける」의 연용형인 「つけ」가 접속된 어구로 그 앞에는 주로 「何事(なにごと)につけ」「何(なに)かにつけ」와 같은 말이 관용적으로 오게 된다. 이러한 형태로 '어떠한 경우이건, 어떠한 계기가 있을 때마다'라는 의미를 관용적으로 나타낸다.

|접속| 주로 「何事(なにごと)に」「何(なに)かに」에 접속된다.

|예문|

⇨ 何事(なにごと)につけ我慢(がまん)が肝心(かんじん)だ。(무슨 일이건 참는 것이 중요하다)

⇨ 彼(かれ)は何(なに)かにつけ私(わたし)のことを目(め)のかたきにする。
(그는 무엇이건 나를 눈엣가시로 삼는다)

⇨ 隣(となり)の奥(おく)さんには何(なに)かにつけ親切(しんせつ)にしていただいております。
(옆집 사모님께서는 무엇이건 친절하게 해 주십니다)

⇨ 何事(なにごと)につけ正確(せいかく)な意味(いみ)をつかむことに、極度(きょくど)の困難(こんなん)を覚(おぼ)える近(ちか)ごろなのだ。
(무슨 일이건 정확한 의미를 파악하는 데에 극도의 곤란함을 느끼는 요즘인 것이다)

|참고| 이와 유사한 것으로 접속조사 「て」가 접속된 「~につけて」가 있는데 의미용법은 「~につけ」와 같다.

~につけ ⇨ ~(할) 때마다

|용법| 조사 「に」에 동사 「つける」의 연용형인 「つけ」가 접속된 어구로 그 앞에는 주로 「見(み)る」「考(かんが)える」「思(おも)う」와 같은 동사가 오게 된다. 이러한 형태로 관용적으로 쓰여서 '무언가를 보거나 생각할 때마다 그에 관련하여' 라는 의미를 나타낸다.

|접속| 주로 「見(み)る」「考(かんが)える」「思(おも)う」와 같은 동사의 종지형에 접속된다.

| 예문 |

⇨ この写真を見るにつけ、なくなった母親を思い出す。

(이 사진을 볼 때마다 돌아가신 어머님을 떠올린다)

⇨ そのことを考えるにつけ後悔の念にさいなまれる。

(그 일을 생각할 때마다 후회하는 마음으로 괴로워진다)

⇨ 高校時代を思うにつけあの時のことが懐かしくなる。

(고교시절을 생각할 때마다 그 때의 일이 그리워진다)

⇨ その曲を聞くにつけ、苦しかったあの時代のことが思い出される。

(그 곡을 들을 때마다 괴로웠던 그 시절의 일이 생각난다)

~につけ ~につけ ⇨ ~(하)건 ~(하)건

| 용법 | 조사 「に」에 동사 「つける」의 연용형인 「つけ」가 접속된 형태가 앞뒤로 배치된 어구이다. 이러한 형태로 일반적으로 짝을 이루는 말을 대비적으로 나열함으로서 그 어느 경우에도 마찬가지임을 나타낸다. 이 때 짝을 이루는 말은 관용적으로 정해져 있는 경향이 있다.

| 접속 | 명사나 형용사 및 동사의 종지형에 접속된다.

| 예문 |

⇨ 雨につけ風につけいつも心細い思いをした。

(비가 오건 바람이 불건 언제나 허전한 생각이 들었다)

⇨ うれしいにつけ悲しいにつけ、常に彼女と一緒だった。

(기쁘건 슬프건 항상 그녀와 함께였다)

⇨ 被災地の惨状を見るにつけ聞くにつけ、地震の恐ろしさを痛感せずにはいられない。

(피해지역의 참상을 보건 듣건 지진의 무서움을 통감하지 않을 수 없다)

⇨ 話がまとまるにつけ、まとまらないにつけ、仲介の労を取ってくれた方にはお礼をしなければなりません。
(이야기가 정리되건 정리하지 않건 중개의 노력을 해준 분에게는 감사인사를 해야만 합니다)

~につれて ⇨ ~(함)에 따라서

|용법| 조사 「に」에 동사 「連れる(데리고 가다)」의 연용형 「つれ」와 접속조사 「て」가 연결된 어구이다. 이러한 형태로 전항의 진전에 의하여 후항이 진행됨을 나타내는데 시간적으로는 전항이 후항보다 다소 앞서서 전개되는 것이 보통이다.

|접속| 동사종지형에 접속된다.

|예문|

⇨ 金持ちになるにつれて、心配も多くなる。
(부자가 됨에 따라서 걱정도 많아진다)

⇨ 月日が経つに連れて、いやなことは忘れてしまいます。
(세월이 지남에 따라서 나쁜 기억은 잊고 맙니다)

⇨ 日本経済が成長するにつれて、国民の所得水準も高くなってきた。
(일본경제가 성장함에 따라서 국민의 소득수준도 높아졌다)

⇨ 都市化が進むにつれて、公害、混雑、精神的不安など、福祉とは反対の動きが増加している。(도시화가 진행됨에 따라서 공해, 혼잡, 정신적인 불안 등, 복지와는 반대되는 움직임이 증가하고 있다)

~にて ⇨ ~에서, ~(으)로서

| 용법 | 「にて」는 문장체에서 쓰이는 조사로 장소나 주체를 나타내는 한편, 「これにて」와 같은 형식의 관용적인 표현으로도 사용된다. 이 경우의 「にて」는 언제든지 조사 「で」로 바꾸어 쓸 수가 있는데 이러한 표현은 어감이 매우 딱딱해서 주로 행사의 안내표시나 안내장 같은 데에서 사용된다.

| 접속 | 명사에 접속된다.

| 예문 |

⇨ では、これにて失礼致します。(그러면 이것으로 실례하겠습니다)

⇨ 校門前にて写真撮影を行います。(교문 앞에서 사진 촬영을 합니다)

⇨ 会場係は当方にて手配いたします。(회장 담당은 우리 쪽에서 조치하겠습니다)

⇨ この保険にご加入される場合は、ホームページにてお手続きいただけます。(이 보험에 가입하시는 경우는 홈페이지에서 수속하실 수 있습니다)

～に～てほしい ⇨ ～이(가)～(해)주었으면 한다

| 용법 | 동작의 주체를 나타내는 조사 「に」가 앞에 배치되고 뒤에는 접속조사 「て」에 형용사 「ほしい」가 결합된 「てほしい」가 배치된 어구이다. 「に」 앞에는 사람을 나타내는 명사가 오고 「てほしい」 앞에는 동사연용형이 오게 되는데 이러한 형태로 상대방이나 타인에 대하여 말하는 사람의 희망이나 요구를 나타낸다.

| 예문 |

⇨ あなたに話を聞いてほしいんですが。
(당신이 내 이야기를 들어 주었으면 합니다만)

⇨ あなたに教えてほしいのはここのところです。
(당신이 가르쳐 주었으면 하는 것은 이 부분입니다)

⇨ あまり仕事が多いので、だれかに手伝ってほしいと思っている。

(너무 일이 많기 때문에 누군가가 도와주었으면 하고 생각하고 있다)

⇨ 世の中には、自分の子供に変わってほしいと思っている親が以外と多い。

(이 세상에는 자기 아이가 바뀌어주었으면 하고 생각하고 있는 부모가 의외로 많다)

～に ～てもらう ⇨ ～ 에게 ～(하)게 한다

| 용법 | 조사 「に」가 앞에 배치되고 뒤에는 보조동사 「てもらう」가 배치된 어구로 「に」앞에는 행위의 주체를 나타내는 명사가 오고 「てもらう」앞에는 동사연용형이 오게 된다. 이러한 형태로 말하는 사람대신에 조사 「に」로 표시되는 상대를 지명하여 상대로 하여금 말하는 사람을 위해서 직접 무언가의 행위를 하게 한다는 의미를 나타낸다.

| 예문 |

⇨ 友だちに金を返してもらった。(친구에게 돈을 갚게 했다)

⇨ 妹に本を注文してもらった。(여동생에게 책을 주문하게 했다)

⇨ あの件は部長に説明してもらいます。(그 건은 부장님에게 설명하게 하겠습니다)

⇨ ホテルに着いて、ベルボーイに荷物を運んでもらった。

(호텔에 도착해서 벨보이에게 짐을 나르게 했다)

～にとって ⇨ ～ 에 있어서

| 용법 | 조사 「に」에 동사 「とる」가 접속조사 「て」에 연결되는 과정에서 음편현상을 일으킨 「とって」가 접속된 어구이다. 이러한 형태로 어떠한 판단이나 가치를 표현함에 있어서 그 입장이나 시각을 나타낸다.

| 접속 | 주로 사람을 나타내는 명사에 접속된다.

| 예문 |

⇨ 子供にとってその問題はとても難しかった。
(아이에게 있어서 그 문제는 매우 어려웠다)

⇨ あの犬は彼にとって、いわば子供のようなものだ。
(저 개는 그에게 있어서 말하자면 아이와 같은 것이다)

⇨ 日本人の常識が外国人にとって常識とは限らない。
(일본인의 상식이 외국인에 있어서 상식이라고는 할 수 없다)

⇨ 彼にとっては迷惑かも知れないが、ぼくにとっては望ましいことである。
(그에게 있어서는 귀찮은 일인지 모르지만 나에게 있어서는 바람직한 일이다)

| 참고 | 한편, 이 어구가 뒤에 오는 명사를 수식할 때는 「にとっての」가 되며 보다 정중하게 표현될 때는 「にとりまして」가 된다. 아울러 「にとっては」가 회화체에서는 종종 「にとっちゃ」로 그 음이 축약될 때도 있다.

⇨ 総選挙は政治改編にとっての大切な問題になっている。
(총선거는 정치개편에 있어서의 중요한 문제가 되어 있다)

⇨ どんなに悪い子供でも、親にとりましてはかわいい子供に変わりありません。
(아무리 나쁜 아이라도 부모에게 있어서는 귀여운 아이임에 변함없습니다)

⇨ 僕にとっちゃ、それは大した問題でもないのです。
(나에게 있어서 그것은 대단한 문제도 아닌 겁니다)

二度と ~ ない ⇨ 두 번 다시 ~ (하)지 않는다

| 용법 | '두 번 다시'의 뜻을 지닌 부사 「二度と」가 앞에 배치되고 뒤에는 부정을 나타내는 조동사 「ない」가 배치된 어구이다. 이러한 형태로 결코 그러한 일을 반복하지 않는다고 하는 강한 부정의 의미를 나타낸다.

| 접속 | 조동사 「ない」앞에는 동사미연형이 접속된다.

| 예문 |

⇨ こんなチャンスは二度と訪れないだろう。
(이런 기회는 두 번 다시 찾아오지 않을 것이다)

⇨ 同じ間違いは二度と犯さないようにしましょう。
(같은 실수는 두 번 다시 범하지 않도록 합시다)

⇨ あんなサービスの悪いレストランには二度と行かない。
(저런 서비스가 나쁜 레스토랑에는 두 번 다시 가지 않는다)

⇨ 今、別れたら、あの人にはもう二度と会えないかもしれない。
(지금 헤어지면 저 사람과는 두 번 다시 만날 수 없을지도 모른다)

~ にとどまらず ⇨ ~ 뿐만 아니라, ~ 에 그치지 않고

| 용법 | 조사 「に」에 동사 「とどまる(머물다, 그치다)」의 미연형인 「とどまら」와 부정을 나타내는 조동사 「ぬ」의 연용형인 「ず」가 접속된 어구이다. 이러한 형태로 그 영역이나 시간에만 국한되지 않음을 나타낸다.

| 접속 | 주로 장소나 시간을 나타내는 명사에 접속된다.

| 예문 |

⇨ その流行は大都市にとどまらず地方にも広がっていった。
(그 유행은 대도시뿐만 아니라 지방에도 퍼져 갔다)

⇨ 干ばつはその年だけにとどまらず、その後 3 年間も続いた。
(가뭄은 그 해에만 그치지 않고 그 후 3년간이나 계속되었다)

⇨ 大気汚染による被害は、老人や幼い子供達にとどまらず、若者達にまで広がった。(대기 오염에 의한 피해는 노인이나 어린 아이들뿐만 아니라 젊은 사람들에게까지 퍼졌다)

⇨ また、視覚障害にとどまらず、手が不自由で通常の方法では読書が困難な方にも、製作した音訳資料を提供できるようになった。

(또한 시각장해에 그치지 않고 손이 자유롭지 못해서 통상의 방법으로는 독서가 곤란한 분에게도 제작한 음역자료를 제공할 수 있게 되었다)

~に富む(富んだ) ⇨ ~ 이(가) 풍부한

| 용법 | 조사「に」에 동사「富む(풍부하다)」가 접속된 어구로 때로는「~に富んだ」의 형태로도 쓰인다. 어느 것이나 뒤에 오는 명사를 수식하기는 마찬가지인데 이러한 형태로 어떠한 사안이나 사물이 풍부하게 있음을 나타낸다.

| 접속 | 명사에 접속된다.

| 예문 |

⇨ 鉄、石炭などの資源に富んだ国。(철, 석탄 등의 자원이 풍부한 나라)

⇨ 経験に富む人の意見を聞いてみる。(경험이 풍부한 사람의 의견을 들어본다)

⇨ 彼の論文は、我々一般読者には示唆に富むものである。

(그의 논문은 우리들 일반 독자에게는 시사가 풍부한 것이다)

⇨ 汽車のまどからは、山あり海ありの変化に富んだ景色が見える。

(기차의 창문으로부터는 산과 강의 변화무쌍한 경치가 보인다)

~に伴って ⇨ ~ 에 따라서

| 용법 | 조사「に」에 동사「伴う(동반하다)」가 접속조사「て」에 연결되는 과정에

서 음편현상을 일으킨 「伴って」가 접속된 어구이다. 이러한 형태로 전항의 변화에 따라서 후항의 변화가 이어짐을 나타내는데 그다지 개인적인 사항에 대해서는 사용되지 않고 비교적 큰 변화를 표현할 때에 사용되는 경향이 있다.

| 접속 | 명사에 접속된다.

| 예문 |

⇨ 気温の上昇に伴って湿度も上がり蒸し暑くなってきた。
(기온의 상승에 따라서 습도도 올라가서 무더워졌다)

⇨ 急速な工業化に伴って環境もだんだん破壊していった。
(급속한 공업화에 따라서 환경도 점점 파괴되어 갔다)

⇨ 都心の人口増加にともなって住宅問題は深刻化している。
(도심의 인구증가에 따라서 주택문제는 심각해지고 있다)

⇨ この町でもどんどん人口が増加している。それにともなってスーパーや銀行もでき、便利になってきた。(이 마을에서도 자꾸만 인구가 증가하고 있다. 그에 따라서 슈퍼나 은행도 생겨 편리해졌다)

| 참고 | 이와 유사한 표현으로 동사 「伴う」의 연용형인 「伴い」가 쓰인 「～に伴い」도 있는데 이는 「～に伴って」보다 더 딱딱한 표현이다.

⇨ 高齢化に伴い、老人医療の問題も深刻になりつつある。
(고령화에 따라 노인의료의 문제도 심각해지고 있다)

～に＋가능동사＋ない ⇨ 차마～(할) 수 없다, ～(하)려 해도～(할) 수 없다

| 용법 | 조사 「に」가 앞에 배치되고 뒤에는 부정을 나타내는 조동사 「ない」가 배

치된 어구로 각각의 앞에는 같은 동사가 반복하여 나타나게 된다. 이러한 형태로 그렇게 하려고 해도 도저히 할 수가 없다고 하는 의미를 나타낸다.

| 접속 | 「に」앞에는 동사종지형이 오고 「ない」앞에는 가능동사의 미연형이 오게 된다.

| 예문 |

⇨ 戦時中(せんじちゅう)は言(い)うに言(い)えない苦労(くろう)をしてきた。

(전쟁 중에는 차마 말할 수 없는 고통을 겪어 왔다)

⇨ 人手(ひとで)が足(た)りないのでやめるにやめられない。

(일손이 부족하기 때문에 그만 드려 해도 그만둘 수 없다)

⇨ 事業(じぎょう)は失敗(しっぱい)するし、妻(つま)には逃(に)げられるし、全(まった)く泣(な)くに泣(な)けない気持(きも)ちだ。

(사업은 실패하고 처는 도망가고 정말로 차마 울 수 없는 기분이다)

⇨ ここまで深入(ふかい)りしてしまっては、いまさら引(ひ)くに引(ひ)けない。

(여기까지 깊이 들어와 버려서는 이제 와서 물러서려고 해도 물러설 수가 없다)

～に(も)なく ⇨ ～와(과) 달리, ～도 모르게

| 용법 | 조사 「に」에 형용사 「ない」의 연용형인 「なく」가 접속된 어구인데 때로는 그 사이에 조사 「も」가 들어갈 경우도 있다. 이러한 형태로 앞에 제시된 명사의 내용과 뒤에 제시된 내용이 부합되지 않음을 나타내는데 비교적 관용적인 어구로 사용되는 경향이 있다.

| 접속 | 명사에 접속된다.

| 예문 |

⇨ 今年(ことし)は例年(れいねん)になくキャベツが豊作(ほうさく)である。

(금년은 예년과 달리 양배추가 풍작이다)

⇨ 彼女(かのじょ)は、いつもになく日本(にほん)の着物(きもの)を着(き)ていた。

(그녀는 평소와 달리 일본의 전통의상을 입고 있었다)

⇨ 老婦の写真にふと眼をとめて、我にもなく眺め入った。

(노부인의 사진에 문득 눈을 멈추고 나도 모르게 줄곧 쳐다보았다)

⇨ その光景を見て、彼にもなく動揺してしまった。

(그 광경을 보고 그도 모르게 동요하고 말았다)

～になる(乗る、会う) ⇨ 반드시 조사 「に」를 수반해야 하는 동사

| 용법 | 「なる」는 우리말의 '되다'에 해당되는 동사인데 그 앞에는 반드시 조사 「に」가 접속되는 점이 우리말과 근본적으로 다르다고 하는 점에 각별히 주의하여야 한다. 아울러, 이러한 용법은 「乗る」 「会う」에도 적용되어 「～に乗る」 「～に会う」의 형태로만 사용되는데 결국 우리말과 달리 「～がなる」「～を乗る」「～を会う」라는 일본어는 존재하지 않는 셈이다.

| 접속 | 명사에 접속된다.

| 예문 |

⇨ 私はもうすぐ30歳になります。(저는 이제 곧 30세가 됩니다)

⇨ 息子が教師になった。(아들이 교사가 되었다)

⇨ 大学へ行く時、どこでバスに乗りますか。(대학에 갈 때 어디에서 버스를 탑니까?)

⇨ 昨日は10年ぶりに高校の友達に会った。

(어제는 10년 만에 고등학교 친구를 만났다)

～に～に ⇨ '～ 에 ～ 에', 열거를 나타내는 용법

| 용법 | 조사 「に」가 반복적으로 사용됨으로서 대체로 유사한 사물이나 사항을 열거하는 의미를 나타낸다. 우리말에도 이에 해당되는 조사가 있는데 '～에 ～에'가 그에 해당되는 셈이다.

| 접속 | 명사에 접속된다.

| 예문 |

⇨ 机の上にはペンにインクにノートがある。

(책상 위에는 펜에 잉크에 노트가 있다)

⇨ 太郎には万年筆に鉛筆にノートをやった。

(다로에게는 만년필에 연필에 노트를 주었다)

⇨ 私は今学校で、数学に物理に化学に生物を勉強している。

(나는 지금 학교에서, 수학에 물리에 화학에 생물을 공부하고 있다)

⇨ 山田さんは、いつも青い上着に赤いネクタイに白い靴のかっこうをしています。

(山田씨는 언제나 파란 웃옷에 빨간 넥타이에 하얀 구두의 모습을 하고 있습니다)

～に似合わず ⇨ ～에 어울리지 않게

| 용법 | 조사 「に」에 동사 「似合う(어울리다)」의 미연형인 「似合わ」와 부정을 나타내는 조동사 「ぬ」의 연용형인 「ず」가 접속된 어구이다. 이러한 형태로 그것이 지니고 있는 성질과는 부합되지 않는다는 의미를 나타낸다.

| 접속 | 명사에 접속된다.

| 예문 |

⇨ いつもの佐藤さんに似合わず口数が少なかった。

(여느 때의 사토씨에 어울리지 않게 말수가 적었다)

⇨ 彼は大きな体に似合わず気の小さいところがある。

(그는 큰 몸집에 어울리지 않게 소심한 점이 있다)

⇨ お茶の先生は、平素の姿に似合わず洋服を着ている。

(다도선생님은 평소의 모습에 어울리지 않게 양복을 입고 있다)

⇨ 普段の君に似合わず今日は小食だね、体の調子でも悪いのか。

(평소의 자네에 어울리지 않게 오늘은 조금 먹네. 몸 상태라도 나쁜 건가?)

～には ⇨ ～(하)려면, ～(하)기에는

| 용법 | 격조사 「に」에 계조사 「は」가 접속된 복합조사로 어떠한 동작, 행위의 목적이나 가벼운 가정조건을 나타낸다.

| 접속 | 동사종지형에 접속된다.

| 예문 |

⇨ お城から大学まで行くにはバスで行かなければならない。

(성에서 대학까지 가려면 버스로 가야만 한다)

⇨ 友人といい関係を築くにはどうしたらいいでしょうか。

(친구와 좋은 관계를 쌓으려면 어떻게 하면 좋을까요?)

⇨ 町の再開発をいっきょに進めるには無理がある。

(마을의 재개발을 일거에 진행하기에는 무리가 있다)

⇨ いくら小人数にしてもパーティーをするにはこの部屋は狭すぎる。

(아무리 적은 인원이라 해도 파티를 하기에는 이 방은 너무 좁다)

～には ⇨ ～께서는

| 용법 | 격조사 「に」에 계조사 「は」가 접속된 복합조사의 형태로 그 인물에 대한 경의를 나타낸다. 이러한 표현은 회화체에서는 그다지 사용되지 않고 주

로 서간문과 같은 문장체에서 사용되는 경향이 있다. 결국 계조사「は」만으로 주체를 내세우는 것보다는 이러한 형태가 다소 간접적이어서 그만큼 경어도는 높아지게 되는 셈이다.

| 접속 | 존경할만한 대상을 나타내는 명사에 접속된다.

| 예문 |

⇨ 先生には、ますますご壮健の由、私ども一同喜んでおります。

(선생님께서는 더욱더 건강하시다고 하시니 저희들 또한 기쁩니다)

⇨ 天皇陛下には、午前十時三十分皇居を御出発なさいました。

(천황폐하께서는 오전 10시 30분 황거를 출발하셨습니다)

⇨ ご無沙汰しておりますが、先生にはお変わりなくお過ごしのことと存じます。

(그동안 격조했습니다만 선생님께서는 변함없이 잘 지내시는 것으로 생각합니다)

⇨ 北国の厳寒の折からあなた様にはお変りもなくお過ごしのことと思います。

(북쪽의 엄한 시절인 이때 여러분들께서는 변함없이 잘 지내실 것으로 생각합니다)

| 참고 | 한편, 이와 유사한 어구로는「～におかれましては」가 있다.(해당항목참고)

⇨ 校長先生におかれましては、ますますご健勝のことと思います。

(교장선생님께서는 더욱더 건승하실 것으로 생각합니다)

～にはあたらない ⇨ ～(할) 것까지는 없다

| 용법 | 복합조사「には」에 동사「当たる(해당된다)」의 미연형인「当たら」와 부정을 나타내는 조동사「ない」가 접속된 어구이다. 주로「驚く」「非難する」「嘆く」「責める」와 같은 동사를 그 앞에 수반하여 그렇게 하기에는 적당치 않거나 그렇게 할 필요가 전혀 없음을 나타낸다. 그 앞에는「～からといって」와 같이 이유를 나타내는 표현이 주로 오게 된다.

| 접속 | 동사종지형에 접속된다.

| 예문 |

⇨ 子供が親のいうことをきかないからといって、嘆くには当たらない。

(아이가 부모가 하는 말을 듣지 않는다고 해서 탄식할 것 까지는 없다)

⇨ 彼ひとりだけ仲間を置いて下山したからといって、非難するには当たらない。

(그 혼자만 동료를 두고 하산했기 때문이라 해서 비난할 것까지는 없다)

⇨ 彼が会議でひとことも発言しなかったからといって責めるには当たらない。

(그가 회의에서 한마디도 발언하지 않았기 때문이라 해서 책망할 것까지는 없다)

⇨ 優秀な田中君のことだから、論文を1週間で仕上げたと聞いても驚くにはあたらない。

(우수한 다나까군인 만큼 논문을 1주일에 완성했다고 들어도 놀랄 것까지는 없다)

～には及ばない ⇨ ～(할) 것까지는 없다

| 용법 | 복합조사「には」에 동사「及ぶ(～에 이르다)」의 미연형인「及ば」와 부정을 나타내는 조동사「ない」가 접속된 어구이다. 이러한 형태로 그렇게까지 할 필요성은 없다고 하는 의미를 나타낸다.

| 접속 | 동사종지형에 접속된다.

| 예문 |

⇨ いまさら行くには及ばない。(이제 와서 갈 것까지는 없다)

⇨ 学生たちはみんな四年生だから、深く説明するには及ばない。

(학생들은 모두 4학년이니까 깊이 설명할 것까지는 없다)

⇨ 母親の死因についてなら、末の娘には話すには及ばない。

(모친의 사인에 관해서라면 막내딸에게는 말할 것까지는 없다)

⇨ 彼ひとりだけ仲間を置いて下山したからといって、非難するには及ばない。

(그 혼자만 동료를 두고 하산했다고 해서 비난할 것까지는 없다)

|참고| 이 보다 정중한 것으로 「～には及びません」이 있으며 변화형으로는 「～には及ばず」가 있다.

⇨ 決してご心配なさるには及びませんよ。(결코 염려하실 것까지는 없어요)

⇨ 確かめるには及ばず、それは明白な事実である。

(확인할 것까지는 없이 그것은 명백한 사실이다)

～には～が ⇨ ～(하)기는～(하)지만

|용법| 복합조사 「には」가 앞에 배치되고 뒤에는 접속조사 「が」가 배치된 어구이다. 이러한 형태로 결과는 어찌되든 간에 일단 실행으로 옮긴다고 하는 의미를 나타낸다.

|접속| 「には」와 「が」의 앞에는 같은 동사나 형용사의 종지형이 오게 된다.

|예문|

⇨ 私は魚は食べるには食べるが、あまり好きじゃない。

(나는 생선은 먹기는 먹지만 그다지 좋아하지 않는다)

⇨ 約束するにはするが、できるかどうか自信が全くないんだよ。

(약속하기는 하지만 할 수 있는지 어떤지 자신이 전혀 없는 거야)

⇨ 明日あなたの家へ行くには行くが、何時に行けるかわかりません。

(내일 당신 집에 가기는 가지만 몇 시에 갈 수 있을지 모르겠습니다)

⇨ カメラがほしいにはほしいが、今あまり金がないから買えないと思います。

(카메라가 갖고 싶기는 갖고 싶지만 지금은 그다지 돈이 없어서 살 수 없다고 생각합니다)

～には向(む)かない ⇨ ～에는 맞지 않는다

| 용법 | 복합조사 「には」에 동사 「向(む)く」의 미연형인 「向(む)か」와 부정을 나타내는 조동사 「ない」가 접속된 어구이다. 이러한 형태로 어떠한 일이나 직업이 그 사람의 적성에 맞지 않음을 나타낸다.

| 접속 | 명사에 접속된다.

| 예문 |

⇨ 息子(むすこ)は、人(ひと)と接(せっ)する仕事(しごと)には向(む)かないと思(おも)う。

(아들은 사람과 접하는 일에는 맞지 않는다고 생각한다)

⇨ 彼(かれ)は学者(がくしゃ)としてはすぐれているが、教師(きょうし)には向(む)かない。

(그는 학자로서는 뛰어나지만 교사에는 맞지 않는다)

⇨ この仕事(しごと)は彼女(かのじょ)みたいにおしゃれな人(ひと)には向(む)かないでしょう。

(이 일은 그녀같이 멋을 부리는 사람에게는 맞지 않을 겁니다)

⇨ 私(わたし)は知(し)らない人(ひと)に会(あ)うのが嫌(きら)いなので、セールスの仕事(しごと)には向(む)かない。

(나는 모르는 사람을 만나는 것을 싫어하므로 세일즈 일에는 맞지 않는다)

～にひかえ(て) ⇨ ～로(으로) 앞두고, ～에 두고

| 용법 | 조사 「に」에 동사 「控(ひか)える(앞두다)」의 연용형인 「ひかえ」가 접속된 어구로 때로는 그 뒤에 접속조사 「て」가 접속되는 일도 있으나 의미용법은 같다. 이러한 형태로 어떠한 일이 눈앞에 닥쳐왔음을 나타낸다.

| 접속 | 시간을 나타내는 명사에 접속된다.

| 예문 |

⇨ 試合(しあい)を十日後(とおかご)に控(ひか)えて選手(せんしゅ)たちは練習(れんしゅう)に余念(よねん)がない。

(시합을 10일후로 앞두고 선수들은 연습에 여념이 없다)

⇨ 結婚を間近に控えて、娘が他の男と遊び回るなんてとんでもない。

(결혼을 가까이 앞두고 딸이 다른 남자와 놀고 다니다니 당치도 않다)

⇨ 試験を来週にひかえ、図書館は毎日おそくまで学生でいっぱいである。

(시험을 다음 주에 두고 도서관은 매일 늦게까지 학생으로 가득하다)

⇨ 首脳会議を五日後にひかえ、事務レベルの協議は最後の詰めにはいっている。

(정상회의를 5일 후로 앞두고 사무수준의 협의는 막바지로 들어가 있다)

~にひきかえ ⇨ ~에 반하여, ~와(과) 대조적으로

| 용법 | 조사「に」에 연어「ひきかえ」가 접속된 어구이다. 이러한 형태로 대조적인 두 가지 사항을 비교하여 전항과 후항이 상반됨을 나타낸다.

| 접속 | 명사에 접속된다.

| 예문 |

⇨ 雪が少なかった昨年にひきかえ、今年は雪が多い。

(눈이 적었던 작년과 대조적으로 올해는 눈이 많다)

⇨ 彼の給料は一ヶ月40万円だ。それにひきかえ私の給料はなんと安いことか。

(그의 급료는 1개월에 40만 엔이다. 그에 반하여 나의 급료는 얼마나 적은 건가?)

⇨ 同じ兄弟でありながら、彼らほど性格の違うのも珍しい。いつも冷静でしっかり者の兄にひきかえ、弟の方はなんと落ち着きのないことか。

(같은 형제이면서 그들만큼 성격이 다른 것도 드물다. 언제나 냉정하고 철저한 사람인 형과 대조적으로 동생 쪽은 얼마나 침착함이 없는 건가?)

⇨ 映画を見終って、主人公の生き方にひきかえ、自分の生き方がいかにいいかげんだったか、強く反省した。

(영화를 다보고 주인공의 삶의 태도에 반하여 자신의 삶의 태도가 얼마나 허술했던 건지 강하게 반성했다)

~にほかならない ⇨ 바로 ~ 이다

| 용법 | 조사 「に」에 명사 「ほか」가 접속되고 이어서 동사 「なる」의 미연형인 「なら」와 부정을 나타내는 조동사 「ない」가 연결된 어구이다. 이러한 형태로 그 앞에 제시된 대상을 특별히 내세워 강조하는 의미를 나타내는데 주로 문장체에서 사용된다.

| 접속 | 명사나 과거를 나타내는 조동사 「た」, 그리고 접속조사 「から」 등에 접속된다.

| 예문 |

⇨ 私が今話したことは、この本に書いてあることを分かりやすく説明したにほかならない。
(내가 지금 말한 것은 바로 이 책에 쓰여 있는 것을 알기 쉽게 설명한 것이다)

⇨ 韓国のオリソピックの優勝は、選手一人一人の努力の成果にほかならない。
(한국의 올림픽우승은 바로 선수 한사람, 한사람의 노력의 성과이다)

⇨ 私があなたがたを叱ったり注意したりするのは、あなたがたを愛するからにほかならないのです。
(내가 여러분들을 혼내기도 하고 주의 주기도 하는 것은 바로 여러분들을 사랑하기 때문인 겁니다)

⇨ 子どもたちがおばあさんのうちへ遊びに行きたがるのは、こづかいをもらえるからにほかならない。
(아이들이 할머니 집에 놀러 가고 싶어 하는 것은 바로 용돈을 받을 수 있기 때문이다)

~にまつわる ⇨ ~ 에 얽힌

| 용법 | 조사 「に」에 동사 「まつわる(얽히다, 찰싹 달라붙다)」가 접속된 어구이다. 이러한 형태로 전달, 유래, 소문, 의혹 등의 의미를 나타냄에 있어서 그

발원지를 나타낸다.

| 접속 | 명사에 접속된다.

| 예문 |

⇨ この村には、湖にまつわる伝説がある。(이 마을에는 호수에 얽힌 전설이 있다)

⇨ 古墳にまつわるさまざまな言い伝えがその土地には残されている。

(고분에 얽힌 여러 가지 전설이 그 지역에는 남아 있다)

⇨ 某政治家にまつわる黒い噂が紙面をにぎわしている。

(모 정치가에 얽힌 어두운 소문이 지면을 요란하게 장식하고 있다)

⇨ あの家にまつわる怖くて不思議な話を聞いたことがありますか。

(저 집에 얽힌 무섭고 이상한 이야기를 들은 적이 있습니까?)

～に向いている ⇨ ～에 맞다

| 용법 | 조사「に」에 동사「向く」가 보조동사「ている」에 접속되는 과정에서 음편 현상을 일으킨「向いている」가 연결된 어구이다. 이러한 형태로 어떠한 일이나 직업이 그 사람의 적성에 맞음을 나타낸다.

| 접속 | 명사에 접속된다.

| 예문 |

⇨ 息子は、人と接する仕事に向いていると思う。

(아들은 사람과 접하는 일에 맞는다고 생각한다)

⇨ この仕事は彼女みたいにおしゃれな人に向いているでしょう。

(이 일은 그녀같이 멋을 부리는 사람에 맞을 겁니다)

⇨ 友達は芸能人に向いていると思って、その道へ進むことを勧めた。

(친구는 연예인에 맞는다고 생각해서 그 길로 나갈 것을 권했다)

⇨ この仕事(しごと)はどちらかというと、年寄(としよ)りよりは若者(わかもの)に向(む)いていると思(おも)います。
(이 일은 어느 쪽인가 하면 노인보다는 젊은이에 맞는다고 생각합니다)

~に向(む)かって ⇨ ~ 에다 대고

| 용법 | 조사 「に」에 동사 「向(む)かう(향하다)」가 접속조사 「て」에 접속되는 과정에서 음편현상을 일으킨 「向(む)かって」가 연결된 어구이다. 이러한 형태로 그 사람에 대하여 어떠한 적대적인 태도를 취하거나 행위를 한다고 하는 의미를 나타낸다.

| 접속 | 사람을 나타내는 명사에 접속된다.

| 예문 |

⇨ 敵(てき)に向(む)かって発砲(はっぽう)する。(적에다 대고 발포한다)

⇨ 親(おや)に向(む)かって乱暴(らんぼう)な口(くち)をきくな。(부모에다 대고 난폭한 말을 하지마라)

⇨ 上司(じょうし)に向(む)かって反抗的(はんこうてき)な態度(たいど)を示(しめ)す。
(상사에다 대고 반항적인 태도를 보인다)

⇨ デモ隊(たい)に向(む)かって乱暴(らんぼう)を働(はたら)かないように訴(うった)えた。
(데모대에다 대고 폭력을 행사하지 말도록 호소했다)

~に向(む)かって ⇨ ~ 을(를) 향해서

| 용법 | 조사 「に」에 동사 「向(む)かう(향하다)」가 접속조사 「て」에 접속되는 과정에서 음편현상을 일으킨 「向(む)かって」가 연결된 어구이다. 이러한 형태 어떠

한 상태의 변화가 일어난다고 하는 의미를 나타낸다.

| 접속 | 이동이나 변화의 방향을 나타내는 명사에 접속된다.

| 예문 |

⇨ 春に向かってだんだん暖かくなってきました。

(봄을 향해서 점점 따스해져 왔습니다)

⇨ このトンネルは出口に向かって下り坂になっている。

(이 터널은 출구를 향해서 내리막길로 되어 있다)

⇨ この飛行機は現在ボストンに向かって巡航中です。

(이 비행기는 현재 보스턴을 향하서 순항중입니다)

⇨ 探検隊は来週任地に向かって出発することになっている。

(탐험대는 다음 주 임지를 향해서 출발하기로 되어 있다)

~ にも ⇨ (~ 을(를) 하는) 데에도

| 용법 | 격조사 「に」에 특별하게 무언가를 내세우는 역할을 하는 계조사 「も」가 결합한 복합조사의 형태이다. 이러한 형태로 어떠한 판단의 대상이 되는 사항을 내세우는 의미를 나타낸다.

| 접속 | 동사종지형에 접속된다.

| 예문 |

⇨ 友人といい関係を築くにも、お互いの礼儀は大事なのです。

(친구와 좋은 관계를 쌓는 데에도 상호간의 예의는 중요한 것입니다)

⇨ 何をするにも、安易な方法をとっていては、成功はむずかしい。

(무엇을 하는 데에도 쉬운 방법을 취하고 있어서는 성공은 어렵다)

⇨ いくら小人数にしても、パーティーの準備をするにも一週間はかかる。

(아무리 적은 인원이라 해도 파티준비를 하는 데에도 일주일은 걸린다)

⇨ 初心者(しょしんしゃ)に日本語(にほんご)を教(おし)えるにも、しっかりした授業(じゅぎょう)の準備(じゅんび)をしなければならない。

(초보자에게 일본어를 가르치는 데에도 확실한 수업준비를 해야만 한다)

~にも ⇨ ~ 께서는

|용법| 복합조사 「にも」는 윗분을 나타내는 명사에 접속하여 존경의 대상이 되는 인물을 내세워서 표현하는데 쓰인다. 회화체에서는 그다지 사용되지 않고 주로 문장체, 특히 서간문서두의 인사표현 등에서 사용되는 경향이 있다. 이는 아무래도 계조사 「は」만으로 주체를 내세우는 것보다는 다소 간접적이어서 그만큼 경어도는 높아지게 되지만 그 대신에 매우 제한된 범주의 관용적인 용법으로만 사용되는 경향이 있다.

|접속| 존경의 대상을 나타내는 명사에 접속된다.

|예문|

⇨ 皆様(みなさま)にもご健勝(けんしょう)にお過(す)ごしの由(よし)、お喜(よろこ)び申(もう)し上(あ)げます。

(여러분께서는 건강하게 지내고 계시다니 기쁘게 생각합니다)

⇨ 社長(しゃちょう)にも、相変(あいか)わらずお元気(げんき)のことと拝察致(はいさついた)しております。

(사장님께서는 변함없이 건강하시리라 짐작하고 있습니다)

⇨ ご家族(かぞく)のみなさまがたにもおすこやかにお過(す)ごしのことと拝察申(はいさつもう)し上(あ)げます。

(가족 모든 분께서는 건강하게 지내시리라 짐작하고 있습니다)

⇨ ご無沙汰(ぶさた)しておりますが、先生(せんせい)にもお変(か)わりなくお過(す)ごしのことと存(ぞん)じます。

(그동안 격조했습니다만 선생님께서는 변함없이 잘 지내실 것으로 생각합니다)

~にもかかわらず ⇨ ~ 임(함)에도 불구하고

|용법| 복합조사「にも」에 동사「かかわる(관계되다)」의 미연형인「かかわら」와 부정을 나타내는 조동사「ぬ」의 연용형인「ず」가 접속된 어구이다. 이러한 형태로 전항의 상황으로 보아 당연히 예상되는 결과가 있음에도 그와는 다른 결과가 발생함을 나타낸다.

|접속| 명사나 활용어의 종지형(단, 형용동사만은 어간)에 접속된다.

|예문|

⇨ つらい仕事にもかかわらず、彼女は毎日笑顔で家へ帰る。

(힘든 일임에도 불구하고 그녀는 매일 웃는 얼굴로 집에 돌아간다)

⇨ 彼は明日の試験のために、ねむたいにもかかわらず、夜通し勉強した。

(그는 내일의 시험을 위해서 졸린 데도 불구하고 밤새워 공부했다)

⇨ 人手が足りないにもかかわらず、どこもかもぴかぴかに磨き立てられていた。

(일손이 부족함에도 불구하고 어디이건 반짝 반짝하게 닦여져 있었다)

⇨ 規則で禁止されているにもかかわらず、彼はバイクで通学した。

(규칙으로 금지되고 있음에도 불구하고 그는 오토바이로 통학했다)

⇨ 中村さんは70歳を過ぎたにもかかわらず、まだばりばり働いている人である。

(나카무라씨는 70세를 지났음에도 불구하고 아직 부지런히 일하고 있는 사람이다)

|참고| 다음의 예문과 같이 문두에 와서 접속사로 사용되는 용법도 있다.

⇨ 危険な場所だと十分注意されていた。にもかかわらず、軽装で出かけて遭難するはめになった。

(위험한 장소라고 충분히 주의 받았다. 그럼에도 불구하고 가벼운 복장으로 나가서 조난당하는 지경이 되었다)

~にも屈しない ⇨ ~에도 굴하지 않는다

|용법| 복합조사「にも」에 동사「屈する(굴하다)」의 미연형「屈し」와 부정을 나

타내는 조동사 「ない」가 접속된 어구이다. 이러한 형태로 어떠한 변화나 사태에도 흔들리지 않는 결연한 의지를 나타낸다.

| 접속 | 명사에 접속된다.

| 예문 |

⇨ 私はテロにも戦争にも、どちらの暴力にも屈しない。

(나는 테러에도 전쟁에도 어느 쪽 폭력에도 굴하지 않는다)

⇨ 彼は、どんな失敗にも屈しない強い意志の持ち主だ。

(그는 어떠한 실패에도 굴하지 않는 강한 의지의 소유주이다)

⇨ そしてどんな苦しい状況にも屈しない心を持つのが大切だ。

(그리고 어떠한 괴로운 상황에도 굴하지 않는 마음을 갖는 것이 중요하다)

⇨ 合気道は、心と体を鍛えて、何物にも屈しない精神力を養い、人間が求める最高の道を目指すためだ。

(합기도는 마음과 몸을 단련시켜 그 어떤 것에도 굴하지 않는 정신력을 길러서 인간이 추구하는 최고의 길을 지향하기 위함이다)

~にも事欠く ⇨ ~(하)기도 부족한

| 용법 | 복합조사 「にも」에 동사 「事欠く(부족하다)」가 접속된 어구이다. 그 앞에는 주로 「食べる」「食う」「食事代」 등과 같은 말이 오게 되는데 이러한 형태로 어떠한 행위를 함에 있어서 매우 부족한 상태임을 나타낸다. 주로 그 뒤에 오는 명사를 수식하는 용법으로 쓰인다.

| 접속 | 명사에 접속된다.

| 예문 |

⇨ 子どもの時は、とても貧しくて食うにも事欠く暮しぶりだった。

(어릴 때는 무척 가난해서 먹기도 부족한 생활 형편이었다)

⇨ 戦後は、毎日の米にも事欠く貧しい暮しをするしかなかった。

(전후는 매일의 쌀도 부족한 가난한 생활을 할 수밖에 없었다)

⇨ 当時、うちの家族は食べるにも事欠く生活を強いられていた。

(당시 우리 가족은 먹기도 부족한 생활을 강요당하고 있었다)

⇨ 父は、大学を卒業するまで、食事代にも事欠く貧しい日日を送ってきたそうです。

(아버지는 대학을 졸업할 때까지 식사비도 부족한 궁핍한 나날을 보내왔다고 합니다)

～に基づいて ⇨ ～에 입각하여

|용법| 조사「に」에 동사「基づく(근거하다, 입각하다)」가 접속조사「て」에 접속되는 과정에서 음편현상을 일으킨「基づいて」가 연결된 어구이다. 이러한 형태로 어떠한 판단을 내림에 있어서의 근거나 바탕을 제시하게 된다.

|접속| 명사에 접속된다.

|예문|

⇨ 過去の経験に基づいて判断を下ろす。

(과거의 경험에 입각하여 판단을 내린다)

⇨ 実際にあった話に基づいて小説を書いた。

(실제로 있었던 이야기에 입각하여 소설을 썼다)

⇨ この小説は事実に基づいて書いたそうです。

(이 소설은 사실에 입각하여 썼다고 합니다)

⇨ これまでの研究に基づいてレポートをまとめた。

(지금까지의 연구에 입각하여 리포트를 완성했다)

|참고| 한편, 명사를 수식할 때는「～に基づいた」「～に基づいての」의 형태를 취한다.

⇨ 長年(ながねん)の経験(けいけん)に基(もと)づいた判断(はんだん)です。

(오랜 기간의 경험을 입각한 판단입니다)

⇨ 過去(かこ)の経験(けいけん)に基(もと)づいての判断(はんだん)が必要(ひつよう)です。

(과거의 경험에 입각한 판단이 필요합니다)

~にもほどがある ⇨ ~(하는) 데도 정도가 있다

| 용법 | 조사 「にも」에 '정도'를 나타내는 명사 「程(ほど)」와 조사 「が」, 그리고 동사 「ある」가 접속된 어구이다. 이러한 형태로 허용의 한도를 나타내는데 대체로 상식적인 정도를 넘어서 있는 것에 대한 놀라움이나 비난의 기분을 표현하는데 사용된다.

| 접속 | 활용어의 종지형에 접속된다.

| 예문 |

⇨ 子供(こども)とはいっても、いたずらをするにもほどがある。

(아이라고는 해도 장난을 하는 데도 정도가 있다)

⇨ いくら親(した)しい間柄(あいだがら)でも、冗談(じょうだん)を飛(と)ばすにもほどがある。

(아무리 친한 사이라도 농담을 던지는 데도 정도가 있다)

⇨ 三度(さんど)も約束(やくそく)をすっぽかすとは、人(ひと)をばかにするにもほどがある。

(세 번이나 약속을 깨다니 사람을 바보 취급하는 데도 정도가 있다)

⇨ 事(こと)の是非(ぜひ)も考(かんが)えずに引(ひ)き受(う)けるとは、尻(しり)が軽(かる)いにもほどがある。

(일의 이치도 생각하지 않고 받아들이다니 경솔한 데도 정도가 있다)

~にもまして ⇨ ~보다 더

| 용법 | 복합조사 「にも」에 동사 「増す(늘어나다, 더하다)」의 연용형 「まし」와 접속조사 「て」가 접속된 어구이다. 이러한 형태로 전항보다 후항 쪽이 보다 더 정도나 양이 증가함을 나타낸다.

| 접속 | 명사에 접속된다.

| 예문 |

⇨ 彼は、以前にもましてよく働くようになった。
(그는 이전보다 더 일을 잘하게 되었다)

⇨ 最近は能力、業績が従来にもまして賃金に多く反映する形となっている。
(최근에는 능력, 업적이 종래보다 더 임금에 많이 반영되는 형태로 되어 있다)

⇨ あの家の息子は父親から会社を任されて、前にもまして仕事に励むようになった。
(저 집의 아들은 부친에게 회사를 위임받아 전보다 더 일에 힘쓰게 되었다)

⇨ 何にもましてうれしかったのは、友人の加藤君と10年ぶりに再会できたことだった。
(무엇보다도 더 기뻤던 것은 친구인 가토군과 10년 만에 재회할 수 있었던 일이었다)

~にやぶさかではない ⇨ ~(하는) 데 인색하지 않다

| 용법 | 조사 「に」에 '인색함'을 나타내는 형용동사 「やぶさかだ」의 부정형인 「やぶさかではない」가 접속된 어구이다. 이러한 형태로 어떠한 동작이나 행위를 아낌없이 하겠다는 의지를 나타낸다.

| 접속 | 명사나 동사종지형에 접속된다.

| 예문 |

⇨ 彼女の実績を評価するのにやぶさかでない。
(그녀의 실적을 평가하는 것에 인색하지 않다)

⇨ 彼は、相手の長所を認めるにやぶさかでない。
(그는 상대의 장점을 인정하는데 인색하지 않다)

⇨ そのことについて議論することにやぶさかではない。

(그 일에 관하여 논의하는 것에 인색하지 않다)

⇨ そういうことであるなら、協力するにやぶさかでない。

(그러한 일이라면 협력하는데 인색하지 않다)

|참고| 형용동사 「やぶさかだ」는 그 자체만으로는 형용동사와 같은 용법으로 쓰이지 못하고 항상 「～にやぶさかではない」의 형태로만 쓰이는 점에 주의하여야 한다.

～によって ⇨ ～ 에 의해, ～ 에 따라

|용법| 조사 「に」에 동사 「拠る(근거하다, 의거하다)」가 접속조사 「て」에 접속되는 과정에서 음편현상을 일으킨 「よって」가 연결된 어구이다. 이러한 형태로 전항에 원인이나 근거, 또는 수단이나 방법, 재료 등을 제시하고 후항에 그 결과를 제시하는 의미를 나타낸다. 특히, 수동형에서는 동작의 주체를 나타내기도 한다.

|접속| 명사에 접속된다.

|예문|

⇨ ほとんどの会社は不況によって経営が悪化した。

(대부분의 회사는 불황에 의해 경영이 악화되었다)

⇨ 先生のご指導によってこの作品を完成させることができました。

(선생님의 지도에 의해 이 작품을 완성시킬 수가 있었습니다)

⇨ この資料によっていままで不明だった多くの点が明らかになった。

(이 자료에 의해 지금까지 명확하지 않았던 많은 점이 명백해졌다)

⇨ 時差出勤をすることによってラッシュがいくらか緩和されるだろう。

(시차출근을 하게 됨에 따라 교통체증이 어느 정도 완화될 것이다)

⇨ その日の天候によって記録は変化していくものだ。

(그날의 날씨에 따라 기록은 변화되어 가는 것이다)

⇨ いつの時代でも若者によって、新しい流行がつくりだされる。

(어느 시대라도 젊은이에 의해 새로운 유행이 만들어진다)

⇨ 16世紀のキリスト教は、主としてポルトガルの宣教師によってもたらされた。

(16세기의 기독교는 주로 포르투칼의 선교사에 의해 전해졌다)

|참고| 「によって」가 동작주를 나타내는 경우는 수동태에 국한되는데 이는 문말에 무언가를 새로이 창출해 낸다고 하는 의미의 술어가 등장할 때에 한하며 이때는 동작주의 제시에 「に」를 사용할 수 없다.

⇨ この建物は有名な建築家によって設計された。(○)

(이 건물은 유명한 건축가에 의해 설계되었다)

⇨ この建物は有名な建築家に設計された。(×)

한편 「によって」와 같은 의미를 지닌 것에 「により」가 있는데 이는 주로 문장체에서 쓰인다.

⇨ 患者は、民法第三十条により、結局死亡の認定をうけることになった。

(환자는 민법 제30조에 의하여 결국 사망의 인정을 받게 되었다)

⇨ 場合によりイベントの内容が変わることがあります。

(경우에 따라서 이벤트의 내용이 바뀌는 일이 있습니다)

～によらず ⇨ ～에 의하지 않고, ～와(과)는 달리, ～이건

|용법| 조사 「に」에 동사 「よる(근거하다, 입각하다)」의 미연형인 「よら」와 부정을 나타내는 조동사 「ぬ」의 미연형인 「ず」가 접속된 어구이다. 이러한 형태로 전항에 제시되는 내용에 근거하지 않거나 국한되지 않음을 나타낸다.

| 접속 | 명사에 접속된다.

| 예문 |

⇨ 古いしきたりによらず、新しい簡素なやりかたで式を行いたい。

(낡은 관례에 의하지 않고 새로운 간소한 방법으로 식을 거행하고 싶다)

⇨ この会社では、性別や年齢によらず、能力のあるなしによって評価される。

(이 회사에서는 성별이나 연령에 의하지 않고 능력이 있고 없음에 따라 평가된다)

⇨ 彼は見かけによらず頑固な男だ。(그는 겉보기와는 달리 완고한 남자이다)

⇨ 何事によらず、注意を怠らないことが肝心だ。

(무슨 일이건 주의를 게을리 하지 않는 것이 중요하다)

～によると ⇨ ～에 의하면

| 용법 | 조사 「に」에 동사 「よる(근거하다, 입각하다)」와 접속조사 「と」가 접속된 어구이다. 이러한 형태로 어떠한 판단이나 평가의 근거를 앞서 제시하는 의미를 나타내는데 문말에는 전문이나 추측을 나타내는 「～という」 「～ということだ」 「～とのことだ」 「～らしい」 「～だろう」 등의 표현이 오는 경향이 있다.

| 접속 | 인식이나 평가, 또는 판단의 근거를 나타내는 명사에 접속된다.

| 예문 |

⇨ ニュースによると、夕べから大雨が降り続いたということです。

(뉴스에 의하면 어제저녁부터 큰비가 계속 내렸다는 것입니다)

⇨ 気象庁の予報によると、この冬は暖冬になるとのことだ。

(기상청 예보에 의하면 이번 겨울은 따뜻한 겨울이 될 거라는 것이다)

⇨ 医者の話によると、この病気はすぐによくなるというものではないらしい。

(의사의 이야기에 의하면 이 병은 금방 좋아진다는 것은 아닌 것 같다)

⇨ あの雲の様子によると、明日は多分晴れるだろう。

(저 구름의 모양에 의하면 내일은 아마도 개일 것이다)

|참고| 이와 유사한 어구로는 「～によれば」가 있다.

⇨ 「デザート」は外来語辞典(がいらいごじてん)によれば、かつて「後食(ごしょく)」と訳(やく)されたとのことです。

(‘디저트’는 외래어사전에 의하면 예전에 ‘후식’으로 번역되었다는 것입니다)

또한 연체수식어로 쓰일 때는 「～による」의 형태를 취하게 된다.

⇨ 二人(ふたり)の子供(こども)の白痴(はくち)は父親(ちちおや)の大酒(おおざけ)による原因(げんいん)からもたらされたということです。

(두 아이의 백치는 부친의 말술에 의한 원인에서 기인되었다는 것입니다)

～によろしくお伝(つた)えください ⇨ ～에게 안부 전해 주십시오

|용법| 조사 「に」에 형용사 「よろしい」의 연용형 「よろしく」가 접속되고 이어서 동사 「伝(つた)える(전하다)」가 존경어를 만드는 형식인 「お＋동사연용형＋ください」에 적용된 형태가 연결된 어구이다. 이러한 형태로 그 사람에게 안부를 전해달라고 하는 인사표현으로 쓰이는데 좀 더 친숙한 사이에서는 「～によろしく」와 같이 그 뒤의 말이 생략되는 경우도 있다.

|접속| 사람을 나타내는 명사에 접속된다.

|예문|

⇨ 奥様(おくさま)によろしくお伝(つた)えください。(사모님께 안부 전해 주십시오)

⇨ ご両親(りょうしん)によろしくお伝(つた)えください。(부모님께 안부 전해 주십시오)

⇨ ご家族(かぞく)のみなさんによろしくお伝(つた)えください。(가족 여러분에게 안부 전해 주십시오)

⇨ 君(きみ)の妹(いもうと)さんによろしく。(자네 여동생에게 안부 전해 주게나)

~にわたって ⇨ ~에 걸쳐서

|용법| 조사「に」에 동사「亘る((시간, 기간, 범위, 회수 등)에 걸치다)」가 접속조사「て」에 접속되는 과정에서 음편현상을 일으킨「わたって」가 연결된 어구이다. 이러한 형태로 어떠한 기간이나 회수 또는 범위에 이루어진 사항들의 규모가 매우 크다고 하는 의미를 나타낸다. 문장체에서 주로 사용되는 경향이 있다.

|접속| 기간, 회수, 범위 등을 나타내는 명사에 접속된다.

|예문|

⇨ 両国の首脳は二時間にわたって会談をした。

(양국의 수뇌는 2시간에 걸쳐서 회담을 했다)

⇨ 期末試験は来る12月15日から四日間にわたって行われる。

(기말시험은 오는 12월 15일부터 4일간에 걸쳐서 행해진다)

⇨ 参加国の首相による話し合いは、5回にわたって行われた。

(참가국의 수상에 의한 논의는 5회에 걸쳐서 이루어졌다)

⇨ あらゆる戦線にわたって事態は日増しに迫っていった。

(모든 전선에 걸쳐서 사태는 날이 갈수록 긴박해져 갔다)

~にん(人) ⇨「にん」「じん」의 두 가지로 발음되는 용법

|용법|「人」은「にん」「じん」의 두 가지로 발음되는데 그 대체적인 구별은 다음과 같다.

■「にん」으로 발음되는 용법: 사람 수를 헤아리거나 그 일을 하는 사람, 또는 그러한 상태에 있는 사람을 나타낼 때.

⇨ みんなで10人(にん)います。(모두 10명 있습니다)

⇨ 兄弟は何人(にん)いますか。(형제는 몇 명 있습니까?)

⇨ 教室の中に男の子が5人(にん)います。(교실 안에 남자아이가 다섯 명 있습니다)

⇨ 看護人(にん)。(간호사)

⇨ 保証人(にん)。(보증인)

⇨ 世話人(にん)。(도우미)

⇨ 病人(にん)。(환자)

⇨ 怪我人(にん)。(부상자)

⇨ 案内人(にん)。(안내인)

■ 「じん」으로 발음되는 용법: 위의 용법에서 벗어나 있거나 또는 국적을 나타낼 때.

⇨ 社会人(じん)。(사회인)

⇨ 知識人(じん)。(지식인)

⇨ 韓国人(じん)。(한국인)

⇨ アメリカ人(じん)。(미국인)

⇨ 日本人(じん)。(일본인)

ぬ

～ぬ ⇨ 부정의 의미를 나타내는 조동사

|용법| 「ぬ」는 부정의 의미를 나타내는 조동사로서 「ない」에 대하여 문장체의 말이다. 접속은 동사, 조동사 「れる、られる、せる、させる、ます」의 미연형에 접속되어 쓰이는데 특히, 「ぬ」의 연용형인 「ず」의 사용빈도가 매우 높다. 「ず」는 때때로 「ずに」로도 쓰이며 어느 쪽이든 '～(하)지 않고'의 의미를 나타낸다.

|접속| 동사미연형에 접속된다.

|활용| ず+に(연용형) ぬ(종지형) ぬ+명사(연체형) ね+ば(가정형)

|예문|

⇨ 暗(くら)くならぬうちに帰(かえ)りましょう。(어두워지기 전에 돌아갑시다)

⇨ あの人(ひと)は怒(いか)りもせず笑(わら)っていた。[이 경우, 「ずに」로 사용될 수도 있다]
(저 사람은 화도 내지 않고 웃고 있었다)

⇨ 雨(あめ)にも負(ま)けず、風(かぜ)にも負(ま)けず、毎日(まいにち)働(はたら)きつづけた。
(비에도 아랑곳하지 않고 바람에도 아랑곳하지 않고 매일 계속해서 일했다)

|참고| 한편, 「ず」는 형용사의 미연형에도 접속되어 사용될 수 있다.

⇨ 寒(さむ)からず、暑(あつ)からず、ちょうどいい気候(きこう)になりました。
(춥지도 않고 덥지도 않고 딱 좋은 날씨가 되었습니다)

또한, 「ぬ」는 회화체에서 「ん」으로 바뀌어 발음되는 일이 많다.

⇨ 私(わたし)は決(けっ)してうそは申(もう)しません。(저는 결코 거짓은 말씀드리지 않습니다)

⇨ 申(もう)し訳(わけ)ございません。(죄송합니다)

⇨ 私(わたし)があいさつしたのに、あの人は知(し)らん顔(かお)をして行(い)ってしまいました。

(내가 인사했는데 저 사람은 모른 체 하고 가 버렸습니다)

하지만, 물론 본래대로 「ぬ」로 사용되는 일도 있다.

⇨ やむを得(え)ぬ事情(じじょう)で学校(がっこう)をやめます。

(어쩔 수 없는 사정으로 학교를 그만둡니다)

⇨ よからぬことが起(お)きた。(좋지 않은 일이 일어났다)

마지막으로, 「ぬ」의 가정형인 「ね」는 가정격조사 「ば」와 결합된 「～ねば」의 형태로서 「～なければ」 대신에 회화체에서 많이 쓰이기도 한다.

⇨ 国(くに)へ帰(かえ)らねばならなくなりました。(고향에 돌아가야만 하게 되었습니다)

～ぬうちに ⇨ ～(하)기 전에

| 용법 | 부정을 나타내는 문어체의 조동사 「ぬ」에 시간의 폭을 나타내는 「うちに」가 접속된 어구이다. 이러한 형태로 어떠한 변화가 없이 일정한 지속상태가 유지되는 동안에 무언가 실행에 옮기기를 권유하는 의미를 나타내는 한편, 일정한 지속상태가 유지되지 못하고 어떠한 변화나 결과가 나타났음을 나타낸다. 이에 대한 회화체적인 표현으로는 「～ないうちに」가 있다.

| 접속 | 동사미연형에 접속된다.

| 예문 |

⇨ 暗(くら)くならぬうちに帰(かえ)りましょう。(어두워지기 전에 돌아갑시다)

⇨ 誰(だれ)にも気(き)づかれぬうちにここを抜(ぬ)け出(だ)そう。

(누구에게도 눈치 채이기 전에 이곳을 빠져나가자)

⇨ 忘(わす)れぬうちに言(い)っておきたいことがあるんだ。

(잊기 전에 말해두고 싶은 것이 있다)

⇨ 全(まった)く気(き)がつかぬうちに会議(かいぎ)が終(お)わってしまった。

(전혀 알아차리기도 전에 회의가 끝나 버렸다)

~ ぬきで ⇨ ~ 은(는) 빼고, ~ 없이

| 용법 | 동사 「抜(ぬ)く(뽑다, 빼다, 제거하다)」의 연용형인 「ぬき」에 조사 「で」가 접속된 어구이다. 이러한 형태로 그 명사가 나타내는 내용을 배제한다는 의미를 나타낸다.

| 접속 | 명사에 접속된다.

| 예문 |

⇨ 前置(まえお)きは抜(ぬ)きで、さっそく本論(ほんろん)に入(はい)りましょう。

(서론은 빼고 바로 본론으로 들어갑시다)

⇨ この後(ご)は偉(えら)い人(ひと)抜(ぬ)きで、若手(わかて)だけで飲(の)みに行(い)きましょう。

(이 이후로는 높은 사람은 빼고 젊은 사람만으로 마시러 갑시다)

⇨ 時間(じかん)がありませんから、あいさつぬきで会議(かいぎ)をはじめます。

(시간이 없으므로 인사는 빼고 회의를 시작하겠습니다)

⇨ この集(あつ)まりでは、形式張(けいしきば)ったこと抜(ぬ)きで気楽(きらく)にやりましょう。

(이 모임에서는 형식에 치우치는 일 없이 마음 가볍게 합시다)

~ぬきには ⇨ ~없이는

| 용법 | 동사 「抜く(뽑다, 빼다, 제거하다)」의 연용형인 「ぬき」에 조사 「には」가 접속된 어구이다. 이러한 형태로 그 명사가 나타내는 내용을 배제하고서는 어떠한 행위도 할 수 없다고 하는 의미를 나타내는데 이러한 표현의 뒤에는 주로 불가능을 나타내는 표현이 오게 된다.

| 접속 | 명사에 접속된다.

| 예문 |

⇨ この企画は、彼の協力ぬきには考えられない。

(이 기획은 그의 협력 없이는 생각할 수 없다)

⇨ 資金援助ぬきには研究を続けることは不可能だ。

(자금원조 없이는 연구를 계속하는 것은 불가능하다)

⇨ 今回の企画の成功は山田君の活躍ぬきには語れない。

(이번 기획의 성공은 야마다군의 활약 없이는 말할 수 없다)

⇨ 社長のあいさつぬきにはどうしても会議を始められません。

(사장님의 인사 없이는 도저히 회의를 시작할 수 없습니다)

～ぬきにして ⇨ ～은(는) 생략하고, ～을(를) 빼고

| 용법 | 동사 「抜く(뽑다, 빼다, 제거하다)」의 연용형인 「ぬき」에 조사 「に」와 동사 「する」의 연용형 「し」, 그리고 접속조사 「て」가 접속된 어구이다. 이러한 형태로 그 명사가 나타내는 내용이나 사물을 배제한다는 의미를 나타낸다.

| 접속 | 명사+は(を)에 접속된다.

| 예문 |

⇨ 冗談は抜きにして、内容の討議に入りましょう。

(농담은 생략하고 내용의 토의로 들어갑시다)

⇨ この本を抜きにして哲学の議論は無駄だ。

(이 책을 빼고 철학의 논의는 의미 없다)

⇨ この際、仕事の話は抜きにして、大いに楽しみましょう。

(이제는 일 이야기는 빼고 실컷 즐깁시다)

⇨ 今日は時間がありません。あいさつはぬきにしてさっそく会議を始めましょう。

(오늘은 시간이 없습니다. 인사는 생략하고 바로 회의를 시작합시다)

~ 抜く ⇨ 끝까지 ~ (한)다, 매우 ~ (하)다

| 용법 | 「ぬく」는 '뽑다, 빼다, 제거하다'등의 의미를 나타내는 동사인데 이것이 때로는 본동사에 접속하여 복합동사를 만들게 된다. 이러한 형태로 어려움을 참고 견디며 그 행위와 과정을 끝까지 해내거나 또는 그 정도가 매우 극심함을 나타낸다.

| 접속 | 동사연용형에 접속된다.

| 예문 |

⇨ 大変な仕事だったが、ついにやり抜いた。(힘든 일이었지만 끝내 해냈다)

⇨ 一部に反対もあったが、自分の意見を通し抜いた。

(일부에 반대도 있었지만 자신의 의견을 끝까지 관철시켰다)

⇨ 山田さんは足の痛みに耐えながら最後まで走り抜いた。

(야마다씨는 다리의 통증을 견디면서 마지막까지 완주했다)

⇨ 彼は奥さんをなくしてよわりぬいている。(그는 부인을 잃고 매우 약해져 있다)

⇨ 悩みぬいた末、転職することに決めた。

(매우 고민한 나머지 전직하기로 결정했다)

⇨ ずっと今まで苦しみ抜いたから、これから少し楽をしよう。

(줄곧 지금까지 매우 고통스러웠으니까 이제부터 조금 편히 지내자)

～ぬばかりに(の) ⇨ 금방이라도 ～ (할) 것 같이(같은)

| 용법 | 문어체에서 부정의 뜻을 나타내는 조동사 「ぬ」에 부조사 「ばかり」와 조사 「に」나 「の」가 접속된 어구이다. 「～ぬばかりに」는 뒤에 오는 술어를 수식할 때 쓰이고 「～ぬばかりの」는 뒤에 오는 명사를 수식할 때 쓰이는데 이러한 형태로 동작, 작용이 발생하기 바로 직전의 상태임을 나타낸다. 이러한 표현은 딱딱한 어감의 문장체에서 쓰이는 경향이 있으며 회화체에서는 「～んばかりに(の)」가 쓰이고 있다. (해당항목 참고)

| 접속 | 동사미연형에 접속된다.

| 예문 |

⇨ 頭(あたま)が畳(たたみ)につかぬばかりにお辞儀(じぎ)をした。

(머리가 금방이라도 다타미에 닿을 것처럼 인사를 했다)

⇨ 叱(しか)られて今(いま)にも泣(な)かぬばかりの顔(かお)をしている。

(야단맞아서 금방이라도 울 것 같은 얼굴을 하고 있다)

⇨ 山田(やまだ)さんは胃(い)が痛(いた)いといって、死(し)なぬばかりに苦(くる)しんでいる。

(야마다씨는 위가 아프다고 하면서 금방이라도 죽을 것 같이 괴로워하고 있다)

⇨ 田中(たなか)さんは、責任(せきにん)はお前(まえ)にあると言(い)わぬばかりの態度(たいど)だった。

(다나카씨는 책임은 너에게 있다고 금방이라도 말할 것 같은 태도였다)

～ぬまでも ⇨ ～까지는 못해도(않아도)

| 용법 | 문장체에서 부정의 의미를 나타내는 조동사 「ぬ」에 복합조사 「までも」가 접속된 어구이다. 이러한 형태로 어떠한 일의 극한에까지는 이르지 않더라도 그에 못지않은 결과가 있음을 나타내는데 주로 문장체에서 쓰이는 경향이 있다.

| 접속 | 동사미연형에 접속된다.

| 예문 |

⇨ 実刑は受けぬまでも罰金は払わせられるだろう。

(실형까지는 받지 않아도 벌금은 부과될 것이다)

⇨ 邸宅とは言わぬまでも、せめて小さな一戸建てぐらいは建てたいものだ。

(저택이라고까지는 못해도 적어도 작은 단독주택정도는 짓고 싶은 것이다)

⇨ この崖から落ちたら、死に至らぬまでも、重傷はまぬがれないだろう。

(이 벼랑에서 떨어진다면 죽음에까지는 이르지 않아도 중상은 면할 수 없을 것이다)

⇨ きのう終わった国際会議は、成功とは言えぬまでも、失敗ではないと思います。

(어제 끝난 국제회의는 성공이라고까지는 못해도 실패는 아니라고 생각합니다)

| 참고 | 이에 반하여 회화체에서는 이와 유사한 어구로 「～ないまでも」가 쓰인다.

⇨ たとい、あやまらないまでも恐れ入って、静粛に寝ているべきだ。

(설사 사죄까지는 못해도 죄송해하며 정숙하게 누워 있어야만 한다)

ね

～ね ⇨ 문말에 위치하여 여러 가지 의미를 나타내는 용법

|용법| 회화체에서 주로 쓰이는 조사로서 문말에 위치하는 경우가 많다. 때로는 「ねえ」로 발음되기도 하는데 여러 가지 다양한 의미를 나타낸다.

1. 가벼운 감동이나 실망, 또는 놀라움의 기분을 나타내는데 여성의 경우에는 「～わね(ねえ)」로 발음되기도 한다.

⇨ やあ、ずいぶんきれいな部屋だね。(야, 제법 깨끗한 방이네)

⇨ 人の物を盗むなんて、悪い人だね、あの人は。
(남의 물건을 훔치다니 나쁜 사람이네, 저 사람은)

⇨ あら、ちょっとこの着物見せて、いい柄ねえ。
(어머, 잠깐 이 기모노 좀 보여줘, 무늬가 좋으네)
[→ 이 경우처럼 「명사+ねえ」로 쓰이는 것은 여성어에 한함]

⇨ 昨日はお会いできなくて、残念でしたわねえ。
(어제는 만나 뵐 수 없어서 유감이었네요)

⇨ 電話番号が間違っていますね。(전화번호가 틀리군요)

⇨ 雨が降っていますね。(비가 내리고 있군요)

⇨ 道がわかりませんね。(길을 모르겠군요)

⇨ 木村さんは遅いですね。(기무라씨는 늦군요)

⇨ たばこがありませんね。(담배가 없군요)

⇨ 最近の物価の値上がりはひどいですね。(최근의 물가 상승은 심하군요)

⇨ 来月からバス代も上がるそうですね。(다음 달부터 버스비도 오른다고 하는군요)

2. 자신의 생각을 나타내는 경우에 쓰이다.

⇨ あの人はきっと成功すると思いますね。

(저 사람은 반드시 성공할 것으로 생각합니다)

⇨ この成績じゃ卒業できるかどうか分かりませんよ。もっと勉強した方がいいですね。

(이 성적으로 졸업할 수 있을지 어떨지 모르겠어요. 좀 더 공부하는 편이 좋겠네요)

⇨ 朝早く起きるためには、夜もっと早く寝ることだね。

(아침 일찍 일어나기 위해서는 밤에 더 일찍 자야지)

⇨ 私だってたまには遊びますよ。そう毎日仕事ばかりしていては、体に悪いからねえ。(나도 이따금은 놀아요. 그렇게 매일 일만 하고 있어서는 몸에 나쁘니까요)

3. 자신의 말에 대하여 상대방에게 동의를 구하거나 확인을 할 때 쓰이는데 이 경우에는 전반적으로 문말을 올려서 발음한다.

⇨「ちんさん、あなたは中国から来た学生でしたね」

(친씨, 당신은 중국에서 온 학생이었군요)

「はい、そうです」(네, 그렇습니다)

⇨ 明日は必ずいらっしゃいね。お待ちしてますから。

(내일은 반드시 오세요. 기다리고 있을 테니까요)

⇨ 世の中もせまくなったねえ。ジェット機なら一週間もかからないで世界一週ができるからね。

(세상도 좁아졌네. 제트기라면 일주일도 안 걸려서 세계 일주를 할 수 있으니까 말이야)

4. 의문표현에 사용되어 질문 또는 힐책의 기분을 나타내는데 주로 남성이 사용한다.

⇨ 私にはよく読めないが、ここに何と書いてあるね。

(나는 잘 읽을 수 없는데 여기에 뭐라고 쓰여 있나?)

⇨ 山田さんは今日も学校へ来なかったかね。
(야마다씨는 오늘도 학교에 오지 않은 거야?)

⇨ ここから駅までどれくらいかかりますかね。
(여기에서 역까지 어느 정도 걸리는 건가요?)

⇨ 日本へ来て3年もたつのに、まだひらがなも書けないのかね。
(일본에 와서 3년이나 지났는데 아직 히라가나도 쓸 수 없는 거야?)

⇨ ぼくの言うことが分からないかねえ。(내가 하는 말을 모르는 거냐?)

～ね ⇨ 문절사이에 위치하여 상대방의 주의를 끄는 용법

| 용법 | 앞서 나온 조사 「ね」가 주로 문말에 위치하곤 하는 것에 반하여 여기의 조사 「ね」는 주로 문절사이에 위치하여 주로 상대방의 주의를 끄는 역할을 한다. 우리말의 '～있잖아요, ～말이에요'정도에 해당되는 셈인데 때로는 「ねえ」로 발음되기도 한다.

| 예문 |

⇨ 私ね、今度アメリカへ行くことになったんです。
(나 있잖아요, 이번에 미국에 가게 된 겁니다)

⇨ 父はね、私をね、あなたと早く結婚させたがっているのよ。
(아버지는 있잖아, 나를 말이야, 당신과 빨리 결혼시키고 싶은 거야)

⇨ 昨日はデパートへ行ってね、この洋服を買ってきたよ。
(어제는 백화점에 가서 말이야, 이 양복을 사 왔어)

⇨ 向こうへ無事に着いたらね、すぐお手紙をさしあげます。
(그쪽에 무사히 도착하면 말이에요, 바로 편지를 보내드리겠습니다)

⇨ 実はね、少し金をかしてもらいたいんですけれど。
(실은 말이에요, 돈을 좀 빌려 주었으면 하는데요)

⇨ しかしねえ、君(きみ)の考(かんが)えばかりが正(ただ)しいわけじゃないだろう。

(그러나 말이야, 자네의 생각만이 올바른 것은 아닐 거야)

⇨ それはですねえ、昨日(きのう)や今日(きょう)の問題(もんだい)になったことじゃないんですよ。

(그것은 말이지요, 어제나 오늘의 문제가 된 것은 아니에요)

⇨ 遅(おそ)くなったと思(おも)って大急(おおいそ)ぎで行(い)ったら、それがだね、まだだれも来(き)ていなかったんだよ。

(늦어 졌다고 생각하고 아주 서둘러서 갔더니 그게 말이야, 아직 아무도 와있지 않았던 거야)

| 참고 | 한편, 「ね」는 「あのね」의 형태로서 상대방의 주의를 끌듯이 부르는 경우에도 사용된다.

⇨ あのね、今日(きょう)だれかうちへ遊(あそ)びに来(こ)ないかしら。

(저 있잖아, 오늘 누군가 집에 놀러 오지 않을까?)

⇨ あのねえ、あれがほしいんだけど。(저 말이야, 저것을 갖고 싶은데)

~ ね(ねえ) ⇨ 상대방을 부르거나 다짐을 하는 용법

| 용법 | 「ね」는 한편으로는 감탄사로서의 용법도 있어서 상대방을 부르거나 무언가의 다짐을 두고자 할 때에 쓰인다. 다만 주의할 것은 이러한 말은 반드시 친숙한 상대방에게만 쓸 수 있다고 하는 점이다. 「ね」 또는 「ねえ」의 두 가지 발음이 사용된다.

| 예문 |

⇨ ね(ねえ)、お母(かあ)さん。(저기, 엄마!) (부를 때)

⇨ ね(ねえ)、いいだろう? (어때? 괜찮지?) (무언가의 다짐을 둘 때)

~ ねばならぬ ⇨ ~ (해)야 한다

|용법| 문장체에서 부정을 나타내는 조동사 「ぬ」의 가정형인 「ね」에 가정을 나타내는 접속조사 「ば」가 접속된 다음 이어서 동사 「なる」의 미연형인 「なら」와 조동사 「ぬ」가 연결된 어구이다. 이러한 형태로 동작, 작용의 의무화를 나타낸다. 회화체 「～なければならない」에 비해서 딱딱한 어감이다.

|접속| 동사미연형에 접속된다.

|예문|

⇨ 自然破壊は防がねばならぬ。(자연 파괴는 막아야 한다)

⇨ 平和の実現のために努力せねばならぬ。(평화의 실현을 위해서 노력해야 한다)

⇨ 一致協力して問題解決に当たらねばならぬ。
(일치 협력해서 문제해결에 나서야 한다)

⇨ 暴力には力を合わせて立ち向かわねばならぬ。
(폭력에는 힘을 모아서 대항하여야 한다)

の

~の ⇨ '~의'와 같이 관형격으로 쓰이는 용법

|용법| 조사「の」는 우리말의 '의'와 같은 용법을 지니고 있다. 하지만 우리말의 경우에는 보통 '의'가 명사와 명사사이에서 생략되는 경향이 강한 반면에 일본어의「の」는 반대로 명사와 명사사이에는 반드시 라고 해도 좋을 정도로 들어가야만 하는 점에 주의하여야 한다.

|접속| 명사와 명사사이에 접속된다.

|예문|

⇨ 部屋(へや)の窓(まど)。(방 창문)

⇨ 女(おんな)の先生(せんせい)。(여선생)

⇨ 男(おとこ)の先生(せんせい)。(남자선생)

⇨ 兄(あに)の時計(とけい)。(형 시계)

⇨ わたしの帽子(ぼうし)。(내 모자)

⇨ 公園(こうえん)の入口(いりぐち)。(공원입구)

⇨ これは私(わたし)の本(ほん)です。(이것은 내 책입니다)

⇨ さくらの花(はな)がきれいに咲(さ)いている。(벚꽃이 예쁘게 피어있다)

⇨ 私(わたし)の姉(あね)は、数学(すうがく)の先生(せんせい)をしています。(내 누나는 수학 선생을 하고 있습니다)

| 참고 | 아울러, 우리말에서는 하나의 문에 '의'가 두 개 이상 들어가게 되면 다소 어색해 지는 경향이 있으나 이 경우에도 일본어의 조사 「の」는 그러한 제약이 일체 없이 얼마든지 들어갈 수가 있다.

⇨ 花子の顔の右の目の横のほくろ。(하나코 얼굴 오른쪽 눈 옆의 점)

~の ⇨ 서술적으로 쓰이는 용법

| 용법 | 조사 「の」는 단순히 명사와 명사와의 관계를 이어주는 역할을 하는 것뿐만 아니라 전후명사간의 인과관계를 명확히 하는 역할도 하고 있다. 다시 말해서 뒤에 있는 명사에 대하여 앞의 명사가 어떠한 의미부여를 하고 있는가를 밝혀주는 역할인데 이를 서술적인 용법이라고 한다. 우리말에는 이러한 용법이 전혀 없는데 이는 일본어의 특징, 즉 함축성을 여실히 보여주는 사항이라고도 할 수 있다. 예를 들어, 雨の日も雪の日も待ち続けた。(비가 오는 날이나 눈이 오는 날이나 계속 기다렸다)라는 예문에서의 「の」는 우리말로 번역할 때는 동사로서 풀이를 해주어야만 하는 식의 어법을 말하는 것이다.

| 접속 | 명사에 접속된다.

| 예문 |

⇨ ご賛成の方は、手を挙げてください。
(찬성하시는 분은 손을 들어 주십시오)

⇨ 雨の日、よくここに彼女と一緒に来たものだ。
(비가 오는 날, 자주 여기에 그녀와 함께 오곤 했었다)

⇨ 試験の日に朝寝坊をした弟のあわてようといったらなかった。
(시험 보는 날에 늦잠을 잔 동생의 당황하는 모습은 가관이었다)

⇨ 田中さんが、病気の子供を一人で家においておくはずがない。
(다나까씨가 병든 아이를 혼자 집에 놓아 둘 리가 없다)

～の ⇨ '～ 것', 형식명사로 쓰이는 용법

| 용법 | 조사 「の」는 원래 명사와 명사사이에 쓰여서 관형적인 용법으로 쓰이지만 때로는 그 앞에 명사나 용언의 연체형을 수반하여 전체를 명사화하는 형식명사로도 쓰인다. 이 경우는 우리말의 '것'에 해당되는데 대체로 「の」가 명사와 명사사이에 들어가 쓰이지 않은 경우에는 대부분이 형식명사로 쓰인 것으로 보면 될 것이다.

| 접속 | 명사 및 활용어의 연체형에 접속된다.

| 예문 |

⇨ このかばんは誰のですか。(이 가방은 누구 것입니까?)

⇨ 私のはあなたのより古い時計です。
(내 것은 당신 것보다 오래된 시계입니다)

⇨ この電話は壊れていますので、隣の部屋のをお使い下さい。
(이 전화는 고장 나있으므로 옆 방 것을 사용하여 주십시오)

⇨ 天気の悪いのはいやです。(날씨가 나쁜 것은 싫습니다)

⇨ 私の家の近くに、アパートの立派なのがたった。
(우리 집 근처에 아파트가 훌륭한 것이 섰다)

⇨ 彼は歌を歌うのが好きです。(그는 노래 부르는 것을 좋아합니다)

⇨ 彼女はパンを焼くのが上手です。(그녀는 빵 굽는 것을 잘합니다)

⇨ 日本語は漢字を覚えるのが大変だ。(일본어는 한자를 외우는 것이 힘들다)

⇨ みんなで旅行に行ったのは去年です。(모두가 여행 갔던 것은 작년입니다)

⇨ クラスの中で眼鏡をかけているのは誰ですか。

(반 중에서 안경을 쓰고 있는 것은 누구입니까?)

～の ⇨ '～ 인', 동격을 나타내는 용법

| 용법 | 조사 「の」는 때로는 앞의 명사와 뒤의 명사가 같은 것임을 나타내는 용법으로도 쓰인다. 이 경우 그 뒤에 오는 명사로는 사람의 이름과 같은 고유명사가 오게 된다.

| 접속 | 명사와 명사사이에 접속된다.

| 예문 |

⇨ 友達の山田に相談した。(친구인 야마다에게 의논했다)

⇨ この娘は次女の安子です。(이 여자애는 둘째딸인 야스코입니다)

⇨ 社長の木村さんをご紹介します。(사장인 기무라씨를 소개하겠습니다)

⇨ 講演会には、民族学者の田中先生をお招きすることにしました。

(강연회에는 민족학자인 다나카선생님을 초청하기로 했습니다)

～の ⇨ 주격조사 「が」의 대용을 하는 용법

| 용법 | 조사 「の」는 주격조사 「が」대신에 쓰여서 주어를 제시하는 경우가 있는데 이때는 명사를 수식하는 수식구가 「주어+술어」의 구조를 지니고 있을 때에 한한다. 결국 본래 주어를 나타내는 조사 「が」대신에 「の」가 쓰일 수 있는 셈인데 이 또한 일본어의 특징으로 볼 수 있다.

| 예문 |

⇨ 気の短いのが彼の欠点だ。(성격이 급한 것이 그의 결점이다)

⇨ 頭の痛い時には、この薬がよくききますよ。(머리가 아플 때에는 이 약이 잘 들어요)

⇨ 字の上手な人にこれを頼みたいと思います。

(글씨가 능숙한 사람에게 이것을 부탁하고 싶습니다)

⇨ この食堂の主人の作った料理はたいへんおいしい。

(이 식당 주인이 만든 요리는 무척 맛있다)

⇨ 会社にしても、工場にしても、コンピューターのないところはない。

(회사이건 공장이건 컴퓨터가 없는 곳은 없다)

～の ⇨ 여성어에서 문말에 쓰이는 용법

| 용법 | 조사「の」는 주로 여성들이 문말에서 사용하는 것으로 여러 가지 다양한 의미를 나타낸다.

1. 어떠한 사안에 대한 단정의 의미를 나타낸다. 이 경우 여성은 종종「のよ」의 형태를 사용할 때도 있는데 이렇게 되면「の」보다 의미가 더 강해진다.

⇨ わたしこれから出かけますの。(나 이제부터 외출해요)

⇨ あなたにさしあげたいものがあるの。(당신에게 드리고 싶은 것이 있어요)

⇨ 今おなかがいっぱいなので、何も食べたくないの。

(지금 배가 불러서 아무것도 먹고 싶지 않아요)

⇨ 私来月帰国するのよ。(나 다음 달 귀국해요)

⇨ あの人まだ若いけれど、会社の社長さんなのよ。

(저 사람 아직 젊지만 회사 사장님인 거예요)

2. 질문의 의미를 나타낸다. 이 경우에는 문말을 올려서 발음하게 된다.

⇨ きれいな着物を着て、どこへ行くの。(예쁜 옷을 입고 어디에 가는 거야?)

⇨ 夏休みはいつから始まりますの。(여름 방학은 언제부터 시작되는 거예요?)

⇨ あなたは夏休みに何をしていたの。(너는 여름 방학에 무엇을 하고 있었어?)

⇨ 涙なんかこぼして、何がそんなに悲しいの。

(눈물 같은 거 흘리고 뭐가 그렇게 슬픈 거야?)

⇨ おおぜいの人がいるけれど、何かあったんですの。

(많은 사람이 있는데 뭔가 있었던 거예요?)

3. 상대방에게 다짐, 확인을 하는 의미를 나타낸다. 이 경우에는 「のね」로 발음되는 경향이 있다.

⇨ この字はほんとうにあなたが書いたのね。(이 글자는 정말로 당신이 쓴 거지?)

⇨ ずいぶん上手に書けるようになったのね。(꽤나 능숙하게 쓸 수 있게 되었네?)

⇨ 明日は必ず来てくれるのね。待ってますよ。

(내일 반드시 와 주는 거지? 기다리고 있을게요)

⇨ あなたが行ってくれるなら、私は行かなくていいのね。

(네가 가 준다면 나는 가지 않아도 되는 거지?)

4. 가볍게 명령하는 의미를 나타낸다. 이 경우에는 「の」를 강하게 발음하곤 한다.

⇨ 強い子は泣かないの。(강한 아이는 울지 않는 거야!)

⇨ 時間がないからさっさと着替えるの。(시간이 없으니까 빨리 옷을 갈아입어라!)

⇨ テレビなんか見ていないで、勉強するの。

(텔레비전 같은 거 보고 있지 말고 공부해라!)

⇨ 何もわからないくせに、文句など言わないの。

(아무것도 모르면서 불평 따위 하지마라!)

⇨ 来なさいと言ったら、すぐにこっちへ来るの。

(오라고 하면 바로 이쪽으로 오는 거야!)

～の言(い)うことには ⇨ ～ 이(가) 말하기로는

| 용법 | 주격을 나타내는 조사로는 주로 「が」가 사용되나 때로는 「の」가 사용될 때도 있는데 그 의미용법은 마찬가지이다. 다만 「の」가 사용될 때는 어디까지나 연체수식구 안에서 주격조사의 역할을 하는 경우로만 국한된다. 결국 그 뒤에 「言(い)うことには」가 접속됨으로서 발언자를 명확히 제시하는 의미를 나타내는데 이러한 표현은 대체로 문장체에서 사용되는 경향이 있다.

| 접속 | 발언주체를 나타내는 명사에 접속된다.

| 예문 |

⇨ 先生(せんせい)の言(い)うことには、最近(さいきん)の学生(がくせい)は言(い)われたことしかしないそうだ。
(선생님이 말하기로는 최근의 학생은 말을 들은 것밖에 하지 않는다고 한다)

⇨ 学生(がくせい)たちの言(い)うことには、ことしは就職(しゅうしょく)が予想以上(よそういじょう)にきびしいらしい。
(학생들이 말하기로는 올해는 취직이 예상이상으로 어려운 것 같다)

⇨ その子供(こども)たちの言(い)うことには、彼等(かれら)の両親(りょうしん)はもう二日(ふつか)も帰(かえ)ってきていないらしい。
(그 아이들이 말하기로는 그들의 부모님은 이미 이틀이나 돌아오고 있지 않는 것 같다)

～のいかんをとわず ⇨ ～ 여하를 막론하고

| 용법 | 조사 「の」에 '여하'에 해당되는 「いかん(如何(いかん))」이 접속되고 여기에 조사 「を」와 동사 「問(と)う(묻다)」의 미연형인 「とわ」, 그리고 부정을 나타내는 조동사 「ぬ」의 연용형 「ず」가 연결된 어구이다. 이러한 형태로 어떤 대상이나 형식에 구애됨이 없이 일이 진행됨을 나타낸다.

| 접속 | 명사에 접속된다.

| 예문 |

⇨ 採否のいかんをとわず、結果は郵便でお知らせします。

(채용여하를 막론하고 결과는 우편으로 알려 드리겠습니다)

⇨ このイベントには出身国のいかんをとわず応募することができます。

(이 행사에는 출신국여하를 막론하고 응모할 수가 있습니다)

⇨ 連立政権の結束のいかんをとわず、政治改革は進められるだろう。

(연립정권의 결속여하를 막론하고 정치개혁은 추진될 것이다)

～の至りだ ⇨ ～(할) 따름이다, ～(하)기 이를 데 없다

| 용법 | 조사 「の」에 극한의 상태를 나타내는 말인 「至りだ」가 접속된 어구이다. 이러한 형태로 말하는 사람의 심적 상태가 극한적인 상태에 있음을 나타낸다. 이러한 표현은 주로 인사표현에 사용되는 경향이 있다.

| 접속 | 「感激」「光栄」「痛恨」「恐縮」 등의 명사에 접속된다.

| 예문 |

⇨ このような盛大なる激励会を開いていただき、感激の至りです。

(이와 같은 성대한 격려회를 열어 주셔서 감격할 따름입니다)

⇨ このたび、文化賞をいただきましたことは誠に光栄の至りです。

(이번에 문화상을 받게 된 것은 정말로 영광스러울 따름입니다)

⇨ 彼が自殺してしまったのは今思っても痛恨の至りだ。

(그가 자살해 버린 것은 지금 생각해도 개탄스럽기 이를 데 없다)

⇨ 遠いところからわざわざ迎えに来て下さいまして、恐縮の至りです。

(먼 곳에서 일부러 맞이하러 와주셔서 송구스럽기 이를 데 없습니다)

～の上では ⇨ ～상으로는

| 용법 | 조사「の」에 명사「上」와 조사「では」가 접속된 어구로 그 앞에는 데이터나 지도 등을 나타내는 명사가 오게 된다. 이러한 형태로 데이터나 지도 등에서 나타나는 정보에 의거함을 나타낸다.

| 접속 | 명사에 접속된다.

| 예문 |

⇨ 暦の上ではもう春だというのに、まだまだ寒い日が続いている。

(달력상으로는 이미 봄이라고 하는데 아직도 추운 날이 계속되고 있다)

⇨ 書類の上では完璧でも、現場では常に予期せぬことが起こるかも知れない。

(서류상으로는 완벽해도 현장에서는 항상 예기치 못한 일이 일어날지도 모른다)

⇨ データの上では視聴率は急上昇しているが、周りの人に聞いても誰もそんな番組は知らないと言う。

(데이터 상으로는 시청률은 급상승하고 있으나 주의사람에게 물어봐도 아무도 그런 프로그램은 모른다고 한다)

⇨ その公園は地図の上では近くですぐ行けそうに見えるが、実は坂がたくさんあってかなり行きにくい場所なのだ。

(그 공원은 지도상으로는 부근이어서 금방 갈 수 있을 것처럼 보이지만 실제로는 언덕이 많이 있어서 꽤나 가기 어려운 장소인 것이다)

～のがおちだ ⇨ ～(할) 것이 뻔하다

| 용법 |「おち」는 동사「落ちる」의 연용형인「落ち」가 전성명사화된 것으로 어떠한 일의 결말을 나타내는데 그 앞에 형식명사「の」와 주격조사「が」가

오고 뒤에는 단정을 나타내는 조동사 「だ」가 접속된 어구이다. 이러한 형태로 그렇게 될 것이 분명하다고 하는 말하는 사람의 확실한 추측을 나타낸다. 이러한 표현은 주로 바람직하지 못한 내용을 예상하는 경우에 사용된다.

| 접속 | 동사연체형에 접속된다.

| 예문 |

⇨ どんどん株にお金をかけてばかりいると、損するのがおちだ。
(자꾸만 주식에 돈을 들이고만 있으면 손해 볼 것이 뻔하다)

⇨ 何の人間味もない彼にはいくら頼んでも断られるのがおちだ。
(아무런 인간미도 없는 그에게는 아무리 부탁해도 거절당할 것이 뻔하다)

⇨ かもにされるのがおちだから、賭博場へなんか出入りするな。
(봉 취급 받을 것이 뻔하니까 도박장 같은 데에 출입하지마라)

⇨ ずっと偏食していると、栄養のバランスが取れなくなる。いや、そうなるのがおちだ。
(줄곧 편식하고 있으면 영양의 균형이 잡히지 않게 된다. 아니, 그렇게 될 것이 뻔하다)

~ の限り ⇨ ~ 을(를) 다해서

| 용법 | 조사 「の」에 동사 「限る(한정하다, 제한하다)」의 연용형인 「限り」가 접속된 어구이다. 이러한 형태로 '그 범위의 한계에 이르기까지'라는 의미를 나타낸다.

| 접속 | 주로 「力」 「命」와 같은 명사에 접속된다.

| 예문 |

⇨ 命の限り精一杯生き抜くことが、残された私の使命であると信じます。
(목숨을 다해서 힘껏 살아남는 것이 남겨진 나의 사명이라고 믿습니다)

⇨ 老人福祉(ろうじんふくし)の実行(じっこう)に於(お)いては、老人(ろうじん)たちを力(ちから)の限(かぎ)り幸(しあわ)せにして行(い)くほかない

(노인 복지의 실행에 있어서는 노인들을 온힘을 다해서 행복하게 해 나갈 수 밖에 없다)

⇨ あの大統領(だいとうりょう)は、権力(けんりょく)の絶頂(ぜっちょう)にあった頃(ころ)ぜいたくの限(かぎ)りを尽(つ)くしていたそうだ。

(저 대통령은 권력의 절정에 있었을 무렵 마음껏 사치를 부리고 있었다고 한다)

～の嫌(きら)いなく ⇨ ～을(를) 가리지 않고

|용법| 조사 「の」에 '차별, 가리는 것'의 의미를 지닌 「きらい」가 접속되고 이어서 형용사 「ない」의 연용형인 「なく」가 연결된 어구이다. 이러한 형태로 그 어느 것에 대해서도 차별하거나 가리지 않는다고 하는 의미를 나타낸다.

|접속| 명사에 접속된다.

|예문|

⇨ 夫(おっと)は、職業(しょくぎょう)のきらいなく誰(だれ)とも付(つ)き合(あ)っている。

(남편은 직업을 가리지 않고 누구와도 사귀고 있다)

⇨ 息子(むすこ)は、肉類(にくるい)、野菜類(やさいるい)のきらいなく何(なん)でも食(た)べる。

(아들은 육류, 야채류를 가리지 않고 뭐든지 먹는다)

⇨ うちの会社(かいしゃ)では、男女(だんじょ)のきらいなく採用(さいよう)している。

(우리 회사에서는 남녀를 가리지 않고 채용하고 있다)

～のきわみだ ⇨ ～(하)기 짝이 없다

|용법| 조사 「の」에 극한의 상태를 나타내는 말인 「極(きわ)み」와 단정을 나타내는 조동사 「だ」가 접속된 어구이다. 이러한 형태로 말하는 사람이 심적으로 극한적인 상태에 있음을 나타낸다.

| 접속 | 주로「感激」「痛恨」「悲嘆」과 같은 명사에 접속된다.

| 예문 |

⇨ 彼が自殺してしまったのは今思っても痛恨のきわみだ。

(그가 자살해 버린 것은 지금 성각해도 한스럽기 짝이 없다)

⇨ 不慮の事故でわが子を失った母親は悲嘆のきわみだった。

(불의의 사고로 자기 자식을 잃은 어머니는 비탄스럽기 짝이 없었다)

⇨ 貧しい彼らにとって、一食千円の食事は贅沢の極みだ。

(가난한 그들에게 있어서 한 끼 천엔의 식사는 사치스럽기 짝이 없다)

⇨ このような盛大なる激励会を開いていただき、感激のきわみです。

(이와 같은 성대한 격려회를 열어 주셔서 감격스럽기 짝이 없습니다)

～のこと ⇨ ～에 관한 것(대한 것)

| 용법 | 조사「の」에 형식명사「こと」가 접속된 어구인데 주로 그 앞에는 사람을 가리키는 명사나 기타의미의 명사가 오게 된다. 이러한 형태로 '그 사람(사항)에 관하여(대하여)'의 의미를 나타내게 되는데 보통 우리말로 번역할 때는 무시하는 것이 보다 자연스러울 경우가 많다. 이러한 표현은 일본어만의 특징이라 볼 수 있는데 대체로 뒤에는 화자의 상상, 회고, 걱정 연모, 사양 등의 의미를 나타내는 표현이 오게 된다.

| 접속 | 주로 사람을 나타내는 명사에 접속된다.

| 예문 |

⇨ いつもあなたのことを思っている。(언제나 당신을 생각하고 있다)

⇨ 田中さんはまだあなたのことが好きなんだよ。(다나까씨는 아직 당신을 좋아한다고)

⇨ 子どもたちはだれ言うともなく私のことをおねえさんと呼ぶようになった。

(아이들은 누구랄 것도 없이 나를 누나라 부르게 되었다)

⇨ 休養に徹すると言いながらも頭から仕事のことが離れない。
(철저히 휴양하겠다고 하면서도 머리에서 일에 관한 것이 떠나지 않는다)

～のこと(で) ⇨ 여러 가지 부사의 뜻을 강조하는 용법

| 용법 | 조사 「の」에 형식명사 「こと」가 접속된 어구인데 이러한 형태로 그 부사의 뜻을 강조함으로서 화자의 심경을 다양하게 나타낸다. 때로는 「～のことで」의 형태로 쓰이는 경우도 있는데 이러한 것은 우리말로 번역할 때는 「のこと」의 부분을 무시하는 것이 더 자연스러울 때가 있다.

| 접속 | 부사에 접속된다.

| 예문 |

⇨ 兄貴は勿論のこと、ご両親も､結婚さぞお喜びになられたことと思います。
(형은 물론, 부모님께서도 틀림없이 기뻐하셨을 것으로 생각합니다)

⇨ 結婚祝の贈り物はいっそのこと実質的な旅行クーポンということに決まった。
(결혼축하선물은 차라리 실질적인 여행 쿠폰이라는 것으로 정해졌다)

⇨ 太郎は自分と同じ苦しみと誇りを持つ女と、やっとのことでめぐりあえたと思った。
(다로는 자신과 같은 고통과 긍지를 지닌 여자와 드디어 만날 수 있었다고 생각했다)

⇨ もっとも単純な歌、それでも彼等にしてみれば、ようやくのことで覚えた歌なのである。(가장 단순한 노래, 그렇더라도 그들로 보면 가까스로 익힌 노래인 것이다)

～のごとき ⇨ ～와(과) 같은

| 용법 | 문어체에서 쓰이던 비유를 나타내는 조동사 「ごとし」는 현재는 문장체에서만 쓰이며 특히 연용형 「ごとく」, 연체형 「ごとき」가 주로 쓰이고 있다.

「～のごとき」는 무언가의 비유나 예시를 나타내는데 그 뒤에는 항상 비유 대상인 명사가 오게 된다.

| 접속 | 명사에 접속된다.

| 예문 |

⇨ 今回のごとき事件は二度と起きてはならない。

(이번과 같은 사건은 두 번 다시 일어나서는 안 된다)

⇨ 今回の件については次のごとき決定が下ろされた。

(이번 건에 관해서는 다음과 같은 결정이 내려졌다)

⇨ 私のごとき未熟者にこんな重要な役が果たせるでしょうか。

(나와 같은 미숙자가 이런 중요한 역할을 완수할 수 있을까요?)

⇨ 「鬼畜のごとき」という表現があるが、動物の方でも「人間のごとき冷酷さ」などと言っているかもしれない。

('짐승 같다'고 하는 표현이 있는데 동물 쪽에서도 '인간과 같은 냉혹함'이라고 말하고 있을지도 모른다)

| 참고 | 다음과 같이 관용적으로 사용되는 용법도 있는데 현재에 와서는 이보다는 「～かのような」(마치～이기라도 한 듯한)를 주로 사용하고 있다. (해당 항목 참고)

⇨ 彼女はそのことを知っているはずなのに、まったく聞いたことがないかのごとき態度だった。

(그녀는 그 일을 알고 있을 텐데 전혀 들은 적이 없기라도 한 듯한 태도였다)

～のごとく ⇨ ～와(과) 같이

| 용법 | 조사「の」에 문어에서 쓰이던 비유를 나타내는 조동사「ごとし」의 연용형인「ごとく」가 접속된 어구이다. 이러한 형태로 무언가의 비유나 예시를

나타내는데 이러한 표현은 현재는 문장체에서만 쓰이고 있다.

|접속| 명사에 접속된다.

|예문|

⇨ 彼は亡霊のごとくさまよった。(그는 망령과 같이 떠돌았다)

⇨ 彼女の歌声はせせらぎのごとく聞こえてくる。

(그녀의 노랫소리는 맑은 물소리와 같이 들려온다)

⇨ 時間というものは、矢のごとく早く過ぎ去っていくものだ。

(시간이라는 것은 쏜살같이 빨리 지나가는 법이다)

⇨ 今回の件については、次のごとく決定することにする。

(이번 건에 관해서는 다음과 같이 결정하기로 한다)

|참고| 한편 「~のごとく」는 다음과 같이 관용적으로 사용되기도 하고 또 다른 한편으로는 명사이외의 말에 접속되어 사용되기도 한다.

⇨ その二人はまずしかったが、世界中が自分たちのものであるかのごとく幸せであった。

(그 두 사람은 가난했지만 온 세상이 자신들의 것이기라도 한 듯이 행복했다)

⇨ たいていの専門家が予想したごとく、自然破壊が深刻な問題になってきた。

(대부분의 전문가가 예상한 것같이 자연파괴가 심각한 문제가 되어졌다)

~ のことだ ⇨ ~ 을(를) 말한다

|용법| 조사 「の」에 '일, 사안'을 나타내는 명사 「こと」와 단정을 나타내는 조동사 「だ」가 접속된 어구이다. 이러한 형태로 앞에 오는 명제에 대한 설명이나 해설을 곁들이는 의미를 나타내는데 우리말에는 없는 용법이지만 그 사용빈도가 매우 높아서 일본어의 특징인 함축성을 엿볼 수 있는 어구이기도하다.

|접속| 명사에 접속된다.

|예문|

⇨ 著者(ちょしゃ)というのは、その本(ほん)を書(か)いた人(ひと)のことだ。

(저자라는 것은 그 책을 쓴 사람을 말한다)

⇨ 月刊誌(げっかんし)というのは、毎月(まいげつ)一回(いっかい)出(で)る雑誌(ざっし)のことだ。

(월간지라는 것은 매월 1회 나오는 잡지를 말한다)

⇨ 古代(こだい)というのは、どの時代(じだい)からどの時代(じだい)までのことか。

(고대라는 것은 어느 시대에서 어느 시대까지를 말하는 건가?)

⇨ 私費留学生(しひりゅうがくせい)というのは、自分(じぶん)のお金(かね)で外国(がいこく)で勉強(べんきょう)する学生(がくせい)のことです。

(사비유학생이라는 것은 자기 돈으로 외국에서 공부하는 학생을 말합니다)

~ のことだから ⇨ ~ 인만큼

|용법| 조사 「の」에 '일, 사안'을 나타내는 명사 「こと」와 단정을 나타내는 조동사 「だ」, 그리고 접속조사 「から」가 접속된 어구이다. 이러한 형태로 평소 잘 알고 있던 사람에 대한 인식을 토대로 새로운 내용을 전개하는 의미를 나타낸다. 이러한 표현의 앞에는 주로 대상이 되는 사람의 성격이나 습성, 또는 버릇에 관한 평가가 전개된다.

|접속| 주로 사람을 나타내는 명사에 접속된다.

|예문|

⇨ まじめなあの人(ひと)のことだから、時間(じかん)どおりに来(く)るに違(ちが)いない。

(성실한 그 사람인만큼 시간대로 올 것임에 틀림없다)

⇨ なまけ者(もの)の彼(かれ)のことだから、おおかたそんなことだろうと思(おも)った。

(게으름뱅이인 그 사람인만큼 대충 그러할 거라고 생각했다)

⇨ 慎重(しんちょう)な山田(やまだ)さんのことだから、そのへんのところまでちゃんと考(かんが)えてあるとは思(おも)

うけど。

(신중한 야마다씨인만큼 그러한 점까지 확실히 생각해놓을 것이라고는 생각하지만)

⇨ 山田さんはもともと世話好きで、誰に対しても親切だ。そんな彼女のことだから、困っている友達をほうっておけなかったのだろう。

(야마다씨는 원래 남 돌보아 주기를 좋아해서 누구에 대해서나 친절하다. 그러한 그녀인만큼 어려워하고 있는 친구를 내버려둘 수 없었을 것이다)

～のことと ⇨ ～(하)실 것으로

|용법| 조사「の」에 '일, 사안'을 나타내는 명사「こと」와 조사「と」가 접속된 어구이다. 이러한 형태로 상대방의 상태를 동정이나 위로의 기분을 섞어서 추측하는 의미를 나타낸다. 주로「ますます」「さぞ」「さぞかし」「ずいぶん」등의 부사와 호응하는 경우가 많은데 대체로 서간문 등에서 사용하는 경향이 있다.

|접속| 명사에 접속된다.

|예문|

⇨ 新学期を迎え、さぞかしご多忙のことと拝察しております。

(신학기를 맞이하여 필시 바쁘실 것으로 짐작하고 있습니다)

⇨ このたびのおかあさんのご不幸、さぞお力落しのことと存じます。

(일전의 어머니의 불행, 필시 낙담하셨을 것으로 생각합니다)

⇨ 先生におかれましては、ますますお元気でご活躍のことと存じます。

(선생님께서는 더욱더 건강하게 활약하실 것으로 생각합니다)

⇨ ご無沙汰しておりますが、社長にはお変わりなくお過ごしのことと存じます。

(격조하였습니다만 사장님께서는 별일 없이 지내실 것으로 생각합니다)

|참고| 다음의 예문과 같이 명사에 접속되지 않을 때도 있는데 이러한 경우에는 조사「の」가 탈락된다.

⇨ みなさんもずいぶん楽しみにしていらっしゃったことと存じます。

(여러분도 무척 기대하고 계셨을 것으로 생각합니다)

～のこととなると ⇨ ～에 관한 이야기가 나오면

|용법| 조사「の」에 형식명사「こと」가 접속되고 이어서 결과를 나타내는 조사「と」와 동사「なる」그리고 가정을 나타내는 조사「と」가 연결된 어구이다. 이러한 형태로 그러한 화제가 나옴에 따른 의례적인 반응을 나타낸다.

|접속| 화제의 대상을 나타내는 명사에 접속된다.

|예문|

⇨ 田中さんは、彼女のこととなると耳をそばだてる。

(다나까씨는 그녀에 관한 이야기가 나오면 귀를 쫑긋 세운다)

⇨ 息子は勉強のこととなると、すぐいやな顔をする。

(아들은 공부에 관한 이야기가 나오면 금방 싫은 얼굴을 한다)

⇨ うちの部長は、自分の娘のこととなるととてもうれしそうな顔をする。

(우리 부장님은 자기 딸에 관한 이야기가 나오면 무척 기쁜 듯한 얼굴을 한다)

⇨ 姉は結婚のこととなると、いつも自分の部屋へ逃げ出したりする。

(누나는 결혼에 관한 이야기가 나오면 언제나 자기 방으로 도망가곤 한다)

～のだ ⇨ ～(하는(한)) 것이다

|용법| 앞서 등장한 문을 일단 체언화하는 형식명사「の」에 단정을 나타내는 조동사「だ」가 접속된 어구이다. 이러한 형태로 어떤 사항을 움직일 수 없

는 사실로서 확인하는 의미를 나타내는데 주로 원인 이유의 설명, 결과의 납득, 판단의 강조 등을 나타낼 때 쓰인다.

| 접속 | 활용어의 연체형이나 명사에 접속된다. 단, 명사에 접속될 때에는 「명사＋な」의 형태에 접속된다.

| 예문 |

⇨ やっぱりこれでよかったのだ。(역시 이것으로 잘된 것이다)

⇨ その話はもう聞きたくないのだよ。(그 이야기는 이제 듣고 싶지 않은 거라고)

⇨ 難しい漢字は先生に教わったのだ。
(어려운 한자는 선생님에게 배운 것이다)

⇨ 若い人が外来語を好むのは、それなりの理由があるのだ。
(젊은 사람이 외래어를 좋아하는 것은 그 나름의 이유가 있는 것이다)

⇨ A：どうして休んだのですか。(왜 쉰 겁니까?)
B：頭が痛かったのだ。(머리가 아팠던 거야)

| 참고 | 이것 이외에 「のです」「のである」「のであります」「んだ」「んです」 등의 변화형이 있다.

⇨ A：どうして食べないんですか。(왜 먹지 않는 겁니까?)
B：おなかが痛いんです。(머리가 아픈 겁니다)

⇨ 京都へ行きたいのです。(교토에 가고 싶은 겁니다)

⇨ 私はお酒がきらいなのです。(나는 술을 싫어하는 겁니다)

～のだ ⇨ ～인(한) 건가?

| 용법 | 그 앞에 오는 활용어를 명사화하는 형식명사 「の」에 단정을 나타내는 조동사 「だ」가 접속된 어구이다. 이러한 형태로 자기 자신이나 상대방에

대하여 무언가의 설명을 요구하는 의미를 나타내는데 철저히 회화체에서 만 쓰인다. 이러한 어구의 앞에는 반드시 「誰(だれ)、どこ、何(なに)、いつ」와 같은 의문사가 오게 되는 점에서 설명, 납득을 나타내는 「～のだ」와 구분된다.

| 접속 | 「의문사＋な」의 형태나 의문사를 포함한 절에 접속된다.

| 예문 |

⇨ こんな馬鹿(ばか)げたことを言(い)い出(だ)したのは誰(だれ)なのだ。
(이런 바보 같은 말을 꺼낸 것은 누구인 건가?)

⇨ 学生(がくせい)たちは、勉強(べんきょう)していないでどこへ行(い)ったのだ。
(학생들은 공부하고 있지 않고 어디로 간 건가?)

⇨ 彼(かれ)は私(わたし)を避(さ)けようとしている。いったい私(わたし)の何(なに)が気(き)に入(い)らないのだ。
(그는 나를 피하려하고 있다. 도대체 나의 무엇이 마음에 들지 않는 건가?)

～の(ん)だったら ⇨ ～ 일(할)) 것 같으면

| 용법 | 그 앞에 오는 활용어를 명사화하는 형식명사 「の」에 단정을 나타내는 조동사 「だ」의 연용형인 「だっ」과 과거를 나타내는 조동사 「た」의 가정형인 「たら」가 접속된 어구이다. 이러한 형태로 지금 들은 일이나 지금의 상황을 근거로 하여 말하는 사람 나름대로의 판단이나 평가를 나타낸다. 회화체에서는 「の」가 「ん」으로 바뀐 「～んだったら」의 형태가 주로 쓰인다.

| 접속 | 「명사+な」의 형태나 활용어의 연체형에 접속된다.

| 예문 |

⇨ 風邪(かぜ)なのだったら、そんな薄着(うすぎ)はだめだよ。
(감기일 것 같으면 그런 얇은 옷은 안 돼)

⇨ こんなに寒(さむ)いんだったら、もう1枚(まい)着(き)て来(く)るんだった。
(이렇게 추울 것 같으면 한 벌 더 입고 오는 거였다)

⇨ そんなに嫌いなのだったら、無理に食べなくてもいいよ。

(그렇게 싫을 것 같으면 무리하게 먹지 않아도 돼)

⇨ こんなに喜んでもらえるんだったら、料理をしたかいがある。

(이렇게 기뻐해줄 것 같으면 요리를 한 보람이 있다)

～の(ん)だろうか ⇨ ～인((하)는) 걸까?

| 용법 | 그 앞에 오는 활용어를 명사화하는 형식명사 「の」에 단정을 나타내는 조동사 「だ」의 미연형인 「だろ」와 추측을 나타내는 조동사 「う」, 그리고 의문을 나타내는 조사 「か」가 접속된 어구이다. 이러한 형태로 말하는 사람이 의문을 품거나 걱정하거나 하는 기분을 나타낸다. 이러한 표현은 어디까지나 말하는 사람이 선행문맥으로부터 얻은 정보나 상황 등에 근거하여 추측할 때에 쓰이는데 회화체에서는 「の」가 「ん」으로 바뀐 「～んだろうか」의 형태가 주로 쓰이고 있다.

| 접속 | 「명사+な」의 형태나 활용어의 연체형에 접속된다.

| 예문 |

⇨ A：山口さん、この頃元気がないね。(야마구치씨, 요즈음 힘이 없네)

B：うん。顔色も悪いし、体の具合でも悪いのだろうか。

(응, 안색도 나쁘고 몸 상태라도 나쁜 걸까?)

⇨ A：来年は入試だというのに、太郎ったら、全然勉強しようとしないんですよ。

(내년은 입시라고 하는데 다로는 전혀 공부하려고 하지 않는 거예요)

B：うん。あれで高校に入れるんだろうか。心配だなあ。

(응, 저래서 고등학교에 들어갈 수 있는 걸까? 걱정이네)

⇨ 子供たちが公園にたくさんいる。今日は学校が休みなのだろうか。

(아이들이 공원에 많이 있네. 오늘은 학교가 쉬는 날인 걸까?)

～ので ⇨ 이유, 원인을 나타내는 용법

| 용법 | 접속조사 「ので」는 두 개의 문을 연결하는 문법적 역할을 하는데 이 경우 앞의 문은 뒤에 오는 문에 대한 원인이나 이유 등을 나타내게 된다. 이와 유사한 의미의 조사로는 「から」가 있는데 양자의 근본적인 차이는 「から」의 경우, 그 앞에 제시되는 사항에 좀 더 무게가 실리는 반면, 「ので」는 어디까지나 그 뒤에 제시되는 사항에 좀 더 무게가 실린다고 하는 점이다. 한편으로는 「から」의 경우는 다소 주관적인 색채가 강한 반면, 「ので」의 경우는 다소 객관적인 색채가 강하다는 점도 원칙적으로 말할 수가 있다. 이러한 이유로 「から」의 뒤에는 「～たい」「～と思(おも)う」「～なさい」 등과 같은 희망, 추측, 의지, 요구표현, 즉 말하는 사람의 기분을 표현하는 것이 주로 오게 된다. 이에 반하여 「ので」의 뒤에는 이러한 표현이 일체 올 수가 없다. 아울러 여성의 경우에는 가급적이면 「から」보다는 「ので」를 즐겨 사용하는 경향이 있는데 이는 다분히 표현을 보다 정중하게 하고자 하는 심리에서 비롯된다고 할 수 있다.

| 접속 | 「명사+な」의 형태나 활용어의 연체형에 접속된다.

| 예문 |

⇨ 日曜日(にちようび)なので、授業(じゅぎょう)がありません。(일요일이므로 수업이 없습니다)

⇨ 今日(きょう)は忙(いそが)しいので、行(い)けません。(오늘은 바쁘므로 갈 수 없습니다)

⇨ 静(しず)かなので、よく勉強(べんきょう)ができます。(조용하기 때문에 공부를 잘 할 수 있습니다)

⇨ 宿題(しゅくだい)がたくさんあるので、今日(きょう)は失礼(しつれい)します。
(숙제가 많이 있어서 오늘은 실례하겠습니다)

⇨ 朝早(あさはや)く出(で)かけたので、昼(ひる)まえに着(つ)きました。
(아침 일찍 나왔기 때문에 점심 전에 도착했습니다)

~のでは ⇨ ~ 일(할) 것 같아서는

| 용법 | 그 앞에 오는 활용어를 명사화하는 형식명사 「の」에 단정을 나타내는 조동사 「だ」의 연용형인 「で」와 조사 「は」가 접속된 어구이다. 이러한 형태로 지금 들은 일이나 상황을 근거로 하여 말하는 사람 나름대로의 판단이나 평가를 나타낸다. 이러한 표현의 뒤에는 대체로 부정적인 기분을 나타내는 말들이 오는 경향이 있다.

| 접속 | 「명사+な」의 형태나 활용어의 연체형에 접속된다.

| 예문 |

⇨ そんなに臆病(おくびょう)なのでは、どこにも行(い)けませんよ。
(그렇게 겁쟁이일 것 같아서는 어디에도 갈 수 없어요)

⇨ こんなに暑(あつ)いのでは、きょうの遠足(えんそく)は大変(たいへん)だろうね。
(이렇게 더울 것 같아서는 오늘의 소풍은 힘들겠네)

⇨ いくら給料(きゅうりょう)がいいからと言(い)っても、残業(ざんぎょう)がそんなに多(おお)いのでは就職(しゅうしょく)するのはいやだ。(아무리 급여가 좋기 때문이라 해도 잔업이 그렇게 많을 것 같아서는 취직하는 것은 싫다)

⇨ こんなボロを着(き)ていたのでは、皇帝(こうてい)のところに行(い)って申(もう)し上(あ)げても、まともに聞(き)いてもらえない。
(이런 누더기를 입고 있을 것 같아서는 황제가 있는 곳에 가서 아뢰어도 제대로 들어주지 않는다)

~のではあるまいか ⇨ ~ 인((하)는) 것은 아니겠는가?

| 용법 | 그 앞에 오는 활용어를 명사화하는 형식명사 「の」에 단정을 나타내는 조동사 「だ」의 연용형인 「で」와 계조사 「は」가 접속되고 이어서 동사 「あ

る」와 부정추측을 나타내는 조동사 「まい」, 그리고 의문을 나타내는 조사 「か」가 연결된 어구이다. 이러한 형태로 추측의 형식을 통한 말하는 사람의 주장을 나타내는데 이러한 표현은 주로 논문이나 논설문과 같은 문장체에서 쓰이는 경향이 있다.

| 접속 | 「명사+な」의 형태나 활용어의 연체형에 접속된다.

| 예문 |

⇨ この話は全くの作り話なのではあるまいか。

(이 이야기는 정말로 지어낸 이야기인 것은 아니겠는가?)

⇨ 彼らは私のことを疑っているのではあるまいか。

(그들은 나를 의심하고 있는 것은 아니겠는가?)

⇨ いまどき、彼のような学生はめずらしいのではあるまいか。

(요즘 같은 때 그와 같은 학생은 보기 드문 것은 아니겠는가?)

⇨ 児童の自殺があいついだのには、現在の教育制度に、何か問題があるのではあるまいか。

(아동의 자살이 잇따른 것에는 현재의 교육제도에 무언가 문제가 있는 것은 아니겠는가?)

~のではなかろうし ⇨ ~((하)는) 것은 아닐 테고

| 용법 | 그 앞에 오는 활용어를 명사화하는 형식명사 「の」에 단정을 나타내는 조동사 「だ」의 연용형인 「で」와 조사 「は」가 접속되고 이어서 부정을 나타내는 형용사 「ない」의 미연형인 「なかろ」와 추측을 나타내는 조동사 「う」, 그리고 열거를 나타내는 조사 「し」가 연결된 어구이다. 이러한 형태로 전항에 지양해야 할 행동이나 태도를 제시하는 한편으로 후항에는 바람직한 행동이나 태도를 제시하는 의미를 나타낸다.

| 접속 | 활용어의 연체형에 접속된다.

| 예문 |

⇨ じょうだんに言うのではなかろうし、よく聞かなければいけない。
(농담으로 말하는 것은 아닐 테고 잘 듣지 않으면 안 된다)

⇨ おわびに行くのではなかろうし、そんなにびくびくしなくてもいい。
(사과하러 가는 것은 아닐 테고 그렇게 떨지 않아도 괜찮아)

⇨ まさか彼がうそをつくのではなかろうし、そんなに疑わなくてもいいじゃないか。
(설마 그가 거짓말을 하는 것은 아닐 테고 그렇게 의심하지 않아도 되잖아?)

⇨ 別に親になろうと思って親になったのではなかろうし、子が欲しくて妊娠したのでもないんじゃないか。
(굳이 부모가 되려고 해서 부모가 된 것은 아닐 테고 아이를 갖고 싶어서 임신한 것도 아니지 않은가?)

~ のところ ⇨ ~ 로서는

| 용법 | 조사 「の」에 상황을 나타내는 명사인 「ところ」가 접속된 어구이다. 주로 「今」「現在」 등에 접속되어 '현 단계, 지금의 시점, 최근'과 같이 현재의 시간적 상황을 나타낸다.

| 접속 | 시간을 나타내는 명사에 접속된다.

| 예문 |

⇨ 今のところ患者は小康状態を保っています。
(지금으로서는 환자는 소강상태를 유지하고 있습니다)

⇨ 現在のところ応募者は約100人ほどです。
(현재로서는 응모자는 약 100명 정도입니다)

| 참고 | 한편 연체사 「この」와 「ところ」가 결합되어 사용될 때는 우리말의 '요즈음, 요사이'라는 의미로 사용된다.

⇨ このところ肌寒い日が続いている。(요즈음 쌀쌀한 날이 계속되고 있다)

~のところ ⇨ ~이(가) 있는 곳, ~의 집(댁)

|용법| 조사 「の」에 장소를 나타내는 명사인 「ところ」가 접속된 어구이다. 이러한 형태로 주로 위치나 장소, 그리고 사람을 나타내는 말에 접속되어 그 곳, 그 근처의 의미를 나타내는데 특히 사람을 나타내는 말에 접속될 때는 그 사람의 집을 나타내는 경우가 많다.

|접속| 명사에 접속된다.

|예문|

⇨ 財布はベンチの所に落ちていました。
(지갑은 벤치 있는 곳에 떨어져 있었습니다)

⇨ 公衆電話は、入口のレジのところです。
(공중전화는 입구의 계산대가 있는 곳입니다)

⇨ 明日は日曜日なので、課長の所へ伺いたいと思います。
(내일은 일요일이므로 과장님 댁에 찾아뵙고자 합니다)

⇨ 夕べ、友だちのところへ行ったが、友だちはいなかった。
(어젯밤 친구 집에 갔는데 친구는 없었다)

~の~ないのって ⇨ ~(하)고 뭐고 간에

|용법| 조사 「の」가 앞에 배치되고 뒤에는 부정을 나타내는 형용사나 조동사인 「ない」에 조사 「の」와 「って」가 접속된 것이 배치된 어구이다. 이러한 형태로 그 정도가 매우 혹심한 것임을 나타내는데. 대체로 그 뒤에는 그로

인하여 생겨난 사항이 전개된다. 이러한 표현은 격식을 전혀 차리지 않는 회화체에서 즐겨 사용되고 있다.

| 접속 | 「の」의 앞에는 활용어의 종지형이 접속되고 「ないのって」의 앞에는 활용어의 미연형(단, 형용사와 형용동사는 연용형)이 접속된다.

| 예문 |

⇨ A：あの治療は痛かったでしょうね。(그 치료는 아팠겠군요)

B：痛いの痛くないのって、思わず大声で叫んじゃったよ。

(아프고 뭐고 간에 나도 모르게 큰소리로 소릴 질러버렸어)

⇨ A：北海道、寒かったでしょ。(홋카이도, 추웠었죠?)

B：寒いの寒くないのって、耳が凍るんじゃないかと思ったよ。

(춥고 뭐고 간에 귀가 어는 건 아닌가 하고 생각했어)

⇨ A：彼女に会って驚いたんじゃない? (그녀를 만나서 놀란 거 아니야?)

B：驚いたの驚かないのって、すっかり変わっちゃてるんだもの。

(놀라고 뭐고 간에 완전히 모습이 변해버린 걸)

⇨ A：あのホテルは車の音がうるさくありませんでしたか。

(저 호텔은 차 소리가 시끄럽지 않았습니까?)

B：いやあ、うるさいのうるさくないのって、結局一晩中寝られなかった。

(아니, 시끄럽고 뭐고 간에 결국 밤새도록 잘 수 없었어)

～の～ないのと ⇨ ～(하)니～(하)지 않으니 하며

| 용법 | 조사 「の」가 앞에 배치되고 뒤에는 부정을 나타내는 형용사나 조동사인 「ない」에 조사 「の」와 「と」가 접속된 형태가 배치된 어구이다. 이러한 형태로 대비가 되는 내용을 앞뒤에 배열함으로서 이것저것 떠들썩하게 말

하는 의미를 나타낸다.

| 접속 | 「の」의 앞에는 활용어의 종지형이 접속되고 「ないのと」의 앞에는 활용어의 미연형(단, 형용사와 형용동사는 연용형)이 접속된다.

| 예문 |

⇨ 行くの行かないのと言い争っている。(가니 안가니 하며 말다툼하고 있다)

⇨ 結婚したいのしたくないのとわがままを言う。
(결혼하고 싶으니 하고 싶지 않으니 하며 제멋대로 말한다)

⇨ きたないのきたなくないのと、まったく話にならない。
(더럽니 더럽지 않니 하며 전혀 이야기가 안 된다)

⇨ 飲んだの飲まないのと、二人でビールを2ダースも飲んでしまった。
(마셨니 안마셨니 하며 둘이서 맥주를 2박스나 마셔버렸다)

～のなら ⇨ ～(할) 것 같으면

| 용법 | 그 앞에 오는 활용어를 명사화하는 형식명사 「の」에 단정을 나타내는 조동사 「だ」의 가정형인 「なら」가 접속된 어구이다. 이러한 형태로 개별적인 상황을 가정하여 나타내는데 다만 이러한 표현은 어디까지나 그 앞에 그러한 상황에 대한 사전정보가 있다고 하는 전제하에서 쓰이게 된다.

| 접속 | 활용어의 연체형에 접속된다.

| 예문 |

⇨ これ、要らないのなら私にちょうだい。
(이거, 필요치 않을 것 같으면 나에게 다오)

⇨ 靴を買うのならイタリア製がいいだろう。
(구두를 살 것 같으면 이태리제가 좋을 것이다)

⇨ 郵便局へ行くのなら、これも出してください。

(우체국에 갈 것 같으면 이것도 부쳐 주십시오)

⇨ 日本語を習うのなら、あの学校が一番いいでしょう。

(일본어를 배울 것 같으면 저 학교가 가장 좋을 겁니다)

～のならよかった ⇨ ～(했)었더라면 좋았을걸

|용법| 그 앞에 오는 활용어를 명사화하는 형식명사 「の」에 단정을 나타내는 조동사 「だ」의 가정형인 「なら」가 접속되고 이어서 형용사 「よい」의 연용형인 「よかっ」과 과거를 나타내는 조동사 「た」가 연결된 어구이다. 이러한 형태로 실제로는 일어나지 않은 일이나 현실적으로는 그러하지 않았던 일을 유감스럽게 여기거나 그에 대한 비난의 기분을 나타낸다.

|접속| 과거를 나타내는 조동사 「た」에 접속된다. .

|예문|

⇨ 来られないなら、早めに知らせてくれたのならよかった。

(올 수 없다면 일찍 알려줬었더라면 좋았을걸)

⇨ 昨日の夕食会、君も来たのならよかった。どうして来なかったの。

(어제 저녁식사모임, 자네도 왔었더라면 좋았을걸. 어째서 안 왔나?)

⇨ 今日は花子も誘ったのならよかった。あの人このごろ暇だって言ってたよ。

(오늘은 하나코도 오게 했었더라면 좋았을걸. 그 사람 요즈음 한가하다고 말했었어)

⇨ 田中じゃなくて君が立候補したのならよかった。田中じゃたぶん勝てないよ。

(다나카가 아니라 자네가 입후보했었더라면 좋았을걸. 다나카라면 아마도 이길 수 없어)

～のなんのと ⇨ ～(하)니 어쩌니 하며

| 용법 | 조사 「の」에 의문사 「なん」과 조사 「の」「と」가 접속된 어구이다. 이러한 형태로 그다지 바람직하지 못한 사항에 대하여 이것저것 불평하듯이 말하는 의미를 나타낸다.

| 접속 | 활용어의 종지형에 접속된다.

| 예문 |

⇨ 高すぎるのなんのと、文句ばかり言っている。
(너무 비싸니 어쩌니 하며 불평만 하고 있다)

⇨ やりたくないのなんのとわがままを言い始めた。
(하고 싶지 않으니 어쩌니 하며 제멋대로 말하기 시작했다)

⇨ 頭が痛いのなんのと理由をつけては学校を休んでいる。
(머리가 아프니 어쩌니 하며 이유를 대고는 학교를 쉬고 있다)

⇨ 寒いのなんのと、出かけないで部屋に閉じこもってばかりいる。
(추우니 어쩌니 하며 나가지 않고 방에 틀어박혀만 있다)

～のに ⇨ 앞뒤의 문이 상반되는데 따른 의아스러움을 나타내는 용법

| 용법 | 접속조사 「のに」는 두 개의 문을 연결하는 역할을 하는데 이 경우 앞의 문과 뒤의 문은 상반되는 내용, 즉, 보통 같으면 그렇지 않을 내용이 오게 된다.

| 접속 | 활용어의 연체형에 접속된다.

| 예문 |

⇨ この品物は安いのに、全然売れませんでした。
(이 물건은 싼데 전혀 팔리지 않았습니다)

⇨ 田中さんは体は小さいのに、なかなか力があります。
(다나카씨는 몸은 작은데 꽤 힘이 있습니다)

⇨ この花はきれいなのに、誰も買いません。

(이 꽃은 예쁜데 아무도 사지 않습니다)

⇨ あの人は会話はとても上手なのに、テストはよくありません。

(저 사람은 회화는 매우 능숙한데 시험은 좋지 않습니다)

⇨ おなかがすいているのに、どうしても食べられません。

(배가 고픈데 도저히 먹을 수 없습니다)

⇨ もうすぐ暗くなるのに、子どもたちは遊びに出たまま帰って来ない。

(이제 곧 어두워지는데 아이들은 놀러 나간 채 돌아오지 않는다)

⇨ 昨日、勉強したのに、この問題はわかりません。

(어제 공부했는데 이 문제는 모르겠습니다)

⇨ 約束したのに、木村さんは来ませんでした。

(약속했는데 기무라씨는 오지 않았습니다)

～のに ⇨ ～(하)는데, 동작, 변화의 목적을 나타내는 용법

| 용법 | 그 앞에 오는 활용어를 명사화하는 형식명사 「の」에 조사 「に」가 접속된 어구이다. 이러한 형태로 어떠한 동작, 변화의 목적을 나타낸다. 이점에서는 「ために」와 같은 용법을 지니지만 「のに」의 경우에는 그 뒤에 「使う」 「必要だ」 「便利だ」 정도의 지극히 제한된 말만 오는 점에서 구별된다.

| 접속 | 동사연체형에 접속된다.

| 예문 |

⇨ スパナは何をするのに使いますか。(스패너는 무엇을 하는데 사용합니까?)

⇨ 辞書は言葉を勉強するのに必要です。(사전은 말을 공부하는데 필요합니다)

⇨ テープレコーダーは会話を練習するのに便利です。

(녹음기는 회화를 연습하는데 편리합니다)

⇨ この本(ほん)は日本(にほん)を知(し)るのに大変(たいへん)役(やく)に立(た)ちます。

(이 책은 일본을 아는데 매우 도움이 됩니다)

～の～の(は、を、が) ⇨ ～이(가)～(한) 것(은(는), 을(를), 이(가))

| 용법 | 주격조사의 역할을 대행하는 조사 「の」가 앞에 배치되고 그 앞에 오는 활용어를 명사화하는 형식명사 「の」가 뒤에 배치된 어구이다. 이러한 형태로 앞에 제시된 명사가 특별하게 한정되어 있는 상태에 놓여있음을 나타낸다.

| 접속 | 앞의 「の」에는 명사가 접속되고 뒤의 「の」에는 활용어의 연체형이 접속된다.

| 예문 |

⇨ 筆(ふで)の古(ふる)くなったのを捨(す)てた。(붓이 오래된 것을 버렸다)

⇨ ビールの冷(ひ)えたのはないですか。(맥주가 차갑게 된 것은 없습니까?)

⇨ 袋(ふくろ)の中(なか)にりんごの腐(くさ)ったのが入(はい)っていた。

(자루 속에 사과가 썩은 것이 들어있었다)

⇨ 戸棚(とだな)のなるべく頑丈(がんじょう)なのを探(さが)してきてほしい。

(선반이 될 수 있으면 튼튼한 것을 찾아와다오)

～の～のと ⇨ ～(하)니～(하)니 하며

| 용법 | 열거를 나타내는 조사 「の」가 앞에 배치되고 뒤에는 그러한 조사 「の」에 인용을 나타내는 조사 「と」가 접속된 형태가 배치된 어구이다. 이러한 형

태로 관계있는 사물이나 동작을 두 개정도 대조적으로 나열하는 의미를 나타낸다.

|접속| 명사와 일부 부사 그리고 활용어의 종지형에 접속된다.

|예문|

⇨ ここのあそこのと、さがすまでもない。
(여기니 저기니 하며 찾을 것까지도 없다)

⇨ どうのこうのとむずかしいことばかり言(い)う。
(이러니 저러니 하며 어려운 말만 한다)

⇨ 貸(か)したの借(か)りないのと争(あらそ)っていた。
(빌려 주었니 빌리지 않았니 하며 다투고 있었다)

⇨ 頭(あたま)が痛(いた)いの気持(きも)ちが悪(わる)いのと言(い)って、ちっとも働(はたら)かない。
(머리가 아프니 기분이 나쁘니 하며 조금도 일하지 않는다)

⇨ 彼(かれ)は学校(がっこう)の寮(りょう)は部屋(へや)がきたないの、食事(しょくじ)がまずいのと不平(ふへい)を言(い)っている。
(그는 학교 기숙사는 방이 더럽니 식사가 맛없니 하며 불평을 하고 있다)

～のは山々(やまやま)だ ⇨ ～(하고 싶은) 마음은 굴뚝같다

|용법| 그 앞에 오는 활용어를 명사화하는 형식명사 「の」에 조사 「は」가 접속되고 이어서 「山(やま)」가 두 번 반복된 형태에 단정을 나타내는 조동사 「だ」가 연결된 어구이다. 이러한 형태로 실제로는 할 수 없으나 그러한 기분이 충만 되어 있다고 하는 의미를 나타낸다. 이러한 경우 우리말에서는 그러한 기분을 '굴뚝'에 비유하지만 일본어에서는 「山々(やまやま)(산들)」에 비유하는 점에 그 차이가 엿보인다.

|접속| 주로 희망을 나타내는 조동사 「たい」나 형용사 「ほしい」에 접속된다.

| 예문 |

⇨ 伺いたいのは山々ですが。(찾아뵙고 싶은 마음은 굴뚝같습니다만)

⇨ 話してやりたいのは山々ですけれども。(말해주고 싶은 마음은 굴뚝같습니다만)

⇨ ほしいのは山々だが、持ち合わせがない。
(갖고 싶은 마음은 굴뚝같지만 갖고 있는 돈이 없다)

⇨ 出席したいのは山々だが、忙しくてだめだ。
(참석하고 싶은 마음은 굴뚝같지만 바빠서 안 된다)

~のは~ゆえである ⇨ ~(하는) 것은 ~ 때문이다

| 용법 | 그 앞에 오는 활용어를 명사화하는 형식명사 「の」에 조사 「は」가 접속된 형태가 앞에 배치되고 뒤에는 '까닭, 이유'를 나타내는 「ゆえ」에 단정을 나타내는 「である」가 접속된 형태가 배치된 어구이다. 이러한 형태로 여러 가지 곤란한 상황 속에서도 굳이 무언가를 할 수밖에 없다고 하는 이유를 나타낸다. 비교적 딱딱한 어감의 문장체에서 쓰일 법한 표현이다.

| 접속 | 「のは」앞에는 활용어의 연체형이 접속되고 「ゆえである」앞에는 명사가 접속된다.

| 예문 |

⇨ 冬山登山は確に死と隣り合わせだ。だがそれでも行くのは冬山の魅力ゆえである。(겨울등산은 확실히 죽음과 맞닥뜨리는 것이다. 하지만 그래도 가는 것은 겨울산의 매력 때문이다)

⇨ 息子は窃盗、万引きで何度つかまったことか。それでも見捨てないのは子ども可愛さゆえである。
(아들은 절도, 물건 훔치기로 몇 번 붙잡혔던가? 그래도 버리지 못하는 것은 자식이 사랑스럽기 때문이다)

⇨ 政府の無能により国内は困難状態に陥った。それにもかかわらず、社会がある程度落ち着いているのは優れた市民意識ゆえである。

(정부의 무능에 의해 국내는 곤란한 상태에 빠졌다. 그럼에도 불구하고 사회가 어느 정도 안정되어 있는 것은 뛰어난 시민의식 때문이다)

～の比ではない ⇨ ～에 비할 바가 아니다

| 용법 | 조사「の」에 비교를 나타내는「比」와 명사부정을 나타내는「ではない」가 접속된 어구이다. 이러한 형태로 비교대상에 비하여 월등히 그 정도가 높음을 나타내는데 주로 문장체에서 사용된다.

| 접속 | 명사에 접속된다.

| 예문 |

⇨ アラビア語の難しさは英語の比ではない。

(아랍어의 어려움은 영어에 비할 바가 아니다)

⇨ 大企業ともなると、就職希望者の数は中小企業の比ではない。

(대기업쯤 되면 취직희망자의 수는 중소기업에 비할 바가 아니다)

⇨ 彼は専門的な教育を受けたことはないが、その博識は並の学者の比ではない。

(그는 전문적인 교육을 받은 적은 없지만 그 박식함은 웬만한 학자에 비할 바가 아니다)

⇨ 現在でも医学部に入学することは難しい。しかし、当時女性が医者になることの困難さは現代の比ではなかった。(현재로서도 의대에 입학하는 것은 어렵다. 그러나 당시 여성이 의사가 되는 것의 어려움은 현대에 비할 바가 아니었다)

～の分際で ⇨ ～주제에

|용법| 조사「の」에 신분의 정도를 나타내는「分際(ぶんざい)」와 조사「で」가 접속된 어구이다. 이러한 형태로 그 정도가 도를 넘어서 있거나 어울리지 않음을 나타내는데 이러한 표현은 전반적으로 상대를 경멸하거나 비난할 때에 쓰인다.

|접속| 신분, 연령, 직업 등을 나타내는 명사에 접속된다.

|예문|

⇨ 学生(がくせい)の分際(ぶんざい)でなまいきだ。(학생주제에 건방지다)

⇨ まだ子供(こども)のぶんざいで何(なに)を言(い)っている。
(아직 어린애주제에 무슨 말을 하고 있는 거야?)

⇨ 貧乏(びんぼう)の分際(ぶんざい)でステーキを食(く)おうとは、なんという身(み)のほど知(し)らずだ。
(가난뱅이주제에 스테이크를 먹으려하다니, 이 얼마나 분수를 모르는 녀석인가?)

～の方(ほう)が ⇨ 두 가지 사물이나 사항을 비교하는 용법

|용법| 두 가지 사물이나 사항을 비교할 때「～より～の方(ほう)が」의 형태를 취하여 전항보다는 후항 쪽에 비교의 무게를 두는 의미를 나타낸다. 이 점에서는 우리말과 같으나. 다만, 우리말의 경우에는 '～보다(는)～쪽이(편이)'의 형태를 취할 때도 있는가하면 '～보다(는)～이(가)'하는 식으로 '～쪽이(편이)'의 생략이 두드러지게 엿보인다. 하지만 일본어에서는「～の方(ほう)が」가 생략되지 않고 사용되는 경향이 두드러지는 점에 주의하여야 한다.

|접속| 명사에 접속된다.

|예문|

⇨ 肉(にく)より野菜(やさい)の方(ほう)が好(す)きです。(육류 보다 야채 쪽을 좋아합니다)

⇨ 新幹線より飛行機の方が速いです。(신칸센보다 비행기 쪽이 빠릅니다)

⇨ 日本語は文法より発音の方がやさしいです。

(일본어는 문법보다 발음 쪽이 쉽습니다)

⇨ このごろの祭りは、どちらかというと宗教的要素より観光的要素の方が大きいようですね。

(요즈음의 축제는 어떤 쪽인가 하면 종교적요소보다 관광적 요소 쪽이 큰 것 같군요)

~のほしさに ⇨ ~(하)고 싶은 마음에

| 용법 | 조사「の」에 욕구를 나타내는 형용사「ほしい」와 형용사어간에 접속되어 이를 명사화하는 접미어「さ」가 접속된 것에 다시 조사「に」가 연결된 어구이다. 이러한 형태로 어떠한 대상을 갖고 싶어 하는 심적 상태를 나타낸다.

| 접속 | 명사에 접속된다.

| 예문 |

⇨ 車のほしさに無理して分割払いで新車を買った。

(차를 갖고 싶은 마음에 무리해서 할부로 신차를 샀다)

⇨ お金のほしさに結局こんなことをしてしまいました。

(돈을 갖고 싶은 마음에 결국 이런 일을 하고 말았습니다)

⇨ デジカメのほしさに勉強はしないでアルバイトだけしてきた。

(디지털카메라를 갖고 싶은 마음에 공부는 하지 않고 아르바이트만 해왔다)

~のみ ⇨ '뿐, 만', 한정을 나타내는 용법

| 용법 | 조사「のみ」는 한정을 나타내는 것으로 주로 문장체에서 사용된다. 이와 유사한 것으로는「だけ」「ばかり」가 있는데 이들은 주로 회화체에서 사용된다.

| 접속 | 명사나 활용어의 연체형에 접속된다.

| 예문 |

⇨ この寮(りょう)には男子(だんし)学生(がくせい)のみ入(はい)ることができる。

(이 기숙사에는 남학생만 들어갈 수 있다)

⇨ 教育(きょういく)の目的(もくてき)は、単(たん)に知識(ちしき)を与(あた)えることのみではない。

(교육의 목적은 단순히 지식을 부여하는 것만이 아니다)

⇨ 用意(ようい)は全部(ぜんぶ)できた。あとはただ決行(けっこう)するのみだ。

(준비는 전부 되었다. 나머지는 오로지 결행하는 것뿐이다)

⇨ 人(ひと)はとかく自身(じしん)に都合(つごう)がいい意見(いけん)にのみ耳(みみ)を傾(かたむ)けるきらいがある。

(사람이란 자칫 자신에게 듣기 좋은 의견에만 귀를 기울이는 경향이 있다)

~の右(みぎ)に出(で)る者(もの)はない ⇨ ~보다 나은 사람은 없다

| 용법 | 조사「の」에 명사「右(みぎ)」와 조사「に」가 접속되고 이어서 동사「出(で)る」와 조사「は」그리고 형용사「ない」가 연결된 관용적인 어구이다. 이러한 형태로 그 사람이 그 분야에서 최고로 훌륭하다고 하는 평가를 나타낸다.

| 접속 | 비교대상인 사람을 나타내는 명사에 접속된다.

| 예문 |

⇨ 歌(うた)に関(かん)しては彼(かれ)の右(みぎ)に出(で)る者(もの)はない。(노래에 관해서는 그보다 나은 사람은 없다)

⇨ 編(あ)み物(もの)において彼女(かのじょ)の右(みぎ)に出(で)る者(もの)はない。

(뜨개질에 있어서 그녀보다 나은 사람은 없다)

⇨ 車の修理においてはこの技術者の右に出る者はないだろう。

(차 수리에 있어서는 이 기술자보다 나은 사람은 없을 것이다)

⇨ 日本の物理学会において、あの先生の右に出る者はない。

(일본물리학회에 있어서 저 선생보다 나은 사람은 없다)

~のみならず ⇨ ~뿐만 아니라

|용법| 한정을 나타내는 부조사 「のみ」에 동사 「なる」의 미연형인 「なら」와 부정을 나타내는 조동사 「ぬ」의 연용형인 「ず」가 접속된 형태로 하나의 단어처럼 쓰이는 연어이다. 이러한 형태로 어떠한 사항의 추가적인 의미를 나타내는데 이와 유사한 「~だけでなく」가 주로 회화체에서 사용되는 반면 이는 주로 문장체에서 사용된다.

|접속| 명사나 활용어의 종지형에 접속된다.

|예문|

⇨ 彼は英語のみならず、フランス語、ドイツ語にも才能をしめしている。

(그는 영어뿐만 아니라 불어, 독어에도 재능을 보이고 있다)

⇨ 大学教育の目的は、専門知識の習得のみならず、人格の形成にある。

(대학교육의 목적은 전문지식의 습득뿐만 아니라 인격 형성에 있다)

⇨ 猿は人間の模倣をするのみならず、互いに協力して協同作業をしているらしいという報告もある。

(원숭이는 인간의 모방을 할 뿐만 아니라 서로 협력해서 협동 작업을 하고 있는 것 같다는 보고도 있다)

⇨ 戦火で家を焼かれたのみならず、家族も失った。

(전화로 집이 불탔을 뿐만 아니라 가족도 잃었다)

|참고| 「のみならず」가 문장체에서는 접속사로 사용되는 경우도 있는데 이 경우에는 우리말의 '그뿐만 아니라'에 해당된다.

⇨ 彼女はありあまる才能に恵まれていた。のみならず彼女は努力家でもあった。

(그녀는 넘치는 재능을 타고 났다. 그뿐만 아니라 그녀는 노력가이기도 했다)

~ のもとで ⇨ ~ 밑에서, ~ 하에

| 용법 | 조사 「の」에 '밑'을 나타내는 명사 「もと」와 조사 「で」가 접속된 어구이다. 이러한 형태로 그 영향이 미치는 범위에서, 라고 하는 의미를 나타낸다.

| 접속 | 명사에 접속된다.

| 예문 |

⇨ 彼はすぐれた先生のもとでみっちり基礎を学んだ。

(그는 뛰어난 선생 밑에서 충분히 기초를 배웠다)

⇨ 両親の了解のもとで3年間の留学が可能になった。

(부모님의 양해 하에 3년간의 유학이 가능하게 되었다)

⇨ 彼女は厳しい上司のもとで新人時代を過ごし、仕事を覚えた。

(그녀는 엄한 상사 밑에서 신입사원시절을 보내며 일을 배웠다)

⇨ 各国の選挙監視団の監視のもとで、建国以来初の民主的な選挙が行われた。

(각국의 선거감시단의 감시 하에 건국 이래 처음인 민주적인 선거가 이루어졌다)

~ のやら ~ のやら ⇨ ~ 인건지 ~ 인건지, ~ (하)는 건지 ~ (하)는 건지

| 용법 | 그 앞에 오는 말을 명사화하는 형식명사 「の」에 불확실함을 나타내는 조사 「やら」가 접속된 형태가 앞뒤로 배치된 어구이다. 이러한 형태로 앞뒤에 상반되는 사항을 나열함으로써 말하는 사람의 의문을 제시하거나 상대의 애매모호함을 지적하는 의미를 나타낸다. 주로 그 뒤에는 「わからな

い」와 같은 말이 오게 되는데 단, 회화체에서는 이것이 생략되어 「～のやら～のやら」만으로 표현되는 경우가 많다.

|접속| 「명사＋な」의 형태나 활용어의 연체형에 접속된다.

|예문|

⇨ 近ごろは、男なのやら女なのやら区別のつかないかっこうをした若い人がいる。
(최근에는 남자인건지 여자인건지 구별이 가지 않는 모습을 한 젊은 사람이 있다)

⇨ あの人は来るのやら来ないのやらさっぱり分からない。
(저 사람은 오는 건지 오지 않는 건지 도무지 모르겠다)

⇨ 田中さんはうれしいのやら悲しいのやらわからないような顔をしている。
(다나까씨는 기쁜 건지 슬픈 건지 알 수 없는 그러한 얼굴을 하고 있다)

⇨ このごろ何の便りもないが、生きているのやら死んでいるのやら。
(요즈음 아무 소식도 없는데 살아있는 건지 죽은 건지)

～のゆえに ⇨ ～로(으로) 인하여

|용법| 조사 「の」에 '이유, 까닭'을 나타내는 명사 「ゆえ」와 조사 「に」가 접속된 어구이다. 이러한 형태로 뒤에 제시된 결과나 상태에 대한 이유나 원인을 나타낸다. 이러한 표현은 주로 문장체에서 쓰인다.

|접속| 명사에 접속된다.

|예문|

⇨ 貧困のゆえに、学校へ行けなかった。(가난으로 인하여 학교에 갈 수 없었다)

⇨ 親の放任のゆえに、非行に走る若者もいる。
(부모의 방임으로 인하여 비행으로 나도는 젊은이도 있다)

⇨ 政府の無策の故に国内は内乱状態に陥った。
(정부의 무대책으로 인하여 국내는 내란상태에 빠졌다)

⇨ 予算不足のゆえに高等教育を受けさせていない子供たちがたくさんいる。

(예산부족으로 인하여 고등교육을 받게 하지 못하는 아이들이 많이 있다)

は

～は ⇨ '～ 은(는)', 주제나 특기할 만한 것을 나타내는 용법

|용법| 한마디로 우리말의 '～은, 는'에 해당되는 조사인데 쓸 때는 반드시 이와 같이 쓰지만 발음할 때는 「わ」로 발음하여야 한다. 그 주된 용법은 다음과 같다.

1. 무언가에 대하여 서술할 때 그 주제를 나타낸다.

⇨ 私は学生です。(나는 학생입니다)

⇨ さくらの花は大変美しいです。(벚꽃은 매우 아름답습니다)

⇨ 今日一日は何も食べない方がいいです。
(오늘 하루는 아무것도 먹지 않는 편이 좋습니다)

⇨ この本は昨日買ったばかりです。(이 책은 어제 막 샀습니다)

2. 다른 것과 구별하여 특별히 그것을 내세워 말할 때에 사용된다.

⇨ 鉛筆はありますが、万年筆はありません。
(연필은 있습니다만 만년필은 없습니다)

⇨ 電車の中ではたばこを吸ってはいけません。
(전차 안에서는 담배를 피워서는 안 됩니다)

⇨ 父にはまだそのことを話していません。
(아버지에게는 아직 그 일을 말하지 않았습니다)

⇨ この部屋には誰もいません。(이 방에는 아무도 없습니다)

⇨ 田中さんからはもう返事をもらいました。(다나카씨로부터는 이미 답장을 받았습니다)

～ ば ⇨ '～ (하)면', 가정법을 나타내는 용법

| 용법 | 가정법을 만드는 조사로 우리말의 '～(하)면'에 해당되는데 앞의 조건에 따른 결과가 논리적이고 필연적으로 일어나는 경우에 사용된다. 대체적으로 진리, 습관, 자연현상의 묘사 등에 사용되는 경향이 있다.

| 접속 | 활용어의 가정형에 접속된다. 다만, 이 중에서 형용동사의 가정형인 「なら」와 단정을 나타내는 조동사 「だ」의 가정형인 「なら」에 접속될때는 「ば」가 탈락되어 사용되는 일이 더 많다.

| 예문 |

⇨ 酒がなければ、ビールでもいいですよ。(술이 없으면 맥주라도 괜찮아요)

⇨ 寒ければ窓をしめてもいいですよ。(추우면 창문을 닫아도 좋아요)

⇨ 都合がよければ、今晩デートしましょう。
(사정이 괜찮다면 오늘밤 데이트 합시다)

⇨ 田中が来れば五人になる。(다나카가 오면 5명이 된다)

⇨ 辞書を使えば、意味がわかります。
(사전을 사용하면 의미를 알 수 있습니다)

⇨ 明日は雨が降ればどこへも出かけません。
(내일은 비가 내리면 어디에도 나가지 않습니다)

⇨ 一生懸命練習すればきっと上手になりますよ。
(열심히 연습하면 분명히 잘 하게 되요)

| 참고 | 한 가지 주의할 점은 전항의 내용과 후항의 내용사이에 반드시 연결될

수밖에 없는 내용이 존재할 때는 가정격조사 「ば」를 사용해야 한다는 것이다.

⇨ 春(はる)が来(く)れば花(はな)が咲(さ)く。(봄이 오면 꽃이 핀다)

⇨ つゆ時(どき)になれば雨(あめ)が多(おお)い。(장마 때가 되면 비가 많다)

⇨ 風(かぜ)が吹(ふ)けば波(なみ)が立(た)つ。(바람이 불면 파도가 인다)

⇨ 二(に)に三(さん)を加(くわ)えれば五(ご)となる。(2에 3을 더하면 5가 된다)

⇨ 始(はじ)めがよければ終(おわ)りもよい。(시작이 좋으면 끝도 좋다)

⇨ 屋上(おくじょう)にあがれば、富士山(ふじさん)がよく見(み)えます。(옥상에 오르면 후지산이 잘 보입니다)

～ば ⇨ ～(하)는 게 어때?, 권유를 나타내는 용법

|용법| 문을 이와 같이 가정격조사만으로 끝내는 경우에는 말꼬리를 올려서 발음하여야 하는데 이렇게 되면 상대에 대하여 어떤 행동을 하도록 권유하는 의미를 나타낸다. 이러한 표현은 철저히 회화체에서만 쓰이는데 우리말에서는 그다지 사용되지 않는 것이어서 철저한 주의가 요망된다. 즉, 우리말에서는 '～(하)면 어때?'하는 식으로 상대의 의사를 확인하는 표현이 뒤따르게 되나 일본어에서는 「～ば」만으로도 안정된 권유의 표현이 되는 것이다. 이러한 표현도 일본어의 특징이라 할 수 있는데 다만 이러한 식으로 권유를 하게 되면 그다지 성의가 담기지 않은 권유표현으로 비칠 수 있으므로 사용에 주의하여야 한다.

|접속| 동사의 가정형에 접속된다.

|예문|

⇨ A：これなんかどうかなあ。(이런 건 어떨까?)

B：着(き)てみれば? (입어보는 게 어때?)

⇨ A：あ、これ間違ってる。(아, 이거 틀렸어)

B：教えてあげればば? (가르쳐주는 게 어때?)

⇨ A：ゆうべから、すごく頭が痛いんだ。(어젯밤부터 굉장히 머리가 아파)

B：そんなに痛いの? 会社休めば? (그렇게 아프니? 회사 쉬는 게 어때?)

⇨ 立って見てないで、ちょっと手伝ってあげれば?

(서서보고 있지 말고 좀 도와주는 게 어때?)

～ばいい ⇨ ～(하)면 된다

| 용법 | 가정격조사「ば」에 형용사「いい」가 접속된 어구이다. 이러한 형태로 어떠한 상황에 이르는 과정에서 취하여야 할 가장 적당한 행동을 제시하는 의미를 나타낸다. 대체로 간단한 내용을 가볍고 대수롭지 않다는 듯이 제시할 때에 사용되는 경향이 있다.

| 접속 | 활용어의 가정형에 접속된다.

| 예문 |

⇨ 休みたければ休めばいい。(쉬고 싶으면 쉬면 된다)

⇨ 何も言わずにお金を払えばいいんだよ。

(아무것도 말하지 말고 돈을 지불하면 되는 거야)

⇨ あなたはだまって私の指示に従っていればいい。

(당신은 잠자코 나의 지시에 따르고 있으면 된다)

⇨ 朝早くなら、戸を開けた時に「おはようございます」と言えばいい。

(아침 일찍이라면 문을 열었을 때에 '안녕하세요'라고 말하면 된다)

~はいいとしても ⇨ ~은(는) 그만두고라도, ~은(는) 그렇다 치고

| 용법 | 주제를 나타내는 조사 「は」에 형용사 「いい」가 접속되고 이어서 인용을 나타내는 조사 「と」와 동사 「する(하다)」의 연용형인 「し」, 그리고 복합조사 「ても」가 연결된 어구이다. 이러한 형태로 두 가지 사항을 대비시켜 전항은 허용될 수 있으나 후항은 그렇지 못하다고 하는 의미를 나타낸다. 이러한 표현의 후항에는 주로 부정적인 표현이 오게 된다.

| 접속 | 명사나 그에 준하는 말에 접속된다.

| 예문 |

⇨ 彼はいいとしても、彼女が許してくれないだろう。

(그는 그렇다 치고 그녀가 용서해주지 않을 것이다)

⇨ あのホテルは、部屋はいいとしても、従業員の態度がよくない。

(저 호텔은 방은 그만두고라도 종업원의 태도가 좋지 않다)

⇨ 時間通り来たのはいいとしても、宿題を忘れて来たのはよくない。

(시간대로 온 것은 그렇다 치고 숙제를 잊고 온 것은 좋지 않다)

⇨ 計算を間違えたのはいいとしても、すぐに報告しなかったことが問題だ。

(계산을 잘못한 것은 그만두고라도 바로 보고하지 않았던 것이 문제다)

~ばいいのに ⇨ ~(하)면 좋을 텐데

| 용법 | 가정격조사 「ば」에 형용사 「いい」와 역접을 나타내는 접속조사 「のに」가 접속된 어구이다. 이러한 형태로 그렇게 되었으면 좋겠다고 하는 말하는 사람의 희망을 나타낸다. 이러한 표현은 어디까지나 현실이 희망하는 상태와 다르거나 실현될 수 없는 경우에 쓰이는 경향이 있다.

|접속| 동사나 형용사의 가정형에 접속된다.

|예문|

⇨ もっと家が広ければいいのに。(보다 집이 넓으면 좋을 텐데)

⇨ 明日、雨が晴れればいいのに。(내일, 비가 개이면 좋을 텐데)

⇨ もう少し給料が高ければいいのに。(좀 더 급여가 높으면 좋을 텐데)

⇨ この旅行には高校時代の友達が一緒に行く。君も一緒に行けばいいのに。(이 여행에는 고교시절의 친구가 함께 간다. 자네도 함께 가면 좋을 텐데)

~ばいいものを ⇨ ~(했)더라면 좋았을 것을

|용법| 가정격조사 「ば」에 형용사 「いい」와 역접을 나타내는 접속조사 「ものを」가 접속된 어구이다. 이러한 형태로 그렇게 하지 않아서 좋지 않은 결과가 되고 말았다고 하는 원망이나 비난의 의미를 나타낸다.

|접속| 동사가정형에 접속된다.

|예문|

⇨ 暇だったらパーティーに出席してくれればいいものを、どうして来なかったんだ。(한가했다면 파티에 참석해줬더라면 좋았을 것을 어째서 오지 않은 거냐?)

⇨ すぐに医者に行けばいいものを、がまんしていたから、ひどくなってしまったのだ。(금방 의사에게 갔더라면 좋았을 것을 참고 있었기에 심하게 되고만 것이다)

⇨ わたしに話してくれればいいものを、どうして、ひとこと言ってくれなかったんですか。(나에게 이야기해 줬더라면 좋았을 것을 어째서 한마디 말해주지 않았던 겁니까?)

⇨ そのまま逃げ出せばいいものを、うろうろしていたので彼は結局警官に捕まってしまった。(그대로 도망쳤더라면 좋았을 것을 어슬렁대고 있었기 때문에 그는 결국 경찰에게 잡히고 말았다)

~ はいうまでもない ⇨ ~ 은(는) 말할 것도 없다

| 용법 | 조사 「は」에 동사 「いう」가 접속되고 이어서 부조사 「まで」와 계조사 「も」, 그리고 형용사 「ない」가 연결된 어구이다. 이러한 형태로 상식적으로 생각해서 그 일이 당연한 것이라고 하는 의미를 나타낸다.

| 접속 | 「활용어의 연체형+の」의 형태에 접속된다.

| 예문 |

⇨ 全然学校に来なかった彼が卒業できなかったのはいうまでもない。

(전혀 학교에 오지 않은 그가 졸업할 수 없었던 것은 말할 것도 없다)

⇨ 仕事につけば収入は増えるが、自由時間は少なくなるというのは言うまでもないことだ。

(일을 하면 수입은 늘지만 자유시간은 적어진다고 하는 것은 말할 것도 없는 일이다)

⇨ 単位が足りなければ卒業できないのは言うまでもないが、足りていても卒業論文を書かなければ卒業できない。

(학점이 모자라면 졸업할 수 없는 것은 말할 것도 없지만 모자라지 않아도 졸업논문을 쓰지 않으면 졸업할 수 없다)

~はおろか ⇨ ~은(는) 커녕

| 용법 | 계조사 「は」에 부사 「おろか」가 접속된 어구이다. 이러한 형태로 전항에 정도가 가벼운 것을 내세움으로서 후항을 보다 강조하는 의미를 나타낸다. 그 뒤에는 주로 「~も~ない」 「~まで~ない」와 같은 부정표현이 오는 경향이 있는데 이러한 표현은 다소 딱딱한 문장체에서 주로 사용되며 회화체에서는 이것 대신에 「~どころか」가 주로 사용된다.

| 접속 | 명사에 접속된다.

| 예문 |

⇨ 腰をいためて、歩くことはおろか立つことも難しい。

(허리를 다쳐서 걷는 것은 커녕 서는 것도 어렵다)

⇨ 二ヶ月も勉強したのに、漢字はおろか平仮名もまだ書けないなんて。

(2개월이나 공부했는데 한자는 커녕 히라가나도 아직 쓸 수 없다니)

⇨ 今の親は他人の子供はおろか、自分の子供さえも叱らなくなったといわれている。

(지금의 부모는 타인의 아이는 커녕 자신의 아이조차도 야단치지 않게 되었다고 한다)

⇨ 父も母も、これまではただ仕事ひとすじで、人生を楽しむゆとりなどなかった。海外旅行はおろか国内さえもほとんど見て回ったことがない。

(아버지도 어머니도 지금까지는 다만 오로지 일에만 매달려 인생을 즐기는 여유 같은 건 없었다. 해외여행은 커녕 국내조차도 거의 돌아 본 적이 없다)

~ ばかり ⇨ '~ 쯤, 가량', 대충의 수량, 분량, 정도를 나타내는 용법

| 용법 | 부조사 「ばかり」는 수량이나 정도를 나타내는 말에 접속하여 대충의 분량, 정도를 나타낸다.

| 접속 | 명사에 접속된다.

| 예문 |

⇨ 客は五人ばかりいます。(손님은 5명쯤 있습니다)

⇨ 二時間ばかり待ちました。(2시간가량 기다렸습니다)

⇨ お酒はいくらばかりあげましょうか。(술은 얼마큼 드릴까요?)

⇨ 売りだかの三割ばかりが利益となる。(매출액의 3할 가량이 이익이 된다)

⇨ コップの中に水が半分ばかり入っています。(컵 안에 물이 반쯤 들어있습니다)

⇨ この本を十日ばかりお借りしたいと思います。

(이 책을 열흘쯤 빌리고 싶다고 생각합니다)

⇨ 少しばかりの間違いがあっても叱りはしない。

(약간쯤의 실수가 있어도 꾸짖지는 않는다)

~ばかり ⇨ '~ 뿐, 만', 한정의 의미를 나타내는 용법

|용법| 부조사 「ばかり」는 한편으로는 한정의 의미를 나타내기도 한다. 이와 유사한 말에 「だけ」「のみ」가 있으며 그 용법은 대체로 비슷하나 「だけ」「のみ」가 단순한 한정의 의미만을 나타내는데 비하여 「ばかり」는 같은 동작이나 상태가 언제나 반복적으로 전개되거나 유지될 때에 사용되는 점에서 구별된다.

|접속| 명사나 형용사종지형에 접속된다.

|예문|

⇨ 口先ばかりの約束。(말뿐인 약속)

⇨ 学校で日本語ばかり習っています。(학교에서 일본어만 배우고 있습니다)

⇨ 顔ばかり美しくて心がきたない。(얼굴만 예쁘고 마음이 지저분하다)

⇨ 他人ばかりにたよってはいけません。(타인에게만 의지해서는 안 됩니다)

⇨ あの人は背が高いばかりで、あまり力はない。

(저 사람은 키가 클 뿐 그다지 힘은 없다)

⇨ 父は弟ばかり連れて旅行に出かけました。

(아버지는 남동생만 데리고 여행을 떠났습니다)

⇨ あの男は気が強いばかりで、別にとりえがない。

(저 남자는 마음이 강할 뿐으로 별로 장점이 없다.)

|참고| 이러한 용법의 「ばかり」는 회화체에서 종종 「ばっかり」로 발음되기도 한다.

～ばかりか ⇨ ～(할) 뿐만 아니라

| 용법 | 한정을 나타내는 부조사 「ばかり」에 불확실함을 나타내는 조사 「か」가 접속되어 하나의 단어처럼 쓰이는 연어의 형태이다. 이러한 형태로 정도가 가벼운 사항을 앞에 내세우고 그 뒤에는 보다 무거운 사항을 추가함으로서 전항의 정도보다 후항의 정도가 더 크다고 하는 의미를 나타낸다.

| 접속 | 명사나 활용어의 연체형에 접속된다.

| 예문 |

⇨ 会社の同僚ばかりか家族まで私を馬鹿にしている。

(회사 동료뿐만 아니라 가족까지 나를 바보 취급하고 있다)

⇨ 彼は同窓会の幹事で、会の準備ばかりか、司会もたった一人でやった。

(그는 동창회의 간사로 모임의 준비뿐만 아니라 사회도 단 혼자서 했다)

⇨ あの店はおいしいばかりか、値段も安い。

(저 가게는 맛있을 뿐만 아니라 가격도 싸다)

⇨ あの人は仕事をしないばかりか、掃除すらしようとしない。

(저 사람은 일을 하지 않을 뿐간 아니라 청소조차 하려고 하지 않는다)

⇨ 彼は漢字が書けないばかりか、平仮名も片仮名も書けない。

(그는 한자를 쓸 수 없을 뿐만 아니라 히라가나나 가타가나도 쓸 수 없다)

⇨ 友だちは勇敢だったばかりか、親切でやさしいやつだったなあ。

(친구는 용감했을 뿐만 아니라 친절하고 상냥한 녀석이었지)

～ばかりだ ⇨ ～(할) 뿐이다

| 용법 | 한정을 나타내는 부조사 「ばかり」에 단정을 나타내는 조동사 「だ」가 접

속된 어구이다. 이러한 형태로 바람직하지 못한 방향을 향해 일방적으로 변화되어 감을 나타낸다.

| 접속 | 동사연체형에 접속된다.

| 예문 |

⇨ 最近失業者の数が増えるばかりだ。(최근에 실업자의 수가 늘 뿐이다)

⇨ 政治への不信感は増すばかりだ。(정치에 대한 불신감은 늘어날 뿐이다)

⇨ 手術が終ってからも、父の病気は悪くなるばかりだ。

(수술이 끝나고 나서도 아버지의 병은 나빠질 뿐이다)

⇨ 英語も数学も学校を出てからは、忘れていくばかりだ。

(영어나 수학도 학교를 졸업하고 나서는 잊혀져갈 뿐이다)

| 참고 | 이러한 용법의 「ばかり」는 회화체에서 종종 「ばっかり」로 발음되기도 한다.

~ばかりだ ⇨ ~(하)기만 하면 된다

| 용법 | 한정을 나타내는 부조사 「ばかり」에 단정을 나타내는 조동사 「だ」가 접속된 어구이다. 이러한 형태로 어떠한 일의 준비가 완료되어 있다고 하는 의미를 나타낸다.

| 접속 | 동사연체형에 접속된다.

| 예문 |

⇨ 部品も全部そろって後は組み立てるばかりだ。

(부품도 전부 갖추어져서 나머지는 조립하기만 하면 된다)

⇨ 外出の支度も全部終わって、すぐにも出かけるばかりだ。

(외출준비도 다 끝나서 당장이라도 나가기만 하면 된다)

⇨ 料理もできたし、ビールも冷えている。後は、お客の到着を待つばかりだ。

(요리도 다 되었고 맥주도 차가워져 있다. 이제는 손님의 도착을 기다리기만 하면 된다)

⇨ 駅前の新しい喫茶店は、明日の開店をひかえてすっかり準備が整い、あとは店を開けるばかりだ。

(역 앞의 새로운 찻집은 내일 개점을 앞두고 완전히 준비가 갖추어져서 이제는 가게를 열기만 하면 된다)

~ばかりで ⇨ ~(할) 뿐이지

| 용법 | 한정을 나타내는 부조사 「ばかり」에 단정을 나타내는 조동사 「だ」의 연용형인 「で」가 접속된 어구이다. 이러한 형태로 그 앞에 제시된 것 이외에는 아무것도 없다고 하는 말하는 사람의 일방적인 비난조의 어감을 나타낸다.

| 접속 | 용언의 연체형에 접속된다.

| 예문 |

⇨ 忙しいばかりで、ちっとももうからない。(바쁠 뿐이지 조금도 벌리지 않는다)

⇨ 彼は言うばかりで自分では何もしない。

(그는 말만 할 뿐이지 스스로는 아무것도 안한다)

⇨ サウナなんか熱いばかりで、ちっともいいと思わない。

(사우나 같은 건 뜨거울 뿐이지 조금도 좋다고 생각하지 않는다)

⇨ このごろの野菜はきれいなばかりで味はまあまあだ。

(요즘 야채는 예쁠 뿐이지 맛은 그만그만하다)

~ばかりでなく ⇨ ~(할) 뿐만 아니라

| 용법 | 한정을 나타내는 부조사 「ばかり」에 단정을 나타내는 조동사 「だ」의 연

용형인 「で」와 형용사 「ない」의 연용형인 「なく」가 접속된 어구이다. 이러한 형태로 전항에 제시된 내용이외에도 제시될 내용이 더 있다고 하는 의미를 나타낸다. 보통 「～ばかりでなく～も」의 형태로 사용되곤 한다.

| 접속 | 명사나 활용어의 연체형에 접속된다.

| 예문 |

⇨ 彼は日本語ばかりでなく、英語も話せます。

(그는 일본어뿐만 아니라 영어도 할 수 있습니다)

⇨ 今度の台風で、村は田畑ばかりでなく家屋も大きな被害を受けた。

(이번 태풍으로 마을은 논밭뿐만 아니라 가옥도 큰 피해를 입었다)

⇨ このアパートは、暑いばかりでなく音もうるさい。

(이 아파트는 더울 뿐만 아니라 소리도 시끄럽다)

⇨ 漢字が書けないばかりでなく、ひらがなも書けない。

(한자를 쓸 수 없을 뿐만 아니라 히라가나도 쓸 수 없다)

| 참고 | 이러한 용법의 「ばかり」는 회화체에서 종종 「ばっかり」로 발음되기도 한다.

～ばかりに ⇨ ～ 하는(한) 바람에

| 용법 | 한정을 나타내는 부조사 「ばかり」에 조사 「に」가 접속된 어구이다. 이러한 형태로 그 앞에 오는 사항이 원인이 되어 일이 나쁜 상태가 됨을 나타내는 한편 그에 대하여 말하는 사람의 후회나 유감의 기분을 나타낸다.

| 접속 | 형용사의 연체형이나 「동사연용형+た」의 형태에 접속된다.

| 예문 |

⇨ 金がないばかりに、今度の旅行には行けない。

(돈이 없는 바람에 이번 여행에는 갈 수 없다)

⇨ 学歴がないばかりに、いい会社に就職できません。

(학력이 없는 바람에 좋은 회사에 취직할 수 없습니다)

⇨ 私(わたし)が遅刻(ちこく)したばかりに、皆(みんな)に大変(たいへん)迷惑(めいわく)をかけてしまった。

(내가 지각한 바람에 모두에게 큰 피해를 끼쳐버렸다)

⇨ あまりよく考(かんが)えないで仕事(しごと)を引(ひ)き受(う)けたばかりに、ひどい目(め)にあった。

(그다지 잘 생각하지 않고 일을 떠맡은 바람에 혼쭐났다)

|참고| 이러한 용법의 「ばかり」는 회화체에서 종종 「ばっかり」로 발음되기도 한다.

～ばかりに ⇨ ～((하)고 싶은) 나머지

|용법| 한정을 나타내는 부조사 「ばかり」에 조사 「に」가 접속된 어구이다. 이러한 형태로 어떻게든 그렇게 하고 싶거나 하고 싶지 않은 마음의 상태를 나타낸다.

|접속| 희망을 나타내는 조동사 「たい」나 부정을 나타내는 조동사 「ない」, 그리고 형용사 「ほしい」에 접속된다.

|예문|

⇨ 彼(かれ)に会(あ)いたいばかりに、こんなに遠(とお)くまでやって来(き)た。

(그를 만나고 싶은 나머지 이렇게 멀리까지 찾아왔다)

⇨ 嫌(きら)われたくないばかりに、心(こころ)にもないお世辞(せじ)を言(い)ってしまった。

(눈 밖에 나고 싶지 않은 나머지 마음에도 없는 듣기 좋은 말을 하고 말았다)

⇨ この品物(しなもの)がほしいばかりに、こんなに遠(とお)くまでやって来(き)たのです。

(이 물건을 갖고 싶은 나머지 이렇게 멀리까지 찾아온 것입니다)

⇨ わずかな金(かね)がほしいばかりに、人(ひと)を殺(ころ)すなんて、なんて馬鹿(ばか)げたことだろう。

(얼마 안 되는 돈을 갖고 싶은 나머지 사람을 죽이다니 얼마나 바보스런 짓인가?)

⇨ 上司(じょうし)の機嫌(きげん)を取(と)りたいばかりに心(こころ)にもないお世辞(せじ)を言(い)ってしまった。

(상사의 비위를 맞추고 싶은 나머지 마음에도 없는 말을 하고 말았다)

⇨ 早く仕事をやり終えたいばかりにトイレにも行かないでどんどん仕事をやった。
(빨리 일을 끝내고 싶은 나머지 화장실에도 가지 않고 계속 일을 했다)

⇨ わずかなパンが食べたいばかりに、人を殺すなんて、なんて馬鹿げたことだろう。(얼마 안 되는 빵을 먹고 싶은 나머지 사람을 죽이다니 얼마나 바보스런 짓인가?)

~ばかりになっている ⇨ ~(하)기만 하면 되게 되어있다

|용법| 한정을 나타내는 부조사 「ばかり」에 조사 「に」가 접속되고 이어서 동사 「なる」와 보조동사 「ている」가 연결되는 과정에서 음편현상을 일으킨 「なっている」가 이어진 어구이다. 이러한 형태로 어떠한 일의 준비가 완료되어 있다고 하는 의미를 나타낸다.

|접속| 동사연체형에 접속된다.

|예문|

⇨ 部品も全部そろって後は組み立てるばかりになっている。
(부품도 전부 갖추어져 이제는 조립하기만 하면 되게 되어있다)

⇨ 外出の支度も全部終わって、すぐにも出かけるばかりになっている。
(외출준비도 다 끝나서 당장이라도 나가기만 하면 되게 되어있다)

⇨ 料理もできたし、ビールも冷えている。後は、お客の到着を待つばかりになっている。(요리도 다 되었고 맥주도 차가워져 있다. 이제는 손님의 도착을 기다리기만 하면 되게 되어있다)

⇨ 駅前の新しい喫茶店は、明日の開店をひかえてすっかり準備が整い、あとは店を開けるばかりになっている。
(역 앞의 새로운 찻집은 내일 개점을 앞두고 완전히 준비가 갖추어져서 이제는 가게를 열기만 하면 되게 되어있다)

～ばかりの ⇨ ～(할) 것만 같은

|용법| 한정을 나타내는 부조사 「ばかり」에 조사 「の」가 접속된 어구이다. 이러한 형태로 비유적으로 그 정도가 극심함을 나타내는데 주로 관용적인 어구로 사용되며 회화체보다는 문장체에서 많이 쓰인다.

|접속| 형용사와 동사의 연체형에 접속된다.

|예문|

⇨ 船はまばゆいばかりの陽の光を浴びながら進んでいった。

(배는 눈부실 것만 같은 햇빛을 받으면서 나아갔다)

⇨ 雲をつくばかりの大男が現れた。

(하늘을 찌를 것만 같은 키 큰 남자가 나타났다)

⇨ 透き通るばかりの肌の白さに目をうばわれた。

(속이 들여다 보일 것만 같은 하얀 피부에 눈을 빼앗겼다)

⇨ 用意された品々は目を見張るばかりの素晴らしさである。

(준비된 물건들은 눈이 휘둥그레질 것만 같은 멋진 것이다)

～ばかりは ⇨ ～만은

|용법| 한정을 나타내는 부조사 「ばかり」에 조사 「は」가 접속된 어구이다. 이러한 형태로 그것만을 한정지어 강조하는 의미를 나타내는데 이러한 표현은 비교적 매우 딱딱한 어감의 문장체에서나 쓰일 법하다.

|접속| 명사에 접속된다.

|예문|

⇨ そればかりはお許し下さい。(그것만은 용서해주십시오)

⇨ 命ばかりはお助け下さい。(목숨만은 살려주십시오)

⇨ いつもは厳格な父も、この時ばかりは叱らなかった。

(여느 때는 엄격한 아버지도 이때만은 꾸짖지 않았다)

⇨ 他のことは譲歩してもいいが、この条件ばかりは譲れない。

(다른 것은 양보해도 좋으나 이 조건만은 양보할 수 없다)

～ばこそ ⇨ ～(하)기(했기) 때문에

| 용법 | 접속조사 「ば」에 강세를 나타내는 계조사 「こそ」가 결합된 복합조사의 형태로 이유나 원인을 보다 강조하는 의미를 나타낸다. 주로 관용적인 용법으로 쓰이는데 이러한 표현은 문장체적이긴 하나 회화체에서 쓰이게 되면 문의 의미를 보다 긴장되게 하는 효과가 있다. 다만 이는 어디까지나 긍정적인 이유나 원인을 나타내는 경우에 한하여 쓰일 수 있다.

| 접속 | 활용어의 가정형에 접속된다.

| 예문 |

⇨ 品が特別によいのではない。ただやすければこそ買うのだ。

(물건이 특별히 좋은 것은 아니다. 단지 싸기 때문에 사는 것이다)

⇨ まるくおさめたければこそ何も言わずにいるのだ。

(원만하게 처리하고 싶기 때문에 아무 말도 하지 않고 있는 것이다)

⇨ 子どものためを思えばこそ、留学の費用は子ども自身に用意させたのです。

(아이를 위하기 때문에 유학비용은 아이 자신에게 준비하게 한 것입니다)

⇨ うるさいと感じるかも知れないが、親があれこれ言うのはあなたのことを心配していればこそだ。

(귀찮다고 느낄지도 모르지만 부모가 이것저것 말하는 것은 너를 걱정하고 있기 때문이다)

~ 運びとなる ⇨ ~ (할) 단계가 되다

| 용법 | 동사 「運ぶ」의 연용형이 전성명사화된 「運び」에 조사 「と」와 동사 「なる」가 접속된 어구이다. 여기에서의 「運び」는 '단계'의 의미로 쓰인 것인데 결국 이러한 형태로 어떠한 일이 진행되고 있는 상황을 나타낸다.

| 접속 | 「명사+の」의 형태나 동사연체형에 접속된다.

| 예문 |

⇨ 今まで長引いていた工事もようやく着工の運びとなりました。
(지금까지 오래 끌고 있던 공사도 드디어 착공할 단계가 되었습니다)

⇨ 徹底的な準備を済ませて、来月うどん屋を開店する運びとなりました。
(철저한 준비를 마치고 다음 달 우동 집을 개점할 단계가 되었습니다)

⇨ 政界再編の動きにともない、このたび新しく党を結成する運びとなりました。
(정계재편의 움직임에 따라 이번에 새로이 당을 결성할 단계가 되었습니다)

⇨ 十年以上にかかって書きつづけてきた本が、いよいよ出版の運びとなりました。
(10년 이상에 걸쳐 줄곧 써온 책이 드디어 출판할 단계가 되었습니다)

~ はさておき ⇨ ~ 은(는) 제쳐두고

| 용법 | 계조사 「は」에 동사 「さておく(제쳐두다)」의 연용형인 「さておき」가 접속되어 중지법으로 쓰인 어구이다. 이러한 형태로 그 앞에 온 내용을 무시하고 새로운 화제로 들어간다고 하는 의미를 나타낸다.

| 접속 | 명사에 접속된다.

| 예문 |

⇨ 冗談はさておき、まじめに話し合いましょう。

(농담은 제쳐두고 진지하게 이야기를 나눕시다)

⇨ 前置きはさておき、本題に入ることにしましょう。

(서두는 제쳐두고 본제로 들어가기로 합시다)

⇨ 現実はさておき、一度仮定してみるのも悪くはない。

(현실은 제쳐두고 한번 가정해 보는 것도 나쁘지는 않다)

⇨ 自分の自慢話はさておき、本格的に話を始めてください。

(자신의 자랑이야기는 제쳐두고 본격적으로 이야기를 시작해 주십시오)

～はしない ⇨ ～(하)지는 않는다

| 용법 | 계조사「は」에 동사「する」의 미연형인「し」와 부정을 나타내는 조동사「ない」가 접속된 어구이다. 이러한 형태로 그 동작, 행위에 대한 부정의 의미를 보다 강조하게 된다.

| 접속 | 동사연용형에 접속된다.

| 예문 |

⇨ 分かる → 分かりはしない。(알지는 못한다)

⇨ ある → ありはしない。(있지는 않다)

⇨ 食べる → 食べはしない。(먹지는 않는다)

⇨ 行く → 行きはしない。(가지는 않는다)

⇨ それぐらいのことで怒りはしないだろう。(그 정도의 일로 화내지는 않을 것이다)

⇨ 誰も責めはしない。悪いのは私なのだから。

(누구도 비난하지는 않는다. 나쁜 것은 나인 거니까)

⇨ そんなことをしてもだれも喜びはしない。かえって迷惑に思うだけだ。

(그런 일을 해도 누구도 기뻐하지는 않는다. 오히려 성가시게 생각할 뿐이다)

| 참고 | 이에 대한 긍정표현은 「～はする」가 된다. (해당항목 참고)

⇨ 山田さんはアルバイトに遅れはするが、絶対に休まない。

(야마다씨는 아르바이트에 늦기는 하지만 절대 쉬지 않는다)

⇨ ときどき、息子に怒りはするが、決して殴ったりはしない。

(때때로 아들에게 화를 내기는 하지만 결코 때리거나 하지는 않는다)

～はじめる ⇨ ～(하)기 시작하다

| 용법 | 「はじめる」는 '시작하다'의 의미를 지닌 동사이나 때로는 다른 동사의 연용형에 접속되어 그 동작, 작용의 시작을 나타내는 용법으로도 사용된다.

| 접속 | 동사연용형에 접속된다.

| 예문 |

⇨ さくらの花がさき始めた。(벚꽃이 피기 시작했다)

⇨ 漢字はいつごろから日本で使われ始めましたか。

(한자는 언제쯤부터 일본에서 사용되기 시작했습니까?)

⇨ 今すぐ行きますから、皆さん先に食べはじめていてください。

(지금 바로 갈 테니까 여러분 먼저 먹기 시작해 주십시오)

⇨ ひらがなはいつごろからならわせ始めたらよいでしょうか。

(히라가나는 언제쯤부터 배우기 시작하게 하면 좋을까요?)

| 참고 | 이와 유사한 것으로 「～だす」가 있는데 「～はじめる」가 의지를 나타내거나 예측이 가능한 동작내지 행위의 시작을 나타내는 데 반하여 「～だす」는 우발적, 충동적, 그리고 예측이 어려운 동작내지 행위의 시작을 나타내는 점에서 구별된다.

⇨ 雨(あめ)が降(ふ)りはじめる。(비가 (조금씩) 내리기 시작한다)

⇨ 雨(あめ)が降(ふ)りだす。(비가 (갑자기) 내리기 시작한다)

~は承知(しょうち)の ⇨ ~은(는) 이미 알고 있는

|용법| 「承知(しょうち)」는 어떠한 사실에 관하여 충분히 알고 있음을 나타내는 말인데 그 앞뒤에 각각 조사 「は」와 「の」가 접속된 어구이다. 이러한 형태로 어떠한 사실에 대하여 사전에 이미 숙지하고 있다고 하는 의미를 나타낸다.

|접속| 그 뒤에는 수식을 받는 명사가 오게 된다.

|예문|

⇨ 危険(きけん)は承知(しょうち)の手術(しゅじゅつ)だが、いざとなると不安(ふあん)になるものだ。

(위험은 이미 알고 있는 수술이지만 막상 하게 되면 불안해지는 법이다)

⇨ このホテルは値段(ねだん)が高(たか)いとは承知(しょうち)のことだが、こんなに高(たか)いとは思(おも)わなかった。

(이 호텔은 가격이 비싸다는 것은 이미 알고 있는 일이지만 이렇게 비싸다고는 생각하지 않았다)

⇨ このことを誰(だれ)かに話(はな)したりしたらいけないとは承知(しょうち)のことだったが、うっかりしてしゃべってしまった。

(이 일을 누군가에게 이야기하거나 하면 안 된다는 건 이미 알고 있는 일이었지만 깜빡하고 이야기하고 말았다)

~はずが(は)ない ⇨ ~(할) 리가(는) 없다

|용법| 예상이나 확신을 나타내는 형식명사 「はず」에 조사 「が」 또는 「は」와 형용사 「ない」가 접속된 어구이다. 이러한 형태로 어떠한 사태가 일어날 가

능성은 전혀 없음을 주관적인 입장에서 추측하거나 강하게 의심하는 의미를 나타낸다.

| 접속 | 활용어의 연체형에 접속된다.

| 예문 |

⇨ こんな小さいホテルの部屋が高いはずがない。

(이런 작은 호텔의 방이 비쌀 리가 없다)

⇨ 人家の立て込んでいる所だから、静かなはずがない。

(인가가 밀집되어 있는 곳이니까 조용할 리가 없다)

⇨ 彼女がそんなふうに言うはずはないよ。きっと理由があるに違いないだろう。

(그녀가 그런 식으로 말할 리는 없어. 필시 이유가 있음에 틀림없을 거야)

⇨ 何ヵ月も演奏の準備をしてきたからには、失敗するはずはないと思うが、それでもやはり不安が残る。

(몇 개월이나 연주준비를 해 온 이상에는 실패할 리는 없다고 생각하지만 그래도 역시 불안이 남는다)

~ はずだ ⇨ ~ 일(할) 것이다

| 용법 | 예상이나 확신을 나타내는 형식명사 「はず」에 단정을 나타내는 조동사 「だ」가 접속된 어구이다. 이러한 형태로 당연히 그러할 것임을 나타내거나 예정되어 있음을 나타내는데 주로 화자의 주관에 입각한 추측의 뉘앙스가 강한 어구이다. 대체로 무언가의 근거에 의하여 당연히 그러할 것이라고 생각되는 경우에 사용된다.

| 접속 | 명사나 활용어의 연체형에 접속된다. 단, 명사에 접속될 경우에는 「~のはずだ」의 형태를 취하며 또한, 「はずだ」의 뒤에 「ので」 「のに」와 같은 접속조사가 올 때는 「はずな」의 형태로 연결되게 된다.

|예문|

⇨ あの店(みせ)は日曜日(にちようび)は休(やす)みのはずです。

(저 가게는 일요일은 쉬는 날일 것입니다)

⇨ あの時計(とけい)はスイス製(せい)ですから、高(たか)いはずです。

(저 시계는 스위스제이기 때문에 비쌀 것입니다)

⇨ 木村(きむら)さんは日本語(にほんご)がじょうずなはずです。

(기무라씨는 일본어를 잘 할 것입니다)

⇨ 普通(ふつう)ならこれだけ食(た)べれば絶対(ぜったい)太(ふと)るはずだ。

(보통이라면 이만큼 먹으면 절대로 살찔 것이다)

⇨ 私(わたし)のいとこはもう大学(だいがく)を卒業(そつぎょう)したはずです。

(내 사촌은 이미 대학을 졸업했을 것입니다)

⇨ あの人(ひと)は知(し)っているはずなのに、知(し)らないふりをしている。

(저 사람은 알고 있을 텐데 모르는 척 하고 있다)

～はずだった ⇨ ～(할) 작정이었다

|용법| 말하는 사람의 확실한 예정을 나타내는 형식명사 「はず」에 단정을 나타내는 조동사 「だ」의 연용형인 「だっ」과 과거를 나타내는 조동사 「た」가 접속된 어구이다. 이러한 형태로 과거에 당연히 했어야 할 일을 결과적으로는 하지 못했다고 하는 의미를 나타낸다.

|접속| 동사연체형에 접속된다.

|예문|

⇨ 彼(かれ)も来(く)るはずだったが、急用(きゅうよう)ができて来(こ)られないそうだ。

(그도 올 작정이었지만 급한 일이 생겨서 올 수 없다고 한다)

⇨ 大学(だいがく)の卒業後(そつぎょうご)、アメリカへ留学(りゅうがく)するはずだった。しかし、父(ちち)が亡(な)くなって行(い)け

なくなった。(대학졸업 후, 미국으로 유학할 작정이었다. 그러나 아버지가 돌아가셔서 갈 수 없게 되었다)

⇨ 昨年は輸出10億ドルを達成するはずだった。しかし不景気で結局達成できなかった。(작년은 수출10억 달러를 달성할 작정이었다. 하지만 불경기로 결국은 달성할 수가 없었다)

⇨ 初めの計画では、道路はもっと北側を通るはずだったのに、いつの間にか変更されてしまった。(처음의 계획으로는 도로는 보다 북쪽을 통과할 작정이었는데 어느 틈엔지 변경되어 버렸다)

～はする ⇨ ～(하)기는 한다

| 용법 | 강세를 나타내는 계조사 「は」에 동사 「する」가 접속된 어구이다. 이러한 형태로 그 동작, 행위를 내세워서 강조해 놓고 그 대신에 뒤에 오는 동작, 행위는 부정하는 의미를 ㄴ타낸다.

| 접속 | 동사연용형에 접속된다.

| 예문 |

⇨ 彼は人前に行きはするが、誰ともしゃべらない。
(그는 남 앞에 가기는 하지만 누구와도 말하지 않는다)

⇨ 酔ってその男をなぐりはしたが、殺してはいない。
(취해서 그 남자를 때리기는 했지만 죽이지는 않았다)

⇨ 山田さんはアルバイトに遅れはするが、絶対に休まない。
(야마다씨는 아르바이트에 늦기는 하지만 절대 쉬지 않는다)

⇨ ときどき、息子に怒りはするが、決して殴ったりはしない。
(때때로 아들에게 화를 내기는 하지만 결코 때리거나 하지는 않는다)

| 참고 | 이에 대한 부정표현은 「～はしない」가 된다. (해당항목 참고)

⇨ そんなことをしても誰も喜びはしない。

(그런 일을 해도 누구도 기뻐하진 않는다)

⇨ 誰も責めはしない。悪いのは私なのだから。

(누구도 탓하진 않는다. 나쁜 것은 나 인거니까)

～はそっちのけで ⇨ ～은(는) 뒷전이고

|용법| 강세를 나타내는 계조사「は」에 명사「そっちのけ」와 조사「で」가 접속된 어구이다. 참고로「そっちのけ」는「そっち(그쪽)」으로「退ける(치우다)」에서 유래된 것으로 여겨지는데 이러한 형태로 마땅히 해야 할 일은 하지 않고 엉뚱한 일만 하는 것을 비난조로 나타낸다.

|접속| 명사에 접속된다.

|예문|

⇨ 息子は、勉強はそっちのけで遊び回ってばかりいるから心配だ。

(아들은 공부는 뒷전이고 놀러 다니고만 있으니까 걱정이다)

⇨ 選手たちは、シーズンなのにトレーニングはそっちのけで遊んでばかりいる。

(선수들은 시즌인데도 훈련은 뒷전이고 놀고만 있다)

⇨ あの人は学者だと言っても、研究はそっちのけで、金もうけに余念がないようだ。

(저 사람은 학자라고 해도 연구는 뒷전이고 돈벌이에 여념이 없는 듯하다)

⇨ うちの子供は学校が終わったら、宿題はそっちのけでテレビゲームばかりしている。(우리 집 아이는 학교가 끝나면 숙제는 뒷전이고 티브이게임만 하고 있다)

～ば ～だけ ⇨ ～(하)면 ～(하)는 만큼

|용법| 가정을 나타내는 조사「ば」가 앞에 배치되고 뒤에는 비례를 나타내는 부

조사 「だけ」가 배치된 어구이다. 이러한 형태로 어떠한 동작의 실현에 따라 그 정도에 맞는 다른 일이 일어남을 나타낸다.

| 접속 | 「～ば」앞에는 동사가정형이 「～だけ」앞에는 동사연체형이 접속된다.

| 예문 |

⇨ 動物は世話をすればするだけなついてきます。
(동물은 돌보아 주면 주는 만큼 잘 따르게 됩니다)

⇨ ピアノは練習すればするだけよく指が動くようになる。
(피아노는 연습하면 하는 만큼 손가락이 잘 움직이게 된다)

⇨ 交渉が時間をかければかけるだけ余計にもつれていった。
(교섭이 시간을 들이면 들이는 단큼 더욱 꼬여 갔다)

～裸足の ⇨ ～ 빰치는

| 용법 | 「裸足」는 '맨발'을 가리키는데 그 실력 등이 너무 뛰어난 나머지 옆에 있던 전문가마저 맨발로 도망칠 정도, 라는 의미에서 생겨난 말이다. 그 앞에는 비교대상을 나타내는 명사가 오게 되는데 이러한 형태로 전문가가 아니면서도 실제로는 전문가 못지않은 능력이나 실력을 지니고 있다고 하는 의미를 나타낸다.

| 접속 | 명사에 접속된다.

| 예문 |

⇨ 友だちは歌手裸足の実力を持っている。
(친구는 가수 빰치는 실력을 지니고 있다)

⇨ あの人は、専門家裸足の優れた技術を持っている。
(저 사람은 전문가 빰치는 뛰어난 기술을 가지고 있다)

⇨ 少年の堂々たる弁論は、大人裸足のものだった。

(소년의 당당한 변론은 어른 빰치는 것이었다)

⇨ 彼女のプロ裸足の歌唱力に会場はどよめいた。

(그녀의 프로 빰치는 가창력에 회장은 술렁거렸다)

～は～で ⇨ ～은(는)～대로

|용법| 주제를 나타내는 계조사「は」가 앞에 배치되고 뒤에는 단정을 나타내는 조동사「だ」의 연용형인「で」가 배치된 어구이다. 이러한 형태로 다른 것과 비교하면서「は」로 제시되어 있는 대상에 대한 설명을 하게 된다.

|접속|「は」「で」앞에는 같은 명사가 접속된다.

|예문|

⇨ タヌキは若い女に化け、キツネはキツネで立派な侍に変わった。

(너구리는 젊은 여자로 둔갑하고 여우는 여우대로 훌륭한 무사로 변했다)

⇨ 彼らは彼らで、自分の祖国に何らかの形で恩返したいと考えていた。

(그들은 그들대로 자신의 조국에 무언가의 형태로 보답하고 싶다고 생각하고 있었다)

⇨ 彼の言うことなど気にせず、君は君で自分が正しいと思ったことをやればいいのだ。

(그가 말하는 것 따위 신경 쓰지 말고 너는 너대로 자신이 옳다고 생각한 것을 하면 되는 것이다)

⇨ 姉はオリンピックで金メダルを取り、妹は妹で、初めて書いた小説が芥川賞を受賞した。

(언니는 올림픽에서 금메달을 따고 여동생은 여동생대로 처음으로 쓴 소설이 아쿠타가와상을 수상했다)

～ば～で ⇨ ～(하)면～(하)는 대로

| 용법 | 가정을 나타내는 조사「ば」가 앞에 배치되고 뒤에는 조사「で」가 배치된 어구이다. 이러한 형태로 앞뒤의 대조적인 상황하에서 어느 쪽이든 그 결과는 마찬가지라는 의미를 나타낸다.

| 접속 |「ば」앞에는 형용사와 동사의 가정형이 접속되고「で」앞에는 형용사의 종지형이나「동사연용형+た」의 형태가 접속된다.

| 예문 |

⇨ 金などというものは無ければ困るが、あればあったでやっかいなものだ。(돈이라고 하는 것은 없으면 곤란하지만 있으면 있는 대로 귀찮은 것이다)

⇨ 自動車がないときさぞ不便だろうと思っていたが、なければないでやっていけるものだ。(자동차가 없을 때 틀림없이 불편할 거라고 생각하고 있었지만 없으면 없는 대로 해나갈 수 있는 것이다)

⇨ 父は暑さに弱い。それでは冬が好きかというとそうではない。寒ければ寒いで文句ばかり言っている。(아버지는 더위에 약하다. 그러면 겨울을 좋아하냐고 하면 그렇지는 않다. 추우면 추운대로 불평만 하고 있다)

⇨ 子供が小さい間は、病気をしないだろうかちゃんと育つだろうかと心配ばかりしていたが、大きくなれば大きくなったで、受験やら就職やら心配の種はなくならない。(아이가 어릴 동안에는 병을 앓지 않을까 제대로 자랄까 하고 걱정만 하고 있었는데 커지면 커지는 대로 수험이나 취직 같은 걱정거리는 없어지지 않는다)

～はというと(いえば) ⇨ ～로(으로) 말할 것 같으면

| 용법 | 주제를 나타내는 조사「は」에 인용을 나타내는 조사「と」가 접속되고 이어서 동사「いう」와 조건을 나타내는 조사「と」가 연결된 어구이다. 이러한 형태로 제시된 주제를 다른 것과 대비하여 거론하는 의미를 나타낸다. 때로는「～といえば」의 형태로 쓰이기도 하는데 그 용법과 의미는 같다.

| 접속 | 주제를 나타내는 명사에 접속된다.

| 예문 |

⇨ だけどその間、僕はというとそのアイデア実現のために何ひとつ行動を起こさずにいた。

(하지만 그 동안 나로 말할 것 같으면 그 아이디어실현을 위하여 무엇 하나 행동을 일으키지 않고 있었다)

⇨ 森町はといえば、昔から木材の産地だが、最近は温泉が吹き出して話題になっている。

(모리마치로 말할 것 같으면 옛날부터 목재의 산지이지만 최근에는 온천이 뿜어 나와서 화제가 되고 있다)

⇨ 日本ではクリスマスに雪が降ることもあります。南半球のオーストラリアはといえば12月は真夏なので雪が降ることは絶対にありません。

(일본에서는 크리스마스에 눈이 오는 일도 있습니다. 남반구의 호주로 말할 것 같으면 12월은 한여름이기 때문에 눈이 오는 일은 절대로 없습니다)

⇨ 長女、次女は父親の影響で日本舞踊を習っています。三女はというと日本的なことにまったく興味がなくジャズダンスに夢中です。

(장녀, 차녀는 아버지의 영향으로 일본무용을 배우고 있습니다. 셋째 딸로 말할 것 같으면 일본적인 것에 전혀 흥미가 없어 재즈댄스에 열중하고 있습니다)

~ はとにかくとして ⇨ ~ 은(는) 어쨌든 간에

| 용법 | 계조사 「は」에 '어쨌든'이라는 뜻을 지닌 부사 「とにかく」가 접속되고 이어서 조사 「と」와 동사 「する」의 연용형인 「し」, 그리고 접속조사 「て」가 연결된 어구이다. 이러한 형태로 그 앞에 제시된 것보다 더 중요한 일이나 우선적으로 행하여야 할 일을 대비적으로 나타낸다.

| 접속 | 명사에 접속된다.

| 예문 |

⇨ あいさつはとにかくとして、まずは中にお入りください。

(인사는 어쨌든 간에 우선은 안으로 들어가 주십시오)

⇨ 成績はとにかくとして、明るくて思いやりのあるいい子供です。

(성적은 어쨌든 간에 밝고 배려심이 있는 좋은 아이입니다)

⇨ 自分の自慢話はとにかくとして、本格的に話を始めてください。

(자신의 자랑이야기는 어쨌든 간에 본격적으로 이야기를 시작해 주십시오)

⇨ 私はとにかくとして、あなたはこの仕事に満足しているんですか。

(나는 어쨌든 간에 당신은 이 일에 만족하고 있는 겁니까?)

~ はともかく ⇨ ~ 은(는) 몰라도

| 용법 | 계조사 「は」에 '어쨌든'이라는 뜻을 지닌 부사 「ともかく」가 접속된 어구이다. 이러한 형태로 주로 전항보다는 후항이 우선적으로 강조되어야 한다는 의미를 나타낸다.

| 접속 | 명사에 접속된다.

| 예문 |

⇨ 学歴はともかく、人柄にやや難点がある。

(학력은 몰라도 인품에 약간 결점이 있다)

⇨ ほかの人はともかく君だけはぼくの気持ちを分かってもらいたい。

(다른 사람은 몰라도 자네만은 나의 기분을 알아줬으면 좋겠다)

⇨ 他人はともかく、中学生にもなってそんなことがわからないとは困ったことだ。

(다른 사람은 몰라도 중학생이나 되어서 그런 것을 모른다니 곤란한 일이다)

⇨ それがいいことか悪いことかはともかく、あの人はみんなのためにいっしょうけんめいやったのです。

(그것이 좋은 일인지 나쁜 일인지는 몰라도 저 사람은 모두를 위해서 열심히 한 것입니다)

～はなんにしろ ⇨ ～은(는) 어쨌든 간에

| 용법 | 계조사「は」에 대명사「なん」이 접속되고 이어서 조사「に」에 동사「する」의 명령형인「しろ」가 연결된 어구이다. 이러한 형태로 여러 가지의 사정이나 이유를 인정하면서도 그 바탕위에서의 주의나 권고, 또는 요구 등의 의미를 나타낸다.

| 접속 | 명사에 접속된다.

| 예문 |

⇨ 学歴はなんにしろ、人柄にやや難点がある。
(학력은 어쨌든 간에 인품에 약간 결점이 있다)

⇨ 理由はなんにしろ、あなたのやったことは間違っている。
(이유는 어쨌든 간에 당신이 한 일은 틀렸다)

⇨ 事情はなんにしろ、早く故障した部品をとりかえなければならない。
(사정은 어쨌든 간에 빨리 고장 난 부품을 교환해야만 한다)

⇨ 言い訳は何にしろ、約束が果たせなかったことについては責任をとってもらいます。(변명은 어쨌든 간에 약속을 다할 수 없었던 일에 대해서는 책임을 져야 합니다)

～は別として ⇨ ～은(는) 별개로 치고

| 용법 | 주제를 나타내는 조사「は」에 '다른 것'의 의미를 지닌「別」와 조사「と」가 접속되고 이어서 동사「する」의 연용형인「し」에 접속조사「て」가 연결된 어구이다. 이러한 형태로 제시된 사항이 예외이거나 특별하다고 하는 의미를 나타낸다.

| 접속 | 명사에 접속된다.

| 예문 |

⇨ 販売部数は別として、彼は自分が書きたい小説を書き続けた。

(판매부수는 별개로 치고 그는 ズ-신이 쓰고 싶은 소설을 계속해서 썼다)

⇨ 京都や奈良といった観光地は別として、小さい寺や神社には観光収入はないのが普通だ。

(교토나 나라라고 하는 관광지는 별개로 치고 작은 절이나 신사에는 관광수입이 없는 것이 보통이다)

⇨ 日本語と中国語は別として、そのほかのアジアの言語となると学習する人が極端にすくなくなる。

(일본어와 중국어는 별개로 치고 그 밖의 아시아언어가 되면 학습하는 사람이 극단적으로 적어진다)

⇨ 中国での生活が長かった山田さんは別として、うちの会社には他に中国語のできる人はいない。

(중국에서의 생활이 길었던 야마다씨는 별개로 치고 우리 회사에는 달리 중국어를 할 수 있는 사람은 없다)

～ば ～ほど ⇨ ～(하)면 ～(할)수록

| 용법 | 가정을 나타내는 조사 「ば」가 앞에 배치되고 뒤에는 정도를 나타내는 명사 「ほど」가 배치된 어구이다. 이러한 형태로 가중되는 동작이나 변화에 따라 그 결과의 정도가 고조된다고 하는 의미를 나타낸다.

| 접속 | 「ば」 앞에는 활용어의 가정형이 접속되고 「ほど」 앞에는 활용어의 연체형이 접속된다.

| 예문 |

⇨ 修理は早ければ早いほどいいです。(수리는 빠르면 빠를수록 좋습니다)

⇨ 荷物は小さければ小さいほどいいです。(짐은 작으면 작을수록 좋습니다)

⇨ 静かなら(ば)静かなほどいいです。(조용하면 조용할수록 좋습니다)

⇨ 登れば登るほど気温が低くなります。(오르면 오를수록 기온이 낮아집니다)

⇨ 聞けば聞くほど上手になります。(들으면 들을수록 잘하게 됩니다)

⇨ 読めば読むほどおもしろくなります。(읽으면 읽을수록 재미있어집니다)

⇨ 勉強すればするほど難しくなると思います。

(공부하면 할수록 어려워진다고 생각합니다)

~ はめになる ⇨ ~ (할) 지경이 되다

| 용법 | 「はめ」는 곤란한 경우나 입장을 나타내는 말로 여기에 결과를 나타내는 「になる」가 접속된 어구이다. 이러한 형태로 어떠한 과정을 거친 나머지 곤란하거나 궁지에 빠지게 된 상태를 나타낸다.

| 접속 | 동사연체형에 접속된다.

| 예문 |

⇨ どじを踏んで臭い飯を食うはめになった。

(얼빠진 짓을 하여 콩밥을 먹을 지경이 되었다)

⇨ 結局、言い出した自分が責任者を引き受けるはめになった。

(결국 말을 꺼낸 자신이 책임자를 떠맡을 지경이 되었다)

⇨ 携帯電話の契約をキャンセルして、結局違約金を支払うはめになった。

(휴대폰의 계약을 취소하여 결국 위약금을 낼 지경이 되었다)

⇨ 交通事故である女性が命を失い、その息子を引き取るはめになった。

(교통사고로 어느 여성이 생명을 잃어 그 아들을 떠맡을 지경이 되었다)

~ はもちろんのこと ⇨ ~ 은(는) 물론이거니와

| 용법 | 계조사「は」에 부사「もちろん」과 조사「の」, 그리고 형식명사「こと」가 접속된 어구이다. 이러한 형태로 처음부터 당연시되는 사항을 내세운 다음 그에 못지않게 당연하거나 중요시되는 사항을 그 뒤에 제시하는 의미를 나타낸다.

| 접속 | 명사에 접속된다.

| 예문 |

⇨ 結果はもちろんのこと、その過程も大切だ。

(결과는 물론이거니와 그 과정드 중요하다)

⇨ 子供たちはもちろんのこと大人も招待することにしよう。

(아이들은 물론이거니와 어른도 초대하기로 하자)

⇨ 環境が変わると、考え方はもちろんのこと性格も変わる。

(환경이 바뀌면 사고방식은 물론이거니와 성격도 바뀐다)

⇨ このロボットは、掃除はもちろんのこと子供の遊び相手までしてくれる。

(이 로봇은 청소는 물론이거니와 아이의 놀이상대까지 해준다)

~ はもとより ⇨ ~ 은(는) 물론이고

| 용법 | 계조사「は」에 '본래, 원래'정도의 의미를 지닌 부사「もとより」가 접속된 어구이다. 이러한 형태로 전항에는 처음부터 당연시되는 사항을 내세운 다음 그에 못지않게 당연하거나 중요시되는 사항을 후항에 제시하는 의미를 나타낸다.

| 접속 | 명사에 접속된다.

| 예문 |

⇨ 環境が変わると、考え方はもとより性格も変わる。

(환경이 바뀌면 사고방식은 물론이고 성격도 바뀐다)

⇨ 胃はもとより肺もやられているのが検査でわかった。

(위는 물론이고 폐도 탈이 나있는 것을 검사에서 알았다)

⇨ この化粧品は、女性はもとより男性にも非常に人気がある。

(이 화장품은 여성은 물론이고 남성에게도 상당히 인기가 있다)

⇨ 彼は晴れた気持ちのよい日はもとより、雨の降る寒い日でも毎日散歩をしている。

(그는 화창한 기분 좋은 날은 물론이고 비가 내리는 추운 날에도 매일 산책을 하고 있다)

~ばよかった ⇨ ~(했)으면 좋았을 걸

| 용법 | 가정을 나타내는 조사 「ば」에 형용사 「よい」의 연용형인 「よかっ」과 과거를 나타내는 조동사 「た」가 접속된 어구이다. 이러한 형태로 주로 지나간 일에 대하여 후회하거나 아쉬워하는 의미를 나타낸다.

| 접속 | 주로 동사가정형에 접속된다.

| 예문 |

⇨ しまった。あいつの電話番号をメモしておけばよかった。

(아차, 저 녀석의 전화번호를 메모해두었으면 좋았을 걸)

⇨ あの服、買っておけばよかった。もう売り切れてしまったんだって。

(저 옷, 사 두었으면 좋았을 걸. 벌써 다 팔려버렸단다)

⇨ 一人で悩んでいないで、もっと早く相談しに来ればよかった。

(혼자서 고민하고 있지 말고 좀 더 빨리 상담하러 왔으면 좋았을 걸)

⇨ あんなつまらない映画、見に行かなければよかった。

(저런 시시한 영화, 보러 가지 않았으면 좋았을 걸)

| 참고 | 때로는 이와 같은 의미로 「～たらよかった」도 사용된다. (해당항목참고)

⇨ 野菜がしなびている。冷蔵庫に入れておいたらよかった。

(야채 시들어있다. 냉장고에 넣어 두었으면 좋았을 걸)

아울러, 이에 대한 부정표현으로는 「～なければよかった」가 사용된다. (해당항목 참고)

⇨ こんなごちそうが出るんなら、さっき間食しなければよかった。

(이런 진수성찬이 나올 것 같으면 아까 간식을 안 먹었으면 좋았을 걸)

～は～わ、～は～わ
⇨ ～ 은(는) ～ (하)지를 않나, ～ 은(는) ～ (하)지를 않나

| 용법 | 계조사 「は」가 앞에 배치되고 뒤에는 종조사 「わ」가 배치된 형태가 앞뒤로 두 번 반복적으로 나열된 어구이다. 이러한 형태로 바람직하지 않은 일이 한꺼번에 겹쳐서 일어남으로서 무척이나 곤란을 겪고 있다고 하는 의미를 나타낸다. 이러한 표현이 제시되게 되면 그 문말에는 주로 '큰일이다, 곤란하다'와 같은 의미의 술어가 오게 된다.

| 접속 | 각각의 「は」앞에는 명사가 접속되고 각각의 「わ」앞에는 활용어의 종지형이 접속된다.

| 예문 |

⇨ 今週は試験はあるわレポートの締め切りは近いわ、寝る間もない。

(이번 주는 시험은 있지를 않나 리포트 마감일은 다가오질 않나 잠 잘 틈도 없다)

⇨ このごろ忙しくて、もう家事はたまるわ、まともな食事はできないわ大変だ。

(요즘은 바빠서 이미 집안일은 밀려있지를 않나 제대로 된 식사는 할 수 없지를 않나 큰일이야)

⇨ 妻はハンドバックは忘れるわ、買った物は受け取らずに出てくるわといった慌て

者です。(아내는 핸드백은 잊지를 않나 구입한 물건은 받지 않고 나오질 않나 하는 덤벙쟁이입니다)

⇨ あいつは高校生のくせに、タバコは吸うわお酒は飲むわ無断外泊はするわ、悪いことばかりしていて親を泣かせている。

(저 녀석은 고등학생 주제에 담배는 피우질 않나 술은 마시질 않나 무단외박은 하질 않나 나쁜 짓만 하고 있어서 부모를 울리고 있다)

~ 半分に ⇨ ~ 삼아

| 용법 | 「半分」은 우리말의 '반'에 해당되는 말인데 주의할 것은 우리말의 '반(半)'과는 달리 일본어에서는 반드시 「はんぶん(半分)」을 사용하여야 한다는 점이다. 여기에 조사 「に」가 접속된 형태로 쓰여서 그러한 기분이 상당히 들어가 있다고 하는 의미를 나타낸다.

| 접속 | 명사나 형용사, 형용동사어간에 접속된다.

| 예문 |

⇨ おもしろ半分にコンピューターを打ってみた。(재미삼아 컴퓨터를 쳐봤다)

⇨ どんな仕事でも遊び半分にしてはいけません。

(어떤 일이라도 놀기삼아 해서는 안됩니다)

⇨ 冗談半分に悪口を言ったら、本当に怒ってしまった。

(농담삼아 욕을 했더니 정말도 화를 내버렸다)

⇨ うちの子は面白半分に友だちと喫煙しているようだ。

(우리 집 아이는 재미삼아 친구들과 담배를 피우고 있는 것 같다)

ひ

ひとつ ⇨ 한번, 한번쯤

| 용법 | 「ひとつ」는 원래 '한개, 하나'의 의미를 지닌 수사이지만 일상의 회화에서 거의 관용적으로 사용되어 무언가를 부탁하거나 무언가를 시도삼아 해본다고 하는 의미를 나타낸다. 아울러 남에게 물건 등을 권할 때도 사용된다.

| 예문 |

⇨ ひとつよろしくお願いしますよ。(한번 잘 부탁합니다)

⇨ ひとつ話にのってみようか。(한번쯤 이야기에 응해 볼까?)

⇨ 十分休んだから、ひとつやってみるか。(충분히 쉬었으니까 한번 해 볼까?)

⇨ 娘さんの病気を誰も治せないというなら、ひとつ、私が治してみましょう。
(따님의 병을 아무도 고칠 수 없다고 한다면 한번 제가 고쳐보겠습니다)

~ ひとつ ~ ない ⇨ ~ 하나 ~ (하)지 못한다

| 용법 | '하나'를 나타내는 명사 「ひとつ」가 앞에 배치되고 뒤에는 부정을 나타내는 조동사 「ない」가 배치된 어구이다. 이러한 형태로 본래라면 할 수 있을 간단한 것을 제대로 하지 못할 때 그에 대하여 비난조로 표현할

때 사용된다. 이러한 용법은 우리말에도 똑같이 존재한다.

|접속| 「ひとつ」앞에는 명사가 접속되고 「ない」앞에는 동사미연형이 접속된다.

|예문|

⇨ 女優(じょゆう)のくせに、歌(うた)ひとつ歌(うた)えない。(여배우이면서 노래하나 부르지 못한다)

⇨ 近(ちか)ごろの子供(こども)はぞうきんひとつ満足(まんぞく)にしぼれない。

(요즘 아이는 걸레하나 만족스럽게 짜지 못한다)

⇨ このごろの若(わか)いやつは、挨拶(あいさつ)ひとつ満足(まんぞく)にできない。

(요즘의 젊은 녀석은 인사하나 제대로 만족스럽게 하지 못한다)

⇨ 留学(りゅうがく)してから、もう半年(はんとし)にもなるのに、息子(むすこ)ははがきひとつよこさない。

(유학하고 나서 벌써 반년이나 되었는데 아들은 엽서하나 보내지 않는다)

ひとつまちがえば ⇨ 자칫하면, 아차하면

|용법| '하나, 한번'을 나타내는 명사 「ひとつ」에 동사 「まちがう(잘못하다, 틀리다, 실수하다)」의 가정형인 「まちがえ」와 가정을 나타내는 조사 「ば」가 접속된 어구이다. 이러한 형태로 만약에 조금이라도 일이 잘못될 경우를 관용적으로 나타낸다.

|예문|

⇨ ひとつ間違(まちが)えば大惨事(だいさんじ)になるところだった。(자칫하면 대참사가 될 뻔했다)

⇨ カーレースは、ひとつまちがえば、大事故(だいじこ)につながることもある危険(きけん)な競技(きょうぎ)である。(카레이스는 아차하면 큰 사고로 연결될 경우도 있는 위험한 경기이다)

⇨ 出産(しゅっさん)というのは大変(たいへん)な仕事(しごと)で、医学(いがく)の進(すす)んだ現在(げんざい)でもひとつまちがえば命(いのち)にかかわる。

(출산이라는 것은 대단한 일로 의학이 진전된 지금에도 아차하면 목숨에 관계된다)

⇨ 政治家(せいじか)の不用意(ふようい)な発言(はつげん)が続(つづ)いている。ひとつ間違(まちが)えば外交問題(がいこうもんだい)にも発展(はってん)しかねない。
(정치가의 부주의한 발언이 계속되고 있다. 자칫하면 외교문제로도 발전할지 모른다)

ひとつも ~ ない、ひとつもない ⇨ 하나도 ~ (하)지 않다, 하나도 없다

| 용법 | '하나'를 나타내는 명사 「ひとつ」에 조사 「も」가 접속된 것이 앞에 배치되고 뒤에는 부정표현이 배치되어있는 어구이다. 때로는 「ひとつもない」로만 쓰이기도 하는데 이러한 형태로 전혀 없음을 보다 강조하는 의미를 나타낸다.

| 접속 | 「ない」앞에는 형용사연용형(く형)이나 동사미연형이 접속된다.

| 예문 |

⇨ 知(し)った顔(かお)はひとつもない。(아는 얼굴은 하나도 없다)

⇨ この料理(りょうり)はひとつもうまくない。(이 요리는 하나도 맛이 없다)

⇨ 彼(かれ)の作文(さくぶん)には、まちがいはひとつもなかった。
(그의 작문에는 틀린 곳은 하나도 없었다)

⇨ このごろのファッションなんか、ひとつも気(き)に入(い)らない。
(요즈음의 패션 같은 건 하나도 마음에 들지 않는다)

ひととおりではない ⇨ 보통이 아니다, 여간 ~ (한) 것이 아니다

| 용법 | '보통, 평범'의 뜻을 지닌 명사 「一通(ひととお)り」에 명사부정표현인 「ではない」가 접속된 어구이다. 이러한 형태로 보통의 정도가 아니다, 상당하다고 하는 의미를 나타낸다.

| 예문 |

⇨ 成功するまでの彼の努力は、一通りではなかった。

(성공할 때까지 그의 노력은 보통이 아니었다)

⇨ 彼らを納得させるのに彼女の説明は一通りではなかった。

(그들을 납득시키는데 그녀의 설명은 보통이 아니었다)

⇨ 愛用していたデジカメが壊れたので、あわてて友だちから借りてきたが、慣れない機械というのは、使いにくいこと一通りではない。

(애용하고 있던 디지털카메라가 고장 나서 황급히 친구에게 빌려왔지만 익숙하지 않은 기계라는 것은 여간 사용하기 어려운 것이 아니다)

ひととおりの ~ ⇨ 웬만한 ~

| 용법 | '보통, 평범'의 뜻을 지닌 명사 「一通り」에 조사 「の」가 접속된 어구이다. 이러한 형태로 보통의 정도로는 불가능하다고 하는 의미를 나타내는데 이러한 표현의 문말에는 주로 부정표현이 오게 된다.

| 접속 | 뒤에는 수식을 받는 명사가 오게 된다.

| 예문 |

⇨ もうひととおりのことはできるようになった。(이제 웬만한 일은 할 수 있게 되었다)

⇨ この問題は難しくてひととおりの説明ではわからない。

(이 문제는 어려워서 웬만한 설명으로는 알 수 없다)

⇨ 大学院の講義は、ひととおりの学識ではできないものだ。

(대학원의 강의는 웬만한 학식으로는 할 수 없는 것이다)

⇨ みんなが頑張っているのだから、成功しようとすれば、ひととおりの努力ではだめだ。

(모두가 분발하고 있으니까 성공하려고 한다면 웬만한 노력으로는 안 된다)

ひとり ～ だけでなく ⇨ 단지(비단) ～ 뿐만 아니라

| 용법 | 「ひとり」는 '한 사람, 혼자, 독신'의 의미를 지닌 명사이나 이것이 부사로 쓰일 때는 뒤에 부정표현을 수반하여 '단지, 비단'의 의미를 나타내게 된다. 이러한 「ひとり」가 앞에 배치되고 뒤에는 한정을 나타내는 부조사 「だけ」에 단정을 나타내는 조동사 「だ」의 연용형인 「で」와 형용사 「ない」의 연용형인 「なく」가 접속된 것이 배치된 형태이다. 이러한 형태로 오로지 그것에만 한정되는 일이 없이 다른 것에도 적용될 수 있다고 하는 의미를 나타내는데 이러한 표현은 다소 딱딱한 어감의 문장체에서 주로 사용된다.

| 접속 | 「だけでなく」앞에는 명사가 접속된다.

| 예문 |

⇨ 子供(こども)のいじめは、ひとり日本(にほん)だけでなく世界諸国(せかいしょこく)の問題(もんだい)でもある。
(아동학대는 단지 일본뿐만 아니라 세계 여러 나라의 문제이기도 하다)

⇨ この活動(かつどう)は、ひとり本校(ほんこう)だけでなく、広(ひろ)く地域(ちいき)によびかけて進(すす)めたい。
(이 활동은 단지 본교뿐만 아니라 널리 지역에 호소하여 추진하고 싶다)

⇨ 環境汚染(かんきょうおせん)の問題(もんだい)は、ひとりわが国(くに)だけでなく、全世界(ぜんせかい)の問題(もんだい)でもある。
(환경오염의 문제는 비단 우리 나라뿐만 아니라 전 세계의 문제이기도 하다)

| 참고 | 이와 유사한 어구로는 「ひとり～のみならず」가 있다.

⇨ 子供(こども)のいじめは、ひとり日本(にほん)のみならず世界諸国(せかいしょこく)の問題(もんだい)でもある。
(아이의 따돌림은 단지 일본뿐만 아니라 세계 여러 나라의 문제이기도 하다)

～ びる ⇨ ～ 답다, ～ 스럽다

| 용법 | 접미어 「びる」는 명사나 형용사의 어간에 접속되어 이를 상1단동사로 만드는 역할을 하는데 이러한 형태로 그러한 모양으로 보인다는 의미를 나타낸다.

| 접속 | 「大人(おとな)」와 같은 제한된 명사나 형용사의 어간에 접속된다.

| 예문 |

⇨ 着物姿(きものすがた)の彼女(かのじょ)はなんとなく大人(おとな)びている。
(기모노 차림의 그녀는 어딘지 모르게 어른다워 보인다)

⇨ あの子(こ)は幼(おさな)いながらも大人(おとな)びた行動(こうどう)をする。
(저 아이는 어리면서도 어른다운 행동을 한다)

⇨ まだ10歳(さい)の子供(こども)ではあるが、大人(おとな)びた面(めん)も持(も)っている。
(아직 10세의 아이이기는 하지만, 어른스러운 면도 지니고 있다)

⇨ ひなびる。(촌티가 나다)

⇨ 古(ふる)びる。(오래되다)

ふ

～ ふう ⇨ ～(하)는 것 같은 ～(하)는 척

| 용법 | 「ふう」는 「風(ふう)(방법, 방식)」에서 온 말로 그러한 모양을 보인다고 하는 의미를 나타낸다.

| 접속 | 활용어의 연체형에 접속된다.

| 예문 |

⇨ そんなに嫌(いや)がっているふうでもなかった。
(그렇게 싫어하고 있는 것 같지도 않았다)

⇨ 男(おとこ)は何気(なにげ)ないふうを装(よそお)って近(ちか)づいて来(き)た。
(남자는 아무렇지도 않은 척을 하며 다가왔다)

⇨ なんにも知(し)らないくせに知(し)ったふうなことを言(い)うな。
(아무것도 모르는 주제에 아는 척하는 말을 하지마라)

⇨ 久(ひさ)しぶりに会(あ)った松井(まつい)さんは、ずいぶんやつれて、生活(せいかつ)にも困(こま)っているふうだった。(오래 만에 만난 마쯔이씨는 매우 수척하여 생활에도 곤란한 것 같았다)

～ ふうに(な) ⇨ ～ 식으로(의)

|용법| 「風」는 '방법'의 의미를 지닌 것으로 주로 「こういうふうに(な)」「そういうふうに(な)」「ああいうふうに(な)」「どういうふうに(な)」의 형태로 특정한 방법을 나타낸다. 예를 들어 「こういうふうに」로 쓰이면 뒤에 오는 술어를 수식하게 되고 「こういうふうな」로 쓰이면 뒤에 오는 명사를 수식하게 된다.

|예문|

⇨ こういうふうにやってごらん。(이런 식으로 해 보렴)

⇨ そういうふうな言い方は失礼だよ。(그런 식의 말투는 실례야)

⇨ どういうふうに説明していいのかわからない。
(어떤 식으로 설명해야 좋을지 모르겠다)

⇨ あの人も、ああいうふうに遊んでばかりいると、ろくなことにはならないよ。
(저 사람도 저런 식으로 놀기만 하고 있으면 일이 변변치 않게 된다)

|참고| 「ふう」는 또한 「〜というふうに」의 형태로 어떠한 방법이나 상태에 대하여 예를 들어 설명하는 용법도 지니고 있다. 우리말의 '〜라는 식으로' 정도에 해당된다. (해당항목 참고)

⇨ 今月は京都、来月は奈良というふうに、毎月どこか近くに旅行することにした。
(이번 달은 교토, 다음 달은 나라라는 식으로 매월 어딘가 가까운 곳에 여행을 하기로 했다)

～ ふしがある ⇨ ～ (하는) 구석이 있다

|용법| 「ふし」는 원래 식물의 마디나 동물의 관절을 일컫는 말이나 때로는 '생각하거나 알고 있는 부분'의 의미로도 사용된다. 결국 이러한 형태로 분명하지는 않지만 말이나 행동으로 미루어 그러한 느낌이 든다고 하는 의미를 나타낸다.

| 예문 |

⇨ 彼(かれ)はどうも行(い)くのをいやがっているふしがある。

(그는 아무래도 가는 것을 싫어하고 있는 구석이 있다)

⇨ その男(おとこ)の言動(げんどう)には、どことなくあやしいふしがある。

(그 남자의 언동에는 어딘가 모르게 이상한 구석이 있다)

⇨ 彼女(かのじょ)は平気(へいき)を装(よそお)ってはいるが、何(なん)だか疑(うたが)わしいふしがある。

(그녀는 태연을 가장하고는 있으나 뭔가 의심스러운 구석이 있다)

⇨ 犯人(はんにん)は、その日(ひ)被害者(ひがいしゃ)が家(いえ)にいることを知(し)っていたと思(おも)われるふしがある。

(범인은 그 날 피해자가 집에 있는 것을 알고 있었던 것으로 생각되는 구석이 있다)

～ぶり ⇨ ～(한) 모습(모양)

| 용법 | 접미어「ぶり」는 그 상태나 모습을 나타내는 용법도 지니고 있는데 특히 「食(た)べる」「飲(の)む」의 경우에는「食(た)べっぷり」「飲(の)みっぷり」의 형태가 된다.

| 접속 | 동작성명사나 동사연용형에 접속된다.

| 예문 |

⇨ 彼(かれ)は飲(の)みっぷりがいいね。(그는 주량이 좋네)

⇨ 最近(さいきん)の彼女(かのじょ)の活躍(かつやく)ぶりは、みんなが知(し)っている。

(최근 그녀의 활약하는 모습은 모두가 알고 있다)

⇨ 間違(まちが)いを指摘(してき)された時(とき)の、彼(かれ)のあわてぶりといったらなかった。

(잘못을 지적당했을 때의 그의 당황하는 모습은 말할 수 없었다)

⇨ 田中(たなか)さんの話(はな)しぶりからすると、交渉(こうしょう)はあまりうまくいっていないようだ。

(다나카씨의 말하는 모습에서 보면 교섭은 그다지 잘 되고 있는 것 같지 않다)

~ぶりに(の) ⇨ '~ 만에(의)', 긴 기간에 대하여 언급하는 용법

| 용법 | 접미어 「~ぶり」는 시간을 나타내는 말에 접속되어 오랫동안 하지 못했던 일을 새삼 한다고 하는 의미를 나타낸다. 보통 긴 기간에 대하여 언급할 때 사용되며 짧은 기간에 대해서는 사용할 수 없다.

| 접속 | 시간을 나타내는 명사에 접속된다.

| 예문 |

⇨ 遭難者(そうなんしゃ)は18時間(じかん)ぶりに救出(きゅうしゅつ)された。(조난자는 18시간 만에 구출되었다)

⇨ 小学校(しょうがっこう)の友達(ともだち)と四十年(よんじゅうねん)ぶりに再会(さいかい)した。(초등학교 친구와 40년 만에 재회했다)

⇨ 父(ちち)の半年(はんねん)ぶりの帰国(きこく)に、家族(かぞく)みんながおお喜(よろこ)びした。
(아버지의 반년만의 귀국에 가족 모두가 크게 기뻐했다)

⇨ 最近(さいきん)、6年(ねん)ぶりに田舎(いなか)に帰(かえ)ったのですが、村(むら)がたいへん変(か)わっていました。
(최근, 6년 만에 시골에 되돌아간 겁니다만 마을이 무척 바뀌어 있었습니다)

~ふりをする ⇨ ~ 인(하는) 척하다

| 용법 | 「振(ふ)り」는 '품행, 태도' 등의 의미를 지닌 말인데 이것이 때로는 어떠한 모양새를 갖춘다고 하는 의미로도 사용된다. 이 경우는 우리말의 '~(하는) 척'정도에 해당되는데 결국 「~ふりをする」의 형태로 그러한 시늉을 한다고 하는 의미를 나타낸다.

| 접속 | 「명사+の」의 형태나 활용어의 연체형에 접속된다.

| 예문 |

⇨ 見(み)て見(み)ないふりをする。(보고도 못 본척하다)

⇨ 彼は日本人のふりをしている。(그는 일본인인척 하고 있다)

⇨ わかっているくせに、わからないようなふりをしている。
(알고 있으면서 모르는 척하고 있다)

⇨ うれしくないお客が来たので、急ぐふりをして階段を駆け上がった。
(반갑지 않은 손님이 왔기 때문에 바쁜 척을 하며 계단을 뛰어 올라갔다)

~ ぶる ⇨ ~ 인 척하다, ~ 티를 내다

| 용법 | 접미어 「ぶる」는 '일부러 그럴듯하게 보인다'는 의미를 지니고 있는데 주로 사실과는 다르지만 사실인 것처럼 행동하거나 과장되게 행동함을 비난조로 표현할 때 사용되곤 한다.

| 접속 | 명사나 형용사, 형용동사의 어간에 접속된다.

| 예문 |

⇨ 聖人ぶる。(성인티를 내다)

⇨ 勉強家ぶる。(노력가인 척 하다)

⇨ えらぶる。(우쭐대다)

⇨ 彼は学者ぶっているだけで、本当の学者ではない。
(그는 학자인 척하고 있을 뿐 진짜 학자는 아니다)

⇨ この辺の奥さんたちには上品ぶる人が多い。
(이 주위의 부인들에는 고상한 티를 내는 사람이 많다)

⇨ 彼はもったいぶってなかなか教えてくれない。
(그는 우쭐대며 좀처럼 가르쳐주지 않는다)

⇨ 三年生になった長女は、先輩ぶって一年生の妹にいろいろ教えたりしている。
(3학년이 된 장녀는 선배티를 내며 1학년인 여동생에게 여러 가지를 가르쳐주곤 한다)

~分(ぶん)(だけ) ⇨ ~(한) 만큼

| 용법 | 「~分(ぶん)」은 정도를 나타내는 말인데 때로는 그 뒤에 부조사 「だけ」가 접속되어 쓰이기도 한다. 이러한 형태로 '그 정도에 따라서'라는 의미를 나타낸다.

| 접속 | 「명사+の」의 형태나 활용어의 연체형에 접속된다.

| 예문 |

⇨ 外(そと)で元気(げんき)な分(ぶん)、彼(かれ)は家(いえ)ではおとなしい。
(밖에서 활발한 만큼 그는 집에서는 점잖다)

⇨ 1年間(ねんかん)の休職(きゅうしょく)の分(ぶん)だけ、仕事(しごと)がたまっていた。
(1년간 휴직한 만큼 일이 쌓여있었다)

⇨ 食(た)べれば食(た)べた分(ぶん)太(ふと)るから、気(き)をつけた方(ほう)がいい。
(먹으면 먹은 만큼 살찌니까 조심하는 편이 좋다)

⇨ 彼(かれ)を信頼(しんらい)していた分(ぶん)だけ、裏切(うらぎ)られたときのショックも大(おお)きかった。
(그를 신뢰하고 있었던 만큼 배신당했을 때의 쇼크도 컸다)

~分(ぶん) ⇨ ~몫, ~치

| 용법 | 「~分(ぶん)」은 한편으로는 '할당량, 배분된 분량'의 의미를 나타내기도 한다.

| 접속 | 주로 날짜를 나타내는 명사나 「명사+の」의 형태에 접속된다.

| 예문 |

⇨ 来月分(らいげつぶん)の食費(しょくひ)まで先(さき)に使(つか)ってしまった。(내달치의 식비까지 먼저 써버렸다)

⇨ 友(とも)だちは、いつも自分(じぶん)の分(ぶん)を先(さき)に確保(かくほ)する癖(くせ)がある。

(친구는 언제나 자기 몫을 먼저 확보하는 버릇이 있다)

⇨ 心配しなくていいよ。君の分はちゃんと残しておいたから。

(걱정하지 않아도 돼. 자네 몫은 제대로 남겨두었으니까)

⇨ 部屋を借りるためには、はじめに家賃三ヶ月分のお金が必要です。

(방을 빌리기 위해서는 처음에 집세 3개월 치의 돈이 필요합니다)

～ぶんには ⇨ ～(할) 정도일 것 같으면

| 용법 | 정도를 나타내는 「ぶん」에 복합조사 「には」가 접속된 어구이다. 이러한 형태로 그와 같은 정도라면 개의치 않는다고 하는 의미를 나타낸다.

| 접속 | 동사연체형에 접속된다.

| 예문 |

⇨ 私はいかなる宗教も信じない。しかし、他人が信じるぶんには一向にかまわない。

(나는 어떠한 종교도 믿지 않는다. 그러나 타인이 믿는 정도일 것 같으면 전혀 상관 없다)

⇨ はたで見ているぶんには楽そうだが、自分でやってみるとどんなに大変かがわかる。(곁에서 보고 있을 정도일 것 같으면 편해 보이지만 자신이 해보면 얼마나 힘든가를 알 수 있다)

⇨ もともと一ヶ月ぐらいかかるだろうと思っていたから、三週間ぐらいかかるぶんには全然問題ない。(본래 한 달 정도 걸릴 거라고 생각하고 있었으니까 3주일쯤 걸릴 정도일 것 같으면 전혀 문제없다)

⇨ A：申し訳ありません。会議の始まる時間がいつもより少し遅くなりそうなんですが。(죄송합니다. 회의가 시작되는 시간이 여느 때보다 조금 늦어질 것 같습니다만)

B：遅くなるぶんには、かまわないよ。(늦어질 정도일 것 같으면 상관없어)

へ

～ へ ⇨ '～ 로(으로), ～ 에게', 방향 또는 상대를 나타내는 용법

|용법| 조사 「へ」는 동작, 행위가 이행되는 방향이나 상대를 나타낸다. 다만, 표기할 때는 반드시 「へ」로 하나 발음할 때는 반드시 「え」로 하여야한다.

|접속| 명사에 접속된다.

|예문|

⇨ 低気圧が東へ進んでいる。(저기압이 동쪽으로 나가고 있다)

⇨ わたしは六時にうちへ帰ります。(나는 6시에 집으로 돌아갑니다)

⇨ とりは山の方へ飛んで行った。(새는 산 쪽으로 날아갔다)

⇨ 授業が終わったら、すぐうちへ帰りましょう。(수업이 끝나면 바로 집으로 돌아갑시다)

⇨ 私は今度、学校の近くのアパートへひっこします。
(나는 이번에 학교 근처의 아파트로 이사합니다)

⇨ 私は国へ帰って、医者になるつもりです。
(나는 고향으로 돌아가서 의사가 될 작정입니다)

⇨ あの本は友達へ貸しました。(저 책은 친구에게 빌려주었습니다)

⇨ あなたへは絵本をあげましょう。(당신에게는 그림책을 드리겠습니다)

|참고| 이와 같이 동작, 행위가 이행되는 방향을 나타낼 경우에는 「へ」가 쓰이

나 이행되는 장소나 물건을 나타내는 경우에는 「に」도 사용된다. 다만, 「に」는 동작, 행위의 목적지를 나타내는데 반하여, 「へ」는 어디까지나 동작, 행위가 목적지에 도달하기까지의 과정을 나타내는 점에 근본적인 차이가 엿보인다. 따라서 「東京へつく」「椅子へかける」라고는 하지 않으며 「東京につく」「椅子にかける」라고 하는 것이 일반적이다. 한편, 수식구의 경우 「母への手紙」「田中さんへのおくりもの」라고는 하나 「母にの手紙」「田中さんにのおくりもの」라고는 일체 하지 않음에 각별히 주의하여야 한다.

~べからざる ⇨ ~(할) 수 없는, ~(해)서는 안 될

| 용법 | 문장체에서 사용되는 조동사 「べし」의 미연형 「べから」에 마찬가지로 문장체에서 부정을 나타내는 조동사 「ず」의 연체형인 「ざる」가 접속된 어구이다. 이러한 형태로 어떠한 행위나 사태가 올바르지 않거나 바람직하지 않음을 나타내면서 그러한 행위나 사태가 있어서는 안 된다고 하는 의미를 나타낸다. 다만 그 앞에 올 수 있는 동사는 지극히 제한적이어서 주로 「欠く、許す、知る」와 같은 동사가 오게 되는데 이러한 표현은 매우 딱딱한 어감의 문장체에서 쓰이는 경향이 있다.

| 접속 | 주로 「欠く、許す、知る」와 같은 동사의 종지형에 접속된다.

| 예문 |

⇨ 彼の暴力は許すべからざる行為である。
(그의 폭력은 용서할 수 없는 행위이다)

⇨ 知るべからざる秘密を知ってしまったので殺された。
(알아서는 안 될 비밀을 알아 버렸기 때문에 살해되었다)

⇨ 川端康成は日本の文学史上、欠くべからざる作家だ。

(가와바타야스나리는 일본의 문학사상, 빼놓을 수 없는 작가이다)

⇨ いかなる理由があったにせよ、警官が一般市民に暴行を加えることは、あり得るべからざる行為だ。

(어떠한 이유가 있었건 간에 경관이 일반시민에게 폭행을 가하는 것은 있을 수 없는 행위이다)

～べからず ⇨ ～(해)서는 안 됨

|용법| 문장체에서 사용되는 조동사「べし」의 미연형「べから」에 마찬가지로 문장체에서 부정을 나타내는 조동사「ず」가 접속된 어구이다. 이러한 형태로 강력한 금지를 나타내는데 이러한 표현은 주로 딱딱한 어감의 문장체에서만 쓰이며 특히 간판이나 게시판 등에서 쓰이는 경향이 있다.

|접속| 동사 및 조동사「せる、させる、しめる、れる、られる」의 종지형에 접속되는데 특히, 동사「する」에 접속될 때는「す」또는「する」의 두 가지 형태에 접속된다. (참고로「す」는「する」의 문장체형)

|예문|

⇨ 落書きするべからず。(낙서해서는 안 됨)

⇨ 芝生に入るべからず。(잔디밭에 들어가서는 안 됨)

⇨ 犬に小便させるべからず。(개에게 소변보게 해서는 안 됨)

⇨ 関係者以外は入るべからず。(관계자이외는 들어가서는 안 됨)

～べき ⇨ ～(해)야 할

| 용법 | 「べき」는 문장체에서만 사용되는 조동사 「べし」의 연체형으로 그 뒤에는 수식을 받는 명사만 오게 된다. 이러한 형태로 당연히 그렇게 행하여야 할 일을 나타낸다.

| 접속 | 동사 및 조동사 「せる、させる、しめる、れる、られる」의 종지형에 접속되는데 특히, 동사 「する」에 접속될 때는 「す」 또는 「する」의 두 가지형태에 접속된다. (참고로 「す」는 「する」의 문장체형)

| 예문 |

⇨ 言うべきことははっきり言わなければならない。

(말해야 할 것은 확실히 말하지 않으면 안 된다)

⇨ 外交政策について、議論す(る)べきことは多い。

(외교정책에 관해서 논의해야 할 일은 많다)

⇨ 彼は40歳にしてようやく自分の生きるべき道を見つけた。

(그는 40세가 되어서야 겨우 자신이 살아가야 할 길을 찾았다)

⇨ エジプトのピラミッドは、永遠に残すべき人類の遺産である。

(이집트의 피라미드는 영원히 남겨야 할 인류의 유산이다)

| 참고 | 다음의 예문처럼 관용적으로 사용되는 용법도 있는데 각각 '무서울 정도의' '죽어야 할'정도의 의미에 해당된다.

⇨ エイズは恐るべき速さで世界中に広がっている。

(에이즈는 무서울 정도의 속도로 전 세계에 퍼지고 있다)

⇨ 人は皆死すべき運命を背負っている。

(사람은 모두 죽어야 할 운명을 짊어지고 있다)

～べきだ ⇨ ～(하)여야 한다

| 용법 | 문장체에서 사용되는 조동사 「べし」의 연체형인 「べき」에 단정을 나타내

는 조동사 「だ」가 접속된 어구로 언제나 문말의 표현으로만 쓰인다. 이러한 형태로 당연히 그렇게 하거나 되어야 함을 나타내는데 이러한 표현은 문장체나 회화체 어느 쪽에서도 자주 쓰인다.

|접속| 동사 및 조동사 「せる、させる、しめる、れる、られる」의 종지형에 접속되는데 특히, 동사 「する」에 접속될 때는 「す」 또는 「する」의 두 가지형태에 접속된다. (참고로 「す」는 「する」의 문장체형)

|예문|

⇨ 学生はまず第一に勉強す(る)べきだ。
(학생은 우선 첫째로 공부하여야 한다)

⇨ 悪いことをしたのは君だから、あやまるべきだ。
(나쁜 일을 한 것은 너이니까 사과하여야 한다)

⇨ 女性は常に化粧をして、美しくあるべきだなどという考えには賛成できない。
(여성은 항상 화장을 해서 아름다워야 한다는 따위의 생각에는 찬성할 수 없다)

⇨ たとえ正確に見える数字でも、それの持つ意味を注意深く読み取るべきである。
(설령 정확히 보이는 숫자라도 그것이 가지는 의미를 주의 깊게 알아내야 한다)

~ べきで(は)ない ⇨ ~ (해)서는 안 된다

|용법| 문장체에서 사용되는 조동사 「べし」의 연체형인 「べき」에 명사 부정표현인 「ではない」가 접속된 어구이다. 이러한 형태로 금지의 의미를 나타내는데 이러한 표현은 문장체나 회화체 어느 쪽에서도 자주 쓰인다.

|접속| 동사 및 조동사 「せる、させる、しめる、れる、られる」의 종지형에 접속된다. 특히, 동사 「する」에 접속될 때는 「す」 또는 「する」의 두 가지형태에 접속된다. (참고로 「す」는 「する」의 문장체형)

| 예문 |

⇨ あんなひどいことを言うべきではない。

(저런 심한 말을 해서는 안 된다)

⇨ 一度ぐらいの失敗であきらめるべきではない。

(한 번 정도의 실패로 포기해서는 안 된다)

⇨ 入学の資格のない者に入学の許可をあたえるべきではない。

(입학자격이 없는 자에게 입학허가를 주어서는 안 된다)

⇨ マスコミは、どんな場合でも間違った報道をするべきではない。

(매스컴은 어떠한 경우에도 잘못된 보도를 해서는 안 된다)

～ べく ⇨ ～ (하)기 위하여

| 용법 | 「べく」는 문장체에서 사용되는 조동사 「べし」의 연용형으로 동작, 작용의 목적을 나타낸다. 이러한 표현은 주로 딱딱한 어감의 문장체에서 쓰이는 경향이 있다.

| 접속 | 동사 및 조동사 「せる、させる、しめる、れる、られる」의 종지형에 접속되는데 특히, 동사 「する」에 접속될 때는 「す」 또는 「する」의 두 가지형태에 접속된다. (참고로 「す」는 「する」의 문장체형)

| 예문 |

⇨ 速やかに解決すべく努力致します。

(신속하게 해결하기 위하여 노력하겠습니다)

⇨ 日本の文学を勉強すべく日本へ留学しました。

(일본문학을 공부하기 위하여 일본으로 유학했습니다)

⇨ 兄は締め切りに間に合わせるべく、昼も夜も論文に取り組んでいる。

(형은 마감날짜에 맞추기 위해 낮에도 밤에도 논문에 매달리고 있다)

⇨ 彼(かれ)は、表情(ひょうじょう)を曇(くも)らせる娘(むすめ)を安心(あんしん)させるべく、笑顔(えがお)を作(つく)りながらうなずいて見(み)せた。

(그는 표정을 어둡게 하는 딸을 안심시키기 위해 웃는 얼굴을 지으면서 끄떡거려 보였다)

~ べくして ⇨ ~ (할)만해서, ~ (할)만하니까

|용법| 문장체에서 당연, 의무를 나타내는 조동사 「べし」의 연용형 「べく」에 동사 「する」의 연용형 「し」와 접속조사 「て」가 접속된 어구이다. 이러한 형태로 어떠한 일이 발생한 것은 결코 우연이 아니라 필연임을 나타낸다.

|접속| 동사 및 조동사 「せる、させる、しめる、れる、られる」의 종지형에 접속되는데 특히, 동사 「する」에 접속될 때는 「す」 또는 「する」의 두 가지형태에 접속된다. (참고로 「す」는 「する」의 문장체형)

|예문|

⇨ これは残(のこ)るべくしてのこったものだ。(이것은 남을만해서 남은 것이다)

⇨ 彼(かれ)が勝(か)ったのは偶然(ぐうぜん)ではない。練習(れんしゅう)につぐ練習(れんしゅう)を重(かさ)ねて、彼(かれ)は勝(か)つべくして勝(か)ったのだ。(그가 이긴 것은 우연이 아니다. 연습에 이어지는 연습을 거듭해서 그는 이길만하니까 이긴 것이다)

⇨ この機械(きかい)の危険性(きけんせい)は以前(いぜん)から何度(なんど)も指摘(してき)されていた。この事故(じこ)は起(お)こるべくして起(お)こったといえる。

(이 기계의 위험성은 이전부터 몇 번이나 지적되고 있었다. 이 사고는 일어날 만해서 일어났다고 할 수 있다)

~ べくもない ⇨ ~ (할) 방도도 없다

|용법| 문장체에서만 사용되는 조동사 「べし」의 연용형 「べく」에 조사 「も」와 형

용사 「ない」가 접속된 어구이다. 이러한 형태로 주어진 상황에서 달리 방도가 없음을 나타낸다.

|접속| 동사 및 조동사 「せる、させる、しめる、れる、られる」의 종지형에 접속되는데 특히, 동사 「する」에 접속될 때는 「す」 또는 「する」의 두 가지형태에 접속된다. (참고로 「す」는 「する」의 문장체형)

|예문|

⇨ 私(わたし)がそんな大金(たいきん)を手(て)に入(い)れることなど望(のぞ)むべくもないことだ。

(내가 그런 큰돈을 손에 넣는 일 같은 건 바랄 방도도 없는 일이다)

⇨ 彼(かれ)が相手(あいて)では、まるで大人(おとな)に子供(こども)がかかっていくようで、勝(か)つべくもない。

(그가 상대여서는 마치 어른에게 아이가 덤벼드는 것 같아서 이길 방도도 없다)

⇨ そのころ、私(わたし)は日本(にほん)にいなかったのだから、あなたが結婚(けっこん)したことは知(し)るべくもないことでした。

(그 무렵 나는 일본에 없었기 때문에 당신이 결혼한 것은 알 방도도 없는 일이었습니다)

～べし ⇨ ～(할) 것, ～(할)지어다

|용법| 「べし」는 문장체에서만 사용되는 조동사로서 '～(하)여야만 한다(의무),' ～(하)는 것이 당연하다'(당연)의 의미를 나타낸다. 문장체에서 사용되며 주로 쓰이는 형태는 「～べきだ」(～(하)여야 한다), 「～べき」(～(하)여야 할), 「～べく」(～(하)기 위하여), 「～べからざる」(～(할) 수 없는, ～(해)서는 안 될), 「～べくもない」(～(할) 방도도 없는), 「～べからず」(～(해)서는 안 된다) 정도이다.

|접속| 동사 및 조동사 「せる、させる、しめる、れる、られる」의 종지형에 접속되는데 특히, 동사 「する」에 접속될 때는 「す」 또는 「する」의 두 가지형태에 접속된다. (참고로 「す」는 「する」의 문장체형)

| 활용 | べから+ず(미연형) べく(연용형) べし(종지형) べき+명사(연체형)

| 예문 |

⇨ 汽車に注意すべし。(기차에 주의할 것)

⇨ 明日必ず行くべし。(내일은 꼭 갈지어다)

⇨ 学生は勉強に励むべし。(학생은 공부에 힘써야 할 것)

⇨ 正直を心がけるべし。(정직을 명심할지어다)

ほ

~ 方がいい ⇨ ~ (하)는 것(편) 이 좋다

| 용법 | 한쪽 편을 나타내는 「方」에 주격조사 「が」와 형용사 「いい」가 접속된 어구이다. 이러한 형태로 두 가지 선택사항 가운데에서 바람직하다고 생각되는 내용을 선택하는 의미를 나타낸다.

| 접속 | 활용어의 연체형에 접속된다.

| 예문 |

⇨ 僕が話すより、君が直接話す方がいいと思う。

(내가 말하기보다 네가 직접 말하는 편이 좋다고 생각한다)

⇨ たいしたことはないと思っても、一度医者に行っておく方がいいよ。

(대단한 것은 아니라고 생각해도, 한 번 의사에게 가 두는 편이 좋아요)

⇨ いくら世の中が変わったと言っても、子供は無邪気な方がいい。

(아무리 세상이 바뀌었다고 해도 아이는 순진한 편이 좋다)

⇨ 雨が降っている夜には、できるだけ運転をしない方がいい。

(비가 내리고 있는 밤에는 가능한 한 운전을 하지 않는 편이 좋다)

| 참고 | 이와 유사한 표현으로 그 앞에 과거를 나타내는 조동사 「た」가 접속된 「~た方がいい」 가 있는데 양자에 있어서 그 뉘앙스의 차이는 다음과 같다.

⇨ 海に行くより山に行く方がいい。

⇨ 海に行くより山に行った方がいい。

전자는 바다와 산을 비교하여 단지 자신의 취향이나 희망을 상대방에게 선택적으로 밝히고 있음에 지나지 않으나 후자의 경우는 상대방에게 바다보다는 산으로 갈 것을 적극적으로 권하고 있는 셈이 되는 것이다. 특히 「～た方がいい」와 같은 표현은 우리말에서는 일체 사용되지 않는 것이므로 눈여겨 봐야할 대목이다.

～方がましだ ⇨ ～(하)는 편(쪽) 이 더 낫다

| 용법 | 한쪽 편을 나타내는 「方が」에 굳이 좋다고는 할 수 없으나 다른 것에 비하면 그래도 나은 편이라는 의미를 지닌 형용동사 「ましだ」가 접속된 어구이다. 이러한 형태로 두 가지의 바람직하지 못한 내용을 열거하고 굳이 둘 중에서 선택하자면 후자 쪽을 선택하는 것이 더 낫다, 고 하는 의미를 나타낸다. 이러한 표현은 말하는 사람의 내키지 않는 심정을 나타내는 경우가 많다.

| 접속 | 「명사+の」, 그리고 활용어의 연체형에 접속된다.

| 예문 |

⇨ テストよりはレポートの方がましだ。

(테스트보다 리포트 쪽이 더 낫다)

⇨ あんな男と結婚するくらいなら死んだ方がましだ。

(저런 남자와 결혼할 정도라면 죽는 편이 더 낫다)

⇨ 途中でやめるぐらいなら始めからやらない方がましだ。

(도중에서 그만둘 정도라면 처음부터 하지 않는 편이 더 낫다)

⇨ どうせやらなくちゃいけないなら、日曜日に働くよりは、金曜日に残業して片付

けてしまう方がましだ。(어차피 하지 않아선 안 된다면 일요일에 일하는 것 보다는 금요일에 잔업을 해서 처리해두는 쪽이 더 낫다)

~放題 ⇨ 실컷(마음껏) ~(함)

| 용법 | 접미어 「放題」는 동사연용형이나 조동사 「たい」에 접속하여 아무런 제한 없이 자유롭게 행동함을 나타낸다. 주로 「食べる」「飲む」와 함께 사용되는 일이 많은데 특히 조동사 「たい」와 함께 쓰일 때는 말하는 사람의 탐탁하지 않은 심정을 나타내는 일이 많다.

| 접속 | 주로 「食べる」「飲む」와 같은 동사의 연용형이나 조동사 「たい」에 접속된다.

| 예문 |

⇨ このビアホールはいつ行っても飲み放題です。
(이 맥주 집은 언제 가도 실컷 마십니다)

⇨ バイキング料理というのは食べ放題の料理のことですか。
(뷔페요리라는 것은 실컷 먹는 요리를 말합니까?)

⇨ あいつは言いたい放題のことを言う。
(저 녀석은 말하고 싶은 대로 마음껏 말한다)

⇨ 誰も叱らないものだから、子供達はやりたい放題部屋の中を散らかしている。
(누구도 야단치지 않으니까 아이들은 하고 싶은 대로 마음껏 방 안을 어지르고 있다)

~ほかない ⇨ ~(할) 수밖에 없다

| 용법 | '그 밖의 것, 다른 것'이라는 의미를 지닌 명사 「ほか」에 형용사 「ない」가 접속된 어구이다. 이러한 형태로 바람직하지는 않지만 달리 선택의 여지가 없다고 하는 체념의 의미를 나타낸다. 이러한 표현은 주로 문장체에서 쓰이는 경향이 있으며 회화체에서는 「～しかない」「～ほかしかたがない」가 주로 쓰인다.

| 접속 | 동사연체형에 접속된다.

| 예문 |

⇨ 先生に言われた通りにするほかない。(선생님에게 들은 대로 할 수밖에 없다)

⇨ 最終電車に乗り遅れてしまったので、歩いて帰るほかない。
(마지막 전차를 놓쳐버렸기 때문에 걸어서 돌아갈 수밖에 없다)

⇨ 雨が降っているので、残念だが今日の遠足は延期するほかない。
(비가 내리고 있으므로 유감스럽지만 오늘 소풍은 연기할 수밖에 없다)

⇨ 地震で被害が多く、今としてはただじっと復旧を待つほかない。
(지진으로 피해가 많아 지금으로서는 다만 가만히 복구를 기다릴 수밖에 없다)

| 참고 | 이와 유사한 표현으로 「～よりない」「～しかない」「～よりしかたがない」「～よりほかにはない」가 있다. (각 해당항목 참고)

⇨ 入学試験も目前にせまった。ここまでくれば、がんばるよりない。
(입학시험도 목전에 다가왔다. 여기까지 오면 분발하는 수밖에 없다)

⇨ 高すぎて買えないから、借りるしかないでしょう。
(너무 비싸서 살 수 없으니까 빌리는 수밖에 없을 겁니다)

⇨ 社長の命令なのでいやでも行くよりしかたがない。
(사장님의 명령이기 때문에 싫어도 가는 수밖에 달리 방도가 없다)

⇨ 雪はだんだん激しくなってきたが、引き返すこともできないし、とにかく山小屋まで歩くよりほかにはなかった。(눈은 점점 격렬해지기 시작했는데 되돌아 갈 수도 없고 어쨌든 산장까지 걸어가는 수밖에는 달리 방도가 없었다)

ほしい ⇨ '갖고 싶다', 형용사 「ほしい」의 상세한 용법

| 용법 | 형용사 「ほしい」는 '갖고 싶다'는 의미를 지닌 것으로 그 대상을 나타내는 조사로서는 반드시 「が」가 쓰인다고 하는 점에 주의하여야 한다. 종종 「ほしい」를 조동사로 착각하거나 그 앞에 조사 「を」가 올 수 있는 것으로 착각하는 경우가 있기 때문이다. 결국 「ほしい」는 말하는 사람의 욕구를 나타내거나 상대방의 욕구를 물을 때에만 사용될 수 있으며 상대방의 욕구를 묻는 경우에도 매우 친한 사이에서만 사용할 수 있는 점에 주의하여야 한다.

| 접속 | 반드시 조사 「が」에 접속된다.

| 예문 |

⇨ 私(わたし)はカメラがほしいです。(나는 카메라를 갖고 싶습니다)

⇨ 新(あたら)しく出版(しゅっぱん)された全集(ぜんしゅう)がほしい。(새로 출판된 전집을 갖고 싶다)

⇨ 自分(じぶん)の時間(じかん)がほしいです。(나의 시간을 갖고 싶습니다)

⇨ 一週間(いっしゅうかん)ぐらい休(やす)みがほしいなあ。(1주일정도의 휴가를 갖고 싶구나)

⇨ 誕生日(たんじょうび)に何(なに)がほしいですか。(생일에 무엇을 갖고 싶습니까?)

⇨ 私(わたし)は何(なに)もほしくないです。(나는 아무것도 갖고 싶지 않습니다)

⇨ 友(とも)だちのカメラを見(み)て、私(わたし)もほしくなりました。
(친구의 카메라를 보고 나도 갖고 싶어졌습니다)

| 참고 | 한편, 제3자의 욕구를 표현할 때에는 「ほしい」를 동사화한 「ほしがる」가 사용되며 이 경우 그 앞에는 반드시 조사 「を」가 수반됨에 주의하여야 한다. (해당항목 참고)

⇨ 彼(かれ)は車(くるま)をほしがっています。(그는 차를 갖고 싶어 하고 있습니다)

⇨ あの人(ひと)はカメラをほしがっているのです。

(저 사람은 카메라를 갖고 싶어 하고 있는 겁니다)

⇨ 山田さんは自分の家を持っているのに、もっと大きな家をほしがっています。

(야마다씨는 자신의 집을 가지고 있는데도 좀 더 큰 집을 갖고 싶어 하고 있습니다)

ほしがる ⇨ 갖고 싶어 하다

| 용법 | '갖고 싶다'는 의미를 지닌 형용사 「ほしい」의 어간에 접미어 「がる」를 접속시켜 5단동사로 만든 형태이다. 주로 말하는 사람을 제외한 상대나 타인에 대하여 사용되는 것이 원칙이며 말하는 사람의 욕구를 나타낼 때는 「ほしい」를 사용하게 된다. 주의할 것은 「ほしい」 앞에는 조사 「が」만 오게 되나 「ほしがる」 앞에는 조사 「を」만 오게 된다는 점이다. 아울러 그 사용에 있어서는 언제나 「～を欲しがっている」의 형태를 취하게 된다.

| 예문 |

⇨ 人の物をほしがってはいけない。(남의 물건을 갖고 싶어 해서는 안 된다)

⇨ 山下さんは新しい車をほしがっている。

(야마시타씨는 새로운 차를 갖고 싶어 하고 있다)

⇨ 山田さんは自分の家を持っているのに、もっと大きな家をほしがっています。

(야마다씨는 자신의 집을 가지고 있는데도 좀 더 큰 집을 갖고 싶어 하고 있습니다)

⇨ 秋子がほしがっているのは女の子の人形ではなくて、熊のぬいぐるみだ。

(아키코가 갖고 싶어 하고 있는 것은 여자아이의 인형이 아니고 곰 봉제인형이다)

～ほど ⇨ '～ 정도', 대충의 분량, 수량을 나타내는 용법

| 용법 | 부조사 「ほど」는 그 앞에 수량을 나타내는 명사를 수반하여 대충의 분량

이나 수량을 나타내는 용법으로 쓰인다.

| 접속 | 분량이나 수량을 나타내는 명사에 접속된다.

| 예문 |

⇨ 水(みず)を10CCほど入(い)れてください。(물을 10cc정도 넣어 주십시오)

⇨ 修理(しゅうり)には一週間(いっしゅうかん)ほどかかります。(수리에는 1주일정도 걸립니다)

⇨ 完成(かんせい)するまでに3時間(じかん)ほどかかります。(완성하기까지 3시간정도 걸립니다)

⇨ 仕事(しごと)はまだ半分(はんぶん)ほど残(のこ)っている。(일은 아직 반 정도 남아 있다)

~ほど ⇨ '~ 만큼', 동작, 상태의 정도를 나타내는 용법

| 용법 | 부조사「ほど」는 한편으로는 동작이나 상태의 정도를 나타내는 용법으로도 쓰인다.「ほど」가 정도를 나타낼 때는 주로 상태나 결과에 대한 평가를 나타내게 된다.

| 접속 | 명사 및 형용사, 동사의 연체형에 접속된다.

| 예문 |

⇨ 受(う)けた恩(おん)は山(やま)ほど高(たか)く、海(うみ)ほど深(ふか)い。(받은 은혜는 산만큼 높고 바다만큼 깊다)

⇨ あそこほど産物(さんぶつ)の多(おお)い所(ところ)は他(ほか)にあるまい。
(저기만큼 산물이 많은 곳은 달리 없을 것이다)

⇨ あの二人(ふたり)はうらやましいほど仲(なか)がいい。(저 두 사람은 부러울 만큼 사이가 좋다)

⇨ その話(はなし)に涙(なみだ)が出(で)るほどつらかった。(그 이야기에 눈물이 나올 만큼 괴로웠다)

⇨ 教師(きょうし)の仕事(しごと)はそばでみているほど楽(らく)ではない。
(교사의 일은 곁에서 보고 있는 만큼 편하지는 않다)

~ ほど ⇨ ~ 일(할)수록

| 용법 | 부조사 「ほど」는 또 한편으로는 전항의 정도가 높아짐에 따라서 후항의 정도도 높아진다고 하는 상태의 변화를 나타내는 용법도 지니고 있다.

| 접속 | 명사 및 형용사, 동사의 연체형에 접속된다.

| 예문 |

⇨ 健康に自信がある人ほど、病気になかなか気づかないことが多い。
(건강에 자신이 있는 사람일수록 병을 좀처럼 알아차리지 못하는 경우가 많다.)

⇨ 駅に近いほど家賃は高くなる。(역에 가까울수록 집세는 비싸진다)

⇨ 北へ行くほど寒くなる。(북쪽으로 갈수록 추워진다)

⇨ 年をとるほど体が弱くなる。(나이를 먹을수록 몸이 약해진다)

⇨ 上等のワインは、古くなるほどうまくなる。(고급 와인은 오래될수록 맛있어진다)

~ ほどして ⇨ ~ 쯤 지나서

| 용법 | 정도를 나타내는 부조사 「ほど」에 サ행변격동사 「する」의 연용형 「し」와 접속조사 「て」가 접속된 어구이다. 이러한 형태로 '어느 정도의 시간이 지나서'라는 의미를 나타낸다.

| 접속 | 시간을 나타내는 명사에 접속된다.

| 예문 |

⇨ 会は1時間ほどしてから始まります。
(모임은 한 시간쯤 지나서부터 시작됩니다)

⇨ この建物は、それから三年ほどしてやっと出来上がった。

(이 건물은 그로부터 3년쯤 지나서 드디어 완성되었다)

⇨ あのかたは私がお見舞いに行ってから1週間ほどして退院なさいました。

(저 분은 내가 병문안하러 가고 나서 일주일쯤 지나서 퇴원하셨습니다)

~ほどの ⇨ ~ 만한

|용법| 대체적인 정도를 나타내는 「ほど」에 조사 「の」가 접속된 어구이다. 이러한 형태로 대체적인 크기를 나타낸다.

|접속| 비교대상을 나타내는 명사에 접속된다.

|예문|

⇨ あの家には子牛ほどの犬が守っている。

(저 집에는 송아지만한 개가 지키고 있다)

⇨ この犬は、猫ほどの大きさですが、体は丈夫です。

(이 개는 고양이만한 크기입니다만 몸은 튼튼합니다)

⇨ 人の顔が隠れる大きさほどのゴミ袋がほしい。

(사람의 얼굴이 가려질 크기만한 쓰레기봉투가 필요하다)

⇨ すると中からピョンと茶碗ほどのガマが跳び出した。

(그러자 안에서 껑충하고 밥공기만한 두꺼비가 뛰쳐나왔다)

~ほどもある ⇨ ~ 만큼이나 되는

|용법| 대체적인 정도를 나타내는 「ほど」에 조사 「も」와 동사 「ある」가 접속된 어구이다. 이러한 형태로 일반적인 상식을 뛰어넘는 크기를 나타낸다.

|접속| 비교대상을 나타내는 명사에 접속된다.

| 예문 |

⇨ しばらくいくと、庭ほどもある大きな岩があった。

(한참을 가니까 정원만큼이나 되는 큰 바위가 있었다)

⇨ あの家には子牛ほどもある大きい犬が守っている。

(저 집에는 송아지만큼이나 되는 큰 개가 지키고 있다)

⇨ 人の顔が隠れる大きさほどもあるゴミ袋がほしい。

(사람의 얼굴이 가려질 크기만큼이나 되는 쓰레기봉투가 필요하다)

⇨ すると中からピョンと茶碗ほどもある大きなガマが跳びだした。

(그러자 안에서 껑충하고 밥공기만큼이나 되는 커다란 두꺼비가 뛰쳐나왔다)

ほとんど ~ ところだった ⇨ 거의 ~ (할) 뻔했다

| 용법 | '거의'라는 의미를 지닌 부사 「ほとんど」가 앞에 배치되고 뒤에는 상황을 나타내는 「ところ」에 단정을 나타내는 조동사 「だ」의 과거형인 「だった」가 배치된 어구이다. 이러한 형태로 자칫하면 그러한 상황이 벌어질 뻔했으나 실제로는 그러한 상황이 벌어지지 않았다고 하는 의미를 나타낸다.

| 접속 | 동사연체형에 접속된다.

| 예문 |

⇨ 子供の頃、病気でほとんど死ぬところだった。(어릴 적, 병으로 거의 죽을 뻔했다)

⇨ 映画があまりにも悲しくて、ほとんど泣くところだった。

(영화가 너무나도 슬퍼서 거의 울 뻔했다)

⇨ 電話がもう少し遅くなったら、ほとんど大変なことになるところだった。

(전화가 조금 늦었더라면 거의 큰일 날 뻔했다)

⇨ 横道から飛び出してきた自転車とほとんどぶつかるところだった。

(옆길에서 튀어나온 자전거와 거의 부딪칠 뻔했다)

ま

真～ ⇨ 접두어 「真」의 용법

| 용법 | 접두어 「真」는 다양한 말의 앞에 접속되어 진실, 순수, 한창 등의 의미를 나타내거나 강조하는 의미를 나타낸다.

| 예문 |

⇨ 真夏。(한여름)

⇨ 真顔で話す。(진지한 얼굴로 이야기하다)

⇨ 真心のある人。(참마음이 있는 사람)

⇨ 真向かいの家。(바로 마주하고 있는 집)

⇨ 真夜中の12時。(한밤중인 12시)

⇨ 真水に住む魚。(담수에 사는 물고기)

⇨ 真新しいシャツ。(아주 새로운 셔츠)

⇨ 真冬のきびしい寒さ。(한겨울의 혹독한 추위)

⇨ 真正面の建物が駅です。(바로 정면의 건물이 역입니다)

⇨ 頭の真上に太陽がある。(머리 바로 위에 태양이 있다)

⇨ 悪い生活をやめて真人間になる。(나쁜 생활을 그만두고 참인간이 되겠다)

～まい ⇨ '～(하)지 않을 것이다, ～(하)지 않겠다', 부정추측, 부정의지의 용법

| 용법 | 조동사「まい」는 '～(하)지 않을 것이다'(부정추측), '～(하)지 않겠다'(부정의지)의 두 가지 의미용법을 지니고 있다. 주로 문장체에서 쓰이기는 하지만「～と思って、～と考えて」와 같은 말의 앞에 쓰여서 인용의 내용을 나타낼 때는 회화체에서도 즐겨 쓰인다.

⇨ 明日は雨は降るまい。(내일은 비는 내리지 않을 것이다)

⇨ 十二月に桜の花は咲くまい。(12월에 벚꽃은 피지 않을 것이다)

⇨ 君にはこの問題は分かるまい。(너로서는 이 문제는 모를 것이다)

⇨ あの人はそんなことはしまい。(저 사람은 그런 일은 하지 않을 것이다)

⇨ 来年もあの人は結婚できまい。(내년에도 저 사람은 결혼할 수 없을 것이다)

⇨ 彼はあそこへは二度と行くまい。(그는 거기에는 두 번 다시 가지 않을 것이다)

⇨ 彼が私と結婚することは、決してあるまい。
(그가 나와 결혼하는 일은 결코 없을 것이다)

⇨ こんな難しい試験に満点をとる人なんか誰もいまい。
(이런 어려운 시험에 만점을 받는 사람 따위는 아무도 없을 것이다)

⇨ あの人は魚がきらいだから、すしなど食べたがるまい。
(저 사람은 생선을 싫어하니까 초밥 같은 것은 먹고 싶어 하지 않을 것이다)

[이상은 부정추측의 의미용법]

위 예문에서 볼 수 있듯이「まい」가 부정추측의 의미를 나타내는 경우에는 주어가 3인칭인 때에 한하며 회화체에서는 이러한 표현보다는 오히려「～ないだろう」로 바꿔 쓰게 된다.

⇨ 君には何も言うまい。(너에게는 아무 말도 하지 않겠다)

⇨ 同じ失敗は二度とくり返すまい。(같은 실수는 두 번 다시 되풀이 하지 않겠다)

⇨ 見まいと思っても、つい見てしまう。(보지 않으려고 해도 무심코 보고 만다)

⇨ あんなばかなことはもう二度としまい。
(그런 바보스러운 짓은 이제 두 번 다시 하지 않겠다)

⇨ こんなまずいレストランにはもう来まい。
(이런 맛없는 레스토랑에는 이제 오지 않겠다)

⇨ 私はもう、あなたには何も言いますまい。
(나는 이제 당신에게는 아무것도 말하지 않겠습니다)

⇨ 彼がいやだと言うなら、無理には頼むまい。
(그가 싫다고 한다면 무리하게는 부탁하지 않겠다)

⇨ つまらないことはもう考えまいと思っている。
(사소한 일은 이제 생각하지 않으려고 하고 있다)

⇨ こんないやな所へは、もう絶対にこまいと思いました。
(이런 이상한 곳에는 이제 절대로 오지 않겠다고 생각했습니다)

[이상은 부정의지의 의미용법]

위의 예문에서 볼 수 있듯이 「まい」가 부정의지를 나타내는 때에는 반드시 주어가 말하는 사람 자신일 경우에 한한다.

| 접속 | 5단동사 및 조동사 「ます」의 종지형에 접속되며 상1단동사와 하1단동사 및 「する」「くる」의 경우에는 미연형에 접속된다.

～まいとして ⇨ ～(하)지 않으려고

| 용법 | 부정의지를 나타내는 조동사 「まい」에 인용을 나타내는 조사 「と」가 접속되고 이어서 동사 「する」의 연용형인 「し」와 접속조사 「て」가 차례로 연결된 어구이다. 이러한 형태로 어떠한 행동이나 감정의 억제를 의도적으

로 나타내는데 이러한 표현은 주로 딱딱한 어감의 문장체에서 쓰이는 경향이 있다. 때로는 「～して」가 생략되어 「～まいと」로만 쓰일 때도 있다.

| 접속 | 5단동사의 종지형에 접속되며, 상1단동사와 하1단동사 및 「する」 「くる」, 그리고 조동사 「せる、させる、れる、られる」의 미연형에 접속된다.

| 예문 |

⇨ 銃を奪われまいとして争いになった。

(총을 빼기지 않으려고 싸움이 되었다)

⇨ 夏子は泣くまいとして歯を食いしばった。

(나츠꼬는 울지 않으려고 이를 악물었다)

⇨ 酒はもう二度と飲むまいとして、友達からの誘いを断った。

(술은 이제 두 번 다시 마시지 않으려고 친구로부터의 권유를 거절했다)

⇨ 家族のみんなを心配させまいと、会社をやめたことを言わなかった。

(가족모두를 걱정시키지 않으려고 회사를 그만둔 것을 말하지 않았다)

参る ⇨ 겸양어와 정중어로서의 「参る」의 상세한 용법

| 용법 | 동사 「参る」는 때로는 겸양어로 쓰이기도 하고 때로는 정중어로 쓰이기도 한다. 우선 겸양어로 쓰일 때는 「行く」 「来る」에 대한 겸양의 의미를 나타내는데 이 경우는 「伺う」 「参上する」와 대등하게 쓰여서 자신이 어딘가를 가고 어딘가에서 오는 것을 겸손하게 표현하게 된다.

⇨ 私は昨日先生のお宅に参りました。(저는 어제 선생님 댁에 갔습니다)

⇨ 子どもを連れて参るつもりですが、よろしいでしょうか。

(아이를 데리고 갈 생각입니다만 괜찮으실까요?)

한편으로, 「参る」는 정중어로도 쓰여서 「雨が降って参りました」와 같은 것이 있으며 텔레비전의 사회자가 종종 「さあ、参りましょう」(자, 시작합시다)라고 하는 것 역시 정중어로서의 용법으로 쓰인 예이다.

⇨ どうも、おまちどうさま。さあ参りましょう。(오래 기다렸습니다. 자 시작합시다)

⇨ A：あなたは今度いつ学校へ行きますか。(당신은 이번에 언제 학교에 갑니까?)

B：あす参ります。(내일 갑니다)

한편, 「参る」는 「동사연용형+て−参る」의 형태를 취하여 「동사연용형+て+いく」 「동사연용형+て+くる」보다 더욱 정중한 표현을 만들게 된다.

⇨ 行って参ります。(다녀오겠습니다)

⇨ 帰りに田中さんの家によって参りました。
(귀가 길에 다나카씨 집에 들렀다 왔습니다)

⇨ 今すぐ取ってまいりますから、しばらくお待ちください。
(지금 바로 가지고 갈 테니까 잠시 기다려 주십시오)

まさかの ~ ⇨ 만약의 ~, 만일의 ~

| 용법 | '설마'의 의미를 지닌 부사 「まさか」에 조사 「の」가 접속된 어구이다. 그 뒤에는 수식을 받는 명사(주로 「場合」나 「時」)가 오게 되는데 이러한 형태로 '긴급한 경우' 또는 '만일의 경우'를 나타낸다.

| 예문 |

⇨ まさかの場合は、ここに電話してください。
(만일의 경우에는 여기로 전화해 주십시오)

⇨ まさかの場合もないとは言い切れない。

(만약의 경우도 없다고는 잘라 말할 수 없다)

⇨ まさかのことを考えて、今しっかりと言っておいた方がいい。

(만약의 일을 생각해서 지금 단단히 말해두는 편이 좋다)

⇨ 健康には自信があるが、家族のことを考えてまさかの時のために保険に入っている。

(건강에는 자신이 있지만 가족을 생각해서 만약의 때를 위해 보험에 들어있다)

まさに ~ うとしている ⇨ 막 ~ (하)려 하고 있다

| 용법 | 어떠한 일이 일어나기 직전임을 나타내는 부사 「まさに」가 앞에 배치되고 뒤에는 의지를 나타내는 조동사 「う」에 조사 「と」와 동사 「する」의 연용형인 「し」, 그리고 접속조사 「て」와 보조동사 「いる」가 차례로 접속된 형태가 배치된 어구이다. 이러한 형태로 어떠한 일이 지금이라도 당장 일어나려고 하는 상황임을 나타낸다.

| 접속 | 「~うとしている」의 앞에는 5단동사의 미연형이 오게 된다.

| 예문 |

⇨ 今まさに世紀の祭典であるオリンピックが始まろうとしています。

(지금 막 세기의 제전인 올림픽이 시작되려 하고 있습니다)

⇨ 私が到着した時、会議はまさに始まろうとしているところだった。

(내가 도착했을 때 회의는 막 시작되려 하고 있는 참이었다)

⇨ 彼らが駅に到着した時、列車はまさに動きだそうとしているところだった。

(그들이 역에 도착했을 때 열차는 막 움직이기 시작하려 하고 있는 참이었다)

⇨ ハイジャックの犯人を乗せた飛行機は、警察が包囲する中、今まさに飛び立とうとしている。

(납치범을 태운 비행기는 경찰이 포위하는 가운데 지금 막 이륙하려 하고 있다)

ましだ ⇨ 더 낫다

| 용법 | 「まし」는 '증가하다, 늘어나다'는 뜻의 동사 「増(ま)す」의 전성명사인데 이것이 때로는 형용동사어간으로도 사용된다. 즉 「ましだ」의 형태로 문말술어로서 쓰이는데 이러한 형태로 어떠한 사물이나 양상이 좋다고는 할 수 없지만 다른 것과 비교하면 조금은 더 낫다고 하는 의미를 나타낸다. 주로 그 앞에는 「より」「まだ」「方(ほう)が」와 같은 말이 오게 된다.

| 예문 |

⇨ 私(わたし)のアパートは狭(せま)いけれど、寮(りょう)より<u>ましだ</u>。
(나의 아파트는 좁지만 기숙사보다 더 낫다)

⇨ 東北(とうほく)の冬(ふゆ)も寒(さむ)いけれど、北海道(ほっかいどう)よりは<u>ましです</u>。
(동북지방의 겨울도 춥지만 홋카이도보다는 더 낫습니다)

⇨ お酒(さけ)もタバコも体(からだ)にいいとは思(おも)わないが、お酒(さけ)の方(ほう)がまだ<u>ましだ</u>と思(おも)う。
(술도 담배도 몸에 좋다고는 생각하지 않지만 술 쪽이 그래도 더 낫다고 생각한다)

⇨ 家(いえ)でぶらぶらしているよりは、何(なに)かアルバイトをしているほうが<u>ましだ</u>。
(집에서 빈둥빈둥 놀고 있는 것 보다는, 뭔가 아르바이트를 하고 있는 편이 더 낫다)

～ます ⇨ 정중함을 나타내는 조동사의 용법

| 용법 | 「ます」는 오로지 동사연용형에만 접속되어 말하는 사람의 상대방에 대한 정중함을 나타내는 조동사이다. 우리말의 '～ㅂ니다'에 해당되는 셈인데 각 활용형마다 나름대로의 정해진 용법이 있으므로 정확히 체득해 둘 필요가 있다.

1) 미연형 「ませ」 → 현대일본어에서는 주로 부정을 나타내는 조동사 「ん」에만

접속하여 「～ません」의 형태가 됨으로서 앞에 오는 동사를 정중하게 부정한다.

⇨ 行(い)きません。(가지 않습니다)

⇨ 食(た)べません。(먹지 않습니다)

⇨ 話(はな)しません。(이야기 하지 않습니다)

⇨ 乗(の)りません。(타지 않습니다)

⇨ 買(か)いません。(사지 않습니다)

⇨ 会(あ)いません。(만나지 않습니다)

아울러, 「～ません」의 과거는 「～ませんでした」가 되며 이 경우의 「ん」은 반드시 「n」으로 발음하여야 한다.

⇨ 行(い)きませんでした。(가지 않았습니다)

⇨ 食(た)べませんでした。(먹지 않았습니다)

⇨ 話(はな)しませんでした。(이야기 하지 않았습니다)

⇨ 乗(の)りませんでした。(타지 않았습니다)

⇨ 買(か)いませんでした。(사지 않았습니다)

⇨ 会(あ)いませんでした。(만나지 않았습니다)

미연형 「ましょ」 → 반드시 그 뒤에는 의지, 권유, 추측의 의미를 나타내는 조동사 「う」를 수반하여 「ましょう」의 형태로 사용된다.

⇨ この吹雪(ふぶき)では遭難(そうなん)しかねないので、引(ひ)き返(かえ)すことにしましょう。

(이 눈보라 속에서는 조난당할지도 모르니까 되돌아가기로 합시다)

2) 연용형 「まし」 → 뒤에 접속조사 「て」나 조동사 「た」를 수반하여 「～まして」「～ました」의 형태로 사용된다.

⇨ 昨日(きのう)はデパートへ行(い)きまして、シャツを買(か)いました。

(어제는 백화점에 가서 셔츠를 샀습니다)

3) 연체형「ます」→ 흔히 쓰이는 것은 아니나 보다 표현을 정중하게 하고자 할 때 가끔 사용되기도 한다. 연체형이니 만큼 뒤에는 당연히 명사가 오게 된다.

⇨ あそこに見えますのが郵便局です。(저기에 보이는 것이 우체국입니다)

⇨ それでは、インド美術史を研究していらっしゃいます田中先生をご紹介致します。
(그러면 인도 미술사를 연구하고 계신 다나카선생님을 소개 하겠습니다)

4) 가정형「ますれ」→ 활용형은 존재하나 실제로는 거의 사용되지 않으며 그 대신에「ますなら」「ましたら」를 사용한다.

⇨ 今駅へいらしゃいましたら列車の時間に間に合うでしょう。
(지금 역에 가시면 열차시간에 늦지 않게 대겠지요)

5) 명령형「ませ、まし」→ 이 두 가지의 명령형 가운데에서 보편적으로 쓰이는 것은「ませ」이다. 다만, 이러한 명령형은 보통의 동사에는 일체 접속되지 않으며 오로지 세 가지의 경어동사, 즉「いらっしゃる」「なさる」「くださる」의 연용형인「いらっしゃい」「なさい」「ください」에만 접속되어 정중도를 높이게 된다.

⇨ いらっしゃいませ。(어서 오십시오)
⇨ くださいませ。(주십시오)
⇨ なさいませ。(하십시오)

まず～ない ⇨ 거의 ~ (하)지 않다(없다)

|용법| 부사「まず」는 '우선'이라는 뜻으로도 쓰이지만 한편으로는 '거의, 어쨌든'이라는 의미로도 쓰인다. 그 뒤에 오는 부정을 나타내는 표현과 호응하여 말하는 사람의 추측이 상당히 확실하다고 하는 의미를 나타낸다.

|접속| 주로「まずない」「まずいない」「まず間違いない」.의 형태로 쓰인다.

|예문|

⇨ この案に反対する人はまずいない。(이 안에 반대하는 사람은 거의 없다)

⇨ 山田氏の当選はまず間違いないだろう。(야마다씨의 당선은 거의 틀림없을 것이다)

⇨ 予算は十分にあるから、足りなくなることはまずないだろう。
(예산은 충분히 있으니까 모자라게 되는 일은 거의 없을 것이다)

⇨ 彼が一度だめだと言ったら、もう可能性はないと思ってまず間違いない。
(그가 한번 안 된다고 말하면 이미 가능성은 없다고 생각해도 거의 틀림없다)

まだいい ⇨ 그래도 낫다

|용법| 부사「まだ」에 형용사「いい」가 접속된 어구이다. 이러한 형태로 문말의 술어로 쓰이게 되는데 어느 쪽도 바람직하지는 않으나 다른 한쪽이 그래도 나은 편이라는 의미를 나타낸다.

|예문|

⇨ 家事はみんな嫌いだが、掃除よりも洗濯の方が、まだいい。
(집안일은 전부 싫어하지만 청소보다도 빨래 쪽이 그래도 낫다)

⇨ お酒もタバコも体にいいとは思わないが、お酒の方がまだいいと思う。
(술도 담배도 몸에 좋다고는 생각하지 않지만 술 쪽이 그래도 낫다고 생각한다)

⇨ 今度の地震で家も財産もなくしたが、命が救われただけ、まだいい。
(이번 지진으로 집도 재산도 잃었지만 목숨이 구해진 것만큼 그래도 낫다)

⇨ 何日もかかって、長いレポートを書かされるよりは、一日ですむ試験の方がまだいい。
(며칠이나 걸려서 긴 리포트를 쓰게 되는 것 보다는 하루에 끝나는 시험쪽이 그래도 낫다)

まだ ～ ていない ⇨ 아직 ～ (하)지 않았다

| 용법 | 어떠한 동작이나 작용이 아직 실현되지 않았음을 나타내는 부사 「まだ」가 앞에 배치되고 뒤에는 접속조사 「て」에 동사 「いる」의 부정형인 「いない」가 접속된 어구이다. 일본어에서는 어떤 동작이나 행위가 말하는 시점을 기준으로 아직 실현되지 않았지만 이후에 실현될 가능성이 있을 때는 반드시 「～ていない」의 형태를 쓰게 되는 특징이 있다. 우리말에서는 이러한 경우에는 '～(하)지 않았다'는 식으로 과거완료의 형태를 취하게 되는데 반해 일본어에서는 현재형을 취하게 되는 것이다. 만약 일본어에서 우리말처럼 과거완료의 형태를 취하게 되면(～ませんでした), 말하는 시점 이전에 동작, 행위가 실현되지 못했다는 사실만을 나타내게 될 뿐이다. 따라서 말하는 시점을 기준으로 그 동작, 행위가 아직 실현되지 않았으나 이후에 실현될 가능성이 있음을 나타낼 때는 반드시 「～ていない」로 나타내어야만 한다.

| 접속 | 동사연용형에 접속된다.

| 예문 |

⇨ A : ご飯(はん)食(た)べた? (밥 먹었어?)

B : まだ食(た)べていない。(아직 먹지 않았어)

⇨ A : あの映画(えいが)見(み)ましたか。(저 영화 봤습니까?)

B : いや、まだ見(み)ていません。(아니, 아직 보지 않았습니다)

⇨ A : もう終(お)わりました? (이제 끝났습니까?)

B : いいえ、まだ終(お)わっていない。(아니, 아직 끝나지 않았어)

⇨ A : 試験(しけん)の結果(けっか)を聞(き)きましたか。(시험결과를 들었습니까?)

B : いや、まだ聞(き)いていません。(아니, 아직 듣지 못했습니다)

⇨ 卒業後(そつぎょうご)の進路(しんろ)についてはまだはっきりとは決(き)めていない。

(졸업 후의 진로에 관해서는 아직 확실하게는 정하지 않았다)

またの ~ ⇨ 또 다른 ~, 다시 ~ (할)

| 용법 | 부사 「また」에 조사 「の」가 접속되어 하나의 단어처럼 쓰이는 연어의 형태이다. 이러한 형태로 뒤에 오는 명사를 수식하게 되는데 그 명사는 「機会(きかい)、チャンス、とき、日(ひ)、名(な)、お越(こ)し」와 같이 제한되어 있다. 결국 이러한 형태로 '또 다른, 별도의, 다시~(할)'이라는 의미를 나타낸다.

| 예문 |

⇨ きょうは忙(いそが)しいので、この話(はなし)はまたの機会(きかい)にお願(ねが)いします。

(오늘은 바쁘므로 이 이야기는 또 다른 기회에 부탁드립니다)

⇨ 彼(かれ)は医者(いしゃ)だが、またの名(な)を持(も)っている有名(ゆうめい)な小説家(しょうせつか)でもある。

(그는 의사이지만 또 다른 이름을 지니고 있는 유명한 소설가이기도 하다)

⇨ またのお越(こ)しをお待(ま)ちしております。

(다시 오실 것을 기다리고 있겠습니다)

まだましだ ⇨ 그래도 더 낫다

| 용법 | 부사 「まだ」에 형용동사 「ましだ」가 접속된 어구이다. 이러한 형태로 문말의 술어로 쓰이게 되는데 어느 쪽도 바람직하지는 않으나 다른 한쪽이 그래도 보다 나은 편이라는 의미를 나타낸다.

| 예문 |

⇨ 家事はみんな嫌いだが、掃除よりも洗濯の方が、まだましだ。
(집안일은 전부 싫어하지만 청소보다도 빨래 쪽이 그래도 더 낫다)

⇨ お酒もタバコも体にいいとは思わないが、お酒の方がまだましだと思う。
(술도 담배도 몸에 좋다고는 생각하지 않지만, 술 쪽이 그래도 더 낫다고 생각한다)

⇨ 試験が五つしか残ってない君なんか、まだましな方だよ。僕なんか、11もあるよ。
(시험이 다섯 개밖에 남아있지 않은 너는 그래도 더 나은 편이야. 나는 말이야, 열한 개나 있어)

⇨ 何日もかかって、長いレポートを書かされるよりは、一日ですむ試験の方がまだましだ。(며칠이나 걸려서 긴 리포트를 쓰게 되는 것 보다는 하루에 끝나는 시험 쪽이 그래도 더 낫다)

真っ ～ ⇨ 접두어 「真っ」의 다양한 의미

| 용법 | 접두어 「真」에 대하여 보다 강세를 나타내는 접두어로 다양한 말의 앞에 붙어서 사용된다.

| 예문 |

⇨ 真っ白な紙。(새하얀 종이)

⇨ 真っ黒な髪。(새까만 머리카락)

⇨ 真っ赤な花。(새빨간 꽃)

⇨ 真っ青な海。(새파란 바다)

⇨ 真っぱだか。(알몸)

⇨ 真っぷたつ。(두 동강)

⇨ 食事の真っ最中にお客が来た。(식사가 한창일 때 손님이 왔다)

⇨ 真っ昼間から酒を飲んでいる。(대낮부터 술을 마시고 있다)

⇨ ベルがなると真っ先に部屋を出る。(벨이 울리자 맨 먼저 방을 나간다)

⇨ 電灯が消えて真っ暗やみになった。(전등이 꺼져서 칠흑 같은 어둠이 되었다)

⇨ 二階から真っさかさまに落ちた。(2층에서 완전히 거꾸로 떨어졌다)

~まで ⇨ ~까지

| 용법 | 조사「まで」는 장소나 때, 또는 여러 가지 동작이나 상태 등을 나타내는 다양한 말에 접속되어 그 마지막을 나타낸다. 특히, 때를 나타내는 말에 접속되어 쓰일 때는 어떠한 시점까지 동작이나 상태가 계속되는 범위를 나타낸다.

| 접속 | 주로 명사나 동사종지형에 접속된다.

| 예문 |

⇨ 会社から家まで遠いようですね。(회사에서 집까지 먼 것 같군요)

⇨ 家から駅まで5キロぐらいあります。(집에서 역까지 5킬로미터 정도 됩니다)

⇨ 夏休みには京都まで行って来ました。(여름휴가 때는 교토까지 갔다 왔습니다)

⇨ 今日は八時まで働いた。(오늘은 8시까지 일했다)

⇨ 6時まで待ちましたが、来ないので先に行きます。
(6시까지 기다렸습니다만 오지 않으므로 먼저 가겠습니다)

⇨ 毎日、授業は朝9時から午後2時までです。
(매일 수업은 아침 9시부터 오후 2시까지입니다)

⇨ とにかく土曜日の昼までがんばってみたらどうですか。
(어쨌든 토요일 점심까지 분발해보면 어떻습니까?)

⇨ 今(いま)までどこで生活(せいかつ)していましたか。

(지금까지 어디에서 생활하고 있었습니까?)

⇨ とうとう九州(きゅうしゅう)へまで行(い)ってしまった。(드디어 큐슈까지 가고 말았다)

⇨ 君(きみ)がそんなにまで親切(しんせつ)にするのは、かえって彼(かれ)のためにならないと思(おも)う。

(자네가 그렇게까지 친절하게 하는 것은 오히려 그를 위하는 것이 되지 못한다고 생각한다)

⇨ 夜(よる)の明(あ)けるまで話(はな)した。(날이 샐 때까지 이야기했다)

⇨ 呼(よ)ばれるまで待(ま)っていましょう。(호명될 때까지 기다리고 있겠습니다)

⇨ 彼(かれ)が帰(かえ)って来(く)るまで待(ま)っていてください。

(그가 돌아올 때까지 기다리고 있어 주십시오)

~までして ⇨ ~까지 해서

| 용법 | 한계를 나타내는 부조사 「まで」에 동사 「する」의 연용형인 「し」와 접속조사 「て」가 접속된 어구이다. 이러한 형태로 극단적인 행동을 내세우고서 그 목적을 위해서는 그러한 행동도 주저하지 않는다고 하는 의미를 나타낸다. 대체로 그 뒤에는 이러한 행동을 부정적으로 평가하는 내용이 오게 된다.

| 접속 | 명사에 접속된다.

| 예문 |

⇨ 彼(かれ)が自殺(じさつ)までして守(まも)りたかった秘密(ひみつ)というのは何(なん)だろう。

(그가 자살까지 해서 지키고 싶었던 비밀이라는 것은 무엇일까?)

⇨ 徹夜(てつや)までしてがんばったのに、テストでいい点(てん)が取(と)れなかった。

(철야까지 해서 분발했는데 테스트에서 좋은 점수를 받을 수 없었다)

⇨ いろいろほしいものはあるが、借金(しゃっきん)までして買(か)いたいとは思(おも)わない。

(여러 가지 갖고 싶은 것은 있지만 빚까지 내서 사고 싶다고는 생각하지 않는다)

⇨ 彼女は休日、出勤までして自分の仕事を終わらせたのに、手当は出なかった。(그녀는 휴일에 출근까지 해서 자신의 일을 끝냈는데 수당은 나오지 않았다)

~までだ ⇨ ~(하)면 그만이다, ~(으)로 끝(끝장)이다

| 용법 | 한계를 나타내는 부조사「まで」에 단정을 나타내는 조동사「だ」가 접속된 어구이다. 이러한 형태로 주로 문말에 위치하여 어떤 사항을 한정함으로써 결의나 이유를 강조하게 된다. 다시 말해서 단지 그뿐으로 그 이외의 것을 생각할 필요는 없다고 하는 의미를 나타낸다.

| 접속 |「これ」「それ」 등의 대명사나 활용어의 종지형에 접속된다.

| 예문 |

⇨ 本人がいやだと言えば、それまでだ。(본인이 싫다고 하면 그만이다)

⇨ 銀行がもう金を貸してくれなくなった以上、この会社もこれまでだ。
(은행이 이제 돈을 빌려주지 않게 된 이상 이 회사도 이로써 끝장이다)

⇨ コンピューターに入れておいても、うっかり消してしまえばそれまでだ。
(컴퓨터에 넣어두어도 무심코 지워버리면 그걸로 끝이다)

⇨ やって見てできなければやめるまでた。
(해 보고 할 수 없으면 그만두면 그만이다)

⇨ もし入学試験に失敗しても、私はあきらめない。もう一年がんばるまでだ。
(만약 입학시험에 실패해도 나는 포기하지 않는다. 일 년 더 분발하면 그만이다)

| 참고 | 때로는「~までのことだ」의 형태를 취할 때도 있는데 그 의미와 용법은「~までだ」와 같다. (해당항목 참고)

⇨ 父があくまで反対するなら、家を出るまでのことだ。
(아버지가 끝까지 반대한다면 집을 나가면 그만이다)

⇨ 主張すべきことは相手が誰であっても主張すべきだ。それによって採用を取り消されるならそれまでのことだ。

(주장해야 할 것은 상대가 누구라도 주장해야 해야 한다. 그로 인해서 채용이 취소된다면 그만이다)

～までに ⇨ '～ 까지', 동작의 마감시점을 나타내는 용법

| 용법 | 「～まで」는 어떤 동작, 상태의 계속적인 전개를 나타내지만 「～までに」는 동작, 상태 속의 한 시점만을 나타내는 점에 근본적인 차이가 엿보인다. 예를 들어 「暗くなるまで働きます」의 경우에는 일몰까지의 계속적인 작업을 나타내지만 「暗くなるまでに帰りましょう」의 경우는 일몰이 되기까지 즉, 일몰전의 한 시점에 귀가함을 나타내는 셈이 된다. 따라서 계속적인 동작을 나타내는 「～ている」나 지속적인 상태를 나타내는 「～てある」와 같은 표현과는 같이 쓸 수가 없다. 특히 우리말에는 「～までに」에 해당되는 말이 없으므로 주의하여야 한다.

| 접속 | 명사나 동사종지형에 접속된다.

| 예문 |

⇨ 土曜日の昼までに、レポートを提出して下さい。

(토요일 점심까지 리포트를 제출해 주십시오)

⇨ 十一時までにここを出ないと、間に合いません。

(11시까지 여기를 나가지 않으면 제시간에 대지 못합니다)

⇨ 今日の午後3時までに原稿を提出しなければならず、今は1分たりともおろそかにできない。

(오늘 오후 3시까지 원고를 제출하지 않으면 안 되어서 지금은 1분이라도 소홀하게 할 수 없다)

⇨ 明日までに、この本一冊読み終えなくてはならない。今夜は寝られそうもありません。

(내일까지 이 책 한권을 다 읽지 않으면 안 된다. 오늘 밤은 잘 수 있을 것 같지도 않습니다)

⇨ すみませんが、今週中というのは今週の土曜日までに出すということですか。

(죄송합니다만, 이번 주 중이라는 것은 이번 주 토요일까지 제출한다는 것입니까?)

⇨ 先生が来るまでに、黒板を消しておきます。

(선생님이 올 때까지 흑판을 지워 둡니다)

⇨ その番組が始まるまでに、この仕事を済ませます。

(그 프로그램이 시작될 때까지 이 일을 끝내겠습니다)

|참고| 시간의 경우를 예로 들어 좀 더 구체적으로 설명하자면 다음과 같은 용법상의 차이가 있다. 즉 「三時までにこの本を読まなければならない」의 경우는 독서시간이 3시 이전까지 즉, 3시를 넘기지 않는 그 이전의 어느 한 시점까지라는 의미가 되지만 「三時までこの本を読んだ」의 경우는 독서시간이 3시까지 줄곧 지속되었음을 나타낸다.

~ まで(に) ⇨ '우선 ~ 만 드립니다, ~ (해)주십시오', 서간문 등에서 사용되는 인사표현

|용법| 한계를 나타내는 부조사 「まで」에 조사 「に」가 접속된 어구이다. 이러한 형태로 주로 서간문 등에서 말미의 인사표현에 쓰인다. 그 앞에는 「まずは」가 올 때가 많으며 아울러 조사 「に」는 얼마든지 생략될 수가 있다.

|접속| 명사에 접속된다.

|예문|

⇨ まずはご挨拶までに。(우선은 인사만 드립니다)

⇨ まずはご報告までに。(우선 보고만 드립니다)

⇨ まずはお知らせまで。(우선 알려만 드립니다)

⇨ 資料をお送りしますので、ご参考まで。(자료를 보내겠으니 우선 참고만 해 주십시오)

～までになる ⇨ ～(할) 정도까지 되다

| 용법 | 한계를 나타내는 부조사 「まで」에 조사 「に」와 동사 「なる」가 접속된 어구이다. 이러한 형태로 오랜 시간이나 노력을 기울인 끝에 지금의 바람직한 결과나 상태에 이르게 되었다고 하는 의미를 나타낸다.

| 접속 | 동사종지형에 접속된다.

| 예문 |

⇨ リハビリの結果、ひじを曲げられるまでになった。
(재활치료의 결과, 팔꿈치를 구부릴 수 있을 정도까지 되었다)

⇨ 人工飼育されていたひなは、ひとりで餌がとれるまでになった。
(인공 사육되고 있던 병아리는 혼자서 먹이를 먹을 수 있을 정도까지 되었다)

⇨ 苦労の甲斐があって、やっと日本語で論文が書けるまでになった。
(고생한 보람이 있어서 겨우 일본어로 논문을 쓸 수 있을 정도까지 되었다)

⇨ ハングルを覚え始めた末っ子は、今は童話が読めるまでになった。
(한글을 익히기 시작한 막내는 지금은 동화를 읽을 수 있을 정도까지 되었다)

～までのことだ ⇨ ～(하)면 그만이다

| 용법 | 한계를 나타내는 부조사 「まで」에 조사 「の」와 형식명사 「こと」 그리고

단정을 나타내는 조동사 「だ」가 접속된 어구이다. 이러한 형태로 주로 문말에 위치하여 어떤 사항을 한정함으로써 결의나 이유를 강조하게 된다. 다시 말해서 단지 그뿐으로 그것 이외의 것을 생각할 필요는 없다고 하는 의미를 나타낸다.

| 접속 | 「これ」「それ」등의 대명사나 활용어의 종지형에 접속된다.

| 예문 |

⇨ 飛行機(ひこうき)がだめなら、列車(れっしゃ)で行(い)くまでのことだ。

(비행기가 안 된다면 열차로 가면 그만이다)

⇨ 父(ちち)があくまで反対(はんたい)するなら、家(いえ)を出(で)るまでのことだ。

(아버지가 끝까지 반대한다면 집을 나가면 그만이다)

⇨ そんな心配(しんぱい)をすることはないよ。できなかったらもう一度(いちど)やり直(なお)すまでのことだ。

(그런 걱정을 할 필요는 없어. 안 되면 다시 한 번 하면 그만이다)

⇨ 主張(しゅちょう)すべきことは相手(あいて)が誰(だれ)であっても主張(しゅちょう)すべきだ。それによって採用(さいよう)を取(と)り消(け)されるならそれまでのことだ。

(주장해야 할 것은 상대가 누구라도 주장해야 한다. 그로 인해서 채용이 취소된다면 그만이다)

| 참고 | 때로는 「～までだ」의 형태를 취할 때도 있는데 그 의미와 용법은 「～までのことだ」와 같다. (해당항목 참고)

⇨ やって見(み)てできなければやめるまでた。

(해 보고 할 수 없으면 그만두면 그만이다)

⇨ コンピューターに入(い)れておいても、うっかり消(け)してしまえばそれまでだ。

(컴퓨터에 넣어두어도 무심코 지워버리면 그걸로 끝이다)

～までのこともない ⇨ ～(할) 것까지도 없다

| 용법 | 한계를 나타내는 부조사 「まで」에 조사 「の」와 형식명사 「こと」 그리고 조사 「も」와 형용사 「ない」가 접속된 어구이다. 이러한 형태로 어떠한 실행에 옮기지 않더라도 그 앞 단계에서 충분히 소기의 목적이 달성될 수 있다고 하는 의미를 나타낸다.

| 접속 | 활용어의 종지형에 접속된다.

| 예문 |

⇨ そんな簡単なこと、わざわざあなたに説明してもらうまでのこともない。

(그런 간단한 일, 일부러 당신에게 설명들을 것까지도 없다)

⇨ 現在の政治を改革しなくてはならないことは、いまさら言うまでのこともない。

(현재의 정치를 개혁하지 않아서는 안 되는 것은 새삼스럽게 말할 것까지도 없다)

⇨ その程度の用事ならわざわざ出向くまでのこともない。電話でじゅうぶんだ。

(그 정도의 볼 일이라면 일부러 나갈 것까지도 없다. 전화로 충분하다)

⇨ このくらいの風邪なら、医者に行くまでのこともない。うまいものを食べて、一日ぐっすり眠れば治る。

(이 정도의 감기라면 의사에게 갈 것까지도 없다. 맛있는 것을 먹고 하루 푹 자면 낫는다)

| 참고 | 이와 유사한 어구로 「～までもない」가 있는데 의미와 용법은 「～までのこともない」와 같다. (해당항목 참고)

⇨ わざわざ行くまでもないでしょう。(일부러 갈 것까지도 없겠지요)

⇨ そんなことは常識だ。君に言われるまでもない。

(그런 것은 상식이다. 자네에게 들을 것까지도 없다)

～までもない ⇨ ～(할) 것까지도 없다

| 용법 | 한계를 나타내는 부조사 「まで」에 조사 「も」와 형용사 「ない」가 접속된

어구이다. 이러한 형태로 어떠한 실행에 옮기지 않더라도 그 앞 단계에서 충분히 소기의 목적이 달성될 수 있다고 하는 의미를 나타낸다.

| 접속 | 활용어의 종지형에 접속된다.

| 예문 |

⇨ そんなことは常識だ。君に言われるまでもない。
(그런 것은 상식이다. 자네에게 들을 것까지도 없다)

⇨ みなさんには、説明するまでもなくお分かりだろうと思います。
(여러분에게는 설명할 것까지도 없이 잘 아실 것이라고 생각합니다)

⇨ その本は自分で買うまでもない。図書館で借りれば十分だろう。
(그 책은 직접 살 것까지도 없다. 도서관에서 빌리면 충분할 거다)

⇨ 改めてご紹介するまでもないが、田中先生は世界的に有名な建築家でいらっしゃる。(새삼 소개할 것까지도 없으나 다나카선생님은 세계적으로 유명한 건축가이시다)

| 참고 | 이와 유사한 어구로 「～までのこともない」가 있는데 의미와 용법은 「～までもない」와 같다. (해당항목 참고)

⇨ この程度の風邪なら、医者に行くまでのこともない。
(이 정도의 감기라면 의사에게 갈 것까지도 없다)

⇨ そんな簡単なこと、わざわざあなたに説明してもらうまでのこともない。
(그런 간단한 일, 일부러 당신에게 설명들을 것까지도 없다)

～ままだ ⇨ ～(한) 그대로다

| 용법 | 같은 상태가 변함없이 지속됨을 나타내는 명사 「まま」에 단정을 나타내는 조동사 「だ」가 접속된 어구이다. 이러한 형태로 말하는 시점에서 같은 상태가 계속되거나 과거의 상태가 현재까지 변함없이 지속되고 있다고 하는 의미를 나타낸다. 때로는 단정을 나타내는 조동사 「だ」가 없는 「～

まま」의 형태만으로도 쓰이는데 이 경우는 '～(한) 채'의 의미를 나타낸다.

| 접속 | 「명사+の」의 형태나 활용어의 연체형 등에 접속된다.

| 예문 |

⇨ 10年ぶりに会ったが、彼は昔のままだった。
(10년 만에 만났는데, 그는 옛날 그대로였다)

⇨ テーブルの上は、朝出かけた時のままだった。
(테이블 위는 아침에 외출했을 때 그대로였다)

⇨ このあたりは開発もされず、昔と変わらず不便なままだ。
(이 근처는 개발도 되지 않아 옛날과 변함없이 불편한 그대로다)

⇨ 息子の辞書はあまり使わないのか、いつまでも新しいままだ。
(아들의 사전은 그다지 사용하지 않는 건지 언제까지나 새 것 그대로다)

⇨ 急いでいたので、さよならも言わないまま、帰ってきてしまった。
(바빴기 때문에 작별인사도 하지 않은 채 돌아와 버렸다)

まるで ～ ない(違う) ⇨ 전혀 ～ (하)지 않다(다르다)

| 용법 | 부사 「まるで」는 뒤에 「ようだ」와 같은 조동사를 수반하여 '마치, 흡사'의 의미로 쓰이기도 하지만 때로는 뒤에 「ない」를 포함한 부정표현을 수반하여 '전혀'의 의미로 쓰이기도 한다. 여기에서는 후자의 용법으로 쓰였다.

| 접속 | 「ない」앞에는 동사미연형이 접속된다.

| 예문 |

⇨ うちの兄弟はまるで似ていない。
(우리 형제는 전혀 닮지 않았다)

⇨ あいつはまるでなっていないから、付き合わない方がいいだろう。
(저 녀석은 전혀 사람이 되어 있지 않으니까 사귀지 않는 편이 좋을 것이다)

⇨ いくら仕事ができても、自分の身の周りのことがまるでできないようでは、一人前のおとなとは言えない。

(아무리 일을 잘 해도 자신 주변의 일을 전혀 할 수 없을 것 같아서는 엄연한 어른이라고는 할 수 없다)

⇨ みんなの話では、ずいぶん嫌な男のように思えたが、実際に会ってみると、聞いていたのとはまるで違っていた。

(모두의 이야기로는 매우 역겨운 남자와 같이 생각되었지만 실제로 만나보니 듣고 있었던 것과는 전혀 달랐다)

真ん ~ ⇨ '바로 ~, 한 ~, 아주 ~', 접두어 「真ん」의 용법

|용법| 「真」에 「ん」이 접속된 접두어로 그 상태나 정도를 보다 강조하는 의미를 나타낸다.

|접속| 「명사+の」의 형태나 활용어의 연체형 등에 접속된다.

|예문|

⇨ 部屋の真ん中にテーブルがある。(방 한가운데에 테이블이 있다)

⇨ 家の真ん前に自動車をとめる。(집 바로 앞에 자동차를 세운다)

⇨ 真ん丸な月。(아주 둥근 달)

⇨ 真ん丸い月。(아주 둥근 달)

まんざら ~ でもない ⇨ 꼭(아주, 굳이)~ 도 아니다

|용법| '반드시, 꼭'이라는 의미를 지닌 부사 「まんざら」가 앞에 배치되고 뒤에는

명사부정을 강조하는 「でもない」가 배치된 어구이다. 이러한 형태로 뒤에 오는 부정표현과 호응함으로서 부분적인 긍정의 기분을 나타낸다.

| 접속 | 명사 및 형용동사어간(특히 「嫌い」)에 접속된다.

| 예문 |

⇨ 彼のことはまんざら知らないわけでもない。

(그에 관한 일은 꼭 모르는 것도 아니다)

⇨ 大勢の人の前で歌うのは、まんざら嫌いでもない。

(많은 사람 앞에서 노래를 부르는 것은 꼭 싫은 것도 아니다)

⇨ 彼女の様子では、まんざら彼が嫌いでもないようだ。

(그녀의 모습으로는(눈치로는) 꼭 그가 싫은 것도 아닌 것 같다)

⇨ 祖母は、一時期教師をしていたことがあるから、人前でしゃべるのはまんざら素人でもない。

(할머니는 한때 교사를 한 적이 있기 때문에, 남 앞에서 이야기하는 것은 꼭 아마추어도 아니다)

み

～み ⇨ 느낌, 정도, 상태를 나타내는 접미어

| 용법 | 접미어 「み」는 형용사, 형용동사의 어간에 접속되어 이를 명사화하는 문법적 역할을 수행하여 어딘지 모르게 주관적으로 느껴지는 감정, 정도 또는 상태를 나타낸다.

| 접속 | 형용사, 형용동사의 어간에 접속된다.

| 예문 |

⇨ 甘(あま)み。(단맛)

⇨ 赤(あか)み。(붉은 기(불그스름하게 느껴짐))

⇨ ありがたみ。(고마움)

⇨ 重(おも)み。(묵직함)

⇨ 真剣(しんけん)み。(진지함)

⇨ 深(ふか)み。(깊이(중후함))

⇨ 弱(よわ)み。(약한 정도)

見(み)える ⇨ 오시다

| 용법 | 자동사 「見(み)える」는 원래는 '보이다'의 의미를 지닌 것이지만 때로는 '오시다'는 의미의 경어동사로 쓰일 때가 있으며 이 경우에는 「いらっしゃる」보다 경어도가 높다. 예를 들어, 「校長先生(こうちょうせんせい)が見(み)えました」와 같이 쓸 수 있으며 때로는 존경어를 만드는 「お+동사연용형+になる」의 형식에 맞추어 「お見(み)えになる」의 형태로도 쓰이곤 하는데 이렇게 되면 당연히 경어도는 더욱 높아지게 된다.

| 활용 | 見(み)え+ない(미연형) 見(み)え+ます(연용형) 見(み)える(종지형) 見(み)える+명사(연체형) 見(み)えれ+ば(가정형) 見(み)え＋よう(추측형)

| 예문 |

⇨ あなた、山下(やました)さんが見(み)えましたよ。(여보, 야마시타씨가 오셨어요)

⇨ お医者(いしゃ)が見(み)えたら、洗面器(せんめんき)にお湯(ゆ)をとってください。
(의사선생님이 오시면 세면기에 더운물을 받아 주십시오)

⇨ お客様(きゃくさま)がお見(み)えになったら、すぐお茶(ちゃ)をお出(だ)ししましょう。
(손님이 오시면 바로 차를 내겠습니다)

⇨ 昨日(きのう)のパーティーに田中(たなか)さんは見(み)えましたが、山田(やまだ)さんは見(み)えませんでした。
(어제 파티에 다나카씨는 오셨습니다만 야마다씨는 오시지 않았습니다)

～見込(みこ)みだ ⇨ ～될 전망이다

| 용법 | '예상, 전망, 가능성'의 의미를 지닌 「見込(みこ)み」에 단정을 나타내는 조동사 「だ」가 접속된 어구이다. 이러한 형태로 어떤 일에 대하여 예상하고 전망하는 의미를 나타낸다. 이러한 표현은 주로 문장체에서 쓰이는 딱딱한

표현이지만 방송에서는 종종 사용되곤 한다.

|접속| 「명사＋の」의 형태나 동사연체형에 접속된다.

|예문|

⇨ 新幹線の復旧は夜遅くなる見込みだ。

(신간선의 복구는 밤늦게 될 전망이다)

⇨ 郵政民営化が参院でも可決の見込みです。

(우정 민영화가 참의원에서도 가결될 전망입니다)

⇨ JR東海道線は、明朝６時には回復の見込みだ。

(JR동해도선은 내일 아침 6시에는 회복될 전망이다)

⇨ 台風の影響で破壊されていた高速道路が、来週には復旧する見込みです。

(태풍의 영향으로 파괴되어 있었던 고속도로가 다음 주에는 복구될 전망입니다)

～みたいだ ⇨ ～같다

|용법| 조동사 「みたいだ」는 어떠한 사항을 비교하거나 유사한 것 가운데에서 하나를 예로 드는 경우에 사용되는 것으로 우리말의 '～같다'에 해당된다. 다시 말해서 전항을 예로 내세워 후항에 그와 매우 유사한 것이 있음을 나타내는데 주로 회화체에서 사용되고 있다.

|접속| 명사 및 활용어의 종지형에 접속된다.

|예문|

⇨ あの子の走り方はアヒルみたいだ。(저 아이의 달리는 폼은 집오리 같다)

⇨ 果物とか、かんづめみたいなものはどこで売っていますか。

(과일이라든가 통조림 같은 것은 어디에서 팔고 있습니까?)

⇨ 丸山さんの顔はお月様みたいに丸い。

(마루야마씨의 얼굴은 달님처럼 둥글다)

⇨ すごい雨(あめ)ですね。シャワーをあびてるみたいだ。

(굉장한 비군요. 샤워를 하고 있는 것 같다)

⇨ どうしたんですか。幽霊(ゆうれい)にあったみたいな顔(かお)をして。

(어떻게 된 겁니까? 유령을 만난 것 같은 얼굴을 하고)

⇨ このびんのふたは、私(わたし)の力(ちから)ではあかないみたいだ。

(이 병뚜껑은 나의 힘으로는 열리지 않을 것 같다)

| 참고 | 한편, 여성어에서는 「みたいだ」에서 「だ」가 탈락된 「みたい」만 사용할 때가 많으며 특히, 친한 사이에서는 「みたいよ」「みたいね」의 형태를 사용하기도 한다.

⇨ うれしいわ。まるで夢(ゆめ)みたい。(기뻐요. 마치 꿈같아)

아울러, 「みたいだ」는 잘 모르는 것을 막연히 추측하는 의미로도 사용될 수는 있으나 보통은 이러한 형태보다는 「ようだ」를 쓰는 것이 일반적이다.

⇨ 玄関(げんかん)で音(おと)がするから、誰(だれ)か来(き)たみたいよ。

(현관에서 소리가 나니까, 누군가 온 것 같아요)

～みたいなものだ ⇨ ～(한) 거나 마찬가지다, ～(한) 거나 다름없다

| 용법 | 조동사 「みたいだ(～같다)」의 연체형인 「みたいな」에 형식명사 「もの」와 단정을 나타내는 조동사 「だ」가 접속된 어구이다. 이러한 형태로 어떠한 일이나 상태가 아직 그렇게 되어있지는 않지만 거의 확실하게 그렇게 될 것이 예상되거나 그렇게 된 상태나 다름없는 것으로 판단됨을 나타낸다. 회화체에서는 종종 「ものだ」가 「もんだ」로 바뀌곤 한다.

| 접속 | 명사나 「동사연용형+た」의 형태에 접속된다.

| 예문 |

⇨ 僕(ぼく)の給料(きゅうりょう)なんか、会社(かいしゃ)の儲(もうけ)に比(くら)べたら、ただみたいなものだ。

(나의 급료 같은 건 회사의 수입에 비하면 거저나 다름없다)

⇨ こんなに点差(てんさ)があけば、もう勝(か)ったみたいなものだ。

(이렇게 점수 차가 벌어지면 이제 이긴 거나 마찬가지이다)

⇨ A : 田中(たなか)さん、店(みせ)、売(う)ったんだって? (다나카씨, 가게 팔았다고?)

B : 売(う)ったというか、まあ、売(う)られたみたいなものだ。借金(しゃっきん)の抵当(ていとう)にはいってたんだそうだよ。

(팔았다고 해야 하나, 뭐, 팔린 거나 다름없어. 빚 저당에 들어있었다는 거야)

む

～ 向きに(の) ⇨ ～ 을(를) 향해서(향한), ～ 쪽으로(쪽의)

|용법| 동사 「向く(향하다)」의 연용형인 「向き」가 전성명사화된 것에 조사 「に」 또는 「の」가 접속된 어구이다. 그 앞에는 동서남북의 방향이나 전후좌우, 상하 등의 방향을 나타내는 명사가 오게 되는데 이러한 형태로 그 방향을 정면으로 향하고 있음을 나타낸다.

|접속| 방향을 나타내는 명사에 접속된다.

|예문|

⇨ 右向きに置いてください。(오른쪽으로 놓아 주십시오)

⇨ 横向きに寝てください。(옆쪽으로 누워 주십시오)

⇨ 西向きに家が並んでいる。(서쪽을 향해서 집이 늘어서있다)

⇨ 南向きの部屋は明るくて暖かい。(남향의 방은 밝고 따뜻하다)

|참고| 다음의 예와 같이 관용적으로 쓰이는 것도 있는데 우리말의 '전향적으로, 적극적으로'에 해당된다.

⇨ 前向きに検討したいと考えております。
(적극적으로 검토하려고 생각하고 있습니다)

～向(む)きの(だ) ⇨ ～용의(이다)

|용법| 동사 「向(む)く(향하다)」의 연용형인 「向(む)き」가 전성명사화된 것에 조사 「の」 또는 단정을 나타내는 조동사 「だ」가 접속된 어구이다. 「～向(む)きの」의 형태로는 뒤에 오는 명사를 수식하게 되고 「～向(む)きだ」의 형태로는 문말의 술어로 쓰이게 되는데 이러한 형태로 그 대상에 적합하거나 어울리는 상태임을 나타낸다.

|접속| 사람을 나타내는 명사에 접속된다.

|예문|

⇨ 女性(じょせい)向(む)きのスポーツにはどんなものがありますか。
(여성용 스포츠에는 어떤 것이 있습니까?)

⇨ このごろ、若者(わかもの)向(む)きの車(くるま)が作(つく)られている。
(요즈음 젊은이용의 차가 만들어지고 있다)

⇨ この家(いえ)は部屋数(へやかず)も多(おお)く台所(だいどころ)も広(ひろ)い。どちらかというと大家族(だいかぞく)向(む)きだ。
(이 집은 방수도 많고 부엌도 넓다. 어느 쪽인가 하면 대가족용이다)

⇨ この機械(きかい)はたいへん性能(せいのう)がよいが、値段(ねだん)も高(たか)く大型(おおがた)で一般家庭(いっぱんかてい)向(む)きではない。(이 기계는 매우 성능이 좋지만 가격도 비싸고 대형으로 일반가정용은 아니다)

|참고| 이러한 내용을 부정하여 표현할 때는 다음의 예와 같이 「不向(ふむ)き」를 사용한다.

⇨ この機械(きかい)は大(おお)きすぎて家庭(かてい)で使(つか)うのには不向(ふむ)きだ。
(이 기계는 너무 커서 가정에서 사용하기에는 부적합하다)

～向(む)きもある ⇨ ～(하)는 사람도 있다

| 용법 | 동사 「向く(향하다)」의 연용형인 「向き」가 전성명사화된 것에 조사 「も」와 동사 「ある」가 접속되어 관용적으로 쓰이는 어구이다. 이러한 형태로 그러한 사람도 있음을 나타내는데 주로 문장체에서 사용되는 딱딱한 표현이다.

| 접속 | 동사연체형이나 조동사 「ない」에 접속된다.

| 예문 |

⇨ 若い時に苦労してみたいと思う向きもある。

(젊을 때에 고생해 보고 싶다고 생각하는 사람도 있다)

⇨ 今回の計画については実現を危ぶむ向きもある。

(이번 계획에 대해서는 실현을 의심하는 사람도 있다)

⇨ 君の活躍を快く思わない向きもあるようだから、はでな言動は慎んだ方がいい。

(자네의 활약을 탐탁하게 생각하지 않는 사람도 있는 것 같으니까 야단스런 언행은 삼가 하는 편이 좋다)

め

～目(め) ⇨ '～째', 차례, 순서를 나타내는 접미어용법

|용법| 「目(め)」는 단독으로 쓰이면 '눈'이 되지만 접미어로 쓰이게 되면 '차례, 순서'의 의미를 나타내게 된다. 우리말의 '～째'에 해당되는 셈이다.

|접속| 수사에 접속된다.

|예문|

⇨ 一(ひと)つ目(め)。(첫 번째)

⇨ 二(ふた)つ目(め)。(두 번째)

⇨ 三(みっ)つ目(め)。(세 번째)

⇨ 四(よっ)つ目(め)。(네 번째)

⇨ 五(いつ)つ目(め)。(다섯 번째)

⇨ 六(むっ)つ目(め)。(여섯 번째)

⇨ 七(なな)つ目(め)。(일곱 번째)

⇨ 八(やっ)つ目(め)。(여덟 번째)

⇨ 九(ここの)つ目(め)。(아홉 번째)

[→ 이후 열부터는 十番目(じゅうばんめ)(열 번째)、十一番目(じゅういちばんめ)(열한 번째) 와 같이 표현함]

⇨ 四谷駅は新宿から四つ目の駅です。

(요츠야역은 신주쿠에서 네 번째 역입니다)

⇨ 前から五人目の人が山田さんです。

(앞에서 다섯 번째 사람이 야마다씨입니다)

⇨ 駅から二番目の交差点で右へまがり、角から三軒目が私の家です。

(역에서 두 번째 교차로에서 오른쪽으로 꺾어서 모퉁이에서 세 번째가 우리 집입니다)

迷惑する ⇨ 곤란하다, 곤란을 겪는다

| 용법 | 「迷惑」는 어떤 사람이 행한 일로 인하여 다른 사람이 곤란을 겪거나 괴로움을 당한다는 의미의 말인데 여기에 동사 「する」가 접속된 형태이다. 이러한 형태로 '곤란하다, 고통이나 피해를 입는다'는 의미를 나타내는데 보통 「迷惑した」「迷惑している」의 형태를 취하여 문말의 술어로 쓰이게 된다.

| 예문 |

⇨ 夜遅く客に来られて迷惑した。(밤늦게 손님이 와서 곤란했다)

⇨ きらいなのに犬をもらって迷惑しています。

(싫어하는데도 개를 받아서 곤란을 겪고 있습니다)

⇨ 隣の子供が夜中にピアノをひいたりして迷惑した。

(옆집 아이가 한 밤중에 피아노를 치곤해서 곤란했다)

⇨ あの家のテレビの音でみんなが迷惑しています。

(저 집의 텔레비전 소리로 모두가 곤란을 겪고 있습니다)

~ めく ⇨ ~ 다워지다, ~ 듯하다

| 용법 | 접미어 「めく」는 결코 단독으로는 쓰이는 일이 없이 그 앞에는 극히 제한된 명사가 오게 된다. 이러한 형태로 그러한 조짐이 나타난다, 그러한 기색이 역력하다, 고 하는 정도의 의미를 나타낸다.

| 접속 | 명사에 접속된다.

| 예문 |

⇨ 彼(かれ)は、皮肉(ひにく)めいた言(い)い方(かた)をした。(그는 비꼬는 듯한 말투로 말했다)

⇨ 雪(ゆき)がとけて、野生(やせい)の花(はな)も咲(さ)きはじめ、日(ひ)ざしも春(はる)めいてきた。
(눈이 녹아 들꽃도 피기 시작하고 햇살도 봄다워졌다)

⇨ どことなく謎(なぞ)めいた女性(じょせい)が、ホールの入(い)り口(ぐち)に立(た)っていた。
(어딘지 모르게 수수께끼에 쌓인 여성이 홀 입구에 서 있었다)

⇨ 彼(かれ)の作(つく)り物(もの)めいた笑(わら)いが、どうしても気(き)になった。
(그의 거짓으로 짓는 듯한 웃음이 아무래도 마음에 걸렸다)

召(め)し上(あ)がる ⇨ 「食(た)べる」「飲(の)む」에 대한 존경어 용법

| 용법 | 경어동사 「召(め)し上(あ)がる」는 「食(た)べる、飲(の)む」에 대한 존경어로 「あがる」와 같은 의미로 사용되나 이 보다는 경어도가 훨씬 높다. 종종, 「お召(め)し上(あ)がりになる」로 잘못 표현되는 일이 있는데 이는 이중경어가 된다. 왜냐하면, 「召(め)し上(あ)がる」자체가 경어동사이기 때문에 굳이 존경어를 만드는 형식인 「お+동사연용형+になる」의 형식에 맞출 필요가 없기 때문이다.

| 예문 |

⇨ 何を召し上がりますか。(무엇을 드시겠습니까?)

⇨ どうぞ召し上がってください。(자, 드십시오)

⇨ もう昼御飯を召し上がりましたか。(이미 점심을 드셨습니까?)

⇨ 先生はいつも私どもと一緒に、お弁当を召し上がります。
(선생님은 언제나 저희와 함께 도시락을 드십니다)

召す ⇨「食べる、飲む、着る、乗る」등의 존경어 용법

| 용법 | 경어동사「召す」는 다양한 용법을 지닌 것으로 주로「食べる、飲む、着る、乗る」등에 대한 존경어로 사용된다. 다만, 이 중에서「食べる」의 경우는「召し上がる」를 쓰는 것이 보통이다.「召す」는 다소 고풍스런 말인 탓에 근년에 들어서는 그다지 사용되지 않는 경향이 있으나 비즈니스차원에서는 종종 사용되는 경우가 많다.

| 예문 |

⇨ 着る → セーターをお召しください。(스웨터를 입으십시오)

⇨ 乗る → 車にお召しください。(차를 타십시오)

⇨ ひく → 風邪をお召しになっては大変です。(감기에 걸리시면 큰일입니다)

⇨ 合う → お気に召すかどうか心配です。(마음에 드실지 어떨지 걱정입니다)

⇨ とる → お年を召してもお元気ですね。(나이를 드셔도 건강하시군요)

⇨ 食べる → 何をお召しになりますか。(무엇을 드시겠습니까?)

めったに ~ ない ⇨ 좀처럼 ~ (하)지 않는다

| 용법 | '좀처럼, 여간해서'라는 의미를 지닌 부사 「めったに」가 앞에 배치되고 뒤에는 형용사 「ない」나 부정을 나타내는 조동사 「ない」가 배치된 어구이다. 이러한 형태로 무언가를 하는 빈도가 지극히 적다고 하는 의미를 나타낸다.

| 접속 | 형용사 「ない」의 경우에는 「めったにない」의 형태로 쓰이지만 조동사 「ない」의 경우에는 그 앞에 동사미연형이 접속된다.

| 예문 |

⇨ この機械は丈夫ですから、めったに故障しない。

(이 기계는 튼튼하기 때문에 좀처럼 고장 나지 않는다)

⇨ 私はビールは飲むが、焼酎はめったに飲まない。

(나는 맥주는 마시지만 소주는 좀처럼 마시지 않는다)

⇨ 人混みは好きではないので、大都市にはめったに行かない。

(사람이 붐비는 것은 좋아하지 않으므로 대도시에는 좀처럼 가지 않는다)

⇨ わが家はずいぶん田舎にあるので、お客がやって来ることはめったにない。

(우리 집은 꽤나 시골에 있기 때문에 손님이 찾아오는 일은 좀처럼 없다)

も

～も ⇨ '～ 이나', 수가 많거나 정도가 높음을 나타내는 용법

| 용법 | 「も」는 원래 우리말의 '～도'의 의미를 나타내는 조사이지만 주로 수를 나타내는 말의 뒤에 위치하여 의외로 그 수가 많거나 정도가 높음을 나타낸다.

| 접속 | 수사에 접속된다.

| 예문 |

⇨ 雨(あめ)はもう三日(みっか)も降(ふ)っています。

(비는 벌써 사흘이나 내리고 있습니다)

⇨ 大根一本(だいこんいっぽん)が300円(えん)もするなんて。

(무 한 개가 300엔이나 한다니)

⇨ 病気(びょうき)で5年間(ねんかん)も寝(ね)たままです。

(병으로 5년간이나 누운 채 있습니다)

⇨ うちから駅(えき)まで、歩(ある)いて30分(ぷん)もかかる。

(집에서 역까지 걸어서 30분이나 걸린다)

⇨ ほしいけれど、10万円(まんえん)もするなら、買(か)えない。

(갖고 싶지만, 10만 엔이나 한다면 살 수 없다)

| 참고 | 한편, 이러한 용법의 조사 「も」가 뒤에 오는 명사를 수식할 때는 조사 「の」

를 수반하게 된다.

⇨ 反戦(はんせん)デモには十万人(じゅうまんにん)もの人(ひと)が参加(さんか)した。

(반전 데모에는 10만 명이나 되는 사람이 참가했다)

~もあったろうか ⇨ ~나 되었을까?

|용법| 조사 「も」에 동사 「ある」의 과거형인 「あった」가 접속되고 이어서 단정을 나타내는 조동사 「だ」의 미연형인 「だろ」와 추측을 나타내는 조동사 「う」, 그리고 의문을 나타내는 조사 「か」가 차례로 연결된 어구이다. 이러한 형태로 말하는 사람의 임의적인 판단에 의한 대략적인 크기나 분량을 나타낸다.

|접속| 수사에 접속된다.

|예문|

⇨ 昔(むかし)、家(いえ)の庭(にわ)に大(おお)きな木(き)があった。高(たか)さは4、5mもあっただろうか。

(옛날에 집의 뜰에 큰 나무가 있었다. 높이는 4、5m나 되었을까?)

⇨ 急(きゅう)に氷(こおり)の固(かた)まりが降(ふ)ってきたが、大(おお)きさは3センチぐらいもあっただろうか。

(갑자기 얼음덩어리가 내리기 시작했는데 크기는 3센티 정도나 되었을까?)

⇨ 事故(じこ)にあってから、救出(きゅうしゅつ)されるまで、1時間(じかん)もあっただろうか。夢中(むちゅう)だったのでよくわかりません。

(사고가 나고 나서 구출되기까지 1시간이나 되었을까? 제정신이 아니었기 때문에 잘 모르겠습니다)

⇨ A：その魚(さかな)はどれくらいの大(おお)きさでしたか。(그 물고기는 어느 정도의 크기였습니까?)

B：そうですね。50cmもあっただろうかなあ。(글쎄요, 50cm나 되었을까?)

～もあれば ～もある ⇨ ～ 도 있거니와 ～ 도 있다, ～ 도 있는가하면 ～ 도 있다

| 용법 | 조사「も」에 동사「ある」의 가정형인「あれ」와 가정격조사「ば」가 접속된 형태가 앞에 배치되고 뒤에는 조사「も」에 동사「ある」가 접속된 것이 배치된 어구이다. 이러한 형태로 여러 가지 경우가 있다고 하는 의미를 나타낸다.

| 접속 | 각각의「も」앞에는 명사가 접속된다.

| 예문 |

⇨ 人生、楽もあれば苦もある。

(인생이란 즐거움도 있는가 하면 고통도 있다)

⇨ 車に乗っていると、便利な時もあれば、不便な時もある。

(차를 타고 있으면 편리할 때도 있거니와 불편할 때도 있다)

⇨ 起きる時間は決まっていない。早く起きることもあれば遅く起きることもある。

(일어나는 시간은 정해져있지 않다. 일찍 일어나는 일도 있는가하면 늦게 일어나는 일도 있다)

⇨ 温泉といってもいろいろだ。硫黄が含まれているものもあれば、炭酸が含まれているものもある。

(온천이라고 해도 여러 가지이다. 유황이 포함되어있는 것도 있거니와 탄산이 포함되어 있는 것도 있다)

～もあろうに ⇨ 그 많은 ～ 중에 하필이면

| 용법 | 조사「も」에 동사「ある」의 미연형인「あろ」와 추측을 나타내는 조동사「う」가 접속되고 이어서 조사「に」가 접속된 어구이다. 그 앞에는 선택의 대상을 나타내는 명사가 오게 되는데 이러한 형태로 다양한 선택의 여지가

있음에도 불구하고 하필이면, 이라는 의미를 나타낸다. 특히 「こともあろうに」의 경우 단독으로 우리말의 '하필이면'의 의미로 사용된다. 이러한 용법은 현대 일본어에서는 「こともあろうに」「人もあろうに」 등의 국한된 경우에만 사용되고 있다.

| 접속 | 주로 「こと、人、国」등의 명사에 접속된다.

| 예문 |

⇨ あの人は人もあろうにあのような女と結婚したよ。
(저 사람은 그 많은 사람 중에 하필이면 저런 여자와 결혼했어)

⇨ 国もあろうに、アフリカの小さな国へ移住するとは。
(그 많은 나라 중에 하필이면 아프리카의 작은 나라로 이주하다니)

⇨ あの人はこともあろうに友だちの家に火をつけたのですよ。
(저 사람은 그 많은 집중에 하필이면 친구 집에 불을 지른 거예요)

もう～ ⇨ 하나 더, 한 번 더, 한 시간 더, 한 사람 더

| 용법 | 부사 「もう」는 그 뒤에 수를 나타내는 말이 접속된 형태로 수나 양의 첨가를 의미한다. 우리말의 '하나 더, 한 번 더, 한 시간 더, 한 사람 더'에서 밑줄 친 부분에 해당되는 의미를 나타낸다.

| 접속 | 「もう」 뒤에는 수사가 접속된다.

| 예문 |

⇨ もう一回だけテストしてみよう。(한 번만 더 테스트를 해보자)

⇨ もう一度だけ会ってください。(한 번만 더 만나 주십시오)

⇨ もう一人紹介したい人がいる。(한 사람 더 소개하고 싶은 사람이 있다)

⇨ もう百円あれば、切符が買える。(백 엔 더 있으면 표를 살 수 있다)

⇨ すみません。もう5分ここにいてください。(죄송합니다. 5분 더 여기에 있어주십시오)

⇨ もう一時間待って、彼が来なかったら先に行く。
(한 시간 더 기다려서 그가 오지 않으면 먼저 간다)

⇨ もう10ページ読めば、この本は読み終えられる。
(10페이지 더 읽으면 이 책은 다 읽을 수 있다)

| 참고 | 이와 유사한 말로 「あと」가 있는데 「もう」와 달리 「あと」의 경우에는 '마지막으로'라는 어감이 깃들어있는 점에 주의하여야 한다. 즉, 「もう一人紹介したい人がいる」는 지금까지 소개해온 사람에 추가하여 한 사람 더 소개하고자 하는 경우에 사용되지만 「あと一人紹介したい人がいる」는 지금까지 소개한 사람에 이어서 마지막 소개할 사람을 나타내게 된다.

もう ⇨ 상대에 대한 비난의 의미를 나타내는 용법

| 용법 | 부사 「もう」는 때때로 문두나 문중에 삽입되어 상대에 대한 비난이나 불만의 기분을 나타내는데 대체로 여성이 자유로운 회화체에서 사용하는 경향이 있다. 우리말의 '아니, 정말, 도대체'정도의 의미를 나타낸다.

| 예문 |

⇨ お母さんたら、もう。私の友達の悪口を言うのはやめてよ。
(어머니는 참, 내 친구 험담을 하는 건 그만둬)

⇨ もう、あなたったら、こんなやさしい計算もできないの。
(아니 당신, 도대체 이런 쉬운 계산도 못해?)

⇨ 山田さんたら、もう、またお茶を入れてくれって。自分でやればいいのに。
(야마다씨는 정말, 또 차를 타 달라는 거야. 자기가 하면 좋을 텐데)

⇨ A : あ、また、汚(よご)した。(아, 또 더럽혔다)

B : もう。(아니, 정말)

もういい ⇨ 이제 됐다

| 용법 | 부사 「もう」에 형용사 「いい」가 접속된 어구로 이것으로 충분하니까 더 이상은 필요치 않다, 고 하는 거절의 기분을 나타낸다. 일상의 회화체에서 빈번하게 쓰이고 있다.

| 예문 |

⇨ A : もう一杯(いっぱい)いかがですか。(한잔 더 어떠하십니까?)

B : いや、もういいです。(아니, 이제 됐습니다)

⇨ A : お湯(ゆ)をあげましょうか。(따스한 물을 드릴까요?)

B : もういいですよ。(이제 됐어요)

⇨ A : お母(かあ)さんの気持(きも)ちも考(かんが)えてみなさい。(어머니의 기분도 생각해 봐라)

B : もういいよ。お説教(せっきょう)は聞(き)きあきたよ。(이제 됐어. 설교는 실컷 들었어)

⇨ A : チョコレート買(か)いましょうか。(초콜릿 살까요?)

B : いや、これだけ食料(しょくりょう)があれば、もういいです。
(아니, 이만큼 식재료가 있으면 이제 됐습니다)

申(もう)し上(あ)げる ⇨ 겸양어동사 「申(もう)し上(あ)げる」의 상세한 용법

| 용법 | 「申(もう)し上(あ)げる」는 「言(い)う」에 대한 겸양어동사이다. 이에 대한 겸양어로는 「申(もう)す」도 있으나 「申(もう)し上(あ)げる」가 「申(もう)す」보다 더욱 경어도가 높다. 다만, 「申(もう)

す」에는 겸양어뿐만 아니라 정중어로서의 용법도 있으나 반면에 「申し上げる」에는 겸양어로서의 용법밖에 없다. 그러다 보니 종종 오용이 발생하고는 하는데 예를 들어 「何と申し上げても」라고 하는 표현은 오용으로 이 경우에는 「何と申しましても」로 하여야 하며 여기에 나오는 「申す」는 정중어인 셈이다. 또한, 안내양이 「右に見えます岩を夫婦岩と申し上げます」라고 하는 것 역시 오용으로 이 용법에도 「申します」라고 하여야 한다. 다시 말해서, 「申し上げる」는 '말씀드리다'정도의 뜻을 가진 겸양어로만 생각하는 것이 좋다. 한편, 「申し上げる」는 「お願い申し上げる」「およろこび申し上げる」에서 보듯이 「お+동사연용형+申し上げる」의 형태로 지극히 경어도가 높은 겸양어형식을 만드는데 이용되며 이 경우의 「申し上げる」는 어디까지나 「する」정도의 뜻임에 주의하여야 한다.

| 예문 |

⇨ 明日ご招待申し上げたく存じます。
(내일 초대하고자 합니다)

⇨ ご健康を心からお祈り申し上げます。
(건강을 진심으로 기원드립니다)

⇨ お待ち申し上げておりました。どうぞお上がりくださいませ。
(기다리고 있었습니다. 자 올라 오십시오)

申す ⇨ 겸양 또는 정중을 나타내는 「申す」의 상세한 용법

| 용법 | 동사 「申す」는 「言う」「告げる」에 대한 겸양어이며 때로는 정중어로도 쓰이고 있다. 「申し上げる」는 「申す」 보다 경어도가 높은 겸양어이다. 이 「申す」가 정중어로도 쓰이다보니 종종 오용이 발생하곤 한다. 예를 들어, 「先生が申しました」의 경우, 「先生」은 어디까지나 상위자이기 때문에 이때는 「先生がおっしゃいました」로 하여야만 한다. 또한 「申す」는 「申し受ける」「申し兼ねる」「申し伝える」「申し聞く」「申し入れる」「申し立てる」「申し付ける」「申し込む」「申し出る」와 같은 복합동사가 널리 쓰이고 있는데 이 중에서 겸양어로 쓰이는 것은 「申し受ける」「申し兼ねる」「申し伝える」「申し聞く」 정도이며 나머지는 정중어로 쓰이고 있다.

| 예문 |

⇨ 私は河田と申します。(저는 가와다라고 합니다)

⇨ 手みじかに申せば次のようになります。(간략하게 말씀드리면 다음과 같이 됩니다)

⇨ 春子の家に正式に結婚を申し込んだ。
(하루꼬의 집에 정식으로 청혼을 했다)

⇨ 部長に面会を申し込むと、応接間に案内された。
(부장님에게 면회를 신청하자 응접실로 안내되었다)

⇨ 旅行に参加したいと電話で申し込んだ。
(여행에 참가하고 싶다고 전화로 신청했다)

⇨ 希望者は今週中に事務所に申し出てください。
(희망자는 이번 주 중에 사무실로 신청해주십시오)

⇨ 危険な仕事なので、やりたいと申し出る者がいない。
(위험한 일이므로 하고 싶다고 신청하는 사람이 없다)

もう少しで ~ そうだった ⇨ 하마터면 ~ (할) 뻔했다

| 용법 | '하마터면, 자칫하면'의 의미를 지닌 부사 「もう少しで」가 앞에 배치되고 뒤에는 양태를 나타내는 조동사 「そうだ」의 과거형인 「そうだった」가 배치된 어구이다. 이러한 형태로 어떤 사태가 발생하기 직전까지 이르렀으나 약간의 차이로 아슬아슬하게 위기를 모면하였다고 하는 의미를 나타낸다.

| 접속 | 「~そうだった」의 앞에는 동사연용형이 접속된다.

| 예문 |

⇨ もう少しで会社に遅れそうだったが、ぎりぎりで間に合った。

(하마터면 회사에 지각할 뻔했지만 아슬아슬하게 제시간에 댔다)

⇨ もう少しで本当のことを言いそうだったが、何とか我慢した。

(하마터면 진심을 말할 뻔했지만 어떻게든 참았다)

⇨ 二人はもう少しでけんかしそうだったが、わたしが何とか止めた。

(두 사람은 하마터면 싸울 뻔했지만 내가 어떻게든 말렸다)

⇨ ぼんやり歩いていて、もう少しで車にひかれそうだった。

(멍청히 걷다가 하마터면 차에 치일 뻔하였다)

| 참고 | 이와 유사한 어구로 「もう少しで~ところだった」와 「もうちょっとで~そうだった」도 있다.

⇨ あなたがたまたま確認してくれたからよかったものの、もう少しで原稿の締め切りに間に合わなくなるところだった。

(당신이 가끔 확인해 주었으니까 망정이지 하마터면 원고마감날짜에 대지 못할 뻔했다)

⇨ おれは泣かなかった。しかしもうちょっとで泣きそうだった。

(나는 울지 않았다. 그러나 하마터면 울 뻔했다)

もうひとつ ~ ない ⇨ 약간(썩) ~ (하)지 않다

| 용법 | '하나 더, 조금 더'정도의 의미를 지닌 「もうひとつ」가 앞에 배치되고 뒤에는 부정을 나타내는 조동사 「ない」가 배치된 어구이다. 이러한 형태로 어떠한 대상에 대하여 썩 만족스러울 정도는 아니라고 하는 의미를 나타낸다.

| 접속 | 「ない」앞에는 동사미연형이 접속된다.

| 예문 |

⇨ 風邪(かぜ)がもうひとつよくならない。(감기가 썩 좋아지지 않는다)

⇨ 今年(ことし)のみかんは、甘味(あまみ)がもうひとつ足(た)りない。(올해 귤은 단맛이 약간 부족하다)

⇨ 給料(きゅうりょう)はいいが、仕事(しごと)の内容(ないよう)がもうひとつ気(き)に入(い)らない。
(월급은 좋지만 일의 내용이 약간 마음에 들지 않는다)

⇨ 雰囲気(ふんいき)はいいが、みんなの気持(きも)ちがもうひとつ盛(も)り上(あ)がらない。
(분위기는 좋지만 모두의 기분이 썩 고조되지 않는다)

| 참고 | 이와 유사한 어구로는 「今(いま)ひとつ~ない」도 있다.

⇨ 今年(ことし)のみかんは、甘味(あまみ)が今(いま)ひとつ足(た)りない。(올해 귤은 단맛이 약간 부족하다)

또한, 「もうひとつ」가 뒤에 호응하는 조동사 「ない」없이 단독으로 술어가 되는 경우도 있다.

⇨ 今年(ことし)のみかんは、甘味(あまみ)がもうひとつだ。(올해 귤은 단맛이 약간 부족하다)

~もがなの ⇨ ~(하)지 않아도 좋을

| 용법 | 「もがな」는 문장체에서만 쓰이는 종조사로 '~(하)지 않는 편이 좋다'는 의미를 나타내는 것인데 여기에 조사 「の」가 접속된 어구이다. 주로 「言(い)

わずもがなの」「なくもがなの」의 형태로 쓰이는 경향이 있다.

| 접속 | 형용사 「ない」의 연용형인 「なく」나 부정을 나타내는 조동사 「ぬ」의 연용형인 「ず」가 접속된다.

| 예문 |

⇨ それは言(い)わずもがなのせりふだった。
(그것은 말하지 않아도 좋을 말투였다)

⇨ ついうっかりして、なくもがなの飾(かざ)りを買(か)ってしまった。
(그만 깜빡하고 없어도 좋을 장식물을 사고 말았다)

⇨ あんまり腹(はら)が立(た)ったので、つい言(い)わずもがなのことを言(い)ってしまった。
(너무 화가 났기 때문에 그만 말하지 않아도 좋을 말을 하고 말았다)

~もかまわず ⇨ ~도 아랑곳하지 않고

| 용법 | 조사 「も」에 동사 「構(かま)う(상관하다, 관계하다, 신경 쓰다)」의 미연형인 「かまわ」와 부정을 나타내는 조동사 「ぬ」의 연용형인 「ず」가 접속된 어구이다. 이러한 형태로 어떤 대상에 대하여 별 신경을 쓰지 않는다고 하는 의미를 나타낸다.

| 접속 | 명사에 접속된다.

| 예문 |

⇨ 喜(よろこ)びのあまり、人目(ひとめ)もかまわず抱(だ)きついた。
(기쁜 나머지 남의 눈도 아랑곳하지 않고 안겼다)

⇨ 彼女(かのじょ)は、服(ふく)が濡(ぬ)れるのもかまわず雨(あめ)の中(なか)を歩(ある)いていた。
(그녀는 옷이 젖는 것도 아랑곳하지 않고 빗속을 걷고 있었다)

⇨ 役員(やくいん)たちから慎重(しんちょう)な対応(たいおう)を求(もと)める声(こえ)が上(あ)がっているのもかまわず、社長(しゃちょう)は新分野への参入を決断した。

(임원들로부터 신중한 대응을 요구하는 목소리가 올라오고 있음에도 아랑곳하지 않고 사장은 새로운 분야로의 참가결단을 내렸다)

⇨ 世論から厳しい批判を浴びせられているのも構わず、その議員は再び立候補した。

(여론으로부터 혹심한 비판을 받고 있음에도 아랑곳하지 않고 그 의원은 재차 입후보했다)

~もさることながら ⇨ ~도 그러하거니와

|용법| 「さる」는 「然る」로 표기되는 바와 같이 「そんな」 즉, '그러한'의 의미를 지닌 말로 주로 문장체에서 사용되는데 그 앞뒤에 각각 조사 「も」와 「ながら」가 접속된 어구이다. 이러한 형태로 전항도 그러하지만, 후항은 보다 그러하다는 의미를 나타낸다.

|접속| 명사에 접속된다.

|예문|

⇨ あの店は味もさることながら値段も本当に安い。

(저 가게는 맛도 그러하거니와 가격도 정말 싸다)

⇨ あのレストランは、料理もさることながら、眺めの良さが最も印象的だった。

(저 레스토랑은 요리도 그러하거니와 전망이 좋은 것이 가장 인상적이었다)

⇨ 彼は、大学の成績もさることながら、スポーツ万能で親孝行という申し分のない息子だ。(그는 대학성적도 그러하거니와 스포츠만능이면서 효도를 한다고 하는 나무랄 데 없는 아들이다)

⇨ 雪で一週間も山小屋に閉じ込められた。空腹や寒さもさることながら、話相手のいないことが最もつらいことだった。(눈으로 일주일이나 산장에 갇혔다. 배고픔이나 추위도 그러하거니와 이야기 상대가 없는 것이 가장 괴로운 일이었다)

~もさるもの ⇨ ~도 만만치 않아서

| 용법 | 조사 「も」에 '그러한'의 의미를 지닌 연체사 「さる」와 명사 「もの」가 접속된 어구이다. 이러한 형태로 그 대상이 상당한 능력이나 실력이 있다고 하는 의미를 나타낸다.

| 접속 | 주로 사람을 나타내는 명사에 접속된다.

| 예문 |

⇨ 敵もさるもの、堅い包囲網から逃げ出した。

(적도 만만치 않아서 견고한 포위망에서 도망쳐나갔다)

⇨ 犯人もさるもの、刑事の詰問をみごとに切り抜けます。

(범인도 만만치 않아서 형사의 날카로운 질문을 멋지게 뚫고 나갑니다)

⇨ その国会議員もさるもの、記者からの立て続けの質問に一々うまく答えていた。

(그 국회의원도 만만치 않아서 기자로부터의 계속된 질문에 일일이 교묘하게 대답하고 있었다)

~も辞さない ⇨ ~도 불사한다

| 용법 | 조사 「も」에 동사 「辞す(사양하다, 거절하다)」의 미연형인 「辞さ」와 부정을 나타내는 조동사 「ない」가 접속된 어구이다. 이러한 형태로 어떠한 일이나 행동에 대하여 조금도 상관하지 않는다고 하는 의미를 나타낸다.

| 접속 | 개의치 않을 대상을 나타내는 명사에 접속된다.

| 예문 |

⇨ 納期が迫れば徹夜も辞さない。(납기가 다가오면 철야도 불사한다)

⇨ 死も辞さない覚悟で将軍に直訴する。

(죽음도 불사할 각오로 장군에게 직소한다)

⇨ 得意先からの注文とあらば、徹夜作業も辞さない。

(단골거래처로부터의 주문이라면 철야작업도 불사한다)

⇨ 今後の交渉いかんによってはストライキも辞さないつもりだ。

(앞으로의 교섭여하에 따라서는 파업도 불사할 작정이다)

～もしない ⇨ ～(하)지도 않는다

|용법| 조사「も」에 동사「する」의 미연형인「し」와 부정을 나타내는 조동사「ない」가 접속된 어구이다. 이러한 형태로 부정의 의미를 강조하게 되어 평상시에는 당연히 해야 할 행동을 하지 않음으로서 말하는 사람이 놀라거나 어이없어하는 모습을 나타낸다.

|접속| 동사연용형에 접속된다.

|예문|

⇨ うちの猫は魚がきらいで、さしみをやっても見向きもしない。

(우리 집 고양이는 생선을 싫어해서 회를 줘도 거들떠보지도 않는다)

⇨ よく知りもしないくせに、知ったかぶりをするからいけないんだ。

(잘 알지도 못하면서 아는 체를 하니까 안 되는 거다)

⇨ あの子は、ほんとうに強情だ。あんなにひどく叱られても、泣きもしない。

(저 아이는 정말로 고집이 세다. 저만큼 심하게 야단맞아도 울지도 않는다)

⇨ 前から気がついていたのか、母は父が会社をやめたと聞いても驚きもしなかった。(전부터 눈치를 채고 있었는지 어머니는 아버지가 회사를 그만두었다는 말을 들어도 놀라지도 않았다)

～も～し～、も～ ⇨ ～도～(하)고, ～도～

| 용법 | 조사 「も」와 열거를 나타내는 조사 「し」가 앞에 배치되고 뒤에는 조사 「も」가 배치된 어구이다. 이러한 형태로 비슷한 두 가지 이상의 사항을 열거하는 의미를 나타낸다.

| 접속 | 「も」앞에는 명사가 접속되고 「し」앞에는 활용어의 종지형이 접속된다.

| 예문 |

⇨ あの子は頭もいいし性格もいい。(저 아이는 머리도 좋고 성격도 좋다)

⇨ 新年会には山田も来たし、松本も来た。
(신년회에는 야마다도 왔고 마쓰모토도 왔다)

⇨ 小さな庭ですが、春になると花も咲きますし鳥も来ます。
(작은 뜰이지만 봄이 되면 꽃도 피고 새도 옵니다)

～も～し～、も～し ⇨ ～도～(하)고, ～도～(해)서

| 용법 | 조사 「も」와 열거를 나타내는 조사 「し」가 앞뒤로 배치되어 있는 어구이다. 이러한 형태로 비슷한 두 가지 이상의 사항을 열거함으로서 가벼운 이유를 나타낸다.

| 접속 | 각각의 「も」앞에는 명사가 접속되고 각각의 「し」앞에는 활용어의 종지형이 접속된다.

| 예문 |

⇨ お金もないし、うちもないし、結婚できません。
(돈도 없고 집도 없어서 결혼할 수 없습니다)

⇨ 駅も遠いし、店も少ないし、ここはとても不便なところです。

(역도 멀고 가게도 적어서 이곳은 매우 불편한 곳입니다)

⇨ あの人は頭もいいし、体も丈夫だし、本当に申し分のない人です。

(저 사람은 머리도 좋고 몸도 튼튼해서 정말로 나무랄 데 없는 사람입니다)

もしもの ~ ⇨ 만약의 ~

| 용법 | 가정을 나타내는 부사 「もし」에 조사 「も」와 「の」가 접속된 어구로 그 뒤에는 주로 「時、場合、こと」 등의 명사가 오게 된다. 이러한 형태로 '만약 그러한 상황이 발생하였을 경우'의 의미를 나타내는데 대체로 죽음이나 긴급한 상황, 또는 재해 등의 매우 바람직하지 못한 사태가 발생하는 때를 가정하여 표현하는데 사용된다.

| 접속 | 뒤에는 「時、場合、こと」 등과 같은 명사가 접속된다.

| 예문 |

⇨ 父にもしものことがあったらどうしよう。

(아버지에게 만약의 일이 있으면 어떻게 하지?)

⇨ もしもの場合にはすぐ連絡してください。

(만약의 경우에는 바로 연락해 주십시오)

⇨ 大地震はそんなにちょくちょく起こるわけではないが、もしもの時のために準備をしておいた方がいい。

(대지진은 그렇게 종종 일어나는 것은 아니지만 만약의 때를 위해 준비해 두는 편이 좋다)

~も~ず(に) ⇨ ~도 ~ (하)지 않고

| 용법 | 조사「も」에 부정을 나타내는 문어체의 조동사「ぬ」의 연용형인「ず」가 접속된 어구이다. 이러한 형태로 해야 할 일을 하지 않고 다른 일을 한다는 의미를 나타낸다. 이와 유사한 어구로는「～もしないで」도 있는데「～も～ず(に)」는 이에 비하여 문장체적이다. 종종「～ず」에 조사「に」가 접속된「～ずに」의 형태로 쓰일 때도 있으나 의미상의 차이는 없다.

| 접속 |「も」앞에는 명사가 접속되고「ず(に)」앞에는 동사미연형이 접속된다.

| 예문 |

⇨ 彼女(かのじょ)は食事(しょくじ)もとらずに、けが人(にん)の看病(かんびょう)をしている。

(그녀는 식사도 하지 않고 부상자의 간병을 하고 있다)

⇨ 彼(かれ)は怒(おこ)ったのか、さよならも言(い)わずに帰(かえ)ってしまった。

(그는 화가 난건지 인사도 하지 않고 돌아가 버렸다)

⇨ わたしは深(ふか)く考(かんが)えもせず失礼(しつれい)なことを言(い)ってしまった。

(나는 깊이 생각도 하지 않고 실례가 되는 말을 하고 말았다)

⇨ 彼女(かのじょ)は、若(わか)い女性(じょせい)が興味(きょうみ)を持(も)ちそうなことにはいっさい目(め)もくれず、研究(けんきゅう)に没頭(ぼっとう)していた。(그녀는 젊은 여성이 흥미를 가질만한 것에는 일체 눈도 주지 않고 연구에 몰두하고 있었다)

～もそこそこに ⇨ ～도 하는 둥 마는 둥하고

| 용법 |「そこそこ」는 어떤 일을 서두름으로서 안정감이 없는 모양이나 상태를 나타내는 부사인데 그 앞뒤에 각각 조사「も」와「に」가 접속된 어구이다. 이러한 형태로 어떠한 일을 대충한다고 하는 의미를 나타낸다.

| 접속 | 당연히 해야 할 것임을 나타내는 명사에 접속된다.

| 예문 |

⇨ 挨拶(あいさつ)もそこそこに帰(かえ)った。(인사도 하는 둥 마는 둥하고 돌아갔다)

⇨ 食事もそこそこに外に飛び出した。

(식사도 하는 둥 마는 둥하고 밖으로 뛰쳐나갔다)

⇨ 市内観光もそこそこに、主な目的はショッピングでした。

(시내관광도 하는 둥 마는 둥하고 주된 목적은 쇼핑이었습니다)

⇨ 夕飯もそこそこに、暗室のような一室に閉じこもっていたのでした。

(저녁밥도 하는 둥 마는 둥 하고 암실과 같은 방에 처박혀 있었던 것입니다)

～も同然だ ⇨ ～나 마찬가지다

| 용법 | 어떠한 대상에 대하여 말하는 사람이 똑같다고 굳게 믿는 의미를 나타내는 「同然だ」의 앞에 조사 「も」가 접속되어 문말의 술어로 쓰이는 어구이다. 이러한 형태로 실제로는 그러하지 않으나 거의 그러하다고 하는 의미를 나타낸다.

| 접속 | 똑같다고 평가할 비교대상을 나타내는 명사에 접속된다.

| 예문 |

⇨ あの人はアルバイト社員だが、仕事の内容からみると正社員も同然だ。

(저 사람은 아르바이트사원이지만 일의 내용으로 봐서는 정식사원이나 마찬가지다)

⇨ 今まで、二十年以上付き合っている町さんは、わたしにとって兄弟も同然だ。

(지금까지 20년 이상 교류하고 있는 마치씨는 나에게 있어서 형제나 마찬가지다)

⇨ この子は本当は姪ですが、小さいころから一緒に暮しているので娘も同然です。

(이 아이는 사실은 질녀입니다만 작을 때부터 함께 지내고 있기 때문에 딸이나 마찬가지입니다)

～も ～ないもない ⇨ ～(하)고 ～ 말고 할 것도 없다

| 용법 | 조사 「も」가 앞에 배치되고 뒤에는 부정을 나타내는 조동사 「ない」에 조사 「も」와 형용사 「ない」가 접속된 것이 배치된 어구이다. 이러한 형태로 상대가 한 말의 일부를 반복, 인용하여 그것을 강하게 부정하거나 비난하는 의미를 나타낸다.

| 접속 | 「～も」 앞에는 같은 동사의 종지형이 접속되고 「～ないもない」 앞에는 같은 동사의 미연형이 접속된다.

| 예문 |

⇨ A：すみませんでした。許してください。(죄송했습니다. 용서해주십시오)

B：許すも許さないもない。君の責任じゃないんだから。

(용서하고 말고 할 것도 없다. 자네의 책임이 아닌 거니까)

⇨ A：反対なさるんじゃないかと心配しているんですが。

(반대하시지 않을까 하고 걱정하고 있습니다만)

B：反対するもしないもない。喜んで応援するよ。

(반대하고 말고 할 것도 없어. 기꺼이 응원할게)

⇨ A：すみません。十日までにはできそうもありません。

(미안합니다. 10일까지는 될 수 있을 것 같지도 않습니다)

B：何を言ってるんだ。いまさら、できるもできないもないだろう。やってもらわないと困るよ。

(무슨 말 하는 거야? 이제 와서 될 수 있고 없고가 어디 있어? 해 주지 않으면 곤란해)

⇨ A：ご主人、単身赴任なさるんですって? 賛成なさったんですか。

(남편 분, 단신부임하신다면서요? 찬성하신 것입니까?)

B：賛成するもしないもないんですよ。全部一人で決めてしまってから、言うんですから。

(찬성하고 말고 할 것도 없어요. 전부 혼자서 결정해버리고 나서 이야기하는 거니까요)

～も～なければ～も～ない ⇨ ～도～(하)지 않거니와～도～(하)지 않는다

| 용법 | 조사「も」와 부정을 나타내는 조동사「ない」의 가정형인「なけれ」와 가정격조사「ば」가 열거된 형태가 앞에 배치되고 뒤에는 조사「も」와 부정을 나타내는 조동사「ない」가 열거된 형태가 배치된 어구이다. 이러한 형태로 두 가지 사항이나 행위를 동시에 부정하는 의미를 나타낸다.

| 접속 | 각각의「も」앞에는 명사가 접속되고「なければ」와「ない」앞에는 동사미연형이 접속된다.

| 예문 |

⇨ 山田(やまだ)さんは歌(うた)も歌(うた)わなければ、踊(おど)りも踊(おど)らない。
(야마다씨는 노래도 부르지 않거니와 춤도 추지 않는다)

⇨ この品物(しなもの)は売(う)り物(もの)にもならなければ使(つか)い物(もの)にもならない。
(이 물건은 팔 물건도 되지 않거니와 쓸 물건도 되지 않는다)

⇨ 亭主(ていしゅ)は一日(いちにち)、かみさんにみとれて、ウズラもとらなければ柴(しば)刈(か)りにも行(い)かない。
(남편은 하루 종일 부인에게 빠져서 메추리도 잡지 않거니와 나무하러도 가지 않는다)

⇨ 食事(しょくじ)の用意(ようい)をするといっても、材料(ざいりょう)も買(か)っていなければ調味料(ちょうみりょう)もそろっていない。
(식사준비를 한다고 해도 재료도 사지 않았거니와 조미료도 갖추고 있지 않다)

～もなにも ⇨ ～(이)고 뭐고, ～(하)고 자시고

| 용법 | 조사「も」에 대명사「なに」와 조사「も」가 접속된 어구이다. 이러한 형태로 그 앞에서 서술된 것이나 그와 유사한 것 모두를 통틀어 나타낸다. 한편, 동사나 형용사 같은 것에 접속될 때는 상대의 말을 강하게 부정하거나 상대가 생각한 것 이상임을 강조하는 의미를 나타내는데 이러한 어구

는 주로 회화체에서 사용된다.

| 접속 | 명사나 활용어의 종지형에 접속된다.

| 예문 |

⇨ 戦争で、家もなにも全てを失ってしまった。

(전쟁으로 집이고 뭐고 모든 것을 잃고 말았다)

⇨ 事故のショックで、自分の名前も何も、すっかり忘れてしまいました。

(사고의 쇼크로 자신의 이름이고 뭐고 완전히 잊어버렸습니다)

⇨ A：高田さん、あなた必ずやるって約束してくれたじゃないですか。

(다카다씨, 당신, 반드시 한다고 약속해준 거 아닙니까?)

B：約束するもなにも、私はそんなことを言った覚えもないですよ。

(약속하고 자시고 나는 그런 말 한 기억도 없어요)

⇨ A：怪我をしたときは痛かったでしょう。(다쳤을 때는 아팠지요?)

B：痛いもなにも、一瞬死ぬんじゃないかと思ったくらいだ。

(아프고 자시고 그 순간 죽는 건 아닌가 생각했을 정도야)

⇨ A：彼に会ってずいぶん驚いていましたね。(그를 만나서 매우 놀랐겠군요)

B：驚いたもなにも、彼のことは死んだと思っていたんですから。

(놀라고 자시고 그는 죽었다고 생각하고 있었으니까요)

～もなにもない
⇨ ～이고 뭐고 할 것도 없다, ～이고 자시고 할 것도 없다

| 용법 | 조사「も」에 대명사「なに」와 조사「も」그리고 형용사「ない」가 접속된 어구이다. 이러한 형태로 상대의 말을 강하게 부정하거나 비난하는 의미를 나타내는데 주로 회화체에서 쓰인다.

| 접속 | 여러 가지 말에 접속된다.

| 예문 |

⇨ 愛もなにもない乾いた心に潤いが戻ってきた。

(사랑이고 뭐고 할 것도 없는 메마른 마음에 윤기가 되돌아 왔다)

⇨ 政治論理も何もない政界には、何を言っても無駄だ。

(정치논리고 자시고 할 것도 없는 정계에는 무슨 말을 해도 헛수고다)

⇨ 母：テレビを消して、手伝ってちょうだい。(텔레비전을 끄고 도와다오)

子供：だって、今いいところなんだもん。(하지만 지금 재밌는 장면인 걸)

母：だってもなにもない。すぐ来なさい。(하지만이고 뭐고 할 것도 없어. 빨리 와라)

⇨ A：反対なさるんじゃないかと心配しているんですが。

(반대하시는 건 아닐까 걱정하고 있습니다만)

B：反対するもなにもない。喜んで応援するよ。

(반대하고 뭐고 할 것도 없어. 기꺼이 응원할게)

～も～なら～も～だ ⇨ ～도～이거니와～도 문제다

| 용법 | 조사 「も」와 단정을 나타내는 조동사 「だ」의 가정형인 「なら」를 열거한 형태를 앞에 배치하고 뒤에는 조사 「も」와 단정을 나타내는 조동사 「だ」를 열거한 형태를 배치한 어구이다. 이러한 형태로 그 어느 쪽이나 문제가 있다고 비난하는 의미를 나타낸다.

| 접속 | 「も」와 「なら」앞에는 같은 명사가 접속되고 「も」와 「だ」앞에도 같은 명사가 접속된다.

| 예문 |

⇨ 親も親なら子も子だね。(부모도 부모이거니와 자식도 문제네)

⇨ 先生も先生なら学生も学生だ。(선생도 선생이거니와 학생도 문제다)

⇨ 兄さんも兄さんなら姉さんも姉さんだ。(형도 형이거니와 누나도 문제다)

⇨ わいろをもらう政治家も政治家なら、それを贈る企業も企業だ。

(뇌물을 받는 정치가도 정치가이거니와 그것을 보내는 기업도 문제다)

～もの ⇨ ～이나 되는

| 용법 | 「も」는 원래 우리말의 '～도'의 의미를 지닌 조사이나 그 앞에 수를 나타내는 말이 오고 그 뒤에 조사 「の」가 오게 되면 그 수가 매우 많거나 정도가 대단히 높다고 하는 의미를 나타내게 된다. 이러한 표현양식은 우리말에는 없는 것이므로 각별한 주의가 요망된다.

| 접속 | 수사에 접속된다.

| 예문 |

⇨ 反戦デモには十万人もの人が参加した。

(반전 데모에는 10만 명이나 되는 사람이 참가했다)

⇨ うちから駅まで、歩いて30分もの距離を毎日通っている。

(집에서 역까지 걸어서 30분이나 되는 거리를 매일 다니고 있다)

⇨ ほしいけれど、100万ウォンものノートパソコンは買えない。

(갖고 싶지만 100만원이나 되는 노트북은 살 수 없다)

⇨ 仁川での韓国対ポルトガル戦を見終え、ソウルに戻ると、街中は120万人もの市民でお祭り騒ぎとなっていた。

(인천에서의 한국 대 포르투칼전을 다보고 서울에 돌아오니 거리는 120만명이나 되는 시민으로 떠들썩거리고 있었다)

～もの ⇨ ～인걸(한걸)

| 용법 | 조사 「もの」는 종종 일체 격식을 차리지 않은 회화체에서 문말에 쓰임으로서 개인적인 변명을 내세우거나 자신의 정당함을 주장하기 위한 이유를 내세우는 의미로 사용되곤 한다. 이러한 표현은 주로 젊은 여성이나 어린이가 사용하며 특히 그 앞에 '하지만'의 뜻을 지닌 접속사 「だって」가 와서 함께 사용될 때는 다소 응석부리는 듯한 표현이 된다. 이보다 더 간략화된 것으로는 「もん」이 있다.

| 접속 | 활용어의 종지형에 접속된다.

| 예문 |

⇨ だって、今忙(いまいそが)しいんだもん。(그렇지만 지금 바쁜걸)

⇨ だって、お金(かね)がないんだもの。(그렇지만 돈이 없는걸)

⇨ だって、かばんが見(み)つからないんだもの。(그렇지만 가방이 보이지 않는 걸)

⇨ わたし、姉(あね)ですもの。弟(おとうと)の心配(しんぱい)をするのは当(あ)たり前(まえ)でしょう。
(나, 누나인걸요. 남동생의 걱정을 하는 것은 당연하잖아요)

⇨ みんなが私(わたし)を見(み)てるんだもの。すごく緊張(きんちょう)するしかなかったよ。
(모두가 나를 보고 있는 걸. 무척 긴장할 수밖에 없었어)

~ものか ⇨ ~(할) 것 같나? ~(하)겠나?

| 용법 | 조사 「もの」에 의문을 나타내는 조사 「か」가 접속하여 문말에서 쓰이게 되면 말하는 사람의 의지를 강하게 나타내거나 앞에 서술된 내용을 강하게 부정하는 의미를 나타내게 된다. 회화체에서는 종종 「もんか」로 발음되기도 하며 보다 정중하게는 「ものですか」 「もんですか」가 사용된다.

| 접속 | 활용어의 연체형에 접속된다.

| 예문 |

⇨ これが本当(ほんとう)の真珠(しんじゅ)なものか。(이것이 진짜 진주이겠나?)

⇨ なにこのくらいの事(こと)が苦(くる)しいものか。(뭐 이정도의 일이 괴로운 것이겠나?)

⇨ そんな花(はな)がきれいなものか。(그런 꽃이 예쁜 것 같으냐?)

⇨ あんな高(たか)いレストランには2度(ど)と行(い)くものか。
(그런 비싼 레스토랑에는 두 번 다시 갈 것 같나?)

⇨ あのかたがそんなことをなさるものですか。(저 분이 그런 일을 하시겠습니까?)

⇨ 役者(やくしゃ)でもあるまいし、こんなに腹(はら)を立(た)てているのにニコニコなんかしていられるものですか。
(배우도 아닐 테고 이렇게 화가 나 있는데도 싱글 벙글하고 있을 수 있겠습니까?)

~ものがある ⇨ ~(한) 점이 있다

| 용법 | 그러한 가치가 있음을 나타내는 「もの」에 조사 「が」와 동사 「ある」가 접속된 어구이다. 이러한 형태로 어떠한 특징이 엿보인다고 하는 의미를 나타낸다.

| 접속 | 활용어의 연체형에 접속된다.

| 예문 |

⇨ この作品(さくひん)は発想(はっそう)に斬新(ざんしん)なものがある。(이 작품은 발상에 참신한 점이 있다)

⇨ 彼(かれ)の潜在能力(せんざいのうりょく)にはすばらしいものがある。(그의 잠재능력에는 훌륭한 점이 있다)

⇨ この文章(ぶんしょう)はまだまだ未熟(みじゅく)だが、しかし随所(ずいしょ)にキラリと光(ひか)るものがある。
(이 문장은 아직도 미숙하지만 그러나 여러 군데에 반짝 빛나는 점이 있다)

⇨ 彼女(かのじょ)の企画書(きかくしょ)は結局(けっきょく)通(とお)らなかったが、いくつかの点(てん)で見(み)るべきものがある。
(그녀의 기획서는 결국 통과되지 않았지만 몇 군데의 점에서 볼만한 점이 있다)

～ものだ ⇨ 문말에 위치하여 여러 가지 의미를 나타내는 용법

| 용법 | 형식명사 「もの」에 단정을 나타내는 조동사 「だ」가 접속된 형태로 문말에 위치하여 당연함이나 가벼운 감탄 등의 여러 가지 의미를 나타낸다. 회화체에서는 「もん」으로 발음될 때도 있으며 이 보다 정중한 표현은 「ものです」가 된다.

1. 일반적인 정의를 나타내며 우리말의 '～법이다'에 해당된다. 동사연체형에 접속된다.

⇨ 赤ん坊は泣くものだ。(갓난아기는 우는 법이다)

⇨ 金というものはすぐなくなるものだ。(돈이라는 것은 바로 없어지는 법이다)

⇨ 年を取るにつれて体も弱くなるものだ。(나이가 먹음에 따라서 몸도 약해지는 법이다)

⇨ カロリーの高い食事をすればだんだん太くなるものです。
(칼로리가 높은 식사를 하면 점점 뚱뚱해지는 법입니다)

2. 당연의 의미를 나타내며 우리말의 '～(해)야만 한다'에 해당된다. 동사연체형에 접속된다.

⇨ おとなの言うことは聞くものだ。(어른이 말하는 것은 들어야만 한다)

⇨ 見舞いに来ないまでも電話ぐらいはするものだ。
(병문안하러 못 오더라도 전화정도는 해야만 한다)

⇨ 結婚式は呼ばれないと行けないが、葬式は呼ばれなくても行くものだ。
(결혼식은 초대받지 않으면 갈 수 없지만 장례식은 초대받지 않더라도 가야만 한다)

3. 가벼운 놀라움 및 감탄을 나타내며 우리말의 '～(하)구나'에 해당된다. 활용어의 연체형에 접속된다.

⇨ さすがに新幹線は速いもんですねえ。(과연 신간선은 빠른 것이로군요)

⇨ この校舎も古くなったものだ。(이 교사도 오래되었구나)

⇨ 食べ物の好みはひとによって違うものだ。

(음식의 기호는 사람에 따라서 다르구나)

⇨ この町も昔と違ってずいぶんにぎやかになったものだ。

(이 마을도 옛날과 달리 상당히 번화해졌구나)

4. 과거회상을 나타내며 우리말의 '～(하)곤 했었다'에 해당된다. 과거를 나타내는 조동사 「た」에 접속된다.

⇨ この川で君とよく遊んだものだ。(이 강에서 너와 자주 놀곤 했었다)

⇨ 子供のとき、兄とよくけんかをしたものだ。

(어렸을 때 형과 자주 싸움을 하곤 했었다)

⇨ 小さいころはよく友達と公園で遊んだものだ。

(어렸을 때는 자주 친구와 공원에서 놀곤 했었다)

⇨ 昔は親に反抗しようものなら、すぐにたたかれたものだ。

(옛날에는 부모님에게 반항이라도 할 것 같으면 바로 두들겨 맞곤 했었다)

5. 희망을 나타내며 우리말의 '～(하)고 싶은 거다, ～(했)으면 좋겠구나'에 해당된다. 주로 희망을 나타내는 조동사 「たい」나 보조형용사 「てほしい」에 접속된다.

⇨ 若いうちにぜひ留学したいものだ。(젊을 때 꼭 유학을 가고 싶은 거다)

⇨ ぜひ世界一週旅行をしたいものだ。(꼭 세계일주 여행을 하고 싶은 거다)

⇨ そのお話しはぜひうかがいたいものです。(그 이야기는 꼭 듣고 싶은 겁니다)

⇨ このまま平和な生活が続いてほしいものだ。

(이대로 평화로운 생활이 계속되었으면 좋겠구나)

～ものだから ⇨ ～(하)기 때문에, ～(해)서

| 용법 | 형식명사 「もの」에 단정을 나타내는 조동사 「だ」와 이유, 원인을 나타내는 조사 「から」가 접속된 어구로 회화체에서 문말에 쓰인다. 이러한 형태로 개인적인 변명이나 이유를 강조하여 나타내는데 이 코다 더 간략화된 것으로는 「もんだから」가 있고 보다 정중한 것으로는 「ものですから」「もんですから」가 있다.

| 접속 | 활용어의 종지형에 접속된다.

| 예문 |

⇨ ぼくはおかしいものだから、つい笑ってしまった。

(나는 이상해서 그만 웃고 말았다)

⇨ 雨がひどく降るもんだから、どうしても出られない。

(비가 심하게 내려서 아무래도 나갈 수 없다)

⇨ 急に寒くなったものだから、かぜをひいてしまった。

(갑자기 추워졌기 때문에 감기에 걸려 버렸다)

⇨ 時計が遅れていたものですから、遅刻してしまいました。

(시계가 늦게 가고 있었기 때문에 지각하고 말았습니다)

⇨ 花があんまりきれいだものですから、子供たちが折りたがってこまります。

(꽃이 너무 아름다웠기 때문에 아이들이 꺾고 싶어 해서 곤란합니다)

⇨ あのかたは旅行家だものですから、いろいろ珍しいお話をなさいます。

(저 분은 여행가이기 때문에 여러 가지 진귀한 이야기를 하십니다)

⇨ 実はお金を持って来なかったもんですから、今日は払えないんです。

(사실은 돈을 가지고 오지 않았기 때문에 오늘은 지불할 수 없는 겁니다)

～もので ⇨ ～(하)기 때문에, ～(해)서

| 용법 | 형식명사 「もの」에 단정을 나타내는 조동사 「だ」의 연용형인 「で」가 접

속된 어구로 회화체에서 주로 쓰인다. 이러한 형태로 전항이 후항의 원인, 이유임을 우회적으로 나타내는데 주로 개인적인 변명 등에 사용되곤 한다. 회화체에서는 종종 「もんで」로 발음되기도 한다.

| 접속 | 활용어의 연체형에 접속된다.

| 예문 |

⇨ あまり天気がいいもので、どこかへ出かけたくなった。
(너무 날씨가 좋아서 어딘가로 외출하고 싶어졌다)

⇨ 娘は気弱なもので、ちょっとだけでも叱られるとすぐ泣いてしまう。
(딸은 심약하기 때문에 조금이라도 야단맞으면 금방 울어버린다)

⇨ 昨夜おそくまで起きていたもので、朝寝坊してしまいました。
(어젯밤 늦게까지 일어나 있었기 때문에 늦잠을 자고 말았습니다)

⇨ 子どもがあまりおなかが痛いと言うもので、医者にみてもらいに連れて行った。
(아이가 너무 배가 아프다고 해서 의사에게 진찰받으러 데리고 갔다)

⇨ ついいそがしかったもんで、お電話するのを忘れてしまいました。
(그만 바빴기 때문에 전화하는 것을 잊어버렸습니다)

| 참고 | 이와 같은 「もので」는 「ので」와 거의 같은 의미를 나타내나 아무래도 「ので」보다는 원인, 이유를 나타내는 기분이 좀 더 강하다고 할 수 있다.

~もので ⇨ ~((해)지는) 법이어서

| 용법 | 형식명사 「もの」에 단정을 나타내는 조동사 「だ」의 연용형인 「で」가 접속된 어구이다. 이러한 형태로 진리라든지 본래의 성질 같은 것을 나타낸다.

| 접속 | 주로 동사 「なる」에 접속된다.

| 예문 |

⇨ 金(かね)というものはすぐなくなる<u>もので</u>、普段節約(ふだんせつやく)しなければならない。
(돈이라는 것은 금방 없어지는 법이어서 평소에 절약하지 않으면 안 된다)

⇨ ずっと職探(しょくさが)しに走(はし)り回(まわ)りましたが、なせばなる<u>もので</u>、職(しょく)につきました。
(줄곧 직업을 찾으러 돌아다녔습니다만 하면 되는 법이어서 직업을 얻었습니다)

⇨ 子供(こども)というものはみるみる大(おお)きくなる<u>もので</u>、うちの子(こ)はもう高校生(こうこうせい)になりました。
(어린애라는 것은 금세 커지는 법이어서 우리 집 아이는 벌써 고등학생이 되었습니다)

⇨ 年(とし)を取(と)るにつれて体(からだ)も弱(よわ)くなる<u>もので</u>、もうちょっと歩(ある)いただけですぐ疲(つか)れてしまう。
(나이가 먹음에 따라서 몸도 약해지는 법이어서 이제 조금 걷기만 해도 금방 지쳐버린다)

~ものではない ⇨ ~(하)는 것이 아니다

| 용법 | 형식명사 「もの」에 단정을 나타내는 조동사 「だ」의 연용형인 「で」와 조사 「は」가 접속되고 이어서 형용사 「ない」가 연결된 어구로 회화체에서 문말에 쓰인다. 이러한 형태로 어떠한 사항에 대하여 그것이 타당하지 못하므로 그렇게 해서는 안 된다고 하는 것을 부정적으로 주장하는 의미를 나타낸다. 이러한 표현은 주로 충고를 하고자 하는 경우에 사용되곤 하는데 이 점에서는 우리말의 경우와 같다.

| 접속 | 동사연체형에 접속된다.

| 예문 |

⇨ 同(おな)じ本(ほん)を2冊(さつ)も買(か)う<u>ものではない</u>。(같은 책을 2권이나 사는 것이 아니다)

⇨ 親(おや)の言(い)いつけに逆(さか)らう<u>ものではない</u>。(부모의 지시에 거역하는 것이 아니다)

⇨ 友達(ともだち)の悪口(わるくち)なんて言(い)う<u>ものではありません</u>。
(친구의 욕 같은 것을 하는 것이 아닙니다)

⇨ 単に親子だからというわけでいつも無理な要求を言えるものではない。

(단지 부모자식간이라고 해서 언제나 무리한 요구를 말할 수 있는 것이 아니다)

～ものとする ⇨ ～(하)는 것으로 한다

|용법| 형식명사「もの」에 내용을 나타내는 조사「と」와 サ행변격동사「する」가 접속된 어구이다. 이러한 형태로 말하는 사람의 일방적인 해석이나 간주를 나타낸다.

|접속| 동사연체형이나 조동사「た」등에 접속된다.

|예문|

⇨ 前日に連絡する者は一日休むものとする。

(전날에 연락하는 자는 하루 쉬는 것으로 한다)

⇨ 意見を言わない者は賛成しているものとする。

(의견을 말하지 않는 자는 찬성하고 있는 것으로 한다)

⇨ 事前に欠席届けを提出した人は、授業に出席したものとする。

(사전에 결석계를 제출한 사람은 수업에 출석한 것으로 한다)

⇨ 1週間たってもお返事がない場合はご辞退なさったものとします。

(1주일 지나도 대답이 없는 경우는 사퇴하신 것으로 하겠습니다)

～ものなら ⇨ ～(할) 수 있을 것 같으면

|용법| 형식명사「もの」에 단정을 나타내는 조동사「だ」의 가정형인「なら」가 접속된 어구로 회화체에서 문말에 쓰인다. 이러한 형태로 실현가능성이 희박한 사항을 가정하여 '어차피 불가능하겠지만 만약 실현될 수 있다면'

하는 정도의 의미를 나타낸다.

|접속| 가능표현의 연체형에 접속된다.

|예문|

⇨ 一人で行けるものなら、行ってみなさい。
(혼자서 갈 수 있을 것 같으면 가 봐라)

⇨ そんなにたくさん食べられるものなら、食べてごらん。
(그렇게 많이 먹을 수 있을 것 같으면 먹어보렴)

⇨ 金はないけど、どうしても車が必要なので、買えるものなら買いたい。
(돈은 없지만 아무래도 차가 필요하니까 살 수 있을 것 같으면 사고 싶다)

⇨ スケジュールがつまっているが、兄が結婚するので、国に帰れるものなら帰りたい。(스케줄이 꽉 차있지만 형이 결혼하기 때문에 고향에 돌아갈 수 있을 것 같으면 돌아가고 싶다)

~ものの ⇨ ~(하)지만, ~(했)으나

|용법| 형식명사「もの」에 조사「の」가 결합하여 만들어진 접속조사로 두 개의 문을 이을 때 앞의 문말에 쓰여서 역접을 나타낸다. 이러한 형태로 전항의 내용으로 판단하여 일단 그 내용을 인정은 하되 뒤에는 전항과는 상반되는 내용이 오는 것을 나타낸다.

|접속| 활용어의 연체형에 접속된다.

|예문|

⇨ 苦しいことは苦しいものの、また楽しいところもある。
(괴롭기는 괴롭지만 또 즐거운 일도 있다)

⇨ うちは金持ちではないものの、日常の生活には何の不自由もない。
(우리 집은 부자는 아니지만 일상생활에는 아무런 불편도 없다)

⇨ 体がよわい、よわいとは言うものの、まだ病気で学校を休んだことはない。

(몸이 약하다, 약하다고는 하지만 아직 병으로 학교를 쉰 적은 없다)

⇨ 切符をもらったから来るには来たものの、たいしておもしろい映画でもなかった。

(표를 받았기 때문에 오기는 왔으나 그다지 재미있는 영화도 아니었다)

⇨ ほしいと言うから買ってやったものの、どうせじき飽きてしまうだろう。

(갖고 싶다고 하니까 사 주었지만 어차피 바로 싫증나 버릴 것이다)

⇨ 答えを教えてあげると約束はしたものの、実はぼくにもよく分からないで困っている。(답을 가르쳐준다고 약속은 했으나 사실은 나도 잘 몰라서 곤란하다)

~もの(こと)も ~ないで ⇨ ~(할) 것도 제대로 ~(하)지 못하고

| 용법 | 형식명사 「もの」에 조사 「も」가 접속된 형태가 앞에 배치되고 뒤에는 부정을 나타내는 조동사 「ない」에 조사 「で」가 접속된 형태가 배치된 어구이다. 각각의 앞에는 같은 동사가 반복적으로 오게 되는데 이러한 형태로 평상시 같으면 당연히 할 수 있는 일을 어떠한 예기치 못한 사정으로 인하여 제대로 하지 못했다고 하는 의미를 나타낸다. 때로는 사물을 나타내는 「もの」 대신에 동작이나 행위를 나타내는 「こと」가 쓰일 때도 있다.

| 접속 | 「もの(こと)」의 앞에는 동사연체형이 접속되고 「ないで」의 앞에는 동사미연형이 접속된다.

| 예문 |

⇨ 寝坊したので、食べるものも食べないであわてて会社へ行った。

(늦잠 잤기 때문에 먹을 것도 제대로 먹지 못하고 황급하게 회사로 갔다)

⇨ 時間が足りなかったので、言うことも言わないで席を立ってしまった。

(시간이 모자랐기 때문에 말할 것도 제대로 말하지 못하고 자리를 뜨고 말았다)

⇨ 急に雨が降り出したので、買うものも買わないで帰ってきてしまった。

(갑자기 비가 오기 시작했기 때문에 살 것도 제대로 사지 못하고 돌아오고 말았다)

⇨ 山田先生(やまだせんせい)はあまりにも腹(はら)が立(た)ったので、教(おし)えることも教(おし)えないで教室(きょうしつ)を出(で)てしまった。(야마다선생님은 너무나도 화가 났기 때문에 가르칠 것도 제대로 가르치지 못하고 교실을 나가 버렸다)

～ものを ⇨ ～(했)을 것을, ～(했)을 텐데

|용법| 「ものを」는 두 개의 문을 연결하는 역할을 하는 접속조사로 두 개의 문을 이을 때 앞의 문말에 쓰여서 역접을 나타낸다. 이러한 형태로 앞의 문에서 예상되는 것과는 반대되는 결과의 문이 뒤에 연결되게 됨으로서 그에 대한 불만이나 유감의 기분을 나타낸다.

|접속| 활용어의 연체형에 접속된다.

|예문|

⇨ ちょっと気(き)をつければいいものを、不注意(ふちゅうい)だからけがをするのですよ。
(좀 주의하면 좋을 것을 부주의하니까 다치는 거예요)

⇨ そんなに上手(じょうず)に歌(うた)えるものを、なぜ歌(うた)わなかったの。
(그렇게 잘 부를 수 있을 것을 왜 부르지 않았니?)

⇨ 言(い)いたいことがあれば、言(い)えばよさそうなものを、どうして言(い)わないのだろう。
(말하고 싶은 것이 있으면 말하면 좋을 것을 어째서 말하지 않는 것일까?)

⇨ のどがはれていたいんですものを、歌(うた)えるものですか。
(목이 부어서 아플 텐데 부를 수 있겠습니까?)

⇨ 子供(こども)たちがあんなに見(み)たがるものを、まだ見(み)せなかったの。
(아이들이 그렇게 보고 싶어 할 텐데 아직 보여주지 않았니?)

⇨ 知(し)らせてくれたら、迎(むか)えに出(で)ようものを。
(알려 주었더라면 마중하러 나갔을 것을)

⇨ こんな悪天候の中を歩いていらしたんですか。電話をくだされば車でお迎えにまいりましたものを。
(이런 악천후 속을 걸어오신 것입니까? 전화를 주시면 차로 마중을 나갔을 텐데)

ものを(の) ~ ⇨ '말, 지식, 작품' 등의 여러 가지 의미를 나타내는 용법

|용법| 「物を」는 주로 「言う、見る、知る」 등의 동사와 함께 사용되어 그 동사에 따라 여러 가지 의미를 나타내는 일본어만의 특이한 표현형태이다. 즉, 「ものを言う」는 '말을 하다', 「ものを知る」는 '무언가를 알다', 「ものを書く」는 '무언가의 작품을 쓰다'는 의미를 나타내는 셈이다. 한편으로 「ものの」의 형태로 뒤에 오는 명사를 수식하는 경우도 있다.

|예문|

⇨ 子供がものを言うようになった。(아이가 말을 하게 되었다)

⇨ あの人はあまりものを知らない。(저 사람은 별로 뭘 모른다)

⇨ 学生のころから、ものを書くのがすきだった。
(학창시절 때부터 무언가를 쓰는 것을 좋아했다)

⇨ 彼と私とは、ものの考え方が違う。(그와 나와는 사고방식이 틀리다)

|참고| 한편, 「ものを言う」에는 '말을 하다'이외에, '힘을 발휘하다, 말해 준다'라고 하는 의미도 있다는 점에 주의하여야 한다.

⇨ 実力がものを言う。(실력이 말해준다)

⇨ 彼の肩書きがものを言う。(그의 직함이 말해 준다)

～も～ば(たら) ⇨ ～정도만～(하)면

|용법| 「も」는 원래 우리말의 '～도'의 의미를 나타내는 조사이지만 주로 수를 나타내는 말에 접속되고 뒤에는 가정을 나타내는 조사 「ば」나 조동사 「たら」를 수반함으로서 어떤 일이 성립되는데 있어서 이 정도의 수량만 있으면 충분하다고 하는 의미를 나타낸다.

|접속| 「も」앞에는 수사가 접속되고 「ば」앞에는 동사가정형이, 그리고 「たら」앞에는 동사연용형이 접속된다.

|예문|

⇨ あのテレビは5万円も出せば買えます。

(저 텔레비전은 5만 엔 정도만 내면 살 수 있습니다)

⇨ この仕事なら、三日もあれば十分だ。

(이 일이라면 3일정도만 있으면 충분하다)

⇨ 雨はだんだん小降りになってきた。あと10分もすればきれいに晴れ上るだろう。

(비는 점점 약해지기 시작했다. 앞으로 10분정도만 지나면 맑게 갤 것이다)

⇨ もうしばらく待ってください。10分もしたら、先生は戻っていらっしゃると思います。

(조금만 기다려 주십시오. 10분정도만 지나면 선생님은 돌아오실 것이라고 생각합니다)

～も～ば～も ⇨ ～도～(하)거니와～도, ～도～(하)는가 하면～도

|용법| 「ば」에는 단순한 가정을 나타내는 용법이외에 한편으로는 두 가지 내용을 열거하는 용법도 있는데 그 앞뒤에 조사 「も」가 배치된 어구이다. 이러한 형태로 앞서 열거한 내용에 이어서 또 다른 새로운 내용을 추가적으로 열거하는 의미를 나타낸다.

| 접속 | 각각의 「も」 앞에는 명사가 접속되고 「ば」 앞에는 활용어의 가정형이 접속된다.

| 예문 |

⇨ 今日は天気もよければ日がらもよい。
(오늘은 날씨도 좋거니와 일진도 좋다)

⇨ この学校は、先生もすばらしければ、学生も優秀です。
(이 학교는 선생님도 매우 훌륭하거니와 학생도 우수합니다)

⇨ 兄は酒も飲めば、タバコも吸います。
(형은 술도 마시거니와 담배도 피웁니다)

⇨ 世の中には、学者もいれば、労働者もいる。
(세상에는 학자도 있는가 하면 노동자도 있다)

⇨ 山田さんはいろいろなスポーツもできれば、勉強もよくできる。
(야마다씨는 여러 운동도 할 수 있는가 하면 공부도 잘 한다)

⇨ 行って顔も見たければ話も聞きたい。
(가서 얼굴도 보고 싶거니와 이야기도 듣고 싶다)

⇨ 食事の用意をするといっても、材料も買っていなければ調味料もそろっていない。
(식사준비를 한다고 해도 재료도 사지 않았거니와 조미료도 갖추어있지 않다)

～もへちまもない ⇨ ～이고 뭐고 할 것도 없다

| 용법 | 「～も(～도)へちまも(수세미도)ない(없다)」로 구성된 것으로 그 앞에는 문제시 삼을 것이 없음을 나타내는 표현이 오게 된다. 즉 이러한 형태로 상대의 말을 강하게 부정하거나 비난하는 의미를 관용적으로 나타낸다.

| 접속 | 명사에 접속된다.

| 예문 |

⇨ 最近はもう、見栄もへちまもなくなった。
(최근에는 이미 겉 치레고 뭐고 할 것도 없어졌다)

⇨ こんな状況になったら学校もへちまもない。
(이런 상황이 된다면 학교고 뭐고 할 거 없다)

⇨ こんな信義もへちまもないマスコミの態度に腹が立つ。
(이런 신의고 뭐고 할 거 없는 매스컴의 태도에 화가 난다)

～も～(ない)も ⇨ ～(하)는 것도～(하지 않)는 것도

| 용법 | 상반된 뜻을 나타내는 동사가 「～も～も」 앞에 접속됨으르서 어느 쪽으로 할 것인가는 '～에 달려있다', 또는 '～으로 정해진다'는 의미를 나타낸다. 원래 조사 「も」 앞에는 명사가 와야 하므로 동사도 역시 형식명사 「の、こと」 등으로 명사화되어야 하지만 이와 같이 관용적으로 동사종지형이 「も」 앞에 올 수도 있다.

| 접속 | 각각의 「も」 앞에는 동사종지형이 접속된다(단, 조동사 「ない」 앞에는 동사 미연형이 접속된다.

| 예문 |

⇨ 勝つも負けるも時の運だ。(이기는 것도 지는 것도 그 때의 운이다)

⇨ 行くも止まるも君の心次第だ。(가는 것도 멈추는 것도 자네의 마음에 달렸다)

⇨ 成功するもしないも努力しだいだ。(성공하는 것도 못하는 것도 노력에 달려있다)

⇨ 行くも行かないもあなたしだいです。(가는 것도 안 가는 것도 당신에 달려있습니다)

～も～も(し)ない ⇨ ～(하)지도 ～(하)지도 않는다

|용법| 상반된 뜻을 나타내는 말이나 한 짝을 이루는 말이 각각 「～も～も」앞에 오고 뒤에는 형용사 「ない」가 접속된 어구이다. 때로는 「～も～も」의 뒤에 동사 「する」의 미연형인 「し」가 올 때도 있는데 이 경우의 「ない」는 조동사가 된다. 이러한 형태로 그 어느 쪽도 아니라고 하는 의미를 나타낸다.

|접속| 각각의 「も」앞에는 명사나 형용동사어간, 그리고 형용사가 접속된다(특히 형용사의 경우에는 연용형 「く형」의 형태로 접속됨).

|예문|

⇨ 成績(せいせき)は上(あ)がりも下(さ)がりもない。現状維持(げんじょういじ)だ。

(성적은 올라가지도 내려가지도 않는다. 현상유지다)

⇨ 趣味(しゅみ)で音楽(おんがく)をやるのに上手(じょうず)も下手(へた)もない。

(취미로 음악을 하는데 잘하고 못하고도 없다)

⇨ 寒(さむ)くも暑(あつ)くもなく、ちょうどいい気候(きこう)だ。

(춥지도 덥지도 않고 딱 좋은 기후이다)

⇨ 私(わたし)は逃(に)げも隠(かく)れもしない。文句(もんく)があったら、いつでも来(き)なさい。

(나는 도망가지도 숨지도 않는다. 불만이 있으면 언제라도 와라)

や

～や ⇨ ～(이)나, 사물의 나열을 나타내는 용법

|용법| 조사 「や」는 물건을 나열할 때에 쓰이는데 보통 「～や～」 「～や～や～など」의 형태로 쓰이곤 한다. 이러한 형태로 앞뒤의 두 가지이외에도 다른 무언가가 더 있음을 암시하는 의미를 나타낸다.

|접속| 명사와 동사종지형에 접속된다.

|예문|

⇨ 桜や桃が咲いている。(벚꽃이나 복숭아꽃이 피어 있다)

⇨ 昨日や今日にはじまった事ではない。(어제나 오늘 시작된 일이 아니다)

⇨ 一度や二度の間違いではない。(한번이나 두 번의 실수가 아니다)

⇨ 机の上に本やノートなどがあります。(책상 위에 책이나 노트 등이 있습니다)

⇨ あの自転車は汽車や電車よりはやい。(저 자전거는 기차나 전차보다 빠르다)

⇨ 読むや書くやで暇がない。(읽거나 쓰거나 해서 짬이 없다)

～や ⇨ 권유나 독백의 의미를 나타내는 용법

| 용법 | 조사 「や」는 주로 남성이 친한 사람과 이야기할 때에 문말에 사용함으로써 상대방에 대한 권유나 가벼운 독백의 기분을 나타낸다.

| 접속 | 권유를 나타낼 때는 의지를 나타내는 조동사 「う」나 「よう」에 접속되고 독백을 나타낼 때는 형용사의 종지형이나 부정을 나타내는 조동사 「ない」에 접속된다.

| 예문 |

⇨ テニスをしようや。(테니스 치자)

⇨ もう出(で)かけようや。(이제 외출해 보자고)

⇨ みんなで歌(うた)おうや。(모두 같이 부르자)

⇨ もう遅(おそ)いから、帰(かえ)ろうや。(이제 늦었으니까 집에 돌아가세)

⇨ 山田(やまだ)君(くん)、お茶(ちゃ)を飲(の)みに行(い)こうや。(야마다군, 차 마시러 가자고)

⇨ ここにも無(な)いや。(여기에도 없네)

⇨ 私(わたし)だってさびしいや。(나도 외로워)

⇨ 僕(ぼく)は知(し)らないや。(나는 모르겠네)

⇨ むずかしくて、分(わ)からないや。(어려워서 모르겠어)

~ や ⇨ 누군가를 부를 때 이름에 붙여 쓰는 용법

| 용법 | 조사 「や」는 친숙한 사이에서 상대방을 부를 때 그 이름 뒤에 붙여서 쓰이는 용법으로도 사용된다. 우리말의 '00야!'에 해당되는 셈이다.

| 접속 | 사람을 나타내는 명사에 접속된다.

| 예문 |

⇨ 花子(はなこ)や、ちょっとおいで。(하나코야! 잠깐 이리 와)

⇨ 太郎や、遊びに行こうよ。(다로야! 놀러가자)

⇨ 坊や、こっちにおいで。(꼬마야! 이쪽으로 오렴)

⇨ 次郎や、もう、帰ったのかい。(지로야! 벌써 돌아간 거냐?)

～や ⇨ ～(하)자

|용법| 조사「や」는 어떠한 동작이 끝나기가 무섭게 바로 다른 동작이 이어짐을 나타내는 용법으로도 사용된다. 다소 문장체적인 어구이며 때로는「～やいなや」의 형태로도 쓰인다.

|접속| 동사종지형에 접속된다.

|예문|

⇨ ベルが鳴るや、教室を出た。(벨이 울리자, 교실을 나갔다)

⇨ ベッドに入るや、眠ってしまった。(침대에 들어가자, 잠들어 버렸다)

⇨ 怒った友だちは本をつかむや、ゆかに投げつけた。
(화가 난 친구는 책을 집자, 마루에 내던졌다)

⇨「父死す」の電報を受け取るや、すぐさま彼は汽車に飛び乗った。
('부친 사망'이란 전보를 받자, 당장에 그는 기차에 뛰어올랐다)

|참고| 이와 유사한 어구로는「～や否や」「～が早いか」가 있다. (해당항목 참고)

⇨ その薬を飲むや否や、急に眠気がおそってきた。
(그 약을 먹자마자 갑자기 졸음이 덮쳐 왔다)

⇨ 子供たちは動物園に着くが早いかおやつを食べだした。
(아이들은 동물원에 도착하자마자 간식을 먹기 시작했다)

～屋(や) ⇨ 상점, 직업을 나타내는 접미어 용법

|용법| 접미어 「屋(や)」는 주로 상품명 뒤에 접속되어 그 상품을 취급하는 상점, 또는 그러한 직업을 가진 사람을 나타낸다. 「屋(や)」는 본래 접미어이기 때문에 독립성이 없어서 어떠한 경우에도 단독으로 쓰이는 일이 없으며 '상점, 가게'를 단독으로 나타낼 때는 「店(みせ)」를 사용하여야 한다.

|예문|

⇨ 果物屋(くだものや)。(과일가게)　電気屋(でんきや)。(전파상)　本屋(ほんや)。(서점)　薬屋(くすりや)。(약국)
　文房具屋(ぶんぼうぐや)。(문방구)　魚屋(さかなや)。(생선가게)

⇨ 酒屋(さかや)の隣(となり)が肉屋(にくや)です。(술집 옆이 식육점입니다)

⇨ さっき、魚屋(さかなや)さんが来(き)ましたよ。(좀 전에 생선가게주인이 왔어요)

⇨ 郵便屋(ゆうびんや)さんが手紙(てがみ)を配(くば)っている。(우체부 아저씨가 편지를 나르고 있다)

다만, 야채가게의 경우 「野菜屋(やさいや)」라고 하지 않고 「八百屋(やおや)」라고 함에 주의하여야 한다. 한편, 접미어 「屋(や)」는 상점이나 여관, 또는 요리 집 등의 상호명에 붙여 쓰이는 일도 많다.

⇨ 山高屋(やまたかや)。(야마타카 상점)　荒木屋(あらきや)。(아라키 상점)　中村屋(なかむらや)。(나카무라 상점)

⇨ 「つた屋(や)」という料理屋(りょうりや)。('츠타야'라고 하는 요리 집)

～や ⇨ '～ 쟁이, ～ 사람', 사람의 성질을 나타내는 용법

|용법| 접미어 「屋(や)」는 주로 사람의 성질을 나타내는 말에 접속되어 다소 경멸의

의미를 나타내는데 이때는 우리말의 '~쟁이, ~사람'정도에 해당되는 셈이다.

| 예문 |

⇨ いばりや。(거만하게 구는 사람)

⇨ はずかしがりや。(부끄럼을 잘 타는 사람)

⇨ 気(き)むずかしや。(성미가 까다로운 사람)

⇨ あの人(ひと)は分(わ)からずやでこまります。(저 사람은 벽창호라서 곤란합니다)

⇨ 山田(やまだ)さんは気取(きど)りやだから、あまりみんなにすかれません。
(야마다씨는 거드름피우는 사람이라서 모두가 그다지 좋아하지 않습니다)

~や否(いな)や ⇨ ~(하)자마자

| 용법 | 조사 「や」에 부정을 나타내는 감탄사 「否(いな)」와 조사 「や」가 접속되어 하나의 연어(連語)로 쓰이는 형태이다. 이러한 형태로 전항과 후항이 거의 동시에 일어나거나 전항에 이어서 바로 후항이 일어난다고 하는 의미를 나타낸다.

| 접속 | 동사종지형에 접속된다.

| 예문 |

⇨ その薬(くすり)を飲(の)むやいなや、急(きゅう)に眠気(ねむけ)がおそってきた。
(그 약을 먹자마자 갑자기 졸음이 덮쳐 왔다)

⇨ 開店(かいてん)のドアが開(ひら)くや否(いな)や、客(きゃく)はなだれのように押(お)し寄(よ)せた。
(개점의 문이 열리자마자 손님은 물밀듯이 들이닥쳤다.)

⇨ 彼(かれ)は空港(くうこう)に着(つ)くや否(いな)や、恋人(こいびと)の入院先(にゅういんさき)にかけつけた。
(그는 공항에 도착하자마자 애인이 입원한 곳으로 쫓아갔다)

⇨ 娘は家へ帰るやいなやおなかが減ったと言って、冷蔵庫をのぞきこんだ。

(딸은 집에 돌아오자마자 배가 고프다고 하며 냉장고를 들여다보았다)

|참고| 이와 유사한 어구로는 「~や」「~が早いか」가 있다. (해당항목 참고)

⇨ 「父死す」の電報を受け取るや、すぐさま彼は汽車に飛び乗った。

('부친 사망'이란 전보를 받자, 당장에 그는 기차에 뛰어올랐다)

⇨ 子供たちは動物園に着くが早いかおやつを食べだした。

(아이들은 동물원에 도착하자마자 간식을 먹기 시작했다)

~やさきに ⇨ ~(한) 순간

|용법| 「矢先」는 활촉이나 화살이 날아오는 방향의 의미를 지닌 말인데 때로는 어떠한 일이 때마침 일어난다고 하는 의미를 나타내기도 한다. 이러한 경우는 한자표기를 하지 않고 ひらがな로 표기함이 보통이다.

|접속| 과거를 나타내는 조동사 「た」에 접속된다.

|예문|

⇨ 電話しようとしたやさきに先方からかかって来た。

(전화를 걸려던 순간 상대편에게서 전화가 걸려 왔다)

⇨ それは出かけようとしたやさきに起きた事故だった。

(그것은 나가려던 순간 일어난 사고였다)

⇨ 今朝、同僚が家を出たやさきに事故にあってしまった。

(오늘 아침 동료가 집을 나선 순간 사고를 당해 버렸다)

⇨ 二人が口を開こうとしたやさきに、太郎は単刀直入に言った。

(두 사람이 입을 열려던 순간 다로는 단도직입적으로 말했다)

~ やしない ⇨ ~ (하)지는 않는다

| 용법 | 계조사 「は」에 동사 「する」의 미연형인 「し」와 부정을 나타내는 조동사 「ない」가 접속된 어구이지만 발음의 편의상 「は」가 「や」로 바뀐 형태이다. 이러한 형태로 그 동작, 행위에 대한 부정의 의미를 보다 강조하게 되는데 이러한 표현은 대체로 격의 없는 사이에서 쓰일법하다.

| 접속 | 동사연용형에 접속된다.

| 예문 |

⇨ それぐらいのことで怒(おこ)りやしないだろう。
(그 정도의 일로 화내지는 않을 것이다)

⇨ 女(おんな)は振(ふ)り返(かえ)ったが、だれもいやしない。
(여자는 뒤돌아봤지만 그 누구도 없었다)

⇨ 誰(だれ)も責(せ)めやしない。悪(わる)いのは私(わたし)なのだから。
(누구도 비난하진 않는다. 나쁜 것은 나이니까)

⇨ 見(み)舞(ま)いに来(こ)ないどころか葉書(はがき)もよこしやしない。
(병문안하러 오지 않을뿐더러 엽서도 보내지는 않는다)

~ やすい ⇨ ~ (하)기 쉽다

| 용법 | 「やすい」는 원래 문장체에서 '간단하다, 쉽다'의 의미를 나타내는 형용사로 쓰이던 것인데 동사연용형에 접속되어 접미어로 쓰이게 되면 어떠한 동작을 간단히 할 수 있거나 그러한 동작이 간단히 일어날 수 있다고 하는 의미를 나타낸다.

| 접속 | 동사연용형에 접속된다.

| 예문 |

⇨ このペンは書きやすいです。(이 펜은 쓰기 쉽습니다)

⇨ 映画は暗い方が見やすい。(영화는 어두운 쪽이 보기가 쉽다)

⇨ このコップは割れやすいですね。(이 컵은 깨지기 쉽군요)

⇨ 軽くて歩きやすいくつをください。(가볍고 걷기 쉬운(편한) 구두를 주세요)

⇨ ひらがなとかたかなとどちらが覚えやすいですか。
(히라가나와 가타카나 중 어느 쪽이 외우기 쉽습니까?)

⇨ この階段はうまく設計してあって、とても上がり下がりしやすい。
(이 계단은 잘 설계가 되어 있어 오르내리기가 무척 쉽다)

~やなにか(の) ⇨ ~같은 것, ~같은

| 용법 | 열거를 나타내는 조사 「や」에 대명사 「なに」와 불확실함을 나타내는 조사 「か」가 접속된 어구이다. 이러한 형태로 그것이나 그것과 비슷한 것을 나타내는데 회화체에서 주로 쓰이며 특히 격식을 일체 차리지 않은 회화체에서는 종종 「やなんか」로 발음되기도 한다.

| 접속 | 명사에 접속된다.

| 예문 |

⇨ 休みの日は雑誌やなにかを読んでのんびり過ごします。
(휴일에는 잡지 같은 것을 읽으며 느긋하게 지냅니다)

⇨ 出張やなにかで旅行をするときはいつもこのかばんを持っていきます。
(출장 같은 것으로 여행을 할 때는 언제나 이 가방을 갖고 갑니다)

⇨ かばんの中には洗面道具やなにかの身の回り品が入っていた。
(가방 속에는 세면도구 같은 생필품이 들어 있었다)

⇨ スポーツは好きですが、野球やなんかの球技はあまり得意ではないんですよ。
(스포츠는 좋아합니다만 야구 같은 구기는 그다지 잘 하지는 못해요)

～ やむ ⇨ ～ 이(가) 그치다

| 용법 | 동사 「やむ」는 단독으로는 지속되고 있던 어떤 일이 멈추는 것을 나타내는 것이지만 한편으로는 동사연용형에 접속되어 지속되던 동작이 멈춘다고 하는 의미를 나타내기도 한다. 이러한 용법으로 접속될 수 있는 동사는 매우 한정되어 있어서 주로 「泣く」「鳴る」「降る」와 같은 자동사의 연용형에만 접속되어 사용된다.

| 예문 |

⇨ となりの部屋の電話のベルが鳴りやんだ。
(옆방의 전화벨소리가 그쳤다)

⇨ 夜中の三時ごろになってやっと赤ん坊は泣きやんだ。
(새벽 3시쯤이 되어서 겨우 갓난아기는 울음을 그쳤다)

⇨ 一ヶ月降り続いた雨が降りやんだ後は一面の洪水だった。
(한 달 내내 내렸던 비가 그친 후는 주변일대가 홍수였다)

～ やら ⇨ '～ 인가, ～ (라)든지, ～ 걸까?', 불확실함을 나타내는 용법

| 용법 | 조사 「やら」는 전반적으로 불확실함을 나타내는 조사로 여기에는 다양한 용법이 있다.

1. 「何」「だれ」「いつ」「どこ」 등의 의문사나 이러한 의문사가 들어있는 문

에 결합되어 사용되는데 이 경우에는 우리말의 '～인가, ～인지'에 해당되는 셈이다.

⇨ そこに何(なに)やら落(お)ちていますよ。(거기에 뭔가가 떨어져 있어요)

⇨ 玄関(げんかん)で声(こえ)がします。だれやら来(き)たようです。
(현관에서 소리가 납니다. 누군가 온 것 같습니다)

⇨ これはいつやらさしあげるとお約束(やくそく)をした本(ほん)です。
(이것은 언젠가 드린다고 약속한 책입니다)

⇨ あなたのおっしゃることは、何(なん)のことやら分(わ)かりません。
(당신이 말씀하시는 것은 무슨 일인지 잘 모르겠습니다)

⇨ どこにしまってあるのやら、母(はは)がいないと分(わ)かりません。
(어디에 치워져 있는지 어머니가 안계시면 모릅니다)

⇨ あの人(ひと)が金(かね)を返(かえ)してくれるのは、いつのことやら当(あ)てにはなりません。
(저 사람이 돈을 돌려주는 것은 언제쯤인지 믿을 수 없습니다)

⇨ 田中(たなか)はどうなったやら、とんと便(たよ)りがない。
(다나카는 어찌 되었는지 전혀 소식이 없다)

2. 여러 가지 사물을 열거하는 경우에 사용되는데 이 경우에는 우리말의 '～이며', '～(라)든지'정도에 해당되는 셈이다.

⇨ お菓子(かし)やら果物(くだもの)やら、おなかいっぱいいただきました。
(과자이며 과일이며 배불리 먹었습니다)

⇨ 赤(あか)いのやら青(あお)いのやら、きれいな紙(かみ)がたくさんあります。
(빨간 것이며 파란 것이며 예쁜 종이가 많이 있습니다)

⇨ 打(う)つやらけるやら、ひどいことをしていじめています。
(때리든지 차든지 심한 짓을 하며 괴롭히고 있습니다)

⇨ 誕生日(たんじょうび)に、友(とも)だちやら家族(かぞく)やらから、お祝(いわ)いをたくさんもらいました。
(생일에 친구며 가족으로부터 축하선물을 많이 받았습니다)

3. 문말에 접속되어 불확실함을 나타내는데 이 경우에는 우리말의 '～걸까?'

정도에 해당되는 셈이다.

⇨ あの子は学校から帰るとすぐ友達と出かけたが、さて、どこへ行ったやら。

(저 아이는 학교에서 돌아오자 바로 친구와 나갔는데 그런데 어디로 간 걸까?)

| 접속 | 명사나 활용어의 종지형에 접속된다.

~ やらなにやら ⇨ ~ 인지((하)는지) 뭔지

| 용법 | 불확실함을 나타내는 조사 「やら」 사이에 대명사 「なに」가 들어가 있는 어구이다. 이러한 형태로 그것 이외에도 비슷한 것이 여러 가지로 있어서 혼란스럽다고 하는 의미를 나타낸다.

| 접속 | 명사나 형용사, 동사의 종지형에 접속된다.

| 예문 |

⇨ 来月はレポートやらなにやらでひどく忙しくなりそうだ。

(다음 달은 리포트인지 뭔지로 무척 바빠질 것 같다)

⇨ 子供の病気やらなにやらで、落ち着いて考える暇もなかった。

(아이가 아픈지 뭔지 해서 차분히 생각할 틈도 없었다)

⇨ 試験の勉強をしているところへ、友だちがお菓子やらなにやらを持って遊びに来た。(시험공부를 하고 있는 참에 친구가 과자인지 뭔지를 갖고 놀러왔다)

⇨ 酔っぱらって、泣き叫ぶやらなにやらの大騒ぎを演じたあげく、いびきをかいて寝込んでしまった。

(취해서 울부짖는지 뭔지 하는 큰 소란을 피운 끝에 코를 골며 잠들어버렸다)

~ やら ~ やらで ⇨ ~ 나 ~ 로(으로), ~ (하)는 둥 ~ (하)는 둥해서

| 용법 | 열거를 나타내는 조사 「やら」가 앞에 배치되고 뒤에는 같은 조사 「やら」에 이유, 원인을 나타내는 조사 「で」가 접속된 형태가 배치된 어구이다. 이러한 형태로 여러 가지 항목이나 일 가운데에서 두 가지 이상의 항목이나 일을 열거하면서 그로 인하여 매우 복잡하고 힘들었다고 하는 의미를 나타낸다.

| 접속 | 명사나 활용어의 종지형에 접속된다.

| 예문 |

⇨ 来月はレポートやら試験やらでひどく忙しくなりそうだ。
(다음 달은 리포트나 시험으로 아주 바빠질 것 같다)

⇨ スケート場は子供やらつきそいの母親やらでごったがえしていた。
(스케이트장은 아이나 따라온 어머니로 몹시 붐비고 있었다)

⇨ 日が沈んで、山道は寒いやらこわいやらで小さい子は泣き出してしまった。
(해가 져서 산길은 춥다는 둥 무섭다는 둥하며 작은 아이는 울기 시작하고 말았다)

⇨ きのうは電車で財布をすられるやら傘を忘れるやらでさんざんだった。
(어제는 전차에서 지갑을 소매치기 당하는 둥 우산을 잊어버리는 둥 해서 엉망이었다)

ゆ

～故に
⇨ '～(으)로 인하여, ～(하)므로', 문장체에서 이유를 나타내는 용법

| 용법 | 「故」는 주로 문장체에서 이유를 나타내는 용법으로 쓰이며 회화체에서는 「～ので」「～から」 등이 널리 쓰인다. 때로는 「ゆえに」에서 「に」가 탈락되어 사용되는 경우도 있다. 매우 딱딱한 어감이 주어지는 어구인데 우리말의 '～(으)로 인하여, ～(하)므로'정도에 해당된다.

| 접속 | 명사나 「명사+の」의 형태, 그리고 활용어의 종지형에 접속된다.

| 예문 |

⇨ 急なことゆえにたいした準備もできず、申し訳ありませんでした。

(갑작스런 일로 인하여 이렇다 할 준비도 못하여 죄송했습니다)

⇨ 世の中には、貧しさ故に教育を受けられない子どもたちがいくらでもいるのです。

(이 세상에는 가난으로 인하여 교육을 받을 수 없는 아이들이 얼마든지 있는 것입니다)

⇨ 貧困のゆえに、学校へ行けなかった。

(가난으로 인하여 학교에 갈수 없었다)

⇨ 政府の無策の故に国内は内乱状態に陥った。

(정부의 무대책으로 인하여 국내는 내란상태에 빠졌다)

⇨ ご注文の着物ができましたゆえ、お届け致します。

(주문하신 기모노가 준비되었으므로 보내드리겠습니다)

⇨ 来月上京したいと思いますゆえ、よろしくお願い致します。

(다음 달에 상경하고 싶다고 생각하므로 잘 부탁드리겠습니다)

⇨ 弟は大変熱があります。それゆえ今日は学校を休ませます。

(남동생은 매우 열이 있습니다. 그러므로 오늘은 학교를 쉬게 하겠습니다)

| 참고 | 「ゆえに」는 문장체에서 접속사로 사용되기도 하는데 우리말의 '고로'정도에 해당된다.

⇨ 我思う。故に、我あり。(나는 생각한다. 고로 존재한다)

⇨ AとBは等しく、BはCと等しい。故に、AはCと等しい。

(A와 B는 같고 B는 C와 같다. 고로 A는 C와 같다.)

⇨ この三角形は三つの辺の長さがひとしい。故に正三角形である。

(이 삼각형은 세 변의 길이가 같다. 고로 정삼각형이다)

よ

～よ ⇨ 문말에서 친숙감이나 주장의 의미를 나타내는 용법

| 용법 | 조사 「よ」는 회화체에서 문말에 쓰여서 상대에게 친숙감을 줄 수도 있으나 한편으로는 말하는 사람의 주장을 강하게 나타내기도 한다. 이러한 조사의 사용은 친한 사이에서라면 몰라도 격식을 차려야 할 상대에게는 가급적 그 사용을 자제하는 것이 바람직하다. 특히, 한국인의 경우, 걸핏하면 문말에 '미안해요, 없어요, 식사하셨어요?'와 같은 식으로 '요'를 다용하다보니 발음이 비슷하다는 이유에서 종종 일본어의 문말에 「よ」를 붙여서 발음하곤 하는 것을 들을 수 있다. 하지만 일본어의 조사 「よ」는 주로 말하는 사람의 의견이나 주장을 강조하는 듯한 인상을 주는 것이므로 그 사용에 신중을 기하여야 한다.

| 예문 |

⇨ その話(はなし)なら私(わたし)も聞(き)いたよ。(그 이야기라면 나도 들었어)

⇨ あなたが行(い)かなくても、私(わたし)は行(い)くよ。(당신이 가지 않아도 나는 갈거야)

⇨ そのりんごより、この方(ほう)が大(おお)きいよ。(그 사과보다 이쪽이 커)

⇨ おなかが痛(いた)いから、何(なに)も食(た)べたくないよ。(배가 아프니까 아무것도 먹고 싶지 않아)

⇨ あの店(みせ)の料理(りょうり)はとてもおいしいですよ。(저 가게의 요리는 매우 맛있어요)

⇨ さっき、山田(やまだ)という人(ひと)から電話(でんわ)があったよ。

(조금 전에 야마다라는 사람으로부터 전화가 왔었어)

⇨ あなたの探している本は、本棚の一番上ですよ。

(당신이 찾고 있는 책은 책장 맨 위에 있어요)

⇨ それだけじゃないですよ、新聞代もガス代も値上がりしましたよ。

(그뿐이 아니에요, 신문구독료나 가스비도 올랐어요)

|참고| 한편, 여성의 경우에는 문말의 조동사「だ」나 형용동사의 어미「だ」를 탈락시킨 채 사용하는 경향이 있다.

⇨ これは山田さんの本よ。(이것은 야마다씨의 책이야)

⇨ この話、ほかの人にしてはだめよ。(이 이야기 다른 사람에게 해서는 안돼)

하지만, 남성의 경우에는 반드시 조동사「だ」나 형용동사어미「だ」를 사용하게 된다. 아울러, 명령이나 금지표현에도「よ」를 붙임으로서 보다 어세를 강하게 하는 경우가 있다.

⇨ ここへ来いよ。(이리 와라)

⇨ 早くしろよ。(빨리 해라)

⇨ ご覧くださいよ。(보세요)

⇨ 遅くなるから、早く行けよ。(늦어지니까 빨리 가라)

⇨ 来いと言うまで来るなよ。(오라고 할 때까지 오지 마라)

⇨ よく見ていてくれよ、ぼくのすることを。(잘 보고 있어줘, 내가 하는 것을)

⇨ 私の言うことをよく聞きなさいよ。(내가 말하는 것을 잘 들어라)

⇨ そう人に聞いてばかりいないで、少しは自分で考えろよ。

(그렇게 남에게 묻고만 있지 말고 조금은 스스로 생각해라)

よい ⇨ 같은 의미의 형용사「いい」와의 차이

|용법| 형용사 「よい」나 「いい」나 둘 다 우리말의 '좋다'에 해당되는 형용사이지만 그 용법에 있어서는 양자 간에 현격한 차이를 보이고 있다.

■ 「いい」를 쓰는 경우 → 종지형과 연체형으로만 쓰인다.

⇨ 天気(てんき)がいい。(날씨가 좋다.) ☞ 종지형

とてもいい人(ひと)。(아주 좋은 사람) ☞ 연체형

■ 「よい」를 쓰는 경우 → 부정형과 연용형, 그리고 가정형과 과거형에서 반드시 쓰이며 종지형과 연체형에서도 쓸 수는 있다.

⇨ よくない。(좋지 않다.) ☞ 부정형

よくなる、よくて。(좋아진다, 좋고) ☞ 연용형

よければ。(좋으면) ☞ 가정형

よかった。(좋았다(잘됐다)) ☞ 과거형(실제로는 연용형)

다시 말해서 「いい」를 이용하여 「いくない、いくなる、いくて、いければ、いかった」라고는 결코 하지 않으며 이때는 어디까지나 「よい」를 이용하여야만 한다. 한편, 종지형과 연체형에서는 「いい」가 주로 쓰이나 경우에 따라서는 「よい」가 쓰일 때도 있다.

⇨ あの人(ひと)は頭(あたま)がいい。(저 사람은 머리가 좋다)

⇨ これは、値段(ねだん)も安(やす)いが、品(しな)もいい。(이것은 가격도 싸지만 품질도 좋다)

⇨ 困(こま)ったことになりましたが、どうしたらいいでしょうか。
(곤란하게 되었는데 어떻게 하면 좋을까요?)

⇨ 今日(きょう)はいい天気(てんき)ですね。(오늘은 좋은 날씨이군요)

⇨ あの人(ひと)は、なかなかいい人(ひと)だ。(저 사람은 꽤 좋은 사람이다)

⇨ 日本(にほん)には、景色(けしき)のいい所(ところ)がたくさんある。
(일본에는 경치가 좋은 곳이 많이 있다)

⇨ 人生(じんせい)には、いいことも悪(わる)いこともある。
(인생에는 좋은 일도 나쁜 일도 있다)

⇨ 動物(どうぶつ)をいじめるのはよくない。(동물을 괴롭히는 것은 좋지 않다)

⇨ 彼女(かのじょ)は顔(かお)はきれいだが、頭(あたま)はよくない。(그녀는 얼굴은 예쁘지만 머리는 좋지 않다)

⇨ 私(わたし)の言(い)うことをよくおぼえておきなさい。(내가 말하는 것을 잘 기억해 두어라)

⇨ あなたがよければ私(わたし)もいいです。(당신이 좋으면 나도 좋습니다)

⇨ 天気(てんき)が悪(わる)ければ出(で)かけません。(날씨가 나쁘면 나가지 않습니다)

⇨ 傘(かさ)を持(も)ってくればよかった。 (우산을 가지고 오면 좋았을걸)

⇨ 父(ちち)の病気(びょうき)が早(はや)くよくなって、本当(ほんとう)によかった。
(아버지의 병이 빨리 좋아져서 정말로 좋았다(다행이다))

| 참고 | 한편, '～(하)기 좋다(쉽다)'의 의미를 나타낼 때는 「よい」를 동사연용형에 접속시켜 사용하기도 한다.

⇨ この機械(きかい)は使(つか)いよい。(이 기계는 사용하기 좋다)

⇨ もっと見(み)よい所(ところ)へ行(い)こう。(좀 더 보기 좋은 곳으로 가자)

⇨ この薬(くすり)は、甘(あま)くて飲(の)みよい。(이 약은 달아서 먹기 좋다)

⇨ これは書(か)きよいペンだ。(이것은 쓰기 좋은 펜이다)

～よう ⇨ 의지, 권유, 추측을 나타내는 조동사 「よう」의 용법

| 용법 | 조동사 「よう」는 의지, 권유, 추측의 의미를 나타내는 것으로 5단동사이외의 모든 동사, 즉 상1단, 하1단, サ변격동사 「する」(이 때는 「し」)、カ변격동사 「くる」의 미연형에 접속된다. 아울러, 조동사 「せる」 「させる」 「しめる」 「れる」 「られる」의 미연형에도 접속된다.

1. 말하는 사람의 의지를 나타낸다. 다만, 이 때 「よう」의 연체형은 사용되지 않는다.

⇨ 明日の朝は早く起きよう。(내일 아침에는 일찍 일어나야지)

⇨ 君にこの本を上げよう。(너에게 이 책을 주겠다)

⇨ もう一度、日本へ来ようと思っています。

(다시 한 번 일본에 오려고 생각하고 있습니다)

⇨ これから一生懸命勉強しようと思っています。

(이제부터 열심히 공부하려고 생각하고 있습니다)

⇨ 来週までに、必ず論文を書き上げよう。

(다음 주까지 반드시 논문을 다 쓰겠다)

2. 상대에 대한 권유를 나타낸다. 다만, 이때에도 「よう」의 연체형은 사용되지 않는다.

⇨ 一緒にテレビを見よう。(같이 텔레비전을 보자)

⇨ 二人でおいしいものを食べよう。(둘이서 맛있는 것을 먹자)

⇨ 暇なら一緒に出かけよう。(한가하면 함께 외출하자)

⇨ 少し休憩しよう。(조금 쉬자)

⇨ 10年たったら、もう一度、みんなで日本へ来よう。

(10년이 지나면 다시 한 번 다 같이 일본에 오자)

3. 말하는 사람의 추측을 나타낸다. 이때에는 「よう」의 연체형이 제한적이나마 사용된다.

⇨ あの大きい声で呼ばれたら、目もさめよう。

(저 큰소리로 부르면 잠도 깨겠지)

⇨ あの学生なら、これくらいの問題はできよう。

(저 학생이라면 이정도의 문제는 할 수(풀 수) 있겠지)

하지만, 이와 같은 추측의 의미로 「よう」가 사용되는 것은 어디까지나 문장체의 경우이며 회화체에서는 「だろう」가 사용되어 「できるだろう」「さめるだろう」가 쓰인다. 한편, 앞서 「よう」의 연체형이 제한적이나마 사용된다고 했는데 요컨대 「よう」는 의지나 권유를 나타낼 때는 일체 연체형이 사용되지 않으나 추측을 나타내는 경우에 한해서는 「もの」 「わけ」 「はず」 등의 형식명사에 연체형 「よう」가 접속될 수 있는 것이다. 물론, 다른 일반적인 명사는 일체 뒤에 올 수가 없다.

⇨ 勉強しながら居眠りでもしようものなら、ひどく叱られるよ。
(공부하면서 졸기라도 할 것 같으면 심하게 야단맞아요)

⇨ ぼくがそれを見ようわけがない。(내가 그것을 볼 턱이 없다)

⇨ あの人がそんな悪いことなどしようはずがない。
(저 사람이 그런 나쁜 짓 같은 것을 할 리가 없다)

～よう ⇨ 방법, 모습의 의미를 나타내는 용법

|용법| 「よう」는 의지, 권유, 추측의 의미를 나타내는 조동사로서의 의미 용법이외에 때로는 접미어로도 쓰이는데 이때는 그 동작, 행위를 하는 방법이나 그러한 모습을 나타낸다.

|접속| 동사연용형에 접속된다.

|예문|

⇨ 勉強のしようが下手だと、長い時間勉強してもだめです。
(공부하는 방법이 어설프면 장시간 공부를 해도 소용없습니다)

⇨ やりようによっては、その仕事を簡単に済ませることができる。
(하는 방법에 따라서는 그 일을 간단하게 끝낼 수 있다)

⇨ あの山は、見ようによっては仏像が寝ているように見える。
(저 산은 보는 방법에 따라서는 불상이 누워있는 것처럼 보인다)

⇨ 試験の日に朝寝坊をした弟のあわてようといったらなかった。
(시험 치는 날 늦잠을 잔 남동생의 당황하는 모습은 꼴불견이었다)

～ようか ⇨ ～(할)까?

| 용법 | 권유를 나타내는 조동사 「よう」에 의문조사 「か」가 접속된 어구이다. 이러한 형태로 상대에게 의향을 묻는 의미를 나타낸다.

| 접속 | 5단동사를 제외한 나머지동사의 미연형(「する」는 「し」)에 접속된다.

| 예문 |

⇨ こんな仕事、やめようか。(이런 일, 그만둘까?)

⇨ いいこと教えてあげようか。(좋은 거 가르쳐줄까?)

⇨ 何かお手伝いしようか。(뭔가 도와줄까?)

⇨ それでは何時に待ち合わせしようか。(그러면 몇 시에 만나기로 할까?)

～ようが ⇨ ～(하)건, ～(하)더라도

| 용법 | 추측을 나타내는 조동사 「よう」에 역접을 나타내는 접속조사 「が」가 접속된 어구이다. 이러한 형태로 충분히 일어날 수 있는 사항을 전항에서 제시한 다음, 그 사항에 구속되는 일이 없이 후항이 성립됨을 나타낸다.

| 접속 | 5단동사를 제외한 나머지동사의 미연형(「する」는 「し」)이나 조동사 「れる、られる」의 미연형에 접속된다.

| 예문 |

⇨ 君が結婚しようが、我々には関係がない。
(자네가 결혼을 하건 우리에게는 관계가 없다)

⇨ つとめようが、なまけようが、私はほっておくことにした。
(노력하건 게으름을 피우건 나는 내버려두기로 했다)

⇨ 自分のお金で家を建てようが、何をしようが、それはいい。

(자기 돈으로 집을 짓든 무엇을 하든 그건 좋다)

⇨ まわりの人に何と言われようが、そんなことを気にする必要はない。

(주위사람이 뭐라고 하든 그런 것을 신경 쓸 필요는 없다)

| 참고 | 이와 유사한 어구로 「ようと」가 있다. (해당항목 참고)

⇨ 彼はどんなに馬鹿にされようと、腹を立てることがない。

(그는 아무리 바보취급을 당할지라도 화를 내는 법이 없다.)

～ようがない ⇨ ～(할) 방법이(도리가) 없다

| 용법 | '방법, 수단'의 의미를 나타내는 「様」에 주격조사 「が」와 형용사 「ない」가 접속된 어구이다. 이러한 형태로 어떠한 방법이나 수단을 써도 불가능하다고 하는 의미를 나타낸다.

| 접속 | 동사연용형에 접속된다.

| 예문 |

⇨ こんなにひどく壊れていては、直しようがない。

(이렇게 심하게 고장 나 있어서는 고칠 방법이 없다)

⇨ 政治については何もわからないから、答えようがない。

(정치에 대해서는 아무것도 모르기 때문에 대답할 방법이 없다)

⇨ 住所も電話番号も分からないので、連絡の取りようがない。

(주소도 전화번호도 모르기 때문에 연락을 취할 도리가 없다)

⇨ なぜ彼女が好きになってしまったのかは、説明のしようがない。

(왜 그녀를 좋아하게 되고 말았는가는 설명할 방법이 없다)

～ようが ～まいが ⇨ ～(하)건 말건, ～(하)든 말든

| 용법 | 추측을 나타내는 조동사 「よう」에 역접을 나타내는 접속조사 「が」가 접속된 형태가 앞에 배치되고 뒤에는 부정추측을 나타내는 조동사 「まい」에 같은 접속조사 「が」가 접속된 형태가 배치된 어구이다. 이러한 형태로 어떠한 행동을 취해도 그것에 전혀 개의치 않는다고 하는 방임의 의미를 나타낸다.

| 접속 | 「～ようが」와 「～まいが」 앞에는 5단동사를 제외한 모든 동사의 미연형(「する」는 「し」)이 접속된다.

| 예문 |

⇨ できようができまいが、宿題(しゅくだい)は出(だ)さなければなりません。

(할 수 있건 할 수 없건 숙제는 제출해야 합니다)

⇨ 人(ひと)が見(み)ていようが見(み)ていまいが、不正(ふせい)なことはすべきではない。

(남이 보고 있든 말든 부정한 일은 해서는 안 된다)

⇨ 料理(りょうり)を食(た)べようが食(た)べまいが、お金(かね)だけは払(はら)います。

(요리를 먹든 말든 돈만은 지불합니다)

⇨ 今(いま)の会社(かいしゃ)を辞(や)めようが辞(や)めまいが、勝手(かって)にしなさい。

(지금의 회사를 그만두건 말건 맘대로 해라)

⇨ 人(ひと)が勉強(べんきょう)しようがしまいが、ぼくは遊(あそ)ぶ方(ほう)がおもしろい。

(남이 공부를 하든 말든 나는 노는 쪽이 재미있다)

| 참고 | 이와 유사한 어구로 「～ようと～まいと」가 있다. (해당항목 참고)

⇨ ベストを尽(つ)くしてやれば、成功(せいこう)しようとしまいと関係(かんけい)ないのではないか。

(최선을 다해서 한다면 성공하건 말건 관계없는 것은 아닌가?)

～ようか ～まいかと ⇨ ～(할)까 말까하고

| 용법 | 의지를 나타내는 조동사 「よう」에 의문격조사 「か」가 접속된 형태가 앞에 배치되고 뒤에는 부정의지를 나타내는 조동사 「まい」에 의문격조사 「か」와 인용을 나타내는 조사 「と」가 접속된 형태가 배치된 어구이다. 그 전후에는 상반되는 내용을 나타내는 동사가 오게 되는데 이러한 형태로 어떠한 행위의 실현을 결정하는 과정에서 망설이고 있는 심적상태를 나타낸다.

| 접속 | 「～ようか」와 「～まいかと」앞에는 5단동사를 제외한 모든 동사의 미연형(「する」는 「し」)이 접속된다.

| 예문 |

⇨ 映画を見ようか見まいかと悩んだ。(영화를 볼까 말까하고 고민했다)

⇨ ダイエット中で、いつも肉を食べようか食べまいかと悩んだりする。
(다이어트중이어서 언제나 고기를 먹을까 말까하고 고민하곤 한다)

⇨ 今まで、あの人と結婚しようかしまいかとずっと悩み続けていた。
(지금까지 저 사람과 결혼할까 말까하고 줄곧 고민하고 있었다)

⇨ 家を出る前に、コートを着ようか着まいかと迷ったが、着て来て正解だった
(집을 나오기 전에 코트를 입을까 말까하고 망설였는데 입고오길 잘했다)

～ようが ～ようが ⇨ ～(하)든～(하)든, ～(하)건～(하)건

| 용법 | 추측을 나타내는 조동사 「よう」에 접속조사 「が」가 접속된 「ようが」가 앞뒤로 배치된 어구이다. 그 전후에는 반대 또는 유사한 의미를 나타내는 사항이 열거되는데 이러한 형태로 어떠한 일이 일어나거나 어떠한 일을

해도 일체 개의치 않는다고 하는 의미를 나타낸다.

|접속| 5단활용동사를 제외한 나머지 동사의 미연형(「する」는 「し」)에 접속된다.

|예문|

⇨ 出かけようが家にいようが、あなたの自由です。

(외출하든 집에 있든 당신의 자유입니다)

⇨ 駆け落ちしようが心中しようが勝手にしろ。

(사랑의 도피를 하든 동반자살을 하든 맘대로 해라)

⇨ 自分のお金で家を建てようが、何をしようが、それはいい。

(자신의 돈으로 집을 짓든 무엇을 하든 그건 좋다)

⇨ あなたが出席しようが欠席しようが、誰もまったく気にしないでしょう。

(당신이 출석하건 결석하건 아무도 전혀 신경 쓰지 않을 겁니다)

|참고| 이와 유사한 어구로 「～ようと～ようと」가 있다. (해당항목 참고)

⇨ 努力しようと怠けようと結果がすべてだ。

(노력하든 게으름을 피우든 결과가 전부다)

⇨ 料理を食べようと捨てようと、お金だけは払います。

(요리를 먹든 버리든 돈만은 지불합니다)

～ようだ ⇨ '～ 같다', 추측, 비유, 예시 등을 나타내는 용법

|용법| 조동사 「ようだ」는 주로 추측이나 비유, 또는 예시를 나타내는 용법을 지니고 있는데 우리말의 '～같다, ～모양이다'의 의미에 해당된다. 「ようだ」는 종종 활용어의 종지형에 접속되는 것처럼 오해를 하기 쉬운데 반드시 활용어의 연체형에만 접속하게 된다. 그 이유는 원래 조동사 「ようだ」가 명사 「よう(様)」에 단정을 나타내는 조동사 「だ」가 결합되어 만들어진 것에 연유하기 때문이다. 결국 활용어의 연체형이 수식하게 되는 것은 명

사「様」가 되는 셈이다.

|접속| 접속은 동사, 형용사, 형용동사, 그리고 조동사「せる」「させる」「しめる」「れる」「られる」「たがる」「ない」「た」의 연체형에 접속된다. 또한, 명사에 접속되는 경우에는 반드시「～のようだ」와 같이「の」가 들어감에 유의하여야 한다.

|활용| ようだろ+う(미연형)　ようだっ+た、ようで＋ある、ように＋なる(연용형) ようだ(종지형) ような+명사(연체형)　ようなら+(ば)(가정형)

|예문|

⇨ この景色はまるで絵のようだ。(이 경치는 마치 그림 같다)

⇨ あの人は仏様のような人です。(저 사람은 부처님 같은 사람입니다)

⇨ 田中さんは魚のように上手に泳ぎます。
(다나카씨는 물고기처럼 능숙하게 헤엄칩니다)

⇨ 彼は乱暴な性格の男に見えるが、普段はおとなしいようだ。
(그는 난폭한 성격의 남자로 보이지만 평소는 점잖은 것 같다)

⇨ どうしてもだめなようなら、早くあきらめなさい。
(아무리해도 안 될 것 같으면 빨리 포기해라)

⇨ 雨はもうすぐはれるようだよ。(비는 이제 곧 갤 것(그칠 것) 같아)

⇨ あの人は何も知らないようだった。(저 사람은 아무것도 모르는 것 같았다)

⇨ 誰か来たようだから、ちょっと見て来るよ。(누군가 온 것 같으니까 잠깐 보고 올게)

⇨ あの人は泣いたような顔をしている。(저 사람은 운 것 같은 얼굴을 하고 있다)

|참고| 여성의 경우에는 친숙한 사이에서「～ようよ」「～ようね」로 발음하는 경우도 많다.

⇨ 楽しくてまるで夢のようよ。(즐거워서 마치 꿈만 같아)

⇨ 私、風邪をひいたようよ。(나 감기 걸린 것 같아요)

~ ようだったら ⇨ ~ (할) 것 같으면

| 용법 | 추측을 나타내는 조동사 「ようだ」의 연용형인 「ようだっ」에 과거확정을 나타내는 조동사 「た」의 가정형인 「たら」가 접속된 어구이다. 이러한 형태로 '그와 같은 일이 일어날 경우에는' 이라는 의미를 가정하여 나타낸다.

| 접속 | 활용어의 연체형에 접속된다.

| 예문 |

⇨ 遅れるようだったら、お電話ください。(늦어질 것 같으면 전화 주십시오)

⇨ こんなことができないようだったら、全く話にならない。
(이런 일을 할 수 없을 것 같으면 전혀 이야기가 되지 않는다)

⇨ 明日お天気がよいようだったら、ハイキングに行きませんか。
(내일 날씨가 좋을 것 같으면 하이킹하러 가지 않겠습니까?)

⇨ この薬を飲んでも熱が下がらないようだったら、医者と相談した方がよいでしょう。(이 약을 먹어도 열이 내려가지 않을 것 같으면 의사와 상담하는 편이 좋을 겁니다)

~ ようったって ⇨ ~ (하)려 해도

| 용법 | 의지를 나타내는 조동사 「よう」에 격식을 차리지 않은 회화체에서 '~라 해도'의 뜻으로 쓰이는 「ったって」가 접속된 어구이다. 「ったって」는 「~と言ったとて」가 「~と言ったって」로 변하고 그것이 다시 축약된 연어(連語)인 셈이다. 이러한 형태로 무언가를 하려고 해도 소용없다(무리다)'라고 하는 의미를 나타낸다.

| 접속 | 5단활용동사를 제외한 나머지 동사의 미연형(「する」는 「し」)에 접속된다.

| 예문 |

⇨ こんなにへいが高くては、逃げようったって逃げられない。

(이렇게 담이 높아서는 도망가려 해도 도망갈 수 없다)

⇨ 連絡しようったって、どこにいるかさえ分からないから無理だ。

(연락하려 해도 어디에 있는지조차 알 수 없으니까 무리다)

⇨ 彼女と別れようったって、そうすると彼女があまりにも可愛そうでそうも行かない。

(그녀와 헤어지려 해도 그렇게 하면 그녀가 너무나도 불쌍해서 그렇게도 못한다)

⇨ 私がどんなにたばこをやめようったって、ストレスがたまっていてなかなかできない。

(내가 아무리 담배를 끊으려 해도 스트레스가 쌓여있어서 좀처럼 안 된다)

~ ようで(いて) ⇨ ~ 같으면서(도)

| 용법 | 양태를 나타내는 조동사 「ようだ」의 연용형인 「ようで」는 겉보기와는 달리 실제로는 다른 성질을 지니고 있다고 하는 의미를 나타낸다. 때로는 「ようで」의 뒤에 동사 「いる」의 연용형인 「い」와 접속조사 「て」가 결합된 「いて」가 접속될 때도 있으나 의미상으로는 마찬가지다.

| 접속 | 활용어의 연체형에 접속된다.

| 예문 |

⇨ 一見やさしいようで、実際やってみると案外むずかしい。

(얼핏 쉬운 것 같으면서 실제로 해보면 의외로 어렵다)

⇨ あの人は、一見内気で温厚なようで、実は短気な性格の男だ。

(저 사람은 얼핏 보기에 내성적이고 온화한 것 같으면서 실제로는 급한 성격의 남자다)

⇨ 私が言ったことが彼にはわかったようで、本当は全く理解していないようだ。

(내가 말한 것을 그는 안 것 같으면서 사실은 전혀 이해하고 있지 않는 것 같다)

⇨ ふだんはおとなしいようでいて、いざとなるとなかなか決断力に富んだ女性です。

(평상시는 얌전한 것 같으면서도 막상 그 때가 되면 상당히 결단력이 풍부한 여성입니다)

～ようで(は) ⇨ ～(하)기에 따라서(는)

| 용법 | '방법'을 나타내는 「よう」에 조사 「で」가 접속된 어구로 때로는 조사 「は」가 추가로 접속될 때도 있다. 이러한 형태로 전항의 내용만으로 후항이 결정된다고 하는 의미를 나타낸다. 당연히 후항에는 '어떻게든 된다, 여러 가지 일이 일어난다'고 하는 표현이 뒤따르게 된다.

| 접속 | 동사연용형에 접속된다.

| 예문 |

⇨ 気(き)の持(も)ちようでは何(なん)とでもなることだ。

(마음먹기에 따라서는 어떻게든지 되는 것이다)

⇨ 考(かんが)えようではサラリーマン生活(せいかつ)も悪(わる)くはない。

(생각하기에 따라서는 월급쟁이 생활도 나쁘지는 않다)

⇨ 仕事(しごと)はやりようでいくらでも時間(じかん)を節約(せつやく)できる。

(일은 하기에 따라서 얼마든지 시간을 절약할 수 있다)

⇨ あなたの気持(きも)ちの持(も)ちようで成功(せいこう)か失敗(しっぱい)かが決(き)まるんだから。

(당신의 마음먹기에 따라서 성공이냐 실패냐가 정해지는 거니까)

～ようでは ⇨ ～(할) 것 같아서는

| 용법 | 양태를 나타내는 조동사 「ようだ」의 연용형 「ようで」에 조사 「は」가 접속된 어구이다. 그 뒤에는 주로 「困(こま)る」 「いけない」 「無理(むり)だ」와 같은 표현이 수반되는데 이러한 형태로 기대에 반하는 사실에 대하여 그것을 비난하는 의미를 나타낸다.

| 접속 | 활용어의 연체형에 접속된다.

| 예문 |

⇨ 最初(さいしょ)の日(ひ)から、会社(かいしゃ)に遅刻(ちこく)するようでは困(こま)る。

(첫날부터 회사에 지각할 것 같아서는 곤란하다)

⇨ そんなささいなことで傷(きず)ついて泣(な)くようではこれから先(さき)が思(おも)いやられる。

(그런 사소한 일로 상처를 입어 울 것 같아서는 이제부터 앞으로의 일이 염려된다)

⇨ こんな短(みじか)い距離(きょり)も歩(ある)けないようでは夏(なつ)の登山(とざん)はとても無理(むり)だ。

(이런 짧은 거리도 걸을 수 없을 것 같아서는 여름등산은 도저히 무리다)

⇨ こんな簡単(かんたん)な文書(ぶんしょ)も書(か)けないようでは、店長(てんちょう)の仕事(しごと)はつとまらない。

(이런 간단한 문서도 쓸 수 없을 것 같아서는 점장의 일은 감당할 수 없다)

~ようではないか(~ようじゃないか) ⇨ ~(하)지 않겠는가?!

| 용법 | 권유를 나타내는 조동사 「よう」에 단정을 나타내는 조동사 「だ」의 연용형인 「で」와 조사 「は」가 접속되고 이어서 형용사 「ない」와 의문조사 「か」가 차례로 연결된 어구이다. 이러한 형태로 어떠한 사안에 대하여 함께 행동할 것을 보다 강력하게 제안하는 의미를 나타내는데 이러한 표현은 주로 남성이 사용한다. 한편으로는 조동사 「だ」의 연용형인 「で」와 조사 「は」가 축약된 형태인 「じゃ」가 사용된 「~ようじゃないか」가 회화체에서 쓰이기도 한다. 이러한 표현은 보통 불특정다수에게 제안하는 경우에 사용되는 일이 많다.

| 접속 | 5단활용동사를 제외한 나머지 동사의 미연형(「する」는 「し」)에 접속된다.

| 예문 |

⇨ とにかく、最後(さいご)まで頑張(がんば)ってみようではないか。

(어쨌든 마지막까지 분발해 보지 않겠는가?!)

⇨ 困(こま)っている人(ひと)には手(て)をさしのべようではないか。

(곤란을 겪고 있는 사람에게는 손을 내밀지 않겠는가?!)

⇨ ぶらぶら歩いて見ようじゃないか。歩きながら話そう。

(천천히 걸어보지 않겠는가? 걸으면서 이야기하자)

⇨ 今度のゴールデンウィークに一緒に旅行しようじゃないか。

(이번 황금연휴에 함께 여행하지 않겠는가?!)

～ようでもあり～ようでもある
⇨ ～(하)는 것 같기도 하고, ～(하)는 것 같기도 하다

| 용법 | 양태를 나타내는 조동사「ようだ」의 연용형인「ようで」에 조사「も」와 동사「ある」의 연용형「あり」가 접속된 형태가 앞에 배치되고 뒤에는 같은 구성을 지닌「ようでもある」가 배치된 어구이다. 이러한 형태로 주로 상반되는 내용을 앞뒤에 열거함으로서 상호 모순되는 의미를 추측하는 의미를 나타낸다.

| 접속 | 활용어의 연체형에 접속된다.

| 예문 |

⇨ 彼は本当は結婚したい気持があるようでもあり、全くその気がないようでもある。

(그는 사실은 결혼하고 싶은 마음이 있는 것 같기도 하고 전혀 그럴 마음이 없는 것 같기도 하다)

⇨ あの人の性格は、一見内気で温厚なようでもあり、実は短気なようでもある。

(저 사람의 성격은 얼핏 보기에 내성적이고 온화한 것 같기도 하고 실제로는 급한 것 같기도 하다)

⇨ 僕の言ったことが彼には分かったようでもあり、全く理解していないようでもある。

(내가 말한 것이 그에게는 이해된 것 같기도 하고 전혀 이해하지 못한 것 같기도 하다)

⇨ この会社での30年間は、長かったようでもあり、あっと言う間だったようでもあります。(이 회사에서의 30년간은 길었던 것 같기도 하고 눈 깜짝할 사이였던 것 같기도 합니다)

～ようと ⇨ ～(하)건, ～(하)더라도

| 용법 | 의지를 나타내는 조동사 「よう」에 접속조사 「と」가 접속된 어구이다. 이러한 형태로 충분히 일어날 수 있는 사항을 전항에서 제시한 다음 그 사항에 구속되는 일이 없이 후항이 성립됨을 나타낸다.

| 접속 | 5단동사를 제외한 나머지동사의 미연형(「する」는 「し」)이나 조동사 「れる、られる」의 미연형에 접속된다.

| 예문 |

⇨ 自分(じぶん)のお金(かね)で家(いえ)を建(た)てようと、何(なに)をしようと、それはいい。
(자기 돈으로 집을 짓건 무엇을 하건 그건 좋다)

⇨ これからは息子(むすこ)がどんなになまけようと、私(わたし)はほっておくことにした。
(이제부터는 아들이 아무리 게으름을 피우더라도 나는 내버려두기로 했다)

⇨ 君(きみ)が結婚(けっこん)しようと、我々(われわれ)には関係(かんけい)がない。
(자네가 결혼을 하건 우리에게는 관계가 없다)

⇨ 彼(かれ)はどんなに馬鹿(ばか)にされようと、腹(はら)を立(た)てることがない。
(그는 아무리 바보취급을 당하더라도 화를 내는 일이 없다)

| 참고 | 이와 유사한 어구로 「ようが」가 있다.(해당항목 참고)

⇨ つとめようが、なまけようが、私(わたし)はほっておくことにした。
(노력을 하건 게으름을 피우건 나는 내버려두기로 했다)

～ようといったら ⇨ ～(하)는 모습이란

| 용법 | '방법, 모습'을 나타내는 「よう(様)」에 인용을 나타내는 조사 「と」가 접속되고 이어서 동사 「いう」가 과거를 나타내는 조동사 「た」의 가정형인 「た

ら」에 접속되는 과정에서 음편현상을 일으킨 「いったら」가 연결된 어구이다. 이러한 형태로 처해진 상황을 설명하는 의미를 나타낸다.

| 접속 | 동사연용형에 접속된다.

| 예문 |

⇨ 結婚(けっこん)が決(き)まったときの彼(かれ)の喜(よろこ)びようといったらたとえようがなかった。

(결혼이 결정되었을 때의 그의 기뻐하는 모습이란 비유할 바가 없었다)

⇨ 試験(しけん)の日(ひ)に朝寝坊(あさねぼう)をした弟(おとうと)のあわてようといったらみっともなかった。

(시험 치는 날 늦잠을 잔 남동생의 당황하는 모습이란 꼴불견이었다)

⇨ 年寄(としよ)り夫婦(ふうふ)の喜(よろこ)びようといったら、まるで三十歳(さんじゅっさい)も若返(わかがえ)った姿(すがた)だった。

(늙은 부부의 기뻐하는 모습이란 마치 서른 살이나 젊어진 모습이었다)

~ようと思(おも)う ⇨ ~(하)고자 한다

| 용법 | 의지를 나타내는 조동사 「よう」에 조사 「と」와 동사 「思(おも)う」가 접속된 어구이다. 이러한 형태로 어떠한 동작이나 행위에 대한 말하는 사람의 의지와 희망을 완곡하게 나타내는데 이러한 표현은 특히 회화체에서 활발하게 사용되고 있다.

| 접속 | 5단활용동사를 제외한 나머지 동사의 미연형(「する」는 「し」)에 접속된다.

| 예문 |

⇨ できればもう一度(いちど)日本(にほん)へ来(こ)ようと思(おも)います。

(될 수 있으면 다시 한 번 일본에 오고자 합니다)

⇨ 明日(あした)は朝(あさ)が早(はや)いから、今夜(こんや)は早(はや)く寝(ね)ようと思(おも)います。

(내일 아침에 일찍 일어나야하니까 오늘 밤은 일찍 자고자 합니다)

⇨ この件(けん)については、田中君(たなかくん)の意見(いけん)も聞(き)いてみようと思(おも)います。

(이 건에 대해서는 다나카군의 의견도 들어보고자 합니다)

⇨ あした試験がありますから今夜は遅くまで勉強しようと思います。
(내일 시험이 있으니까 오늘 밤은 늦게까지 공부하고자 합니다)

~ようとしたところに ⇨ ~(하)려던 참에

|용법| 의지를 나타내는 조동사 「よう」에 조사 「と」가 접속되고 이어서 동사 「する」의 연용형인 「し」와 과거를 나타내는 조동사 「た」가 접속된 것에 상황을 나타내는 「ところ」와 조사 「に」가 차례로 연결된 어구이다. 이러한 형태로 어떠한 일이 발생하려고 하는 시점에 또 다른 일이 거의 동시에 발생함을 나타낸다.

|접속| 5단활용동사를 제외한 나머지 동사의 미연형(「する」는 「し」)에 접속된다.

|예문|

⇨ 家を出ようとしたところに電話がかかってきた。
(집을 나서려던 참에 전화가 걸려왔다)

⇨ 寝ようとしたところにドアをノックする音が聞こえてきた。
(자려던 참에 문을 노크하는 소리가 들려왔다)

⇨ 出張の準備をしようとしたところに、出張中止の知らせが届いた。
(출장준비를 하려던 참에 출장취소의 통지가 도달했다)

⇨ シャワーを浴びようとしたところに、私を呼ぶ家内の声が聞こえてきた。
(샤워를 하려던 참에 나를 부르는 아내의 목소리가 들려왔다)

~ようとする ⇨ ~(하)려고 하다

|용법| 의지를 나타내는 조동사 「よう」에 조사 「と」와 동사 「する」가 접속된 어구

이다. 이러한 형태로 어떠한 동작이나 작용을 하기위하여 노력하거나 시도함을 나타내거나 또는 이제부터 어떠한 동작이나 작용이 시작되기 바로 직전임을 나타낸다

| 접속 | 5단활용동사를 제외한 나머지 동사의 미연형(「する」는 「し」)에 접속된다.

| 예문 |

⇨ あの悲(かな)しい事件(じけん)は忘(わす)れようとしても忘(わす)れられません。
(그 슬픈 사건은 잊으려 해도 잊을 수가 없습니다)

⇨ 寝(ね)ようとすればするほど、かえって気(き)が立(た)ってくる。
(자려고 하면 할수록 오히려 신경이 곤두서게 된다)

⇨ 出(で)かけようとしていると、お客(きゃく)さんが来(き)ました。
(외출하려고 하고 있으니까 손님이 왔습니다)

⇨ このひどいあらしの中(なか)で、今松(いままつ)の大木(たいぼく)が倒(たお)れようとしている。
(이 심한 폭풍 속에서 지금 막 큰 소나무가 쓰러지려고 하고 있다)

～ようとは思(おも)わなかった ⇨ ～(하)리라고는 생각지 못했다

| 용법 | 추측을 나타내는 조동사 「よう」에 조사 「と」와 「は」가 접속되고 이어서 동사 「思(おも)う」의 미연형인 「思(おも)わ」에 부정을 나타내는 조동사 「ない」의 과거형인 「なかった」가 차례로 접속된 어구이다. 이러한 형태로 그렇게 되리라고는 미처 예상하지 못했다고 하는 의미를 나타낸다.

| 접속 | 5단활용동사를 제외한 나머지 동사의 미연형(「する」는 「し」)에 접속된다.

| 예문 |

⇨ 彼女(かのじょ)が大学(だいがく)を卒業(そつぎょう)して早速(さっそく)結婚(けっこん)しようとは思(おも)わなかった。
(그녀가 대학을 졸업하고 곧바로 결혼하리라고는 생각지 못했다)

⇨ たったの一週間で論文が完成しようとは誰一人思わなかった。

(단 1주일에 논문이 완성되리라고는 누구한사람 생각지 못했다)

⇨ 息子が、たった一度の受験で司法試験に合格しようとは思わなかった。

(아들이 단 한 번의 시험으로 사법시험에 합격하리라고는 생각지 못했다)

⇨ あの事件が起きて一年もたっていないが、もうこんなに忘れようとは思わなかった。(그 사건이 일어 난지 1년도 못 됐는데 벌써 이렇게 잊으리라고는 생각지 못했다)

～ようと ～まいと ⇨ ～(하)든 말든, ～(하)건 말건

| 용법 | 추측을 나타내는 조동사 「よう」에 조사 「と」가 접속된 형태가 앞에 배치되고 뒤에는 부정추측을 나타내는 조동사 「まい」에 조사 「と」가 접속된 형태가 배치된 어구이다. 이러한 형태로 어떠한 행동을 취해도 그것에 전혀 개의치 않는다고 하는 방임의 의미를 나타낸다.

| 접속 | 「～ようと」와 「～まいと」앞에는 5단동사를 제외한 모든 동사의 미연형(「する」는 「し」)이 접속된다.

| 예문 |

⇨ できようとできまいと、宿題は出さなければなりません。

(할 수 있든 말든 숙제는 제출해야합니다)

⇨ 人が見ていようと見ていまいと、不正なことはすべきではない。

(남이 보고 있든 말든 부정한 일은 해서는 안 된다)

⇨ ベストを尽くしてやれば、成功しようとしまいと関係ないのではないか。

(최선을 다해서 한다면 성공하건 말건 관계없는 것은 아닌가?)

⇨ 私は、夜があけようとあけまいと、目がさめるとすぐに散歩に出かけます。

(나는 날이 새건 말건 눈을 뜨면 바로 산책하러 나갑니다)

| 참고 | 이와 유사한 어구로 「～ようが～まいが」가 있다. (해당항목 참고)

⇨ 今(いま)の会社(かいしゃ)を辞(や)めようが辞(や)めまいが、勝手(かって)にしなさい。

(지금의 회사를 그만두건 말건 맘대로 해라)

～ようとも ⇨ ～(할)지라도

|용법| 추측을 나타내는 조동사「よう」에 접속조사「とも」가 접속된 어구로 용법은「～ようと」와 같지만「～ようとも」가 보다 문장체적인 뉘앙스를 지니고 있다. 그 앞에는「どんなに、いかに」와 같은 말이 올 때가 많은데 이러한 형태로 충분히 일어날 수 있는 사항을 전항에서 제시한 다음 그 사항에 구속되는 일이 없이 후항이 성립됨을 나타낸다.

|접속| 5단동사를 제외한 나머지동사의 미연형(「する」는「し」)이나 조동사「れる、られる」의 미연형에 접속된다.

|예문|

⇨ たとえ失敗(しっぱい)しようとも、やると決(き)めたことは実行(じっこう)する。

(설령 실패할지라도 한다고 결정한 일은 실행한다)

⇨ まわりの人(ひと)に何(なん)と言(い)われようとも、そんなことを気(き)にする必要(ひつよう)はない。

(주위 사람에게 무슨 말을 들을지라도 그런 일을 신경 쓸 필요는 없다)

⇨ どんなに反対(はんたい)されようとも、自分(じぶん)が正(ただ)しいと思(おも)う道(みち)を進(すす)みたい。

(아무리 반대당할지라도 자신이 바르다고 생각하는 길을 나아가고 싶다)

⇨ どんなに脅(おど)かされようとも、彼(かれ)は毅然(きぜん)とした態度(たいど)をくずさなかった。

(아무리 위협 당할지라도 그는 의연한 태도를 흩뜨리지 않았다)

～ようともせず ⇨ ～(하)려고도 하지 않고

| 용법 | 의지를 나타내는 조동사 「よう」에 조사 「と」와 「も」가 접속되고 이어서 동사 「する」의 미연형인 「せ」에 부정을 나타내는 조동사 「ぬ」의 연용형인 「ず」가 연결된 어구이다. 이러한 형태로 어떠한 노력을 기울일 생각이나 의지가 전혀 없음을 나타낸다.

| 접속 | 5단동사를 제외한 나머지 동사의 미연형(「する」는 「し」)에 접속된다.

| 예문 |

⇨ 息子(むすこ)は出(で)かけようともせずうちにとじこもってばかりいる。
(아들은 나가려고도 하지 않고 집에 틀어박혀만 있다)

⇨ 弟(おとうと)がこう言(い)っても、商人(しょうにん)たちは信(しん)じようともせず、賭(か)けを強(し)いた。
(남동생이 이렇게 말해도 상인들은 믿으려고도 하지 않고 내기를 강요했다)

⇨ 夫(おっと)は、家(いえ)にこもったきり外(そと)に出(で)ようともせず、人(ひと)に会(あ)おうともしない。
(남편은 집에 틀어박힌 채 밖에 나가려고도 하지 않고 사람을 만나려고도 하지 않는다)

⇨ あの子(こ)はいくら注意(ちゅうい)しても、いたずらをやめようともせず親(おや)の胸(むね)を痛(いた)めている。
(저 애는 아무리 주의를 줘도 장난을 그만두려고도 하지 않고 부모 속을 썩이고 있다)

～ようと～ようと ⇨ ～(하)든～(하)든, ～(하)건～(하)건

| 용법 | 의지를 나타내는 조동사 「よう」에 접속조사 「と」가 접속된 「ようと」가 앞뒤로 배치된 어구이다. 그 전후에는 반대 또는 유사한 의미를 나타내는 사항이 열거되는데 이러한 형태로 어떠한 일이 일어나거나 어떠한 일을 해도 일체 개의치 않는다고 하는 의미를 나타낸다.

| 접속 | 5단활용동사를 제외한 나머지 동사의 미연형(「する」는 「し」)에 접속된다.

| 예문 |

⇨ 努力(どりょく)しようと怠(なま)けようと結果(けっか)がすべてだ。
(노력하든 게으름을 피우든 결과가 전부이다(중요하다))

⇨ 駆け落ちしようと心中しようと勝手にしろ。

(사랑의 도피를 하건 동반자살을 하건 맘대로 해라)

⇨ 出かけようと家にいようと、あなたの自由です。

(외출 하건 집에 있건 당신의 자유입니다)

⇨ 料理を食べようと捨てようと、お金だけは払います。

(요리를 먹든 버리든 돈만은 지불합니다)

|참고| 이와 유사한 어구로 「～ようが～ようが」가 있다. (해당항목 참고)

⇨ つとめようが、なまけようが、私はほっておくことにした。

(노력을 하든 게으름을 피우든 나는 내버려두기로 했다)

⇨ あなたが出席しようが欠席しようが、誰もまったく気にしないでしょう。

(당신이 출석하건 결석하건 아무도 전혀 신경 쓰지 않을 겁니다)

ような ⇨ '(～ 하는) 그러한 ～', 뒤의 피수식어를 보다 구체적으로 형용하는 용법

|용법| 「ような」는 양태를 나타내는 조동사 「ようだ」의 연체형으로 우리말의 '～(하는) 듯한'의 의미를 지니고 있으나 때로는 우리말의 '그러한'으로 번역해야 보다 자연스런 경우가 있다. 이러한 용법은 대체로 「ような」 앞에 오는 어구가 그 뒤의 수식을 받는 명사에 대하여 보다 구체적으로 형용하는 때에 국한된다.

|접속| 활용어의 연체형에 접속된다.

|예문|

⇨ 薬を飲んでもよくならないような場合は医者に相談してください。

(약을 먹어도 좋아지지 않는 그러한 경우는 의사에게 상담해 주십시오)

⇨ 親にうそをつくような子供はろくな人間にならないと父に厳しく叱られた。

(부모님께 거짓말을 하는 그러한 아이는 제대로 된 인간이 되지 않는다며 아버지에게 심하게 야단맞았다)

⇨ 結婚式の司会者になったような場合には、事前に十分な準備をしておいた方がいい。

(결혼식 사회자가 된 그러한 경우에는 사전에 충분한 준비를 해두는 편이 좋다)

⇨ その仕事は趣味と実益を兼ねるような仕事なので、採用時の審査が厳しいにもかかわらず応募する人が多い。

(그 일은 취미와 실익을 겸한 그러한 일이기 때문에 채용할 때의 심사가 엄격함에도 불구하고 응모하는 사람이 많다)

～ようなどと思うな ⇨ ～(할) 생각일랑 하지마라

| 용법 | 의지를 나타내는 조동사 「よう」에 예시를 나타내는 조사 「など」와 인용을 나타내는 조사 「と」가 접속된 다음에 동사 「思う」와 금지를 나타내는 조사 「な」가 연결된 어구이다. 이러한 형태로 상대의 생각이나 의지를 사전에 근본적으로 차단하는 의미를 나타낸다.

| 접속 | 5단활용동사를 제외한 나머지 동사의 미연형(「する」는 「し」)에 접속된다.

| 예문 |

⇨ 親が何と言おうと、口答えしようなどと思うな。

(부모가 뭐라고 하건 말대꾸할 생각일랑 하지마라)

⇨ どんなことがあっても、兄弟が別れようなどと思うな。

(어떠한 일이 있어도 형제가 헤어질 생각일랑 하지마라)

⇨ いくらおなかが空いても、夜中にご飯を食べようなどと思うな。

(아무리 배가 고파도 한 밤중에 밥을 먹을 생각일랑 하지마라)

⇨ 来週から期末テストがあるから、これから外へ出かけようなどと思うな。

(다음 주부터 기말테스트가 있으니까 이제부터 밖에 나갈 생각일랑 하지마라)

～ような ～ような ⇨ ～(한) 것 같기도 하고, ～(한) 것 같기도 한

|용법| 양태를 나타내는 조동사 「ようだ」의 연체형 「ような」가 앞뒤에 배치된 어구이다. 그 앞뒤에는 주로 상반되는 내용을 열거되는데 이러한 형태로 서로 반대되는 내용을 추측하는 의미를 나타낸다.

|접속| 활용어의 연체형에 접속된다.

|예문|

⇨ 悲しいような懐かしいような複雑な気持である。

(슬픈 것 같기도 하고 그리운 것 같기도 한 복잡한 기분이다)

⇨ そのようなことがあったようななかったような気がする。

(그러한 일이 있었던 것 같기도 하고 없었던 것 같기도 한 느낌이 든다)

⇨ 分かったような分からないような中途半端な感じだ。

(안 것 같기도 하고 모르는 것 같기도 한 어중간한 느낌이다)

⇨ 娘は、すねるような甘えるような小声で父に小遣いをねだった。

(딸은 토라진 것 같기도 하고 어리광부리는 것 같기도 한 작은 소리로 아버지에게 용돈을 졸랐다)

～ようなら ⇨ ～(할) 것 같으면

|용법| 「ようなら」는 양태를 나타내는 조동사 「ようだ」의 가정형으로 그와 같은 일이 일어날 경우에는, 이라는 의미를 가정하여 나타낸다.

|접속| 활용어의 연체형에 접속된다.

|예문|

⇨ 遅れるようなら、お電話ください。(늦어질 것 같으면 전화 주십시오)

⇨ こんなことができないようなら、全く話にならない。

(이런 일을 할 수 없을 것 같으면 전혀 이야기가 되지 않는다)

⇨ 明日お天気がよいようなら、ハイキングに行きませんか。

(내일 날씨가 좋을 것 같으면 하이킹하러 가지 않겠습니까?)

⇨ この薬を飲んでも熱が下がらないようなら、医者と相談した方がよいでしょう。

(이 약을 먹어도 열이 내려가지 않을 것 같으면 의사와 상담하는 편이 좋을 겁니다)

~ように ⇨ ~(하)도록

| 용법 | 「ように」는 조동사 「ようだ」의 연용형으로 우리말의 '~(하는) 듯이'의 의미를 지니고 있는데 때로는 어떠한 동작행위의 목적을 나타내기도 한다. 이러한 때는 대체로 「ように」의 뒤에 의뢰나 당연, 그리고 주의 등의 의미를 나타내는 표현을 수반하는 것이 보통이다.

| 접속 | 활용어의 연체형에 접속된다.

| 예문 |

⇨ できるだけ日本語を使うようにしてください。

(될 수 있는 한 일본어를 사용하도록 해 주십시오)

⇨ パスポートをなくさないようにしてください。

(패스포트를 잃어버리지 않도록 해 주십시오)

⇨ できるだけ早くレポートを出すようにしてください。

(될 수 있는 한 빨리 리포트를 내도록 해 주십시오)

⇨ 体に悪いですから、お酒をあまり飲まないようにしてください。

(몸에 나쁘니까 술을 너무 마시지 않도록 해주십시오)

～ようになる ⇨ ～(하)게 되다

|용법| 조동사「ようだ」의 연용형「ように」에 동사「なる」가 접속된 어구이다. 이러한 형태로 불가능한 상태나 미실현 상태에서 가능한 상태나 실현상태로 변화됨을 나타낸다.

|접속| 동사연체형에 접속된다.

|예문|

⇨ よく勉強(べんきょう)したので、日本語(にほんご)が話(はな)せるようになりました。

(충분히 공부했기 때문에 일본어를 말할 수 있게 되었습니다)

⇨ アンテナの位置(いち)を変(か)えたので、テレビがよく映(うつ)るようになった。

(안테나의 위치를 바꿨기 때문에 텔레비전이 잘 나오게 되었다)

⇨ 私(わたし)は子供(こども)の時(とき)、にんじんがだいきらいでしたが、今(いま)では食(た)べられるようになりました。

(나는 어릴 때 당근을 아주 싫어했습니다만 지금에 와서는 먹을 수 있게 되었습니다)

⇨ 日本(にほん)へ来(き)た時(とき)には、日本語(にほんご)は全然(ぜんぜん)わからなかったが、今(いま)ではかなりわかるようになりました。

(일본에 왔을 때에는 일본어는 전혀 몰랐지만 지금에 와서는 꽤 알게 되었습니다)

～ようにも～られない ⇨ ～(하)려고 해도～(할) 수 없다

|용법| 의지를 나타내는 조동사「よう」에 조사「にも」가 접속된 것이 앞에 배치되고 뒤에는 가능을 나타내는 조동사「られる」의 미연형인「られ」에 부정을 나타내는 조동사「ない」가 접속된 것이 배치된 어구이다. 그 앞뒤에는 같은 동사가 반복해서 들어가게 되는데 이러한 형태로 그렇게 하고자 희망을 해도 뜻대로 되지 않는다고 하는 의미를 나타낸다.

| 접속 | 각각의 앞에는 5단활용동사를 제외한 나머지 동사의 미연형(「する」는 「し」)이 접속된다.

| 예문 |

⇨ 頭が痛くて、起きようにも起きられない。
(머리가 아파서 일어나려고 해도 일어 날 수 없다)

⇨ 強風で、家から出ようにも出られなかった。
(강풍으로 집에서 나가려고 해도 나갈 수 없었다)

⇨ まわりがうるさくて、落ち着いて考えようにも考えられない。
(주위가 시끄러워서 차분하게 생각하려고 해도 생각할 수가 없다)

⇨ おなかがもういっぱいなので、ごちそうを食べようにも食べられない。
(배가 이미 부르기 때문에 음식을 먹으려고 해도 먹을 수가 없다)

～ようによっては ⇨ ～(하)기에 따라서는

| 용법 | 방법을 나타내는 「よう(様)」에 연어(連語) 「～によっては(～에 따라서는)」가 접속된 어구이다. 이러한 형태로 어떠한 생각이나 방법에 따라서 그 결과가 달라진다고 하는 의미를 나타낸다.

| 접속 | 동사연용형에 접속된다.

| 예문 |

⇨ 気の持ちようによっては何とでもなることだ。
(마음먹기에 따라서는 어떻게든 되는 것이다)

⇨ あの山は、見ようによっては仏像が寝ているように見える。
(저 산은 보기에 따라서는 불상이 누워 있는 것처럼 보인다)

⇨ その仕事はやりようによってはとても素晴らしいものになるだろう。
(그 일은 하기에 따라서는 매우 훌륭한 것이 될 것이다)

⇨ 考えようによっては、彼らの人生も幸せだったと言えるのかもしれない。
(생각하기에 따라서는 그들의 인생도 행복했다고 말할 수 있을런지도 모른다)

～ようもない ⇨ ～(할) 수(도리)도 없다

|용법| 방법을 나타내는 「よう(様)」에 조사 「も」와 형용사 「ない」가 접속된 어구이다. 이러한 형태로 어떠한 동작, 행위의 방법이나 도리가 없다고 하는 의미를 나타낸다.

|접속| 동사연용형에 접속된다.

|예문|

⇨ 出された問題があまりにも難しくて答えようもない。
(제시된 문제가 너무나도 어려워서 대답할 수도 없다)

⇨ なんと言ったらいいか、言いようもないほど美しい。
(뭐라고 말하면 좋을지 말할 수도 없을 정도로 아름답다)

⇨ ゴミがこれほど散らかっていたら、一人で全部集めようもない。
(쓰레기가 이정도로 널브러져 있으면 혼자서 전부 모을 수도 없다)

⇨ 問題がこじれてしまう前に対策をたてるべきだったのに、ことここに至ってはどうしようもない。(문제가 뒤틀려버리기 전에 대책을 세워야 했는데 일이 이 지경에 이르러서는 어찌할 도리도 없다)

～ようものなら ⇨ ～(하)기라도 할 것 같으면

|용법| 의지를 나타내는 조동사 「よう」에 형식명사 「もの」가 접속되고 이어서 단정을 나타내는 조동사 「だ」의 가정형인 「なら」가 연결된 어구이다. 이러

한 형태로 전항에 극단적인 경우를 내세우고는 전항이 실현될 경우에는 후항에 바람직하지 못한 일이 벌어진다고 하는 의미를 나타낸다. 주로 회화체에서 사용되는 표현으로 때로는 「~ようもんなら」로 발음되기도 한다.

| 접속 | 5단동사를 제외한 나머지동사의 미연형(「する」는 「し」)이나 조동사 「れる、られる」의 미연형에 접속된다.

| 예문 |

⇨ 昔(むかし)は親(おや)に反抗(はんこう)し<u>ようものなら</u>、すぐにたたかれたものだ。

(옛날에는 부모님께 반항이라도 할 것 같으면 곧바로 얻어맞곤 했다)

⇨ ちょっとでも油断(ゆだん)し<u>ようものなら</u>、すぐ負(ま)けてしまうだろう。

(조금이라도 방심이라도 할 것 같으면 바로 져 버릴 것이다)

⇨ 今日(きょう)のような風(かぜ)の強(つよ)い日(ひ)に窓(まど)を開(あ)け<u>ようものなら</u>、部屋(へや)の中(なか)のものがみんな吹(ふ)き飛(と)ばされますよ。(오늘과 같은 바람이 강한 날에 창문을 열기라도 할 것 같으면 방안의 물건이 모두 날아가버려요)

⇨ 末(すえ)っ子(こ)の弟(おとうと)は甘(あま)やかされて育(そだ)ったから、兄弟(きょうだい)の中(なか)で一番(いちばん)わがままだ。気(き)に入(い)らないことをちょっとでもされ<u>ようものなら</u>すぐに大声(おおごえ)で泣(な)き叫(さけ)ぶ。

(막내인 남동생은 응석받이로 자랐기 때문에 형제 중에서 가장 버릇이 없다. 마음에 들지 않는 일을 조금이라도 당하기라도 할 것 같으면 바로 큰소리로 울부짖는다)

よく(も) ~ たものだ ⇨ 용케(도) ~ (했)구나!

| 용법 | 부사 「よく」 또는 「よくも」가 앞에 배치되고 뒤에는 과거를 나타내는 조동사 「た」에 말하는 사람의 감탄을 나타내는 「ものだ」가 접속된 것이 배치된 어구이다. 이러한 형태로 좀처럼 일어나기 어려운 일이 발생한 것에 대하여 놀라워하거나 감탄하는 기분을 나타낸다.

| 접속 | 동사연용형에 접속된다.

|예문|

⇨ こんなむずかしい問題(もんだい)が、よく解(と)けたものだ。

(이런 어려운 문제를 용케 풀 수 있었구나!)

⇨ こんなに不況(ふきょう)のときによくも就職(しゅうしょく)できたものだ。

(이렇게 불황일 때에 용케도 취직할 수 있었구나!)

⇨ あんなに負債(ふさい)の大(おお)きかった会社(かいしゃ)の再建(さいけん)がよくできたものだ。

(저렇게 부채가 컸던 회사의 재건이 용케 될 수 있었구나!)

⇨ 完成(かんせい)した作品(さくひん)を見(み)ると、みんなよく頑張(がんば)ったものだと思(おも)う。

(완성된 작품을 보면 모두 용케 분발했구나! 하고 생각한다)

~由(よし)(ですが) ⇨ ~(하)신다니, ~(하)신다는 것입니다만

|용법| 「よし(由)」는 사정, 이유의 의미를 지닌 말로 주로 문장체에서만 쓰이는데 서간문 등에서 상대방의 근황을 확인하고자 하는 과정에서 상대방의 행동이나 말을 되풀이하여 표현하는 방식으로 쓰인다. 「~由(よし)」만으로도 쓰이지만 때로는 「ですが」가 접속된 「~由(よし)ですが」의 형태로도 쓰인다.

|접속| 「명사+の」의 형태나 동사 및 일부 조동사의 연체형에 접속된다.

|예문|

⇨ お手紙(てがみ)によると、お元気(げんき)でご活躍(かつやく)の由(よし)、何(なに)よりのことと存(ぞん)じます。

(편지에 의하면 건강히 활약하신다니 무엇보다도 다행이라고 생각합니다)

⇨ 先週私(せんしゅうわたし)の留守中(るすちゅう)においでくださった由(よし)、何(なに)も知(し)らずに失礼(しつれい)いたしました。

(지난주 제가 부재중일 때 와주셨다니 아무 것도 몰라서 실례했습니다)

⇨ この前(まえ)のお便(たよ)りでは、ご病気(びょうき)の由(よし)ですが、どうぞお体(からだ)を大切(たいせつ)になさって下(くだ)さい。

(일전의 소식으로는 병중이시라는 것입니다만 부디 몸을 소중히 해 주십시오)

⇨ 資料をお求めになりたい由ですが、ただ今在庫が一冊もありませんので、少し待っていただけますでしょうか。

(자료를 구하고 싶으시다는 것입니다만 마침 지금 재고가 한권도 없으므로 조금 기다려 줄 수 있으시겠습니까?)

よほど ~ う(よう)かと思った ⇨ 아예 ~ (할)까하고 생각했다

| 용법 | 「よほど」는 '제법, 상당히'란 뜻을 지닌 부사이지만 때로는 이와 같이 그 뒤에 의지를 나타내는 조동사 「う」나 「よう」와 호응하여 쓰이기도 한다. 이러한 형태로 그렇게 하고자 강력하게 생각은 했으나 결과적으로는 생각만으로 그치게 된 상황을 나타낸다. 회화체에서는 종종 「よっぽど」로 발음되기도 한다.

| 접속 | 「う」 앞에는 5단동사의 추측형이 접속되고 「よう」 앞에는 나머지 동사의 미연형이 접속된다.

| 예문 |

⇨ こんなつまらない仕事、よほど辞めようかと思った。

(이런 시시한 일, 아예 그만둘까하고 생각했다)

⇨ あいつに失礼なことを言われて腹が立ったので、よほど言い返してやろうかと思ったが、大人げないので黙っていた。

(저 녀석에게 실례되는 말을 들어서 화가 났기 때문에 아예 도로 내뱉어 줄까하고 생각했지만 유치한 것 같아서 잠자코 있었다)

⇨ 彼の皿の洗い方があまりにも不器用なので、よっぽど自分でやってしまおうかと思ったが、我慢して見ていた。

(그의 접시 닦는 방법이 너무나도 서툴러서 아예 내가 해버릴까 하고 생각했지만 참으며 보고 있었다)

⇨ その講演はあんまりつまらなかったので、よっぽど途中で帰ろうかと思ったが、誰も席を立たないのでしかたなく最後まで聞いていた。
(그 강연은 너무나도 재미없었기 때문에 아예 도중에서 돌아갈까 하고 생각했지만 아무도 자리를 뜨지 않기 때문에 어쩔 수 없이 끝까지 듣고 있었다)

～より ⇨ '～ 보다', 비교의 기준을 나타내는 용법

| 용법 | 조사 「より」는 비교의 기준을 나타내는 것으로 우리말의 '～보다'에 해당된다.

| 접속 | 명사 및 활용어의 종지형에 접속된다.

| 예문 |

⇨ 映画より野球を見に行きましょう。(영화보다 야구를 보러 갑시다)

⇨ あなたは私よりだいぶ若いんですね。(당신은 나보다 꽤 젊군요)

⇨ 今年は、昨年よりずっと多くの留学生が日本へ来た。
(올해는 작년보다 훨씬 많은 유학생이 일본에 왔다)

⇨ 思ったよりたくさんありますね。(생각했던 것보다 많이 있군요)

| 참고 | 다음의 예문과 같이 「より」에 「も」가 추가되어 사용되는 일도 있다.

⇨ 牛肉はぶた肉よりも値段が高いそうだ。
(소고기는 돼지고기보다도 가격이 비싸다고 한다)

⇨ 夏休みは海へ行くよりも山へ行きたい。
(여름휴가는 바다에 가는 것보다도 산으로 가고 싶다)

한편, 형용사, 부사 등의 앞에 위치하여 '보다, 더욱'의 의미를 나타내는 경우도 있다.

⇨ われわれはよりよい生活を目ざして努力しなければなりません。
(우리들은 보다 좋은 생활을 향하여 노력해야 합니다)

~より ⇨ ~부터, ~에서, 출발점을 나타내는 용법

| 용법 | 조사「より」는 원래 비교대상을 나타내는 것이지만 때로는 시간이나 장소를 가리키는 말에 접속하여 그 출발점을 나타내기도 한다. 하지만 이러한「より」는 문장체에서만 쓰이며 회화체에서는「から」가 주로 쓰이고 있다.

| 접속 | 명사에 접속된다.

| 예문 |

⇨ 学校は午前9時より始まる。(학교는 오전 9시부터 시작된다)

⇨ 川の水は上流より下流へ流れる。(강물은 상류에서 하류로 흐른다)

⇨ 学校より駅まで、歩いて15分ぐらいかかる。
(학교에서 역까지 걸어서 15분정도 걸린다)

⇨ 朝早く家より出発して夜遅く目的地についた。
(아침 일찍 집에서 출발하여 밤늦게 목적지에 도착했다)

~よりしかたがない ⇨ ~(하)는 수밖에 없다

| 용법 | 비교를 나타내는 조사「より」에 방법의 의미를 지닌「しかた」와 조사「が」, 그리고 형용사「ない」가 접속된 어구이다. 이러한 형태로 어떠한 문제를 해결하기 위해서는 제시되는 방법이외에는 달리 방도가 없다고 하는 의미를 나타낸다.

| 접속 | 동사종지형에 접속된다.

| 예문 |

⇨ お金がないのなら、旅行はあきらめるよりしかたがないね。
(돈이 없는 거라면 여행은 포기하는 수밖에 없겠네)

⇨ 自分(じぶん)の失敗(しっぱい)は自分(じぶん)で責任(せきにん)を持(も)って始末(しまつ)するよりしかたがない。

(자신의 실패는 스스로 책임을 지고 처리하는 수밖에 없다)

⇨ 終電(しゅうでん)が出(で)てしまったので、タクシーで帰(かえ)るよりしかたがなかった。

(마지막 전차가 출발해버렸기 때문에 택시로 돌아가는 수밖에 없었다)

⇨ あさってからスキーに行(い)きたいのなら、さっさとレポートを書(か)いてしまうよりしかたがないでしょう。(모레부터 스키를 타러가고 싶을 것 같으면 후다닥 리포트를 써버리는 수밖에 없겠지요.)

|참고| 이와 유사한 표현으로 「～よりない」 「～しかない」 「～ほかない」 「～よりほかない」가 있다. (해당항목 참고)

⇨ 入学試験(にゅうがくしけん)も目前(もくぜん)にせまった。ここまでくれば、がんばるよりない。

(입학시험도 목전에 다가왔다. 여기까지 오면 분발하는 수밖에 없다)

⇨ 高(たか)すぎて買(か)えないから、借(か)りるしかないでしょう。

(너무 비싸서 살 수 없으니까 빌리는 수밖에 없을 겁니다)。

⇨ 地震(じしん)で被害(ひがい)が多(おお)く、今(いま)としてはただじっと復旧(ふっきゅう)を待(ま)つほかない。

(지진으로 피해가 많아 지금으로서는 다만 가만히 복구를 기다리는 수밖에 없다)。

⇨ 社長(しゃちょう)の命令(めいれい)なのでいやでも行(い)くよりほかない。

(사장님의 명령이기 때문에 싫어도 가는 수밖에 달리 방도가 없다)

～よりない ⇨ ～(하)는 수밖에 없다

|용법| 비교를 나타내는 조사 「より」에 형용사 「ない」가 접속된 어구로 어떠한 문제를 해결하기 위해서는 제시되는 방법이외에는 달리 방도가 없다고 하는 의미를 나타낸다.

|접속| 동사종지형에 접속된다.

| 예문 |

⇨ どうしても大学に通う気が起きないのなら、もう退学するよりない。

(아무래도 대학에 다닐 마음이 나지 않으면 이제 퇴학하는 수밖에 없다)

⇨ 入学試験も目前にせまった。ここまでくれば、がんばるよりない。

(입학시험도 목전에 다가왔다. 여기까지 오면 분발하는 수밖에 없다)

⇨ 文句を言っても仕方がない。とりあえず今できることを一生懸命やるよりない。

(불평을 해도 방법이 없다. 우선 지금 할 수 있는 것을 열심히 하는 수밖에 없다)

⇨ こんな不景気なら、どこでもいいから採用してくれるところに就職するよりない。

(이런 불경기라면 어디든지 좋으니까 채용해주는 곳에 취직하는 수밖에 없다)

| 참고 | 이와 유사한 어구로 「～しかない」 「～ほかない」 「～よりしかたがない」 「～よりほかない」가 있다. (해당항목 참고)

⇨ 高すぎて買えないから、借りるしかないでしょう。

(너무 비싸서 살 수 없으니까 빌리는 수밖에 없을 겁니다)。

⇨ 入学試験も目前にせまった。ここまでくれば、がんばるほかない。

(입학시험도 목전에 다가왔다. 여기까지 오면 분발하는 수밖에 없다)

⇨ 地震で被害が多く、今としてはただじっと復旧を待つよりしかたがない。

(지진으로 피해가 많아 지금으로서는 다만 가만히 복구를 기다리는 수밖에 없다)。

⇨ 社長の命令なのでいやでも行くよりほかない。

(사장님의 명령이기 때문에 싫어도 가는 수밖에 달리 방도가 없다)

～よりほか(に、は)ない ⇨ ～(하)는 수밖에 달리 방도가 없다

| 용법 | 비교를 나타내는 조사 「より」에 부조사 「ほか」와 형용사 「ない」가 접속된 어구이다. 이러한 형태로 어떠한 문제 상황 속에서 그렇게 하는 것 이외에는 달리 방법이 없다고 하는 의미를 나타낸다. 「ほか」와 「ない」사이에

조사 「に」나 「は」가 들어갈 때도 있다.

| 접속 | 동사종지형에 접속된다.

| 예문 |

⇨ そうなっては、僕が家にいないよりほかはない。

(그렇게 되면 내가 집에 없는 수밖에 달리 방도가 없다)

⇨ 社長の命令なのでいやでも行くよりほかない。

(사장님의 명령이기 때문에 싫어도 가는 수밖에 달리 방도가 없다)

⇨ 父が病気だから、学校をやめて働くよりほかはありません。

(아버지가 병중이니까 학교를 그만두고 일하는 수밖에 달리 방도가 없습니다)

⇨ 雪はだんだん激しくなってきたが、引き返すこともできないし、とにかく山小屋まで歩くよりほかにはなかった。

(눈은 점점 격렬해지기 시작했는데 되돌아 갈 수도 없고 어쨌든 산장까지 걸어가는 수밖에는 달리 방도가 없었다)

| 참고 | 이와 유사한 어구로 「～しかない」「～よりない」「～ほかない」「～よりしかたがない」가 있다. (해당항목 참고)

⇨ 高すぎて買えないから、借りるしかないでしょう。

(너무 비싸서 살 수 없으니까 빌리는 수밖에 없을 겁니다)。

⇨ 入学試験も目前にせまった。ここまでくれば、がんばるよりない。

(입학시험도 목전에 다가왔다. 여기까지 오면 분발하는 수밖에 없다)

⇨ 地震で被害が多く、今としてはただじっと復旧を待つほかない。

(지진으로 피해가 많아 지금으로서는 다만 가만히 복구를 기다리는 수밖에 없다)

⇨ お金がないのなら、旅行はあきらめるよりしかたがないね。

(돈이 없는 거라면 여행은 포기하는 수밖에 없겠네)

～よりましだ ⇨ ～보다 더 낫다

| 용법 | 비교를 나타내는 조사 「より」에 형용동사 「ましだ(더 낫다)」가 접속된 어구이다. 이러한 형태로 문말 술어로 쓰이는데 앞에 제시된 사항보다 뒤에 제시된 사항이 보다 바람직하다고 하는 의미를 나타낸다.

| 접속 | 명사에 접속된다.

| 예문 |

⇨ 私のアパートは狭いけれど、寮よりましだ。

(나의 아파트는 좁지만 기숙사보다 더 낫다)

⇨ 東北の冬も寒いけれど、北海道よりましです。

(동북지방의 겨울도 춥지만 홋카이도보다 더 낫습니다)

⇨ お酒もタバコも体にいいとは思わないが、お酒の方がタバコよりましだと思う。

(술도 담배도 몸에 좋다고는 생각하지 않지만 술 쪽이 담배보다 더 낫다고 생각한다)

⇨ こんなに家賃の安い部屋もいいけど、やはりきれいで大きい部屋の方が今のよりましだ。

(이렇게 집세가 싼 방도 좋지만 역시 깨끗하고 큰 방 쪽이 지금 것보다 더 낫다)

~よろしく ⇨ 마치 ~인 것처럼

| 용법 | 형용사 「よろしい」의 연용형인 「よろしく」에서 온 말로 접미어와 같이 쓰인다. 이러한 형태로 마치 그러한 모습인 것처럼 거짓되게 행동한다고 하는 의미를 나타낸다. 지금에 와서는 다소 고풍스러운 말이다.

| 접속 | 과장되거나 위장되는 대상을 나타내는 명사에 접속된다.

| 예문 |

⇨ 田中さんは、名探偵よろしく謎を解いた。

(다나카씨는 마치 명탐정인 것처럼 수수께끼를 풀었다)

⇨ 彼は、時々役者よろしく見得を切る。

(그는 때때로 마치 배우인 것처럼 과장된 모습을 보인다)

⇨ あの二人(ふたり)は夫婦(ふうふ)よろしく連(つ)れ立(だ)って出(で)かけたりする。

(저 두 사람은 마치 부부인 것처럼 함께 나란히 외출하곤 한다)

⇨ 自分(じぶん)の知識(ちしき)や教養(きょうよう)をバーゲンセールよろしく、表(おもて)にさらけ出(だ)してはいけない。

(자신의 지식이나 교양을 마치 바겐세일인 것처럼 겉으로 드러내서는 안 된다)

ら

～ら ⇨ 복수를 나타내는 접미어

| 용법 | 「ら」는 복수를 나타내는 접미어로 우리말의 '～들'에 해당되는데 이와 유사한 「たち」에 비해서는 다소 품격이 떨어진다. 아무래도 문장체적인 색채가 강한 접미어라 할 수 있는 바, 주로 「ぼくら」「子(こ)どもら」「彼(かれ)ら」「これら」「われら」와 같은 식으로 사용된다. 주의할 것은 이 가운데에서 「ぼくら」「子(こ)どもら」는 「ぼくたち」「子(こ)どもたち」와 같이 「たち」로 바꿀 수가 있지만, 「彼(かれ)たち」「これたち」「われたち」라고는 하지 않으며 이 경우에는 반드시 「彼(かれ)ら」「これら」「われら」로 하여야 한다는 점이다.

| 예문 |

⇨ ぼくらはみんな元気(げんき)です。(우리는 건강합니다)

⇨ 子(こ)どもらはみんな元気(げんき)です。(아이들은 모두 건강합니다)

⇨ 彼(かれ)らは去年(きょねん)大学(だいがく)を卒業(そつぎょう)したばかりです。(그들은 작년에 대학교를 갓 졸업했습니다)

～らしい ⇨ '～ 같다', 추측을 나타내는 용법

|용법| 조동사 「らしい」는 추측의 의미를 나타내는데 우리말의 '~같다'에 해당된다. 이 점에서는 조동사 「ようだ」와 유사하지만 「らしい」는 추측을 함에 있어서 무언가의 근거에 입각한다고 하는 점에 그 특징을 엿볼 수가 있다. 아울러, 접미어로서의 「らしい」와 혼동되기 쉬우므로 이 점도 주의할 필요가 있다.

|접속| 명사 및 형용동사의 어간, 그리고 활용어의 종지형에 접속된다.

|활용| らしかっ＋た､らしく＋なる(연용형) らしい(종지형) らしい+명사(연체형) らしけれ＋ば(가정형)

|예문|

⇨ あの辺(あた)りは、夜(よる)は静(しず)からしい。(저 주변은 밤에는 조용한 것 같다)

⇨ 彼(かれ)はあした暇(ひま)らしいです。(그는 내일 한가한 것 같습니다)

⇨ このタイプはかなり高(たか)いらしいです。(이 타입은 아주 비싼 것 같습니다)

⇨ 夜中(よなか)に雨(あめ)が降(ふ)ったらしく、地面(じめん)が濡(ぬ)れています。
(밤중에 비가 온 것 같이 땅이 젖어있습니다)

⇨ 電車(でんしゃ)の中(なか)で田中(たなか)さんらしい人(ひと)を見(み)かけました。
(전차 안에서 다나카씨 같은 사람을 봤습니다)

⇨ においで分(わ)かったのだが、包(つつ)みのなかみは食(た)べ物(もの)らしかった。
(냄새로 안 것이지만 꾸러미의 내용물은 음식 같았다)

~らしい ⇨ '~ 답다', 접미어로서의 용법

|용법| 「らしい」는 조동사로서의 용법과 접미어로서의 용법, 두 가지가 있어서 종종 혼동되기 쉽다. 여기에서는 접미어로서의 용법인데 기본적으로 접미어로 사용될 때는 반드시 명사에만 접속된다. 또한, 우리말로 해석을

해봐서 자연스럽게 '~답다, ~스럽다'로 해석될 때는 접미어로 보아도 무방하다.

| 접속 | 명사에 접속된다.

| 예문 |

⇨ ぼくは男(おとこ)らしい男(おとこ)になりたい。(나는 남자다운 남자가 되고 싶다)

⇨ このごろの日本(にほん)の女性(じょせい)はあまり女(おんな)らしくない。
(요즘의 일본 여성들은 그다지 여성스럽지 않다)

⇨ 今日(きょう)は本当(ほんとう)に春(はる)らしい、暖(あたた)かな一日(いちにち)でした。
(오늘은 정말로 봄다운 따뜻한 하루였습니다)

⇨ あの人(ひと)は本当(ほんとう)に先生(せんせい)らしい先生(せんせい)ですね。
(저 사람은 정말로 선생다운 선생님이군요)

⇨ 子供(こども)をもつことは誰(だれ)にでもできるが、親(おや)らしい親(おや)になることは容易(ようい)ではない。
(자식을 가지는 것은 누구에게나 가능하지만, 부모다운 부모가 되는 것은 용이하지 않다)

~られたい ⇨ ~하시오

| 용법 | 수동을 나타내는 조동사「られる」의 연용형인「られ」에 희망을 나타내는 조동사「たい」가 접속된 어구이다. 이러한 형태로 무언가를 비교적 딱딱한 어감으로 안내하거나 요구하는 의미를 나타낸다. 이러한 표현은 관공서의 문서에서나 쓸법한 표현이다.

| 접속 | 5단활용동사를 제외한 나머지 동사의 미연형(「する」는「せ」)에 접속된다.

| 예문 |

⇨ 心当(こころあ)たりの方(かた)は係(かかり)まで申(もう)し出(で)られたい。
(마음에 집히는 데가 있는 분은 담당계에 신고하시오)

⇨ 上記(じょうき)三名(さんめい)の者(もの)ただちに出頭(しゅっとう)せられたい。

(상기 세 사람 곧바로 출두하시오)

⇨ 何等かの変更がある場合は、すぐに届け出られたい。

(무언가의 변경이 있는 경우에는 곧 신고하시오)

~られる ⇨ 수동의 의미를 나타내는 조동사

| 용법 | 「られる」는 수동의 의미도 나타내는 조동사인데 일본어는 우리말과 달리 수동형이 매우 빈번하게 사용되는 경향이 있으므로 잘 익혀둘 필요가 있다. 수동을 나타내는 「られる」의 경우, 존경, 가능, 자발의 의미를 나타내는 용법과는 달리 유일하게 명령형 「られろ(よ)」를 지니고 있기도 하다.

| 접속 | 5단동사와 サ행변격동사 「する」이외의 모든 동사의 미연형에 접속된다.

| 활용 | られ+ない(미연형) られ+ます(연용형) られる(종지형) られる+명사(연체형) られれ+ば(가정형) られろ(よ)(명령형)

| 예문 |

⇨ 泥棒は警官につかまえられました。(도둑은 경찰에게 잡혔습니다)

⇨ 友達はその人に止められました。(친구는 그 사람에게 저지당했습니다)

⇨ 子供はあの人に助けられたのです。(아이는 저 사람에게 구조되었던 것입니다)

⇨ 人に顔を見られるのがはずかしい。(다른 사람에게 얼굴을 보여 지는 것이 부끄럽다)

⇨ 台所においた魚を猫に食べられてしまった。

(부엌에 둔 생선을 고양이에게 먹혀버렸다)

⇨ 門をしめられてしまって、中に入ることができない。

(문이 닫혀버려 안에 들어갈 수가 없다)

⇨ 高いビルがどんどん建てられています。(높은 빌딩이 점점 세워지고 있습니다)

⇨ 雪で一週間も山小屋に閉じ込められた。(눈 때문에 일주일이나 산장에 갇혔다)

⇨ 日本語が上手だといって、日本人の友だちにほめられました。
(일본어를 잘한다고 일본인 친구에게 칭찬받았습니다)

~られる ⇨ 존경의 의미를 나타내는 조동사

| 용법 | 「られる」는 존경의 의미도 나타내는 조동사이지만 존경이외에 가능, 수동, 자발 등의 의미를 나타내기도 하여 상당한 혼동의 여지가 있으므로 가능하면 사용하지 않은 것이 바람직하다. 또한「られる」는「書ける」「読める」「できる」와 같은 가능동사에는 접속되지 않는다. 아울러, 존경의 의미로「行かれる」「着られる」「食べられる」등은 사용하지 말고「いらっしゃる」「お召しになる」「召し上がる」를 사용하는 것이 좋다.

| 접속 | 5단동사와 サ행변격동사「する」이외의 모든 동사의 미연형에 접속된다.

| 활용 | られ+ない(미연형) られ+ます(연용형) られる(종지형) られる+명사(연체형) られれ+ば(가정형)

| 예문 |

⇨ いつ日本へ来られましたか。(언제 일본에 오셨습니까?)

⇨ 今朝何時に起きられましたか。(오늘 아침 몇 시에 일어나셨습니까?)

⇨ あの先生は、とうとう学校をやめられました。
(저 선생님은 결국 학교를 그만두셨습니다)

⇨ あなたが家を出られたのは、何時ごろでしたか。
(당신이 집을 나오신 것은 몇 시경 이었습니까?)

⇨ このかたは昨日日本に来られたばかりで、日本語がお分かりになりません。
(이 분은 어제 막 일본에 오셨기 때문에 일본어를 모르십니다)

⇨ 先生(せんせい)は大学紛争(だいがくふんそう)の極(きわ)めて困難(こんなん)な時期(じき)に教養学部長(きょうようがくぶちょう)を務(つと)められました。

(선생님은 대학분쟁이 극히 곤란한 시기에 교양학부장을 맡으셨습니다)

|참고| 「られる」가 존경의 의미로 사용되는 때에는 당연히 명령형 「られろ(よ)」는 사용되지 않는다.

～られる ⇨ 가능의 의미를 나타내는 조동사

|용법| 「られる」는 가능의 의미도 나타내는 조동사로 우리말의 '～(할) 수 있다'에 해당된다. 가능의 의미를 나타내는 경우에도 당연히 명령형 「られろ(よ)」는 사용되지 않는다.

|접속| 5단동사와 サ행 변격동사 「する」이외의 모든 동사의 미연형에 접속된다.

|활용| られ+ない(미연형) られ+ます(연용형) られる(종지형) られる+명사(연체형) られれ+ば(가정형)

|예문|

⇨ その質問(しつもん)には答(こた)えられません。(그 질문에는 대답할 수 없습니다)

⇨ 私(わたし)の国(くに)では、雪(ゆき)が見(み)られません。(우리나라에서는 눈을 볼 수 없습니다)

⇨ 日本語(にほんご)で電話(でんわ)がかけられるようになりました。

(일본어로 전화를 걸 수 있게 되었습니다)

⇨ 病気(びょうき)が悪化(あっか)し、ろくにものも食(た)べられなくなった。

(병이 악화되어 제대로 먹을 수가 없게 되었다)

⇨ 貧(まず)しいために十分(じゅうぶん)な教育(きょういく)を受(う)けられない人々(ひとびと)がいる。

(가난하기 때문에 충분한 교육을 받을 수 없는 사람들이 있다)

⇨ 役者(やくしゃ)でもあるまいし、こんなに腹(はら)を立(た)てているのにニコニコなんかしていられるものですか。

(배우도 아닐 텐데 이렇게 화를 내고 있는데도 싱글벙글 웃고 있을 수 있는 겁니까?)

⇨ 米(こめ)は一粒(ひとつぶ)たりとも輸入(ゆにゅう)させないと言(い)っていた人々(ひとびと)も、もうそんなことは言(い)っていられなくなった。

(쌀은 한 톨이라도 수입하게 하지 않는다고 말하고 있었던 사람들도 이제 그런 말은 하고 있을 수 없게 되었다)

～られる ⇨ 자발의 의미를 나타내는 조동사

| 용법 | 「られる」는 의도적이 아니라 자연스럽게 이루어짐을 나타내는 자발의 용법도 지닌 조동사로 그 앞에 접속될 수 있는 동사는 극히 제한되어 있다. 우리말의 '～되어 지다'정도에 해당되며 자발의 의미를 나타내는 경우에도 당연히 명령형 「られろ(よ)」은 사용되지 않는다.

| 접속 | 「感(かん)じる」「案(あん)じる」 등 주로 감각에 관련된 한정된 동사의 미연형에 접속된다.

| 활용 | られ+ない(미연형) られ+ます(연용형) られる(종지형) られる+명사(연체형) られれ+ば(가정형)

| 예문 |

⇨ この子(こ)の将来(しょうらい)が案(あん)じられます。(이 아이의 장래가 걱정됩니다)

⇨ 話(はなし)を聞(き)いているうちに、自分(じぶん)が大変悪(たいへんわる)いことをしたように感(かん)じられます。

(이야기를 듣다보니 자신이 대단히 나쁜 짓을 한 것처럼 느껴집니다)

⇨ 体(からだ)が案(あん)じられれば無理(むり)をしない方(ほう)がよい。

(몸이 걱정되면 무리를 하지 않는 편이 좋다)

～られる ⇨ 피해의 의미를 나타내는 조동사

|용법| 「られる」는 어떠한 상황이 전개됨에 따라서 피해를 입는다고 하는 의미를 피해당사자의 입장에서 나타내기도 하는 조동사인데 보통 「迷惑の受け身」라고 불리고 있다. 일본어 특유의 수동형으로 우리말로 옮길 경우에는 능동형으로 옮기는 수밖에 없다.

|접속| 5단동사와 サ행 변격동사 「する」이외의 모든 동사의 미연형에 접속된다.

|예문|

⇨ 友だちに試験を見られました。(친구가 내 시험지를 봤습니다)

⇨ 私は猫に魚を食べられました。(고양이가 내 생선을 먹었습니다)

⇨ 彼に会社をやめられて困りました。(그가 회사를 그만두어서 곤란했습니다)

⇨ 長い間飼っている小鳥に逃げられました。
(오랫동안 기르고 있던 작은 새가 도망갔습니다)

⇨ ゆうべは、友だちに遊びに来られて、勉強ができなかった。
(어젯밤에는 친구가 놀러 와서 공부를 할 수 없었다)

れ

~れる ⇨ 수동의 의미를 나타내는 조동사

| 용법 | 「れる」는 수동의 의미를 나타내는 조동사인데 일본어는 우리말과 달리 수동형이 매우 빈번하게 사용되는 경향이 있으므로 잘 익혀둘 필요가 있다. 「れる」가 지닌 다른 의미, 즉 존경, 가능, 자발을 나타내는 경우와는 달리 수동을 나타내는 경우에는 유일하게 명령형 「れろ(よ)」를 지니고 있기도 하다.

| 접속 | 5단동사의 미연형과 サ행 변격동사 「する」의 미연형 「さ」에 접속된다.

| 활용 | れ+ない(미연형) れ+ます(연용형) れる(종지형) れる+명사(연체형) れれ+ば(가정형) れろ(よ)(명령형)

| 예문 |

⇨ 私は友達に頼まれました。(나는 친구에게 부탁받았습니다)

⇨ お酒は米から作られます。(술은 쌀로 만들어집니다)

⇨ 材料は船で運ばれています。(재료는 배로 운반되고 있습니다)

⇨ 私は先生にしかられました。(나는 선생님에게 야단맞았습니다)

⇨ 4月3日には、入学式が行われます。(4월3일에는 입학식이 거행됩니다)

⇨ 私は足を虫にさされて、痛くてたまりません。
(나는 발이 벌레에 물려 아파서 참을 수 없습니다)

⇨ この雑誌(ざっし)はいろいろな国(くに)で読(よ)まれています。
(이 잡지는 여러 나라에서 읽혀지고 있습니다)

⇨ 先生(せんせい)に数学(すうがく)の問題(もんだい)について質問(しつもん)されました。
(선생님에게 수학문제에 대해서 질문 받았습니다)

⇨ おかしなことを言(い)ったので、私(わたし)はみんなに笑(わら)われました。
(이상한 말을 했기 때문에 저는 모두에게 비웃음 당했습니다)

⇨ みんなから信頼(しんらい)されている彼(かれ)をおいてほかに適当(てきとう)な人(ひと)がいるだろうか。
(모두로부터 신뢰받고 있는 그를 두고 달리 적당한 사람이 있을까?)

~れる ⇨ 존경의 의미를 나타내는 조동사

| 용법 | 「れる」는 존경의 의미도 나타내는 조동사이지만 「れる」는 존경이외에 가능, 수동, 자발 등의 의미를 나타내기도 하여 상당한 혼동의 여지가 있으므로 가능하면 사용하지 않은 것이 바람직하다. 따라서 존경을 나타낼 경우에는 별도의 존경어형식인 「お＋동사연용형+になる」나 그 이외의 다른 존경어형식을 이용하는 것이 바람직하다.

| 접속 | 5단동사의 미연형과 サ행변격동사 「する」의 미연형 「さ」에 접속된다.

| 활용 | れ+ない(미연형) れ+ます(연용형) れる(종지형) れる+명사(연체형) れれ+ば(가정형)

| 예문 |

⇨ 何(なに)について話(はな)されますか。(무엇에 대해서 이야기하십니까?)

⇨ どこで買(か)い物(もの)されましたか。(어디에서 쇼핑하셨습니까?)

⇨ この絵(え)はあのかたがかかれました。(이 그림은 저 분이 그리셨습니다)

⇨ あのかたが帰(かえ)られたのはいつごろですか。(그 분이 돌아가신 것은 언제쯤 입니까?)

⇨ 先生(せんせい)が字(じ)を書(か)かれる時(とき)の姿勢(しせい)は立派(りっぱ)だ。

(선생님께서 글을 쓰실 때의 자세는 훌륭하다)

⇨ もう少し研究されればよくなると思います。

(좀 더 연구하시면 좋아질 것으로 생각합니다)

~れる ⇨ 가능의 의미를 나타내는 조동사

| 용법 | 「れる」는 가능의 의미도 나타내는 조동사로 우리말의 '~(할) 수 있다'에 해당되는 셈이다. 하지만 보통은 가능의 경우, 이와 같은 조동사를 이용하기보다는 「書ける」「行ける」와 같은 가능동사를 이용하는 것이 보통이다. 아울러, 「する」의 경우, 「される」는 이용하지 않고 그 대신에 「できる」를 이용한다고 하는 점에 주의하여야 한다.

| 접속 | 5단동사의 미연형에 접속된다.

| 활용 | れ+ない(미연형) れ+ます(연용형) れる(종지형) れる+명사(연체형) れれ+ば(가정형)

| 예문 |

⇨ 近い所なら歩かれます。(가까운 곳이라면 걸을 수 있습니다)

[→ 이 경우, 보통은 「歩けます」를 쓴다]

⇨ 今日は都合が悪くて、行かれません。

(오늘은 사정이 좋지 않아서 갈 수 없습니다)

[→ 이 경우, 보통은 「行けません」을 쓴다]

⇨ 今日書かれない者はあす出せ。(오늘 쓸 수 없는 자는 내일 내라)

[→ 이 경우, 보통은 「書けない」를 쓴다]

⇨ 隣の部屋がうるさくて、なかなか眠られない。

(옆방이 시끄러워서 좀처럼 잘 수 없다)

[→ 이 경우, 보통은 「眠れない」를 쓴다]

~れる ⇨ 자발의 의미를 나타내는 조동사

| 용법 | 「れる」는 의도적이 아니라 자연스럽게 이루어짐을 나타내는 자발의 용법도 지닌 조동사로 그 앞에 접속될 수 있는 동사는 극히 제한되어 있다. 주로 「思う」「待つ」「思い出す」「しのぶ」「心配する」「泣く」등 매우 한정된 동사에 접속되는데 자발의 의미를 나타내는 경우에도 당연히 명령형 「られろ(よ)」는 사용되지 않는다.

| 접속 | 5단동사와 サ행변격동사 「する」의 미연형 「さ」에 접속된다.

| 활용 | れ+ない(미연형) れ+ます(연용형) れる(종지형) れる+명사(연체형) れれ+ば(가정형)

| 예문 |

⇨ 将来のことが心配される。(장래의 일이 걱정된다)

⇨ 死んだ子を思うとつい泣かれてくる。(죽은 아이를 생각하면 그만 눈물이 나온다)

⇨ 月を見ていると国のことが思い出されます。(달을 보고 있으면 고향이 생각납니다)

⇨ あなたからのお手紙が何よりも待たれます。
(당신으로부터의 편지가 무엇보다도 기다려집니다)

⇨ この音楽を聞いていると、亡くなった父がしのばれる。
(이 음악을 듣고 있으면 돌아가신 아버지가 그리워진다)

~れる ⇨ 피해의 의미를 나타내는 조동사

| 용법 | 「れる」는 어떠한 상황이 전개됨에 따라서 피해를 입는다고 하는 의미를 피해당사자의 입장에서 나타내기도 하는 조동사인데 보통 「迷惑の受け

身(み)」라고 불리고 있다. 일본어특유의 수동형으로 우리말로 옮길 경우에는 능동형으로 옮기는 수밖에 없다.

| 접속 | 5단동사와 サ행 변격동사 「する」의 미연형 「さ」에 접속된다.

| 예문 |

⇨ 子供(こども)に泣(な)かれて困(こま)りました。(아이가 울어서 곤란했습니다)

⇨ 子(こ)どもに時計(とけい)を壊(こわ)されました。(아이가 내 시계를 부숴습니다)

⇨ 会社(かいしゃ)へ行(い)く途中(とちゅう)、雨(あめ)に降(ふ)られました。(회사 가는 도중에 비를 맞았습니다)

⇨ この子(こ)は、父(ちち)に死(し)なれて、学校(がっこう)へ行(い)けなくなりました。
(이 아이는 아버지를 여의어서 학교에 갈 수 없게 되었습니다)

ろ

ろくな ～ ない ⇨ 제대로 된 ~ 이(가) 없다

| 용법 | '만족스러운, 제대로 된'의 의미를 지닌 연체사가 앞에 배치되고 뒤에는 부정을 나타내는 조동사 「ない」나 형용사 「ない」가 배치된 어구이다. 이러한 형태로 만족이 가지 않고 보통이하의 상태라고 하는 의미를 나타낸다.

| 접속 | 「ろくな」의 뒤에는 명사가 접속되고 조동사 「ない」앞에는 동사미연형이 접속된다.

| 예문 |

⇨ こんな安月給(やすげっきゅう)ではろくな家(いえ)に住(す)めない。

(이런 적은 월급으로는 제대로 된 집에 살 수 없다)

⇨ うちには道具(どうぐ)はたくさんあるけど、ろくな道具(どうぐ)がない。

(우리 집에는 도구는 많이 있지만 제대로 된 도구가 없다)

⇨ 上司(じょうし)には怒(おこ)られるし、彼女(かのじょ)にはふられるし、ろくなことがない。

(상사에게는 야단맞고 그녀에게는 차이고 제대로 되는 일이 없다)

⇨ 誰(だれ)もパソコンが使(つか)えないのか。まったくこの課(か)にはろくな奴(やつ)がいないな。

(아무도 컴퓨터를 사용할 수 없는 걸까? 정말로 이 과에는 제대로 된 놈이 없구만)

ろくに ～ ない ⇨ 제대로 ~ (하)지 않는다

|용법| '충분히, 만족스럽게'라는 의미를 지닌 부사 「ろくに」가 앞에 배치되고 뒤에는 부정을 나타내는 조동사 「ない」가 배치된 어구이다. 이러한 형태로 어떠한 일을 만족스럽게 하지 않음을 비난조로 나타낸다.

|접속| 「ない」의 앞에는 동사 미연형이 접속된다.

|예문|

⇨ テストも近いというのに、あの子ったらろくに勉強もしないんだから。
(테스트도 가깝다고 하는데 저 애는 제대로 공부도 하지 않으니까)

⇨ せっかく海に来たというのに、彼女はろくに泳ぎもしないで肌を焼いてばかりいた。(모처럼 바다에 왔는데 그녀는 제대로 수영도 하지 않고 선탠만 하고 있었다)

⇨ そんな雑誌、ろくに読まなくてもだいたいどんなことが書いてあるかは見当が付くよ。(그런 잡지 제대로 읽지 않아도 대체로 어떤 것이 쓰여 졌는지는 짐작이 가네)

⇨ あいつは昼間から酒ばかり飲んでろくに仕事もしないくせに、食べるときは人一倍食べる。(저 놈은 낮부터 술만 마시고 제대로 일도 하지 않는 주제에 먹을 때는 남들 배로 먹는다)

ろくろく ～ も ～ ないで ⇨ 제대로 ～ 도 ～ (하)지 않고

|용법| '충분히, 만족스럽게'라는 의미를 지닌 부사 「ろくろく」가 앞에 배치되고 중간에는 조사 「も」를 배치된 다음 이어서 뒤에는 부정을 나타내는 연어인 「ないで」가 배치된 어구이다. 이러한 형태로 어떠한 일을 만족스럽게 하지 못한 것에 대한 부정적인 견해를 나타낸다.

|접속| 조사 「も」 앞에는 동사연용형이 접속되고 「ないで」 앞에는 동사미연형이 접속된다.

|예문|

⇨ 彼女はその手紙をろくろく読みもしないで破り捨ててしまった。

(그녀는 그 편지를 제대로 읽지도 않고 찢어 버렸다)

⇨ 兄はろくろく勉強もしないで、すんなり一流大学に合格してしまった。

(형은 제대로 공부도 하지 않고 무난하게 일류대학에 합격해버렸다)

⇨ せっかく海に来たというのに、彼女はろくろく泳ぎもしないで肌を焼いてばかりいた。(모처럼 바다에 왔다고 하는데 그녀는 제대로 수영도 하지 않고 피부만 태우고 있었다)

⇨ あいつは昼間から酒ばかり飲んでろくろく仕事もしないで、食べるときは人一倍食べる。(저 녀석은 대낮부터 술만 마시며 제대로 일도 하지 않고 먹을 때는 남보다 배나 먹는다)

わ

～わ ⇨ 여성이 문말에서 즐겨 사용하는 조사의 용법

| 용법 | 조사 「わ」는 주로 여성이 회화체에서 문말에 붙여서 쓰는 것인데 이는 표현을 보다 부드럽게 할 뿐더러 여성스러움을 자아내게 하는 역할을 한다.

| 접속 | 문말술어에 접속된다.

| 예문 |

⇨ かなりよく出来(でき)たわ。(아주 잘 됐어요)

⇨ 私(わたし)だって見(み)たいわ。(나도 보고 싶어요)

⇨ これもなかなか立派(りっぱ)だわ。(이것도 아주 멋있네요)

⇨ あそこに田中(たなか)さんがいるわ。(저기에 다나카씨가 있어요)

⇨ みんなもうすぐ来(く)ると思(おも)うわ。(모두 이제 곧 올 거라고 생각해요)

⇨ あの映画(えいが)、昨日(きのう)見(み)たわ。(그 영화 어제 봤어요)

⇨ 夏(なつ)はどこへ行(い)っても暑(あつ)いわ。(여름에는 어딜 가도 더워요)

⇨ 頭(あたま)が痛(いた)いからどこへも出(で)かけないわ。
(머리가 아프니까 아무데도 안 나갈 거예요)

⇨ 今日(きょう)は、あなたのおかげで、本当(ほんとう)に楽(たの)しかったわ。
(오늘은 당신 덕분에 정말로 즐거웠어요)

わかる ⇨ 「分かる」의 상세한 용법

|용법| 동사 「わかる(分かる)」는 우리말의 '알다'에 해당되는 것이지만 실제의 사용에 있어서는 다소 까다로운 점이 있다. 기본적으로 주의하여야 할 사항은 두 가지가 있는데 첫째는 그 앞에는 반드시 조사 「が」가 온다고 하는 점이며 둘째는 「わかる」의 가능동사는 별도로 없고 「わかる」를 그대로 사용한다는 점이다. 결국, 「わかる」는 그 일이나 사람에 대하여 충분히 이해하고 있음을 나타내는 셈이다.

|활용| わから+ない(미연형) わかり+ます、わかっ＋て(연용형) わかる(종지형) わかる+명사(연체형) わかれ+ば(가정형) わかれ(명령형) わかろ＋う(추측형)

|예문|

⇨ 私はこの言葉の意味が分かりません。(저는 이 말의 의미를 모릅니다)

⇨ 川で死んだ人の身元がまだわからない。(강에서 죽은 사람의 신원을 아직 모른다)

⇨ 私の説明で分かった人は手をあげなさい。
(내 설명으로 이해가 되는 사람은 손을 들어라)

⇨ 医者は、検査結果が分かり次第連絡すると言ってくれた。
(의사는 검사결과를 아는 대로 연락한다고 말해주었다)

⇨ 暗かったので、そこにいた人が誰だったかわからなかった。
(어두웠기 때문에 거기에 있었던 사람이 누구였는지 알 수 없었다)

⇨ たばこは体によくないと分かっている。しかし、なかなかやめられない。
(담배는 몸에 좋지 않다고 알고 있다. 그러나 좀처럼 끊을 수 없다)

⇨ 警察で調べた結果、火事の原因はたばこの火だということがわかりました。
(경찰에서 조사한 결과 화재원인은 담뱃불이라는 것을 알았습니다)

⇨ ある人がよい人か悪い人かはその友だちによってわかる。
(어떤 사람이 좋은 사람인지 나쁜 사람인지는 그 친구에 의해서 알 수 있다)

わけ ⇨ '의미, 이유, 사정'의 의미로 쓰이는 용법

| 용법 | 「わけ(訳)」는 일반명사로 쓰이는 용법과 형식명사로 쓰이는 두 가지의 용법이 있다. 일반명사로 쓰일 때는 '의미, 이유, 사정'등의 의미를 나타내며 형식명사로 쓰일 때는 '~셈, ~영문, ~것'등의 의미를 나타낸다. 하지만, 형식명사로 쓰일 때는 자립성이 없어서 반드시 그 전후에 의미구성을 돕는 다른 말들과 함께 쓰이게 된다. 여기에서는 일반명사로 쓰인 예만 해설한다.

| 예문 |

⇨ 言葉(ことば)のわけを字引(じびき)で調(しら)べる。(말의 의미를 사전에서 찾는다)

⇨ 学校(がっこう)を休(やす)む時(とき)は、わけを話(はな)しなさい。(학교를 쉴 때는 이유를 말해라)

⇨ わけもなくしかったりしてはいけません。
(이유도 없이 야단치거나 해서는 안 됩니다)

⇨ あの外人(がいじん)は早(はや)く話(はな)すので、何(なに)を言(い)っているのかわけがわからない。
(저 외국인은 빨리 말하기 때문에 무엇을 말하고 있는 건지 의미를 알 수 없다)

⇨ いつもおとなしいあの人(ひと)が怒(おこ)っているのだから、何(なに)かわけがあるにちがいない。
(항상 얌전한 저 사람이 화를 내고 있는 거니까 뭔가 사정이 있음에 틀림없다)

~わけがない ⇨ ~일(할) 리가 없다

| 용법 | 형식명사로 쓰인 「訳(わけ)」에 조사 「が」와 형용사 「ない」가 접속된 어구이다. 이러한 형태로 어떠한 사태가 일어날 가능성이 전혀 없다고 하는 의미를 나타낸다.

| 접속 | 「명사+な」의 형태나 활용어의 연체형에 접속된다.

| 예문 |

⇨ あいつが犯人なわけがない。(저 녀석이 범인일 리가 없다)

⇨ 泥棒が本当のこと言うわけがない。(도둑이 사실을 말할 리가 없다)

⇨ こんなに難しい本を田中君が読むわけがない。

(이렇게 어려운 책을 다나카군이 읽을 리가 없다)

⇨ 彼女がそんなふうに言うわけがないよ。きっと理由があるに違いないだろう。

(그녀가 그런 식으로 말할 리가 없어. 필시 이유가 있음에 틀림없을 거야)

~ わけだ ⇨ ~ 셈이다, ~ 것이다

| 용법 | 「わけ」가 형식명사로 쓰일 때는 '~셈, ~영문, ~것'등의 의미를 나타내지만 이와 같이 형식명사로 쓰일 때는 자립성이 없어서 반드시 그 전후에 의미구성을 돕는 다른 말들과 함께 쓰이게 된다. 보통은 「訳」와 같이 한자표기를 하지 않고 「わけ」처럼 仮名로 표기한다. 여기에 단정을 나타내는 조동사 「だ」가 접속된 「~わけだ」의 형태로 화자의 자각, 인식, 평가를 나타내는데 주로 앞서 제시된 상황이나 문맥을 근거로 논리적으로 결론이 도출됨을 나타내는 관계로 어떠한 설명이나 해설 등에 많이 사용된다.

| 접속 | 「명사+な」의 형태나 활용어의 연체형에 접속된다.

| 예문 |

⇨ 熱が40度もあるのですから苦しいわけです。

(열이 40도나 되기 때문에 괴로운 것입니다)

⇨ 時差が四時間あるから、日本時間の正午に着くわけだ。

(시차가 4시간 있기 때문에 일본 시간의 정오에 도착하는 셈이다)

⇨ イギリスと時差が8時間あるから、日本が11時ならイギリスは3時なわけだ。

(영국과 시차가 8시간 있기 때문에 일본이 11시라면 영국은 3시인 셈이다)

⇨ あの人はもう10年も日本にいるのだから、日本語が上手なわけだ。

(저 사람은 이제 10년이나 일본에 있는 거니까 일본어가 능숙한 것이다)

⇨ こうして二人は結婚して、幸せに暮したわけです。

(이렇게 하여 두 사람은 결혼해서 행복하게 산 것입니다)

| 참고 | 「わけだ」와 유사한 어구로는 「はずだ」가 있는데 양자에는 다음과 같은 의미상의 차이가 있다. 즉, 「わけだ」는 앞서 제시된 문의 논리적인 귀결을 후항에 제시되는데 반하여 「はずだ」는 어디까지나 화자의 주관적인 입장에서 추측하는 것에 지나지 않는 것이다.

⇨ 暖房が止めてあったから寒いわけだ。

(난방이 꺼져 있었으니까 추운 것이다)

[→ 난방이 멈춰있던 것과 추운 것의 논리적 귀결]

⇨ 外は雪が降っているから寒いはずだ。

(밖은 눈이 내리고 있으니까 추울 것이다)

[→ 밖의 눈을 근거로 한 화자의 주관적인 추측]

～わけではない ⇨ ～(하는(한)) 것은 아니다

| 용법 | 형식명사로 쓰인 「訳」에 명사부정을 나타내는 「ではない」가 접속된 어구이다. 이러한 형태로 어떠한 사실에 입각한 필연적인 결론을 상정하고 그것을 전면 부정하는 의미를 나타낸다. 다시 말해서, 현재의 상황에 비추어서 상대가 당연히 그렇게 생각하거나 추측할만한 사실을 사전에 부정하는데 사용되는 것이다.

| 접속 | 활용어의 연체형에 접속된다.

| 예문 |

⇨ あなた一人(ひとり)が悪(わる)いというわけではない。(당신 혼자 나쁘다는 것은 아니다)

⇨ 彼(かれ)は学生時代(がくせいじだい)、勉強(べんきょう)ばかりしていたわけではない。

(그는 학생시절에 공부만 하고 있었던 것은 아니다)

⇨ あの名人(めいじん)も初(はじ)めからこんなに仕事(しごと)ができたわけではない。

(저 명인도 처음부터 이렇게 일을 잘한 것은 아니다)

⇨ アメリカで生活(せいかつ)したからといって、必(かなら)ずしも英語(えいご)がうまくなるわけではない。

(미국에서 생활했다고 해서 반드시 영어를 잘하게 되는 것은 아니다)

~わけにはいかない ⇨ ~(할) 수는 없다

| 용법 | 형식명사로 쓰인 「訳(わけ)」에 복합조사 「には」가 접속되고 이어서 동사 「いく」의 미연형인 「いか」와 부정을 나타내는 조동사 「ない」가 연결된 어구이다. 이러한 형태로 심리적, 사회적인 이유로 인해 자신의 의지로도 어찌할 수가 없는 불가항력적인 불가능을 나타낸다.

| 접속 | 동사연체형에 접속된다.

| 예문 |

⇨ 今日(きょう)は忙(いそが)しいので、遊(あそ)んでいるわけにはいかない。

(오늘은 바빠서 놀고 있을 수는 없다)

⇨ いやだと断(ことわ)るわけにもいかないし、仕方(しかた)がないですね。

(싫다고 거절할 수도 없고 할 수 없군요)

⇨ 聞(き)いたからには、だまって見(み)ているわけにはいかない。

(들은 이상, 잠자코 보고 있을 수는 없다)

⇨ この時計(とけい)はなくなった父(ちち)からもらったものなので、いくら親(した)しい君(きみ)でもあげるわ

けにはいかない。(이 시계는 돌아가신 아버지에게 받은 것이기 때문에 아무리 친한 자네일지라도 줄 수는 없다)

|참고| 이보다 정중한 형태로는 「～わけにはいきません」이 있다.

⇨ 私(わたし)のうちは北海道(ほっかいどう)なので、休(やす)みだからといって、そう簡単(かんたん)に帰(かえ)るわけにはいきません。
(우리 집은 홋카이도이기 때문에 휴일이라고 해서 그렇게 간단히 돌아갈 수는 없습니다)

～ わね(え) ⇨ '～ (하)네!, ～ (하)지?', 여성이 상대방의 동의를 구하거나 확인을 하는 용법

|용법| 어감을 부드럽게 하는 종조사 「わ」에 감탄이나 확인의 의미를 지닌 조사 「ね」가 접속된 형태이다. 이러한 형태로 문말에 접속되어 주로 여성이 상대방의 동의를 구하거나 사실여부를 확인하는 의미를 나타낸다. 때에 따라서는 「～わねえ」와 같이 길게 발음될 때도 있다.

|예문|

⇨ あの花(はな)、本当(ほんとう)にきれいだわね。(저 꽃 정말 예쁘네?)

⇨ 今日(きょう)はずいぶん寒(さむ)いわねえ。(오늘은 꽤 춥네?)

⇨ あなたはタイから来(き)た学生(がくせい)でしたわね。(당신은 태국에서 온 학생이었지요?)

⇨ よく妹(いもうと)の世話(せわ)をして、本当(ほんとう)にあの子(こ)は感心(かんしん)だわね。
(자주 여동생을 돌보고 정말 저 아이는 기특하지?)

～ わよ ⇨ '～ (했)어, ～ (할)거야', 여성이 자신의 생각을 강하게 표현하는 용법

| 용법 | 어감을 부드럽게 하는 종조사 「わ」에 자기주장의 의미를 지닌 조사 「よ」가 접속된 형태이다. 이러한 형태로 문말에 접속되어 상대방에게 그 앞의 내용을 들려주는 형식을 통하여 궁극적으로는 자신의 생각을 강하게 표현하는 의미를 나타내는데 주로 여성이 사용한다.

| 예문 |

⇨ 明日は休みだって、先生がおっしゃったわよ。
(내일은 휴일이라고 선생님이 말씀하셨어)

⇨ いいわよ。いいわよ。そんなにあやまらなくても。
(괜찮아, 괜찮아. 그렇게 사과하지 않아도)

⇨ あのきれいな色を見たら、誰だってほしくなるわよ。
(저 예쁜 색을 보면 누구라도 가지고 싶어질 거야)

⇨ あなたがいつまでも来ないので、みんな帰っちゃったわよ。
(당신이 언제까지나 안 오니까 모두 돌아 가버렸어)

~ わりに(は) ⇨ ~ 에 비해서(는)

| 용법 | '비율'이라는 의미를 지닌 「割」에 조사 「に」 또는 「には」가 접속된 어구이다. 이러한 형태로 전항의 정도를 기준으로 한 후항의 비교를 나타내는데 당초의 생각이나 예상과는 달리 그 정도가 보다 크다고 하는 의미를 나타낸다.

| 접속 | 「명사+の」의 형태나 활용어의 연체형에 접속된다.

| 예문 |

⇨ このレストランは、値段のわりにうまいと思う。
(이 레스토랑은 가격에 비해서 맛있다고 생각한다)

⇨ のれんの古いわりには、味は大したこともない店もある。

(오래된 가게에 비해서는 맛은 별스런 것도 없는 가게도 있다)

⇨ あの学生は、熱心なわりに、勉強がよくできません。

(저 학생은 열심히 하는 것에 비해서 공부를 잘하지 못합니다)

⇨ 父は、普通ならとっくに引退している年齢だが、年をとっているわりには元気だ。

(아버지는 보통이라면 벌써 은퇴할 나이지만 나이가 든 것에 비해서는 건강하다)

～わ～わ ⇨ '너무～(하)네!', 같은 말을 반복하여 감탄이나 놀라움의 기분을 나타내는 용법

| 용법 | 종조사 「わ」가 앞뒤로 배치된 어구이다. 이러한 형태로 같은 말을 반복하여 나열함으로써 어떠한 존재나 양, 또는 빈도수에 대한 말하는 사람의 감탄이나 놀라움을 나타낸다. 문말에는 그로 인한 결과를 나타내는 표현이 오게 되는 것이 보통이다.

| 접속 | 각각의 「わ」 앞에는 같은 동사의 종지형이 접속된다.

| 예문 |

⇨ 毎日降るわ、降るわ。1週間も雨が降り続いている。

(매일 너무 비가 오네! 일주일이나 계속 비가 내리고 있어)

⇨ この子はよく食べるわ、食べるわ。もう3人前も食べてしまった。

(이 아이는 너무 잘 먹네! 벌써 3인분이나 먹어버렸어)

⇨ 忙しくて新聞がたまるわたまるわ、もう2週間分も読んでいない。

(바빠서 신문이 너무 쌓여! 벌써 2주일분이나 못 읽고 있어)

⇨ 部屋を久しぶりに掃除したら、ごみが出るわ出るわ、段ボール箱にいっぱいになった。

(방을 오랜만에 청소했더니 쓰레기가 너무 많이 나오네! 박스에 가득 찼어)

～わ～わで ⇨ ～(하)질 않나～(하)질 않나 해서

| 용법 | 앞에는 조사 「わ」가 배치되고 뒤에는 조사 「わ」에 이유를 나타내는 조사 「で」가 접속된 「わで」가 배치된 어구이다. 이러한 형태로 바람직하지 않은 일이 한꺼번에 겹쳐서 일어날 때에 그것을 늘어놓음으로서 곤란을 겪고 있다고 하는 의미를 나타낸다. 문말에는 주로 '큰일이다, 곤란하다'와 같은 의미의 술어가 오는 것이 보통이다.

| 접속 | 「わ」와 「わで」앞에는 활용어의 종지형이 접속된다.

| 예문 |

⇨ 昨日は山登りに行ったが、雨に降られるわ道に迷うわで、散々だった。

(어제는 산에 갔는데 비를 맞질 않나 길을 잃지 않나 해서 엉망이었다)

⇨ 今週は試験はあるわレポートの締め切りは近いわで、寝る間もない。

(이번 주는 시험은 있질 않나 리포트 마감일은 다가오질 않나 해서 잠 잘 틈도 없다)

⇨ このごろ忙しくて、もう家事はたまるわ、まともな食事はできないわで大変だ。

(요즘은 바빠서 이미 집안일은 밀리질 않나 제대로 된 식사는 못하질 않나 해서 큰일이야)

⇨ あいつは高校生のくせにタバコを吸うわ、お酒を飲むわで親を泣かせている。

(저 녀석은 고등학생인 주제에 담배를 피우질 않나 술을 마시질 않나 해서 부모속을 썩이고 있다)

を

～を ⇨ 조사「を」에 관한 상세한 용법

|용법| 조사「を」는 동작, 작용의 목적이나 대상을 나타내거나 또는 통과지역을 나타내고, 경우에 따라서는 출발점도 나타낸다. 아울러, 사역표현에서는 동작주를 나타내는 등 다양하게 사용된다. 하지만「を」는 조사로써만 쓰이며 그 이외에는 일체 사용되지 않는다.

1. 동작, 행위의 목적이나 대상을 나타낸다.

⇨ 田中さんはデパートで靴下を買いました。

(다나카씨는 백화점에서 구두를 샀습니다)

⇨ 今日の会では、みんなでこの問題を考えたいと思います。

(오늘 모임에서는 모두 함께 이 문제를 생각해 보고자 합니다)

⇨ 停留所でバスの来るのを待っていたが、なかなか来ない。

(정류장에서 버스가 오는 것을 기다리고 있었지만 좀처럼 오지 않는다)

⇨ 電車の中で、すりに財布を盗まれた。

(전차 안에서 소매치기에게 지갑을 도둑맞았다)

⇨ 来年大学に入ることを目標として、勉強をしている。

(내년에 대학에 들어가는 것을 목표로 하여 공부하고 있다)

⇨ 私たちは、先輩を中心に会を作った。

(우리는 선배를 중심으로 모임을 만들었다)

⇨ 夏休みには、北海道や九州を旅行して来ました。

(여름방학에는 홋카이도와 큐슈를 여행하고 왔습니다)

2. 통과지역을 나타낸다.

⇨ 私は毎日、公園を散歩します。(저는 매일 공원을 산책합니다)

⇨ 汽車はふみきりを通り、鉄橋を渡る。

(기차는 건널목을 지나서 철교를 건넌다)

⇨ 川を泳いで向う岸へ渡った。

(강을 헤엄쳐 맞은편 강 둔덕으로 건넜다)

⇨ 日本では、人は道の右がわを歩き、自動車は道の左がわを走ります。

(일본에서는 사람은 길 우측을 걷고 자동차는 길 좌측을 달립니다)

3. 동작주를 나타낸다.

⇨ 生徒を三十分休ませた。(학생을 30분 쉬게 했다)

⇨ 太郎を帰らせて、次郎を残らせた。(다로를 돌아가게 하고 지로를 남게 했다)

⇨ 子供たちを騒がせないようにしなさい。(아이들을 떠들게 하지 않도록 해라)

⇨ あの人はおもしろいことを言って、よくみんなを笑わせます。

(저 사람은 재미있는 것을 말해서 자주 모두를 웃깁니다)

4. 출발점을 나타낸다.

⇨ 私は毎朝8時に家を出て、学校へ行きます。

(저는 매일 아침 8시에 집을 나와서 학교에 갑니다)

⇨ 田中さんは東京駅をたって、大阪へ向かった。

(다나카씨는 도쿄역을 출발하여 오사카로 향했다)

⇨ 私の家へは、駅で電車を降りてから10分くらいかかる。

(우리 집은 역에서 전차를 내려서 10분 정도 걸린다)

⇨ 山田さんは、今年の3月大学を卒業して、今、銀行につとめている。

(야마다씨는 올해 3월에 대학을 졸업하고 지금 은행에 근무하고 있다)

한편, 「を」가 출발점을 나타내는 경우, 「を」나 「から」 양쪽을 쓸 수 있는데 다만 구체적인 동작이 아니라 단지 전반적인 이동을 나타낼 때는 「から」를 쓸 수 없으며 오로지 「を」만을 써야만 하는 점에 주의하여야 한다.

⇨ 会社をやめる。　　会社からやめる (×)

⇨ 大学を卒業する。　大学から卒業する (×)

~をあざむく ⇨ ~ 을(를) 무색하게 하는

| 용법 | 동사 「あざむく」는 원래 '속이다'의 의미를 지니고 있으나 목적격조사 「を」와 결합하여 뒤에 제시되는 명사를 수식하는 용법으로도 사용된다. 이러한 형태로 전항에 제시되는 것과 비교하여 후항이 조금의 손색도 없다고 하는 의미를 나타낸다.

| 접속 | 명사에 접속된다.

| 예문 |

⇨ お隣の奥さんは、花をあざむく美人なんだよ。

(옆집 부인은 꽃을 무색하게 하는 미인이라구)

⇨ 繁華街に出ると、昼をあざむくネオンが光っていた。

(번화가에 나오니 대낮을 무색하게 하는 네온이 빛나고 있었다)

⇨ 奇術師の手先は見る人の目をあざむくほど素早いものです。

(요술쟁이의 손끝은 보는 사람의 눈을 무색하게 할 정도로 날렵한 것입니다)

⇨ 隣のご主人は鬼をあざむく男で、子供たちはみんなこわがっている。

(옆집의 주인아저씨는 도깨비를 무색하게 하는 남자로, 아이들은 모두 무서워하고 있다)

～を後にする ⇨ ～ 을(를) 뒤로 하다

| 용법 | 조사 「を」에 명사 「後」와 조사 「に」가 접속되고 이어서 동사 「する」가 연결된 어구이다. 이러한 형태로 어쩔 수 없이 다른 목적지를 향하여 떠난다고 하는 의미를 나타낸다.

| 접속 | 명사에 접속된다.

| 예문 |

⇨ 船は港を後にしてあの島へ向かった。

(배는 항구를 뒤로 하고 그 섬으로 향했다)

⇨ 兄は泣き泣き故郷を後にしてソウルへ行った。

(형은 울면서 고향을 뒤로 하고 서울로 갔다)

⇨ 彼は、ふるさとの町を後にして、都会へ出ていった。

(그는 고향마을을 뒤로 하고 도회로 나갔다)

⇨ 戦争を逃れるために、血を吐く思いで祖国をあとにした。

(전쟁을 피하기 위해 피를 토하는 심정으로 조국을 뒤로 했다)

～をおいて ⇨ ～ 을(를) 빼놓고, ～ 을(를) 제쳐두고

| 용법 | 조사 「お」에 '～이외에'라는 의미를 지닌 연어(連語)「おいて」가 접속된 어구이다. 이러한 형태로 어떠한 대상을 제외하고는 아무것도 할 수 없거나 불가능하다고 하는 의미를 나타낸다.

| 접속 | 명사에 접속된다.

| 예문 |

⇨ 新しく住宅開発を進めるなら、この地域をおいてほかにはない。

(새롭게 주택개발을 진행한다면 이 지역을 빼놓고 달리 없다)

⇨ 次の首相にふさわしい人物は、彼をおいて、ほかにはいない。

(다음 수상에 어울리는 인물은 그를 빼놓고 달리 없다)

⇨ 候補者の中で国民の意思を代表する人はあの人をおいてない。

(후보자 중에서 국민의사를 대표하는 사람은 저 사람을 빼놓고 없다)

⇨ マスメディアの社会への影響について研究したいのなら、この大学をおいて他にはない。(매스미디어의 사회에 대한 영향에 관하여 연구하고 싶다면 이 대학을 제쳐두고 달리 없다)

| 참고 | 다음과 같이 관용적으로 사용되는 경우도 있는데 이때는 '어떤 일이 있어도'의 의미가 된다.

⇨ もし万一母が倒れたら、何をおいてもすぐに病院に駆け付けなければならない。

(만일 엄마가 쓰러진다면 어떤 일이 있어도 바로 병원으로 달려가지 않으면 안 된다)

～を冒して ⇨ ～ 을(를) 감수하고

| 용법 | 조사「を」에 '감수하다, 무릅쓰다'는 의미를 지닌 동사「冒す」와 접속조사「て」가 접속된 어구이다. 이러한 형태로 어떠한 장해가 되는 것을 굳이 물리치면서까지 감행한다고 하는 의미를 나타낸다.

| 접속 | 명사에 접속된다.

| 예문 |

⇨ 船長は危険を冒して船出した。(선장은 위험을 감수하고 출항했다)

⇨ 危険を冒して決行することはない。(위험을 감수하고 결행할 필요는 없다)

⇨ 冒険を冒してまで急ぐことはない。(모험을 감수하고까지 서두를 필요는 없다)

⇨ 父は暴風を冒して魚をとりに海へ出た。

(아버지는 폭풍을 감수하고 고기를 잡으러 바다로 나갔다)

~を押し切って ⇨ ~ 을(를) 뿌리치고

| 용법 | 조사 「を」에 동사 「押し切る(무리하게 관철시키다)」가 접속조사 「て」가 연결되는 과정에서 음편현상을 일으킨 「押し切って」가 접속된 어구이다. 이러한 형태로 어떠한 의견이나 주장을 무리하게 관철시키고자 하는 모양을 나타낸다.

| 접속 | 주로 「反対」와 같은 명사에 접속된다.

| 예문 |

⇨ 与党は野党の反対を押し切って新しい法案を通した。
(여당은 야당의 반대를 뿌리치고 새로운 법안을 통과시켰다)

⇨ もう一度勉強したいと思い、回りの人の反対を押し切って入学した。
(다시 한 번 공부하고 싶다고 생각하여 주위사람의 반대를 뿌리치고 입학했다)

⇨ 生まれてはじめて父親の反対を押し切って、イタリア語講座へ参加した。
(태어나서 처음으로 아버지의 반대를 뿌리치고 이탈리아어강좌에 참가했다)

⇨ 妻の反対を押し切って、息子を一人前にするために心を鬼にして他人の飯を食わせることにした。(아내의 반대를 뿌리치고 아들을 자립시키기 위해 마음을 독하게 먹고 남의 집 밥을 먹게 하기로 했다)

~を押して ⇨ ~ 을(를) 무릅쓰고

| 용법 | 「押す」는 '밀다'이외에도 '무리인줄 알면서도 감행하다'는 의미도 있는바 여기에 접속조사 「て」와 조사 「を」가 앞뒤로 접속된 어구이다. 이러한 형태로 어떠한 일이 무리인줄 알면서도 감행한다고 하는 의미를 나타낸다.

| 접속 | 명사에 접속된다.

| 예문 |

⇨ 船長(せんちょう)は暴風(ぼうふう)を押(お)して出航(しゅっこう)した。

(선장은 폭풍을 무릅쓰고 출항했다)

⇨ わざわざ危険(きけん)を押(お)して決行(けっこう)することはない。

(일부러 위험을 무릅쓰고 결행할 필요는 없다)

⇨ 私(わたし)の妹(いもうと)は両親(りょうしん)の反対(はんたい)を押(お)して結婚(けっこん)した。

(제 여동생은 부모의 반대를 무릅쓰고 결혼했다)

⇨ 主人(しゅじん)は止(と)めるのも聞(き)かないで、雪(ゆき)の道(みち)を押(お)して墓参(はかまい)りに行(い)った。

(남편은 말리는 것도 듣지 않고 눈길을 무릅쓰고 성묘하러 갔다)

～をかぎりに ⇨ ～을(를) 끝으로

| 용법 | 조사 「を」에 동사 「限(かぎ)る(제한하다)」의 연용형인 「限(かぎ)り」와 조사 「に」를 접속시킨 어구이다. 그 앞에는 주로 「今日(きょう)」「今回(こんかい)」와 같은 말이 오게 되는데 이러한 형태로 '그 때를 마지막으로 하여'라는 의미를 나타낸다.

| 접속 | 주로 「今日(きょう)」「今回(こんかい)」와 같은 명사에 접속된다.

| 예문 |

⇨ 明日(あす)の大晦日(おおみそか)をかぎりにこの店(みせ)は閉店(へいてん)する。

(내일 섣달 그믐날을 끝으로 이 가게는 폐점한다)

⇨ この会(かい)は今回(こんかい)をかぎりに解散(かいさん)することとなりました。

(이 모임은 이번을 끝으로 해산하게 되었습니다)

⇨ 今日(きょう)をかぎりに今(いま)までのことはきれいさっぱり忘(わす)れよう。

(오늘을 끝으로 지금까지의 일은 깨끗이 잊어버리자)

⇨ 鈴木(すずき)アナウンサーは今日(きょう)のサッカーの試合(しあい)の中継放送(ちゅうけいほうそう)をかぎりに引退(いんたい)した。

(스즈키 아나운서는 오늘 축구시합 중계방송을 끝으로 은퇴했다)

|참고| 다음과 같이 관용적인 용법으로 쓰이는 경우도 있는데 이때는 '최대한 소리를 높여'의 의미가 된다.

⇨ みんなは声(こえ)を限(かぎ)りに叫(さけ)んだが、何(なん)の返事(へんじ)も返(かえ)ってこなかった。

(모두는 최대한 소리를 높여 외쳤지만 아무런 대답도 돌아오지 않았다)

～をかわきりに ⇨ ～을(를) 시작으로

|용법| 「皮切(かわき)り」는 원래 한방의 첫 번째 뜸을 일컫는 말인데 이것에서 의미가 확대되어 무슨 일의 처음을 나타내게 된 것이다. 따라서 이러한 형태로 어떤 일이나 사안의 출발점을 나타내는데 그 뒤에는 그로 인하여 일이 비약적으로 발전하거나 활발하게 된다고 하는 내용이 오는 것이 보통이다.

|접속| 명사에 접속된다.

|예문|

⇨ 太鼓(たいこ)の合図(あいず)を皮切(かわき)りに、祭(まつ)りの行列(ぎょうれつ)が繰(く)り出(だ)した。

(북의 신호를 시작으로 축제 행렬이 몰려 나갔다)

⇨ 今回(こんかい)の公演(こうえん)は、大阪(おおさか)を皮切(かわき)りに全国各地(ぜんこくかくち)での開催(かいさい)を予定(よてい)しています。

(이번 공연은 오사카를 시작으로 전국각지에서의 개최를 예정하고 있습니다)

⇨ 彼女(かのじょ)は、店長(てんちょう)としての成功(せいこう)を皮切(かわき)りに、どんどん事業(じぎょう)を広(ひろ)げ、大実業家(だいじつぎょうか)になった。

(그녀는 점장으로서의 성공을 시작으로 자꾸자꾸 사업을 늘려 대 실업가가 되었다)

⇨ 来月市民(らいげつしみん)ホールが完成(かんせい)する。3日(みっか)の記念講演(きねんこうえん)をかわきりに、コンサートや発表会(はっぴょうかい)などが連日予定(れんじつよてい)されている。(다음 달 시민 홀이 완성된다. 3일의 기념강연을 시작으로 콘서트나 발표회 등이 연일 예정되어 있다)

~をきっかけに(して) ⇨ ~ 을(를) 계기로 (해서)

|용법| 「きっかけ」는 '계기'의 의미를 지닌 말로 그 앞뒤에 각각 조사 「を」와 「に」가 접속된 어구이다. 이러한 형태로 무언가를 시작함에 있어서의 동기나 발단을 나타낸다. 때로는 그 뒤에 동사 「する」의 연용형인 「し」와 조사 「て」가 접속된 「して」가 연결될 수도 있으나 의미상의 차이는 없다.

|접속| 명사에 접속된다.

|예문|

⇨ 彼女は卒業をきっかけに髪をきった。
(그녀는 졸업을 계기로 머리를 잘랐다)

⇨ ボランティア活動をきっかけに、お年寄りの介護に興味を持つようになった。
(자원봉사활동을 계기로 노인의 보살핌에 흥미를 가지게 되었다)

⇨ 日本は朝鮮戦争をきっかけにして高度成長の時代に入ったと言われる。
(일본은 한국전쟁을 계기로 해서 고도성장의 시대에 들어간 것으로 일컬어진다)

⇨ こんなところで同じ高校の出身の方と出会うとは思いませんでした。これをきっかけに今後ともよろしくお願いいたします。(이런 곳에서 같은 고등학교출신인 분과 만나리라고는 생각지 않았습니다. 이것을 계기로 앞으로도 잘 부탁드립니다)

~を禁じ得ない ⇨ ~ 을(를) 금할 수가 없다

|용법| '금지하다'는 의미의 동사 「禁じる」의 연용형 「禁じ」에 가능용법을 만드는 동사 「得る」가 접속되고 거기에 부정을 나타내는 조동사 「ない」가 연결된 어구이다. 이러한 형태로 어떠한 상황의 발생에 대하여 동정이나

분노, 또는 기쁨이나 눈물 같은 것을 억제할 수가 없다고 하는 의미를 나타내는데 주로 문장체에서 사용된다.

| 접속 | 명사에 접속된다.

| 예문 |

⇨ この不公平な判決には怒りを禁じえない。

(이 불공평한 판결에는 분노를 금할 수가 없다)

⇨ 思いがけない事故で家族を失った方々には同情を禁じえません。

(뜻하지 않은 사고로 가족을 잃은 분들에게는 동정을 금할 수가 없습니다)

⇨ 戦場から切々と訴えかける手紙に涙を禁じえない人も多いだろう。

(전장으로부터 애절하게 호소하는 편지에 눈물을 금할 수가 없는 사람도 많을 것이다)

⇨ 母の死を知らず無邪気に遊んでいる子供にあわれみを禁じえなかった。

(엄마의 죽음을 모르고 천진하게 놀고 있는 아이에게 동정을 금할 수가 없었다)

~をさしおいて ⇨ ~을(를) 제쳐두고

| 용법 | 목적격조사 「を」에 동사 「さしおく(방치하다, 무시하다)」의 연용형인 「さしおき」와 접속조사 「て」가 연결되는 과정에서 음편현상을 일으킨 「さしおいて」가 접속된 어구이다. 이러한 형태로 마땅히 해야 할 일을 하지 않고 방치해 두거나 무시해서는 안 될 사람을 무시한다는 의미를 나타낸다.

| 접속 | 방치, 무시의 대상을 나타내는 명사에 접속된다.

| 예문 |

⇨ 先輩をさしおいて決めるのはまずい。

(선배를 제쳐두고 결정하는 것은 좋지 못하다)

⇨ 自分の仕事をさしおいて部下の指導をする。

(자신의 일을 제쳐두고 부하의 지도를 한다)

⇨ 息子は、勉強をさしおいて遊んでばかりいる。
(아들은 공부를 제쳐두고 놀기만 하고 있다)

⇨ 彼女は、自分のことをさしおいて他人の面倒ばかり見ている。
(그녀는 자신의 일은 제쳐두고 다른 사람의 뒤를 돌보아주고만 있다)

～をして ⇨ ～로 하여금

| 용법 | 목적격조사「を」에 동사「する」의 연용형인「し」와 접속조사「て」가 접속된 어구이다. 이러한 형태로 상대를 움직이게 한다고 하는 의미를 나타내는데 주로 문장체에서 사용되는 경향이 있다. 결국 회화체의「～に～せる(させる)」와 유사한 표현인 셈이지만「～をして」를 사용하게 되면 그러한 일을 시키기가 매우 어려운 상대를 움직이게 한다고 하는 뉘앙스가 보다 강해진다. 그 뒤에는 사역형의 표현이 와서 호응하게 되는데 이 경우 문장체의 조동사「しめる」가 오는 것이 보통이다.

| 접속 | 명사에 접속된다.

| 예문 |

⇨ 心ある人をして協力せしめたのは、彼の人徳によるところが大である。
(분별이 있는 사람으로 하여금 협력하게 했던 것은 그의 인덕에 의한 바가 크다)

⇨ いかに国家の危機だからとて、学生をして出陣せしめるようなことがあってはならない。(아무리 국가위기라 해도 학생으로 하여금 출전하게 하는 그러한 일이 있어서는 안 된다)

⇨ 国民をして経済の発展に理解を持たせ、ひいては国民生活の安定をはかることが大切だ。(국민으로 하여금 경제발전에 이해를 갖게 하며 나아가서는 국민생활의 안정을 꾀하는 것이 중요하다)

⇨ あの頑固者をしてその気にさせたのだから、誠意のたいせつさを若いあなたに

教えられた気がする。(저 완강한 사람으로 하여금 그 기분에 들게 한 거니까 성의의 소중함을 젊은 당신에게서 배운 느낌이 든다)

～を承知で ⇨ ～ 을(를) 알면서도

|용법| 「承知」는 어떠한 사실에 관하여 충분히 알고 있음을 나타내는 말인데 여기에 단정을 나타내는 조동사 「だ」의 연용형인 「で」가 접속된 어구이다. 이러한 형태로 어떠한 부정적인 사실에 대하여 사전에 충분히 납득하고 있음에도 불구하고 굳이 그 행위를 한다고 하는 의미를 나타낸다.

|접속| 명사에 접속된다.

|예문|

⇨ 危険を承知で手術を受けることにしたが、いざとなると不安になるものだ。(위험을 알면서도 수술을 받기로 했지만 막상 닥치자 불안해지는 법이다)

⇨ 反対されるのを承知であえて言えば、こんな計画は百害あって一利なしだ。(반대될 것을 알면서도 굳이 말하자면 이런 계획은 백해무익하다)

⇨ 断れるのを承知で、先生にいい点をくださるようお願いしてみたが、やはりだめだった。(거절될 것을 알면서도 선생님께 좋은 점수를 주시도록 부탁드려 봤지만 역시 소용없었다)

⇨ このホテルは値段が高いということを承知で予約をしたが、こんなに高いとは思わなかった。(이 호텔은 가격이 비싸다는 것을 알면서도 예약을 했는데 이렇게 비싸다고는 생각하지 않았다)

～をたよりに(して) ⇨ ～ 을(를) 의지하여

| 용법 | 목적격조사 「を」에 동사 「たよる(의지하다)」의 연용형인 「たより」가 전성명사화된 것과 조사 「に」가 접속된 어구이다. 때로는 동사 「する」의 연용형인 「し」와 조사 「て」가 접속된 「して」가 연결될 수도 있으나 의미상의 차이는 없다. 이러한 형태로 어떠한 동작이나 행위를 함에 있어서 무언가에 의존한다고 하는 의미를 나타낸다.

| 접속 | 명사에 접속된다.

| 예문 |

⇨ 白い杖だけをたよりに、その人は七十年生き、そして死んでいった。
(하얀 지팡이만을 의지하여 그 사람은 70년을 살고 그리고 죽어갔다)

⇨ もちまえの行動力だけをたよりに、彼女は自転車で世界中を旅している。
(타고난 행동력만을 의지하여 그녀는 자전거로 전 세계를 여행하고 있다)

⇨ その留学生は、辞書をたよりに、ひとりで日本の小説を読みつづけている。
(그 유학생은 사전을 의지하여 혼자서 일본소설을 계속해서 읽고 있다)

⇨ あなたがいなければ、これからわたしは何をたよりにして生きていけばいいのですか。(당신이 없으면 이제부터 나는 무엇을 의지하여 살아가면 되는 겁니까?)

～を通じて ⇨ ～ 을(를) 통하여

| 용법 | 조사 「を」에 동사 「通じる(통하다, 연결되다)」와 접속조사 「て」가 접속된 어구이다. 이러한 형태로 주로 어떤 인물이나 사물을 중개로 하여 무언가를 행한다고 하는 의미를 나타내는데 전반적으로 「～を通して」와 용법이 유사하다.

| 접속 | 명사에 접속된다.

| 예문 |

⇨ 先輩を通じて、入学試験の案内をもらった。

(선배를 통하여 입학시험의 안내를 받았다)

⇨ 映画を通じて都会生活に憧れた娘はとうとう東京へ行ってしまった。

(영화를 통하여 도시생활을 동경한 딸은 결국 도쿄로 가버렸다)

⇨ 書物を通じて得た知識や情報は莫大なものがある。

(서책을 통하여 얻은 지식이나 정보는 막대한 것이 있다)

⇨ その話は田中さんを通じて相手にもつたわっているはずです。

(그 이야기는 다나카씨를 통하여 상대에게도 전달되어 있을 것입니다)

| 참고 | 「～を通じて」가 연체수식어로 쓰일 때는 「～を通じての」의 형태를 취한다.

⇨ 文通を通じての五年間の恋が実った。

(편지 왕래를 통한 5년간의 사랑이 열매를 맺었다)

～を通じて ⇨ ～을(를) 통틀어서, ～내내

| 용법 | 조사 「を」에 '통하게 하다'는 의미의 동사 「通じる」와 접속조사 「て」가 접속된 어구이다. 이러한 형태로 '그 기간 중, 그 기간 내내'의 의미를 나타낸다.

| 접속 | 기간을 나타내는 명사에 접속된다.

| 예문 |

⇨ その国は一年を通じて暖かい。(그 나라는 일 년 내내 따스하다)

⇨ このあたりは四季を通じて観光客の絶えることがない。

(이 주위는 사계를 통틀어서 관광객이 끊이는 일이 없다)

⇨ 五日間を通じて会議ばかりしてきて、心身ともに疲れはてた。

(5일간 내내 회의만 해 와서 심신이 지칠 대로 지쳤다)

⇨ その作家は、生涯を通じて、さまざまな形で抑圧されてきた人々を描きつづけた。(그 작가는 생애를 통틀어서 여러 가지 형태로 억압되어 온 사람들을 계속 그렸다)

～を～てある ⇨ ～을(를)～(해)놓았다

| 용법 | 동작, 행위의 작용이 미치는 대상을 목적격조사 「を」에 의해서 앞서 제시하고 접속조사 「て」와 보조동사 「ある」를 뒤에 배치한 어구이다. 이러한 형태로 어떤 목적의식 하에 일부러 그러한 상태로 만들어 놓았음을 설명하는 의미를 나타낸다.

| 접속 | 「てある」앞에는 타동사의 연용형만 접속된다.

| 예문 |

⇨ 会議のために部屋を空けてあります。
(회의를 위해서 방을 비워놓았습니다)

⇨ 地震に備えて非常食を用意してある。
(지진에 대비해서 비상식을 준비해 놓았다)

⇨ お客さんのために食事を用意してあります。
(손님을 위해서 식사를 준비해 놓았습니다)

⇨ 勉強のじゃまになるので、受話器をはずしてある。
(공부방해가 되기 때문에 수화기를 뽑아 놓았다)

～を通して ⇨ ～을(를) 통해서

| 용법 | 조사 「を」에 동사 「通す(통하게 하다)」의 연용형인 「通し」와 접속조사 「て」가 접속된 어구이다. 이러한 형태로 주로 어떤 인물이나 사물을 중개로

하여 무언가를 행한다고 하는 의미를 나타낸다.

| 접속 | 명사에 접속된다.

| 예문 |

⇨ 私たちは友人を通して知り合いになった。

(우리는 친구를 통해서 아는 사이가 되었다)

⇨ 書物を通して得た知識や情報は莫大なものがある。

(책을 통해서 얻은 지식이나 정보는 막대한 것이 있다)

⇨ その話は田中さんを通して相手にもつたわっているはずです。

(그 이야기는 다나카씨를 통해서 상대에게도 전달되어 있을 것입니다)

⇨ 映画を通して都会生活に憧れた娘はとうとう東京へ行ってしまった。

(영화를 통해서 도시생활을 동경한 딸은 결국 도쿄로 가버렸다)

～を通して ⇨ ～ 을(를) 통틀어서, ～ 내내

| 용법 | 조사 「を」에 동사 「通す(통하게 하다)」의 연용형인 「通し」와 접속조사 「て」가 접속된 어구이다. 이러한 형태로 '그 기간 중, 그 기간 내내'의미를 나타낸다.

| 접속 | 기간을 나타내는 명사에 접속된다.

| 예문 |

⇨ この地方は1年を通して雨の降る日が少ない。

(이 지방은 1년을 통틀어서 비가 오는 날이 적다)

⇨ この1週間を通して、外に出たのはたった2度だけだ。

(이 1주일을 통틀어서 밖에 나간 것은 단 두 번뿐이다)

⇨ 五日間を通して会議ばかりしてきて、心身ともに疲れはてた。

(5일간 내내 회의만 해 와서 심신이 지쳐버렸다)

⇨ 彼女は入社から今までの5年間を通して欠勤したことが一度もなかった。

(그녀는 입사에서 지금까지의 5년간을 통틀어서 결근한 일이 한 번도 없었다)

～をとわず ⇨ ～을(를) 막론하고

| 용법 | 조사 「を」에 동사 「問う(묻다)」의 미연형 「とわ」와 부정을 나타내는 문장체의 조동사 「ず」가 접속된 어구이다. 이를 직역하면 '～을(를) 묻지 않고'의 의미가 되지만 결국 이러한 형태로 구별하거나 제한하는 일이 없음을 나타낸다.

| 접속 | 명사에 접속된다.

| 예문 |

⇨ 年齢、経験の有無をとわず受け付ける。

(연령, 경험의 유무를 막론하고 접수한다)

⇨ 社会には、昼と夜をとわずいろいろな事件が起きている。

(사회에는 낮과 밤을 막론하고 여러 사건이 일어나고 있다)

⇨ その小説は、年齢や性別を問わず、多くの人々に読まれている。

(그 소설은 연령이나 성별을 막론하고 많은 사람들에게 읽혀지고 있다)

⇨ 近ごろは男女を問わず大学院に進学する学生が増えている。

(근래에는 남녀를 막론하고 대학원에 진학하는 학생이 늘어나고 있다)

～をはじめ(として) ⇨ ～을(를) 비롯하여

| 용법 | 조사 「を」에 동사 「はじめる(시작하다)」의 연용형 「はじめ」가 접속되어 중지법으로 사용되는 어구이다. 이러한 형태로 어떤 특정의 인물이나 사물

을 내세움으로써 그 다음의 인물이나 사물을 모두 포함한다고 하는 의미를 나타낸다. 때로는 「として」가 추가로 접속되어 쓰이기도 하나 그 의미 용법은 같다.

|접속| 명사에 접속된다.

|예문|

⇨ ご両親をはじめ、先生がたも喜んでいらっしゃる。

(부모님을 비롯하여 선생님들도 기뻐하고 계신다)

⇨ 彼女の結婚式には首相をはじめ、多くの政治家が出席した。

(그녀의 결혼식에는 수상을 비롯하여 많은 정치가가 참석했다)

⇨ 今回の催しは、大阪をはじめ、多くの都市で行われることになっている。

(이번의 행사는 오사카를 비롯하여 많은 도시에서 이루어지게 되어 있다)

⇨ 大都市にはゴミ処理をはじめとして、地震対策、交通渋滞など、さまざまな問題がある。

(대도시에는 쓰레기 처리를 비롯하여 지진대책, 교통정체 등 여러 가지 문제가 있다)

~をふまえ(て) ⇨ ~ 을(를) 토대로

|용법| 조사 「を」에 동사 「踏まえる(근거로 삼다)」의 연용형 「ふまえ」가 접속되어 중지법으로 사용되는 어구이다. 이러한 형태로 어떠한 사항을 전제로 삼거나 판단의 근거로 삼는다고 하는 의미를 나타내는데 주로 문장체에서 사용된다. 때로는 접속조사 「て」가 접속된 「~をふまえて」의 형태로도 쓰이나 그 의미용법은 같다.

|접속| 명사에 접속된다.

| 예문 |

⇨ 前回の議論をふまえ、議事を進めます。
(지난번의 토론을 토대로 의사를 진행합니다)

⇨ 今の山田さんの報告をふまえ、話し合っていただきたいと思います。
(지금의 야마다씨의 보고를 토대로 대화를 진행해 나가고자 합니다)

⇨ そのご提案は、現在我々がおかれている状況をふまえてなされているのでしょうか。(그 제안은 현재 우리들이 처해있는 상황을 토대로 하신 것일까요?)

⇨ 今回の最終答申は、昨年の中間答申をふまえて、さまざまな角度から議論を重ねた上で出されたものだ。(이번 최종답신은 작년의 중간답신을 토대로 여러 가지 각도에서 논의를 거듭한 끝에 제시된 것이다)

~をほしがる ⇨ ~을(를) 갖고 싶어 하다

| 용법 | 조사 「を」에 형용사 「ほしい(갖고 싶다, 원 한다)」의 어간인 「ほし」와 접미어 「がる」가 접속되어 5단동사로 만들어진 「ほしがる」가 접속된 어구이다. 이러한 형태로 말하는 사람을 제외한 상대나 타인의 욕구를 나타내는데 전반적으로 그 사용에 있어서는 언제나 「~を欲しがっている」의 형태를 취하는 것이 보통이다.

| 접속 | 욕구의 대상을 나타내는 명사에 접속된다.

| 예문 |

⇨ 人の物をほしがってはいけない。(남의 물건을 갖고 싶어 해서는 안 된다)

⇨ 山下さんは新しい車をほしがっている。
(야마시타씨는 새로운 차를 갖고 싶어 하고 있다)

⇨ 秋子がほしがっているのは女の子の人形ではなくて、熊のぬいぐるみだ。

(아키코가 갖고 싶어 하고 있는 것은 여자아이의 인형이 아니고 곰 봉제인형이다)

⇨ 人間はたくさんのお金をほしがっているけど、それはなかなかうまくいかないものだ。(인간은 많은 돈을 갖고 싶어 하고 있으나 그것은 좀처럼 잘 되지 않는 법이다)

～を枕に ⇨ ～ 을(를) 베개 삼아

|용법| 조사「を」에 명사「枕」와「に」가 접속된 어구이다. 그 앞에는 '베개'에 대신하는 물체가 오게 되는데 이러한 형태로 다른 물체를 베개의 대용으로 삼는다는 의미를 나타낸다. 그 뒤에는 대체로 숙면이 아닌 선잠 내지 잠시 잔다고 하는 표현이 오는 것이 보통이다.

|접속| 명사에 접속된다.

|예문|

⇨ 座布団を枕に仮寝する。(방석을 베개 삼아 잠깐 잠들다)

⇨ 関東隊が深夜の路上で銃を枕に眠っていた。
(관동부대가 심야의 길 위에서 총을 베개 삼아 잠들어 있었다)

⇨ きれいとは言えぬ手狭な部屋ではあるが、草を枕に仮寝する日を重ねてきた私にはありがたいものだ。(깨끗하다고는 말할 수 없는 비좁은 방이긴 하지만 풀을 베개 삼아 선잠 자는 날을 거듭해온 나에게는 고마운 것이다)

～をみこんで ⇨ ～ 을(를) 예상해서, ～ 을(를) 기대해서

|용법| 조사「を」에 동사「見込む(예상하다, 기대하다)」가 접속조사「て」에 연결되는 과정에서 음편현상을 일으킨「みこんで」가 접속된 어구이다. 이러한 형태로 어떠한 사안에 대한 사전의 예상 내지 기대를 나타낸다.

| 접속 | 명사에 접속된다.

| 예문 |

⇨ 君をみこんで頼むのだが、ぜひ今度の仕事に参加してほしい。

(자네를 기대하고 부탁하는 건데 꼭 이번 일에 참가했으면 좋겠다)

⇨ 普通は臨時収入をみこんで予算を立てるのがならわしである。

(보통은 임시수입을 예상해서 예산을 세우는 것이 관례이다)

⇨ 商品には、はじめから売れ残るのを見込んで値段をつけている。

(상품에는 처음부터 팔다 남을 것을 예상해서 가격을 매기고 있다)

⇨ 大きな工事などは、物価の上昇をみこんで、余裕のある予算を組んでおいた方がよい。

(큰 공사 같은 것은 물가 상승을 예상해서 여유 있는 예산을 짜두는 편이 좋다)

~をめぐって ⇨ ~을(를) 둘러싸고

| 용법 | 조사 「を」에 동사 「めぐる(빙글빙글 돌다)」가 접속조사 「て」에 접속되는 과정에서 음편현상을 일으킨 「めぐって」가 접속된 어구이다. 이러한 형태로 어떤 사항을 중심으로 하여 그에 관련된 주변사항을 문제시하는 의미를 나타내는데 그 뒤에는 주로 「議論する、意見を出す、戦う」와 같이 여러 사람이 관련되는 성질의 술어가 오게 된다.

| 접속 | 명사에 접속된다.

| 예문 |

⇨ 大学の移転をめぐってさまざまな意見が出されている。

(대학의 이전을 둘러싸고 여러 가지 의견이 나오고 있다)

⇨ なくなった親の遺産をめぐって、兄弟が争っています。

(돌아가신 부모의 유산을 둘러싸고 형제가 싸우고 있습니다)

⇨ ゴルフ場の建設をめぐって、住民と建築会社が戦っている。

(골프장 건설을 둘러싸고 주민과 건축회사가 싸우고 있다)

⇨ 後任社長の人事をめぐって、社内の対立が一段と激しくなった。

(후임 사장의 인사를 둘러싸고 사내의 대립이 한층 격해졌다)

| 참고 | 한편, 문장체에서는 동사 연용형을 이용한 중지법으로 「～をめぐり」가 사용되며 「～をめぐって」의 연체 수식형으로는 「～をめぐっての」 「～をめぐる」가 있다.

⇨ 石油に代わるエネルギー源の開発をめぐり、活発な研究が進められている

(석유를 대신하는 에너지원의 개발을 둘러싸고 활발한 연구가 진행되고 있다)

⇨ 一枚の宝くじをめぐっての小さな争いが、殺人事件にまで発展した。

(한 장의 복권을 둘러싼 작은 다툼이 살인사건으로까지 발전했다)

⇨ 国会では、国の政治をめぐる議論が盛んに行われた。

(국회에서는 나라의 정치를 둘러싼 토론이 활발하게 이루어졌다)

～をもって ⇨ ～(으)로써

| 용법 | 조사 「を」에 동사 「もつ(가지다, 지니다)」가 접속조사 「て」에 연결되는 과정에서 음편현상을 일으킨 「もって」가 접속된 어구이다. 이러한 형태로 어떤 일을 함에 있어서의 도구나 방법, 또는 재료 등을 나타내는데 주로 문장체에서 많이 사용되는 경향이 있다.

| 접속 | 명사에 접속된다.

| 예문 |

⇨ 書面をもってお知らせいたします。(서면으로써 알려드리겠습니다)

⇨ これをもってごあいさつの言葉と致します。

(이것으로써 인사말씀을 대신 하겠습니다)

⇨ 普通日本語は漢字と平仮名をもって書き表す。

(보통 일본어는 한자와 히라가나로써 표기한다)

⇨ 収入の多少をもってその人のねうちを決めることはできない。

(수입의 다소로써 그 사람의 가치를 정할 수는 없다)

| 참고 | 한편으로는 똑같은 형태로 시간이나 수량 등을 나타내기도 한다.

⇨ 入場者は100人をもって打ち切ります。(입장객은 100명으로 자르겠습니다)

⇨ 当店の営業は、8時をもって終了させていただきます。

(당점의 영업은 8시로 종료하도록 하겠습니다)

한편, 이 보다 더 정중한 표현으로는 「~をもちまして」가 사용된다.

⇨ 以上をもちまして、今日の披露宴はお開きにしたいと思います。

(이상으로 오늘의 피로연은 마치고자 합니다)

⇨ 当社の渋谷にあります支店は、今日をもちまして統合させていただくことになりました。(당사의 시부야에 있는 지점은 오늘로써 통합하게 되었습니다)

~をもとに(して) ⇨ ~을(를) 토대로(하여)

| 용법 | 조사 「を」에 '토대, 기초'의 의미를 지닌 「基」와 조사 「に」가 접속된 어구이다. 이러한 형태로 어떠한 사항을 근거나 재료로 삼아 일이나 이야기를 전개해 나간다고 하는 의미를 나타낸다. 때로는 그 뒤에 「して」가 접속될 때도 있으나 의미상의 차이는 없다.

| 접속 | 명사에 접속된다.

| 예문 |

⇨ 実際にあった話をもとに脚本を書いた。

(실제로 있었던 이야기를 토대로 각본을 썼다)

⇨ 人のうわさだけをもとに人を判断するのはよくない。

(다른 사람의 소문만을 토대로 사람을 판단하는 것은 좋지 않다)

⇨ この地方に伝わる伝説をもとにして、幻想的な映画を作ってみたい。

(이 지방에 전해지는 전설을 토대로 하여 환상적인 영화를 만들어 보고 싶다)

⇨ 調査団からの報告をもとにして救援物資の調達が行われた。

(조사단으로부터의 보고를 토대로 하여 구조물자 조달이 이루어졌다)

|참고| 뒤에 명사를 수반하여 이를 수식하는 경우에는 다음의 형태를 취하게 된다.

⇨ 史実をもとにした作品を書き上げた。(역사적인 사실을 토대로 한 작품을 썼다)

~をものともせず(に) ⇨ ~을(를) 아랑곳하지 않고

|용법| 조사「を」에「物」를 나타내는「もの」와 복합조사「とも(~라고도)」가 접속되고 이어서 サ행변격동사「する」의 미연형「せ」와 부정을 나타내는 조동사「ぬ」의 연용형인「ず」가 연결된 어구이다. 이러한 형태로 아무리 힘든 조건일지라도 이를 의식하지 않고 극복해 나간다고 하는 의미를 나타낸다.

|접속| 명사에 접속된다.

|예문|

⇨ 彼らのヨットは、嵐をものともせずに、荒海を渡りきった。

(그들의 요트는 폭풍을 아랑곳 하지 않고 거친바다를 끝까지 건넜다)

⇨ 周囲の批判をものともせずに、彼女は自分の信念を貫き通した。

(주위의 비판을 아랑곳 하지 않고 그녀는 자신의 신념을 관철했다)

⇨ 周囲の反対をものともせず、兄はいつも自分の意志を通してきた。

(주위의 반대를 아랑곳하지 않고 형은 항상 자신의 의지를 관철시켜 왔다)

⇨ 彼女は3度の足のけがをものともせずオリンピックの代表選手になった。

(그녀는 3번의 발 부상을 아랑곳 하지 않고 올림픽 대표선수가 되었다)

~を余儀なくさせる ⇨ 어쩔 수 없이 ~(하)게 하다

| 용법 | 형용사 「余儀ない(어쩔 수 없다)」의 연용형인 「余儀なく」에 동사 「する」의 미연형인 「さ」와 사역을 나타내는 조동사 「せる」가 접속된 형태이다. 이러한 형태로 어떠한 외적요인으로 인하여 어쩔 수 없이 그렇게 해야만 하는 상황이 발생한다고 하는 의미를 나타낸다.

| 접속 | 명사에 접속된다.

| 예문 |

⇨ 台風の襲来が登山計画の変更を余儀なくさせた。

(태풍의 도래가 등산계획을 어쩔 수 없이 변경하게 했다)

⇨ 社長は、実績不振のため社員の賃金カットを余儀なくさせた。

(사장은 실적부진으로 인하여 사원의 임금을 어쩔 수 없이 삭감하게 했다)

⇨ 道路拡張の工事がこの周辺の人々の引っ越しを余儀なくさせた。

(도로확장 공사가 이 주변 사람들을 어쩔 수 없이 이사하게 했다)

⇨ 思いがけないゲリラの反撃が政府軍の撤退を余儀なくさせた。

(생각지도 않은 게릴라 반격이 정부군을 어쩔 수 없이 후퇴하게 했다)

~を余儀なくされる ⇨ 어쩔 수 없이 ~(하)게 되다

| 용법 | 형용사 「余儀ない(어쩔 수 없다)」의 연용형인 「余儀なく」에 동사 「する」의 미연형인 「さ」와 수동을 나타내는 조동사 「れる」가 접속된 어구이다.

이러한 형태로 어쩔 수 없이 그렇게 해야만 하는 상황에 놓이게 된다고 하는 의미를 나타낸다.

| 접속 | 명사에 접속된다.

| 예문 |

⇨ 夏祭りの計画は、予算不足のため、変更を余儀なくされた。

(여름 축제 계획은 예산부족 때문에 어쩔 수 없이 변경하게 되었다)

⇨ 台風によって交通機関が止ってしまい、旅行の中止を余儀なくされた。

(태풍에 의해 교통기관이 멈춰버려 어쩔 수 없이 여행을 중단하게 되었다)

⇨ 営業成績が不良であることを理由に強硬な退職勧奨を受け、退職を余儀なくされた。

(영업 성적이 불량하다는 것을 이유로 강경한 퇴직 장려를 받아 어쩔 수 없이 퇴직하게 되었다)

⇨ 前政権が崩壊してからというもの、この国では中小企業の倒産、大手の企業の合併が続き、多くの人が職場を離れることを余儀なくされている。

(전 정권이 붕괴 하고 나서 이 나라에서는 중소기업의 도산, 대기업의 합병이 계속되어 많은 사람이 어쩔 수 없이 직장을 떠나게 되고 있다)

~をよそに ⇨ ~ 을(를) 아랑곳하지 않고

| 용법 | 조사 「を」에 '다른 곳'이라는 의미를 지닌 「余所」와 조사 「に」가 접속된 어구이다. 이러한 형태로 남이 해주는 충고나 기대를 무시한다고 하는 의미를 나타내는데 문말에는 의지를 나타내는 술어가 오는 것이 보통이다.

| 접속 | 명사에 접속된다.

| 예문 |

⇨ 田中さんは周囲の心配をよそにヨットで長い航海に出た。

(다나카씨는 주위의 걱정을 아랑곳 하지 않고 요트로 긴 항해에 나섰다)

⇨ 住民(じゅうみん)の不安(ふあん)をよそに、石油(せきゆ)工場(こうじょう)の建設(けんせつ)が進(すす)められている。

(주민의 불안을 아랑곳 하지 않고 석유공장 건설이 진행되고 있다)

⇨ 息子(むすこ)は家族(かぞく)の心配(しんぱい)をよそに、仕事(しごと)もしないでゆうゆうと遊(あそ)んでいる。

(아들은 가족의 걱정을 아랑곳 하지 않고 일도 안하고 유유히 놀고 있다)

⇨ あの子(こ)は教師(きょうし)の忠告(ちゅうこく)をよそに、相変(あいか)わらず悪(わる)い仲間(なかま)とつきあっている。

(저 아이는 교사의 충고를 아랑곳하지 않고 여전히 나쁜 친구들과 사귀고 있다)

ん

～んがために ⇨ ～(하)기 위하여

| 용법 | 문어체에서 의지를 나타내는 조동사 「む」가 변음된 「ん」에 문어체에서 조사 「の」를 대신하는 조사 「が」가 접속되고 이어서 목적을 나타내는 형식명사 「ため」와 조사 「に」가 연결된 어구이다. 이러한 형태로 동작, 행위의 목적을 나타낸다.

| 접속 | 동사미연형에 접속된다.

| 예문 |

⇨ 子供(こども)を一流大学(いちりゅうだいがく)に入(い)れんがために、夜(よる)も塾(じゅく)に通(かよ)わせた。
(아이를 일류대학에 넣기 위하여 밤에도 학원에 다니게 했다)

⇨ 山田(やまだ)さんは失恋(しつれん)の痛(いた)みを忘(わす)れんがために、旅行(りょこう)に出(で)かけた。
(야마다씨는 실연의 아픔을 잊기 위하여 여행을 떠났다)

⇨ あのチームは勝(か)たんがためには、どんなひどい反則(はんそく)でもする。
(저 팀은 이기기 위해서는 어떠한 심한 반칙이라도 한다)

⇨ 読書(どくしょ)は人間(にんげん)として真実(しんじつ)に生(い)きんがためのエネルギーを身(み)につける一(ひと)つの有効(ゆうこう)な方法(ほうほう)である。(독서는 인간으로서 진실 되게 살아가기 위한 에너지를 몸에 익히는 하나의 유효한 방법이다)

~んじゃ ⇨ ~여서는, ~(해)서는

| 용법 | 회화체에서 발음이나 어감을 부드럽게 하기위하여 형식명사 「の」가 「ん」으로 바뀐 것에 「では」의 축약형인 「じゃ」가 접속된 어구이다. 이러한 형태로 어떠한 일이나 상황이 부정적으로 변하는 데에 따른 이유나 근거를 나타낸다.

| 접속 | 명사 및 형용동사어간, 그리고 동사와 형용사의 연체형에 접속된다.

| 예문 |

⇨ 雨(あめ)なんじゃしかたがない。明日(あした)にしよう。
(비가 와서는 할 수 없다. 내일로 하자)

⇨ そんなに臆病(おくびょう)なんじゃ、どこにも行(い)けないよ。
(그렇게 겁쟁이여서는 아무데도 갈 수 없어)

⇨ こんなに暑(あつ)いんじゃ、今日(きょう)の遠足(えんそく)はたいへんだろうね。
(이렇게 더워서는 오늘 소풍은 힘들 거야)

⇨ こんなにたくさんの人(ひと)に見(み)られているんじゃ緊張(きんちょう)してしまうな。
(이렇게 많은 사람들이 봐서는 긴장해 버리겠는데)

~んじゃない ⇨ ~(하)는 거 아니다

| 용법 | 회화체에서 발음이나 어감을 부드럽게 하기위하여 형식명사 「の」가 「ん」으로 바뀐 것에 「では」의 축약형인 「じゃ」가 접속되고 이어서 형용사 「ない」가 연결된 어구이다. 이러한 형태로 상대방의 행위에 대한 금지를 나타내는데 주로 남성들이 회화체에서 사용한다. 이러한 표현은 우리말에도 존재한다.

| 접속 | 동사연체형에 접속된다.

| 예문 |

⇨ 電車の中で走るんじゃない。(전차 안에서 뛰는 거 아니다)

⇨ そんなきたないものを口にいれるんじゃない。(그런 더러운 것을 입에 넣는 거 아니다)

⇨ いい年をして子どもっぽいことを言ってるんじゃない。
(나이를 먹을 만큼 먹고서 어린애 같은 말을 하는 거 아니다)

⇨ 道路がすいているからといって、そんなにスピードを出すんじゃない。
(도로가 비어있다고 해서 그렇게 속도를 내는 거 아니다)

～んだ ⇨ ～(해)라

| 용법 | 회화체에서 발음이나 어감을 부드럽게 하기위하여 형식명사「の」가「ん」으로 바뀐 것에 단정을 나타내는 조동사「だ」가 접속된 어구이다. 이러한 형태로 상대방에 대한 지시나 명령을 나타내는데 주로 남성이 사용한다.

| 접속 | 동사 연체형에 접속된다.

| 예문 |

⇨ かぜなんだから、早く寝るんだ。(감기 걸렸으니 빨리 자거라)

⇨ さっさと食べるんだ。(빨리 먹어라)

⇨ 呼ばれたら返事をするんだ。(호명되면 대답을 해라)

⇨ 早く迎えに来るようにするから、おとなしく待っているんだ。
(빨리 데리러 오도록 할테니 얌전하게 기다리고 있어라)

⇨ 人質の安全が第一だ。ここは犯人の要求どおりにするんだ。
(인질의 안전이 제일이다. 여기는 범인의 요구대로 해라)

～んだった ⇨ ～(했)어야 하는건데

|용법| 회화체에서 발음이나 어감을 부드럽게 하기위하여 형식명사「の」가「ん」으로 바뀐 것에 단정의 조동사「だ」의 연용형인「だっ」과 과거를 나타내는 조동사「た」가 접속된 어구이다. 이러한 형태로 어떠한 결과에 대한 아쉬움이나 후회를 나타낸다.

|접속| 동사연체형에 접속된다.

|예문|

⇨ あれ? パンがたりない。もっと買っておくんだったな。
(어? 빵이 부족하다. 좀 더 사뒀어야 하는건데)

⇨ こんな事態になる前に、何か手を打っておくんだった。
(이런 사태가 되기 전에 뭔가 손을 써뒀어야 하는건데)

⇨ あと10分あれば間に合ったのに。もう少し早く起きるんだったな。
(십분만 더 있었으면 제 시간에 맞추었을 걸. 좀 더 일찍 일어났어야 하는 건데)

⇨ 今回の成績はひどかった。こんなことになるのなら、もう少し勉強しておくんだった。(이번 성적은 심했다. 이렇게 될 거라면 좀 더 공부해뒀어야 하는건데)

～んだって ⇨ ～(하)다는 거야

|용법| 회화체에서 발음이나 어감을 부드럽게 하기위하여 형식명사「の」가「ん」으로 바뀐 것에 단정을 나타내는 조동사「だ」가 접속된 다음 회화체에서 전문을 나타내는 조사「って」가 연결된 어구이다. 이러한 형태로 남으로부터 들은 이야기를 전달하는 의미를 나타내는데 이러한 표현은 남녀구별 없이 회화체에서 사용된다.

|접속| 활용어의 연체형에 접속된다.

|예문|

⇨ あの店のケーキ、おいしいんだって。(저 가게의 케이크, 맛있다는 거야)

⇨ 山田さんがあす田中さんに会うんだって。

(야마다씨가 내일 다나카씨를 만난다는 거야)

⇨ 田中さんは来月札幌の支社へ転勤するんだって。

(다나카씨는 다음 달 삿포로의 지사로 전근 간다는 거야)

⇨ あしたは試験があるので、もう少し早く起きるんだって。

(내일은 시험이 있기 때문에 좀 더 일찍 일어난다는 거야)

～んです ⇨ ～(하)는 겁니다, ～(인)겁니다

|용법| 회화체에서 발음이나 어감을 부드럽게 하기위하여 형식명사「の」가「ん」으로 바뀐 것에 정중함을 나타내는 조동사「です」가 접속된 어구이다. 이러한 형태로 앞에 제시된 내용을 강조하거나 자신의 주장을 정중하면서도 강하게 나타낸다.

|접속| 「명사+な」의 형태나 활용어의 연체형에 접속된다.

|예문|

⇨ ここは禁煙なんです。(여기는 금연인 겁니다)

⇨ あしたは会議なんです。(내일은 회의인 것입니다)

⇨ かぜをひいたんです。(감기에 걸린 겁니다)

⇨ 私はお酒がきらいなんです。(나는 술이 싫은 겁니다)

⇨ こんなステレオがほしかったんです。(이런 스테레오가 가지고 싶었던 겁니다)

⇨ きのうの晩はとても忙しかったんです。(어젯밤은 아주 바빴던 것입니다)

⇨ どうしてきのう会社を休んだんですか。(어째서 어제 회사를 쉰 것입니까?)

⇨ 金曜日はみんなが集まるからパーティーをするには都合がいいんです。(금요일은 모두가 모이기 때문에 파티를 하기에는 사정이 좋은 겁니다)

～んとする ⇨ ～(하)려고 하다

| 용법 | 문어체에서 의지를 나타내는 조동사 「ん」에 조사 「と」와 동사 「する」가 접속된 어구이다. 이러한 형태로 어떠한 동작이나 작용을 시작하거나 혹은 이제부터 어떤 동작이나 작용이 시작되기 바로 직전임을 나타낸다.

| 접속 | 동사미연형에 접속된다.

| 예문 |

⇨ 彼の言わんとするところは、理解できる。(그가 말하려고 하는 바는 이해할 수 있다)

⇨ 彼は日本文学を学ばんとして日本へ留学した。(그는 일본문학을 배우려고 해서 일본에 유학을 갔다)

⇨ 太陽が海のかなたに沈まんとするころ、彼の飛行機は羽田を飛び立った。(태양이 바다 저쪽에 잠기려고 할 무렵 그의 비행기는 하네다를 날아올랐다)

⇨ そこでことばの魔術を行わんとする詩人は、まずことばの魔術の構造を自覚することから始めるのである。(그래서 언어의 마술을 행하려고 하는 시인은 우선 언어 마술의 구조를 자각하는 것부터 시작하는 것이다)

| 참고 | 이와 유사한 것으로 「～う(よう)とする」가 있다. (해당항목 참고)

⇨ 切符を買おうとして、お金がないのに気がついた。(표를 사려고 하다가 돈이 없는 것을 알아차렸다)

⇨ 出かけようとしていると、お客さんが来ました。(외출하려고 하고 있으려니 손님이 왔습니다)

～んばかりに(の) ⇨ 당장이라도 ～ (할) 것 같이(같은)

| 용법 | 문어체에서 의지를 나타내는 조동사「ん」에 부조사「ばかり」와 조사「に」나「の」가 접속된 어구이다. 이러한 형태로 어떠한 동작이나 작용이 발생하기 바로 직전의 상태임을 나타낸다.「～んばかりに」는 뒤에 오는 용언을 수식하고「～んばかりの」는 뒤에 오는 체언을 수식하게 된다.

| 접속 | 동사미연형에 접속된다.

| 예문 |

⇨ 今(いま)にも夕立(ゆうだち)が降(ふ)り出(だ)さんばかりの空模様(そらもよう)だ。
(당장이라도 소나기가 내릴 것 같은 하늘모양이다)

⇨ 田中(たなか)さんは泣(な)き出(だ)さんばかりの顔(かお)で頼(たの)みに来(き)た。
(다나카씨는 당장이라도 울 것 같은 얼굴로 부탁하러 왔다)

⇨ 山田(やまだ)さんは胃(い)が痛(いた)いといって、死(し)なんばかりに苦(くる)しんでいる。
(야마다씨는 위가 아프다고 하면서 당장이라도 죽을 것 같이 괴로워하고 있다)

⇨ 事故(じこ)の被害者(ひがいしゃ)の見舞(みま)いに行(い)ったが、相手(あいて)はほとんど口(くち)もきかず、まるで早(はや)く帰(かえ)れと言(い)わんばかりだった。(사고 피해자의 병문안을 갔는데 상대는 거의 말도 하지 않고 마치 당장이라도 빨리 돌아가라고 할 것만 같았다)

| 참고 | 이러한 용법의「ばかり」는 회화체에서 종종「ばっかり」로 발음되기도 한다.